행정법강론 I

박평준 · 박창석 공저

KOREAN ADMINISTRATIVE LAW I

백산출판사

머리말

본인이 법과대학에 입학하여 행정법을 공부하고, 대학원에 진학하여 행정법을 전공하였고, 전임교수가 되어 행정법을 연구 · 강의하였으며, 정년퇴임 후 행정법을 정리하면서 저술에 정진한 기간을 합하면 반(半) 백년, 즉 50년의 세월이 지났다. 그렇지만 항상 느끼는 생각은 행정법이 법학의 다른 분야에 비하여 역시 어려운 과목임을 부인하기 어렵다는 사실이다.

행정법은 '행정에 관한 국내공법'으로서, 헌법 · 형법 · 형사소송법 · 민법 · 상법 · 민사소송법 등 이른바 기본육법(六法)과는 다르지만, 이러한 법과 밀접불가분의 관계에 있어 이와 같은 법에 관한 충분한 이해 없이는 행정법을 제대로 알 수 없을 수밖에 없다. 그리하여 행정법은 원초적으로 난해성을 지니고 있으며, 행정법학은 종합법학 또는 '법학의 백화점'이라고 표현할 수 있을 것이다. 따라서 행정법을 알려고 하면 위의 모든 법을 모르면 불가능하게 될 것이다. 더욱이 행정법의 대상은 매우 다양하고 넓지만, 위 다른 법과는 달리 단일 법전화되어 있지 아니하고 통칭적 규정도 없으며, 법일반이론이 확립되어 있는 단계에 아직까지 이르지도 못하고 있다. 거기에 행정에 관한 공법은 수백 종의 개개의 법률의 종합체로 존재함으로써 그 범위가 방대성을 가짐과 동시에 수시로 제정 · 개정 · 폐지되는 등 시사성도 갖는 특성이 있다.

행정법과 다른 법의 관계를 살펴보면, 법학상 행정법이 차지하는 지위와 중요성을 정확히 파악하는 데 도움이 될 것 같다. 행정법은 '구체화된 헌법'으로서 헌법의 민주국가원리 · 법치국가원리 · 복지국가원리 등 자유민주주의적 헌법가치는 행정법을 통하여 구현된다. 행정법 관계에 적용될 공법규정이 없는 경우에 민법 규정 중 일반 법원리적 규정과 법기술적 성질의 규정이나 민법원리가 적용되어야 한다는 점에서 행정법과 민법은 무관할 수 없다. 그리고 행정벌 중 행정형벌은 형법에 형명(刑名)이 있는 형벌이 과해지고, 그러한 행정형벌에는 특별한 규정이 있는 경우를 제외하고는 형법총칙이 적용된다. 그와 같은 벌의 과벌절차는 특별한 규정이 없는 한 원칙적으로 법원에서 형사소송법이 정하는 절차에 따라 과하게 되고, 예외적인 특별절차로서 즉결심판절차 또는 통고처분절차에 의한 과벌 절차가 인정되는 경우도 있다. 이러한 점에서 행정법과 형법 · 형사소송법의 관계도 무시할 수 없도록 되어 있다. 또한 행정법상의 법률적 분쟁사건을 법원이 소송절차를 거쳐 심리 · 판단하는 행정소송은 행정소송법에 의한다. 그러나 행정소송법은 공익성 · 전문성 등 행정소송의 특수성을 고려하여 민사소송법에 의한 민사소송과는 다른 행정소송에 대한 특례규정을 두고 있다. 다만, 행정소송법은 입법기술상 행정소송에 관한 사항을 망라하여 규정할 수 없으므로 행정소송에 관하여는 원칙적으로 행정소송법을 적용하되 행정소송법에 규정되어 있지 않은 사항에 대하여는 민사소송법을 적용해야만 한다. 따라서 민사소송법을 숙지하지 못하면 행정법을 온전히 이해할 수 없는 관계에 있다고 보지 않을 수 없다. 위에서 지적한 바와 같이 행정법학의 영역은 그 외연이 법학의 거의 모든 분야로 확대되었기에 학제적(學際的)으로 연구함으로써만이 심도 있는 행정법 탐구의 경지에 도달할 수 있다고 하겠다.

저자는 행정법 교과서로 여러 법과대학의 행정법 담당 교수님들과 함께 1985년 「행정법학(상)」·「행정법학(하)」를 강의용 교재로 출간했지만, 공저자 각자가 자기의 단독저서를 갖기 시작함으로써 이 책은 자연스럽게 절판되었다. 본인은 일찍부터 '행정법의 전문화'의 길을 선택하여 교수 재직 중 행정법에 관련된 전문서적을 초판만 10여권, 논문 100여 편을 발표한 바 있다.

2005년 8월 정년퇴임사에서 '학문에는 정년이 없다'는 여러분과의 약속을 지키고 지속적으로 보람있는 삶을 영위하기 위해 정년 후 「토지취득보상법」·「보상법규강의」를 출간했고, 금년에도 대단히 바쁜 생활을 하고 있는 박창석(朴倉奭) 교수를 독려하여 공저로 「보상행정법」(도서출판 리북스 간)을 펴냈다. 이 책 내용의 상당부분이 행정법의 일반이론을 담고 있음을 읽으면서 본인의 이름으로 쓰여진 행정법 교과서를 꼭 한 번 상재(上梓)해야 하겠다는 충동을 격렬하게 받기 시작하여 장고(長考) 끝에 박창석 교수를 설득하여 「행정법강론(行政法講論)」Ⅰ·Ⅱ권을 함께 쓰기로 결단하였다. 현재 수많은 행정법 책이 나와 있는 상황에서 독자에게 감동을 주어 선택될 수 있는 명품 행정법 교과서를 쓰는 일이 결코 쉬운 일이 아니라는 짐작을 하면서도 자신을 가지고 시작했다.

그런데 본인과 박창석 교수는 행정법 교과서를 출간하는 데 있어서 각자 나름대로 특별한 의미가 있다. 본인은 행정법을 전공한 교수로서 또는 학자로서 주로 행정법각론 부문의 토지공법, 특히 '토지수용과 보상법'을 천착(穿鑿)하여 왔지만, 교과서를 갖지 못한 아쉬움이 전혀 없지 않던 중이어서 행정법 연구를 종합·정리한다는 차원에서 보람있는 학문적 작업이라고 생각한다.

공저자 박창석 교수는 앞으로 20년 이상 대학에서 행정법 강의를 담당할 입장에 있으므로 교수로서 스스로 집필하여 자기 취향에 맞는 강의용 교재를 갖는다는 사실은 참으로 이상적인 학자적 자세라고 판단된다. 이러한 관점에서 공저자는 '행정법강론'을 감히 집필하기로 결심하고, 현재까지 국내에 출간된 행정법 교과서를 가능한 한 다수 참고하여 그 내용을 검토하여 반영하는 데 소홀하지 않도록 하였다. 그러한 선행 저작물이 없었더라면 이 책의 출간도 불가능하였을 것이며, 특히 김도창(金道昶) 선생님, 김남진(金南辰) 교수님, 김동희(金東熙) 교수님 등의 저서는 본서의 내용에 적지 않은 영향을 주었음을 밝히고, 저술에 도움이 된 모든 참고문헌의 저자에게 감사의 말씀을 드린다.

우리나라에서는 종래 행정법체계에 있어서 원리의 일반추상성·개별구체성을 기준으로 하여 '행정법총론'과 '행정법각론'이라는 이원적 구성방법을 채택하여 사용하여 왔지만, 양자의 한계는 유동적·상대적인 것으로 오토 마이어(Otto Mayer) 이래의 대륙적 체계를 답습한 것으로 순전히 강의상의 편의를 위한 타성적 방법에 지나지 아니한다는 점에서, 오늘날 행정법 대상의 다양화 · 전문화와 새로운 법리의 개발 등 행정법학의 변화와 발전에 부응하기 위한 계속적인 성찰과 진지한 재검토를 요하는 행정법학의 과제가 대두되고 있다. 그렇지만 강의상의 편의와 각종 시험출제의 빈도 등을 고려하여 일단 우리에게 익숙해진 종전의 관행에 따라 「행정법강론」Ⅰ권에서는 행정법서론 · 행정법통론 · 행정구제법론을, Ⅱ권에서는 행정조직법 · 개별행정작용법을 검토하도록 하겠다. 그러나 학문상으로는 Ⅰ권에서 행정법서론 · 행정법통론 · 행정조직법을, Ⅱ권에서는 개별행정작용법 · 행정구제법의 순으로 고찰하는 것이 더욱 논리적으로 타당하다는 지적을 부인할 수는 없다.

본서의 내용은 제1편 행정법서론, 제2편 행정법통론, 제3편 행정구제법론으로 구성되어 있다. 본인은 이 책의 제1편과 제3편을 집필하였고, 공저자 박창석 교수가 제2편을 썼는데, 이미 출판된 「보상행정법」의 각 관련된 부분을 수정 · 보완 · 가필하여 펴낸 내용을 담고 있다. 즉 이 책의 제1편 행정법서론은 「보상행정법」의 제1편 보상행정법의 서설을, 제2편 행정법통론은 같은 책 제2편 보상행정에 적용되는 행정법의 일반이론을, 제3편 행정구제법론은 동일한 책 제5편 보상행정쟁송법을 부분적 또는 대폭적으로 수정 · 삭제 · 가필하고 참고문헌도 변경하여 새로운 행정법 교과서로서의 충실한 내용을 담도록 배려하였다.

공저자는 이 책 「행정법강론Ⅰ」이 행정법의 기본이론을 이해하는데 정말로 좋은 행정법의 입문서 또는 정리서로서의 역할을 다할 수 있기를 바라는 간절한 마음으로 다음 사항과 같은 특징이 있는 행정법의 기본서가 되도록 유념하면서 정성껏 썼다.

첫째로, 행정법의 단권화를 위하여 최선을 다했다. 출간되어 있는 기존의 행정법 교과서 중에는 정말 잘 쓰여진 책도 없지는 않지만, 어느 하나의 책만에 의존하여 행정법 공부를 한다는 것 자체는 부분적으로 무엇인가 부족하고 불안한 느낌을 주었다. 그리하여 저자는 이미 간행된 대표적인 많은 행정법 책을 섭렵(涉獵)하여 이 책 한 권만으로 행정법 공부를 해도 무방할 정도의 완벽한 기본서 단권화를 시도하고 이를 실현하도록 온 힘을 쏟아 부었다.

둘째로, 행정법상의 숙제라고 할 수 있는 공익과 사익의 조화를 실현하기 위하여 진력(盡力)했다. 행정법은 공공필요 · 공공복리 등 공익목적의 실현과 국민의 재산권을 비롯한 기본권 등 사익보장의 조정이라는 숙명적 과제를 풀어야 한다. 공익과 사익이 충돌할 경우, 종래의 권위주의적 · 관료주의적 행정법에서는 행정편의주의적으로 공익이 우선한 것으로 판단하였으나, 오늘날 실질적 법치주의 · 민주주의적 행정법에 있어서는 '법률에 의한 행정의 원칙'과 '행정과정에의 국민참여' 등에 의하여 오히려 사익을 중시하는 경향으로 변화되었음을 반영하고 있다. 저자의 입장도 행정작용에 의하여 국민의 권익이 침해된 경우, 그 구제쪽을 강조하는 학문적 자세를 취하고자 하는 입장에서 이론을 전개하였다.

셋째로, 행정법상의 쟁점문제에 관하여는 명쾌한 답을 제시하려고 노력했다. 행정법은 명문으로 명백히 규정되어 있지 않은 경우와 성문법으로 규정한 때에도 불확정 개념을 사용한 경우가 많기 때문에 쟁점사항으로 제기된 문제가 많다. 논의된 쟁점문제에 관하여는 학설이 대립되고 판례도 확립되지 아니한 경우, 각 학설의 주장내용과 논거를 제시하고 비판함과 동시에 저자의 주장은 명확히 근거를 제시하여 타당한 입장을 밝히고, 판례의 입장도 가능한 한 많이 소개하였다. 저자가 책에서 애매한 태도를 취함으로써 혼란을 초래할 우려를 지양하여 법학적 소신(legal mind)을 가지고 문제를 해결할 수 있는 능력을 길러주기 위해서이다.

넷째로, 본서에서는 처음부터 끝까지 행정법의 기본원리에 입각하여 논리성을 견지하는 데에 애썼다. 법학은 매우 논리적인 학문이기 때문에 행정법 또한 논리성은 그 생명과도 같다. 그러하기에 이 책의 내용은 시종(始終) 논리적으로 일관성을 유지하도록 하였으며, 논리적 모순이나 논리적 비약을 적극적 또는 소극적으로 범하지 않도록 하기 위하여 각별한 주의를 경주하면서 원고를 작성하였다. 한편, 행정작용이 행정법의 기본원리에 위배되면 당초 의도했던 행정행위가 효력을 발생할 수 없어 행정목적을 실현할 수 없으므로 그 기본원리에 어긋나지 않도록 특별히 유의하면서 썼다.

다섯째로, 행정법은 법학 중에서도 난해(難解)하기로 으뜸가는 과목이라는 것이 정평이다. 이러한 행정법을 이 책 한 권을 독파함으로써 완전히 이해할 수 있도록 쉽고 간결하게 쓰려고 최선을 다했다. 오늘날 행정법은 그 대상이 대단히 다양화 · 확대화되어 있어 범위가 매우 넓지만, 단일법전화되어 있지 아니한 상태이고 아직 통칙적 규정조차 없으며 일반법원리가 확립된 차원까지 발전된 것도 아니다. 거기에 더하여 다른 법에 대한 어느 정도의 소양 없이는 행정법을 완전히 이해하기를 기대할 수 어렵기 때문에 보통 이구동성(異口同聲)으로 행정법을 어렵다고 한다. 그리하여 이 책에서는 그 내용을 평이하고 간단 · 명료하게 쓰기 위하여 최대한 힘썼다. 그리고 행정법을 이해하는데 필요한 범위 안에서 이와 관련된 헌법 · 민법 · 형법 · 형사소송법 · 민사소송법 등에 관하여도 언급하였다.

「행정법강론 I」이 행정법 교과서로서의 면모를 갖추고 행정법학계에 등장하여 행정법 학도의 곁에 다가설 수 있도록 된 데에는 그냥 지나칠 수 없는 소중한 분들의 도움이 있었다. 박창석 교수와의 공저가 아니었으면 본서의 출간은 어려웠을 것임을 밝히며, 책의 미흡한 부분의 수정 · 보완과 개정판을 계속 펴낼 것을 부탁하면서 고마움을 전하고 학운을 기원한다. 그리고 최근 출판업계의 어려운 상황에도 마다하지 않고 흔쾌히 출판을 맡아주신 백산출판사의 寅製 秦旭相 사장님과 진성원 상무님, 김종욱 편집이사님, 그 밖에도 이 책이 햇빛을 보게 되기까지 교정 · 표지디자인 · 사항색인 추출 등에 정성을 다한 여러분에게도 진심으로 감사의 말씀을 드린다.

壬辰年(2012) 한글날
無等山의 秋景을 바라보며
光州 社稷公園下 鷺峰書齋에서 쓰다
共著者 鷺峰 朴坪準

차 례

제3편 행정구제법론 479

제1편
행정법서론

제1장 행 정

제1절 행정의 의의

제2절 행정과 통치행위

제3절 행정의 유형분류

제1절 행정의 의의

Ⅰ. 입헌국가의 권력분립제도에 의한 행정개념의 성립

행정법을 공부하려면 그 전제로서 행정법의 규율대상인 행정의 개념을 먼저 구명(究明)하여야 한다. 그런데 행정은 국가작용의 한 분야로서, 입법 · 사법에 대응된 개념으로 역사적 · 제도적으로 성립 · 발전되었다.

근대국가 성립 이전의 절대군주국가에서는 모든 국가작용이 집중되어 전제군주의 통치작용으로 행하여졌으며, 행정이라는 개념은 아직 형성되지 않았다. 그러나 근대 입헌국가는 국민의 기본권을 보장하고 국가권력의 분립을 규정한 헌법에 의거하여 통치할 것을 요구하는 정치원리를 취하고 있다. 입헌주의적 헌법은 개인주의 · 자유주의 · 법치주의 · 의회주의 등과 같은 일정한 이데올로기를 지향하면서, 개인의 자유와 권리의 보장 그리고 권력분립에 의한 국가기관 상호간의 견제와 균형을 통하여 국가권력의 남용을 억제하기 위한 정치적 조직원리 내지는 제도적 장치를 마련하고 있다. 이러한 헌법을 가진 근대국가에 이르러 권력분립(separation of powers, Gewaltenteilung)의 원리에 따라 국가권력은 입법 · 행정 · 사법의 3권으로 분립시켜 각각 별개의 기관에 분장시킴으로써 비로소 근대적 의미의 행정의 개념이 형성되었다고 볼 수 있다.

행정개념은 다음의 서로 다른 두 가지 관점에서 정의될 수 있다. 첫째로, 행정은 상술한 바와 같이 권력분립제도를 채택하고 있는 국가에서 인정되고 있는 것이므로 이 개념을 그 국가의 헌정제도로서의 입법권 · 행정권 및 사법권 중에서 행정기관이 행하는 작용을 의미하는 것으로 보는 입장이다(제도적 또는 형식적 개념). 둘째로, 국가작용의 실질적 성질을 표준으로 하여 일정한 성질의 국가작용을 행정으로 파악하는 입장이 있다(이론적 또는 실질적 개념).

또한 행정의 정의와 관련하여, 좁은 의미의 행정과 통치행위와의 구별을 명확히 할 필요가 있다. 왜냐하면 오늘날 행정은 법치주의의 원칙에 따라 법에 기속되고, 재판통제에 의하여 그 기속이 확보되지만, 통설적 견해가 원칙적으로 행정법의 대상으로서의 행정에서 통치행위를 제외시키고 이는 재판통제의 대상이 되지 않는 것으로 취급하여 왔기 때문이다.

II. 형식적 의미의 행정과 실질적 의미의 행정

1. 형식적 의미의 행정

형식적 의미의 행정이란 국가작용의 실질적 성질을 고려하지 아니하고, 실정법에 의하여 행정부에 부여되어 있는 작용을 말하는데, 이는 제도상의 행정이라고도 한다. 이러한 의미에서의 행정은 행정입법 · 행정심판 등과 같이 성질상 입법 또는 사법에 해당하는 작용도 행정에 포함된다. 따라서 행정의 개념을 제도적 · 형식적으로 파악하는 것은 입법이나 사법과의 성질상의 차이를 밝혀 주지는 못하기 때문에 실질적 의미의 행정에 대한 검토가 필요하다.

2. 실질적 의미의 행정

실질적 의미의 행정이란 국가작용에는 성질에 있어서 차이가 있음을 전제로 하여, 그 성질을 표준으로 행정을 입법 · 사법과 구별하여 정립하는 행정개념을 말한다. 이러한 입장에서 국가작용의 3종류를 가장 간단히 정의한다면, 입법은 법정립작용이고, 행정은 법집행작용이며, 사법은 법선언작용이라고 말할 수 있다.

그러나 이와 같은 정도의 정의만으로 행정개념이 분명해졌다고 볼 수는 없고, 더욱더 구체적 · 실질적 정의가 필요하다고 하겠는데, 행정과 입법 · 사법과의 차이에 관하여는 다음과 같이 학설이 나누어져 있다.

1) 학 설

(1) 소극설(공제설)

이 견해는 행정작용의 다양성에 비추어 볼 때 행정을 적극적으로 정의하기는 곤란하므로 국가작용 중 비교적 적극적으로 정의하기 용이한 입법과 사법을 정의하고, 행정은 입법과 사법을 제외한 모든 국가작용이라고 하는 입장이다.[1] 즉 행정은 국가작용 중에서 "입법과 사법을 제외한 나머지 작용"이라고 본다. 이 학설에 의하면, 구체적으로 입법은 국민의 권리 · 의무에 관한 일반적 규정을 정립하는 작용이고, 사법은 국민의 권리 · 의무에 관하여 발생한 구체적 분쟁을 법에 의하여 판단 · 선언하는 작용이라고 정의하고, 행정을 이러한 "입법작용과 사법작용을 제외한 나머지 국가작용"이라고 그 개념을 정립한다.

이러한 소극설은 행정의 역사적 형성과정과 행정의 다양성으로 인하여 적극적으로 행정의 개념을 정립하기가 어렵다는 관점에서 보면 납득할 수 있다. 그러나 이 설은 행정의 내용을 적극적으로 밝히지 못하고 있다는 점에서 행정의 개념을 적절히 정의하고 있는 것으로 보기는 어렵다.

1) 류지태, 「행정법신론」. 신영사, 2008, 5면.

그 밖에도 이 공제설은 입법 · 사법은 명확히 확정적으로 정의될 수 있다는 것을 전제로 하지만, 실제로는 그러하지 않다는 데에도 문제가 있다.

(2) 적극설

이 견해는 위의 소극설의 문제점을 인식하고 행정의 특징을 포착하여 행정개념을 적극적으로 정의하려는 다음과 같은 입장이다.

(가) 목적설

목적설은 행정이란 "국가가 국가목적 또는 공익목적을 실현하기 위하여 그 법질서 아래에서 행하는 작용"이라고 한다.[2)]

그러나 이와 같이 행정이 국가목적 또는 공익목적의 실현작용이라고 보아 그 특질을 규명하고자 하는 이 견해에 의하면, 입법 · 사법도 국가목적 · 공익목적의 실현작용이라는 점을 감안할 때, 그것만으로는 행정과 입법 · 사법을 구별할 수 있는 구체적 기준이 된다고 할 수 없다.

(나) 결과실현설(양태설)

양태설(樣態說) 또는 결과실현설은 행정의 개념을 더욱 적극적 · 구체적으로 정의하려고 한다. 이 설은 국가목적 또는 공익의 사실상의 실현이라는 현실적인 결과의 실현관계에 중점을 두어 행정의 개념을 정의하는 입장이다. 이러한 견해의 대표적인 예를 들면, 행정이란 "법률의 범위 안에서 법에 의거하여 행하여지는 장래에 대한 계속적인 사회형성활동"이라고 하고,[3)] 또는 "법 아래에서 법의 규제를 받으면서 현실적 · 구체적으로 국가목적의 적극적 실현을 위하여 행하여지는 전체로서의 통일성을 가지는 계속적인 형성적 국가활동"이라고 하는 것이다.[4)] 이러한 학설이 종래 우리나라의 다수설이고, 거의 대부분의 학자들이 이와 대동소이한 정의를 하고 있다.[5)]

그러나 행정은 매우 다양하기 때문에 이 견해에 따른 행정의 정의가 모든 행정을 전부 포섭하지 못한다는 데에 문제점이 있음을 간과할 수 없다.

(3) 기관양태설(부정설)

이 견해는 입법 · 행정 · 사법 3작용의 성질에 따른 실질적 구별은 불가능하다고 한다.[6)] 즉 입

---

2) O. Mayer, *Deutshes Verwaltungsrecht*, Bd.I, 1961, S. 13.

3) E. Forsthoff, *Lehrbuch des Verwaltungsrechts*, Bd.I, 10 Aufl., 1973, S. 1.

4) 田中二郎, 「行政法(上)」, 東京 : 弘文堂, 1979, 5-6頁.

5) 김도창, 「일반행정법론(상)」, 청운사, 1993, 60면; 김동희, 「행정법 I」, 박영사, 2011, 6면; 박균성, 「행정법강의」, 박영사, 2011, 4면; 박윤흔 · 정형근, 「최신행정법강의(상)」, 박영사, 2009, 6면; 서원우, 「현대행정법론(상)」, 박영사, 1983, 4~5면; 석종현, 「일반행정법(상)」, 삼영사, 2005, 5면; 이상규, 「신행정법론(상)」, 법문사, 1997, 59면.

6) A. Merkl, *Allgemeines Verwaltungsrecht*, S. 36ff.

법 · 행정 · 사법의 각 작용 간의 본질적인 차이는 없으며, 그 구별기준은 각 작용을 담당하고 있는 기관의 조직양태에서 찾아야 한다는 입장이다. 기관양태설에 의하면, 입법은 합의제기관에 의하여 수행되는 작용이고, 행정은 그 직무수행에 관하여 상급기관의 감독을 받는 상하복종관계에 있는 기관에 의한 법집행작용이며, 사법은 직무상 상호 독립적인 동격관계에 있는 기관이 행하는 법집행작용이라고 보게 된다.

이러한 학설은 순수법학파의 '법단계설'에 입각한 것으로서, 입법 · 행정 · 사법이 절대적으로 구분되는 것이 아니라는 사실을 밝히고 있는 점은 긍정적으로 평가할 만하다. 그러나 위 각 작용의 차이를 그 담당기관의 양태에서 찾는다는 것은 타당하다고 보기가 어렵다. 왜냐하면 작용의 성질이 다르기 때문에 그것을 집행하는 기관의 성질의 차이가 생긴 것이라 할 것이고, 기관의 성질이 다르기 때문에 작용의 성질에 차이가 생기는 것은 아니라고 할 것이므로 이 견해는 논리가 전도된 것이라는 비판을 받기 때문이다.

(4) 결 어

위의 여러 학설은 행정이 지닌 특징의 일면만을 적시할 뿐이고, 다른 국가작용으로부터 행정을 구별할 수 있는 명확한 기준을 제시하지는 못하고 있다. 포르스트호프(E. Forsthoff)가 일찍이 "행정은 정의(definieren)할 수는 없고 단지 묘사(beschreiben)할 수밖에 없다"고 하여 행정을 정의하는 것의 어려움을 지적한 말이 오히려 설득력이 있다. 오늘날의 행정이 너무나 방대하고 다양하기 때문에 행정의 개념을 정의하기보다는 행정의 특징적 요소 내지 징표를 살펴보는 것이 행정의 뜻과 모습을 이해하는 데에 도움이 되리라 생각한다.[7] 이를 '행정의 개념징표설' 또는 '묘사설'이라고도 한다.

2) 행정의 개념징표

실질적 의미에서의 행정개념은 불확실할지라도 행정의 전형적 징표는 추출될 수 있다. 이 징표란 언제나 존재하는 것은 아니지만, 규칙적으로 존재해서 행정의 존재를 특징지을 수 있는 것이다. 상술한 바와 같이 행정은 그 다양성으로 인하여 그에 대한 완전한 정의가 어렵다는 관점에서, 그 정의를 보충하는 의미에서 행정의 성격을 특징지을 수 있는 개념징표(概念徵表)를 살펴보면 다음과 같다.[8]

(1) 행정은 사회적 형성체이다

행정의 대상은 사회적인 공동생활이다. 행정은 공동체의 업무와 공동체에서의 인간과 관계가 있다.

---

7) 김남진 · 김연태, 「행정법 I」. 법문사, 2011, 5면.

8) Hartmut Maurer, *Allgemeines Verwaltungsrecht*, 16 Aufl, 박수혁 역, 「독일행정법」. 사법발전재단, 2010, 16면.

(2) 행정은 공익에 중점을 두어야 한다

공익은 물론 영구적으로 확정되어 있는 것은 아니고, 시대의 흐름에 맡겨져 있으며 또 그 시대에 따라 상반되기도 한다. 특히 우리 시대의 복합적인 국가체제에서 무엇이 공익에 속하는지, 그리고 이해가 상충할 때에는 어떤 비중이 주어지는지 하는 것이 항상 문제가 된다. 척도가 되는 것은 특히 헌법과 그의 범주 내에서의 입법이다. 공익은 개개인의 이익의 전부 또는 일부를 포함하지만 때로는 상반되기도 한다. 기본법은 인간의 존엄성을 최상의 헌법상 원칙으로 선언하고, 기본권을 확고하게 보장하고 있기 때문에 공익의 추구는 개인의 이익을 고려해야 한다. 그 뿐만 아니라 개인의 이익의 인식은 공공의 업무에 속할 수 있다(예 : 사회복지).

(3) 행정은 특히 적극적이고, 미래를 향한 형상이다

그것은 행정이 법률을 집행할 때 분명해진다. 입법자가 일반적 · 추상적으로 결정한 것은 행정을 통하여 실무에 적용된다. 그러나 행정은 법집행에만 한정되지 않고, 더 나아가 법률에 정해져 있지 않고, 일반적으로 위임에 의하여 발생하는 많은 업무가 있다(예컨대, 도로건설, 사회복지시설의 운영, 문화발전 촉진 등). 따라서 행정은 최선을 다할 수 있고, 최선을 다해야 한다. 행정은 자체의 발안에 의해서, 그리고 자체의 발상에 의하여 업무에 대처해야 한다. 그러나 이 때 행정은 실존하는 법적 한계와 정부의 준칙에 기속된다.

형상의 징표를 통하여 행정은 판결행위(사법)와 구별된다. 법원은 유효한 법적용으로 구체적인 분쟁사건을 법 확정적으로 판결하기 위한 기관이다. 법원은 소의 제기에 의하여 행위를 하고, 당사자가 아닌 '제3자'로서 판결한다. 따라서 행정을 보다 더 적극적이며, 사법은 보다 더 반사적으로 활동한다고 할 수 있다.

(4) 행정은 개별적 사안의 규율을 위한, 그리고 특정한 계획의 실현을 위한 구체적인 조치를 취한다

이를 통해 행정은 일반적 · 추상적인 규율을 공포하고, 그래서 수많은 사안에 적용되는 입법과 구별된다. 그러나 이러한 측면도 절대적인 것은 아니다. 예컨대, 계획행정은 빈번히 시간적으로, 그리고 공간적으로 광범위하게 나타난다. 다른 한편으로는 법률도 중요한 개별적 문제에 적용될 수 있다(예 : 개별사안법률, 조치법).

Ⅲ. 행정과 국가의 다른 작용과의 구별

1. 행정의 실질적 개념과 입법 · 사법 등과의 구별

국가작용 중 입법 · 행정 · 사법은 켈젠(H. Kelsen) 등의 순수법학파가 지적하는 바와 같이 절대

적 차이가 있는 것은 아니다. 그러나 근대 입헌국가에 이르러 이론적으로 권력분립론이 주장되고, 절대군주의 통치권으로부터 입법 · 사법기능이 분화된 것은 상대적이기는 하지만 이러한 3작용 간에 성질상의 차이가 있다는 데에 기인한 점은 부인할 수 없다. 실질적 의미의 행정의 개념은 앞에서 설명한 바 있다. 이와 같은 행정과 입법 · 사법 등의 국가작용은 그 성질이 다르다.

1) 행정과 입법의 구별

입법이란 국가 · 지방자치단체 등이 보통 일반적 효력을 가지는 일반적 · 추상적인 성문의 법규범을 제정하는 작용을 말한다. 이와 같이 입법은 일반적 · 추상적인 법규범을 정립하는 작용인데 반하여, 행정은 개별적 · 구체적 처분에 의하여 법을 집행함으로써 행정목적을 실현하는 작용인 점에서 양자는 구별된다.

2) 행정과 사법의 구별

사법이란 법률상의 분쟁에 관하여 당사자의 쟁송제기가 있는 경우에 독립한 지위에 있는 심판기관이 법정의 쟁송절차를 거쳐 무엇이 법인가를 판단 · 선언함으로써 법적 분쟁을 해결하는 작용이라고 말할 수 있다. 즉 사법은 법률상 분쟁의 존재를 전제로 쟁송제기에 의거하여 쟁송절차를 거쳐 분쟁을 해결하여 법질서의 유지를 목적으로 하는 법목적적 작용이므로 비교적 엄격한 법적 기속을 받는다. 이에 대하여, 행정은 장래지향적으로 공익을 구체적 · 계속적으로 실현하는 작용이므로 행정청의 독자적 판단이 필요한 경우가 적지 않다는 점에서 사법작용과는 차이가 있다.

3) 행정과 통치작용의 구별

정치적 색채가 매우 강하여 사법심사의 대상이 되지 않는 국가작용을 '통치행위' 또는 '통치작용'이라고 한다. 이러한 통치행위 또는 통치작용은 고도의 정치적 성격을 가지고 있는 관계로 법에 의한 기속이 약한 데 대하여, 행정은 법의 집행작용으로서 사법심사의 대상이 되는 점에서 양자는 다르다. 따라서 통치행위는 전통적으로 행정에 포섭되지 않는다고 보는 것이 일반적 견해이다.

2. 형식적 의미의 행정과 입법 · 사법의 구별

실질적 의미의 행정과 입법 · 사법의 개념은 그 작용의 성질에 따라서 국가작용 중의 일정한 작용을 입법 · 사법 또는 행정작용으로 각각 파악하는 입장이다.

이에 대하여, 형식적 의미의 입법 · 사법 또는 행정의 개념은 그 작용의 성질과는 관계 없이 그 나라의 실정법의 제도상으로 보아 입법부 · 사법부 · 행정부에 실제로 부여되어 있는 각각의 권한을 기준으로 하여 각 개념을 정의함으로써 입법 · 사법 또는 행정의 관념이 국가작용의 성질에 의한 입법 · 사법 또는 행정과는 일치되지 아니한다. 따라서 형식적 의미의 행정에는 실질적 의미의 입법 · 사법의 일부가 포함된다.

Ⅳ. 행정법학의 대상으로서의 행정

행정법학의 대상이 되는 행정은 실질적 의미의 행정인가 형식적 의미의 행정인가에 관하여 종래의 통설은 형식적 의미의 행정으로 보았다.

그러나 형식적 의미의 행정 중에는 실질적 의미의 입법 · 사법도 포함되어 있으므로 행정을 독자적인 공통원리에 의하여 지배되는 국가작용으로 이해할 수 없기 때문에 행정법학의 대상으로서의 행정은 형식적 의미의 행정으로 파악하는 것은 곤란하고, 원칙적으로 실질적 의미의 행정을 의미한다고 보아야 할 것이다. 다만, 실제로는 행정법학은 실질적 의미의 입법인 행정입법과 실질적 의미의 사법인 행정쟁송 · 행정벌 등을 고찰대상으로 삼고 있다. 이는 행정법학이 실질적 의미의 행정을 그 주된 대상으로 하면서 형식적 의미의 행정도 연구대상으로 하고 있음을 뜻한다.

통치행위의 관념을 긍정하는 입장을 취한다면, 통치행위는 행정법학의 대상에서 제외될 것이다.

Ⅴ. 우리나라 헌법상의 행정

우리나라 헌법은 입헌주의에 따라 권력분립의 원칙을 채택하고 있다. 즉 헌법 제40조의 「입법권은 국회에 속한다」, 제66조 제4항의 「행정권은 대통령을 수반으로 하는 정부에 속한다」, 제101조 제4항의 「사법권은 법관으로 구성된 법원에 속한다」 등의 규정이 그에 해당한다. 그러나 이러한 형식적인 규정에도 불구하고 행정부에 실질적 의미의 입법권으로서의 법률안제출권(헌법 제52조) · 행정입법권(헌법 제75조, 제76조, 제95조)과 대통령에 의한 사면 · 감형 · 복권(헌법 제79조) 등을 통하여 실질적 의미의 사법권을 부여하기도 하며, 선거관리(헌법 제114조 내지 제116조) · 지방자치(헌법 제117조, 제118조) 등과 같이 실질적 의미의 행정권을 행정부 이외의 기관에 부여하기도 한다. 이와 같은 헌법규정을 보면, 형식적인 의미의 행정은 말할 것도 없고, 실질적 의미의 행정도 행정수반인 대통령을 정상으로 하는 행정부에 속함을 선언하고 있음을 알 수 있다.

제2절 행정과 통치행위

Ⅰ. 통치행위의 의의

1. 개 념

통치행위란 고도의 정치적 색채를 가지는 국가기관의 행위(정치적 행위성)로서, 사법심사의 대상으로 하기에 부적합한 성질의 행위(사법적 심사부적합성)일 뿐만 아니라, 비록 그에 대한 판결이 있는 경우에도 그 집행이 곤란한 국가작용(판결의 집행곤란성)을 말한다. 그리하여 보통의 행정이 법 아래에서 법에 따라 행하여지며 원칙적으로 사법심사의 대상이 되는 데 대하여, 통치행위는 고도의 정치성을 띠는 행위이기 때문에 이러한 제약을 받지 않는 특수한 국가작용으로서 행정의 범주에서 제외된다. 이러한 점에서 통치행위를 협의의 행정과 별도로 취급할 만한 의미가 있다고 하겠다.

통치행위는 실정법상의 개념이 아니라 판례와 이론에 의하여 형성된 개념으로서, 이 개념에 해당하는 경우에는 행정법의 규율대상이 되는 엄밀한 의미의 행정은 아니다. 그러나 그 대상이나 한계 등에 관한 문제는 행정법적 성질을 갖는 문제로서 여기에서 전혀 도외시할 수는 없으므로 이를 검토할 필요가 있다.

2. 통치행위에 관한 논의의 실익

통치행위에 관한 논의는 법치행정의 한계와 관련되는 것이므로, 통치행위가 현실의 문제로 논의되기 위한 전제로서는 공권력행사에 대한 재판적 통제, 즉 행정소송에 있어서의 개괄주의 및 공권력 발동에 대한 국가배상책임 등 법치행정이 비교적 완비되어 사법심사제도가 제대로 인정되고 있어야만 통치행위 이론에 대하여 논의할 실익이 있다. 따라서 사법심사제도가 불완전하게 보장되고 있는 경우에는 일반적인 행정작용에 대하여도 권리보호가 제대로 인정되지 못하고 있는 경우이므로 별도로 통치행위의 사법심사 가능성을 논의할 실익이 없게 된다.

Ⅱ. 외국의 통치행위론

1. 프랑스

통치행위(acte of government)의 개념은 연혁적으로는 프랑스의 판례에 의하여 형성·발전된 것이다. 프랑스는 통치행위론의 발상지로서 통치행위의 인정근거는 법정책적 관점에서 행정재판소의 사법적 자제에서 찾고 있다(사법자제설). 초기에는 그 범위가 매우 넓어서 정치적 동기에 의한 행정권의 행위에 대해서는 대체로 통치행위성이 인정되었다. 즉 재판으로부터 자유로운 의회행위와 행정재판으로부터 제외되는 정부행위가 판례에 의하여 통치행위로 인정되어 왔다. 그러나 그 이후 범위가 계속 축소되어, 최근에는 정부의 국제관계사항 및 의회관계행위와 전쟁만이 통치행위로서 행정재판소인 국사원(Conseil d'Etat)의 통제로부터 제외되고 있다.

2. 영 국

통치행위에 해당하는 행위는 영국에서 고도의 정치성을 띤 일정한 행위는 국사행위(acts of state), 순정치문제(decision of pure policy) 또는 대권행위(prerogative power) 등으로 불리며 이론상·판례상 사법심사의 대상에서 제외시키고 있다(대권행위설). 영국에서는 일찍부터 "국왕은 제소되지 아니한다"는 원칙이 확립되어 국가승인·선전포고·강화·조약체결 등과 의회해산·수상임명·정부해산·은사권의 행사 등은 사법심사의 대상으로부터 제외되고 있다.

3. 미 국

미국에서 법원은 어떠한 사건에 대한 법률의 해석·적용이 문제될 경우에 정치문제(political question)라는 이유로 관할권을 부인하여 왔다. 이리하여 통치행위의 영역을 정치문제라는 이론으로써 인정하는데, 권력분립주의가 그 인정근거인 것으로 보인다(권력분립설). 이러한 정치문제로 다루어진 예로서는 국가의 승인, 전쟁의 개시·종료, 조약의 해석 등 대외문제가 많고, 한법개정절차에 관한 문제 등과 같은 국내문제도 있다.

4. 독 일

독일에서의 통치행위(Regierungsakt)는 제2차 세계대전까지는 열기주의를 채택하여 고도의 정치성을 가진 행위는 열기사항에서 미리 제외시켰으므로 통치행위는 문제되지 않았다. 그러나 그 후에는 행정소송에 관하여 개괄주의를 취하고 있음에도 불구하고 재판으로부터 자유로운 통치행위를 인정하려는 견해가 지배적이다. 그 근거에 관하여는 비행정재판소관할설, 권력분립설, 재량행위설, 사법자제설 등이 대립하고 있으나, 프랑스의 이론과 판례에 따라 통치행위의 관념을 인정하려는 견해가 다수설이고 판례의 입장인 것으로 보인다.

5. 일 본

일본의 경우도 제2차 세계대전 전까지 행정소송사항과 관련하여 열기주의를 채택하면서 고도의 정치적인 사항은 소송의 대상으로 하지 않았으므로 통치행위의 관념이 문제되지 않았다. 그러나 전후에 소송사항에 관하여 개괄주의를 취하면서부터 사법권의 한계로서 통치행위가 문제되기 시작하였다. 판례는 미 · 일 안보조약의 해석 및 중의원의 해산행위 등에 통치행위성을 인정하였으며, 학설도 긍정설이 통설적 견해이다.

Ⅲ. 통치행위의 인정 여부와 근거

사법심사의 대상이 되지 않는 통치행위의 관념을 긍정한다면, 법치국가 원리의 구현에 중대한 장애요인이 될 수 있다. 따라서 통치행위의 인정근거는 중요한 문제이며, 다음과 같이 견해가 대립된다.

1. 학 설

1) 통치행위론 긍정설

통치행위론을 인정하는 견해이다. 구체적으로 그 인정근거에 대하여는 여러 가지로 학설이 나누어져 있다.

(1) 권력분립설(내재적 한계설)

권력분립원리에 의하면 법원의 사법심사권에는 일정한 내재적인 한계가 있다는 견해로서, 고도의 정치성을 띠는 통치행위는 그러한 사법심사권의 한계를 벗어난다는 입장이다. 다시 말하면, 정치적으로 중요한 행위에 대한 당부의 문제는 정치적으로 책임을 지지 않는 법원이 소송절차를 통하여 판단할 것이 아니라, 정부 · 의회 등에 의하여 정치적으로 해결할 문제라고 본다. 이 설은 미국과 일본의 판례이다.

이 견해에 대하여는 사법권에 내재적인 한계가 있는 것인지의 여부가 명백하지 않다는 점과 결과적으로 사법부의 기능을 축소하게 되어 국민의 권리구제에 미흡하게 된다는 비판이 있다.

(2) 재량행위설(합목적성설)

통치행위는 국가최고기관의 정치적 재량에 의하여 결정되기 때문에 그 권한행사에 있어서는 타당성 또는 합목정성의 여부만 문제될 뿐 위법성의 문제는 발생하지 않으므로 사법심사의 대상이 되지 않는다고 보는 견해이다.

그러나 재량행위라 하더라도 재량권을 남용·일탈하여 행사한 경우에는 위법한 행위로서 사법심사의 대상이 되는 데 대하여, 통치행위의 개념을 인정한다면 그 남용·일탈을 묻지 아니하고 사법심사의 대상으로부터 배제되는 점에서 재량행위설은 적절하지 못하다는 비판을 피하기 어렵다.

(3) 사법자제설

통치행위가 법적 문제를 가지고 있지만 사법심사의 대상으로 하지 않는 이유는 사법의 정치화를 막기 위하여 정치문제에 대하여는 법원이 그에 대한 판단을 자제하는 것이 좋다는 견해이다. 미국 판례의 지배적인 입장이며, 우리나라 헌법재판소의 입장이기도 하다.[9)]

그러나 이러한 주장에 대하여는 법률상 심사할 수 있는 경우에도 법원이 스스로 심사하지 않는다면 심사권의 포기를 의미하는 것으로서 헌법의 명문규정[10)]에 위배될 뿐만 아니라, 사법의 과도한 자제는 결코 국민기본권의 최후의 보루(堡壘)로서의 법원이 취해야 할 바람직한 자세가 아니라는 비판이 가해지고 있다.

(4) 통치행위 독자성설

통치행위는 고도의 정치성을 지닌 최상위의 국가행위로서 본래 사법권의 판단에 적합한 사항이 아닌 독자적인 정치행위라는 견해이다. 그러므로 통치행위가 위헌 또는 위법한 경우에도 사법심사에서 제외된다는 입장을 취한다.

그러나 이 견해에 대해서는 독자적인 정치행위라는 의미와 사법심사의 배제가 언제나 결합될 수 있는 것은 아니라는 비판을 면할 수 없다.

2) 통치행위론 부정설

헌법이 법치주의와 권력분립의 원리를 채택하고 있고, 또한 사법심사에 있어서 개괄주의를 취하고 있음을 근거로 통치행위의 관념 자체를 부정하면서, 사인의 권리를 침해하는 모든 국가작용은 사법심사의 대상이 된다는 견해이다. 이러한 입장에서는 통치행위의 인정은 헌법에 규정된 법원의 명령·규칙 또는 처분에 대한 심사권(헌법 제107조 제2항)을 부정하는 것이기 때문에 사법권의 포기로 이해한다.

부인설은 법이론상으로는 명쾌한 논리를 전개하고 있다고 볼 수 있지만, 법률문제가 내포되어

9) 헌재결 2004.4.29, 2003헌마814.

10) 헌법 제107조 제2항은 개괄적 사법심사를 인정하는 규정이다.

있다고 하여 모든 정치문제를 사법심사의 대상으로 하는 경우 발생할 수 있는 현실적인 문제점을 간과하고 있다는 비판을 받는다.

3) 제한적 긍정설(정책설)

통치행위는 정책적 관점에서 다만 국가의 존립에 극도의 혼란을 초래할 수도 있는 정치적 사안들의 경우에는 예외적 · 정책적으로 인정될 수밖에 없다는 견해이다.

2. 판 례

1) 대법원

대법원은 5·18 내란사건에서 '계엄선포의 요건 구비여부나 선포의 당 · 부당'에 대한 판단,[11)] 대북송금사건에서 '남북정상회담개최'에 대한 판단[12)]을 통치행위로 보고 사법심사의 배제를 긍정하고 있다.

2) 헌법재판소

헌법재판소는 대통령의 금융실명거래 및 비밀보장에 관한 긴급재정 · 경제명령의 발령[13)]을 통치행위로 보았다. 또한 사면[14)]과 이라크 파병결정[15)]도 통치행위로 보았다.

3. 결 어

헌법이 실질적 법치주의와 권력분립주의를 지향하고 있는 점, 사법심사에 있어서 개괄주의를 채택하고 있는 점, 부정설은 개인의 권익보호에 기여한다는 점, 즉 헌법 제27조 제1항의 재판청구권과 헌법 제107조 제2항에 따른 법원의 명령 · 규칙 · 처분에 대한 심사권 등에 근거한 헌법이론상 또는 헌법해석상의 관점에서 볼 때 논리적으로는 부정설이 타당한 것으로 보인다.

그러나 통치행위를 부정하는 견해에는 따를 수 없다고 생각한다. 이 견해가 주장하고 있는 사법심사의 개괄주의의 논거는 이러한 개괄주의의 체제가 바로 논리적으로 통치행위의 부정을 도출하는 것이 아니라는 점에서, 그리고 이러한 주장은 법치주의나 권력분립주의와 관련하여 법정책론적 측면에서 문제가 있는 논거라는 점에서 비판되어야 한다. 따라서 통치행위는 인정될 수밖에 없을 것이다. 그리하여 우리나라 다수의 학설과 판례는 긍정설을 따르고 있다. 긍정설 중에서

11) 대판 1997.4.17, 96도 3376.
12) 대판 2004.3.26, 2003도7878.
13) 헌재결 1996.2.29, 93헌마186.
14) 헌재결 2000.6.1, 97헌바74.
15) 헌재결 2004.4.29, 2003헌마814.

도 그 논거의 차이에 따라 내재적 한계설[16], 재량행위설[17], 사법자제설[18], 통치행위독자성설 등으로 나누어져 있다. 그런데 위의 각 학설들은 기술한 바와 같이 비판을 모면할 수 없는 문제점을 지니고 있다. 그러므로 실질적 법치주의나 개괄주의도 국가의 존립을 전제로 한 것임을 고려할 때, 제한적 긍정설인 정책설이 합리적이라고 판단된다.[19]

Ⅳ. 통치행위의 범위 · 한계

통치행위는 다른 나라의 예에서 볼 수 있는 바와 같이 정부의 행위로서 대통령의 국민투표회부권(헌법 제72조), 대통령의 외교에 관한 행위(헌법 제73조), 대통령의 군사에 관한 행위(헌법 제74조), 대통령의 긴급명령, 긴급재정 · 경제명령과 처분권의 행사(헌법 제76조), 대통령의 계엄선포행위(헌법 제77조), 대통령의 사면권행사(헌법 제79조), 대통령의 영전수여행위(헌법 제80조), 대통령의 국무위원 등의 임면권행사(헌법 제86조, 제87조), 대통령의 법률안거부권행사(헌법 제53조 제2항) 등이 통치행위에 해당한다. 그리고 국회의 행위로서는 국무총리 · 국무위원해임의 건의(헌법 제63조), 국회의 의사 및 의원자격심사 · 징계에 관련된 행위(헌법 제64조) 등도 성질상 통치행위에 해당한다고 볼 수 있다. 이러한 통치행위는 법원에 의한 사법심사의 대상에서만 제외될 뿐 헌법상의 여러 원칙으로부터 배제되는 것까지는 아니며, 그 범위에 있어서는 개인의 기본권보호와 관련하여 극히 제한적으로 인정되는 것이 타당하다.

통치행위도 그것이 헌법에 근거를 둔 국가작용인 이상 국민주권의 원리, 법치국가의 원리, 자유민주주의 원리 등 헌법의 기본원리는 물론이고, 평등의 원칙과 비례의 원칙 등 헌법상의 여러 원칙에 위배될 수 없다. 그러한 의미에서 통치행위는 '법령'으로부터의 자유일 따름이지 결코 '헌법'으로부터의 자유일 수는 없는 것이다.[20] 그리고 고도의 정치성을 띠는 행위라 하더라도 헌법과 법률이 정한 요건을 명백히 결여하거나 기본권침해와 직접 관련되는 경우에는 사법심사 또는 헌법소원의 대상이 되어야 한다.

통치행위는 사법심사의 대상으로부터 배제되므로 그에 대한 청구가 있으면 각하된다. 대통령의 계엄선포 또는 긴급재정 · 경제명령과 같은 통치행위로 피해를 입은 자에 대한 국가배상이나 손실보상의 문제가 논의되고 있다. 한편, 통치행위는 국회나 국민여론에 의한 정치적 통제까지 면할 수는 없다.

---

16) 류지태, 전게서, 20면; 정하중, 「행정법개론」. 법문사, 2007, 11면.
17) 박일경, 「제6공화국 신헌법」. 법경출판사, 1990, 513면.
18) 김도창, 「국가긴급권론」. 청운사, 1972, 251면; 김동희, 전게서, 11면; 이상규, 전게서, 68면.
19) 홍정선, 「행정법특강」. 박영사, 2011, 8면.
20) 권영성, 「헌법학원론」. 법문사, 2009, 845면.

제3절 행정의 유형분류

행정은 여러 가지 측면에서 그 유형을 분류할 수 있는데, 우선 행정조직과 행정작용으로 구분된다. 행정작용은 그 다양성으로 인하여 통일적인 설명이 곤란하므로 행정의 주체 · 대상 · 목적 · 수단(형식) · 법적효과 · 법적구속 등 다양한 기준을 적용하여야만 그 유형의 분류가 가능하다. 그러나 이러한 유형분류는 서로 다른 유형의 행정과 명확하게 구별되는 것이 아니라, 내용적으로는 중첩되는 경우도 존재하게 된다.

Ⅰ. 주체에 의한 분류

1. 국가행정

국가행정이란 국가가 행정권의 주체로서 직접 그의 기관에 의하여 행하는 행정을 말한다. 행정권은 국가의 통치권의 일부이므로 행정은 원래 국가가 담당하여야 하고 국가행정이 행정의 원칙적인 형태이다.

2. 자치행정

자치행정이란 지방자치단체 기타의 공공단체가 행정권의 주체로서 행하는 행정을 말한다. 근대국가에서는 지방자치단체를 주로 한 공공단체도 일정한 범위 안에서 행정사무를 담당하는 것이 통례로 되어 있다(헌법 제117조, 제118조 참조). 다만, 국가와 공공단체 사이의 권한분배의 형태는 국가에 따라 다르며, 중앙집권주의적 국가가 있는가 하면, 지방분권을 강화한 국가도 있다.

3. 위임행정

위임행정이란 국가 또는 지방자치단체, 기타 공공단체와 같은 행정주체가 그의 행정을 스스로 행하지 아니하고 다른 공공단체나 그 기관 또는 사인에게 위임하여 행하는 행정을 말한다. 사인은 행정객체의 지위에 있는 것이 보통이지만, 국가나 공공단체로부터 수임한 '공무수탁사인'이 행정사무를 집행하는 경우에는 그 한도 내에서 행정주체의 지위에 서게 되며, 그 법률관계는 원칙적으로 공법관계이다.

Ⅱ. 대상에 의한 분류

오늘날의 행정은 매우 광범위한 영역에 걸쳐 다양한 행정작용의 형식으로 행해지고 있다. 이러한 행정은 대상에 따라서 경찰행정, 경제행정, 사회행정, 문화행정, 토지행정, 환경행정, 재무행정 등으로 구분할 수 있다. 이와 같은 행정의 분류는 논리적 체계성의 관점에서 볼 때에는 특별한 의미를 부여할 만한 것은 아니라고 할 수 있겠으나, 최소한 다양한 유형의 행정을 파악하는 데 있어서는 나름대로의 효용성이 인정된다.

Ⅲ. 목적 · 임무에 의한 분류

1. 질서행정

질서행정은 소극적인 사회공공의 안녕과 질서유지를 직접적 목적으로 하는 행정을 말한다. 넓은 의미의 질서행정은 직접 사회공공의 안녕과 질서를 유지하기 위한 경찰작용으로서의 권력적 명령 · 강제작용을 뜻하는 '보안경찰'과 다른 행정부문의 행정에 따르는 질서유지를 위한 권력적 명령 · 강제작용을 행하는 '좁은 의미의 행정경찰'을 포함한다. 좁은 의미의 질서행정이란 좁은 의미의 행정경찰은 제외시키고 '보안경찰'에 해당하는 작용만을 의미한다.

2. 급부행정

급부행정이란 행정주체가 '급부자' 또는 '주는 자'로서 적극적으로 사회공공의 복리증진을 위하여 국민에게 역무(役務)나 재화를 제공함으로써 국민의 생활환경을 보장하거나 향상하기 위한 행정을 말한다. 이러한 급부행정의 행위유형으로는 ① 일상생활에 필요불가결한 재화 · 역무 등을 공물 · 공기업을 통하여 제공하는 '공급행정'(예 : 교통 · 통신시설, 수도 · 전기 · 가스, 학교 · 도서관 · 체육시설, 병원 · 보건소 · 직업훈련소 등 재화나 역무의 제공), ② 국민의 인간다운 생활을 보장하고 사회보장 · 사회복지를 증진하기 위하여 직접 개인을 대상으로 공여하는 '사회보장행정'(예 : 생활무능력자의 보호, 의료보험 등). ③ 사회구조에 관한 정책의 일환으로 또는 개인의 생활

개선을 목적으로 개인의 사회 · 경제활동에 적극적으로 관여하여 행하여지는 급부활동으로서의 '조성행정'(예 : 장학금의 지급 · 융자, 자금의 조성 · 교부, 청소년의 보호 · 육성, 지식 · 기술의 제공 등) 등으로 분류된다.

오늘날의 국가는 자유주의국가에서 복지국가 · 사회국가로 헌법가치가 변천됨에 따라 급부행정의 폭은 더욱 확대되고 있다. 따라서 현대행정의 특성으로는 종래의 질서행정 위주의 체제가 복지국가원리의 실현을 위하여 급부행정 중심의 체제로 그 중점영역이 이전하고 있다는 사실을 지적할 수 있다.

3. 유도행정

유도행정(誘導行政)은 국민의 경제 · 사회 · 문화활동 등을 일정한 방향으로 이끌어가고 개선하기 위하여 행정주체가 규제하거나 지원하는 활동이다. 이러한 유도행정의 전형적인 수단은 행정계획과 보조금지급이다.

유도행정으로 행하는 환경보호조치는 대기오염예방이라는 위해방지로서의 질서행정의 성격과 생활조건의 개선조치로서의 급부행정의 성격을 아울러 가지는 것이다. 또한 보조금지급은 그 목적상으로는 유도행정으로서의 성격을 갖지만 특정인에 대한 구체적인 효과면에서는 급부행정으로 볼 수 있다. 이와 같은 유도행정의 관념은 비교적 최근에 학설에 의하여 주장되는 것으로서, 질서행정이나 급부행정과는 명확히 구분하기 어려운 면이 없지 않다.

4. 공과행정

공과행정(公課行政)이란 국가 · 지방자치단체 등 행정주체가 필요로 하는 자금을 조달하기 위하여 조세 기타 공과금(수수료 · 분담금 등)을 부과 · 징수하는 행정이다. 이는 재정행정이라고도 한다.

5. 조달행정

조달행정은 행정목적의 달성을 위해 필요한 인적 · 물적 수단을 확보하고 관리하는 행정이다. 그 근거법으로는 각종의 공무원법, 재정에 관계되는 법규(국가재정법, 국유재산법 등) 등이 있다.

6. 계획행정

계획행정은 장래에 직면하게 될 행정수요를 충족하기 위하여 해당 부문에 있어서의 관련된 모든 권리 · 이익을 비교 · 형량하고 관계상황을 구체적으로 검토하여 현재에 미리 계획하는 행정을 말한다. 이러한 행정계획은 시대의 변천에 따른 행정의 새로운 모습으로 평가되고 있으며, 현대

행정의 총아로 등장하였다고 볼 수도 있다. 그러나 행정계획은 법적 성격의 측면에 볼 때 단순히 자료제공적 성질을 가지는 것에서부터 법적 구속력까지 갖는 계획에 이르기까지 여러 종류가 있다. 또는 행정부문에 있어서는 공간이용계획, 건축계획, 시설수요계획, 자원 이용 또는 보존계획 등이 이에 해당한다. 이와 같은 행정계획의 다양성으로 인하여 이 행정작용형식의 중요성에도 불구하고 아직도 체계적인 이론은 확립되지 못한 미완의 단계에 있는 실정이다.

Ⅳ. 수단 · 법형식에 의한 분류

1. 권력행정

권력행정이란 행정주체가 공권력을 발동하여 개인에 대하여 일방적으로 명령 · 강제하거나 개인의 법적 지위를 일방적으로 형성(발생 · 변경 · 소멸)시키는 행정을 말하는데, 고권행정(高權行政)이라고도 한다. 예컨대, 경찰처분 · 조세부과 · 공용부담 · 병역 등과 같은 행정영역에서 행정권이 일방적으로 개인의 활동을 제한하거나 의무를 부과하는 행위이다. 이러한 권력행정의 주체는 개인에 대하여 우월한 지위에 서게 되는 것이 보통이므로 특수한 공법적 규율을 받는 것이 원칙이다.

2. 비권력행정

비권력행정은 공권력을 수단으로 일방적으로 명령 · 강제하는 권력작용이 아니라 행정주체가 공기업 · 공물 등의 경영 · 관리주체로서 공익을 위하여 사업을 경영 · 관리하는 등의 이른바 관리행정을 말한다. 이를 비고권적 행정 또는 단순공행정이라고도 한다. 이러한 행정주체의 관리작용은 특별한 경우를 제외하고는 사법(私法)의 규율대상이 되고, 행정목적의 달성에 필요한 한도 내에서만 공법적 규율을 받는다.

3. 국고행정

국고행정은 행정주체가 사법상의 재산권주체로서 행하는 사경제적 작용을 말한다. 이러한 국고작용은 행정주체라고 하더라도 사법상의 재산권주체로서 행하는 작용이기 때문에 이 경우의 법률관계에는 일반 사인과 동일하게 민법 기타 사법의 적용을 받는다. 따라서 행정법의 규율대상이 되는 행정에 속하는 것이 아니므로 행정목적의 실현을 위한 행정작용은 아니다. 예컨대, 국 · 공유(國 · 公有) 잡종재산의 매각 · 임대 등과 같이 행정주체가 경제적 이익을 목적으로 하는 작용이 이에 해당된다.

그러나 오늘날의 복지국가에 있어서는 행정작용의 행위형식이 다양화되고 종래의 권력행정으로부터 비권력적 행정으로 활동영역의 중심이 전환됨으로써 사법적 형식의 행정활동을 통한 행정목적의 실현이 점차 증대되어 가고 있다. 그러므로 관리행정과 국고행정의 차이는 극히 상대적 · 유동적인 것이 되어 그 법률관계의 해석이 결코 쉬운 문제만은 아니다. 특히 종래에는 넓은 의미의 국고행정으로 보아 사법의 영역에 속하는 것으로 취급하였던 행정주체의 사법적 형식의 활동에 대하여 행정법상 하나의 법원칙인 평등원칙에 의한 기속을 인정하려는 행정사법(Verwaltungsprivatrecht)의 이론이 성립되고 있다.[21]

V. 법적 효과에 의한 분류

1. 수익적 행정

수익적 행정은 법령에 의하여 제한된 자유를 회복시켜 주거나, 새로운 권리 · 이익을 부여하는 행정작용을 말한다. 예컨대, 허가 · 특허 · 인가, 금전 · 물품 · 서비스 등의 제공 등과 같은 것이다. 오늘날의 복지국가에서는 수익적 행정이 점차 증대되고 있다.

2. 침익적 행정

침익적 행정은 개인의 자유와 권익을 침해 · 제한하거나, 혹은 의무 · 부담을 과하는 행정작용으로서 부담적 행정 · 침해적 행정 또는 규제행정이라고도 한다. 이러한 행정에 대하여는 법치행정의 원리상 엄격한 법적 근거를 요한다. 「행정규제기본법」이 대표적인 법률이다. 예컨대, 영업허가의 취소, 조세의 부과, 토지수용 등이 이에 해당된다.

3. 복효적 행정

복효적 행정은 하나의 행정으로 한쪽 당사자에게는 이익을 부여하고, 다른 쪽 상대방에게는 불이익을 주는 행정작용이다. 복효적 행정에 있어서는 특히 불이익을 받는 제3자의 보호가 문제된다.

21) 석종현, 전게서, 23면.

Ⅵ. 법적 기속에 의한 분류

1. 기속적 행정

기속행정이란 법률이 정한 일정한 요건이 충족되는 경우에는 행정청이 반드시 특정행위를 하여야 하는 유형의 행정작용을 말한다.

2. 재량적 행정

재량행정이란 법이 어떠한 행정작용을 할 수도 있고 아니할 수도 있는 자유(결정재량) 또는 여러 종류의 행정작용 중에서 어느 것이나 선택할 수 있는 자유(선택재량)를 부여하고 있는 유형의 행정작용을 말한다.

3. 법률로부터 자유로운 행정

법률로부터 자유로운 행정이란 기속적 행정이나 재량적 행정과 같이 개별적인 수권규정에 근거해서 하는 경우가 아닌 행정을 말한다. 이러한 행정의 예는 급부행정이나 지방자치행정에서 많이 찾아볼 수 있다. 법률로부터 자유로운 행정이라 하더라도 법률우위의 원칙이나 평등의 원칙 등을 위반할 수 없다는 점에서 법에서 완전히 자유로운 것은 아니라는 점에 유의하여야 한다.[22)]

22) 김남진 · 김연태, 전게서, 16면.

제2장 행정법

제1절 행정법의 의의

Ⅰ. 행정법의 개념

행정법(administrative law, droit administratif, Verwaltungsrecht)이라 함은 종래 '행정에 관한 국내공법'이라고 이해하여 왔다. 이러한 행정법은 내용적으로는 행정주체의 조직·작용 및 행정구제에 관한 공법을 말한다. 즉 행정법은 국가·지방자치단체 등 행정주체의 조직·권한 및 기관 상호간의 관계에 관한 법(행정조직법), 행정주체와 사인간의 관계에 관한 법(행정작용법) 및 행정작용으로 인한 개인의 권리침해에 대한 구제에 관한 법(행정구제법)으로서 구성되어 있으며, 행정에 고유한 공법을 총칭한다고 할 수 있다. 이와 같은 의미의 행정법은 헌법·입법법(立法法)·사법법(司法法)·국제법 등과 구별되는 고유성을 가지고 있다.

Ⅱ. 행정법의 개념요소

행정법을 위와 같이 정의할 때, 그 개념요소를 분설하면 다음과 같다.

1. 행정법은 '행정'에 관한 법이다

행정법이 행정에 관한 법이라고 하는 경우 행정법의 규율대상이 되는 행정의 의미를 어떻게 파악할 것인지가 문제된다. 행정의 의의에 관하여는 앞에서 살펴본 바와 같이 학설상으로는 실질적 의미의 행정과 동일시하는 견해, 형식적 의미의 행정과 동일시하는 견해 등이 있다. 그런데 여기에서의 행정개념은 행정법을 법의 일부문으로서 행정법의 공통원리를 수립하고 이를 체계화하여야 할 필요성이 있는 까닭에 이를 독자적으로 고찰할 학문상의 요청이 있다.

이와 같이 볼 때, 여기에서의 행정의 범주에 포섭된다고 볼 수 있는 것은 다음과 같다. 즉 ① 실질적 의미의 행정은 다른 법의 대상으로 되어 있는 것(예: 국제행정)을 제외하고는 행정부의 작용은 물론 입법부·사법부의 작용에 속하는 것도 여기에서의 행정에 속한다. ② 형식적 의미의 행정은 그것이 성질상 입법(예: 행정입법)·사법(예: 행정심판)에 해당하더라도 여기에서의 행정에 속한다. ③ 행정소송은 실질적으로는 사법(司法)에 속하지만 그것이 행정쟁송임으로 인하여 특별히 제도화되어 있는 한도에서 여기에서 말하는 행정으로서의 성향을 가진다. ④ 지방자치단체 등 공공단체의 활동은 일반적으로 여기에서 말하는 행정에 속한다고 말할 수 있다.[1)]

행정법은 행정권을 중심관념으로 하며, 그 조직 · 작용 및 행정구제에 관한 법이다. 그러한 의미에서 행정법은 국가의 통치권 전반을 대상으로 하며, 국가의 근본조직 · 작용에 관한 기본원칙을 정하는 헌법과 구별되고, 입법권의 조직과 작용에 관한 법인 입법법(예 : 국회법 · 국회사무처법), 사법권의 조직과 작용에 관한 법인 사법법(예 : 법원조직법 · 민사소송법 · 형사소송법 등) 등과도 구별된다.

2. 행정법은 행정에 관한 '공법'이다

행정법은 행정에 관한 모든 법이 곧 행정법이라는 것은 아니며, 그 중에서 '행정에 특유한 법', 즉 공법만을 말한다. 따라서 행정법은 행정에 관한 모든 법 중에서 사법을 제외하고 행정에 고유한 법으로서의 '공법'만을 의미하는 것이다. 이는 우리나라의 현행 법제가 공법 · 사법의 이원적 법체계로 운영되고 있기 때문에 당연하다.

국가 등의 행정주체는 사인과의 관계에서 개인에 대하여 우월한 지위에서 일방적으로 명령 · 강제하는 권력작용과 공기업 · 공물 등의 관리주체로서 공익을 위하여 사업을 관리 · 경영하는 관리작용을 하는 공행정주체로서 뿐만 아니라, 경우에 따라서는 사경제주체로서의 지위에서 국고작용을 행한다. 이러한 행정작용 중 권력작용은 공법이 적용되지만, 관리작용에 대하여는 특별한 경우를 제외하고는 사법의 규율대상이 되고 행정목적의 실현에 필요한 한도에서만 공법의 규율을 받는다. 그리고 행정주체가 사경제주체로서 사인과 법률관계를 형성하는 경우에 있어서의 당해 작용은 사인의 행위와 성질상의 차이가 없으므로 사법에 의하여 규율된다.

행정법은 행정에 고유한 법, 즉 공법이기 때문에 종래 행정법학은 공법만을 고찰의 대상으로 삼았다. 그러나 오늘날에 있어서는 행정기능의 확대 및 다양화에 따라 전통적인 국고작용 이외에 급부행정 등에 적용되는 사법과 같이, 그러한 법률관계를 규율하는 사법은 일정한 공법규정 또는 공법원리에 의하여 수정을 받게 되는 사법, 이른바 '행정사법'(行政私法)의 개념이 대두됨으로써 이 또한 행정법학의 주요한 새로운 문제로 제기되고 있다.

3. 행정법은 행정에 관한 '국내법'이다

행정법은 행정에 관한 국내법인 점에서 국제법과 구별된다. 즉 행정법은 행정에 관한 공법 중에서 국제법은 제외하고, 행정에 관한 국내법만을 의미한다. 그러므로 국제행정은 국제조약이라

---

1) 김남진 · 김연태, 「행정법 I」, 법문사, 2011, 23면.

든가 확립된 국제법규 등 국제법의 규율을 받으며, 그 국제법은 국내법과는 그의 원리와 성질을 달리하므로 행정법과는 차이가 있다.

그러나 국제법 중에는 각국의 국내에서 직접 적용되는 것도 있는데, 경제 · 사회 · 문화 등의 여러 분야에서 많이 찾아볼 수 있다. 따라서 그와 관련된 조약 등 국제법규는 그 한도 안에서 국제법이면서도 아울러 국내법으로서의 효력을 가지게 되고 국내행정법의 일부를 구성하여 행정법학의 연구대상이 된다. 우리나라 헌법 제6조 제1항은 「헌법에 의하여 체결 · 공포된 조약과 일반적으로 승인된 국제법규는 국내법과 같은 효력을 가진다」고 규정하고 있는데, 이 조항이 바로 그러한 점을 명백히 하고 있는 것이다.

Ⅲ. 행정법 형성의 연혁적 의의

1. 행정법의 성립원인

행정의 관념은 근대 법치국가에 이르러 권력분립제도와 관련하여 형성된 역사적 산물이다. 행정법은 근대적 의미의 행정의 관념을 전제로 하는 것이지만, 행정법이 형성되는 데에는 일정한 전제를 필요로 하였다. 영미법계 국가는 보통법(commom law)의 지배를 받는 관계로 행정법이 아직 성립되지 못했었던 데에 비하여, 프랑스 · 독일 중심으로 한 대륙법계 국가에서는 일찍이 행정법이 독립한 법체계로서 성립하게 되었던 연혁적 배경으로는 법치국가의 탄생과 행정제도의 발전이라는 두 가지를 들 수 있다. 따라서 근대적 의미의 행정이 존재한다고 하여 바로 행정법을 가진다는 것을 의미하지는 않으며, 일정한 연혁적 성립원인이 있어야 한다는 것을 알 수 있다.

1) 법치국가의 탄생

행정법의 성립은 우선 근대 법치국가의 탄생에 의하여 그 제1단계적 기반이 조성되었다. 즉 법치국가 사상의 발달은 근대행정법의 성립을 위한 불가결의 전제조건이다. 따라서 행정법은 법치국가의 대두와 함께 권력분립주의 및 법률에 의한 행정의 원리가 확립됨으로써 형성되었다고 볼 수 있다. 그러므로 행정은 국민을 대표하는 의회에서 제정하는 법률의 근거가 있을 때에만 행해질 수 있으며, 법률의 기속을 받게 된다는 '법률에 의한 행정의 원리'가 확립됨으로써 행정법이 성립하여 체계화되기 시작하였다.

2) 행정제도의 발전

근대에 이르러 법치국가 사상의 대두로 인하여 근대적 행정법 성립의 바탕이 마련되었으나, 행정에 관하여 사인상호간에 적용되는 법과 다른 고유한 법체계로서의 행정법이 형성되기 위하여는 위의 조건 이외에 행정제도라는 특수한 제도적 기반을 필요로 하였다. 여기에서 행정제도란 행정권에 대하여 사법권에 의한 제약으로부터 독립된 지위를 보장하는 제도로서, 이는 행정에 특수·고유한 법의 형성과 행정재판제도의 존재를 그 요소로 한다. 이러한 행정제도의 발전에 따라 행정권에만 적용되는 법체계로서 행정법이 형성되었으며, 아울러 행정작용에 대하여 사법법원의 관할권을 배제하고 특별법원인 행정법원의 관할로 하는 행정재판제도가 발전하게 되었다. 이와 같은 의미의 행정제도를 가지는 국가를 '행정국가'(Verwaltungsstaat)라 한다.

2. 각국 행정법의 발전

1) 프랑스 행정법

프랑스에서의 행정법의 성립은 '앙샹레짐'(ancien régime)하에서의 행정권의 사법재판소에 대한 불신으로부터 연유한다. 그로 인하여 혁명 후에는 입법조치에 의하여 모든 행정사건에 대한 사법재판소의 재판권을 박탈하였다는 사실과 밀접한 관련을 가지고 있다. 이와 같이 행정사건에 대한 사법재판소의 재판권을 부인한 논거는 권력분립의 원칙으로부터 찾고 있었다. 즉 권력분립 원칙에 따라 입법·행정·사법이 분립되어야 한다면 그 당연한 귀결로서 행정사건에 대하여는 사법재판소가 심판할 수 없는 것으로 보았다.

1799년에 국참사원(Conseil d'Etat)이 설치됨에 따라, 행정사건에 관하여는 실질적으로 '꽁세유데타'가 심리·결정하게 되었으며, 1872년 이후에는 그 고유한 권한으로서 행정사건에 대한 재판권을 행사하게 되었다. 꽁세유데타는 실제 판결에 있어 당해 사건에 관하여 일반사법과는 다른 특별법이 없는 경우에도 행정사건의 특수성에 입각하여 그에 관한 고유한 독자적인 법리를 판례를 통하여 정립·발전시켰다. 이처럼 프랑스의 행정법은 행정제도의 발달에 따라 행정법원의 판례와 이를 기초로 하는 학설을 중심으로 생성·발전되었으며 그 기본적 관념은 공역무(le service public)에 있었다. 따라서 프랑스 행정법은 공역무(公役務)의 조직과 작용에 관한 법으로서, 행정재판소의 판례와 학설을 중심으로 고유·특유한 독자적인 법체계로서의 행정법이 발전되어 왔다.

2) 독일 행정법

독일은 프랑스에 이어 행정법원이 설치되고 행정제도를 가지게 됨으로써 독자적인 법체계로서의 행정법을 갖게 된 국가가 되었다. 그런데 독일의 행정법은 원칙적으로 공권력(öffentliche Gewalt)의 관념을 중심으로 성립·발전되었다. 그리하여 권력작용은 행정의 우월의 원리에 바탕을 두었으므로 공권력주체로서의 지위에 관한 한 국가는 국민에 대하여 보다 우월적 지위에 서게 되고, 공권력의 행사에는 강력한 공법적 특수성이 인정되었다. 따라서 독일의 행정법에서도 공권력의 조직과 작용에 대하여는 공법적 규율이 적용되고, 행정재판소의 관할로 하는 행정제도를 채택하고 있는 국가가 되었다. 그러나 국가가 재산권의 주체로서 행사는 재산관리적 · 사경제적 작용 등의 국고작용은 원칙적으로 사법(私法)에 의하여 규율되고 일반법원의 관할로 하였다.

독일의 행정법에 있어서도 권력행정 외에 비권력행정인 단순공행정이 그 대상에 포함되어 있다. 최근에는 그러한 작용으로서 급부행정이 중요한 고찰대상으로 부상하고 있으며, 그 체계화가 행정법의 중요한 하나의 과제로 등장한 것은 사실이다. 그러나 독일 행정법에서는 권력작용이 여전히 중심관념을 형성하고 있으며, 그러한 점에서 보아 프랑스 행정법의 범위와 대비하여 좁다고 할 수 있다.

3) 영 · 미 행정법

영 · 미와 같은 국가에서는 국가와 국민 간의 관계도 사인 상호간의 관계와 같이 원칙적으로 보통법(common law)의 지배를 받고 그 다툼도 보통재판소가 관할하는 '법의 지배'(Rule of law)의 원칙이 적용되어 위에서 말한 행정제도를 갖지 않았으며, 행정작용에 관한 특수한 법으로서의 행정법은 별도로 없었다. 이러한 국가는 정부도 사인과 같이 일반법원의 재판을 받는다는 의미에서 '사법국가'(Justizstaat)라고 부른다.

그러나 19세기 말엽 이래 자본주의의 발달에 따른 폐단과 함께 각종의 사회 · 경제적 문제가 나타남에 따라, 통상재판소에 의한 권리보호방식이나 통상행정기관의 활동만에 의하여는 개인의 권리와의 조정을 도모하면서 공공복리를 실현하기가 어렵게 되었다. 따라서 각 행정분야에 있어서 그에 따른 전문적 · 기술적 문제를 처리하기 위하여, 행정적 권한뿐만 아니라 준입법권 및 준사법권이 부여된 여러 종류의 행정위원회(administrative commissions or boards)가 설치되었으며, 이를 중심으로 하여 행정법이 성립 · 발전하게 되었다. 그리하여 영 · 미에서의 행정법은 기본적으로는 보통법에 대한 예외로서 인정되고 있는 점에서, 일반사법에 대하여 그 독자성이 인정되고 있는 대륙법계의 행정법과는 다른 유형의 행정법이 발전하고 있음을 인정하여 그의 특질을 학문적으로 연구할 필요가 있다.

4) 일본 행정법

일본은 제2차 세계대전까지 유럽대륙식 행정제도를 계수하여 1890년에는 행정재판소를 설치하였다. 그리하여 행정사건을 행정재판소의 관할로 하였으나, 소송을 제기할 수 있는 사항은 열기주의를 취함으로써 제한적이었고 단심제를 채택함에 따라 행정재판소가 행정법의 발전을 위하여 한 역할은 독일의 수준에도 미치지 못하였다. 행정에 관한 다수의 입법이 행하여지기는 하였지만, 거의 개별적인 사항에 관한 것에 지나지 않았다. 그러므로 일본에서도 행정법의 발전은 학설에 의존한 비중이 크다고 하겠다.

제2차 세계대전 후 제정된 헌법에서는 행정재판소가 폐지되고 사법국가형을 채택하였다. 그러나 행정사건소송법이 별도로 제정되어 시행되고 있으므로 소송절차의 점에서는 종래의 체계가 아직도 존재하고 있다.

5) 한국 행정법

우리나라 헌법 제107조 제2항은 「명령 · 규칙 또는 처분이 헌법이나 법률에 위반되는 여부가 재판의 전제가 된 경우에는 대법원은 이를 최종적으로 심사할 권한을 가진다」고 규정하고 있어 영 · 미식인 사법제도국가적 방식을 취한 것으로 보인다.

그러나 우리나라의 경우에는 독자적인 법체계로서의 대륙법계의 행정법을 유지하고 있으며, 행정사건을 민사소송과 동일하게 취급하는 것이 아니라 독자적인 절차법으로서의 행정소송법으로써 행정소송에 관한 특수한 절차를 마련하고 있는 점으로 보아 완전한 형태의 사법제도국가주의를 채택한 것은 아니다. 더욱이 우리나라는 1994. 7. 27의 법개정(법원조직법 제3편 제5장, 행정소송법 제9조 등)을 통해 행정법원을 설치하도록 되어 있는 점 등으로 보아 일본에서보다는 공법으로서의 행정법의 특수성이 강조되고 있다고 할 수 있다.

앞으로의 행정법의 기본과제로서 행정조직법 · 행정작용법 · 행정구제법 등에 걸쳐 논의되어야 할 사항들은 다음과 같은 것을 제시할 수 있다.

첫째로, 행정조직법적 관점에서의 과제를 살펴보면, 가장 핵심적인 문제가 중앙 · 지방 행정의 종합조정기능의 강화라 할 것이다. 현대행정에 등장한 새로운 사회 · 경제적 문제들은 기존의 할거적(割據的) · 종심적(縱深的) 행정조직에 의한 산발적 대응노력만 가지고는 효과적인 해결을 기대하기 어렵다. 이러한 문제를 극복하려면 중앙 · 지방을 막론하고 종합조정기능을 강화할 필요가 있으며, 또한 종합조정기능은 계회기능과 연결되어야 하는데, 그 경우 계획과 재정과의 관계 및 계획부서와 집행부서와의 관계를 어떻게 정립하여야 하는 것이 문제이다. 그리고 중앙정부의 행정권한의 지방이양은 행정사무의 효율화 · 간소화와 인구분산에 도움이 될 뿐만 아니라 균형사회를 이룩하기 위한 전제도 될 수 있기 때문에 이를 위한 중앙 · 지방간의 사무재분배의 선을 어떻게 결정할 것인가의 문제도 검토되어야 한다. 또한 새로운 중앙집권화의 결과 전문적인 지식과 기술의 중앙집중 현상을 띠고 있는데, 일선행정업무가 고도의 지식과 기술을 요하므로 중앙관서는 하부관서에 의한 세부계획의 작성과 정책의 집행을 기술적 · 전문적으로 도와주어야 한다는 의미에서 협동(cooperation)과 조정(coordination)을 위한 제도적 장치가 마련될 것이 요청된다.[2)]

둘째로, 행정작용법적 시각에서의 과제를 고찰하면, 전통적으로 일반행정작용의 해위형식은 기본적으로 행정입법과 행정행위에 한정되었다. 그 중에서 행정작용의 형식이라기보다는 행정권에 의한 입법이라는 관점에서 일반적으로 검토되었다. 행정행위는 행정작용의 가장 중요한 행위형식으로서 현재도 일반 행정작용법의 가장 핵심적 개념으로서 역할하고 있다. 행정계약은 종래부

---

2) 김도창, 「일반행정법론(상)」, 청운사, 1993, 144-145면.

터 행정작용형식의 하나로 검토되어 왔지만 그 실질적 의미는 큰 비중을 차지하지는 못하였다. 위와 같은 전통적인 행정작용의 형식 이외에 행정계회 · 행정지도 · 행정정보 · 행정계약은 종래부터 행정작용형식의 하나로 검토되어 왔지만 그 실질적 의미는 큰 비중을 차지하지 못하였다. 위와 같은 전통적인 행정작용의 형식 이외에 행정계획 · 행정지도 · 행정정보 · 행정상의 사실행위 등이 새로운 작용형식으로 등장하여 현재 행정법상의 중대한 과제가 되었다. 또한 행정법상의 확약이론도 행정작용법에 있어서 새로운 문제로 대두되었다.

셋째로, 행정구제법적 측면에서의 과제를 짚어보면, 위법 · 부당한 행정작용으로 인하여 국민의 권리 · 이익이 침해될 경우의 행정상 손해전보제도와 행정쟁송제도가 있다. 그런데 손해전보제도와 관련하여 수용유사적 침해의 법리 등을 인정할 것인가 여부가 문제되고, 행정쟁송에 있어서는 의무이행소송이 인정되지 않고 있는 등 문제점이 많아 행정소송법 개정에 관한 논의가 활발히 전개되고 개정안도 마련되었지만 그 이상의 진전이 없었기에 앞으로의 과제가 되어 있는 상태이다. 행정절차는 행정의 민주화를 위한 시책의 하나로서, 절차적 정당성을 확보하고 사전구제적 기능을 담당한다는 점에서 행정절차법의 제정 · 시행은 그 의미가 매우 크다고 할 수 있겠다.

제2절 행정법의 특색

행정의 조직 · 작용 및 구제에 관한 법으로서의 행정법은 단일법전이나 아직 완벽한 통칙적 규정이 없이 무수한 법으로 구성되어 있다. 그러나 그러한 법 전체를 특징짓는 공통의 지도원리가 존재하기 때문에 통일적인 법체계를 형성하고 있다고 말할 수 있다. 그리하여 그 공통의 지도원리, 즉 행정법을 특색지우는 지도원리가 무엇인가를 명백히 하는 것은 행정법을 전체로서 통일적으로 이해하는 데 있어서 필요하다. 그러한 특성은 다른 법분야에서도 찾아 볼 수 있으나 행정법에서 더욱 강하게 나타난다고 할 수 있다. 행정법이 민법 · 사법법(司法法) 등 다른 법분야와 비교하여 상대적이기는 하지만 어떠한 법적 특수성을 가지는 것인가를 고찰할 필요가 있다. 여기에서는 그에 관한 사항을 행정법의 규정형식 · 규정내용 · 규정성질 등으로 나누어 살펴보고자 한다.

Ⅰ. 행정법의 규정형식의 특성

1. 행정법의 성문성

행정법은 국민의 권리 · 의무에 관한 사항을 일방적으로 규율하고 강행성을 갖는 경우가 많기 때문에, 그 내용을 명확히 함으로써 국민으로 하여금 장래의 예측을 가능하게 하고 법적 생활의 안정을 도모하기 위하여 원칙적으로 성문의 형식으로 규정되어 있다. 즉 행정법은 그 존재형식에 있어서 다른 법분야보다는 더욱 성문법주의가 지배하고 있지만, 그 때문에 불문법의 존재 가치가 부인되는 것은 아니다.

2. 행정법의 형식의 다양성

행정법을 구성하는 법의 형식은 단일법전으로 존재하는 것이 아니고 다른 법에 비해 매우 다종 · 다양한 형식으로 존재한다. 즉 행정법을 구성하는 법은 최상위법으로서의 헌법도 있지만 의회입법의 원칙에 의하여 법률에 의할 것을 원칙으로 하면서도 법률의 수권에 의한 위임명령 · 집행명령 또는 지방자치단체의 조례 · 규칙도 중요한 기능을 수행하고, 훈령 · 예규 등 행정규칙의 형식으로 법령해석의 기준을 정하는 경우가 많이 있다.

Ⅱ. 행정법의 규정내용의 특성

1. 행정법의 행정주체의 우월성

행정법은 행정권의 발동을 기속하여 그의 자의적 행사를 금지하면서 법률 스스로 행정권의 발동에 우월한 효력을 인정함으로써 사인 상호간의 행위와는 다른 법적 취급을 하고 있다. 이러한 행정주체의 우월성은 행정의 실효성을 확보하도록 하기 위하여 법률이 행정에 대하여 부여하고 있는 특색인데, 구체적으로는 다음의 점에서 나타나고 있다.

1) 행정주체의 지배권

행정법은 국가 · 공공단체 등의 행정주체가 국민에게 일방적으로 명령 · 강제하거나, 법률관계를 형성 · 변경하는 힘, 즉 지배권[3]을 인정한다. 행정법이 행정주체에게 지배권을 인정하는 것은 행정주체가 국민에 대하여 우월성을 지닌 것을 의미하며, 이러한 점에 행정법의 현저한 특색이 있다.

2) 행정행위의 공정력

행정주체의 지배권의 발동이 법률에 근거를 두고 법률이 정하는 바에 따라야 하는 것은 말할 필요도 없지만, 특히 행정행위의 경우에는 그것이 법률에 위반한 때에도 그 위반이 중대 · 명백하여 그 처분이 당연무효가 되지 않는 한 권한있는 기관에 의하여 취소될 때까지는 구속력을 가지는데, 이러한 효력을 행정행위의 공정력(公定力) 또는 예선적 효력이라고 한다. 이와 같은 행정행위의 효력이 인정되는 것은 행정의 실효성을 담보하기 위하여 행정주체의 의사에 우월성이 부여된 특색이 있기 때문이다.

3) 행정권의 자력강제권

행정법은 행정권이 자력으로 상대방의 의무의 이행을 강제하며(행정상의 강제집행), 또는 행정상 필요한 상태를 실현할 수 있는 권능을 부여하기도 한다(행정상의 즉시강제). 이에 대하여 사법관계에 있어서는 개인에게 자력강제권이 인정되지 아니하고, 원칙적으로 법원의 판결에 의하여

---

3) 예컨대, 조세의부과 · 징수권, 토지 등의 수용 · 사용권, 경찰상의 명령강제권 등과 같은 것이다.

『민사집행법』에 의거한 집행문을 부여받아 집행관에 의존하여 자기의 권리를 실현할 수 있는 점에서 차이가 있다.

2. 행정법의 공익우선성

행정주체는 행정목적의 실현을 위하여 경우에 따라서는 공권력을 행사하지 아니하고 사인과 대등한 지위에서 비권력적 방법으로 행위하는 경우가 있는데, 그러한 경우에도 행정법은 공공복리의 실현, 즉 공익목적의 달성을 위해 사인간의 법률관계와는 다른 특별한 법적 규율을 하는 경우가 있다. 이와 같이 행정주체의 공익목적의 달성을 위한 공익우선성의 인정은 곧 사익을 무시하는 의미가 아니고 공익과 사익과의 조화를 도모하면서 전체로서 공익목적을 달성하기 위한 것으로서, 여기에서도 행정법의 특색을 찾을 수 있다.

Ⅲ. 행정법의 규정성질상의 특성

1. 행정법의 획일성 · 강행성

행정법은 보통 다수의 국민을 대상으로 하여 일정한 행정목적을 실현하기 위하여 개개 당사자의 의사를 불문하고 획일적 · 강행적으로 규율하고 있으므로 원칙적으로 당사자의 의사에 의하여 법의 적용을 배제할 수 없다. 이러한 관계로 사적 자치의 원칙에 따라 당사자의 자유의사를 존중하게 되는 사법과 대비하면 행정법은 특색을 가지고 있다. 그리하여 행정법이 지닌 획일성 · 강행성의 특색으로 인하여 개인뿐만 아니라 행정청도 구속한다.

2. 행정법의 기술성

행정법은 행정목적을 합목적적으로 공정하게 실현하기 위한 기술적 · 수단적 성질을 가진다. 최근에는 행정과정에 개인의 참여를 더욱 확대하기 위한 행정절차적 규율의 필요성이 강조되고 있다. 예를 들면, 「공익사업을 위한 토지 등의 취득 및 보상에 관한 법률」과 「국토의 계획 및 이용에 관한 법률」 등은 공익실현과 토지소유자 기타 이해관계인의 이해를 어떻게 하여 공정하게 조정할 것인가 하는 차원에서 제정된 기술적 절차법이다. 그러므로 이러한 법률은 그 목적을 당성하기 위한 편의 · 능률 · 공정과 같은 합리성을 추구하는 데에 특색이 있다. 오토 마이어(Otto Mayer)의 "헌법은 변하지만 행정법은 존속한다"(Verfassungsrecht vergeht, Verwaltungsrecht besteht)라는 말은 행정법이 정치적 법인 헌법처럼 어떠한 정치적 성격에 민감하지 아니하고 이러한 기술법적 성격을 가지고 있음을 적절하게 표현한 것이다.

3. 행정법의 명령성

법의 내용이 의무를 명하는 것인가, 법률상 능력의 형성에 관한 것인가에 따라서 명령규정(단속규정)과 능력규정(효력규정)으로 구분한다면, 행정법은 주로 명령규정이고 사법의 경우에는 능력규정을 주로 한다. 명령규정의 위반에 대한 제재는 처벌이고, 능력규정에 위반한 행위는 일반적으로 무효이다.

4. 행정법의 행위규범성

사적 자치의 원칙을 전제로 하는 사법은 직접 국민에 대해 권리 · 의무를 형성(발생 · 변경 · 소멸)해 주는 것을 내용으로 하지 않는 성격이 강한 데 대하여, 행정법은 행정권의 활동의 기준이 되고 국가와 국민 사이에 직접 권리 · 의무를 설정하고 행위규범으로서 주로 기능한다. 그런데 행정법도 재판규범으로서 전혀 기능하지 않는 것은 아니지만, 그보다는 행위규범으로서의 성격과 역할이 더욱 현저하다.

5. 행정법의 재량성의 문제

행정법과 사법법(司法法)의 구별기준으로서 자유재량의 허용 여부를 드는 입장에서 보면, 장래에 향하여 행정목적을 실현하고자 하는 행정은 필연적으로 그 법규적 기속의 정도에 있어서 과거의 특정사건을 중심으로 한 법률적 쟁송에 대한 법선언적 작용인 사법(司法)에 비하여 완화되는 경우가 많다. 그러한 관계로 인하여 종래 행정법은 재량성을 갖는 것으로 보았다. 그러나 이는 상대적인 차이에 불과하며 법규적 기속이 엄격한가, 완화되고 있는가의 표준은 행정법과 사법법을 본질적으로 구별하는 표시가 될 수 없다. 더욱이 현대의 사회적 법치국가에 이르러서는 행정과정에 대한 법적 기속도를 높이는 경향이며, 그 절차를 사법화(司法化)하는 등 행정재량에 대한 통제문제도 깊은 관심의 대상이 되고 있다.

제3절 행정법과 법치행정

Ⅰ. 법치행정의 의의

현대 민주국가에서는 법치국가의 원리가 거의 에외없이 헌법적 원리의 하나로 채택되어 있으며, 우리나라의 헌법에 있어서도 동일하다. 그런데 법치국가라 함은 근대 입헌주의국가에 이르러 자유주의적 정치원리로서의 권력분립주의를 바탕으로 하여 국민대표기관인 의회가 제정하는 법률에 의하여 행정권의 활동이 기속되는 동시에, 법률의 적용을 보장하는 재판제도를 보유함으로써 기본권보장의 목적을 달성하려는 제도가 마련되어 있어야 한다. 이러한 법치국가의 원리는 행정법이 성립하기 위한 전제요건이면서 행정법의 기본원리 중의 하나이다.

법치행정은 법치주의의 행정면에서의 반영이다. 법치행정이란 일반적으로 행정은 법률에 근거하여 그의 기속을 받고 법을 준수하여야 하며, 만약 법을 위반하여 국민에게 피해를 주는 경우에는 재판 등을 통한 구제제도가 마련되어야 하는 것을 말한다. 이는 '법률에 의한 행정의 원리'(Prinzip der gesetzmässigen Verwaltung)라고도 한다. 이러한 법치행정주의는 법률의 우위, 법률의 유보, 법률에 의한 재판 등을 그 내용으로 한다. 즉 행정권의 행사가 국민의 자유와 권리를 제한하거나 새로운 의무를 부과하는 경우에는 반드시 의회가 제정한 법률에 근거하여야 하고(법률의 유보), 행정은 이러한 법률의 존재를 전제로 하여 그에 의거하여 행해져야 하며(법률의 우위), 위법한 행정작용으로 인하여 국민의 권익이 침해된 때에는 그 구제를 위하여 법률에 따른 재판이 행해져야 한다는 것(법률에 의한 재판)이 법치행정주의이다.

법치행정원칙의 구체적인 제도적 유형은 각국의 역사적 기반의 차이에 따라 다르며, 보통 유럽대륙형과 영 · 미형으로 구분한다. 우리나라의 경우에는, 과거 일본을 통하여 독일적인 '법률의 지배'(Herrschaft des Gesetzes)의 영향을 받았으나, 제2차 세계대전 후에는 영 · 미의 '법의 지배'(rule of law)의 원칙도 도입되고 있다. 전자의 특징은 제2차 세계대전까지 그 운영에 있어서 형식화됨으로써 인권보장의 내실을 거두지 못한 데 있고, 후자의 경우에는 실질적인 인권보장의 원리로서 기능하여 왔다고 평가받는다.

Ⅱ. 법치행정의 원리의 내용

행정작용이 합헌적인 법률에 따라 수행되어야 한다는 법치행정의 원리는 원래 대륙법계의 전통에 근거한 것이다. 근대 독일 행정법학의 기반을 마련한 오토마이어(Otto Mayer)는 이 원리를 '법률의 지배'라는 개념으로 파악하고, 그 내용으로는 법률의 법규창조력, 법률의 우위, 법률의 유보를 들었다.

1. 법률의 법규창조력

법률의 법규창조력이란 국민의 자유와 권리에 대한 구속력을 가지는 규율을 하기 위해서는 의회에서 제정한 법률에 의해서만 가능하다는 것이다. 즉 국민의 권리 · 의무관계에 구속력을 가지는 법규를 창조하는 것은 국민의 대표기관인 의회의 전속적 권한에 속하고 의회가 제정한 법률만이 법규로서의 구속력을 갖는다는 것을 의미한다.

그러나 오늘날에도 이러한 내용을 그대로 인정할 수 있는가에 대한 논의가 전개되고 있다. 부정적인 입장에서는 오늘날에는 법률뿐만 아니라 행정입법에 의해서도 국민의 자유와 권리에 관한 규율의 법규가 만들어진다는 사실을 이유로 하여, 이 원칙을 법치행정의 내용에서 제외하려고 한다. 이에 반하여, 긍정적인 입장은 행정입법에는 물론 법규적 효력이 인정되는 것이기는 하지만, 이는 법률의 개별적인 위임에 근거하여서만 제정이 가능하고 이러한 위임에 의하여 비로소 법규적 효력이 주어지는 것이므로 결과적으로 법률에 의한 법규창조력을 부인할 수 없다고 한다. 이와 같은 논의에 대하여는 긍정적 입장이 타당하다고 본다.[4]

2. 법률의 우위

법률우위의 원칙이란 법률은 의회가 제정한 것이기 때문에 다른 국가기관의 의사보다는 우월하다는 의미로서, 행정기관과 관련하여 보면 행정작용의 법률종속성을 뜻한다. 따라서 행정작용이 법률에 위반하면 당연히 위법이 되어 이에 따른 여러 가지 효과가 발생하게 된다. 여기의 법률의 개념은 형식적 의미의 법률만을 의미하는 것이 아니라 법규명령과 관습법 등의 불문법을 포함하나, 행정규칙은 여기에 포함되지 않는다. 종래에는 행정에 대한 형식적 의미의 법률의 우위가 강조된 경향이었으나, 실질적 법치주의를 채택하고 있는 오늘날에 있어서는 '합헌적인 법률의 우위'가 강조되고 있다. 이와 같은 합헌적인 법률의 행정에 대한 우위를 보장하기 위하여 헌법재판제도가 존재하고 있다.

---

4) 류지태, 「행정법신론」, 신영사, 2008, 51~52면.

3. 법률의 유보

1) 법률유보의 의의

법률유보의 원칙이라 함은 행정권의 발동에는 법률의 근거에 의하여 또는 법률의 수권에 의하여 행해져야 할 것을 의미한다. 법률우위의 원칙이 소극적으로 행정작용이 현존하는 법률에 위반하면 안 되는 것을 요구하는 데 대하여, 법률유보의 원칙은 적극적으로 행정작용을 위하여 법률의 근거를 필요로 한다. 여기에서 '법률의 유보'라고 하는 경우의 법률은 국회에서 일정한 제정절차에 의하여 만들어진 형식적 의미의 법률을 말하며, 국회의 의결을 거치지 아니한 명령이나 불문법원으로서의 관습법 등은 이에 포함되지 아니한다. 그러나 법률유보의 원칙은 행정작용의 근거가 반드시 직접적인 법률의 근거를 갖추어야 하는 것을 요구하는 것은 아니고, 간접적인 근거인 경우, 즉 법률의 위임에 따른 법규명령에 의한 경우도 가능하다고 본다.

2) 법률유보의 적용영역

법률유보의 원칙이 행정의 어떠한 영역을 대상으로 하는가에 관한 논의는 역사적인 발전과정에 따라 그 범위가 다르다. 법률우위는 행정의 모든 영역에 적용된다. 이에 대하여 법률유보의 적용영역, 즉 유보의 범위는 종래에 매우 제한적으로 파악하였지만, 오늘날에는 어떠한 행정작용이 법률의 근거를 요하는가 하는 문제에 관하여 그 범위를 점차 확대하여 이해하려는 경향이다.

이 문제에 관련된 학설의 요지를 살펴보면 다음과 같다.[5] 즉 침해유보설은 권력적으로 국민의 자유 · 권리를 제한 또는 침해하거나 새로운 의무를 부과하는 행정작용은 반드시 법률의 근거를 요한다는 견해이고, 전부유보설은 침해유보설과는 정반대의 입장에서 모든 행정작용은 법률의 근거를 요한다고 보는 견해이다. 권력행정유보설은 당해 행정작용이 침익적인가, 수익적인가를 가리지 아니하고 행정권의 일방적 의사에 의하여 국민의 권리 · 의무를 결정하게 되는 모든 권력적 행정작용은 법률의 근거를 요한다고 보는 견해이다. 또한 급부행정유보설은 법률유보의 원칙은 침해행정뿐만 아니라 수익적 행정활동인 급부행정의 전반에 대해서도 적용되어야 한다고 보는 견해이다. 그리고 중요사항유보설(본질성설)은 헌법상의 법치국가원칙 · 민주주의원칙 및 기본권 규정과 관련하여 볼 때에 각 행정부문의 본질적 사항에 관한 규율은 법률에 유보되어야 한다고 보는 견해이다.

현대의 민주적 법치국가에서는 침익적 권력작용뿐만 아니라 급부행정에도 법률의 근거가 있어야 한다는 주장에 대하여는 일단 그 타당성을 인정할 수 있을 것이다. 그러나 급부행정에 있어서는 실제로 많은 행정작용이 구체적 법률의 근거 없이 행해지고 있으므로 이러한 모든 부문에 있어 반드시 법률의 근거가 있어야 한다는 것은 오히려 국민에게 불리한 결과를 가져온다는 비판론

5) 박평준 · 박창석, 「보상행정법」, 리북스, 2012, 13~15면.

도 상당한 설득력이 있어 보인다.

따라서 권력적 행정작용 이외의 급부행정이나 기타 행정영역에 대한 법률유보원칙의 적용 여부에 관한 문제는 일률적으로 논할 것이 아니고, 구체적 행정활동 내지는 구체적 관련사항을 고려하고 개별적·구체적으로 검토하여 당사자 내지 국민 일반에 대하여 본질적인 것으로 판단되는 사항은 원칙적으로 법적 규율을 요한다고 보아야 할 것이다.[6] 법률유보의 문제에 대한 우리나라 법원의 입장은 아직 분명하지 않은 것 같지만, 헌법재판소는 '중요사항유보설'에 입각하고 있는 것으로 보인다.[7]

3) 법률유보의 한계

법률유보의 원칙은 모든 행정작용에 대하여 적용되는 것은 아니고 일정한 한계를 갖는다. 특히 규율대상이 되는 사항과 관련하여 한계문제가 제기된다. 법률유보의 한계대상으로 논의되는 분야로는, ① 법률로 규율하기에 아직은 기술상(記述上)의 문제가 있거나 사실상 규율이 어려운 영역이 있다. 예컨대, 과학기술행정분야나 환경행정영역의 경우 등이다. ② 규율은 가능하지만 정책적인 측면에서 법률 등에 의해 규율하는 것이 바람직하지 않은 영역을 들 수 있다. 이러한 경우의 예를 들면, 문화적인 영역으로서 교육제도나 학교관계의 개별적인 내용들, 예술활동에 관한 영역 등이 있다. 법률유보는 모든 대상을 법률로 규율할 것을 요구하는 것이 아니므로 사실상의 한계가 존재하는 경우에는 이를 인정할 수밖에 없을 것이다.[8]

Ⅲ. 법치행정원리의 보장제도

법치행정의 원리를 보장하는 수단에는 여러 가지 제도가 있다. 그러나 현실적으로 중요한 역할을 하는 제도에는 사후적으로 일정한 통제수단을 마련하는 경우와 사전적으로 행정절차를 거치도록 하는 경우를 볼 수 있다.

1. 사후적 통제제도

1) 입법부에 의한 통제

국회의 국정감사 및 조사권, 국무총리·국무위원의 해임건의, 탄핵소추의결권 등이 있다.

---

6) 김동희, 「행정법 I」. 박영사, 2011, 41면.
7) 헌재결 1999.5.27., 98헌바70.
8) 류지태, 전게서, 57면

2) 행정부에 의한 통제

상급행정청의 하급행정청에 대한 감독권, 감사원에 의한 통제, 지방자치단체의 집행기관과 지방의회의 상호통제, 행정심판에 의한 통제방법 등을 들 수 있다.

3) 사법부에 의한 통제

행정상의 손해배상제도, 행정소송제도 등을 통한 통제방법이 있다.

4) 헌법재판소에 의한 통제

헌법소원, 위헌법률심사제도, 권한쟁의심판제도 등을 들 수 있다.

2. 사전적 행정절차의 기능

위와 같은 사후적인 통제수단은 현실적인 사법심사의 한계 등으로 인하여 그 실효성이 문제되는 경우가 있다. 따라서 행정행위가 이루어지기 이전 행정작용의 형성과정에 사전적으로 거치도록 한 행정절차가 중요한 기능을 발휘하게 된다. 우리나라에서는 행정절차에 관한 일반법으로서 「행정절차법」이 제정 · 시행되고 있는데, 그 주요 내용으로는 처분절차, 신고절차, 행정상 입법예고절차, 행정예고절차 및 행정지도절차 등이 중요성을 갖게 된다.

Ⅳ. 법치행정원리의 한계

법치행정의 원리는 원칙적으로 모든 국가작용에 대하여 적용되어야 할 것이나, 다음과 같은 경우에는 그 예외가 인정된다.

1. 통치행위

통치행위는 고도의 정치성을 띠는 국가기관의 행위로서 사법심사의 대상으로 하기에 부적합한 성질의 행위일 뿐만 아니라, 비록 그에 대한 판결이 있는 경우에도 그 집행이 곤란한 국가작용을 말한다. 이러한 통치행위는 행정기관의 행위이지만 사법면책특권을 갖게 되므로 위법성의 문제나 국가배상책임의 문제를 야기시키지 않는다. 따라서 어떠한 행위가 통치행위에 해당되는 경우에는 법치행정원리의 예외로서 인정되어 법으로부터 자유스러운 영역에 속한다.

2. 특별행정법관계

전통적 행정법이론에 의한 특별권력관계란, 특별한 법률원인에 의하여 성립되고, 공법상 특별한 행정목적을 위하여 필요한 범위 안에서 특별권력주체가 특별한 신분이 있는 상대방을 포괄적으로 지배하고, 상대방은 포괄적인 지배권에 복종함을 내용으로 하는 법률관계를 말한다. 그런데 이러한 법률관계에는 일반권력관계에 있어서와는 달리 법치행정의 원리가 적용되지 않는다고 보았다.

전통적 특별권력관계론은 반민주적·반법치주의적 성격 때문에 제2차 세계대전 이후 실질적 법치국가에 이르러서는 이론적 근거를 상실하게 되었다. 따라서 이 이론에 대한 비판과 재검토의 과정을 거치면서 그 평가도 종전과는 크게 달라지게 되었다. 오늘날은 개념 자체도 '특별행정법관계'라고 하는 등 새로운 시각에서 재구성하고 있는 경향이 일반적이다.

특별행정법관계에 법치행정원리가 적용되는지의 여부가 문제된다. 종래의 특별권력관계론을 부정하고 특별행정법관계로 재구성한 견해에 의하면, 이러한 법률관계에도 원칙적으로 법칙주의가 적용된다고 본다. 즉 특별행정법관계에도 헌법상의 기본권조항이 적용되고, 기본권의 제한은 법률에 근거가 있어야만 가능하다고 할 것이다. 그리고 특별행정법관계에서도 법률유보의 원칙은 적용되어야 하며, 구성원의 권리를 제한하거나 의무를 부과하는 경우에는 법률의 근거가 있어야 한다. 또한 특별행정법관계도 법으로부터 자유로운 영역이 될 수 없으므로 이러한 법률관계에서의 행위도 사법심사의 대상이 될 수 있다고 보아야 한다.

3. 재량행위

재량행위가 입법자에 의한 수권의 목적 등의 한계 안에서 행사되는 경우에는, 위법성은 문제되지 않고 합목적성의 여부만이 검토되어야 하기 때문에 이러한 한도 안에서는 법치행정의 원리는 적용되지 않게 된다. 그러나 재량권의 한계를 초월한 재량권의 일탈·남용의 경우에는 위법이 되어 사법심사의 대상이 된다.

V. 형식적 법치주의의 실질적 법치주의화

형식적 법치주의는 제2차 세계대전 이전에 독일에서 인정되었다. 형식적 법치주의란 법치주의를 법률과 행정의 관계에 있어서 의회가 제정한 법률의 우위를 전제로 한 형식적 법률의 지배를 말한다. 여기에서 법률의 목적이나 내용은 문제되는 것이 아니므로 행정의 합법성은 곧 행정의 정당성의 근거가 된다는 논리가 되어 국민의 인권보장은 형식적인 것에 그치게 된다.

형식적 법치주의에서는 법률우위를 절대시하여 법률을 빙자한 국가권력에의 무조건적인 복종을 강요할 수 있게 되고, 입법의 포괄적 수권이 가능하며, 행정을 위한 광범위한 자유재량권의 설정을 할 수 있도록 하는 등 법을 도구로 사용한 독재제(獨裁制)가 출현케 되었다. 독재제에서의 법률은 개인의 권익보장을 위한 제도적 장치가 아니라 억압의 수단이 되고, 법률을 도구로 이용한 합법적 지배를 의미할 뿐이며, 국민의 인권보장은 형식적인 것에 그치게 되는 것이었다. 이러한 형식적 법치주의는 제2차 세계대전에서 독일 등이 패배함에 따라 종말을 고하게 되었다.

제2차 세계대전 후 형식적 법치주의는 실질적 법치주의로 전환되었다. 실질적 법치주의는 개인의 인권보장을 이념으로 하며, 법의 실질적 내용도 인권침해가 없도록 보장하는 민주주의 정치이념의 표현이다. 즉 실질적 법치주의는 형식적 법치주의를 당연한 전제로 인정하고 한 걸음 더 나아가 인권보장을 이념으로 하며, 법의 실질적 내용도 인권침해가 없도록 보장하는 원리인 '법의 지배'를 말한다.

우리나라의 경우에도 헌법에 기본권보장의 규정, 위헌법률심사제 및 헌법재판제도의 채택, 행정의 합법률성과 행정의 사법적 통제의 보장 등 실질적 법치주의를 확립하고 있다. 실질적 법치주의의 주요 내용으로는 ① 법규의 법률창조력, ② 법률우위의 원칙, ③ 법률유보의 원칙, ④ 법률에 의한 행정의 원리의 보장강화 등을 들 수 있다.[9]

그런데 형식적 법치주의나 실질적 법치주의의 내용을 형성하는 핵심적 요소는 법률의 법규창조력, 법률우위, 법률유보 등이다. 그러나 형식적 법치주의인가, 실질적 법치주의인가에 따라 법률의 법규창조력 · 법률우위 · 법률유보 등은 많은 문헌에서 지적한 바와 같이 그 의미 · 내용 · 범위 등에 있어 큰 차이가 있음을 주목하여야 할 것이다. 그리고 오늘날에는 실질적 법치주의가 일반화 · 보편화되어 있다고 말할 수 있다.

---

9) 석종현, 「일반행정법(상)」, 삼영사, 2005, 40~43면 참조.

제4절 행정법의 기본원리

Ⅰ. 구체화된 헌법으로서의 행정법

행정법은 각 시대의 헌법에 의해 근본적으로 규정을 받는다. 이것은 독일의 프릿츠 베르너(Fritz Werner)가 헌법과 행정법의 관계에 관하여 '구체화된 헌법으로서의 행정법'(Verwaltungsrecht als konkretisiertes Verfassungsrecht)이라고 지적한 이래 오늘날에도 일반적으로 인정되고 있다. 행정법은 헌법의 집행법이며, '구체화된 헌법'으로서 헌법에 의한 구속을 받는 것이라면 행정법의 기본원리도 당연히 헌법으로부터 직접 도출되는 것이라야 한다고 본다.

그런데 우리나라 행정법의 기본원리가 무엇인가에 관한 학자들의 견해는 각각 다르다. 즉 헌법의 집행법 · 민주국가의 원리 · 법치국가의 원리 · 사회국가의 원리 · 문화국가의 원리를 드는 견해가 있고,[10] 법치국가원리 · 민주국가원리 · 복리국가원리 · 안전보장원리를 드는 견해도 있으며,[11] 지방분권주의 · 민주행정주의 · 실질적 법치국가 · 복리국가주의 · 사법국가주의를 제시하는 견해가 있다.[12] 또한 법치국가의 원리 · 민주국가의 원리 · 복리국가의 원리를 드는 견해가 있으며,[13] 실질적 법치주의 · 민주행정주의 · 지방분권주의 · 복리행정주의를 드는 견해도 있다.[14] 그리고 민주주의원리 · 법치주의원리 · 사회복지주의원리 · 국가안전보장원리를 드는 견해[15] 등의 다양한 입장이 있음을 볼 수 있다. 그 이외에도 학자에 따라 각자 약간 다른 여러 가지 행정법의 기본원리를 제시하고 있다. 이와 같은 각양 각색의 견해 중에서도 우리나라 헌법으로부터 연유한 행정법의 기본원리로서 거의 공통적으로 들고 있는 것은 민주국가의 원리, 법치국가의 원리, 복리국가의 원리 등이라고 할 수 있다.

그리하여 헌법에는 행정법이 준수하고 실천해야 할 기본적 법원리가 천명되어 있는데, 다음에서는 헌법의 기본원리가 행정법에 투영되어 행정법의 기본원리로서 적용되어야 할 내용을 검토

10) 김남진 · 김연태, 전게서, 27-40면.
11) 김도창, 전게서, 139-144면.
12) 박윤흔 · 정형근, 「최신행정법강의(상)」. 박영사, 2009, 80-84면.
13) 석종현, 전게서, 34-37면.
14) 이상규, 「신행정법론(상)」. 법문사, 1997, 128-132면.
15) 홍정선, 「행정법특강」. 박영사, 2011, 20-23면.

해 보기로 한다.[16)]

Ⅱ. 민주국가의 원리

1. 현행헌법과 민주주의

우리 헌법은 민주주의, 즉 자유민주주의를 최고이념으로 하고 있으며 이러한 민주국가의 원리에 입각하여 민주행정주의를 지향하고 있다.

민주주의는 다의적 개념이지만, 헌법상의 민주주의란 자유민주주의를 뜻한다. 헌법은 전문(前文)에서 「자유민주적 기본질서를 더욱 확고히 하여」라고 하고, 제1조 제2항은 「대한민국의 주권은 국민에게 있고, 모든 권력은 국민으로부터 나온다」고 국민주권의 원리를 규정하여 민주국가의 원리를 선언하고 있다. 그리고 헌법 제4조에서 「대한민국은 … 자유민주적 기본질서에 입각한 평화적 통일정책을 수립하고 이를 추진한다」고 하고 있으며, 제8조 제4항에서는 「정당의 목적이나 활동이 민주적 기본질서에 위배될 때에는 … 해산된다」고 규정하고 있다. 이러한 규정들은 자유민주주의가 현행헌법에 있어서 기본원리임을 천명한 것이다.

여기의 '자유민주적 기본질서'라 함은 모든 폭력적 지배와 자의적 지배, 즉 반국가단체의 1인 독재 내지 1당 독재를 배제하고 다수의 의사에 의한 국민의 자치 · 자유 · 평등의 기본원칙에 바탕한 법치국가적 통치질서이고, 이를 보다 구체적으로 말하면 기본적 인권의 존중, 권력분립, 의회제도, 복수정당제도, 민주적 선거제도, 사유재산제와 시장경제를 골간으로 하는 경제질서 및 사법권의 독립 등을 말한다.[17)] 이는 우리나라 헌법재판소의 판시내용으로 자유민주적 기본질서에 대한 독일 연방헌법법원의 견해를 거의 그대로 수용하고 있다.[18)]

2. 행정의 민주화

1) 민주적 국가행정

우리나라 헌법은 대통령제를 채택하여 행정권은 대통령을 수반으로 하는 정부에 귀속시키고(헌법 제66조 제4항), 대통령은 국민의 보통 · 평등 · 직접 · 비밀선거로 선출된다(헌법 제67조 제1항). 또한 정부는 행정권의 행사에 있어서 국민의 대표기관인 국회로부터 예산의 심의 · 확정(헌법 제54조), 국정감사(헌법 제61조), 국무총리 · 국무위원 등의 출석요구와 질문(헌법 제62조), 국

16) 박평준 · 박창석, 전게서, 8-18면.
17) 헌재결 1990.4.2, 89헌가113.
18) 권영성, 「헌법학원론」, 법문사, 2009, 137면.

무총리 또는 국무위원의 해임건의(헌법 제63조) 등을 통하여 견제를 받게 된다. 이러한 헌법규정은 민주행정의 원칙을 천명한 것으로서, 국가행정의 민주화를 실현하기 위하여 둔 규정이라고 하겠다.

2) 공무원제도의 민주화

(1) 공무원의 국법상의 지위

헌법 제7조 제1항은 「공무원은 국민전체에 대한 봉사자이며, 국민에 대하여 책임을 진다」고 규정함으로써 공무원의 국법상의 지위를 명시하고 있다. 이에 따라 「국가공무원법」 제1조에서는 「… 국가공무원에게 국민전체의 봉사자로서 행정의 민주적이며 능률적인 운영을 기하게 하는 것을 목적으로 한다」고 규정하여 헌법의 정신을 더욱 구체화하였다.

'공무원이 국민전체의 봉사자'라 함은 국민 전체의 이익에 부합되지 아니하는 특정한 정당 · 신분 · 계층 · 종교나 지방의 이익을 위하여 봉사하는 것이 아니라, 국민 전체의 일반적 이익을 위하여 봉사하는 지위에 있는 자라는 것을 뜻하고 공무원은 국민의 공복(公僕)임을 의미한다. 군주국가에서의 공무원은 군주의 사복과 같은 존재였으며, 엽관제가 지배하는 국가에서는 관직이 전리품과 같이 취급되는데, 우리의 법제는 그 어느 것도 배격한다. 이것은 국민주권의 원리(헌법 제1조 제2항)를 취하고 있는 우리 헌법에서의 공무원은 직접 · 간접으로 국민에 의하여 선임되는 자라는 점에서 볼 때에 당연한 결론이라 하겠다.

또한 공무원은 그 직무에 관하여 국민에게 책임을 진다(헌법 제7조 제1항 후단).

구체적인 책임행정을 위한 제도로서는 국민총리 · 국무위원에 대한 국회의 해임건의(헌법 제63조), 대통령 · 국무총리 · 국무위원 등에 대한 탄핵소추권(헌법 제65조), 징계책임, 형사책임 및 선출직공무원에 대한 투표권 행사 등을 들 수 있다. 또한 공무원은 재산등록 또는 재산공개 등 남다른 의무를 많이 부담하고 있다. 앞에서 본 바와 같은 공무원의 지위 및 책임은 모든 공무원이 주권자인 국민의 수임자의 지위에서 국민 전체의 이익을 위하여 봉사하는 자임을 나타내는 것이며, 그것은 곧 민주행정을 보장하는 역할을 하게 되는 것이다.

한편, 「모든 국민은 법률이 정하는 바에 의하여 공무담임권을 가진다」(헌법 제25조)고 규정하여 기회균등의 공무담임권을 가지며, 그에 있어 성별 · 종교 · 사회적 신분에 의한 차별을 받지 아니한다(헌법 제11조 제1항).[19)]

(2) 직업공무원제

우리나라 공무원제도는 전술한 바와 같이 국민주권주의에 입각한 국민의 공무원 선거권 및 공무담임권을 보장하고, 공무원은 국민 전체에 대한 봉사자로서의 의무와 책임을 부담하는 것임을

---

19) 헌재결 1999.12.23, 98 헌마 363.

명시하여 민주적 공무원제도를 채택하고 있다. 그리고 공무원의 신분보장 · 정치적 중립성 · 성적주의 등을 내용으로 하는 직업공무원 제도를 동시에 채용함으로써 공무원 제도의 민주화를 통한 행정의 민주화를 도모하고 있다.

헌법은 「공무원의 신분과 정치적 중립성은 법률이 정하는 바에 의하여 보장된다」(헌법 제7조 제2항)고 규정함으로써 공무원의 신분보장의 원칙을 명시하고 있다.

그 내용을 구체화하기 위하여 국가공무원법은 「공무원은 형의 선고 · 징계처분 또는 이 법에서 정하는 사유에 따르지 아니하고는 본인의 의사에 반하여 휴직 · 강임(降任) 또는 면직을 당하지 아니한다」(동법 제 68조)고 규정하고 있다. 공무원의 신분보장은 직업공무원제도의 중심을 이룬다.

그리고 헌법은 「공무원의 … 정치적 중립성은 법률이 정하는 바에 의하여 보장된다」(헌법 제7조 제2항)고 규정함으로써 행정에 대한 정치적 영향이나 정권교체에 따르는 공무원의 지위의 불안정 등을 배제하고 능률적인 행정을 확보하려고 한다. 이 원칙에 따라 공무원의 일정한 정치운동 및 공무의 집단행위 등은 금지되고 있다(국가공무원법 제65조, 제66조).

또한 공무원의 임면 등에 있어서 정치적 배려나 정실을 배제하고 오직 그 능력, 즉 성적에 의거하여야 하는 성적주의는 직업공무원제도의 핵심적 내용을 이루는 것이다. 「국가공무원법」은 「공무원의 임용은 시험성적 · 근무성적, 그 밖의 능력의 실증에 따라 행한다」(동법 제26조)라고 규정하여 우리나라의 공무원제도는 성적주의를 원칙으로 함을 명시하고 있다.

3. 지방자체지의 실시

민주주의는 지방자치와 밀접한 관련을 가지고 있다. 제임스 브라이스(James Bryce)가 "지방자치제는 민주주의의 원천인 동시에 그 교실"이라고 지적한 말도 민주정치가 지방자치제와 불가분의 관계에 있음을 적절히 표현하고 있다. 지방자치제는 민주주의의 훈련장으로서의 지방자치를 통하여 풀뿌리민주주의를 강화하고 직접민주제의 요소를 정착시키며 지방자치행정의 민주성과 능률성을 제고하고 지방의 균형 있는 발전과 아울러 국가의 민주적 발전을 도모하는 제도이다.

헌법은 제117조 제1항에서 「지방자치단체는 주민의 복리에 관한 사무를 처리하고 재산을 관리하며, 법령의 범위 안에서 자치에 관한 규정을 제정할 수 있다」고 규정하여 지방자치제를 실시하고 있다. 우리나라에서 헌법에 의한 지방자치제의 실시는 지방자치단체가 국가행정조직에서 독립하여 주민의 자치의사에 따른 지방행정을 가능하게 하는 것으로서, 지방행정의 민주화와 효율화를 도모하게 되는 것이다.

4. 국민의 행정에의 참여

국민이 주권자라고 하지만 대부분의 국가에서는 대의정치가 민주주의의 원형을 이루어 왔다. 대의정치의 원리에 따르면 이른바 국민의 대표기관인 의회가 국정의 중심에 자리잡은 것은 당연하다. 그러나 오늘날은 행정기능의 확대에 따라 행정부가 국정을 주도하는 것이 보편적인 현상이라고 할 수 있으며, 행정부가 갖추고 있는 인적 조직과 물적 설비를 입법부 · 사법부 등의 그것과 대비하면 행정부의 우월성은 뚜렷하다. 이러한 사정으로 인하여 '국민의 행정에의 참여를 통한 행정의 민주화'가 이루어질 때 참다운 민주주의가 실현될 수 있을 것이다.

우리나라에서 국민의 행정에의 참가제도는 토지취득보상법 등 각 개별법의 규정에 의한 의견진술의 기회 부여, 청문제도 등을 들 수 있으나, 「행정절차법」은 이에 관한 일반법으로서 의견제출 · 청문 · 공청회 등의 의견청취제도와 처분이유의 제시 등에 관한 규정을 하고 있다.

5. 행정의 공개 · 투명화

'행정에의 참여'에서 설명한 바는 행정의 공개 · 투명화와 일맥상통한다.

공무원의 국민의 공복화, 행정의 민주화 등은 행정의 공개화의 정도에 정비례한다고 보아도 잘못이 없을 것이며, 이로 인하여 행정은 투명해질 것이다. 우리나라에서는 이와 관련된 일반법으로서,「공공기관의 정보공개에 관한 법률」이 제정 · 시행되고 있다.

Ⅲ. 법치국가의 원리

1. 현행헌법과 법치국가원리

현대 민주국가에서는 법치국가의 원리가 거의 예외 없이 헌법적 원리의 하나로 인식되고 있으며, 우리나라의 헌법도 예외는 아니다. 그런데 법치국가라 함은 일반적으로 사람이나 폭력이 지배하는 국가가 아니라 '법의 지배'를 받는 국가를 말한다. 따라서 법치국가의 원리라 함은 국가작용, 그 중에서도 행정이 헌법과 법률에 의해 행하여지며 행정을 통해 불이익을 입은 사람의 구제제도가 마련되어 있어야 함을 의미한다.

우리 헌법상 법치국가원리의 구성요소로 볼 수 있는 것으로는 성문헌법주의, 기본권보장의 규정(헌법 제10조 이하), 권력분립에 관한 규정(헌법 제40조, 제66조 제4항, 제101조), 포괄적 위임입법의 금지에 관한 규정(헌법 제75조, 제95조), 사법심사에 관한 규정(헌법 제 107조), 헌법재판제도(헌법 제111조 이하)등의 헌법규정이 있으며, 이러한 헌법규정을 구체화하기 위하여 제정된 수많은 법률이 그의 근거가 된다.

2. 법치행정의 원리

법치행정은 행정에서의 법치주의의 반영이다. 일반적으로 법치행정이란 행정은 법률에 근거하여 법률의 기속을 받으며 행하여져야 하며(법률에 의한 행정, 행정의 법률적합성), 만약 이를 위반하여 개인에게 피해가 발생하면 이에 대하여 사법적인 구제가 되어야 하는 것을 말한다. 이를 '법률에 의한 행정의 원리'라고도 한다. 법치행정은 행정의 자의로부터 개인을 보호하고 아울러 행정작용의 예견가능성을 보장하고자 하는 데 그 뜻이 있다.

1) 행정의 법률적합성

법치국가에서의 행정은 헌법과 법률에 의한 기속을 받게 된다. 따라서 법치국가원리는 우선 행정의 법률적합성의 원칙을 그 내용으로 한다. 행정의 법률적합성의 원칙은 다시 법률의 법규창조력, 법률우위의 원칙 및 법률유보의 원칙 등으로 나누어 볼 수 있다.[20]

(1) 법률의 법규창조력

법률의 법규창조력이라 함은 국민의 권리 · 의무관계에 구속력을 가지는 법규범, 즉 법규를 창조하는 것은 국민의 대표기관인 의회의 전속적 권한에 속하며, 따라서 의회에서 제정한 '법률'만이 법규로서의 구속력을 갖는다는 것을 의미한다.

이 원칙은 우리의 실정법상으로 ① 입법권은 원칙적으로 국회에 있으며(헌법 제40조), ② 행정부는 법률의 구체적 수권이 있는 경우에만 법규명령을 제정할 수 있다(헌법 제75조, 제95조)는 내용으로 구체화되고 있다. 다만, 예외적으로 대통령은 법률적 효력을 가지는 긴급명령을 발할 수 있다(헌법 제76조).

(2) 법률우위의 원칙

법률우위란 헌법과 법률이 행정 및 행정에 관한 그 밖의 규율(명령 등)에 우선함을 의미한다. 이는 행정작용이 헌법과 법률에 위반하여서는 아니됨을 뜻한다. 여기의 '법률'은 헌법, 형식적 의미의 법률, 법규명령과 관습법 등 불문법을 포함한 모든 법규범을 의미한다. 그러나 행정규칙은 이에 포함되지 않는다. 과거에는 행정에 대한 형식적 의미의 법률의 우위가 강조된 경향이 있었으나 실질적 법치주의를 채택하고 있는 오늘날에 있어서는 '합헌적인 법률'의 행정에 대한 우위가 강조되고 있다.

(3) 법률유보의 원칙

(가) 법률유보의 의미

법률유보의 원칙이라고 함은 행정권의 발동에는 법률의 근거(작용법적 근거)에 의하여, 또는 법률의 수권에 의하여 행해져야 함을 의미한다. 법률우위의 원칙이 소극적으로 행정작용이 현존

20) 김남진 · 김연태, 전세서, 32-36면 참조.

하는 법률에 위반하면 안 됨을 요구하는 데 대하여, 법률유보의 원칙은 적극적으로 행정작용을 위하여 법률의 근거를 요구한다.

여기에서 '법률의 유보'라고 하는 경우에 있어서의 '법률'은 국회에서 법률제정의 절차에 따라 만들어진 형식적 의미의 법률을 말한다. 따라서 국회의 의결을 거치지 않은 명령이나 불문법원으로서의 관습법 등은 이에 포함되지 않는다.

(나) 법률유보의 적용영역

법률우위는 행정의 모든 영역에 적용된다. 이에 대하여 법률유보의 적용영역, 즉 유보범위는 종래에 매우 제한적으로 파악하고 있었으나, 오늘날에는 어떠한 행정작용이 법률의 근거를 요하는가 하는 문제에 관하여 그 범위를 확대하여 파악하는 것이 학설 · 판례의 입장이다.

① 침해유보설 : 이 설은 권력적으로 국민의 자유 · 권리를 제한 또는 침해하거나 새로운 의무를 부과하는 행정작용은 반드시 법률의 근거를 요한다고 보는 견해이다. 이 설에 의하면, 국민의 자유 · 권리를 제한 또는 침해하는 작용 이외의 영역에 있어서의 행정은 독자적으로 활동할 수 있는 것으로 본다. 현재 우리나라에서 이 학설을 지지하는 학자는 없다

② 전부유보설 : 이 설은 위의 침해유보설과는 정반대의 입장에서, 모든 행정작용은 법률의 근거를 요한다고 보는 견해이다.

이 설에 따르면, 의회는 국가의 최고기관으로서의 지위를 가지고 있으므로 모든 행정작용은 국민의 의사의 표현인 법률에 따라 행하여져야 한다고 보게 된다. 이 학설은 행정의 실제와는 전혀 부합되지 않는 것으로서, 현재 우리나라에서 이 견해를 주장하는 학자는 없다.

③ 권력행정유보설 : 이 설은 당해 행정작용이 침익적인가 수익적인가를 가리지 아니하고 행정권의 일방적 의사에 의하여 국민의 권리 · 의무를 결정하게 되는 모든 권력적 행정작용은 법률의 근거를 요한다고 보는 견해이다. 오늘날과 같은 민주적 법치국가에서는 국가 등의 행정주체가 국민에 대하여 우월적 지위에 서는 근거는 국민의 대표로 구성되는 의회에서 제정되는 법률에 의한 수권에서 찾아야 한다고 본다. 따라서 국가 등이 국민에 대하여 우월적 지위에서 공권력을 행사하는 경우에는 반드시 법률의 근거가 있어야 한다는 것이다.

④ 급부행정유보설 : 이 설은 법률유보의 원칙은 침해행정뿐만 아니라 수익적 행정활동인 급부행정의 전반에 대해서도 적용되어야 한다고 보는 견해이다. 이는 현대국가에 있어서 국가의 급부활동과 국민생활의 밀접한 관련성 및 급부행정의 중요성에 대한 인식에 입각하고 있다. 오늘날의 국민생활은 국가 등 행정주체가 제공하는 각종의 급부에 크게 의존하고 있는 실정이며, 이러한 급부의 거부 또는 부당한 배분은 실질적으로는 침해행정에 못지않게 침익적 성격을 가진다.

따라서 그 내용이나 요건 또는 기준을 법률로 규정하여 행정의 자의를 방지하여야 할 필요성이 있다. 이 설에 의하면, 현대국가에서 자유는 국가의 급부에 대한 공평한 참여와 그게 따른 수익을

의미하는 것으로 본다.[21] 그에 따라 '행정에 대한 자유'보다는 오히려 '행정을 통한 자유'가 보다 중요한 의미를 가진다고 보는 것이다.

이와 같은 급부행정유보설에 대하여는 대체로 다음과 같은 문제점이 있는 것으로 지적되고 있다. 먼저, 급부행정의 모든 경우에 법률이 있어야만 한다고 하는 것이 반드시 합리적 · 현실적이라고 할 수는 없다. 즉 이 설에 의하면, 어떠한 이유에 기한 것이든지 법률이 결여된 경우에는 국가는 국민생활에 필요한 급부를 제공할 수 없게 될 것이다. 따라서 결국 국민의 권익을 보호하기 위한 이론으로 주장된 당해 학설이 오히려 그 반대의 결과를 야기할 수도 있음을 시사하고 있다는 것이다.

다음에, 이론적으로는 오늘날 행정권에도 나름대로의 민주적 정당성이 인정되고 있다는 점에서 보면, 모든 권력행정 또는 급부행정에 있어서 반드시 의회가 제정한 법률의 근거가 있어야 한다는 논리는 성립하지 않는다고 보아야 한다. 또한 권력행정이나 급부행정에 있어 법률의 근거가 없다고 하여도 그것만으로 곧 행정이 자의적으로 행하여진다고 말할 수는 없다.

⑤ 본질성설(중요사항유보설) : 이 설은 독일의 연방헌법재판소 판례에 의하여 정립된 것으로서, 헌법상의 법치국가원칙 · 민주주의원칙 및 기본권 규정과 관련하여 볼 때에 각 행정부문의 본질적 사항에 관한 규율은 법률에 유보되어야 한다고 보는 견해이다. 이 설에 있어서 본질적 사항 여부의 판단은 당해 행정부문 또는 행정작용의 속성(침해행정 · 급부행정 · 권력행적 · 비권력행정)을 기준으로 하기보다는, 국민 일반 및 개인과의 관계에 있어서 당해 사항에 대한 법적 규율이 가지는 의미 · 효과 · 중요성 등에 의존하게 된다. 따라서 이 설에 있어서의 본질적이라는 개념은 불확정개념으로서, 개별적 · 상대적으로 결정되어야 하는 것이다.

이 학설은 법률유보의 범위뿐만 아니라 그 규율의 정도에 대하여도 기본원칙을 제시하고 있다는 점에서는 그 의의를 인정할 수 있다. 그러나 이 설은 일반원칙을 제시하는 데 그치고 그 구체적 기준은 제시하고 있지 못하다는 점에 기본적인 문제점이 있으며 바로 이러한 점에서 이 설은 그 초기와는 달리 현재는 많은 비판을 받고 있다.[22]

⑥ 결어 : 현대의 민주적 법치국가에서는 침익적 권력작용뿐만 아니라 급부행정에도 법률의 근거가 있어야만 한다는 주장에 대하여는 일단 그 타당성을 인정할 수 있을 것이다. 그러나 급부행정에 있어서도 실제로는 적지 않은 행정작용이 구체적 법률의 근거 없이 행하여지고 있기에, 이러한 모든 부문에 있어 반드시 법률의 근거가 있어야 한다는 것은 오히려 국민에게 불리한 결과만을 야기한다는 비판론도 상당한 설득력을 가지고 있다.

따라서 권력적 행정작용 이외의 급부행정이나 기타 행정영역에 대한 법률유보원칙의 적용 여부에 관한 문제는 일률적으로 논할 것은 아니고, 구체적으로 검토하여 당사자 내지 국민 일반에

---

21) Rupp, *Grundfragen der heutigen Verwaltungsrechtslehre*, SS.142ff.

22) H.Maurer, *Allgemeines Verwaltungsrecht*, 1994, S.101.

대하여 본질적인 것으로 판단되는 사항은 원칙적으로 법적 규율을 요한다고 보아야 할 것이다.[23] 법률유보의 문제에 대한 우리 법원의 입장은 아직 분명하지 아니하지만, 헌법재판소는 '중요사항유보설'에 입각하고 있는 것으로 보인다.[24]

2) 행정절차적 보장

법률에 의한 행정의 원리에 의하여 행정을 법에 기속시킨다고 할 때에 당초에는 행정작용에 대한 실체법적 규제만 하면 되는 것으로 보았다. 그러나 실체법이 비록 완비되어 있다고 하더라고 그것이 지켜지지 아니함으로써 개인의 권익이 침해될 가능성은 항상 존재하고 있다. 따라서 오늘날에는 법치행정의 원리는 보상행정작용 등의 행정작용에 대한 실체법적 규정과 동시에 절차법적 규제도 하고 있다.

그것은 행정법관계에 있어서 개인의 권익을 실체법적으로만이 아니고 절차법적으로도 보호할 것이 요청되었으며, 행정의 적정성을 확보하기 위하여도 필요하게 된 때문이다. 따라서 오늘날에 이르러서는 행정절차의 보장은 법치행정원리의 구성요소로 보아야 할 것이며, 「토지취득보상법」 등 각 개별법에 이와 관련된 규정이 산재하고 일반법으로서의 「행정절차법」은 모든 행정작용에 적용된다고 보아야 할 것이다.

3) 행정구제

행정이 법에 의하여 행해질 것을 요구하지만, 실제로 행정이 위법 · 부당하게 행해진 경우 이로 인하여 국민의 권리 · 이익이 침해될 때에는 국민의 권리구제에 관한 제도가 마련되어 있어야만 법치주의가 실질적으로 구현될 수 있을 것이다.

헌법 제28조와 이에 근거한 「국가배상법」에 의한 국가배상책임, 헌법 제23조 제3항과 이에 근거한 「토지취득보상법」 등 각 개별법에 의한 손실보상, 「행정심판법」 등에 의한 행정심판, 헌법 제107조 제2항과 이에 근거한 「행정소송법」에 의한 행정소송이 인정되고 있으며, 「행정절차법」 등에 의한 행정절차는 사전구제의 역할을 함으로써 법치행정의 원리가 실질적으로 보장되어 있다고 본다.

---

23) 김동희, 전게서, 35-41면 참조.

24) 헌재결 1999.5.27, 98헌바70.

Ⅳ. 복지국가의 원리

1. 현행헌법과 복지국가원리

현대국가는 복지국가를 지향하고 있다. 복지국가라 함은 자유주의 내지 시장경제원리로 인하여 파생된 모순과 폐단을 시정하기 위하여 국가가 국민생활에 적극적으로 개입하며, 모든 국민에게 최소한의 인간다운 생활을 보장할 뿐만 아니라, 더 나아가 국민의 삶의 질을 계속 향상시키기 위하여 다양한 방법을 동원해 경제적 · 사회적 정의를 실현하고자 하는 국가체제를 말한다. 이는 복리국가, 사회국가라는 용어로 사용하기도 한다.

우리나라의 현행헌법이 복지국가를 지향하고 있음은 헌법 제10조, 제34조 및 제119조 제2항 등에 잘 나타나 있다. 즉 헌법 제10조는 인간으로서의 존엄성과 국가의 기본권보장의무를 규정하고 있다. 헌법 제34조 제1항은 「모든 국민은 인간다운 생활을 할 권리를 가진다」고 선언하고, 이어 국가의 사회보장 · 사회복지의 증진노력의무(동조 제2항), 여자의 복지와 권익향상을 위한 노력의무(동조 제3항), 노인 · 청소년의 복지향상을 위한 정책실시의무(동조 제4항), 신체장애자 및 질병 · 노령 기타의 사유로 생활능력이 없는 국민에 대한 법률이 정하는 바에 의한 국가의 보호(동조 제5항), 재해예방과 그 위험으로부터의 국민보호를 위한 노력의무(동조 제6항) 등을 규정하고 있다.

그리고 헌법 제119조 제2항의 「국가는 균형 있는 국민경제의 성장 및 안정과 적정한 소득의 분배를 유지하고, 시장의 지배와 경제력의 남용을 방지하며, 경제주체간의 조화를 통한 경제의 민주화를 위하여 경제에 관한 규제와 조정을 할 수 있다」는 규정을 비롯하여 헌법 제9장의 '경제민주화'를 비롯한 경제헌법조항도 복지국가의 원리를 분명히 밝히고 있다.

2. 행정을 통한 복지국가원리의 구현

오늘날의 국가는 단순히 사회의 질서유지의 임무만 수행하면 충분한 것이 아니고 복지국가로의 책무를 아울러 가지고 있으며, 끊임없는 복지요청에 따라 그것을 뒷받침하기 위하여 「사회보장기본법」 · 「국민기초생활보장법」 등 많은 법률이 제정되어 있다. 그리고 그러한 임무를 수행하는 일상적 업무는 행정을 통하여 구현될 수 있다. 헌법상의 복지국가의 원리를 구체화하여야 하는 행정작용은 종래의 권력행정으로부터 '주는 행정'을 의미하는 급부행정 등 복지행정의 영역으로 그 중심이 이동되고 있는 경향은 주목할 만한 가치가 있다.

복지국가의 구현을 위한 행정의 역할은 생활능력이 없는 자의 구호와 같은 단순업무에 국한되지 않는다. 경제개발을 뒷받침하고, 수출을 독려하며, 개인의 생활공간, 기업의 활동기반을 확보하기 위하여 국토를 개발 · 정비하기도 한다(국토의 계획 및 이용에 관한 법률 참조). 특히 토지소유의 편재와 투기적 거래가 커다란 사회문제로 등장한 우리의 현실에 있어서 토지공개념 제도의 도입을 통한 사회국가의 구현이 절실히 요청된 바 있었다. 그에 따라 토지초과이득세법 · 택지소유상한에 관한 법률 · 개발이익환수에 관한 법률 등이 제정 · 시행된 바 있으나, 토지초과이득세법과 택지소유상한에 관한 법률은 개인의 재산권을 지나치게 제한하는 위헌법률이라 하여 폐지되기에 이르렀다.

우리나라도 많은 복지정책을 수립하여 근거법을 만들어 비교적 성공적으로 정착하고 있는 의료보험제, 연금제도, 국민 기초생활금 급여제 등 복지행정을 통하여 헌법상의 기본원리의 하나인 복지국가의 원리를 구현하고 있다. 그런데 오늘날 우리 사회에서 최대로 관심을 끄는 화두는 무상급식, 무상보육, 무상교육, 무상의료 등과 같은 한없는 복지행정의 수요라고 할 수 있겠다. 이러한 문제는 포퓰리즘(populism)에 입각하여 졸속으로 결정할 것이 아니라, 충분한 검토와 의견수렴의 절차를 거치고 외국의 실패한 과잉복지도 참고하여 국가의 장래를 신중히 고려하여야 한다고 본다.

복지국가의 실현은 국가(정부)의 힘만으로 되는 것이 아니며, 국민의 협력과 노력을 통하여 비로소 달성될 수 있는 것임을 자각할 필요도 있다.

제5절 행정법의 법원

Ⅰ. 행정법의 법원의 의의

행정법의 법원(法源)이라고 함은 행정에 대하여 규율하는 법은 어떻게 하여 성립하고 어떠한 형식으로 존재하는가? 다시 말하면, 행정법의 법원론은 일반적으로 행정법의 '존재형식'으로 이해하고 있으며, 이를 전제로 하면 행정법의 법원을 성문법원과 불문법원으로 나누어 파악할 때 행정법이 성문의 형식으로 되어 있는 것인가, 아니면 불문의 형식으로 되어 있는가에 초점을 두고 있는 것 같은 느낌을 준다.

따라서 행정법의 법원을 행정법의 '인식근거', 즉 어떠한 것을 행정권이 준수해야 할 행정에 관한 법으로서 인식하는 것인가 하는 근거를 의미하기도 한다. 그런데 이 법원은 행정의 위법성 판단의 기준이 된다는 점에서 중요한 의미를 갖는다.

이러한 법원(Rechtsquelle)에는 입법자가 법조문의 형식으로 문서화한 성문법원과 관습법처럼 문서로써는 나타나 있지 아니한 불문법원이 있다. 그러나 행정법 분야는 성문법이 차지하는 비중이 특히 크며, 그 이유는 행정은 국민의 기본권에 대한 침해 또는 제한을 가하므로 국민에게 예측가능성을 보장할 필요가 있고, 나아가 현대 민주주의 사회에서의 행정에는 절차의 민주적 정당성이 요청될 뿐만 아니라 헌법가치인 인권보장을 구체화하기 위해서는 반드시 국민의 대표기관인 국회에서 정립한 법률의 근거가 요구되고 있기 때문이다. 따라서 행정법에 있어서는 다른 법의 분야보다는 더욱더 성문법주의를 원칙으로 하고 있지만, 불문법이 보완적으로 법원이 될 수도 있다.

다음에서는 행정법의 법원을 성문법원과 불문법원으로 구분하여 검토하고자 한다.

Ⅱ. 행정법의 성문법원

우리나라 행정법의 성문법원으로서는 헌법, 법률, 국제조약 및 국제법규, 행정입법 등이 있다.

1. 헌 법

헌법은 국민의 기본권보장, 국가의 기본조직과 작용에 관한 기본법이기 때문에 그 중에서 행정조직에 관한 규정과 행정작용에 관한 규정, 그리고 행정구제에 관한 규정은 행정법의 법원 중에서 최고법원으로서의 지위에 있다. 따라서 법률이나 행정작용이 헌법에 위반되면 위헌이 되며, 헌법은 법률과 행정작용이 위법한 것인지의 여부를 판단하는 최고의 기준이 된다.

우리 헌법 제23조 제3항은 행정법과 관련하여 중요한 헌법조항으로서 최고의 보상법규범이다. 최고 법규범으로서의 헌법 제23조 제3항은 손실보상의 기준에 관하여 정당보상의 원칙을 규정하고 있는데, 「토지취득보상법」과 그 밖의 다른 법률이 이에 위배된다면 그 보상법 규정은 위헌이 된다. 이러한 헌법상의 정당보상의 원칙은 보상행정법의 기본원리로 작용함으로써 최고규범으로서의 역할을 담당하고 있다.

2. 법 률

행정법이 성문법주의를 채택하고 있으므로 행정법의 일반적이고 중심적인 법원은 각 개별 법률이다. 여기에서 법률이라 함은 형식적 의미의 법률, 즉 국회가 헌법상의 입법절차에 따라 제정하는 법률만을 뜻한다. 이러한 법률은 행정법의 법원 중에서도 가장 중요하고 중심이 되는 법원이며, 이는 국회입법의 원칙 · 법치행정의 원칙 및 행정법의 성문법주의 등의 관점에서 볼 때 당연한 것이다.

법률은 행정입법에 대하여 상위의 효력을 가지는 것으로서, 법률에 저촉되는 행정입법은 무효이다. 그리고 법률은 행정작용의 위법성을 판단하기 위한 기준이 되며, 법률에 위반되는 행정행위는 위법이 된다. 그런데 긴급명령, 긴급재정 · 경제명령(헌법 제76조) 등은 그 예외로서 형식상으로는 행정입법이지만, 실질상으로는 법률과 같은 효력을 가지고 있다.

현행법상 행정법의 법원이 되는 법률에는 행정조직법으로서 정부조직법 · 국가공무원법 · 지방자치법 등이 있고, 행정작용법에는 경찰관직무집행법 · 국세기본법 · 국세징수법 · 지방세기본법 · 「공익사업을 위한 토지 등의 취득 및 보상에 관한 법률」 · 「부동산 가격공시 및 감정평가에 관한 법률」 · 「국토의 계획 및 이용에 관한 법률」, 「개발이익환수에 관한 법률」, 「개발제한구역의 지정 및 관리에 관한 특별조치법」, 건축법 · 국유재산법 · 도로법 · 「도시 및 주거환경정비법」 · 수도법 · 산림보호법 · 산지관리법 · 징발법 · 특허법 · 하수도법 · 하천법등 수많은 법률이 있으며, 행정구제법으로서는 행정절차법 · 행정심판법 · 행정소송법 등이 있다.

3. 국제조약 · 국제법규

국제조약이란 조약 · 협정 · 협약 · 약정 · 의정서 등 그 명칭에 관계없이 국가와 국가 사이 또는 국가와 국제기구 사이의 법적 구속력 있는 문서에 의한 합의를 말한다. 국제법규란 우리나라가 당사국이 아닌 국제조약으로서 국제사회에서 일반적으로 그 규범성이 승인된 것과 국제관습법 등을 말한다. 헌법에 따라 체결·공포된 조약과 일반적으로 승인된 국제법규는 국내법과 같은 효력을 가지므로(헌법 제6조 제1항), 그것이 국내행정에 관한 사항을 포함하고 있을 때에는 그 범위 안에서 행정법의 법원이 된다. 예컨대, 이중과세방지협정, 우호통상항해조약, 지적소유권에 관한 조약 등은 행정법의 법원이 되는 것이다. 그리고 헌법 제6조 제1항의 '국내법과 같은 효력'의 의미는 이를 국내법률과 같은 효력을 뜻하는 것으로 보는 것이 통설적 견해이다.[25]

4. 행정입법

행정입법이란 행정기관이 정립하는 일반적·추상적 규범을 말한다.

이와 같은 행정입법은 행정기관이 정립한 법규범을 말한다는 점에서 입법기관이 제정한 법률과 다르다. 그리고 행정입법은 법률의 하위규범이다. 이러한 행정입법에는 법규명령과 행정규칙의 두 종류가 있다.[26]

1) 법규명령

법규명령이란 행정기관이 국민의 권리·의무에 관한 사항을 정립하는 것으로서 법규성을 갖는 것을 말한다. 따라서 국민에 대한 대외적 구속력을 갖게 되고, 법규명령에 위반되는 행정행위는 위법이다. 그러므로 법규명령은 행정법의 법원이 된다.

이러한 법규명령은 행정법의 법원의 하나가 되기는 하지만, 입법권이 국회에 속해 있는 헌법하에서 행정기관이 법률의 규정을 벗어나 독자적으로 입법작용을 영위할 수 없는 것이다. 행정기관이 법규명령을 제정할 수 있는 것은, 하나는 법률을 집행하기 위하여 필요한 부수적·세목적 규정을 정하는 경우이고, 다른 하나는 법률의 개별적·구체적 위임에 근거하여 법률의 내용을 보충하고 구체화하는 규정을 두는 경우이다. 전자를 '집행명령', 후자를 '위임명령'이라고 한다.

예컨대, 토지취득보상법 시행령(대통령령)과 동법 시행규칙(부령)은 법규명령에 해당하며, 이를 위반한 행정행위는 위법이 된다.

2) 행정규칙

행정규칙이란 행정조직 내부의 권한행사에 관한 기준을 정한 것을 말한다. 따라서 일반적으로 행정규칙은 법규성을 결여하여 국민에 대한 대외적 구속력은 없으며 행정조직 내부에서만 구속

---

25) 김동희, 전게서, 45면.

26) 박평준·박창석, 「보상법규강의」, 리북스, 2009, 84-85면.

력을 갖게 된다.

이러한 행정규칙이 행정법의 법원성이 인정되는지의 여부에 관하여는 견해가 대립되고 있다. 즉 ① 긍정설은 행정규칙도 행정에 관한 사항을 규율하므로 행정법의 존재형식으로 보아 법원성을 인정한다. ② 부정설은 행정규칙은 국민의 권리와 의무를 규율하고 국가와 국민을 구속한다는 의미에서의 대외적 구속력을 갖지 아니하므로 그 법규성을 부인하여 재판의 규범이 될 수 없기 때문에 행정법의 법원성도 인정될 수 없다고 한다. ③ 생각건대, 행정규칙은 내부구속적 효력만 있을 뿐이어서 재판부가 인식할 수 없다는 점으로 보아 원칙적으로는 행정법의 법원성을 인정할 수 없다.

5. 자치법규

자치법규란 지방자치단체가 자치입법권에 의거하여 법령의 범위 안에서 제정하는 '자치에 관한 규정'을 말한다(헌법 제 117조 제1항). 이러한 자치법규에는 조례와 규칙이 있다. 조례란 지방자치단체의 의회가 법령의 범위 안에서 그 사무(자치사무와 단체위임사무)에 관하여 제정하는 자치법규를 말하며(지방자치법 제22조), 규칙이란 지방자치단체의 장이 법령이나 조례가 위임한 범위에서 그 권한에 속하는 사무(기관위임사무에 관하여도 제정될 수 있다)에 관하여 지방의회의 의결을 거치지 아니하고 제정하는 자치법규를 말한다(동법 제23조). 다만, 주민의 권리 제한 또는 의무 부과에 관한 사항이나 벌칙을 정할 때에는 법률의 위임이 있어야만 조례의 제정이 가능하다(동법 제22조 단서). 그리고 지방지치단체는 조례를 위반한 행위에 대하여 조례로써 1천만원 이하의 과태료를 정할 수 있는데, 이는 해당 지방자치단체의 장이나 관할 구역 안의 지방자치단체의 장이 부과 · 징수할 수 있다(동법 제27조).

Ⅲ. 행정법의 불문법원

행정법은 성문법주의를 취하지만, 성문법이 정비되지 않은 분야에 대하여 불문법도 보충적 법원이 된다. 즉 변화 · 발전을 거듭하는 행정작용의 모든 분야를 성문법만으로는 규율할 수 없기 때문에 이를 보충하는 기능으로서 불문법을 인정하고 있다. 불문법원에는 관습법, 판례법, 조리 등이 있다.

1. 행정관습법

행정관습법이라 함은 일반적으로 행정의 영역에 있어서 일반사회생활 및 행정의 운영에 관하여 장기간 반복된 관행이 일반국민의 법적 확신을 얻음으로써 법규범으로서의 효력을 갖게 된 것을 말한다(법적확신설). 행정상의 법률관계에서는 민사상의 법률관계에 비교하여 관습법의 성립요건으로서의 장기간에 걸친 관행이나 그에 관한 일반 국민의 법적확신이 형성되는 것은 용이하지 않다고 본다. 따라서 일반적 행정관습법의 예는 별로 많지 아니하다.

행정관습법에는 행정선례법과 민중적 관습법이 있다.[27] '행정선례법'이란 행정청이 취급한 선례가 오랫동안 반복됨으로써 형성된 것이다. 특히 상급행정청의 훈련 · 예규 등이 발하여지고, 그에 의거하여 사무처리관행이 반복되는 경우에는 행정선례법으로서, 그것은 법원으로서의 의의를 가진다고 본다. 국세기본법(동법 제18조 제3항), 행정절차법(동법 제4조)은 행정분야에 있어서의 행정선례법의 존재를 명문으로 인정하고 있다. '민중적 관습법'이란 민중 사이의 행정법관계에 관한 법적 성격을 갖게 된 경우를 말한다. 예컨대, 입어권(수산업법 제2조, 제10조, 제47조), 관습상의 유수사용권(관개용수리권 · 유수권 · 식용용수권 · 유지(溜池)사용권 · 온천용수권) 등이 있으나, 그 예는 많지 않다.

성문법에 흠결이 있는 경우에는 관습법의 법원성이 인정되어 보충적으로 적용(성문법보충적 효력설)되기 때문에 행정관습법은 행정작용의 위법성 판단의 기준으로 활용될 수 있다.

2. 판례법

법원의 판결은 개별적 분쟁을 해결하기 위한 것이며, 일반적으로 통용하는 법을 정립하는 것은 아니다. 그런데 판례법이란 법원의 동일내용의 판결이 반복되면 그 내용이 법규범으로 정립되어 다른 행정사건의 해결기준으로서 작용하는 것을 말한다. 행정법상의 판례법은 행정법 전체에 통용되는 법원칙을 확립하는 주된 기능을 수행한다.

우리나라의 경우 대법원의 판례에 대하여 법적인 구속력을 갖는 의미에서의 법원성을 인정할 수 있는지가 문제된다. 그런데 대법원 판례는 동종 사건이 아닌 당해 사건에 관하여서만 하급심을 기속(羈束)하는 '사실상의 구속력'만이 인정되고 재판의 규범이 되는 것은 아니므로 법원성을 부정하는 것이 타당하다. 즉 법원조직법 제8조는 「상급법원의 재판에 있어서의 판단은 당해 사건에 관하여 하급심을 기속한다」고 규정하여 당해 사건에 관한 상급법원의 판단의 하급법원에 대한 구속력만을 인정하고 있다. 그러나 헌법재판소의 위헌법률결정은 당해 법률이나 법률조항의 효력을 일반적으로 상실하게 하고, 법원 기타 국가기관 등을 기속하게 하고 있으므로 법원으로서의 성격을 갖게 된다고 보아도 될 것이다.

3. 조리법

1) 조리의 의의

조리(條理)란 반드시 법령상 명시되어 있지는 않으나, 일반적으로 정의에 합치되는 보편적 원리

27) 김동희, 전게서, 49면.

로서 일반사회의 정의감에 비추어 마땅히 그러하여야 할 것이라고 인정되는 사물의 본질적인 법칙 또는 법의 일반원칙을 말한다. 이러한 조리는 법해석상 의문이 있는 경우에 법해석의 기본원리로서, 그리고 다른 법원이 없는 경우에는 최후의 보충적 법원으로서의 의미를 갖고 있으므로 '조리법'이라고도 한다. 따라서 조리는 행정법관계의 영역 전반에 걸쳐 적용되는 일반원칙으로 볼 수 있으며, 현실적으로는 헌법규정이나 법률 또는 판례 등에 의하여 인정되고 있다. 그러나 조리로서 논의되고 있는 내용들이 실정법화되고 있는 경우에 있어서도, 그 의미는 실정법의 규정이기 때문에 비로소 중요한 원칙으로서 인정되는 것이 아니고, 법의 일반원칙이기에 이를 강조하기 위하여 실정법화한 것으로 이해하여야 할 것이다.

2) 조리법의 내용

행정법에 적용되는 조리법의 내용을 형성하는 행정법의 일반원칙을 보면, 평등원칙, 비례의 원칙, 신뢰보호의 원칙, 신의성실의 원칙, 행정의 자기구속의 원칙, 부당결부금지의 원칙 등을 들 수 있다.

(1) 평등원칙

평등원칙(Prinzip der Gleichheit)이란 그를 정당화할 만한 사유가 없는 한, 다른 자에 대한 처분보다 불리한 처분을 하여서는 아니 된다는 원칙을 말한다.

우리나라 헌법 제11조가 규정하고 있는 평등원칙의 성질에 관하여는 견해의 대립이 있다. 즉 헌법상 법원칙설의 입장은 헌법 제11조의 평등의 원리가 행정법에도 직접 적용되는 것으로 보는 견해이고, 불문법원리설의 입장은 헌법 제11조는 다만 법 앞의 평등만을 규정하고 있을 뿐 행정작용에 대하여는 직접 적용되는 것은 아니라고 보아 헌법 제11조의 기본이념으로부터 해석상 도출되는 불문법원리로 본다. 다만, 불문법원리설에서도 평등원칙이 헌법적 효력을 갖는 것을 인정하므로 위의 양 설은 실질적 차이가 없는 것이다. 평등원칙은 헌법적 효력을 가지는 것이기 때문에 그에 위반된 행정작용은 위헌·위법한 것이 된다.

행정객체는 평등원칙을 이유로 동일한 위법적인 행정작용을 요구할 수 있을 것인가? 이러한 문제는 이른바 '불법(위법)에 있어서 평등'에 관한 것으로서, 동일한 위법적인 행정작용을 요구할 수 없다고 보는 것이 통설적인 견해이다. 그 이유는 불법에 있어서 평등을 인정하게 되면 그것은 곧 국가로 하여금 위법행위를 승인하는 것이 됨으로써 법치행정(법률적합성)의 원칙을 붕괴시키는 결과를 초래하기 때문이다.[28]

(2) 비례원칙

비례원칙(Prinzip der Verhältnismassigkeit)이란 일반적으로 행정작용에 있어 목적실현을 위한

---

28) 박평준·박창석, 「경찰행정법」, 고시연구사, 2005, 56면.

수단과 당해 목적 사이에는 합리적인 비례관계가 있어야 한다는 것을 말한다. 근대 입헌국가의 헌법은 이익형량에 의한 적정한 가치의 확보를 그 이념으로 하고 있으며, 우리 헌법 제37조 제2항에는 비례원칙의 이념이 천명되어 있다고 볼 수 있다. 그러한 점에서 비례원칙은 단순한 조리상의 원칙에 그치지 않고, 헌법의 기본규범이나 이념으로부터 연유된 헌법적 원리라고 할 수 있다. 이와 같은 헌법적 원리를 구체화한 행정규제기본법은 비례원칙을 행정규제작용 일반에 적용되는 원칙으로 규정하고 있다(동법 제5조 제3항).

이러한 의미의 비례원칙은 내용적으로 적합성의 원칙, 필요성의 원칙 및 협의의 비례원칙으로 구성된다.[29] 즉 ① 적합성의 원칙이란 행정작용이 그 목적달성에 적합한 수단이어야 한다는 것이다. ② 그리고 필요성의 원칙이란 목적달성을 위한 당해 행정작용은 그 상대방과 일반국민에 대하여 필요한 최소한도로 침해적인 것을 선택하여야 한다는 것이다. ③ 또한 협의의 비례원칙이란 위의 두 가지 요건이 충족되는 경우에도 다시 당해 작용에 의한 침해의 정도와 그 추구하는 목적 사이에는 합리적인 비례관계가 유지되어야 한다는 것을 말한다. 위의 3원칙의 상호관계는 단계구조를 이룬다. 즉 많은 적합한 수단 중에서도 필요한 수단만이, 필요한 수단 중에서도 상당성 있는 수단만이 선택되어야 한다.

비례원칙은 일반적으로 재량권의 한계를 설정하여 주는 행정법의 일반원리로서, 재량행위에 있어서도 비례원칙을 위반한 경우에는 위법행위가 된다. 이와 같은 비례원칙이 적용되는 전형적인 행정작용형식은 침익적 행정으로서의 재산권침해, 경찰작용, 행정강제, 행정행위의 취소 · 철회 등이다. 그러나 비례원칙은 침익적 행정작용뿐만 아니라 수익적 작용으로서의 급부행정에도 적용될 수 있는 바, '과잉급부금지의 원칙'이 바로 그것이다.

비례원칙은 헌법적 원칙이므로 이에 위반된 행정작용은 위헌 · 위법한 작용이 되어 항고소송의 대상이 되며, 경우에 따라서는 국가의 손해배상책임을 발생시킬 수도 있다.

(3) 신뢰보호의 원칙

신뢰보호의 원칙(Prinzip des Vertrauenchutzes)이란 행정기관의 일정한 명시적 · 묵시적 언동의 정당성 또는 존속성에 대한 개인의 보호가치가 있는 신뢰는 보호하여 주어야 한다는 원칙을 말한다.[30]신뢰보호원칙의 일반법적 근거로 행정절차법 제4조 제2항(신의성실 및 신뢰보호)을 들 수 있고, 개별법으로서는 국세기본법 제18조 제3항(세법해석의 기준 및 소급과세의 금지) 등이 있다.

신뢰보호의 원칙이 적용되기 위한 요건으로는, ① 행정청이 개인에 대하여 신뢰의 대상이 되는

---

29) 김동희, 전게서, 56-57면.

30) 신뢰보호원칙은 독일에서 20세기 초 이래 학설 · 판례에서 논의되다가 제2차 세계대전 후 복리국가 사상의 영향으로 발전되었고, 1976년의 연방행정절차법의 제정으로 신뢰보호원칙을 제도화하였다. 그리고 영 · 미행정법상의 금반언의 법리(Estoppel : 일방 당사자가 전에 주장한 바 있고 타방 당사자가 이를 신뢰한 경우에, 그 일방 당사자가 종전의 그의 주장과 모순되는 주장을 하는 것은 금지된다는 원칙)도 신뢰보호와 대체로 같은 개념으로 이해되고 있다.

공적인 견해표명을 하여야 하고, ② 행정청의 견해표명이 정당하다고 신뢰한 데 대하여 그 개인에게 귀책사유가 없어야 하며, ③ 개인이 견해표명을 신뢰하고 이에 따라 어떠한 행위를 하였어야 하며, ④ 행정청이 위 견해표명에 반하는 처분을 함으로써 그 견해표명을 신뢰한 개인의 이익이 침해되는 결과가 초래되어야 하고, ⑤ 위 견해표명에 따른 행정처분을 할 경우 이로 인하여 공익 또는 제3자의 정당한 이익을 해할 우려가 있는 경우가 아니어야 한다.

이러한 요건을 충족할 때에는 행정청의 처분은 신뢰보호의 원칙에 반하는 행위로서 위법하다고 볼 것이다. 이 경우 원칙적으로는 취소사유가 될 것이나, 예외적으로 무효가 인정되는 경우도 있다.

(4) 신의성실의 원칙

신의성실의 원칙이란 법률관계의 당사자는 상대방의 이익을 배려하여 형평에 어긋나거나 신뢰를 저버리는 내용 또는 방법으로 권리를 행사하거나 의무를 이행하여서는 안 된다는 추상적 규범을 말한다.[31]이러한 원칙은 사법(민법 제2조 참조)에서 발전된 것이나, 공법의 영역에도 적용되는 법의 일반원칙 중의 하나이다.

공법의 영역에 있어서 특히 법의 흠결, 공백이 있는 경우에 그 공백을 극복하는 원칙의 하나로서 활용되어 왔는데, 오늘날은 '행정에 대한 신뢰보호의 원칙'의 근거 내지 내용으로 그 폭을 넓히고 있는 중에 있다. 한편, 판례 중에는 신의성실의 원칙을 신뢰보호의 원칙과 동일시하는 것도 있다.[32] 다른 한편, 실정법에 명시적으로 신의성실의 원칙에 대한 근거규정을 둔 경우도 있다. 즉 행정절차법은 「행정청은 직무를 수행함에 있어서 신의에 따라 성실히 하여야 한다」(동법 제4조 제1항)라고 규정하고 있으며, 국세기본법에서는 「납세자가 그 의무를 이행할 때에는 신의에 따라 성실하게 하여야 한다. 세무공무원이 직무를 수행할 때에도 또한 같다」(동법 제15조)라고 규정함으로써 신의성실의 원칙을 명문화하고 있다.

신의성실의 원칙에 반하는 행정작용은 위법한 것이 된다. 그러나 위법의 효과가 당연무효인가의 여부는 한 마디로 말할 수 없다. 이 원칙에 반하는 행정작용의 경우에는 하자의 중대명백성에 따라 무효사유 또는 취소사유가 될 것이다(중대명백설).

(5) 행정의 자기구속의 원칙

행정의 자기구속의 원칙이란 행정청은 동일한 사안에 대하여 제3자에게 한 것과 동일한 결정을 상대방에게도 하도록 하는 구속을 받는다는 원칙을 말한다. 다시 말하면, 행정청은 스스로 정하여 시행하고 있는 기준(특히 재량준칙)을 합리적인 이유 없이 준수하지 아니할 수 없다는 원칙이 바로 '행정의 자기구속의 법리'이다. 자기구속의 원칙은 행정의 법률에의 구속 등과 같은 행정

---

31) 대판 2004.7.22, 2002두11233; 대판 2009.3.26, 2008두21300.

32) 대판 2005.10.28, 2005다45827.

의 자기구속의 타자구속과 구별된다.

행정의 자기구속의 법리의 근거에 관하여는 평등의 원칙에서 구하는 견해와 신뢰보호의 원칙 및 평등원칙에서 구하는 견해로 나누어져 있다. 헌법재판소는 행정의 자기구속의 원칙을 명시적으로 인정할 뿐만 아니라 그 논거로 신뢰보호의 원칙과 평등원칙을 제시한다.[33] 대법원도 평등의 원칙이나 신뢰보호의 원칙을 근거로 자기구속의 원칙을 인정한다.[34]

이러한 행정의 자기구속의 법리는 수익적인 행위에서 평등의 보장을 위해 발전된 것이지만, 침익적 행위의 경우에도 적용이 배제될 이유는 없다. 또한 그것은 재량행위와 판단여지가 주어지는 경우에 의미를 갖는다. 기속행위에서는 행정청에 아무런 선택의 자유도 없기 때문에 자기구속의 문제가 없다. 그리고 행정규칙의 법규성을 부인하는 일반적 견해에 따르면 행정규칙의 대외적 구속력이 부정되므로 행정청은 국민에 대하여 행정규칙에 따라 처분할 법적 구속을 받지 않는다. 그러나 행정청이 재량영역에서 통일적이고도 동등한 재량행사를 확보하기 위하여 재량권행사의 준칙이 행정규칙(재량준칙)을 정립하여 시행하는 경우에는 행정의 자기구속의 원칙에 의하여 동정사안에 대하여 동일한 처분을 하여야 하는 구속을 받는다. 즉 자기구속의 원칙에 의하여 행정규칙은 간접적인 대외적 구속력을 갖게 된다는 것이 통설적 견해이다. 따라서 행정처분이 행정규칙에 반하는 경우 처분의 상대방은 비록 처분이 행정규칙에 위반된 것임을 주장하지는 못하더라도, 처분이 행정의 자기구속의 원칙에 위반하여 위법임을 주장할 수 있게 된다.[35] 결국 행정의 자기구속의 법리는 본래 법규성이 없는 재량준칙을 구속력 있는 규범으로 전환시키는 전환규범으로서의 역할을 수행하는 셈이다.

행정의 자기구속의 원칙에 반하는 처분 등은 위헌 · 위법을 면할 수 없게 된다. 이러한 원칙에 위배되는 행정처분은 항고소송의 대상이 되며, 국가의 손해배상책임을 발생시키는 경우도 있을 것이다.

(6) 부당결부금지의 원칙

부당결부금지(不當結付禁止)의 원칙이란 행정기관이 행정권을 행사하는 데 있어서 그것과 실질적인 관련이 없는 반대급부를 결부시켜서는 안 된다는 원칙을 말한다. 부당결부금지의 원칙은 판례가 인정하는 법원칙으로서 행정권의 자의적인 권한행사를 통제하고 국민의 권리를 보호하는 기능을 한다. 판례에 의하면, 부당결부금지의 원칙이란 "행정주체가 행정작용을 함에 있어서 상대방에 이와 실질적인 관련이 없는 의무를 부과하거나 그 이행을 강제하여서는 아니 된다는 원칙"을 말한다.[36]

33) 헌재결 1990.9.3, 90헌마13; 헌재결 2001.5.31, 99헌마413.

34) 대판 2009.12.24, 2009두7967.

35) 홍정선, 「행정법특강」, 박영사, 2011, 34-35면.

36) 대판 2009.2.12, 2005다65500.

부당결부금지의 원칙은 법치국가의 원칙과 무관하지 않지만 직접적 근거는 권한법정주의와 권한남용금지의 원칙에 있다고 보는 것이 타당하다는 이유로 법률적 효력을 갖는 법원칙이라고 보는 견해가 있으나,[37] 부당결부금지의 원칙은 법치국가의 원리와 자의금지의 원칙으로부터 도출된다고 할 것이므로 헌법적 지위를 갖는다고 할 것이다. 만일, 법률상의 원칙으로 본다면 실정법률상의 규정에 대하여는 부당결부금지의 원칙에 위반됨을 주장할 수 없게 되는 결과가 되기 때문이다.[38]

부당결부금지의 원칙은 우리나라에서 그 동안 주로 행정의 실효성확보수단(예 : 관허사업의 일반적 제한 또는 공급거부)과 관련시켜 동 원칙이 논의되었다. 그러나 현재는 행정행위의 부관(예 : 건축허가를 하면서 다른 토지의 기부채납을 부관으로 부담하게 하는 경우), 공법상 계약(예 : 주차장 시설 의무의 면제와 1천만원의 납부의무를 내용으로 공법상 계약을 체결하는 경우) 등 다른 영역에서도 활용되는 유용한 법원칙이라 할 수 있다.

부당결부금지의 원칙을 위반한 부관부 행정행위는 하자의 중대명백성의 여부에 따라 무효 또는 취소할 수 있는 행위로서 항고소송의 대상이 된다. 공법상 계약에 부과된 사인의 급부가 위법한 경우, 그 공법상 계약은 무효로 보는 것이 일반적 견해이다. 이 원칙은 헌법적 효력을 가지기 때문에 부당결부금지의 원칙에 반하는 실효성확보수단을 규정하는 법률은 위헌의 문제가 제기된다. 구 건축법 제69조 제2항이 무허가건축물 등에 대해 발한 시정명령을 불이행한 자에 대하여 전기 · 전화 · 수도 등의 공급을 거부할 수 있도록 규정하였던 것을 삭제한 것은 동조항에 위헌성이 있었으므로 타당하다고 본다.

Ⅳ. 행정법의 법원의 단계구조

전체로서의 여러 가지 존재형식으로 있는 모든 법규범은 단일체계를 구성하여야 하고 모순 · 충돌이 없어야 한다는 것은 법질서의 본질에 해당한다. 그런데 법정립기관이 다수이고 아울러 법원의 종류도 다양하므로 규범 사이에 충돌이 일어날 수 있다. 하나의 법적 문제에 대하여는 하나의 적당한 기준이 있어야 하는 것이므로 이러한 문제를 해결하기 위하여 법원의 단계질서를 논의하는 것이 필요하다.

행정법에 관한 법규범은 상하의 효력을 갖는 여러 단계로 나누어져 하나의 체계적이고 통일적인 법질서를 형성하고 있다. 행정법의 법원은 다음과 같이 상하의 관계에 있다. 가장 상위의 효력을 갖는 법으로부터 가장 하위의 효력을 갖는 성문법원의 순서로 열거하면, 헌법 및 헌법적 효력을 갖는 법의 일반원칙 → 법률, 국제조약 및 국제법규, 국회의 승인을 받은 긴급명령 및 법률적

37) 박균성, 「행정법강의」, 박영사, 2011, 51-52면.

38) 류지태, 「행정법신론」. 신영사, 2008, 48-50면; 홍정선, 전게서, 48면

효력을 갖는 법의 일반원칙 → 행정입법(법규명령 : 대통령령 →총리령 또는 부령) → 자치법규(조례 · 규칙) 등과 같다.

법규명령은 제정권자의 우열에 따라 대통령령(시행령) → 총리령 또는 부령(시행규칙, 총리령과 부령은 상하의 관계에 있지 않다)의 순서에 따라 상위법과 하위법의 효력관계에 있다. 그리고 자치법규는 광역자치단체의 자치법규(조례 · 규칙) → 기초자치단체의 자치법규(조례 · 규칙)의 순위에 의하여 상위법과 하위법의 관계에 있다. 동일단계의 자치단체의 조례와 규칙 사이에는 지방의회가 제정하는 조례가 지방자치단체의 장이 제정하는 규칙보다 상위법이다.

동일한 효력을 갖는 법의 상호간에 저촉이 있는 경우에는 특별법우선의 원칙과 신법우선의 원칙에 의하여 특별법이 일반법보다, 신법이 구법보다 우선한다. 또한 특별법우선의 원칙이 신법우선의 원칙보다 우월하므로 구법인 특별법이 신법인 일반법보다 우선한다.[39]

위와 같은 성문법원에 흠결, 공백이 있는 경우에는 관습법 · 판례 및 조리 등 불문법원이 행정상의 법률관계에 적용될 수 있는지의 여부를 마지막으로 검토, 결정하여야 할 것이다.

39) 박균성, 전게서, 53-54면.

제6절 행정법의 효력

Ⅰ. 행정법의 효력과 그 범위

행정법의 효력이라 함은 행정법이 어떠한 범위에서 관계자를 구속하는 힘을 말한다. 행정법의 성문법원을 형성하는 성문법규는 그 효력범위에 있어 시간적 · 지역적 · 대인적 효력 등의 관점에서 고찰할 수 있다.

행정법은 기술적 · 합목적적 성격을 가지고 있으며, 특히 그의 규율대상이 시시각각으로 부단히 변천하는 객관적 상황에 대응할 필요에 따라 법 그 자체도 빈번히 개폐되는 경향이 있기 때문에 행정법의 효력범위의 문제는 다른 법의 분야에 있어서의 법효력의 문제와는 다소 다른 특색을 지니고 있다.

행정법은 다른 법령의 경우와 마찬가지로 그 법령의 효력은 무제한한 것이 아니고 시간적 · 지역적 · 대인적으로 일정한 한계를 가진다.

Ⅱ. 시간적 효력

1. 효력발생시기

1) 공포에 관한 원칙

행정법은 그 강행성으로 말미암아 이를 일반국민에게 주지시킬 필요가 있다. 따라서 공포와 효력발생(시행)과의 사이에는 일정한 시간적 · 절차적 간격을 두는 것이 원칙이다. 이에 대한 우리나라에서의 관련규정을 살펴보면 다음과 같다.

법률, 대통령령 · 총리령 · 부령 및 조례 · 규칙은 그 시행일에 관하여 「특별한 규정이 없으면 공포한 날부터 20일이 경과함으로써 효력을 발생한다」(헌법 제53조 제7항, 「법령 등 공포에 관한 법률」 제13조, 지방자치법 제26조 제7항). 과거에는 시급하다는 이유로 공포일로부터 시행하도록 명문을 둔 예도 적지 않았다. 그러나 최근에는 대통령령 등 부속법령의 제정을 위한 기간의 필요

성 등의 고려에 기하여 3월 또는 6월의 기간이 경과한 후에 효력을 발생하게 하는 예가 많다.[40)]

공포의 방법은 헌법개정(안) · 법률 · 조약 · 대통령령 · 총리령 및 부령을 관보에 개재한다(공포법 제11조 제1항). 한편, 조례 · 규칙의 공포는 해당 지방자치단체의 공보에 게재하는 방법으로 한다. 다만, 지방자치법에 따라 지방의회의 의장이 공포하는 경우에는 공보나 일간신문에 게재하거나 게시판에 게시한다(지방자치법 제26조 제6항, 동법시행령 제30조 제1항 단서). 대통령의 법률안거부권행사로 인하여 재의결된 법률을 국회의장이 공포하는 경우에는 서울특별시에서 발행되는 둘 이상의 일간신문에 게재함으로써 한다(공포법 제11조 제2항).

2) 공포에 관한 특칙

법령 · 조례 · 규칙 등은 실제로는 위 원칙에 의하지 아니하고, 그 부칙이나 시행령에서 그 시행일을 따로 정하는 경우가 많다. 예컨대, ① 공포 후의 일정한 유예기간의 존치, ② 일정한 사실의 발생일로부터 시행, ③ 공포일로부터의 시행, ④ 시행일의 대통령에의 위임 등의 형식이 그것이다. 이 중에서 특히 '공포일시행주의'는 당해 법령이 국민의 권리 · 의무사항 또는 벌칙을 규정하고 있는 경우에는 이를 사전에 알려야 한다는 주지기간을 둔 취지에서 볼 때 20일 간의 유예기간을 두고 있는 위의 일반원칙의 기본취지를 무시하는 결과가 되는 것이다. 그리하여 더 나아가 「법령 등 공포에 관한 법률」 제13조 2는 「국민의 권리제한 또는 의무부과와 직접 관련되는 법률, 대통령령, 총리령 및 부령은 긴급히 시행하여야 할 특별한 사유가 있는 경우를 제외하고는 공포일부터 적어도 '30일이 경과한 날'부터 시행되도록 하여야 한다」고 규정하여 새 법령의 시행을 알리는 주지기간 또는 시행유예기간에 제한을 두어 그 취지를 살리려 하고 있다.

3) 시행일

시행일은 효력발생일을 말하는데, '공포일'이 그 기준일이 된다. 공포일은 「해당 법령 등을 게재한 관보 또는 신문이 발행된 날」(공포법 제12조)로 되어 있으므로 그 '발행된 날'이 언제인가가 문제이다. 이에 관한 종래 정부의 관례는 그 법령을 게재한 관보의 일부일(日附日) 오전 영시를 발행일로 보아, 그 때를 공포일로 보았다. 그러나 이것은 국민이 새 법령의 내용을 알 시간적 여유가 없어 공포제도의 취지에 어긋나는 것이다.

따라서 최근에는 ① 발신주의의 입장에서 외부로의 관보발송절차가 완료된 때로 보는 설(발송절차완료시설)과 ② 도달주의의 입장에서 관보가 서울의 중앙보급소에 도달하여 국민의 구독이 가능한 상태에 놓인 최초의 시점으로 보는 설(최초구독가능시설)이 주장되고 있는데, 후자가 통설이고[41)] 판례이다.[42)]

---

40) 유상현, 「행정법 I」. 형설출판사, 2004, 118면.

41) 김남진 · 김연태, 「행정법 I」. 법문사, 2011, 69면; 김도창, 「일반행정법론(상)」. 청운사, 1993, 172면; 김동희, 「행

2. 소급적용금지와 그 예외

새로운 법령이 시행되기 전에 종결된 사실에 대하여 당해 법령을 적용하는 것을 소급적용이라 한다. 법령은 이러한 소급효를 가지지 않는 것이 원칙인 바, 이를 '소급적용금지의 원칙'이라고 한다. 그 이유는 기본적으로 기득권존중, 법적안정성, 예측가능성 등 실질적 법치주의의 요청에 있다.

이러한 소급적용금지는 시행일 이전에 이미 종결된 사실에 대하여 법령이 소급하여 적용되지 않는다는 것을 위미하는 것이며(진정소급효의 금지), 시행일 이전에 시작되었으나 현재도 진행중인 사실에 법령이 적용되지 않는다는 것은 아니다(부진정소급효의 허용). 이러한 진행중인 사실과 관련하여서는 신·구관계를 조정하기 위하여 관계 근거법규의 부칙에 경과규정을 두는 것이 보통이다.[43)]

헌법재판소는 진정소급효의 경우에도 "국민이 소급입법을 예상할 수 있었거나, 법적 상태가 불확실하고 혼란스러웠거나 하여 보호할 만한 신뢰의 이익이 적은 경우와 소급입법에 의한 당사자의 손실이 없거나 아주 경미한 경우, 그리고 신뢰보호의 요청에 우선하는 심히 중대한 공익상의 사유가 소급입법을 정당화하는 경우 등에는 예외적으로 소급입법이 허용된다"고 하고 있다.[44)] 우리나라 헌법은 소급입법에 의한 처벌, 참정권의 제한 또는 재산권의 박탈을 금지하고 있다(헌법 제13조).

3. 효력의 소멸

1) 비한시법의 효력소멸

일반적으로 법령은 ① 당해 법령 또는 그와 동위 또는 상위에 있는 법령에 의한 명시적 개폐가 있거나, ② 그와 저촉되는 동위 또는 상위에 있는 후법의 제정에 의하여 효력을 상실한다.[45)] 임시조치법의 성격이 뚜렷한 법령이라고 하더라도 그 유효기간이 한정되어 있지 아니하는 한, 원칙적으로 위의 경우에만 그 효력이 소멸된다.[46)]

2) 한시법의 효력소멸

일정한 유효시간이 명시적으로 규정되어 있는 '한시법'의 경우에는 그 기간이 도래하면 법령의 효력이 당연히 소멸된다. 다만, 그 유효기간 내의 위법행위에 대하여는 법령의 실효 후에도 처벌

정법 I」. 박영사, 2011, 66면; 박균성, 「행정법강의」. 박영사, 2011, 55면; 박윤흔·정형근, 「최신행정법강의(상)」. 박영사, 2009, 76면; 석종현, 「일반행정법(상)」. 삼영사, 2005, 78면; 이상규, 「신행정법론(상)」. 법문사, 1997, 155면.

42) 대판 1969.11.25, 69누129; 대판 1970.7.21, 70누76; 대판 1970.10.23, 70누126; 대판 1989.9.26, 89누4963.

43) 김동희, 전게서, 67면.

44) 헌재결 1999.7.22, 97헌바76·98헌바50,51,52,54,55(병합)

45) 대판 1988.5.19, 87구74; 대판 1993.2.12, 92누5959.

46) 김동희, 전게서, 67면.

할 수 있다는 것이 판례의 태도이다.[47] 법령에 명문의 규정을 두는 것이 보통이다.

Ⅲ. 지역적 효력범위

1. 원 칙

행정법령은 일반적으로 당해 행정법규의 제정권자의 권한이 미치는 지역적 범위 내에서만 효력을 가지며, 이 이외의 지역에 대하여는 효력을 가지지 않는 것이 원칙이다. 즉 국가의 법령은 대한민국의 영토 전역에 걸쳐 효력을 미치고, 지방자치단체 또는 그 기관이 제정한 조례 · 규칙은 지방자치단체의 관할구역 내에서만 효력을 가지는 것이 원칙이다.

2. 예 외

위와 같은 원칙에는 다음과 같은 예외가 있다.

1) 국제법상 치외법권이 인정되는 시설 등

국제법상 치외법권을 가지는 외교사절 등이 사용하는 토지 · 시설 및 주둔군이 사용하는 시설 · 구역 등에서는 국제관례 · 조약 · 협정(예 : 한 · 미상호방위조약에 의한 한 · 미행정협정 등)에 의하여 행정법규의 효력이 미치지 않는 경우가 있다.

2) 국가의 법령이 일부지역에만 적용되는 경우

국가가 제정한 법령이라고 하더라도 그 내용에 따라서는 국토의 일부의 지역 내에서만 효력을 가지고 적용되는 경우가 있다. 즉 「제주특별자치도 설치 및 국제자유도시 조성을 위한 특별법」이 대표적인 예이고, 「자유무역지역의 지정 및 운영에 관한 법률」은 자유무역지역 내에서의 여러 가지 특례를 인정하고 있다.

3) 행정법령이 그 제정기관의 관할구역을 넘어 적용되는 경우

행정법령이 그 제정기관의 권한이 본래 미치는 지역을 넘어 적용되는 경우가 있다. 예컨대, 지방자치단체의 공공시설에 관한 조례가 다른 지방자치단체의 구역에서 효력을 가지는 것이 그에 해당한다.

---

47) 대판 1997.2.28, 96도2247.

Ⅳ. 인적 효력범위

1. 원 칙

행정법령은 속지주의의 원칙에 따라 그 영토 또는 구역 내에 있는 모든 사람에게 적용되며, 내국인 · 외국인 · 자연인 · 법인의 여하를 불문한다.

2. 예 외

위의 원칙에는 다음과 같은 약간의 예외가 있다.

1) 국제법상 치외법권을 가지는 외국의 국가원수 · 외교관

국제법상의 치외법권을 가지는 국가원수 또는 외교관은 「외교관계에 관한 Wien협약」에 의하여 치외법권을 향유하는 결과로서 한국법의 적용을 받지 않는다. 따라서 행정법규의 적용도 배재된다.

2) 국내에 주둔하는 미합중국 군대의 구성원

국내에 주둔하는 미합중국 군대의 구성원에 대하여는 한 · 미상호방위조약 제4조에 의한 한 · 미행정협정에 따라 세법 기타 각종의 행정법규의 적용이 배제 또는 제한되고 있다.

3) 일반 외국인

일반 외국인에 대하여는 원칙적으로 국내의 행정법규의 적용을 받지만, 행정법규 중에는 외국인에 대하여는 특별한 규정을 두고 있는 경우도 있다. 즉 외국인에 의한 토지취득 등의 제한(외국인토지법 제3조), 국가 등 배상책임의 제한(국가배상법 제7조), 출입국에 대한 특례(출입국관리법 제7조 내지 제68조) 등이 이에 해당된다.

4) 국외의 자국인

국외의 자국인에 대하여 국내의 행정법규가 적용되는 경우도 있다. 여권법 등이 속인적으로 적용되는 것은 그 성질상 당연하나, 그 밖에도 당해 행정법규가 국가의 공공이익과 관련되고, 그 취지 · 목적상 국외에서의 행위까지 규율할 것이 요구되는 경우에는 국외의 자국인에게도 효력이 미친다고 보아야 할 것이다.

제3장 행정법학

제1절 행정법학의 의의

Ⅰ. 행정법학의 개념

행정법학은 현실적으로 존재하는 행정법에 관한 여러 현상들을 연구대상으로 하는 사회과학에 속하는 법학의 한 분과이다. 행정법학의 연구대상이 되는 행정법은 단일법전이 존재하는 것이 아니라 '행정에 관한 국내공법'으로서 행정조직에 관련된 법, 행정작용에 관련된 법, 행정구제에 관련된 법 등을 모두 포함한다. 이러한 관계로 행정법학은 행정에 관한 법규범에 공통된 원리를 탐구하는 학문이다. 그런데 이와 같은 연구를 하는 법학을 우리나라 교과서에서의 명칭은 일반적으로 '행정법'이라고 하는데, 엄격한 의미에서는 '행정법학'이라고 하는 것이 더욱 정확한 표현이라고 할 수 있을 것 같다.

Ⅱ. 행정법학과 행정학의 관계

행정법학과 행정학은 행정에 관한 과학이라는 점에서 행정과학이라고 부를 수 있다. 그러나 행정법학은 행정에 관한 법규범을 인식대상으로 하여 그에 관한 논리적 법칙을 탐구함을 목적으로 하고 있기에 법학의 한 분과인 데 대하여, 행정학은 행정이라는 사실을 대상으로 하여 그에 관한 인과법칙을 탐구함을 목적으로 하는 까닭에 넓은 의미에서는 정치학에 속한다. 결국 행정법학은 당위(Sollen)를 대상으로 하는 규범과학이고, 행정학은 존재법칙(Sein)을 대상으로 하는 존재과학이다.

그리고 행정법학과 행정학은 ① 다 같이 행정을 대상을 할 뿐만 아니라, ② 연구방법에 있어서, 행정학이 그 대상을 결정하려면 먼저 주어진 행정법규범의 의미 · 내용을 분석하지 않으면 안된다는 의미에서, 바로 이것을 임무로 하는 행정법학이 행정학의 전제가 된다고 할 수 있으며, ③ 행정법학이 단순히 행정법규범의 해석에 그치는 것이 아니고, 그 성립에 이르는 행정과정이나 성립된 규범의 실효성 또는 입법정책 등의 분석을 포함하고, 행정학도 행정현실에 관한 단순한 이론적 기술에 그치지 아니하고 정책학적 연구를 포함하고 있음을 감안할 때, 위의 두 학문은 밀접한 관련성을 맺고 있음을 알 수 있다. 더욱이 행정국가이면서 법치국가인 현대의 복잡 다양한 행정을 파악하여 행정기능과 행정과정을 연구함에 있어서는, 행정과학 전체의 협동과 종합과학화가 필요하다고 할 수 있을 것이며, 행정법학이나 행정학의 어느 하나만으로는 그 임무를 달성할 수는 없다고 할 것이다.[1] 따라서 행정법학과 행정학의 학제적(學際的) 연구가 필요하다.

Ⅲ. 행정법학과 다른 법학과의 관계

머리말에서도 지적한 바 있지만, 행정법학은 헌법학, 형법학, 형사소송법학, 민법학, 상법학, 민사소송법학 등과도 밀접불가분의 관계에 있기 때문에 이러한 법학과 함께 연구해야만 행정법을 진정으로 이해할 수 있게 될 것이다. 그리고 종전에는 행정법의 범주에 속했던 법 분야가 최근에는 경찰법, 조세법, 환경법, 경제법, 재정법, 교육법, 토지공법 등으로 독립하면서도 행정법과 적절한 학문적 관계를 유지하면서 발전하고 있다. 따라서 행정법학은 법학의 다른 분야에 대한 충분한 검토 없이는 이를 완전히 이해하기 어려울 것이므로 서로 관련시켜 검토 · 연구해야 할 것이다.

1) 김도창, 「일반행정법(상)」. 청운사, 1993, 176면.

제2절 행정법학의 연구방법과 체계

Ⅰ. 행정법해석학적 방법론

행정법해석학이란 행정법의 적정한 적용과 운영을 위하여 행정조직법, 행정작용법, 행정구제법 등과 같이 행정법을 구성하는 각종 법규범들이 가지고 있는 객관적인 의미내용을 체계적으로 인식하고 확정하는 것을 과제로 하는 행정법학의 연구방법이다. 우리나라에서는 이러한 법해석학이 행정법학뿐만 아니라 법학의 다른 영역에서도 주된 연구방법으로 채택, 의존하고 있다. 그러나 법학의 연구방법론으로서 이와 같은 법해석학만에 의존한다면 학문연구의 목적을 달성하는 데에 미흡하기 때문에 경우에 따라서는 다른 방법론도 아울러 취할 필요가 있다고 본다.

Ⅱ. 법해석학 이외의 방법론

행정법학은 종래 법해석학을 주로 하고 이에 대한 보충적 방법론으로서 비교행정법학 · 행정법사회학 · 행정법사학 · 행정법정책학 · 일반행정법학 · 개별행정법학 등의 방법론이 있다. 학문으로서의 행정법학을 연구함에 이어서는 행정법해석학 이외의 위와 같은 방법론도 무시해서는 아니 될 중요성이 있음을 인식하고 필요에 따라서는 이러한 방법론도 활용하여 행정법학 발전에 기여할 수 있도록 하여야 할 것이다.

Ⅲ. 행정법학의 체계

행정법의 체계 또는 편별에 관하여는, 단일법전화되지 아니한 탓도 있겠지만 종래 논의가 많았고 아직도 확실한 해결을 못하고 있는 상황이다. 이 문제에 대하여는 대륙법계에 속하는 학자와 영 · 미법계에 속하는 학자에 따라, 또한 동일한 법계에 속한다고 하더라도 각 학자마다 의견을 달리하고 있다.

우리나라에서는 종래 행정법체계에 있어서 원리의 일반추상성 · 개별구체성을 기준으로 하여 '행정법총론'과 '행정법각론'이라는 이원적 구성방법을 채택하여 사용해 왔지만, 양자의 한계는 유동적 · 상대적인 것으로 오토 마이어(Otto Mayer) 이래의 대륙식 체계를 답습한 것으로 순전히 강의상의 편의를 위한 타성적 방법에 지나지 아니한다는 점에서, 계속적인 성찰과 재검토를 요하는 행정법학의 과제이다.

이 '행정법강론'은 Ⅰ권에서 행정법서론 · 행정법통론 · 행정구제법론을, 이어서 Ⅱ권에서는 행정조직법 · 개별행정작용법을 검토하기로 하겠다. 그러나 종래의 비합리적인 관행으로부터 벗어나 Ⅰ권에서 행정법서론, 행정법통론, 행정조직법론을, Ⅱ권에서는 개별행정작용법, 행정구제법의 순서로 고찰하는 것인 훨씬 더 논리적이라고 할 수 있다. 한편, 행정법은 '행정에 관한 국내공법'으로서, 그 내용은 행정조직법 · 행정작용법 · 행정구제법으로 구성되어 있으며, 행정기관의 위법 · 부당한 행정작용으로 인하여 국민의 권익이 침해된 경우에 그 구제를 위한 조치가 행정구제법이라는 점을 고려하면 이러한 편별 또는 체계의 타당성이 더욱 명백하다. 그렇지만 우리나라 행정법학의 현재 시점에서 강의상의 편의와 각종 시험출제의 빈도 등을 감안하여 일단 종전의 관행에 따르도록 하겠다. 따라서 곧 이어 발간될 예정인 '행정법강론 Ⅱ'에서는 행정조직법, 개별행정작용법을 검토대상으로 하게 될 것이다.

제2편 행정법통론

제1장 행정법관계

제1절 행정법관계의 의의

Ⅰ. 행정법관계의 개념

법률관계란 법주체 상호간의 권리의무관계를 말한다. 그런데 행정법의 대상인 행정영역에서는 행정주체가 그 일방의 당사자로 나타나는 법률관계가 형성된다. 이러한 점에 착안하여 행정주체가 법률관계의 일방당사자인 경우를 행정상의 법률관계라고 부른다.

행정상 법률관계는 모두 행정법관계는 아니다. 행정상 법률관계에는 공법이 지배하는 경우가 있고, 사법이 적용되는 경우도 있다. 행정법관계는 행정상 법률관계 중 보통 공법이 적용되는 법률관계를 말한다. 따라서 행정법관계는 공법관계와 동의어로 보통 사용되며, 이에 관한 연구가 행정법론의 주된 중심이 된다.

Ⅱ. 공법관계와 사법관계의 구별

1. 제도적 구별의 문제

우리나라의 실정제도는 공법과 사법의 이원적 구조를 취하고 있다. 따라서 국가 등의 행정주체와 국민과의 사이에 형성되는 법률관계는 내용적 · 성질적으로는 공법으로서의 행정법에 의하여 규율되는 공법관계와 사인 상호간의 관계와 마찬가지로 사법에 의하여 규율되는 사법관계가 있다.

그러므로 당해 행정상 법률관계가 구체적으로 공법관계인가 사법관계인가, 또는 그를 규율하는 법이 공법인가 사법인가를 구별할 필요성이 있게 된다. 결국 공법관계와 사법관계, 공법과 사법의 구별은 실정제도상의 구분의 문제이다.

2. 공법관계와 사법관계의 구별실익

행정법이나 행정법학에서 공법과 사법, 공법관계와 사법관계를 구별하는 실익은 다음과 같은 몇 가지 점에서 찾을 수 있다.

1) 행정법학의 범위결정

행정법의 학문적 · 체계적 독립을 위하여, 행정법학의 연구대상으로서의 행정법의 범위를 확정짓기 위해 공법 · 사법의 구별이 필요하다는 것이다. 행정법을 '행정에 관한 국내공법'으로 규정함으로써 행정법관계에 관한 특수한 공법원리를 구성하여, 공행정에 대한 특수한 공법원리의 지배를 주장하고, 나아가 행정법학의 독자적 범위를 결정한 것이 과거 독일 · 일본의 지배적인 이론이었다.

2) 적용법리의 상이

문제의 법률관계에 적용할 법규정과 법원리를 결정하기 위하여 당해 행정상 법률관계가 공법이 적용될 공법관계인가, 아니면 사법의 지배를 받을 사법관계인가를 구별할 실익이 있다.

행정상 법률관계가 공법관계로 판정된 경우에는 공법규정 및 공법원리가 적용되고, 사법관계인 경우에는 사법규정 및 사법원리의 규율을 받게 되는 것이 상이하다는 점이 일반적이다.

3) 소송절차의 차이

공법관계에 대한 소송은 행정소송으로 제기하여야 하고, 사법관계에 대한 소송은 민사소송으로 제기하여야 한다.

소송절차에 있어서는 행정사건의 특수성을 고려하여 행정소송법이 적용되고, 이 법은 민사소송과 다른 특별한 소송절차를 규정하고 있다. 즉 행정소송법은 행정법관계에 있어서의 다툼에 관한 쟁송수단으로써, 위법한 공권력의 행사 또는 불행사에 관한 소송인 항고소송과 공법상의 법률관계에 관한 소송으로서의 당사자소송을 규정하고 있다. 따라서 공법관계와 사법관계의 구분은 소송절차에 있어서 차이가 있다는 점에서 그 의미를 찾을 수 있다.

4) 행정강제의 가능 여부

행정청은 행정상 의무위반 또는 의무의 불이행에 대하여, 대집행 · 강제징수 등의 강제수단에 의한 실력행사로 의무이행을 실현할 수 있다.

이러한 행정상 강제는 행정법상의 의무위반이나 불이행에 대하여만 가능할 뿐이므로, 이 점에서 당해 법률관계가 공법관계인가 사법관계인가를 구분할 필요가 있다.

3. 공법관계와 사법관계의 구별기준

1) 실정법상의 구별기준

실정법에는 공법관계임을 명시하고 있는 경우도 있고, 이를 명시하지 않은 경우도 있으므로,

두 경우를 구별하여 결정하여야 한다.[1)]

(1) 실정법에 명문의 규정이 있는 경우

법규에서 명문으로 공법관계임을 규정하고 있는 경우에는, 그 법규가 구별의 기준이 되기 때문에 문제가 없다. 법규가 공법관계임을 규정한 예로서는, ① 행정강제, ② 행정벌, ③ 행정상 손실보상 · 손해배상, ④ 행정쟁송, ⑤ 형법상의 공무원에 관한 범죄의 성립을 인정하는 특별규정을 두고 있을 때 등을 들 수 있다.

따라서 법규에서 위와 같이 공법관계임을 명시하는 특별한 규정을 하고 있을 경우에는, 그 범위 안에서 공법상의 법률관계가 되는 것이 분명하다.

(2) 실정법에 명문의 규정이 없는 경우

법규에서 명문으로 공법관계임을 규정하고 있지 않는 경우에는, 공법과 사법을 구별하는 제도적 의의와 필요성, 그리고 당해 법규가 규율하고 있는 목적과 내용에 따라 개별적 · 합리적으로 판단하여 결정하지 않으면 안 된다.

이러한 관점에서 보면, 법규가 ① 행정목적의 공정 · 확실한 실현을 확보하기 위하여 행정주체에 공권력의 행사를 인정하고, 그에 따르는 특수한 효력을 인정한 경우, ② 공공복리의 실현이라는 행정목적의 효율적 달성을 위하여 사법적 규율과는 다른 법적 취급을 인정하고 있는 경우, ③ 원칙적으로 사법관계이면서도 일정한 공법적 규율을 받게 되는, 이른바 행정사법(行政私法)의 범주에 속하는 경우 등은 공법관계로 보아야 할 것이다.

2) 학설상의 구별기준

실정법에서 문제의 법률관계가 공법관계인 것을 명확히 규정하고 있는 경우에는 의문의 여지가 없다.

그러나 법규에서 명문으로 당해 법률관계가 공법관계임을 규정하고 있지 아니한 경우가 문제되는데, 그 법률관계가 공법관계인가 사법관계인가, 즉 공법과 사법의 구별기준에 관하여는 다수의 학설이 있다. 다음에서는 공법과 사법의 구별기준에 관한 대표적인 학설에 한정하여 간단히 소개하기로 한다.

(1) 주체설

이 견해는 법률관계의 주체를 기준으로 하여, 적어도 한 쪽 당사자가 국가 기타 행정주체인 경우는 공법관계이고, 양 당사자가 모두 사인인 경우에는 사법관계라고 본다.

---

1) 박윤흔 · 정형근, 「최신행정법강의(상)」. 박영사, 2009, 92-93면; 석종현, 「일반행정법(상)」. 삼영사, 2005, 87면.

그러나 행정주체의 행위라도 국고행위와 같이 사인의 지위에서 활동할 때에는 사법의 규율을 받게 되고, 조세의 원천징수처럼 사인도 공권을 위탁받으면 공법적 활동을 하게 되어 공법이 적용된다는 문제점이 있다.

(2) 이익설

이 견해는 법률관계의 목적인 이익을 기준으로 구별한 것이다. 즉 공익목적을 실현하고자 하는 법률관계는 공법관계이고, 사익을 추구함을 목적으로 하는 법률관계를 사법관계로 보며, 그 각각의 법률관계를 규율하는 법을 공법과 사법으로 구분하는 학설이다.

그러나 공익관념의 명확한 정의를 하기도 어려울 뿐만 아니라 공익과 사익의 명백한 구분이 가능한지도 의문이다. 또한 어떠한 법을 보아도 공익과 사익의 한 쪽만을 목적으로 하고 다른 쪽은 전혀 도외시하는 법은 찾아보기 어려우며, 다수의 법규는 공익과 사익을 동시에 고려대상으로 하고 있다는 점을 간과할 수 없다는 점에서 비판을 피하기 어려운 설이다.

(3) 권력설

이 견해는 당해 법률관계의 성질에 따라 상하관계, 즉 지배복종관계인가 또는 대등관계인가에 의해서, 전자를 공법관계로, 후자를 사법관계로 보고, 그 각각의 관계를 규율하는 법을 공법과 사법으로 구분한다. 이는 성질설, 종속설, 지배설, 복종설, 잉여가치설이라고 부르기도 한다.

권력설의 문제점으로서는 공법관계에도 공법상 계약과 같이 대등관계가 존재할 수 있으며, 반면에 사법관계에 있어서도 친자관계와 같은 부대등한 종속관계가 있기 때문에 이 설에 의존해서만 공법과 사법을 구별할 수 없다는 모순이 있다.

(4) 결 어

위에서는 공법관계와 사법관계 내지는 공법과 사법의 구별에 관한 많은 학설 중에서 가장 대표적인 주체설 · 이익설 및 권력설에 관하여 살펴보았다.

그러나 이러한 학설은 각기 공법관계나 공법의 본질적인 일정한 부분을 적절히 지적한 측면도 있음을 부인할 수 없지만, 어느 학설 하나만에 의해서 완벽하게 구별할 수 있는 것은 아니고, 각 학설을 상호보완적으로 종합적용하여 개별적인 경우에 합리적인 결론을 도출하고자 하는 것이 현재 우리나라 학자들의 일반적인 견해이다.[2)]

우리나라의 판례도 학자들의 일반적 견해와 마찬가지로 종합적으로 판단하는 입장을 취하고 있다.[3)]

---

2) 김남진 · 김연태, 「행정법Ⅰ」. 법문사, 2011, 80면; 김도창, 「일반행정법론(상)」. 청운사, 1993, 207-208면; 김동희, 「행정법Ⅰ」. 박영사, 2011, 74면; 류지태, 「행정법신론」. 신영사, 2008, 11-12면; 박균성, 「행정법강의」. 박영사, 2011, 64면; 석종현, 상게서, 89면; 홍정선, 「행정법특강」. 박영사, 2011, 15-16면.

3) 대판 1961.10.5, 4292행상125; 대판 1991.5.10, 90다10766.

제2절 행정법관계의 종류

Ⅰ. 행정법관계의 유형

행정법관계는 행정의 조직에 관하여 규율하는 행정조직법적 관계와 행정주체와 그 상대방인 사인 사이의 법률관계를 규율한 행정작용법적 관계로 구분된다.

그리고 행정작용법적 관계는 행정주체와 국민간의 관계로서, 이에는 특별한 공법적 규율을 받는 공법관계(권력관계 · 관리관계)와 사인과 같이 사법에 의하여 규율되는 사법관계(국고관계)가 있다. 그러나 보통 행정법관계라 할 때에는 공법관계만을 의미한다.

Ⅱ. 행정조직법적 관계

1. 행정조직의 내부관계

행정조직의 내부관계는 상하급관청 또는 대등관청 간의 관계나 기관위임사무에 있어 중앙행정기관의 장과 지방자치단체의 장과의 관계 등을 말한다. 또한 지방자치단체 내부의 법관계인 지방자치단체의 집행기관과 지방의회와의 관계도 여기에 해당된다.

이러한 관계는 권리주체 간의 관계가 아니기에 권리의무의 관계는 아니고 직무권한에 관한 관계로서의 성질을 가진다. 그러므로 행정조직의 내부관계에서 발생한 분쟁은 법률상 쟁송이 아니므로 개별적인 특별규정이 없는 한 법원에 제소하지 못한다. 그러나 지방자치단체 내부기관 사이의 법적 분쟁은 기관소송의 대상이 되며, 법률에 특별한 규정이 있는 경우에만 소송의 제기가 가능하게 된다(지방자치법 제172조 제3항).

2. 행정주체 상호간의 관계

국가와 지방자치단체 간의 관계와 지방자치단체 상호간의 관계 등 행정주체 상호간의 관계가 행정조직법적 관계인가, 행정작용법적 관계인가에 대하여는 의문이다.

그러나 이러한 법관계는 행정주체와 국민간의 관계와 같은 순수한 행정작용법적 관계로 보기는 어렵고, 지방자치제도의 실시에 따라 적정한 행정을 보장하기 위하여 조직법적으로 인정된 관계로 취급하는 것이 일반적이다. 그리고 이와 관련된 법적 분쟁에 대하여는 행정소송이나(지방자치법 제169조 제2항), 권한쟁의심판을 제기할 수 있다(헌법 제111조 제1항 제4호, 헌법재판소법 제62조 제1항 참조).

3. 행정주체와 공무원 간의 관계

국가 또는 지방자치단체와 그 소속공무원 사이의 관계는 종래의 특별권력관계이론에서는 그것을 행정조직의 내부관계로 보았다. 그러나 오늘날은 법치주의가 전면적으로 적용되는 특별행정법관계로서의 법관계인 것으로 보아 그것은 행정주체와 국민간의 일반권력관계 그 자체로 이해하는 것이 타당하다.[4)]

이러한 관계에 있어서의 법적 성질과 행정소송의 대상 여부는 결국 개별적인 내용에 따라 결정되게 된다.

Ⅲ. 행정작용법적 관계

1. 권력관계

권력관계는 행정주체가 공권력의 주체로서 우월적인 지위에서 국민에 대하여 일방적으로 명령 · 강제하고 그에 따르는 행위에 특수한 법적 효력을 인정하는 법률관계를 말한다. 이는 전통적으로 행정법관계의 주된 영역을 차지하고 있다. 이 관계는 부대등한 관계로서 행정주체의 행위에 공정력 · 확정력 · 강제력 등 법률상 우월한 효력이 인정된다.

이러한 관계에 대하여는 대등한 사인 상호간의 사법관계와는 근본적으로 다르므로 사법이 적용되지 아니하고, 공법규정과 공법원리가 원칙적으로 적용되며, 그에 대한 불복은 항고쟁송의 방법에 의하게 된다.

2. 관리관계

관리관계는 일반적으로 행정주체가 재산관리주체의 지위에서 특정한 공공복리의 실현을 위하여 공적인 재산 또는 사업을 관리 · 경영하는 것과 같이, 공권력의 주체로서가 아니라 재산 또는

---

4) 석종현, 전게서, 90면.

사업의 관리주체의 지위에서 국민과 맺어진 비권력적 관계이다. 이는 성질상으로는 사인의 행위와 유사하여 본질적인 차이는 없는 것이므로 관리관계에는 일반적으로 사법원리가 적용된다고 볼 수 있다.

그러나 당해 작용은 공행정작용으로서 공공복리의 실현과 밀접한 관련이 있기 때문에 그 한도 안에서 특수한 공법적 규율을 받게 되고, 관리관계에 관한 쟁송은 공법상의 당사자소송의 방법에 의한다. 그런데 이 관계에 특수한 공법적 규율이 적용되기 위하여는 실정법에 명문의 규정이 있거나, 또는 명문규정이 없는 경우에는 순수한 사경제적 관계와는 다른 공익성 내지는 윤리성이 실증되어야 하며, 그러하지 아니하면 당해 관계는 사법에 의하여 규율되고 그에 대한 다툼은 일반 민사소송에 의하게 된다.[5)]

종래의 통설이 공법관계로서 권력관계와 관리관계를 인정하여 왔지만, 최근에는 이에 관하여 의문을 제기하면서 관리관계라는 개념 자체를 '공법상 비권력행정관계' 또는 '단순고권행정관계'로 대체할 필요가 있다는 주장도 있는데,[6)] 경청할 가치가 크다고 생각한다.

3. 국고관계

국고관계는 행정주체가 법률관계의 일방 당사자인 경우에도 우월한 공권력의 주체로서가 아니라 국고적(國庫的) 지위, 즉 사법상 재산권의 주체로서 국민과 맺는 법률관계를 말한다. 이를 행정상의 사법관계라고도 한다. 이 경우에는 "같은 성질의 관계는 같은 법규로" 규율되어야 한다는 의미에서 사법이 적용되고, 당해 관계는 사법관계이다. 따라서 그에 관한 법률상의 분쟁은 민사소송의 대상이 된다. 그러나 이러한 국고관계에 있어서도 행정주체는 공익실현의 목적을 위하여 활동하기 때문에, 그에 대하여는 공정 · 신속 · 명확 기타 공익적 견지에서 일정한 제한과 규제가 가해지는 경우가 있다. 예컨대, 「국가를 당사자로 하는 계약에 관한 법률」 · 「예산회계법」 · 「국유재산법」 · 「국가재정법」 · 「지방재정법」 등에 의하여 계약의 방법 · 상대방 · 내용 등에 대한 제한을 가하는 경우 등을 들 수 있다.

이와 같은 특수한 법적 규율에 의한 법적 제한은 사법행위에 대한 제한에 불과하고 행위의 사법적 성질 그 자체를 변경하여 공법행위로 만드는 것이 아니므로 특별사법의 성질을 띤 것으로 보는 입장이 통설[7)]과 판례[8)]이다.

그러나 이러한 특수규율은 보통 특별사법의 성격을 띤 것으로 보아 왔지만, 그것을 특별사법으

---

5) 김동희, 전게서, 76면.

6) 류지태, 전게서, 23-24면; 박윤흔 · 정형근, 전게서, 99-100면; 홍정선, 전게서, 64-65면.

7) 김남진 · 김연태, 전게서, 85면; 류지태, 상게서, 25면; 박균성, 전게서, 69면; 석종현, 전게서, 92면; 홍정선, 상게서, 65면.

8) 대판 1960.1.27, 4290행상139; 대판 1964.11.24, 64다723; 대판 1969.12.23, 69누136; 대판 1993.12.21, 93누13735; 대판 1995.5.12, 94누5281; 대판 1999.6.22, 99다7008.

로 볼 것인가, 그렇지 않으면 공법의 일종으로 볼 것인가는 일률적으로 말할 수 없고, 각 법규의 실체를 규명하여 개별적으로 평가되어야 할 것이다.[9] 따라서 그 특수규율이 당해 행위의 본질적 부분에 관한 것일 때에는 이를 공법관계로 볼 수 있을 것이고, 그렇지 않은 경우에는 당해 관계를 행정사법의 관계로 파악할 수도 있을 것이다.[10]

4. 행정사법관계

행정사법(行政私法)이란 행정사법관계를 규율한 법으로서, 일정한 공법규정 또는 공법원리에 의하여 수정 · 제한되고 있는 사법을 말한다. 여기의 행정사법관계는 행정주체가 사법형식에 의해 공행정을 수행함에 있어서 국민과 맺는 법률관계를 말한다. 이는 넓은 의미의 국고행정 중에서 사법적 형식으로 행정목적을 수행하는 행정활동으로서, 일정한 공법적 규율을 받는 것을 협의의 국고행정과 구별하여 정립한 개념이다.

전통적으로 공행정은 공법적 수단으로써 수행되는 것이 원칙이었지만, 오늘날은 행정주체가 공법규정에 의한 부담과 제약으로부터 탈피하여 사적부문의 자율성과 창의성에 바탕을 두고 공행정을 저항없이 효율적으로 실현할 수 있도록 하기 위한 길을 터주기 위하여, 특정한 경우에는 행정주체를 공법적 속박으로부터 해방함으로써 공행정의 목적을 사법형식에 의하여 실천하도록 하고 있다.

행정사법관계는 법률의 규정에 의하여 인정되는 경우가 있다. 그러나 행정사법관계를 규율하는 법률이 없는 경우에도 행정청은 일정한 한계 안에서 공행정을 수행하는 데 있어서 공법형식 또는 사법형식 중에서 선택할 수 있는 권한을 갖는다.

행정주체가 공행정작용을 사법적 형식으로 수행하는 경우에는, 그를 규율하는 사법은 일정한 공법규정이나 공법원리에 의하여 제한 · 수정을 받게 된다. 이 경우의 당해 작용은 형식적으로는 국고행위이지만, 실질적으로는 엄격한 의미의 국고행위는 아닌 것이며, 이러한 사법상태를 행정사법이라고 한다.

사법형식에 의한 행정이 행해질 수 있는 대표적인 행정영역은 행정주체에게 당해 작용수행의 법적 형식에 대한 선택가능이 인정되는 경우에 한정된다. 따라서 경찰 · 조세 등의 분야에서는 행정사법이 적용될 여지가 없고, 급부행정 · 경제지도행정 등의 분야에 전형적으로 사법형식에 의한 행정이 행해질 수 있다. 행정사법관계는 공법형식의 제약에서 벗어나 사법형식에 의해 규율되는 법률관계이므로 기본적으로 사법관계이고 사법에 의해 규율되며, 행정사법관계에 관한 법적 분쟁은 민사소송의 대상이 된다.

그러나 행정주체가 수행하는 작용의 실질은 공행정이므로 공행정의 공공성을 최소한으로 보장

9) 김도창, 전게서, 214면.
10) 김동희, 전게서, 76-77면.

하고, 국민의 기본권을 보장하기 위하여 행정사법관계에는 해석상 일정한 공법원리가 적용된다고 본다. 사법형식에 의한 공행정에 적용되는 공법원리에는 평등의 원칙, 비례의 원칙, 공행정 계속성의 원칙, 행정권의 기본권 보장의무 등이 있다. 이와 같은 행정사법관계에 대한 일정한 공법원리의 적용은 행정권의 '사법으로의 도피'(Flucht in das Privatrecht)를 막기 위하여도 필요하다.[11]

11) 박균성, 전게서, 69-70면.

제3절 행정법관계의 당사자

Ⅰ. 행정법관계의 주체와 객체

행정법관계도 법률관계이므로 권리 · 의무의 귀속주체로서 대립되는 당사자가 있어야 한다. 행정법관계에 있어서 행정권의 담당자인 당사자를 행정주체라 하고, 그 상대방으로서 행정권 발동의 대상이 되는 자를 행정객체라고 한다.

행정주체와 행정기관의 개념은 다르다. 행정주체는 스스로의 이름으로 행정권을 행사하고 법적 효과가 자기에게 귀속되는 데 비하여, 행정기관은 행정주체를 위해 일정한 권한을 행사하지만 그 법적 효과는 기관이 아니라 행정주체에 귀속되는 점에 행정주체와 행정기관은 차이가 있다. 그런데 행정법에서 가장 중요한 행정기관은 행정청이다.

행정주체로서 대표적인 것은 국가 · 공공단체이고, 사인도 공권을 부여받아서 행정주체가 되는 경우도 있다. 한편, 행정주체의 상대방으로서 행정권 발동의 대상이 되는 행정객체에는 공공단체와 사인이 있다. 국가가 행정주체인 경우에는 공공단체 또는 일반사인이 그 대상이 되고, 공공단체나 사인이 행정주체로 되는 경우에는 일반사인이 그 대상이 된다.

Ⅱ. 행정주체

1. 국 가

국가는 법인격을 가진 법인으로서 행정법관계의 가장 대표적인 행정주체이다. 국가의 행정주체로서의 지위는 국가에 시원적으로 존재하는 것이며, 그 누구로부터 전래된 것은 아니다.

국가의 행정권한은 일반적으로 대통령을 정점으로 하는 국가의 행정조직을 통해 행사된다. 그러나 국가의 행정권의 일부가 지방자치단체 기타의 공공단체나 사인에게 위임 또는 위탁되어 행해지는 경우도 있다.

2. 공공단체

공공단체는 특정한 국가목적을 위하여 설립되어 법인격이 부여된 단체로서, 국가로부터 독립된 행정주체를 말한다. 공공단체에는 지방자치단체, 공공조합, 영조물법인, 공법상 재단 등이 있다. 이는 광의의 공공단체이고, 협의의 공공단체의 개념에서는 지방자치단체가 제외된다.

1) 지방자치단체

지방자치단체라 함은 국가 영토의 일부인 일정한 지역 및 그 지역의 주민으로 구성되며, 그 지역 안에서 일정한 통치권을 행사하는 공공단체를 말한다.

지방자치단체에는 서울특별시, 광역시, 특별자치시, 도, 특별자치도와 시, 군, 자치구 등의 보통지방자치단체와 지방자치단체조합 등의 특별지방자치단체와 같은 두 종류가 있다. 또한 보통지방자치단체는 광역자치단체와 기초자치단체로 분류된다. 그리고 보통지방자치단체는 포괄적 행정권을 가지고 있으나, 특별지방자치단체는 특정한 행정권만을 갖고 있다.

지방자치단체가 가지는 자치권의 법적 성질에 관하여는, 자치단체의 고유의 권한이라고 보는 견해도 있었으나, 현재는 그것이 국가로부터 전래된 권한이라고 보는 것이 일반적이다. 따라서 지방자치단체는 당연히 국가로부터 일정한 행정적 감독을 받는 것으로 보고 있다.[12)]

지방자치단체의 기관에는 집행기관과 의결기관이 있으며, 지방자치단체는 이 기관을 통하여 자치권을 행사하게 된다.

2) 공공조합

공공조합이란 특정한 행정목적을 위하여 일정한 자격을 가진 사람(조합원)의 결합체에 공법상의 법인격을 부여한 사단법인을 말한다. 공공조합은 일정한 지역을 구성의 기초로 한 단체가 아니고, 또한 특정의 한정된 사업수행을 목적으로 한다는 점에서 지방자치단체와는 다르다.

공공조합이 설립되는 목적은 한결같지 않고 여러 가지 행정목적을 위하여 설립되는 것으로서 현재의 공공조합을 보면, 농지개량조합 · 의료보험조합 · 산림조합 · 건설공제조합 · 도시재개발조합 · 한국교원총연합회 · 상공회의소 · 변호사회 등의 매우 많은 종류가 있다.

3) 영조물법인

영조물법인은 영조물에 공법상 독립된 법인격이 부여된 것을 말한다.[13)] 영조물이란 특정한 공

---

12) 김동희, 전게서, 79-80면; 석종현, 전게서, 94면.

13) 영조물이라고 하더라도 독립한 법인격을 취득하지 아니한 국립대학이나 국공립학교, 국립도서관 등은 영조물이지만 영조물법인은 아니다. 서울대학교의 경우는 2012년부터 법인격을 취득하여 영조물법인이 되었다.

적 목적에 계속적으로 제공되고 있는 인적·물적 종합체를 말한다. 이러한 점에서 공적 목적에 제공된 물적 시설만을 의미하는 공공시설과 구별된다. 그리고 영조물에는 이용자는 있지만 구성원은 없으며, 영조물의 운영자 내지는 직원 역시 구성원은 아니다. 이와 같이 구성원이 없는 점이 영조물과 공공조합이 결정적으로 다른 점이라고 할 수 있다.[14)]

영조물법인에 대한 근거법을 살펴보면, 국가에 속하는 영조물법인에 관한 일반법으로서 「공공기관의 운영에 관한 법률」이 있고, 지방자치단체에 속하는 영조물법인에 대한 일반법으로서는 「지방공기업법」이 있다. 현행법상 영조물법인에는 공사나 특수은행으로서 한국토지주택공사·한국전력공사·한국도로공사·서울특별시지하철공사·서울특별시도시철도공사·한국은행·산업은행 등이 있다.

4) 공법상 재단

공법상 재단이라 함은 국가나 지방자치단체가 공공목적을 위하여 출연한 재산을 관리하기 위해 설립된 재단법인인 공공단체이다. 현행법상 공법상의 재단은 많지 않으나, 그 예로는 한국연구재단·한국학중앙연구원 등이 있다.

3. 공무수탁사인

공무수탁사인이란 관계법규에 근거하여 공행정사무를 위탁받아 자기의 이름으로 처리하는 권한을 갖고 있는 행정주체인 사인을 말한다. 사인은 행정법관계에 있어서 행정주체의 상대방인 행정객체로서의 지위를 점하는 것이 보통이다. 공무수탁사인은 자연인일 수도 있고 사법인 또는 법인격 없는 단체일 수도 있다. 그러나 이러한 공무수탁사인은 일정한 범위 안에서 자기의 명의하에 독자적으로 공권력을 행사할 수 있으므로 그 한도에서 행정주체의 지위를 갖는다.

현행법상 공무수탁사인의 예를 들면, 사립대학이 교육법에 의하여 학위를 수여하는 경우, 사인의 항공기나 배에서 기장 또는 선장이 경찰사무를 행사하는 경우, 사인이 공공사업의 시행자로서 타인의 토지를 수용하는 경우, 사인이 별정우체국의 지정을 받아 체신업무를 경영하는 경우 등이 있다.

Ⅲ. 행정객체

행정객체라 함은 행정법관계에 있어서 행정주체에 의한 행정권 행사의 대상이 되는 자를 말한

14) 김남진·김연태, 전게서, 91면.

다. 행정의 상대방이라고도 한다. 행정객체에는 자연인과 사법인인 사인이 행정객체가 되는 것이 보통이지만, 때로는 공법인인 지방자치단체 등 공공단체가 행정객체가 되는 경우도 있다.

사인은 원칙적으로 국가와 공공단체에 대한 관계에서 행정객체의 지위에 서게 되며, 예외적인 경우에 공무수탁사인으로서 행정주체의 지위를 차지하는 경우도 있다. 공공단체는 사인에 대한 관계에서는 행정주체의 지위에 서게 되지만, 국가나 다른 공공단체에 대한 관계에서는 행정객체가 된다.

제4절 행정법관계의 특질

Ⅰ. 행정법관계의 사법관계와 대비한 특성

행정법관계는 법률관계라는 점에서 사법관계와 본질적으로 차이가 있는 것은 아니다. 그러나 행정법관계는 행정목적을 달성하기 위하여 국가 또는 공공단체 등 행정주체에게 특수한 지위가 인정되므로 사법관계와는 다른 여러 가지 특수성이 인정된다. 다만, 행정법관계의 특질은 행정법관계에 당연히 인정되는 것이 아니고, 행정목적의 효율적 수행을 위하여 실정법에 의하여 특별히 인정되는 것에 지나지 않는다.

행정법관계는 행정주체가 우월한 의사의 주체로서 국민에게 일방적으로 명령 · 강제하는 부대등관계이기 때문에, 대등자 사이의 법률관계인 사법관계에서 찾아볼 수 없는 여러 가지 법적 규율에 있어서의 특질이 인정된다. 또한 행정법관계에서 개인이 가지는 권리도 공익과 긴밀한 관련을 가지고 있으므로 어느 정도의 특수성이 인정되고 있으며, 구제수단에 있어서도 특별한 제도가 마련되어 있다.

행정법관계의 특질로서는, 일반적으로 ① 행정의사의 법적합성, ② 행정의사의 공정력, ③ 행정의사의 확정력, ④ 행정의사의 강제력, ⑤ 권리 · 의무의 상대성, ⑥ 권리구제수단의 특수성 등을 들고 있다. 다만, 여기의 ① 내지 ④는 행정의사 중에서 행정행위에 대해서만 인정되는 특질이다.

Ⅱ. 행정의사의 법적합성

법치국가에서는 '법률에 의한 행정의 원리'의 당연한 결과로 행정의사는 법에 적합한 것이어야 한다. 즉 사법상의 법률행위는 사적 자치의 원칙이 지배하지만, 행정행위의 경우에는 성립 · 발효를 위한 법정요건을 구비하면 발생하는 법률적 효과의 내용에 따라서 당사자를 구속하는 힘을 가지기 때문에 법에 의한 엄격한 기속을 받는다. 따라서 행정행위에 대하여는 공익의 실현을 위한 공권력행사로 인하여 국민을 명령 · 강제하는 우월한 힘을 인정하므로 행정의사의 법률적합성이 요구된다고 하겠다.

Ⅲ. 행정의사의 공정성

공정력(公定力)이라 함은 행정행위가 행하여지면 비록 그 행정행위의 성립에 흠(또는 하자)이 있어 위법 또는 부당한 경우에도, 흠이 중대하고 명백하여 당연무효로 되는 경우를 제외하고는, 권한있는 기관에 의하여 취소되기 전까지는 상대방뿐만 아니라 다른 행정청 및 법원에 대하여 일단 유효한 행정행위로 통용되는 힘을 말한다. 이는 '예선적(豫先的)효력'이라는 개념으로 설명하는 견해도 있다.[15)]

그런데 최근 공정력과 구성요건적 효력을 구분하는 견해가 제기되고 있다. 이 견해에 따르면 상대방의 차이에 따라 공정력은 행정행위의 상대방 또는 이해관계인에 대한 구속력이고, 구성요건적 효력은 제3의 국가기관에 대한 구속력이라고 본다.[16)]

이러한 행정행위의 공정력을 인정하는 직접적 규정은 없다. 그러나 행정행위의 직권취소나 행정쟁송제도는 공정력을 전제로 한 것으로 보아도 될 것이다.

Ⅳ. 행정의사의 확정력

1. 의 의

확정력이라 함은 하자있는 행정행위라도 일정한 기간이 경과되거나 또는 특수한 성질의 행정행위인 경우에는, 그 행정의사를 취소할 수 없는 힘을 말한다. 이는 행정행위가 일단 행해진 경우에는 가능한 한 그 행정행위의 효력을 존속시키는 것이 행정법관계에 있어서의 법적 안정성을 위하여 필요하기 때문에 인정하는 효력이다. 그런데 이 확정력에는 불가쟁력과 불가변력이 있다.

최근에는 확정력은 판결의 효력을 가리키는 소송법상의 용어로서, 법원의 판결과 행정행위 사이에는 차이가 많은 점에 착안하여 종전 확정력의 다른 표현으로 '존속력'이라는 개념을 사용하는 경향이 있다.[17)]

2. 불가쟁력

불가쟁력(不可爭力)이란 하자있는 행정행위라고 하더라도 그에 대한 불복기간이 경과하거나 쟁송절차가 모두 종료된 경우에는 더 이상 행정행위의 효력을 다툴 수 없게 되는 효력을 말한다.

---

15) 김도창, 전게서, 227-228면.

16) 박균성, 전게서, 77면.

17) 김남진 · 김연태, 전게서, 87면; 박균성, 상게서, 86면; 박윤흔 · 정형근, 전게서, 119면; 석종현, 전게서, 98면.

이는 형식적 확정력이라고도 한다. 행위의 불가쟁력은 행정행위의 상대방이나 이해관계인이 행정행위의 효력을 더 이상 다투지 못하는 효력이다.

다만, 이러한 불가쟁력이 발생한 경우에도 행정행위의 상대방은 그 위법성을 이유로 하여 행정상 손해배상을 청구할 수는 있으며, 또한 처분청은 직권으로 당해 행정행위를 취소할 수도 있다.

3. 불가변력

불가변력(不可變力)이라 함은 준사법적 행정행위나 확인행위 등 행정행위의 성질상 행정청도 그 행정행위를 취소·변경·철회하지 못하는 효력을 말한다. 이를 실질적 확정력이라고도 부른다. 불가변력은 법령에 명문의 규정이 없는 경우에도 행정행위의 성질에 비추어 인정되는 효력이다.

행정청은 불가변력이 있는 행정행위를 직권으로 취소·변경·철회할 수 없다. 불가변력이 인정되는 행위에 대하여도 그 상대방이나 이해관계인은 행정불복기간 안에 행정쟁송절차에 의하여 당해 행정행위의 효력을 다툴 수 있다.

Ⅴ. 행정의사의 강제력

1. 의 의

강제력이라 함은 행정행위의 실효성을 확보하기 위하여 행정의사에 우월한 힘을 인정하여 상대방이 행정상의 의무를 이행하지 아니할 때 행정청이 스스로의 힘으로 의무이행을 강제하거나, 행정행위의 상대방이 의무를 위반하는 경우에는 일정한 제재를 과함으로써 간접적으로 의무이행을 실현하는 힘을 말한다. 이러한 강제력에는 자력집행력과 제재력이 있다.

2. 자력집행력

자력집행력(自力執行力)이란 행정주체는 행정상의 의무를 상대방이 이행하지 아니할 경우, 법원 등 다른 기관의 힘을 빌리지 아니하고 직접 실력을 행사하여 자력으로 의무이행을 실현시킬 수 있는 힘을 말한다. 자력집행력이 인정되려면 행정대집행법·국세징수법 등과 같은 법률의 근거가 있어야 한다.

사법관계에서 발생된 의무의 이행을 강제집행하기 위하여는 채권자의 자력으로 의무를 이행시킬 수는 없고, 먼저 소송을 제기하여 법원의 이행판결을 받고 민사집행법에 의한 집행문을 부여받아 국가 집행기관을 통하여 강제집행을 하는 절차를 거쳐야 한다. 그러나 행정법관계에서 발생한 의무의 불이행에 대하여는 행정주체가 자력으로 의무의 이행을 강제할 수 있다는 점에서 다르다.

3. 제재력

제재력(制裁力)이라 함은 행정법관계에서 행정행위의 상대방이 행정행위에 의하여 부과된 의무를 위반하는 경우, 그에 대한 제재로서 행정형벌 또는 행정질서벌 등과 같은 행정벌을 과함으로써 간접적으로 의무이행을 실현하는 힘을 말한다. 사법관계에서는 상대방이 권리를 침해한 때에는 민법상의 불법행위에 해당되며 민사소송에 의한 손해배상으로 구제받는다. 그러나 행정법관계에서 상대방이 의무를 위반한 경우에는 그에 대한 제재로서 행정벌이 가해지는데, 이에는 명시적인 법률의 근거가 있어야 한다. 이러한 점에서도 공법관계와 사법관계는 차이가 있다.

Ⅵ. 권리 · 의무의 상대성

행정법관계도 사법관계와 같이 일련의 권리 · 의무관계를 내용으로 형성되어 있다. 그런데 사법관계에 있어서는 권리자와 의무자가 상호 반대의 이해관계를 갖는다. 그러나 공법관계에서의 권리와 의무는 다 같이 공익을 위하여 인정되는 것이므로 권리가 동시에 의무라는 상대적 성질을 가지는 경우가 적지 않다. 즉 행정법관계에서의 권리 · 의무는 공익성과 상대성을 가지고 있다.

따라서 행정법관계에 있어서의 권리 · 의무는 그 이전성 · 포기성이 제한되고, 특별한 보호와 강제가 가하여지는 등의 특수성을 가진다.

Ⅶ. 권리구제수단의 특수성

1. 특별한 권리구제수단의 인정

행정법관계에 있어서 국가 등의 행정작용으로 인하여 국민의 권리 · 이익이 침해된 경우에는, 사권이 침해된 때와는 다른 실정법상 특별한 구제수단이 마련되어 있다. 이러한 구제수단으로는 행정상 손해전보제도와 행정상 쟁송제도를 들 수 있다.

2. 행정상 손해전보

행정작용으로 인한 손해의 전보는 행정상 손해배상 또는 행정상 손실보상의 방법에 따라 사법관계와는 다른 제도에 의하여 구제를 받게 된다. 현행 행정상 손해전보제도에는 행정상 손해배상과 행정상 손실보상이 있다.

행정상 손해배상은 위법한 행정작용으로 인하여 사인이 입은 손해에 대하여 국가 또는 지방자치단체가 그 손해를 배상하는 것을 말한다. 근거로서는 헌법 제29조가 있고, 이에 관한 일반법으로서 국가배상법이 있다. 국가배상법은 민법상의 불법행위책임(민법 제750조, 제756조), 공작물 등의 점유자 또는 소유자의 책임(민법 제758조)과 다른 특수성을 국가배상책임에 규정하고 있다.

행정상 손실보상은 적법한 행정작용으로 인하여 특정인이 입은 특별한 손실에 대하여 정당한 보상을 하는 것을 뜻한다. 이에 관한 헌법상의 근거규정으로는 헌법 제23조 제3항이 있으며, 그에 관한 일반법은 없고, 대표적인 법률로는 「공익사업을 위한 토지 등의 취득 및 보상에 관한 법률」·「부동산가격 공시 및 감정평가에 관한 법률」이 있다. 그 외에도 보상에 관련된 규정을 한 많은 법률이 있다.

3. 행정상 쟁송

행정법관계에서 국민의 권리가 침해된 경우에 사법상의 권리구제제도와는 다른 특수한 구제수단으로써 행정심판, 행정소송, 헌법소원이 있다.

행정심판은 사법관계에서는 찾아볼 수 없는 구제제도이고, 행정심판법이 규정하는 바에 따른다. 우리나라는 통일관할주의를 취하여 행정사건도 일반법원이 관할하도록 하고 있지만, 행정소송법은 행정사건의 특수성에 비추어 단기출소기간·집행부정지원칙·직권심리주의·사정판결 등 민사소송에 관한 여러 가지 특례를 규정하고 있다. 그리고 현행 헌법은 공권력의 행사로 인하여 국민의 기본권이 침해된 경우, 그 침해된 기본권의 구제를 위해 행정심판이나 행정소송과 같은 전통적인 구제방법의 보충적인 구제제도로써 헌법소원을 인정하고 있다.

제5절 행정법관계의 내용

Ⅰ. 공권과 공의무

행정법관계, 즉 공법관계는 그 내용을 살펴보면 공법상의 권리의무관계라 할 수 있으며, 그 권리를 공권이라 하고 의무를 공의무라 한다. 공법관계도 법률관계로서 권리의무관계인 점에서 사법관계와 본질적으로 차이가 있는 것은 아니다.

그러나 사법관계에 있어서는 사적 자치의 원칙이 적용되기 때문에 권리 · 의무의 발생 · 변경 · 소멸이 원칙적으로 사인의 자유로운 의사에 따라 결정되지만, 공법관계 특히 권력관계에 있어서는 권리 · 의무의 발생 · 변경 · 소멸이 대부분 법률이 정하는 바에 의하여 행정주체에게 일방적 행위가 허용되는 데에 차이가 있다고 하겠다.

Ⅱ. 공 권

1. 의 의

공권이라 함은 공법관계에 있어서 직접 자기를 위하여 일정한 이익을 주장할 수 있는 법률상의 힘을 말한다.

2. 공권의 종류

공권은 권리주체에 따라서 국가적 공권과 개인적 공권으로 구분할 수 있다.

1) 국가적 공권

국가적 공권이란 국가 · 공공단체 · 공무수탁사인 등 행정주체가 우월한 의사의 주체로서 상대방인 행정객체에 대하여 가지는 권리를 말한다. 국가적 공권은 권리의 목적을 기준으로 조직권,

경찰권, 규제권, 공용부담특권, 공기업특권, 재정권, 군정권 등으로 나눌 수 있다. 또한 권리의 내용을 표준으로 하여 명령권, 강제권, 형성권, 공법상의 물권 등으로 구분할 수 있다.

그런데 국가적 공권은 엄격한 의미의 권리라기보다는 국가가 국민에 대하여 가지는 권한, 권력 또는 권능의 성질을 가진다고 보아야 할 것이다.[18] 따라서 국가적 공권은 개인적 공권과 같은 관점에서 취급하는 것은 문제가 있는 것으로 보이며, 여기에서 행정법관계에서의 공권의 논의에서는 주로 개인적 공권의 문제를 대상으로 검토하기로 한다.[19]

2) 개인적 공권

(1) 개 념

개인적 공권이란 공법관계에서 개인이 직접 자기의 이익을 위하여 행정주체에게 작위·부작위·수인·급부 등의 특정한 행위를 할 것을 요구할 수 있도록 공법에 의해 주어진 법률상의 힘을 말한다. 이는 '주관적 공권'이라고도 한다. 개인적 공권에 대응하여 행정주체에게 일정한 작위·부작위·수인 또는 급부의 의무가 부과된다.

(2) 개인적 공권과 구별되는 개념과의 관계

개인적 공권은 다음의 개념과 그 내용에 있어서 서로 밀접한 관련을 갖는다.[20]

(가) 반사적 이익과의 관계

반사적 이익이란 행정법규가 공익목적을 위하여 행정주체나 사인 등의 일정한 작위·부작위 등을 규정하고 있는 결과로 인해 반사적 효과로서 국민이 사실상 받는 데 불과한 이익을 말한다. 이는 그 침해의 경우에도 소송에 의하여 보호를 받지 못하는 점에서 공권과 구별되며,[21] 행정소송법 제12조도 취소소송의 원고적격으로서 '법률상 이익'을 요구함으로써 이러한 구별에 바탕을 두고 있다.

그러나 오늘날은 근거법규의 해석에 있어서 점차 공익목적 이외에도 개인의 이익보호의 목적을 확대하여 인정함으로써, 종전과는 달리 종래에는 반사적 이익으로 인정되어 온 내용 중 많은 부분이 점차 법적인 보호대상으로 수용되고 있다.[22]

(나) 법률상 이익·법률상 보호이익과의 관계

개인적 공권은 또한 행정심판의 청구인 적격이나 행정소송의 원고적격을 위해 요구되는 법률

---

18) 김남진·김연태, 상게서, 94면; 김동희, 전게서, 86면; 박균성, 상게서, 92면.
19) 김동희, 상게서, 86면; 류지태, 전게서, 106면; 박균성, 상게서, 92면.
20) 류지태, 상게서, 107-108면.
21) 김남진·김연태, 전게서, 94면.
22) 류지태, 전게서, 107면.

상 이익과 동일한 것인가에 대해 논의되고 있다. 즉 '법률상 이익'의 개념은 반사적 이익이 포함되지 않는 것에 대하여는 이론이 없으나, 이 개념이 권리와 동일하게 해석될 수 있는지 또는 '법률상 이익'은 권리 이외에 이른바 '법률상 보호이익'도 포함하는 개념으로 이해되어야 하는지에 관하여는 다툼이 있다.

그러나 공권인 권리개념을 오늘날 넓게 이해하는 한, 이에는 법적으로 보호되는 이익이 포함된다고 볼 수 있으며, 이러한 점에서 공권과 법률상 보호이익은 서로 구별할 필요가 없다고 생각한다.[23]

(다) 기본권과의 관계

기본권도 개인의 국가에 대한 권리로서의 성질을 갖는다. 기본권은 전통적으로 가장 전형적인 공권으로 논의되어 왔으나, 헌법상의 기본권이론의 체계적 전개로 인하여 독자적인 발전을 추구해 온 개념으로 평가되고 있다.

오늘날 양자의 관계에 있어서 주된 논의의 대상은 헌법상의 기본권규정으로부터 개인적 공권이 도출될 수 있는 것인가, 즉 개인적 공권의 근거규정으로서 헌법의 기본권규정이 해당하는지의 여부에 관한 것이다.

이에 대해서는 관련되는 사익의 보호를 위하여 우선적으로 개별 법률규정으로부터 개인적 공권의 도출가능성 여부를 검토하고, 개별 법규범으로부터 공권의 도출이 불가능한 경우에는 마지막 수단으로 권리구제의 실효성을 위하여 기본권규정의 원용 여부가 검토된다고 보는 것이 타당하다.[24]

(3) 개인적 공권의 성립요건

(가) 공권성립의 3요소론

개인적 공권은 공법상 계약 등에 의해서도 성립될 수 있다. 그러나 거의 대부분의 공권은 법률규정에 근거한 행정행위에 의하여 구체화된다. 따라서 여기에서는 행정행위에 의해서 공권이 성립하는 경우를 중심으로 고찰하고자 한다.

종전에 개인적 공권의 성립요건으로서 뷜러(O. Bühler)는 ① 강행법규성, ② 사익보호성, ③ 청구권능부여성 등의 3가지 요건을 들어 설명하고 있다.[25]

① 강행법규의 존재 : 개인적 공권이 성립하기 위해서는 행정주체에게 작위 · 부작위 등 일정한 행위의무를 부과하는 강행법규가 존재하여야 한다. 따라서 그 행위의무는 원칙적으로 행정청이

---

23) 김동희, 전게서, 89면; 류지태, 상게서, 107면; 박균성, 전게서, 95면; 석종현, 전게서, 104면; 홍정선, 전게서, 73면.
24) 류지태, 상게서, 107-108면.
25) O. Bühler, *Die Subjectiven öffentlichen Rechte und ihr Shutz in der deutschen Verwaltungsgerichtssprechung*, S.21.

기속적으로 행해야만 하는 기속행위이어야 한다.

그러나 행정청에게 재량이 인정되는 경우에도 예외적으로 재량권이 영으로 수축되어 처분의무가 발생하고 사인에게 공권이 발생할 수 있다. 무하자재량행사청구권, 행정개입청구권 등이 그와 같은 경우의 예이다.

② 사익보호 목적의 존재 : 개인적 공권이 성립하기 위하여는 관계법규가 공익의 실현이라는 목적 이외에 사익보호의 목적도 존재하는 것이어야 한다. 법규가 전적으로 공익의 보호만을 목적으로 하고 있을 뿐이고 전혀 사익의 보호를 의욕하고 있지 않은 경우에는, 그로 인하여 사인이 이익을 받는다고 하더라도 그것은 공권이 아니라 반사적 이익에 지나지 않는다.

사익보호목적의 존부의 판단은 법규상 명백하지 아니한 경우가 많다. 법규의 해석에 있어서는 규범정립자의 주관적 의사가 아니라 법이 보호하고자 하는 이익의 객관적 평가에 따라야 할 것이다. 오늘날 사인의 지위가 점차 향상됨에 따라 관련법규에 명시적 규정이 있는 경우는 물론이고, 명시적 규정이 없는 경우에도 법규범의 취지 · 목적, 그리고 기본권까지 고려한 목적론적 해석을 통하여 개인적 공권의 성립 여부를 판단하여야 할 것이다.

③ 소구가능성의 존재 : 개인적 공권이 성립하기 위해서는 개인이 법적으로 인정되는 이익을 행정주체에 대하여 재판을 통해 소구(訴求)할 수 있는 법적인 가능성이 제도적으로 보장되어야 한다. 이를 이익관철의사력이라고 부르기도 한다. 개인이 향유하고 있는 이익이 침해된 경우에 소송을 통해 구제받을 수 있는 방안이 마련되어 있지 않는다면 그것은 권리라고 볼 수 없게 되므로 이 요건이 필요하다.

(나) 2요소론의 주장

최근에는 개인적 공권의 성립요건으로서 위의 제3의 요소인 소구가능성의 존재는 필요하지 않는 것으로 보는 2요소론의 견해가 우리나라의 다수 견해이다.[26] 이는 재판청구권이 헌법상의 기본권으로서 보장되어 있고, 행정소송법은 행정소송사항으로서 개괄주의를 채택하고 있는 점에 비추어 보아 더 이상 이 요건까지 필요로 한 것은 아니며 두 가지 요건만 갖추면 개인적 공권이 성립한다고 본다.

그러나 위와 같은 주장은 비판적으로 검토되어야 한다는 유력한 견해도 있다.[27] 즉 개인적 공권의 실제적인 의미가 재판을 통한 관철가능성에 있는 것이라면, 개인적 공권을 보장하는 목적을 가지는 소구가능성의 존재의 요건은 매우 중요한 것이다. 다만, 독일의 경우는 기본법 제19조 제4항과 이를 구체화하고 있는 행정소송법의 개별규정들에 의하여 개인적 공권을 사법적(司法的)으로 관철시킬 수 있는 다양한 행정소송의 유형이 마련되어 있어 이러한 요건을 별도로 논할 실익이

26) 김남진 · 김연태, 전게서, 103면; 김동희, 전게서, 88면; 박균성, 전게서, 92-93면; 석종현, 전게서, 106-107면; 홍정선, 전게서, 74면.

27) 류지태, 전게서, 109-110면; 박윤흔 · 정형근, 전게서, 132면.

등과 같이 그 내용이 경제적인 성질의 것은 이전이 인정된다.

② 포기성의 제한: 선거권 · 연금청구권 · 소권(訴權) 등과 같은 공권은 공익적 견지에서 인정되는 것이므로 그것을 임의로 포기할 수 없는 것이 원칙이다. 이와 같이 공권의 포기를 인정하지 아니하는 것은, 포기로 말미암아 공권을 특히 인정한 본래 목적실현에 지장을 초래하고 공익을 침해할 염려가 있기 때문이다. 따라서 제3자와 소권 등의 포기에 관한 약정을 체결하더라도 무효라 할 것이다. 다만, 공권의 포기와 불행사는 구별되어야 하는 것으로서, 선거의 기권은 선거권의 포기가 아니라 불행사이다.

(다) 비대체성

공권은 일신전속적인 비대체성(非代替性)을 가짐으로써 타인에의 위임 또는 대리(대행)가 인정되지 않는 경우가 있다. 선거권의 대행 또는 위임의 금지 등이 이에 해당되는 경우이다.

(라) 구제제도의 상이성

개인적 공권도 권리인 점에서 법이 정한 여러 가지 보호를 받는다. 그러나 공권과 사권에 관한 다툼은 각 상이한 소송절차에 따라 해결하도록 되어 있다. 즉 공권에 대한 다툼을 행정소송법이 규정한 당사자소송에 의하도록 하고 있으며, 민사소송과는 다른 여러 가지 특수성이 인정되고 있다.

(마) 소멸시효의 단기성

개인적 공권의 소멸시효에 관하여는 민법규정이 아니라 국가재정법 제96조 또는 지방재정법 제82조가 적용되어 소멸시효기간이 5년이 되며, 이 점에서 사권에 비하여 단기라는 특수성이 있다고 본다.

Ⅲ. 공의무

1. 의 의

공의무는 공권에 대응하는 개념으로서, 공법관계에 있어서 타인의 이익을 위하여 공법규정에 의해 의무자의 의사에 가하여진 공법상의 구속을 말한다.

2. 공의무의 종류

공의무는 주체에 따라 국가적 공의무와 개인적 공의무로 구분된다. 국가적 공의무는 공무원의

급여채권의 압류제한은 후자의 예이다.

봉급청구권에 대한 국가 또는 지방자치단체의 봉급지급의무가 그 예이고, 개인적 공의무는 납세의 의무, 국방의 의무, 교육의 의무, 근로의 의무, 환경보전의 의무 등과 같은 것이다.

또한 공의무는 내용을 기준으로 작위의무, 부작위의무, 급부의무, 수인의무 등으로 나누고 있다.

3. 공의무의 특수성

공의무는 원칙적으로 의무자의 의사에 의한 것이 아니라 법령 또는 법령에 의거한 행정행위에 의하여 발생되는 점에서, 사법상의 의무와 다른 특성이 인정된다. 다만, 공의무의 특성은 개인적 공의무의 경우에 특히 문제된다.

공의무의 특성은, ① 일신전속적 성질을 가진 공의무의 경우 포기는 물론 이전이 제한되는 점, ② 공의무의 불이행에 대하여는 행정상 강제집행의 수단이 인정되고, 특히 공법상 금전급부의무의 불이행에 대하여는 국세체납처분의 예에 따른 강제징수절차의 방법에 의하게 되는 점, ③ 공의무의 위반에 대하여는 벌칙을 가하는 규정이 있는 점 등이다.

그러나 일신전속적 성질을 가진 공의무의 경우에 금전 기타 경제적 가치의 급부를 내용으로 하는 공의무인 때에는 이전이 인정되는 것이 일반적이다.[33] 납세의무 기타 공법상 금전급부의무에 관한 상속인의 승계 등이 그 예이다.

33) 석종현, 전게서, 118면.

제6절 행정법관계에 대한 사법규정의 적용

Ⅰ. 공법규정의 흠결의 문제

행정법은 민법 등 사법에 비하여 역사는 짧으면서 대상은 매우 다양하고 넓지만, 단일법전이나 통칙적 규정이 존재하지 않고 일반법원리가 아직 확립된 상황도 아니다. 따라서 행정법관계, 즉 공법관계에 적용될 공법규정의 흠결(欠缺)·공백이 있는 경우에 사법규정이나 사법원리가 적용될 것인가, 가능하다면 어느 정도까지 적용될 수 있는가가 여기에서 해결해야 할 과제이다. 다만, 행정법관계에 있어 법의 흠결이 있는 경우에 사법규정에 앞서 공법규정의 적용의 문제가 먼저 검토되어야 한다는 점이 최근 강조되고 있다.[34)]

Ⅱ. 명문규정에 의한 사법규정의 적용

행정법관계에 법의 흠결·공백이 있는 경우에 행정법 자체에 명시적으로 사법규정의 적용을 규정하고 있을 때에는 그 사안에 대해서는 사법규정이 직접 적용된다는 점에 의문의 여지가 없다. 그러한 예를 살펴보면 다음과 같다.

국가배상법 제8조는「국가 또는 지방자치단체의 손해배상의 책임에 관하여는 이 법의 규정에 의한 것을 제외하고는 민법의 규정에 의한다」고 규정하고 있다. 또한 국세기본법 제4조는「이 법 또는 세법에 규정하는 기간의 계산은 이 법 또는 세법에 특별한 규정이 있는 것을 제외하고는 민법에 의한다」고 규정하고, 동법 제54조 제2항은「소멸시효에 관하여는 이 법 또는 세법에 특별한 규정이 있는 것을 제외하고는 민법에 의한다」고 규정하고 있다.

그런데 위의 이러한 규정 등이 행정법 스스로 행정법관계에 사법규정이 직접 적용되는 경우를 규정한 것에 해당된다고 본다.

---

34) 김남진·김연태, 전게서, 121면 주1), 74-75면.

Ⅲ. 명문규정이 없는 경우의 사법규정의 적용에 관한 학설

1. 소극설(부정설, 공법적용설)

소극설은 공법과 사법을 전혀 다른 법체계로 보아 양자의 본질적인 차이를 강조함으로써 행정법관계에 적용할 공법규정의 흠결이 있는 경우에도 사법규정의 적용을 부인하는 견해이다. 이 견해는 공법과 사법은 각각 분리·독립된 별개의 법체계이므로 공법관계에는 언제나 공법규정이 적용되고, 그것이 흠결된 때에는 공법원칙에 의하여 해결하여야 하며 사법으로 보충할 것은 아니라는 것이다. 이러한 입장은 과거 독일의 오토 마이어(O. Mayer)[35] 등의 견해로서, 현재는 그와 같은 주장을 하는 견해는 찾아보기 어렵다.

2. 적극설(긍정설, 사법적용설)

적극설은 공법과 사법은 본질적·절대적 차이가 있는 것이 아니어서 사법규정에 의하여 공법규정의 흠결을 보완할 수 있다고 보는 견해이다. 이러한 입장도 직접적용설과 유추적용설로 나누어지고 있다.

1) 직접적용설

직접적용설은 사법규정의 대부분은 법의 일반원리로서의 성질을 갖는다는 것을 전제로, 사법규정이 공법영역에도 일반적으로 그리고 직접적으로 적용되어야 한다고 주장한다. 그러나 이 견해는 공법과 사법을 구별하는 이원적 법체계로 운영되고 있는 우리나라에서 공법관계와 사법관계의 각 특수성을 도외시하고 기본적인 차이를 간과하고 있다는 비판을 받는다.

2) 유추적용설

유추적용설은 행정법관계에 대한 사법규정의 적용을 긍정하면서도 공법과 사법의 특수성을 인정하여 사법규정의 직접적 적용을 부인하며 다만 사법규정을 유추적용할 수 있다고 한다. 여기에서 유추적용이라 함은 사법규정 그 자체의 문언 그대로 적용하는 것이 아니라 그 규정에 내포되어 있는 원리를 적용한다는 의미이다. 오늘날 이 견해가 가장 지배적인 학설이다.[36]

---

35) O. Mayer, *Deutsches Verwaltungsrecht*, Bd. Ⅲ, S. 117.

36) 김남진·김연태, 전게서, 122면; 류지태, 전게서, 114면; 박균성, 전게서, 59면; 박윤흔·정형근, 전게서, 158면; 석종현, 전게서, 124면.

3. 결 어

유추적용설은 다시 반대규정이 없는 한 일반적으로 유추적용한다는 일반적 유추적용설과 특별규정이 있거나 내용이 유사한 경우에 유추적용한다는 한정적 유추적용설로 나누어지는데, 후자가 통설적 견해이다.[37] 이를 '개괄적 구별설'이라고도 부른다.

Ⅳ. 공법관계에 대한 사법규정의 적용의 한계

1. 사법규정의 성질에 따른 한계

사법규정 중에서 일반법원리적 성질의 규정과 법기술적 성질의 규정은 공법관계에도 적용될 수 있다.

1) 일반법원리적 규정

사법규정 중 법질서 전반에 걸쳐 통용될 수 있는 일반법원리적 규정은 특히 다른 규정이 없으면 공법관계에도 직접적으로 적용된다.

사법규정 중에서 일반법원리적 규정으로 볼 수 있는 것은 신의성실의 원칙, 권리남용금지의 원칙, 자연인, 법인, 의사표시, 대리, 부관, 시효 등과 같은 민법총칙의 규정과 사무관리, 부당이득, 불법행위 등의 채권법의 규정을 들 수 있다.

2) 법기술적 규정

사법규정 중 법기술적 규정이 사법적 색채를 내포하고 있는 경우에는 사법적 요소를 제거하고 본래의 일반법원리로 환원시켜서 공법관계에 유추적용하여야 할 것이다.

공법관계에서의 주소는 원칙적으로 주민등록법에 의한 주민등록지이지만 민법상의 주소·거소에 관한 규정(민법 제18조~제21조)이나, 기간의 계산에 관한 민법의 규정(민법 제156조~제161조) 등의 법기술적 규정은 공법관계에 유추적용하여야 할 것이다.

2. 공법관계의 유형에 따른 한계

사법의 규정 중에서 법의 일반원리적 규정 이외의 다른 규정은 공법관계의 종류에 따라 적용을

---

37) 김도창, 전게서, 251면; 김동희, 전게서, 105면; 홍정선, 전게서, 55면.

달리한다.

1) 권력관계

권력관계는 행정주체의 의사의 우월성이 인정되는 관계로서 사법관계와는 본질적으로 성질을 달리하기 때문에 일반법원리적 규정을 제외하고는 다른 사법규정이 공법관계에 원칙적으로 유추적용되지는 않는다고 보아야 한다. 그러나 권력관계는 다만 그것이 권력관계라는 이유만으로 사법규정이 적용될 수 없는 것은 아니며, 성질과 본질에 반하지 않는 한도에서 사법규정이 적용될 수 있다고 할 것이다.[38]

2) 관리관계

관리관계는 행정주체가 비권력적인 재산 또는 사업의 관리주체의 지위에서 국민에 대하는 관계로서 본질적으로는 사법관계와 다르지 않다. 그런데 그 작용의 공익성으로 인하여 명문규정으로 특별한 규제를 하거나, 그러한 명문의 규정이 없는 경우라 하더라도 해석상 공법적 규율을 받을 때도 있다. 그러나 이러한 경우 이외에는 관리관계 등과 같은 비권력적 행정작용에는 사법규정이 일반적으로 또는 유추적용된다.

3. 개별적 법해석론

공법관계에 대한 사법규정의 적용문제에 관하여는 위에서 살펴본 바와 같이 사법규정의 성질 및 당해 공법관계의 종류에 따른 일정한 한계가 있다고 본다. 그러나 이에 대하여는 이 문제는 어떤 법률관계가 권력관계인가 비권력관계인가, 또는 공법관계인가 사법관계인가와 별개로 '개개의 법률관계의 내용의 구체적 성격과 기능에 반하지 아니하는 한도' 안에서 법을 해석 · 판단하여야 한다는 유력한 새로운 견해가 제기되고 있다.[39] 이를 '개별적 구별설' 또는 '개별적 판단설'이라고 한다.

생각건대, 권력관계는 대등성에 의하여 특징지어지는 사법관계와는 성질이 다른 것이라고 보면, 여기에 법일반원리적 규정이나 법기술적 규정 이외의 사법규정은 공법관계에 원칙적으로 적용될 수 없다고 본다. 그러나 권력관계도 법주체간의 법률관계라는 점에 있어서는 사인 상호간의 법률관계와 다르지 않다. 또한 권력관계라고 하여도 모든 측면에 있어서 사법관계와 다른 특질이 나타나는 것은 아니라고 본다. 이러한 관점에서 권력관계에 대하여도 그 성질과 기능에 반하지 않는 한도 안에서는 사법규정의 유추적용이 인정될 수 있다고 본다.[40]

---

38) 김도창, 상게서, 255면; 박윤흔 · 정형근, 전게서, 159면; 석종현, 전게서, 125면.
39) 김도창, 상게서, 251면; 서원우, 「현대행정법론(상)」. 박영사, 1983, 155-158면.
40) 김동희, 전게서, 107면.

제7절 특별행정법관계

Ⅰ. 전통적 특별권력관계론

1. 특별권력관계의 의의

전통적 행정법이론에 있어서는 행정법관계를 권력관계와 관리관계로, 그리고 권력관계는 일반권력관계와 특별권력관계로 구분하고 있었다.

일반권력관계는 국가 또는 공공단체의 일반통치권에 복종하는 관계로서 국민 또는 주민의 신분을 가지는 모든 자에게 당연히 성립하는 법률관계이며, 법치주의가 전면적으로 적용된다고 보았다.

이에 대하여 특별권력관계란 특별한 법률원인에 의하여 성립되고, 공법상 특별한 행정목적을 위하여 필요한 범위 안에서, 특별권력주체가 특별한 신분에 있는 상대방[41]을 포괄적으로 지배하고, 상대방은 이에 복종함을 내용으로 하는 법률관계를 말하는데, 일반권력관계에 적용되는 법치주의가 배제된다고 하였다.

2. 특별권력관계의 특색

1) 법치주의 적용의 배제

특별권력관계에 있어서 특별권력주체의 포괄적 지배권의 발동에는 개별적 · 구체적인 법률의 근거를 요하지 않는다고 한다. 즉 법치주의가 적용되지 않는다.

2) 기본권의 제한

특별권력관계에 있어서는 일반권력관계에서와는 달리 일정한 법률원인에 의하여 취득한 특별한 신분에 있는 자의 기본권은 보장되지 않는다고 한다. 따라서 특별권력관계의 설정목적에 비추

41) 공무원, 군인, 수형자, 학생 등이 특별한 신분에 있는 자의 예이다.

어 필요한 범위 안에서는 법률의 수권 없이도 특별권력관계의 구성원의 기본권을 제한할 수 있다는 것이다.

3) 사법심사 대상의 제외

사법권의 기능이 일반시민의 법질서를 유지하는 데에 있는 것으로 보아, 특별권력관계에서는 권력주체의 행위에 대하여는 원칙적으로 사법심사의 대상이 되지 않는 것으로 보았다.

그러나 특별권력관계의 권력행사에 사법심사가 완전히 제외되었던 것은 아니다. 다만, 특별권력주체의 행위가 내부문제에 그치는 경우[42]는 사법심사의 대상이 되지 않지만, 그것이 일반권력관계상의 국민적 지위에까지 영향을 미치는 경우[43]에는 사법심사의 대상이 되어 재판통제를 받는다는 것이다.

3. 특별권력관계론에 대한 비판

전통적 특별권력관계론은 반법치주의적 · 반민주주의적 성격 때문에 제2차 세계대전 이후 실질적 법치국가에 이르러서는 이론적 근거를 상실하게 되었다. 따라서 이 이론에 대한 재검토와 비판을 거치면서 그 평가도 다음과 같이 다양한 견해로 나타나고 있다. 오늘날은 개념 자체도 '특별행정법관계' 또는 '특별신분관계'라고 하는 등 새로운 관점에서 재구성하고 있는 경향이 일반적이다.

1) 부정설

이 견해는 특별권력관계의 개념 자체를 부정한다. 이에는 모든 공권력의 행사에 법치주의가 전면적으로 적용됨을 근거로 법치주의의 적용을 배제해 온 특별권력관계의 개념을 특별한 논거 없이 전면적으로 부정하려는 '일반적 · 형식적 부정설'과 종래 특별권력관계로 보아 온 여러 법률관계의 내용을 개별적으로 검토하여 실질적 내용에 따라 일반권력관계나 비권력관계로 판단하여 이 개념을 부정하는 '개별적 · 실질적 부정설'이 있다.

2) 긍정설

이 견해는 일반권력관계와 특별권력관계는 성립원인이나 포괄적 지배권의 성질 등에 있어서 본질적인 차이가 있으므로 특별권력관계에는 법치주의가 적용되지 않는 것이며, 특별권력관계는 그대로 인정되어야 한다는 입장이다. 오늘날은 이 학설을 취하는 자를 찾기 어렵다.

---

42) 정직 · 정학처분 등이 예이다.

43) 면직처분 · 퇴학처분 등과 같이 당해 특별권력관계로부터의 배제의 경우가 여기에 해당된다.

3) 제한적 긍정설

이 견해는 특별권력관계의 개념을 인정하기는 하면서도 내용에 있어서 종전의 전통적 이론과는 달리 수정하여 논리를 전개하는 입장이다.

이 학설에 의하면 기본권보호나 법률유보 등 일반권력관계에서 통용되는 내용은 특별권력관계에도 그대로 적용되지만, 특별권력관계에서는 특별한 행정목적을 위하여 필요한 범위 안에서 법치주의가 완화되어 적용될 수 있음을 긍정하고, 새로이 개념을 정립하려는 것이다.

이에 해당하는 대표적인 견해는 독일의 울레(C. H. Ule)의 이론[44]이다. 그의 주장에 따르면 종래의 특별권력관계는 기본관계와 업무수행관계 또는 경영수행관계로 구분하여 고찰할 수 있으며, 전자는 일반권력관계와 같은 관계로 보나, 후자의 경우에는 개인의 법적 지위에 영향을 미치지 않기 때문에 사법심사의 대상에서부터 완화 또는 제외되는 내용으로 이해할 수 있다고 본다.[45]

4) 결 어

생각건대, 특별권력관계론이 비판을 받는 결정적 이유는 특별권력관계의 구성원이 갖는 권리를 법률유보 없이도 제한할 수 있었던 종전의 반법치주의적 · 반민주주의적 모순에 빠져 있기 때문이었으며, 기본권의 보장이 국가권력의 내부와 외부를 가리지 않고 적용되는 오늘날까지 이러한 이론이 더 이상 통용될 수 없음은 당연하다고 할 수 있겠다.

그러나 특별권력관계에서도 기본권이 법률에 근거해서만 제한될 수 있으며, 이러한 이유로 이 제도 자체가 전면적으로 부정되어야 한다는 논리는 서로 필연적인 관련성을 가지는 것은 아니라고 본다. 특별권력관계 제도가 헌법이나 법률 등에 의하여 보장되고 있기 때문에 이러한 제도들은 목적달성을 위한 장치가 마련되어야 할 것이다. 따라서 기본권의 보호를 위하여 법치행정의 원칙을 적용하면서도, 개별적인 특별권력관계의 특수한 목적과 기능을 수행하기 위하여 필요한 범위 안에서는 여전히 이 제도의 존재를 부인할 수는 없다고 생각한다.

이러한 논의에 따라서 이 문제에 대하여는 이른바 제한적 긍정설을 취하는 것이 옳다고 본다.[46] 이러한 입장에서는 특별권력관계의 내부에서도 종전과는 달리 법률관계가 존재한다는 것을 전제로, 용어에 있어서 다소 권위주의적인 느낌을 주는 특별권력관계라는 개념보다는 '특별행정법관계'라는 표현이 적절할 것이다.[47] 앞으로는 여기에서 이 용어를 사용하도록 한다.

---

44) C. H. Ule, *Das besondere Gewaltverhältnis*, VVDStRL, H. 15, 1957, SS. 153-155, 161-162.

45) 여기의 기본관계와 경영수행관계의 자세한 설명은 김도창, 전게서, 263면의 주 16)과 김동희, 전게서, 112면을 참조할 것.

46) 김남진 · 김연태, 전게서, 116-117면; 류지태, 전게서, 61-62면; 박균성, 전게서, 109면; 박윤흔 · 정형근, 전게서, 167면; 석종현, 전게서, 128-130면; 홍정선, 전게서, 68면.

47) 류지태, 상게서, 62면.

Ⅱ. 특별행정법관계의 성립과 소멸

1. 특별행정법관계의 성립

특별행정법관계는 일반권력관계가 모든 국민 또는 주민과의 관계에서 당연히 성립되는 것과 달리, 다음과 같은 공법상의 특별한 법률원인이 있는 경우에만 성립한다.

1) 법률의 규정

법률의 규정에 의하여 직접 특별행정법관계가 성립하는 경우가 있다. 군입대(병역법 제4장), 법정전염병 환자의 강제입원(전염병예방법 제29조), 수형자의 교도소 수감(형의 집행 및 수형자의 처우에 관한 법률 제16조) 등이 그 예이다.

2) 상대방의 동의

특별행정법관계는 상대방의 동의에 의해 성립하는 경우가 있는데, ① 상대방의 자유로운 의사에 의한 임의적 동의와, ② 상대방의 동의가 법률에 의해 강제되는 의무적 동의가 있다. 전자의 예는 공무원의 임명 · 국공립학교에의 입학 · 국공립도서관의 이용 등이고, 학령아동의 초등학교 취학이 후자의 예이다.

2. 특별행정법관계의 소멸

특별행정법관계의 소멸원인은 일반적으로 국공립학교의 졸업과 같은 목적의 달성, 공무원의 사임과 같은 스스로의 탈퇴, 학생의 퇴학처분 · 공무원에 대한 파면처분이나 직권면직 등 권력주체에 의한 일방적 해제 등이 있다.

Ⅲ. 특별행정법관계의 종류

특별행정법관계는 다음의 4종류로 분류하는 입장이 일반적이다.

1. 공법상의 근무관계

특정인이 특별한 법률원인에 의하여 국가 또는 지방자치단체를 위하여 포괄적 근무의무를 지는 법률관계를 말한다. 국가공무원의 근무관계, 지방공무원의 근무관계, 군인의 군복무관계 등이 여기에 해당한다.

2. 공법상의 영조물이용관계

특정인이 영조물을 이용하는 경우에 영조물의 관리자와 영조물의 이용자 사이의 법률관계를 말한다. 국공립학교에서의 재학관계, 국공립병원의 이용관계, 국공립도서관의 이용관계, 수형자의 교도소에서의 재소관계 등이 이에 해당한다.

3. 공법상의 특별감독관계

특정인이 국가 또는 공공단체와 특별한 법률관계를 형성함으로써 국가 등으로부터 특별한 감독을 받는 관계를 말한다. 공공조합, 특허기업자 또는 공무수탁사인 등이 국가 등의 특별한 감독을 받는 경우 등이 여기에 해당한다.

4. 공법상의 사단관계

공공조합과 조합원과의 관계로서, 공공조합은 조합원에 대하여 특별한 관계를 형성할 수 있다. 현행법상으로는 산림조합과 그 조합원과의 관계, 도시개발사업조합과 조합원과의 관계 등이 그 예이다.

Ⅳ. 특별행정법관계에서의 특별권력 및 그 한계

1. 특별권력의 종류

특별권력은 특별행정법관계의 종류에 상응하여, ① 직무상 권력, ② 영조물권력, ③ 감독권력, ④ 사단권력 등으로 구분된다.

2. 특별권력의 내용

특별행정법관계에서 행해지는 권력의 주요내용으로는 ① 명령권, ② 징계권의 두 가지를 들 수 있다.

1) 명령권

명령권은 특별행정법관계의 주체가 당해 관계의 목적달성을 위하여 포괄적 지배권의 발동으로서 구성원에 대하여 필요한 명령·강제를 할 수 있는 권한을 말한다.

그 형식은 일반적·추상적 형식[48] 또는 개별적·구체적 형식[49]으로 발동된다. 이러한 발동형식에 의한 행정규칙 또는 직무명령은 특별행정법관계의 상대방에 대한 내부적 효력만을 가지며, 일반국민에 대한 대외적 효력을 갖지 않는다는 점에서 행정행위나 법규와 구별된다.[50] 특히 일반적·추상적 형식으로 발해진 행정규칙이 법규성을 갖는지에 관하여는, 오늘날 법치행정의 원칙에 비추어 볼 때 부정하는 것이 타당하다고 본다.[51]

2) 징계권

징계권은 특별행정법관계의 내부질서를 유지하기 위하여 질서문란자에 대하여 특별행정법관계의 주체가 일정한 제재나 강제와 같은 징계를 할 수 있는 권한을 말하는데, 이를 위한 벌이 징계벌이다.

3. 특별권력의 한계

특별행정법관계는 특별한 목적을 위하여 성립되는 것이므로 그 목적달성에 필요한 범위 안에서만 행사되어야 한다. 이에 관하여 가장 문제되는 것은 헌법상의 기본권까지도 개별적인 법률의 근거 없이 제한할 수 있는가이었으나, 오늘날에는 이를 긍정하는 입장은 없다.

명령권은 법령을 위반하지 않아야 할 뿐만 아니라 특별행정법관계의 설립목적을 달성하기 위하여 필요한 한도 안에서 행사되어야 한다. 징계권도 법령에 위반할 수 없고 특별행정법관계의 성립목적을 실현하기 위하여 필요한 범위 안에서만 행사되어야 한다.

Ⅴ. 특별행정법관계와 법치주의

1. 특별행정법관계에서의 법치주의의 적용의 문제

특별행정법관계에 법치주의가 적용되는지의 여부가 문제된다. 특별권력관계를 부정하는 견해에 의하면 종전에 특별권력관계라고 보았던 관계에도 법치주의가 전적으로 적용되는 것으로 보

48) 공무원관계에서의 훈령 등 행정규칙, 영조물이용관계에서의 영조물규칙, 특별감독관계에서의 특허명령서, 공사단관계에서의 공공조합규약 등이 그 예이다.

49) 공무원에 대한 상사의 직무명령, 특별감독관계에 있는 자에 대한 시정명령 등은 이러한 예이다.

50) 박윤흔·정형근, 전게서, 164면.

51) 박균성, 전게서, 110면.

아야 한다. 그러나 특별권력관계를 부정하는 견해에도 그러한 관계에는 국가와 일반국민 사이의 관계인 일반행정법관계와는 다른 특별한 법적 규율을 받을 수 있다는 것을 인정하는 견해가 있고, 이러한 견해는 보통 그러한 관계를 특별행정법관계로 본다.

또한 특별권력관계를 전적으로 부인하고 그 관계를 일반행정법관계로 보는 견해가 있다. 이에 대하여 오늘날에도 아직 수정된 형태의 특별권력관계의 존재를 인정하는 견해가 있다. 이 견해에 의하면 특별권력관계에는 법치주의가 부분적으로 배제 또는 완화될 수 있다고 본다.

위와 같이 종전의 특별권력관계를 어떠한 성질의 관계로 보는가에 따라 그 관계에 대한 법치주의의 적용에 관하여 다른 견해를 취하게 된다.[52] 다음에서는 특별행정법관계에 대한 법치주의의 적용을 기본권의 제한, 법률유보의 원칙 및 사법심사의 순서로 살펴보겠다.

2. 기본권의 제한

특별행정법관계에도 헌법상의 기본권조항이 적용된다. 따라서 특별행정법관계에 있어서도 기본권의 제한은 법률에 근거가 있어야만 가능하다고 할 것이다.

그러나 법률의 근거에 의한 기본권제한은 목적달성을 위하여 필요하다고 인정되는 최소한도에서만 허용되고, 본질적 내용의 침해금지원칙이 준수되어야 한다.

3. 법률유보의 원칙

전통적 이론에 의하면 특별권력관계에 대하여는 법치주의원리가 적용되지 않았기 때문에 특별권력주체는 개개의 법률적 근거가 없이도 구성원에 대하여 포괄적 지배권을 행사할 수 있는 것으로 보았다.

그러나 이러한 이론은 반법치주의적인 것이므로 특별행정법관계에서도 법률유보의 원칙은 적용되어야 한다. 따라서 구성원의 권리를 제한하거나 의무를 부과하는 경우에는 법령에 근거가 있어야 한다.

4. 사법심사

특별권력관계의 개념을 전반적으로 부인하는 견해에 의하면 특별행정법관계에서의 행위에 대하여는 일반권력관계와 마찬가지로 사법심사가 가능하다고 본다. 제한적 긍정설의 입장에서는 일정한 한계를 설정하려고 한다. 즉 특별행정법관계의 목적을 실현하는 데 필요한 행위로서 개인의 법적 지위에 영향을 미치지 않는 행위에 대하여는 사법심사가 제한된다고 본다.

---

52) 박균성, 상게서, 111면.

그리고 특별행정법관계 또한 법으로부터 자유로운 영역이 될 수 없으므로 특별행정법관계에서의 행위도 사법심사의 대상이 될 수 있다고 보아야 한다. 다만, 특별행정법관계에 있어서는 특별권력의 주체에게 넓은 범위의 재량권 내지 판단여지가 인정되는 경우가 많은데, 그 한도에서 사법심사가 제한될 수 있을 뿐이다. 그러나 특별행정법관계의 주체에게 넓은 범위의 재량권 내지 판단여지가 인정된다는 것은 본안의 문제로서 사법심사의 가능성과는 별개의 문제인 점을 유념하여야 한다.[53)]

또한 제한적 긍정설의 입장을 취하면서 사법심사의 범위에 일정한 한계를 설정하려고 하는 견해도 있다. 즉 특별행정법관계에서의 행위에 대한 사법심사는 그 관계를 기본관계 또는 외부관계와 업무수행관계 또는 내부관계로 구분하여 전자인 기본관계에서의 행위에 대해서만 사법심사가 허용된다고 본다. 이러한 구분은 독일의 울레(C. H. Ule)의 분류에 의한 것으로서, 기본관계는 특별행정법관계 자체의 성립 · 변경 · 종료나 그 밖의 특별행정법관계 구성원의 법적 지위의 본질적 사항에 관련된 법률관계를 의미하는 것이며, 이는 그 성질상 일반행정법관계와 구별되지 않는 것이다. 이러한 입장은 정형적인 유형에 따라서 사법심사의 문제를 고찰할 수 있는 장점을 갖는 것이지만, 이러한 유형만으로 사법심사의 모든 문제를 해결할 수는 없다고 본다. 따라서 이와 같은 정형적 기준 외에 추가적으로 개별적 행위가 실제로 당사자에게 어떠한 법적 효과를 발생하는가에 의하여 판단하는 기준, 즉 시민의 지위로서 규율하는가 또는 단순히 행정의 한 구성원으로서 규율하는가의 판단도 적용할 필요가 있을 것이다.[54)]

---

53) 김남진 · 김연태, 전게서, 120-121면.

54) 류지태, 전게서, 64-65면.

제8절 행정법관계의 변동

Ⅰ. 행정법관계의 변동원인

행정법관계의 변동, 즉 행정법관계의 발생 · 변경 또는 소멸의 법률효과를 발생시키는 사실을 행정법상의 법률요건이라 하며, 법률요건을 이루는 개개의 사실을 법률사실이라 한다. 그런데 법률요건은 법률관계의 변동원인이고, 법률요건에는 행위 · 사건 등이 있다.

행정법상의 법률관계는 행정주체의 공법행위 또는 사인의 공법행위 및 사건에 의해서 발생 · 변경 · 소멸되는데, 다음에서는 이를 차례로 검토하겠다.

Ⅱ. 행정주체의 행위

행정주체의 공법행위는 매우 다양한 행위형식으로 행해지고 있다. 행정상의 법률관계에 변동을 가져오는 행정주체의 법적 행위를 그 성질에 따라 유형화하면 행정입법, 행정계획, 행정행위, 공법상 계약 등의 여러 가지 종류가 있다.

Ⅲ. 사인의 공법행위

1. 의 의

사인의 공법행위란 공법관계에서 사인이 행하는 행위로서 공법적 효과를 발생시키는 일체의 행위를 말한다.

사인의 공법행위는 법적 행위인 점에서 공법상 사실행위와 구별된다. 그리고 법적 행위인 점에서 사법행위와 같지만, 공법적 효과의 발생을 목적으로 하는 점에서는 사법행위와 다르다. 또한 공법행위인 점에서는 행정행위와 동일하나, 사인의 공법행위인 점에서 행정행위와 차이가 있다.

2. 사인의 공법행위의 종류

사인의 공법행위는 다음과 같이 여러 가지로 분류할 수 있다.[55)]

1) 행정주체의 기관으로서의 행위와 행정주체의 상대방으로서의 행위

공직선거에서의 투표 · 서명 등이 전자에 해당하고, 각종의 신고 · 신청 등의 제출, 이의신청 · 행정심판의 제기 등이 후자에 해당한다.

2) 단순행위와 합성행위

이는 공법행위를 구성하는 의사표시의 수를 표준으로 한 구별이다. 신고 · 등록 등이 단순행위에 해당하며, 선거 · 서명 등이 합성행위에 해당한다. 예컨대, 신고의 경우 한 사람의 신고만으로 법적 효과를 발생하므로 그것을 단순행위라고 할 수 있는 데 대하여, 선거의 경우에는 여러 사람의 의사표시로서 투표의 결과 특정인의 당선이라는 효과를 가져오게 되므로 선거를 합성행위라고 보는 것이다.

3) 단독행위와 쌍방적 행위

일방당사자의 의사표시만으로 법률효과를 발생하는 자기완결적 공법행위인가, 쌍방당사자의 의사의 합치에 의해 법률효과를 발생하는 행위요건적 공법행위인가에 따라 구별된다. 신고 · 통보 등은 전자에 해당하며, 허가의 신청 · 청약 등은 후자에 해당한다.

4) 행정작용의 적법요건행위와 존재요건행위

동의 또는 신청에 의한 행정행위에 있어서의 사인의 동의 또는 신청은 행정행위의 적법요건이 되는 데 대하여, 공법계약에 있어서의 사인의 청약행위는 계약의 존재요건이 된다고 말할 수 있다.

3. 사인의 공법행위에 대한 적용법규

1) 사법규정의 적용과 법해석론적 해결

사인의 공법행위에 적용할 일반적 · 통칙적 규정은 없으며, 예외적으로 각 단행법에 개별적 규정이 존재할 뿐이다.

---

55) 김남진 · 김연태, 전게서, 132-133면.

그리하여 사인의 공법행위에 관하여 실정법의 규정이 있으면 그에 따르는 것이 당연하지만, 그러한 규정이 없는 경우에는 민법의 의사표시나 법률행위에 관한 규정 또는 법원칙이 적용될 수 있는 것인가, 그렇지 아니하면 그 밖의 특별한 취급을 할 것인가는 법해석을 통하여 해결해야 할 것이다.

일반적으로 말하면 사인의 공법행위의 특수한 성격에 어긋나지 않는 범위 안에서는 민법상의 의사표시 및 법률행위에 관한 규정이나 법원칙이 원칙적으로 적용된다고 할 것이며, 다음에서는 개별적인 문제에 관하여 고찰하고자 한다.

2) 의사능력 · 행위능력

특별한 규정이 없는 한 사인의 공법행위에도 민법의 의사능력에 관한 규정이 적용된다. 그러므로 행위 당시에 의사능력을 결여한 사인의 공법행위는 무효이다.

행위능력에 관하여도 민법의 규정이 사인의 공법행위에 원칙적으로 적용된다고 본다. 그러나 행위능력에 관하여는 공법상 특별규정을 두어 민법의 행위능력에 관한 규정이 그대로 적용되지 않는 경우도 있다. 우편법 제10조가 그 예이다.

3) 대 리

사인의 공법행위에는 공직선거법 제157조처럼 명문으로 대리가 허용되지 않는 경우가 많다. 명문규정이 없는 경우에도 사인의 인격적 개성과 밀접한 관련을 갖고 있는 때, 즉 사직원의 제출 및 투표행위 등에는 그 행위가 대리에 친하지 않은 행위로서 대리가 허용되지 않는다.

그러나 사인의 인격적 개성과 직접적 관련이 없는 경우는 대리가 가능하며(행정심판법 제14조), 이 경우에는 민법상의 대리에 관한 규정이 준용된다.

4) 행위의 형식

사인의 공법행위는 민법에서와 같이 반드시 서면에 의하여만 하는 요식행위는 아니다. 그러나 법규가 문서에 의하게 하거나, 일정한 형식을 요구하는 경우가 많다. 명문규정이 없는 경우에도 실무상 서면주의를 원칙으로 하는 경향이 있다.

5) 효력발생시기

사인의 공법행위는 형식적인 확실성을 종중하고 관계자 간의 이해조정을 위해 민법상의 도달주의에 의함을 원칙으로 한다. 그러나 실정법은 행위자의 이익을 고려하여 특별히 발신주의를 취하고 있는 예도 있다(국세기본법 제5조의2).

6) 의사의 흠결 및 의사표시의 하자

사인의 공법행위에 있어서 허위표시 · 착오 등과 같이 표의자의 의사에 흠결이 있거나, 사기 · 강박 등과 같은 의사표시에 하자가 있는 경우에 사인의 공법행위의 효력은 어떻게 될 것인가의 문제이다. 이에 대하여는 공법에 일반적인 규정이 없기 때문에 개별 법률에 특별한 규정이 없는 한, 원칙적으로 민법 제107조 내지 제110조의 규정이 유추적용된다고 할 것이다.

그러나 행정법관계의 특수성에 비추어 민법의 규정을 적용하는 것이 적절하지 않은 경우도 있다.[56]

7) 부 관

사인의 공법행위에는 사법행위와는 달리 부관을 붙일 수 없음이 원칙이다. 사인의 공법행위의 효과는 행정법관계의 변동을 가져오기 때문에 명확성과 신속한 확정을 위해서이다.

8) 철 회

사법관계에 있어서는 의사표시가 상대방에게 도달한 경우에는 철회할 수 없다. 그러나 사인의 공법행위는 그에 근거한 법적 효과가 완성되기까지는 철회 · 보정 · 취하 등이 원칙적으로 허용된다. 사직원의 철회, 처분신청의 보완, 행정심판청구의 취하 등이 그 예이다.

공무원의 사직원의 철회가 인정될 것인가에 대하여는 특히 문제되고 있으나, 사직원은 독립적인 법적 의의를 가진 행위는 아니므로 의원면직처분이 있을 때까지는 철회를 인정하여야 할 것이고, 다만 신의칙에 반한다고 인정되는 특별한 사정이 있을 때에는 허용되지 않는다고 할 것이다.[57]

4. 사인의 공법행위의 효과

사인의 공법행위의 법적 효과는 그 행위가 자기완결적 공법행위인가, 행위요건적 공법행위인가에 따라 다르다.

1) 자기완결적 공법행위의 효과

사인의 공법행위 중 자기완결적 공법행위는 사인의 공법행위로 효력이 발생하고 행정청의 별도의 조치가 필요 없다. 이른바 자기완결적 행위에 속하는 대표적 행위가 '신고'이다. 본래적 의미

---

56) 박균성, 전게서, 116면.

57) 대판 1993.7.27, 92누16942.

에서의 신고는 상대방에 도달함으로써 효과를 발생하는 점에서 수리를 요하는 허가 · 특허 등과 구별된다. 행정절차법 제40조는 전형적인 자기완결적 신고에 관하여 규정하고 있다.

그런데 행정법상 신고에는 이러한 전형적인 자기완결적 신고 이외에 수리를 요하는 변형적인 신고가 있음이 일반적으로 인정되고 있다. 수리를 요하는 신고의 경우에는 요건을 갖춘 신고가 있었다고 하더라도 수리되지 않으면 신고의 효력이 발생하지 않는 점에서 자기완결적 신고와 다르다. 대체로 신고가 인 · 허가나 등록에서의 신청과 같은 성질을 지니는 경우가 수리를 요하는 신고에 해당한다고 할 수 있다.[58]

2) 행위요건적 공법행위의 효과

다음에서는 행정요건적 공법행위에 관하여 몇 가지 문제점을 살펴보고자 한다.

(1) 수리의무

행정청은 신청 등 사인의 공법행위가 적법 · 유효한 것인지를 심사하여 적법 · 유효한 것인 때에는 수리할 의무를 진다.

(2) 처리의무

행정청은 적법한 절차를 거쳐 처리기간 안에 사인의 행위에 상응하는 처리를 행하여야 할 법적 의무를 진다. 그러나 그 밖에 어떠한 법적 효과를 발생하는가는 상대방으로서의 행정기관의 행위가 어떠한 성질을 가지는가에 따라 다르다고 할 수 있다. 즉 행정기관의 행위가 행정행위로서의 성질을 가지는지 여부, 행정행위가 기속행위인가 재량행위인가 등에 따라 많은 차이가 있다고 보아야 할 것이다. 행정청이 정당한 처리기간 안에 처리하지 아니하면 부작위나 거부에 대한 행정쟁송을 제기할 수 있다.

(3) 수정인가의 가부

수정인가가 가능한가에 대하여는 적극설과 소극설이 대립된다. 그러나 인가는 단순히 사인의 법률행위의 효력을 완성시켜 주는 데 그치는 보충적 행위라는 점에서 인가의 내용은 신청인에 의하여 결정되는 것이며, 그러므로 법률에 특별한 규정이 없는 경우에는 수정인가는 불가능하다고 본다.

(4) 재신청의 여부

사인의 행위 중 수익적 행정행위를 신청하였지만 그 신청이 거부된 경우에 사정변경을 이유로

58) 김남진 · 김연태, 전게서, 137면.

재신청을 할 수 있는지의 여부가 문제된다.

이에 대하여는 선행거부처분이 불가쟁력을 발생한 경우에도 행정행위에는 일반적으로 일사부재리의 효력이 없으므로 사정변경이 있는 때에는 재신청할 수 있다고 하겠다.

(5) 행정개입청구권의 문제

법령상 행정청에 대하여 일정한 규제의무가 부과되어 있는 경우, 당해 규제행정권발동에 법적 이익이 있는 자가 행정청에 대한 규제권발동을 청구하는 신청이 인정되는 경우에 행정청은 신청에 따른 규제권을 발동하여야 하는데, 만일 발동하지 않을 때에는 관계인은 행정청에 대하여 제3자에 대한 공권력발동을 청구할 수 있다. 이것이 이른바 행정개입청구권의 문제이다.

5. 하자있는 사인의 공법행위에 따른 행정행위의 효력

사인의 공법행위에 하자(흠)가 있는 경우에, 그에 따른 행정행위에 어떠한 영향을 미칠 것인가의 문제에 관하여는 다음의 두 경우로 나누어 살펴볼 수 있다.[59]

1) 행정행위를 행하기 위한 동기인 경우

사인의 공법행위가 행정행위를 행하기 위한 단순한 사실상의 동기에 불과한 때에는, 사인의 공법행위에 존재하는 흠결은 행정행위의 효력에 아무런 영향을 미치지 못한다. 이는 양자간에는 서로 필요적 관계에 있지 아니하기 때문이다.

2) 행정행위를 행하기 위한 전제요건인 경우

사인의 공법행위가 행정행위를 행하기 위한 전제요건인 때에는, 행정절차를 형성하는 요소이므로 사인의 공법행위가 무효이거나 적법하게 철회된 때에는 그 행정행위도 전제요건을 결하게 되어 무효로 된다고 할 것이다. 그러나 사인의 공법행위가 무효가 아닌 하자가 있음에 지나지 아니한 때에는 행정행위도 원칙적으로 유효하다고 보아야 할 것이다.

위와 같은 통설적 견해에 대하여, 사인의 의사표시에 있어서의 단순한 희망표시와 필요적 요건의 구별 및 단순위법과 무효의 구분이 명확치 않다고 하는 문제점을 지적한다. 따라서 이러한 통설적 견해를 보충하기 위하여 '원칙 · 예외의 체계'를 제시하는 견해가 있다.[60]

---

59) 김도창, 전게서, 300면; 김동희, 전게서, 127면; 류지태, 전게서, 103면; 박윤흔 · 정형근, 전게서, 196면; 석종현, 전게서, 153면.

60) 김남진 · 김연태, 전게서, 139-140면.

Ⅳ. 공법상의 사무관리

1. 의 의

본래 민법상의 제도인 사무관리란 '법률상의 의무없이' 타인을 위하여 사무를 관리하는 것을 말하는데, 이와 같은 사무관리가 공법관계에서도 볼 수 있는지, 특히 국가 등의 행정주체가 사인을 위하여 행하는 공법상의 사무관리가 존재할 수 있는지가 문제되고 있다. 이에 관하여 공법분야에서의 사무관리적 행위는 공법상의 의무에 의한 것이기 때문에 사무관리로 볼 수 없다는 견해도 있으나, 공법상의 의무는 국가에 대한 의무이지 피관리자에 대한 의무는 아니므로 공법관계에서도 사무관리가 존재할 수 있다는 것이 다수설이다. 다만, 일반법이 없는 관계로 특별규정이 없는 한 행정법상 사무관리에 관해서는 법의 일반원칙의 표현으로 이해되는 「민법」의 사무관리에 관한 규정(제734조 이하)이 준용된다.

2. 사무관리의 종류

공법상의 사무관리는 보통 법규에 규정이 있거나 조리상 합리적이라고 인정되는 범위 안에서 인정되며, 강제관리 · 보호관리 · 역무제공 등의 경우가 있다.[61]

1) 강제관리

강제관리는 국가의 특별한 감독을 받고 있는 사업에 대하여 감독권의 작용으로서 당해 사업을 강제적으로 관리하는 경우를 말한다.

2) 보호관리

보호관리는 재해가 있을 때에 행하는 구호, 행려병자 또는 사망인의 관리와 같이 보호를 필요로 한 자의 보호를 위하여 관리하는 경우를 말한다.[62]

3) 역무제공

역무제공이란 사인이 비상재해 기타의 경우에 행정사무의 일부를 관리하는 경우를 말한다.

---

61) 석종현, 전게서, 143-144면.

62) 류지태, 전게서, 99면에서는 법률상의 의무없이 타인을 위하여 사무를 관리하는 경우에만 공법상의 사무관리라고 할 수 있으므로 경찰에 의한 행려병자의 보호와 같이 경찰관직무집행법 제4조에 의한 직무집행행위는 공법상 사무관리의 유형으로 볼 수 없다고 생각한다는 견해를 나타내고 있다.

3. 사무관리에 관한 적용법규

공법상의 사무관리에 관한 일반적 규정은 없다. 따라서 이에 대한 특별한 규정이 있는 경우(항로표시법 제5조 제2항)를 제외하고는 민법의 사무관리에 관한 규정(민법 제734조~제740조)을 준용한다. 즉 사무관리의 통지의무, 비용상환 기타 이해조절에 관한 조치 등이 그것이다. 그리고 공법상의 사무관리에 대한 권리구제는 민사소송의 방법에 의할 것이다.

V. 공법상의 부당이득

1. 의 의

부당이득이란 민법상의 개념으로서 법률상의 원인 없이 타인의 재산 또는 노무로 인하여 이득을 얻고, 이로 인하여 타인에게 손해가 발생하는 법률관계가 공법영역에서 행정주체와 사인과의 관계에 나타나는 경우로서, 그 이득의 반환의무를 과하는 제도이다. 부당이득제도는 공법상 채권관계의 한 유형으로서, 법률상의 원인이 없이 타인의 손실로서 얻은 이득을 반환하도록 함으로써 실질상의 형평의 이념을 실현하는 점에서 민법의 부당이득과 제도적 취지를 같이 한다.

공법상의 부당이득에 관하여는 일반적 규정이 없으므로 공법에 특별한 규정이 있는 경우(국세기본법 제51조, 지방세기본법 제45조~제47조) 이외에는 민법의 규정(민법 제741조~제749조)에 의하여야 할 것이다.

2. 공법상 부당이득반환청구권의 성질

공법상의 부당이득이 발생할 경우에 타인에게 손해를 가한 자는 타인의 재산 또는 노무로 인하여 얻은 이득을 반환하여야 하는데, 이에 상응하여 타인은 공법상의 부당이득반환청구권을 가지게 된다. 이와 같은 공법상의 부당이득반환청구권이 공권인지 사권인지에 관하여는 다음과 같은 학설이 대립하고 있다.

1) 공권설

이 견해는, 공법상의 부당이득반환청구권은 공법상 원인에 의하여 발생한 결과를 조정하기 위한 제도이기에 공권이라고 한다. 그에 관한 소송은 행정소송법에서 규정한 '공법상의 법률관계에 관한 소송'인 당사자소송에 의하여야 한다고 한다.

2) 사권설

이 견해는, 공법상 부당이득반환청구의 문제는 행정행위가 무효이거나 하자를 이유로 취소된 때에 생기며, 따라서 부당이득의 문제가 발생한 때에는 벌써 아무런 법률원인이 없고 부당이득제도는 경제적 견지에서 인정되는 이해조정을 위한 제도라는 이유로 사권으로 본다. 그에 관한 소송도 민사소송에 의하여야 한다고 한다.[63]

3) 결 어

우리나라 실정법제도가 공법 · 사법의 이원적 체계를 유지하고 있고, 공법상의 부당이득반환청구권은 공법상 원인에 의해 발생된 공법상의 제도이며, 행정소송법 제3조 제2호의 입법취지에 비추어 볼 때 이론상 공권으로 보는 것이 타당하다.[64] 그러나 판례는 사권설의 입장에서 민사소송절차에 따르고 있다.[65]

3. 공법상의 부당이득의 유형

공법상의 부당이득은 주로 국가나 지방자치단체의 부당이득의 문제로 제기되는 것이나, 사인이 행정주체와의 관계에서 부당이득을 취하는 경우도 있을 수 있다. 다음에서는 이 두 가지 경우를 나누어 짚어보고자 한다.[66]

1) 행정주체의 부당이득

(1) 부당이득의 성립요건

행정주체의 부당이득은 행정행위가 당연무효이거나 행정행위 권한있는 기관에 의하여 취소된 경우에 한하여 성립된다. 따라서 당해 처분에 대한 제소기간이 경과된 후에는 반환청구가 불가능하다.

(2) 부당이득의 반환범위

부당이득의 반환 범위에 대해서는 행정주체의 선의 · 악의를 묻지 않고 항상 전액반환의 특별규정을 두는 경우가 많으며, 그러하지 아니하더라도 공권력에 의하여 일방적으로 상대방에게 부담을 과한 경우에는 받은 이득의 전부를 반환하는 것이 옳을 것이다. 받은 이득에 이자를 붙일

---

63) 이상규, 「신행정법론(상)」, 법문사, 1997, 242면.

64) 김남진 · 김연태, 전게서, 141, 647면; 김도창, 전게서, 288면; 박균성, 전게서, 130면; 박윤흔 · 정형근, 전게서, 182면; 석종현, 전게서, 145면; 홍정선, 전게서, 93면.

65) 대판 1991.2.6, 90프2; 대판 1995.4.28, 94다55019; 대판 1995.12.22, 94다51253; 대판 2004.10.15, 2002다68485; 대판 2005.8.25, 2004다58277.

66) 석종현, 전게서, 145-146면.

것인지의 여부는 법령이 정하는 바에 의하여야 할 것이다. 국세기본법 제52조는 조세과오납금에 이자를 가산하도록 규정하고 있다.

2) 사인의 부당이득

(1) 부당이득의 성립요건

사인의 부당이득도 행정행위에 기인한 경우에는 그 행정행위가 무효이거나 취소됨으로써 성립한다. 그러나 수익적 행정행위의 경우에는 상대방에게 귀책사유가 없는 한 행정청의 취소권이 제한되므로 부당이득의 반환청구가 불가능하게 되는 경우가 있다.

(2) 부당이득의 반환범위

사인이 수익자인 경우에도 법에 위반되는 이득은 허용되지 않기 때문에 항상 받은 이득의 전액을 반환하여야 한다.

(3) 부당이득반환청구권의 행사

사인의 부당이득에 대한 행정주체의 부당이득반환청구권에 관하여는 각 단행법에서 행정행위로서의 효력을 인정하고, 그 불이행에 대하여는 행정상 강제징수를 규정하고 있는 경우도 있다. 이 경우에 상대방은 항고소송에 의하여만 그 효력을 다툴 수 있다. 그러나 특별규정이 없으면 행정주체의 반환청구권의 행사라 하더라도 대등자간의 의사표시로서의 효력을 가진다고 할 것이다.

4. 공법상의 부당이득반환청구권의 소멸시효

공법상의 부당이득반환청구권이 금전의 지급을 목적으로 하는 경우의 소멸시효 기간은 명문의 규정이 없는 경우에는 국가재정법 제96조 및 지방재정법 제82조에 따라 5년이다.

그러나 소멸시효기간이나 제척기간에 대해 명문규정을 둔 경우도 있다. 즉 국세기본법 제54조와 관세법은 5년으로, 산업재해보상보험법 제112조는 3년으로 각각 소멸시효를 정하고 있으며, 제척기간의 예로는 우편법 시행령 제35조 제2항은 60일 또는 30일의 기간을 규정하고 있다.

Ⅵ. 행정법상의 사건

1. 의 의

행정법상의 사건이란 행정법상 법적 효과를 가져오는 행정법상의 법률요건 중 사람이나 행정주체의 정신작용을 요소로 하지 않는 법률사실을 의미한다. 이를 공법상의 사건이라고도 한다. 이는 정신작용을 요소로 하는 행정주체나 사인의 공법행위 등의 법률사실인 용태(容態)와 구별된다.

공법상의 사건으로는 사람의 출생 · 사망, 일정한 연령의 도달, 시간의 경과, 물건의 소유 · 점유, 일정한 장소에의 거주 등이 있다. 다음에서는 이러한 사건 중에서 몇 가지에만 한정하여 설명하겠다.

2. 시간의 경과

행정법상의 법률관계는 시간이 경과함으로써 발생 · 변경 · 소멸되는 경우가 있다. 시간의 경과와 관련하여 문제되는 사건은 기간 · 시효 · 제척기간 · 실권 등이다.

1) 기 간

(1) 개 념

기간은 한 시점에서 다른 시점까지의 시간적 간격이다. 이 점에서 기한이나 기일 등과는 구별되는 개념이다. 행정법상의 법률관계는 기간이 경과함으로써 발생 또는 소멸하는 경우가 있다.

기간의 계산방법에 관한 규정은 법기술적 성질을 가진 것으로서, 원칙적으로 공법 · 사법에 있어서 차이가 없다. 따라서 특별한 공법규정이 없으면 민법의 기간계산에 관한 규정(민법 제156조~제161조)이 적용된다.

(2) 기간의 기산점

기간계산의 기산점에 대하여 민법은 「기간을 시, 분, 초로 정한 때에는 즉시로부터 기산하며」(민법 제156조), 「기간을 일, 주, 월 또는 연으로 정한 때에는 기간의 초일은 산입하지 아니한다」(민법 제157조 본문)라고 규정하여 초일불산입(初日不算入)의 원칙을 채택하고 있다. 그러나 이러한 초일불산입의 원칙은 연령계산의 경우와 그 기간이 오전 영시로부터 시작되는 때에는 적용되지 않는다(민법 제157조 단서, 제158조). 다만, 공법규정 중에는 초일을 산입하도록 특별규정을 하고 있는 경우도 있다(국회법 제165조).

(3) 기간의 만료점

기간의 만료점은 기간의 말일이 종료함으로써 만료되는 것이 원칙이다. 그러나 기간의 말일이 토요일 또는 공휴일에 해당하는 때에는 기간은 그 익일(翌日, 다음 날)로 만료한다(민법 제160조, 제161조).

(4) 기간의 역산

기간의 역산에도 위에서 본 기간계산에 관한 원리에 따라야 할 것이다. 예컨대, 「선거일 전 60

일까지」라고 규정한 경우, 초일인 선거일은 제외하고 '선거일 전일을 초일로 하여 60일째가 되는 날까지'로 해석해야 한다.

2) 시 효

(1) 민법의 시효에 관한 규정의 공법관계에의 적용

시효제도는 일정한 사실상태가 일정한 기간 계속될 경우 진실한 법률관계가 어떠한 것인가를 불문하고, 계속되어 온 사실상태를 존중하여 그것을 법률적으로 보호함으로써 법률관계의 안정성을 도모하려는 제도이다.

특별한 규정이 없는 경우에는 민법의 시효에 관한 규정(민법 제162조~제184조)이 공법관계에도 적용된다고 본다.

(2) 금전채권의 소멸시효

(가) 소멸시효의 기간

공법상의 금전채권, 즉 국가나 지방자치단체를 당사자로 하는 금전채권은 국가나 지방자치단체가 가지는 것이든 이들에 대하여 가지는 것이든 5년간 행사하지 않으면 시효로 인하여 소멸한다(국가재정법 제96조, 지방재정법 제82조). 이 규정이 공법상의 금전채권의 소멸시효기간에 관한 일반적 규정이다. 그러나 다른 법률에서 5년의 소멸시효기간보다 짧은 기간의 소멸시효의 규정을 두고 있는 경우가 있다(관세법 제22조, 공무원연금법 제81조 등).

소멸시효는 대상이 공법상의 금전채권 뿐만 아니라 사법상의 금전채권인 경우에도 적용된다.

(나) 소멸시효의 중단 · 정지

시효의 중단 · 정지 기타의 사항에 관하여 다른 법률에 특별한 규정이 없으면 민법의 규정(민법 제168조~제182조, 제247조)이 적용된다. 특별한 규정을 둔 경우의 예로는 국가나 지방자치단체가 행하는 납입고지에 시효중단의 효력을 인정한 것이다(국가재정법 제96조 제4항, 지방재정법 제84조).

(다) 소멸시효 완성의 효력

소멸시효 완성의 효과에 관하여는, 소멸시효기간이 경과하면 권리는 당연히 소멸한다는 견해(절대적 소멸설)와 시효의 이익을 받을 자가 이를 원용하여 권리의 소멸을 주장하여야만 권리가 소멸한다는 견해(상대적 소멸설)가 대립되는데, 전자가 다수설[67]이고 판례[68]이다. 따라서 소멸시

67) 김남진 · 김연태, 전게서, 128면; 김도창, 전게서 279면; 김동희, 전게서, 118면; 류지태, 전게서, 98면; 박윤흔 · 정형근, 전게서, 178면; 석종현, 상게서, 140면.

68) 대판 1966.1.31, 65다2445; 대판 1985.5.14, 83누655.

효가 완성된 후 조세의 부과처분에 의한 납세는 결과적으로 납세의무가 없는 자에 대한 과세처분에 해당하므로 부당이득반환의 대상이 된다.

(3) 공물의 시효취득

종래에는 공물의 시효취득이 가능한 것인가에 관하여 부정설, 제한적 시효취득설, 완전시효취득설 등의 견해가 대립되고 있었다. 그러나 현행의 국유재산법 제7조 제2항과 「국공유재산 및 물품관리법」 제6조에 국·공유재산은 민법 제245조의 규정에도 불구하고 시효취득의 대상이 되지 아니한다고 입법적으로 해결하였고,[69] 또한 국·공유의 잡종재산에 대해서는 시효취득을 인정하고 있으므로 공물의 시효취득에 관한 이론적 논쟁은 실익이 없게 되었다.[70]

3) 제척기간

제척기간(除斥期間)이란 일정한 권리에 대하여 법률이 정한 존속기간을 말한다. 따라서 존속기간이 만료되면 당해 권리는 당연히 소멸한다. 행정심판청구의 기간(행정심판법 제27조), 행정소송의 제기기간(행정소송법 제20조), 토지취득보상법이 규정한 일정기간의 경과에 의하여 사업인정의 효력이 소멸하는 것(동법 제23조) 등이 제척기간의 예이다.

제척기간은 일정한 기간 안에 권리를 행사하지 않음으로써 권리가 소멸된다는 점은 소멸시효와 같다. 그러나 시효는 법적 생활의 안정성을 목적으로 하고 중단·정지의 제도가 인정되는 데 대하여, 제척기간은 법률관계의 신속한 확정을 목적으로 하기 때문에 대개 그 기간이 짧고 중단이나 정지의 제도가 없는 점에서 소멸시효와 차이가 있다.

4) 실 권

공법상의 권리는 장기간 이를 행사하지 아니하고 방치하였을 때 그것을 행사할 수 없게 되는 경우가 있는데, 이를 실권(失權)이라고 한다. 예컨대, 하자있는 행정행위의 취소권을 권한 있는 행정청이 상당기간 행사하지 않을 때에는 실권한다고 보는 경우가 여기에 해당하는 것으로서, 신의성실원칙의 한 적용례이다.[71]

3. 주소·거소

행정법상으로도 주소나 거소를 표준으로 하여 법률관계를 규율하는 경우가 있는 것은 사법의

69) 김남진·김연태, 전게서, 128-129면; 석종현, 전게서, 141면.

70) 헌재결 1991.5.13, 89헌가97.

71) 김남진·김연태, 전게서, 129면.

경우와 같다. 예컨대, 지방자치단체의 주민이 되는 요건, 주민세의 납세의무의 성립요건, 선거권 · 피선거권, 외국인의 귀화 등이 주소를 성립요건으로 하는 경우이다.

1) 주 소

민법은 자연인의 주소와 관련하여 「생활의 근거되는 곳을 주소로 한다」(민법 제18조)라고 규정하여 일반적 규정을 두고 있다. 이러한 주소에 관하여 정주(定住)의 사실 이외에 정주의 의사가 필요하다는 견해(주관설)와 정주의 객관적 사실만으로 충분하다는 견해(객관설)의 대립이 있는데, 객관설이 타당하다.[72)]

그러나 행정법상의 주소에 관하여는 주민등록법이 「다른 법률에 특별한 규정이 없는 한 이 법에 의한 주민등록지를 공법관계에 있어서의 주소로 한다」고 규정하고 있다(동법 제23조 제1항). 따라서 자연인의 공법상의 주소에 관하여는 다른 법률에 특별한 규정이 없으면 주민등록지가 된다. 법인의 주소와 관련해서는 자연인의 주소와는 달리 공법상 특례규정을 찾아볼 수 없으므로 민법 제36조가 적용된다고 보아야 할 것이다.

주소의 수에 관하여 민법은 객관주의를 전제로 하여 주소복수제를 명문으로 규정하고 있으나(민법 제18조 제2항), 주민등록법은 이중등록을 금지하고 있다(동법 제10조 제2항). 따라서 공법관계에서 주소는 특별한 규정이 없으면 1개의 주소에 한정된다.

2) 거 소

거소란 사람이 다소의 기간 동안 계속하여 거주하는 장소로서, 그 장소와의 밀접한 정도가 주소만은 못한 곳을 말하는데, 행정법규는 이러한 거소를 기준으로 법률관계를 규율하는 경우도 있다. 예컨대, 1년 이상의 거소를 둔 자에게 소득세부과를 한 경우가 여기에 해당된다.

주소와 거소의 관계에 관하여는 특별한 규정이 없는 한 민법의 규정(민법 제19조, 제20조)이 준용된다고 보아야 할 것이다.

---

72) 곽윤직, 「민법총칙」. 박영사, 1997, 186면.

제2장 일반행정작용법

제1절 현대사회와 행정작용의 다양화

현대국가에 이르러 그 현대사회의 욕구를 충족시키기 위하여 행정기능이 양적 · 질적으로 대단히 확대됨에 따라 행정작용은 점차로 다양화 되고 있다. 그 다양한 행정작용을 일정한 기준에 따라 분류하여 행정의 모습을 법적인 관점에서 체계적으로 파악하려는 것이 행정작용법의 과제이며 내용이다. 행정작용법은 일반행정작용법과 특별행정작용법으로 크게 분류할 수 있는데, 여기에서는 근대사회로부터 현대사회에 이르기까지의 각종 수요에 부응하는 각 행정영역을 대상으로 하는 특별행정작용법은 논외로 하고 일반행정작용법에 한정하여 고찰하고자 한다.

일반행정작용은 이를 '행정의 행위형식' 또는 '행정활동' 등으로 부르기도 한다. 전통적으로 행정의 작용형식은 기본적으로 행정입법과 행정행위에 한정되었다. 그 중에서 행정입법은 행정작용의 형식이라는 측면보다는 행정권에 의한 입법이라는 관점에서 검토되어 온 것이 일반적이었다. 행정행위는 행정작용의 가장 중요한 형식으로서 현재도 일반 행정작용법의 가장 핵심적 개념으로서 역할하고 있다. 행정계약이라는 행정작용의 형식은 종래에도 행정작용형식의 하나로 검토되어 왔지만 그 실질적 의미는 그렇게 큰 비중을 차지하지 못했던 정도에 불과하였다.

위와 같은 전통적인 행정작용형식 이외에도 행정계획 · 행정지도 · 행정정보 · 행정상의 사실행위 등이 새로운 작용형식으로 등장하여 그 법적 성격이나 그에 대한 구제수단 등은 현재 행정법상의 중대한 과제가 되었다. 또한 행정법에 있어서 종전에 비하여 국민의 권익보호라는 문제가 더욱 중요시되는 일반적인 추세에 따라 확약이론이 행정작용법에 있어서 새로운 문제로 대두하게 되었다. 또한 최근에는 행정의 자동화작용이나 사법형식의 행정작용도 관심의 대상으로 대두하였다.

따라서 여기에서는 위에서 열거한 여러 작용형식들에 대하여 검토하고, 아울러 비록 행정작용은 아니지만 그와 밀접한 관련을 가지는 행정절차의 문제도 함께 살펴보고자 한다.

제2절 행정입법

Ⅰ. 행정입법의 의의

1. 개 념

행정입법이란 국가 등의 행정주체가 일반적 · 추상적인 규범을 제정하는 작용 또는 그에 따라 제정된 규범을 말한다. 이것을 행정권에 의한 입법이라고도 한다. 여기에서 '일반적'이란 그 상대가 특정되지 아니하고 불특정다수인에게 적용된다는 의미를 뜻하고, '추상적'이란 그 적용사건이 특정되지 아니한 불특정다수의 사안에 적용된다는 의미이다. 이와 같이 행정입법이 일반적 · 추상적으로 규율하는 점에서, 개별적 · 구체적인 경우를 규율하는 행정행위와 구별된다.

행정입법에는 국가행정권에 의한 입법과 지방자치단체에 의한 입법이 있다. 통설에 의하면 국가행정권에 의한 입법을 다시 법규의 성질을 갖는 법규명령과 법규의 성질을 갖지 아니한 행정규칙으로 나눈다. 이 행정규칙은 '행정명령' 또는 '행정규정'(行政規程)이라고 부르기도 한다. 자치입법은 다시 조례와 규칙, 교육규칙으로 구분된다.

2. 행정입법의 제도적 의의

헌법이 권력분립을 기원원리로 하는 법치국가에서는 법규범을 제정하는 작용인 입법권은 원칙적으로 국민의 대표기관으로서의 의회에 속한다. 따라서 행정입법, 즉 행정권에 의한 입법은 권력분립의 원칙 및 국회입법의 원칙에 위배되는 것으로 볼 수도 있겠다. 그러나 현대국가에 이르러 행정기능의 확대, 그의 전문화 · 기술화 등의 현상은 행정입법을 불가피하게 만들었다. 독일의 헌법 등은 행정입법을 명문규정으로 인정하고 있는데, 우리나라 헌법도 그러한 규정을 두고 있다(헌법 제75조, 제76조, 제95조, 제114조 제6항).

행정입법의 필요성 또는 행정입법의 기능으로서는, ① 전문적 · 기술적인 입법사항의 증대, ② 행정현상의 급격한 변화에 즉시 대응할 수 있는 입법의 요청, ③ 법률의 일반규정에 의한 지방적 특수사정의 규율의 곤란, ④ 전시 기타 비상사태와 국제적 긴장사태에의 탄력적인 적응, ⑤ 국회의 획일적 · 전면적 입법에 의한 행정의 객관적 공정성 요구와 행정현실의 괴리, ⑥ 행정요원의 전문적 지식 및 경험의 활용, ⑦ 국회의 부담경감 등과 같은 제도적 의의가 있음을 지적할 수 있다.

3. 법규명령과 행정규칙의 비교

행정입법 중 법규명령과 행정규칙의 유사점과 상이점을 비교하면 다음과 같다.[1]

1) 유사점

행정상의 법규명령과 행정규칙은 다같이 일반적·추상적 성질을 갖는 규범으로서 행정의 기준이 되는 규범이라는 점과 행정기관은 이 둘을 모두 준수하여야 할 법적 의무를 진다는 점에서 유사하다.

2) 상이점

법규명령과 행정규칙은 다음과 같은 점에서 상이(相異)하다.

(1) 법규성

법규명령은 행정주체와 국민간의 관계를 규율하는 법규범인 반면에, 행정규칙은 행정조직 내부에서 적용되기 위하여 제정된 규범이다. 그리하여 법규명령은 양면적 구속력을 갖는 법규인 반면에, 행정규칙은 원칙상 행정기관만을 구속하는 일면적 구속력만을 갖는다. 따라서 행정규칙은 법규가 아니라고 보는 것이 일반적 견해이다.

(2) 근 거

법규명령에는 법률의 법규창조력의 원칙 및 법률유보의 원칙이 적용된다. 따라서 법규명령의 제정에는 법적 근거가 필요하다. 위임명령의 제정에는 개별적인 법률의 근거가 필요하다. 집행명령에는 개별적인 법적 근거는 필요하지 않지만 헌법에서 포괄적인 근거를 두고 있다.

이에 반하여 행정규칙은 법규가 아니므로 행정규칙의 제정에는 법적 근거가 필요하지 않다. 행정규칙제정권은 상급기관의 감독권(훈령, 통첩의 경우) 또는 행정기관의 재량처분권(재량준칙의 경우)에 당연히 포함된다.

(3) 대외적 구속력

법규명령은 일반적으로 대외적 구속력을 갖는다. 따라서 법규명령에 반하는 행정권의 행사는 위법이다.

1) 박균성, 「행정법강의」, 박영사, 2011, 133-134면.

이에 반하여 행정규칙은 그 자체로서는 행정기관만을 구속하며 원칙적으로 대외적 구속력을 갖지 않는다. 따라서 행정권의 행사가 행정규칙을 위반한 경우에도 그 위반사실 자체에 의해 그 행정권행사는 위법한 것으로 판단되지 않는다. 다만, 오늘날 학설은 재량준칙 등 일부 행정규칙에는 대외적 구속력이 있는 것으로 인정하고 있다. 판례는 행정규칙의 대외적 구속력을 원칙상 인정하지 않고 있다.

(4) 형 식

법규명령은 법규명령의 형식을 취하고 공포가 효력발생요건이다. 그러나 행정규칙은 그러하지 아니하며 공표도 의무적인 것이 아니다. 다만, 행정절차법 제20조 제1항에 의하여 처분기준이 되는 행정규칙은 공표되어야 한다.

Ⅱ. 법규명령

1. 의 의

법규명령이란 행정권이 정립하는 일반적 · 추상적 규정으로서 법규의 성질을 가지는 것을 말한다. 여기의 '법규'란 국가 등 행정주체 내부에서만이 아니라 일반국민과의 관계에서도 직접 구속력을 가지며, 재판규범이 되는 법규범을 의미한다. 법규의 개념은 좁은 의미의 법규개념과 넓은 의미의 법규개념이 있는데, 후자가 오늘날의 통설적 견해이다. 좁은 의미의 법규란 국민의 자유와 재산에 관한 규정으로서 국민과 행정권을 구속하고 재판규범이 되는 법규범을 말한다. 이에 대하여 넓은 의미의 법규라 함은 국가와 국민 사이의 관계를 규율하는 성문의 일반적 · 추상적인 규정으로서 국민과 행정권을 구속하고 재판규범이 되는 법규범을 말한다.[2)]

법규명령의 성질은 입법이지만, 효과적인 행정수행을 위한 행위형식 중의 하나이다. 이 법규명령은 법규의 성질, 즉 대외적 구속력을 갖는 점에서 일반적으로 법규의 성질을 가지지 않고 원칙적으로 행정기관 내부에서만 효력을 갖는 행정규칙과 구별된다. 그리고 법규명령이 '일반적 · 추상적 규율', 즉 법으로서의 성질을 가지는 점은 헌법 · 법률 · 조례 등과 성질은 같지만, 제정의 주체 · 절차 · 효력 등의 점에서는 이들과의 차이가 있다. 또한 법규명령은 일반적 · 추상적인 규범인 점에서 개별적 · 구체적인 규율의 성질을 갖는 행정행위와 구별된다.

법규명령은 이와 같이 법규적 성질을 가지기 때문에 그에 위반한 행정청의 행위는 위법행위로서 무효 또는 취소사유가 되며, 그러한 행위로 인하여 자신의 권익을 침해받은 국민은 행정쟁송

---

2) 김남진 · 김연태, 「행정법 I」, 법문사, 2011, 151면; 김도창, 「일반행정법론(상)」, 청운사, 1993, 305면; 김동희, 「행정법 I」, 박영사, 2011, 136면; 석종현, 「일반행정법(상)」, 삼영사, 2005, 159면.

을 제기하여 무효확인 또는 취소를 청구하거나 또는 손해배상소송을 통하여 손해의 배상을 청구함으로써 구제를 받을 수 있다.

2. 법규명령의 유형

법규명령은 그 분류기준에 따라 다음과 같이 여러 가지 종류로 나눌 수 있다.

1) 효력을 기준으로 한 분류

(1) 헌법대위명령

행정권이 발하는 명령이지만 헌법의 일부규정의 효력을 정지시키는 등 헌법적 효력, 즉 헌법대위적(憲法代位的) 효력을 가지는 명령이 이에 해당된다. 일반적으로 국가비상사태가 발생하였을 때 발해지기 때문에 '비상명령'이라고도 한다. 이른바 과거 유신헌법에서의 대통령의 비상조치에서는 이러한 효력의 규정을 찾아볼 수 있다.

(2) 법률대위명령

법규명령이 헌법에 근거하여 발해지는 경우로서 법률과 대등한 효력을 지니는 명령을 법률대위명령이라 한다. 헌법 제76조에 근거하여 발해진 대통령의 긴급재정 · 경제명령 및 대통령의 긴급명령이 이에 해당한다.

(3) 법률종속명령

법규명령은 원칙적으로 법률에 근거하여 발해지며 법률보다는 하위(下位)의 효력을 갖게 되는 것이 법률종속명령이다. 그 중에서 법률이 위임한 범위 안에서는 본래 법률로써 정할 수 있는 사항, 즉 법규사항을 정할 수 있는 명령을 '위임명령'이라 하고, 새로운 법규사항을 규정할 수 없는 명령을 '집행명령'이라고 한다.

2) 내용을 기준으로 한 분류

(1) 위임명령

위임명령은 법률 또는 상위명령에 의하여 위임된 사항에 관하여 규율하는 법규명령으로서, 위임의 범위 안에서는 국민의 권리 · 의무에 관한 새로운 법률사항에 대하여도 규율할 수 있다.

(2) 집행명령

집행명령은 법률 또는 상위명령의 규정의 범위 안에서 그 상위법령의 시행에 관하여 필요한 절차 및 형식에 관한 사항을 규정하는 법규명령이다. 따라서 집행명령은 위임명령과는 달리 새로이 법률사항에 관하여 규정할 수 없다.

그러나 실제로는 특정한 법규명령이 위임명령과 집행명령의 어느 것에 속하는가 분명하지 아니한 경우가 많으며, 또한 하나의 법규명령 중에 위임명령적 규정과 집행명령적 규정이 혼재(混在)하고 있는 것이 오히려 일반적인 현상이다.[3)]

3) 주체를 기준으로 한 분류

(1) 대통령령

헌법 제76조에 근거하여 대통령이 발하는 법률대위명령으로 대통령의 긴급재정 · 경제명령 및 대통령의 긴급명령이 있다. 대통령이 헌법 제75조에 근거하여 법률에서 구체적으로 범위를 정하여 위임받은 사항에 관하여 대통령령으로 발하는 위임명령과 법률을 집행하기 위하여 필요한 사항에 관하여 대통령령으로 발하는 집행명령이 있다. 이는 보통 '시행령'이라고 부른다.

(2) 총리령 · 부령

헌법 제95조에 근거하여 국무총리와 행정각부의 장관이 발하는 총리령과 부령이 이에 해당한다. 이에는 위임명령과 집행명령이 있는데, 부령을 보통 '시행규칙' 또는 '시행세칙'이라고 한다.

여기에서 총리령과 부령의 우열(優劣)이 문제되는데, 국무총리는 대통령의 명을 받아서 행정각부를 통할할 권능을 소관사무로 하고 있는 것(헌법 제86조 제2항)을 근거로 총리령이 부령에 대하여 실질적으로 우월한 효력을 갖는다고 보아야 할 것이다.[4)]

(3) 중앙선거관리위원회규칙

헌법 제114조 제6항에 근거하여 중앙선거관리위원회는 법령의 범위 안에서 선거관리 · 국민투표관리 또는 정당사무 등에 관한 규칙을 제정할 수 있으며, 이 규칙은 법규명령의 성질을 가지고 있다.[5)] 이 규칙에는 내용적으로 위임명령과 집행명령이 모두 포함되어 있다.

(4) 감사원규칙

감사원법 제52조에 의하여 제정되는 감사원규칙의 법적 성질이 법규명령인가, 또는 행정규칙인가에 관하여는 견해가 대립되고 있다.

---

3) 김도창, 상게서, 307면; 김동희, 상게서, 137면; 류지태, 「행정법신론」. 신영사, 2008, 231면; 박윤흔 · 정형근, 「최신 행정법강의(상)」. 박영사, 2009, 199면; 석종현, 상게서, 161면.

4) 김도창, 상게서, 312면; 김동희, 상게서, 140면; 류지태, 상게서, 231면; 박균성, 전게서, 139면; 석종현, 상게서, 162면; 홍정선, 「행정법특강」. 박영사, 2011, 120면.

5) 대판 1996.7.12, 96우16.

이에 관하여는 행정규칙이라는 견해도 상당한 근거를 제시하고 있으나,[6] 헌법은 일정한 법형식의 행정입법을 인정하고 있지만, 이는 예시적 규정으로서 그 이외의 법형식을 법률에 의하여 인정하는 것을 막는 뜻으로 해석할 것은 아니고, 법률의 위임에 의하여 또는 법률을 시행하기 위하여 실질적으로 법규적 내용을 정립하는 것은 국회입법의 원칙에 어긋나는 것으로 볼 수 없다는 것을 논거로 하여 법규명령으로 보는 견해가 보다 설득력을 갖는다고 생각한다.[7] 헌법재판소도 헌법이 인정하고 있는 위임입법의 형식은 예시적인 것으로서, 법률은 행정규칙에 위임할 수도 있으나 그것은 입법자에게 필요한 보충을 할 책임이 인정되고 극히 전문적인 식견에 좌우되는 영역에서 제한적으로 인정될 수 있다고 하였다.[8]

3. 법규명령의 근거

법규명령의 정립에는 헌법, 법률 또는 상위명령의 근거가 있어야만 가능하다. 헌법 제76조에서 규정한 요건이 충족되는 경우에만 대통령의 긴급재정 · 경제명령, 긴급명령을 발할 수 있다.

위임명령은 헌법상의 일반적 근거만으로는 제정할 수 없고, 법률에서 '구체적으로 범위를 정하여' 위임받은 사항에 한해서만 발할 수 있다. 그러나 집행명령은 새로운 입법사항을 규율하는 것이 아니고, 법률을 집행하기 위하여 필요한 세부적 · 기술적 사항에 관한 규율을 그 내용으로 하는 것이므로 법률의 명시적 수권규정이 없더라도 직권으로 발할 수 있다(헌법 제75조, 제95조). 보통의 경우 법률에서 「본법 시행에 필요한 사항은 대통령령으로 정한다」는 조항을 두고 있지만, 그러한 조항이 없더라도 집행명령을 발할 수 있다.[9]

4. 법규명령의 성립요건 · 효력발생요건

법규명령이 적법하게 성립하여 효력을 발생하기 위하여는 다음의 요건을 갖추어야 하고, 이러한 요건을 미비할 때에는 하자있는 법규명령이 된다.

1) 주체에 관한 요건

법규명령은 대통령 · 국무총리 · 행정각부의 장관 · 중앙선거관리위원회 등 정당한 권한을 가진 각각의 제정권자가 제정하여야 한다.

---

6) 김남진 · 김연태, 전게서, 154면; 김도창, 전게서, 311면; 류지태, 전게서, 231면; 석종현, 전게서, 162-163면.
7) 김동희, 전게서, 138면; 박윤흔 · 정형근, 전게서, 200면; 홍정선, 전게서, 121면.
8) 헌재결 2004.10.28, 99헌바91.
9) 석종현, 전게서, 164면.

2) 내용에 관한 요건

법규명령은 그 내용에 있어서 상위법령에 근거가 있어야 하고, 또한 헌법이나 상위법령에 저촉되지 않아야 하며, 그 규정내용이 명확하고 실현가능한 것이어야 한다.

3) 절차에 관한 요건

법규명령은 법률이 정한 절차에 따라 제정되어야 한다. 즉 대통령령은 대통령이 법제처의 심사와 국무회의의 심의를 거쳐 제정하며(헌법 제89조 제3호, 정부조직법 제20조 제1항), 행정절차법 제46조 내지 제47조는 행정입법의 사전절차로서 입법예고절차를 거치도록 규정하고 있다.

4) 형식에 관한 요건

법규명령은 조문의 형식에 의하여야 하고, 「법령 등 공포에 관한 법률」이 정한 형식을 갖추어야 한다. 따라서 대통령령 공포문의 전문에는 국무회의의 심의를 거친 사실을 적고, 대통령이 서명한 후 대통령인을 찍고 그 공포일을 명기하여 국무총리와 관계 국무위원이 부서(副署)한다(동법 제7조). 총리령을 공포할 때에는 그 일자를 명기하고, 국무총리가 서명한 후 총리인을 찍는다. 그리고 부령을 공포할 때에는 그 일자를 명기하고, 해당 부의 장관이 서명한 후 그 장관인을 찍는다(동법 제9조). 또한 대통령령, 총리령 및 부령은 각각 그 번호를 붙여서 공포한다(동법 제10조).

5) 공 포

법규명령은 그 내용을 외부에 표시함으로써 유효하게 성립한다. 이러한 법규명령의 대외적 표시절차를 공포라 하는데, 공포는 관보에 게재하는 방법에 의한다. 이 경우 공포일은 그 법규명령을 게재한 관보가 발행된 날이 된다(법령등 공포에 관한 법률 제11조, 제12조).

6) 효력발생

법규명령은 특별한 규정이 없으면 공포한 날부터 20일이 경과함으로써 효력을 발생한다. 국민의 권리제한 또는 의무부과와 직접 관련되는 법규명령은 긴급히 시행하여야 할 특별한 사유가 있는 경우를 제외하고는 공포일부터 적어도 30일이 경과한 날부터 시행되도록 하여야 한다(법령등 공포에 관한 법률 제13조, 제13조의2).

7) 하자있는 법규명령

법규명령이 위에서 지적한 바와 같은 성립요건 · 효력발생요건을 갖추지 못할 때에는 '하자있는 법규명령'이기 때문에 위법한 것이 된다. 하자의 효과로서 현행법은 행정행위의 경우와는 달리

위법한 법규명령의 취소라는 것을 인정하지 아니하고, 위법한 법규명령은 무효가 된다.[10] 왜냐하면 법률에서 특별히 규정하는 바가 없음에도 불구하고 위법한 국가작용에 적법한 행위의 경우와 같은 효력을 인정할 수는 없기 때문이다.

한편, 하자있는 법규명령을 준수한 행정행위는 당연히 하자있는 것이 된다. 하자있는 법규명령에 따른 행정행위는 그 내용에 있어 중대한 하자를 갖는다. 따라서 근거된 법규명령의 하자가 외관상 명백하다면 그러한 행정행위는 무효가 되고, 외관상 명백하지 않다면 취소할 수 있는 행위가 된다.[11]

5. 법규명령의 범위와 한계

법규명령은 위의 성립요건과 효력발생요건을 갖춘 범위 안에서 제정되어야 한다. 이와 관련하여 행정입법의 남용에 따른 국민의 권익침해를 방지하기 위하여는 그 범위와 한계가 특히 다음과 같이 문제되고 있다.[12]

1) 대통령의 긴급재정 · 경제명령, 긴급명령

헌법 제76조에 의하면 대통령은 다음과 같은 요건을 갖춘 경우에만 위와 같은 명령을 발할 수 있다.

① 대통령은 내우 · 외환 · 천재 · 지변 또는 중대한 재정 · 경제상의 위기에 있어서 국가의 안전보장 또는 공공의 안녕질서를 유지하기 위하여 긴급한 조치가 필요하고 국회의 집회를 기다릴 여유가 없을 때에 한하여 최소한으로 필요한 재정 · 경제상의 처분을 하거나 이에 관하여 법률의 효력을 가지는 명령(긴급재정 · 경제명령)을 발할 수 있다(헌법 제76조 제1항).

② 대통령은 국가의 안위에 관계되는 중대한 교전상태에 있어서 국가를 보위하기 위하여 긴급한 조치가 필요하고 국회의 집회가 불가능한 때에 한하여 법률의 효력을 가지는 명령(긴급명령)을 발할 수 있다(헌법 제76조 제2항).

③ 대통령이 긴급재정 · 경제명령과 긴급명령을 한 때에는 지체 없이 국회에 보고하여 그 승인을 얻어야 한다(헌법 제76조 제3항)

위에서 본 바와 같이 긴급재정 · 경제명령은 발동요건이 다소 완화되어 있는 반면에 발동의 대상 · 범위가 재정 · 경제로 한정되어 있으며, 이에 대하여 긴급명령은 발동요건이 더욱 엄격한 반면에 발동의 대상 · 범위는 한정되어 있지 아니하다. 그것은 오늘날의 복지국가에 있어서는 재

10) 대판 2008.11.20, 2007두8287.

11) 홍정선, 전게서, 127면.

12) 김남진 · 김연태, 전게서, 159-161면.

정 · 경제상의 위기극복에 있어서 보다 신축성이 요청되기 때문이라 하겠다.[13)]

2) 위임명령의 범위와 한계

위임명령은 상위법령으로부터 구체적으로 범위를 정하여 위임받은 사항에 대하여서만 정할 수 있다. 특별히 고찰할 사항은 다음과 같다.

(1) 포괄적 위임의 금지

입법권자는 자신의 입법권한을 전면적으로 다른 기관에게 위임할 수 없다. 헌법은 대통령령에 관하여서만 「법률에서 구체적으로 범위를 정하여 위임받은 사항」에 관하여 명령을 발할 수 있음을 규정하고 있으나(헌법 제75조), 그 취지는 기타의 위임명령에도 적용되어야 한다. 여기에서 '구체적으로 범위를 정하여'는 그 수권규정에서 행정입법의 규율대상 · 범위 · 기준 등을 명확히 하여야 함을 의미하며, 따라서 일반적 · 포괄적 위임은 허용되지 않는다.

한편, 판례는 법률이 주민의 권리 · 의무에 관한 사항에 대하여 조례에 위임한 경우,[14)] 법률이 공법적 단체 등의 정관에 자치법적 사항을 위임한 경우[15)]에는 위임명령에 적용되는 포괄적 위임의 금지가 원칙적으로 적용되지 않는다고 판시하고 있다.

(2) 국회전속사항의 위임금지

국회의 전속사항, 즉 이론상 또는 실정법상 법률로써 정해야 할 사항이나 국회의 심의를 거쳐야 하는 사항은 명령으로써 정할 수 없다. 헌법은 대한민국의 국민이 되는 요건(제2조 제1항), 재산권의 수용 · 사용 · 제한 및 그에 대한 보상(제23조 제3항), 국회의원의 수와 선거구(제41조 제2항, 제3항), 행정각부의 설치 · 조직(제96조), 법관의 자격(제101조 제 3항), 지방자치단체의 종류(제117조 제2항) 등을 법률로 정하도록 하고 있으며, 죄형법정주의(제13조 제1항)와 조세법률주의(제59조)에 관하여도 규정하고 있다.

다만, 이러한 입법사항이 전적으로 법률로 규율되어야 하는 것은 아니고, 그 본질적 내용이 법률로 정해져야 함을 의미한다. 따라서 그 세부적 사항에 관하여 구체적으로 범위를 정하여 행정입법에 위임하는 것은 허용된다고 생각한다.

문제는 당해 헌법규정이 어느 범위의 것을 법률로써 정하도록 하고 있는가를 밝히는 것이 중요하며, 그 범위가 객관적으로 밝혀지는 경우 그에 관하여는 반드시 법률로 정해야 한다(본질사항의 위임금지의 원칙).

---

13) 박윤흔 · 정형근, 전게서, 203면.

14) 대판 1991.8.27, 90누6613.

15) 대판 2007.10.12, 2006두14476.

(3) 처벌규정의 위임의 문제

처벌규정을 행정입법에 위임하는 것이 허용되는지의 여부가 죄형법정주의와 관련하여 문제되고 있다. 모법이 범죄구성요건의 구체적 기준을 정하여 위임하고, 벌의 상하한을 정하여 위임하는 것은 허용된다고 보는 것이 통설이다.

(4) 재위임의 문제

법령에 의하여 위임받은 사항을 전혀 규정하지 않고 하위법령에 백지재위임하는 것은 실질적으로는 수권법의 내용을 권한 없이 변경하는 것이 되기 때문에 허용되지 않지만, 위임받은 사항에 관한 대강을 정하고 세부적인 사항의 보충을 하위법령에 재위임하는 것은 가능하다.

3) 집행명령의 범위와 한계

집행명령은 상위법령을 집행하기 위하여 필요한 세부적·구체적 사항만을 정하는 것이므로 상위법령의 범위 안에서 그 시행에 필요한 구체적인 절차·형식 등을 규정할 수 있을 뿐이고, 새로운 입법사항은 정할 수 없다. 예컨대, 허가를 받기 위한 시설의 기준 등은 집행명령으로는 독자적으로 정할 수 없으며, 허가신청서의 서식 등은 집행명령으로 정할 수 있다.

6. 법규명령의 소멸

법규명령은 다음의 사유가 있는 경우에 그 효력을 상실한다.

1) 폐 지

폐지란 상위법령이나 동위(同位)의 법령으로 개별적인 법규명령의 효력을 장래에 향하여 소멸시키려는 행정권의 명시적·직접적 의사표시를 말한다. 즉 법규명령의 폐지는 그 대상인 명령보다 상위 또는 동위의 법령에 의해서만 가능하다.

2) 간접적 폐지

법규명령은 내용상으로 그와 충돌되는 상위 또는 동위의 새로운 법령이 제정·개정됨으로써 그 효력이 소멸된다.

3) 법정부관의 성취

법규명령은 그것이 한시법인 경우에는 종기(終期)의 도래로, 해제조건부인 때는 해제조건의 성취에 의하여 그 효력이 소멸된다.

4) 근거법령의 소멸

법규명령은 특별한 규정이 없는 한 그 근거가 되는 법률 또는 상위명령이 소멸하면 법적 근거를 상실한 것으로 되어 그 효력이 소멸된다.

7. 법규명령에 대한 통제

1) 법규명령에 대한 통제의 필요성

현대국가의 행정법은 행정의 전문화 · 기술화의 경향과 다양화된 행정현실의 적응성 · 탄력성의 요청에 의하여 대개 개요입법(概要立法)의 정도에 그치게 되고, 세부적 · 기술적 사항에 관하여는 법규명령에 크게 의존하고 있다. 이러한 법현상은 국민의 권리 · 의무가 법률에 의하여 규율되기보다는 오히려 법규명령에 의한 실질적 영향을 더욱 많이 받게 된 것을 의미한다. 따라서 국민의 권익보호라는 차원에서 행정입법의 남용을 방지하고 통제할 필요성이 법치국가의 요청상 당연하다고 하겠다.

다음에서는 각종의 법규명령에 대한 통제수단에 관하여 살펴보겠다.

2) 국회에 의한 통제

법규명령에 대한 국회에 의한 통제는 동의권의 유보에 의한 직접적 통제와 국정감사권의 발동에 의한 간접적 통제의 제도가 있다.

(1) 직접적 통제

국회에 의한 직접적 통제는 법규명령의 성립 · 발효에 대한 국회의 동의 또는 승인권이나, 일단 유효하게 성립한 법규명령의 효력을 소멸시키는 권한을 국회에 유보하는 방법에 의한 통제를 말한다. 독일의 동의권유보, 영국의 의회제출절차, 미국의 입법적 거부가 그 대표적인 예이다.

우리나라 헌법은 대통령이 긴급재정 · 경제명령이나 긴급명령을 발한 때에는 지체없이 국회에 보고하여 그 승인을 얻도록 하고, 만일 승인을 얻지 못한 때에는 그때부터 효력을 상실하도록 하고 있는데(헌법 제76조 제3항, 제4항), 이는 의회에의 제출절차의 한 형태로 볼 수 있다.[16] 또한 국회법 제98조의2도 대통령령 등에 대한 국회의 통제에 대하여 규정하고 있다.

(2) 간접적 통제

국회에 의한 간접적 통제는 국회가 행정부에 대하여 가지는 국정감사권의 행사 등에 의하여

---

16) 석종현, 전게서, 172면.

간접적으로 법규명령의 적법 · 타당성을 담보하는 제도를 말한다. 헌법에 인정되고 있는 간접적 통제의 방법으로는 국회의 국정감사 · 국정조사(제61조), 국무총리 · 국무위원 등에 대한 질문(제62조), 국무총리 또는 국무위원의 해임건의(제63조), 대통령 등에 대한 탄핵소추(제65조) 등을 들 수 있다. 또한 국회는 법규명령의 제정에 대한 수권을 제한 · 철회하거나 법규명령과 내용상 상충되는 법률을 제정함으로써 법규명령의 효력을 상실케 할 수 있다.[17)]

3) 행정적 통제

(1) 감독권에 의한 통제

법규명령에 대하여는 상급관청의 하급행정관청에 대한 지휘 · 감독권의 행사에 의한 통제가 가능하다. 따라서 상급관청은 훈령권의 행사에 의하여 행정입법의 기준 · 방향 등을 지시하고, 위법한 행정입법을 하지 아니하도록 명할 수 있을 것이다. 그리고 상급관청은 위법한 법규명령의 폐지를 명할 수도 있다.

(2) 법제처의 심사에 의한 통제

국무회의에 상정될 법령안과 총리령안 및 부령안은 법제처의 심사를 받는다(정부조직법 제20조). 법제처의 법령심사는 법안의 문언 · 법령 상호간의 모순 · 상위법령에 대한 위반의 여부에 미친다.

(3) 행정절차상의 통제

행정절차법은 행정상의 입법예고절차를 두고 있다(동법 제41조~45조). 누구든지 예고된 입법안에 대하여 그 의견을 제출할 수 있고, 행정청은 입법안에 관하여 공청회를 개최할 수 있다. 그 외에도 국무회의의 심의(헌법 제89조 제3호), 법제처에 의한 심사(정부조직법 제20조 제1항) 등의 절차상 통제장치가 있다.

(4) 행정규제기본법에 의한 통제

일정한 특성을 가진 법규명령에 대한 행정적 통제수단으로써 행정규제기본법에 의한 수단을 들 수 있다. 즉 특정한 행정목적을 위해 국민의 권리를 제한하거나 의무를 부과하는 행정규제적 행정입법의 경우에는 그것이 규제를 신설 또는 강화하는 내용일 경우 행정규제기본법에 따라 중앙행정기관의 장에 의한 규제영향분석과 자체심사제도(동법 제7조) 및 규제개혁위원회에 의한 심사를 거쳐야 한다(동법 제10조, 제12조).[18)]

---

17) 김남진 · 김연태, 전게서, 165면.

18) 김동희, 전게서, 149면.

4) 사법적 통제

(1) 법원에 의한 통제

우리 헌법 제107조 제2항은 「명령 · 규칙 또는 처분이 헌법이나 법률에 위반되는 여부가 재판의 전제가 된 경우에는 대법원은 이를 최종적으로 심사할 권한을 가진다」고 규정하고 있다. 이는 우리나라에서는 구체적인 사건에 있어서 법규명령의 위헌 · 위법의 여부가 '재판의 전제가 될 경우'에 한하는 구체적 규범통제를 할 수 있을 뿐이며, 추상적 규범통제제도를 채택하지 않고 있는 것을 의미한다.

따라서 법규명령의 위헌 · 위법의 여부가 재판의 전제가 되는 경우에 법규명령을 간접적으로 심사할 수 있으며, 이 경우에도 당해 법규명령을 당해 사건에 적용을 거부할 수 있을 뿐 명령의 무효를 선언할 수 없다. 이와 관련하여 당해 규정이 대법원의 판결로 위헌 · 위법인 것으로 확정된 것임을 공시할 필요가 있게 된다. 그에 따라 행정소송법은 행정소송에 대한 대법원 판결에 의하여 명령 · 규칙이 헌법 또는 법률에 위반된다는 것이 확정된 경우에는 대법원은 지체없이 그 사유를 행정안전부장관에게 통보하여야 하며, 통보를 받은 행정안전부장관은 지체없이 이를 관보에 게재할 것을 규정하고 있다(동법 제6조). 이로 인하여 현행 구체적 규범통제는 실제상 추상적 규범통제에 접근하고 있다.[19]

그러나 법규명령이 별도의 집행행위 없이도 국민에 대하여 직접적이고 구체적인 법적 효과를 발생하는 처분적 명령은 그 처분성이 인정되어 취소소송 등의 대상이 된다.[20]

(2) 헌법재판소에 의한 통제

헌법은 명령 · 규칙에 대한 위헌 · 위법성 여부에 대한 최종심사권을 대법원에 부여하고 있다(제107조 제2항). 다른 한편, 헌법 제111조 제1항 제5호는 헌법재판소에 법률이 정한 헌법소원에 대한 심판권을 부여하고 있다. 이에 따라 헌법재판소법 제68조 제1항은 「공권력의 행사 또는 불행사로 인하여 헌법상 보장된 기본권을 침해받은 자는 법원의 재판을 제외하고는 헌법재판소에 헌법소원심판을 청구할 수 있다」고 규정하고 있다. 그러면 헌법재판소는 법규명령의 위헌성의 여부에 대한 헌법소원이 제기된 경우에 그에 대한 심판권도 인정할 것인가의 여부에 대해 견해가 대립되고 있다.

학설은 적극설과 소극설이 대립되고 있지만, 헌법소원제도의 기본권보장제도 및 헌법질서보장제도로서의 기능을 보장하기 위하여는 명령 · 규칙에 대한 헌법소원을 인정하는 것이 당연하므로 적극설이 타당하다고 본다.[21] 헌법재판소도 이러한 입장을 취하고 있으며,[22] 최근에는 행정입법

19) 홍정선, 전게서, 131면.

20) 김동희, 전게서, 150면; 박균성, 전게서, 152면; 박윤흔 · 정형근, 전게서, 215면; 석종현, 전게서, 173면.

21) 김남진 · 김연태, 전게서, 166-167면; 김도창, 전게서, 320면, 851면; 류지태, 전게서, 238면; 박균성, 상게서, 156면; 박윤흔 · 정형근, 상게서, 217면; 석종현, 상게서, 174면; 홍정선, 전게서, 135면.

22) 헌재결 1990.10.15, 89헌마178; 헌재결 19933.5.13, 92헌마80; 헌재결 1995.4.20, 92헌마264.

부작위에 대하여도 헌법소원을 인정하였다.[23)]

5) 국민에 의한 통제

위와 같은 법규명령에 대한 전통적인 통제수단은 오늘날 행정현상의 복잡다양화에 따른 행정기능의 확대 · 강화로 인하여 그 실효성이 감소되어 가고 있으며, 국민에 의한 통제가 중요한 의미를 갖게 된다.

현행법상 국민에 의한 법규명령의 통제수단은 대개 간접적인 것으로서, 청원 · 청문 · 공청회 · 자문 · 여론 · 압력단체의 활동 등을 통하여 행정입법의 적법성을 확보하는 방법이다. 국민에 의한 통제와 관련하여 특별히 큰 의미를 갖는 제도는 행정절차법 제41조 제1항에 의한 행정상 입법예고제이다.

Ⅲ. 행정규칙

1. 의 의

종래의 통설에 의하면, 행정규칙이란 행정조직의 내부 또는 특별권력관계의 내부와 같은 행정내부관계에서 제정되는 일반적 · 추상적인 규정으로서 법규의 성질을 갖지 않는 것을 말한다. 이러한 행정규칙에는 특별권력관계 내부에서 특별권력주체와 그 구성원의 관계를 규율하는 규범과, 행정조직 내부에서의 관계를 규율하는 규범을 포괄하고 있다. 이들은 모두 행정의 내부관계를 규율하고 있다는 점에서 같다.

그러나 전자는 특별권력관계의 구성원으로서의 사람을 그 수범자로 한 점에서, 행정조직 내부에서의 그 조직이나 업무처리의 절차 · 기준 등에 관한 규정인 후자와는 그 속성이 다르다. 그에 따라 전자를 '특별명령'이라 하여 이를 행정규칙의 범주에서 제외함으로써 행정규칙을 후자에 한정하여 파악하는 것이 현재 독일 행정법의 통설적 입장이다.

위의 양자 사이에는 그 속성이 다른 면이 있고, 그 법적 성질도 각각 다른 관점에서 고찰되고 있으며, 우리나라에서의 행정규칙에 관한 논의도 내용적으로는 후자와의 관련에서만 검토되고 있기에 여기에서도 양자를 구별하여 행정규칙을 주로 후자에 한정되는 협의의 의미로 파악하고자 한다. 따라서 행정규칙은 행정조직 내부에서 상급 행정기관이 하급행정기관에 대하여 그 조직이나 업무처리의 절차 · 기준 등에 관하여 발하는 일반적 · 추상적 규정이라고 정의할 수 있다.[24)]

행정규칙 중에서도 훈령 · 예규 · 통첩 등이 중요한 의미를 갖게 된 것은, 오늘날은 행정조직이

23) 헌재결 1998.7.16, 96헌마246.

24) 김동희, 전게서, 153면.

방대한 기구를 갖게 되었으며, 또한 행정의 내용이 전문화 · 기술화 되어 법률해석에 있어서 전문적 · 기술적 지식이 필요하게 되고, 법집행에 있어 정책적 재량판단의 여지가 확대되었기 때문이다. 그런데 법률해석이나 재량판단이 행정청마다 다르게 되면, 국민은 소관행정청이 다름에 따라 다른 취급을 당하게 됨으로써 행정의 평등에 반하게 되기 때문에 행정규칙이 필요하다.[25] 행정규칙은 법령보다 구체적인 행정사무의 처리기준을 정하기 때문에 공무원은 법령보다도 행정규칙에 따라 행정권을 행사하는 경우가 많다. 그리하여 오늘날의 행정을 법에 의한 행정이 아니라 '행정규칙에 의한 행정'이라고 부를 만큼 행정규칙은 그 역할이 크다.

행정규칙과 법규명령은 행정기관이 정립하는 일반적 · 추상적 규율인 점에서는 같으나, 양자는 권력적 기초 · 규율대상 · 효력 · 위반의 효과 등에서 구별된다. 즉 행정규칙은 법률의 수권을 요하지 않으나, 법규명령은 법률의 근거를 필요로 한다. 또한 행정규칙의 직접적인 수범자는 하급기관 또는 그 구성원이고, 법규명령의 직접적인 수범자는 국가기관과 국민이다. 한편, 행정규칙은 일면적 구속력을 가질 뿐이고, 법규명령은 양면적 구속력을 갖는다고 하겠다.

행정규칙은 수명기관이 이에 위반하여도 위법이 되지 아니하며, 행정규칙에 위배되는 처분에 대하여 그 위법을 이유로 하는 행정소송을 제기할 수 없는 점이 법규명령과 다르다. 다만, 공무원이 행정규칙을 위반한 경우에는 징계책임을 진다. 그러나 행정규칙의 위반이 평등원칙의 위반, 신뢰보호원칙의 위반 등의 결과를 가져올 때에는 간접적으로 위법이 될 수 있다.[26]

2. 행정규칙의 법적 성질

행정규칙의 법적 성질문제에 관하여 법규로 보지 않는 견해와 법규라고 보는 견해가 대립되고 있다.

1) 비법규성설

행정규칙은 그것이 비록 일반적 · 추상적 규정이라 하더라도 행정조직 내부 또는 특별행정법관계 내부에서 그 조직 · 작용에 대해 규율하기 위하여 제정되는 것이므로 그 내부에서만 효력을 가질 뿐이고, 국가와 국민 사이의 외부관계에서는 법적 효력이 없으며, 또한 이는 법원을 기속하거나 재판규범이 되지는 않는다고 보아 행정규칙의 법규성을 인정하지 않는 견해이다. 이 비법규성설이 지금까지의 통설 · 판례이다.

이러한 입장에 의하면, 행정규칙은 구체적으로 다음과 같은 법적 성질을 가지는 것으로 이해되고 있다.[27]

25) 박윤흔 · 정형근, 전게서, 220면.
26) 김남진 · 김연태, 전게서, 170면.
27) 김도창, 전게서, 328-330면; 김동희, 전게서, 167-168면.

(1) 행정규칙과 개별적 명령과의 동위성

행정내부관계에서의 행정규칙과 개별적 명령과는 본질적인 차이가 있는 것은 아니고, 양자는 동가치적 · 동위적인 처분의 성질을 가진 것으로서, 결국 일반성 · 추상성을 기준으로 하는 양자의 구별은 기술적 · 형식적인 것에 불과하다.

(2) 일면적 구속성

행정규칙과 개별명령은 위와 같은 동가치적 · 동위적 성질을 가지는 것이므로 행정규칙의 발령기관은 구체적인 경우에 이에 구속되지 아니하고 이와 다른 구체적 처분을 할 수 있다. 즉 행정규칙은 법규에 있어서와 같이 양면적 구속력을 가지는 것이 아니고, 수명기관 · 수명자 등 상대방만을 구속하는 일면적 구속력만을 갖는다.

(3) 행정규칙위반의 효과

행정규칙은 법규가 아니므로 수명기관 등이 이에 위반한 경우에도 위법이 되지 아니한다. 따라서 이에 위반한 수명기관의 행위의 효력에는 영향이 없으며, 위법을 이유로 하여 행정규칙 위반행위의 취소를 청구하는 행정소송을 제기할 수 없다. 다만, 행정규칙을 위반하는 행위를 한 공무원이 공무원법상의 징계책임을 지게 된 것은 별개의 문제이다. 그리고 특별행정법관계에서의 복종자인 사인이 행정규칙을 위반하였을 때에는 물론 징계권의 발동사유가 된다.

2) 법규성설

행정규칙에 대하여는 위에서 살펴본 바와 같이 전통적으로 그 법규성이 전적으로 부인되고 있었으나, 오늘날에는 일정한 행정규칙에 대하여는 적어도 준법규성이 인정된다고 보는 것이 일반적 경향인 것 같다.

이러한 견해에는 주로 권리보호의 견지에서 행정규칙의 법규성을 인정하려는 견해(행정규칙법규성설)와 특히 행정규칙 중에서 이른바 특별행정법관계상의 행정규칙을 '특별명령'이라 부르고 그 법규성을 인정하려는 견해(특별명령설)가 독일 학계에서 대두하게 되었다. 이와 같은 행정규칙법규성설은 단일한 국가규율권에도 입법상 규율권과 행정상 규율권이라는 이분적 규율권을 인정함으로써 행정부도 헌법에 의거하여 행정의 독자적 기능영역으로서의 규율권을 가진다고 한다.[28]

우리나라에서도 최근 이 견해를 찬성하는 학자들이 있고,[29] 판례도 이와 맥락을 같이 하는 내용으로 판시한 경우도 많다.[30]

---

28) F.Ossenbühl, *Verwaltungsvorschriften und Grundgesetz*, 1968, S.228ff.

29) 김남진 · 김연태, 전게서, 170면; 류지태, 전게서, 249면; 서원우, 「현대행정법론(상)」. 박영사, 1983, 350면.

30) 대판 1984.9.11, 82누166; 대판 1994.2.8, 93누111; 대판 1994.3.8, 92누1728; 대판 1994.4.26, 93누21668; 대판 1996.4.12, 95누7727; 대판 1998.9.25, 98누7503; 대판 1999.6.22, 98두17807; 대판 2001.12.24, 99두11141; 대판

3) 준법규설

준법규설이란 행정규칙 중 재량준칙이 설정한 통일적 재량행사기준은 행정에 대하여 법률유사적인 자기 구속적 의미를 가질 뿐이고, 국민이나 법원을 구속하는 법규가 아니다. 다만, 그것은 재판에 있어 헌법상의 평등원칙이나 신뢰보호원칙을 구체화하기 위한 연결점 · 준거점 · 매개항(媒介項)으로 해서 생기는 행정규칙의 실질적 · 외부적 효력을 인정하여 준법규로 보는 입장이다.[31] 이러한 견해는 법규에 의하여 직접적으로 발생하는 외부적 효력의 개념과 평등원칙 등을 연결점 혹은 매개로 해서 생기는 실질적 · 외부적 효력을 구분하여, 후자를 준법규적 효력으로 이해하는 입장이다.

4) 결 어

생각건대, 종래의 통설인 비법규성설은 입헌주의 · 권력분립주의 · 법치주의에 근거를 둔 이론적 정당성은 인정할 수 있으나, 현대행정에서 행정규칙이 담당하고 있는 기능의 중요성과 개인의 권익보호를 위한 통제문제를 소홀히 하고 있다는 비판을 피하기 어렵다고 본다.

한편, 행정규칙법규성설이나 특별명령설은 독일에서 이론적으로도 소수설이고 판례도 거의 이를 수용하지 않고 있는 것 같다. 그리고 이는 실제적으로도 행정기관들의 '통제 없는 행정규칙으로의 도피'를 초래하여 행정권이 남용됨으로써 국민의 권익이 침해받을 위험성이 적지 않다.

그리고 준법규설의 견해가 말하는 준법규의 개념이 행정규칙의 기능을 강조한 용어라면 납득할 수 있지만, 행정규칙의 성질이 법규로 전환된다는 것을 뜻하는 것이라면 동의할 수 없다. 즉 행정규칙은 재판규범이 되지 아니하기 때문에 사인은 행정규칙의 위반을 이유로 행정청의 위법한 처분이라고 다툴 수는 없고, 행정의 자기구속의 원칙 등을 위반하여 위법하다고 다툴 수 있을 뿐이다. 엄밀히 말한다면, 준법규설은 비법규설의 일종으로 보아야 할 것이다.

행정규칙의 성질에 관한 법규설 · 비법규설의 논의는 현대행정의 발달과 함께 정립되는 이질적 행정규칙의 실체를 제대로 파악하지 못하고 행정규칙의 성질 또는 효력의 문제를 포괄적으로 논한 과오가 없지 않다. 따라서 행정규칙의 법적 성격은 모든 행정규칙에 대하여 일률적으로 논할 것이 아니고, 행정규칙에는 다양한 유형이 있으므로 그 유형에 따라 법규성을 판단하여야 할 것이다. 이러한 입장에서 행정규칙은 원칙적으로 법규성이 없으나, 국민의 권리 · 의무와 관련된 내용을 가진 행정규칙은 법규적 효력을 갖는 것으로 보아야 할 것이다(유형설).[32]

2002.9.27, 2000두7933; 대판 2003.9.26, 20033두2274; 대판 2004.4.9, 2003두1592; 대판 2004.5.28, 2002두4716.

31) 김도창, 전게서, 333면.

32) 한견우, 「현대행정법강의」. 신영사, 2007, 379면; 홍정선, 전게서, 144-145면.

3. 행정규칙의 형식성의 문제

행정규칙은 행정입법의 실무에 있어 그 내용과 형식이 서로 일치하지 않는 모습으로 정립된 경우가 많다. 특히 법규명령의 형식에 의한 행정규칙과 행정규칙의 형식에 의한 법규명령의 경우 그 법적 성격을 어떻게 이해할 것인가의 문제가 제기되고 있다. 다음에서는 이를 나누어 검토하고자 한다.

1) 법규명령의 형식에 의한 행정규칙

행정규칙이 대통령령과 같은 법규명령의 형식에 의하는 경우에 법규로서의 성질을 갖게 되는가의 여부에 관하여는 견해가 대립된다.

(1) 법규명령설

이 견해는 행정규칙의 내용을 불문하고 법규명령의 형식으로 제정된 경우는 행정규칙의 성질을 상실하고 법규로 승화되어 국민이나 법원을 기속한다는 입장으로서 현재의 다수설이다.[33] 이를 적극설 또는 형식설이라고도 한다.

(2) 행정규칙설

이 견해는 행정규칙이 법규명령의 형식으로 규율된 경우라고 하더라도 행정규칙으로서의 성질은 변하지 않는다고 보아 그 성질과 내용이 일반 국민을 구속하는 것은 아니라고 보는 입장이다.[34] 이는 소극설 또는 실질설이라고 부르기도 한다.

(3) 수권여부기준설

법규명령형식의 행정규칙이 법령의 수권에 근거하여 대통령령 · 총리령 · 부령으로 제정된 경우는 법규명령으로 보고, 법령의 수권이 없이 제정된 경우에는 행정규칙으로 보는 입장이다.[35]

(4) 판 례

판례는 대통령령(시행령)으로 정한 행정처분의 기준은 법규명령으로 보고,[36] 법령의 위임을 받아 부령(시행규칙)으로 정한 행정처분의 기준을 행정규칙으로 판시하였다.[37]

---

33) 김남진 · 김연태, 전게서, 177면; 김도창, 전게서, 325면; 박균성, 전게서, 176면; 박윤흔 · 정형근, 전게서, 224면; 정하중, 「행정법개론」. 법문사, 2007, 158면.

34) 류지태, 전게서, 243면.

35) 홍정선, 전게서, 158면.

36) 대판 1997.12.26, 97누15418; 대판 2001.3.9, 99두5207.

37) 대판 1990.1.25, 89누3564; 대판 1993.6.29, 93누5635; 대판 1995.3.28, 94누6925; 대판 1995.10.17, 94누14148; 대판

(5) 결 어

대통령령의 경우와 부령의 경우를 구별하는 판례의 태도에 대하여, 법규명령형식의 행정규칙이 법률의 위임에 근거하여 제정된 경우 대통령령과 부령 모두 법률의 위임에 따라 제정된 점에서 동일함에도 불구하고 양자를 구별하여 판결함은 일관성이 결여되어 있는 등 타당하지 않다.

생각건대, 법규명령의 형식으로 된 행정규칙의 내용이 실질적으로 일반국민을 구속하는지의 여부에 따라 법규명령 또는 행정규칙으로 이해하는 것이 타당하다(유형설).[38]

2) 행정규칙의 형식에 의한 법규명령

고시 · 훈령 · 예규 등 행정규칙의 형식으로 정립되어 있지만 법규명령으로서의 효력을 인정할 수 있는가의 문제는 특히 법령보충적 행정규칙의 법적 성질과 관련하여 논의된다. 즉 법령이 행정기관에게 그 법령내용의 구체적인 사항을 정할 수 있는 권한을 부여하면서 그 권한행사의 절차나 방법을 특정하지 아니하고 있는 관계로 수임행정기관이 행정규칙의 형식으로 그 법령내용을 구체적으로 정하고 있기에 그 내용과 형식이 일치하지 않는 경우의 법적 성질이 어떠한 것인가를 중심으로 다음과 같이 견해가 대립되고 있다.

(1) 법규명령설

이러한 행정규칙은 법령의 구체적 · 개별적 위임에 근거하여 실질적으로 그 내용이 상위법령을 보충하는 기능을 가지며, 또한 대외적 구속력을 가지므로 법규명령으로 보아야 한다는 견해이다.[39]

(2) 행정규칙설

행정입법은 헌법상의 국회입법원칙에 대한 예외이므로 그러한 예외적인 입법형식은 헌법적 근거가 있어야 한다는 이유로 법규의 성질을 갖지 아니한 행정규칙으로 보는 견해이다.[40]

(3) 규범구체화행정규칙설

이러한 행정규칙은 대외적인 법적 구속력이 인정되지만 행정규칙의 형식을 취하고 있으므로 통상적인 행정규칙과는 달리 상위규범을 구체화하는 규범구체화 행정규칙으로 보는 견해이다.[41]

1996.4.12, 95누10396; 대판 1996.9.6, 96누914.

38) 한견우, 전게서, 381-382면.

39) 김동희, 전게서, 166면; 박윤흔 · 정형근, 전게서, 225-226면.

40) 김남진 · 김연태, 전게서, 182면; 김도창, 전게서, 325면; 석종현, 전게서, 185면.

41) 김남진, 「행정법 I」. 법문사, 2003, 168면.

(4) 위헌무효설

우리나라 헌법상의 법규명령의 유형은 한정적인 것이므로 행정규칙형식의 법규명령은 헌법적 근거가 없는 위임입법이므로 위헌 · 무효라는 견해이다.[42)]

(5) 판 례

판례는 국세청장의 훈령인 「재산제세사무처리규정」에 대하여, 그것이 비록 훈령의 형식으로 되어 있다고 하더라도 소득세법과 그 시행령과 결합하여 대외적 효력을 발생한다고 하여 법규성을 인정한 이래 행정규칙형식의 법규명령에 관해 동일한 해석을 하고 있다.[43)]

헌법재판소도 대법원과 동일한 입장을 취하고 있다.[44)]

(6) 결 어

법규명령사항을 행정규칙의 형식으로 정하는 경우 그 성질은 법령에 근거가 있는 경우와 없는 경우로 구분하여 검토하여야 한다(수권여부기준설). 즉 법령의 수권이 없는 경우에 침익적 성질의 법규명령사항이 행정규칙의 형식으로 제정되었다면 헌법 제37조 제2항에 비추어 법규명령일 수 없고 행정규칙의 성질을 가질 수 있을 뿐이다. 그러나 수익적 사항의 경우에는 법규성을 가질 수 있다. 그리고 법령의 위임에 의해 행정규칙의 형식으로 제정되었다면 침익적 사항이든 수익적 사항이든 당해 행정규칙은 법규명령이라고 본다.[45)]

4. 행정규칙의 유형

1) 내용에 의한 분류

(1) 조직규칙

조직규칙은 행정기관이 그 보조기관 또는 소속관서의 설치 · 조직 · 내부적 권한분배 · 사무처리절차 등을 정하기 위하여 발하는 행정규칙이다. 이러한 규칙으로는 관청내부의 사무분장규정 · 사무처리규정 등을 들 수 있다.

(2) 근무규칙

상급기관이 하급기관의 근무에 관한 사항을 계속적으로 규율하기 위하여 발하는 행정규칙이다.

---

42) 류지태, 전게서, 245면.

43) 대판 1987.9.29, 86누484; 대판 1988.3.22, 87누654; 대판 1994.4.26, 93누21668; 대판 1996.4.12. 7727; 대판 2003.9.26, 2003두2274; 대판 2008.3.27, 2006두3742 · 3759.

44) 헌재결 1992.6.26, 91헌마21; 헌재결 2000.7.20, 99헌마499; 헌재결2004.1.29, 2005헌바59; 헌재결 2004.10.28, 99헌바91; 헌재결 2006.12.28, 2005헌바91; 헌재결 2009.2.26, 2005헌바94 · 2006 헌바30(병합).

45) 홍정선, 전게서, 149면.

상급관청의 하급관청에 대한 훈령 · 통첩 등이 이에 해당한다.

(3) 영조물규칙

영조물의 관리청이 영조물의 조직 · 관리 · 사용 등을 규율하기 위하여 발하는 행정규칙이다. 이 규칙에는 국공립대학교학칙 · 국립도서관규칙 등이 있다.

(4) 규범해석규칙

법규의 적용, 특히 법령상의 불확정개념의 통일적 · 단일적인 적용을 위한 법규범의 해석에 관한 지침을 정하기 위하여 발하는 행정규칙을 말하며, 해석준칙이라고도 한다. 이러한 규칙은 하급행정기관에 의한 법률의 해석, 적용에 있어 중요한 준거규준이 되고 통일적인 법적용을 확보하는 기능을 수행한다.

(5) 재량준칙

재량준칙은 행정기관에 재량권이 인정되어 있는 경우 통일적이면서 동등한 재량행사를 위해 상급기관이 하급기관의 재량권행사의 일반적 방향과 기준을 제시하기 위하여 정립하는 행정규칙이다.

(6) 규범구체화 행정규칙

입법기관이 그 대상의 전문기술적인 사항 등을 이유로 법률에 그 세부적인 사항을 직접 규율하지 못하고 행정기관에게 당해 내용의 구체화 권한을 위임한 경우에, 행정기관이 당해 규범을 구체화하는 내용으로 정립하는 행정규칙을 말한다.

이 규칙의 인정논거로서는 주로 그 기능을 들 수 있다. 즉 그 대상의 규율을 위하여 전문성 · 기능성이 요구되는 사안에 있어서 행정부는 어느 기관보다도 다양한 영역에 걸쳐 전문인력과 전문지식을 보유하고 있기 때문에 입법기관도 이를 존중하여 행정기관에 의한 규율권한을 인정한 것이다.

이러한 행정규칙은 1985년 12월 19일의 독일 연방행정법원의 이른바 뷜(Whyl)판결에서, 원자력법의 영역에서 연방내무부장관의 지침인 "배출공기 또는 지표수를 통한 방사성물질유출에 있어서의 방사선 노출에 대한 일반적 산정기준"을 '규범구체화 행정규칙'으로 부르며, 이에 대하여는 법원도 구속하는 대외적 효력이 있어 재판규범성을 인정한 것에서 유래한다. 독일의 판례를 통하여 나타나는 경우를 보면 이 유형의 행정규칙은 기술적인 안전법이나 환경법의 영역에서 주로 인정되고 있다. 그러나 최근 독일에서는 유럽연합의 지침의 영향으로 종전에 규범구체화 행정규칙으로 이해하던 대상들이 법규명령으로 논의되고 있다고 한다.[46)]

---

46) 류지태, 전게서, 250면.

우리나라의 경우, 이러한 유형의 행정규칙의 인정여부에 관하여는 견해가 대립되고 있다. 긍정설은 국세청장의 훈령인 재산제세사무처리규정이 법규성을 갖는다고 한 판례[47]와 국무총리의 훈령인 개별토지가격합동조사지침이 법규성을 갖는다고 한 판례[48]를 규범구체화 행정규칙의 시각에서 이해하는 견해이다.[49] 부정설은 행정규칙에 대하여 법규성을 인정하여 대외적 효력을 인정하는 것은 법치주의에 반한다는 입장에서 규범구체화 행정규칙을 부인하는 것으로 다수설이다.[50]

2) 형식에 의한 분류

상급기관이 하급기관의 근무에 관한 사항을 계속적으로 규율하기 위하여 발하는 행정규칙을 근무규칙이라 한다. 그런데 사무관리규정과 사무관리규정시행세칙은 근무규칙을 훈령 · 지시 · 예규 · 일일명령 등의 형식으로 발하도록 정하고 있다. 이러한 행위형식이 전부 일반적 · 추상적 규율로서의 행정규칙에 해당하는 것은 아니다.

(1) 훈 령

훈령이란 상급기관이 하급기관에 대하여 상당히 장기간에 걸쳐 그 권한의 행사를 일반적으로 지휘 · 감독하기 위하여 발하는 명령이다. 훈령 중 일반적 · 추상적 성질을 갖는 것만이 행정규칙이다.

(2) 지 시

지시라 함은 상급기관이 직권 또는 하급기관의 문의나 신청에 대하여 개별적 · 구체적으로 발하는 명령이다. 지시는 일반적 · 추상적 규율을 행하는 것이 아니므로 행정규칙이 아니다.

(3) 예 규

예규(例規)란 법규문서 이외의 문서로서 행정사무의 통일을 기하기 위하여 반복적 행정사무의 처리기준을 제시하는 일종의 사무처리규정이다.

(4) 일일명령

일일명령이라 함은 당직 · 출장 · 휴가 · 시간외근무 등 일일업무에 관한 명령을 말한다. 그러나 그 내용이 일반적 · 추상적인 규율이 아닌 것은 행정규칙에는 해당하지 아니하며, 단순한 직무명령으로 보아야 할 것이다.

---

47) 대판 1987.9.29, 86누484; 대판 1989.11.14, 89누5676.

48) 대판 1994.2.8, 93누111.

49) 한견우, 전게서, 373면.

50) 김남진 · 김연태, 전게서, 173면; 김도창, 전게서, 332면; 류지태, 전게서, 251면; 석종현, 전게서, 190면.

5. 행정규칙의 근거와 한계

1) 행정규칙의 근거

행정규칙은 법령에서 인정한 직무권한의 범위 안에서 발령하는 것이므로 법령의 개별적 · 구체적 수권을 필요로 하지 않고, 상급기관이 갖는 포괄적인 감독권에 근거하여 행정권의 당연한 권능으로서 정립할 수 있다.

2) 행정규칙의 한계

행정규칙은 법령과 상급행정기관의 행정규칙에 위배되지 않아야 하고, 특정의 행정목적달성을 위하여 필요한 한도 안에서 제정할 수 있으며, 법령에서 규정하지 아니한 국민의 권리의무에 관한 사항을 새로이 정할 수 없다. 국민의 권리의무에 관한 사항을 새로이 정하기 위하여는 법령의 개별적 · 구체적 위임을 필요로 하며, 이러한 경우에는 행정규칙의 형식을 취하고 있다고 하더라도 법규명령으로 보아야 한다.

6. 행정규칙의 성립요건 · 효력발생요건

행정규칙은 그 적법요건으로서 다음의 요건을 필요로 하며, 이 요건을 구비하지 못한 경우에는 하자있는 행정규칙이 된다.

1) 행정규칙의 성립요건

(1) 주체에 관한 요건

행정규칙은 정당한 권한이 있는 기관이 행정규칙의 내용에 따를 의무가 있는 자에게 발하여야 한다.

(2) 내용에 관한 요건

행정규칙은 내용적으로 적법 · 타당하여야 하며, 법령 또는 상급감독기관의 행정규칙에 위배되어서는 아니 된다. 또한 그 내용이 실현불가능하거나 불확실한 것이면 안 된다.

(3) 절차에 관한 요건

행정규칙의 제정에 있어서 일반적으로 따라야 할 법정의 절차는 없다. 최근에 훈령의 기능에 대한 인식이 높아짐에 따라 훈령에 대한 일정한 절차가 요구되고 있다. 즉 대통령의 훈령 및 국무총리의 훈령의 제정은 법제에 관한 사무의 하나로서 법제처의 심사를 거치도록 하고(정부조직법 제20조 참조), 각 부 · 처 · 청의 장의 훈령에 대하여도 법제처의 사전 또는 사후의 통제를 받는다

(예규집발간 및 예규의 효율적 관리에 관한 특별지시 : 국무총리 훈령 제197호 등 참조).

(4) 형식에 관한 요건

행정규칙은 보통 훈령 · 고시 · 예규 · 통첩 · 지침 등의 형식으로 행하여진다. 행정규칙은 일반적으로 요식행위가 아니며, 구술에 의한 발령도 가능하다. 그러나 행정규칙이 일반적 · 추상적 규율로서의 기능을 발휘하기 위하여는 문서로써 그리고 조문형식으로 작성되는 것이 바람직하다고 할 것이며, 그것이 통례이다. 사무관리시행규칙은 훈령 등의 형식을 정하고 있다.

(5) 공 포

행정규칙은 공포라는 형식을 법적으로 요구하지는 않으나,[51] 훈령과 고시의 경우에는 대부분 관보에 의하여 대외적으로 공표하고 있다. 한편, 민원사무처리기준표의 고시에 관한 「민원사무처리에 관한 법률」의 규정(동법 제20조) 및 처분기준 공표에 관한 행정절차법의 규정(동법 제20조)은 행정규칙에도 적용된다고 보아야 할 것이다.

2) 행정규칙의 효력발생요건

행정규칙은 특별한 규정이 없으면 성립요건을 모두 갖춘 때부터 그 효력을 발생하며, 특별한 효력발생요건을 필요로 하지 않는다. 따라서 수명기관에 도달된 때부터 효력을 발생한다.

행정규칙 중에는 국민생활과 직접적으로 관련되는 것이 많으며, 이러한 행정규칙은 일반인이나 관계인에게 규율내용을 고지하는 어떠한 제도적 장치가 필요하다. 그러므로 그것이 비록 발효요건은 아니지만 대통령의 훈령과 국무총리의 훈령 등은 관보에 게재하도록 하고 있으며, 그 밖의 중앙행정기관의 훈령도 그 내용이 중요한 것은 관보에 게재하여 공표한다.

3) 하자있는 행정규칙

행정규칙이 위에서 적시한 바와 같은 적법요건을 완전히 갖추지 못한 때에는 하자있는 것이 된다. 이러한 하자있는 행정규칙은 효력을 발생하지 못하며, 무효로 된다.[52] 그런데 행정규칙에 흠이 있는 경우에는 행정행위의 경우와는 달리 취소가 인정되지 않는다.

4) 행정규칙의 소멸

행정규칙은 폐지, 종기의 도래, 해제조건의 성취 등에 의하여 효력을 상실한다.

---

51) 대판 1990.5.22, 90누639; 대판 1997.1.21, 95누12941.

52) 대판 1980.12.23, 79누382.

7. 행정규칙에 대한 통제

1) 국회에 의한 통제

국회는 행정규칙의 성립이나 발효 자체에 관하여 행정부에 대한 일정한 권한을 발동함으로써 통제하고 있다. 국회의 국정감사(헌법 제61조), 국무총리 등에 대한 질문(헌법 제62조), 국무총리 · 국무위원의 해임건의(헌법 제63조)나 탄핵소추(헌법 제65조) 등이 그 예이다.

국회법 제98조의2에 의하면 「중앙행정기관의 장은 법률에서 위임한 사항이나 법률을 집행하기 위하여 필요한 사항을 규정한 훈령 · 예규 · 고시 등 행정규칙이 제정 · 개정 또는 폐지된 때에는 10일 이내에 이를 국회 소관상임위원회에 제출하여야 한다」고 규정한 '국회에의 사후제출제'를 통하여 통제의 기능을 수행한다. 대통령령 등 법규명령의 경우와는 달리 국회의 의견통보제는 채택하지 아니하였는 바, 그것은 행정부의 자율성을 침해할 우려가 있기 때문이라 할 것이다.[53]

2) 행정적 통제

(1) 행정감독권에 의한 통제

행정규칙에 대하여는 상급행정기관의 하급행정기관에 대한 지휘 · 감독권의 행사에 의하여 통제할 수 있다.

(2) 행정절차에 의한 통제

행정절차에 의한 통제는 사전통지, 이해관계인의 청문, 의견진술이나 참고자료제출의 기회부여, 관계자와의 협의 등을 거치도록 하는 방법이 있다. 행정절차에 관한 일반법으로는 행정절차법이 있어 특별한 규정이 없으면, 이 법이 적용된다.

(3) 행정심판에 의한 통제

위법 · 부당한 처분에 대한 행정심판을 하는 데에 있어서 그 근거가 된 행정규칙의 위법 · 부당성을 심사함으로써 통제하게 된다. 그리고 행정심판법 제59조에서 불합리한 법령에 대한 중앙행정심판위원회의 시정조치요청권을 인정하고 있다.

3) 사법적 통제

(1) 법원에 의한 통제

우리나라에서는 추상적 규범통제는 인정하지 않고 있으므로 행정규칙자체에 대한 소송제기는

---

53) 박윤흔 · 정형근, 전게서, 243면.

할 수 없다. 따라서 위법인 행정규칙에 근거하여 행정행위가 행해진 경우에 그 행정행위에 대한 행정소송을 제기하면서 간접적으로 행정규칙의 위법성을 심사해야 할 것이다. 그러나 예외적으로 행정규칙 자체에 의해서 국민의 권익이 침해된 경우에는 처분성이 인정되므로 직접적인 소송제기도 가능한 것으로 본다.[54)]

일반적인 다수견해와 같이 행정규칙의 직접적인 외부적 구속력을 인정하지 않는 경우에는, 행정규칙 위반의 행정행위에 대해서 '행정규칙 위반을 이유로 하는' 위법성을 주장할 수 없다. 그러나 외부적 구속력을 인정하려는 입장에서는 행정규칙 위반을 이유로 하여 행정행위의 위법성을 주장할 수 있을 것이다.[55)]

(2) 헌법재판소에 의한 통제

행정규칙은 대외적 구속력이 인정되지 아니한 결과 이는 원칙적으로 헌법재판소에 의한 통제의 대상이 되지 아니한다. 그러나 행정규칙이 기본권을 침해하고 아울러 다른 방법으로는 이러한 침해를 다툴 수가 없어서 결과적으로 권리보호가 불가능하다면, 헌법소원의 방식으로 이를 다툴 수 있다(헌법 제111조 제1항, 헌법재판소법 제68조 제1항).[56)] 행정규칙이 외부적인 효력을 갖는 경우에는 헌법소원의 인정이 용이할 것이나, 외부적 효력을 갖지 않는 경우는 헌법소원을 인정하기가 비교적 어려울 것이다.[57)]

4) 국민에 의한 통제

현행법상 행정규칙에 대한 국민에 의한 통제의 수단으로써는 거의 간접적인 것으로서, 청원·자문·여론·압력단체의 활동 등을 거론할 수 있다. 그러나 이러한 통제방식은 그 효과가 간접적이라는 점에서 일정한 한계가 있음을 무시할 수 없다. 그렇지만 이와 같은 방법에 의한 통제의 기능이 전혀 가치가 없는 것은 아니고 상당한 기여를 기대할 수 있다고 본다.

54) 대판 2003.10.9, 2003무23.
55) 류지태, 전게서, 256면.
56) 헌재결 2000.6.29, 2000헌마325; 헌재결 2001.5.31, 99헌마413.
57) 홍정선, 전게서, 164면.

제3절 행정계획

Ⅰ. 행정계획의 의의

1. 개 념

행정계획이라 함은 행정주체가 일정한 행정활동을 위한 목표를 설정하고, 그 목표를 달성하기 위하여 서로 관련되는 행정수단을 조정 · 종합화의 과정을 거쳐 나타나는 산물로서, 장래의 일정한 시점에 있어서 특정한 질서를 형성하기 위하여 설정된 행정활동의 기준을 말한다. 따라서 행정계획에는 계획의 발령을 지향하는 활동으로서 그 설정과정의 의미를 갖는 기획(planug)과 일정한 과정의 산물이나 결과로서의 계획(planning)이 포함되고 있다.

그런데 행정계획의 개념은 실정법에서 규정한 용어가 아니라 학문상 이론적으로 정립된 것이므로 학자에 따라 약간의 표현의 차이가 있다.

2. 행정계획의 기능

행정계획의 필요성이 인식되기 시작한 것은 오늘날 행정의 중점이 장기성 · 종합성을 요하는 사회국가적 복리행정으로 이동하는 데 기인하고, 다양한 행정수요에 효율적으로 대응하기 위하여 행정계획이 필요하며, 행정의 전문화 · 기술화에 따라 자료의 조사 · 분석과 장래예측의 확실도가 향상됨으로써 행정계획의 책정을 가능하도록 하는 전제조건이 마련된 상태라는 것이다. 한마디로 말하면 행정이 장기적 비전을 가지고 계획성이 실현되도록 질서있게 수행되는 것을 보장하기 위하여 행정계획이 필요하다.

그리고 행정계획의 주요한 기능으로서는 ① 목표설정적 기능, ② 행정수단의 종합화기능, ③ 행정과 국민간의 매개적 기능 등을 들 수 있다.[58)]

58) 김도창, 전게서, 337-338면; 박윤흔 · 정형근, 전게서, 248면; 석종현, 전게서, 368면.

3. 행정계획과 법치주의의 약화문제

최근에는 행정계획의 중요성을 감안하여 일반적인 법적 구속력을 갖도록 하기 위하여, 계획의 목적 · 내용 · 책정절차 등에 관한 비교적 상세한 법률규정에 의하여 책정되는 추세이다.

그러나 행정계획의 구체적 내용에 관하여는 보통 행정기관에 전면적으로 위임하고 있다. 왜냐하면 행정계획의 다양성 · 전문성 · 탄력성, 그리고 계획내용을 법률에 상세히 규정하기 어렵다고 하는 입법기술상의 한계가 있기 때문이다. 그러므로 행정계획의 책정에는 필연적으로 행정기관의 광범위한 계획재량의 여지가 부여되지 않을 수 없는 것이다.

이와 같이 행정계획에 대한 입법적 통제가 약화될 뿐만 아니라, 일단 그것이 책정되면 설령 법적 구속력이 없는 것이라 하더라도 현실적으로는 장래 목표달성을 위한 선택된 가치로 평가됨으로써 법률 이상으로 행정을 지배하게 된다. 그러므로 계획의 단계적 실시에 소요되는 입법이나 예산을 추진하는 기준 내지 지침으로까지 역할을 하게 된다.

계획에 의거하였다는 사실만으로 행정의 집행이 정당화될 수 있는 풍토가 조성될 수 있다. 이러한 '법률에 의한 행정'이 아닌 '계획에 의한 행정'의 등장은 자칫하면 법치주의를 약화시키고, 민주행정주의 대신에 기술관료주의로 변질될 우려를 갖게 된다.

그러하기에 이와 같은 행정계획의 발전으로 인하여 파생될 수 있는 법치주의의 형해화(形骸化) · 공동화(空洞化)의 위험성을 방지하기 위하여 어떠한 조치가 필요한가라는 문제가 차후의 과제로 주어지겠지만, 최소한도 행정계획에 대하여 충분한 민주적 통제가 가능하도록 하는 계획정책상의 절차적 보장이 강구되어야 할 것이다.[59)]

Ⅱ. 행정계획의 법적 성질

행정계획의 법적 성질에 관하여는 우리나라에서 주로 구속적 행정계획을 중심으로 행정계획이 행정소송의 대상이 될 수 있는가와 관련하여 다음과 같이 견해가 대립되고 있다.

1. 입법행위설

이 견해는 행정계획이란 국민의 권리와 자유에 관련되는 일반적 · 추상적인 규범의 정립작용으로서 일반적 구속력을 가지는 법규명령으로 이해한다. 따라서 행정계획은 항고소송의 대상이 되지 않는다고 한다.[60)]

---

59) 김도창, 상게서, 339-340면.

60) 서울고법판 1980.1.29, 79구416.

2. 행정행위설

이 견해는 행정계획 중에는 법관계의 구체적 변동이라는 고유한 효과를 가지는 행정행위로서의 성질을 가지는 것이 있고, 이 경우에는 항고소송의 대상이 된다고 하는 입장이다.[61]

3. 복수성질설

이 견해는 행정계획 중에는 법규명령적인 것도 있고, 행정행위적인 것도 있을 수 있다고 한다. 따라서 계획의 법적 성질을 계획마다 개별적으로 검토하여 항고소송의 대상 여부를 판단한다.[62] 이를 개별검토설이라고도 한다.

4. 독자성설

이 견해는 행정계획은 입법행위도 아니고 행정행위도 아닌 독자적인 특수한 성질의 이물(異物, Aliud)로서, 그것이 구속력을 갖는다는 점에서 행정행위에 준하여 항고소송의 대상이 된다고 본다.[63]

5. 결 어

행정계획은 그 종류와 내용이 매우 다양하고 상이하므로 모든 종류의 계획에 적합한 하나의 법적 성격으로 단정한다는 것은 불가능하다. 구속적 행정계획도 계획마다 특수성이 있다고 할 수 있기 때문에 그 모두를 하나로 보아 그 법적 성질을 따지는 것은 무리가 있다고 하겠다. 따라서 각 계획별로 그 근거법률 등과 관련하여 그의 성질을 개별적으로 검토 · 판단하여 결정하여야 할 것이다. 이 복수성질설(개별검토설)이 다수설이며, 타당하다고 본다.

Ⅲ. 행정계획의 종류

행정계획은 여러 가지 기준에 다라 다음과 같이 분류할 수 있다.

---

61) 류지태, 전게서, 289면; 대판 1982.3.9, 80누105; 대판 1986.8.19, 86누256; 대판 1997.9.26, 96누10096.

62) 김남진 · 김연태, 전게서, 352-354면; 김도창, 전게서, 339면; 김동희, 전게서, 188-189면; 박윤흔 · 정형근, 전게서, 251면; 석종현, 전게서, 373면; 홍정선, 전게서, 167면.

63) 박균성, 전게서, 192면; 한견우, 전게서, 390면.

1. 종합계획과 부문별계획

종합계획과 부문별 계획은 계획대상의 종합성 · 개별성에 따른 구별이다.

종합계획 또는 전체계획은 종합적 · 전반적인 사업이나 사무에 관한 계획을 말하며, 국토종합계획 · 장기경제계획 · 장기사회계획 등과 같은 일종의 전략적 계획이 여기에 해당된다. 부문별 계획은 특정지역 또는 특정사업에 관한 계획을 말하고, 도시계획 · 교육계획 · 공해방지계획 등과 같은 전술적 계획이 이에 속한다.

2. 장기계획 · 중기계획 · 연도별계획

이는 계획의 기간에 따른 구분이다.

(구)정부의 기획 및 심사분석에 관한 규정(대통령령)은 장기계획은 6년 이상의 기간, 중기계획은 2년 이상 5년 이하의 기간에 걸치는 계획을 말한다고 정의한 바 있다. 연도별 계획은 당해 연도 1년을 계획기간으로 하는 계획을 말한다.

3. 지역계획과 비지역계획

지역계획과 비지역계획은 계획의 규율대상이 지역적 · 공간적 의미를 가지는지의 여부에 따라 구별한 것이다.

국토종합계획 · 도시관리계획 등은 지역계획에 해당하며, 경제계획 · 교육계획 · 사회계획 등은 비지역계획의 예이다.

4. 상위계획과 하위계획

상위계획과 하위계획은 다른 계획의 기준이 되는지의 여부에 따른 구분이다.

국토종합계획은 다른 법령에 의한 국토에 관한 계획에 우선하고 그 기본이 되는 상위계획이며, 도시기본계획은 광역도시계획의 하위계획이고 도시관리계획은 도시기본계획의 하위계획이다.

5. 구속적 계획과 비구속적 계획

구속적 계획과 비구속적 계획은 계획의 법적 구속력의 유무에 따른 구별이다. 이 구별이 법적으로 가장 중요하다.

대부분의 행정계획은 행정기관의 구상 또는 행정의 지침에 그치고 대내적으로 행정기관에 대하여 또는 대외적으로 국민에 대하여 법적 구속력을 갖지 않으며, 이러한 계획을 비구속적 행정계획이라고 한다. 이에 반하여 법규 또는 행정행위의 성격을 갖고 법적 구속력을 발휘하는 것도 있는데, 이러한 계획을 구속적 행정계획이라 한다. 이 구속적 행정계획은 ① 대내적으로 행정기관에 대하여 구속적인 계획이 있고, ② 대외적으로 국민에 대하여 구속적인 계획도 있다. 그런데 그 중에서 국민에 대하여 구속력이 있는 행정계획을 협의의 구속적 행정계획이라 한다.

Ⅳ. 행정계획의 절차

1. 법적 근거

행정기관은 그 조직법에 의한 권한의 범위 안에서만 행정활동을 할 수 있으므로 구속적 행정계획은 물론이고, 비구속적 행정계획도 그것을 수립하기 위하여는 조직법적 근거를 요한다고 본다.

그러나 작용법적 근거에 있어서는 구속적 행정계획의 경우는 법적 구속력을 가지므로 당연히 작용법적 근거를 요한다고 할 것이나, 비구속적 행정계획의 경우는 단순히 행정의 지침적 기능을 가지는 데 불과하므로 작용법적 근거 없이도 수립할 수 있다고 할 것이다. 다만, 비구속적 행정계획의 경우도 그것이 공동체와 국민의 이익에 중대한 영향을 미치는 때에는 작용법적 근거를 요한다고 할 것이다.[64]

2. 행정계획의 책정절차

우리나라에서는 행정계획의 책정절차에 관한 일반법은 없고, 개별법에 단편적으로 규정되어 있을 뿐이다. 그런데 「국토의 계획 및 이용에 관한 법률」 등에서 행정계획절차에 관한 사항을 규정하는 개별조항을 많이 찾아볼 수 있다.

일반적으로 행정계획은 다음의 단계를 거쳐 책정된다.

1) 합의제기관의 심의

행정계획을 수립하는 데 있어서는 행정계획의 전문성 · 신중성을 담보하기 위하여 각종 합의제기관의 심의를 거치도록 하는 경우가 많다. 국무회의의 심의, 국토정책위원회의 심의, 국가균형발전위원회의 심의, 중앙도시계획위원회의 심의 등이 그 예이다.

2) 관계행정기관간의 조정

행정계획은 전체적 통일성을 확보하기 위하여 그 계획수립과정에서 관계행정기관의 협의 · 조

64) 박윤흔 · 정형근, 전게서, 251-252면.

정을 거치도록 하는 경우가 적지 않다. 국토해양부장관이 국토종합계획을 수립하는 데 있어 관계 행정기관의 장과 협의하여야 하는 경우 등이 그 예에 해당된다.

3) 이해관계인의 참여

구속적 행정계획은 관계인의 권리 · 의무에 지대한 영향을 미치므로 그 책정에 있어서는 이해관계인에게 참여의 기회를 제공하여야 한다. 이해관계인의 참여방법으로는 공람의 기회부여, 이해관계인의 의견서 제출, 주민의 의견청취, 공청회의 개최 등을 들 수 있다.

4) 행정예고

행정절차법 제46조의 행정예고제에 관한 규정은 행정계획에도 적용된다. 그리고 예고된 계획안에 대하여 누구든지 그 의견을 제출할 수 있고, 행정청은 의견이 제출된 경우 특별한 사유가 없는 한 이를 존중하여 처리하되, 의견을 제출한 자에게 그 처리결과를 통지하여야 한다.

5) 지방자치단체의 참여

행정계획의 수립이 일정한 지방자치단체와 밀접한 관련이 있는 경우에는 당해 지방자치단체와의 협의 또는 그 의견청취절차가 규정되어 있는 것이 보통이다.

6) 행정계획의 공고

행정계획은 불특정다수인에게 영향을 미치는 경우가 많으므로 이를 주지시켜 국민의 협력을 구하고 예측가능성을 보장하기 위하여 공고하는 것이 보통이다.

법령의 형식을 취하여 행정계획이 발해지는 경우에는, 원칙적으로 공포한 날부터 20일을 경과함으로써 효력을 발생한다. 기타의 형식을 취하여 고시되는 행정계획은 법에 특별한 규정이 없는 한 고시와 동시에 효력을 발생한다고 할 수 있다.

Ⅴ. 행정계획의 효력

행정계획의 효력은 일률적으로 말할 수 없고, 개별적인 행정계획의 내용에 따라 구체적으로 판단하여야 할 것이다. 따라서 비구속적 행정계획의 경우는 법적 구속력이 없으나, 구속적 행정계획은 수범자를 법적으로 구속한다.

행정계획이 관계행정기관에 대하여 법적 효과를 발생하는 경우는 구속적 행정계획의 경우는 말할 것도 없고, 지시적 계획에 있어서는 실질적으로는 구속력이 인정되는 경우가 많다. 그리고 국민에 대한 법적 효과는 행정계획 자체에서 발생하는 것이 아니라 행정계획에 대하여 법률이 일정한 법적 효과를 부여하였기 때문에 생기는 경우가 보통이다. 또한 여러 가지 종류의 행정계획이 있는 경우에 이러한 행정계획 사이에서 서로 구속력을 가지는 경우가 있는데, 상위계획은 하위계획을 구속하는 경우가 그러한 예에 해당된다.65)

특히 '행정행위의 성질을 가지는 계획'이 확정되는 경우, 그 행정계획에 집중효(集中效: 다른 법령에 의하여 받게 되어 있는 허가 등을 받은 것으로 간주하는 효력), 배제효(주민 등 이해당사자 등에 대한 불가쟁력), 구속효(행정청에 대한 불가변력) 등의 법적 효과를 인정할 것인가는 문제이다. 현재 우리나라의 실정법(수도권신공항건설보호법 제8조 등)에는 집중효만을 인정하고 있는데, 앞으로는 다른 효력을 인정하는 것도 고려할 필요가 있다고 생각한다.66)

Ⅵ. 행정계획에 대한 통제

1. 국회에 의한 통제

1) 직접적 통제

예산계획을 제외한다면, 국회가 행정계획의 성립 · 발효에 대하여 직접 통제할 수 있는 명시적 규정을 찾을 수 없다.

2) 간접적 통제

국회는 국정감사권의 발동에 의하여 행정계획에 통제를 할 수 있으나, 이 수단은 그 효과가 간접적이고 사후적이라는 점에 한계가 있다. 이러한 간접적 통제의 실효성을 높이도록 하기 위하여 중요한 행정계획이 확정될 경우에는 이를 국회에 제출하게 하는 제도를 채택할 필요성이 있다.

2. 행정적 통제

1) 행정절차에 의한 통제

행정절차법 제46조는 행정예고제를 규정하고 있다. 이 규정에 의하면 일정한 행정계획의 수립 · 시행에 관하여 이해관계인은 그 예고된 계획에 대하여 의견을 제출할 수 있으며, 행정청은

65) 한견우, 전게서, 395면.
66) 김남진 · 김연태, 전게서, 356-357면.

제출된 의견을 존중하여 처리하여야 하므로 그 범위 안에서 절차적 참여가 보장되고 있다. 행정절차는 사전적 구제수단이기도 하다.

각 개별 계획법의 규정에 의해서도 공청회의 개최를 통한 의견수렴이나, 계획안의 공람 후 의견제출의 기회를 주는 등의 방법으로 이해관계인의 절차적 참여를 인정하는 경우가 있다.

2) 상급행정청의 감독권에 의한 통제

상급행정청은 하급행정청에 대하여 지휘 · 감독권을 가지고 있다. 따라서 상급행정청이 행정계획의 내용 · 기준 등을 하급행정청에 지시하거나, 기존의 행정계획을 취소 · 변경할 것을 명할 수도 있다.

그리고 행정계획에 대한 행정내부적 통제방식의 하나로 공무원 · 행정기관에 의한 통제가 있다.

3) 행정심판에 의한 통제

처분성을 갖는 행정계획은 행정심판에 의하여 통제를 받을 수 있다. 중앙행정심판위원회는 심판청구를 심리 · 재결할 때에 처분 또는 부작위의 근거가 되는 명령 등이 법령에 근거가 없거나 상위법령에 위배되거나 국민에게 과도한 부담을 주는 등 크게 불합리하면 관계 행정기관에 대하여 그 명령 등의 개정 · 폐지 등 적절한 시정조치를 요청할 수 있고, 그 요청을 받은 관계행정기관은 정당한 사유가 없으면 이에 따라야 하는데(행정심판법 제59조), 그 명령 등이 행정계획을 내용으로 하는 경우도 마찬가지이다.[67]

3. 사법적 통제

행정계획의 결정 · 변경 · 폐지로 인하여 국민의 권리 · 이익이 침해되는 것을 사법적으로 통제하고, 이러한 경우에 어떠한 구제방법이 있는가의 문제를 검토할 필요가 있다.

1) 행정상 손해배상

위법한 행정계획의 수립 · 변경 또는 폐지로 인하여 손해를 입은 자는 헌법 제29조 제1항과 국가배상법 제2조 제1항에 의하여 손해배상을 청구할 수 있다. 그러나 국가배상책임의 요건을 충족시키는 경우가 많지는 않을 것이다.

2) 행정상 손실보상

행정계획에 의한 손실은 주로 '계획제한'에 의한 재산권행사의 제한에 따른 것으로서, 그러한

67) 홍정선, 전게서, 174면.

제한이 보상을 요하는 '특별한 희생'인가, 아니면 보상을 요하지 않는 재산권의 사회적 제약인가의 여부가 문제된다. 양자의 구별기준에 관한 학설을 중심으로 판단할 수밖에 없지만, 적법한 계획에 의한 손실이라도 특정인의 부담으로 방치하는 것이 정의 · 공평의 원칙에 반하거나 재산권에 대한 침해행위가 당해 재산권에 대하여 종래부터 인정되어 온 목적에 위배되는 때에는 '특별한 희생'으로 보아 손실보상을 긍정하는 것이 타당하다.[68]

3) 사법적 심사

행정계획에 대한 행정소송에 의한 권리구제의 가능성은 행정계획의 법적 성질의 문제와 관련된다. 따라서 단순히 행정조직 내부에서만 효력을 갖는 행정계획의 경우는 행정소송의 대상인 처분에 해당하지 않기 때문에 사법적 심사의 대상이 되지 않는다. 그러나 구속적 행정계획으로서 국민의 종전의 권리상태에 직접적인 변동을 가져오는 행정계획은 처분성이 인정되어 행정소송의 대상이 된다. 이를테면 모든 행정계획이 사법심사의 대상이 될 수는 없지만, 처분성을 갖는 행정계획은 개인의 법률상 이익을 침해하는 경우에는 사법심사의 대상이 될 수 있다.[69]

판례는 도시계획결정 등에 대하여 행정소송의 대상이 된다고 판시하였다.[70]

4) 헌법소원

행정계획으로 인하여 직접적으로 기본권의 침해가 있는 경우는 헌법소원을 제기할 수 있다. 따라서 구속적 행정계획은 헌법소원이 가능하지만, 헌법재판소는 비구속적 행정계획안도 헌법소원의 대상이 될 수 있다고 하였다.[71] 그런데 이 사건에서는 건설교통부장관의 개발제한구역제도 개선방안은 청구인의 기본권에 직접적 영향이 없기 때문에 헌법소원의 대상이 되지 않는다고 판시하였다.[72]

4. 국민에 의한 통제

1) 계획과정에의 국민참여

현행법상으로는 「국토의 계획 및 이용에 관한 법률」 제14조의 규정에 의한 공청회의 개최, 행정절차법 제46조에 의한 행정예고제 등을 이용한 국민의 간접적인 참여제도는 있지만 직접 계획의 수립에 참여하는 제도는 찾아볼 수 없다.

---

68) 석종현, 전게서, 378면.

69) 홍정선, 전게서, 175면.

70) 대판 1978.12.26, 78누281; 대판 1982.3.9, 80누105; 헌재결 1991.7.22, 89헌마174; 대결 2009.11.2, 2009마596.

71) 헌재결 2000.6.1, 99헌마538.

72) 한견우, 전게서, 398면.

그러나 개별법령에서 이해관계인의 참여를 규정하는 경우가 있는데, 이러한 경우에 그러한 절차를 위반한 행정행위는 위법이 된다.[73]

2) 계획보장청구권

(1) 개 념

계획보장청구권의 개념은 협의의 의미와 광의의 의미의 두 가지 뜻으로 파악하고 있다.

협의로는 책정되어 시행 중인 구체적 계획을 폐지하거나 변경한 경우 개인이 계획주체에 대해 그 손실의 보상을 청구할 수 있는 권리를 의미하는 것으로 본다.[74] 그러나 광의로는 행정계획의 폐지나 변경 등의 경우에 당사자가 주장할 수 있는 다양한 청구권과 이에 상응하는 여러 종류의 보장수단을 포괄하는 개념으로 사용되고 있다. 이에 따르면 계획보장청구권은 계획존속청구권, 계획이행청구권, 계획변경청구권, 경과조치청구권, 손해전보청구권 등이 포함된다.[75] 우리나라에서는 계획보장청구권의 개념을 광의의 의미로 이해하는 입장이 다수설이다.[76]

이러한 계획보장청구권을 인정한 현행 법률은 없다. 판례는 원칙적으로 계획보장청구권을 부정하고 있으며,[77] 예외적으로 긍정하는 경우가 있다.[78]

(2) 계획존속청구권

계획존속청구권이란 행정계획의 변경 또는 폐지가 있는 경우에 이에 대하여 행정계획의 유지와 계속적인 존속을 청구하는 권리를 말한다.

이러한 계획존속청구권을 인정할 경우에는 국민의 신뢰보호의 이해관계만을 강조하고 계획변경에 의한 공익은 전혀 고려하지 아니하는 결과가 되므로 이는 인정될 수 없다고 본다. 그러나 행정계획이 법률 또는 행정행위의 형식으로 발하여진 때에는, 예외적으로 이러한 청구권이 인정될 수도 있을 것이다.

(3) 계획이행청구권

계획이행청구권이란 행정계획의 준수와 집행에 관련되는 청구권으로서 행정청의 계획위반적 행위에 대하여 주장할 수 있는 권리를 말하며, 이에는 계획준수청구권과 계획집행청구권으로 구

---

73) 대판 2000.3.23, 98두2768.

74) 홍정선, 전게서, 180면.

75) 류지태, 전게서, 296면.

76) 김남진 · 김연태, 전게서, 361-362면; 김동희, 전게서, 193-195면; 박윤흔 · 정형근, 전게서, 258면; 석종현, 전게서, 380면; 한견우, 전게서, 398면.

77) 대판 1984.10.23, 84누227; 대판 1989.10.24, 89누725; 대판 1993.5.25, 92누2394; 대판 1994.1.28, 93누2090; 대판 1994.12.9, 94누8433; 대판 1995.4.28, 95누627.

78) 대판 2003.9.23, 2001두10936.

분하여 검토할 수 있다.

구속적 행정계획의 경우에 행정청은 계획을 준수할 의무가 있으며, 행정청은 구속적 행정계획에 반하는 처분이나 기타 다른 처분을 할 수 없다. 반면에 행정청은 행정계획의 신속한 집행의무를 반드시 진다고 할 수 없기 때문에 일반적으로 행정계획에 대한 집행청구권은 인정되지 않는다. 그러나 행정계획의 집행의무를 행정청이 지고 있는 경우에는 계획집행청구권은 인정할 수도 있을 것이다.

특히 여기에서 문제되는 것은 행정계획의 미집행으로 인한 권익침해와 그 구제이다.[79]

(4) 계획변경청구권

계획변경청구권이란 행정계획의 확정 후에 관련된 여러 가지 사정변경 등의 이유로 관계 주민이 계획의 변경을 청구하는 권리를 말한다.

종래 판례의 일관된 입장은 이러한 계획변경청구권은 인정되지 않는다는 것이었다.[80] 그러나 최근의 판례는 제한적이기는 하지만 이해관계인의 계획변경청구권을 인정하고 있다.[81]

(5) 경과조치청구권

경과조치청구권이란 행정계획이 변경되거나 폐지되는 경우에, 이로 인하여 당해 계획에 상응한 처분행위를 한 자가 입게 되는 재산상의 손실을 보전(補塡)할 경과규정이나 일정한 적응조치를 요구하는 권리를 말한다. 이를 적합원조청구권이라고도 한다. 이러한 경과조치와 적응조치는 계획의 변경에 의한 공익실현과 관계인의 이익보호를 동시에 고려할 수 있는 장점이 있다고 볼 수 있다. 그러나 이와 같은 조치에 대한 일반적 청구권은 인정되지 않는다고 본다.

(6) 손해전보청구권

손해전보청구권은 행정계획의 변경이나 위반행위가 있는 경우에 행정상 손실보상이나 손해배상을 주장하는 권리이다.

위에서 살펴본 바와 같이 계획존속청구권, 계획이행청구권, 계획변경청구권, 경과조치청구권 등이 일반적으로 인정되고 있지 않기 때문에 현실적으로 계획보장청구권은 이 문제를 중심으로 하여 논의되고 있다고 볼 수 있다.

그러나 행정계획으로 인한 손해 또는 손실의 전보에 관한 별도의 특별한 규정은 존재하지 않는다. 따라서 이에 관하여는 개별법의 규정과 행정상 손해배상 또는 손실보상에 관한 통상적인 규정과 원리에 따라 결정하여야 할 것이다.

---

79) 박균성, 전게서, 204면.

80) 대판 1989.10.24, 89누725; 대판 1995.4.28, 95누627.

81) 대판 2003.9.23, 2001두10936; 대판 2004.4.28, 2003두1806.

제4절 행정행위

Ⅰ. 행정행위의 의의

1. 개 념

1) 개념정립의 실익

행정행위라는 개념은 실정법상의 용어가 아니라 학문상 논의되는 개념이며, 실정법에서는 행정처분 또는 처분이라고 규정하여 사용되고 있다.

우리나라의 경우, 행정행위의 개념에 관한 논의의 실익은 행정쟁송의 대상이 되는 행정작용이 무엇인가를 파악하는 데 있다. 현행 행정심판법 또는 행정소송법상 행정작용 중 처분, 처분 등 일정한 행위에 대해서만 행정쟁송을 제기할 수 있는데, 학문상의 행정행위와 쟁송법상의 처분개념의 구별에 관하여 일원설(一元說)[82] 또는 이원설(二元說)[83] 중 어느 학설을 따른다 할지라도 학문적 의미의 행정행위가 행정심판이나 행정소송의 대상이 된다. 따라서 행정행위의 개념을 정립해야 할 실익이 있는 것이다.

2) 개념에 관한 학설

행정행위의 개념은 학문적으로 정립된 것이므로 그 정의(定義)에 관하여는 다음과 같이 견해가 대립되어 왔다.

(1) 최광의설

이 견해는 '행정청이 행하는 모든 행위'를 행정행위로 보는 입장이다. 이러한 행정행위의 개념

82) 일원설은 학문적 의미의 행정행위와 쟁송법상의 처분을 같은 것으로 보면서, 실체법상 행정행위를 정의해 놓고 그 정의에 해당하는 행정청의 행위만을 행정쟁송의 대상이 되는 처분으로 보는 견해로서, 실체법상 처분개념설이라고도 한다.

83) 이원설은 학문적 의미의 행정행위개념과 행정쟁송법상의 처분개념은 다른 것으로서, 실체법상의 행정행위뿐만 아니라 그 밖에 일정한 다른 행정작용을 행정쟁송의 대상이 되는 처분으로 보는 견해이다. 이를 쟁송법상 처분개념설이라고도 한다.

은 통치행위 · 공법행위 · 사법행위 · 입법행위 · 사실행위를 전부 포함하여 행정청의 행위 모두를 망라하여 행정작용과 같이 보는 가장 넓은 개념이다.

(2) 광의설

이 견해는 '행정청에 의한 공법행위'를 행정행위로 이해하는 입장이다. 이러한 의미에서는 최광의의 행정행위의 범위에서 사법행위 · 사실행위 등이 제외되지만, 통치행위 및 공법상 계약과 같은 비권력적 행위, 행정상 입법행위, 행정상 사법행위(司法行爲) 등도 포함하여 넓게 파악하는 개념이다.

(3) 협의설

이 견해는 '행정청이 법 아래에서 구체적 사실에 관한 법집행으로서 행하는 공법행위'를 행정행위라고 협의로 이해하는 입장이다. 이러한 의미에서는 광의의 실체법상 행정행위 중에서 통치행위 · 행정상 입법행위 · 행정상 사법행위(司法行爲)가 제외되고, 행정행위에는 권력행위와 공법상 계약 · 공법상합동행위와 같은 비권력적 행위도 포함된다.

(4) 최협의설

행정행위를 최협의로 이해하는 견해로서, 행정행위는 '행정청이 법아래에서 구체적 사실에 관한 법집행으로서 행하는 권력적 단독행위인 공법행위'를 말한다. 이와 같은 행정행위의 의미는 협의의 행정행위의 개념에서 공법상계약 · 공법상합동행위를 제외시키고, 행정행위는 공권력 발동으로서의 단독행위만을 뜻한다. 이러한 의미의 행정행위를 행정처분이라고도 한다.[84] 이 견해가 현재 우리나라의 통설이다.

3) 결 어

최광의의 행정행위는 행정작용과 동의어이므로 개념정립의 실익이 없게 되고 이러한 행정행위에는 이질적 성격의 모든 행정작용이 포함되는 결과 어떠한 공통된 법률적 성질을 가지고 동일한 법원리의 지배를 받는 것이라고 할 수 없기 때문에 그 적절성을 인정할 수 없다. 그리고 광의의 행정행위의 개념도 그에 포함되는 여러 가지 행위들도 동질적인 것이라고는 볼 수 없으므로 그 타당성을 인정하기 어렵다. 또한 협의설은 권력적 단독행위인 행정처분과 공법상계약 · 공법상 합동행위 등 비권력적 행위는 그 법적 성질이 다르기 때문에 실정법에서 달리 취급하고 있는 데도 불구하고 이러한 행위들을 같은 범주에 포함시키는 것이 온당하지 못하다. 따라서 통설인 최협의

---

84) 김남진 · 김연태, 전게서, 190면; 김도창, 전게서, 353면; 김동희, 전게서, 237면; 박균성, 전게서, 207면; 박윤흔 · 정형근, 전게서, 268면; 석종현, 전게서, 200면; 한견우, 전게서, 158면; 홍정선, 전게서, 190면.

설이 타당하다고 본다.

대법원은 1985년 행정소송법의 시행 전까지 (구)행정소송법상의 '처분'의 관념을 원칙적으로 위의 최협의의 행정행위와 같은 의미로 해석하고 있었다. 그러나 현행 행정심판법 및 행정소송법에는 '처분'의 관념을 넓게 정의하고 있어서, 이를 종전과 같이 행정행위와 동의어로 해석할 수는 없다고 본다.[85)]

2. 행정행위의 특질

행정행위는 행정청의 공권력의 발동으로서의 권력적 단독행위인 까닭에 사법상의 법률행위와는 구별되는 여러 가지 특질을 가지고 있다. 즉 ① 행정행위의 법적합성, ② 행정행위의 공정력, ③ 행정행위의 확정력(불가쟁력, 불가변력), ④ 행정행위의 강제력(자력집행력, 제재력), ⑤ 행정행위의 내용인 권리 · 의무의 상대성, ⑥ 행정행위에 대한 권리구제수단의 특수성 등을 들 수 있다.

이러한 행정행위의 특수성에 관하여는, 앞에서 이미 설명한 바 있으므로 여기에서 다시 되풀이하지는 않겠다.

Ⅱ. 행정행위의 종류

행정행위는 그 주체, 구성요소, 내용, 성질, 법규의 구속, 형식 등의 여러 가지 기준에 따라 다음과 같이 다양하게 분류할 수 있다.

1. 국가의 행정행위와 지방자치단체 등의 행정행위

행정행위는 그 주체를 기준으로 하여 분류하면, ① 국가의 행정행위, ② 공공단체(지방자치단체 · 공공조합 등)의 행정행위, ③ 공권력을 수여받은 사인(공무수탁사인)의 행정행위 등으로 나눌 수 있다.

2. 법률행위적 행정행위와 준법률행위적 행정행위

행정행위는 사실행위와는 달리 정신작용을 구성요소로 하는 법적 행위에 속하고 법률효과를 발생하는 점에서 같지만, 그 요소인 정신작용의 내용과 법률효과의 발생원인에 차이가 있다. 즉 행정행위는 의사표시를 구성요소로 하는가, 의사표시 이외의 정신작용(인식 · 판단 · 관념 등)의

85) 김동희, 상게서, 237면.

표현을 요소로 하는가에 따라 법률행위적 행정행위와 준법률행위적 행정행위로 분류된다.

법률행위적 행정행위는 행정청의 의사표시를 구성요소로 하고 그 표시된 효과의사의 내용에 따라서 법적효과를 발생하는 행위를 말한다. 그리고 준법률행위적 행정행위는 행정청의 효과의사 이외의 단순한 정신작용의 표시를 구성요소로 하고 그 법적 효과는 행위자의 의사와는 무관하게 직접 법규가 정하는 바에 따라 발생하는 행위를 말한다.

양자를 구별하는 실익은 재량성의 인정 또는 부관의 허용성의 여부에 있다. 법률행위적 행정행위에는 행정청에게 재량권이 인정되고 있으나, 준법률행위적 행정행위의 법률효과는 행정청의 의사에 따라 발생하는 것이 아니라 법률에 의해 정해지므로 행정청에게 재량권이 인정될 여지가 없다고 본다. 또한 법률행위적 행정행위는 그 효과의사를 스스로 제한하는 의미에서 그 행위에 부관을 붙일 수 있지만, 준법률행위적 행정행위에는 그 행위에 부관을 붙일 수 없다고 한다(종래의 통설).

3. 수익적 행정행위 · 침익적 행정행위 · 복효적 행정행위

행정행위는 그 법률효과의 성질에 따라 분류하면, 수익적 행정행위 · 침익적 행정행위 · 복효적 행정행위 등으로 구분할 수 있다.

수익적 행정행위는 상대방에게 권리 또는 이익을 부여하거나 권리의 제한을 없애는 행정행위를 말한다. 그리고 침익적 행정행위는 국민에게 의무를 부과하거나 권리 · 이익을 침해 · 제한하는 등의 불리한 효과를 발생시키는 행정행위를 말한다. 복효적 행정행위는 하나의 행정행위가 이익과 불이익의 효과를 동시에 발생시키는 행정행위를 말하는데, 이에는 제3자효 행정행위(상대방에게는 이익을 주고 제3자에게는 불이익을 주거나 상대방에게는 불이익을 주고 제3자에게는 이익을 주는 행정행위)와 혼합효 행정행위(상대방에 대하여 동시에 수익적 효과와 침익적 효과를 발생시키는 행정행위)를 포함한다.

4. 기속행위와 재량행위

행정행위는 법에 기속되는 정도에 따라 기속행위와 재량행위로 분류된다.

기속행위는 행정행위의 근거법이 그 행위의 요건과 효과를 엄격하게 규정하고 있어서 행정청은 이를 적용할 뿐이고 독자적 판단의 여지가 없는 행위를 말한다. 그러나 재량행위는 당해 행위의 요건이나 효과의 선택에 관하여 근거법의 규정이 행정청에게 판단의 여지 또는 재량권을 인정한 경우에 행해지는 행위를 말한다. 따라서 재량행위는 법규구속의 정도가 기속행위에 비하여 완화되는 것일 뿐 법규에 근거하고 법규에 의하여 행정행위가 행해지는 점에서는 차이가 있는 것은 아니다.

기속행위와 재량행위를 구별하는 실익은 행정소송의 대상이 되는지의 여부, 행정행위에 부관을 붙이는 것이 가능한지의 여부 등에 차이가 있다. 행정행위의 분류 중에서 이 구별은 행정법학상 매우 중요한 의미가 있으므로 다음에 자세히 설명하겠다.

5. 요식행위와 불요식행위

행정행위가 일정한 형식을 요하는지의 여부에 의한 구별이다. 행정행위는 반드시 일정한 형식에 의하여 행하여져야만 하는 것은 아니다. 그러나 그 내용을 명확하게 하기 위하여 관계법령에서 일정한 서식 또는 서명·날인 기타 특정의 형식에 의할 것을 규정하고 있는 경우가 있는데, 이러한 행정행위를 요식행위라 한다. 행정절차법이 문서주의 원칙을 취하고 있는데(동법 제24조), 기타 각 개별법이 규정하고 있는 요식행위의 예로서는 행정심판의 재결(행정심판법 제46조), 납세의 고지(국세징수법 제9조) 등이 있다.

불요식행위는 서면 등의 형식에 의하는 것을 행위의 요건으로 하지 아니하는 행정행위를 말하며, 구두로써도 가능하다.

6. 대인적 행정행위 · 대물적 행정행위 · 혼합적 행정행위

행정행위는 인간의 주관적 사정에 착안하여 행하여지는 것인가, 물건의 객관적 사정을 판단하여 행해지는 것인가, 인적·주관적 사정과 물적·객관적 사정을 모두 고려하여 행하여지는가를 기준으로 대인적·대물적·혼합적 행정행위로 구분할 수 있다.

이러한 행정행위의 구분은 행정행위의 효과가 타인에게 이전될 수 있는 것과 관련하여 그 실익이 있다. 즉 대인적 행정행위의 효과는 원칙적으로 일신전속적인 것이므로 이전될 수 없으나, 대물적 행정행위의 효과는 이전 또는 상속이 인정된다. 다만, 이 경우에는 그 이전에 행정기관의 승인을 받거나 신고를 하도록 하고 있는 것이 보통이다. 혼합적 행정행위의 효과는 이를 이전하려면 관계법령에 의하여 다시 양수자의 주관적 및 객관적 사정에 대한 행정청의 승인·허가 등을 받도록 하고 있는 것이 일반적이다.

대물적 행정행위와 구별해야 할 개념에 '물적 행정행위'가 있다. 이것은 주차금지구역의 지정, 공물의 공용지정의 예에서 보는 바와 같이 직접적으로는 행정행위의 효과가 당해 물건에만 미치고, 사람에 대해서는 주차금지·물건의 이용가능 등 간접적인 효과를 미치는 행정행위를 말한다. 사람에 대한 효과만을 기준으로 하게 되면 그것은 일반적·추상적 규율로서의 효과를 발생하기에 법규명령(행정입법)의 성질을 갖게 된다. 그리하여 주차금지구역의 지정과 같은 행정작용이 법규명령인가 일반처분인가 하는 점이 다투어졌는데, 독일의 행정절차법 제35조 제2문은 그것을 일반처분의 일종으로 규정하였으며, 학자들은 그것을 인적 일반처분(일반적·구체적 규율)과 구

별하여 물적 일반처분이라고 부르기도 한다.[86)]

7. 쌍방적 행정행위와 단독적 행정행위

행정행위는 상대방의 협력을 요건으로 하는지의 여부에 따라 분류할 수 있는데, 상대방의 협력을 요건으로 하는 행위를 쌍방적 행정행위 또는 협력을 요하는 행정행위라 하고, 그것을 요하지 않고 행정청이 직권으로 발하는 행위를 단독적 행정행위 또는 독립적 행정행위라 한다.

그리고 쌍방적 행정행위에는 허가 · 인가 · 특허와 같이 상대방의 신청을 요하는 행정행위와 공무원임명 등과 같이 동의를 요하는 행정행위가 있다.

8. 수령을 요하는 행정행위와 수령을 요하지 아니하는 행정행위

행정행위가 효력을 발생하려면 그 상대방이 수령할 것인지의 여부에 따른 구분이다. 행정행위가 그 효력을 발생하기 위하여는 원칙적으로 상대방이 수령할 것을 요하는데, 이 경우에 도달주의의 원칙이 적용되어 상대방이 그 행위의 내용을 현실적으로 알 수 있는 상태에 있는 것으로 충분하다.

이에 대하여 행정행위의 상대방이 불특정다수이거나 또는 특정된 경우에도 그 주소 · 거소가 불분명한 경우에는 일정한 방법에 의한 공시 · 공고 등에 의한 송달로써 갈음하게 되며, 이 경우에는 상대방에 의한 개별적 수령이 없더라도 행정행위의 효력은 발생한다. 이러한 점과 관련하여 행정절차법이 송달 등에 관하여 자세히 규정하고 있다(동법 제14조, 제15조).

9. 적극적 행정행위와 소극적 행정행위

적극적 행정행위는 현재의 법률상태에 변동을 가져오도록 하는 허가 · 특허 등의 행위를 말하며, 소극적 행정행위는 현재의 법률상태를 변동시키지 않으려는 의지를 표시하는 행정행위로서 허가 · 특허 등의 신청에 대한 거부처분이 이에 해당된다.

10. 잠정적 행정행위와 종국적 행정행위

잠정적 또는 가행정행위란 종국적 행정행위가 있기까지, 즉 행정행위의 법적 효과 또는 구속력이 최종적으로 결정될 때까지 잠정적으로만 행정행위로서의 구속력을 가지는 행정의 행위형식을 말한다. 그 예로서는 물품수입에 있어 일단 잠정세율을 적용한 후에 세율을 확정하는 것(관세법 제28조 참조)을 들 수 있다.

---

86) 김남진 · 김연태, 전게서, 225-226면; 석종현, 전게서, 219-220면.

잠정적 행정행위의 성질에 관하여는 행정행위와 구별되는 독자적인 행위형식으로 볼 수는 없으며, 행정행위의 일종으로서 특수한 행정행위라 할 수 있는 것이다.

11. 개별처분과 일반처분

행정행위의 상대방이 불특정다수인인가 특정되어 있는가에 따른 구별이다.

개별처분은 행정행위의 상대방이 특정되어 있는 행정행위이다. 이러한 개별처분은 상대방이 1인인 경우가 보통이지만 다수일 수도 있다.

일반처분은 구체적 사실과 관련하여 일응 불특정 다수인을 대상으로 하여 발하여지는 행정청의 단독적 · 권력적 행정행위를 말한다. 일반처분의 성질에 관하여는 일반처분이 일반추상성을 띠고 있다고 보아 집행행위와 입법행위의 중간영역에 속하는 것으로 이해하는 견해도 있으나, 행정행위의 한 종류로 보는 것이 다수설이다.[87] 독일의 연방행정절차법은 일반처분을 명문으로 규정하고 있는데, 동법 제35조에서 일반처분에는 대인적 일반처분, 물적 행정행위로서의 일반처분, 물건의 이용관계에 관한 규율행위로서의 일반처분의 3종류를 정하고 있다.

12. 자동기계장치에 의한 행정행위

이는 동일 또는 동종의 행정작용이 자동화된 기계장치에 의하여 행하여지는 것을 말하는데 '자동화된 행정결정'이라고도 한다. 그 전형적인 예로서는 자동기계에 의한 교통신호, 주차요금계산, 조세부과처분 등을 들 수 있다.

이러한 자동화된 행정결정에 있어서는 그 법적 성질이 문제된다. 그런데 자동화된 기계에 의한 행정결정도 내용적으로는 공무원이 작성하여 입력한 프로그램에 따라 행해지는 것이므로 공무원이 직접 행하는 행정결정과 본질적인 차이가 있는 것은 아니며, 그것이 행정행위의 일반적 징표를 갖추고 있으면 자동화된 행정결정도 행정행위라고 보는 것이 일반적 견해이다. 따라서 이와 같은 자동화된 행정결정도 행정행위라고 한다면 이러한 행정행위에도 행정행위에 관한 일반법리가 적용된다고 보아야 할 것이다. 그러나 이러한 행정결정은 자동기계에 의하여 반복적으로 또는 대량적으로 행해지는 것이라는 점에서 특정인을 상대로 하여 발해지는 보통의 행정행위와는 다른 특수성이 있기 때문에 자동화된 행정결정에 대하여는 일반적 행정행위에 비하여 일정한 특례가 인정되어야 할 것으로 생각한다. 독일 연방행정절차법은 자동화된 행정결정에 대하여 일반적 행정행위에 비하여 몇 가지 특례를 규정하고 있다.[88]

---

87) 김남진 · 김연태, 상게서, 196면; 김동희, 전게서, 253면; 석종현, 상게서, 206면; 한견우, 전게서, 164면; 홍정선, 전게서, 187면.

88) 김동희, 상게서, 257면.

13. 복효적 행정행위

1) 의 의

복효적 행정행위란 하나의 행정행위가 이익과 불이익의 효과를 동시에 발생하는 행정행위를 말하며, '이중효과적 행정행위'라고도 한다. 복효적 행정행위에는 상대방에 대하여 동시에 수익적 효과와 침해적 효과를 발생하는 '혼합효 행정행위'와 상대방에게는 이익을 주고 제3자에게는 불이익을 주거나 반대로 상대방에게는 불이익을 주고 제3자에게는 이익을 주는 '제3자효 행정행위'가 있다. 그런데 제3자효적 행정행위를 협의의 복효적 행정행위라 하고, 그 외에 이중효적 행정행위를 포함한 개념을 광의의 복효적 행정행위로 설명하는 경우도 있다.[89)]

2) 복효적 행정행위와 관련된 문제점

복효적 행정행위 중에서 행정법적 논점이 되는 경우는 주로 제3자효 행정행위이므로 다음에서는 이에 한정하여 살펴보고자 한다.

예컨대, 상대방에게 건축허가 · 주유소허가 등을 한 결과 제3자인 인근주민 · 기존업자에게 불이익이 생기거나 또는 공해공장의 설치허가로 인하여 그 인근주민에게 재산 또는 건강에 있어서의 피해가 발생한 경우 등에 특히 문제가 된다. 따라서 제3자효 행정행위에 있어서는 제3자의 권익보호를 위한 제도적 장치가 필요하다. 이러한 조치로써는 이해관계가 있는 제3자의 행정절차에의 참가, 제3자의 행정쟁송절차, 제3자효 행정행위의 직권취소 또는 철회 등을 들 수 있다.

3) 복효적 행정행위의 행정절차

(1) 불이익을 받은 제3자에 대한 통지

행정행위는 상대방에 대한 통지로써 성립하며, 행정청은 원칙적으로 제3자인 이해관계인에 대한 통지의무는 없다. 다만, 경우에 따라서는 개별법에서 통지의무를 부과하는 때가 있다.

독일의 연방행정절차법 제43조 제1항은 행정청에게 이해관계가 있는 제3자에 대한 통지의무를 규정하고 있다. 우리나라에서도 입법론적으로 이 규정을 수용하는 데에 긍정적인 검토를 할 필요가 있을 것이다.

(2) 이해관계인인 제3자의 행정절차에의 참가

행정절차법은 상대방에게 의무를 부과하거나 권익을 제한하는 처분을 하는 경우에는 당사자에 대한 처분의 사전통지와 의견청취의무를 규정하고 있다(동법 제21조 제1항, 제22조 제3항).

행정절차법에 따르면 행정청이 이해관계인인 제3자의 행정절차에의 참가를 인정한 경우에 한

---

89) 김동희, 상게서, 247면.

하여 사전통지와 의견제출기회를 갖는다. 행정청이 이해관계인인 제3자의 행정절차에의 참여를 인정하는 것은 직권으로 또는 신청에 따라 하게 된다(동법 제2조 제4호). 행정절차법에 의한 청문회나 공청회의 개최는 개별법령에서 인정하는 경우나 행정청이 필요하다고 인정하는 경우에 실시되며, 이해관계인도 동법 제2조 제4호에 따라 행정청이 참여를 인정한 자에 한하여 청문 또는 공청회에 참여할 수 있다.

입법론으로는 제3자효 행정행위의 경우에는 원칙적으로 이해관계인에게 최소한 의견진술의 기회가 보장되도록 개선하여야 할 것이다.

4) 복효적 행정행위의 취소 · 철회

복효적 행정행위에서는 취소권이나 철회권의 행사에 있어서도 제3자의 이해관계가 고려되어야 한다.[90)]

(1) 행정행위의 취소

직권취소의 경우에만 문제되며, 일반적으로 문제행위에 불가쟁력이 발생하기 전에는 불이익자를 구제하기 위하여 자유로운 직권취소가 허용되지만, 불가쟁력이 발생한 후에는 불이익의 제거 요청과 수익자의 신뢰보호의 요청을 비교형량하여 구체적으로 결정해야 한다.

(2) 행정행위의 철회

(가) 당해 행정행위의 존속이 제3자에게 불이익이 되는 경우

이 경우에는 제3자의 보호가 당해 법규의 목적으로 되어 있고, 제3자의 이익보호를 위해 구체적인 경우에 철회 이외에는 다른 방법이 없을 때에 철회가 허용될 수 있다.

(나) 행정행위의 존속이 제3자에게 이익이 되는 경우

직접 당사자에 대해서 이익이 되거나 불이익이 되더라도 당해 행위가 제3자의 이익보호에도 관련이 되는 경우에는 이에 대한 철회가 제한될 수 있다.

5) 복효적 행정행위와 행정구제

(1) 제3자의 행정쟁송의 청구

(가) 행정심판의 고지

행정청이 처분을 할 때에는 당사자에게 그 처분에 관하여 행정심판을 청구할 수 있는지의 여

---

90) 류지태, 전게서, 141면; 박윤흔 · 정형근, 전게서, 287-288면; 석종현, 전게서, 226-227면.

부, 청구절차, 청구기간 그 밖에 필요한 사항을 알리도록 되어 있다(행정절차법 제26조, 행정심판법 제58조 제1항). 이해관계인으로서의 제3자는 여기에서의 상대방에 포함되지 않는다. 다만, 행정심판법은 행정청이 이해관계인으로부터 해당 처분이 행정심판의 대상이 되는 처분인지의 여부와 행정심판의 대상이 되는 경우 그 소관위원회 및 심판청구기간에 관하여 알려줄 것을 요구받으면 지체없이 알려주어야 한다. 이 경우 서면으로 알려줄 것을 요구받으면 서면으로 알려주어야 한다(동법 제58조 제2항).

(나) 청구인적격 · 원고적격

항고쟁송은 당해 처분의 취소 등을 구할 법률상 이익이 있는 자가 청구 또는 제기할 수 있다(행정심판법 제13조, 행정소송법 제12조 · 제35조 · 제36조). 여기의 법률상 이익이라 함은 '법적으로 보호된 이익'을 의미한다고 보는 것이 통설 · 판례의 입장이다. 따라서 제3자효 행정행위의 제3자도 쟁송제기의 법률상 이익이 있는 한 행정심판의 청구인적격 및 행정소송의 원고적격을 갖는다고 본다.

(다) 쟁송제기기간

현행법은 행정쟁송의 제기기간을 한정하고 있는데(행정심판법 제27조, 행정소송법 제20조), 처분의 직접 상대방이 아닌 제3자가 행정쟁송을 제기하는 경우에는 별도로 생각해야 할 것이다.

현행법에 의하면 행정처분은 제3자에게 통지되지 않으므로 제3자는 특별한 사정이 없는 한 행정행위가 있음을 알 수 없다. 따라서 제3자는 행정심판의 경우에는 원칙적으로 180일 이내에 청구하여야 하며, 행정소송의 경우에는 1년을 경과하기 전에 제기하여야 한다는 규정의 적용을 받는다. 그런데 이 경우에도 단서규정에 의해 정당한 사유가 있는 때에는 행정심판과 행정소송이 가능하다. 여기에서 '정당한 사유'란 그 기간 안에 행정처분이 있었음을 알지 못하였다는 것을 말한다.[91] 그러나 제3자가 행정처분이 있음을 알았거나 이를 쉽게 알 수 있는 등의 사정이 있는 경우에는 그 때로부터 90일 이내에 심판청구 또는 행정소송을 제기하여야 할 것이다.[92]

(라) 행정심판의 청구 · 항고소송의 제기

위법한 복효적 행정행위에 대하여 제3자가 취소심판 또는 취소소송을 제기하기 위해서는 그 행위의 취소를 구할 법률상 이익이 있어야 한다.

그리고 행정청의 처분이 제3자에게 수익적인 경우에 당해 처분의무를 규정한 관계법의 취지가 제3자의 이익도 보호하고자 하는 것인 때에는 제3자는 행정청에 대하여 당해 처분을 구할 수 있는 청구권을 갖는다. 따라서 그러한 신청에도 불구하고 행정청이 이를 방치하는 경우에는 제3자

91) 박균성, 전게서, 218면.

92) 대판 1997.9.12, 96누14661.

는 의무이행심판 내지 부작위위법확인소송을 제기하여 그 권리를 실현할 수 있을 것이다.

(2) 제3자의 행정쟁송의 참가

(가) 행정심판 및 행정소송에의 참가

행정심판 또는 행정소송의 결과에 대하여 이해관계가 있는 제3자는 당해 행정심판 또는 행정소송에 참가할 수 있다(행정심판법 제20조, 행정소송법 제16조). 제3자가 행정쟁송을 제기한 경우에 참가인은 제3자효 행정행위의 상대방이 되는 것이 보통이다.

(나) 제3자에 의한 재심청구

처분 등을 취소하는 판결에 의하여 권리 또는 이익의 침해를 받은 제3자는 자기에게 책임 없는 사유로 소송에 참가하지 못함으로써 판결의 결과에 영향을 미칠 공격 또는 방어방법을 제출하지 못한 때에는 이를 이유로 확정된 종국판결에 대하여 재심의 청구를 할 수 있다(행정소송법 제31조)

(3) 판결의 제3자에 대한 효력

처분 등의 취소, 무효 등의 확인 및 부작위의 위법을 확인하는 확정판결은 제3자에 대하여도 효력이 있다(행정소송법 제29조 제1항, 제38조 제1항 · 제2항)

(4) 제3자의 가구제

제3자를 위한 가(假)구제제도로서 집행정지제를 들 수 있다. 제3자효 행정행위에 의해 법률상 이익을 침해받은 제3자가 취소심판이나 취소소송을 제기한 경우 회복하기 어려운 손해를 예방하기 위하여 긴급한 필요가 있다고 인정한 때에는 행정심판위원회 또는 법원은 당사자의 신청 또는 직권에 의하여 처분 등의 집행정지를 결정할 수 있다(행정심판법 제30조 제2항, 행정소송법 제23조 제2항). 이러한 규정에 따라 제3자는 임시적인 구제를 받을 수 있는 것이다.

14. 재량행위

1) 의 의

(1) 행정행위에 대한 법치행정원리의 적용상 차이

행정행위는 그 근거법령의 구속 정도에 따라 기속행위와 재량행위로 구분할 수 있다. 기속행위는 근거법령상의 표현이 일의적(一義的) · 확정적으로 규정되어 있어 행정주체가 법령을 기계적으로 집행하는 데 불과한 행위로서, 법치행정의 원리가 엄격히 적용되는 행정행위를 말한다. 그러나 재량행위는 근거법령의 규정이 다의적(多義的) · 불확정적으로 표현되고 있기에 행정주체에게 구성요건의 판단이나 개별행위의 결정 및 선택에 있어서 넓은 범위의 결정가능성이 인정되는 행위로서, 법치행정원리의 적용이 완화되는 행정행위를 말한다.

이러한 기속행위나 재량행위는 그 근거가 되는 법규에의 구속의 정도가 다를 뿐이고, 양자 모두 법규에 근거하고 법규에 의하여 행정행위가 행해지는 점에 있어서는 차이가 없다.

(2) 재량행위의 개념

오늘날의 행정은 양적으로 확대화·다양화, 질적으로는 전문화·고도화되고 있어서 모든 경우에 법률이 행위요건을 구체적·일의적으로 규정하는 것이 실제로는 불가능하다. 또한 행정은 공익의 구체적 실현작용이라는 관점에서 볼 때, 구체적 사정과 관련하여 그에 가장 합당한 처분을 할 수 있도록 하기 위하여 행위의 여부 또는 행위의 내용에 관하여 행정청에 일정한 한도의 독자적 판단권을 부여하는 것이 공익의 적절한 실현을 도모하고자 요청된다. 그러한 요구에 따라 법률은 행정행위의 요건을 규정함에 즈음하여 추상적·불확정적 개념을 사용하거나 행정청에게 행위의 여부 내지는 다수행위 중에서 선택의 여지를 인정하는 것이 적절하다고 할 수 있겠다.

이러한 행정상황과 관련하여 그 개념을 정립하면, 재량행위란 근거법률이 당해 행위를 할 것인가의 여부(결정재량) 내지는 법적으로 허용되는 다수의 행위 중에서 어떠한 행위를 할 것인가(선택재량)에 대하여 행정청에게 재량권, 즉 독자적 판단권을 부여하고 있는 행정행위를 말한다.[93]

(3) 기속재량과 자유재량

전통적으로 우리나라 학설은 재량행위의 유형으로서 기속재량과 자유재량으로 구분하는 것이 일반적인 견해였으며, 판례도 이 분류에 따르고 있다.

이러한 분류에 의하면 기속재량은 '무엇이 법인가'의 재량으로서 법문상으로는 자유로운 재량이 허용될 것 같지만 처분의 요건과 처분의 발동 여부에 대하여 입법의 취지가 일의적이므로 행정기관의 재량을 구체적인 경우에 그 취지 등이 무엇인가를 해석·판단하여 행위하는 데 불과한 경우를 의미하게 된다. 이 경우에 재량을 잘못 행사한 때에는 기속행위에서와 같이 위법행위가 된다고 한다.

이에 반하여 자유재량은 비례성원칙이나 평등원칙 등의 헌법원칙에 의한 일반적인 제약을 받는 행위이지만, 행정기관에게 '어느 것이 행정목적에 적합한 것인가'라는 합목적성의 여부에 대해서 재량이 허용되어 있는 것으로서 이 경우에 재량을 그르친 때에도 통상적으로 부당행위에 불과하게 되는 행위라고 한다.

그러나 재량행위에 대한 이러한 유형의 구분은 구체적인 경우에 있어서 다음의 비판에 직면하고 있다. 먼저 이 구분에 의하면 기속행위와 기속재량의 구분이 실제적으로 명확하지 않게 되며, 또한 기속재량과 자유재량의 구분이 현실적으로 명확한 것이 아니고, 재량권의 남용이나 일탈(逸

93) 김동희, 전게서, 258면.

脫)의 경우에는 기속재량과 자유재량의 구별의 실익이 없게 된다. 따라서 이러한 구분은 그 논거나 실익에 있어서 아무런 의미를 갖지 못하므로 이제는 그 구별을 지양하는 것이 타당할 것이다.[94)]

그런데 판례는 기속재량과 자유재량을 여전히 구분하는 입장을 견지하고 있다.[95)]

2) 기속행위와 재량행위의 구별의 필요성

기속행위와 재량행위를 구별하는 실익은 사법심사의 대상 및 부관의 가부 등의 문제에 있다.

(1) 행정쟁송의 대상의 차이

우리의 실정법상으로 행정청의 재량에 속하는 행정행위를 행정소송사항에서 제외한다는 것을 선언하는 명문규정을 직접 찾을 수는 없다. 그러나 행정심판법이 행정청의 '위법 또는 부당한 처분'에 대해 행정심판을 인정하고 있는데 대하여(동법 제1조 참조), 행정소송법은 '위법한 처분'에 대해서만 행정소송의 대상으로 하고 있다(동법 제1조, 제4조 참조). 또한 「행정청의 재량에 속하는 처분이라도 재량권의 한계를 넘거나 그 남용이 있는 때에는 법원은 이를 취소할 수 있다」(동법 제27조)고 규정하고 있는 것에 비추어 보아 기속행위와 재량행위의 구별은 필요하다.

(2) 부관의 가부

처분을 할 것인지의 여부 또는 어떤 처분을 할 것인지에 대하여 행정청에게 재량권이 인정되어 있는 재량행위의 경우에는 당해 법률효과의 일부를 제한하는 의미에서 부관을 붙일 수 있다. 그러나 기속행위에 있어서는 관계법의 요건이 충족되면 행정청은 당해 행위를 하여야 할 법적 기속을 받는 것이므로 기속행위에는 부관을 붙일 수 없다. 그렇다고 하여 재량행위라 해서 언제나 부관을 붙일 수 있고, 기속행위라고 하여 절대로 부관을 붙일 수 없는 것은 아니다. 기속행위의 경우에 법률효과를 제한하는 부관을 붙일 수 없지만, 요건의 충족을 확보하는 의미의 부관은 붙일 수 있다.

(3) 공권의 성립 여부

기속행위와 재량행위의 구별의 실익으로 공권의 성립 여부, 즉 기속행위에 대하여는 청구권이 성립되지만 재량행위에 대하여는 청구권이 성립될 수 없다고 보는 견해가 있지만, 이 견해는 타당하다고 볼 수 없다. 재량행위에 대하여는 무하자재량행사청구권이 인정되고, 이 권리도 청구권이며 공권으로 볼 수 있기 때문이다.

---

94) 김남진 · 김연태, 전게서, 208면; 김동희, 상게서, 259-260면; 류지태, 전게서, 71면, 73면; 박균성, 전게서, 220면; 홍정선, 전게서, 201면.

95) 대판 1985.12.10, 85누674; 대판 1989.9.12, 88누9206; 대판 1995.12.12, 94누12302; 대판 1997.12.26, 97누15418; 대판 1998.4.28, 97누21086; 대판 1998.9.8, 98두8759; 대판 2001.2.9, 98두17593.

다만, 기속행위와 재량행위에 있어서 인정되는 공권의 내용에는 차이가 있다. 기속행위에 있어서는 행정청에 대하여 특정한 내용의 행위를 청구할 공권이 인정되지만, 재량행위에 있어서는 그러한 공권은 인정되지 않으며 무하자재량행사청구권이라는 공권이 인정된다.[96]

3) 기속행위와 재량행위의 구별기준

종래 우리나라에서 기속행위와 재량행위의 구별기준에 관하여는 요건재량설과 효과재량설이 대립되어 왔는데, 이를 검토하면 다음과 같다.

(1) 요건재량설

행정법규는 요건규정과 효과규정으로 구분되는 것을 전제로 하여, 처분의 요건에 관하여 아무런 규정을 두지 않은 공백규정(空白規定)의 경우나 행정의 종국목적인 '공익상의 필요'만을 요건으로 정하고 있는 경우에는 재량행위이고, 개개의 행정활동에 특유한 '위생상의 필요' 등과 같은 중간목적을 요건으로 일의적이고 구체적으로 규정되어 있는 경우에는 기속행위에 해당한다고 보는 입장이다.

이러한 요건재량설에 대하여는 법률문제인 요건인정을 재량문제로 오인하고 있으며, 행정행위의 종국목적과 중간목적의 구분이 분명하지 않다는 비판을 피하기 어렵다.

(2) 효과재량설

요건재량설이 법규상의 행위요건의 규정방식에 따라 재량행위인가의 여부를 판단하려고 하는데 대하여, 효과재량설은 당해 행위의 성질, 즉 그것이 국민의 권리·의무에 어떻게 작용하는가에 따라 재량행위의 여부를 결정하려는 견해이다. 이는 '성질설' 또는 '행위재량설'이라고도 한다.

이러한 입장에 따르면 침익적 행정행위는 기속행위이고, 수익적 행정행위는 법규상 또는 해석상 특별한 기속이 없는 한 재량행위이며, 국민의 권리·의무에 직접 영향을 미치지 아니하는 행위는 법률이 특히 제한을 두고 있는 경우를 제외하고는 원칙적으로 재량행위로 본다.

그러나 수익적 행위인가 침익적 행위인가는 취소 또는 철회의 제한 등을 논의함에 있어서 의미를 가지는 것이며, 재량행위의 여부를 구별하는 데에는 직접적인 관계가 없다고 보지 않을 수 없다. 실제로 허가 등 수익적 행정행위를 기속행위로 볼 수 있고, 징계 등과 같은 침익적 행정행위도 재량행위로 볼 수 있는 경우는 얼마든지 있을 수 있는 것이다.

(3) 결 어

위와 같은 요건재량설과 효과재량설은 기속행위와 재량행위의 구별기준에 있어서 일면의 타당

---

96) 박균성, 전게서, 223-224면.

성은 있지만 완벽한 이론이 되지는 못한다. 따라서 재량은 법적 요건이 아니라 법적 효과와 관련된다는 점을 전제로 기속행위와 재량행위의 구분은 당해 행위의 근거가 된 법규의 체제 · 형식과 그 문언, 당해 행위가 속하는 행정 분야의 주된 목적과 특성, 당해 행위 자체의 개별적 성질과 유형 등을 모두 종합적으로 함께 고려하여 구체적 사안마다 개별적으로 판단하여야 할 것이다.[97] 이러한 기준에 따른다고 하여도 양자의 구분이 용이하지 아니한 한계적인 경우에는 헌법상 최상위의 조항인 헌법 제10조와 제37조 제2항 및 행정행위의 내용 · 성질에서 그 기준을 찾아야 한다. 즉 '기본권의 최대한 보장'이라는 헌법상 명령과 행정행위의 '공익성'을 기속행위와 재량행위의 구분기준으로 하여야 한다.[98]

그러나 기속행위와 재량행위의 구별기준은 법치행정의 원칙에 따라 우선 '법의 규정'에서 찾아야 한다. 즉 법문의 표현이 분명한 경우에는 문제가 없고, 문제는 법문의 표현이 불분명한 경우이다. 이러한 경우에는 위의 이론에 의하여 구별하면 되겠지만, 이는 어디까지나 부차적인 기준이 될 뿐이다. 그의 구체적인 사례는 다음과 같다.

첫째로, 법이 '하여야 한다' 또는 '한다' 등으로 규정하고 있는 경우, 그에 의거한 행정행위는 일반적으로 기속행위로 볼 수 있다.

둘째로, 법이 '할 수 있다'라고 규정하고 있는 경우에는 그에 의거한 행정행위는 일단 재량행위로 보아도 좋을 것이다. 그러나 이러한 규정을 하고 있는 경우에도 언제나 재량행위로 보아서는 아니되고 기속행위로 볼 수밖에 없게 되는 경우도 있을 수 있다.

셋째로, 법은 예컨대 「영업을 하고자 하는 자는 … 특별자치도지사 · 시장 · 군수 또는 구청장의 허가를 받아야 한다」(식품위생법 제37조 제1항)라는 식으로 행정청의 권한에 관하여 간접적으로 규정하고 있는 경우가 있다. 이러한 경우에는 당해 행위의 당사자와의 관계, 특히 헌법상의 기본권과의 관련성을 고려하여 판단하여야 한다. 즉 당해 행위가 원래 당사자에게 허용되는 행위로서 그 발령이 기본권회복의 의미를 갖는 경우에는 기속행위로 보아야 할 것이다. 반면에 당해 행위의 발령이 새로운 권리를 부여하는 의미를 가질 때에는 재량행위로 보아야 한다.

이러한 기준에 의하여 판단해 볼 때, 위의 경우에 개인에 의한 '영업'이라는 것이 헌법이 보장하고 있는 기본권으로서의 직업선택의 자유(헌법 제15조)의 행사로서의 의미를 가지므로 행정청은 상대방이 허가요건을 충족하고 있는 한, 허가를 거부할 수 없는 기속을 받게 된다. 따라서 동조에 의한 행위는 기속행위로 새겨야 할 것이다.[99]

---

97) 대판 1989.10.24, 88누9312; 대판 1997.12.26, 97누15418; 대판 1998.4.28, 97누21086; 대판 1998.9.8, 98두8759; 대판 2001.2.9, 98두17593; 대판 2002.8.23, 2002두820.

98) 홍정선, 전게서, 206면.

99) 김남진 · 김연태, 전게서, 213면.

4) 재량행위에 있어서 재량권의 한계

(1) 재량권의 한계의 일탈 · 남용과 위법

기속행위는 그것을 그르치면 바로 위법이 되기 때문에 기속행위의 한계에 대하여는 특별히 논의할 필요가 없다. 그러나 재량행위에 있어서는 행정청의 재량권은 근거법규 기타의 실정법원리에 의하여 정해진 한계가 있는 것으로서, 재량처분에 있어 이러한 한계를 벗어난 때에는 그것은 단순한 부당에 그치지 않고 위법한 처분으로서 사법심사의 대상이 됨은 학설 · 판례가 인정하고 있다. 그러한 취지를 행정소송법은 「행정청의 재량에 속하는 처분이라도 재량권의 한계를 넘거나 그 남용이 있는 때에는 법원은 이를 취소할 수 있다」(동법 제27조)라고 규정하고 있다. 즉 이 규정은 재량권의 내적 · 외적 한계를 넘어선 재량권의 행사는 모두 위법이 된다는 의미로 해석하는 것이 당연하다고 본다. 그런데 재량권의 내적 · 외적 한계를 벗어난 재량행위는 '재량하자'를 지닌 위법행위가 되며, 행정소송의 대상이 된다고 보기도 한다.[100)]

(2) 재량권의 한계를 벗어난 위법처분의 유형

다음에서는 행정청에 의한 재량권행사가 그 법적 한계를 넘어서 위법한 처분으로 되는 경우를 살펴보고자 한다.

(가) 재량권의 일탈

재량권의 일탈(逸脫)이란 재량권의 외적 한계, 즉 법적 · 객관적 한계를 벗어난 처분을 말한다. 이를 '재량권의 유월(踰越)'이라고도 한다.

(나) 재량권의 남용

재량권의 남용이란 재량권의 내적 한계, 즉 재량권이 부여된 내재적 목적에 반하여 다른 목적을 위하여 한 행정처분을 말한다. 재량권의 남용은 재량권을 수권한 법률상의 목적위반, 절차위반, 사실오인, 평등원칙 · 비례원칙 · 부당결부금지원칙 등 법원칙에 위배하여 행사하는 경우가 재량권의 남용에 해당한다.

다만, 판례는 재량권의 일탈과 재량권의 남용을 명확히 구분하지 않고 '재량권의 일탈 또는 남용'이 없는지 여부를 판단한다.[101)] 또한 재량권의 한계가 재량권의 일탈에 속하는지 재량권의 남용에 속하는지를 판단할 실익도 없다고 본다. 어떠한 재량권의 한계이든지 이에 위반하게 되면 그 재량권의 행사는 위법이 된다.[102)]

---

100) 석종현, 전게서, 258면.

101) 대판 2002.7.12, 2002두219; 대판 2002.9.24, 99두1519; 대판 2005.9.15, 2005두3257.

102) 박균성, 전게서, 227면.

(다) 목적위반

재량권의 행사가 법률에서 정한 목적과 달리 행사된 경우의 재량처분은 위법이 된다. 재량권이 사적 목적 내지 불법한 동기에 의하여 행사된 경우에 그 재량행위가 위법이 된다는 데에 이견이 없다.

문제는 재량권이 법률에 의해 주어진 목적과 다른 공익목적으로 행사된 경우에 그 재량권의 행사가 위법인가의 여부이다. 재량권이 주어진 목적과 실체적 관련이 없는 전혀 다른 목적으로 행사될 경우에는 공익목적을 위하여 행사된 경우에도 재량권을 남용한 것으로 보아 위법이 된다고 할 것이다.

(라) 절차위반

이해관계인의 의견진술 등 절차가 법률에 명시적으로 규정된 경우에는 그 절차를 거쳐야 하며, 법률에 명문의 규정이 없다고 하더라도 헌법원칙인 적법절차의 원칙에 반하는 처분은 절차의 위반만으로 위법한 처분이 된다.

(마) 사실오인

사실의 존부에 대한 판단에는 재량권이 인정될 수 없으므로 사실을 오인하여 재량권을 행사한 경우에 그 처분은 위법하다.[103)]

(바) 평등원칙의 위반

처분 자체만으로는 재량권의 범위를 넘지는 않았지만 평등원칙에 위반되면 위법한 재량권의 행사가 된다. 재량준칙이 정해진 경우에 합리적인 이유없이 그 재량준칙을 따르지 아니하고 당사자에게 불리한 처분을 하면 그 처분은 평등원칙의 위반으로 위법하다.

(사) 비례원칙의 위반

비례원칙은 모든 국가작용에 적용되는 헌법상의 법원칙이지만, 특히 재량권행사의 통제에 있어서 중요한 수단이 된다. 일반적으로 제재처분은 법령에 의해 재량행위로 규정되어 있는데 위법한 행위를 이유로 제재처분을 가하는 경우, 당해 제재처분의 목적과 제재처분 사이 또는 법 위반의 정도와 제재처분 사이에 현저히 비례관계를 잃은 경우에는 당해 제재처분은 비례의 원칙에 반하는 위법한 처분이 된다.

(아) 부당결부금지원칙의 위반

부당결부금지의 원칙이란 행정청이 행정처분을 함에 있어서 그 처분과 실체적 관련성이 없는 부관이나 불이익 등을 부당하게 결부시켜서는 아니된다는 원칙을 말한다. 따라서 행정청이 재량

---

103) 대판 2001.7.27, 99두2970.

권을 행사함에 있어서 이 원칙에 위반하면 위법한 처분이 됨은 물론이다.

(자) 재량권의 불행사 또는 재량의 해태

행정청이 부주의 또는 재량행위를 기속행위로 오인하여 재량권을 행사하지 않거나 복수행위 간의 형량(衡量)을 해태(懈怠)한 경우에 재량행위는 위법한 처분이 된다. 여기에서 '재량의 해태'란 재량권을 행사함에 있어서 고려하여야 하는 구체적 사정에 관한 고려를 하였지만 충분히 고려하지 않은 경우로서, 재량권을 행사할 때 고려하여야 하는 공익 및 사익 등 관계이익을 충분히 고려하지 않은 경우를 말한다.

(차) 재량권의 영으로의 수축

법이 행정청에게 재량권을 인정하고 있는 경우에도 그 재량권이 영(零)으로 수축되어 어느 하나만을 하지 않으면 안 되는 때에는 당해 재량행위는 내용적으로는 기속행위로 전화(轉化)되며, 그럼에도 불구하고 그 기속행위를 하지 않는 부작위의 경우는 위법이 된다.

그리고 이러한 경우 상대방에게는 '행정개입청구권'이 발생할 수 있다. 또한 관계자는 행정청의 거부처분에 대하여는 의무이행심판 및 취소소송에 의하여 그리고 부작위에 대하여는 의무이행심판 및 부작위위법확인소송에 의하여 이를 다툴 수 있다. 또한 그로 인하여 손해가 발생한 경우에는 손해배상청구소송을 제기하여 구제를 받을 수 있다.[104)]

5) 재량행위에 대한 통제

(1) 재량행위에 대한 통제의 필요성

현대국가에 있어서는 행정의 구체적 타당성을 실현하기 위하여 행정청에 광범위한 재량권을 부여하고 있는 것이 행정법규의 현황이다. 그러나 재량권이 남용되거나 오용될 우려는 언제나 존재하므로 행정청의 재량권행사로 인한 국민의 권익침해를 방지하고 법치주의를 구현하기 위하여 재량행위에 대한 통제가 필요하다.

이러한 필요성에 따른 재량행위의 통제수단에 관하여는 입법적 통제, 행정적 통제, 사법적 통제 등의 관점에서 고찰할 수 있다.

(2) 입법적 통제

(가) 법규적 통제

국회가 행정권행사에 관한 근거법률의 정립에 의하여 행정청에 재량권을 허용하는 경우에, 행정처분의 요건이나 효과에 대하여 추상적 · 불확정적 개념으로 규율하지 아니하고 구체적으로 규

---

104) 김동희, 전게서, 278-279면.

정함으로써 재량권에 대한 법규적 통제의 기능을 발휘할 수 있다.

(나) 정치적 통제

헌법이 국회의 권한으로 규정함으로써 국회가 행정부에 대하여 가지는 정치적 통제방법에 의하여 행정권의 재량권행사를 통제하는 것을 말한다. 이러한 정치적 통제수단으로 헌법이 규정하고 있는 것을 보면 국회의 국정에 관한 감사 · 조사권(동법 제61조), 국무총리 · 국무위원 · 정부위원 등에 대한 출석요구 및 질문권(동법 제62조), 국무총리 및 국무위원의 해임건의권(동법 제63조), 탄핵소추의결권(동법 제65조) 등이 이와 같은 기능을 수행할 수 있는 것이다.

(3) 행정적 통제

(가) 직무감독을 통한 통제

상급행정청이 하급행정청의 재량권행사에 지휘 · 감독하는 수단에 의하여 행정적으로 통제할 수 있다. 그 중요한 수단으로는 감시권, 훈령권, 승인권, 취소 · 정지권 등을 들 수 있다. 특히 감독청은 재량권행사에 관한 기준이나 지침을 훈령으로 정함으로써 하급행정청의 재량권행사를 효율적으로 통제할 수 있다.

(나) 절차적 통제

최근에는 사전적 통제로서의 행정절차가 더욱 중요한 의미를 지닌다. 그러한 필요에 따라 우리나라에도 행정절차법이 제정 · 시행되고 있는데, 그 법에 규정된 처리기간의 설정 · 공표(동법 제19조), 처분기준의 설정 · 공표(동법 제20조), 처분의 사전통지(동법 제21조), 의견청취(동법 제22조), 처분의 이유제시(동법 제23조) 등에 관한 규정은 행정청의 재량권행사에 대한 절차적 통제의 역할을 담당하고 있다.

(다) 행정심판에 의한 통제

행정심판법은 '위법한 처분'은 물론이고 '부당한 처분'에 대하여도 행정심판을 인정함으로써(동법 제1조 참조), 재량행위에 대한 행정심판의 통제를 법제화하고 있다. 따라서 행정심판은 행정청의 부당한 재량권행사에 의한 국민의 권익침해에 대한 구제수단이 됨과 함께 행정청에 자율적으로 시정할 수 있는 기회를 부여함으로써 법규적용의 적정을 도모하는 수단이라는 점에서, 행정적 통제의 기능을 담보하는 것이라 할 수 있겠다.

(4) 사법적 통제

(가) 법원에 의한 통제

재량행위에 대한 사법적 통제는 행정청의 위법한 재량권행사에 대한 가장 전통적이며 강력한 통제수단이 되고 있다.

행정청의 재량권은 근거법규 기타의 실정법원리에 의한 한계가 있는 것이며, 재량권의 행사에 있어서 그러한 법적 한계를 벗어난 때에는 그 재량처분은 단순한 부당에 그치지 않고 '위법한 처분'으로서 당연히 사법심사의 대상이 되어 법원의 재판을 통한 통제를 받게 된다. 일반적으로 재량행위도 재량권의 일탈 · 남용의 경우에는 위법한 처분이 된다고 하고, 재량권의 일탈은 그 외적 한계를, 그리고 남용은 그 내적 한계를 벗어난 경우라고 하는데, 이것은 또한 판례가 사용하는 용어이기도 하다.[105] 재량권의 일탈 · 남용은 실제로도 재량처분이 위법한 처분으로 되는 경우를 포괄적으로 표현하는 용어라고 할 수 있다.[106] 우리나라 행정소송법도 「행정청의 재량에 속하는 처분이라도 재량권의 한계를 넘거나 그 남용이 있는 때에는 법원은 이를 취소할 수 있다」고 규정하여(동법 제27조), 학설 · 판례의 입장을 그대로 반영하고 있다.

그리고 최근에는 재량행정의 영역에 있어서 '재량권의 영(零)으로의 수축이론'과 '무하자재량행사청구권의 법리' 등 비교적 새로운 행정법이론의 정립을 통하여 재량행위에 대한 사법적 통제를 보다 확대하는 경향이다.[107]

(나) 헌법재판소에 의한 통제

헌법 제111조 제1항에 근거를 둔 헌법재판소법 제68조 제1항은 「공권력의 행사 또는 불행사(不行使)로 인하여 헌법상 보장된 기본권을 침해받은 자는 법원의 재판을 제외하고는 헌법재판소에 헌법소원심판을 청구할 수 있다」고 규정하고 있다. 따라서 행정청의 위법한 재량권의 행사로 인하여 헌법이 보장한 기본권을 침해받은 자는 헌법소원심판을 청구할 수 있다. 다만, 헌법소원에는 보충성의 원칙이 적용되므로 다른 법률에 구제절차가 있는 경우에는 그 절차를 모두 거친 후가 아니면 헌법소원심판을 청구할 수 없다(헌재법 제68조 제1항 단서). 그러므로 행정청이 재량권을 잘못 행사하여 국민의 기본권을 침해하는 경우에는 헌법재판소에 의한 통제대상이 될 수도 있다.

Ⅲ. 행정행위의 내용

행정행위는 그 법률효과의 발생원인을 기준으로 하여 법률행위적 행정행위와 준법률행위적 행정행위로 분류할 수 있음은 앞에서 설명한 바와 같다. 법률행위적 행정행위는 상대방에 대한 법률효과의 내용에 따라 명령적 행정행위와 형성적 행정행위로 나누어지고, 이러한 행정행위는 다

105) 대판 1984.1.31, 83무451.

106) 김동희, 전게서, 274면.

107) 대판 2004.5.28, 2004두961.

시 각 내용이 다른 다음과 같은 여러 종류로 구분된다. 그리고 준법률행위적 행정행위도 그 법률효과의 내용에 따라 분류하면 확인행위 · 공증행위 · 통지행위 및 수리행위가 있다.

1. 법률행위적 행정행위

법률행위적 행정행위는 행정청의 의사표시를 요소로 하고, 그 의사표시의 내용대로 효력이 발생하는 행정행위를 말한다. 법률행위적 행정행위는 상대방에 대한 법률효과의 내용에 따라 명령적 행정행위와 형성적 행정행위로 나뉘어진다.

1) 명령적 행정행위

(1) 의 의

명령적 행정행위란 국민에 대하여 일정한 의무를 부과하거나 또는 이미 과하여진 의무를 해제 · 면제함을 내용으로 하는 행정행위를 말한다. 이는 공공의 필요에 의하여 개인의 자연적 자유를 제한하거나 그 제한을 해제시켜 주는 행위라는 점에서, 개인에게 새로운 권리 또는 능력을 발생 · 변경 · 소멸시킬 목적으로 하는 형성적 행위와 구별된다. 따라서 명령적 행위에 위반하면 원칙적으로 행정상의 강제집행 또는 행정벌의 대상이 될 뿐이며, 그 위반행위가 반사회적인 것이 아닌 한 명령적 행위의 위반이 무효사유는 아니므로 그 행위의 법률상의 효력에는 영향을 미치지 않는다.

명령적 행정행위는 ① 의무를 명하는 행위인 하명과 ② 금지 또는 의무를 해제 또는 면제하는 행위로서의 허가 · 면제가 있다.

(2) 하 명

(가) 개 념

하명(下命)이라 함은 작위 · 부작위 · 급부 · 수인을 명하는 행정행위를 말하며, 이 가운데서 특히 부작위의 의무를 과하는 것을 금지라고 한다.

(나) 하명의 성질

하명은 새로운 의무를 과하는 것을 내용으로 하므로 침익적(부담적) 행정행위에 속하며, 따라서 법령의 근거를 필요로 한다. 또한 하명은 침익적 행정행위이기 때문에 법령에 특별한 규정이 있는 경우를 제외하고는 원칙적으로 기속행위이다.

(다) 하명의 종류

하명은 그 내용 · 목적 · 대상 등에 따라 여러 가지 유형으로 분류할 수 있다. 하명에 의하여 과하여지는 의무의 내용에 따라 작위하명 · 부작위하명 · 급부하명 · 수인하명으로 구분되며, 그에 의하여 달성하려는 목적에 의하여 조직하명 · 경찰하명 · 재정하명 · 군정하명 등으로 나눌 수 있다. 또한 그 대상에 따라 대인적 하명 · 대물적 하명 · 혼합적 하명 등으로 나눌 수도 있다.

(라) 하명의 대상 · 상대방

하명의 대상인 행위는 사실행위인 경우도 있으나 법률행위인 경우도 있다. 또한 하명, 특히 금지는 특정인에 대해서 뿐만 아니라 불특정 다수인에 대하여 행하여지는 경우가 있는데, 후자를 보통 일반처분이라고 한다.

(마) 하명의 효과

하명은 그 내용에 따라 상대방에게 일정한 공법상의 의무를 지도록 한다. 즉 작위하명에 의하여는 일정한 행위를 적극적으로 하여야 할 의무, 부작위하명(금지)에 의해서는 일정한 행위를 하지 않을 의무, 급부하명은 가치 있는 금전 · 물품 등을 제공할 의무, 수인하명의 효과로서는 행정청에 의한 실력행사를 감수하고 이에 저항하지 않아야 할 의무가 발생하는 것이다.

하명의 효과는 대인적 하명의 경우 원칙적으로 그 상대방에 대한 관계에서만 발생하지만, 대물적 하명에 있어서는 그 대상이 된 물건의 양수인에게 그 효과가 승계된다.

(바) 하명위반의 효과

수명자가 하명에 의하여 과해진 의무를 이행하지 않은 경우에는 행정상의 강제집행에 의해 그 의무내용이 실현되거나, 행정벌 기타의 제재가 과하여지는 것이 보통이다.

이와 같이 하명의 위반은 행정강제 또는 행정벌 등의 원인이 되지만, 그 행위의 법률적 효력까지 부인되는 것은 아니다.[108] 다만, 법률이 처벌만으로는 행정목적을 달성할 수 없는 때에는 법률이 행위 자체를 무효로 규정하는 예외적인 경우도 있다.

(사) 위법한 하명에 대한 구제

위법한 하명에 의하여 권리 · 이익의 침해를 받은 자는 행정심판 · 행정소송 등 행정쟁송을 제기하여 하명의 취소 · 변경을 구할 수 있다. 또한 공무원의 직무행위와 관련된 위법한 하명에 의하여 재산상의 손해를 입은 자는 국가배상법이 정하는 절차에 따라 손해배상을 청구함으로써 구제받을 수 있는 길이 마련되었다.

---

108) 대판 1983.3.22, 83다51; 대판 1985.3.12, 84다카643.

(3) 허 가

(가) 개 념

허가(許可)란 법규에 의한 일반적인 상대적 금지를 특정한 경우에 해제하여 적법하게 일정한 사실행위 또는 법률행위를 할 수 있도록 하는 행정행위를 말하며, 건축허가 · 영업허가 등이 그 예이다. 허가는 허가를 유보한 상대적 금지의 경우에만 가능하고, 어떠한 경우에도 해제될 수 없는 절대적 금지에 대하여는 허가가 허용되지 않는다.

여기에서 말하는 허가는 학문상 정립된 개념이고, 실정법상으로는 허가 · 인가 · 면허 · 특허 · 승인 등의 여러 가지 용어가 혼용되고 있는데, 당해 행위가 여기의 허가에 해당하는지의 여부는 관계법령의 구체적 규정이나 취지 등에 비추어 구체적으로 판단되어야 하는 것이다.

여기의 허가와 구별해야 할 개념으로 예외적 허가가 있다. '예외적 허가'란 일반적으로 허용되지 아니하는 행위를 극히 예외적으로 허가하여 주는 억제적 금지의 해제인 허가를 말한다. 이를 '예외적 승인'이라고도 한다.[109]

(나) 허가의 성질

① 법률행위적 행정행위이다.

② 명령적 행위인가 또는 형성적 행위인가: 종래의 전통적 견해에 의하면, 허가는 인간의 자연적 자유를 대상으로 하여 상대방에게 금지를 해제하여 이를 회복시켜 주는 행위로서 권리 기타의 법률상 능력을 설정하는 행위는 아니므로 명령적 행위이며, 이 점에서 특허 등 형성적 행위와 구별된다고 하는 것이 통설 · 판례[110]이었다.

그러나 최근에는 '허가의 명령적 행위성'에 대하여 의문을 제기하는 견해도 있다. 즉 허가는 단순한 자연적 자유의 회복에 그치는 것이 아니라, 제한을 해제하여 헌법상의 기본권을 적법하게 행사할 수 있도록 하여 주는 행위이므로 형성적 행위의 성질을 가지며, 이러한 점에서 허가와 특허의 구분은 상대화되어 가고 있다고 할 수 있을 것이다.[111]

③ 기속행위인가 또는 재량행위인가: 허가는 헌법상의 직업선택의 자유 등의 자유권의 행사에 관한 것이지만, 공익적 관점에서 개별법상 그 행사에 일정한 제한이 가하여지고 있는 행위를 그 대상으로 하고 있는 것이기에 관계법상의 허가요건이 충족된 경우, 그것은 당해 자유권의 행사에 공익상의 장해요인이 없다는 것을 의미하게 되므로 관계법상의 요건을 충분히 갖춘 경우에는 행정청은 법령에 특별한 규정이 없는 한 허가를 하여야 할 기속행위에 속한다고 보는 것이 종래의 통설적 견해이다.[112] 판례도 같은 입장이다.[113]

---

109) 김남진 · 김연태, 전게서, 230-231면; 석종현, 전게서, 278면.

110) 대판 1963.8.22, 63누97; 대판 1984.11.13, 84누389; 대판 1985.2.8, 84누369.

111) 김남진 · 김연태, 전게서, 232면; 김도창, 전게서, 401-402면; 김동희, 전게서, 283면; 박윤흔 · 정형근, 전게서, 317면; 홍정선, 전게서, 215면.

그러나 허가에도 기속행위와 재량행위(특히 선택재량행위)가 모두 있을 수 있으나, 일반적으로는 기속행위의 성질을 가진다고 말할 수 있다. 또한 허가의 요건이 불확정개념으로 규정되어 있는 경우에는 그의 해석과 적용에 있어서 행정청의 판단여지가 인정될 수도 있을 것이다.[114)]

(다) 허가의 종류

허가를 하려면 허가요건에 대한 심사를 하게 되는데, 허가는 심사대상에 따라 대인적 허가, 대물적 허가, 혼합적 허가로 분류된다.

대인적 허가는 의사면허 · 운전면허 등 사람의 능력 · 지식 등 주관적 요소를 심사대상으로 하는 허가를 말하고, 대물적 허가는 건축허가 · 차량검사 등과 같이 물건의 객관적 상황을 판단하여 행하는 허가이며, 혼합적 허가는 사람과 물건의 양자 전체를 심사대상으로 하는 허가를 말한다.

이러한 허가의 구별실익은 허가효과의 이전성 여부에 있다. 대인적 허가는 일신전속적인 것이므로 타인에게 이전할 수 없으나, 대물적 허가의 효과는 이전할 수 있으며, 혼합적 허가는 원칙적으로 그 효과의 이전이 제한되지만 법률이 허가청의 승인 등을 받아 이전할 수 있도록 규정한 경우도 있다.

(라) 허가의 신청

허가의 대상은 보통 건축허가 등 사실행위이지만, 예외적으로는 무기양도허가 등의 법률행위인 경우도 있다.

허가는 신청을 반드시 전제로 하지는 않으며, 통행금지해제 · 보도관제해제 등과 같이 신청에 의하지 않는 허가도 있다. 그러나 보통 허가는 신청에 의하여 행해진다. 허가가 상대방의 신청을 전제로 하는 경우에 그 신청이 허가의 필수요건인지 여부의 문제에 관하여는 견해가 대립된다. 긍정설은 신청은 허가의 필수적 전제요건이므로 신청이 없는 허가는 무효라고 한다.[115)] 이에 대하여 부정설에 의하면 특별한 규정이 없는 한 신청이 허가의 필수요건이 아니며 신청이 없는 허가나 신청과 다른 내용의 허가도 당연무효가 되는 것이 아니라고 한다.[116)] 판례는 신청과 다른 내용의 허가는 당연무효가 아니라고 판시한 바 있다.[117)] 생각건대, 허가는 원칙적으로 신청을 필요로 하지만, 신청의 요건을 엄격하게 이해할 필요는 없다. 신청이 없는 허가나 수정허가는 상대방의 동의가 있음으로써 그 효력이 완성된다고 할 수 있다.[118)]

---

112) 김동희, 상게서, 284면.
113) 대판 1992.12.11, 92누3038; 대판 1993.5.27, 93누2216.
114) 김남진 · 김연태, 전게서, 233면; 석종현, 전게서, 282면.
115) 박균성, 전게서, 239면.
116) 석종현, 전게서, 284면.
117) 대판 1985.11.26, 85누382.
118) 김남진 · 김연태, 전게서, 234면.

(마) 허가의 형식

허가는 하명의 경우와는 달리 그 성질상 항상 행정처분의 형식으로만 행하여지고, 직접 법령에 의한 허가는 없다. 그 이유는 허가는 일반적 금지의 존재를 전제로 특정한 경우에 그 금지를 해제하여 주는 것인데, 법령에 의한 일반적 허가가 행하여질 수 있다면 벌써 허가의 전제가 되는 일반적 금지가 모두 소멸하기 때문이다.

그리고 허가처분은 특정의 상대방에 대하여 개별적으로 행하여지는 것이 원칙이지만, 불특정 다수인에 대하여 행하여지는 경우도 있다.

또한 허가도 행정처분의 일종이므로 문서에 의하여 행하는 것이 원칙이다(행정절차법 제24조). 그 외에 개별법에서 허가의 유무 및 내용을 객관적으로 명백히 하기 위하여 등록증 · 면허증 등의 교부와 같은 형식을 취하도록 규정하고 있는 경우도 많다.

(바) 허가의 효과

① 금지의 해제 : 허가의 효과는 일반적 금지를 해제하여 상대방이 적법하게 어떠한 행위를 할 수 있도록 하는 자연적 자유의 회복에 그친다는 것이 종래의 통설이다. 허가로 인하여 상대방이 얻게 되는 일정한 사업의 사실상의 독점적 이익이 있다고 하더라도 그것은 부수적 · 반사적 효과에 불과하다. 그러므로 일정한 권리, 권리능력, 포괄적 법률관계를 설정하는 특허나 제3자의 법률적 행위를 보충하여 그의 법률상의 효과를 완성시켜 주는 인가와 같은 형성적 행정행위와는 그 성질이 다르다.

일반적으로 허가의 대상이 되는 사업이 거리제한 등에 의하여 보호되고 있는 경우, 관계법이 거리제한규정을 둔 취지가 전적으로 공익적 고려에 기한 것인 때에는 당해 이익은 반사적 이익에 그치나, 그 목적 · 취지가 기존업자의 이익도 동시에 보호하려는 것인 때에는 그것은 법적으로 보호되는 이익 내지는 권리라고 할 수 있는 것이다. 그러나 영업허가와 관련하여 경업자 간의 경쟁을 방지하기 위하여 거리제한을 허가요건으로 정할 수 있는가 하는 것이 헌법상의 직업선택의 자유, 영업의 자유와 관련하여 문제가 제기된다. 결론적으로 거리제한 등을 통한 방법으로 국민의 직업의 자유, 영업의 자유 등과 같은 기본권을 제한함에 있어서는 엄격한 요건을 필요로 한다고 하겠다.

② 법률상 이익의 보호 : 개인이 허가를 받아 향유하는 이익은 법률상 이익으로서 법의 보호를 받는 경우가 많다. 예를 들면, 허가를 받아 적법하게 음식점 등 일정한 영업을 하고 있던 중 이유 없이 허가가 철회되는 등 방해를 받은 자는 청구인적격자 · 원고적격자로서 행정심판 · 행정소송 등의 행정쟁송, 기타의 수단을 통해 보호받을 수 있다.

허가의 효과가 '반사적 이익 · 사실상 이익'으로서 법의 보호를 받지 못한 경우는, 적법한 허가를 받은 신규업자가 출현함으로써 기존업자의 영업상 이익이 감소하는 경우이다. 그리고 이 점이 허가의 효과가 처음부터 독점적 이익을 보장해 주는 특허의 효과와의 차이점이다.

③ 다른 법에 의한 제한 : 허가의 효과는 상대적인 것이어서 그 근거가 된 법령에 의한 금지를 해제할 뿐이고 다른 법령에 의한 제한까지 해제하는 것은 아니다. 따라서 공무원인 자가 음식점 영업허가를 받으면 식품위생법상의 금지는 해제되지만, 공무원법상의 영리업무금지까지 해제되는 것은 아니다.

그리고 어떠한 사업이나 행위에 있어서는 실제로 일을 착수하기까지 많은 법령에 의한 여러 기관으로부터 또다른 허가 · 특허 · 인가 · 확인 등을 받아서 해야 할 경우가 허다하다. 이러한 번잡성을 방지하기 위하여 특정한 법률에 의한 인 · 허가를 받게 되면, 유사한 다른 법령상의 인 · 허가를 받은 것으로 의제하는 제도, 즉 '집중효'(集中效)의 제도가 현행법에 채택되어 있다(국토의 계획 및 이용에 관한 법률 등 참조).

④ 허가효과가 미치는 범위 : 허가의 효과는 당해 허가행정청의 관할구역 안에서만 미치는 것이 원칙이다. 그러나 법령의 규정이 있는 경우나 운전면허 등과 같이 허가의 성질상 관할구역에 한정시킬 것이 아닌 경우에는 관할구역 밖에까지 그 효과가 미친다.

허가의 효과가 승계되는지의 여부는 대인적 허가인가, 대물적 허가인가, 혼합적 허가인가에 따라 다르다. 대인적 허가는 그 승계가 불가능하며, 대물적 허가의 승계는 가능한 것이 일반적인데, 혼합적 허가의 경우는 인적 요소의 변경에 대하여는 새로운 허가를 요하고 물적 요소의 변경은 신고를 요구하는 등의 제한이 일반적으로 따른다.[119]

(사) 허가의 갱신

허가의 갱신이란 허가의 유효기간이 만료된 경우에 있어 원래의 허가와 동일한 내용의 허가를 해주는 것을 말한다. 허가갱신의 요건을 법령에서 특별히 규정하고 있지 않은 경우에는 원허가의 요건은 갱신허가의 요건이 된다고 보아 허가를 갱신하게 된다.

(아) 무허가행위의 효과

허가를 받아 행하여야 할 행위를 허가 없이 행한 경우에는, 행정상의 강제집행이나 처벌(행정벌)의 대상은 되지만 행위 자체의 법률적 효력은 영향을 받지 않는 것이 원칙이다. 그러나 예외적으로 법률(특히 규제법)이 무허가행위에 대한 처벌 외에도 당해 행위의 무효를 아울러 규정하고 있는 경우도 있다.

(4) 면 제

면제(免除)란 법령 또는 법령에 의거한 행정행위에 의하여 일반적으로 부과되어 있는 작위의무 · 급부의무 또는 수인의무를 특정한 경우에 해제하는 행정행위를 말한다. 이러한 면제도 의무

---

119) 김남진 · 김연태, 상게서, 238면.

해제라는 점에서는 허가와 같지만, 허가는 부작위의무의 해제인 데 대하여, 면제는 작위의무 · 급부의무 또는 수인의무의 해제라는 점에서 허가와 다르다.

면제는 허가와 의무에 대한 것을 제외하고는 그 성질 · 종류 · 효과 등이 같은 행위이므로 허가에 관하여 위에서 설명한 이론은 대체로 면제에도 그대로 적용된다.

2) 형성적 행정행위

(1) 의 의

형성적 행정행위란 국민에 대하여 특정한 권리 · 권리능력 · 행위능력 또는 포괄적인 법률관계 기타 법률상의 힘을 발생 · 변경 · 소멸시키는 행정행위를 말한다. 형성적 행정행위는 제3자에 대하여 대항할 수 있는 법률상의 힘을 설정하는 것을 내용으로 하는 행위인 점에서, 자연적 자유의 제한 또는 그 제한의 해제를 목적으로 하는 명령적 행정행위와 구별된다.

형성적 행정행위는 상대방의 여하에 따라 ① 직접 상대방을 위해 권리 · 능력 · 포괄적 법률관계를 설정 · 변경 · 소멸시키는 행위(설권행위 · 변경행위 · 탈권행위)와 ② 제3자의 법률적 행위를 보충하여 그 효력을 완성시키는 행위(인가) 및 ③ 제3자를 대신하여 하는 행위(공법상 대리) 등이 있다.

(2) 특 허

(가) 개 념

특허(特許)란 특정의 상대방을 위하여 새로운 법률상의 힘을 부여하는 행정행위를 말한다. 이는 직접 상대방을 위한 행위로서 특정인에 대하여 새로운 권리 · 권리능력 · 행위능력 및 포괄적 법률관계를 설정하는 행정행위라는 점에서 설권행위라고도 한다. 이 중에서 권리설정행위를 좁은 의미의 특허라고도 한다. 특허 중에서도 특정인의 기존의 권리 · 능력 기타 포괄적 법률관계를 변경시키는 행정행위를 변경행위라 하고, 그것을 소멸시키는 행위를 박권(剝權)행위라고 한다.

특허도 학문상의 개념으로서 실정법상으로는 특허 이외에 허가 · 면허 등의 용어가 사용되는 경우가 있고, 학문상의 특허가 아닌 행위를 특허라고 표현하는 예도 있다.

(나) 특허의 성질

① 법률행위적 행정행위이다.

② 형성적 행정행위이다 : 특허는 상대방에게 권리 등을 설정하여 주는 행위이므로 형성적 행정행위인 점은 이미 설명한 바와 같다.

③ 기속행위인가, 재량행위인가 : 특허는 상대방에게 권리 등을 새로이 설정하는 형성적 행위이고, 특허에 있어서는 공익목적의 효과적인 달성을 고려하여야 하므로 원칙적으로 재량행위라고 본다. 다만, 법령상 특허를 기속행위로 규정할 수도 있다. 또한 특허의 요건규정이 불확정개념으

로 규정되어 있는 경우가 많은데, 그 중에서 판단여지가 인정되는 경우가 있다. 판례도 특허를 원칙상 재량행위로 본다.[120]

④ 공법상 계약인가, 쌍방적 행정행위인가 : 특허는 협력을 요하는 행정행위(쌍방적 행정행위)이다. 특허는 신청(출원)을 둘러싸고 공법상 계약인가, 아니면 쌍방적 행정행위인가에 관하여 견해의 대립이 있으나, 오늘날에는 출원을 특허의 성립요건이 아니라 효력요건으로 보아 특허는 협력(신청)을 요하는 쌍방적 행정행위로 보는 것이 일반적이다.

(다) 특허의 신청

특허는 상대방의 신청(출원)을 필요요건으로 한다는 것이 다수의 견해이다. 따라서 신청이 없거나 그 취지에 반하는 특허는 완전한 효력을 발생하지 못한다. 다만, 특허가 직접 법률에 의하여 행하여지는 경우에는 그 성질상 신청이 있을 수 없다. 특허신청의 경우 행정절차법이 정한 신청의 방식, 접수의 보류 · 거부, 부당한 반환의 금지, 접수증의 교부 및 보완(동법 제17조), 다수의 행정청이 관여하는 처분(동법 제18조), 처리기간 및 처리기준의 설정 · 공표(동법 제19조, 제20조)에 관한 규정이 적용된다.

(라) 특허의 형식

특허는 원칙적으로 구체적인 행정행위, 즉 특허처분의 형식으로 행하여지는 것이나, 예외적으로 법규에 의하여 직접 행해지는 경우도 있다. 그러나 법규허가는 없다.

그리고 허가는 불특정다수인을 상대로 행하여질 수 있지만, 특허는 언제나 특정인에 대하여 행하여지며, 불특정다수인에 대하여는 행할 수 없다.

또한 행정행위는 원칙적으로 요식행위가 아니나, 특허는 권리의 설정 등 중요한 내용을 담고 있으므로 일반적으로 서면에 의하여 행해진다고 보아야 할 것이다.[121]

(마) 특허의 효과

특허는 특정의 상대방에게 권리 · 능력 기타 법률상의 힘을 발생시킨다. 특허에 의하여 설정되는 권리는 일반적으로 공권이지만, 광업권 · 어업권 등과 같이 사권인 경우도 있다. 그리고 특허된 법률상의 힘을 제3자가 침해하면 권리침해가 된다.

특허의 효과는 대인적 특허와 같이 일신전속적인 것인 경우에는 이전성이 없으나, 대물적 특허의 효과는 특허의 전제가 된 물건이나 권리의 이전과 함께 자유로이 또는 일정한 제한[122]을 받은 상태로 이전될 수 있다.

---

120) 대판 1989.5.9, 88누4188; 대판 1992.4.28, 91누10220; 대판 1992.4.28, 91누13526; 대판 1996.10.11, 96누6172; 대판 2002.1.22, 2001두8414; 대판 2002.6.28, 2001두10028; 대판 2002.10.25, 2002두5795.

121) 김남진 · 김연태, 전게서, 241면.

122) 예를 들면, 행정청에의 신고 또는 행정청의 승인을 말한다.

(3) 인 가

(가) 개 념

인가(認可)란 행정주체와 직접적인 관계가 없는 다른 법률관계의 당사자 사이에 발생하는 법률행위를 보충하여 법률상 효력을 완성시켜 주는 행정행위를 말한다. 개인간의 법률행위는 행정주체의 관여가 없더라도 완전히 효력을 발생하는 것이 원칙이지만, 공익적 관점에서 일정한 법률행위는 법령의 규정에 그 효력발생에 행정청의 동의를 요건으로 하는 경우가 있다. 이러한 경우 행정청이 제3자들 사이의 법률행위에 동의함으로써 그 행위를 보완하여 법률상 효력을 완성시켜 주는 타자를 위한 행위를 인가라고 한다. 이는 보충행위라고도 한다. 예컨대, 비영리법인의 설립허가, 재단법인의 정관변경허가, 공공조합의 설립인가, 사립대학의 설립인가 등이 이에 해당된다.

여기의 인가도 허가나 특허처럼 학문상의 개념이다. 실무상으로 인가라는 개념이 사용되기도 하나 승인 · 허가 또는 인허라는 개념도 사용된다.

(나) 인가의 성질

① 법률행위적 행정행위이다.

② 형성적 행정행위이다 : 인가는 인가의 대상이 되는 기본행위의 효력을 완성시켜 주는 행위인 점에서 형성적 행정행위다.

③ 기속행위인가, 재량행위인가 : 인가행위의 기속성 여부는 근거법령의 법문에 따라 판단하여야 한다. 만약, 법령에 특별한 규정이 없다면 인가의 대상이 공익적 견지에서 판단을 요하는 것인지, 아니면 사익의 보호를 위한 것인지의 여부 등을 고려하여 판단하여야 한다.[123] 따라서 인가는 기속행위인 경우도 있지만 재량행위인 경우도 적지 않다.

④ 쌍방적 행정행위이다 : 인가는 상대방의 신청(출원)에 의하여 행하여지는 점에서 쌍방적 행정행위 또는 협력을 요하는 행정행위이다.

⑤ 법률행위의 효력요건이다 : 인가는 법률행위의 효력요건이므로 무인가행위는 원칙적으로 무효이다. 이와는 반대로 허가는 적법요건으로서 무허가행위는 처벌의 대상은 되지만, 원칙적으로 무효로 되지 않는 점에서 무인가행위와 차이가 있다.

(다) 인가의 신청

인가는 언제나 신청(출원)을 전제로 한다. 인가는 제3자의 법률행위에 동의함으로써 그 법률적 효력을 완성하는 행위이므로 행정청은 그 인가의 여부만을 소극적으로 결정하는 데 그치며, 적극적으로 신청의 내용과 다른 '수정인가'는 법률에 특별한 근거규정이 없으면 행할 수 없다.

---

123) 홍정선, 전게서, 226면.

(라) 인가의 대상 · 형식

인가의 대상이 되는 행위는 제3자의 행위이고 법률적 행위에 한정된다. 인가의 대상이 되는 행위는 공법상 행위일 수도 있고 사법상 행위일 수도 있다.

인가는 일반적인 형식의 인가는 허용되지 아니하고 항상 구체적인 처분의 형식으로 행한다. 그리고 인가는 반드시 문서에 의하여야 하는 것은 아니며, 법령에 의하여 일정한 형식이 요구되고 있는 경우를 제외하고는 불요식행위이다.

(마) 인가의 효과

인가가 행해지면 인가의 대상이 된 제3자의 법률적 행위는 그 법적 효력을 발생한다. 그런데 그 효과는 사법적인 것도 있고, 공법적인 것도 있다.

인가를 받아야 할 행위를 인가 없이 행한 무인가행위의 경우에는, 인가는 유효요건이므로 당해 행위는 효력을 발생하지 않고 무효로 된다. 그러나 이 경우에 허가와는 달리 행정청은 상대방에 대하여 행정강제 또는 행정벌을 과할 수 없는 것이 원칙이다.

(바) 인가와 기본적 법률행위의 효력관계

인가는 제3자의 법률행위에 동의함으로써 그 효력을 완성시키는 보충적 행위에 그치고, 그 법률행위의 하자를 치유하는 효력을 갖는 것은 아니다.[124]

따라서 기본적 법률행위가 불성립 또는 무효인 경우는 인가가 있다고 하여 그 법률행위가 유효로 되는 것은 아니다.[125] 그리고 인가의 대상인 기본행위에 취소원인인 하자가 있는 경우에 인가로서 그 취소원인이 소멸되는 것은 아니며, 인가 후에도 그 기본행위를 취소할 수 있다. 또한 적법 · 유효하게 성립된 기본적 법률행위가 사후에 실효되면 인가도 당연히 효력을 상실한다. 인가행위 자체는 적법한 것이나, 기본적 법률행위에 하자가 있는 경우에는 그 하자를 이유로 기본행위의 효력을 다툴 수는 있으나, 인가행위의 무효확인 또는 취소를 청구할 수는 없다 할 것이다.[126]

그러나 기본행위가 적법 · 유효하고 보충행위인 인가처분 자체에만 하자가 있다면 그 인가처분의 무효나 취소를 주장할 수 있다. 인가처분이 무효이거나 인가처분이 취소된 경우에는 기본행위는 무인가행위가 된다.[127]

(4) 대 리

여기의 대리는 공법상 대리를 말하고, 그 의미는 사법의 경우와 같다. 공법상 대리라 함은 제3

---

124) 김동희, 전게서, 291면.

125) 대판 1987.8.18, 86누152.

126) 대판 1994.10.14, 93누22753.

127) 박균성, 전게서, 245면.

자가 하여야 할 행위를 행정주체가 대신하여 행한 경우에 제3자가 스스로 행한 경우와 같이 그 법적 효과를 직접 제3자에게 귀속하도록 하는 행정행위를 말한다. 이러한 공법상 대리는 원래 본인이 행하여야 할 행위를 행정목적의 달성을 위하여 행정청이 대신 행하는 것이므로 본인의 의사에 의한 대리행위가 아니라, 법률의 규정에 의한 법정대리이다. 이러한 공법상 대리에는 ① 감독적인 입장에서, ② 협의불성립시 조정적 입장에서, ③ 개인보호의 입장에서, ④ 국가의 행정목적 달성을 위하여 이루어지는 경우 등이 있다.

2. 준법률행위적 행정행위

준법률행위적 행정행위라 함은 법률행위적 행정행위와는 달리 의사표시를 그 요소로 하는 것이 아니라 의사표시 외의 작용, 즉 판단, 인식, 관념 등을 표시하고 그 법률적 효과는 행위자의 의사에 관계없이 직접 법규가 정하는 바에 따라 발생하는 행정행위를 말한다. 준법률행위적 행정행위는 확인 · 공증 · 통지 · 수리로 나뉘어진다.

1) 확인행위

(1) 의 의

확인행위란 특정한 사실 또는 법률관계의 존부(存否) 또는 정부(正否)에 관하여 의문이 있거나 다툼이 있는 경우에 행정청이 이를 공권적으로 판단하여 확정하는 행위를 말한다. 실정법상으로는 재결 · 재정 · 결정 · 특허 등의 용어가 사용되는 경우가 많다.

확인행위는 기존의 사실 또는 법률관계를 유권적으로 확정하는 행위일 뿐이고, 형성적 행위로서의 특허와 같이 새로운 법률관계를 창설하는 것은 아니다.

(2) 확인행위의 성질

확인행위는 어떤 사실 또는 법률관계의 존부 또는 정부를 판단하여 확정하는 행위이므로 법선언적 행위이고, 준사법적 행위로서의 성질을 갖는다. 또한 확인행위는 판단작용으로서 일정한 사실 또는 법률관계의 존부나 정당성이 객관적으로 확정되는 경우에는 행정청이 확인을 하여야 할 기속행위이다.

(3) 확인행위의 종류

확인행위는 ① 행정의 영역에 따라 조직법상의 확인행위(예 : 당선인 결정), 복리행정법상의 확인행위(예 : 도로구역 결정), 재정법상의 확인행위(예 : 소득금액 결정), 군정법상의 확인행위(예 : 군사시설보호구역 지정) 등으로, ② 대상에 따라 사실에 관한 확인행위(예 : 소득세 부과를 위한 소득액 결정), 법관계에 의한 확인행위(예 : 무효등확인심판의 재결) 등으로, ③ 쟁송절차를 거치는지의 여부에 따라 직권확인과 쟁송확인(예 : 행정심판의 결정) 등으로 구분할 수 있다.

(4) 확인행위의 형식

확인행위는 언제나 처분의 형식으로 하며, 법령에 의한 일반적인 확인은 없다. 확인은 행정절차법상의 처분에 해당하므로 일정한 형식이 요구되는 요식행위인 것이 원칙이다(동법 제24조).

(5) 확인행위의 효과

확인행위는 사실 또는 법률관계의 존부 또는 정부를 공적으로 확인하는 효과를 갖는다. 이 확인행위는 의문이 있거나 다툼이 있는 사실 또는 법률관계를 공권적으로 확인하는 행위인 점에서 법원의 판결과 유사하므로 모든 확인행위에 공통된 효력으로서 확인행위에는 불가변력이 발생한다고 본다.[128] 그러나 이의신청이나 행정심판의 재결과 같은 준사법적 행위에만 불가변력이 발생하는 것으로 보고, 그 이외의 확인행위는 취소권 또는 철회권이 제한되는 예로 보는 것이 타당하다는 견해도 있다.[129] 그 밖의 효과는 개별법률이 규정하는 바에 의하며 일률적인 것은 아니다. 그리고 확인행위의 효력발생 시기는 그 성질상 확인의 대상인 일정한 상태의 존재시기에 소급한다.

2) 공증행위

(1) 의 의

공증행위란 특정한 사실 또는 법률관계의 존재 여부를 공적으로 증명하는 행정행위를 말한다. 통설에 따르면, 확인은 특정한 법률사실이나 법률관계에 관한 의문 또는 분쟁이 있음을 전제로 하는 데 대하여, 공증은 의문이나 다툼이 없는 것을 전제로 하는 점에서 양자는 구별된다고 한다.[130] 공증행위의 예로는 부동산등기부의 등기, 토지대장 · 가옥대장의 등재, 합격증서 · 졸업증서의 발부, 여권의 발급, 면허장 · 영수증 · 허가증의 교부 등을 들 수 있다.

(2) 공증행위의 성질

공증행위는 행정행위성의 인정 여부가 문제된다. 공증의 공통된 효과로서 공증된 사항에 대하여 공적 증거력을 부여한다. 통설은 반증이 있게 되면 누구든지 공증의 취소를 기다릴 필요 없이 그것을 전복시킬 수 있다고 한다. 그러나 만일에 공증에 공정력(公定力)이 부인된다고 할 때, 그의 행정행위성에 대해서 의문이 제기될 만하다. 공정력은 불가변력과 함께 행정행위의 중요한 특성을 이룬다고 보기 때문이다.[131] 이러한 문제의 제기에도 불구하고 다수설은 공증행위도 직권취소

128) 김남진 · 김연태, 전게서, 247면; 김동희, 전게서, 294면; 류지태, 전게서, 135면; 박윤흔 · 정형근, 전게서, 327면; 석종현, 전게서, 293면; 홍정선, 전게서, 231면.

129) 박균성, 전게서, 252면.

130) 김도창, 전게서, 416면; 김동희, 전게서, 294면; 박윤흔 · 정형근, 전게서, 327면; 석종현, 전게서, 294면.

131) 김남진 · 김연태, 전게서, 248면.

나 쟁송취소될 수 있으므로 행정행위성을 인정하고 있다.[132)]

그리고 공증행위는 준법률행위적 행정행위로서 효과의사의 표시가 아닌 점에서 확인행위와 같으나, 판단의 표시가 아니라 인식의 표시인 점에서 양자는 구별된다.

또한 공증행위는 단순한 인식작용으로서 특정한 사실 또는 법률관계가 객관적으로 존재하면 공증을 하여야 하므로 관련법규의 내용상 명백한 것이 아닌 한 그 성질상 기속행위로 보아야 한다.

(3) 공증행위의 종류

공증행위의 종류에는 ① 부동산등기부 · 외국인등록부 · 선거인명부에의 등기 · 등록, 토지대장 · 임야대장 · 건축물대장 · 광업원부 등 각종의 명부 · 장부 · 원부에의 등재, ② 회의록 · 의사록의 기재, ③ 당선증서 · 합격증서 등 각종 증명서의 발급, ④ 영수증 · 허가증 등의 교부, ⑤ 여권 등의 발급, ⑥ 검인 · 증인의 날인 등이 있다.[133)]

(4) 공증행위의 형식

공증행위는 특정한 사실 또는 법률관계의 존재를 공적으로 증명하는 것이기 때문에 원칙적으로 문서에 의해야 할 뿐만 아니라 일정한 형식을 요한다. 따라서 공증행위는 행정절차법상의 처분에 해당하므로 요식행위인 것이 원칙이다(동법 제24조).

(5) 공증행위의 효과

공증행위의 공통적 효과는 공적 증거력이 발생하는 데 있다. 그러나 이러한 공증의 증거력은 그 증명된 것에 대한 반증이 있을 때까지만 일응 진실한 것으로 추정되는 데 그친다. 따라서 그에 대한 반증이 있는 때에는 행정청의 취소를 기다리지 않고서도 그 증거력을 다투고 이를 번복할 수 있다.[134)]

공증행위에 공적 증거력 외의 어떠한 효과가 발생하는가는 각 개별 법률이 정하는 바에 따라 다르다. 즉 공증은 권리의 성립요건(예 : 부등산등기부에의 등기), 권리행사의 요건(예 : 선거인명부에의 등록), 권리의 효력요건(예 : 광업원부에의 등록)이 되기도 한다.

3) 통지행위

(1) 의 의

통지행위라 함은 특정인 또는 불특정다수인에게 특정한 사실을 알리는 행정행위를 말한다. 여기에서 말하는 통지행위는 그 자체가 일정한 법률효과를 발생시키는 독립한 행정행위인 것으로

---

132) 류지태, 전게서, 137면; 홍정선, 전게서, 232면.

133) 김동희, 전게서, 244-245면.

134) 김동희, 상게서, 245면; 박균성, 전게서, 252면; 한견우, 전게서, 213면.

서, 행정행위의 효력발생요건인 통지 또는 고지와는 구별된다.

(2) 통지행위의 성질

통지행위는 법령이 정하는 일정한 법적 효과를 발생하는 준법률행위적 행정행위이다. 따라서 준법률행위적 행정행위인 통지는 효력발생요건으로서의 통지 또는 고지와 같은 표시행위(예: 요식행위의 문서교부 또는 송달) 및 단순한 사실행위로서의 통지(예: 당연퇴직의 통보)와 다르다.

통지행위는 어떤 사실에 관한 관념의 통지인 경우가 있고, 의사의 통지인 경우도 있는데, 어떠한 경우에나 행위자의 의사내용에 따라 통지의 효과가 발생하는 것이 아니라 법률이 규정한 바에 따라 법률효과가 발생하게 된다.

그리고 통지행위의 기속성 여부는 개개의 관련법령을 보고 판단할 문제이다. 한편, 준법률행위적 행정행위로서의 통지도 행정심판법과 행정소송법의 처분에 해당하므로 통지행위에 하자가 있으면, 그 하자를 이유로 취소나 무효확인을 구하는 행정쟁송이 가능하다.[135]

(3) 통지행위의 종류

통지행위의 종류에는 토지수용에 있어서 사업인정의 고시 · 특허출원의 고시 · 귀화고시 등과 같은 관념의 통지일 때가 있고, 대집행의 계고 · 조세체납자에 대한 독촉 등과 같이 행위자의 의사통지일 때도 있다.[136]

(4) 통지행위의 형식

통지행위는 행정절차법상의 처분에 해당하므로 요식행위인 것이 원칙이다(동법 제24조). 그러나 통지의 형식에 관하여는 구술에 의한 경우도 있고, 통지서의 교부 · 송달의 방법에 의하여 이루어지는 경우도 있다. 그리고 불특정다수인을 상대로 통지하는 경우 또는 특정인에 대한 통지의 경우라도 주소가 불분명한 경우는 공고 또는 공시송달의 방법으로 이루어진다.[137]

(5) 통지행위의 효과

통지행위에 어떠한 법적 효과가 발생하는가는 직접 법령에 규정한 바에 의하여 발생하기 때문에 그 법적 효과의 구체적 내용은 각 개별법령의 규정에 따라 다르다. 예컨대, 토지취득보상법에 의한 사업인정의 고시는 수용할 목적물의 범위가 확정되는 등의 법적 효과가 발생하고, 국세징수법에 의한 납세의 독촉이 있음에도 불구하고 납세의무자가 해당 조세를 납부하지 아니하면 체납처분의 절차를 진행할 수 있는 것과 같다.

135) 홍정선, 전게서, 235면.
136) 석종현, 전게서, 295면.
137) 한견우, 전게서, 214면.

4) 수리행위

(1) 의 의

수리행위(受理行爲)라 함은 행정청이 타인의 행위를 유효한 행위로 받아들이는 행위를 말한다. 이러한 의미의 수리는 하나의 의사작용인 까닭에 단순한 사실로서의 문서의 도달이나 접수와는 구별된다.

(2) 수리행위의 성질

수리행위는 행정객체의 행위인 신고 · 신청 등을 유효한 행위로 판단하여 수령하는 인식표시행위로서의 수동적 행위이다. 또한 공무원의 사표수리에는 공무원관계의 소멸이라는 법적 효과를 발생하는 형성적 행위성이 인정된다.[138] 위의 사표수리에 있어서와 같이 어떤 법적 효과를 발생시키는 수리만 행정행위(처분)로서의 성질을 가지는 것이며, 그 밖의 수리는 다만 사실행위의 성질을 가진다고 보아야 할 것이다.[139] 법이 정한 특별한 사정이 없는 한 수리에 필요한 법정의 형식적 요건이 제대로 갖추어진 경우의 신고는 수리되어야 하는 기속행위의 성질을 갖는다.

(3) 수리행위의 종류

수리행위의 예로 각종의 원서 · 신고서 · 신청서 · 청구서 · 사직서 등을 받아들이는 경우를 들 수 있다. 여기에서의 수리는 준법률행위적 행정행위로서의 수리만을 말하며, 자체완성적 사인의 공법행위에서 말하는 수리는 여기의 수리에 해당하지 않는다(예 : 출생신고의 수리).

(4) 수리행위의 효과

수리행위에 어떠한 법적 효과가 발생하는가는 각 개별법규가 정하는 바에 따른다. 즉 행정청이 타인의 행위가 유효한 것으로 수리하면, ① 혼인신고의 수리의 경우에는 사법상의 효과가 발생하며, ② 이의신청 · 행정심판청구 등이 수리되면 행정청은 심리하여 결정 · 재결하여야 하는 공법상의 효과가 발생한다. 특히 수리의 일시는 '부작위'의 성립 여부 또는 행정쟁송의 제기기간 등과 관련하여 중요한 의미를 가진다.

수리를 요하는 신고에 있어서 수리는 그 자체가 독립적인 행정행위의 일종이므로 이러한 수리나 수리의 거부는 행정상 쟁송의 대상이 된다. 신청이 형식적 요건을 갖추지 못한 경우에는 행정청에 의하여 보정명령을 하게 되며, 일정한 기한까지 보정되지 아니한 때에는 수리가 거부된다. 이 경우의 수리거부행위, 즉 각하는 행정청의 불수리(不受理)의 의사표시로서 소극적인 행정행위이며 행정쟁송의 대상이 된다.[140]

---

138) 한견우, 상게서, 215면.

139) 김남진 · 김연태, 전게서, 250면.

140) 대판 2010.11.18, 2008두167.

Ⅳ. 행정행위의 부관

1. 의 의

1) 개 념

행정행위의 부관(附款)이란 행정행위의 효과를 제한하거나 특별한 의무를 부과하거나 요건을 보충하기 위하여 행정기관에 의하여 주된 행위에 붙여진 종된 규율을 말한다. 따라서 부관은 주된 행정행위와의 관계에서 종적인 지위를 가지고 밀접한 관련성을 가진다. 그러므로 주된 행정행위에 발생한 사정에 영향을 받게 되는데, 이를 '부관의 부종성(附從性)'이라고 한다.

종래의 통설은 행정행위의 부관이라 함은 행정행위의 일반적인 효과를 제한하기 위하여 그 행위의 요소인 의사표시의 주된 내용에 부가되는 종된 의사표시로 정의하였다.[141] 이러한 견해에서는 '효과를 제한'하기 위하여 붙여지는 것만을 부관으로 보았으니, 그에 더하여 '특별한 의무의 부과'와 '요건의 보충'을 위하여 붙여지는 것도 부관으로 보는 것이 부관의 현실적 기능에서 보아 타당하겠다. 또한 이 견해는 '주된 의사표시'에 붙여진 '종된 의사표시'를 부관이라고 하는 바, 그것은 의사표시를 요소로 하는 법률행위적 행정행위에 부관을 붙일 수 있으나 준법률행위적 행정행위에는 부관을 붙일 수 없다는 것을 의미한다. 그러나 준법률행위적 행정행위는 의사표시를 구성요소로 하지 않기 때문에 '효과를 제한'하기 위한 부관은 붙일 수 없지만 '특별한 의무의 부과(부담)'와 '요건을 보충'하기 위한 부관은 붙일 수 있다고 할 것이므로 '주된 의사표시', '종된 의사표시'를 부관의 개념요소로 파악하지 않는 것이 타당하다고 생각한다.[142]

2) 부관과 구별되는 개념

(1) 법정부관

법정부관은 행정행위의 효과의 제한 내지 의무의 부과가 직접 법규에 의하여 규정되어 있는 경우로서, 행정행위의 부관과는 구별된다. 법정부관은 법령의 한 부분을 구성하므로 법정부관이 위법한 경우에는 법령에 대한 규범통제제도에 의하여 통제되며 법정부관이 처분성을 갖는 경우에는 항고소송의 대상이 된다.

(2) 내용상의 제한

행정행위의 부관은 또한 행정행위의 내용 그 자체를 이루는 것으로서의 행정행위의 내용적 제한과도 구별되어야 한다. 예컨대, 영업구역의 설정은 행정행위의 지역적 한계를 설정하는 것으로

141) 서원우, 전게서, 430면.

142) 박윤흔 · 정형근, 전게서, 335면; 석종현, 전게서, 297면.

서, 행정행위의 내용 그 자체를 정하는 것으로 구역 외에서의 영업행위는 무면허행위가 된다고 본다. 그러한 전제하에서는 아마도 종래 부관의 일종으로 열거되었던 '법률효과의 일부배제'라는 부관의 유형은 인정하기가 어렵다는 의문이 제기되기도 한다.[143)]

3) 부관의 제도적 의의

행정행위의 부관은 행정청이 다양한 행정사무를 취급함에 있어 여러 가지 상황의 특성에 보다 더 적합하고 합리적인 행정행위를 할 수 있도록 하여 주는 기능을 수행한다. 즉 행정행위의 부관은 행정의 신축성과 탄력성을 부여하고, 허가신청의 거부에 따른 재신청과 재심사로 인한 시간·노력을 절약할 수 있으며, 신청자의 이익과 공익 또는 제3자의 이익을 조화할 수 있는 데 그 순기능적 제도적 의미를 갖는다.

그러나 행정행위의 부관이 행정편의에 따라 부가되거나 남용되는 경우에는 부관이 오히려 국민의 권익보호에 장애의 우려가 될 수 있는 역기능적 문제점도 없지 않다. 따라서 부관의 남용에 대한 적절한 실체적·절차적 통제책의 마련도 중요한 과제이다.

한편, 과거에는 부관이 행정청에 의하여 일방적으로 붙여지는 것으로만 생각하는 경향이었으나, 판례는 "부담은 행정청이 행정처분을 하면서 일방적으로 부가할 수도 있지만 부담을 부가하기 이전에 상대방과 협의하여 부담의 내용을 협약의 형식으로 미리 정한 다음 행정처분을 하면서 부가할 수도 있다"고 판시함[144)]으로써 실제로는 행정청과 상대방의 협의·협상·계약을 통해서도 부관이 정해질 수 있다는 점에서도 그 의미를 찾을 수 있을 것이다.

2. 행정행위의 부관의 종류

부관은 그 내용에 따라 조건·기한·부담·철회권의 유보·법률효과의 일부배제 및 부담유보 등으로 분류하는 것이 일반적이다.

1) 조 건

조건이란 행정행위의 효력의 발생 또는 소멸을 그 발생이 불확실한 장래의 사실에 의존하게 하는 부관을 말한다. 불확실한 사실의 발생 여부가 상대방의 의사에 의존하는 경우의 조건을 '부진정조건'이라 부른다.

조건에는 정지조건과 해제조건이 있다. 정지조건은 일정한 조건의 성취에 의하여 행정행위가 비로소 효력을 발생하는 경우로서, 도로포장공사의 완성을 조건으로 한 버스사업의 면허가 그 예이다. 해제조건은 행정행위가 일단 효력을 발생하고 조건이 성취되면 행정행위의 효력이 상실되는

143) 김남진·김연태, 전게서, 250, 255면; 김동희, 전게서, 297면.
144) 대판 2009.2.12, 2005다65500.

경우로서, 일정한 기간내의 공사착수를 조건으로 한 공유수면매립의 면허는 이에 해당되는 예이다.

2) 기 한

기한이란 행정행위의 효력의 발생 또는 소멸을 장래의 발생이 확실한 사실에 의존하게 하는 부관을 말한다. 즉 장래의 특정시점에 종속시키는 부관이다. 기한은 당해 사실의 발생이 확실하다는 점에서 조건과 다르다. 이러한 기한에는 당해 사실의 도래시점이 확정되어 있는 '확정기한'과 도래시점이 확정되어 있지 않은 '불확정기한'이 있다.

기한에는 기한의 도래에 의하여 행정행위의 효력이 비로소 발생하게 되는 '시기(始期)'와, 행정행위의 효력을 소멸하게 하는 '종기(終期)'가 있다. 예컨대, 몇 년 몇 월 며칠부터 허가한다는 경우는 전자에 해당되고, 몇 년 몇 월 며칠까지 허가한다는 경우는 후자에 속한다.

3) 부 담

부담이란 보통 수익적 행정행위의 주된 내용에 부가하여 그 행정행위의 상대방에게 작위 · 부작위 · 급부 · 수인 등의 의무를 부과하는 부관을 말한다. 부담은 다른 부관과는 달리 그 자체가 독립한 행정행위이다. 그러나 부담은 주된 행정행위에 부가된 부관이므로 부담의 효력은 주된 행정행위의 효력에 의존한다.

부담은 법령상 또는 실무상 조건이라고 부르는 경우가 많지만, 양자는 그 성질상 구별되어야 한다. ① 부담은 정지조건과 구별된다. 부담부 행정행위는 부담의 이행과는 상관없이 즉시 효력을 발생하지만, 정지조건부 행정행위는 조건이 성취되어야 비로소 효력이 발생한다. ② 부담은 또한 해제조건과 구별된다. 해제조건의 경우에는 조건이 성취되면 행정행위의 효력이 당연히 소멸하게 되는데, 부담의 경우에는 부담에 의해 부가된 의무의 불이행이 있는 경우에도 행정행위가 당연히 효력을 상실하는 것은 아니며, 당해 행정행위를 철회하거나 행정상의 강제집행 또는 일정한 제재를 과할 수 있을 뿐이다. 또한 부담은 부담만이 독립하여 항고소송의 대상이 되지만 해제조건은 그러하지 않다.

4) 철회권의 유보

철회권의 유보란 행정행위의 주된 내용에 부가되어 있는 일정한 사유가 발생하는 경우에 행정청이 당해 행정행위를 철회하여 그의 효력을 소멸시킬 수 있는 권한을 유보하는 부관을 말한다. 철회권이 유보되어 있는 경우에도 그 자체만으로 직접 철회를 정당화하는 사유가 되는 것은 아니고, 행정행위의 철회에 관한 일반적 요건이 충족되는 경우에 비로소 철회가 허용되는 것이다.

철회권의 유보는 행정행위의 효력소멸의 원인이 되는 점에서 해제조건과 비슷한 면이 있으나, 철회권의 유보의 경우에는 유보된 사실이 발생하더라도 행정행위의 효력을 소멸시키려는 행정청의 철회가 있어야만 그 효력이 상실되는 데 대하여, 해제조건의 경우에는 조건사실이 발생하면 당연히 행정행위의 효력이 소멸하는 점에 차이가 있다. 그런데 철회권의 유보에 의해 유보된 사실이 발생하더라도 철회권의 행사가 항상 자유로운 것은 아니며, 이 경우에도 철회의 일반원칙에 따라야 한다.

5) 법률효과의 일부배제

법률효과의 일부배제란 법률이 행정행위에 부여하는 효과의 일부를 행정청이 배제하는 내용의 부관을 말한다. 예컨대, 택시의 영업허가를 하면서 택시의 격일제운행 또는 3부제운행을 부관으로 정하는 것 등이 이에 해당된다.

이 법률효과의 일부배제는 법률이 같은 종류의 행정행위에 일반적으로 부여하게 되어 있는 효과의 일부를 배제하는 것이므로 관계법령에 명시적 근거가 있는 경우에 한하여 붙일 수 있는 부관이라고 보아야 할 것이다.

6) 부담유보

부담유보란 행정청이 행정행위를 행하면서 사후적으로 부담을 추가하거나, 이미 부가된 부관의 내용을 변경 · 보완할 수 있는 권한을 유보하는 내용의 부관을 말한다. 이는 '사후변경의 유보' 또는 '추가변경의 유보'라고도 한다.

이 부관의 인정가능성이 논의되어 오던 중 독일 행정절차법 제36조 제2항 제5호에 부담유보, 즉 부담의 사후적 추가 · 변경 또는 보충권의 유보가 성문화되었다. 독일의 다수 견해는 부담유보를 독립의 행정행위로 본다. 오늘날은 사회 · 경제적 변화 및 기술적 발전이 너무나 빠르고 예측하기 어려워 그와 같은 내용의 새로운 부관이 급변하는 행정환경에 합리적으로 적응할 수 있는 수단을 제공하게 될 것이라는 점에서 우리나라에서도 이러한 부관을 인정함이 타당할 것이다.

3. 행정행위의 부관의 가능성과 한계

1) 부관의 가능성

종래에는 법률행위적 행정행위 중 재량행위에만 부관을 붙일 수 있고, 준법률행위적 행정행위나 기속행위에는 부관을 붙일 수 없다고 보았다. 그러나 부관의 허용성의 문제는 '어떠한 행정행위에 부관을 붙일 수 있느냐'의 문제이기 때문에 개개의 행정행위의 성질에 비추어 결정되어야 한다.[145] 개별법에 명문규정으로 부관의 근거가 있는 경우에는 그 규정에 의하여 부관을 붙일 수 있으나, 명문규정이 없는 경우에는 다음의 설명에 의한다.

---

145) 석종현, 전게서, 306면.

(1) 법률행위적 행정행위와 준법률행위적 행정행위

종래의 통설과 판례는 부관이 '행정행위의 효과를 제한하기 위하여 주된 의사표시에 부가되는 종된 의사표시'라는 개념을 전제로 하여, 부관은 의사표시를 요소로 하는 법률행위적 행정행위에만 붙일 수 있으며, 의사표시를 요소로 하지 않는 준법률행위적 행정행위에는 제한을 가할 주된 의사표시가 없으므로 부관을 붙일 수 없다고 하였다.[146)]

그러나 오늘날의 다수설은 앞에서 살펴본 바와 같이 부관의 개념부터 달리 파악하여 행정행위의 효과를 제한하기 위한 것뿐만이 아니라 그 상대방에게 특별한 의무를 부과하기 위한 부관과 요건을 충족하기 위한 부관도 붙일 수 있다고 본다. 따라서 준법률행위적 행정행위에도 법률의 규정에 의하여 부관을 붙일 수 있는 경우도 있다.

그러므로 부관의 가능성은 법률행위적 행정행위인가, 준법률행위적 행정행위인가의 여부에 따라 획일적으로 결정할 것이 아니라 개개의 행정행위의 성질과 근거규정에 의하여 개별적으로 결정하여야 하는 것이 타당하다.[147)] 예컨대, 법률행위적 행정행위 중 공무원의 임명행위 또는 귀화허가와 같은 신분설정행위는 부관에 친하지 않은 행정행위이고, 여권에 대하여 5년이나 10년의 종기를 붙이는 확인행위 및 공증행위와 같은 준법률행위적 행정행위가 여기에 해당된다.

(2) 기속행위와 재량행위

종래의 통설과 판례에 의하면, 부관은 법률행위적 행정행위 중에서도 재량행위에만 붙일 수 있다고 보았다. 왜냐하면 기속행위에 있어서는 행정청은 법규에 엄격히 기속되므로 그 효과를 제한하는 의미로서의 부관은 붙일 수 없기 때문이라는 것이다.[148)]

그런데 종래의 통설 · 판례가 기속행위에는 절대로 부관을 붙일 수 없다고 하는 것은 행정행위의 효과를 제한하는 것만이 부관의 기능인 것으로 오해하고 있는 데에 기인한 것으로 보인다. 그러나 전술한 바와 같이 행정행위의 효과를 실현하기 위하여 그 요건을 보완하는 것도 부관의 중요한 기능인 것을 이해할 필요가 있다. 부관의 기능을 이와 같이 이해할 때, 재량행위라고 하여 무조건 부관을 붙이고 기속행위에는 절대로 붙이지 못하는 것은 아니며, 기속행위에 대하여도 장래에 있어서의 법률요건의 충족을 확보할 필요가 있다고 판단되는 때 등에는 부관을 붙이는 것이 가능하다고 본다.[149)]

146) 대판 1975.8.29, 75누23; 대판 2009.2.12, 2005다65500.

147) 석종현, 전게서, 306면; 홍정선, 전게서, 301면.

148) 대판 1988.4.27, 87누1106; 대판 1990.10.16, 90누2253; 대판 1993.7.27, 92누13998; 대판 1995.6.13, 94다56883; 대판 2004.3.25, 2003두12873; 대판 2007.7.12, 2007두6663.

149) 김남진 · 김연태, 전게서, 258면; 류지태, 전게서, 162면; 박균성, 전게서, 263면; 석종현, 전게서, 307면; 홍정선, 전게서, 301면.

(3) 사후부관의 문제

행정행위를 발한 사후에 새로이 부관을 붙이는 것이 가능한가의 문제에 대하여는 다음과 같이 견해가 대립되고 있다.

(가) 부정설

이 견해에 의하면, 부관은 행정행위의 본체인 행정행위에 부수된 종된 것이므로 그의 독자적 존재를 인정할 수 없다. 따라서 사후에 행정행위의 부관만을 따로 붙일 수 없다고 한다.[150]

(나) 부담에 한하여 가능하다는 설

이 견해는 사후부관의 가능성을 일반적으로 인정하는 일은 부관의 성질에 어긋나지만, 부담은 그의 부관성 자체에 문제가 있는 것으로서, 그의 존속이 본체인 행정행위를 전제로 하는 것일 뿐 그 자체로서 하나의 행정행위를 이루는 것이므로 본체인 행정행위에 부담을 붙일 수 있는 경우라면 사후에도 부담을 과할 수 있는 것으로 본다.[151]

(다) 제한적 가능설

이 견해는 법령에 근거가 있거나 사후부관의 가능성이 유보되어 있는 경우 및 상대방의 동의가 있을 때에 한하여 사후부관이 가능하다는 학설이다. 생각건대, 제한적 가능설이 타당하다.[152] 판례도 이 제한적 가능설을 취하고 있다.[153]

2) 부관의 한계

부관은 행정청의 의사에 의해서 이루어지는 것이기는 하지만 본체인 행정행위와의 관계에서 본체인 행정행위의 부종성을 갖기 때문에 부관이 허용되는 경우에도 그 내용상의 한계에 관한 문제가 제기된다. 행정행위로서의 한계와 부관의 부종성에서 나오는 한계를 포섭하는 부관의 내용상의 한계로서, 부관에 적용되는 것으로 일반적으로 논의되는 법원리를 지적하면 다음과 같다.

(1) 법률의 규정에 의한 한계

법률이 부관의 내용에 대하여 일정한 한계를 규정하고 있는 경우에는 그 한계를 벗어날 수 없으며, 그 한계를 벗어난 부관은 위법한 것이 된다.

---

150) 윤세창, 「행정법(상)」. 박영사, 1985, 226면.

151) 이상규, 「신행정법론(상)」. 법문사, 1997, 388면.

152) 김남진 · 김연태, 전게서, 260면; 류지태, 전게서, 164면; 석종현, 전게서, 308면.

153) 대판 1997.5.30, 97누2627.

(2) 목적에 의한 한계

부관은 관계법상의 목적을 실현하기 위한 것이어야 하므로 당해 목적과 상관없는 다른 목적을 위한 부관은 '부당결부금지원칙'에도 위반한 위법한 것이다.

(3) 성질에 의한 한계

부관은 행정행위의 성질에 비추어 붙일 수 없는 경우도 있다. 예컨대, 공무원의 임명행위 · 귀화허가 등은 신분을 설정하는 행정행위이므로 법적 안정성의 원칙에 비추어 보아 조건을 붙일 수 없다. 만일, 이러한 행정행위에 부관이 붙여진다면 위법한 것이다.

(4) 평등원칙에 의한 한계

부관은 평등원칙에 위배된 것이어서는 아니 되며, 그 내용에 있어서 다른 자에 비하여 특정인에게만 불리한 부관이라면 그것은 위법한 것이 된다.

(5) 비례원칙에 의한 한계

부관의 내용은 비례원칙에 부합되어야 하며, 구체적으로 부관은 당해 행위의 목적을 실현하기 위한 최소한도의 것이어야 한다. 이러한 한계를 벗어난 부관은 위법이다.

(6) 기타의 한계

위에서 적시한 항목 이외에도 부관이기 때문에 갖는 한계와는 달리 부관도 행정행위의 하나의 구성부분이므로 본체인 행위와 마찬가지로 행정행위로서의 적법요건도 구비하여야 한다. 즉 ① 부관은 법령에 적합하여야 하고, ② 부관은 법령상 또는 사실상으로 가능한 것이어야 하며, ③ 부관의 내용은 명확한 것이어야 한다. ④ 또한 부관은 행정법의 일반원칙도 준수하여야 하고, 이를 어기면 위법이 된다.

부관이 위법한 것인 경우에, 그것이 무효인 것인가 또는 취소할 수 있는 것인가는 행정행위의 무효 · 취소의 구별기준에 준하여 판단될 수 있을 것이다.[154]

4. 하자로 인한 행정행위의 위법한 부관과 행정행위의 효력

1) 행정행위의 부관의 하자와 위법

행정행위의 부관이 그 한계를 넘어 하자가 있게 되면 위법이 된다. 위법한 부관은 행정행위의 하자이론에 따라 무효가 되거나 취소할 수 있는 부관이 될 것이다. 즉 부관의 하자가 중대하고

---

154) 김동희, 전게서, 304-305면.

명백한 때에는 그 부관이 무효가 될 것이며, 그 하자가 중대하고 명백한 것이 아닌 경우에는 취소할 수 있는 부관이라 할 것이다.

2) 무효인 부관과 행정행위의 효력

부관이 무효인 경우에 그것이 그 본체인 행정행위의 효력에 어떠한 영향을 미치는가에 대하여는 다음과 같이 견해가 나누어진다. 즉 ① 부관의 무효는 그 부관만이 무효로 되고 본체인 행정행위에는 영향을 미치지 아니하고, 당해 행위는 부관 없는 단순행정행위로 된다는 설, ② 부관의 무효는 행정행위 자체를 무효로 한다는 설, ③ 원칙적으로 부관 없는 단순행정행위가 되는 것이나, 부관이 그 행위에 있어서 없어서는 아니 될 본질적인 요소를 이루는 것으로서 그 부관이 없었으면 행정청이 당해 행정행위를 행하지 않았을 것이라고 인정되는 경우에는, 부관의 무효는 본체인 행정행위 그 자체를 무효로 한다는 설 등이 대립되고 있다. 여기에서 제3설이 통설이며 타당하다.[155]

왜냐하면 부관은 그 내용상 본체인 행정행위와 분리될 수 있는 성질의 것이 있는 반면에, 그와는 반대로 그것이 본체인 행정행위의 중요한 요소를 이루고 있어 부관이 없이는 행정청이 행정행위를 하였을 것으로 상정될 수 없는 경우도 있기 때문이다.[156]

3) 취소할 수 있는 부관과 행정행위의 효력

위법한 부관이 취소할 수 있는 부관인 경우 상대방은 취소소송을 통하여 다툴 수 있는데, 부관이 본체인 행정행위와 분리될 수 있고 본체인 행정행위의 본질적 부분이 아닌 경우에는 부관만이 취소될 수 있지만, 부관이 주된 행정행위와 분리될 수 없거나 주된 행정행위의 본질적인 부분을 이루는 경우에는 부관만의 취소는 인정되지 않고 부관부 행정행위의 전부를 취소하여야 한다.[157]

5. 행정행위의 위법한 부관과 행정쟁송

1) 위법한 부관에 대한 행정쟁송의 문제

하자있는 위법한 부관에 대한 행정쟁송의 문제에 있어서는, ① 부관만의 취소를 구하고자 하는가(진정일부취소소송), 아니면 부관이 붙은 행정행위 전체를 쟁송의 대상으로 하여 부관만의 취소를 청구하고자 하는가(부진정일부취소소송)를 나눌 필요가 있으며, ② 위법한 부관의 경우 부관 그 자체만을 쟁송의 대상으로 할 수 있는가(독립쟁송가능성)와 당해 쟁송에서 부관만의 취소

155) 김남진 · 김연태, 전게서, 261면; 김도창, 전게서, 426면; 박윤흔 · 정형근, 전게서, 345-346면; 서원우, 전게서, 4338-439면; 석종현, 전게서, 309면; 이상규, 전게서, 390면.

156) 김동희, 전게서, 305면.

157) 박균성, 전게서, 266면.

가 가능한가(독립취소가능성)를 구별하는 동시에, ③ 쟁송형태의 문제를 아울러 고려해야 한다.[158)]

2) 부관의 독립쟁송가능성

(1) 견해의 대립

(가) 부담만의 독립쟁송가능성설

부관 중 부담은 본체인 행정행위의 불가분적 요소가 아니라 본체인 행정행위의 존재를 전제로 존속하는 그 자체로서 하나의 독립한 행정처분으로서의 성질을 가지므로 부담만을 독립적으로 다툴 수 있어 직접 행정쟁송의 대상이 된다. 그러나 그 밖의 부관은 그 자체로서 독자적인 처분성을 갖지 못하고 주된 행정행위의 한 부분으로서의 성격을 갖는 부관일 뿐이므로 전체로서의 부관부 행정행위를 다투어야 한다는 견해이다.

(나) 모든 부관의 취소청구가능성설

이 견해는 부관에 위법성이 존재하는 한 그 종류를 불문하고 소의 이익이 있다면 모든 부관에 대하여 독립하여 행정쟁송을 제기할 수 있다고 본다. 그 논거로서 부관의 본체인 행정행위와의 불가분성은 쟁송을 이유 있게 하는 것과 관계되는 것일 뿐 쟁송의 허용성과 관계되는 것은 아니라는 점을 들고 있다.

(다) 분리가능성설

부관의 독립쟁송가능성 여부의 문제는 법원에 의한 부관의 독자적인 취소가능성 문제의 전제조건으로서의 성격을 갖는다고 볼 수 있으므로, 부관만의 독립취소가 법원에 의하여 인정될 정도의 독자성[159)]을 갖고 있는가에 의존한다고 한다. 따라서 분리가능성이 없는 부관의 경우에는 독립쟁송가능성은 부인된다고 한다.

(라) 판 례

판례는 다른 부관을 제외한 부담에 한하여 행정쟁송의 대상이 될 수 있다는 입장을 취하고 있다.[160)]

(2) 결 어

부관의 독립쟁송가능성은 당사자가 부관을 주된 행정행위와는 독립하여 취소소송으로 다툴 수 있는가의 문제로서, 이것이 부관이 독립적으로 취소소송의 대상이 되는가의 문제이다.

---

158) 김남진 · 김연태, 전게서, 261-265면 참조.

159) 즉 주된 행정행위와의 분리가능성을 말한다.

160) 대판 1986.8.19, 86누202; 대판 1992.1.21, 91누1264; 대판 1992.2.21, 91누1264; 대판 1993.10.8, 93누2032; 대판 2001.6.15, 99두509.

따라서 처분성이 인정되는 부담의 경우에는 부담만의 취소를 구하는 소송(진정일부취소소송)을 제기할 수 있으며, 독자적인 처분성이 인정되지 못하는 부관인 때에는 당해 부관이 부가된 전체 행정행위를 대상으로 소송을 제기하고 그 중에서 부관만의 취소를 구하는 소송형태(부진정일부취소소송)를 갖추어야 할 것이다.[161]

3) 위법한 부관에 대한 쟁송제기의 형태

(1) 쟁송제기의 형식 논의

부관의 하자를 독자적으로 다툴 수 있는 가능성이 개별적인 경우에 비추어 허용된다고 하더라도 이를 쟁송제기에 있어서 어떠한 모습으로 관철시킬 수 있는가 하는 것은 별개의 문제이다.[162] 이에 대하여 처분성이 있어 독립쟁송가능성이 있는 부담인 경우에는 당해 부담만을 취소소송의 직접적인 대상으로 하여 소송을 제기하는 진정일부취소소송을 인정하는 데 이견이 없다. 그러나 부담 이외의 부관에 대하여 부진정일부취소소송을 인정할 것인지의 여부에 대하여는 견해가 대립되고 있다.

(2) 학 설

학설은 일반적으로 부담 이외의 부관에 대하여는 처분성이 인정되지 않고 행정소송법 제4조 제1호의 '변경'은 의무이행소송이 인정되지 않고 있는 현행법상으로는 적극적인 처분의 변경이 아니라 처분의 일부취소를 구하는 것을 의미한다고 보는 입장에서, 부관부 행정행위 전체를 소송대상으로 하여 그 중에서 부관 부분만의 취소를 구하는 부진정일부취소소송의 형식을 취해야 한다고 한다.

(3) 판 례

판례를 보면 부담을 제외한 나머지 부관에 대해서는 부관만의 취소는 구할 수 없고, 부관이 붙은 행정행위 전체의 취소를 통해서만 부관을 다툴 수 있다는 태도를 취하고 있다.[163] 또한 위법부관이 중요부분이면 전부취소의 판결을, 그렇지 않으면 기각판결을 내림으로써 부담 이외의 위법부관에 대하여는 일부취소를 인정하지 않는다.[164]

결국 대법원의 입장에 의하면 원고가 전체 행정행위를 대상으로 취소소송을 제기하여 부관의 위법성이 판명되면 법원은 당해 행정행위 전체를 취소하게 되고, 이에 따라 취소판결의 기속력 중 재처분의무에 의해 판결주문의 전제가 된 판결이유, 즉 부관의 위법성을 시정하여 하자 없는

161) 김남진 · 김연태, 전게서, 263면; 류지태, 전게서, 175면; 박균성, 전게서, 268면; 박윤흔 · 정형근, 전게서, 347면.
162) 류지태, 상게서, 175면.
163) 대판 1986.8.19, 86누202.
164) 대판 1985.7.9, 84누604.

부관부 행정행위를 발령하도록 함으로써 결과적으로 부관의 취소를 구하는 효과를 가져오게 되는 것이다.

(4) 결 어

행정소송법 제4조 제1호의 '변경'은 의무이행소송이 인정되고 있지 않는 이상 적극적인 처분의 변경을 구할 수 없고 그 처분의 일부취소를 구하는 것을 의미한다는 점, 부진정일부취소소송을 인정하지 않아 행정청에 부관 없는 또는 부관의 내용을 변경하여 달라고 신청한 후 그것이 거부된 경우에 그 거부처분에 대한 취소소송을 제기하여야 한다고 한다면 권리구제가 우회적이 되므로 부진정일부취소소송을 인정하는 것이 타당하다고 본다.[165]

4) 부관의 독립취소가능성

부관에 대한 진정일부취소소송 · 부진정일부취소소송 등 취소소송이 허용되는 경우에 법원이 심리를 통하여 부관이 위법하다고 판단할 때 부관만을 독립하여 취소할 수 있는가의 여부가 문제된다.

(1) 견해의 대립

(가) 기속행위와 재량행위를 구분하는 견해

주된 행정행위가 기속행위인 경우에는 그에 부과된 부관은 모두 독립적으로 취소될 수 있는데 대하여, 재량행위의 경우에는 부관만을 취소하는 것이 부관 없이는 하지 아니하였을 것으로 보이는 행위를 행정청에게 강제하는 결과로 될 수 있으므로 부관만의 독립적 취소는 원칙적으로 인정되지 않는다는 입장이다.

(나) 부관의 위법성을 기준으로 하는 견해

부관에 하자가 있다면 법원은 부관부분만을 취소할 수 있다는 입장이다. 즉 이 견해는 소송물이론에 따른 견해로서 "부관에 위법성이 존재하면 부관만을 취소할 수 있다. 취소소송의 소송물은 부관 자체의 위법성이기 때문이다"라고 한다. 따라서 이러한 부관의 취소가 존재하게 되면 행정행위의 일부 취소 또는 변경의 결과가 발생하게 되므로 이에 따라 주된 행정행위에 대한 효력이 문제된다고 한다.

(다) 분리가능성의 여부를 기준으로 하는 견해

진정일부취소소송의 형태 또는 부진정일부취소소송의 형태와는 관계없이 부관만의 취소를 다

165) 김남진 · 김연태, 전게서, 264면.

투는 경우에 부관이 주된 행정행위와 분리될 수 있는 경우에 한하여 부관만의 취소판결을 내릴 수 있다는 입장이다. 본안심리의 결과 부관의 독립취소가능성이 인정되지 않는 경우에는 기각판결이 되게 된다.

(라) 판 례

종전의 판례는 일부취소를 인정하지 않고 전부취소만을 행할 뿐이었다. 따라서 위법부관이 중요부분이면 전부취소의 판결을, 그렇지 않다면 기각판결을 하였다. 그러나 오늘날에는 부담만은 독립하여 다툴 수 있고 취소할 수 있다는 입장이다.[166] 즉 현재 판례는 부진정일부취소소송의 형태를 인정하지 않는 결과 부담만이 독립하여 취소될 수 있고, 그 이외의 부관은 독립하여 취소의 대상이 되지 않는다는 자세이다.

(2) 결 어

부관의 독립취소가능성은 법원이 당사자의 주장에 대한 본안의 심리 · 판단을 통하여 이유 유무를 검토하는 것이라고 볼 때, 당사자의 주장은 위법한 침익적인 부관만을 취소해달라는 것이므로 부관에 그 위법성이 인정되는 경우에는 부관만의 독립취소도 가능하다는 견해가 합목적적이다.[167] 다른 견해들은 모두 독립취소의 범위를 좁히고 있다는 점에서 한계가 있다.[168]

Ⅴ. 행정행위의 성립과 효력발생을 위한 요건

행정행위가 성립하여 효력을 발생하기 위하여는 법에서 정한 일정한 요건을 갖추어야 한다. 행정처분의 근거법은 당해 처분의 요건을 규정하고 있기는 하지만, 이러한 규정이 그 처분의 적법 · 유효요건의 전부를 규정하고 있는 것은 아니다. 행정행위는 일반적으로 다음과 같은 성립요건과 효력발생요건을 갖추는 경우에 적법 · 유효한 행위로서 완전한 효력을 발생한다.

1. 행정행위의 성립요건

1) 내부적 성립요건

행정행위는 그 주체 · 내용 · 절차 · 형식 등에 있어서 법정요건에 적합하고(적법성), 또한 공익

---

166) 대판 1991.12.13, 90누85033; 대판 1992.1.21, 91누1264; 대판 1994.1.25, 93누13537.

167) 류지태, 전게서, 175면.

168) 홍정선, 전게서, 310면.

에 적합하여야 한다(타당성).

(1) 주체에 관한 요건

행정행위는 정당한 권한을 가진 자가, 권한내의 사항에 관하여, 정상적인 의사에 의한 것이어야 한다.

(가) 정당한 권한을 가진 자의 행위

행정행위는 당해 행정행위를 할 수 있는 권한을 가진 자가 행한 것이어야 한다. 따라서 공무원이 아닌 자, 대리권이 없는 자, 적법하게 구성되지 않은 합의제기관의 행위 등은 적법하게 성립될 수 없는 것이다.

(나) 권한내의 행위

행정청은 그에게 부여된 권한의 범위내에서만 행정행위를 발할 수 있다. 행정청의 권한은 조직법에서 정하고 있으며, 사항적 권한 · 지역적 권한 · 대인적 권한의 범위내에서 행하여야 한다.

(다) 정상적인 의사에 의한 행위

원칙적으로 의사능력 · 행위능력이 있는 자의 행위이어야 하고, 또한 사기 · 강박에 의하거나 착오에 의하는 등 의사결정에 하자가 있어서는 아니된다.

(2) 내용에 관한 요건

행정행위는 그 내용에 있어서 적법 · 타당하여야 하는 것은 물론이고, 법률상 · 사실상 실현가능하고 객관적으로 명확해야 한다.

(가) 행정행위의 법률적합성

행정행위가 적법하기 위하여는 법치행정의 원칙으로 보아 그의 내용이 법에 적합하지 않으면 안 된다. 행정행위가 법에 적합해야 함은 국민의 대표기관인 의회의 의결의 산물인 법률의 우위원칙이 지켜져야 한다는 것을 의미한다. 또한 최소한 침익적 행정행위는 반드시 법률의 근거를 두어야 한다.

(나) 행정행위의 헌법적합성

행정행위는 그 내용이 법률에 적합할 뿐만 아니라 기본권규정을 비롯한 헌법에 적합할 것이 요청된다. 이러한 점과 관련하여 '행정법은 헌법의 구체화된 법'으로서의 성격을 가진다는 점을 잊어서는 안 될 것이다.

(다) 행정행위의 내용의 실현가능성과 확정성

행정행위의 내용이 법률상 · 사실상 실현가능하고, 또한 그의 내용이 명확히 확정될 수 있어야 한다.

(3) 절차에 관한 요건

행정행위를 하는 데에 일정한 절차를 거치도록 관계법에 규정하고 있는 경우에는 그에 관한 절차를 거치지 않으면 아니 된다. 이러한 절차에는 ① 쌍방적 행정행위에 있어서의 상대방의 협력(신청 · 동의), ② 당사자 간의 이해조정 또는 이해관계인의 권익보호를 위한 절차(사전통지 · 의견제출 · 청문 등), ③ 행정의 신중 · 공정을 도모하기 위한 행정조직 내부에서의 절차(협의 · 심의 · 자문 · 의결 · 동의 등), ④ 기타의 법정절차가 있다. 행정절차법 제21조와 제22조는 위 ②의 절차에 관한 규정을 하고 있다.

(4) 형식에 관한 요건

행정행위는 법령이 특별한 형식을 규정하고 있지 않는 한, 문서 · 구술 기타의 형식으로 행하여질 수 있다. 형식에 관한 요건으로서는 특히 다음의 2종류가 중요하다.

(가) 서면주의

행정절차법 제24조 제1항이 행정청이 처분을 하는 때에는 다른 법령 등에 특별한 규정이 있는 경우를 제외하고는 문서로 하도록 규정한 것(서면주의)은 처분내용의 명확성을 확보하고 처분의 존부에 관한 다툼을 방지하기 위한 것이라 할 것이다.[169]

(나) 이유제시

최근에는 행정절차의 하나로서 이유제시가 강조되고, 행정절차법 제23조에서 자세히 규정하고 있으며, 각 개별법에서도 이유제시라는 표현 이외에 '이유명시' 및 '이유부기'를 규정하고 있는 것을 찾아 볼 수 있다.

2) 외부적 성립요건

행정행위는 행정결정의 외부에 대한 표시행위이므로, 행정내부의 결정[170]이 있는 것만으로는 아직 행정행위가 성립하였다고는 할 수 없으며, 그것이 외부에 표시되어야 비로소 성립한다. 행정행위가 일단 성립하면 그 행위가 아직 상대방에게 도달되지 않은 경우에도 행정청은 이유없이

169) 대판 2005.7.28, 2003두469.

170) 예컨대, 기관장의 결재, 합의제기관에서의 결정 등이 있다.

이를 취소 · 변경할 수 없는 구속을 받는다.[171] 여기에서 행정행위의 성립시기를 효력발생시기와 구별하여 따로 인정할 실익이 있다고 하겠다.[172]

2. 행정행위의 효력발생요건

1) 도달주의

행정행위는 교통신호와 같이 단순히 대외적으로 표시됨으로써 효력을 발생하는 경우도 많으나, 상대방이 특정되어 있는 행정행위의 통지는 원칙상 송달의 방법에 의한다(행정절차법 제15조 제1항). 송달은 다른 법령 등에 특별한 규정이 있는 경우를 제외하고는 해당 문서가 송달받을 자에게 도달됨으로써 그 효력이 발생한다. 정보통신망을 이용하여 전자문서로 송달하는 경우에는 송달받은 자가 지정한 컴퓨터 등에 입력된 때 도달된 것으로 본다(행정절차법 제15조 제2항). 여기서 도달이라 함은 반드시 상대방이 직접 수령하여야 한다는 뜻은 아니고, 상대방이 현실적으로 그 내용을 알 수 있는 상태에 놓이는 것을 의미한다(판례).[173]

2) 송 달

통지의 방식인 송달에 관하여는 행정절차법 제14조 내지 제16조에서 자세히 규정하고 있다.

3. 행정행위의 요건불비의 효과

행정행위는 위의 성립요건과 효력발생요건을 갖추면 완전한 효력을 발생한다. 이러한 요건에 흠결이 있는 요건불비(要件不備)의 행정행위는 '하자있는 행정행위' 즉 위법 또는 부당한 행정행위로서, 그 하자의 정도에 따라 당연히 무효가 되거나 취소할 수 있게 된다. 또한 특히 법에서 정하는 행정행위의 성립요건의 중요한 요소를 완전히 결여함으로써, 외관상으로도 행정행위라고 할 만한 행위가 존재하지 아니한 경우에는 행정행위의 부존재(不存在)라 하여야 할 것이다.[174]

Ⅵ. 행정행위의 효력

행정행위는 그 성립요건과 효력발생요건을 완전히 구비하면, 현실적으로 법률적 효력을 발생

171) 김동희, 전게서, 312면.
172) 박윤흔 · 정형근, 전게서, 356-357면.
173) 대판 1989.9.26, 89누4963.
174) 김도창, 전게서, 434면; 김동희, 전게서, 313면; 박윤흔 · 정형근, 전게서, 358면.

한다는 점은 위에서 지적한 바와 같지만, 그 경우에 어떠한 내용의 효력을 발생하는가는 행정행위의 종류에 따라서 반드시 일정하지 않다. 행정행위가 적법하게 성립하면, 그 내용에 따라 명령적 효과 · 형성적 효과 등이 발생하게 된다. 그러나 행정행위에는 이러한 행위의 내용에 따른 효과 외에 일반 사인의 법률행위에는 인정되지 않는 일정한 효과가 인정되고 있다. 다음에서 검토하고자 하는 행정행위의 효력은 이러한 공권력행사로서의 행정행위의 특수한 효력에 관한 것이다.

1. 행정행위의 구속력(기속력)

행정행위의 구속력이라 함은 행정행위가 성립요건과 효력발생요건을 갖추면 그 내용에 따라 상대방과 관계 행정청 및 관계인을 구속하는 효력을 말한다. 이를 '행정행위의 기속력'이라고도 한다. 이러한 구속력은 법령 또는 부관에 의하여 그 법률효과의 발생이 불확정한 상태에 있는 경우를 제외하고는 보통 성립과 동시에 발생한다.

행정행위 중 하명 · 허가 · 면제 등의 명령적 행위는 그 상대방에 대하여 작위 · 부작위 · 급부 · 수인의 의무를 부과하거나 이를 해제하는 효과를 발생시키며, 특허 · 인가 · 대리 등의 형성적 행위는 그 상대방에게 일정한 권리 · 능력 · 포괄적 법률관계 기타의 법률상의 힘을 설정 · 변경 · 소멸시키는 효과를 발생시킨다. 그리고 상대방과 관계인은 행정행위에 대하여 불복이 있는 경우에는 법률이 정하는 바에 따라 이를 다툴 수 있지만, 이 경우에도 그 취소가 있을 때까지는 그 행위에 구속된다. 행정청도 그 행위가 법령이 정하는 바에 따라 취소되지 않는 한 이에 구속된다.

그런데 이 구속력의 관념은 다음의 공정력과의 차이를 명확히 한다는 점에서 기본적으로 논의의 의의를 찾을 수 있다.

2. 행정행위의 공정력(예선적 효력)

1) 개 념

종래의 통설적 견해에 의하면, 행정행위의 공정력(公定力)이라 함은 행정행위의 성립에 비록 하자가 있다고 하더라도 그 하자가 중대하고 명백하여 당연무효인 것을 제외하고는 권한있는 기관에 의하여 취소될 때까지는 일응 적법 또는 유효한 것으로 추정되어, 상대방 및 제3자(특히 다른 행정청 · 법원 등 국가기관을 포함한다)가 그 구속력을 부인하지 못하는 힘을 말한다.[175] 이는 '예선적(豫先的) 효력' 또는 '잠정적 효력'이라고도 한다.

공정력의 본질(성질)에 관하여는, 행정행위의 구속력은 행정행위의 내용에 따라 또는 직접 법률의 규정에 따라 일정한 효력을 발생하는 실체법상의 효력인 데 대하여, 공정력은 그러한 구속력이 있는 것을 승인시키는 절차적 · 잠정적 효력이라는 점이 다르다.

175) 김도창, 상게서, 435면; 김동희, 상게서, 314면; 박윤흔 · 정형근, 상게서, 359면; 한견우, 전게서, 233면.

이러한 공정력론에 대하여, 최근에는 공정력을 상대방에 대한 구속력을 지칭하는 개념으로 한정하고, 처분청 이외의 다른 국가기관에 대한 효력은 이를 '구성요건적 효력'의 문제로 검토하여야 한다는 새로운 견해가 유력하게 대두되고 있다.[176] 그러나 이 양자간에는 상대방이 다를 뿐이고 성질상의 차이가 있는 것은 아니며,[177] 그 구분이 논리필연적인 것인지도 의문이다.[178]

2) 공정력의 인정근거

(1) 이론적 근거

(가) 자기확인설

이 견해는 행정청이 자기의 일반적인 권한내에서 행정행위를 하는 한 공정력이 스스로 그 행위의 효력의 적법성을 확인하고, 그 자기확인은 판결과 같은 것으로 행정행위에도 그대로 타당하다고 보았다(O.Mayer). 이를 '판결유사설'이라고도 한다.

(나) 국가권위설

이 견해는 행정행위는 행정청이 우월적 지위에서 행하는 국가권위의 표현이므로 그의 적법성의 추정을 받아 그 위법성의 유무와는 관계없이 효력을 갖는다고 하였다(E.Forsthoff).

(다) 예선적 특권설

이 견해는 공정력의 근거를 프랑스에서 사용하고 있는 '행정의 예선적 특권'의 개념을 도입하여 설명하려는 것이다. 예선적 특권이란 행정행위에 대하여 법원의 적법이나 위법의 판정이 있기 이전에 미리 예선적으로 행정청에게 그 자신의 행정결정에 대한 정당한 통용력을 인정하는 것을 말한다.

(라) 행정정책설

이 견해는 공정력의 근거를 행정법관계의 안정성, 행정행위의 상대방 및 제3자의 신뢰보호, 행정의 다양성 · 전문성 · 공익성 등으로 인하여 요구되는 행정의 원활한 운영이라고 하는 정책적 이유에서 찾고자 하는 것이다. 이 학설은 '법적 안정성설' 또는 '행정의 실효성보장 및 법적 안정성 · 신뢰보호의 원칙'[179]이라고도 한다.

---

176) 김남진 · 김연태, 전게서, 273면, 255면; 류지태, 전게서, 184면; 박균성, 전게서, 77-78면; 석종현, 전게서, 314면, 322면; 홍정선, 전게서, 246면, 248면.

177) 박윤흔 · 정형근, 전게서, 359면.

178) 김동희, 전게서, 322면.

179) 김동희, 상게서, 316면.

(마) 결 어

자기확인설과 국가권위설은 과거 독일에서 주장되었지만 현재 우리나라에서 이러한 견해를 지지하는 학자는 없다. 이러한 학설은 그 논거가 관료주의적이며 권위주의적이어서 반법치국가적이라는 비판을 면할 수 없으며, 예선적 특권설은 공정력의 인정근거에 대해서는 대답하지 못하는 데 문제가 있다.

따라서 공정력은 행정법관계의 안정성, 행정의 원활한 수행 및 실효성 확보, 상대방과 제3자의 신뢰보호를 위하여 인정된다는 행정정책설이 다수설이고 타당하다.[180]

(2) 실정법적 근거

행정행위의 공정력을 명시적으로 인정하는 실정법상 근거는 없다. 그러나 행정심판법 · 행정소송법 및 각 개별법에서 취소심판 · 취소소송 등 위법 · 부당한 처분의 취소쟁송제도를 규정하고 있는데, 이러한 규정은 위법 · 부당한 행위도 일단 유효한 것으로 인정되는 것을 전제로 하여 취소대상으로 하는 점에서 간접적이긴 하지만 그 실정법상 근거가 된다고 볼 수 있다. 그리고 직권취소제도, 처분의 집행부정지제도 등도 그 근거로 볼 수 있다. 다만, 집행부정지원칙은 각국의 입법정책적인 결정 여하에 따라 그 인정 여부가 결정되는 것이므로 행정행위의 공정력의 인정근거와는 무관하다고 보아야 한다는 견해도 있다.[181]

3) 공정력의 한계

(1) 행정행위 이외의 행정작용

공정력은 행정행위에 대하여 인정되는 효력이고, 행정행위 이외의 행정작용에는 인정되지 않는다. 즉 취소쟁송제도가 공정력의 주된 근거를 이루기 때문에 취소쟁송의 대상이 아닌 명령, 행정계약, 단순한 사실행위, 사법행위 등에는 공정력이 인정되지 않는다고 보아야 할 것이다.

(2) 무효인 행정행위

공정력은 무효인 행정행위에는 인정되지 아니하고, 단순한 하자있는 행정행위에 대하여만 인정될 수 있다. 행정행위의 하자가 중대하고 명백한 경우까지 앞에서 지적한 정책적 이유로 보호할 필요는 없을 것이다. 그러나 행정행위의 무효와 취소의 구별의 상대화를 이유로 무효가 판결에 의하여 확정되기 전까지는 누구도 당해 하자가 무효인가 취소사유인가를 알 수 없으므로 무효의 경우에도 공정력이 인정될 수 있다는 견해도 없는 것은 아니다.

---

180) 김남진 · 김연태, 전게서, 274면; 김도창, 전게서, 439면; 김동희, 상게서, 316면; 류지태, 전게서, 182면; 박균성, 전게서, 79면; 박윤흔 · 정형근, 전게서, 112면; 석종현, 전게서, 316면; 한견우, 전게서, 234면; 홍정선, 전게서, 247면.

181) 류지태, 상게서, 180면.

(3) 공정력과 입증책임

행정행위의 공정력이 취소소송에 있어서의 입증책임의 소재에 직접 영향을 미치는 것인가는 문제된다. 이 문제에 대하여는 행정행위의 공정력을 실체법상의 '적법성의 추정'으로 이해하는 종래의 입장에서는, 그 위법성을 주장하는 원고에게 입증책임이 있다고 본다(원고부담설). 그러나 공정력은 행정행위가 위법한 것인 때에도 행정의 안정성 · 원활한 수행 · 신뢰보호 및 실효성확보의 차원에서 그 잠정적 · 절차적 통용력을 인정하는 힘에 불과한 것이며, 그것을 실체법적인 적법성의 추정으로 볼 수는 없다. 따라서 공정력이 취소소송에 있어서의 입증책임의 소재에까지 영향을 미치는 것으로 볼 수는 없는 것이다.

입증책임에 관하여는 민사소송법상의 입증책임의 분배원칙에 따라 결정하여야 한다는 것이 타당하며, 현재의 통설이다.[182] 이 분배원칙에 의하면 권리발생의 요건사실에 관하여는 행정청이, 권리장애의 요건사실에 관하여는 원고가 각각 입증책임을 지게 된다.

4) 공정력과 선결문제

선결문제란 소송에서 본안판단을 함에 있어서 먼저 해결하여야 하는 문제를 말하며, 민사소송 또는 형사소송의 사건판단에 있어서 행정행위의 위법성 유무 또는 유효성 여부가 선결문제로 나타나는 경우가 있다. 여기에서는 종래의 전통적 통설 · 판례의 입장에서 선결문제를 행정행위의 공정력과 결부시켜 논의하고자 한다. 이 문제는 민사법원에서와 형사법원에서의 경우를 나누어 고찰하여야 할 것이다.[183]

(1) 민사법원과 공정력

(가) 행정상의 손해배상소송의 경우

행정상의 손해배상소송은 성질상으로는 행정소송(당사자소송)에 의하여 할 것이나, 우리나라에서는 실무상 종래부터 민사소송으로 다루어지고 있다. 이러한 경우 수소법원(受訴法院)은 본안판단의 선결문제로서 배상책임의 요건인 행정행위의 위법성 여부를 스스로 심리할 수 있는가에 대하여 부정설과 긍정설이 대립되고 있다.[184]

① 부정설 · 소극설 : 이 견해는 당연무효가 아닌 한 민사소송의 수소법원은 행정행위의 위법성 여부를 심리 · 판단할 수 없다는 입장이다.[185] 그 논거로는 ① 공정력이 있는 행정행위는 권한있

182) 김남진 · 김연태, 전게서, 275면; 김도창, 전게서, 443면; 김동희, 전게서, 317면; 류지태, 상게서, 183면; 박균성, 전게서, 80면; 박윤흔 · 정형근, 전게서, 113면; 석종현, 전게서, 317면; 한견우, 전게서, 235면; 홍정선, 전게서, 248면.

183) 김동희, 상게서, 318면.

184) 한견우, 전게서, 235-236면.

185) 이상규, 전게서, 408면.

는 기관에 의하여 취소될 때까지는 법원을 포함한 어떠한 국가기관도 공정력에 의한 기속을 받는다는 점, ② 행정소송법 제11조 제1항은 처분 등의 효력유무 또는 존재여부에 국한하여 민사법원의 선결문제 심사권을 부여하고 있다는 점, ③ 행정소송법은 취소소송을 제기받은 행정법원만이 행정행위의 위법성을 심리 · 판단할 수 있도록 배타적 관할제도를 채택하고 있는 관계로 민사법원은 행정행위의 취소권이 없으므로 그 위법성의 여부를 스스로 심리 · 판단할 수 없다는 점 등을 들고 있다.

② 긍정설 · 적극설 : 이 견해는 행정행위의 효력을 부정하지 않는 한도내에서 행정행위의 위법성을 판단하는 것은 무방하다고 보기 때문에 국가배상사건에서는 선결문제로 다룰 수 있다는 입장으로 다수설이다.[186] 그 논거로서 ① 공정력은 절차법상의 유효성 통용력에 불과할 뿐이고 실체법상의 적법성 추정력은 없는 점, ② 행정소송법 제11조 제1항은 예시적 규정이라는 점, ③ 민사법원이 선결문제를 심리하는 것은 당해 행정행위의 효력을 부인하는 것이 아니라 다만 위법성의 판단만 한다는 점을 든다.

③ 판례 : 판례에 의하면, 행정처분의 당연무효 여부가 민사소송의 선결문제인 경우에는 수소법원이 이를 심리 · 판단할 수 있다.[187] 그뿐만 아니라 행정행위의 취소사유인 경우도 민사소송의 선결문제로 다룰 수 있다고 본다. 따라서 국가배상청구사건의 위법성 여부에 관한 선결문제도 수소법원인 민사법원이 다툴 수 있다고 판시함[188]으로써 긍정설 · 적극설을 따르고 있다.

④ 결어 : 행정상의 손해배상소송에서는 행정행위의 효력의 부인에까지 이르는 것은 아니고, 다만 당해 행위의 위법성만이 문제되는 것이므로 수소법원인 민사법원이 직접 그 위법성의 여부를 심리 · 판단할 수 있다고 할 것이다. 더욱이 행정상 손해배상에 있어서의 위법성은 행정쟁송에 있어서의 위법성보다는 넓은 관념으로 파악되고 있는 바, 행정상 손해배상에 있어서의 위법판단은 행정쟁송에서의 위법판단과의 관계에서 상대적으로 독자적 성격을 가지는 것이다. 따라서 당해 행정행위에 대한 취소소송에서는 위법성이 인정되지 않아 청구가 기각된 경우에도, 민사법원은 당해 행위의 위법성을 독자적으로 판정하여 손해배상청구의 인용판결을 할 수도 있다고 본다.[189]

(나) 부당이득반환청구소송의 경우

부당이득반환청구사건에 있어서는 행정행위의 존재 여부나 무효 여부가 선결문제가 되는 경우가 있다. 현행법상 행정행위가 당연무효인 경우를 제외하고는 그 위법성을 심사하여 효력을 부인할 수 있는 기관은 취소쟁송을 제기받은 행정청 또는 법원뿐이라 할 것이므로 민사소송이 제기된

186) 김남진 · 김연태, 전게서, 277-278면; 김동희, 전게서, 318면; 류지태, 전게서, 185면; 박균성, 전게서, 81면; 석종현, 전게서, 318면; 홍정선, 전게서, 248면.

187) 대판 1964.6.2, 63다941.

188) 대판 1972.4.28, 72다337; 대판 1974.3.12, 73누228; 대판 1979.4.10, 79다262; 대판 1981.1.27, 80다2205; 대판 1981.8.25, 80다1598.

189) 김동희, 전게서, 318-319면.

수소법원은 그 선결문제로서 행정행위의 위법성을 심사한 결과, 위법성이 있더라도 무효가 아닌 한 청구는 인용될 수 없다. 행정행위가 존재하는 이상 국가 등이 '법률상의 원인 없이' 부당이득한 것이 되지 않기 때문이다. 예컨대, 과세처분이 무효가 아닌 한 과세처분이 존재하지 않음을 전제로 한 부당이득반환청구소송은 인용될 수 없는 것이다.[190] 하자가 있다고 하더라도 행정행위가 존재하는 이상 취소소송사건을 맡은 법원이 아닌 법원은 행정행위의 존재에 구속되는 점에서, 행정행위의 공정력의 효력이 여기에서도 특별한 의미를 가지는 것이다. 결론적으로 민사소송에서 선결문제로서 행정행위의 효력을 부인할 수 없다는 것이다.

(2) 형사법원과 공정력

(가) 행정행위의 하자가 단순위법인 경우

형사법원이 형사소송에서 행정행위의 하자를 심사하여 단순위법의 경우에 그 행정행위의 효력을 부인하는 것은 민사소송에서처럼 공정력에 반하므로 인정될 수 없다고 보는 것이 다수설 · 판례이다. 물론 행정행위가 당연무효라면 형사법원이 판단할 수 있다.[191]

(나) 선결문제로서 행정행위의 위법성이 문제되는 경우

형사소송에서 선결문제로서 행정행위의 위법성이 문제되는 경우에 형사법원이 당해 행위의 위법성을 직접 심사할 수 있는지가 의문이다.

① 부정설 · 소극설 : 형사사건을 심리하는 법원은 행정행위가 절대 무효가 아닌 한 행정행위의 위법성을 심사할 수 없고, 따라서 당해 행위가 비록 위법하더라도 행정형벌이 과하여진다고 보는 것이 종래의 통설이다.[192]

② 긍정설 · 적극설 : 형사사건을 심리하는 법원은 스스로 행정행위의 위법성을 심사할 수 있다는 견해이다.[193]

긍정설 중에는 당해 처벌규정의 내용에 따라 구분하여, 당해 규정이 관련 행정행위의 유효성만을 처벌요건으로 정하고 있는 경우에는 형사법원은 스스로 당해 행정행위의 유효성 여부를 심사할 수 없다고 하고, 그 적법성도 또한 처벌요건으로 정하고 있는 경우에는 당해 행위의 위법성 여부를 심사하고 그에 따라 그 위반행위의 범죄구성요건에의 해당 여부를 판단할 수 있다는 견해도 있다.[194]

③ 결어 : 전면적인 긍정설이 타당하다고 하겠다. 긍정설 중 처벌요건을 구분하여 유효성의 여

---

190) 대판 1973.7.10, 70다1439.

191) 박윤흔 · 정형근, 전게서, 117면.

192) 이상규, 전게서, 409면.

193) 서원우, "행정행위의 공정력과 형사재판과의 관계", 「월간고시」, 1979, 10월.

194) 김동희, 전게서, 319면.

부는 심사할 수 없고, 위법성의 여부만을 심사할 수 있다는 견해는 공정력의 본질에서 볼 때 타당한 면이 있으나, 우리나라의 현행법 제도상 그러한 이론은 받아들이기가 어렵다. 그리하여 공정력은 민사재판에만 미치고 형사재판에는 전면적으로 미치지 아니한다고 할 것이다. 그것은 위법한 행정명령의 이행을 확보하기 위하여 국민에게 형벌에 의한 제재를 과한다는 것은 행정편의주의에 편향된 것으로 적법절차에 의하지 아니하고는 처벌을 받지 아니하도록 보장한 헌법규정(헌법 제12조)에 위배된다고 할 것이기 때문이다. 그리고 오늘날은 공정력을 실체법상의 적법성의 추정력으로 보지 아니하고, 신뢰보호 · 행정법관계의 안정성 · 행정의 원활한 운영 등이라고 하는 정책적 이유에서 인정된 절차법상의 잠정적인 통용력에 지나지 아니한 것으로 본다. 따라서 이러한 정책적 이유에서 인정된 공정력을 근거로 형사법원이 위법성을 스스로 판단하지 못하고 행정청의 판단을 그대로 인정하여 국민에게 형벌에 의한 제재를 과한다는 것은 공정력의 성격에도 맞지 않는다고 할 것이다.[195)]

판례는 통일되었다고는 보기 어려우나, 대체로 긍정설의 입장을 취하고 있는 것으로 보인다.[196)]

3. 행정행위의 존속력(확정력)

1) 개 념

행정행위의 존속력이라 함은 행정행위가 일단 성립하면 일정한 기간의 경과 기타의 사유로 인하여 상대방 등이 더 이상 그 효력을 다툴 수 없게 되고, 또한 일정한 행정행위에 있어서는 행정청 자신도 임의로 그 행위를 취소 · 철회할 수 없는 힘을 말한다. 원래 '확정력'이라는 용어를 사용하였으나 이는 원래 소송법에서 쓰이는 것이기 때문에 '존속력'이라는 용어가 더 적합하다고 할 수 있겠다.[197)]

행정행위가 행해지면 그 행위를 근거로 하여 많은 법률관계가 형성되고 있는데, 그러한 행위의 자유로운 취소 · 변경 · 철회는 바람직한 것이 아니기 때문에 일단 발해진 행정행위를 존속시키고자 하는 데에 존속력을 부여한 제도적 의의가 있다.

이러한 취지에서 인정된 행정행위의 존속력에는 불가쟁력(형식적 존속력, 형식적 확정력)과 불가변력(실질적 존속력, 실질적 확정력)이 있는 바, 다음에서는 이를 나누어 설명하고자 한다.

2) 불가쟁력(형식적 존속력)

(1) 개 념

불가쟁력(不可爭力)이란 행정행위에 대한 쟁송절차의 제기기간이 경과하거나 쟁송수단을 모두

195) 박윤흔 · 정형근, 전게서, 117-118면.

196) 대판 1978.7.11, 78도516; 대판 1982.8.8, 80도2646; 대판 1992.8.18, 90도1709; 대판 2004.5.14, 2001도2841.

197) 김남진 · 김연태, 전게서, 281면; 김도창, 전게서, 443면; 김동희, 전게서, 323면; 박윤흔 · 정형근, 전게서, 119면; 석종현, 전게서, 323면.

거친 경우에는, 행정행위의 상대방 기타 관계인은 통상의 쟁송절차에 의하여는 더 이상 그 행정행위의 효력을 다투지 못하게 되어 행정행위를 형식적으로 존속하게 하는 힘을 말한다. 이 불가쟁력은 형식적 존속력(확정력)이라고도 한다. 이와 같은 불가쟁력을 인정한 목적은 행정상 법률관계의 신속한 안정을 통한 행정목적의 실현에 있다.

(2) 불가쟁력의 내용 · 효력

행정행위의 불가쟁력은 행정행위의 상대방이나 이해관계인 또는 제3자에 대한 구속력이다. 그러므로 불가쟁력은 쟁송기간의 경과나 심급의 종료와 동시에, 기타 쟁송수단이 인정되지 아니한 행정행위의 경우에는 원칙적으로 행정행위의 성립 · 발효와 동시에 발생한다.

불가쟁력이 발생한 행정행위에 대한 행정심판 및 행정소송 등 행정쟁송의 제기는 부적법한 것으로서 각하된다.

또한 불가쟁력은 그 처분으로 인하여 법률상 권익을 침해받은 자가 당해 처분이나 재결의 효력을 더 이상 다툴 수 없다는 의미일 뿐이고, 판결에서 인정되는 기판력과 같은 효력이 인정되는 것은 아니다. 따라서 그 처분의 기초가 된 사실관계나 법률적 판단이 확정되고, 당사자들이나 법원이 이에 기속되어 모순되는 주장이나 판단을 할 수 없도록 되는 것은 아니다.[198]

불가쟁력은 상대방이 행정행위의 효력을 다툴 수 없는 힘이므로 불가쟁력이 발생한 후에도 처분청은 직권으로 행정행위를 취소 · 변경할 수 있다.

그리고 불가쟁력은 행정행위의 효력을 다툴 수 없다는 것이며, 위법성을 다툴 수 없다는 의미는 아니므로, 불가쟁력이 발생한 행정행위로 인하여 손해를 입은 국민은 그 위법성을 주장하여 국가배상청구를 할 수는 있다.

불가쟁력은 공정력 때문에 무효인 행위를 제외한 하자있는 행정행위에 대하여도 인정된다. 양자는 본래 다른 제도이지만 공정력은 불가쟁력과 결합됨으로써 커다란 힘을 갖게 된다고 볼 수 있을 것이다.

(3) 불가쟁력이 인정되지 않는 행정행위

행정행위에 불가쟁력이 일반적으로 인정되는 경우는 위에서 살펴보았는데, 다음의 경우에는 불가쟁력이 발생하지 않는다.

(가) 무효인 행정행위

행정행위에 중대하고 명백한 하자가 있어 무효인 행정행위에 대하여는 불가쟁력이 발생하지 않는다. 따라서 무효인 행정행위는 행정심판법 및 행정소송법 등과 같은 행정쟁송법에 의한 쟁송제기기간의 제한을 받지 아니하고 무효확인심판 또는 무효확인소송을 제기할 수 있다.

198) 대판 1993.4.13, 92누17181; 대판 1993.8.27, 93누5437.

(나) 위헌인 법규에 근거한 행정행위

법치행정의 원칙상 모든 행정행위는 법규에 근거하여야만 적법하고 유효한 행위로서의 효력을 발생하게 된다. 그러므로 불가쟁력이 발생한 행정처분의 근거법규가 헌법재판소에서 위헌으로 결정된 경우에는, 그에 근거한 행정처분은 불가쟁력이 인정되지 않는다.

(4) 불가쟁력이 발생한 행정행위에 대한 재심사

우리의 현행법상으로는 불가쟁력을 발생한 행정행위에 대하여 처분청은 직권으로 취소할 수 있으나, 그 상대방이나 이해관계인측에서는 당해 행정행위의 위법을 이유로 재심사를 청구할 수 있는 제도가 없어 문제이다. 즉 정식절차를 거친 판결에는 재심이 인정되고 있는데(민사소송법 제422조, 형사소송법 제420조), 절차적 공정성이나 신중성에서 판결과는 비교도 되지 않는 행정행위에 대해서 재심을 인정하지 않는 것은 불합리할 뿐만 아니라 국민의 권익구제를 소홀히 한다는 점에서, 불가쟁적 행정행위에 대한 재심사청구제도를 도입할 필요가 절실하다고 본다.[199] 입법례로는 독일 연방행정절차법 제51조가 있다.

3) 불가변력(실질적 존속력)

(1) 개 념

행정행위는 그 하자 또는 후발적 사정을 이유로 행정청이 직권에 의하여 이를 취소 · 변경 · 철회할 수 있지만, 예외적으로 행정행위 중에는 그 성질상 처분청이나 감독청 등과 같은 행정청 자신도 직권에 의하여 그 행위를 취소 · 변경 · 철회할 수 없는 제한을 받는 바, 이와 같은 행정행위의 효력을 불가변력이라 말한다. 이러한 불가변력은 실질적 존속력(확정력)이라고도 한다. 불가변력은 행정행위의 처분청에 대한 구속력이다. 그리고 불가변력은 법령에 명문의 규정이 없는 경우에도 행정행위의 성질에 비추어 인정되는 효력이다.

(2) 불가변력의 성질

불가변력의 본질문제, 즉 성질에 관하여는 소송법적 확정력설, 법규범설, 불가변력설 등이 대립되고 있다.

(가) 소송법적 확정력설

이 견해는 행정행위가 행하여진 절차가 소송절차와 유사한 절차를 거친 경우이기 때문에 생기는 효력이 불가변력이라는 입장이다.

---

199) 김남진 · 김연태, 전게서, 282면; 류지태, 전게서, 187면; 박균성, 전게서, 87면; 박윤흔 · 정형근, 전게서, 120면; 석종현, 전게서, 324면; 한견우, 전게서, 242면; 홍정선, 전게서, 254면.

(나) 법규범설(법일반설)

이 견해는 법일반이론으로부터 출발하여 모든 법규범에는 그 타당한 장소적 한계가 있는 것과 같이 시간적 한계가 있기 때문에 불가변력이 발생한다는 입장으로서, 법일반설이라고도 한다.

(다) 불가변력설(법적 안정설)

이 견해는 법적 안정성의 견지에서 국가행위의 성질상 발생하는 효력으로서 불가변력이 인정된다는 입장으로서, 법적 안정설이라고 부르기도 한다.

(라) 결 어

행정행위의 불가변력은 법원의 판결과는 달리 일단 행해진 행정행위를 중심으로 한 법률관계의 법적 안정성을 도모하고자 하는 목적으로 국가행위의 성질상 발생하는 효력인 것이며, 이 학설이 타당하고 다수설이다.[200)]

(3) 불가변력이 논의되는 행정행위

불가변력은 모든 행정행위에 공통된 효력이 아니라 특별한 경우에만 인정되는데, 특히 다음과 같은 경우에 인정될 수 있는 것으로 논의되고 있다.

(가) 준사법적 행위

준사법적(準司法的) 행정행위에는 불가변력을 인정하는 것이 일반적 견해이다. 행정심판의 재결과 같이 일정한 쟁송절차를 거쳐 행하여지는 준사법적 성질의 행정행위는 소송법상의 확정력에 준하는 불가변력(절대적 불가변력)이 인정된다.

(나) 확인행위

국가시험의 합격자결정 · 당선인결정 등과 같이 쟁송절차와 관계없는 확인행위는 다툼이 있는 사실 또는 법률관계에 대하여 공적 권위를 가지고 선언하는 행위이므로 성질상 처분청이 임의로 변경할 수 없고, 다만 중대한 공익상 필요가 있거나 상대방에게 귀책사유가 있는 경우 예외적으로 취소할 수 있는 상대적 불가변력을 발생하는 것으로 보는 견해가 유력하다.[201)]

(다) 수익적 행정행위

수익적 행정행위의 취소 · 철회가 제한되는 경우를 불가변력이 발생하는 행위로 보는 견해가 있으나,[202)] 이는 당해 행정행위의 성질에서 비롯된 것이 아니라 당사자나 이해관계인의 신뢰보호

200) 박윤흔 · 정형근, 상게서, 122면; 석종현, 상게서, 326면; 한견우, 상게서, 243면; 홍정선, 상게서, 255면.

201) 김도창, 전게서, 446면; 김동희, 전게서, 325면; 박윤흔 · 정형근, 상게서, 122면; 석종현, 상게서, 326-327면.

202) 이상규, 전게서, 412면; 한견우, 전게서, 244면.

나 법률생활의 안정성을 보장하기 위하여 수익적 행정행위의 취소·철회가 제한되는 경우로 보는 것이 타당하다.[203)]

(라) 공공복리를 위한 사정재결

행정심판청구가 이유가 있다고 인정되는 경우에도 이를 인용하는 것이 공공복리에 크게 위배된다고 인정하면 그 심판청구를 기각하는 재결을 할 수 있다(행정심판법 제44조). 공공복리를 이유로 행정행위의 취소가 제한되는 이러한 '사정재결'의 경우를 불가변력의 예로 드는 견해도 있으나,[204)] 이는 행정행위의 성질 자체에 의한 것이라기보다는 개별적인 행위가 구체적인 경우에 있어서 공공복리와의 비교형량을 통해 그 취소권이 제한되는 경우로 보는 것이 타당하다.[205)]

(마) 법률규정에 의하여 확정판결의 효력을 인정한 행위

토지수용재결 등과 같이 법률이 일정한 행위에 대하여 확정판결의 효력을 인정하는 경우에는 이에 의하여 행정청이 더 이상 변경할 수 없는 효력을 발생하게 되는데, 이는 법률규정 자체에 의하여 인정되는 효력이므로 불가변력과는 무관한 것으로 보아야 한다.[206)]

(4) 불가변력의 효력

행정청은 불가변력이 있는 행정행위를 직권으로 취소 또는 철회할 수 없다. 불가변력이 발생한 행정행위임에도 불구하고 행정청이 이를 취소·변경한 경우에 그 효력은 당연무효라는 견해도 있으나, 판례는 취소사유로 본다.[207)]

불가변력이 있는 행정행위에 대하여도 그 상대방 또는 이해관계인은 행정불복의 기간내에 행정쟁송수단을 통하여 당해 행정행위의 효력을 다툴 수 있다.

4) 불가쟁력과 불가변력의 관계

행정행위의 불가쟁력과 불가변력은 모두 행정법관계의 안정과 상대방의 신뢰보호를 목적으로 한다는 점과 행정행위의 구속력이라는 점에서 같다. 그러나 불가쟁력은 모든 행정행위에 인정되는 절차법적 효력으로서 주로 행정객체에 대한 효력과 관계가 있으며, 불가변력은 일정한 행정행위의 경우에만 제한적으로 인정되는 실체법적 효력으로서 주로 행정주체에 대한 효력과 관련이 있다.

---

203) 김남진·김연태, 전게서, 283면; 류지태, 전게서, 189면; 박균성, 전게서, 88면; 석종현, 전게서, 327면.

204) 이상규, 전게서, 413면.

205) 류지태, 전게서, 189면; 석종현, 전게서, 327면; 한견우, 전게서, 244면; 홍정선, 전게서, 255면.

206) 류지태, 상게서, 189면; 석종현, 상게서, 327면; 홍정선, 상게서, 255면.

207) 대판 1965.4.22, 63누200.

그런데 불가쟁력과 불가변력은 절대적인 관계에 있는 것은 아니다. 불가쟁력이 있는 행위가 당연히 불가변력을 발생시키는 것은 아니다. 따라서 불가쟁력이 발생한 행정행위도 불가변력이 발생하지 않으면 권한있는 기관이 취소 · 변경하는 것이 가능하다. 그리고 불가변력이 있는 행위가 당연히 불가쟁력을 가지는 것은 아니다. 그러므로 불가변력이 있는 행정행위도 행정쟁송의 제기기간이 경과하기 전에는 쟁송을 제기하여 그 효력을 다툴 수 있다.

4. 행정행위의 강제력(자력집행력과 제재력)

1) 개 념

행정행위의 강제력이란 행정행위에 의하여 행정객체에게 명하여진 특정한 의무를 이행하지 아니하거나 위반한 경우에, 행정권 자체의 법률상 우월한 힘을 통하여 행정행위의 실효성을 확보하기 위한 차원에서 인정되는 효력을 말한다. 따라서 강제력은 행정행위에 의해서 의무가 부과되는 이른바 하명행위에서 문제되며, 의무부과와는 관계가 없는 형성적 행위는 그 대상이 되지 않는다. 강제력의 내용에는 행정상의 의무불이행에 대하여 스스로의 강제력을 동원하여 그 의무가 이행되는 상태를 실현하는 자력집행력과 의무위반이라는 사실에 대하여 행정벌을 가하는 제재력이 있다.

2) 자력집행력

자력집행력이란 행정행위에 의하여 부과된 행정상의 의무를 상대방이 이행하지 아니한 경우에 행정청이 스스로의 강제력을 발동하여 자력으로 그 의무의 이행을 실현시킬 수 있는 힘을 말한다. 사법관계에서 의무의 이행을 강제하기 위하여는 채권자의 자력으로 의무를 이행시키는 것은 불가능하고, 법원에 소송을 제기하여 판결에 따른 집행문을 부여받아 국가의 집행기관에 의해 강제집행을 하여야 한다. 그러나 행정법상의 의무불이행에 대하여는 법원에 제소하여 판결을 받을 필요도 없으며 국가의 집행기관을 통하지도 않고 법률이 정하는 절차에 따라 자력으로 의무의 이행을 강제할 수 있도록 되어 있다.

행정행위의 집행력은 행정행위에 내재하는 당연한 속성인가, 아니면 별도의 법적 근거를 요하는 것인가는 집행력의 성질과 관련하여 문제된다. 과거에는 강제는 행정행위에 내재적인 것이어서 의무를 부과하는 법적 근거만 있으면 강제집행을 하는 데에는 별도의 법적 근거 없이도 행정행위의 본질상 당연히 자력집행할 수 있다는 주장도 있었다(직권집행설, 처분효력설). 그러나 오늘날은 강제가 사법권에 고유한 것임을 전제로 행정행위의 집행력은 하명과는 별도의 특정법률에서 규정하고 있기 때문에 인정된다는 견해(법규설, 법규효력설)에 이론이 없다고 하겠다.[208] 집

208) 김남진 · 김연태, 전게서, 285면; 박윤흔 · 정형근, 전게서, 125-126면; 홍정선, 전게서, 256면.

행력의 일반적인 법적 근거로서는 행정대집행법과 국세징수법이 있다.

3) 제재력

제재력(制裁力)이란 행정행위에 의하여 부과된 의무위반에 대한 제재로서 행정벌(행정형벌 · 행정질서벌)을 부과할 수 있는 효력을 말한다. 사법관계에서는 상대방의 위법한 행위로 인하여 권리를 침해당한 경우에는 민사상의 불법행위를 구성하여 민사소송에 의한 손해배상이 인정되는데, 행정법관계에서는 상대방이 의무를 위반한 때에는 그에 대한 제재로서 행정형벌 또는 행정질서벌(과태료)을 과하게 된다. 이 경우 제재는 의무위반에 대한 처벌이라는 심리적 강제에 의하여 행정의무의 이행을 확보하여 주는 기능이 있는 것임은 물론이다.

행정형벌과 행정질서벌의 구분은 의무의 중요성이나 의무위반의 정도에 따라 행하여질 수 있으며, 그 내용은 행정형벌은 형법상의 처벌내용이 부과되는 것이나 행정질서벌은 과태료가 부과되는 점이 다르다. 이 경우에도 그 법적 근거로서는 의무를 명하는 행정행위의 발령근거가 동시에 제재력을 부과할 수 있는 근거가 되는 것은 아니며 별도의 법적 근거를 요하는 것은 물론이나, 통상적으로는 의무의 부과법령과 같은 법령의 다른 규정이 그 근거가 되고 있다.[209]

Ⅶ. 행정행위의 하자

1. 의 의

1) 개 념

행정행위의 하자(瑕疵)라 함은 행정행위가 적법 · 유효하게 성립하기 위한 성립요건 및 효력발생요건을 완전히 갖추지 못함으로 인하여 그 행정행위의 효력의 완전한 발생을 저해하는 사유를 말한다. 따라서 행정행위로서 완전한 효력의 발생에 장애가 되는 흠, 즉 요건결여(要件缺如)를 '행정행위의 하자'라고 부른다. 이는 '행정행위의 흠'이라고도 한다.

2) 행정행위의 하자론의 제도적 의의

오늘날의 실질적 법치국가에서의 행정행위는 하자없이 적법 · 타당하게 행하여질 것이 요구되기 때문에 일정한 요건결여로 인하여 하자를 가진 위법 · 부당한 행정행위가 된 경우, 그러한 행정행위의 효력이 부인 내지 제한되는 것은 법치행정의 원리에 비추어 당연하다고 할 수 있을 것이

209) 류지태, 전게서, 190면.

다. 이러한 행정행위의 하자가 그 행위의 효력에 어떠한 영향을 미치는가의 문제가 행정행위의 하자론인 바, 이에 관하여는 실정법에 일반적 규정이 없으므로 학설 · 판례를 중심으로 그 해석이론을 확립하는 데에 행정행위의 하자론의 제도적 의의가 있다고 하겠다.

행정행위에 하자가 존재하는 경우에 그 효과에 대하여는 일률적으로 논할 수 없다. 즉 하자의 정도와 유형에 따라서 그 효과는 상이하게 나타날 수 있게 된다. 따라서 통상적으로는 무효가 되거나, 취소사유이기에 당사자가 행정쟁송을 제기하여 취소할 수 있게 될 것이다. 그러나 이외에도 행정기관이 직권으로 취소할 수 있으며, 경미한 하자인 때에는 정정(訂正)도 가능하게 된다(행정절차법 제25조 참조). 또한 경우에 따라서는 절차적 하자가 치유되기도 하며, 적법 · 유효한 행위로 전환되기도 한다. 그 밖에도 행정행위를 발령하면서 불복의 기간을 고지하지 않거나 잘못 알려준 경우에는 행정심판 등의 불복제기기간이 연장되기도 한다(행정심판법 제27조 제5항, 제6항 참조).[210]

2. 행정행위의 하자의 유형

행정행위의 하자에는 여러 가지 유형이 있다. 즉 행정행위의 하자의 형태는 내용적으로 위법과 부당으로, 그 효과의 면에서는 무효원인인 하자와 취소원인인 하자로 구분하는 것이 일반적이다. 그러나 하자 중에는 현실적으로 위법사유에 해당하지만 무효 · 취소의 어느 원인으로도 되지 않는 것도 있다. 그리고 행정행위의 부존재도 이와 관련하여 언급할 만한 의미가 있을 것이다.

1) 무효원인인 하자

무효원인이 되는 하자가 있는 행정행위는 위법한 행정행위에 있어서는 일정한 경우에 한정된다. 그 무효원인인 하자는 내용적으로는 당해 행위의 위법성을 구성하는 하자에 국한된다고 할 것이다. 무효인 행정행위는 외관상으로는 행정행위로서 존재하지만 그 하자가 중대하고 명백하여 권한있는 기관의 취소가 없더라도 처음부터 당연히 그 법적 효과를 발생하지 아니한다. 따라서 국민은 취소심판 · 취소소송을 제기하여 그 효력을 다툴 필요도 없이 언제나 그 효력을 부인하고 무효를 주장할 수 있다.

2) 취소원인인 하자

취소원인이 되는 하자는 당해 행위가 위법한 경우와 부당한 경우가 있다. 여기의 위법한 행정행위는 그 행위에 존재하는 하자가 중대하고 명백한 하자는 아니어서 권한있는 기관에 의하여 취소되기 전까지는 유효한 행정행위로서 효력을 갖지만, 직권취소 · 행정심판 및 행정소송의 대상

---

210) 류지태, 상게서, 191면.

이 된다. 그리고 부당한 행정행위는 본질적으로 적법한 행위라는 점에서 그것은 행정소송에 의하여 통제될 수는 없고, 다만 직권취소 및 행정심판의 대상이 될 수 있을 뿐이다. 따라서 취소할 수 있는 행정행위는 그의 취소가 있을 때까지는 취소원인이 되는 하자가 있다고 하더라도 그 효력을 부인하지 못한다.

3) 무효원인도 취소원인도 되지 않는 하자

행정행위에 존재하는 하자 중에는 무효원인도 취소원인도 되지 않는 하자가 있다. 예컨대, 명백한 오기(誤記) · 오산(誤算) 기타 이에 유사한 행정행위의 표현상의 오류로서, 이러한 하자에 대하여는 법령상 명시적 규정이 없어도 행정청은 언제나 정정할 수 있으며, 또한 그 상대방도 특별한 형식 · 절차에 의하지 않고 정정을 요구할 수 있는 것으로 인정되고 있다. 우리 행정절차법 제25조도 같은 취지의 규정을 두고 있다.[211]

4) 행정행위의 부존재의 문제

종래 행정행위의 하자의 유형으로서 무효원인인 하자, 취소원인인 하자 이외에 행정행위의 부존재(不存在)도 들고 있었던 바, 오늘날 이 부존재(불성립)의 포함 여부가 문제된다.

무효인 행정행위는 행정행위가 외관상으로는 존재하고 있으나 다만 법률효과가 발생되지 못하는 경우인 데 대하여, 행정행위의 부존재는 행정행위가 그 성립요건의 어떤 중요한 요소를 완전히 결여함으로써 행정행위의 성립조차 하지 못한 경우, 즉 행정행위라고 볼 수 있는 외형상의 존재 자체가 없는 경우를 말한다.[212]

이러한 부존재에 해당하는 것으로는, 일반적으로 ① 행정기관이 아닌 것이 명백한 사인의 행위, ② 행정기관의 행위일지라도 행정권발동으로 볼 수 없는 행위, ③ 행정기관 내에서 내부적 의사결정이 있었을 뿐 아직 외부에 표시되지 않은 경우, ④ 행정행위가 해제조건의 성취 · 기한의 도래 · 취소 · 철회 등에 의하여 실효된 경우 등이 이에 해당하는 것으로 보통 예시하고 있다.[213] 행정행위의 부존재를 다시 비행정행위와 협의의 부존재로 나누고, 위의 ① · ②의 경우를 비행정행위로, ③ · ④를 협의의 부존재에 해당하는 것으로 보고, 보통 부존재는 협의의 부존재만을 의미하는 것이라고 보는 견해도 있다.[214]

무효인 행정행위와 행정행위의 부존재를 구별할 실익이 있는가에 대하여는 학자들의 견해가 대립되어 있다. 부정설에 의하면, ① 행정행위가 무효인 경우에는 외형상으로는 행정행위와 같은

211) 김동희, 전게서, 328면.

212) 김남진 · 김연태, 전게서, 288면; 김도창, 전게서, 452면; 김동희, 상게서, 328면; 박윤흔 · 정형근, 전게서, 360면; 석종현, 전게서, 332면.

213) 김남진 · 김연태, 상게서, 288면; 김도창, 상게서, 453-454면; 김동희, 상게서, 328-329면; 홍정선, 전게서, 258면.

214) 박윤흔 · 정형근, 전게서, 361면.

것이 존재하더라도 법률상으로는 행정행위로서의 효력이 전혀 발생하지 않으므로 그 법적 효력의 면에서는 부존재의 경우와 같은 점, ② 행정심판법 제5조 제2호와 행정소송법 제4조 제2호는 무효등확인심판과 무효등확인소송을 규정하여 행정행위의 효력 유무나 존재 여부의 확인을 구할 수 있도록 하고 있는 점 등을 들어 양자를 구별할 실익이 없다고 한다.[215] 이에 반하여 긍정설에 의하면 ① 비록 효력의 면에서 행정행위의 무효와 부존재가 같다고 하더라도 전자는 행정행위로서의 외형을 가지고 있는 점에서 외형조차 존재하지 않는 후자와 다르다는 점, ② 현행법에서도 무효행위에는 무효확인소송 외에 취소소송의 형식으로 소송제기가 가능하지만 부존재는 부존재확인소송 외에 취소소송으로는 제기할 수 없으므로 그 소송형태를 달리하는 점 등을 들어 양자를 구별할 실익이 있다고 한다.[216]

생각건대, 관념적으로나 실무상으로나 양자는 구별할 필요가 있다. 행정행위가 존재하나 그 위법의 정도가 심하여 효력이 부인되는 경우와, 행정행위로 볼 만한 외형조차 존재하지 않는 현상은 분명히 다르다. 따라서 실무상으로도 행정행위가 존재하지 않음에도 불구하고 '행정행위의 무효확인'을 소구하는 경우에는 각하되어야 할 것이다. 무효확인소송과 부존재확인소송이 하나의 법조문에 규정되어 있다고 하여, 양자가 동일하게 다루어지는 것은 아니라고 보아야 할 것이다. 행정행위의 하자는 주로 위법을 의미하기 때문에 행정행위가 존재하지 않는다면 행정행위의 하자 내지 위법을 논할 여지도 없다고 하지 않을 수 없다. 그러한 점에서 '행정행위의 부존재'를 행정행위의 하자의 한 유형으로 보는 견해에 대하여는 의문을 표시하는 바이다.[217]

3. 행정행위의 무효와 취소

1) 개 념

통설 · 판례에 의하면, 하자있는 행정행위는 무효인 행위와 취소할 수 있는 행위로 구분하고 있다.

행정행위의 무효라 함은 행정행위로서의 외형은 갖추고 있어 외관상으로는 행정행위로서 존재하지만 그 하자가 중대하고 명백하여 권한있는 기관인 행정청 또는 법원의 취소를 기다리지 아니하고 처음부터 전혀 법적 효력을 발생하지 아니하는 행위를 말한다. 행정행위의 외형을 갖추고 있는 점에서 행정행위의 부존재와는 구별된다.

취소할 수 있는 행정행위라 함은 행정행위에 하자가 있음에도 불구하고 일단 유효한 행위로 통용되어 그의 취소가 있을 때까지는 다른 국가기관 또는 국민을 기속하고 행정쟁송 또는 직권에 의하여 취소됨으로써 비로소 그 효력을 상실하는 행위를 말한다. 이러한 행정행위는 그것이 일응 위법한 것인 경우에도 하자가 중대하고 명백하여 누구나 무효임을 판정할 수 있는 경우 외에는

215) 김도창, 전게서, 453면; 김동희, 전게서, 329면; 석종현, 전게서, 332면; 이상규, 전게서, 421면; 한견우, 전게서, 335면.
216) 박균성, 전게서, 283면; 박윤흔 · 정형근, 전게서, 361면; 홍정선, 전게서, 258면.
217) 김남진 · 김연태, 전게서, 289면.

쟁송절차 또는 직권으로 취소되기 전까지는 우선 그 유효성이 인정되고 있는 것이다.

2) 무효와 취소의 구별실익

무효인 행정행위와 취소할 수 있는 행정행위를 구별할 필요성은 행정행위의 효력의 차이를 제외하고는 주로 절차법적인 측면에 상이(相異)한 점이 많다. 그러므로 양자는 다음과 같이 그 구별의 실익이 있다.

(1) 행정행위의 효력

무효인 행정행위는 처음부터 행정행위로서의 어떠한 효력을 발생하지 않는다. 따라서 무효인 행정행위에는 당연히 공정력, 불가쟁력이 인정되지 않는다. 취소할 수 있는 행정행위는 공정력이 인정되어 권한있는 기관에 의하여 취소될 때까지는 유효한 효력이 지속된다. 또한 취소할 수 있는 행정행위에 대하여는 일정한 불복기간 내에 행정심판 · 행정소송 등 행정쟁송을 제기하지 않으면 불가쟁력이 발생한다.

(2) 행정소송의 형식

무효와 취소의 구별은 다음과 같이 행정소송의 형식을 선택하는 데 있어서도 필요하다.

무효인 행정행위에 대하여는 무효확인소송을 제기하여 그 무효인 것의 확인을 구할 수 있다. 이러한 무효확인소송에 있어서는 취소소송과 달리 소송제기기간상의 제한을 받지 않는다. 한편, 무효인 행정행위에 대하여는 무효선언을 구하는 의미에서의 취소소송을 제기할 수도 있다. 이 경우도 형식적으로는 취소소송이므로 그 내용에 불구하고 엄격한 의미의 취소소송과 같이 소송제기기간상의 제한에 관한 취소소송의 규정이 여기에 적용된다고 본다.[218]

이에 대하여 취소할 수 있는 행정행위의 경우에는 항고소송인 취소소송의 형식에 의해서만 그 취소를 청구할 수 있다. 취소소송은 행정소송의 제기요건으로서의 소송제기기간(행정소송법 제20조) 등의 제약을 받는다.

(3) 선결문제

민사소송 및 형사소송에 있어서 행정행위의 위법성이 선결문제가 되는 경우와 관련하여, 행정행위가 무효인 경우에만 본안사건의 관할법원이 무효인 것을 스스로 판단할 수 있으며, 취소할 수 있는 행정행위인 경우에는 그의 위법성에 대해 심사할 수 없다는 견해도 없지 않다.[219] 그러나 취소할 수 있는 행정행위의 경우에도 본안사건의 관할법원이 그의 위법성에 대해 판단할 수 있다

---

218) 김동희, 전게서, 336면.

219) 류지태, 전게서, 192면; 박균성, 전게서, 285면; 석종현, 전게서, 332면; 홍정선, 전게서, 260면.

고 보는 것이 타당하다.[220]

(4) 사정재결 · 사정판결

행정심판법 및 행정소송법에 규정한 사정재결 및 사정판결은 취소할 수 있는 행정행위에 대해서만 인정되며, 무효인 행정행위에 대하여는 그 성질상 위법성이 있지만 이 제도에 의하여 존속시킬 유효한 행정행위가 처음부터 존재하지 않으므로 이러한 규정은 적용되지 않는다는 점에서 구별의 실익을 찾을 수 있다.

(5) 하자의 승계

둘 이상의 행정행위가 일련의 절차를 거쳐 단계적으로 행하여지는 경우에 선행행위에 무효사유인 하자가 있는 때에는 그 성질상 모든 후행행위에 승계된다. 그러나 선행행위에 취소사유인 하자가 있는 경우에는 선행행위와 후행행위가 결합하여 하나의 효과를 완성한 때에는 승계되나, 선행행위와 후행행위가 서로 독립하여 각각 별개의 효과를 발생하는 경우에는 승계되지 않는 점에서 다르다.

(6) 하자의 치유 · 전환

하자있는 행정행위의 치유는 원칙적으로 취소할 수 있는 행정행위에 대하여 인정되고, 하자있는 행정행위의 다른 행정행위로의 전환은 무효인 행정행위에 대해서만 인정된다고 보는 것이 종래의 통설적 견해였다. 그러나 그 하자의 내용이 보다 가벼운 취소할 수 있는 행정행위에 하자의 전환을 부인할 이유는 없다고 보며,[221] 전환을 반드시 무효인 행정행위에 국한시킬 필요는 없다는 견해도 있다.[222]

(7) 간접강제

현행 행정소송법상 거부처분의 취소판결에는 간접강제가 인정되고 있지만(동법 제34조), 무효확인판결에는 인정되고 있지 않다(동법 제38조 제1항).[223]

(8) 공무방해

취소할 수 있는 행위에 대항하는 사인의 행위는 공무집행방해죄를 구성하지만, 무효행위의 경우에는 공무집행방해죄를 구성하지 아니한다.[224]

---

220) 김남진 · 김연태, 전게서, 291-292면.
221) 김동희, 전게서, 337면; 류지태, 전게서, 193면.
222) 김남진 · 김연태, 전게서, 290면.
223) 박균성, 전게서, 285면.
224) 홍정선, 전게서, 260면.

3) 무효와 취소의 구별기준

하자있는 행정행위는 위에서 검토한 바와 같이 무효인 행정행위와 취소할 수 있는 행정행위로 구별하여, 효력 · 쟁송수단 · 구별기준 등을 찾아 볼 필요가 있다. 양자의 구별기준에 관하여는 다음과 같은 학설의 대립이 있으므로 이를 살펴보고, 판례의 입장을 소개하고자 한다.

(1) 중대설

이 견해는 행정행위의 요건에 가치의 차이를 두어 중대한 하자가 있으면 그 행위는 무효인 것으로서, 이 경우 하자의 중대성의 판단기준은 행정법규의 성질에 따라 구별하고자 하는 입장이다. 이 견해에 의하면, 법규를 ① 능력규정과 명령규정, ② 강행규정과 비강행규정으로 나누고, 능력규정과 강행규정에 위반하는 행위는 무효로, 명령규정과 비강행규정에 위반하는 행위는 취소할 수 있는 것으로 본다.

그러나 이 학설은 법규정의 이러한 구분이 분명한 것이 아니며, 또한 같은 성질의 규정도 입법취지에 따라 그 중요도에 차이가 있다는 점을 간과하고 있다는 비난을 면하기 어렵다.

(2) 중대명백설

이 견해는 행정행위의 하자의 내용이 중대한 법규의 위반이고 또한 그 하자가 외관상 명백한 때에는 당해 행정행위는 무효가 되고, 그 중 어느 하나의 요건 또는 두 가지 요건의 전부를 결여한 경우에는 취소할 수 있는 행정행위에 불과하다는 학설이다. 통설과 판례의 입장이다.

여기에서 '하자의 중대성'이란 행정행위가 행정법규의 규정 자체의 성질상 중요한 법률요건을 위반하고, 그 위반의 정도를 고려할 때 상대적으로 심하여 그 하자가 내용상으로 중대하다는 것을 말한다. 또한 '하자의 명백성'에 관하여는 여러 견해가 있지만 통설 · 판례는 외관상 명백설을 따르고 있다. 이 견해에 의할 때 하자의 명백성이란 하자가 법률전문가의 관점에서가 아니라 일반인의 정상적인 인식능력을 기준으로 하여 외관상 일견 명백하다는 것을 객관적으로 판단하여야 할 것이다.

(3) 조사의무설(객관적 명백설)

이 견해는 기본적으로 중대명백설을 취하면서 명백성의 요건을 완화하여 무효사유를 더욱 확대하고자 하는 입장이다. 행정행위가 일반인의 정상적인 인식능력에 비추어 누구도 하자가 있다는 것을 명백히 인정할 수 있는 경우뿐만 아니라 공무원이 그의 직무를 성실히 수행하기 위하여 당연히 요구되는 정도의 조사에 의하여 판명될 수 있는 사실관계에 비추어 당해 처분의 위법성이 명백하게 인정될 수 있는 경우에도 하자의 명백성의 요건이 충족된다고 보는 학설이다.

이 학설에 대하여는 '관계 공무원이 그의 직무를 성실히 수행하기 위하여 당연히 요구되는 정도의 조사'라는 것이 명확하지 아니하다는 비판을 받는다. 우리 판례도 무효의 판단에 있어 이러

한 기준을 채택하고 있지 않다.[225)]

(4) 명백성 보충요건설

이 견해는 문제의 행정행위가 무효로 되기 위하여는 하자의 중대성은 항상 그 요건이 되지만, 명백성은 일률적으로 항상 요구되는 요건이 아니라 행정의 법적 안정성의 확보를 통하여 행정의 원활한 수행을 확보할 필요성이 있거나 또는 그 행정행위를 유효한 것으로 믿은 제3자나 공공의 신뢰를 보호하여야 할 필요가 있는 경우에만 '보충적'으로 요구되는 요건으로 본다. 즉 명백성의 요건은 행정행위의 상대방에 대한 것이 아니라 제3자 등의 이해관계를 반영하기 위한 것이므로 행정행위의 상대방의 권익을 구제하고 위법한 결과를 시정할 필요성이 제3자 등의 이해관계보다 큰 경우에는 하자의 중대성의 요건만으로 무효를 인정하려는 학설이다.

대법원의 판례상 이러한 기준에 입각한 판결례는 없다. 그러나 대법원의 판례 중에는 이 명백성 보충설에 입각하여 소수의 반대의견이 개진된 예는 있으며,[226)] 헌법재판소는 매우 제한적이기는 하지만 이 기준에 따라 관련 처분을 무효로 인정한 경우도 있다.[227)]

(5) 구체적 가치형량설

이 견해는 다양한 이해관계를 갖는 행정행위에 대하여 무효사유와 취소사유를 구분하는 일반적 기준을 정립하는 것에 의문을 가지며 구체적인 사안마다 권리구제의 요청과 행정의 법적 안정성의 요청 및 제3자의 이익 등을 구체적이고 개별적으로 이익형량하여 무효인지 또는 취소할 수 있는 행정행위인지의 여부를 결정하여야 한다고 본다. 이러한 학설은 무효사유와 취소사유의 구분의 객관적 기준이 될 수 없다는 점이 비판될 수 있다.

(6) 판 례

우리나라 대법원의 판례는 종래부터 중대명백설을 따르고 있다.[228)] 한편, 헌법재판소의 결정에 의하면, 원칙적으로 중대명백설을 취하고 있지만 법적 안정성의 요구에 비하여 하자의 중대성 및 권리구제의 필요성이 큰 경우에는 중대명백설의 예외를 인정하여 하자가 중대하기는 하나 명백한 것이라고는 할 수 없다고 하더라도 무효가 인정된다고 판단한 예를 찾을 수 있다.[229)]

---

225) 대판 1992.4.28, 91누6863.

226) 대판 1995.7.11, 94누4615.

227) 헌재결 1994.6.30, 92헌바23.

228) 대판 1961.12.21, 4294행상6; 대판 1988.3.8, 88누49; 대판 1989.7.11, 88누12110; 대판 1993.12.7, 93누11432; 대판 1995.7.11, 94누4615; 대판 1996.2.9, 95누4414; 대판 1996.11.12, 96누1221; 대판 2001.7.10, 2000다24986; 대판 2002.2.8, 2000두4057; 대판 2002.12.10, 2001두4566; 대판 2005.6.24, 2004두10968; 대판 2006.2.24, 2000두5741.

229) 헌재결 1994.6.30, 92헌바23.

(7) 결 어

행정행위에 하자(흠)가 있는 경우에 당연무효인 하자인가 그렇지 않으면 취소할 수 있는 하자인가의 구분에 관한 각 학설은 위에서 지적한 바와 같은 문제점을 지니고 있음을 알 수 있다. 그리고 무효사유와 취소사유인 하자는 명확한 기준을 제시할 수 없는 상대적 개념임에도 불구하고 실무적으로는 무효와 취소를 구별해야 할 실익이 있는데, 주로 통설과 판례는 중대명백설을 따른다. 따라서 하자가 중대하고 객관적으로 명백한 경우에만 처음부터 아무런 효력을 발생하지 않는 무효인 행정행위로 보고, 그 이외의 경우에는 권한있는 기관에 의하여 취소되어야만 비로소 처분의 효력을 상실하도록 할 수 있는 취소사유로 보는 중대명백설은 가장 적절한 이론이라 할 것이다. 다만, 행정행위의 상대방의 권익을 구제하고 위법한 행정을 시정할 필요성이 제3자 등의 이해관계보다 큰 경우에는 하자의 중대성의 요건만으로도 무효를 인정한 경우도 있을 수 있다(명백성보충요건설 참조).

4. 행정행위의 하자의 승계

1) 개 념

행정행위의 하자의 승계는 일정한 행정목적을 달성하기 위하여 둘 이상의 행정행위가 단계적인 일련의 절차로 연속하여 행하여지는 경우에, 선행 행정행위의 하자가 후행 행정행위에 승계되어 영향을 미치는가, 즉 선행 행정행위의 하자로 인한 위법성을 이유로 하여 후행 행정행위의 효력을 다툴 수 있는가 하는 문제이다. 이는 '위법성의 승계'라고도 한다.

하자의 승계에 관한 실정법상의 명시적인 법적 근거는 없다. 그러나 이론적으로는 선행행위에 불가쟁력이 발생하여 그 효력을 더 이상 다툴 수 없게 된 경우에도, 하자의 승계가 인정되는 경우에는 그 행위의 위법을 이유로 후행행위의 효력을 다툴 수 있게 된다는 점에서 이 승계이론의 실익이 있는 것이다.

2) 하자의 승계에 대한 논의

(1) 승계논의가 성립하기 위한 전제조건

행정행위의 하자의 승계논의가 성립하기 위한 기본적 전제로서는, ① 먼저 선행 행정행위에는 하자가 존재하나 후행 행정행위에는 하자가 존재하지 않는 경우이어야 하고, ② 또한 선행 행정행위의 하자가 무효가 아닌 취소의 하자가 존재하여야 하며, ③ 이러한 선행 행정행위의 하자를 당사자가 쟁송기간 내에 다투지 않거나 행정심판을 청구하지 않아 불가쟁력이 발생한 경우일 것을 필요로 한다.[230]

230) 류지태, 전게서, 197면.

(2) 승계논의의 범위

선행 행정행위의 하자는 당연무효는 말할 것도 없고 취소사유인 경우에도 인정될 수 있다. 선행 행정행위의 하자가 무효인 경우에는 그 행정행위의 무효를 언제든지 주장할 수 있으므로 당연히 후행 행정행위에 그 무효인 하자가 승계되는 것이므로 당연무효의 경우는 하자의 승계는 자동적으로 인정되어 학설상 다툼이 없다.

행정행위의 하자의 승계논의는 행정행위의 불가쟁력과 관련하여 문제된다. 먼저 선행 행정행위에 발생한 불가쟁력을 강조하는 입장에서는 이미 불가쟁력이 발생한 행정행위를 후에 다시 다툴 수 있게 한다면, 불가쟁력의 개념과 관련되는 이념인 법적 안정성이나 행정작용의 능률적 수행에 있어서 문제를 야기할 수 있으므로 하자의 승계를 부정하려고 할 것이다.

그러나 이에 반하여 이 경우에 발생한 불가쟁력이라는 것이 당해 행정행위가 실체법적으로 적법하기 때문에 유효한 것으로 존속하게 하는 것이 아니라, 당사자가 쟁송제기기간을 지키지 못하는 등 형식적인 사유만을 고려하여 인정되는 효력이므로 경우에 따라서는 후행 행정행위를 선행 행정행위의 위법성의 주장을 통하여 다툴 수 있도록 하는 것이 당사자의 권리보호나 개별적인 경우의 정의 또는 실질적인 타당성을 확보하는 것이라는 입장을 취할 수도 있게 된다. 이러한 입장을 따르는 경우에는 선행 행정행위의 하자의 승계를 인정하려고 할 것이다.

따라서 이러한 대립적인 이해관계를 어떻게 조화할 것인가의 문제가 그 해결에 있어서 중요하게 고려되어야 할 관점들이 된다.[231]

3) 하자의 승계의 인정 여부

종래의 통설 · 판례는 행정행위의 하자의 승계는 선행행위와 후행행위가 결합하여 하나의 법적 효과를 달성하는가, 아니면 선행행위와 후행행위가 서로 독립하여 별개의 법적 효과를 발생하는가에 따라 하자의 승계 여부를 결정한다고 한다. 즉 전자의 경우에 한하여 하자의 승계를 인정한다.

(1) 선행행위와 후행행위가 결합하여 하나의 법적 효과를 완성한 경우

하자의 승계는 선행행위와 후행행위가 서로 결합하여 하나의 법적 효과를 완성하는 것인 때에는[232] 위법성의 승계가 인정되어 선행행위가 위법하면 후행행위도 위법한 것으로 된다.[233] 따라서 취소사유를 지닌 선행행위에 불가쟁력이 발생한 후에라도 하자 없는 후행행위에 대하여 선행

231) 류지태, 상게서, 197-198면.

232) 예컨대, 조세체납처분에 있어 독촉 · 압류 · 매각 · 충당의 각 행위 사이 또는 행정대집행에 있어서 계고 · 대집행영장의 통지 · 대집행 · 대집행비용의 징수의 각 행위 사이를 들 수 있다.

233) 대판 1975.12.9, 75누123; 대판 1979.4.24, 78누227; 대판 1986.10.28, 86누147; 대판 1993.2.9, 92누4567; 대판 1993.2.26, 92누6839; 대판 1993.11.9, 93누14271; 대판 1996.2.9, 95누12507.

행위가 지닌 하자를 이유로 그 효력을 다툴 수 있는 것이다.

(2) 선행행위와 후행행위가 독립하여 별개의 법적 효과를 목적으로 한 경우

하자의 승계는 선행행위와 후행행위가 서로 독립하여 별개의 법률효과를 목적으로 하는 경우에는 선행처분이 무효가 아닌 한 그 위법성은 후행처분에 승계되지 않는 것이 원칙이다.[234] 그 대표적인 예를 들면, 위법한 건물의 철거명령과 대집행의 계고처분 사이에는 위법성의 승계가 인정되지 아니한다고 보고 있다.

그러나 선행행위와 후행행위가 별개의 법률효과를 목적으로 하는 경우에도 행정법의 일반원칙의 하나로서 수인성(受忍性)의 원칙을 이유로 하자의 승계가 예외적으로 인정될 때가 있다.[235] 여기의 '수인성의 원칙'이란 입법자나 행정기관의 작용은 그 효과가 사인이 수인할 수 있는 것이어야 한다는 원칙을 말한다.

4) 하자의 승계논의에 관한 새로운 이론의 등장

(1) 구속력론의 내용

종래 우리나라 및 일본에서의 주류적 입장이 위의 문제를 '하자승계'라는 관점에서 해결하려는 경향을 보이는 데 대하여, 오늘날 독일에서는 일반적으로 그 문제를 '불가쟁력이 발생한 선행정행위의 후행정행위에 대한 구속력'의 문제로서 파악하고 있다.[236] 이러한 선행행위의 구속력은 규준력(規準力), 기판력 또는 선례구속적 효력 등으로 불린다.

새로운 구속력이론은 종래의 하자의 승계이론을 비판하고 있다. 즉 하자의 승계이론은 후행하는 행위와 결합하여 하나의 효과를 발생한다는 이유로 이미 불가쟁력이 발생한 선행행위의 규율내용에 대하여 다시 다툴 수 있게 하는 것은 법적 안정성을 실현시키는 쟁송제기기간 제도의 의미를 본질적으로 훼손하는 것이며, 하자의 승계이론에서는 연속하여 행하여지는 두 개의 행정행위 간에 서로 결합하여 하나의 효과를 발생시키는 경우에 하자의 승계를 인정하는 바, 그것은 지나치게 형식적이고 편의적인 사고방식에서 나온 논리라고 비판하고 불가쟁력이 발생한 행정행위의 하자의 승계가능성은 원칙적으로 부인되어야 한다고 주장한다.

이 이론에서는 둘 이상의 행정행위가 동일한 법적 효과를 추구하고 있는 경우에 선행행위는 후행행위에 대하여 일정한 범위 안에서 구속력을 갖는다고 하고, 그러한 구속력이 미치는 범위 안에서 후행행위에 있어서 선행행위의 효과와 다른 주장을 할 수 없게 된다고 한다. 이 견해에서는 그러한 구속력이 인정되기 위한 전제조건으로서, ① 두 행정행위가 동일한 목적을 추구하고,

234) 대판 1988.12.27, 87누1141; 대판 1990.1.23, 87누947; 대판 1990.1.25, 89누2936; 대판 1992.3.13, 91누4324; 대판 1993.3.9, 92누16287; 대판 1994.5.24, 93누24230; 대판 1995.11.14, 94누13572; 대판 1996.4.26, 95누13241.

235) 대판 1994.1.25, 93누8542; 대판 2008.8.21, 2007두13845.

236) 김남진 · 김연태, 전게서, 313면.

그 법적 효과가 일치하여야 할 것(사물적 한계), ② 두 행위의 수범자가 일치할 것(대인적 한계), ③ 선행행위의 사실상태 및 법상태가 동일성을 유지할 것(시간적 한계)이라는 기본적 조건 외에 추가적 조건으로서 ④ 구속력의 결과에 대한 예측가능성과 수인가능성이 있을 것을 들고 있다.

이 학설은 전술한 제한적 조건하에서는 행정행위는 판결의 기판력에 준하여 구속력을 가지는 것으로서, 이러한 구속력이 미치는 한 선행행위의 후행행위에의 하자의 승계는 부정된다고 하고 있다.[237)]

(2) 구속력론의 문제점 지적

이 견해는 기본적으로 다음의 몇 가지 문제점이 있는 것을 지적하지 않을 수 없다.[238)]

첫째로, 이 이론은 그 내용에 대한 구체적 검토나 충분한 논거도 제시하지 아니한 채, 판결의 기판력이 발생하는 한계에 관한 이론을 선행행위의 후행행위에 관한 이론을 선행행위의 후행행위에 대한 구속력의 한계에 관한 논의에 차용하고 있다는 점이다. 그런데 판결의 기판력은 판결의 실질적 확정력인데 대하여, 하자의 승계문제는 불가쟁력이 발생한 선행행위의 하자를 후행행위에서 다툴 수 있는지의 여부에 관한 것으로서 그것은 행정행위의 형식적 확정력에 관한 문제로서, 그러한 점에서 양자는 문제의 초점을 달리하고 있다는 것이다.

둘째로, 이 이론은 선행행위와 후행행위가 동일한 법적 효과를 추구하는 경우에는 선행행위에는 구속력이 인정되어 후행행위에서 그 효력을 다툴 수 없다고 한다. 그런데 이 설에서 예로 들고 있는 과세처분과 체납처분, 위법한 건물의 철거명령과 대집행 등은 양 행위가 동일한 법적 효과를 발생하는 경우라고는 볼 수 없는 것이라는 점이다.

셋째로, 이 이론에서 추가적으로 들고 있는 예측가능성과 수인가능성은 실질적 법치주의에서 국민의 권리보호를 위한 일반적 법원리로 인정되는 것으로서, 그것이 구속력론의 특유한 논거나 조건이 되는 것은 아니라는 점이다.

마지막으로, 판결의 기판력에 준하는 규준력(規準力)이라는 효력이 행정행위에 발생하는 근거가 제시되지 못하고 있는 점 등이다.

5. 행정행위의 하자의 치유와 전환

1) 행정행위의 하자론의 예외로서의 치유와 전환의 필요성

행정행위의 성립에 하자가 있는 경우에는 그 하자의 정도에 따라 무효로 되거나 취소할 수 있게 되는 것이 원칙이다. 그런데 이러한 행정행위의 하자론의 예외로서, 그 성립에 하자가 있는 위법

237) 김동희, 전게서, 341면; 박윤흔 · 정형근, 전게서, 369-370면.

238) 김동희, 상게서, 341면; 박윤흔 · 정형근, 상게서, 370면.

한 행정행위의 경우라 하더라도, 적법한 행정행위로서 그 효력을 존속시키고자 하는 법리가 '하자의 치유와 전환의 이론'이다. 이러한 법리는 사법에 있어서는 하자있는 법률행위의 추인(민법 제143조 내지 제145조) 및 전환(민법 제138조)의 문제로서 이미 성문화되어 있는 데 비하여, 행정법에 있어서는 아직 명문규정은 없기 때문에 학설 · 판례를 통하여 논의되어야 할 필요성이 있다.

하자의 치유와 전환의 법리의 논거는 명확하지 않은데, 일반적으로는 공익이나 사익에 새로운 불이익을 미치지 아니하는 범위 안에서 행정행위에 대한 상대방의 신뢰보호, 행정법관계의 안정성의 고려, 공공복리의 실현, 행정행위의 무용한 반복의 방지에 의한 행정경제를 기하기 위하여 하자의 성질에서만 보면 무효 또는 취소되어야 할 하자있는 행정행위의 치유와 전환을 인정할 수 있다고 본다. 독일 행정절차법 제45조는 일반적 · 통칙적 규정을 두고 있으나, 우리나라 행정법에는 이러한 일반적 · 통칙적 규정이 없으므로 민법규정을 유추하여 이론적으로 정립하여야 할 것이다. 전통적 견해와 판례는 하자의 치유와 전환을 인정한다. 입법론상으로는 행정절차법에 명문의 규정을 두는 것이 필요하다.

2) 하자의 치유

(1) 개 념

행정행위의 하자의 치유(治癒)란 행정행위의 성립 당시에 하자가 있어 위법한 행위라 하더라도 사후에 그 요건이 보완되었다든지 또는 하자가 경미하거나 기타 사유로 인하여 취소할 필요성이 없어졌을 경우에, 그 하자에도 불구하고 당해 행위를 하자없는 적법한 행정행위로 유효하게 취급하는 것을 말한다.

(2) 치유의 적용범위

(가) 취소할 수 있는 행정행위

통설 · 판례는 행정행위의 하자의 치유는 취소할 수 있는 행정행위에만 인정한다. 그러나 하자있는 행정행위의 치유는 행정행위의 성질이나 법치주의의 관점에서 볼 때 원칙적으로 허용될 수 없는 것이고, 예외적으로 일정한 사유가 있을 경우 행정행위의 무용한 반복을 피하고 당사자의 법적 안정성을 위해 이를 허용하는 때에도 국민의 권리나 이익을 침해하지 않는 범위에서 구체적 사정에 따라 합목적적으로 인정하여야 한다는 한계가 있다.[239]

(나) 무효인 행정행위

무효인 행정행위는 처음부터 어떠한 법적 효력도 발생하지 아니하므로 그것이 다른 행위로 전환됨은 별문제이나, 본래의 행정행위로서는 그 효력을 발생할 수 없다고 할 것이기 때문에 치유

239) 대판 2002.7.9, 2001두10684.

될 수 없다.[240)]

(3) 치유의 사유

어떠한 경우에 하자가 치유된다고 볼 것인가? 우리나라에서는 종래에 치유사유에 해당하는 경우로서, ① 요건의 사후보완, ② 장기간 방치로 인한 법률관계의 확정, ③ 취소를 불허하는 공공복리상의 필요의 발생 등을 보통 예시하였다.[241)]

그러나 여기의 ②와 ③은 행정행위의 '취소의 제한사유'로 보는 것이 타당하며, 이것을 치유의 사유에 포함시킨다는 것은 치유의 뜻이나 취지에 어긋난다고 판단된다. 따라서 ①만을 엄밀한 의미의 치유의 사유에 해당한다고 보아야 한다.[242)] 이 외에도 하자가 경미하여 취소할 만한 성질의 것은 아니라고 판단되는 경우도 이를 하자의 치유의 경우에 포함시키는 견해도 있으나, 이 경우도 엄격한 의미에서는 취소의 제한사유로 보아야 할 것이다.[243)]

그리고 치유의 대상이 되는 하자는 형식 · 절차법상의 하자뿐만 아니라 내용 · 실체법상의 하자도 포함하지만, 하자의 치유가 주로 인정되는 것은 절차와 형식의 하자의 경우이다. 이에 대하여 처분의 내용에 관한 하자의 치유는 허용하지 않는 것이 바람직하다는 견해도 있다.[244)]

(4) 치유의 가능시한

행정행위의 치유가 인정된다고 하더라도 그것이 어느 시점까지 가능한가는 의문이다. 이에 대하여는 주로 절차상 하자의 치유의 문제와 관련하여 다음의 견해가 대립되고 있다. 즉 ① 쟁송제기 이전에만 가능하다는 견해, ② 쟁송이 제기되어 계속중인 경우에도 가능하다는 견해, ③ 소송절차의 종결시까지는 가능하다는 견해 등이 제시되고 있다. 다수설과 판례[245)]는 행정쟁송의 제기 이전에만 가능하다는 입장을 취하고 있다. 행정절차의 행정작용의 적정화나 국민의 권리 · 이익의 사전구제적 기능 등을 고려하면, 쟁송제기 이전설이 가장 타당하다고 본다.[246)] 그러나 소송경제 등을 고려하여 소송절차의 종결 전까지 하자의 치유를 인정하는 것이 바람직하다는 견해도 있다.[247)]

(5) 치유의 효과

행정행위의 하자가 치유되면 당해 행정행위는 처분시부터 하자가 없는 적법한 행정행위가 행

240) 대판 1989.12.12, 88누8869; 대판 1996.4.12, 95누18857.
241) 김도창, 전게서, 484면; 이상규, 전게서, 431-432면.
242) 김남진 · 김연태, 전게서, 306면; 박윤흔 · 정형근, 전게서, 372-373면; 홍정선, 전게서, 274-275면.
243) 김동희, 전게서, 337면.
244) 김동희, 상게서, 337면; 홍준형, "행정행위의 하자의 치유", 「고시계」, 2000, 8, 61면.
245) 대판 1984.4.10, 83누393.
246) 김동희, 전게서, 343면.
247) 홍정선, 전게서, 276면.

해진 것과 같은 효력을 발생하게 된다. 즉 소급효가 인정된다. 따라서 치유가 인정되지 않는 행위의 경우에는 새로운 행위를 행함으로써 치유의 효과를 실현할 수 있을 뿐이다.

3) 하자의 전환

(1) 개 념

하자있는 행정행위의 전환(轉換)이라 함은 행정행위가 원래 행정청이 의도하였던 행정행위로서는 하자가 있어 위법한 것으로서 무효이거나 취소할 수 있는 행위이지만, 그것이 다른 종류의 행정행위로 본다면 그 요건을 완전히 충족한 경우에, 그러한 다른 행정행위로 보아 유효한 행위로 취급하는 것을 말한다. 예컨대, 사망자에 대한 조세부과처분을 그 상속인에 대한 처분으로 효력을 발생하도록 하는 경우가 여기에 해당된다.

하자의 전환은 방법이 다르지만 하자있는 행정행위가 하자가 없는 것으로 된다는 점에서 하자의 치유의 경우와 동일한 의미와 목적을 가진다. 그러나 하자의 치유는 하자있는 행정행위가 본래의 행정행위로서 적법한 행위로 취급되는 것인 데 대하여, 하자의 전환은 본래의 행정행위가 아니고 다른 행정행위로서 유효한 행위로 되는 점에서 양자는 다르다.[248] 따라서 하자있는 행정행위의 전환은 그 자체가 하나의 행정행위의 성질을 가진다고 말할 수 있다.[249]

(2) 전환의 적용영역

종래 행정행위의 전환은 무효인 행정행위에 대해서만 다른 행위로의 전환을 인정하였다. 그러나 그 하자의 내용이 더욱 가벼운 취소할 수 있는 행정행위에 이를 부인할 이유는 없다고 할 것이며, 취소할 수 있는 행위를 취소한 후 새로운 처분을 하기보다는 전환하는 것이 상대방에게 유익할 수도 있기 때문에 반드시 무효인 행정행위에 국한시킬 필요는 없다고 생각된다.[250] 그러나 취소할 수 있는 행정행위는 장래 하자가 치유될 가능성이 있고, 그 행위의 효력이 불확정상태에 있는 동안은 당사자가 의욕한 바가 아닌 다른 행위로 전환되어서는 아니되기 때문에 전환이 인정될 수 없다고 보는 견해도 있다.[251]

(3) 전환의 요건

일반적으로 하자있는 행정행위가 유효한 행위로 전환이 인정되기 위한 요건으로서, ① 하자있는 행정행위와 전환하려는 행위와의 사이에 요건 · 목적 · 효과에 있어 실질적 공통성이 있을 것, ② 원처분이 전환되는 행위로의 성립요건 · 효력발생요건을 갖추고 있을 것, ③ 하자있는 행정행

---

248) 김동희, 전게서, 344면; 석종현, 전게서, 338면.
249) 김남진 · 김연태, 전게서, 310면; 박윤흔 · 정형근. 전게서, 376면; 석종현, 상게서, 339면; 홍정선, 전게서, 279면.
250) 김남진 · 김연태, 상게서, 309면; 김동희, 전게서, 344면; 박균성, 전게서, 310면; 홍정선, 전게서, 278면.
251) 박윤흔 · 정형근, 전게서, 375면.

위를 한 행정청의 의도에 반하는 것이 아닐 것, ④ 당사자에게 원처분의 경우보다 새로운 불이익을 부과하는 것이 아닐 것, ⑤ 제3자의 이익을 침해하지 않을 것 등을 들고 있다.[252)]

독일의 행정절차법 제47조는 명문으로 전환의 요건을 규정하고 있으나, 우리나라는 명시적 규정이 없어 학설 · 판례에 의하여 위의 요건을 들고 있는 바, 기본적인 방향은 독일과 거의 동일하다.

(4) 전환의 효과

행정행위의 전환이 이루어지게 되면 전환으로 인하여 생긴 새로운 행정행위는 종전의 행정행위가 행해진 당시로 소급하여 효력을 발생한다.

행정행위의 하자의 전환은 행정청의 별도의 의사결정에 의하여 이루어진다고 보아야 하기 때문에 행정행위의 성질을 갖는다. 따라서 그 전환에 대하여도 일정한 한도에서 행정절차법이 적용된다고 보아야 할 것이다. 그리고 행정행위의 전환이 있는 경우, 전환 전 · 후의 행위는 일련의 단계적 절차를 구성하는 것이 아니므로 하자의 승계가 인정되지 않는다.

행정행위의 전환은 그 자체가 하나의 새로운 행정행위이기 때문에 관계인은 행정쟁송의 방법을 통하여 하자있는 행정행위의 전환을 다툴 수 있다.[253)] 행정소송의 단계에서 행정행위의 전환이 이루어진다면, 처분사유의 추가 · 변경으로 인한 소의 변경은 기본적 사실관계의 동일성이 인정되는 한도에서만 허용된다.

Ⅷ. 행정행위의 무효

1. 의 의

1) 개 념

행정행위의 무효란 행정행위로서의 외형은 갖추고 있어 외관상으로는 행정행위로서 존재하지만, 그 하자가 중대하고 명백하여 권한있는 기관인 행정청 또는 법원의 취소를 기다리지 아니하고 처음부터 전혀 법적 효력을 발생하지 아니하는 행위를 말한다.

행정행위의 외형을 갖추고 있는 점에서 행정행위의 부존재와 구별되고, 처음부터 효력을 발생하지 못하는 점에서 권한있는 기관에 의한 결정이 있기까지는 효력을 갖는 취소와 구별된다.

---

252) 김남진 · 김연태, 전게서, 309-310면; 김동희, 전게서, 344면; 박균성, 전게서, 309면; 박윤흔 · 정형근, 상게서, 375-376면.

253) 대판 1969.1.21, 68누190.

2) 행정행위의 무효와 취소의 구별

무효인 행정행위와 취소할 수 있는 행정행위는 행정행위의 효력에 차이가 있는 것 외에도 절차법적인 측면에서도 양자를 구별해야 할 여러 가지 실익이 있다. 그 구별의 기준은 통설 · 판례인 중대명백설에 의하면, 행정행위의 하자의 내용이 중대한 법규의 위반이고, 또한 그 하자가 외관상 명백한 때에는 당해 행정행위는 무효이고, 그 중 어느 하나의 요건이나 두 가지의 요건을 모두 결여한 경우에는 취소할 수 있다고 본다. 그러나 특별한 경우에는 하자의 중대성의 요건만으로도 무효를 인정할 수 있다는 명백성보충요건설도 그 구별기준으로서 예외적으로 적용될 수 있다.

2. 행정행위의 무효원인

독일 연방행정절차법 제44조는 중대하고 명백한 하자있는 행정행위의 무효사유를 명시적으로 규정하고 있으나, 우리나라의 경우는 무효의 원인유형을 규정한 실정법이 없기 때문에 '중대하고 명백한 하자'로서 무효에 해당되는 구체적인 경우는 학설과 판례에 따라 개별적으로 판단하여 결정할 수밖에 없다. 여기에서는 실제상 문제되는 대표적인 무효원인을 행정행위의 성립요건과 관련하여 주체 · 내용 · 절차 · 형식에 관한 하자로 구분하여 검토하기로 한다.

1) 주체에 관한 하자

행정행위가 완전하게 성립하여 효력을 발생하기 위하여는, ① 정당한 권한을 가진 행정기관이, ② 그 권한 내에서, ③ 정상적인 의사에 의거하여 행한 행위라야 한다.

(1) 정당한 권한을 가진 행정기관이 아닌 자의 행위

(가) 공무원이 아닌 자의 행위

공무원으로 적법하게 선임되지 아니한 자 또는 행위 당시에는 이미 공무원의 신분을 가지지 아니한 자 등이 행한 행위는 원칙적으로 무효이다. 그러나 독일에서 전개된 '사실상의 공무원의 이론'에 의하여 위와 같은 공무원이 아닌 자의 행위라 하더라도 선의의 상대방의 신뢰보호와 법적 안정성을 위하여 무효나 취소할 수도 없는 것으로 하여 유효로 인정하는 경우도 있다.

(나) 대리권이 없는 자의 행위

행정기관의 정당한 대리권이 없는 자의 행위는 원칙적으로 무효이다. 다만, 이 경우에도 정당한 대리권을 가진 자의 행위로 상대방이 믿을 만한 상당한 이유가 있을 때에는 사법상의 '표현대리의 법리'(민법 제125조, 제126조)를 유추하여 유효로 보아야 할 경우도 있다.

(다) 적법하게 구성되지 아니한 합의기관의 행위

독임제기관에 있어서는 별로 문제가 없으나, 합의제기관인 경우에는 법규가 요구하는 일정한 요건을 갖추어야 하기 때문에 정당한 소집권자가 아닌 자가 소집한 경우, 적법한 소집절차가 없는 경우, 결격자가 참석한 경우, 소정의 의사정족수 또는 의결정족수에 미달되는 경우 등 합의제기관의 행위에 중대한 하자가 있을 때에는 원칙적으로 무효가 된다고 할 것이다.

(라) 법령상 필요한 다른 기관의 필요적 협력을 받지 아니한 행위

법규는 일정한 행정행위를 할 수 있는 권한을 부여하면서 그 행위의 법정요건으로서 다른 기관의 의결 · 협의 · 승인 · 인가 등의 협력을 받아서 하도록 하는 경우가 적지 않다. 이는 국민의 권익보호, 행정행위의 적법타당성의 보장, 다른 기관의 관장사무와의 관련성을 유지하기 위한 것 등이다. 이러한 법규상의 필요적 협력을 받지 않고 행한 행위는 원칙적으로 무효가 된다. 다만, 취소사유로 보는 판례가 있다.[254]

그러나 일정한 행정행위를 하는데 있어서 자문을 거칠 것을 요건으로 하고 있는 경우에 그 자문을 결여한 행위의 효과에 관하여는 반드시 무효가 아니고 원칙적으로 취소원인이 될 수 있음에 지나지 않는다고 볼 수 있다.[255]

(마) 공무원이 증표를 제시하지 아니하고 행한 행위

일정한 행정강제를 하는 데 있어서 공무원에게 일정한 증표를 휴대하고 제시할 것을 법령상 의무로 규정하는 경우에, 이러한 의무를 준수하지 않으면 무효원인으로 본다.

(2) 행정기관의 권한 외의 행위

행정기관의 권한은 오직 법령에 의하여 수권된 범위 안에서만 적법하게 행위를 할 수 있고, 사항적 · 지역적 · 대인적으로 한계가 있으며, 이 한계를 넘는 행정행위는 무권한행위 또는 권한유월(權限踰越)의 행위로서 원칙적으로 무효이다. 이 무권한행위는 권한초과행위와는 구별되는데, 권한초과행위는 취소원인이 되는데 불과하다.[256] 다만, 무권한행위라도 다른 모든 하자있는 행정행위에 있어서와 마찬가지로 공평의 원칙, 신뢰보호의 원칙, 법률생활의 안정성 등의 관점에서 유효로 보아야 할 경우가 있다.

(3) 행정기관의 정상적인 의사에 의거하지 아니한 경우

행정기관의 정상적인 의사에 의거하지 아니한 행위는 의사능력이 없는 자의 행위, 행위능력이

---

254) 대판 1995.11.7, 95누9730.

255) 김도창, 전게서, 470면.

256) 대판 2007.7.26, 2005두15748.

없는 자의 행위 및 의사결정에 하자가 있는 행위로 나누어 살펴보면 다음과 같다.

(가) 의사능력이 없는 자의 행위

공무원의 심신상실 중의 행위나 저항할 수 없을 정도의 물리적 · 정신적 강제로 인한 행정행위는 행정기관이 그 행위를 하려는 의사능력이 없었던 상태였으므로 무효라 할 것이다.

(나) 행위능력이 없는 자의 행위

미성년자인 공무원의 행위는 미성년자도 공무원이 될 수 있으므로 행위의 효력에 영향이 없다. 금치산자 또는 한정치산자는 공무원이 될 수 없는 결격사유에 해당되기 때문에 이에 해당되는 공무원이 행한 행위는 무효가 될 것이다. 다만, '사실상의 공무원이론'에 의하여 유효로 되는 경우도 있을 수 있다.

(다) 의사결정에 하자가 있는 행위

행정기관의 의사결정과정에 하자가 있는 행위로는 착오로 인한 행위, 사기 · 강박 · 증수뢰 등에 의한 행위 등이 있다.

① 착오로 인한 행위 : 행정청의 단순한 착오는 취소원인이 된다는 견해도 있으나, 통설은 표시주의에 입각하여 독립된 무효원인 또는 취소원인으로 보지 않는다. 그리하여 착오로 인한 행위는 법규에 특별한 규정이 없으면 착오가 있다는 것만으로는 영향을 받지 않고 표시된 내용에 따라 효력이 발생한다.[257] 다만, 착오의 결과 그로 인한 행위의 내용이 불능 또는 위법한 것으로 된 때에는 내용의 불능 또는 위법을 이유로 무효 또는 취소를 할 수 있는 데 그친다 할 것이다.[258]

① 사기 · 강박 · 증수뢰에 의한 행위 : 상대방의 사기 · 강박 · 증수뢰(贈受賂) 등의 부정수단에 의한 행정행위는 당연무효가 되는 것은 아니며, 취소할 수 있는 데 불과하다.

2) 내용에 관한 하자

행정행위가 완전한 효력을 발생하기 위하여는 그 내용이 명확하고 실현가능하여야 함은 물론 법에 위반되지 아니하고 또한 공익에 적합한 것이라야 한다. 따라서 행정행위의 내용이 불명확하거나 실현불능인 경우는 원칙적으로 무효가 된다. 그러나 단순한 위법행위 또는 공익위반행위는 취소원인이 될 뿐이다.

---

257) 대판 1985.11.26, 85누382.

258) 대판 1965.4.20, 64누171.

(1) 내용이 불명확한 행위

행정행위의 내용이 사회통념상 또는 통상인의 판단으로 인식할 수 없을 정도로 불명확하거나 또는 내용이 확정되지 아니한 행정행위는 원칙적으로 무효이다.[259] 다만, 불명확하더라도 전후의 사정으로 그 내용이 명확히 될 수 있는 경우는 그 하자는 치유된 것으로 볼 수도 있을 것이다.[260]

(2) 내용이 실현불능인 행위

(가) 사실상 실현불능

사실상 실현불능은 기술적 · 물리적으로 불능인 경우뿐만 아니라 사회통념상 그 실현이 불가능한 경우도 포함된다. 예컨대, 그 실현에 과다한 비용이 소요된 경우나 과거를 기한으로 출석을 명하는 경우 등이 이에 해당한다. 독일 행정절차법 제44조에서는 사실상 실현불능인 행위를 무효원인의 하나로 규정하고 있다.

(나) 법률상 실현불능

법률상 실현불능은 사자(死者)에 대한 의사면허 등과 같이 법이론상으로 절대로 불능인 경우나 법이론적으로는 가능하지만 법의 금지 또는 불인정의 결과 실현불가능이 객관적으로 명백한 경우를 말한다. 법률상 불능인 행위는 무효이고,[261] 법률에 위반되기는 하나 그 내용의 실현이 가능한 단순한 위법행위는 취소할 수 있는 점에서 다르다.

이러한 법률상 실현불능은 인적 불능, 물적 불능, 법률관계의 불능이 있다.

① 행위의 상대방인 인(人)에 관한 불능 : 실존하지 않는 허무인을 상대방으로 하는 행위, 명백히 권리의무능력이 없는 자에게 권리를 부여하거나 의무를 명하는 행위는 원칙적으로 무효이다.[262]

② 행위의 목적인 물(物)에 관한 불능 : 실존하지 않는 물건을 목적으로 하는 행위, 명백히 행정행위의 목적물이 될 수 없는 물건을 목적으로 하는 행위도 원칙적으로 무효이다.[263]

③ 행위의 목적인 법률관계에 대한 불능 : 존재하지 않는 법률관계를 대상으로 하는 행위, 법률상 명백히 금지되어 있거나 법률상 절대로 인정되지 않는 권리 · 의무를 목적으로 하는 행위는 원칙적으로 무효이다.[264]

---

259) 대판 1961.3.13, 4292행상92; 대판 1961.10.19, 4292행상140; 대판 1964.5.26, 63누136; 대판 1971.5.31, 71도742; 대판 1977.7.26, 74누267; 대판 1979.8.21, 79누1; 대판 1990.1.25, 89누4543.

260) 박윤흔 · 정형근, 전게서, 381면.

261) 대판 1968.9.24, 68누150.

262) 대판 1964.6.24, 64다142; 대판 1969.1.21, 68누190; 대판 1969.11.11, 69누122.

263) 대판 1962.7.26, 62누32; 대판 1962.8.30, 62다336; 대판 1965.7.27, 62다838; 대판 1970.3.24, 70누12; 대판 1975.1.28, 74누300; 대판 1977.4.26, 76다2972.

264) 대판 1966.5.10, 65마109; 대판 1966.12.20, 65다43; 대판 1970.4.28, 70누8; 대판 1971.12.14, 71누120.

(3) 내용이 선량한 풍속에 위반되는 행위

선량한 풍속 기타 사회질서에 위반되는 사항을 내용으로 하는 행정행위의 효력에 관하여는 민법 제103조와 독일 행정절차법 제44조는 이를 무효사유로 규정하고 있으나, 우리나라에서는 취소사유로 보는 견해가 통설이다.[265)]

3) 절차에 관한 하자

일반적 기준으로서, 절차를 정한 목적이 당사자 사이의 이해관계의 조정이나 이해관계인의 권리·이익의 보호인 경우에는 이 절차를 거치지 않으면 무효가 되고, 그 절차의 목적이 단순히 행정의 적정이나 원활한 운영을 위하는 등 행정상의 편의에 있을 때에는 그 절차를 결(缺)하면 반드시 무효가 되는 것이 아니라 취소할 수 있을 뿐이라 하겠다.

(1) 법률상 필요한 상대방의 신청 또는 동의를 결여한 행위

법령이 일정한 행정행위의 필요적 절차로 규정한 상대방의 신청(예: 광업허가, 귀화허가 등) 또는 동의(예: 공무원임명)를 결여한 행정행위는 원칙적으로 무효이다.[266)]

(2) 필요한 공고 또는 통지를 결여한 행위

행정행위를 하는 데 있어서 이해관계인으로 하여금 그의 권리를 주장하고 이의신청 등을 할 기회를 부여하기 위하여 법령이 행정행위를 하기 이전에 일정한 공고 또는 통지를 하도록 규정하고 있는 경우에, 이를 결여한 행정행위는 원칙적으로 무효로 보아야 할 것이다.[267)] 그러나 판례는 그러한 것을 취소원인으로 보는 경향이다.[268)]

(3) 필요한 이해관계인의 입회 또는 협의를 결여한 행위

이해관계인의 이익의 보호 또는 조정을 목적으로 한 이해관계인의 재산압류의 입회 또는 토지수용의 협의 등을 결여한 행정행위는 원칙적으로 무효라고 보아야 한다. 다만, 행정기관이 이해관계인과 협의할 의무를 진다는 점과 관계인의 의견에 구속되는가는 별개의 문제이다.

그러나 반면에 법규에 근거가 없는 주민 등의 동의를 요구하는 등의 처분은 도리어 위법이 된다.[269)]

---

265) 김남진 · 김연태, 전게서, 305면; 김도창, 전게서, 476면; 류지태, 전게서, 209면; 박윤흔 · 정형근, 전게서, 381면; 석종현, 전게서, 346면.

266) 대판 1970.10.23, 70다1750.

267) 대판 1970.10.23, 70누96; 대판 1973.1.19, 71나1901.

268) 대판 1964.9.8, 63누156; 대판 1970.2.10, 69다2121; 대판 1987.9.22, 87누383; 대판 1994.8.26, 94누3223.

269) 김남진 · 김연태, 전게서, 302면.

(4) 필요한 청문 또는 의견진술의 기회를 주지 않은 행정행위

행정절차법과 다수의 개별법률에서 규정된 소정의 청문이나 의견진술의 기회를 주지 아니하고 행해진 행정행위는 원칙적으로 무효이다. 실정법에 이러한 경우에 무효라는 규정이 없을 때에는 종전의 판례는 무효로 보는 입장[270]과 취소라고 보는 입장[271]으로 나누어져 있었으나, 행정절차법의 제정 이후에는 취소사유로 보는 판례가 많은 것 같다.[272]

4) 형식에 관한 하자

요식행위인 행정행위에 있어서 법률상 행정행위의 유효요건인 형식을 결여한 행위는 무효이다. 그 요건이 유효요건인가 아닌가의 구별은 명확하지 않으나, ① 일반적으로 형식의 결여가 그러한 형식을 요구하는 본질적 요청을 완전히 저해하는 정도일 때에는 그 형식은 행정행위의 유효요건이라고 할 수 있을 것이며, ② 이에 대하여 그 형식을 결여한다고 하더라도 행위의 확실성에 본질적인 영향이 없고 다만 행위의 내용을 더욱 명백히 하는 것에 불과한 정도의 형식은 행위의 적법요건에 지나지 아니하여 행위의 효력에는 영향이 없을 수도 있고 취소원인에 그치게 된다.

(1) 문서에 의하지 아니한 행위

행정청이 처분을 하는 때에는 다른 법령 등에 특별한 규정이 있는 경우를 제외하고는 문서로 하여야 한다. 다만, 신속을 요하거나 사안이 경미한 경우에는 구술 기타의 방법으로 할 수 있으며, 이 경우에도 당사자의 요청이 있는 때에는 지체없이 처분에 관한 문서를 교부하여야 한다(행정절차법 제24조 제1항). 따라서 이러한 문서형식을 갖추지 않은 행정행위는 원칙적으로 무효가 될 것이다.[273] 문서에 의하지만 기재사항에 결함이 있을 뿐인 때에는 취소원인이 되는 데 그친다고 본다.

(2) 이유부기 등 필요적 기재사항의 기재가 없는 행위

법령이 문서에 의한 행정행위를 하는 데 있어서 필요적으로 이유부기(理由附記) 등 필요적 기재사항을 기재하도록 한 경우에 이를 결여한 행정행위는 원칙적으로 무효이다. 그러나 이유 등 기재사항에 불비한 정도인 경우에는 취소원인에 그친다.

행정행위에 일시를 명기할 것을 요건으로 하는 경우가 있으나, 일시는 다만 행위가 행하여진 날을 명확히 한다는 의미밖에 없는 것이므로 그 기재가 없었다는 것만으로는 무효원인으로 생각할 수 없다.[274]

---

270) 대판 1969.3.31, 68누179.
271) 대판 1986.8.19, 86누115.
272) 대판 2007.11.16, 2005두15700.
273) 대판 1996.6.14, 95누17823.
274) 김도창, 전게서, 480면.

(3) 서명 · 날인을 결여한 행위

행정행위가 정당한 권한있는 행정청에 의하여 행하여진 것이고 그 책임의 소재와 범위를 명백히 하기 위하여 특히 행정청의 서명 · 날인이 요구된다고 인정되는 경우에, 이를 결여한 행정행위는 원칙적으로 무효라고 보아야 할 것이다.

3. 행정행위의 무효의 효과

1) 일반적 효과

행정행위가 무효인 경우에는 행정청의 특별한 의사표시나 쟁송절차를 거칠 것 없이 처음부터 당연히 행정행위로서의 효력이 발생하지 않는다. 이 경우에 행정행위의 일부무효인 때에는 무효인 부분이 전체 행정행위에 있어서 본질적인 의미를 갖는 경우에만 행정행위의 전체가 무효로 된다고 본다. 무효인 행정행위에 대하여는 누구든지 또한 언제든지 그 무효를 주장할 수 있다.

2) 무효인 행정행위의 치유가능성 문제

통설 · 판례는 취소할 수 있는 행정행위에만 하자의 치유를 인정하고, 무효인 행정행위는 본래의 행정행위로서의 유효한 효력을 발생할 수 없는 것이기 때문에 행정행위의 치유는 인정되지 않는다.

3) 무효인 행정행위의 전환의 문제

행정행위가 원래 행정청이 의도하였던 행정행위로서는 하자가 있어 위법한 것으로서 무효이거나 취소할 수 있는 행위이지만, 그것이 다른 종류의 행정행위로서는 그 요건을 완전히 충족한 경우에, 그러한 다른 행정행위로 보아 행위 당시로 소급하여 유효한 행정행위로 취급하는 것을 '하자의 전환'이라고 한다. 예컨대, 사자(死者)에 대한 조세부과 처분행위의 효력을 상속인에 대한 것으로 인정하는 경우가 전형적으로 이에 해당된다.

종래의 통설 · 판례는 무효인 행정행위에 대해서만 다른 행정행위로의 전환을 인정하였지만, 최근에는 취소할 수 있는 행정행위에 대하여도 그 전환을 인정하는 견해가 유력하다. 이 행정행위의 전환의 문제는 앞에서 자세히 기술한 바 있다.

4. 행정행위의 무효를 주장하는 방법

무효인 행정행위는 행위 당시부터 아무런 효력도 발생하지 못하지만 행정행위로서의 외형은 존재하기 때문에 행정청 또는 이해관계인이 그 유효함을 주장할 우려가 있기 때문에 그 무효를 주장할 수 있는 방법을 마련할 필요성이 있다. 이러한 방법으로는 행정청에 대하여 무효확인심판을 청구하여 무효를 주장할 수 있고, 법원에 대하여 무효확인소송과 무효선언적 의미의 취소소송을 제기하여 무효를 주장할 수 있으며, 민사소송 등 다른 소송에서 선결문제로서 무효를 주장하는 방법이 있다.

1) 행정쟁송에 의한 방법

(1) 행정심판에 의한 경우

행정행위의 무효는 행정심판법에 의한 무효등확인심판에 의하여 행정행위의 무효확인을 청구할 수 있다(동법 제5조 제2호). 이러한 무효등확인심판청구의 청구인적격은 행정행위의 무효확인을 구할 법률상 이익이 있는 자에게 인정된다(동법 제13조 제2항). 무효등확인심판에는 심판청구기간의 제한이 없다(동법 제27조 제7항). 행정심판위원회는 무효등확인심판청구가 이유있다고 인정할 때에는 행정행위가 무효임을 확인하는 재결을 행한다(동법 제43조 제4항).

(2) 행정소송에 의한 경우

(가) 무효등확인소송

무효등확인소송은 직접 행정행위의 무효확인을 구하는 본안소송을 말하는데, 이는 행정소송법에서 항고소송의 하나로 규정하고 있다(동법 제4조 제2호). 이와 같은 무효등확인소송의 원고적격은 행정행위의 무효확인을 구할 법률상 이익이 있는 자에게 인정된다(동법 제35조). 여기에는 행정소송법의 제소기간에 관한 제한규정이 적용되지 않는다(동법 제38조 제1항).

(나) 무효선언을 구하는 의미의 취소소송

행정행위가 처음부터 무효라고 하는 주장을 취소소송의 형식으로 하는 것을 말한다. 이는 본래적 의미의 취소소송에서와 같이 일단 유효한 행정행위의 효력을 취소하여 줄 것을 청구하는 것이 아니고, 처음부터 효력이 없는 행정행위에 대하여 무효임을 선언하여 줄 것을 청구하는 것이다. 이러한 의미의 취소소송을 제기하는 경우에는 행정소송법이 정한 제소기간의 제한을 받는다(동법 제20조).

2) 민사소송 등에 의한 방법

무효를 직접적으로 주장하는 것이 아니라 간접적으로 주장하는 소송방법이 있다. 즉 무효인 행위로 생긴 결과의 시정을 구하는 소송을 제기하여 그 소송의 선결문제로서 행정행위의 무효를 확인받는 것이다. 공법상의 당사자소송 또는 민사소송을 제기함으로써, 또는 형사소송에서 선결문제로서 그 행정행위의 무효를 주장하여 이를 확인받는 것이다.

현행 행정소송법 제11조는 민사소송의 선결문제로 된 경우에 대하여서만 규정을 두어 민사소송의 수소법원이 이를 심리 · 판단하는 경우에는 취소소송에 관한 일부규정을 준용하도록 하고 있으나, 공법상의 당사자소송이나 형사소송의 선결문제로 된 경우에도 수소법원은 무효를 확인할 수 있다고 할 것이다.[275]

Ⅸ. 행정행위의 취소

1. 의 의

1) 개 념

행정행위의 취소라 함은 일단 유효하게 성립한 행정행위에 대하여 그 성립에 하자가 있음을 이유로 권한있는 기관이 그 효력을 원칙적으로 원래의 행위시에 소급하여 상실시키는 행정행위를 말한다.

이러한 의미의 취소에는 직권취소와 쟁송취소가 있다. 직권취소는 권한있는 행정청이 직권으로 행정행위의 효력을 상실시키는 행위로서 그 자체도 독립된 새로운 행정행위이고 이를 좁은 의미의 행정행위의 취소라 하고, 그 외에 이해관계인의 쟁송제기에 의하여 행정심판위원회 · 법원 등 심판기관이 쟁송절차를 거쳐 행하는 쟁송취소까지도 포함하는 취소를 넓은 의미의 취소라고 할 수 있다. 가장 넓은 의미의 취소는 이러한 직권취소와 쟁송취소에 더하여 행정행위의 철회까지도 포섭하는 개념으로 파악하는 것이다. 오늘날 행정행위편에서 행정행위의 취소라고 하는 경우에는 협의의 취소, 즉 직권취소만을 지칭함이 보통이나,[276] 직권취소를 제대로 이해하려면 쟁송취소와 대비하여 검토할 만한 가치가 있다고 생각되어 직권취소를 주로 하되 쟁송취소도 병행하여 함께 설명하고자 한다.

2) 행정행위의 무효선언 · 철회와의 구별

행정행위의 취소는 일단 유효하게 성립한 행정행위의 효력을 소멸시키는 행위인 점에서, 처음부터 효력을 발생하지 않는 무효인 행정행위임을 공적으로 확인하는 '무효선언'과 구별된다. 또한, 취소는 그 성립 당시에 하자가 있음을 이유로 효력을 소멸시키는 행위인 점에서 하자없이 성립하였으나 그 효력을 존속시킬 수 없는 새로운 사유의 발생을 이유로 하는 '철회'와도 구별된다.

3) 직권취소와 쟁송취소의 구별

직권취소와 쟁송취소는 모두 행정행위의 성립상의 하자를 이유로 그 효력을 상실시키는 형성

275) 박윤흔 · 정형근, 전게서, 384면.
276) 김남진 · 김연태, 전게서, 319면; 김동희, 전게서, 345면; 박균성, 전게서, 311면.

적 행위라는 점에서는 공통성이 있다. 그러나 양자는 그 목적 · 취소권자 · 취소사유 · 절차 · 대상 · 내용 · 기간 · 효력 등의 여러 가지 점에서 차이가 있다.[277]

(1) 취소의 목적

쟁송취소는 위법 · 부당한 행정행위로 인하여 그 권리 · 이익을 침해받은 국민의 권익구제와 동시에 행정의 적법성 확보를 목적으로 행하여진다. 이는 권익을 침해당한 자의 쟁송제기에 의하여 권한 있는 기관이 쟁송절차를 거쳐 당해 행정행위의 효력을 상실시키는 사법적(司法的) 성질의 행위이다.

이에 반하여, 직권취소는 행정의 적법성의 회복과 함께 장래지향적으로 행정목적을 적극적으로 실현하는 데에 그 목적이 있다. 이 직권취소는 쟁송제기와 상관없이 행정청이 직권으로 위법 · 부당한 행정행위의 효력을 상실시키는 그 자체가 하나의 독립적인 행정행위이다.

(2) 취소권자

직권취소의 취소권자는 처분행정청 또는 법률의 근거가 있는 경우의 상급행정청이지만, 쟁송취소는 행정심판위원회 또는 법원이 취소권자이다.

(3) 취소사유와 그 제한

직권취소는 위법뿐만 아니라 부당한 행정행위도 취소사유가 된다. 그러나 쟁송취소에 있어서 부당한 행정행위는 행정심판을 통한 취소사유가 되고, 위법한 행정행위는 취소소송을 통한 취소의 취소사유가 된다.

직권취소에 있어서는 취소사유가 있다고 하여 모든 경우에 취소할 수 있는 것은 아니고, 취소로 인하여 상대방 또는 이해관계인이 받게 되는 불이익과 취소로 인하여 달성되는 공익 및 관계이익을 형량하여야 하는 제한을 받는다. 그러나 쟁송취소에 있어서는 위법한 경우에는 이익형량의 필요없이 원칙적으로 취소하여야 한다. 다만, 쟁송취소의 경우에는 사정재결 · 사정판결 등과 같이 취소로 인하여 공익을 심히 해한다고 판단되는 때에는 취소하지 않을 수도 있다.

(4) 취소의 절차

쟁송취소는 행정심판법 · 행정소송법 등이 정하는 쟁송절차에 따라 행하여진다. 이에 대하여 직권취소는 개별법 또는 행정절차법이 규정하는 절차에 따른다. 행정절차법은 불이익처분에 대하여는 의견청취절차를 거치도록 규정하고 있다. 동법상의 의견청취절차는 내용적으로는 정식절차인 청문절차와 약식절차인 의견제출절차로 구분되고, 의견제출절차는 불이익처분에 있어 일반적 절차로 되어 있는데 대하여(동법 제22조 제3항), 청문절차는 근거법에서 이를 규정하고 있는

277) 김남진 · 김연태, 상게서, 320-322면; 김동희, 상게서, 345-347면; 류지태, 전게서, 214-215면; 박균성, 상게서, 311-313면; 박윤흔 · 정형근, 전게서, 386-387면.

경우에만 적용되는 것으로 되어 있다(동조 제1항).

(5) 취소의 대상

직권취소의 대상은 모든 행정행위이지만 주로 수익적 행정행위를 그 대상으로 한다. 이에 대하여 쟁송취소는 침익적 행정행위와 제3자효 행정행위가 취소의 대상이 되며 수익적 행정행위는 소의 이익이 없으므로 취소의 대상이 되지 않는다.

(6) 취소의 내용

직권취소는 처분의 적극적 변경을 내용으로 할 수 있다. 그러나 쟁송취소는 행정심판에 의한 경우에는 적극적 변경도 가능하다고 할 수 있겠으나, 행정소송에 의한 취소의 경우에는 특별한 규정이 없는 한 행정행위의 적극적 변경은 내용으로 할 수 없다고 보는 것이 통설이다.

(7) 취소기간

직권취소의 경우에는 원칙적으로 기간상의 제한이 없다. 다만, 직권취소도 실권(失權)의 법리에 따르면 실질적인 기간의 제한을 받는다. 이에 대하여 쟁송취소의 경우에는 단기적 쟁송기간상의 제한을 받는다(행정심판법 제27조, 행정소송법 제20조). 따라서 이 기간을 경과하면 더 이상 행정행위의 취소를 청구할 수 없고 불가쟁력이 발생한다.

(8) 취소의 형식

쟁송취소는 재결 또는 판결의 형식으로 행하여지므로 일정사항을 기재한 서면으로 하여야 하는 데 대하여, 직권취소는 그 자체가 하나의 행정행위로서 특별한 형식을 별도로 요하지 않는다.

(9) 취소의 효과

쟁송취소는 행정행위의 위법상태를 시정하여 행정의 적법상태로 회복시키는 것을 그 목적으로 하는 것이기 때문에 취소의 효과는 원칙적으로 소급한다. 그러나 직권취소에 있어서는 상대방의 신뢰보호와 관련하여 상대방에게 귀책사유가 있을 때를 제외하고는 원칙적으로 소급효가 없다고 할 것이다.

2. 행정행위의 취소의 유형

행정행위의 취소는 그것을 구별하는 기준에 따라 다음과 같은 여러 가지 종류로 분류할 수 있다.[278]

278) 김남진 · 김연태, 전게서, 319면; 석종현, 전게서, 352면.

1) 행정청에 의한 취소와 법원에 의한 취소

이는 행정행위를 취소할 수 있는 권한을 가진 기관에 따른 구별이다. 이 구분은 쟁송취소와 직권취소의 구분에 상응하는 것이지만 반드시 그러한 것은 아니다. 법원에 의한 취소는 언제나 쟁송취소인데 대하여, 행정청에 의한 취소는 직권취소와 행정심판에 의한 쟁송취소가 있다.

2) 직권에 의한 취소와 쟁송에 의한 취소

이는 행정행위의 취소권을 발동하게 된 직접적인 동기에 따른 구분이다. 즉 행정청이 직권으로 행하는 것이 직권취소이고, 상대방이나 이해관계인의 쟁송제기에 의하여 쟁송기관이 쟁송절차를 거쳐 행하는 것이 쟁송취소이다.

3) 수익적 행정행위의 취소와 침익적 행정행위의 취소

이는 취소의 대상인 행정행위의 종류에 따른 구분으로서, 이러한 구분은 직권에 의한 취소에 있어서의 취소권의 제한과 관련하여 중요한 의미를 갖는다.

수익적 행정행위는 직권취소가 문제되지만, 침익적 행정행위는 쟁송취소에 있어서 주로 문제가 된다. 그런데 수익적 행정행위의 취소와 침익적 행정행위의 취소에 대한 구분은 상대적인 것이며, 이 두 가지의 성질을 아울러 가지는 복효적 행정행위도 있다.

4) 전부취소와 일부취소

행정행위의 전체를 취소하는 경우인가 일부만 취소하는 경우인가에 따른 구분이다. 부관의 취소는 행정행위의 일부취소에 해당한다.

5) 형식적 의미의 취소와 실질적 의미의 취소

형식적 의미의 취소란 직접으로 행정행위의 효력을 소멸시키기 위하여 하는 행위를 말하는 것으로서 쟁송에 의한 취소의 경우이고, 실질적 의미의 취소는 하자있는 기존의 행정행위와 양립될 수 없는 새로운 행정행위를 행함으로써 실질적으로 기존의 행정행위의 효력을 소멸시키는 것을 말한다.

3. 행정행위의 취소권자

1) 직권취소의 경우

하자있는 행정행위를 한 행정청, 즉 처분청이 행정행위를 취소할 수 있는 권한을 가지는 것에 관하여는 이론이 없다. 행정행위를 한 처분청은 그 행위에 하자가 있는 경우에는 별도의 법적

근거가 없더라도 스스로 이를 취소할 수 있다.[279)]

지방자치법 제157조 등과 같이 감독청의 취소권이 명문규정으로 인정되어 있는 경우에는 그에 따르면 되지만, 그러한 법적 근거가 없는 경우에 감독청이 취소권을 행사할 수 있는가는 의문이다. 이 문제에 대하여, 소극설은 명문규정이 없는 한 감독청은 처분청에 대하여 취소를 명할 수 있을 뿐이고 스스로 취소할 수 없다고 한다.[280)] 반면, 적극설은 취소권은 감독권에 포함되는 것이므로 명문규정이 없더라도 감독의 목적달성을 위하여 감독청은 당연히 취소권을 갖는다고 한다.[281)] 생각건대, 감독청의 감독권에는 하급관청의 처분권한을 직접 행사할 수 있는 권한까지 포함되는 것은 아니며, 따라서 감독권에는 처분의 취소권이 포함되지 않는다고 볼 것이다. 결국 법령상 근거가 없는 한 감독청은 처분청에 대하여 처분의 취소를 명할 수 있을 뿐이고 감독청이 직접 취소할 수는 없는 것이다.[282)]

2) 쟁송취소의 경우

행정행위의 쟁송취소의 취소권자는 처분청과 감독청, 법원이다. 다만, 예외적으로 법률에서 공무원소청심사위원회 등 제3기관을 재결청으로 규정하는 경우에는 제3기관도 취소권자가 된다.

4. 행정행위의 취소사유

1) 직권취소의 경우

행정행위의 취소사유는 정부조직법 제11조 제2항 · 제16조 제2항과 지방자치법 제169조 등과 같이 법령에서 명문으로 규정되어 있는 경우 외에는 통칙적 규정이 없기 때문에 의문의 여지가 있으나, 행정행위의 위법 또는 부당한 모든 경우는 원칙적으로 취소사유가 된다고 할 수 있겠다. 따라서 행정행위에 하자가 있을지라도 그 하자가 중대하고 명백하지 않는 경우 및 하자가 중대하기는 하나 명백하지 않는 경우에 그 행정행위는 취소의 대상이 된다고 말할 수 있다.[283)]

학설 · 판례를 통하여 종래 취소사유로 제시된 것을 보면,[284)] ① 권한초과, ② 행위능력의 결여, ③ 사기 · 강박 · 증수뢰 등 부정행위에 의한 경우, ④ 착오의 결과로서 위법 · 부당하게 된 경우, ⑤ 공서양속에 위배되는 경우, ⑥ 기타 행위의 내용이 단순히 경미한 법규위반이거나 조리법 등

---

279) 대판 1982.7.27, 81누271; 대판 1986.2.25, 85누664; 대판 2002.5.28, 2001두9653.

280) 김도창, 전게서, 492면; 류지태, 전게서, 215면; 박균성, 전게서, 313면; 박윤흔 · 정형근, 전게서, 387면; 석종현, 전게서, 353면.

281) 김동희, 전게서, 348-349면; 이상규, 전게서, 450면; 홍정선, 전게서, 281면.

282) 김남진 · 김연태, 전게서, 322면.

283) 김남진 · 김연태, 상게서, 323면; 박윤흔 · 정형근, 전게서, 388면.

284) 김남진 · 김연태, 상게서, 323면; 김도창, 전게서, 492면.

불문법 위반인 경우 또는 공익 위반인 경우, ⑦ 경미한 절차나 형식을 결여한 경우 등이 있다.

한편, 행정행위에 하자가 있었으나 이미 치유된 경우, 다른 적법한 행위로 전환된 경우 등에는 취소의 대상이 되지 않는다. 또한 취소의 사유가 있다고 하여 항상 그의 취소가 자유로운 것은 아니고 취소가 제한되는 경우도 있다.

2) 쟁송취소의 경우

행정행위의 쟁송취소는 행정의 적법성회복의 차원에서 회고적으로 당해 행위의 적법성을 심사하는 것을 목적으로 하기 때문에 위법 또는 부당한 모든 행위는 행정행위의 취소사유가 된다.

5. 행정행위의 취소권의 제한

1) 직권취소의 경우

(1) 취소의 자유원칙으로부터 제한원칙으로의 전환

과거에는 행정행위에 하자가 있는 경우 행정청의 자유로운 취소가 원칙이었다. 그러나 행정에 적용되는 원칙에는 여러 가지가 있으며 법률적합성의 원칙이 언제나 절대적일 수는 없다. 행정행위가 일단 행하여지면 비록 그 성립에 하자가 있을지라도 공정력 등에 의하여 일응 유효하게 존속하고 그것을 기초로 하여 많은 법률관계가 형성되므로 이를 함부로 취소하는 경우에는 관계자의 신뢰와 법적 생활의 안정성 및 국민의 기득권을 해칠 수 있기 때문에 오늘날은 취소의 제한원칙으로 전환되는 경향이 있다. 따라서 이익형량의 결과 당해 행정행위를 취소함으로써 얻어지는 가치가 취소하지 않음으로써 얻어지는 가치보다 더 큰 경우에 한하여 취소될 수 있는 것이다(비례의 원칙). 이러한 원칙의 적용에 의하여 직권취소는 제한을 받는다.

(2) 이익형량의 기준

특별한 사정이 없는 한 침익적 행정행위의 취소는 자유롭다고 보아야 할 것이다. 그러나 수익적 행정행위의 직권취소에 있어서는 관련된 여러 가지 이익을 형량하여 취소의 여부를 결정해야 한다.

그런데 문제는 어떠한 기준에 의하여 충돌하는 여러 가지 이익을 형량할 것인가 하는 데 있다. 학설 · 판례상으로 논의된 기준을 살펴보면 다음과 같다.[285]

(가) 취소가 제한되지 않는 경우

① 위험방지 : 위험방지는 항상 우선적 지위를 차지하여야 할 것이다.

② 수익자의 주관적 책임 : 행정행위의 하자가 수익자의 책임에 기인할 때, 특히 수익자의 사

---

285) 김남진 · 김연태, 상게서, 324면; 박윤흔 · 정형근, 전게서, 390면.

기 · 강박 · 증수뢰 등 부정한 방법으로 수익적 행정행위가 행하여졌을 때에는 취소에 관한 공익이 우선한다고 볼 것이다. 수익자가 행정행위의 위법성을 알았거나 중대한 과실로 알지 못한 경우도 동일하게 볼 수 있다.

③ 수익자의 객관적 책임: 행정행위의 위법성이 수익자의 객관적 책임에 귀속시킬 수 있는 경우에는 취소에 관한 공익이 우선한다고 볼 수 있다.

(나) 취소가 제한되는 경우

① 행정행위를 이용하고 있는 경우: 직권취소가 제한되는 경우로 수익자가 행정행위를 객관적으로 신뢰하였을 뿐 아니라 그 행정행위를 이용하여 수령한 것을 이미 사용하였을 때에는 두터운 신뢰보호를 받는다. 즉 행정행위를 믿고 수령한 금전을 이미 소비하였다거나, 하자있는 건축허가를 믿고 건축에 착수한 경우 등이 이에 해당된다.

② 경제적 효과의 형량: 하자있는 행정행위의 취소에 의하여 관계인이 막대한 경제적 손실을 입게 된다든가, 국가재정 등에 지대한 영향을 미치는 경우에는 취소가 제한된다.

③ 분쟁심판적 · 확인적 행정행위: 사법적 절차에 의한 행정행위 및 합의제행정청에 의한 행정행위는 분쟁심판적 내지 확인적 행위로서 그의 취소는 제한을 받는다. 예컨대, 행정심판의 재결, 토지수용위원회의 재결 등이 여기해 해당된다.

④ 시간경과: 위법한 행정행위가 발해진 때 또는 위법한 행정행위가 고지된 때로부터의 기간의 경과도 취소 여부와 관련하여 중요한 의미를 가진다. 행정청에 취소권이 인정된 경우에도 장기간 그 권한을 행사하지 않기 때문에 상대방이 그 권한을 행사하지 않을 것이라는 신뢰를 갖게 되고 이를 기초로 법률행위를 한 경우에는, 그 후 이를 취소하는 것은 상대방에게 현저한 불이익을 주게 되고 법적 안정성을 해치게 된다. 따라서 이 경우에는 '실권의 법리'에 의하여 원래 가진 취소권을 상실하게 된다고 해석할 것이다.

⑤ 사인의 법률적 행위의 효력을 완성시켜 주는 행위: 인가 등 이미 그 사인의 법률행위가 완성된 이후에는 그의 취소가 제한받는다고 보아야 한다. 이를 행정청이 취소한다면 사적 거래의 안전과 법률생활의 안정을 현저히 해치게 되기 때문이다.

⑥ 포괄적인 신분을 설정하는 행위: 공무원임용행위 · 국적부여행위 등 포괄적인 신분을 설정하는 행위는 취소가 제한된다고 본다.

⑦ 복효적 행정행위: 제3자의 이익 또는 불이익도 고려하여야 한다.

⑧ 하자의 치유 · 전환: 하자의 치유 또는 전환이 가능한 경우에도 행정행위의 취소가 제한받는다고 할 것이다.

2) 쟁송취소의 경우

행정행위의 쟁송취소의 대상은 주로 침익적 행정행위이기 때문에 법률에 특별한 제한규정이 없는 한 행정행위에 취소사유가 있으면 당연히 취소하여야 한다. 그러나 행정심판법 제44조 제1항과 행정소송법 제28조 제1항은 취소하는 것이 '현저히 공공복리에 적합하지 아니하다고 인정하는 때'에는 사정재결과 사정판결을 할 수 있도록 규정함으로써 취소의 제한을 명문화하고 있는 경우이다.

6. 행정행위의 취소의 절차

1) 직권취소의 절차

행정행위의 직권취소에 관하여 개별법에 청문 등 특별규정이 있는 경우에는 우선적으로 그에 따른 절차를 거쳐야 한다. 개별법에 특별한 규정이 없는 경우에는 수익적 행정행위의 취소는 침익적 행정행위의 성질을 갖기 때문에 행정절차법이 정하는 바에 따라 처분의 사전통지(동법 제21조), 의견청취(동법 제22조), 처분의 이유제시(동법 제23조) 등의 규정을 지켜 직권취소를 하여야 한다.

2) 쟁송취소의 절차

행정행위의 쟁송취소는 행정심판법 · 행정소송법이 정하는 행정쟁송절차에 따른다. 다만, 이 경우에 행정심판청구기간 · 행정소송제기기간 · 행정심판임의주의 등이 규정되어 행정쟁송의 제기에 제한이 있다.

7. 행정행위의 취소의 효과

1) 취소의 효과결정의 개별화

행정행위의 취소는 철회와는 상이하여 행정행위의 성립시의 하자를 이유로 하므로 그 효과는 원칙적으로 당해 행위를 한 때로 소급하여 발생한다. 따라서 취소되면 처음부터 그 행정행위가 없었던 것과 같은 효과를 발생한다. 그러나 다른 한편으로는 소급효를 인정함으로써 기존의 법률질서를 파괴하고 상대방의 신뢰를 배신하여서는 안 된다는 점에서 보면 소급효를 인정하여서는 안되는 경우도 있다고 할 수 있다. 그러므로 취소의 소급효가 인정되는지의 여부는 일률적으로 말할 수 없으며, 구체적인 이익형량에 따라 개별적으로 결정되어야 한다.

2) 직권취소의 효과

(1) 소급효의 인정 여부

직권취소의 소급효가 인정되는지의 여부는 일률적으로 논할 수 없고 개별적 · 구체적으로 결정하여야 한다.

수익적 행정행위가 직권취소의 대상인 경우에는 취소권행사의 원인에 당사자의 귀책사유가 없고 소급하는 것이 기득권의 보호 및 신뢰보호의 필요성 등에 비추어 당사자에게 불리한 때에는 소급효가 부정되고 장래에 향해서만 효력이 인정된다. 그러나 취소권행사의 원인에 당사자의 귀책사유가 있는 경우에는 소급효가 인정된다.

침익적 행정행위가 직권취소의 대상인 경우에는 당사자의 권리보호를 위하여 소급효가 인정된다.

(2) 손실보상의 여부

수익적 행정행위가 직권취소의 대상인 경우에 당사자의 귀책사유가 없는 때에는 취소권행사로 발생한 당사자의 재산적 손실을 보상하거나 원상회복 등의 조치를 하여야 한다.

3) 쟁송취소의 효과

행정행위의 쟁송취소는 당사자의 권리구제가 목적이므로 권리보호를 위하여 그 취소의 효과는 언제나 당해 행정행위가 있은 때에 소급하여 발생한다. 따라서 침익적 행정행위는 처음부터 효력이 없는 것이 되며, 이를 근거로 하는 형사적 제재의 효력도 같이 상실한다고 본다.[286)]

행정심판에 의한 취소는 준사법적 절차를 거친 행정행위이므로 불가변력이 발생한다. 그리고 행정소송에 의한 취소판결은 제3자에 대한 효력인 형성력이 발생한다(행정소송법 제29조 제1항 참조).[287)]

8. 행정행위의 취소의 취소

행정행위를 취소하면 그 효력이 상실되기 때문에 취소행위에 하자가 있음을 이유로 하여 취소처분을 다시 취소하여 원래의 행정행위를 살릴 수 있는지가 의문시되는데, 다음에서는 경우를 나누어 이 문제를 검토하고자 한다.

1) 직권취소의 취소

(1) 취소에 무효사유인 하자가 있는 경우

행정행위의 취소가 지닌 하자가 중대하고 명백한 경우에는 당해 취소처분은 처음부터 취소의 효과를 발생하지 아니하므로 원래의 행정행위는 그대로 존속한다. 그러나 이 경우에도 무효선언

---

286) 대판 1999.2.5, 98도4239.

287) 류지태, 전게서, 219면.

의 의미로서의 취소 또는 무효확인이 가능하다.

(2) 취소에 취소사유인 하자가 있는 경우

행정행위의 직권취소에 취소사유인 하자가 있는 때에 이를 다시 직권으로 취소할 수 있는가에 대하여는 견해가 대립되고 있다. 소극설은 행정행위는 취소에 의하여 그 효력을 확정적으로 상실시키는 것이기 때문에 법령상 명문의 규정이 없는 경우에는 재취소에 의하여 그 효력을 소생시킬 수는 없는 것이므로 원래의 행정행위를 회복시키기 위하여는 같은 내용의 행정행위를 다시 할 수밖에 없다는 견해이다.[288] 이에 대하여 적극설은 직권취소처분 역시 성질상 행정행위의 일종이므로 그에 하자가 있으면 행정행위의 하자론의 일반원칙에 따라 이를 취소하여 원래의 행정행위를 다시 소생시킬 수 있다고 보는 견해이다.[289] 오늘날의 통설은 적극설이고, 판례는 일관되지 않게 소극설을 취하는 입장도 있고 적극설을 따르는 입장도 있다.

2) 쟁송취소의 취소

취소심판에 의하여 행정행위에 관한 인용재결이 있으면 행정심판위원회는 임의로 그 인용재결을 취소 또는 변경하지 못하며, 취소소송에 의하여 행정행위에 관한 취소판결이 확정되면 확정력이 발생하기 때문에 그 취소를 다시 취소 또는 변경할 수 없다.[290]

Ⅹ. 행정행위의 철회

1. 의 의

1) 개 념

행정행위의 철회란 행정행위의 성립 당시에는 아무런 하자없이 적법하게 성립한 행정행위의 효력을 더 존속시킬 수 없는 새로운 사유가 발생하였음을 이유로 행정청이 원칙적으로 장래에 향하여 그 효력을 소멸시키는 원래의 행정행위와는 별개의 독립된 행정행위를 말한다. 여기의 철회는 강학상의 개념이고, 실정법상으로는 대부분 취소라는 용어가 사용되고 있는 경우가 많다. 예컨대, 도로법 제74조 · 제75조, 식품위생법 제58조 등을 보면 알 수 있다.

---

288) 김성수, 「일반행정법」, 법문사, 2002, 308면.

289) 김남진 · 김연태, 전게서, 327-328면; 김도창, 전게서, 500면; 김동희, 전게서, 354면; 류지태, 전게서, 222면; 박균성, 전게서, 320면; 박윤흔 · 정형근, 전게서, 394면; 석종현, 전게서, 358면; 한견우, 전게서, 343면; 홍정선, 전게서, 285면.

290) 석종현, 상게서, 358면.

2) 행정행위의 취소와 철회의 구별

종래의 통설에 의하면, 행정행위의 철회는 ① 처분청만이 할 수 있는 점(철회권자), ② 철회원인이 행정행위의 성립 후의 새로운 사정에 기인하고 있다는 점(철회사유), ③ 장래에 향해서만 효과를 발생하는 점(철회효과) 등에서 취소와 구별된다고 하는 것이 일반적인 설명이다.

그러나 최근에는 철회와 취소의 차이보다는 철회와 직권취소 간의 유사성이 오히려 강조되는 경향이 있다. 그 이유는 위의 ①과 관련하여, 직권취소도 주로 처분청이 한다는 점, ②와 관련하여서는 취소원인의 원시성(原始性), 철회원인의 후발성(後發性)은 상대화될 수 있는 점, ③에 있어서의 직권취소의 효력은 예외적으로만 소급한다고 하는 점 등에 비추어 볼 때 철회와 직권취소의 차이는 많이 좁혀졌다고 할 수 있다.

이와 같은 철회와 직권취소의 구별의 상대성은 적법상태의 회복과 행정목적의 실현을 아울러 도모하는 '직권취소의 이중성'에 기인하는 셈이다. 그럼에도 불구하고 취소는 '하자의 시정'에, 철회는 '변화한 사정에의 적합화'에 제1차적 목적을 두고 있다는 것 자체는 경시되어서는 안 될 것이다.[291]

2. 행정행위의 철회권자

행정행위의 철회는 처분청만이 할 수 있다. 감독청이 처분청에 철회를 명할 수는 있으나, 법률에 특별한 규정이 없는 한 감독권의 내용에는 직접적인 철회권이 포함된다고 볼 수는 없으므로 직접 당해 행위를 철회할 수는 없다. 따라서 감독청은 법률에 근거가 있는 경우에 한하여 철회권을 가진다. 왜냐하면 철회는 후발적으로 발생한 새로운 사유와 관련하여, 원처분의 효력을 상실하도록 하는 새로운 행정행위로서의 성질을 가지는 것이므로 이는 원처분청만이 할 수 있는 것이기 때문이다.

3. 행정행위의 철회권의 법적 근거

행정행위의 철회사유가 존재하는 경우에 그것만으로 법률의 근거없이 행정행위의 철회권을 행사할 수 있는지의 여부가 문제된다. 침익적 행정행위의 철회는 상대방에게 이익을 부여하는 내용의 행위이므로 원칙적으로 법적 근거를 필요로 하지 않으나, 수익적 행정행위의 철회에 법적 근거를 필요로 하는가의 여부에 대하여는 견해가 대립되고 있다.

1) 근거불요설(소극설)

행정행위의 철회는 행정행위를 더 이상 존속시키기 어려운 처분 후의 새로운 사정과의 관련에서

291) 김남진 · 김연태, 전게서, 331면; 김도창, 전게서, 503면; 석종현, 상게서, 359면.

배려되는 것이고 보면, 행정의 법률적합성이나 공익적합성, 새로운 사정에 대한 적응필요성 등을 고려할 때 철회에도 반드시 법적 근거가 있어야 한다는 주장은 타당한 것으로 보기 어렵다는 견해이다.[292] 소극설은 위의 기본적 논거 외에도 ① 권한을 부여하는 규정은 동시에 철회의 권한도 내포하고 있다고 볼 수 있는 점, ② 철회원인의 발생시에 원래의 행정행위를 하였더라면 그것은 위법한 행위가 되었을 것이라는 점, ③ 철회에 대하여도 쟁송제도가 가능하다는 점 등을 들고 있다. 판례는 소극설을 취하고 있는 것으로 보인다.[293]

2) 근거필요설(적극설)

수익적 행정행위의 철회는 철회가 법령에 규정되어 있는 경우, 상대방의 귀책사유에 기인하는 경우 또는 처음부터 철회권이 유보되었다고 볼 수 있는 경우를 제외하고는 법적 근거가 필요하다는 원칙에서 출발해야 한다는 견해이다.[294] 그 논거로서는 ① 수익적 행정행위의 철회는 적법하게 성립한 상대방의 권익을 침해하는 것으로서, 특히 허가 · 특허 등의 행정행위는 기본권의 구체화행위로서의 성질을 가지므로 그 철회는 기본권침해를 초래하기 때문에 법률의 근거가 필요하다는 점, ② 행정청은 독자적 공익판단에 따라 행정행위를 철회할 권한을 가지고 있다고는 볼 수 없다는 점 등을 들고 있다.

3) 결 어

생각건대, 행정청의 허가 또는 특허를 요하는 국민의 생활활동의 대부분이 헌법이 보장하고 있는 국민의 기본권의 행사라는 의미를 갖는다고 하는 점을 먼저 인식할 필요가 있다. 예컨대, 각종의 영업은 헌법 제15조가 보장하고 있는 직업선택의 자유를, 각종의 건축은 제23조에 보장되어 있는 재산권을 행사하는 것으로 볼 수 있는 것이다. 따라서 허가나 특허의 거부가 수익처분의 기본권 구체화적 성격에 배치되지 않도록 유의함과 동시에, 이미 부여된 수익처분의 철회가 결과적으로 국민의 기본권의 행사를 침해하는 면을 가진다는 점 또한 유의할 필요가 있다. 그러한 의미에서 적어도 공익상의 필요를 이유로 행하여지는 수익처분의 철회는 국민의 권리 · 자유의 사회적 구속성, 기타 헌법 제37조 제2항 등 국민의 기본권보장의 한계규정에 합치되는 내용의 법률의 수권을 필요로 한다고 보는 것이 타당하다.[295]

결론적으로 법치주의의 원리에 비추어 근거필요설이 옳다고 본다.

---

292) 김도창, 상게서, 504면; 김동희, 전게서, 356면; 박윤흔 · 정형근, 전게서, 400면; 한견우, 전게서, 346면.

293) 대판 1984.11.13, 84누269; 대판 1995.2.28, 94누7713; 대판 1995.5.26, 94누8266; 대판 2002.11.26, 2001두2874; 대판 2004.7.22, 2003두7606; 대판 2007.2.8, 2006두6505.

294) 류지태, 전게서, 226면; 박균성, 전게서, 329면; 석종현, 전게서, 361면; 홍정선, 전게서, 304면.

295) 김남진 · 김연태, 전게서, 333면.

4. 행정행위의 철회사유와 철회권의 제한

행정행위의 철회에 있어서도 취소의 경우와 마찬가지로 수익적 행정행위와 침익적 행정행위의 철회는 각각 이익상황을 달리하고 있으므로 다음에서는 양자를 구분하여 검토하기로 한다.[296]

1) 수익적 행정행위의 철회

(1) 수익적 행정행위의 철회사유

한마디로 '행정행위의 효력을 더 존속시킬 수 없는 새로운 사유'라고 말할 수 있다. 학설 · 판례가 인정하고 있는 개별적인 철회사유는 주로 다음과 같은 것을 들 수 있을 것이다.

(가) 법령에 철회사유에 관한 명시적 규정이 있는 경우

법령상 규정되어 있는 철회사유는 상대방의 법정의무 위반, 일정한 시기까지 권리행사나 사업착수를 아니한 경우, 사업성공 · 목적달성이 불가능한 경우 등이다. 이러한 법정의 철회사유가 발생한 경우에 행정청이 당해 처분을 철회할 수 있는 것은 당연하다. 특히 법정의무 위반의 경우에 그에 대한 철회규정이 없는 경우에도 철회가 가능한지의 여부에 대하여는 다툼이 있으나, 제재적 철회라고 하더라도 그 철회사유인 상대방의 의무위반 등이 공익에 중대한 지장을 초래하고 이를 다른 방법으로 시정할 수 없는 경우에는 명시적 규정이 없는 경우에도 철회는 허용된다고 볼 것이다.

(나) 철회권의 유보

행정행위의 부관에 의하여 철회권이 유보되고 있는 경우에는 행정청은 원칙적으로 당해 행위를 철회할 수 있는데, 부관에 철회사유가 구체적으로 정해져 있는 경우에는 그에 따라 철회할 수 있는 것은 물론이다. 단순히 철회권만이 유보되어 있는 경우에는 행정청은 철회를 정당화하는 사유가 있는 때에만 철회를 할 수 있다.

(다) 부담의 불인정

행정행위에 부관으로서의 부담이 부과되어 있음에도 불구하고 상대방이 그 부담을 전혀 또는 정해진 기한 내에 이행하지 않는 때에는 행정청이 원칙적으로 당해 행위를 철회할 수 있다. 다만, 이 경우에도 비례원칙과 관련하여 침익성이 적은 다른 수단에 의하여 부담상의 의무를 확보할 수 있을 때에는 철회가 허용되지 않는다.

---

296) 김동희, 전게서, 357면.

(라) 근거법령의 개정

행정행위를 행한 후 근거법령이 개정됨으로써 기존의 처분이 새로운 법령과 관련하여 위법한 것이 된 경우에는, 공익상의 정당한 사유가 있는 때에는 그에 대한 철회가 허용된다고 할 것이다. 그러나 이 경우에 그 행위가 존속할 것으로 믿고 있던 상대방의 신뢰는 보호되어야 할 것이므로 철회로 인해 손실이 발생할 경우 그 손실은 보상되어야 한다.

(마) 사정변경

행정처분 후에 사정이 변경됨으로써 새로운 사정과 관련하여 당해 행위가 적법 · 타당성이 결여되어 그를 존속시키는 것이 공익을 해하는 결과로 된 경우, 당해 행위는 철회할 수 있다고 할 것이다. 도로의 폐지에 따른 도로점용허가의 철회와 같은 것이 여기에 해당한다. 그러나 공무원의 임명 · 귀화허가 등의 포괄적 신분설정행위에 대해서는 그 성질상 사정변경에 따른 철회는 허용되지 않는다.

(바) 중대한 공익상의 필요

공익적 관점에서 당해 행정행위에 대한 철회가 불가피한 것으로 인정되는 경우가 있다. 이 경우는 오직 공익상의 요청으로 인하여 기존의 행정행위의 효력을 소멸시키는 것이므로 이러한 공익상의 요청은 예외적으로 중대한 것에 한정되어야 할 것이다.

(사) 기타 법령에 정한 사실의 발생

현행 법령에는 위에서 기술한 사유 외에도 일일이 열거할 수 없을 정도로 많은 철회사유에 관한 규정이 있다(국유재산법 제28조, 식품위생법 제58조 등 참조).

(2) 수익적 행정행위의 철회권제한

수익적 행정행위의 철회는 상대방의 신뢰와 법적 안정성을 해할 우려가 있으므로 철회사유가 발생한 경우에 자유로이 철회할 수 있는 것은 아니며, 취소의 경우와 마찬가지로 다음과 같은 제약을 받는다.

(가) 신뢰보호원칙에 의한 제한

철회를 요하는 공익상의 필요, 상대방의 신뢰보호, 기득권의 보호, 법적 안정성의 유지 등을 비교형량하여 철회의 여부를 결정하여야 한다. 특히 신뢰보호의 원칙은 직권취소의 경우보다 더욱 존중될 필요가 있다.

(나) 비례원칙에 의한 제한

비례원칙은 행정법의 일반원칙이므로 철회의 경우에도 적용된다. 수익적 행정행위의 철회는 무거운 제재로서의 성질을 갖기 때문에 특히 비례원칙이 철저히 준수되어야 한다. 따라서 상대방의 근거법령상의 의무위반 등의 경우에 철회 이외의 다른 가벼운 조치로 시정할 수 있을 때에는 철회는 허용되지 아니한다. 또한 이 원칙은 철회에 따른 공익과 신뢰보호원칙에 의하여 보호되는 상대방의 권리의 구체적 형량의 경우에도 적용된다.

(다) 실권의 법리에 의한 제한

철회사유가 발생한 경우 행정청이 일정한 기간이 경과할 때까지 철회권을 행사하지 않을 때에는 '실권의 법리'에 의하여 행정청은 그 행위를 철회할 수 없게 될 것이다.

(라) 불가변력에 의한 제한의 문제

확인행위 등과 같이 불가변력을 발생하는 행위에 대하여는 철회가 제한된다는 것이 일반적 견해이다. 그러나 철회는 행정행위를 한 후에 발생한 새로운 사유와 관련되어 행해지고, 내용적으로는 새로운 행정행위를 하는 것과 같은 성질을 가지는 것이라는 점에서 불가변력을 철회의 일반적 제한사유로 볼 수 있는가에 대하여는 의문이 제기될 수 있다.

2) 침익적 행정행위의 철회

(1) 철회자유의 원칙의 적용

침익적 행정행위는 철회사유가 있는 때에는 원칙적으로 이를 철회할 수 있다. 왜냐하면, 침익적 행정행위의 철회는 상대방의 불이익을 제거하고 이익을 가져다주는 것이므로 수익적 행정행위의 철회에서와 같은 제한을 받지 않기 때문이다.

(2) 침익적 행정행위의 철회의 제한

침익적 행정행위의 철회도 다음과 같은 경우에는 제한을 받는다고 보아야 할 것이다.

(가) 복효적 행정행위의 제한

당해 행위가 복효적 행정행위로서 제3자가 법률상의 이익을 받고 있는 경우에는, 그 행위에 대한 철회의 여부는 철회에 의해 실현하고자 하는 공익과 그로 인하여 침해받는 제3자의 이익을 구체적으로 비교형량하여 결정하여야 할 것이다.

(나) 기속행위의 제한

본래의 행정행위가 행정청의 의무로 되어 있는 경우, 즉 재량행위가 아니라 기속행위인 경우에는 철회할 수 없다.

(다) 불가쟁력에 의한 제한

침익적 행정행위가 이미 불가쟁적으로 되어 있는가의 여부는 절대적 의미를 갖지 않기 때문에 동일한 내용의 행정행위를 새로이 발급하게 되는 경우도 있다. 또한 침익적 행정행위의 적법성이 행정심판의 재결청(행정심판위원회)이나 법원에 의해 확정되어 있더라도 그 행정행위의 철회에 지장을 주는 것은 아니다.

5. 행정행위의 철회절차

행정행위의 철회의 절차에 대하여는 일반적 · 통칙적 규정은 없다. 그러나 상대방의 권익보호와 철회의 공정성을 확보하기 위하여 청문 등 일정한 절차를 거치도록 도로법 · 하천법 · 식품위생법 · 공중위생관리법 등 각 개별법에서 규정한 경우가 많다.

철회의 절차에 관한 특별한 규정이 없는 경우에는 행정절차법이 적용된다. 행정절차법은 행정행위의 철회와 관련하여 처분의 사전통지(동법 제21조) 및 청문절차와 의견제출절차를 내용으로 하는 의견청취절차(동법 제22조)를 규정하고 있는데, 특히 수익적 행정행위의 철회와 같은 불이익처분의 경우에는 원칙적으로 이러한 절차를 거쳐야 한다. 그리고 수익적 행정행위의 철회는 침익적 처분이므로 철회를 하는 데 있어서는 처분이유가 제시되어야 한다(동법 제23조).

6. 행정행위의 철회의 효과

1) 일반적 효과

철회의 효과는 성질상 소급할 수 없고, 장래에 향해서만 발생하는 것이 원칙이다. 그러나 소급효를 인정하지 않으면 철회의 의의가 없게 되는 경우에는, 예외적으로 소급효를 인정하여야 하는 경우도 있다. 독일 행정절차법 제44조 제3항은 행정청은 소급효를 가지는 철회도 할 수 있는 것임을 명시적으로 규정하고 있다.

철회행위의 효력은 당해 대상 행정행위에 한정하여 발생하는 것이 원칙이다. 그러나 철회행위의 효력은 지역적 범위를 넘는 것이 인정되며, 다른 행정기관에 의하여 존중되어야 한다.

2) 부수적 효과

행정행위의 철회의 부수적 효과로서 원상회복 · 시설개수명령이 수반될 수 있으나, 이는 법적 근거를 요한다.

3) 손실보상

행정행위의 철회가 상대방의 귀책사유에 의하는 경우 또는 행정행위에 기한 상태에 내재하는 위험을 방지하기 위하여 행하여진 경우 이외에는 수익적 행정행위의 철회로 인한 손실은 보상되어야 한다. 철회로 인한 손실의 보상에 대하여는 각 개별법에 근거규정이 있고, 토지취득보상법은 손실보상에 관한 일반적 규정을 두고 있다.

4) 하자있는 철회의 효력

행정행위의 철회는 하나의 독립한 행정행위이기 때문에 행정행위의 성립요건 · 효력발생요건을 구비하여야 하며, 만일 하자가 있는 경우에는 하자에 관한 일반이론에 따라 철회행위는 무효이거나 취소할 수 있는 행위가 된다.

7. 행정행위의 철회의 취소

행정행위의 철회에 당연무효사유가 있는 경우는 원처분의 효력에 아무런 영향이 없다. 그러나 철회에 취소사유가 있는 경우는 직권취소가 인정되어 원래의 행정행위가 소생하는지의 여부가 문제되는데, 여기에는 행정행위의 하자에 관한 일반이론과 전술한 행정행위의 취소의 취소에 관한 설명이 그대로 적용된다. 따라서 취소의 취소에서와 마찬가지로 하자의 일반이론에 따라 하자있는 철회를 취소함으로써 원처분이 회복된다고 보는 것이 타당하다.

XI. 행정행위의 실효

1. 의 의

행정행위의 실효(失效)란 아무런 하자없이 적법하게 성립 · 발효한 행정행위가 행정청의 의사와 관계없이 일정한 실효사유의 발생으로 인하여 당연히 그 효력이 소멸되는 것을 말한다.

실효는 ① 하자와는 전혀 관계가 없으며, ② 일단 적법하게 발생된 행정행위의 효력이 실효사유에 의하여 당연히 소멸되고, ③ 실효사유가 발생한 때로부터 장래에 향하여 효력이 소멸된다는 점에서, 행정행위의 성립 당시에 존재하는 중대하고 명백한 하자로 인하여 처음부터 아무런 효력을 발생하지 않는 무효와 구별된다. 또한 일정한 사유의 발생으로 인하여 당연히 그 효력이 소멸되는 점에서, 행정행위의 하자를 이유로 행정청의 행정행위에 의하여 원래의 행정행위의 효력을 소멸시키는 취소 · 철회와도 다르다.

2. 행정행위의 실효사유

행정행위의 일반적인 실효사유로서 다음과 같은 것을 들 수 있다.

1) 행정행위의 대상의 소멸

행정행위는 대상이 되는 사람이 사망하거나 목적물의 멸실로 인하여 당연히 효력을 상실한다.

2) 행정행위의 부관의 성취

행정행위의 부관이 성취됨으로써 실효된 경우는 해제조건의 성취, 종기의 도래 등이 있다.

3) 행정행위의 목적의 달성

행정행위는 목적을 달성함으로써 효력이 소멸된다. 행정행위의 목적달성은 행정행위의 내용에 따라 장기간 계속적으로 이루어지는 경우도 있고, 그렇지 아니한 경우도 있다.

4) 행정행위의 기간의 경과

행정행위의 효력기간이 법령이나 행정행위 자체에 의하여 정해진 경우에 그 기간이 경과함으로써 행정행위의 효력은 소멸된다.

3. 행정행위의 실효의 효과

행정행위에 실효사유가 발생하면 그 때부터 장래에 향하여 당연히 행정행위의 효력이 상실된다. 따라서 실효는 행정청이 특별한 절차를 거쳐 별도의 행위를 할 필요없이 실효사유가 발생함으로써 당연히 행정행위의 효력이 소멸된다는 특징이 있다.

행정행위가 실효된 경우에는 행정청 · 사인 등 누구나 이를 자유로이 주장할 수 있다. 그러나 행정행위의 실효 여부에 관하여 다툼이 있는 때에는 행정소송법상의 항고소송의 하나인 무효등확인소송의 형식으로서 실효확인소송을 제기할 수 있다(동법 제4조 제2호 참조).

제5절 행정절차

Ⅰ. 행정절차의 의의

1. 개 념

행정절차라 함은 행정청이 행정처분을 하는 데 있어서 거쳐야 되는 절차를 말한다고 할 수 있다. 그런데 행정절차의 의미와 범위는 다양하며, 그 개념은 넓은 의미와 좁은 의미로 파악하는 입장에 따라 다르다.

넓은 의미의 행정절차는 입법권의 작용인 입법절차와 사법권의 작용인 사법절차에 대응하는 개념으로서, 행정청이 행정처분을 행하는 데 있어서 거치는 모든 절차를 총칭한다. 이러한 행정절차에는 다음과 같은 좁은 의미의 행정절차 중 제1차적 행정처분을 하기 전에 거쳐야 하는 모든 사전절차(일반 행정절차라고 한다), 행정처분의 실효성을 확보하기 위한 수단으로 강제력을 발동함으로써 행정목적을 실현하기 위한 집행절차(행정강제 · 행정벌 및 행정조사), 사후절차인 행정불복절차(행정심판), 기타 행정권과 관련이 있는 모든 절차가 포함된다.

이에 대하여 좁은 의미의 행정절차는 제1차적 행정절차만을 말한다. 따라서 여기에서의 행정절차는 행정청이 공권력을 행사하여 행정에 관한 제1차적 행정처분 등을 행하는 데 있어서 요구되는 외부와의 교섭과정, 즉 종국적 행정처분 등의 형성과정에 이루어지는 사전적 행정절차를 말한다.

우리나라에서는 행정절차의 개념을 좁은 의미로 보는 견해가 일반적이다.[297] 광의의 행정절차에 포함되는 것으로 취급하는 행정강제, 행정벌, 행정조사나 행정심판 등은 이 행정절차와는 별도의 항목에서 행정법학상 중요하게 다루고 있기 때문에 이 곳의 행정절차는 협의의 개념이 타당하다.

---

297) 김남진 · 김연태, 전게서, 405-406면; 김도창, 전게서, 531면; 김동희, 상게서, 365면; 김성수, 전게서, 517면; 류지태, 전게서, 351면; 박윤흔 · 정형근, 전게서, 406면; 석종현, 전게서, 549면; 이상규, 전게서, 265-266면; 홍정선, 전게서, 342면.

2. 행정절차의 제도적 의의

행정절차는 다음과 같은 필요성에 기인하여 여러 가지 행정상의 기능을 발휘한다는 점에 제도적 의의가 있다.

1) 행정의 법치주의의 구현화

헌법은 법치주의를 이념으로 지향하고 있으며, 행정에는 법치행정의 원칙이 적용되는데, 행정절차는 행정에 있어서의 법치주의를 구현하는 데 기여하고 있다. 우리나라 행정절차법은 제1조에서 「이 법은 ····· 행정의 공정성 · 투명성 및 신뢰성을 확보하고 국민의 권익을 보호함을 목적으로 한다」고 규정함은 행정절차가 법치주의를 구현하는 제도라는 것을 제대로 표현하고 있다고 할 수 있다. 행정절차의 법제화는 행정의 공정성 · 투명성 및 신뢰성을 확보하고 국민의 권익을 보호하며, 행정권 발동의 남용을 억제하는 기능을 담당하고 있음을 감안하면, 행정절차는 법치주의의 이념에 부합되고 이를 실천하는 역할을 한다.

2) 행정의 민주화

행정에 대한 국민의 참여는 행정에서의 민주주의의 실질적 실현을 현실화하기 위하여 필요로 하고 있으며, 행정절차는 행정에 대한 국민의 참여를 보장하여 주는 수단이 되고 있다. 우리 행정절차법 제1조에는 「이 법은 행정절차에 관한 공통적인 사항을 규정하여 국민의 행정참여를 도모함으로써 ···」라고 규정하고 있는데, 이러한 규정은 행정절차가 민주주의와 직결되는 제도라는 점을 잘 지적하여 주고 있다고 볼 수 있다. 이와 같이 행정절차는 '국민의 행정에의 참여'의 길을 개방하여 주는 것이므로 민주주의의 이념에 합치되면서 민주주의를 실현하는 과정으로서의 기능을 맡고 있다.

3) 행정의 적정화

행정행위를 하고자 하는 데 있어서 이해관계인에게 그 뜻을 통지하고 그에 대한 의견이나 참고자료를 제출하도록 하는 행정과정은 자의적인 행정권의 행사를 방지하고 공정한 행정을 실현할 뿐만 아니라 행정청의 사실인정과 법령의 해석을 적정화(適正化)함으로써 행정의 적법 · 타당성을 담보하는 기능을 한다. 특히 행정활동 중에는 공익과 사익이 충돌하는 경우가 많기 때문에 이러한 공 · 사익의 갈등을 조정하거나 최소화하기 위하여 이해관계인의 참여를 절차적으로 보장하는 것은 행정운영의 원활화와 적정화를 성취하려는 역할을 기대할 수 있다.

4) 행정의 능률화

과도한 행정절차는 행정의 지체로 비능률적일 수 있다. 그러나 행정권이 일방적으로 행하여진 후에 그에 대하여 이의가 제기됨으로써 일이 진척되지 못하는 것보다는 사전에 일정한 행정을 예고하고 이해관계인의 의견을 반영할 절차를 거쳐 행정을 한다면, 행정에 대한 국민의 수용과 협력을 증대시킬 수 있게 되어 행정의 원활한 집행으로 인하여 행정의 능률화에 크게 기여할 수 있을 것이다.

5) 사법구제제도의 보완화

행정에 대한 실체법적 통제만으로는 행정에 대한 통제가 실효성을 가지지 못하는 경우가 확대되고 있다. 따라서 국민의 권익이 침해된 경우에 그 권익을 구제하는 것보다는 권익의 침해를 미리 방지하는 것이 국민의 권익보호를 위하여 더욱 바람직하다. 현행의 손해전보제도, 행정쟁송제도 등과 같은 사후적 구제만으로는 위법 · 부당한 행정작용으로 인하여 침해된 권익의 구제에 한계가 있는 경우가 있고, 사후적 구제가 인정되는 경우에도 권익침해가 없었던 상태로 복귀하는 것이 어려운 경우가 많기 때문이다.

행정에 대한 사전구제제도로서의 행정절차제도가 정비되어 있지 아니하면, 국민은 최종적으로 법원에 소를 제기함으로써 침해된 권익의 구제를 기대하는 방법 이외에는 없게 된다. 그러나 재판을 통한 구제에는 많은 경비와 시간이 소요되고 헤아릴 수 없는 노력과 고통이 수반될 수밖에 없다. 행정절차는 재판보다 간편히, 그리고 사법권이 미치지 않는 영역에서 국민의 권익구제에 이바지 할 수 있는 점에서 재판적 통제를 통한 사법구제제도의 미비한 문제점을 보완하는 기능을 가진다고 말할 수 있다. 그리하여 행정절차를 '사전적 권리구제제도'로 보기도 한다.

Ⅱ. 행정절차의 법적 근거

1. 헌법적 근거

1) 행정절차의 헌법상 근거의 요부

오늘날 행정에 있어서는 행정절차의 마련이 필요하다는 데 대하여는 이론(異論)이 없다. 그러나 이 행정절차의 헌법상 근거의 요부(要否), 즉 헌법상의 근거를 갖는 것으로 볼 것인가 또는 단순히 법률로 규율할 수 있는 입법의 문제로 볼 수 있는 것인가에 대하여는 견해가 대립되고 있다. 통설은 헌법상의 근거를 갖고 있다고 본다.

2) 적법절차조항 근거설

이 견해는 행정절차의 헌법적 근거를 헌법 제12조 제1항의 적법절차조항에서 찾는 입장이다.

헌법 제12조 제1항 후단은 「모든 국민은 … 법률과 적법한 절차에 의하지 아니하고는 처벌 · 보안처분 또는 강제노역을 받지 아니한다」고 규정하고 있는데, 동 조항의 적법절차조항이 형사사법절차에만 적용되는가, 아니면 행정절차에도 적용되는가 하는 문제가 제기된다. 이 학설에 의하면 현대국가의 행정에서는 행정권에 의한 기본권의 침해가능성이 증대되고 있으므로 행정절차에 대하여도 헌법 제12조의 적법절차원리가 적용된다고 본다.[298)]

3) 헌법원리 근거설

이 견해는 우리 헌법 제12조의 '적법한 절차'라는 규정이 직접적으로는 형사사법권의 발동에 관한 조항이고 행정절차의 근거규정은 아니지만, 그 취지는 행정절차에도 유추적용될 수 있다고 보고, 이러한 해석은 민주국가원리 · 법치국가원리와 같은 헌법원리 또는 헌법 제10조(기본적 인권의 불가침)와 제37조(기본권의 포괄성 · 법률유보의 한계)에 의하여 뒷받침되고 있다고 보고 있다.[299)]

4) 판 례

이 문제를 일반적으로 다룬 대법원 판례는 찾아보기 어렵고, 헌법재판소의 결정은 헌법 제12조상의 적법절차원리가 행정절차에도 적용되는 헌법적 원리임을 천명하였다.[300)]

5) 결 어

헌법 제12조는 적법절차원리의 일반조항에 해당하는 것으로서, 형사절차상의 영역에 한정되지 않고 입법 · 행정 등 국가의 모든 공권력의 작용에는 절차상의 적법성이 있어야 한다는 적법절차의 원칙을 헌법의 기본원리로 명시한 것으로 보아 행정절차의 헌법적 근거로서는 헌법원리근거설이 타당하다고 생각한다.

2. 법률적 근거

행정절차에 관한 사항이 각 개별법률에 진술기회부여 · 청문 · 의견청취 · 협의 등 특별규정을 두는 경우도 적지 않다.

행정절차에 관한 일반법으로 행정절차법이 있다. 한편, 민원사무와 관련된 일반법으로는 「민원사무처리에 관한 법률」이 있다. 그런데 일반법으로서의 행정절차법, 민원사무에 관한 일반법으로

298) 권영성, 「헌법학원론」, 법문사, 2009, 424면; 김철수, 「헌법학개론」, 박영사, 2003, 509면; 허영, 「한국헌법론」, 박영사, 2005, 352면; 김성수, 전게서, 525-526면; 박균성, 전게서, 429-430면; 이상규, 전게서, 272-273면; 한견우, 전게서, 62면; 홍정선, 전게서, 343면.

299) 김남진 · 김연태, 전게서, 413면; 김도창, 전게서, 537면; 박윤흔 · 정형근, 전게서, 410-411면.

300) 김동희, 전게서, 371-372면; 헌재결 1992.12.24, 92헌마78; 헌재결 1993.7.29, 90헌바35.

서의 「민원사무처리에 관한 법률」과 각 개별 법률은 상호 일반법과 특별법의 관계에 있어 특별법이 우선 적용된다.

Ⅲ. 행정절차법의 내용

행정절차법은 「행정절차에 관한 공통적인 사항을 규정하여 국민의 행정참여를 도모함으로써 행정의 공정성 · 투명성 및 신뢰성을 확보하고 국민의 권익을 보호함을 목적으로」 제정된 것으로서(동법 제1조), 행정절차에 관한 일반법이다.

행정절차법이 행정절차에 관한 일반법이지만, 그 적용범위는 모든 행정작용에 적용되는 것은 아니며, 「처분, 신고, 행정상 입법예고, 행정예고 및 행정지도의 절차에 관하여」 다른 법률에 특별한 규정이 없는 경우에 적용된다(법 제3조 제1항). 이 중에서 중심적인 역할을 하는 절차는 처분절차이다. 또한 일정한 사항에 대하여는 행정절차법의 적용대상으로부터 제외되고 있다(법 제3조 제2항).

다음에서는 행정절차법의 주요 내용을 처분절차 · 신고절차 · 행정상 입법예고절차 · 행정예고절차 및 행정지도절차의 순서로 살펴보고자 한다.[301)]

1. 처분절차

'처분'이라 함은 행정청이 행하는 구체적 사실에 관한 법집행으로서의 공권력의 행사 또는 그 거부와 그 밖에 이에 준하는 행정작용을 말한다(법 제2조 제2호).

1) 처분의 신청

행정청에 대하여 처분을 구하는 신청은 원칙적으로 문서로써 하여야 한다. 다만, 다른 법령 등에 특별한 규정이 있는 경우와 행정청이 미리 다른 방법을 정하여 공시한 경우에는 그러하지 아니한다(법 제17조 제1항). 처분을 신청할 때 전자문서로 하는 경우에는 행정청의 컴퓨터 등에 입력한 때에 신청한 것으로 본다(동조 제2항). 이러한 신청이 있는 때에 행정청은 다른 법령 등에 특별한 규정이 있는 경우를 제외하고는 그 접수를 보류 또는 거부하거나 부당하게 되돌려 보내서는 아니되며, 신청을 접수한 경우에는 원칙적으로 신청인에게 접수증을 주어야 한다(동조 제4항).

행정청은 신청에 구비서류의 미비 등 흠이 있는 경우에는 보완에 필요한 상당한 기간을 정하여 지체 없이 신청인에게 보완을 요구하여야 하며(동조 제5항), 이 기간 내에 보완을 하지 아니하였

301) 류지태, 전게서, 357-367면; 박평준 · 박창석, 「보상행정법」, 리북스, 2012, 247면.

을 때에는 그 이유를 구체적으로 밝혀 접수된 신청을 되돌려 보낼 수 있다(동조 제6항).

또한 행정청은 신청인의 편의를 위하여 다른 행정청에 신청을 접수하도록 할 수 있으며(동조 제7항), 신청인은 처분이 있기 전에는 다른 법령 등에 특별한 규정이 있거나 당해 신청의 성질상 보완·변경 또는 취하할 수 없는 경우를 제외하고는 신청의 내용을 보완·변경하거나 취하할 수 있다(동조 제8항).

행정청은 다수의 행정청이 관여하는 처분을 구하는 신청을 접수한 경우에는 관계 행정청과의 신속한 협조를 통하여 그 처분이 지연되지 아니하도록 하여야 한다(법 제18조).

2) 처리기간의 설정·공표

행정청은 신청인이 편의를 위하여 처분의 처리기간을 종류별로 미리 정하여 공표하여야 한다(법 제19조 제1항). 한편, 행정청은 부득이한 사유로 처리기간 내에 처분을 처리하기 곤란한 경우에는 해당 처분의 처리기간의 범위에서 한 번만 그 기간을 연장할 수 있다(동조 제2항). 행정청은 처리기간을 연장할 때에는 처리기간의 연장사유와 처리 예정기한을 지체없이 신청인에게 통지하여야 한다(동조 제3항). 행정청이 적당한 처리기간 내에 처리하지 아니하였을 때에는 신청인은 해당 행정청 또는 그 감독 행정청에 신속한 처리를 요청할 수 있다(동조 제5항).

3) 치분기준의 설정·공표

(1) 의 의

행정청이 처분을 하는 데 있어서 적용하게 될 객관적이고 구체적인 기준을 미리 설정하고 이를 외부에 공표(公表)하는 것을 말한다. 이는 행정결정과정의 투명성을 보장함으로써 공정한 행정작용을 확보하기 위한 것이다. 입법례로서는 일본의 행정수속법 제12조를 볼 수 있다.

(2) 우리나라의 실정법규정

행정절차법은 행정의 자의적인 권한행사를 방지하고 관련 처분에 대한 상대방의 예측가능성을 부여하기 위한 목적에서 처분기준의 설정·공표의무를 규정하고 있다.

행정청은 필요한 처분기준을 해당 처분의 성질에 비추어 되도록 구체적으로 정하여 공표하여야 한다(법 제20조 제1항). 그러나 처분기준을 공표하는 것이 해당 처분의 성질상 현저히 곤란하거나 공공의 안전 또는 복리를 현저히 해치는 것으로 인정될 만한 상당한 이유가 있는 경우에는 처분기준을 공표하지 아니할 수 있다(동조 제2항).

한편, 당사자등은 공표된 처분기준이 명확하지 아니한 경우에는 해당 행정청에 그 해석 또는 설명을 요구할 수 있으며, 이 경우 해당 행정청은 특별한 사정이 없으면 그 요청에 따라야 한다(동조 제3항).

4) 행정처분의 사전통지

행정청은 당사자에게 의무를 부과하거나 권익을 제한하는 처분, 즉 침익적 행정행위를 하는 경우에는 미리 ① 처분의 제목, ② 당사자의 성명 또는 명칭과 주소, ③ 처분하려는 원인이 되는 사실과 처분의 내용 및 법적 근거와 이에 대하여 의견을 제출할 수 있다는 뜻과 의견을 제출하지 아니하는 경우의 처리방법, ④ 의견제출기관의 명칭과 주소, ⑤ 의견제출기한, ⑥ 그 밖에 필요한 사항을 당사자등에게 통지하여야 한다(법 제21조 제1항). 이러한 사전통지에 대하여는 당사자에게 의견제출권이 인정되므로 이는 침익적 행정행위에 대한 사전적 권리보호수단과 공정한 행정작용을 확보하는 수단으로써의 의미를 갖게 된다.

그러나 ① 공공의 안전 또는 복리를 위하여 긴급히 처분을 할 필요가 있는 경우, ② 법령 등에서 요구된 자격이 없거나 없어지게 되면 반드시 일정한 처분을 하여야 하는 경우에 그 자격이 없거나 없어지게 된 사실이 법원의 재판 등에 의하여 객관적으로 증명된 경우, ③ 해당 처분의 성질상 의견청취가 현저히 곤란하거나 명백히 불필요하다고 인정될 만한 상당한 여유가 있는 경우에는 사전통지를 하지 아니할 수 있다(동조 제4항).

5) 청 문

(1) 의 의

'청문'이라 함은 행정청이 어떠한 처분을 하기 전에 당사자등의 의견을 직접 듣고 증거를 조사하는 절차를 말한다(법 제2조 제5호).

청문(聽聞)은 행정절차에서 오늘날 가장 보편화되어 있으며 가장 중요하다. 이는 행정작용의 당사자인 시민이 당해 행정작용에 대하여 통지를 받고, 이에 대해서 자신이 증거를 제출하고 진술할 권리를 갖는 것을 말한다. 청문 그 본래의 이념은 행정작용과 관련되는 양 당사자로부터 의견을 들어 공정한 결정을 하도록 하는 것이다.

(2) 유 형

청문의 유형으로는 약식청문과 정식청문을 들 수 있다. 전자는 일정한 방식에 의하지 않고 당해 예정된 처분에 대한 의견이나 참고자료를 제출하는 것으로서, 현행 각 개별법에 규정되어 있는 청문과 행정절차법 제27조가 규정하고 있는 의견제출이 이에 해당한다고 볼 수 있다.

후자는 청문주재자가 있어서 가능한 범위 내에서 대심구조를 형성하여 이루어지는 청문이며, 청문주재자가 당사자에 대한 청문의 결과를 최종적으로 조서의 형식으로 행정기관에 제출하고, 행정기관은 이를 참작하여 행정결정을 하게 된다. 행정절차법에서 규정하고 있는 청문은 원칙적으로 이에 해당한다고 볼 수 있다.

(3) 청문의 절차

(가) 청문의 실시사유

행정청이 처분을 함에 있어서 ① 다른 법령 등에서 청문을 실시하도록 규정하고 있는 경우, ② 행정청이 필요하다고 인정하는 경우에 한하여 청문을 실시한다(법 제22조 제1항). 따라서 현행법은 청문의 사유로서 당사자가 신청 또는 요구하는 경우를 제외함으로써, 그 사유가 매우 제약되고 있는 문제점이 있다.

그러나 ① 공공의 안전 또는 복리를 위하여 긴급히 처분을 할 필요가 있는 경우, ② 법령 등에서 요구된 자격이 없거나 없어지게 되면 반드시 일정한 처분을 하여야 하는 경우에 그 자격이 없거나 없어지게 된 사실이 법원의 재판 등에 의하여 객관적으로 증명된 경우, ③ 해당 처분의 성질상 의견청취가 현저히 곤란하거나 명백히 불필요하다고 인정될 만한 상당한 이유가 있는 경우(동조 제4항, 법 제21조 제4항)와, ④ 당사자가 의견진술의 기회를 포기한다는 뜻을 명백히 표시한 경우에는 청문을 실시하지 아니할 수 있다(법 제22조 제4항).

(나) 청문의 진행절차

행정청은 청문을 실시하고자 하는 경우에 청문이 시작되는 날부터 10일전까지 ① 처분의 제목, ② 당사자의 성명 또는 명칭과 주소, ③ 처분하려는 원인이 되는 사실과 처분의 내용 및 법적 근거와, 이에 대하여 의견을 제출할 수 있다는 뜻과 의견을 제출하지 아니하는 경우의 처리방법, ④ 의견제출기관의 명칭과 주소, ⑤ 의견제출기한, ⑥ 그 밖에 필요한 사항을 당사자 등에게 통지하여야 한다(법 제21조 제1항). 청문은 중립적 위치에 있는 주재자에 의하여 일정한 절차를 거쳐 진행된다.

① 청문주재자 : 현행법은 청문주재자를 행정청의 소속직원 또는 대통령령이 정하는 자격을 가진 자 중에서 선정하는 자가 되도록 규정하고 있다(법 제28조 제1항). 그러나 이러한 자격만으로는 청문주재자가 중립적 지위를 확보하기 어려운 문제점이 있다. 따라서 선정된 청문주재자의 직무수행의 공정성을 담보하기 위하여, 청문주재자는 독립하여 공정하게 직무를 수행하고 그 직무수행상의 이유로 본인의 의사에 반하여 신분상 어떠한 불이익도 받지 아니하며(동조 제2항), 형법이나 그 밖의 다른 법률에 따른 벌칙을 적용할 때에는 공무원으로 보고(동조 제3항), 일정한 사유에 의하여 제척 · 기피 · 회피된다(법 제29조)고 규정하고 있다.

② 청문절차의 공개문제 : 청문은 당사자의 공개신청이 있거나 청문주재자가 필요하다고 인정하는 경우에는 이를 공개할 수 있다. 다만, 공익 또는 제3자의 정당한 이익을 현저히 해칠 우려가 있는 경우에는 공개하여서는 아니 된다(법 제30조).

③ 청문절차의 진행 : 청문주재자가 청문을 시작할 때에는 먼저 예정된 처분의 내용, 그 원인이 되는 사실 및 법적 근거 등을 설명하여야 한다(법 제31조 제1항). 당사자 등은 직접 청문절차에

출석하여 의견을 진술하고 증거를 제출할 수 있으며, 참고인이나 감정인 등에게 질문할 수 있다(동조 제2항). 이 경우에 당사자 등이 출석하지 않고 의견서를 제출한 경우에는 그 내용을 출석하여 진술한 것으로 본다(동조 제3항). 청문을 계속할 경우에는 행정청은 당사자 등에게 다음 청문의 일시 및 장소를 서면으로 통지하여야 하며, 당사자 등이 동의하는 경우에는 전자문서로 통지할 수 있다. 다만, 청문에 출석한 당사자등에게는 그 청문일에 청문주재자가 말로 통지할 수 있다(동조 제5항). 그리고 청문주재자는 신청 또는 직권에 의하여 필요한 조사를 할 수 있으며, 당사자 등이 주장하지 아니한 사실에 대하여도 조사할 수 있다(법 제33조 제1항).

청문절차의 결과는 청문조서의 작성으로 나타나게 된다. 이러한 청문조서에는 당사자 등의 진술요지 및 제출된 증거, 청문의 공개 여부 및 공개 또는 비공개한 이유, 증거조사를 한 경우에는 그 요지 및 첨부된 증거 등이 기재된 청문조서를 작성하여야 한다(법 제34조 제1항). 당사자 등은 청문조서의 기재내용을 열람 · 확인할 수 있으며, 이의가 있을 때에는 그 정정을 요구할 수 있다(동조 제2항). 청문주재자는 일정한 사항이 기재된 청문주재자의 의견서를 작성하여야 한다(법 제34조의2).

④ 청문의 종결 : 청문주재자는 해당 사안에 대하여 당사자 등의 의견진술, 증거조사가 충분히 이루어졌다고 인정하는 경우에는 청문을 마칠 수 있다(법 제35조 제1항). 또한 당사자 등의 전부 또는 일부가 정당한 사유 없이 청문기일에 출석하지 아니하거나 의견서를 제출하지 아니한 경우에는 이들에게 다시 의견진술 및 증거제출의 기회를 주지 아니하고 청문을 마칠 수 있다(동조 제2항, 제3항). 청문주재자는 청문을 미쳤을 때에는 청문조서, 청문주재자의 의견서, 그 밖의 관계서류 등을 행정청에 지체 없이 제출하여야 한다(동조 제4항). 그리고 행정청은 처분을 할 때에는 제출받은 청문조서, 청문주재자의 의견서, 그 밖의 관계서류 등을 충분히 검토하고 상당한 이유가 있다고 인정하는 경우에는 청문결과를 반영하여야 한다(법 제35조의2). 이러한 청문절차를 거치지 않는 행정작용은 하자있는 행위로서 위법성이 인정되는 문제가 생겨 취소사유가 된다.[302)]

6) 의견제출

(1) 의 의

'의견제출'이라 함은 행정청이 어떠한 행정작용을 하기 전에 당사자 등이 의견을 제시하는 절차로서 청문이나 공청회에 해당하지 아니하는 절차를 말한다(법 제2조 제7호). 행정절차법은 제27조에서 약식절차의 청문으로서의 성질을 갖는 의견제출절차를 규정하고 있다.[303)]

이는 행정청이 당사자에게 불이익한 내용이 되는 처분을 하는 경우에 이행해야 할 처분의 사전

302) 대판 2001.4.13, 2000두3337.

303) 행정절차법은 '의견제출'의 개념정의 규정에서 의견제출이 청문에 해당하지 아니함을 규정하고 있으나(법 제2조 제7호), 이는 정식절차로서 규정되고 있는 행정절차법상의 청문에 해당하지 아니한다는 의미로 이해되어야 할 것이다.

통지의무에 상응하는 당사자의 권리로서 이해될 수 있다(법 제21조 제1항 참조). 따라서 당사자 등은 처분 전에 그 처분의 관할 행정청에 서면·구술로 또는 정보통신망을 이용하여 의견제출을 할 수 있으며(법 제27조 제1항), 이 때에는 그 주장을 입증하기 위한 증거자료 등을 첨부할 수 있다(동조 제2항). 그리고 당사자 등이 정당한 이유 없이 의견제출 기한 내에 의견제출을 하지 아니한 경우에는 의견이 없는 것으로 본다(동조 제4항).

우리나라의 경우에 의견제출은 각 개별법에서 이미 청문의 이름으로 가장 중요한 행정절차로서 규정되고 있다.

(2) 의견제출의 사유

의견제출의 실시사유는 청문이나 공청회와는 달리 일반적인 형태로서 인정되고 있다. 즉 행정청이 당사자에게 의무를 부과하거나 권익을 제한하는 처분을 할 때에는 반드시 의견제출의 기회를 주어야 한다(법 제22조 제3항).

(3) 의견제출의 배제사유

의견제출절차도 일정한 경우에는 배제될 수 있으며, 이러한 사유는 청문절차의 배제사유와 같다(법 제22조 제4항, 제21조 제4항 참조). 이러한 배제사유에 해당하지 않는 경우에 의견제출을 생략하면 하자있는 행정작용이 되며, 취소사유가 된다.[304)]

7) 공청회

(1) 의 의

'공청회'라 함은 행정청이 공개적인 토론을 통하여 어떠한 행정작용에 대하여 당사자 등, 전문지식과 경험을 가진 사람, 그 밖의 기타 일반인으로부터 의견을 널리 수렴하는 절차를 말한다(법 제2조 제6호). 즉 공청회(公聽會)는 특정사항에 대하여 발표자와 이해관계인들이 서로 질문과 답변을 통하여 행정결정을 위해 필요한 의사를 형성하는 절차이다. 이는 청문과는 달리 공청사항에 대하여 이해관계가 없는 사람도 참가가 가능하다는 특색이 있으며, 그 사항으로는 중요한 국가시책, 국토계획, 입법안 등 대상이 광범위하다. 이러한 공청회를 통하여 다수의 의견을 수렴하여 사전적으로 이해관계를 조정하고자 하는 데 그 제도적 의의가 있다.

(2) 행정절차법의 규정

현행법상 공청회 절차를 규정한 법률은 개별법으로서 「국토의 계획 및 이용에 관한 법률」 제14조·제20조, 사회보장기본법 제21조, 행정규제기본법 제9조 등이 있으며, 행정절차법은 공청회의

---

304) 대판 2003.2.14, 2001두7015.

개최에 관한 일반법으로서 작용한다.

동법에 의하면, 행정청은 공청회를 개최하려는 경우에는 공청회 개최 14일 전까지 일정한 사항을 당사자 등에게 통지하고, 관보 · 공보 · 인터넷 홈페이지 또는 일간 신문 등에 공고하는 등의 방법으로 널리 알려야 한다(법 제38조). 행정청은 위에 따른 공청회와 병행하여서만 정보통신망을 이용한 '전자공청회'를 실시할 수 있다(법 제38조의2).

(가) 공청회의 개최사유

행정청이 처분을 할 때 ① 다른 법령 등에서 공청회를 개최하도록 규정하고 있는 경우, ② 해당 처분의 영향이 광범위하여 널리 의견을 수렴할 필요가 있다고 행정청이 인정하는 경우에 공청회를 개최한다(법 제22조 제2항). 현행법은 청문의 경우와 마찬가지로 당사자 등의 신청이 있는 경우를 그 사유에서 배제함으로써 공청회의 개최를 사실상 어렵게 하고 있다.

(나) 공청회의 주재자 및 발표자의 선정

공청회의 주재자는 해당 공청회의 사안과 관련된 분야에 전문적 지식이 있거나 그 분야에 종사한 경험이 있는 사람 중에서 행정청이 지명하거나 위촉하는 사람으로 한다(법 제38조의3 제1항).

공청회의 발표자는 발표를 신청한 사람 중에서 행정청이 선정한다. 다만, 발표를 신청한 사람이 없거나 공청회의 공정성을 확보하기 위하여 필요하다고 인정하는 경우에는 ① 해당 공청회의 사안과 관련된 당사자 등, ② 해당 공청회의 사안과 관련된 분야에 전문적 지식이 있는 사람, ③ 해당 공청회의 사안과 관련된 분야에 종사한 경험이 있는 사람 중에서 지명하거나 위촉할 수 있다(동조 제2항, 제3항)

(다) 공청회의 진행

공청회의 주재자는 공청회를 공정하게 진행하여야 하며, 공청회의 원활한 진행을 위하여 발표내용을 제한할 수 있고, 질서유지를 위하여 발언 중지 및 퇴장명령 등 행정안전부장관이 정하는 필요한 조치를 할 수 있다(법 제39조 제1항). 발표자는 공청회의 내용과 직접 관련된 사항에 대하여만 발표하여야 한다(동조 제2항). 공청회의 주재자는 발표자의 발표가 끝난 후에는 발표자 상호간에 질의 및 답변을 할 수 있도록 하여야 하며, 방청인에게도 의견을 제시할 기회를 주어야 한다(동조 제3항).

(라) 공청회 결과의 반영

행정청은 처분을 할 때에 공청회, 전자공청회 및 정보통신망 등을 통하여 제시된 사실 및 의견이 상당한 이유가 있다고 인정하는 경우에는 이를 반영하여야 한다(법 제39조의2).

8) 행정처분의 이유부기

(1) 의 의

이는 행정처분의 근거가 된 법적 · 사실적 이유를 처분 당시에 부기(附記)하도록 하는 것이다. 이유부기는 기능적 측면에서 볼 때 ① 행정의 자기통제기능, ② 권리구제기능, ③ 당사자로 하여금 이유를 검토하여 해당 행정결정을 받아들이게 하는 당사자만족기능, ④ 해당 행정결정을 명확하게 하는 기능 등이 인정되고 있다. 특히 이유부기는 현실적으로 재량행위에서 큰 의미를 갖는데, 기속행위와는 달리 재량행위에서는 그 사실적 이유가 제시되지 않고서는 당사자나 법원에 의한 통제가 불가능하게 되기 때문이다.

(2) 청문과의 관계

행정절차로서의 이유부기는 청문과 관계를 갖는다. 즉 청문은 단순히 당사자의 의견을 듣는데 그치는 것이 아니라, 청문을 통하여 진술된 당사자의 의견이나 자료에 대하여 행정기관이 이유부기의 내용을 통하여 구체적인 평가를 행하여야 한다. 따라서 이유부기는 청문의 기능을 실질적으로 보장하는 역할을 한다고 볼 수 있다.

(3) 실정법의 규정

현행법으로서 이를 규정하고 있는 법률로는 「민원사무처리에 관한 법률」을 들 수 있다. 이에 따르면 행정기관은 민원인의 신청을 거부하는 경우에는 거부이유와 구제절차를 함께 통지하여야 한다(동법 제15조 제2항).

(4) 행정절차법의 규정

행정절차법은 처분의 이유부기의무를 원칙적으로 인정하고 있다(법 제23조 제1항).

그러나 ① 신청내용을 모두 그대로 인정하는 처분이거나, ② 단순 · 반복적인 처분 또는 경미한 처분으로서 당사자가 그 이유를 명백히 알 수 있는 경우, ③ 또는 긴급히 처분을 할 필요가 있는 경우에는 이유부기의무를 배제하고 있다(동조 제1항). 이때에 동법 제23조 제1항 제2호 및 제3호의 경우에 처분 후 당사자가 요청하는 경우에는 그 근거와 이유를 제시하여야 한다(동조 제2항).

2. 신고절차

1) 의 의

법령 등에서 사인을 대상으로 행정청에 대하여 일정한 사항을 통지하도록 하는 신고의무를 규정하고 있는 경우에, 신고의무의 이행과 관련된 절차를 규정하고 있는 것이 행정절차법상의 신고절차이다.

신고는 행정법적으로는 행정기관의 업무수행을 위하여 당사자에게 부과되는 것으로서, 그 의무위반이 있어도 행정작용의 효력에 영향을 주는 것은 아니며 원활한 행정수행이 다소 지장을 받게 되는 것을 말한다.

2) 행정절차법의 내용

현행 행정절차법상의 규정은 일본 행정수속법의 내용을 참고한 것이다.

행정청은 당사자가 신고의무를 효율적으로 이행하도록 하기 위하여, 신고에 필요한 구비서류와 접수기관, 그 밖에 법령 등에 따른 신고에 필요한 사항을 게시(인터넷 등을 통한 게시를 포함한다)하거나 이에 대한 편람을 갖추어 두고 누구나 열람할 수 있도록 하여야 한다(법 제40조 제1항).

신고는 일정한 형식적 요건을 갖춘 경우에는 신고서가 접수기관에 도달된 때에 신고의무가 이행된 것으로 본다. 이러한 요건으로는 ① 신고서의 기재사항에 흠이 없을 것, ② 필요한 구비서류가 첨부되어 있을 것, ③ 그 밖에 법령 등에 규정된 형식상의 요건에 적합할 것 등이다(동조 제2항).

행정청은 이러한 요건을 갖추지 못한 신고서가 제출된 경우에는 지체 없이 상당한 기간을 정하여 신고인에게 보완을 요구하여야 하며(동조 제3항), 신고인이 이 기간 내에 보완을 하지 아니하였을 때에는 그 이유를 구체적으로 밝혀 해당 신고서를 되돌려 보내야 한다(동조 제4항).

3. 입법예고절차

1) 의 의

입법예고절차란 국민의 일상생활과 밀접하게 관련되는 법령안의 내용(즉 법률 · 법규명령 · 조례 · 규칙 등의 제정, 개정 또는 폐지)을 구체적인 행위에 앞서 국민들에게 예고함으로써 국민들의 참여기회를 보장하여 입법과정의 민주화를 확보하고 법령의 실효성을 높여 정책수행의 효율화를 도모하기 위한 절차이다.

2) 행정절차법의 내용

현행법상으로 행정절차법의 규정과 그 세부적 사항을 규정하고 있는 법제업무운영규정(대통령령)이 있다.

(1) 입법예고의무

입법예고의무는 법령 등의 제정 · 개정 또는 폐지의 경우에 해당된다. 그러나 예외적으로 입법내용이 ① 신속한 국민의 권리보호 또는 예측 곤란한 특별한 사정의 발생 등으로 입법이 긴급을 요하는 경우, ② 상위 법령 등의 단순한 집행을 위한 경우, ③ 입법내용이 국민의 권리 · 의무 또는 일상생활과 관련이 없는 경우, ④ 단순한 표현 · 자구를 변경하는 경우 등 입법내용의 성질상 예고의 필요가 없거나 곤란하다고 판단되는 경우, ⑤ 예고함이 공공의 안전 또는 복리를 현저히 해칠 우려가 있는 경우 등에는 입법예고를 아니할 수 있다(법 제41조 제1항).

그러나 법제처장이 입법예고를 하지 아니한 법령안의 심사요청을 받은 경우에 입법예고를 하는 것이 적당하다고 판단할 때에는 해당 행정청에 입법예고를 권고하거나 직접 예고할 수 있다(동조 제3항). 입법안을 마련한 행정청은 입법예고 후 예고내용에 국민생활과 직접 관련된 내용이 추가되는 등 대통령령으로 정하는 중요한 변경이 발생한 경우에는 해당 부분에 대한 입법예고를 다시 하여야 한다. 다만, 제1항 각 호의 어느 하나에 해당하는 경우에는 예고를 하지 아니할 수 있다(동조 제4항).

(2) 예고방법

행정청은 입법안의 취지, 주요 내용 또는 전문(全文)을 관보 · 공보나 인터넷 · 신문 · 방송 등을 통하여 널리 공고하여야 한다(법 제42조 제1항). 행정청은 예고된 입법안에 대하여 전자공청회 등을 통하여 널리 의견을 수렴할 수 있으며(동조 제4항), 입법예고를 할 경우에는 대통령령을 국회 소관 상임위원회에 제출하여야 한다(동조 제2항). 또한 행정청은 입법예고를 할 때에 입법안과 관련이 있다고 인정되는 중앙행정기관, 지방자치단체, 그 밖의 단체 등이 예고사항을 알 수 있도록 예고사항을 통지하거나 그 밖의 방법으로 알려야 한다(동조 제3항). 아울러 행정청은 예고된 입법안의 전문(全文)에 대한 열람 또는 복사를 요청받았을 때에는 특별한 사유가 없으면 그 요청에 따라야 한다(동조 제5항).

(3) 예고기간

입법예고기간은 예고할 때 정하되, 특별한 사정이 없으면 40일(자치법규는 20일) 이상으로 한다(법 제43조).

(4) 의견제출 및 공청회

누구든지 예고된 입법안에 대하여 의견을 제출할 수 있으며(법 제44조 제1항), 행정청은 이러한 의견을 제출한 자에게 그 제출된 의견의 처리결과를 통지하여야 한다(동조 제4항). 행정청은 입법안에 관하여 필요에 따라 공청회를 개최할 수 있다(법 제45조).

4. 행정예고절차

1) 의 의

행정작용이 국민의 법적 생활에 중요한 의미를 갖는 경우에는 이를 시행 또는 변경하기에 앞서서 예고할 필요가 있는데, 이는 행정작용에 대한 당사자의 법적 안정성을 확보하기 위한 것이다. 이에 따라 행정절차법은 입법예고절차에 준하여 이에 관한 사항을 규정하고 있다.

2) 행정절차법의 규정내용

예고의 대상이 되는 행정작용은 ① 국민의 생활에 매우 큰 영향을 주는 사항, ② 많은 국민의 이해가 상충되는 사항, ③ 많은 국민에게 불편이나 부담을 주는 사항, ④ 그 밖에 널리 국민의 의견을 수렴할 필요가 있는 사항 중의 하나에 해당하는 것으로 하고 있다(동법 제46조 제1항). 또한 법령 등의 입법을 포함하는 행정예고는 입법예고로 갈음할 수 있다(동조 제2항).

행정예고기간은 예고내용의 성격 등을 고려하여 정하되, 특별한 사정이 없으면 20일 이상으로 한다(동조 제3항). 그 밖에 행정예고의 방법, 의견제출 및 처리, 공청회 및 전자공청회에 관하여는 입법예고의 규정을 준용한다(법 제47조).

5. 행정지도절차

1) 의 의

'행정지도'란 행정기관이 그 소관 사무의 범위 안에서 일정한 행정목적을 실현하기 위하여 특정인에게 일정한 행위를 하거나 하지 아니하도록 지도, 권고, 조언 등을 하는 행정작용을 말한다(법 제2조 제3호). 이는 비권력적 행정작용인 행정지도가 우리나라의 행정실무에서 차지하는 현실적인 중요성에 비추어 그 주요한 사항에 대하여 절차법의 규율에 맡기는 것이다.

2) 행정절차법의 규정내용

(1) 행정지도의 원칙

행정지도는 그 목적달성에 필요한 최소한도에 그쳐야 하며, 행정지도의 상대방의 의사에 반하여 부당하게 강요하여서는 아니 된다(법 제48조 제1항). 또한 행정기관은 행정지도의 상대방이 행정지도에 따르지 아니하였다는 것을 이유로 불이익한 조치를 하여서는 아니 된다(동조 제2항).

(2) 행정지도의 방식

행정지도를 하는 자는 그 상대방에게 그 행정지도의 취지 및 내용과 신분을 밝혀야 한다(법 제49조 제1항). 행정지도가 말로 이루어지는 경우에 상대방이 이러한 사항을 적은 서면의 교부를 요구하면 그 행정지도를 하는 자는 직무수행에 특별한 지장이 없으면 이를 교부하여야 한다(동조 제2항). 행정기관이 같은 행정목적을 실현하기 위하여 많은 상대방에게 행정지도를 하려는 경우에는 특별한 사정이 없으면 행정지도에 공통적인 내용이 되는 사항을 공표하여야 한다(법 제51조).

(3) 의견제출

행정지도의 상대방은 해당 행정지도의 방식·내용 등에 관하여 행정기관에 의견제출을 할 수 있다(법 제50조).

6. 특별절차

행정절차에는 일반법인 행정절차법에서 규정하는 일반적인 절차 외에 각 개별 법률에서 규정하는 특별한 절차도 있다. 특별한 절차의 예로 「공공기관의 정보공개에 관한 법률」에서 규정하는 정보공개절차, 「민원사무처리에 관한 법률」에서 규정하는 민원사무처리절차, 「부패방지 및 국민권익위원회의 설치 및 운영에 관한 법률」에서 규정하는 국민고충민원처리와 「행정규제기본법」에서 규정하는 행정규제심사절차 등이 있다.

Ⅳ. 행정절차의 하자와 치유

1. 행정절차의 하자

행정절차는 관계인들의 권리보호를 우선적인 목적으로 하는 것이므로 법률에 의해 요구되는 절차의 흠결은 그 효과에 관한 실정법규정의 유무에 관계없이 해당 행정행위를 위법한 것으로 되도록 한다. 따라서 행정절차의 하자는 그 자체로서 독자적인 위법성의 사유를 구성하게 된다.

이 경우의 위법효과의 내용이 무효인가 또는 취소인가에 대하여 학설은 나누어져 있는데, 중대명백설에 따라 판단하여야 한다고 본다. 우리 판례는 일정하지 않은 태도를 보이고 있으나 취소사유로 보는 경우가 많다.[305)]

2. 행정절차의 하자의 치유문제

행정절차의 하자로 인하여 바로 무효의 효과가 인정되지 않는 경우에는 하자의 치유문제가 제기된다. 행정절차의 하자의 치유문제는 행정기관이 법령에 의하여 요구되는 절차를 빠뜨리고 이행하지 아니한 경우, 사후에 이러한 절차행위를 이행함으로써 절차흠결의 하자치유를 인정할 것인가에 관련된 문제이다.

---

305) 대판 1984.5.9, 84누116; 대판 1991.7.9, 91누971; 대판 2007.3.15, 2006두15806; 대판 2007.9.21, 2006두20631.

1) 학 설

이에 대하여는 부정하는 견해와 긍정하는 견해가 대립되고 있다.[306)]

(1) 부정설

이 견해는 행정절차의 독자적인 의미를 강조하여 하자의 치유를 부정하고자 한다. 이에 따르면 하자의 치유를 인정하게 되면 해당 절차가 가지는 절차법적 의의가 정당하게 평가되지 못하게 된다고 본다.[307)]

(2) 긍정설

이에 반하여 하자의 치유를 인정하려는 견해는 독일 연방행정절차법의 예를 참조하여 인정하고자 한다. 독일 연방행정절차법 제46조에 의하면 해당 사안에 있어서 행정결정내용에 실체적으로 영향을 미치지 않았다고 생각되는 경우에는, 절차나 형식에 관한 규정을 위반한 것만으로 해당 행정행위의 취소를 청구할 수 없도록 하고 있다. 이에 따라 절차나 형식의 사후충족의 방법으로 하자가 치유될 수 있다고 본다. 따라서 일정한 제한 아래 긍정하는 것이며, 긍정설이 통설이다.[308)]

2) 판 례

판례는 행정절차의 하자에 대하여 비교적 엄격한 태도를 취하고 있다. 즉 행정절차의 독자적 중요성을 강조하여 실체적 행정작용의 위법성과 독립된 위법성 사유를 인정하고 있다. 이때의 위법성의 정도는 무효보다는 취소사유로 보고 있다. 판례에서 논의되고 있는 주요 대상은 청문절차,[309)] 공람 · 공고절차,[310)] 이유부기절차의 하자[311)] 등이다.

그리고 하자치유에 대하여는 구체적인 상황을 검토하여 판단하는 개별적 태도를 취하고 있으나, 행정절차가 갖는 기능을 수행할 수 있는 시점까지는 허용하는 태도를 취하고 있다고 볼 수 있다.[312)]

---

306) 류지태, 전게서, 369면; 박평준 · 박창석, 전게서, 258면.

307) 서원우, "이유부기와 하자의 치유", 「월간고시」. 1985, 1월, 151면; 서원우, "행정상의 절차적 하자의 법적 효과", 서울대학교 「법학」. 1986, 9월, 50면.

308) 김남진 · 김연태, 전게서, 437-438면; 김동희, 전게서, 400면; 박균성, 전게서, 465면; 박윤흔 · 정형근, 전게서, 428면; 석종현, 전게서, 590면; 홍정선, 전게서, 381면.

309) 대판 1990.11.9, 90누4129; 대판 2001.4.13, 2000두3337.

310) 대판 2000.3.23, 98두2768.

311) 대판 1984.5.9, 84누116; 대판 1985.2.8, 84누84.

312) 대판 1992.10.23, 92누2844.

3) 결 어

절차하자의 치유를 부정하는 견해는 행정절차가 가지는 절차법적 의미만 지나치게 강조하고 있으며 실체법적 관련성을 도외시하는 문제점을 갖고 있다. 행정절차에서는 권리보호의 이념과 행정능률실현의 이념이 서로 조화되어야 한다. 이는 행정절차가 흠결된 경우에 그 흠결된 행정절차의 사후보완을 무조건적으로 불허하기보다는 사후에 흠결된 절차를 이행하는 것을 허용하더라도 당사자의 권리보호에 문제를 야기하지 않고, 오히려 행정작용의 능률적 수행을 가능하게 할 수 있는 상황도 존재하게 될 것이다. 따라서 행정절차에서는 권리보호이념과 동시에 무시할 수 없는 이념인 행정의 능률적 수행도 고려하여 하자의 치유를 인정하되 일정한 제한을 가하여 한정적으로 인정하는 것이 타당하다고 생각한다.[313)]

313) 류지태, 전게서, 370-371면.

제6절 행정계약

Ⅰ. 행정계약의 의의

1. 개 념

행정계약은 행정주체 상호간에 또는 행정주체와 국민 사이에서 직접 또는 간접으로 행정목적을 수행하기 위하여 체결되는 계약을 말한다. 이러한 의미의 행정계약에는 내용상 공법적 효과의 발생을 목적으로 하는 공법상 계약과 사법적 효과의 발생을 목적으로 하는 사법상 계약이 포함된다. 이는 행정주체가 계약의 당사자가 되는 계약을 총칭하여 상위개념으로서 행정계약이라고 부르며, 여기에는 공법적 성격의 계약과 사법적 성격의 계약이 모두 포섭된 것으로 보고 있다.[314)]

행정주체가 체결하는 계약에는 위에서 지적한 바와 같이 공법상 계약과 사법상 계약이 있다. 이와 관련하여 행정법학에서의 고찰대상을 공법상 계약에 한정할 것인가, 아니면 사법상 계약까지 포함하는 행정계약 일반을 그 대상으로 할 것인가의 문제가 제기된다. 이 문제에 대하여는, 아직 행정계약에 공통적으로 적용될 수 있는 법원칙이 확립되어 있지 않으며, 공법 · 사법의 이원적 체계를 채택하고 있는 우리의 실정법의 운영에 있어서는 공법계약과 사법계약의 구분은 필요하다고 보지 않을 수 없다. 그리고 공법상계약과 사법상계약의 구분은 적용법규 및 법원칙, 손실보상 · 손해배상 등 국가보상, 쟁송제도 등과 관련하여 중요한 의미를 가진다고 할 수 있다.

따라서 행정계약이라는 상위개념 하에서 공법상 계약과 행정주체가 당사자가 되는 사법적 성격의 계약을 모두 포괄하여 다루는 입장을 지양하고, 행정계약 중에서 사법적 성격의 계약은 논의에서 제외하고 주로 공법상 계약에 한정하여 검토하고자 한다.

2. 공법상 계약의 개념

공법상 계약은 학문상의 개념이며, 실정법적 개념이 아니다.

통설에 의하면, 공법상 계약은 "공법적 효과의 발생을 목적으로 하는 복수의 당사자 사이의 반

---

314) 김동희, 전게서, 220면.

대방향의 의사의 합치에 의하여 성립하는 공법행위"로 정의되고 있다. 사법상의 계약이 사법적 효과의 발생을 목적으로 하는 데 대하여, 공법상 계약은 '공법적 효과'의 발생을 목적으로 하는 점이 양자의 차이점으로서 강조되고 있는 것이다. 이러한 공법상 계약의 정의에서는 공법계약의 '당사자'의 특성이 무시되고 있다. 그러므로 여기에서는 공법상 계약을 "행정주체 상호간 또는 행정주체와 사인간에 공법적 효과의 발생을 내용으로 하는 계약"으로 정의하려고 한다. 여기에서의 '행정주체'에는 공권력주체로서의 국가 · 공공단체 이외에 공무수탁사인도 포함된다.[315]

다른 한편, 사경제주체로서의 국가나 지방자치단체와 상대방과의 의사합치는 사법계약으로서의 성질을 가지는 점에 유의할 필요가 있다.

3. 공법상 계약과 기타 구별개념

1) 사법상 계약과의 구별

공법상 계약은 그 효과에 있어서 공법적 효과의 발생, 즉 공법상의 권리나 의무의 발생 · 변경 및 소멸을 내용으로 하는 점에서 사법상의 효과의 발생을 목적으로 하는 사법상 계약과 구별된다. 또한 계약당사자의 측면에서도 공법상의 계약은 당사자의 일방이 행정주체에 한정되는 데 대하여, 사법상의 계약은 사인간의 계약인 점에서 다르다.

2) 행정행위와의 구별

공법상 계약과 행정행위는 모두 공법적 효과를 발생하며 개별적 · 구체적인 경우에 관한 규율이라는 점에서 같다. 그러나 공법상 계약은 성질상 쌍방적 행위이나, 행정행위는 원칙적으로 일방적 행위라는 점에서 구별된다. 그런데 행정행위에도 상대방의 동의나 신청 등을 요하는 경우가 존재하며, 이러한 경우에는 그 구별이 쉽지 않다. 그러나 행정행위는 행정기관이 우월한 의사의 주체로서 그 내용은 일방적으로 결정하고 사인은 그 내용에 영향을 미칠 수 없다는 점에서 공법상 계약과 차이가 있다.

3) 행정계약과의 구별

행정계약은 행정주체 상호간에 또는 행정주체와 국민 사이에 행정목적을 수행하기 위하여 체결되는 모든 계약을 말하고, 이러한 행정계약에는 공법상 계약과 사법상 계약을 포함하는 개념으로 사용하는 경우도 있다. 이러한 경우에는 행정계약은 공법상 계약의 상위개념으로서 양자는 다르다. 행정계약과 공법상 구별과 관계에 관하여는 기술한 바 있다.

---

315) 김남진 · 김연태, 전게서, 365-366면.

4) 공법상 합동행위와의 구별

공법상 계약과 공법상 합동행위는 복수 당사자 간의 의사의 합치에 의해 성립하는 점에서는 서로 같다. 그러나 공법상 계약은 그 당사자 간의 반대방향의 의사의 합치로 그 법적 효과는 쌍방의 당사자에 대하여 각각의 반대의 의미를 가지는 점에서, 같은 방향의 의사의 합치이고 그 법적 효과가 당사자 쌍방에 대하여 같은 의미를 갖는 공법상 합동행위와 구별된다.

Ⅱ. 공법상 계약의 성립가능성과 자유성

공법상 계약과 관련하여, 행정주체와 개인간에 의사의 합치에 의한 계약이 성립할 수 있는지의 가능성의 문제와 그것이 가능하다고 하는 경우에 계약의 체결에 법률의 근거가 있어야 할 것인가의 자유성의 문제가 주로 논의되고 있다.

1. 공법상 계약의 성립가능성

행정법에는 계약의 성립이 인정될 수 없다는 것이 종래의 견해였으나, 오늘날에는 공법상 계약이 가능하다고 보는 데에 이론(異論)이 없다. 전통적으로 행정주체와 사인 간에는 계약상의 의사의 대등성이 보장될 수 없으므로 행정법상 계약은 성립할 수 없다고 보았다. 그러나 이는 권력관계를 바탕으로 하고 있던 전통적 행정상황에 바탕을 둔 이론으로서, 행정기능의 양적 · 질적 변화에 따라 급부행정 등 비권력행정의 범위가 획기적으로 발달된 오늘날의 행정에서는 더 이상 거론될 만한 의미는 거의 찾아볼 수 없으므로 '공법계약의 가능성'을 논할 실익은 사라졌다고 보아도 좋을 단계에 이르렀다.

2. 공법상 계약의 자유성

이에 대하여 공법상 계약의 자유성의 문제, 즉 법률의 근거가 없는 경우에도 행정은 계약 형식에 의하여 행정목적을 수행할 수 있는가의 여부가 의문이다. 이는 '법률유보원칙'과 관련하여, 특히 '행정행위에 갈음하는 공법상 계약'을 법률의 수권 없이 체결할 수 있는가 하는 것이 문제되는데, 견해가 대립되고 있다.

1) 부정설

이 견해는 공법상 계약이 원칙적으로 '법률우위원칙'에 위반될 수 없음은 다른 행정작용에 있어서와 동일하므로, 상대방의 동의는 법률규정을 갈음할 수 없으므로 공법상 계약은 법률의 근거가 있는 경우에만 그 성립이 가능하다고 본다. 현재 우리나라에서 이 학설을 취하는 입장은 거의 없다.

2) 긍정설

이 견해는 공법상 계약은 비권력적 행정작용으로서 권력적 행위인 행정행위 등과는 달리 당사자 사이의 의사합치에 의하여 성립하는 것이므로 법률에 의한 행정의 원리 중 '법률유보의 원칙'에 의한 제한을 받지 않고, '합의는 준수되어야 한다'는 법의 일반원리에 따라 법률의 명시적 근거가 없어도 공법상 계약은 성립할 수 있다고 본다. 공법상 계약에는 법률의 근거가 필요 없다는 것이 오늘날의 일반적 입장이다.[316)]

3) 절충설

이 견해는 한편으로는 공법상 계약의 법적 근거는 일률적으로 논할 수 없고 계약의 성격에 따라 개별적으로 고찰하여야 하는 것으로 본다. 다른 한편으로는 공법상 계약은 비권력행정분야에서는 자유롭게 성립할 수 있고, 권력행정분야의 경우에도 '법률우위의 원칙'에 위반하지 않는 한 제한적으로 인정할 수 있다고 한다.[317)]

4) 결 어

독일은 이 문제에 대하여 행정절차법 제54조 제2문에 명시적 규정을 두어 입법적으로 해결하였다.

우리나라는 명문규정이 없어 위와 같이 학설이 대립되고 있다. 위에서 살펴본 바와 같이 법률이 특히 행정행위에 의할 것을 명시하고 있지 않는 한 행정청은 법률의 집행에 있어서 행정행위를 수단으로 할 것인가 계약을 수단으로 할 것인가는 법의 강제를 받는 것이 아니며, 오히려 계약에 의하는 것이 쌍방에게 만족할 만한 결과를 가져올 때에는 행정청은 가능한 한 상대방의 의사가 존중되는 공법상 계약을 통하여 행정을 실현함이 좋을 것이다.[318)]

따라서 법령에 위반되지 않는 한 모든 행정영역에 있어서 법규의 명시적 근거가 없다고 하더라도 공법상 계약의 성립은 가능하다고 본다.

3. 공법상 계약의 한계

공법상 계약의 체결에 법규의 명시적 근거를 요하는 것은 아니나, 공법상 계약은 행정목적의

---

316) 김도창, 전게서, 515면; 김동희, 전게서, 223-224면; 류지태, 전게서, 263면; 박균성, 전게서, 349면; 박윤흔 · 정형근, 전게서, 471면; 석종현, 전게서, 390면; 이상규, 전게서, 475면; 홍정선, 전게서, 318-319면.

317) 김성수, 전게서, 387면; 한견우, 전게서, 403면.

318) 김남진 · 김연태, 전게서, 365면.

달성을 위한 행정주체의 행위형식의 하나이기 때문에 공공적 성질이 강하게 나타나며, 사법상 계약에 적용되는 '계약자유의 원칙'은 수정될 수밖에 없다. 그러므로 공법상 계약은 ① 강행법규에 저촉되지 아니하는 범위 안에서, ② 법률이 규제하지 않고 있는 범위에서, ③ 헌법상의 평등원칙과 비례원칙에 위배되지 않는 등의 한계 내에서 체결할 수 있는 것이라 할 것이다.[319]

Ⅲ. 공법상 계약의 요건

공법상 계약에서 계약당사자의 일방은 행정주체이어야 하며, 사법상 계약과 마찬가지로 양 당사자의 반대방향의 의사의 합치에 의해 성립된다. 공법상 계약이 적법하게 성립하고 유효한 계약으로서의 효력을 발생하기 위한 요건은 계약의 종류에 따라 다르지만, 행정의 행위형식에 일반적으로 요구되는 주체 · 내용 · 절차 · 형식에 관한 요건을 갖추어야 한다.[320]

1. 주체에 관한 요건

공법상 계약의 당사자는 그 일방 또는 쌍방이 행정주체이어야 한다. 행정기관이 아니라 행정주체가 공법상 계약의 주체가 된다. 그런데 실제에 있어서는 행정청이 행정주체를 대표하여 공법상 계약을 체결한다. 여기의 행정주체는 국가, 지방자치단체, 그 밖의 공공단체와 공무수탁사인을 포함한다. 따라서 순수한 사인 상호간의 계약은 공법상 계약이 될 수 없으며, 사인은 주체가 될 수 없다.

공법상 계약이 유효하게 성립하기 위한 주체상의 요건으로는, ① 정당한 권한을 가진 행정주체의 행위로서, ② 그 권한의 범위 내에서 행한 행위이고, ③ 정상적 의사에 의거하여 행한 계약이어야 한다.

2. 내용에 관한 요건

법우위의 원칙은 공법상 계약에도 적용된다. 따라서 공법상 계약의 내용은 적법 · 타당하여야 하며, 객관적으로 명확하고 사실상 · 법률상 실현가능하여야 한다. 그 외에도 ① 신의성실의 원칙, ② 평등의 원칙, ③ 비례의 원칙, ④ 신뢰보호의 원칙, ⑤ 부당결부금지의 원칙 등 행정법의 일반원칙은 공법상 계약에도 적용된다.

---

319) 석종현, 전게서, 390-391면.

320) 박균성, 전게서, 350-351면; 석종현, 상게서, 391면; 홍정선, 전게서, 321-322면.

3. 절차에 관한 요건

공법상 계약의 절차를 특별히 규율하는 일반적 규정을 둔 법률은 없다. 공법상 계약은 행정절차법의 규율대상이 아니다. 따라서 계약체결에는 민법상의 의사표시와 계약에 관한 일반원칙에 따라야 할 것이다. 공법상 계약의 체결에 다른 행정청의 승인, 동의 또는 협의를 요하는 것으로 규정하는 경우도 있다. 다른 행정청의 승인, 동의 또는 협의를 요하는 행정행위에 갈음하는 공법상 계약을 체결하는 경우에는 그러한 절차를 거쳐야 한다.

4. 형식에 관한 요건

공법상 계약의 형식을 규정한 일반법은 없으나, 그 계약의 내용을 명확히 할 필요가 있으므로 문서로 하는 것이 바람직하다. 그러나 공법상 계약은 구두에 의한 것도 가능하다.

Ⅳ. 공법상 계약의 종류

1. 주체에 따른 분류

공법상 계약은 그 당사자를 기준으로 하여 다음과 같이 분류할 수 있다.

1) 행정주체 상호간의 공법상 계약

국가와 공공단체 또는 공공단체 상호간에 체결되는 공법상 계약이다. 이에는 공공단체 상호간의 사무위탁(지방자치단체 사이의 교육사무위탁 등), 도로 · 하천 등 공공시설의 관리 및 경비부담에 관한 협의 등이 해당된다.

2) 행정주체와 사인간의 공법상 계약

행정사무의 위탁, 임의적 공용부담계약, 보조금의 지급계약, 환경보전협정, 특별신분관계의 설정계약 등이 이에 해당된다.

3) 공무수탁사인과 사인간의 공법상 계약

사업시행자로서의 사인과 토지소유자 간의 토지수용에 관한 협의가 이에 해당하는 것으로 예시된다. 순수한 사인 간에서는 그 내용이 아무리 공공성을 지닌다고 하더라도 그것을 공법상 계약이라고 부를 수는 없으며, 계약당사자의 일방 또는 쌍방이 행정주체(공무수탁사인을 포함한다)

인 경우에 한하여 공법상 계약으로 보는 것이 타당하다.

2. 성질에 따른 분류

공법상 계약은 그 성질에 따라 대등계약과 종속계약으로 구분할 수 있다.

1) 대등계약

대등계약은 대등한 지위에 있는 행정주체 상호간 또는 공무수탁사인과 사인과의 사이에 체결되는 공법상 계약으로서, 행정행위의 형식을 통해서는 규율할 수 없는 법률관계를 그 대상으로 한다. 지방자치단체 상호간 또는 국가와 지방자치단체 간에 도로의 공동설치 · 관리에 관한 계약 등이 그 예이다.

2) 종속계약

종속계약은 다른 형식의 규율방식에서는 상하관계에 있는 당사자로서 행정주체와 국민간 또는 상급행정단체와 하급행정단체 당사자간에 체결되는 공법상 계약으로서, 행정행위 대신에 체결될 수 있는 경우를 대상으로 한다. 즉 행정행위에 갈음하여 체결되는 공법상 계약을 흔히 종속계약으로 부르는데, 여기에서의 종속성은 계약상 법률관계의 종속성을 의미하는 것이라기보다는 행정행위로 규율되었을 때의 행정주체의 의사의 우월성을 의미하는 것이다.

Ⅴ. 공법상 계약의 특색

공법상 계약은 공법상의 효과의 발생을 목적으로 하기 때문에 사법규정만에 의하는 것이 아니라, 공법원리와 공법규정이 같이 적용되어야 하며, 다음과 같은 실체법적 · 절차법적 특색을 갖고 있다.

1. 실체법적 특색

1) 법적합성

공법상 계약은 행정목적의 달성을 위한 행정주체의 다양한 행위형식의 하나로서 행하여지는 것이므로 '법률우위의 원칙'이 적용된다. 따라서 공법상 계약은 법에 위배되지 않는 범위 내에서 체결됨으로써 법적합성을 가져야 한다. 따라서 공법상 계약을 금지하는 명시적 규정이나 묵시적 규정에 위반하지 않는 범위 내에서만 가능하다. 그러나 공법상 계약에 대한 일반법이 존재하지 않고 개별법적인 근거도 빈약하므로 계약의 적법성 여부의 판단에는 민법의 규정이나 법원칙이 유추적용되어야 한다.

2) 부합계약성

공법상 계약은 공익실현을 내용으로 하는 행정의 하나의 수단이라는 점에서, 공정성 등의 담보의 목적으로 계약의 내용은 영조물규칙 등의 형식으로 미리 정형화되어 있는 결과 부합계약(附合契約)의 형식을 취하는 경우가 많다.

3) 계약의 강제성

공법상 계약의 주된 적용영역은 급부행정이며, 계약에 의한 급부의 대상이 국민의 일상생활에 필수적인 수도·전기 등 역무(役務)의 제공을 내용으로 하는 경우에는 행정주체에 의한 계약의 체결이 강제되는 경우가 적지 않다.

4) 계약의 절차·형식

공법상 계약의 체결에 감독청 또는 관계행정청의 인가 또는 확인, 이해관계인의 동의를 그 절차적 요건으로 정하는 경우가 많다. 그리고 공법상 계약은 특별한 규정이 없으면 원칙적으로 문서에 의해야 할 것이다.

5) 계약의 해제

공법상 계약과 사법상 계약의 실체법상의 차이는 계약해제와 관련하여 현저히 나타난다고 볼 수 있다. 즉 공법상 계약에는 민법상의 계약해제에 관한 규정은 적용되지 아니하며, 계약당사자인 행정주체는 공익상 사유가 있는 경우에는 일방적으로 계약을 해제할 수 있고, 이 경우 상대방에게는 손실보상청구권만이 인정된다고 본다. 반면에 사인에 의한 계약의 해제는 원칙적으로 인정되지 아니한다고 본다.[321]

6) 계약의 하자

공법상 계약에 존재할 수 있는 하자에 대하여는 의사표시상의 하자와 내용상의 하자로 구분하여 검토하여야 한다. 의사표시상의 하자에 대하여는 민법상 계약의 경우와 마찬가지로 무효 또는

---

321) 김동희, 전게서, 227면.

취소의 하자가 모두 인정된다고 본다. 이 경우에는 별도의 특별한 규정이 없는 한 민법의 계약에 관한 규정이 적용된다고 할 수 있다. 그러나 공법상 계약이 갖는 내용상의 하자에 대하여는 행정행위와는 달리 공정력이 인정되지 않으므로 무효의 하자유형만 인정된다고 본다.[322)]

2. 절차법적 특색

1) 계약의 강제절차

공법상 계약에 있어서 행정주체가 상대방의 의무불이행에 대하여 자력집행권을 가지는지가 문제되나, 행정주체는 상대방인 사인과 대등한 지위에 있기 때문에 법원의 판결을 통해 집행명의를 취득하여 강제집행을 할 수 있을 뿐이며, 법령의 명문규정이 없는 한 판결 없이 강제집행을 하는 것은 불가능하다.

2) 쟁송절차

공법상 계약에 관한 쟁송은 공법상의 권리관계에 관한 소송인 당사자소송으로 행정소송법의 적용을 받는 점에서, 사법상 계약과 다른 절차법적 특색이 있다. 공법상 계약에 의한 의무를 이행하지 않는 경우에는 공법상의 당사자소송으로 이행을 청구하여야 하며, 행정주체와 사인간 또는 사인 상호간에 체결되는 계약은 별로 문제가 없으나, 행정주체 상호간에 체결되는 계약에 대하여도 당사자소송을 통한 의무이행의 강제가 허용될 것인지에 대하여는 의문이 제기되고 있다.[323)]

---

322) 류지태, 전게서, 265-266면.

323) 박윤흔 · 정형근, 전게서, 474면; 석종현, 전게서, 396면.

제7절 행정지도

Ⅰ. 행정지도의 의의

1. 개 념

종전에는 행정지도의 개념정립에 있어 학자에 따라 약간의 차이가 있었다. 그러나 현재는 행정절차법에서 '행정지도'란 행정기관이 그 소관사무의 범위에서 일정한 행정목적을 실현하기 위하여 특정인에게 일정한 행위를 하거나 하지 아니하도록 지도·권고·조언 등을 하는 행정작용을 말한다고 정의하고 있다(동법 제2조 제3호).

행정지도는 비정식적 행정작용의 일종이다. 그러나 행정실무에서는 많은 행정지도가 이루어지고 있는 것이 현실이다. 이러한 행정지도가 행정작용의 행위형식으로 많은 경우에 사용되는 것은 우선 행정지도는 비권력적·비강제적 성격을 갖고 있기 때문에 행정주체에게 부담을 주지 않고 사인에게는 저항을 유발할 필요 없이 받아들여질 수 있기 때문이다. 행정주체가 행정목적을 실현하기 위해서는 국민의 협조와 동의를 반드시 필요로 하는 경우가 있다. 그런데 이와 같은 행정적 과제를 일방적인 공권력행사인 행정행위를 통하여서만 성취하기는 매우 곤란하다. 따라서 자연스럽게 행정객체의 참여와 협조를 구하는 행위형식으로서의 행정지도가 등장하게 된 것이다.

2. 행정지도와 구별되는 개념

1) 행정행위와의 구별

행정지도는 사실행위로서의 성질을 가지므로 직접적으로 일정한 법적 효과를 발생하는 법적 행위인 행정행위와 구별된다.

2) 권력적 사실행위와의 구별

행정지도는 상대방의 임의적인 협력을 전제로 하는 비권력적 사실행위로서의 성질을 가지므로 강제퇴거·행정대집행 등 이른바 권력적 사실행위와 구별된다.

3. 행정지도의 성질

1) 사실행위성

행정지도는 일정한 법적 효과의 발생을 목적으로 하는 의사표시가 아니므로 그 자체만으로는 직접 법적 효과를 발생하지 않는다. 따라서 그것은 단지 상대방의 임의적인 협력을 통하여 사실상의 효과를 기대하는 사실행위일 뿐이다. 이러한 점에서 행정행위 · 공법상 계약 등과 같은 법적 행위와 다르다. 그러나 예외적으로는 법률의 규정에 의하여 일정한 법률적 효과를 발생시키는 경우도 있다.

2) 비권력성

행정지도는 국민의 임의적인 협력을 전제로 할 뿐 상대방에 대한 구속력 또는 강제력을 발생하지 아니하는 비권력적 행위이므로 비권력성을 갖는다. 따라서 법적으로는 행정지도의 상대방은 행정지도에 따르지 않을 수 있다. 행정절차법에 의하면, 행정기관은 행정지도의 상대방의 의사에 반하여 부당하게 강요하여서는 아니 되며(동법 제48조 제1항 후문), 행정기관은 행정지도의 상대방이 행정지도를 따르지 아니하였다는 것을 이유로 불이익한 조치를 하여서는 아니 된다(동조 제2항).

3) 사실상 강제성

행정지도는 본질적으로는 단지 비권력적인 사실행위이지만, 그것이 공권력을 배경으로 하고 있다는 점에서 국민은 그에 따라야 하는 심리적 압박을 받는 경우가 적지 않다. 또한 행정지도를 따르지 않으면 보조금지급, 자금의 융자, 정보제공, 수익적 처분 등의 이익을 제공하지 않거나, 세무조사, 명단의 공표 등 불이익 조치를 취하는 경우가 많다. 따라서 행정지도는 현실에 있어서 사실상 강제력을 갖는다고 볼 수 있다. 이러한 점과 관련하여 국민이 행정지도에 따른 결과 손해가 발생한 경우 그에 대한 구제의 문제가 제기되기도 한다.

Ⅱ. 행정지도의 종류

행정지도는 근거규정의 유무, 행정지도의 대상을 기준으로 하여 여러 가지로 분류할 수 있다. 그리고 광의의 행정지도에는 행정주체 또는 행정기관에 대한 행정지도도 포함하나, 일반적으로 행정지도라고 하는 경우에는 사인에 대한 행정지도를 말한다. 사인에 대한 행정지도는 그 기능 · 성질에 따라 조성적 행정지도, 조정적 행정지도, 규제적 행정지도로 구분된다.

1. 법령의 근거에 의한 분류

1) 법령의 직접적 근거에 의한 행정지도

지도 · 권고 · 시정 등 행정지도에 관한 명문의 규정에 직접 근거한 지도가 이에 해당한다. 이러한 행정지도를 직접 규정한 법률로서는 「독점규제 및 공정거래에 관한 법률」 제51조, 중소기업기본법 제6조, 지방자치법 제166조 등이 있다.

2) 법령의 간접적 근거에 의한 행정지도

특정사항에 대하여 행정기관이 처분권 등의 권한을 행사할 수 있는 규정이 있을 때에는 권한발동에 앞서서 또는 이에 갈음하여 권고, 지도하는 경우가 여기에 해당된다. 예컨대, 건축물의 철거 · 개축 · 증축 · 사용금지 · 사용제한 등 처분을 발할 수 있는 법적 근거가 있는 경우에(건축법 제79조), 그 처분에 갈음하여 행정지도를 하는 경우가 이에 해당한다고 볼 수 있다.

3) 법령에 근거가 없는 행정지도

행정주체가 법령의 근거 없이 조직법에 의하여 부여된 행정기관의 일반적 권한에 의거하여 그 소관사무에 관하여 행정지도를 하는 경우가 이에 해당한다.

2. 행정지도의 대상에 의한 분류

1) 행정주체 · 행정기관에 대한 행정지도

국가가 지방자치단체에 대하여 또는 상급행정기관이 하급행정기관에 대하여 감독권의 발동으로서가 아닌 조언 · 권고 등을 하거나 관련정보 등을 제공하는 것 등이 이에 해당한다. 예컨대, 주무부장관이 지방자치단체의 장에게 그 자치사무에 대하여 행하는 조언 또는 권고 · 지도(지방자치법 제166조 제1항), 기관위임사무에 대하여 행하는 지도(동법 제167조) 등이 그것이다.[324)]

2) 사인에 대한 행정지도

사인에 대한 행정지도는 그 기능 · 성질에 따라 다음과 같이 나눌 수 있다.

(1) 조성적 행정지도

행정권이 의도하는 일정한 정책목표를 실현하기 위하여 사인에게 지식 · 기술 · 정보 등을 제공

---

324) 김동희, 전게서, 202면.

하여 그 활동을 도와주는, 즉 조성(助成)하는 행정지도를 말한다. 예컨대, 일정한 사인에 대한 장학지도, 중소기업자·농민에 대한 기술지도 등이 이에 해당한다.

(2) 조정적 행정지도

사인간 또는 기업간의 분쟁을 해결하거나 방지하기 위하여 경제적 이해대립이나 과다경쟁 등을 시정하고 조정하고자 행하는 행정지도를 말한다. 예컨대, 노사간의 쟁의조정, 중소기업의 계열화 촉진, 투자·수출량의 조절 등을 위한 지도가 이에 해당한다.

(3) 규제적 행정지도

일정한 행정목적을 실현하기 위하여 상대방의 특정한 행위를 규제·억제하는 행정지도를 말한다. 예컨대, 물가의 억제를 위한 가격지도, 주거환경의 유지를 위한 일정한 행위규제를 통한 행정지도 등이 이에 해당한다. 행정행위의 대체적 수단으로써 이러한 행정지도가 행하여질 수도 있다.

Ⅲ. 행정지도의 법적 근거와 한계

1. 행정지도의 법적 근거

행정지도도 행정작용인 이상 법률유보원칙의 적용 여부가 논의된다. 이 문제는 조직법적 근거와 작용법적 근거로 나누어 살펴보고자 한다.

1) 조직법적 근거

행정지도에 대하여는 적어도 조직법적 근거가 필요하다는 점에 대해서는 이론이 없다. 즉 이는 행정지도의 행위가 해당 행정기관의 소관 사무범위 안에 있어야 한다는 의미이므로 당연하다고 볼 수 있다.

2) 작용법적 근거

(1) 법적 근거 불요설

이 견해는 행정지도가 비권력적 사실행위로서 행정지도에 따를 것인지의 여부는 상대방인 국민의 임의적 결정에 달려 있으므로 행정지도에는 법률의 근거가 없어도 된다는 입장이다.[325] 종

325) 박윤흔·정형근, 전게서, 483면; 서원우, 전게서, 540면; 석종현, 전게서, 403면; 이상규, 전게서, 484면; 홍정선, 전게서, 333면.

래의 통설이다.

(2) 제한적 법적 근거 필요설

이 견해는 원칙적으로 행정지도에는 법적 근거가 필요 없으나, 행정지도 중에서 행정행위의 대체적 성질을 갖는 행정지도 이외의 규제적 행정지도에는 법률의 근거가 필요하다는 입장과 규제적 행정지도 등에 대한 불복종의 경우에 수반되는 불이익으로 인하여 사실상 강한 강제력을 갖는 경우에는 상대방의 임의성이 제약되는 문제가 인정되므로 작용법적 근거가 필요하다고 보아야 한다는 입장이다.[326)]

(3) 결 어

행정지도 역시 행정목적을 실현하기 위한 행정의 행위형식의 하나이기 때문에 법률유보의 원칙이 적용되는 것이 실질적 법치국가의 원리상 당연하다. 특히 행정지도가 '사실상 강제력'을 갖는 정도가 강한 경우에는 법률의 근거가 있어야 한다고 보아야 할 것이다. 현재 행정절차법 이외에도 각 개별법에서도 행정지도의 근거에 관한 규정을 찾아보기는 어렵지 않다. 또한 오늘날 행정에 있어서 행정지도의 등장으로 인하여 '법률에 의한 행정'이 '지도에 의한 행정'으로 대체됨으로써 사실상 법치주의의 형해화(形骸化)를 초래할 우려가 있음을 간과할 수 없다. 따라서 행정지도에 법적 근거를 필요로 하는지의 여부에 관한 문제는 제한적 법적 근거 필요설이 타당하다고 본다.

2. 행정지도의 한계

1) 행정지도의 원칙

행정절차법은 행정지도의 원칙을 규정하고 있다. 즉 행정지도는 목적달성에 필요한 최소한도에 그쳐야 하며, 행정지도의 상대방의 의사에 반하여 부당하게 강요하여서는 아니 된다(동법 제48조 제1항). 행정기관은 행정지도의 상대방이 행정지도에 따르지 아니하였다는 것을 이유로 불이익한 조치를 하여서는 아니 된다(동조 제2항)고 규정함으로써 비례의 원칙 · 임의성의 원칙 및 불이익조치금지의 원칙 등 행정지도의 원칙을 천명하고 있다. 이러한 원칙규정은 결국 행정지도의 일반적 한계를 정한 것이 된다.

2) 조직법상의 한계

행정지도는 행정조직법상 한계를 갖는다. 행정기관 상호간의 임무 · 권한 등이 분할되어 있는

326) 김남진 · 김연태, 전게서, 390면; 김성수, 전게서, 402면; 류지태, 전게서, 275면; 박균성, 전게서, 364면; 한견우, 전게서, 419면.

당연한 결과 행정기관은 조직법상 부여된 권한의 범위 안에서만 행정지도를 할 수 있는 한계가 있다. 따라서 그 범위를 넘는 행정지도는 무권한의 하자가 있어 위법한 행정지도가 된다.

3) 작용법상의 한계

(1) 실체법상의 한계

(가) 법규상의 한계

행정지도에도 '법률우위의 원칙'이 적용된다. 따라서 행정지도는 법규에 위반되어서는 아니 되며, 법령이 행정지도의 기준 · 절차 · 방식을 규정하고 있을 때에는 반드시 이에 따라야 한다. 그리고 직접적으로 행정지도를 규율하는 법령이 없는 경우에도 헌법에 의하여 보장되어 있는 국민의 기본권을 부당하게 침해하거나 현행 법령의 규정을 위반하여서는 아니 된다.

(나) 행정법의 일반원칙에 의한 한계

행정지도는 비권력적 사실행위이지만 행정주체의 행정작용이기 때문에 행정법의 일반원칙을 준수하여야 한다. 따라서 평등의 원칙, 비례의 원칙, 신뢰보호의 원칙 등 행정법의 일반원칙에 의한 구속을 받는다.

(2) 절차법상의 한계

다른 법률에 특별한 규정이 있는 것을 제외하고는 행정지도의 절차에 행정절차법이 적용된다(동법 제3조 제1항). 행정절차법은 행정지도에 대하여 다음과 같은 절차적 규정을 두고 있다.[327)]

(가) 행정지도실명제

행정지도를 하는 자는 그 상대방에게 그 행정지도의 취지 및 내용과 신분을 밝히도록 하고 있다(동법 제49조 제1항). 행정지도에 있어서는 하급행정기관이나 보조기관이 행한 행정지도를 상급행정기관이나 소속행정기관이 부인하는 경우도 있으며, 또한 어느 행정기관이 행정지도를 행하였는지 잘 알 수 없는 경우도 있을 수 있다. 이러한 경우에는 행정지도를 신뢰하고 행동한 상대방은 예측하지 못한 손해를 입게 되는 경우도 있게 된다. 그러므로 행정지도에 있어서의 명확성을 도모함과 동시에 책임소재를 분명히 하기 위해 행정지도실명제를 채택하고 있다.

(나) 서면교부청구권

행정지도가 말로 이루어지는 경우에 상대방이 취지 · 내용 및 신분을 기재한 서면의 교부를 요

327) 박윤흔 · 정형근, 전게서, 485면.

구하면 그 행정지도를 하는 자는 직무수행에 특별한 지장이 없으면 이를 교부하여야 한다(동법 제49조 제2항).

이러한 서면교부청구절차는 행정지도의 존재 · 내용 및 책임소재를 명확히 하고 자의적인 행정지도를 억제하려는 것으로서, 행정지도를 신뢰하여 행동한 상대방은 행정지도에 관한 문서를 교부받아 보관하여 두면 차후 행정지도에 따른 문제가 발생하였을 때의 권익보호를 위한 유용한 수단이 될 수 있을 것이다.

(다) 의견제출

행정지도의 상대방은 해당 행정지도의 방식 · 내용 등에 관하여 행정기관에 의견제출을 할 수 있다(동법 제50조). 이는 상대방의 의견수렴을 위한 절차이다.

(라) 다수인에 대한 행정지도의 공통사항의 공표

행정기관이 같은 행정목적을 실현하기 위하여 많은 상대방에게 행정지도를 하려는 경우에는 특별한 사정이 없으면 행정지도에 공통적인 내용이 되는 사항을 공표하여야 한다(동법 제51조). 이는 행정지도의 예측가능성과 명확성 및 공평성을 확보하기 위한 것이라 하겠다.

Ⅳ. 행정지도의 필요성과 문제점

위에서 살펴본 행정지도는 여러 가지 필요성과 효용성을 가지고 있지만 문제점 또한 없지 않다. 행정지도의 필요성 또는 효용성은 순기능적 역할을 하고, 이의 문제점은 역기능적 작용을 하게 된다.

1. 행정지도의 필요성

1) 법령미비의 보완

오늘날의 행정은 기능이 양적으로 확대화 · 다양화되고 질적으로 전문화 · 기술화된 결과 모든 행정작용에 대하여 법률로 규정하는 것은 불가능하게 되었다. 현대사회의 새로운 행정수요를 충족하고자 하는 행정작용을 위한 법령의 근거가 없는 경우 법률에 의한 행정과 행정현실의 변화에 상응한 적극적인 행정수행의 요청 사이의 괴리를 극복하기 위하여 행정지도의 필요성이 인정된다. 이로 인하여 법령의 미비를 보완하는 임기응변적인 기능을 담당하는 행정지도가 그 효용성을 갖는다.

2) 국민적 저항의 회피

상대방의 임의적인 협력에 근거하여 행정작용을 행함으로써 공권력발동으로 야기될 수 있는 불필요한 마찰이나 저항을 사전에 회피할 수 있도록 하는 것에도 행정지도의 필요성이 있다. 또한 행정지도는 행정청의 권력적 행정조치가 지닌 권력성을 완화시켜 행정청과 국민과의 충돌에 대하여 타협을 통하여 완화시켜 주는 기능을 한다. 그리고 행정지도를 행하는 것은 상대방의 납득과 합의의 방법으로 행정목적을 달성하는 기능을 하게 되며, 경쟁업체 간의 이해대립을 조정하고 통합하는 역할도 맡고 있다. 이는 권익침해의 예방 등과 같은 행정절차적 기능도 수행하는 점도 부인할 수 없다고 하겠다.

3) 지식 · 기술 · 정보의 제공

행정지도는 행정주체에 의하여 최신의 지식 · 기술 및 정보를 제공하여 줄 수 있는 기능을 갖는다. 오늘날의 경제적 · 사회적 현상이나 과학 · 기술은 대단히 빠른 속도로 변화 · 발전하고 있기 때문에, 행정청은 이에 대응하여 국민에게 적절히 전문지식이나 고도의 기술 및 최신정보를 제공함으로써 국민의 활동을 이상적인 방향으로 유도 · 조장하는 기능도 행정지도가 담당하고 있다.

2. 행정지도의 문제점

행정지도는 위와 같은 효용성을 가지고 있기는 하지만 법치주의와 관련하여 판단할 때, 다음과 같은 문제점이 있어 역기능으로 작용한다.

1) 사실상의 강제성

행정지도는 전술한 바와 같이 사실상 강제력을 갖는 경우가 많이 있는데도 불구하고 이론상 상대방의 임의적 협력을 구하는 비권력적 작용이라는 이유로 법적 근거가 없어도 가능하다. 그리하여 행정지도가 자의적으로 발동될 수 있고 그에 대한 법적 규율이 미비되어 있는 법현실 속에서 이의 남용으로 인하여 국민의 권익을 침해할 가능성이 있다. 이와 같은 행정지도의 관행은 실질적으로 법치주의를 공동화(空洞化)시키게 되어 행정지도의 최대 결함으로 지적되고 있다.

2) 기준의 불명확과 책임소재의 불분명으로 인한 책임행정의 미구현성

행정지도는 그 기준이나 그것을 제약할 명확한 한계규범이 없는 것이 보통이기 때문에 행정기관의 자의에 의하여 개별적인 경우의 사정에 따라 탄력적으로 행하여지게 되어 상대방의 권익을 침해할 위험이 많다. 또한 행정지도에는 법률상의 원칙이 없고 비공식적 형태로 행해지는 것이 일반적이므로 행정청과 상대방 사이에 일종의 뒷거래를 조장할 가능성도 배제할 수 없다. 이로 인하여 행정기관의 책임소재도 불분명하게 되는 문제가 발생하여 책임행정의 구현에 장애요인으로 기능하게 된다.

3) 행정구제수단의 불충분성

행정지도는 국민의 임의적 협력을 전제로 하는 비권력적인 성질을 가진 작용이므로 '처분성'을 인정하기 어려워 통상적으로 행정쟁송의 대상이 되지 않고 있으며, 손해배상 또는 손실보상을 청구하여 침해된 권익을 구제받기도 어렵다는 문제점이 지적된다.

V. 행정지도와 행정구제

행정지도가 법적 한계를 일탈하여 위법한 것이 된 경우에 그로 인하여 국민이 권익을 침해받거나, 적법하게 시행되기는 하였지만 개인에게 재산상의 특별한 희생이 발생된 경우에 그에 대한 구제가 가능한지가 문제된다.

1. 행정쟁송

행정지도는 비권력적 사실행위로서의 성질을 가지고 상대방의 동의에 바탕을 두고 행하여지므로 법적 구속력과 강제력을 갖고 있지 아니한다. 따라서 행정심판법 또는 행정소송법상 '처분'의 개념에 해당하지 않으므로 행정쟁송의 대상이 되지 않는다. 판례도 같은 입장이다.[328]

그러나 행정지도에 따르지 않았다는 이유로 침익적 내용의 처분을 받은 때에는 행정지도가 아닌 당해 처분사유의 위법성을 이유로 하여 다툴 수 있다.[329] 이에 대하여는 처분성의 개념을 확대하여 이른바 형식적 행정행위의 개념을 인정함으로써 행정지도의 처분성과 행정쟁송의 대상성을 인정하려는 견해도 있다.

한편, 권력적 행정지도가 국민의 기본권을 침해한 경우는 헌법소원의 대상이 된다.[330] 헌법소원의 대상이 되는 권력적 행정지도는 특히 행정쟁송절차에 있어서 소의 이익이 부인되는 경우에 있어서 유용한 구제수단이 된다고 볼 수 있겠다.

---

328) 대판 1967.6.27, 67누44; 대판 1978.9.26, 78누265; 대판 1980.10.27, 80누395; 대판 1989.9.12, 88누8883; 대판 1993.10.26, 93누6331; 대판 1995.11.21, 95누9099; 대판 1996.3.22, 96누433.

329) 류지태, 전게서, 277면.

330) 헌재결 1993.7.29, 89헌마31; 헌재결 1998.8.27, 96헌마398; 헌재결 2003.6.26, 2002헌마337 · 2003헌마7 · 8 병합.

2. 행정상 손해배상

국가배상법상의 배상청구권의 요건인 '공무원의 직무행위'의 범위에는 권력적 작용은 물론 비권력적 작용도 포함된다고 보아 위법한 행정지도로 손해가 발생한 경우에 국가배상책임의 요건을 충족하는 한 국가배상책임이 인정된다는 것이 통설[331]이고, 판례[332]이다. 그러나 행정지도는 상대방의 동의는 손해발생의 가능성을 예측하면서도 위법한 행정지도에 따른 것이므로 '동의는 불법행위의 성립을 조각한다'는 법리에 따라 손해배상청구가 인정되지 않는다는 견해도 있다.[333]

3. 행정상 손실보상

적법한 행정지도로 인하여 상대방이 예측불가능한 재산상의 특별한 희생을 받은 경우에 손실보상을 청구할 수 있는지의 여부가 의문이다. 그런데 손실보상은 적법한 공권력행사로 인하여 입게 된 재산상의 손실을 그 요건으로 하고 있기 때문에 비권력적인 행정지도로 인한 손실에 대하여는 그 손실의 보상을 청구할 수 없다고 보는 견해가 타당하다.[334] 그러나 이 문제에 대하여는 신뢰보호의 차원에서 손실보상을 인정하거나,[335] 수용유사적 침해보상의 법리를 통하여 손실보상이 가능하다는 견해도 있다.[336]

331) 김남진 · 김연태, 전게서, 391면; 박균성, 전게서, 367면; 박윤흔 · 정형근, 전게서, 487면; 석종현, 전게서, 406면; 한견우, 전게서, 421면; 홍정선, 전게서, 335면.

332) 대판 1994.9.30, 94다11767; 대판 1994.12.13, 93다49482; 대판 1998.7.10, 96다38971; 대판 2008.9.25, 2006다18228.

333) 류지태, 전게서, 277면.

334) 김동희, 전게서, 211면; 김성수, 전게서, 404면; 류지태, 전게서, 277면; 박윤흔 · 정형근, 전게서, 487면; 석종현, 전게서, 401면.

335) 서원우, 전게서, 542면; 이상규, 전게서, 489면.

336) 홍정선, 전게서, 336면.

제8절 행정상의 사실행위

Ⅰ. 행정상의 사실행위의 의의

1. 개 념

행정상의 사실행위란 행정청의 행위 중에서 행정행위 기타 법적 행위와는 달리 일정한 법률적 효과의 발생을 목적으로 하는 것이 아니라, 직접적으로는 사실상의 결과만을 발생하는 행정주체의 일체의 행위형식을 말한다.

그것은 정신작용의 유무 또는 그 내용과 관계없이 단지 객관적으로 행위가 행하여진 사실 또는 결과에 대하여 일정한 법적 효과가 부여된 행위라는 점에서, 효과의사 기타의 정신작용을 요소로 하여 그 내용에 따라 또는 법률의 규정에 따라 법률효과를 발생하는 행정행위나 기타의 법적 행위와는 구별된다.[337]

2. 행정상의 사실행위에 관한 논의의 필요성

종래의 행정법이론은 행정행위와 같은 법적 행위에 집중적인 고찰을 하는 추세였다. 그러나 현대국가에 이르러 행정기능의 확대와 변천으로 인하여 그만큼 더 행정상의 사실행위가 증가하게 되어 실제 행정활동 또는 작용의 많은 부분을 이러한 사실행위가 차지하고 있는 상황이다. 그러나 행정상의 사실행위 일반에 대한 이론은 아직도 개발되어 있지 못한 상태이며, 다만 사실행위의 한 종류인 행정지도에 관한 검토만은 앞에서 살펴본 바와 같이 이론상으로 상당히 체계화되어 있다. 따라서 행정상의 사실행위에 관한 체계적 연구의 필요성을 깨닫게 되었으며, 특히 권력적 사실행위와 관련하여 이에 대한 행정구제의 문제 등이 논의될 필요성이 있다.

---

337) 김도창, 전게서, 281면; 김동희, 전게서, 196면.

Ⅱ. 행정상의 사실행위의 종류

행정상의 사실행위는 보는 관점에 따라 다음과 같이 여러 가지로 분류할 수 있다.

1. 권력적 사실행위와 비권력적 사실행위

사실행위가 공권력의 행사인 실력행사인지의 여부에 따른 분류이다. 즉 사실행위를 행정주체가 사인보다 우월한 지위에서 행하는가, 사인과 대등한 지위에서 행하는 것인가에 따른 구분이다. 공권력의 행사로서 일방적으로 강제하는 성질을 갖는 사실행위는 권력적 사실행위이고, 공권력의 행사로서의 성질을 갖지 않는 사실행위가 비권력적 사실행위이다. 권력적 사실행위의 전형적인 사례는 대집행의 실행으로서의 건물의 강제철거, 위법한 영업소의 폐쇄조치 등을 들 수 있고, 비권력적 사실행위는 공법상의 금전출납, 관수물자의 구매 등이 대표적인 예이다.

권력적 사실행위는 행정심판법과 행정소송법상의 '처분'에 해당하는 것으로서 행정심판 · 행정소송 등의 대상이 된다고 본다.

2. 정신적 사실행위와 물리적 사실행위

사실행위가 일정한 정신작용을 내용으로 하는 것인가, 아니면 단순한 물리적 작용을 중심으로 하여 이루어지는가에 따른 구분이다. 행정지도, 행정조사, 법적 효과 없는 보고 · 고지 · 경고 등은 의사작용을 요소로 하는 것이므로 정신적 사실행위에 해당되고, 의사작용을 요소로 하지 아니한 대집행의 실행, 공공시설의 설치 등은 물리적 사실행위에 속한다.

3. 공법적 사실행위와 사법적 사실행위

사실행위가 공법의 규율을 받는 것인가, 사법의 규율을 받는 것인가에 따른 분류이다. 양자의 구분은 관계법의 성질에 따라 할 것이나, 관계법이 없는 경우에는 그 법률관계 전체의 합리적 해석에 따라 판단되어야 할 것이다. 이러한 분류는 손해전보 · 행정쟁송 등 국민의 권리구제의 방법과 관련하여 중요한 의미를 가진다.

4. 집행적 사실행위와 독자적 사실행위

사실행위가 행정행위 등 법적 행위를 집행하기 위하여 행하여지는 것인가, 아니면 독자적으로 행하여지는 것인가에 따른 구별이다. 집행적 사실행위는 대집행절차에 있어서의 대집행의 실행행위 · 국세체납절차에 있어서의 강제징수 등과 같이 해당 행위가 행정행위 등의 집행수단으로써 행하여지는 경우가 그 예이다. 독자적 사실행위는 행정지도 · 행정조사 등과 같이 그 자체 독립적으로 행하여지는 사실행위를 말한다.

5. 내부적 사실행위와 외부적 사실행위

사실행위가 행정조직 내부에서 행하여지는 것인가, 행정주체와 국민과의 관계에서 외부적으로 행하여지는가에 따른 구분이다. 전자에 해당하는 예로는 문서 · 금전처리, 행정결정을 위한 준비행위 등이 있으며, 후자에 해당하는 것은 무수히 세분될 수 있고 문서의 접수, 금전의 수납 · 지급, 인구조사 등은 그 사례이다. 행정상의 사실행위는 보통 외부적 사실행위를 지칭한다.

6. 행정주체의 사실행위와 사인의 사실행위

사실행위의 주체가 행정주체인가, 아니면 사인인가에 따른 분류이다. 행정주체의 사실행위는 행정주체가 대외적으로 사인에 대한 관계에서 행하게 되는 사실행위이며, 위에서 설명한 권력적 사실행위 · 비권력적 사실행위 · 집행적 사실행위 · 독자적 사실행위 · 내부적 사실행위 · 외부적 사실행위 등은 이에 해당된다. 사인의 사실행위는 일정한 사실상의 결과의 발생만을 목적으로 하는 사인의 행위를 말하고, 이는 사인의 물건의 소유 · 점유 · 거주 등이 해당된다.

Ⅲ. 행정상의 사실행위의 법적 근거와 한계

1. 사실행위의 법적 근거

행정상의 사실행위에 있어서 법률유보의 원칙이 어느 범위까지 적용되어야 할 것인지가 문제된다.

사실행위는 원칙적으로 직접적인 법적 효과를 발생하지 않으므로 직접적으로 법적 근거는 필요하지 않을 것 같지만, 모든 행정작용이 그러하듯이 사실행위도 행정작용인 이상 적어도 조직법적 근거가 필요하다는 점에는 의문이 없다고 본다. 따라서 사실행위도 그것이 적법한 것이 되기 위하여는 해당 행정청이 자신의 정당한 권한의 범위 안에서 행하여야 한다는 것이다.

그러나 이러한 조직법적 근거 외에도 사실행위에 작용법적 근거가 필요한지에 대하여는, 행정작용에 대한 법률유보의 범위에 대한 여러 견해 중 어느 입장을 취하느냐에 따라 그 범위가 다소 다른 결론이 나올 것이다. 그렇지만 적어도 권력적 · 침익적 사실행위의 경우에는 반드시 법률의 근거가 필요하다고 할 것이다(침해유보설).[338]

---

338) 김동희, 상게서, 198면; 김성수, 전게서, 396면; 류지태, 전게서, 268면; 박윤흔 · 정형근, 전게서, 490면; 석종현,

2. 사실행위의 법적 한계

행정상의 사실행위는 권력적 사실행위 또는 비권력적 사실행위의 여부를 묻지 않고 행정주체의 행정작용의 하나이기 때문에 법치행정의 원리가 적용된다. 따라서 행정상의 사실행위의 한계의 문제는 행정행위의 그것과 기본적으로 차이가 없다. 사실행위에 법적 근거가 있는 경우에는 관계법이 정하는 모든 실체적 · 절차적 요건을 갖추고 법령에 위반되어서는 아니 되는 것은 물론이고, 또한 행정작용에 관한 행정법의 일반원리인 비례의 원칙, 평등의 원칙, 신뢰보호의 원칙 등을 준수하여야 한다. 또한 사실행위에 법률상의 근거를 요하지 않는 이른바 법률로부터 자유로운 행위의 경우라 하더라도 행정법의 일반원리에 의한 제한은 당연히 적용된다고 할 것이다.[339)]

Ⅳ. 행정상의 사실행위에 대한 권리구제

사실행위는 법적 효과를 발생하지 않는 것이기 때문에 사실행위에 의한 국민의 권익의 침해에 대한 구제는 이론상 문제가 없지 아니하다. 다음에서는 손해전보와 행정쟁송의 경우를 나누어 검토하고자 한다.

1. 사실행위와 손해전보

1) 행정상 손해배상

행정상의 사실행위도 행정작용의 한 유형이므로 국가배상법 제2조에서 규정한 '공무원의 위법한 직무행위' 또는 동법 제5조에 정한 '영조물의 설치나 관리행위'에는 행정상의 사실행위가 포함된다. 따라서 이러한 사실행위에 의하여 국민에게 재산상 손해가 발생한 경우에는, 국가배상책임의 성립을 위한 다른 요건이 충족되는 한 행정상 손해배상을 청구할 수 있다. 그러나 행정상의 사실행위라고 하더라도 사법적 사실행위로 인한 손해배상의 경우에는 국가배상법이 아니라 민법에 의하여 배상을 청구하여야 할 것이다.

2) 행정상 손실보상

적법한 권력적 사실행위로 인하여 국민이 특별한 손실을 입은 경우에는 개별법에 보상규정이 있으면 당연히 그 손실의 보상을 청구할 수 있다(소방기본법 제25조).[340)]

전계서, 411면; 이상규, 전계서, 505면.

339) 김동희, 상게서, 198면.

340) 김남진 · 김연태, 전게서, 375면; 김동희, 상게서, 199면; 박균성, 전게서, 359면; 박윤흔 · 정형근, 전게서, 491면.

그런데 헌법 제23조 제3항은 적법한 '법적 행위'로 인하여 야기된 손실보상의 문제만을 규율대상으로 하고 있으므로 그 대상이 사실행위인 경우에는 그 적용에 한계를 갖게 된다. 이에 대하여는 헌법 제23조 제3항의 구성요건을 확대하여 이를 근거로 하여 손실보상을 직접 청구할 수 있다는 견해도 있고, 헌법 제23조 제3항을 유추적용하여 독일에서 논의되는 이른바 수용적 침해이론에 입각하여 이러한 사실행위에 대해서도 그 침해를 인용하고 손실보상을 청구할 수 있다는 주장등이 제기되고 있다. 그러나 헌법 제23조 제3항은 그 구성요건상 사실행위를 대상으로 하지 않으며, 독일식의 수용적 침해이론은 우리의 실정에는 부합하지 않는다는 점을 내포하고 있다고 할 것이며, 따라서 개별 실정법에 이에 대비한 규정이 없는 한 손실보상청구는 불가능하다고 보아야 한다는 입장이 있다.[341)]

생각건대, 적법한 행정상의 사실행위로 인하여 재산상의 특별한 손실이 발생한 경우에는 헌법 제23조 제3항의 취지에 따라 손실보상의 청구가 가능하다고 볼 필요가 있으며, 이 경우에 보상규정이 없을 때에는 간접효력설 또는 유추적용설에 근거하여 수용유사적 침해보상을 청구할 수 있다고 보는 것이 옳다.[342)]

2. 사실행위와 행정쟁송

위법 · 부당한 행정상의 사실행위에 의하여 권익을 침해당한 국민이 행정쟁송을 제기하여 권리구제를 받을 수 있는지의 여부가 문제된다. 행정쟁송의 대상은 행정심판법 및 행정소송법이 규정한 처분인데, 행정심판법 제2조 제1호 및 행정소송법 제2조 제1항 제1호에서 정한 '처분'이란 행정청이 행하는 구체적 사실에 관한 법집행으로서의 공권력의 행사 또는 그 거부와 그 밖에 이에 준하는 행정작용으로 정의하고 있다.

1) 권력적 사실행위

권력적 사실행위는 공권력의 행사로서 행정쟁송의 대상이 되는 '처분'에 해당한다고 보는 견해가 통설이다. 따라서 위법 · 부당한 권력적 사실행위에 대하여는 취소심판 · 취소소송을 제기하여 권리구제를 받을 수 있을 것이다. 그러나 권력적 사실행위의 처분성을 인정하더라도 사실행위는 비교적 단기간에 종료되는 경우가 많으므로 실제에 있어서는 보통 행정상 쟁송이 불가능하게 된다. 그리고 계속적인 성질의 권력적 사실행위의 경우에는 행정쟁송이 가능할 것이며, 계속성이 없는 사실행위라 하더라도 가구제로서의 집행정지결정을 신청하기 위한 행정상 쟁송은 가능하다고 할 것이다.

---

341) 류지태, 전게서, 269-270면.

342) 석종현, 전게서, 412-413면; 한견우, 전게서, 414면; 홍정선, 전게서, 328면.

2) 비권력적 사실행위

다음에는, 행정상의 사실행위 중에서도 권력적 사실행위가 아닌 비권력적 사실행위의 처분성이 문제되며, 학설은 긍정설과 부정설이 대립되고 있다.

(1) 긍정설

비권력적 사실행위 중에서 주의 · 권고 · 지도 등 정신적 사실행위에 대하여는, 그것이 국민의 권리의무에 직접적인 법적 효과를 발생시키는 것이 아니기 때문에 통설은 처분성을 부인한다. 그러나 비권력적 사실행위 중 의사에 대한 경고와 같이 상대방의 명예 · 신용에 사실상 중대한 영향을 미치는 징계적 작용에 대하여는 처분성을 인정하는 견해도 있다.[343] 그리고 계속적 성질의 것이 아닌 권력적 사실행위라고 하더라도 그 집행의 정지가 가능한 것인 때에는 가구제로서의 집행정지결정을 전제로 행정쟁송이 가능하다고 한다.[344]

(2) 부정설

이 견해는 비권력적 사실행위의 경우에는 법적 행위의 요소를 찾아보기 어려우므로 처분이 아니라고 보아 행정심판이나 행정소송의 대상이 되지 아니한다는 것이다.[345]

(3) 판 례

대법원은 행정권 내부에서의 행위나 알선, 권유, 사실상의 통지와 같이 상대방 또는 기타 관계자들의 법률상 지위에 직접적인 변동을 일으키지 아니하는 행위는 항고소송의 대상이 될 수 없다는 입장을 취하고 있다.[346]

그러나 헌법재판소는 권력적 사실행위가 국민의 기본권을 침해한 경우에는 헌법소원의 대상이 된다고 판단한 바 있다.[347] 헌법소원의 대상이 되는 권력적 사실행위는 특히 행정쟁송절차상 소이익이 부인되는 경우에 있어서 유효한 통제수단이 된다고 하겠다.

(4) 결 어

부정설이 타당하며, 사실행위의 처분성을 부인하더라도 그 사실행위가 공법적인 것이기 때문에 당사자소송의 방법을 통하여 손해배상청구를 할 수 있을 것이며, 사실행위에 의하여 야기된

---

343) 박윤흔 · 정형근, 전게서, 491-492면.
344) 김동희, 전게서, 200면; 이상규, 전게서, 507면.
345) 홍정선, 전게서, 328면.
346) 대판 1984.5.12, 84누21; 대판 1984.9.25, 83누570; 대판 1988.3.8, 87누156; 대판 1990.2.27, 88누1837; 대판 1993.5.11, 92누15987; 대판 1993.7.13, 93누36; 대판 1993.10.26, 93누6331.
347) 헌재결 1992.10.1, 92헌마68 · 76(병합); 헌재결 1998.8.27, 96헌마398; 헌재결 2005.5.26, 2001헌마728.

위법상태의 제거를 위하여는 공법상의 결과제거청구권에 기하여 당사자소송을 제기하여야 할 것이다.[348)]

행정청이 사실행위에 의하여 권력적 · 침익적 행위를 할 우려가 있을 경우에 이를 사전에 예방하기 위하여 현행 행정소송법상 부작위위법확인소송에 상응하는 부작위의무확인소송(예방적 확인소송)을 당사자소송의 형태로 인정할 수 있다는 학설이 있다.[349)] 판례는 그러한 소송형태를 부인하고 있다.[350)]

3) 사실행위에 대한 가구제의 문제

행정상의 사실행위에 대하여도 소송상 인정되는 가구제(假救濟)가 허용되는지의 여부가 문제될 수 있다. 가구제의 유형으로는 행정소송에 특유한 집행정지와, 민사소송에서의 제도인 가처분을 행정소송에서 인정할 수 있는가 하는 경우 등을 들 수 있다.

(1) 집행정지

현행 행정소송법 제23조는 가구제의 수단으로써 집행정지를 인정하고 있다. 행정소송에서의 가구제인 집행정지는 그 전제로서 행정소송, 특히 취소소송의 대상이 될 수 있는 처분성이 인정되는 행정작용만을 대상으로 하며, 이는 사실행위에 있어서도 같다. 따라서 비권력적인 단순한 사실행위는 처분성을 인정할 수 없어 취소쟁송의 대상이 될 수 없기 때문에 집행정지가 인정될 여지가 없다. 그러나 계속적인 효력을 갖는 권력적 사실행위의 경우에는 처분성이 인정되고 취소소송의 대상이 되기 때문에 집행정지의 대상도 될 수 있다고 본다.

(2) 가처분의 인정여부의 문제

(가) 행정소송에서의 가처분 논의

민사소송상의 가처분 제도가 행정소송에서도 일반적으로 허용될 수 있는가에 대하여는 논의가 계속되고 있다. 이는 행정소송법 제8조 제2항이 「행정소송에 관하여 이 법에 특별한 규정이 없는 사항에 대하여는 법원조직법과 민사소송법 및 민사집행법의 규정을 준용한다」고 규정하고 있고, 일본의 경우처럼 민사소송법상의 가처분규정을 배제하는 명문규정이 없기 때문에 행정소송에도 민사소송에서 통용되는 가처분제도(민사집행법 제300조)가 이론상 준용될 수 있는가의 여부가 논의되게 되는 것이다. 이 문제에 대하여 판례는 대개 부정적이나,[351)] 학설은 부정설(소극설)과 긍

---

348) 석종현, 전게서, 414면.

349) 홍준형, “행정상 사실행위와 당사자소송”, 「고시계」. 1994, 4월, 45면.

350) 대판 1987.3.24, 86누182.

351) 대결 1992.7.6, 92마54.

정설(적극설)이 다음과 같이 대립하고 있다.[352)]

(나) 부정설(소극설)

소극설은 그 논거로서 가처분이 인정되면 법원이 일정한 행위를 행정기관에서 명하게 되는 결과 권력분립의 원리에 따른 사법권의 범위를 벗어나는 것이라는 점과, 행정소송법 제23조 제2항의 집행정지에 관한 규정을 민사소송법상의 가처분에 대한 특별규정 또는 민사소송법상의 가처분에 대한 대상(代償)제도로 해석하여 행정소송에의 준용을 부정한다.[353)]

(다) 긍정설(적극설)

적극설은 그 논거로서 현행법상 민사소송법의 가처분규정의 준용을 배제하는 규정이 없는 이상, 이 문제는 행정소송법 제8조 제2항에 의하여 해결될 수밖에 없으며 이에 따라 준용이 가능하다는 점과, 이를 인정함으로써 국민의 권리구제가 사법권에 의하여 실효성있게 보장되는 것이므로 사법(司法)의 본질에 반하는 것이 아니라는 점을 주장한다.[354)]

(라) 결 어

생각건대 현행법은 내용상 민사소송상의 가처분준용을 배제하지도, 적극적으로 인용하고 있지도 않다. 그러나 행정소송법이 민사소송법과는 달리 실질적인 의미의 소극적인 가처분인 집행정지를 채택하고 있는 이상, 이러한 제도를 통하여 권리구제의 목적이 달성될 수 있는 상황에서는 민사소송법상의 가처분의 규정은 준용될 수 없다고 보아야 할 것이다. 그러나 이러한 집행정지를 통하여서는 실효적인 권리구제가 되지 못하는 경우에는 가처분제도는 행정작용에 따른 불이익을 잠정적으로 배제하기 위하여 적극적으로 활용하는 것이 바람직하다고 본다.

그러나 이러한 논의는 해당 행정작용인 사실행위가 행정소송의 대상이 되는 경우에 한정되는 것이며, 이에 해당될 수 없는 경우에는 통상적인 민사소송의 제기를 통한 가처분의 규정을 적용받도록 할 수밖에 없을 것이다. 따라서 단순한 비권력적인 사실행위로 인하여 불이익을 받는 당사자는, 잠정적인 권리구제를 받기 위해서는 행정소송이 아니라 민사소송을 제기하고 가처분을 신청할 수밖에 없을 것이다.[355)]

352) 류지태, 전게서, 271면.

353) 서원우, 전게서, 842면.

354) 박창석, "행정소송법상 집행부정지원칙에 대한 연구", 「법학논총」 25집 3호, 한양대 법학연구소, 2008, 9월, 62-64면; 석종현, 전게서, 415면; 이상규, 전게서, 861면; 한견우, 전게서, 416면.

355) 류지태, 전게서, 271-272면.

제9절 행정법상의 확약

Ⅰ. 확약의 의의

1. 개 념

행정법상의 확약이라 함은 행정청이 국민에 대한 관계에 있어서 자기구속을 할 의도로써 장래에 향하여 일정한 행정작용을 하거나 하지 않을 것을 약속하는 의사표시를 말한다. 확약은 신뢰보호 또는 금반언(禁反言)의 법리를 바탕으로 인정되는 행정청의 행위형식의 하나이다.

독일 연방행정절차법 제38조 제1항은 확약(Zusage)과 확언(Zusicherung)을 구분하여 규정하고 있으나, 우리나라의 경우는 독일과 같은 규정이 없으므로 굳이 확약과 확언을 구별할 필요는 없고, 행정작용 일반에 관한 행정청의 구속력 있는 의사표시를 총칭하는 개념으로서 확약이라는 개념만을 사용하면 충분할 것으로 보인다.[356)]

행정실무상 확약은 매우 중요한 의미를 가지고 있으며, 각종 인·허가, 내인가·내허가, 주민에 대한 개발사업의 약속, 자진신고자에 대한 세율인하의 약속 등은 그 대표적인 실례이다.

2. 확약과 구별되는 개념

확약은 ① 본행정행위를 행할 것을 약속하는 의사표시라는 점에서 바로 본행정행위를 행하면서 단지 그 효력의 발생 또는 소멸을 장래에 발생이 불확실한 사실에 의존하게 하는 조건부행정행위와 구별되고, ② 행정청의 일방적 조치인 점에서 쌍방적 행위인 공법상계약과 구별되며, ③ 행정청이 상대방에게 일정한 사실 또는 법률관계에 관한 정보를 제공하는 사실행위로서의 교시(敎示)와 구별된다. ④ 대외적으로 국민에 대한 의사표시인 점에서 행정조직내의 단순한 내부결정과 구별되고, ⑤ 기대권의 발생 등 일정한 법적 효과를 발생시키는 점에서 행정지도와 같은 사실행위와 구별되며, ⑥ 장래의 행위를 약속하는 데 지나지 않는 점에서 한정된 사항에 관한 것이기는 하지만 종국적 규율을 내용으로 하는 예비결정 또는 사전결정이나 부분허가와 구별된다. ⑦ 또한

---

356) 김동희, 전게서, 288면, 주 1).

확약은 장래의 행위를 약속하는 데 그치는 점에서 종국적인 행정행위가 행해지기 전에 행하여지는 가(잠정적인)행정행위와도 구별된다. 가행정행위는 잠정적이기는 하지만 확정적인 행정행위이다.

Ⅱ. 확약의 법적 성질

1. 행정행위성

확약의 법적 성질에 관하여 가장 문제가 되고 있는 것은 과연 확약을 행정행위로 볼 수 있는가 하는 점인데, 견해가 대립되고 있다.

1) 부정설

확약에는 행정행위의 개념적 징표인 개별적 사항에 대한 법적 규율의 성질이 없으므로 행정행위성을 부인하는 견해이다.[357)]

2) 긍정설

확약은 그 자체로서 행정기관에 대하여 장래의 약속의 이행의무를 발생시킨다는 점에서 행정행위성을 긍정하는 견해이다.[358)]

3) 독자적 행위형식성설

확약은 행정행위와 매우 유사한 성질을 가지고 있기는 하나 확약에 의하여 가능성이 보증된 본행정행위와는 별개의 것이라고 하겠으며, 따라서 확약의 독자적 행위형식성을 인정함이 좋을 것으로 생각된다는 견해이다.[359)]

4) 결 어

생각건대, 확약은 그 내용에 따라 장래에 향하여 일정한 행정행위를 하거나 하지 않을 의무를 행정청에게 지우는 법적 효과를 발생시키는 점, 확약의 행정행위성을 인정함으로써 국민의 권리

---

357) 대판 1995.1.20, 94누6529.

358) 김도창, 전게서, 429면; 류지태, 전게서, 148면; 박균성, 전게서, 333면; 박윤흔 · 정형근, 전게서, 351면; 석종현, 전게서, 232면; 이상규, 전게서, 393면; 홍정선, 전게서, 315면.

359) 김남진 · 김연태, 전게서, 342면; 정하중, 전게서, 313면; 한견우, 전게서, 432면.

구제를 도모할 수 있는 점 등을 고려할 때 행정행위성을 긍정하는 것이 타당하다.

2. 사전처리작용성

확약이 있는 경우에 그에 관한 종국적 규율은 약속된 행정행위를 통해서 이루어지는 것이지 확약 그 자체에 의해서 행하여지는 것이 아니다. 따라서 확약은 본처분의 행사에 관한 사전처리작용으로 이해된다.[360)]

3. 재량행위성

행정청이 확약할 것인가, 아니할 것인가의 판단은 행정청의 재량에 의하여 결정한다.

Ⅲ. 확약의 근거와 한계

1. 확약의 법적 근거

독일의 경우에는 행정절차법 및 조세통칙법이 확약의 근거규정을 두고 있으므로 확약의 허용성을 논할 실익이 없을 것이다. 확약을 허용하는 명문규정이 없는 경우에 그것이 허용될 근거에 대하여는 견해가 대립된다.

1) 부정설

법령에 특별히 확약을 인정하는 규정이 있는 경우에 한하여 허용될 수 있다는 견해이다. 일본의 판례 및 독일의 과거 판례의 입장이다.

2) 긍정설

확약을 허용하는 명문규정이 있는 경우는 당연하고 명문규정이 없는 경우에도 허용된다는 견해이다. 이 입장에서도 확약이 허용되는 근거에 대하여는 다음과 같이 다시 견해가 나누어져 있다.

(1) 신뢰보호설

법적 안정성에 바탕을 둔 신뢰보호의 법리는 법의 일반원리로서, 공법의 영역에도 타당하다는 입장에서 이를 근거로 하여 확약을 허용하는 견해이다.[361)]

---

360) 한견우, 상게서, 433면.

361) 대판 1992.6.26, 91누11780; 대판 1994.3.22, 93누22517.

(2) 본처분권한포함설

행정청이 갖고 있는 당해 행위의 처분권한 속에 확약을 발할 권한도 포함되어 있는 것으로 보고 있다. 즉 행정청에 일정한 행정처분권이 부여되어 있는 경우에 앞으로의 당해 처분에 대한 자기구속적 약속으로서의 확약은 그 처분권에 수반되는 예비적 권한행사로서, 그 권한은 본처분권에 당연히 포함되어 있다고 보는 견해이다.[362]

3) 결 어

행정청의 행위는 원칙적으로 특정한 형식에만 한정되는 것은 아니다. 일정한 사항에 대한 처분권이 인정되는 경우에 행정청은 그것이 적절하다고 판단되면 사전적 처리로서의 확약도 할 수 있을 것이며, 확약으로 인하여 국민이 갖는 예지이익 · 대처이익은 법적으로 보호받아야 할 가치가 있다고 판단되므로, 그러한 점에서 본처분권한내재설이 타당하다고 본다.

2. 확약의 법적 한계

확약의 법적 한계는 다음의 사항과 관련하여 문제되고 있다.

1) 기속행위에 대한 확약

재량행위에 대하여 확약이 가능하다는 데 이견이 없다. 그런데 기속행위의 경우 행정청에게는 당해 처분을 하여야 할 법적 의무가 있으므로 본처분을 확약하는 것은 의미가 없다고 하여 부정하는 견해가 있다. 그러나 실제로는 기속행위와 재량행위의 구별이 명백하지 아니하며, 기속행위의 경우에도 상대방은 확약에 따른 예지이익(豫知利益) 및 대처이익(對處利益)이 있는 것이므로 긍정설이 타당하다고 생각한다.[363]

2) 요건사실의 완성 후의 확약

행정행위를 할 요건사실이 완성된 후에는 당해 처분이 재량행위인 경우에는 재량권의 행사를 일정한 방향으로 스스로 구속하는 의미의 확약이 의미가 있음은 물론이다. 기속행위의 경우에도 상대방에게 예지이익 및 기대이익을 주기 위하여 미리 확약을 하는 것이 무방하며, 행정청은 행정처분의 시기에 대하여는 일정한 재량권을 갖게 된다는 점에서 확약은 허용된다고 긍정적으로

---

362) 김동희, 전게서, 232면; 류지태, 전게서, 149면; 박균성, 전게서, 333면; 박윤흔 · 정형근, 전게서, 352면; 석종현, 전게서, 233면; 한견우, 전게서, 433면; 홍정선, 전게서, 315-316면.

363) 김남진 · 김연태, 전게서, 344면; 김동희, 상게서, 232면; 류지태, 상게서, 149면; 박균성, 상게서, 334면; 박윤흔 · 정형근, 상게서, 352면; 석종현, 상게서, 234면; 한견우, 상게서, 433면.

보는 것이 타당하다.[364)]

그러나 확약은 상대방에게 수익적인 행위에 대하여 행하여지는 것이므로 본처분의 요건사실이 완성된 후에는 확약을 할 것이 아니라 본처분을 하여야 한다는 견해도 있다.[365)]

Ⅳ. 확약의 요건

확약이 적법하게 성립하여 효력을 발생하기 위하여는 다른 행정행위와 같이 주체 · 내용 · 절차 · 형식 등 다음과 같은 요건을 충족하여야 할 것이다.

1. 주체에 관한 요건

확약은 본처분에 대하여 정당한 권한을 가진 행정청이 하여야 하며, 확약의 대상이 되는 행정행위에 대하여 권한을 가진 행정청이 권한의 범위 안에서 행한 것이어야 한다.

2. 내용에 관한 요건

확약의 내용은 적법, 가능하고 명확한 것이어야 한다. 그리고 확약은 다음에 행하여질 행정행위와 그 규율사안이 동일한 것이어야 하며, 이 경우 사안의 동일성은 규율내용과 범위에 있어서 동일한 것을 의미한다.

3. 절차에 관한 요건

법이 확약의 대상이 되는 행정행위를 하기 전에 이해관계인의 청문, 다른 행정기관의 협의를 거치도록 규정하는 경우에는, 그러한 절차를 거친 후에 확약을 행할 필요가 있다.

4. 형식에 관한 요건

우리의 현행 행정절차법은 확약의 형식에 대하여 특별히 규정하고 있지 않다. 독일의 연방행정절차법 제38조 제1항은 서면의 형식으로 확약을 할 것을 규정하고 있으나, 이러한 명문규정이 없는 경우에는 통상적으로 특정한 형식을 요구하지 않는다고 보아 구술에 의한 확약도 가능하다.

---

364) 김남진 · 김연태, 상게서, 344면; 김동희, 상게서, 232-233면; 류지태, 상게서, 149면; 석종현, 상게서, 234면; 이상규, 전게서, 394-395면; 한견우, 상게서, 433면.

365) 박윤흔 · 정형근, 전게서, 353면.

5. 효력발생의 요건

확약은 상대방에게 고지되어 상대방이 알 수 있는 상태에 이르러야 효력이 발생한다고 보아야 할 것이다.

V. 확약의 효과

1. 확약의 구속력

행정청이 일단 확약을 하면, 확약을 행한 행정청은 상대방에게 그 확약의 내용인 행위를 하여야 할 자기구속적인 법적 의무를 지며, 상대방에게는 행정청에 대한 확약내용의 이행청구권이 인정된다. 따라서 행정청이 확약을 이행하지 않을 때에는 상대방은 의무이행심판과 부작위위법확인소송 등 행정쟁송절차를 통하여 다툴 수 있으며, 손해배상 등을 청구할 수도 있게 된다.

2. 확약의 구속력의 배제

확약이 행하여진 후에 불가항력 기타의 사유로 인하여 확약의 내용을 이행할 수 없을 정도로 사실상태 또는 법률상태가 변경된 경우에는, 행정기관이 이러한 사정을 미리 알았더라면 그러한 확약을 하지 않았을 것이라고 인정되는 경우에 한하여 확약의 구속력으로부터 배제된다고 보아야 할 것이다. 이 경우에 당사자는 확약의 내용의 이행을 행정기관에게 강제할 수 없게 된다. 확약의 대상이 위법한 경우 확약의 구속력은 인정할 수 없다는 판례의 입장[366)]은 타당하다.

3. 확약의 실효

행정청이 상대방에게 장차 어떠한 처분을 하겠다고 확약을 하였다고 하더라도, 그 자체에서 상대방으로 하여금 언제까지 처분의 발령을 신청하도록 유효기간을 두었는데도 그 기간 내에 상대방의 신청이 없었다거나 확약이 있은 후에 사실적·법률적 상태가 변경되었다면, 그 확약은 행정청의 별다른 의사표시를 기다리지 않고 실효된다.[367)] 다만, 이 경우에도 법적합성의 원칙 및 공익과 상대방의 신뢰보호의 이익을 비교형량하여야 한다.

366) 대판 1995.1.20, 94누6529.

367) 대판 1996.8.20, 95누10877.

4. 하자있는 확약의 효과

하자있는 확약에 대하여는 행정행위의 하자이론이 준용된다. 따라서 확약에 중대하고 명백한 하자가 있는 경우는 처음부터 당연무효인 확약으로서 효력이 없다. 그리고 확약의 내용이 위법하거나 확약의 대상행위가 위법한 경우에는 취소사유가 된다. 또한 확약을 발령한 이후에 그 효력을 계속적으로 유지할 수 없는 새로운 사유가 발생한 때에는 그 확약의 철회도 가능하다. 그러나 수익적 내용의 확약의 취소·철회는 비례의 원칙·신뢰보호의 원칙 등을 고려하여 개별적으로 비교형량하여 취소·철회의 여부를 결정하는 제한의 법리가 적용된다.

Ⅵ. 확약에 대한 권리구제

확약으로 인하여 국민의 권익을 침해한 경우에는 이에 대한 권리구제수단이 마련되어야 한다.

1. 행정상 손해전보

1) 손해배상

행정청의 확약의 불이행으로 인하여 손해를 입은 자는 국가배상법 제2조가 규정한 요건이 충족되는 한도 안에서 행정상 손해배상을 청구할 수 있다.

2) 손실보상

확약의 철회에 행정행위의 철회에 관한 법리가 준용된다고 보아 공익상의 이유로 확약이 철회된 경우에 있어서의 행정상 손실보상의 청구도 가능하다. 그러한 법리는 확약이 실효되어 구속력이 배제되는 경우에도 적용될 수 있을 것이다.[368]

2. 행정쟁송

확약은 행정행위를 대상으로 하는 것이므로 행정청의 확약의 불이행에 대하여는 의무이행심판을 통하여 직접 의무의 이행을 청구할 수 있고, 부작위위법확인소송의 방법에 의하여 간접적으로 의무이행을 촉구할 수 있다고 볼 수 있다. 그리고 무효등확인소송, 거부처분을 포함하는 취소소송을 제기할 수도 있다.

---

368) 김남진·김연태, 전게서, 347면; 류지태, 전게서, 151면.

제10절 행정정보

Ⅰ. 행정상의 정보공개 및 개인정보보호의 필요성

현대사회는 정보화사회라고 특징지워지고 있다. 오늘날의 행정은 행정기관이 컴퓨터 · 폐쇄회로 텔레비전 등 정보의 처리 또는 송 · 수신 기능을 가진 장치에 의하여 처리되는 광범하고 방대한 자료 · 정보를 보유하고 처리할 수 있게 되었다.

행정기관의 이러한 각종 자료나 정보는 행정정책과 행정조치의 전제로서 중요한 기능을 담당하고 있는 것은 물론이고, 행정권이 정보를 독점하는 경우에는 국민은 수동적으로 행정권의 결정 · 시책을 그대로 받아들이는 수밖에 없게 될 것이며 그것은 결국 민주행정의 원리 그 자체의 변질을 초래할 수도 있을 것이다. 따라서 국민의 알권리를 보장하고 행정에 대한 국민의 참여와 행정의 투명성을 확보하기 위하여 국가가 보유 · 관리하고 있는 행정정보에 대한 국민의 공개청구권을 인정할 필요성이 제기되고 있다. 그런데 이 정보공개에 관한 일반법으로는 「공공기관의 정보공개에 관한 법률」(이하 「정보공개법」이라 한다)이 있다.

한편, 개인의 사생활에 대하여 행정기관이 제한 없이 관련정보를 수집 · 관리하게 되면 개인의 사생활은 완전히 노출되게 될 것이다. 따라서 개인에게는 행정기관이 보유하고 있는 자신의 정보에 대한 일정한 통제권이 인정되어야 할 필요가 있으며, 바로 그것이 개인정보보호의 문제이다. 헌법은 제17조에서 「모든 국민은 사생활의 비밀과 자유를 침해받지 아니한다」고 규정함으로써 '프라이버시권'을 명문으로 보호하고 있으며, 이를 구체화한 법으로서는 현재 「개인정보보호법」이 제정 · 시행되고 있다. 동법은 공공기관의 개인정보에 관한 일반법이다. 개인정보보호법은 이러한 필요성에 부응하고자 공공기관의 컴퓨터 등에 의하여 처리되는 개인정보의 보호를 위해 그 취급에 관하여 필요한 사항을 정함으로써 공공업무의 적정한 수행을 도모함과 아울러 국민의 권리와 이익을 보호함을 목적으로 제정되어 개인정보를 보호하고 있다.

그런데 위의 행정정보공개와 개인정보보호는 그 지향하는 목적이 저촉되는 면도 없지 아니하기 때문에 각각 일정한 제한이 따른다는 점도 부인할 수 없으며, 조화의 문제를 결코 경시할 수 없다고 하겠다. 사생활의 비밀과 자유의 불가침은 사생활의 내용을 공개당하지 아니할 권리, 자신에 관한 정보를 스스로 관리 · 통제할 수 있는 권리 등을 내용으로 하는 인격권으로서 오늘날

정보화 사회가 급속히 진행되면서 보호가 절실한 권리이고, 국민의 알 권리 또한 국민의 기본권에 속하나 공공기관의 정보에 대한 공개청구권을 의미하는 한 청구권적 · 간접적 성격을 가진다고 보여지는 점에서, 이 두 권리가 충돌될 경우 어느 법익을 우선시할 것인가는 매우 중요한 과제로 등장하였다. 법원은 대체로 사생활 보호권을 더욱 큰 보호법익으로 이해하는 추세이다.[369]

Ⅱ. 행정상의 정보공개

1. 정보공개의 의의

1) 개 념

'정보'라 함은 공공기관이 직무상 작성 또는 취득하여 관리하고 있는 문서(전자문서를 포함한다) · 도면 · 사진 · 필름 · 테이프 · 슬라이드 및 그 밖에 이에 준하는 매체 등에 기록된 사항을 말한다(정보공개법 제2조 제1호). 여기의 '공공기관'이란 국가기관, 지방자치단체, 정부투자기관관리기본법 제2조의 규정에 의한 정부투자기관 그 밖에 대통령령이 정하는 기관을 말한다(동법 동조 제3호). 그리고 '공개'라 함은 공공기관이 이 법의 규정에 의하여 정보를 열람하게 하거나 그 사본 · 복제물을 교부하는 것 또는 전자정부법 제2조 제10호의 규정에 의한 정보통신망(이하 "정보통신망"이라 한다)을 통하여 정보를 제공하는 것 등을 말한다(동법 동조 제2호).

2) 제도적 의의

행정기관에는 정보를 수집하는 기술이나 이를 뒷받침하는 공권력 등으로 인하여 엄청난 양의 정보가 수집 · 축적되고 있으며, 이로 인하여 시민에 대한 영향력이 크게 나타나고 있다. 이러한 행정정보가 원칙적으로 공개되어야 하는 데에는 이론적으로 다음과 같은 제도적 의의가 있다고 본다.

즉 ① 헌법상의 권리로서의 '국민의 알 권리'의 실현을 위하여 필요한 것이며, 이를 통하여 정보의 유통과정에서 국민을 주권자적 지위에서 보장하는 것을 의미한다. ② 또한 개별적인 경우에 있어서 행정정보는 행정처분의 상대방이나 이해관계인이 행정절차과정에서 자신의 권익을 보호하기 위한 필요성에서 공개될 필요가 있고, 행정소송에서 자신의 권익을 적절하게 방어하기 위하여서도 공개될 필요가 있다. ③ 그 밖에도 일반적인 차원에서는 국가기관의 행위에 대한 최후의 감시자로서의 국민의 기능을 위하여도 행정정보는 공개되어야 한다. 즉 시민이 잘못된 행정작용이 행하여지지 않도록 통제와 감시를 위하여, 그리고 이를 통하여 행정작용의 공정화 · 민주화를

---

369) 대판 1997.5.23, 96누2439.

확보하기 위하여도 행정정보는 원칙적으로 공개되어야 할 필요가 있다.[370]

국민의 정보공개청구는 헌법상 국민의 알 권리의 실현이라고 할 수 있다. 국민의 알 권리, 특히 국가정보에의 접근의 권리는 우리 헌법상 기본적으로 표현의 자유와 관련하여 인정되는 것으로서, 그 권리의 내용에는 일반 국민은 누구나 국가에 대하여 보유·관리하고 있는 정보의 공개를 청구할 수 있는 이른바 일반적인 정보공개청구권이 포함된다. 이러한 정보공개에 관한 일반법으로는 「공공기관의 정보공개에 관한 법률」이 있는데, 다음에서는 동법이 규정한 내용을 중심으로 정보공개에 관하여 검토하고자 한다(정보공개법 제4조 제1항).

2. 공개대상정보 및 그 예외

1) 정보공개의 원칙

정보공개법은 「공공기관이 보유·관리하는 정보는 이 법이 정하는 바에 따라 공개하여야 한다」(동법 제3조)고 규정하여 '정보공개의 원칙'을 천명하고 있다. 그런데 국가안전보장에 관련되는 정보 및 보안업무를 관장하는 기관에서 국가안전보장과 관련된 정보분석을 목적으로 수집되거나 작성된 정보에 대하여는 이 법을 적용하지 아니한다(동법 제4조 제3항 본문).

공공기관이 보유·관리하는 다음의 정보는 공개대상이 된다(동법 제9조 제1항 본문, 동조 제1항 단서 제6호 (가)목 내지 (마)목·제7호 (가)목, (나)목 참조).

① 법령이 정하는 바에 따라 열람할 수 있는 정보

② 공공기관이 공표를 목적으로 작성하거나 취득한 정보로서 개인의 사생활의 비밀과 자유를 부당하게 침해하지 않는 정보

③ 공공기관이 작성하거나 취득한 정보로서 공개하는 것이 공익 또는 개인의 권익구제를 위하여 필요하다고 인정되는 정보

④ 직무를 수행한 공무원의 성명·직위

⑤ 공개하는 것이 공익을 위하여 필요한 경우로써 법령에 의하여 국가 또는 지방자치단체가 업무의 일부를 위탁 또는 위촉한 개인의 성명·직업

⑥ 사업활동에 의하여 발생하는 위해로부터 사람의 생명·신체 또는 건강을 보호하기 위하여 공개할 필요가 있는 정보

⑦ 위법·부당한 사업활동으로부터 국민의 재산 또는 생활을 보호하기 위하여 공개할 필요가 있는 정보 등은 공개대상정보이다.

370) 류지태, 상게서, 345면.

2) 비공개대상정보

정보공개법은 공공기관이 보유하는 정보에 대하여는 공개를 원칙으로 하고 있다. 그러나 다음에 해당하는 정보에 대하여는 예외적으로 공개하지 아니할 수 있다(정보공개법 제9조 제1항 단서).

① 다른 법률 또는 법률이 위임한 명령(국회규칙 · 대법원규칙 · 헌법재판소규칙 · 중앙선거관리위원회규칙 · 대통령령 및 조례에 한한다)에 의하여 비밀 또는 비공개사항으로 규정된 정보
② 국가안전보장 · 국방 · 통일 · 외교관계 등에 관한 사항으로서 공개될 경우 국가의 중대한 이익을 현저히 해할 우려가 있다고 인정되는 정보
③ 공개될 경우 국민의 생명 · 신체 및 재산의 보호에 현저한 지장을 초래할 우려가 있다고 인정되는 정보
④ 진행 중인 재판에 관련된 정보와 범죄의 예방, 수사, 공소의 제기 및 유지, 형의 집행, 교정, 보안처분에 관한 사항으로서 공개될 경우 그 직무수행을 현저히 곤란하게 하거나 형사피고인의 공정한 재판을 받을 권리를 침해한다고 인정할 만한 상당한 이유가 있는 정보
⑤ 감사 · 감독 · 검사 · 시험 · 규제 · 입찰계약 · 기술개발 · 인사관리 · 의사결정과정 또는 내부검토과정에 있는 사항 등으로서 공개될 경우 업무의 공정한 수행이나 연구 · 개발에 현저한 지장을 초래한다고 인정할 만한 상당한 이유가 있는 정보
⑥ 당해 정보에 포함되어 있는 이름 · 주민등록번호 등 개인에 관한 사항으로서 공개될 경우 개인의 사생활의 비밀 또는 자유를 침해할 우려가 있다고 인정되는 정보
⑦ 법인 · 단체 또는 개인(이하 "법인등"이라 한다)의 경영 · 영업상 비밀에 관한 사항으로서 공개될 경우 법인 등의 정당한 이익을 현저히 해할 우려가 있다고 인정되는 정보
⑧ 공개될 경우 부동산 투기 · 매점매석 등으로 특정인에게 이익 또는 불이익을 줄 우려가 있다고 인정되는 정보 등은 비공개대상정보이다.

그러나 이러한 정보의 경우에도 기간의 경과 등으로 인하여 비공개의 필요성이 없어진 경우에는 공공기관은 당해 정보를 공개하여야 한다(동법 동조 제2항).

그런데 공공기관은 이러한 정보의 공개에 대하여는 재량권을 가진다. 그러나 공공기관은 당해 정보의 공개청구에 대하여는 단지 그것이 비공개대상정보에 해당한다는 이유로 무조건 공개를 거부하여서는 아니 되며, 그에 있어서는 공개청구의 근거법령의 목적, 전체 구조, 정보공개법 제9조의 취지 등을 종합적으로 고려하여 해당 정보의 공개 여부에 대하여 판단하여야 할 것이다.[371]

371) 헌재결 1997.11.27, 94헌마60.

3. 정보공개청구권자

모든 국민은 이 법에서 정하고 있는 공개대상정보의 공개를 청구할 권리를 가진다(정보공개법 제5조 제1항). 여기에서 국민의 범위에는 자연인과 법인 및 법인격 없는 사단이나 재단, 기타 법령에 의하여 권리의무의 주체가 될 수 있는 단체가 포함된다고 할 것이다.[372] 외국인의 경우에는 국내에 일정한 주소를 두고 거주하거나 학술 · 연구를 위하여 일시적으로 체류하는 자 및 국내에 사무소를 두고 있는 법인 또는 단체에 한하여 정보공개청구권을 가진다(동조 제2항, 동법시행령 제3조).

4. 공공기관의 의무

1) 정보관리체계의 구축

공공기관은 정보의 공개를 청구하는 국민의 권리가 존중될 수 있도록 이 법을 운영하고 소관 관련법령을 정비하여야 한다(정보공개법 제6조 제1항). 공공기관은 정보의 적절한 보존과 신속한 검색이 이루어지도록 정보관리체계를 정비하고, 정보공개업무를 주관하는 부서 및 담당하는 인력을 적정하게 두어야 하며, 정보통신망을 활용한 정보공개시스템 등을 구축하도록 노력하여야 한다(동법 동조 제2항).

2) 행정정보의 공표 · 공개

공공기관은 ① 국민생활에 매우 큰 영향을 미치는 정책에 관한 정보, ② 국가의 시책으로 시행하는 공사(工事) 등 대규모의 예산이 투입되는 사업에 관한 정보, ③ 예산집행의 내용과 사업평가 결과 등 행정감시를 위하여 필요한 정보, ④ 그 밖에 공공기관의 장이 정하는 정보 등에 대하여는 공개의 구체적 범위, 공개의 주기 · 시기 및 방법 등을 미리 정하여 공표하고, 이에 따라 정기적으로 공개하여야 한다. 다만, 비공개대상정보는 예외로 한다(동법 제7조 제1항). 공공기관은 그 밖의 정보로서 국민이 알아야 할 필요가 있는 정보를 국민에게 공개하도록 적극적으로 노력하여야 한다(동조 제2항).

공공기관이 스스로 일정한 행정정보를 공개하도록 한 것은 정보공개제도의 발전에 커다란 획을 긋는 규정이라고 볼 수 있다.[373]

3) 정보목록의 작성 · 비치 · 공개

공공기관은 당해 기관이 보유 · 관리하는 정보에 대하여 국민이 쉽게 알 수 있도록 정보목록을

372) 김동희, 전게서, 416면.

373) 박윤흔 · 정형근, 전게서, 446면.

작성 · 비치하고, 그 목록을 정보통신망을 활용한 정보공개시스템 등을 통하여 공개하여야 한다. 다만, 비공개대상정보가 포함되어 있는 경우에는 당해 부분을 비치 및 공개하지 아니할 수 있다(동법 제8조 제1항). 공공기관은 정보의 공개에 관한 사무를 신속하고 원활하게 수행하기 위하여 공개장소를 확보하고 공개에 필요한 시설을 갖추어야 한다(동조 제2항).

5. 정보공개의 절차

1) 정보공개의 청구

정보의 공개를 청구하는 자(이하 "청구인"이라 한다)는 당해 정보를 보유하거나 관리하고 있는 공공기관에 대하여 ① 청구인의 이름 · 주민등록번호 · 주소 및 연락처, ② 공개를 청구하는 정보의 내용 및 공개방법을 기재한 정보공개청구서를 제출하거나 구술로써 정보의 공개를 청구할 수 있다(동법 제10조 제1항). 구술로써 정보의 공개를 청구하는 때에는 담당공무원등의 면전에서 진술하여야 하고, 담당공무원등은 정보공개청구조서를 작성하고 이에 청구인과 함께 기명날인하여야 한다(동조 제2항).

2) 정보공개 여부의 결정

공공기관은 정보공개의 청구가 있는 때에는 청구를 받은 날부터 10일 이내에 공개 여부를 결정하여야 한다(동법 제11조 제1항). 공공기관은 부득이한 사유[374]로 10일 이내에 공개 여부를 결정할 수 없는 때에는 그 기간의 만료일 다음 날부터 기산하여 10일 이내의 범위에서 공개여부의 결정기간을 연장할 수 있다. 이 경우 공공기관은 연장된 사실과 연장사유를 청구인에게 지체 없이 문서로 통지하여야 한다(동조 제2항). 공공기관은 공개 청구된 공개대상정보의 전부 또는 일부가 제3자와 관련이 있다고 인정되는 때에는 그 사실을 제3자에게 지체 없이 통지하여야 하며, 필요한 경우에는 그의 의견을 청취할 수 있다(동조 제3항). 공공기관은 다른 공공기관이 보유 · 관리하는 정보의 공개청구를 받은 때에는 지체 없이 이를 소관기관으로 이송하여야 하며, 이송을 한 공공기관은 지체 없이 소관기관 및 이송사유 등을 명시하여 청구인에게 문서로 통지하여야 한다(동조 제4항). 정보공개를 청구한 날부터 20일 이내에 공공기관이 공개여부를 결정하지 아니한 때에는 비공개의 결정이 있는 것으로 본다(동조 제5항).

3) 정보공개심의회의 심의

국가기관 등은 정보공개의 여부 등을 심의하기 위하여 정보공개심의회(이하 "심의회"라 한다)를 설치 · 운영한다(동법 제12조).

---

374) 여기의 '부득이한 사유'라 함은 정보공개법 시행령 제8조 각호의 1에 해당하는 사유를 말한다.

4) 정보공개여부결정의 통지

공공기관은 정보의 공개를 결정한 때에는 공개일시 · 공개장소 등을 명시하여 청구인에게 통지하여야 한다(동법 제13조 제1항).

공공기관은 정보의 비공개결정을 한 때에는 그 사실을 청구인에게 지체 없이 문서로 통지하여야 한다. 이 경우 비공개 이유 · 불복방법 및 불복절차를 구체적으로 명시하여야 한다(동조 제4항).[375]

5) 비용부담

정보의 공개 및 우송 등에 소요된 비용은 실비의 범위 안에서 청구인의 부담으로 한다(동법 제17조 제1항). 정보공개는 기본적으로 청구인의 이익을 위한 것이라는 점에서, 국민일반의 부담으로 하는 것은 타당하지 않다고 할 것이다. 이러한 관점에서 정보공개법은 정보공개에 소요되는 비용은 실비범위 안에서 청구인의 부담으로 하고 있다.[376]

6. 정보공개의 방법

1) 사본 · 복제물의 교부

공공기관은 공개대상정보의 양이 과다하여 정상적인 업무수행에 현저한 지장을 초래할 우려가 있는 경우에는 정보의 사본 · 복제물을 일정 기간별로 나누어 교부하거나 열람과 병행하여 교부할 수 있다(동법 제13조 제2항). 공공기관은 정보를 공개함에 있어 당해 정보의 원본이 오손 또는 파손될 우려가 있거나 그 밖에 상당한 이유가 있다고 인정될 때에는 당해 정보의 사본 · 복제물을 공개할 수 있다(동조 제3항).

2) 부분공개

공공기관은 공개청구한 정보가 비공개정보에 해당하는 부분과 공개가 가능한 부분이 혼합되어 있는 경우에는, 공개청구의 취지에 어긋나지 아니하는 범위 안에서 두 부분을 분리할 수 있는 때에는 비공개부분을 제외한 나머지 부분을 공개하여야 한다(동법 제14조).[377]

3) 정보의 전자적 공개

공공기관은 전자적 형태로 보유 · 관리하는 정보에 대하여 청구인 전자적 형태로 공개하여 줄

375) 대판 2003.12.11, 2001두8827.

376) 김동희, 전게서, 419면.

377) 대판 2004.12.9, 2003두12707.

것을 요청하는 경우에는, 당해 정보의 성질상 현저히 곤란한 경우를 제외하고는 청구인의 요청에 응하여야 한다(동법 제15조 제1항).

공공기관은 전자적 형태로 보유·관리하지 아니하는 정보에 대하여 청구인이 전자적 형태로 공개하여 줄 것을 요청한 경우에는, 정상적인 업무수행에 현저한 지장을 초래하거나 당해 정보의 성질이 훼손될 우려가 없는 한 그 정보를 전자적 형태로 변환하여 공개할 수 있다(동조 제2항).

4) 즉시공개

공공기관은 ① 법령 등에 의하여 공개를 목적으로 작성된 정보, ② 일반국민에게 알리기 위하여 작성된 각종 홍보자료, ③ 공개하기로 결정된 정보로서 공개에 오랜 시간이 걸리지 아니하는 정보, ④ 그 밖에 공공기관의 장이 정하는 정보로서 즉시 또는 구술처리가 가능한 정보에 대하여는, 정보공개청구서의 제출과 그에 따른 결정이라는 공식적인 절차를 거치지 아니하고 공개하여야 한다(동법 제16조). 이러한 경우에는 청구절차와 결정절차의 간소화를 도모하여 즉시 또는 구술에 의한 공개가 오히려 더욱 바람직하다고 보아 이렇게 규정한 경우라 할 수 있다.

7. 정보공개제도의 총괄 등

1) 정보공개위원회의 설치

행정안전부장관 소속하에 정보공개위원회(이하 "위원회"라 한다)를 두어 정보공개에 관한 정책의 수립 및 제도개선에 관한 사항, 정보공개에 관한 기준수립에 관한 사항 및 공공기관의 정보공개 운영실태의 평가 및 그 결과처리에 관한 사항을 심의·조정하도록 하고 있다(동법 제22조, 제23조).

2) 제도총괄의 관장

행정안전부장관은 이 법에 의한 정보공개제도의 정책수립 및 제도개선사항 등에 관한 기획·총괄업무를 관장한다(동법 제24조 제1항). 행정안전부장관은 위원회가 정보공개제도의 효율적 운영을 위하여 필요하다고 요청하는 경우에는 공공기관(국회·법원·헌법재판소 및 중앙선거관리위원회를 제외한다)에 대하여 정보공개제도의 운영 실태를 평가할 수 있다(동조 제2항). 행정안전부장관이 위의 평가를 실시한 경우에는 그 결과를 위원회를 거쳐 국무회의에 보고한 후 이를 공개하여야 하며, 정보공개위원회가 개선이 필요하다고 권고한 사항에 대하여는 해당 공공기관에 시정요구 등의 조치를 취하여야 한다(동조 제3항).

3) 자료의 제출요구

국회사무총장·법원행정처장·헌법재판소사무처장·중앙선거관리위원회 사무총장 및 행정안전부장관은 필요하다고 인정하는 경우에는 관계공공기관에 대하여 정보공개에 관한 자료의 제출 등의 협조를 요청할 수 있다(동법 제25조).

4) 국회에의 보고

행정안전부장관은 전년도의 정보공개의 운영에 관한 보고서를 매년 정기국회의 개회 전까지 국회에 제출하여야 한다(동법 제26조).

8. 불복구제절차

정보공개청구와 관련하여 제기되는 쟁송형태로서는 다음과 같은 것이 있다.

1) 이의신청

청구인은 정보공개와 관련한 공공기관의 비공개 또는 부분공개의 결정에 대하여 불복이 있는 때에는 공공기관으로부터 정보공개 여부의 결정통지를 받은 날 또는 당해 청구에 대하여 20일 이내에 공공기관이 공개 여부를 결정하지 아니하여 비공개의 결정이 있는 것으로 보는 날부터 30일 이내에 당해 공공기관에 문서로 이의신청을 할 수 있다(동법 제18조 제1항).

공공기관은 이의신청을 받은 날부터 7일 이내에 그에 대한 결정을 하고 그 결과를 청구인에게 지체 없이 문서로 통지하여야 한다. 다만, 부득이한 사유로 정해진 기간 이내에 결정할 수 없는 때에는 그 기간의 만료일 다음 날부터 기산하여 7일 이내의 범위에서 연장할 수 있으며, 연장사유를 청구인에게 통지하여야 한다(동조 제2항). 공공기관은 이의신청을 각하 또는 기각하는 결정을 한 때에는 청구인에게 행정심판 또는 행정소송을 제기할 수 있다는 취지를 결과통지와 함께 통지하여야 한다(동조 제3항).

2) 행정심판

청구인이 정보공개와 관련한 공공기관의 결정에 대하여 불복이 있는 때에는 행정심판법이 정하는 바에 따라 행정심판을 청구할 수 있다. 이 경우 국가기관 및 지방자치단체 외의 공공기관의 결정에 대한 감독행정기관은 관계 중앙행정기관의 장 또는 지방자치단체의 장으로 한다(동법 제19조 제1항). 청구인은 위의 이의신청절차를 거치지 아니하고 행정심판을 청구할 수 있다(동조 제2항). 이 경우의 행정심판은 공개거부결정의 취소심판 또는 의무이행심판이 될 것이다.

행정심판위원회의 위원 중 정보공개여부의 결정에 관한 행정심판에 관여하는 위원은 재직 중은 물론 퇴직 후에도 그 직무상 알게 된 비밀을 누설하여서는 아니 된다(동조 제3항). 위 위원은 형법 그 밖의 법률의 벌칙적용에 있어서 이를 공무원으로 본다(동조 제4항).

3) 행정소송

청구인이 정보공개와 관련한 공공기관의 결정에 대하여 불복이 있는 때에는 행정소송법이 정하는 바에 따라 행정소송을 제기할 수 있다(동법 제20조 제1항). 이 경우의 행정소송은 공개거부처분의 취소소송이 될 것이다.

정보공개법은 재판장이 필요하다고 인정하는 때에는 당사자를 참여시키지 아니하고 제출된 공개청구정보를 비공개로 열람·심사할 수 있다(동조 제2항)고 규정하고 있다. 이러한 규정은 소송이라는 형식에 의하여 비공개정보가 사실상 공개되는 부당한 결과를 가져오는 것을 방지하려는 데에 그 취지가 있는 것으로 보아야 할 것이다.

재판장은 행정소송의 대상이 된 정보가 정보공개법상의 비공개대상정보로서 국가안전보장·국방 또는 외교에 관한 정보의 비공개 또는 부분공개의 결정처분인 경우에 공공기관이 그 정보에 대한 비밀지정의 절차, 비밀의 등급·종류 및 성질과 이를 비밀로 취급하게 된 실질적인 이유 및 공개를 하지 아니하는 사유 등을 입증하는 때에는 당해 정보를 제출하지 아니하게 할 수 있다(동조 제3항).

4) 제3자의 불복절차

제3자에 대한 권익보호수단이 마련되어 있다. 즉 자신과 관련된 정보의 공개청구에 대하여 공공기관에 의하여 공개 청구된 사실을 통지받은 제3자는 통지받은 날부터 3일 이내에 당해 공공기관에 대하여 자신과 관련된 정보를 공개하지 아니할 것을 요청할 수 있다(동법 제21조 제1항).

위의 제3자의 비공개요청에도 불구하고 공공기관이 공개결정을 하는 때에는 공개결정이유와 공개 실시일을 명시하여 지체 없이 문서로 통지하여야 한다. 이러한 통지를 받은 제3자는 당해 공공기관에 문서로 이의신청을 하거나 행정심판 또는 행정소송을 제기 할 수 있다. 이 경우 이의신청은 통지를 받은 날부터 7일 이내에 하여야 한다(동조 제2항).

제3자가 자신과 관련된 정보의 공개에 대하여 행정심판 또는 행정소송을 제기하여 그것이 인용될 수 있기 위하여는 당해 공개결정이 위법한 것이고, 그러한 위법한 결정으로 인하여 자신의 법률상 이익이 침해되고 있는 것임을 입증하여야 할 것이다.

정보공개법은 제3자가 제기하는 행정쟁송에 관하여도 집행정지에 관한 특별한 규정을 두고 있지 아니하므로 이 경우에도 행정심판법 및 행정소송법상의 '집행부정지원칙'이 적용될 것임은 물론이다. 그러나 관련 사안에 있어서는 행정기관에 의한 정보공개는 시간적으로 촉박한 것으로서, 일단 관련정보가 공개되고 나면 관계인이 승소한다고 하더라도 그 실질적 의미는 없게 된다. 그러한 점에서는 제3자 관련정보에 대한 행정기관의 공개결정에 대하여 관계인이 행정쟁송을 제기하여 이를 다투는 경우에는, 행정쟁송법상의 집행부정지원칙에 대한 예외로서, 동법에 집행정지에 관한 명시적 규정을 두는 것이 바람직하다고 본다. 그러나 동법은 집행정지제도를 규정하는 대신에 제3자의 비공개요청에도 불구하고 관련 정보를 공개하기로 결정한 때에는, 그 공개결정일과 공개실시일의 사이에는 최소한 30일의 간격을 두어야 한다고 규정하는 데 그치고 있다(동조 제3항).

아마도 이 경우 제3자의 권리보호를 위한 가장 실효적인 소송형식은 예방적 금지소송이 될 것인데, 이 소송은 현행 행정소송법의 해석에 의해서도 인정될 수 있을 것으로 보이나, 판례는 이를 인정하지 않고 있다.[378)]

Ⅲ. 행정상의 개인정보보호

1. 개인정보보호의 의의

1) 개 념

'개인정보'라 함은 살아 있는 개인에 관한 정보로서 성명, 주민등록번호 및 영상 등을 통하여 개인을 알아볼 수 있는 정보(해당 정보만으로는 특정 개인을 알아볼 수 없더라도 다른 정보와 쉽게 결합하여 알아볼 수 있는 것을 포함한다)를 말하는데(개인정보보호법 제2조 제1호), 이는 법에 의한 보호를 받는다.

오늘날 정보화사회가 진전됨에 따라 개인정보가 부당하게 유통되어 '프라이버시권'을 침해하는 사례가 대폭적으로 증가하고 있다. 이러한 시대적 상황에서 개인정보의 보호를 위한 법적 조치를 취할 필요가 절실하다.

2) 제도적 의의

현대 정보화사회에서, 정보공개의 필요성의 요청도 크다고 할 수 있으나, 개인은 자기의 모든 것이 노출되는 '유리알 인간'(gläserne Menschen)이 되어 가고 있으므로 정보보호의 요청 또한 강하게 나타나는 특색을 가진다. 즉 정보라고 하더라도 그 내용이 국가기밀을 포함하고 있는 경우에는 일정한 합리적인 선에서 보호되어야 한다. 물론 이 경우의 국가기밀에 의한 정보보호는 국가 전체의 이익차원에서 배려되는 것이므로 정권유지의 차원이나 특정인의 탄압의 차원에서 남용된 사례가 있어서는 아니 될 것이다. 그 밖에도 행정기관의 정보 중에서 범죄의 예방이나 수사에 관한 정보 등도 관련된 행정작용의 실효성을 확보하기 위하여 보호되어야 할 것이며, 기업의 비밀도 일정한 경우에는 영업상의 비밀로서 보호되어야 할 것이다.

그러나 정보보호에 있어서 무엇보다도 중요한 의미를 가지는 것은 개인에 관한 정보의 보호이

---

378) 김동희, 전게서, 420-421면.

다. 개인의 정보는 헌법상의 기본권인 사생활보호에 근거하는 것으로서, 이 경우의 정보보호의 제도적 의미는 일정한 개인정보의 비공개뿐만 아니라 이에 못지않게 내부적인 정보의 관리도 필요하다는 점이다. 즉 ① 우선 개인에 관한 정보 중에서 정치적 신조나 종교, 사상, 노조나 정당에의 가입 여부 등에 관한 정보는 입력되지 않아야 한다. 이러한 사례로는 과거 정권에서 안기부나 보안사에서 정권유지적 차원에서 이와 같은 내용의 정보가 수집되고 관리되어 온 예를 들 수 있다. ② 또한 개인에 관하여 잘못된 정보가 입력되어 신상의 불이익을 받지 않도록 하여야 한다. 경찰 컴퓨터에서 잘못 기록되거나 이미 삭제되어야 할 개인정보가 그대로 남아 있어 불이익을 받는 경우를 우리는 아직도 종종 언론을 통하여 보고 있다. ③ 그 밖에도 수집된 개인정보가 수집목적을 위반하여 사용되지 않도록 하여야 하며, 잘못 기록된 개인정보에 대하여 정정할 수 있는 길이 마련되어야 한다.[379)]

2. 개인정보보호의 법적 근거

1) 헌법적 근거

개인정보보호제도의 헌법적 근거는 헌법 제17조에서 '프라이버시권'을 명문으로 보호하고 있다. 그러나 프라이버시권은 이러한 헌법 제17조의 규정뿐만 아니라, 헌법 제10조의 인간의 존엄과 가치 및 행복추구권의 규정 등에서도 그 근거를 찾을 수 있다.

대법원은 "헌법 제10조는 「모든 국민은 인간으로서의 존엄과 가치를 가지며, 행복을 추구할 권리를 가진다. 국가는 개인이 가지는 불가침의 기본적 인권을 확인하고 이를 보장할 의무를 진다」고 규정하고, 한편 헌법 제17조는 「모든 국민은 사생활의 비밀과 자유를 침해받지 아니한다」고 규정하고 있는 바, 이들 헌법규정은 개인의 사생활 활동이 타인으로부터 침해되거나 사생활이 함부로 공개되지 아니할 소극적인 권리는 물론, 오늘날 고도로 정보화된 현대사회에서 자신에 대한 정보를 자율적으로 통제할 수 있는 적극적인 권리까지도 보장하려는 데에 그 취지가 있는 것으로 해석된다" 고 판시하여,[380)] '프라이버시권'의 근거를 헌법 제10조와 헌법 제17조에서 찾고 있는 것으로 보인다.

헌법재판소는 "개인정보자기결정권의 헌법상 근거로는 헌법 제17조의 사생활의 비밀과 자유, 헌법 제10조 제1문의 인간의 존엄과 가치 및 행복추구권에 근거를 둔 일반적 인격권 또는 위 조문들과 동시에 우리 헌법의 자유민주적 기본질서 규정 또는 국민주권원리와 민주주의원리 등을 고려할 수 있으나, 개인정보자기결정권으로 보호하려는 내용을 위 각 기본권들 및 헌법원리들 중 일부에 완전히 포섭시키는 것은 불가능하다고 할 것이므로, 그 헌법적 근거를 굳이 어느 한두 개에 국한시키는 것은 바람직하지 않은 것으로 보이고, 오히려 개인정보자기결정권은 이들을 이념적 기초로 하는 독자적 기본권으로서 헌법에 명시되지 아니한 기본권이라고 보아야 할 것이다"라

379) 류지태, 전게서, 347면.

380) 대판1998.7.24, 96다42789.

고 결정함으로써,[381] 헌법상 명시되지 아니한 독자적 기본권으로 보고 있다. 여기의 '개인정보자기결정권'이란 자신에 관한 정보가 언제 누구에게 어느 범위까지 알려지고 또 이용되도록 할 것인지를 그 정보주체가 스스로 결정할 수 있는 권리 즉 정보주체가 개인정보의 공개와 이용에 관하여 스스로 결정할 권리를 말한다. 이는 '자기정보통제권'이라고도 한다.

2) 법률상의 근거

개인정보보호를 위한 외국의 대표적인 입법례로서는 미국의 프라이버시보호법(Privacy Act, 1974), 독일의 연방데이타보호법(Bundesdatenschutzgesetz, 1990년), 영국의 개인정보보호법(Data Protection Act, 1984년), 일본의 행정기관이 보유하는 「전자계산기처리에 따른 개인정보의 보호에 관한 법률」(1989) 등이 있다.

우리나라에서도 그에 관한 법률제정의 요청에 따라 1993년 제정되어 1995년 1월 8일부터 「공공기관의 개인정보보호에 관한 법률」이 시행, 운영되어 오던 중 공공기관뿐만 아니라 비영리단체 등 민간기업에 대해서도 개인정보보호규정을 준수하도록 하여야 한다는 필요에 따른 대체입법으로서 2011년 3월 29일 「개인정보보호법」이 제정되어 2011년 9월 30일부터 시행되었고, 기존의 「공공기관의 개인정보보호에 관한 법률」은 폐지되었다.

「개인정보보호법」(이하 "법"이라 부른다)은 개인정보의 수집 · 유출 · 오용 · 남용으로부터 사생활의 비밀 등을 보호함으로써 국민의 권리와 이익을 증진하고, 나아가 개인의 존엄과 가치를 구현하기 위하여 개인정보처리에 관한 사항을 규정함을 목적으로 한다(법 제1조). 동법은 공공부문과 민간부문을 망라하여 국제수준에 부합하는 개인정보 처리원칙 등을 규정하고, 개인정보의 침해로 인한 국민의 피해를 구제하는 제도를 강화하였다는 점에서 종전의 법률과 다르다.

개인정보보호법은 개인정보의 보호에 관한 일반법의 지위(성질)을 갖는다. 이 밖에 공공부문과 민간부문에서의 개인정보 보호에 관하여는 전자정부법, 「정보통신망 이용촉진 및 정보보호 등에 관한 법률」, 「신용정보의 이용 및 보호에 관한 법률」, 「금융실명거래 및 비밀보장에 관한 법률」, 「위치정보의 보호 및 이용에 관한 법률」, 통신비밀보호법, 전기통신사업법, 형법, 통계법, 국가공무원법, 행정절차법 등 특별법에서도 단편적으로 개인의 정보보호에 관한 규정을 두고 있다.

민간부문에서의 개인정보의 보호에 관한 입법에 있어서는 개인정보의 보호필요성과 함께 기업활동의 자유보장과 정보의 자유로운 유통의 보호를 고려하여야 한다.

3. 개인정보보호의 원칙

개인정보보호법은 개인정보의 보호를 위하여 개인정보의 수집 · 처리 · 관리 등에 관한 개인정

---

381) 헌재결2005.5.26, 99헌마513 · 2004헌마190(병합).

보처리자의 의무를 다음과 같이 규정하고 있다(법 제3조).

1) 개인정보수집상의 원칙

개인정보처리자는 개인정보의 처리 목적을 명확하게 하여야 하고 그 목적에 필요한 범위에서 최소한의 개인정보만을 적법하고 정당하게 수집하여야 한다(법 제3조 제1항). 여기에서 '개인정보처리자'란 업무를 목적으로 개인정보파일을 운용하기 위하여 스스로 또는 다른 사람을 통하여 개인정보를 처리하는 공공기관, 법인, 단체 및 개인 등을 말한다(법 제2조 제5호). 한편, 개인정보처리자는 정보주체가 필요한 최소한의 정보 외의 개인정보 수집에 동의하지 아니한다는 이유로 정보주체에게 재화 또는 서비스의 제공을 거부하여서는 아니 된다(법 제16조 제2항).

2) 개인정보처리상의 원칙

개인정보처리자는 개인정보의 처리 목적에 필요한 범위에서 적합하게 개인정보를 처리하여야 하며, 그 목적 외의 용도로 활용하여서는 아니 된다(법 제3조 제2항). 여기의 '처리'란 개인정보의 수집, 생성, 기록, 저장, 보유, 가공, 편집, 검색, 출력, 정정(訂正), 복구, 이용, 제공, 공개, 파기(破棄), 그 밖에 이와 유사한 행위를 말한다(법 제2조 제2호). 이러한 원칙은 동법 제18조 제1항에서 구체화되고 있다.

개인정보처리자는 정보주체의 사생활 침해를 최소화하는 방법으로 개인정보를 처리하여야 한다(법 제3조 제6항). 여기에서의 '정보주체'란 처리되는 정보에 의하여 알아볼 수 있는 사람으로서 그 정보의 주체가 되는 사람을 말한다(법 제2조 제3호). 그리고 개인정보처리자는 개인정보의 익명처리가 가능한 경우에는 익명에 의하여 처리될 수 있도록 하여야 한다(법 제3조 제7항).

3) 개인정보관리상의 원칙

개인정보처리자는 개인정보의 처리 목적에 필요한 범위에서 개인정보의 정확성, 완전성 및 최신성이 보장되도록 하여야 하며(법 제3조 제3항), 개인정보의 처리 방법 및 종류 등에 따라 정보주체의 권리가 침해받을 가능성과 그 위험 정도를 고려하여 개인정보를 안전하게 관리하여야 한다(동조 제4항).

4) 정보주체의 권리보장, 책임 · 의무의 준수원칙

개인정보처리자는 개인정보 처리방침 등 개인정보의 처리에 관한 사항을 공개하여야 하며, 열람청구권 등 정보주체의 권리를 보장하여야 하며(법 제3조 제5항), 이 법 및 관계 법령에서 규정하고 있는 책임과 의무를 준수하고 실천함으로써 정보주체의 신뢰를 얻기 위하여 노력하여야 한다(동조 제8항).

4. 개인정보보호의 대상

개인정보보호법에 의한 보호대상은 개인정보이다. '개인정보'라 함은 살아 있는 개인에 관한 정보로서 성명, 주민등록번호 및 영상 등을 통하여 개인을 알아볼 수 있는 정보(해당 정보만으로는 특정 개인을 알아볼 수 없더라도 다른 정보와 쉽게 결합하여 알아볼 수 있는 것을 포함한다)를 말한다(법 제2조 제1호). 정보에는 성명 · 생년월일 · 연령 · 병역사항 · 전과여부 · 가족관계등록부의 등록기준지 · 가족상황 · 종교 · 취미 · 사진 · 지문 · 교육수준 · 직업 · 차량 · 수입 · 재산 · 은행거래 · 납세상황 · 보험 등을 포함한다고 본다. 이러한 정보는 전자적으로 처리되는 개인정보 외에 수기(手記)문서까지 개인정보의 보호범위에 포함한다.

개인정보보호법의 보호대상이 되는 개인정보는 공공기관의 개인정보뿐만 아니라 업무를 목적으로 개인정보파일을 운용하기 위하여 스스로 또는 다른 사람을 통하여 개인정보를 처리하는 공공기관, 법인, 단체 및 개인 등의 정보를 포함한다(법 제2조 제5호). 여기의 '개인정보파일'이란 개인정보를 쉽게 검색할 수 있도록 일정한 규칙에 따라 체계적으로 배열하거나 구성한 개인정보의 집합물(集合物)을 말한다(동조 제4호). 그리고 '처리'란 개인정보의 수집, 생성, 기록, 저장, 보유, 가공, 편집, 검색, 출력, 정정(訂正), 복구, 이용, 제공, 공개, 파기(破棄), 그 밖에 이와 유사한 행위를 말한다(동조 제2호). 종전의 「공공기관의 개인정보보호에 관한 법률」에서는 공공기관에 의해 처리되는 정보만을 보호하였으나, 현행 개인정보보호법은 공공기관에 의해 처리되는 정보뿐만 아니라 사인(민간)에 의해 처리되는 정보까지 보호대상으로 하고 있는 점에 차이가 있다.

'공공기관'이란 ① 국회, 법원, 헌법재판소, 중앙선거관리위원회의 행정사무를 처리하는 기관, 중앙행정기관(대통령 소속 기관과 국무총리 소속 기관을 포함한다) 및 그 소속 기관, 지방자치단체, ② 그 밖의 국가기관 및 공공단체 중 대통령령으로 정하는 기관을 말한다(동조 제6호). 여기에서 '대통령령으로 정하는 기관'이란 ①「국가인권위원회법」 제3조에 따른 국가인권위원회, ②「공공기관의 운영에 관한 법률」 제4조에 따른 공공기관, ③「지방공기업법」에 따른 지방공사와 지방공단, ④ 특별법에 따라 설립된 특수법인, ⑤「초 · 중등교육법」, 「고등교육법」, 그 밖의 다른 법률에 따라 설치된 각급 학교 등을 말한다(법시행령 제2조).

5. 개인정보보호를 위한 제도적 장치

1) 개인정보보호위원회

개인정보 보호에 관한 사항을 심의 · 의결하기 위하여 대통령 소속으로 개인정보 보호위원회(이하 "보호위원회"라 한다)를 둔다. 보호위원회는 그 권한에 속하는 업무를 독립하여 수행한다(법 제7조 제1항). 보호위원회는 위원장 1명, 상임위원 1명을 포함한 15명 이내의 위원으로 구성하고 법 제8조 제1항에서 규정한 각 호의 사항을 심의 · 의결하되, 상임위원은 정무직 공무원으로 임명한다(동조 제2항).

2) 기본계획 · 시행계획

개인정보의 보호와 정보주체의 권익 보장을 위하여 행정안전부장관은 3년마다 개인정보 보호 기본계획(이하 "기본계획"이라 한다)을 관계 중앙행정기관의 장과 협의 하에 작성하여 보호위원회에 제출하고, 보호위원회의 심의 · 의결을 거쳐 시행하여야 한다(법 제9조 제1항). 국회, 법원, 헌법재판소, 중앙선거관리위원회는 해당 기관(그 소속 기관을 포함한다)의 개인정보 보호를 위한 기본계획을 수립 · 시행할 수 있다(동조 제3항).

중앙행정기관의 장은 기본계획에 따라 매년 개인정보 보호를 위한 시행계획을 작성하여 보호위원회에 제출하고, 보호위원회의 심의 · 의결을 거쳐 시행하여야 한다(법 제10조 제1항).

3) 개인정보의 보호지침

행정안전부장관은 개인정보의 처리에 관한 기준, 개인정보 침해의 유형 및 예방조치 등에 관한 표준 개인정보 보호지침(이하 "표준지침"이라 한다)을 정하여 개인정보처리자에게 그 준수를 권장할 수 있다(법 제12조 제1항). 중앙행정기관의 장은 표준지침에 따라 소관 분야의 개인정보 처리와 관련한 개인정보 보호지침을 정하여 개인정보처리자에게 그 준수를 권장할 수 있다(동조 제2항). 국회, 법원, 헌법재판소 및 중앙선거관리위원회는 해당 기관(그 소속 기관을 포함한다)의 개인정보 보호지침을 정하여 시행할 수 있다(동조 제3항).

4) 자율규제의 촉진 및 지원

행정안전부장관은 개인정보처리자의 자율적인 개인정보 보호활동을 촉진하고 지원하기 위하여 법정의 필요한 시책을 마련하여야 한다(법 제13조).

5) 개인정보취급자에 대한 관리 · 감독

개인정보처리자는 개인정보를 처리함에 있어서 개인정보가 안전하게 관리될 수 있도록 임직원, 파견근로자, 시간제근로자 등 개인정보처리자의 지휘 · 감독을 받아 개인정보를 처리하는 자(이하 "개인정보취급자"라 한다)에 대하여 적절한 관리 · 감독을 행하여야 한다(법 제28조 제1항).

6) 개인정보처리자의 안전조치의무

개인정보처리자는 개인정보가 분실 · 도난 · 유출 · 변조 또는 훼손되지 아니하도록 내부 관리계획 수립, 접속기록 보관 등 대통령령으로 정하는 바에 따라 안전성 확보에 필요한 기술적 · 관리적 및 물리적 조치를 하여야 한다(법 제29조).

7) 개인정보 보호책임자의 지정

개인정보처리자는 개인정보의 처리에 관한 업무를 총괄해서 책임질 개인정보 보호책임자를 지정하여야 하며(법 제31조 제1항), 개인정보 보호책임자는 법정의 업무를 수행한다(동조 제2항).

8) 개인정보의 영향평가

공공기관의 장은 대통령령으로 정하는 기준에 해당하는 개인정보파일의 운용으로 인하여 정보주체의 개인정보 침해가 우려되는 경우에는 그 위험요인의 분석과 개선 사항 도출을 위한 평가(이하 "영향평가"라 한다)를 하고 그 결과를 행정안전부장관에게 제출하여야 한다. 이 경우 공공기관의 장은 영향평가를 행정안전부장관이 지정하는 기관(이하 "평가기관"이라 한다) 중에서 의뢰하여야 한다(법 제33조 제1항). 행정안전부장관은 위 제1항에 따라 제출받은 영향평가 결과에 대하여 보호위원회의 심의 · 의결을 거쳐 의견을 제시할 수 있다(동조 제3항).

공공기관 외의 개인정보처리자는 개인정보파일 운용으로 인하여 정보주체의 개인정보 침해가 우려되는 경우에는 영향평가를 하기 위하여 적극 노력하여야 한다(동조 제8항).

9) 개인정보의 유출 통지

개인정보처리자는 개인정보가 유출되었음을 알게 되었을 때에는 지체 없이 해당 정보주체에게 ① 유출된 개인정보의 항목, ② 유출된 시점과 그 경위, ③ 유출로 인하여 발생할 수 있는 피해를 최소화하기 위하여 정보주체가 할 수 있는 방법 등에 관한 정보, ④ 개인정보처리자의 대응조치 및 피해 구제절차, ⑤ 정보주체에게 피해가 발생한 경우 신고 등을 접수할 수 있는 담당부서 및 연락처 등의 사실을 알려야 한다(법 제34호 제1항). 개인정보처리자는 개인정보가 유출될 경우 그 피해를 최소화하기 위한 대책을 마련하고 필요한 조치를 하여야 한다(동조 제2항).

10) 침해사실의 신고

개인정보처리자가 개인정보를 처리할 때 개인정보에 관한 권리 또는 이익을 침해받은 사람은 행정안전부장관에게 그 침해 사실을 신고할 수 있다(법 제62조 제1항). 행정안전부장관은 제1항에 따른 신고의 접수 · 처리 등에 관한 업무를 효율적으로 수행하기 위하여 대통령령으로 정하는 바에 따라 전문기관을 지정할 수 있다. 이 경우 전문기관은 개인정보침해 신고센터(이하 "신고센터"라 한다)를 설치 · 운영하여야 한다(동조 제2항).

11) 시정조치

행정안전부장관은 개인정보가 침해되었다고 판단할 상당한 근거가 있고 이를 방치할 경우 회복하기 어려운 피해가 발생할 우려가 있다고 인정되면 이 법을 위반한 자(중앙행정기관, 지방자치단체, 국회, 법원, 헌법재판소, 중앙선거관리위원회는 제외한다)에 대하여, ① 개인정보 침해행위의 중지, ② 개인정보 처리의 일시적인 정지, ③ 그 밖에 개인정보의 보호 및 침해 방지를 위하여 필요한 조치를 명할 수 있다(법 제64조 제1항). 관계 중앙행정기관의 장은 개인정보가 침해되었다고 판단할 상당한 근거가 있고 이를 방치할 경우 회복하기 어려운 피해가 발생할 우려가 있다고 인정되면 소관 법률에 따라 개인정보처리자에 대하여 제1항 각 호에 해당하는 조치를 명할 수 있다(동조 제2항).

12) 고발 및 징계권고

행정안전부장관은 개인정보처리자에게 이 법 등 개인정보 보호와 관련된 법규의 위반에 따른 범죄혐의가 있다고 인정될 만한 상당한 이유가 있을 때에는 관할 수사기관에 그 내용을 고발할 수 있다(법 제65조 제1항). 행정안전부장관은 이 법 등 개인정보 보호와 관련된 법규의 위반행위가 있다고 인정될 만한 상당한 이유가 있을 때에는 책임이 있는 자를 징계할 것을 그 소속 기관·단체 등의 장에게 권고할 수 있다. 이 경우 권고를 받은 사람은 이를 존중하여야 하며, 그 결과를 행정안전부장관에게 통보하여야 한다(동조 제2항).

13) 벌칙조항

공공기관의 개인정보 처리업무를 방해할 목적으로 공공기관에서 처리하고 있는 개인정보를 변경하거나 말소하여 공공기관의 업무 수행의 중단·마비 등 심각한 지장을 초래한 자는 10년 이하의 징역 또는 1억원 이하의 벌금에 처한다(법 제70조). 동법 제71조부터 제75조까지에 징역, 벌금, 과태료를 과하는 벌칙도 두고 있다. 그리고 벌칙 적용시의 공무원 의제규정을 두고 있으며(법 제69조), 양벌규정도 있다(법 제74조).

6. 개인정보의 처리

1) 개인정보의 수집, 이용, 제공

(1) 개인정보의 수집·이용

개인정보처리자는 다음 어느 하나의 사항에 해당하는 경우에는 개인정보를 수집할 수 있으며, 그 수집 목적의 범위에서 이용할 수 있다(법 제15조 제1항).

① 정보주체의 동의를 받은 경우

② 법률에 특별한 규정이 있거나 법령상 의무를 준수하기 위하여 불가피한 경우

③ 공공기관이 법령 등에서 정하는 소관 업무의 수행을 위하여 불가피한 경우

④ 정보주체와의 계약의 체결 및 이행을 위하여 불가피하게 필요한 경우

⑤ 정보주체 또는 그 법정대리인이 의사표시를 할 수 없는 상태에 있거나 주소불명 등으로 사전 동의를 받을 수 없는 경우로서 명백히 정보주체 또는 제3자의 급박한 생명, 신체, 재산의 이익을 위하여 필요하다고 인정되는 경우

⑥ 개인정보처리자의 정당한 이익을 달성하기 위하여 필요한 경우로서 명백하게 정보주체의 권리보다 우선하는 경우. 이 경우 개인정보처리자의 정당한 이익과 상당한 관련이 있고 합리적인 범위를 초과하지 아니하는 경우에 한한다.

개인정보처리자는 위의 제1항 ①에 따른 동의를 받을 때에는 다음의 사항을 정보주체에게 알려야 한다. 다음 어느 하나의 사항을 변경하는 경우에도 이를 알리고 동의를 받아야 한다(동조 제2항).

① 개인정보의 수집 · 이용 목적

② 수집하려는 개인정보의 항목

③ 개인정보의 보유 및 이용 기간

④ 동의를 거부할 권리가 있다는 사실 및 동의 거부에 따른 불이익이 있는 경우에는 그 불이익의 내용

(2) 개인정보의 수집 제한

개인정보처리자는 법 제15조 제1항 각 호의 어느 하나에 해당하여 개인정보를 수집하는 경우에는 그 목적에 필요한 최소한의 개인정보를 수집하여야 한다. 이 경우 최소한의 개인정보 수집이라는 입증책임은 개인정보처리자가 부담한다(법 제16조 제1항). 개인정보처리자는 정보주체가 필요한 최소한의 정보 외의 개인정보 수집에 동의하지 아니한다는 이유로 정보주체에게 재화 또는 서비스의 제공을 거부하여서는 아니 된다(동조 제2항).

(3) 개인정보의 제공

개인정보처리자는 다음의 어느 하나에 해당하는 경우에는 정보주체의 개인정보를 제3자에게 제공(공유를 포함한다. 이하 같다)할 수 있다(법 제17조 제1항).

① 정보주체의 동의를 받은 경우

② 위의 법 제15조 제1항 제2호 · 제3호 및 제5호에 따라 개인정보를 수집한 목적 범위에서 개인정보를 제공하는 경우

개인정보처리자는 위의 제1항 제1호에 따른 동의를 받은 때에는 다음의 사항을 정보주체에게 알

려야 한다. 다음 어느 하나의 사항을 변경하는 경우에도 이를 알리고 동의를 받아야 한다(동조 제2항).

① 개인정보를 제공받는 자

② 개인정보를 제공받는 자의 개인정보 이용 목적

③ 제공하는 개인정보의 항목

④ 개인정보를 제공받는 자의 개인정보 보유 및 이용 기간

⑤ 동의를 거부할 권리가 있다는 사실 및 동의 거부에 따른 불이익이 있는 경우에는 그 불이익의 내용

개인정보처리자가 개인정보를 국외의 제3자에게 제공할 때에는 위의 각 사항을 정보주체에게 알리고 동의를 받아야 하며, 이 법을 위반하는 내용으로 개인정보의 국외 이전에 관한 계약을 체결하여서는 아니 된다(동조 제3항).

(4) 개인정보의 이용 · 제공 제한

개인정보처리자는 개인정보를 법 제15조 제1항에 따른 범위를 초과하여 이용하거나 제17조 제1항 및 제3항에 따른 범위를 초과하여 제3자에게 제공하여서는 아니 된다(법 제18조 제1항).

개인정보처리자로부터 개인정보를 제공받은 자는 다음의 어느 하나의 사항에 해당하는 경우를 제외하고는 개인정보를 제공받은 목적 외의 용도로 이용하거나 이를 제3자에게 제공하여서는 아니 된다(법 제19조).

① 정보주체로부터 별도의 동의를 받은 경우

② 다른 법률에 특별한 규정이 있는 경우

2) 개인정보의 처리 제한

(1) 민감정보의 처리 제한

개인정보처리자는 사상 · 신념, 노동조합 · 정당의 가입 · 탈퇴, 정치적 견해, 건강, 성생활 등에 관한 정보, 그 밖에 정보주체의 사생활을 현저히 침해할 우려가 있는 개인정보로서 대통령령으로 정하는 정보(이하 "민감정보"라 한다)를 처리하여서는 아니 된다. 다만, 다음의 어느 하나에 해당하는 경우에는 그러하지 아니하다(법 제23조).

① 정보주체에게 법 제15조 제2항 각 호 또는 제17조 제2항 각 호의 사항을 알리고 다른 개인정보의 처리에 대한 동의와 별도로 동의를 받은 경우

② 법령에서 민감정보의 처리를 요구하거나 허용하는 경우

(2) 고유식별정보의 처리 제한

개인정보처리자는 다음의 어느 하나의 사항에 해당하는 경우를 제외하고는 법령에 따라 개인

을 고유하게 구별하기 위하여 부여된 식별정보로서 대통령령으로 정하는 정보(이하 "고유식별정보"라 한다)를 처리할 수 없다(법 제24조 제1항).

① 정보주체에게 제15조 제2항 각 호 또는 제17조 제2항 각 호의 사항을 알리고 다른 개인정보의 처리에 대한 동의와 별도로 동의를 받은 경우

② 법령에서 구체적으로 고유식별정보의 처리를 요구하거나 허용하는 경우

대통령령으로 정하는 기준에 해당하는 개인정보처리자는 정보주체가 인터넷 홈페이지를 통하여 회원으로 가입할 경우 주민등록번호를 사용하지 아니하고도 회원으로 가입할 수 있는 방법을 제공하여야 한다(동조 제2항). 행정안전부장관은 제2항에 따른 방법의 제공을 지원하기 위하여 관계 법령의 정비, 계획의 수립, 필요한 시설 및 시스템의 구축 등 제반 조치를 마련할 수 있다(동조 제4항).

개인정보처리자가 제24조 제1항 각 호에 따라 고유식별정보를 처리하는 경우에는 그 고유식별정보가 분실 · 도난 · 유출 · 변조 또는 훼손되지 아니하도록 대통령령으로 정하는 바에 따라 암호화 등 안전성 확보에 필요한 조치를 하여야 한다(동조 제3항).

(3) 영상정보처리기기의 설치 · 운영 제한

누구든지 다음 어느 사항 중 하나에 해당하는 경우를 제외하고는 공개된 장소에 영상정보처리기기를 설치 · 운영하여서는 아니 된다(법 제25조 제1항). 여기에서 '영상정보처리기기'란 일정한 공간에 지속적으로 설치되어 사람 또는 사물의 영상 등을 촬영하거나 이를 유 · 무선망을 통하여 전송하는 장치로서 대통령령으로 정하는 장치를 말한다(법 제2조 제7호).

① 법령에서 구체적으로 허용하고 있는 경우

② 범죄의 예방 및 수사를 위하여 필요한 경우

③ 시설안전 및 화재 예방을 위하여 필요한 경우

④ 교통단속을 위하여 필요한 경우

⑤ 교통정보의 수집 · 분석 및 제공을 위하여 필요한 경우

누구든지 불특정 다수가 이용하는 목욕실, 화장실, 발한실(發汗室), 탈의실 등 개인의 사생활을 현저히 침해할 우려가 있는 장소의 내부를 볼 수 있도록 영상정보처리기기를 설치 · 운영하여서는 아니 된다. 다만, 교도소, 정신보건 시설 등 법령에 근거하여 사람을 구금하거나 보호하는 시설로서 대통령령으로 정하는 시설에 대하여는 그러하지 아니하다(법 제25조 제2항).

(4) 업무위탁에 따른 개인정보의 처리 제한

개인정보처리자가 제3자에게 개인정보의 처리 업무를 위탁하는 경우에는 다음의 내용이 포함

된 문서에 의하여야 한다(법 제26조 제1항).

① 위탁업무 수행 목적 외 개인정보의 처리 금지에 관한 사항

② 개인정보의 기술적 · 관리적 보호조치에 관한 사항

③ 그 밖에 개인정보의 안전한 관리를 위하여 대통령령으로 정한 사항

수탁자는 개인정보처리자로부터 위탁받은 해당 업무 범위를 초과하여 개인정보를 이용하거나 제3자에게 제공하여서는 아니 된다(동조 제5항).

(5) 영업양도 등에 따른 개인정보의 이전 제한

개인정보처리자는 영업의 전부 또는 일부의 양도 · 합병 등으로 개인정보를 다른 사람에게 이전하는 경우에는 미리 다음의 사항을 대통령령으로 정하는 방법에 따라 해당 정보주체에게 알려야 한다(법 제27조 제1항).

① 개인정보를 이전하려는 사실

② 개인정보를 이전받는 자(이하 "영업양수자등"이라 한다)의 성명(법인의 경우에는 법인의 명칭을 말한다), 주소, 전화번호 및 그 밖의 연락처

③ 정보주체가 개인정보의 이전을 원하지 아니하는 경우 조치할 수 있는 방법 및 절차

영업양수자등은 영업의 양도 · 합병 등으로 개인정보를 이전받은 경우에는 이전 당시의 본래 목적으로만 개인정보를 이용하거나 제3자에게 제공할 수 있다. 이 경우 영업양수자등은 개인정보처리자로 본다(동조 제3항).

7. 정보주체의 권리

'정보주체'라 함은 처리되는 정보에 의하여 알아볼 수 있는 사람으로서 그 정보의 주체가 되는 사람을 말한다(법 제2조 제3호). 이러한 정보주체는 자신의 개인정보 처리와 관련하여 다음 각 호의 권리를 가진다(법 제4조).

① 개인정보의 처리에 관한 정보를 제공받을 권리－통지를 받을 권리

② 개인정보의 처리에 관한 동의 여부, 동의 범위 등을 선택하고 결정할 권리－동의권

③ 개인정보의 처리 여부를 확인하고 개인정보에 대하여 열람(사본의 발급을 포함한다. 이하 같다)을 요구할 권리－열람청구권

④ 개인정보의 처리 정지, 정정 · 삭제 및 파기를 요구할 권리－정정 · 삭제 · 파기요구권

⑤ 개인정보의 처리로 인하여 발생한 피해를 신속하고 공정한 절차에 따라 구제받을 권리－손해배상청구권, 쟁송제기권

이와 같은 정보주체의 권리 중에서 여기에서는 동법 제35조에 규정하고 있는 열람청구권, 제36조에서 정하고 있는 정정 · 삭제요구권, 제37조에 구체화되어 있는 처리정지요구권 등에 관하여 살펴보고자 한다.

1) 개인정보의 열람요구권

정보주체는 개인정보처리자가 처리하는 자신의 개인정보에 대한 열람을 해당 개인정보처리자에게 요구할 수 있다(법 제35조 제1항, 법 제38조 제1항). 공공기관에 대한 열람청구권은 개인적 공권으로 보장된 것이다. 제1항에도 불구하고 정보주체가 자신의 개인정보에 대한 열람을 공공기관에 요구하고자 할 때에는 공공기관에 직접 열람을 요구하거나 대통령령으로 정하는 바에 따라 행정안전부장관을 통하여 열람을 요구할 수 있다(동조 제2항).

2) 개인정보의 정정 · 삭제요구권

법 제35조에 따라 자신의 개인정보를 열람한 정보주체는 개인정보처리자에게 그 개인정보의 정정 또는 삭제를 요구할 수 있다. 다만, 다른 법령에서 그 개인정보가 수집 대상으로 명시되어 있는 경우에는 그 삭제를 요구할 수 없다(법 제36조 제1항, 법 제38조 제1항). 개인정보처리자는 제1항에 따른 정보주체의 요구를 받았을 때에는 개인정보의 정정 또는 삭제에 관하여 다른 법령에 특별한 절차가 규정되어 있는 경우를 제외하고는 지체 없이 그 개인정보를 조사하여 정보주체의 요구에 따라 정정 · 삭제 등 필요한 조치를 한 후 그 결과를 정보주체에게 알려야 한다(동조 제2항).

3) 개인정보의 처리정지요구권

정보주체는 개인정보처리자에 대하여 자신의 개인정보 처리의 정지를 요구할 수 있다. 이 경우 공공기관에 대하여는 법 제32조에 따라 등록 대상이 되는 개인정보파일 중 자신의 개인정보에 대한 처리의 정지를 요구할 수 있다(법 제37조 제1항, 법 제38조 제1항). 개인정보처리자는 제1항에 따른 요구를 받았을 때에는 지체 없이 정보주체의 요구에 따라 개인정보 처리의 전부를 정지하거나 일부를 정지하여야 한다. 다만, 법정의 사항중 어느 하나에 해당하는 경우에는 정보주체의 처리정지 요구를 거절할 수 있다(법 제37조 제2항).

8. 정보주체의 권리보호

1) 행정심판 또는 행정소송

법 제35조 내지 제37조에 의거한 개인정보의 열람요구, 정정 · 삭제요구 및 처리정지요구 등에 대한 거부나 부작위는 행정심판법 및 행정소송법상의 처분이나 부작위에 해당되므로 이에 대해 행정심판을 청구하거나 행정소송을 제기할 수 있다.

2) 손해배상책임

정보주체는 개인정보처리자가 이 법을 위반한 행위로 손해를 입으면 개인정보처리자에게 손해배상을 청구할 수 있다. 이 경우 그 개인정보처리자는 고의 또는 과실이 없음을 입증하지 아니하면 책임을 면할 수 없다(법 제39조 제1항). 개인정보처리자가 이 법에 따른 의무를 준수하고 상당한 주의와 감독을 게을리하지 아니한 경우에는 개인정보의 분실 · 도난 · 유출 · 변조 또는 훼손으로 인한 손해배상책임을 감경받을 수 있다(동조 제2항).

3) 개인정보 분쟁조정

개인정보에 관한 분쟁의 조정(調停)을 위하여 개인정보 분쟁조정위원회(이하 "분쟁조정위원회"라 한다)를 둔다(법 제40조 제1항). 분쟁조정위원회의 구성, 위원의 신분보장, 위원의 제척 · 기피 · 회피 등에 관하여는 동법이 규정하고 있다(동조 제2항 내지 제9항, 제41조, 제42조).

개인정보와 관련한 분쟁의 조정을 원하는 자는 분쟁조정위원회에 분쟁조정을 신청할 수 있다(법 제43조 제1항). 분쟁조정위원회는 당사자 일방으로부터 분쟁조정 신청을 받았을 때에는 그 신청내용을 상대방에게 알려야 한다(동조 제2항). 분쟁조정위원회는 제2항에 따른 분쟁조정의 통지를 받은 경우에는 특별한 사유가 없으면 분쟁조정에 응하여야 한다(동조 제3항). 분쟁조정위원회의 분쟁조정에 관하여는 동법 제44조 내지 제48조에서 규정하고 있다.

국가 및 지방자치단체, 개인정보 보호단체 및 기관, 정보주체, 개인정보처리자는 정보주체의 피해 또는 권리침해가 다수의 정보주체에게 같거나 비슷한 유형으로 발생하는 경우로서 대통령령으로 정하는 사건에 대하여는 분쟁조정위원회에 일괄적인 분쟁조정(이하 "집단분쟁조정"이라 한다)을 의뢰 또는 신청할 수 있다(법 제49조 제1항).

여기에서 '대통령령으로 정하는 사건'이란 ① 피해 또는 권리침해를 입은 정보주체의 수가 i) 개인정보처리자와 분쟁해결이나 피해보상에 관한 합의가 이루어진 정보주체, ii) 같은 사안으로 다른 법령에 따라 설치된 분쟁조정기구에서 분쟁조정 절차가 진행 중인 정보주체, iii) 해당 개인정보 침해로 인한 피해에 대하여 법원에 소(訴)를 제기한 정보주체를 제외하고 50명 이상일 것, ② 사건의 중요한 쟁점이 사실상 또는 법률상 공통될 것 등의 요건을 모두 갖춘 사건을 말한다(법 시행령 제52조).

법 제1항에 따라 집단분쟁조정을 의뢰받거나 신청받은 분쟁조정위원회는 그 의결로써 제3항부터 제7항까지의 규정에 따른 집단분쟁조정의 절차를 개시할 수 있다. 이 경우 분쟁조정위원회는 대통령령으로 정하는 기간(14일 이상의 기간을 말한다) 동안 그 절차의 개시를 공고하여야 한다

(법 제49조 제2항, 법시행령 제53조 제1항).

4) 개인정보 단체소송

다음의 어느 하나에 해당하는 단체는 개인정보처리자가 법 제49조에 따른 집단분쟁조정을 거부하거나 집단분쟁조정의 결과를 수락하지 아니한 경우에는 법원에 권리침해 행위의 금지 · 중지를 구하는 소송(이하 "단체소송"이라 한다)을 제기할 수 있다(법 제51조).

① 「소비자기본법」 제29조에 따라 공정거래위원회에 등록한 소비자단체로서 다음 i), ii), iii)의 요건을 모두 갖춘 단체: i) 정관에 따라 상시적으로 정보주체의 권익증진을 주된 목적으로 하는 단체일 것, ii) 단체의 정회원수가 1천명 이상일 것, iii) 「소비자기본법」 제29조에 따른 등록 후 3년이 경과하였을 것,

② 「비영리민간단체 지원법」 제2조에 따른 비영리민간단체로서 다음 i), ii), iii), iv)의 요건을 모두 갖춘 단체: i) 법률상 또는 사실상 동일한 침해를 입은 100명 이상의 정보주체로부터 단체소송의 제기를 요청받을 것, ii) 정관에 개인정보 보호를 단체의 목적으로 명시한 후 최근 3년 이상 이를 위한 활동실적이 있을 것, iii) 단체의 상시 구성원수가 5천명 이상일 것, iv) 중앙행정기관에 등록되어 있을 것.

단체소송을 제기하는 단체는 소장과 함께 다음의 사항을 기재한 소송허가신청서를 법원에 제출하여야 한다(법 제54조 제1항). 즉 소송허가신청서에는 ① 원고 및 그 소송대리인, ② 피고, ③ 정보주체의 침해된 권리의 내용 등을 기재하여야 한다.

법원은 다음의 요건을 모두 갖춘 경우에 한하여 결정으로 단체소송을 허가한다. ① 개인정보처리자가 분쟁조정위원회의 조정을 거부하거나 조정결과를 수락하지 아니하였을 것, ② 제54조에 따른 소송허가신청서의 기재사항에 흠결이 없을 것(법 제55조 제1항). 단체소송을 허가하거나 불허가하는 결정에 대하여는 즉시항고할 수 있다(동조 제2항).

원고의 청구를 기각하는 판결이 확정된 경우 이와 동일한 사안에 관하여는 법 제51조에 따른 다른 단체는 단체소송을 제기할 수 없다. 다만, 다음의 어느 하나에 해당하는 경우에는 그러하지 아니하다(법 제56조). ① 판결이 확정된 후 그 사안과 관련하여 국가 · 지방자치단체 또는 국가 · 지방자치단체가 설립한 기관에 의하여 새로운 증거가 나타난 경우, ② 기각판결이 원고의 고의로 인한 것임이 밝혀진 경우. 단체소송에 관하여 이 법에 특별한 규정이 없는 경우에는 민사소송법을 적용한다(법 제57조 제1항).

제11절 행정의 자동화작용

Ⅰ. 행정의 자동화작용의 의의

현대사회는 자동화의 시대이고 고도의 정보화시대이다. 오늘날의 행정은 입력된 자료의 기록, 취사선택, 정리비교, 데이터베이스의 구축 등 사무처리를 위하여 컴퓨터를 활용하는데 그치는 것이 아니라, 행정결정을 위하여 미리 작성된 프로그램과 이에 입력된 정보를 바탕으로 행정사무를 처리함으로써 많은 시간과 노력을 절약하고 부분적으로는 인간의 행위를 대체하는 수준에 이르고 있다. 따라서 행정의 자동화현상이 행정실무에 있어서는 점차 보편화되고 있는 실정이다.

행정의 자동화란 다양하게 정의될 수 있으나, 일반적으로 행정과정에서 컴퓨터 등 전자데이터장비를 투입하여 행정업무를 자동화하여 수행하는 것을 의미한다고 할 수 있다. 행정의 실제에서 이와 같은 자동화작용은 행정정보와 기록의 보존, 교통신호나 교통관리시스템의 구축 · 운용, 대량행정에 있어서의 행정결정의 산출, 행정계획의 사전준비작업 등의 목적을 위하여 활용되고 있다.[382]

예컨대, 자동감응장치에 의해 가동되는 교통신호가 적 · 황 · 녹의 신호를 보내는 경우를 보면, 그 신호에 따라 차량과 보행자는 정지 · 회전 · 전진을 하게 된다. 즉 기계를 통한 신호에 의하여 운전자와 보행자는 행동의 법적 규제를 받는다. 만일에 기계가 명하는 바에 따르지 않을 경우에는 교통법규의 위반에 해당되어 처벌을 받게 될 것이다. 행정의 자동기계결정의 예는 그 밖에도 많이 찾아볼 수 있다. 학생의 학교배정, 세금 등 공과금의 부과결정, 연금 등 수익금의 결정, 주차료 등 공공시설의 사용료결정 등이 그에 해당한다. 이와 같이 행정의 자동화를 통하여 발하여지는 행정작용이 행정자동결정이다.

Ⅱ. 행정자동결정의 법적 성질

행정자동결정은 그 법적 성질에 있어서 행정행위성을 갖는지가 문제된다. 즉 행정자동결정의

---

382) 류지태, 전게서, 305-310면 참조.

법적 성질 또는 법적 형태는 무엇으로 볼 수 있는가 하는 의문이 제기된다. 다시 말하면 명령(행정입법), 행정행위, 행정사실행위 등 행정의 여러 행위형식 중에서 어느 것에 해당하는가가 문제되는 것이다. 행위형식 중 어느 것에 해당하느냐에 따라 그의 법적 효과, 그에 대응한 행정구제수단 등을 달리하기 때문이다.

만일에 행정자동결정이 행정사실행위에 해당한다고 하게 되면 그것의 직접적인 법적 효과는 발생하지 않으며, 다만 국가배상청구권의 발생 등 간접적인 법적 효과만 발생하게 되는 것이 원칙이다. 행정자동결정이 명령, 특히 법규명령에 해당하게 되면, 그의 위법 여부가 구체적인 사건에서의 재판의 전제가 되는 경우에 행해지는 구체적인 규범통제만이 가능하다. 반면에 행정행위(또는 처분)에 해당하는 경우에는 직접 그의 취소를 청구하는 내용의 행정쟁송을 제기할 수 있는 것이다.

행정자동결정의 법적 성질은 그것이 행해지는 매커니즘의 분석을 통해서 행하여질 수 있다고 본다. 자동결정이라고는 하지만 근본적으로 인간의 도움 없이는 행해질 수 없으며, 최소한 공무원이라고 하는 인간이 작성한 프로그램을 필요로 한다. 이러한 프로그램에 입각하여 구체적 조치로서의 행정자동결정이 행해지는 것이다. 그러한 의미에서 그 프로그램과 행정자동결정은 명령(행정규칙 포함)과 행정행위의 관계를 이룬다고 볼 수 있다. 결국 행정과정의 최종단계로서의 행정자동결정은 대부분 행정행위의 성질을 가진다고 말할 수 있다.[383)]

Ⅲ. 행정자동결정의 대상

행정자동결정이 행정행위성을 갖는다고 할 때에도 그 대상행위에 재량행위도 포함되는지가 문제된다. 물론 일정한 구성요건을 구비하였을 때에는 법이 정하고 있는 효과로서 일정한 행정행위를 반드시 행하도록 되어 있는 기속행위의 경우는 완전한 확정성에 의거하여 정식화할 수 있기 때문에, 이를 자동절차화하는 데에 특별한 문제가 없을 것이다.

그러나 추상적 사고과정에 해당한다고 여겨지는 재량행위에 대하여는 이를 기계적인 절차에 따라 자동화한다는 것은 기속행위에 있어서와는 그 사정이 다를 수밖에 없다. 이는 자동데이터처리가 확정화된 도식인 프로그램에 따라서 작동되는 데 반하여, 재량행위는 구체적 사정을 고려하여 개별적 사정에 적합한 결정을 요구하기 때문이다.

생각건대, 행정의 자동화란 일정한 정형적 내용의 표준화 · 유형화를 지향하는 것이기 때문에, 프로그래밍화를 통하여 재량행위의 결정과정의 모든 단계를 자동화한다든지 또는 재량행위에 있어서 수반되는 인간적 요소 전부를 자동화로 대체한다든지 하는 것은 원칙적으로 금지될 수밖에

383) 김남진 · 김연태, 전게서, 393면.

없을 것이다. 그러나 법률에 의해 인정되어 있는 재량행위를 구체화하는 재량준칙을 행정자동절차에 의하여 자동화하는 것은 가능하다고 보여진다. 이는 재량준칙이 재량행위의 통일적 수행을 보장하기 위하여 일정한 유형화를 지향하기 때문에, 구체적인 개개의 사건이 아니라 전형적인 사건을 그 대상으로 하기 때문이다. 결국 개별적인 정당성을 지향하는 재량행위의 취지에 비추어 볼 때, 재량행위를 그 대상으로 하여 무조건적인 재량결정의 자동화를 인정할 수는 없을 것이다. 그러나 재량준칙에 의한 일반적 재량행사가 허용되는 한도 내에서 재량결정을 자동화하는 것은 허용된다고 보아도 될 것이다. 이 경우에 컴퓨터프로그램은 일종의 행정규칙으로서의 성질을 갖는다고 볼 수 있다.[384]

Ⅳ. 행정자동결정의 하자와 권리구제

1. 행정자동결정의 하자

자동장치에 의한 행정작용의 경우에도 하자의 문제가 있을 수 있음은 일반의 행정행위에 있어서와는 특별한 차이가 없다. 행정자동결정의 하자는 기계의 고장 또는 프로그램을 작성하는 관계공무원의 고의 · 과실이 그 원인이 되는 경우가 보통이며, 행정자동결정의 하자의 판단이나 그 효력은 통상적인 행정행위의 하자에 관한 일반원칙에 따라 결정하면 될 것이다. 여기에서 '하자에 의한 일반원칙'이라 함은 하자가 중대하고 명백한 경우에는 행정행위가 무효가 되고, 하자가 그 정도에 이르지 않을 때에는 취소의 원인이 되는 것을 말한다.[385]

자동장치에 의한 행정행위가 취소사유에 해당하는 하자를 지닌 경우에 행정청은 직권으로 취소할 수 있지만, 보통의 행정행위의 경우와 마찬가지로 수익적 행정행위를 대상으로 한 취소의 경우에는 신뢰보호원칙에 따라 그 취소권이 제한될 수도 있다.

행정자동결정이 오기 · 오산 기타 이에 준하는 명백한 잘못이 있는 때에는 행정청은 직권 또는 신청에 의하여 지체 없이 정정하고 이를 당사자에게 통지하여야 한다(행정절차법 제25조). 이와 같은 자동장치에 의한 오기 · 오산 등과 같은 명백한 오류는 행정행위의 하자에는 해당하지 않으므로 행정청은 특별한 절차를 거치지 아니하고 언제든지 정정할 수 있도록 한 것이다.

2. 행정자동결정에 의한 권익침해의 구제문제

1) 행정의 자동화가 급속히 추진되고 있는 현황에 비추어 보아, 그 자동장치 등의 하자에 따른

384) 김중권, "행정자동절차에 관한 법적 고찰", 법학박사학위논문, 고려대학교 대학원, 1993, 83면.
385) 김남진 · 김연태, 전게서, 394면.

손해의 배상문제가 제기된다. 그런데 이 문제도 일단은 기존의 법리에 의하여 해결하는 방법을 찾아야 할 것이다.

(1) 국가배상법 제2조에 의한 배상책임

공무원의 고의 또는 과실에 기인한 자동장치의 하자로 인하여 행정자동결정에 의해 손해가 발생한 경우에는 행정상 손해배상책임의 일반적 원칙에 따라 국가배상법 제2조에 의한 손해배상의 청구가 가능하다고 볼 수 있다.

(2) 국가배상법 제5조에 의한 배상책임

자동장치의 설치 · 관리의 하자로 인하여 타인이 손해를 입게 된 경우에는 국가배상법 제5조에 의한 손해배상책임을 인정할 수 있게 된다.

2) 그러나 경우에 따라서는 공무원의 위법한 직무집행에 없거나 자동장치의 설치 · 관리의 하자가 없음에도 불구하고 통행인의 교통신호기의 조작실수 등에 의하여 야기된 교통사고로 인하여 발생한 손해에 있어서는 국가배상책임을 인정하기 어려운 문제가 발생할 수 있다. 이에 대한 해결방안으로는 ① 위험책임의 법리를 통해서 해결하려는 견해, ② 수용유사적 침해이론에 의한 보상을 시사하는 견해가 주장되고 있다. 생각건대, 행정의 기술화 · 자동화가 급속히 진행되는 현대 행정의 상황에서 행정자동장치 또는 정보처리시설의 하자로 인하여 발생하는 손해배상의 문제를 해결하기 위하여는, 공법상의 위험책임의 법리를 입법적으로 채택하여 대응하는 방법도 신중히 고려하여야 할 것이다.[386]

386) 류지태, 전게서, 309-310면.

제12절 사법형식의 행정작용

Ⅰ. 행정작용의 법형식

오늘날 행정작용의 법형식은 원칙적으로 자유롭다. 행정기능이 확대됨에 따라 사법형식의 행정작용도 증가하는 추세에 있다. 따라서 행정주체는 행정목적의 달성을 위하여 법령의 명문규정에 의해 특정의 법형식을 취할 것이 명시되어 있지 않는 한, 강행법규에 위반되지 않는 한도 내에서 사법형식의 조직형태와 행정작용을 이용할 수도 있다. 그런데 문제는 사법의 세계에는 의사자치의 원칙이 지배하고 있는데, 만일에 행정이 사법의 형식을 취할 수도 있다고 한다면 행정이 공법의 형식을 취하는 경우에 받게 되는 여러 가지 제약을 벗어나기 위하여 고의적으로 '행정의 사법으로의 도피'(Flucht ins Privatrecht)를 할 수도 있지 않느냐 하는 우려도 없지는 않다. 그리하여 행정이 사법의 형식을 취할 수 있음을 일단 긍정하면서도 위에서 지적한 바와 같은 폐단을 방지하려는 의도에서 도출된 이론이 후술하는 이른바 '행정사법'의 이론이라 할 수 있다.

사법형식의 행정작용의 유형은 그 목적에 있어서 행정과업수행과 직접적인 관련을 갖는가의 여부에 따라 행정사법과 협의의 국고작용으로 구분하게 된다.[387)]

Ⅱ. 행정사법

1. 행정사법의 의의

행정사법(Verwaltungsprivatrecht)이라 함은 행정의 주체가 공행정의 목표를 달성하기 위하여 사법적인 형식에 의하여 행정과업을 직접적으로 수행하거나 공법적으로 설정된 과업을 수행하는 경우로서, 공행정주체가 법률행위상의 사적 자치를 완전하게 누리지를 못하며 오히려 약간의 공법상의 기속을 받게 되는 특수성을 갖는 법률관계를 말한다.

우리나라의 일반적인 견해로는 행정사법과 행정상의 관리관계를 구분하여 양자가 서로 다른

---

387) 류지태, 상게서, 303-305면 참조.

것으로 분류하여 왔다. 그러나 양자는 근본적인 차이가 있는 것이라고 보기는 어려운 일이며, 그 실질내용에 있어서 서로 명확하게 구분될 수 없으며 많은 점에서 유사한 내용으로 이해되어야 한다는 견해도 있음은 주목할 만하다.

2. 행정사법의 적용영역

행정사법은 주로 생존배려적인 목적을 가지는 급부행정과 자금지원을 통한 경제유도행정의 영역에 적용된다. 전자의 예로는 사법형식을 통한 교통, 수도 · 가스 및 전기공급, 하수처리나 폐기물처리의 영역이 해당되고, 후자에는 주택건설, 융자제공 등이 이에 속한다. 또한 행정사법은 공무를 위탁받은 사인, 즉 공무수탁사인과 일반인 사이의 관계에서도 존재할 수 있다.

3. 행정사법의 특색

행정사법은 행정주체가 사법의 형식으로 활동하는 경우에도 다음과 같이 일정한 공법적 기속을 받는 특색이 있다.

1) 기본권규정에 의한 기속

국가, 지방자치단체, 공무수탁사인 등과 같은 행정주체가 사법의 형식으로 활동하는 경우에도 헌법상의 평등원칙, 자유권조항, 그 밖에 비례원칙 등 헌법원칙에 의한 기속을 받는다고 보아야 할 것이다.

2) 사법적 규율의 수정 · 제약

국가 등 행정주체가 사법의 형식으로 활동하는 경우에는 사법상의 행위능력에 관한 규정, 의사표시에 관한 규정 등이 수정되는 경우가 있을 수 있다. 계약강제, 계약해제의 제한, 특정 사기업의 가동의무, 수수료결정시의 행정기관의 허가 필요 등의 특성도 있다.

4. 행정사법작용에 대한 권리구제

사법형식의 행정작용은 그 자체 사법작용이기 때문에 그에 관한 법적 분쟁은 특별한 규정이 없는 한 민사소송을 통하여 구제를 받아야 한다. 이른바 행정사법작용의 경우도 마찬가지이다. 사법작용이 공법규정에 의한 기속을 받는다고 공법작용으로 변질되는 것이 아니라는 점에 유의할 필요가 있다.

Ⅲ. 국고작용

1. 국고작용의 의의

넓은 의미에서 국고작용이라 함은 행정기관이 사법적인 형태로 작용할 경우를 말한다. 그러나 이때에 그 활동목적이 행정기관의 재정목적의 재산을 확보, 증대 또는 양여하기 위하거나 이를 위해 필요한 재화를 조달하기 위하여, 행정기관이 경제활동이나 영리활동을 하는 경우에는 이를 좁은 의미의 국고작용이라고 한다. 통상적인 경우에는 국고작용을 좁은 의미로 보통 이해하며, 국유지의 매각 · 임대, 행정건물의 건축도급, 물자의 구매 등이 여기에 해당하는 예이다.

2. 국고작용의 특색

국고작용에는 형식적인 면이나 실질적인 면에 있어서 모두 일반적인 사법규정이 적용된다. 또한 이 경우 행정기관은 행정작용을 행하는 것이 아니므로 특별한 법령규정이 존재하지 않는 한 원칙적으로 기본권, 특히 평등원칙 등에 구속받지 않는다. 그러나 이때에도 행정기관은 타인의 기본권행사를 개별적인 경우에 있어서 배제할 정도로 자신이 갖는 사법형식의 계약의 자유를 행사하여서는 아니되는 구속을 받게 된다. 이러한 구속은 통상적으로 법령에 의하여 규정되고 있다.

제3장 행정작용의 실효성확보제도

제1절 행정의 의무이행확보수단과 그 필요성

제2절 행정상의 강제집행

제3절 행정상의 즉시강제

제4절 행정조사

제5절 행정벌

제6절 기타 행정작용의 실효성확보수단

제1절 행정의 의무이행 확보수단과 그 필요성

행정청은 법령에 근거하여 행정행위 등 다양한 행위형식을 통하여 행정작용의 목적을 달성한다. 행정은 공익적 견지에서 국민에 대하여 일정한 의무를 부과하거나 일정한 행위를 금지하는 경우가 적지 않다. 이러한 명령·금지 등에 대한 위반행위에 대하여는 그것이 공익목적을 위한 것이라는 점에서, 행정주체에게 그 이행의 확보 또는 위반상태의 시정을 위한 수단을 강구하고 있다. 또한 상대방에 대한 구체적 의무부과 및 그 불이행이 전제되지 않은 행정위반상태가 있는 경우에도 이를 제거하여 공익목적을 실현하고자 하는 수단이 마련되어 있는 것은 행정목적의 구현을 위한 필요에 기인한다.

행정목적은 행정법규의 규정 자체에 의하거나, 또는 법규에 의거한 행정청의 행정행위 등의 행정작용에 의하여 특정인에 대하여 의무를 부과하는 경우에는 상대방이 그 의무를 이행함으로써 제1차적으로 그 목적을 성취하게 된다. 그러나 상대방이 그 의무를 불이행할 경우에는 행정목적을 달성할 수 없게 될 수밖에 없다. 따라서 이러한 경우에 상대방의 의무이행을 직접적·간접적으로 강제함으로써 행정목적을 실현하고자 행정상의 의무이행을 확보하기 위한 제2차적인 수단을 마련하여야 할 필요성이 절실히 요청되고 있는데, 이러한 수단이 되는 제도를 총칭하여 '행정작용의 실효성 확보제도' 또는 '행정상의 의무이행 확보수단'이라고 한다.

행정법상의 의무이행확보수단이 행정상의 의무이행을 담보하기 위한 수단으로 이용되도록 함으로써 행정작용의 실효성을 확보할 수 있다고 본다. 종래에는 일반적으로 행정법상의 의무이행 확보수단으로써는 행정강제와 행정벌의 두 종류가 있고, 행정강제에는 행정상의 강제집행과 행정상의 즉시강제가 있으며, 행정벌은 행정형벌과 행정질서벌이 있는 것으로 인식하여 왔다. 그러나 오늘날에 이르러 행정수요의 증가, 행정기능의 다양화, 행정작용의 전문화로 인하여 행정강제와 행정벌만으로는 실효적인 의무이행의 확보가 곤란한 경우가 많아졌다. 따라서 일정한 금전적 제재, 공급거부, 인허가의 제한, 명단공표, 수익적 행정행위의 거부·취소·철회 등과 같은 새로운 의무이행확보수단이 등장하게 되었다. 그러나 이러한 수단은 직접적 수단인 행정강제에 비하여 의무자에게 심리적 압박을 가하여 우회적으로 의무이행을 확보하는 간접적 강제수단이라는 점에서 직접적인 강제수단과 구별된다.

그런데 행정강제 중에서 행정상의 즉시강제는 행정법상 의무의 이행확보수단이라고 하기보다는 제1차적 행정작용으로서의 성격이 강하며, 종래 행정강제의 일종으로 보았던 행정조사는 행정의무의 이행확보와는 무관한 사전적 · 준비적 행정작용으로 보는 견해가 있다. 그러나 여기에서는 행정상의 의무이행을 직접적 · 간접적으로 확보하여 주는 기능을 담보하는 의미가 있기 때문에 직접적 강제수단으로써의 행정상의 강제집행과 행정상의 즉시강제를, 간접적 강제수단으로써의 행정벌 · 행정조사와 새로운 행정상의 의무이행 수단으로 나누어 고찰하고자 한다.[1)]

---

1) 박평준 · 박창석, 「보상행정법」, 리북스, 2012, 321-375면 참조.

제2절 행정상의 강제집행

Ⅰ. 행정상 강제집행의 의의

1. 개 념

행정상 강제집행이라 함은 행정법상의 의무를 이행하지 아니한 경우에 행정청이 의무자의 신체 또는 재산에 대하여 실력을 가하여 장래에 향하여 그 의무를 이행시키거나 의무이행이 있은 것과 같은 상태를 실현하는 행정작용을 말한다. 이러한 행정상 강제집행에는 대집행, 직접강제, 집행벌, 강제징수 등이 있다. 현재 대집행과 강제징수는 일반적으로 인정되고 있지만 직접강제와 집행벌은 예외적으로만 허용되고 있다. 여기의 강제집행의 대상이 되는 의무는 행정처분에 의하여 부과되는 의무인 것이 보통이지만, 경우에 따라서는 법규에 의하여 직접 부과된 것도 있다. 그리고 행정상 강제집행은 명령적 행위에서 문제되고, 형성적 행위나 확인적 행위에서는 논의할 필요가 없다.[2)]

사법상의 법률관계에 있어서는 의무의 불이행의 경우에 권리자인 사인은 의무자에게 대하여 자력으로 강제집행을 할 수 없고, 소송을 통한 판결을 받아 집행명의를 얻어서 집행관으로 하여금 강제집행을 하도록 하여 의무이행을 실행할 수밖에 없다. 그러나 사인의 행정법상의 의무불이행에 대하여는 법원의 힘을 빌리지 아니하고 행정청이 자력으로 의무이행을 강제할 수 있는 '자력집행력'이 인정되고 있다. 이러한 점에서 행정법상의 법률관계는 사법상의 법률관계와 다르며, 이는 행정목적의 신속하고 확실한 실현을 도모하려는 것이다.

2. 행정상 강제집행과 구별되는 개념

행정상의 강제집행은 행정상의 즉시강제나 행정벌과 다음과 같은 점에서 차이가 있다. 즉 ① 행정상 강제집행은 상대방에게 의무가 존재하고 그 불이행이 있음을 전제로 하나, 행정상 즉시강제는 그러한 의무의 존재를 전제로 하지 아니한다는 점이 다르다. ② 행정상 강제집행은 장래에

---

2) 홍정선, 「행정법특강」. 박영사, 2011, 412면.

향하여 의무이행을 강제하는 수단이지만, 행정벌은 과거의 의무위반에 대한 제재로서 과하여지는 것이다.

3. 행정상 강제집행의 법적 성질

행정상의 강제집행은 본질적으로 권력적 사실행위의 성질을 가진다. 그러나 행정상 강제집행의 구체적 수단 중에는 집행벌과 같이 법적 행위, 특히 행정처분의 성질을 가지는 것도 있고, 또한 강제집행이 여러 단계의 절차를 거쳐 이루어지는 경우에는 그 중의 일부가 법적 행위의 성질을 가지는 경우도 있다.

Ⅱ. 행정상 강제집행의 근거

1. 이론적 근거

법률이 행정주체에게 명령권을 부여하고 있는 경우에, 행정주체 스스로 강제적으로 그 명령의 내용을 실현하는 권한도 함께 부여한 것으로 보아야 할 것인가에 대하여는 견해가 나누어져 있다.

과거에는 행정주체에게 명령권을 부여하는 법은 동시에 의무이행을 강제하는 데에 대한 근거법이 된다고 보는 경향이 있었다. 그러나 오늘날은 의무를 명하는 행위와 의무의 내용을 강제적으로 실현하는 행위는 각각 별개의 법에 근거하여야 하며, 따라서 행정상의 강제집행은 별도의 법적 근거가 필요하다고 보는 것이 통설이다.[3)]

2. 실정법적 근거

행정상 강제집행의 근거법으로는 행정대집행에 관한 일반법으로서의 행정대집행법이 있고, 특별법으로서는 「공익사업을 위한 토지 등의 취득 및 보상에 관한 법률」 및 건축법 등을 볼 수 있다. 행정상 강제징수에 관한 실질적인 일반법으로서 국세징수법과 국세징수법을 준용하는 여러 개별법의 규정이 있다. 그리고 예외적으로 직접강제나 집행벌을 인정하고 있는 각 단행법이 있다. 또한 행정상 즉시강제에는 경찰상 즉시강제에 관한 일반법으로서 경찰관직무집행법과 식품위생법 · 전염병예방법 등 각 개별적 단행법이 있다.

---

3) 김남진 · 김연태, 「행정법Ⅰ」. 법문사, 2011, 483면; 김도창, 「일반행정법론(상)」. 청운사, 1993, 554면; 김동희, 「행정법Ⅰ」. 박영사, 2011, 436면; 김성수, 「일반행정법」. 법문사, 2002, 452면; 류지태, 「행정법신론」, 신영사, 2008, 312-313면; 박균성, 「행정법강의」. 박영사, 2011, 380면; 박윤흔 · 정형근, 「최신행정법강의(상)」. 박영사, 2009, 501면; 석종현, 「일반행정법(상)」. 삼영사, 2005, 464면; 이상규, 「신행정법론(상)」. 법문사, 1997, 532면.

Ⅲ. 현행법상의 강제집행의 수단

현행법상 행정상의 강제집행의 수단으로써는 대집행, 집행벌, 직접강제 및 행정상 강제징수의 4종류의 방법을 규정하고 있다. 그러나 현재에는 대집행과 행정상 강제징수만이 일반적으로 인정되고 있으며, 집행벌과 직접강제는 개별법에 규정이 있는 때에만 예외적으로 인정되고 있다는 사실을 주목하여야 할 것이다.

1. 대집행

1) 의 의

대집행이라 함은 행정법상의 대체적 작위의무를 의무자가 스스로 이행하지 아니한 경우에, 행정청이 의무자가 하여야 할 행위를 의무자를 대신하여 스스로 하거나 또는 제3자로 하여금 의무자의 부담으로 하도록 함으로써 의무의 이행이 있는 것과 같은 상태를 실현시키는 것을 말한다. 대집행은 이를 행정청 스스로 하는 경우 외에 제3자를 시켜 하는 경우를 포함하는데, 전자를 '자기집행'이라 하고, 후자를 '타자집행'이라고 한다.[4] 이 대집행은 행정의무의 불이행에 대한 강제집행수단으로써 흔히 사용되고 있는 제도이다.

대집행은 비금전적인 대체적(代替的) 작위의무의 불이행의 경우에 대처하기 위한 수단이라는 점에서 다 같은 행정상 강제집행의 수단인 집행벌 · 행정상 강제징수 등과 구별된다. 그리고 대집행과 직접강제는 대체적 작위의무가 대집행의 대상도 되고 직접강제의 대상도 될 수 있다는 점에서 그 대상에 있어서 일부 중복된다. 그러나 양자는 직접 실력을 행사하는가의 여부에 차이가 있다. 대집행도 그 내용인 사실행위의 수행에 대한 저항을 배제하기 위하여 불가피한 최소한의 실력을 사용하는 경우가 있으나, 그 실력은 부차적인 것에 불과하다.[5]

2) 대집행의 근거

대집행에 관한 일반법으로는 행정대집행법(이하 "법"이라 한다)이 있다. 그 밖에 개별 법률로서 「공익사업을 위한 토지 등의 취득 및 보상에 관한 법률」 및 건축법 등이 대집행의 근거를 규정하는 경우가 있으나, 그 절차나 방법 등에 관하여는 행정대집행법을 준용하고 있다.

다음에서는 행정대집행법을 중심으로 대집행의 주체와 요건 · 절차 및 그에 대한 권리구제 등을 살펴보고자 한다.

---

4) 김남진 · 김연태, 상게서, 484면; 류지태, 상게서, 314면; 석종현, 상게서, 467면.

5) 김철용, 「행정법 Ⅰ」, 박영사, 2005, 384면.

3) 대집행의 주체

대집행권자는 당초에 의무를 명한 처분청이다. 따라서 대집행의 주체는 행정법상의 의무를 부과한 당해 행정청이다(법 제2조). 여기의 '당해 행정청'은 처분청 또는 관할 행정청을 의미한다고 해석된다. 그것은 국가기관일 수도 있고, 지방자치단체의 기관일 수도 있다. 행정청의 위임을 받아 대집행을 실행하는 '제3자'는 대집행의 주체가 아니다.[6)]

4) 대집행의 요건

대집행을 하려면, ① 법령이나 처분에 의하여 부과된 대체적 작위의무의 불이행에 대하여, ② 다른 수단으로써는 그 의무의 이행을 확보하기 곤란하고, ③ 그 불이행을 방치함이 심히 공익을 해할 것으로 인정되는 경우 등의 요건을 갖추어야 한다(법 제2조).

(1) 대체적 작위의무의 불이행

대집행은 대체적 작위의무의 불이행, 즉 '타인이 대신하여 행할 수 있는 행위'를 이행하지 아니한 경우에 한정하여 가능하다. 그 의무는 법령에 의하여 부과된 것이거나 법령에 근거한 처분에 의하여 부과된 것이어야 한다(법 제2조).

(2) 다른 수단에 의한 의무이행확보의 곤란

대집행은 다른 수단으로는 행정법상 의무자의 의무이행을 확보하기 어려운 경우에만 가능하다. 여기에서 '다른 수단'이라 함은 의무자의 신체 · 재산에 대한 침해가 대집행보다 경미한 수단만을 의미하며, 이는 비례의 원칙을 적용한 것으로서 특히 보충성의 원칙을 강조한 것이다. 따라서 직접강제나 행정벌은 여기에 해당되지 아니한다.

(3) 불이행의 방치의 공익저해성

대집행은 사인의 행정상 의무의 불이행을 방치하는 것이 '심히 공익을 해할 것'으로 인정될 때에 할 수 있다. 이 요건은 구체적인 경우에 있어서 공익과 사익의 비교형량을 요구하는 것이다.

(4) 재량문제 · 입증책임

대집행요건의 충족 여부 및 대집행의 요건을 충족한 경우에 대집행을 할 것인가의 여부에 대한 판단에 행정청의 재량권이 인정되는지의 여부에 관하여는 견해가 대립되고 있지만, 법정의 요건을 갖춘 경우에 그 불이행을 방치하는 것이 심히 공익을 해할 것으로 인정되는 한 행정청은 기속적으로 대집행을 할 의무가 있다고 보아야 한다. 따라서 이 요건의 존부에 대하여는 전면적인

---

6) 김남진 · 김연태, 전게서, 485면.

사법심사의 대상이 된다고 보아야 할 것이다.[7] 그러나 대집행은 원칙적으로 재량처분이라고 보는 견해도 있다.[8] 그리고 대집행의 요건을 충족하고 있는가의 여부에 관한 입증책임은 처분행정청에 있다고 보는 것이 옳다.[9]

5) 대집행의 절차

행정대집행법의 규정에 의하면 대집행은 계고, 대집행영장에 의한 통지, 대집행의 실행 및 비용징수 등 4단계를 거쳐 행하도록 되어 있다.

(1) 계 고

대집행을 하려면 상당한 이행기한을 정하여 그 기한까지 이행되지 아니할 때에는 대집행을 한다는 뜻을 미리 문서로써 계고(戒告)하여야 한다(법 제3조 제1항).

다만, 비상시 또는 위험이 절박한 경우에 있어서 당해 행위의 급속한 실시를 요하여 계고의 절차를 취할 여유가 없을 때에는 그 절차를 거치지 아니하고 대집행을 할 수 있다(법 제3조 제3항). 여기의 '계고'는 대집행의 실시를 예고하는 통지이지만 그에서 정한 이행기일의 경과 후에는 대집행의 수인의무를 발생시킨다는 점에서, 준법률행위적 행정행위에 해당한다고 보는 것이 통설・판례의 태도이다. 따라서 위법한 계고에 대하여는 취소소송 등을 제기할 수 있다.[10]

(2) 대집행영장에 의한 통지

의무자가 계고를 받고 지정기한까지 그 의무를 이행하지 아니할 때에는 당해 행정청은 대집행영장으로써 대집행의 시기, 대집행을 시키기 위하여 파견하는 집행책임자의 성명과 대집행에 요하는 비용의 개산(概算)에 의한 견적액을 의무자에게 통지하여야 한다(법 제 3조 제2항). 다만, 비상시 또는 위험이 절박한 경우에 있어서 당해 행위의 급속한 실시를 요하여 계고의 절차를 거칠 여유가 없을 때에는 대집행영장에 의한 통지절차를 거치지 아니하고 바로 대집행을 할 수 있다(법 제3조 제3항).

대집행영장에 의한 통지는 대집행을 하겠다는 의사를 구체적으로 통지하는 행위로서 그에 따라 의무자에게는 대집행의 수인의무가 발생하고, 행정청은 대집행의 실행권을 가지게 되는 효과를 발생시키므로 그것은 준법률행위적 행정행위로서,[11] 행정소송의 대상이 되는 처분의 성질을 가진다.[12]

---

7) 류지태, 전게서, 314-315면; 박균성, 전게서, 385면; 석종현, 전게서, 469면.
8) 김동희, 전게서, 439면.
9) 대판 1993.9.14, 92누16690; 대판 1996.10.11, 96누8086.
10) 김동희, 전게서, 440면.
11) 홍정선, 전게서, 420면.
12) 김동희, 전게서, 441면.

(3) 대집행의 실행

의무자가 대집행영장에 의한 통지를 받고도 대집행영장에 기재된 대집행의 시기까지 의무를 이행하지 아니한 경우에는, 행정청은 스스로 의무자가 하여야 할 행위를 하거나 또는 제3자로 하여금 의무자가 하여야 할 행위를 하게 할 수 있다. 이를 '대집행의 실행'이라 하고, 이것이 대집행의 중심을 형성한다. 그리고 대집행의 실행은 권력적 사실행위의 성질을 가진다.[13]

제3자에 의한 타자집행의 경우 행정청과 제3자 사이의 법률관계의 성질에 관하여는 견해가 대립되고 있는데, 사법상의 도급계약관계로 보는 것이 타당하다.[14] 그리고 대집행의 실행과정에 당사자가 저항하는 경우에 이를 실력으로 배제할 수 있는가에 대하여는 견해가 대립되지만, 필요한 한도 내에서 저항의 배제에 부득이한 최소한의 실력행사는 이를 대집행에 수반되는 기능으로 인정할 수 있다는 견해가 타당할 것이다.[15]

대집행을 하기 위하여 현장에 파견되는 집행책임자는 그가 집행책임자라는 것을 표시한 증표를 휴대하여 대집행을 실행할 때에 이해관계인에게 제시하여야 한다(법 제4조).

(4) 비용징수

대집행은 원래 의무자가 이행하여야 할 행위를 행정청 또는 제3자가 대신하는 것이므로 그 비용은 의무자가 부담하여야 한다. 따라서 행정청은 대집행의 실행이 끝난 후에 의무자로부터 그 비용을 징수하여야 한다. 대집행에 요한 비용의 징수에 있어서는 실제에 요한 비용액과 그 납기일을 정하여 의무자에게 문서로써 그 납부를 명하여야 한다(법 제5조).

의무자가 납부명령서를 받고도 임의로 납부하지 아니하는 때에는 국세징수법의 예에 의하여 강제징수한다(법 제6조 제1항). 대집행비용에 대하여서는 행정청은 사무비의 소속에 따라 국세에 다음가는 순위의 선취특권을 가진다(동조 제2항). 대집행비용을 징수하였을 때에는 그 징수금은 사무비의 소속에 따라 국고 또는 지방자치단체의 수입으로 한다(동조 제3항).

(5) 하자의 승계

대집행을 형성하는 각 단계의 절차는 각각 독립된 목적을 가진 것은 아니고, 서로 결합하여 대집행이라는 하나의 효과를 완성하는 행위이므로 그 상호간에 있어서는 하자의 승계가 인정된다고 보아야 한다.

---

13) 김남진 · 김연태, 전게서, 441면; 류지태, 전게서, 315면; 석종현, 전게서, 472면.

14) 홍정선, 전게서, 420-421면; 홍준형, 「행정법총론」, 한울아카데미, 1997, 547면.

15) 김남진 · 김연태, 전게서, 441면; 김동희, 전게서, 442면; 류지태, 전게서, 315-316면; 박윤흔 · 정형근, 전게서, 512면; 홍정선, 상게서, 421면.

6) 대집행에 대한 권리구제

대집행에 대하여 불복이 있는 자는 손해배상을 청구할 수 있으며, 행정심판과 행정소송을 제기할 수도 있다.

(1) 국가배상

대집행이 종료된 후 의무자는 당해 대집행의 위법을 이유로 손해배상을 청구할 수 있다.

(2) 행정쟁송

대집행에 대하여 불복이 있는 자는 행정심판을 제기할 수 있다(법 제7조). 그리고 대집행에 대한 행정심판의 제기가 법원에 대한 출소(出訴)의 권리를 방해하지 아니한다(법 제8조). 행정대집행법 제8조는 출소가능성을 규정한 것이며, 행정심판의 필요적 전치주의를 규정한 것은 아니다. 따라서 대집행에 대하여 불복이 있는 자는 행정심판과 행정소송 등의 행정쟁송의 절차에 의하여 구제받을 수 있다.

2. 집행벌

1) 의 의

집행벌이라 함은 행정법상 주로 비대체적 작위의무 또는 부작위의무의 불이행에 대하여 그 의무이행을 간접적으로 강제하기 위하여 일정한 기간 내에 이행하지 아니할 때에는 일정한 금전의무를 부과한다는 뜻을 미리 예고함으로써 의무자에게 심리적 압박을 가하여 의무자로 하여금 스스로 의무를 이행하도록 하는 강제집행의 수단을 말한다. 그러나 실정법에서는 '이행강제금'으로 규정하고 있다. 그 성질상 대체적 작위의무의 불이행의 경우에도 그 대상이 될 수 있는 강제수단이다.[16]

집행벌의 필요성은 부과에 있어 행정(형)벌과 같은 엄격한 절차가 요구되지 않으므로 신속하게 행정목적을 달성하는 데에 용이하고, 이기주의적인 의무위반자에 대하여 효율적으로 대응할 수 있다는 점에서 인정되고 있다.[17]

2) 집행벌의 법적 성질

대집행 · 직접강제가 직접적 · 물리적 강제수단인 데 대하여, 집행벌은 간접적 · 심리적으로 의무이행을 강제하는 수단이다. 그리고 집행벌은 장래의 의무이행을 확보하기 위하여 과하여지는

---

16) 김철용, 전게서, 390면.

17) 김남진 · 서정범, 「경찰법」. 화학사, 1998, 273면.

행정상 강제집행의 수단으로써, 그것은 과거의 의무의반에 대한 제재로서 과하여지는 행정벌과는 구별된다. 이와 같이 집행벌과 행정벌은 그 성질 · 목적을 달리하므로 병과될 수 있다. 또한 집행벌은 실력적 사실행위가 아니라 행정행위라는 점에서 행정상 즉시강제나 직접강제 등과 구별된다.

집행벌은 일정한 금전적 부담의 부과라는 심리적 압박에 의하여 장래에 향하여 행정상의 의무이행을 확보하려는 것이므로 그 의무이행이 있기까지는 반복적으로 부과할 수 있지만, 행정벌은 의무위반에 대하여 1회만 부과할 수 있다.

3) 집행벌의 대상

대체적 작위의무에 대하여는 대집행이 가능하므로 대체적 작위의무에 대하여 집행벌을 인정할 필요가 없다고 보는 견해가 일반적이다. 그러나 경우에 따라서는 집행벌이 대집행보다 의무를 이행시키는 데 더욱 실효성 있는 수단이 될 수 있으므로 대체적 작위의무에 대하여도 집행벌을 인정하는 것이 타당하다고 볼 수 있다.[18] 헌법재판소도 이행강제금이 대체적 작위의무의 위반에 대하여 부과될 수 있다고 본다.[19] (구)건축법 제69조의 2도 건축물의 철거 · 개축 · 증축 등 대체적 작위의무에 대하여 집행벌(이행강제금)을 인정하고 있다.

4) 집행벌의 법적 근거

집행벌(이행강제금)의 부과는 권력적 · 침익적 행위이므로 반드시 법적 근거가 필요하다. 현재 집행벌에 관한 일반법은 없고, 건축법(제80조) · 농지법(제62조) 및 「부동산 실권리자명의 등기에 관한 법률」(제10조) 등 각 개별법에서 이를 규정하고 있다.

5) 집행벌의 부과절차

이행강제금의 부과절차는 각 개별법에서 정하고 있다. 건축법상의 이행강제금의 부과절차는 다음과 같다.[20]

시장 · 군수 · 구청장은 대지 또는 건축물이 건축법이나 건축법에 근거한 명령이나 처분에 위반한 경우에는 건축주 등에 대하여 그 공사의 중지를 명하거나 상당한 기간을 정하여 건축물의 철거, 개축, 증축, 수선 등 시정의무를 명할 수 있다. 건축주 등이 시정기간 내에 당해 시정의무를 이행하지 아니한 경우에는 당해 시정의무의 이행에 필요한 상당한 이행기간을 정하여 통지하고, 그 기한까지 시정의무를 이행하지 아니한 경우에는 법정의 이행강제금을 부과한다(동법 제80조 제11항).

---

18) 박균성, 전게서, 390면.

19) 헌재결 2004.2.26, 2001헌바80 · 84 · 102 · 103 : 2002헌바26(병합).

20) 박균성, 전게서, 391면.

시장 · 군수 · 구청장은 이행강제금을 부과하기 전에 이행강제금을 부과 · 징수한다는 뜻을 미리 문서로써 계고하여야 한다(동조 제2항). 1년에 2회 이내의 범위 안에서 당해 시정명령이 이행될 때까지 반복하여 이행강제금을 부과 · 징수할 수 있다(동조 제4항). 시정명령을 받은 자가 시정명령을 이행한 경우에는 더 이상 이행강제금을 부과하지 않으며, 이미 부과된 이행강제금은 이를 징수한다.

6) 집행벌에 대한 불복제도

현행법상 집행벌(이행강제금)에 대한 불복절차로는 다음의 두 유형이 있다.

(1) 비송사건절차법에 의한 불복절차

이행강제금의 부과처분에 불복하는 자는 이의를 제기할 수 있는 것으로 규정하고, 이의를 제기한 경우에는 비송사건절차법에 의하여 이행강제금을 결정하는 것으로 규정하고 있는 경우가 있다(농지법 제62조). 이와 같이 이행강제금의 부과처분에 대하여 비송사건절차법에 의한 특별한 불복절차가 마련되어 있는 경우에는 이행강제금의 부과처분은 항고소송의 대상이 되는 처분이 아니다.[21)]

(2) 행정쟁송

이행강제금의 부과처분에 대한 불복방법에 관하여 아무런 규정을 두고 있지 않은 경우에는 이행강제금의 부과처분은 행정행위이므로 행정심판법 및 행정소송법에 의한 행정심판 또는 행정소송을 제기할 수 있다(건축법 제69조의2).

3. 직접강제

1) 의 의

직접강제라 함은 행정법상의 의무불이행에 대한 최후의 의무이행확보수단으로써, 행정법상의 의무자의 의무위반 또는 의무불이행에 대하여 행정권이 직접 의무자의 신체 또는 재산에 실력을 가하여 행정상 필요한 상태를 실현하는 작용을 말한다.

직접강제는 행정상 강제집행의 하나의 수단이라는 점에서, 제재수단인 행정벌이나 의무의 존재를 전제로 하지 아니하는 행정상 즉시강제와 구별된다. 이 직접강제와 동일한 행정상 강제집행의 수단인 대집행 · 집행벌 등과의 차이점에 관하여는 이미 대집행과 집행벌의 성질에서 언급한 바와 같으며, 직접강제는 권력적 사실행위이다.

---

21) 대판 2000.9.22, 2000두5722.

2) 직접강제의 대상

직접강제의 대상이 되는 의무는 대체적 작위의무 · 비대체적 작위의무, 금전 이외의 급부의무, 부작위의무, 수인의무 등 모든 의무이다. 그렇지만 대체적 작위의무에 대하여 대집행이 가능한 경우에는 비례의 원칙상 직접강제는 인정되지 않는다고 보아야 한다. 그리고 금전급부의무는 행정상 강제징수에 의하여 이행하도록 하기 때문에 직접강제의 대상에서 제외된다.

3) 직접강제의 법적 근거

직접강제는 엄격한 법률의 근거가 있어야만 가능하다. 이는 의무자의 신체 또는 재산에 대한 침해의 정도가 강하기 때문에 당연히 법률의 근거가 있을 때에만 직접강제에 의하여 의무확보를 하기 위한 최후의 수단으로써 동원되어야 하기 때문이다.

우리나라에서 직접강제에 관한 일반법은 존재하지 아니하고, 개별 법률에 규정이 있을 때에만 이 수단을 사용할 수 있다. 경찰관직무집행법이 규정한 직접강제의 예로는 위험방지조치 중 관계인에게 위험방지상 필요하다고 인정되는 조치를 명하였으나 이에 응하지 아니한 경우에 경찰관 스스로 취하는 절차가 있고(동법 제5조 제1항 제3호). 그 외에 개별법에서 규정하고 있는 실례로는 영업장 또는 사업장의 폐쇄(먹는물관리법 제48조 제1항). 외국인의 강제퇴거(출입국관리법 제46조) 등이 있다.

4) 직접강제의 절차

직접강제에 관하여 일반적으로 규정한 절차는 없다. 그러나 직접강제를 규정한 개별 법률에서 특별한 절차를 규정하고 있을 때에는 그 절차에 따른다.

5) 직접강제의 한계

직접강제는 행정상의 강제집행의 수단 중에서 국민의 기본권을 가장 크게 제약하는 것이기 때문에 다른 강제집행수단으로 의무이행을 강제할 수 없을 때 최후의 수단으로 인정되어야 하는 제도이다. 현행법도 기본권존중의 견지에서 개별법에서 예외적으로 허용하고 있을 뿐이다. 한편, 직접강제에는 비례의 원칙 및 적법절차의 원칙에 따라 엄격한 실체법적 · 절차법적 통제를 받아야 한다.

그리고 행정상 강제집행의 최후수단으로서 직접강제권을 행사하여야 하는 경우에도 기본권보장이라는 관점에서 권리침해가 없도록 사전장치와 사후구제장치에 대하여 면밀한 검토를 하여야 함은 물론이고, 직접강제에 의하여 실현되어야 할 법익과 강제에 대하여 수호되어야 할 법익을 비교형량하여야 할 것이다.[22)]

---

22) 석종현, 전게서, 480면.

6) 직접강제에 대한 권리구제

직접강제에 대한 권리구제제도로서는 국가배상청구와 행정쟁송 등이 있다.

(1) 국가배상

직접강제가 종료된 후 위법한 직접강제로 인하여 손해를 입은 자는 법정의 요건을 갖춘 경우에 국가배상을 청구할 수 있다.

(2) 행정쟁송

직접강제는 권력적 사실행위이기 때문에 행정심판법 · 행정소송법 등 행정쟁송법상의 '처분'에 해당된다고 보아 위법 · 부당한 직접강제를 대상으로 한 행정심판의 청구를 할 수 있고, 위법한 직접강제에 대하여는 행정소송을 제기하는 등 행정쟁송절차를 통하여 침해된 권익의 구제를 받을 수 있다.

4. 행정상의 강제징수

1) 의 의

행정상 강제징수라 함은 국민이 행정법상의 금전급부의무를 이행하지 아니한 경우에 행정청이 의무자의 재산에 실력을 가함으로써 그 의무가 이행된 것과 동일한 상태를 실현하는 작용을 말한다.

국민은 조세납부의무 등 공법상 금전급부의무를 부담하는 경우가 많은데, 그 불이행에 대하여 행정청이 법률이 정하는 바에 따라 강제적으로 징수함으로써 금전급부의무를 자력으로 실현시키는 제도가 행정상 강제징수이다. 작위 · 부작위 또는 수인의무를 강제하기 위한 수단인 대집행, 직접강제, 이행강제금과는 달리 강제징수는 금전급부의무의 불이행에 대한 강제수단이다.

2) 행정상 강제징수의 법적 근거

국세징수법(다음부터 법이라 하면 이것을 말한다)은 원래 국세의 징수에 관한 법이지만, 다른 법률에서 국세징수법의 체납처분의 예에 의하도록 규정하고 있기에 동법은 행정상 강제징수에 관하여 사실상 일반법으로서의 지위를 점하고 있다. 따라서 지방세기본법 · 관세법 · 「공익사업을 위한 토지 등의 취득 및 보상에 관한 법률」 · 「보조금의 예산 및 관리에 관한 법률」 등 많은 법률이 국세체납처분의 예에 따라 강제징수하도록 규정하고 있으므로 동법이 적용된다.

3) 행정상 강제징수의 절차

국세징수법에 의한 강제징수는 독촉과 체납처분으로 이루어지며, 체납처분은 다시 재산압류,

압류재산의 매각, 청산의 3단계의 절차를 거치도록 되어 있다. 일반적으로 다수학설과 판례는 과세처분과 체납처분의 경우와는 달리, 이러한 일련의 절차들은 서로 결합하여 하나의 동일한 법적 효과를 완성하기 때문에 선행행위의 위법적인 하자는 후행행위에 승계된다고 본다.[23)]

(1) 독 촉

국세를 그 납부기한까지 완납하지 아니하였을 때에는 세무서장은 납부기한이 지난 후 10일 내에 독촉장을 발급하여야 하고, 독촉장을 발급할 때에는 납부기한을 발급일로부터 20일 내로 한다(법 제23조 제1항, 제3항). 제2차 납세의무자가 체납액을 그 납부기한까지 완납하지 아니하였을 때에는 10일 내에 납부최고서를 발급하여야 한다(동조 제2항).

여기의 독촉(督促)이란 상당한 이행기간을 정하여 의무자에게 금전급부의무의 이행을 최고하고, 일정한 기한까지 그 의무가 이행되지 않을 경우에는 체납처분을 할 뜻을 예고하는 통지행위로서, 준법률행위적 행정행위에 해당한다. 이러한 독촉은 이후 체납처분의 전제요건을 충족시키고, 또한 채권의 소멸시효의 진행을 중단시키는 법적 효과가 있다.[24)]

(2) 체납처분

체납처분은 재산압류 · 압류재산의 매각 · 청산 등 3단계의 절차를 거쳐 행하여진다.

(가) 재산압류

압류(押留)란 체납자가 재산을 사실상 · 법률상으로 처분하는 것을 금지함으로써 체납액의 징수를 확보하는 강제행위이다. 압류는 의무자가 독촉장 또는 납부최고서를 받고도 지정된 기한까지 국세와 가산금을 완납하지 아니한 때, 기타 법정사유가 있을 때에는 의무자의 재산을 압류한다(법 제24조).

압류할 수 있는 재산은 체납자의 소유로서 금전적 가치를 가지며 양도성이 있는 모든 재산이다. 그러나 체납자의 최저생활의 보장 · 수학의 계속 · 생업유지 등의 관점에서 생활상 불가결한 의복 · 식품 · 가구 · 농어구 · 임금 · 급여 등은 압류가 금지 또는 제한된다(법 제31조~제33조). 압류방법은 압류대상재산에 따라 각각 다르다(법 제38조, 제41조, 제45조, 제46조, 제51조).

압류의 기본적 효력은 압류된 재산의 사실상 · 법률상의 처분을 금지시키는 데 있다. 질권이 설정된 재산이 압류되면 질권자에게는 질물인도의무가 발생한다(법 제34조). 압류의 효력은 압류재산의 천연과실 · 법정과실에도 미친다(법 제36조). 압류의 효력은 재판상의 가압류 · 가처분 또는 체납자의 사망이나 법인합병 등의 영향을 받지 아니한다(법 제35조, 제37조).

---

23) 김남진 · 김연태, 전게서, 498면; 류지태, 전게서, 319면; 박윤흔 · 정형근, 전게서, 518면.

24) 김동희, 전게서, 449면.

(나) 압류재산의 매각

매각은 체납자의 압류재산을 금전으로 환가(換價)하는 것을 의미한다. 압류재산은 통화를 제외하고는 매각하여 금전으로 환가하여야 한다. 매각의 방법은 공정성을 기하기 위하여 입찰 또는 경매 등 공매(公賣)에 의하는 것이 원칙이나(법 제61조), 예외적으로 수의계약에 의하는 경우도 있다(법 제62조). 세무서장은 한국자산관리공사에 매각을 대행시킬 수도 있다(법 제61조). 공매의 법적 성질에 관하여 판례는 이를 처분으로 보고 있다.[25] 한편 세무서장과 한국자산관리공사 사이의 법적 관계를 위임의 성질을 가지는 것으로 본다.[26]

(다) 청 산

청산이란 체납처분에 의하여 수령한 금전을 체납세금, 기타의 공과금, 담보채권 및 체납자에게 배분하는 행정작용을 말한다. 따라서 압류한 금전, 압류재산의 매각대금 등은 체납자가 납부할 세금과 가산금, 체납처분비 기타의 채권 등에 배분한다(법 제80조, 제81조 제1항). 배분 후 잔여금이 있으면 체납자에게 지급하고 부족하면 법령에 따라 배분순위와 금액을 정한다(법 제81조 제3항, 제4항). 배분에 있어서는 국세관계채권(국세 · 가산금과 체납처분비)은 다른 공과금이나 그 밖의 채권에 우선하고(국세기본법 제35조), 한편 국세관계채권 속에서도 체납처분비 · 국세 · 가산금의 순위로 배분된다(국세징수법 제4조). 세무서장은 배분을 할 때에는 배분계산서를 작성하고 이를 체납자에게 교부하여야 하는데, 체납처분은 배분계산서를 작성함으로써 종결된다(국세징수법 제83조 제1항, 제2항).

청산은 압류, 공매처분과 마찬가지로 항고소송의 대상이 되는 처분이다.

(라) 체납처분의 중지 및 결손처리

체납처분의 목적물인 총재산의 추산가격이 체납처분비에 충당하고 남을 여지가 없을 때에는 체납처분을 중지하여야 한다(국세징수법 제85조). 이 경우 세무서장은 결손처분을 할 수 있으며(국세징수법 제86조), 이로써 납세의무는 소멸한다(국세기본법 제26조).

(마) 교부청구

납세의무자가 체납처분 · 강제집행 · 파산선고를 받거나, 경매가 개시되거나, 법인이 해산한 때에는 세무서장은 징수할 국세 · 가산금 · 체납처분비의 교부를 관계기관에 청구하여야 한다(법 제56조, 제60조).

---

25) 대판 1984.9.25, 84누201.

26) 대판 1997.2.28, 96누1757.

4) 행정상 강제징수에 대한 불복에 의한 구제

독촉 · 체납처분 등 행정상 강제징수에 대하여 불복이 있는 자는 행정심판 · 행정소송 등 행정쟁송을 제기하여 그 취소 등을 구할 수 있다. 다만, 행정심판에 대하여는 국세기본법이 특별규정을 두어, 이의신청 · 심사청구와 심판청구절차를 규정하고 있으며(국세기본법 제55조 이하), 그 한도에서 일반법으로서의 행정심판법의 적용은 배제되고 있다. 국세기본법은 이른바 행정심판전치주의를 취하여 행정소송은 이러한 절차 중 심사청구 또는 심판청구의 어느 하나를 거치지 않으면 제기할 수 없도록 하고 있다(동법 제56조 제2항).

한편, 조세부과처분과 그 강제징수절차인 독촉처분 · 압류처분 · 공매처분 · 청산처분은 각각 그 목적을 달리하는 것이어서 이 처분 사이에는 하자의 승계가 부인되는 데 대하여, 독촉처분 · 압류처분 · 공매처분 · 청산처분은 조세채권의 강제적 실현이라는 동일한 목적을 위한 일련의 행정처분이기 때문에 하자의 승계가 인정된다고 본다. 따라서 압류처분의 위법을 이유로 청산처분의 취소를 청구할 수 있다.[27]

27) 김동희, 전게서, 451면.

제3절 행정상의 즉시강제

Ⅰ. 행정상 즉시강제의 의의

1. 개 념

행정상 즉시강제라 함은 목전에 급박한 행정상의 장해를 제거하여야 할 필요가 있는 경우, 미리 의무를 명할 시간적 여유가 없을 때 또는 그 성질상 의무를 명함에 의하여는 목적을 달성할 수 없을 때에 직접 국민의 신체 또는 재산에 실력을 가하여 행정상의 필요한 상태를 실현하는 작용을 말한다. 즉 행정상 즉시강제는 목전에 급박한 위험으로부터 개인을 보호하거나, 위험을 방지하고자 하는 데에 목적이 있다.

2. 행정상 즉시강제와 구별되는 개념

행정상의 즉시강제는 행정상의 강제집행과 행정조사 및 행정벌과 다음과 같은 점에서 구별된다. 즉 ① 행정상 즉시강제는 행정상의 의무존재를 요하지 않고 의무불이행을 전제로 하지 않는다는 점에서, 직접강제와 행정상 강제집행과 다르다. ② 또한 행정상 즉시강제는 행정상 필요한 상태를 실현하기 위한 목적을 갖는 점에서, 정보나 자료의 수집을 목적으로 하는 행정조사와 차이가 있다. ③ 그리고 행정상 즉시강제는 행정상 필요한 상태의 실현을 위한 작용이지만, 행정벌은 과거의 의무위반에 대하여 가해지는 제재인 점에서 구별된다.

3. 행정상 즉시강제의 법적 성질

행정상의 즉시강제는 사실행위로서의 성질을 갖는다. 그러나 당사자의 신체나 재산에 대한 실력행사인 점에서, 단순한 비권력적 사실행위가 아니라 권력적 성질을 갖는 사실행위로서 평가되고 있다. 따라서 처분개념에 관한 어느 입장에 따르든 행정쟁송의 대상인 처분성이 인정되고 있다.[28]

---

28) 류지태, 전게서, 321면.

Ⅱ. 행정상 즉시강제의 근거와 한계

1. 즉시강제의 근거

1) 이론적 근거

행정상 즉시강제의 이론적 근거는 과거에 독일의 경찰행정분야에서 '국가긴급방위권'의 이론에서 찾을 수 있다. 즉 공공의 안녕과 질서에 대한 급박한 위해가 존재하는 경우에 국가는 그러한 위해를 제거하고 공공의 안녕과 질서를 유지할 자연법적 권리를 가지기 때문에, 국가는 법률적 근거 없이도 즉시강제를 할 수 있는 것으로 보았다.

그러나 오늘날은 이 즉시강제가 기본권에 직접 관련된 점에 비추어 보아 과거와 같이 국가긴급방위권의 이론에 의하여 정당화되지 못하고 법치주의의 요청에 따라 엄격한 법적 근거가 있어야만 허용된다고 보아야 할 것이다.

2) 실정법적 근거

행정상 즉시강제에 관한 실정법적 근거로는 경찰관의 직무집행과 관련된 즉시강제에 대하여는 경찰관직무집행법이 일반법으로서의 지위를 가지며, 그 밖에 「마약류관리에 관한 법률」· 소방기본법 · 식품위생법 · 전염병예방법 등 많은 개별법에 그 근거규정이 있다.

2. 즉시강제의 한계

행정상 즉시강제는 전형적 침익행정이므로 즉시강제를 위해서는 반드시 법적 근거가 있어야 한다. 이를 법규상의 한계라고도 한다.

또한 즉시강제는 요건의 판단이나 실력행사의 정도 · 형태 · 방법 등에 관하여는 행정청에 광범위한 재량권이 부여되어 있다고 볼 수 있으므로 조리상의 한계 내에서 행사되어야 한다. 다시 말하여, 행정상의 즉시강제가 발동되기 위하여는 그 성질 · 목적 등과 관련하여 다음과 같은 한계가 있다. 즉 ① 행정상 장해가 목전에 급박하여야 하고(급박성), ② 다른 수단으로는 그 행정목적의 달성이 곤란하며(보충성), ③ 이러한 요건이 충족되는 경우에도 그 행사는 필요한 최소한도에 그쳐야 한다(비례원칙)는 것이다.[29] 끝으로, 행정상의 즉시강제는 사회공공의 안녕과 질서유지를 위하여 소극적으로 필요한 범위 내에서만 행사되어야 한다는 소극성의 원칙이라는 한계도 지켜야 할 것이다.

---

29) 김동희, 전게서, 464면.

Ⅲ. 행정상 즉시강제와 영장주의

1. 헌법상의 영장주의가 즉시강제에 적용되는가의 문제

행정상 즉시강제는 마약중독자의 강제격리 · 수용과 같이 사람의 신체를 구속하기도 하고, 위생검사를 위하여 가택에 출입하는 등 개인의 재산에 실력을 가하는 권력작용이기 때문에 개인의 권리와 이익에 대한 침해가 항상 우려된다.

이러한 점에서 행정상 즉시강제에도 그 절차상 헌법이 규정하고 있는 영장주의(헌법 제12조, 제13조, 제16조)가 적용되는가에 대하여는 명문규정이 없으므로 이론으로 해결하여야 할 문제이다. 즉 헌법상 영장주의가 행정상 즉시강제에 적용되는가에 대하여는 영장불요설(소극설), 영장필요설(적극설), 절충설 등 학설이 대립하고 있다.

2. 학 설

1) 영장불요설

영장불요설(令狀不要說)의 입장은 헌법상의 영장제도는 형사사법권의 행사로부터 국민의 기본권을 보장하기 위한 것이므로 행정권의 발동인 행정상 즉시강제에는 법률에 특별한 규정이 없는 한, 원칙적으로 영장주의는 적용되지 않는다는 견해이다.[30)]

2) 영장필요설

영장필요설(令狀必要說)은 헌법의 영장주의는 널리 국가권력의 부당한 행사로부터 국민의 자유와 권리를 보장하기 위한 제도이므로 영장제도가 형사작용에만 적용된다는 명문의 규정이 없는 한, 이 영장주의는 행정상 즉시강제에도 일반적으로 적용되어야 한다는 견해이다. 다시 말하면, 헌법상의 영장주의를 형사사법권의 발동에만 한정하여 적용하는 것으로 해석하는 경우 헌법규정을 부당하게 축소해석하여 국민의 기본권을 침해하는 결과를 가져올 수 있기 때문에 행정상 즉시강제에도 영장제도는 적용된다고 보는 입장이다.[31)]

3) 절충설

절충설은 헌법상의 영장주의는 형사사법권의 행사뿐만 아니라 행정권의 행사에도 일반적으로 적용되어야 할 것이나, 행정상 즉시강제의 특수성으로 보아 행정목적의 달성을 위하여 불가피한

---

30) 문홍주, 「한국헌법」. 해암사, 1985, 234면; 한동섭, 「헌법」. 향학사, 1964, 131면; 김성수, 전게서, 473면.
31) 김기범, 「한국헌법」. 교문사, 1973, 165면.

경우나 합리적인 사유가 존재하는 경우에는 영장주의에 대한 예외를 인정하여야 한다는 견해이다.[32] 판례도 같은 입장이다.[33]

3. 결 어

행정상 즉시강제에 관한 영장주의의 적용문제에 대하여, 현행 헌법이 적법절차조항을 신설한 점에 비추어 보아 기본적으로 영장주의를 인정하면서 행정상 즉시강제의 특수성을 고려한 절충설의 입장이 타당하다고 본다.

따라서 행정상 즉시강제가 인정되는 시간상 이유와 성질상 이유를 나누어, 전자의 경우는 사후영장제도를 활용하는 것이 바람직하고, 후자의 경우는 사전영장주의의 적용이 엄격한 요건 아래에서 이루어진다고 보는 것이 타당하다. 그리고 행정상 즉시강제에 있어서 영장의 필요 혹은 불필요라는 획일적 판단을 떠나 행정상 즉시강제의 발동요건을 더욱 엄격하게 해석하는 것이 무엇보다 바람직하다.[34]

Ⅳ. 현행법상의 즉시강제의 수단

현행법이 정한 행정상 즉시강제의 수단은 경찰상의 즉시강제에 관한 일반법으로서의 경찰관직무집행법과 그 이외의 각 개별법에 규정되어 있다. 행정상 즉시강제의 수단은 대상에 따라 대인적 강제, 대물적 강제, 대가택강제로 나눌 수 있는데, 이를 짚어보면 다음과 같다.

1. 대인적 강제

대인적 강제란 사람의 신체에 실력을 가하여 행정상 필요한 상태를 실현하는 행정작용이다. 이러한 대인적 강제는 경찰관직무집행법에 의한 경우와 기타 개별적인 행정법규에 의한 경우가 있다.

1) 경찰관직무집행법상의 대인적 강제

경찰관직무집행법이 규정하고 있는 대인적 강제조치로써는, 불심검문(동법 제3조), 보호조치(동법 제4조), 위험발생방지조치(동법 제5조), 범죄예방과 제지조치(동법 제6조), 사실확인(동법

---

32) 김남진 · 김연태, 전게서, 507면; 김도창, 전게서, 588면; 김동희, 전게서, 465-466면; 류지태, 전게서, 322면; 박균성, 전게서, 399면; 박윤흔 · 정형근, 전게서, 527면; 서원우, 「현대행정법론(상)」. 박영사, 1983, 597-598면; 석종현, 전게서, 491면; 이상규, 전게서, 553-554면; 홍정선, 전게서, 436면; 홍준형, 전게서, 571면.

33) 대판 1997.6.13, 96다56115; 헌재결 2002.10.31, 2000헌가12.

34) 한견우, 「현대행정법강의」. 신영사, 2007, 290면.

제8조), 경찰장비사용(동법 제10조, 제10조의2, 제10조의3, 제10조의4) 등이 있다.

2) 개별적인 행정법규에 의한 대인적 강제

그 밖에 각 개별법이 규정하고 있는 대인적 강제조치로는 전염병예방법상의 강제격리 · 교통차단 · 강제건강진단(동법 제29조, 제39조, 제42조), 소방기본법상의 원조강제 · 강제조사(동법 제24조, 제30조), 「마약류관리에 관한 법률」상의 치료보호(동법 제40조), 출입국관리법상의 강제퇴거 · 보호(동법 제46조, 제51조) 등이 있다.

2. 대물적 강제

대물적 강제란 재산에 대한 소유권 그 밖의 권리를 실력을 가하여 행정상 필요한 상태를 실현하는 행정작용을 말한다. 이러한 대물적 강제도 경찰관직무집행법에 의한 경우와 그 밖에 개별적인 행정법규에 의한 경우가 있다.

1) 경찰관직무집행법상의 대물적 강제

경찰관직무집행법이 규정하고 있는 대물적 강제조치로써는 물건 등의 임시영치(동법 제4조 제3항), 위험발생의 방지조치(동법 제5조 제1항) 등이 있다.

2) 개별적인 행정법규에 의한 대물적 강제

개별법규에 규정되어 있는 대물적 강제수단으로써는 소방기본법상의 소방대상물의 처분(동법 제25조), 약사법상의 불량의약품의 폐기(동법 제71조), 식품위생법상의 물건의 폐기 · 수거조치(동법 제72조), 청소년보호법상의 유해매체물의 수거 · 파기(동법 제36조), 전염병예방법상의 물건에 대한 방역조치(동법 제37조 제3호), 도로교통법상의 장해물의 제거(동법 제71조, 제72조), 「옥외광고물 등 관리법」상의 불법광고물의 제거(동법 제10조의2 제1항), 관세법상 물건의 영치 · 압수(동법 제206조, 제303조, 제304조) 등이 있다.

3. 대가택강제

대가택강제란 주거지나 소유자 및 점유자의 의사에 반하여 주거 · 창고 · 영업소 등에 출입 또는 수색하여 행정상 필요한 상태를 실현하는 행정작용을 말한다.

1) 경찰관직무집행법상의 대가택강제

경찰관직무집행법이 규정하고 있는 가택강제조치로써는 위험방지를 위한 가택출입(동법 제7조

제1항)을 들 수 있다.

종래에는 가택출입 · 조사행위를 행정상 즉시강제의 하나의 형태로 보았으나, 현재는 이러한 작용을 행정조사라는 독자적 작용으로 고찰하므로 행정상 즉시강제에 속하는 대가택강제의 예는 매우 드물다.[35)]

2) 개별적인 행정법규에 의한 대가택강제

각 개별법이 규정하고 있는 가택강제조치로는, 식품위생법상의 음식물검사를 위한 출입 · 검사(동법 제22조 제1항), 조세범처벌절차법상의 임검, 검사 및 수색 등이 있다.

Ⅴ. 행정상 즉시강제에 대한 구제

행정상 즉시강제는 마약중독자의 강제격리 · 수용과 같이 사람의 신체를 구속하기도 하고, 위생검사를 위하여 가택에 출입하는 등 개인의 재산에 실력을 가하는 권력작용이기 때문에 국민의 권익을 침해할 우려가 매우 크다고 할 것이다. 따라서 국민의 자유와 권리를 보장하는 실질적 법치주의의 측면에서 행정상 즉시강제에 의한 권리침해에 대한 적절한 구제제도가 마련되어야 할 필요성이 절실하다.

다음에서는 적법한 행정상 즉시강제에 대한 권리구제와 위법한 행정상 즉시강제에 대한 구제로 나누어 고찰하고자 한다.

1. 적법한 행정상 즉시강제에 대한 구제

즉시강제가 적법하게 행사된 경우에도 귀책사유 없이 수인(受忍)의 한도를 넘어 '특별한 손실'을 준 때에는 헌법 제23조 제3항과 각 개별 법률이 규정한 바에 따라 손실보상을 청구할 수 있다. 다만, 행정상 즉시강제를 인정하는 법률이 손실보상의 규정을 두고 있지 않은 경우에는 '수용유사침해' 또는 '수용적 침해'에 대한 보상의 법리에 기하여 손실보상을 청구할 수 있다는 견해에 주목할 만한 가치가 있다고 본다.

2. 위법한 행정상 즉시강제에 대한 구제

1) 정당방위

위법한 즉시강제에 대하여는 정당방위의 법리에 따라 그에 저항하는 것이 가능하다. 따라서 공

---

35) 김동희, 전게서, 467면.

무집행방해죄가 성립되지 않는다. 그러나 국가적 행위는 일반적으로 적법성의 추정을 받는다고 할 것이므로 정당방위를 즉시강제에 대한 구제수단으로 보는 것은 문제가 있다고 생각하기도 한다.[36]

2) 행정상 손해배상

위법한 즉시강제로 인하여 신체 또는 재산상의 손해를 입은 피해자는 국가배상법에 의하여 국가 또는 지방자치단체에 대하여 손해배상을 청구할 수 있다.

3) 행정쟁송

위법 또는 부당한 행정상 즉시강제로 인하여 권리나 이익을 침해당한 경우에는 행정심판을 청구하거나, 행정소송(부당행위는 제외한다)을 제기하여 취소 · 변경을 구할 수 있다. 행정상 즉시강제는 사실행위이지만 구체적 사실에 관한 법집행으로서의 권력적 작용이라는 점에서 처분성이 인정되어 행정쟁송의 대상이 된다고 본다.

그러나 즉시강제는 보통 단시간에 종료되기 때문에 소(訴)의 실익이 없는 경우가 많다. 이러한 경우에는 손해배상 또는 원상회복을 청구하는 것이 가장 적절한 구제방법이 될 것이다.

4) 인신보호법에 의한 구제청구

인신의 자유를 제한하는 즉시강제에 대하여는 국민의 기본권을 보호하는 것을 목적으로 한 인신보호법에 근거하여 법원에 구제를 청구할 수 있다. 자유로운 의사에 반하여 국가, 지방자치단체, 공법인 등이 운영하는 수용시설 등에 수용 · 보호 또는 감금되어 있는 피수용자는 수용이 위법하게 개시되거나 적법하게 수용된 후 그 사유가 소멸되었음에도 계속 수용되어 있는 때에는 법원에 구제를 청구할 수 있고(인신보호법 제2조 제1항, 제3조), 법원은 구제청구사건을 심리한 결과 그 청구가 이유가 있다고 인정되는 때에는 결정으로 피수용자의 수용을 즉시 해제할 것을 명하여야 한다(동법 제13조).

5) 헌법소원

위법한 행정상 즉시강제로 기본권을 침해받은 자는 헌법재판소에 헌법소원심판을 청구할 수 있을 것이다.

6) 기타의 구제제도

위법한 행정상 즉시강제의 행위를 한 해당 공무원은 징계책임 및 형사책임의 대상이 될 수도 있다.

---

36) 김남진 · 서정범, 전게서, 282면.

제4절 행정조사

Ⅰ. 행정조사의 의의

1. 개 념

행정조사란 행정기관이 정책을 결정하거나 직무를 수행하는 데 필요한 정보나 자료를 수집하기 위하여 현장조사 · 문서열람 · 시료채취 등을 하거나 조사대상자에게 보고요구 · 자료제출요구 및 출석 · 진술요구를 행하는 행정활동을 말한다(행정조사기본법 제2조 제1호). 여기의 '행정기관'이란 법령 및 조례 · 규칙(이하 "법령등"이라 한다)에 따라 행정권한이 있는 기관과 그 권한을 위임 또는 위탁받은 법인 · 단체 또는 그 기관이나 개인을 말한다(동법 제2조 제2호).

이러한 행정조사에는 당사자의 임의적인 협력을 전제로 하는 비권력적 행정조사와 실력행사를 요소로 하는 권력적 행정조사가 모두 포함되는데, 특히 법적으로 문제가 되는 것은 권력적 행정조사이다. 오늘날 이 행정조사가 갖는 기능은 종전과는 달리 행정법상의 의무이행 자체를 강제하기 위한 것이 아니라 행정작용을 적정하고 효율적으로 수행하기 위하여 필요한 자료 · 정보를 수집하는 데 있다.

행정조사는 종래에는 행정상 즉시강제의 개념 속에 포함시켜 다루어졌던 것이나,[37] 오늘날에는 행정작용을 위한 부수적 보조수단으로써 이를 행정상 즉시강제의 개념과 분리하여 독자적인 행위형식으로 파악하는 것이 일반적이다.[38] 그런데 현재는 「행정조사기본법」이 제정 · 시행되고 있어 행정조사는 독자성을 갖게 되었기에 그 독자성의 여부를 논의할 실익도 없게 되었다.

2. 행정상 즉시강제와의 구별

행정조사는 행정상 즉시강제와 다르다. 행정조사는 적정하고도 효과적인 행정을 위한 보조적 · 준비적 행정작용으로서 조사를 목적으로 한다. 따라서 행정상 필요한 상태의 실현을 목적으

37) 김도창, 전게서, 594면.

38) 김남진 · 김연태, 전게서, 440면; 김동희, 전게서, 469면; 김성수, 전게서, 476면; 박균성, 전게서, 369면; 박윤흔 · 정형근, 전게서, 534면; 서원우, 전게서, 603면; 석종현, 전게서, 494면; 이상규, 전게서, 558면; 한견우, 전게서, 425면.

로 하는 행정상 즉시강제와는 그 목적을 달리한다. 즉 행정조사는 그 자체가 행정상 필요한 구체적인 결과를 실현시키는 것이 아니고 행정에 필요한 자료의 수집을 목적으로 하지만, 행정상 즉시강제는 직접 개인의 신체 또는 재산에 실력을 행사하여 직접 행정상 필요한 상태를 실현시키는 것을 목적으로 한다.[39] 또한 행정조사는 비권력적인 행위와 법적 행위를 포함한다는 점에서도 행정상 즉시강제와 구별된다.[40] 그리고 행정조사는 상대방이 거부할 때 직접적인 실력행사를 할 수 없고, 간접적으로 벌칙에 의하여 강제하는 점에서도 행정상의 즉시강제와 차이를 갖는다.[41]

그러나 하나의 법조항이 행정조사와 즉시강제의 양자 모두에게 적용되는 경우도 없지 않다.

3. 행정조사의 법적 성질

행정조사는 행정기관에 의한 조사활동인 점에서 입법상 조사나 사법상 조사와 다르다. 일반적으로 행정조사는 그 자체가 법적 효과를 가져오지 아니하므로 그 법적 성질은 사실행위로서, 권력적 조사 외에 비권력적 조사의 경우도 있다. 권력적 조사작용이 설령 행정상 즉시강제와 중복된다고 하더라도 엄격한 의미에서 조사작용으로서의 권력작용과 그 결과로서 행하는 권력작용은 개념상 구분되어야 하고, 목적이 조사작용인 이상 그 수단이 권력적인가 또는 비권력적인가를 불문하고 통일적으로 파악하는 것이 체계적일 것이다. 따라서 행정조사는 권력적 조사작용과 비권력적 조사작용을 포함하는 의미로 사용하는 것이 보다 타당할 것이다.

그러나 행정기관은 사실행위 뿐만 아니라 장부서류제출명령 등과 같은 법적 행위를 통하여도 행정에 필요한 정보를 수집하는 경우가 있다. 행정조사의 법적 문제에 있어서는 개인정보 및 기업정보에 법적 통제가 중요한 문제가 된다는 점을 고려하면 법적 행위를 포함하여 정보 · 자료를 수집하는 일체의 행위가 행정조사의 성질을 갖는다고 할 수 있겠다.

또한 행정조사는 그 자체가 구체적으로 일정한 상태를 실현하고자 하는 행정작용이 아니라 적절한 행정결정을 행하기 위하여 필요한 자료를 수집하는 행위이다. 따라서 실체적인 행정결정이 아니라 앞으로의 행정작용을 위한 준비적 · 보조적 수단의 성질을 가진다.

Ⅱ. 행정조사의 종류

행정조사는 그 기준에 따라 여러 가지로 분류할 수 있다.

---

39) 경찰관직무집행법에 의한 '위험방지를 위한 출입'은 구체적인 행정목적을 위한 것이므로 행정상의 즉시강제로 보아야 할 것이다.

40) 박균성, 전게서, 370면.

41) 김남진 · 김연태, 전게서, 441면; 류지태, 전게서, 339면; 홍준형, 전게서, 574면.

1. 대인적 조사, 대물적 조사, 대가택적 조사

행정조사는 조사의 대상을 기준으로 하여 대인적 조사, 대물적 조사 및 대가택적 조사로 구분한다.

대인적 조사는 조사대상이 사람에 관한 경우로서 불심검문 · 질문 · 신체수색 등이 이에 속한다. 대물적 조사는 조사대상이 물건에 관한 경우로서 장부 · 서류의 열람, 시설검사, 물품의 검사 · 수거 등은 그 예이다. 또한 조사대상이 개인의 주거 · 창고 · 영업소 등에 대한 출입 · 검사 등인 경우는 대가택조사에 해당된다. 그런데 이 대가택조사는 대물적 조사와 병행되는 경우가 많다.[42)]

2. 권력적 조사, 비권력적 조사

행정조사는 그 성질을 기준으로 하여 권력적 행정조사와 비권력적 행정조사로 나눌 수 있는데, 전자는 '강제조사'라 하고 후자는 '임의조사'라고도 한다.

권력적 행정조사는 사용되는 권력의 내용이 무엇인가에 의하여 행정기관의 일방적인 명령 · 강제를 수단으로 하는 행정조사를 말하고, 비권력적 행정조사는 명령 · 강제를 수반하지 아니하고 상대방의 임의적인 협력에 의하여 행하거나 행정기관 단독으로 행하는 행정조사를 말한다. 영업소에 들어가 장부나 서류를 조사하는 경우가 전자의 예이고, 여론조사나 임의적 성격을 갖는 통계자료조사 등은 후자에 해당된다.

3. 직접조사, 간접조사

행정조사는 그 조사방법에 따라 직접조사와 간접조사로 구분된다.

직접조사는 사람의 신체 · 재산 · 가택 등에 직접 실력을 가하여 행정상 필요한 정보나 자료를 수집하는 방법으로 이루어지는 조사이고, 간접조사는 상대방으로 하여금 일정한 사항에 대하여 보고 또는 자료를 제출하도록 함으로써 행하여지는 경우의 조사를 말한다.

4. 개별조사, 일반조사

행정조사는 조사의 범위 · 목적에 따라 개별조사와 일반조사로 분류된다.

개별조사는 법률이 정하는 특정의 개별적 · 구체적 목적을 위한 사안과 관련하여 행하여지는 자료의 수집활동이며, 일반조사는 일반적인 행정정책 수립의 목적을 위한 국민 또는 주민 전체에 대한 행정조사를 말한다. 경찰관직무집행법 제3조, 국세징수법 제26조 · 제27조, 토지취득보상법 제9조 내지 제13조 등의 법률에 의한 조사는 전자에 속하고, 통계법에 의한 통계조사는 후자에 해당된다.

---

42) 김동희, 전게서, 471면.

Ⅲ. 행정조사의 법적 근거와 한계

1. 행정조사의 법적 근거

1) 이론적 근거

권력적 행정조사는 국민의 신체나 재산 등에 침해를 가져오는 것이므로 헌법 제37조 제2항에 의거하여 법률의 근거를 요한다. 그러나 비권력적 행정조사는 국민의 신체나 재산에 직접 침해를 가져오는 것이 아니므로 법적 근거를 요하지 아니한다. 따라서 행정작용의 근거규정은 비권력적 행정조사의 권능까지 포함하고 있는 것으로 본다. 물론 행정기관의 비권력적 조사는 조직법상 권한의 범위 내에서만 가능하다.[43]

2) 실정법적 근거

현재 일반법으로서 행정조사기본법이 있다. 동법은 행정조사에 관한 기본원칙 · 행정조사의 방법 및 절차 등에 관한 공통적인 사항을 규정함으로써 행정의 공정성 · 투명성 및 효율성을 높이고, 국민의 권익을 보호함을 목적으로 하고 있다(동법 제1조). 행정기관은 법령 등에서 행정조사를 규정하고 있는 경우에 한하여 행정조사를 실시하고 있다. 다만, 조사대상자의 자발적인 협조를 얻어 실시하는 행정조사의 경우에는 그러하지 아니하다(동법 제5조). 따라서 특정의 조사대상자를 대상으로 하는 행정조사의 경우에는 조사대상자의 협조가 없는 한 법률의 근거 없이 행정조사를 할 수는 없다. 한편, 특정의 조사대상자를 대상으로 하지 아니하는 행정조사라도 사인의 기본권에 대한 침해를 수반하는 행정조사는 헌법 제37조 제2항에 의거하여 반드시 법률의 근거가 있어야 한다.

행정조사를 규정한 개별법으로는 경찰관직무집행법(동법 제3조 제1항의 불심검문), 국세징수법(동법 제27조의 질문 · 검사), 소방기본법(동법 제29조 이하의 화재조사), 전염병예방법(동법 제42조의 조사), 통계법, 토지취득보상법, 약사법 등이 있다.

2. 행정조사의 법적 한계

1) 실체법상의 한계

행정조사는 헌법 · 법령 및 행정법의 일반원리상의 한계 안에서만 허용된다. 즉 행정조사는 헌법과 법령에 위반하여 행하여질 수 없으며, 권력적 조사와 법률유보의 범위에 속하는 비권력적 조사는 법률의 근거를 요한다. 따라서 행정조사는 평등원칙 · 비례원칙 · 신뢰보호원칙 등 행정법

43) 홍정선, 전게서, 439면.

의 일반원칙에 적합하여야 한다(법적합성). 또한 행정조사는 당해 조사를 필요로 하는 목적의 범위 안에서만 할 수 있다(합목적성). 그리고 권력적 행정조사는 비권력적 조사에 의하여 목적을 달성할 수 없는 경우에만 보충적으로 허용된다고 보아야 한다(보충성). 행정조사기본법은 행정조사는 조사목적을 달성하는 데 필요한 최소한의 범위 안에서 실시하여야 하며, 다른 목적 등을 위하여 조사권을 남용하여서는 아니 된다(동법 제4조 제1항)고 규정하고 있다. 동법에서는 행정조사의 실체법적 한계를 구체화하며 국민의 권익을 보호하고자 조사범위의 최소화, 조사목적의 적합성, 중복조사의 제한 등 행정조사의 기본원칙을 정하고 있다(동법 제4조).

국가와 지방자치단체는 개인정보의 목적 외 수집, 오용·남용 및 무분별한 감시·추적 등에 따른 폐해를 방지하여 인간의 존엄과 개인의 사생활 보호를 도모하기 위한 시책을 강구하여야 한다(개인정보보호법 제5조 제1항)는 규정을 두어 개인정보수집의 한계도 정하고 있다.

2) 절차법상의 한계

(1) 영장주의의 적용 여부

헌법 제12조 제3항 및 제16조의 영장주의가 행정조사의 경우에도 적용될 것인가는 문제이다. 이에 관하여는 행정상 즉시강제의 경우처럼 영장필요설,[44] 영장불요설,[45] 절충설[46]이 대립되고 있는데, 절충설이 지배적인 견해이다. 생각건대, 행정조사도 상대방의 신체나 재산에 직접 실력을 가하는 것인 한, 그리고 행정조사의 결과가 형사책임의 추궁과 관련성을 갖고 있으면 원칙적으로 사전영장주의가 적용되어야 할 것이다. 다만, 긴급을 요하는 불가피한 경우에는 그러하지 아니하다고 보겠다. 따라서 절충설이 타당하다고 생각되며, 판례[47]도 이 입장을 취하고 있다.

(2) 증표의 제시

행정조사의 경우에 국민은 관계 법령에 의거, 작위의무·수인의무를 부담하고 또한 사생활이 침해되는 등 불이익을 받게 되므로 조사절차상 행정조사를 행하는 공무원이 조사의 권한을 가지고 있음을 표시하는 증표를 휴대·제시하도록 명문으로 규정하는 것이 일반적이다.[48] 그러한 명문의 규정이 없는 경우에도 증표제시의무는 있다고 할 것이다. 그 이유는 증표의 제시에 의하여 당해 공무원이 행정조사를 할 정당한 권한이 있음이 입증되며, 그에 따라 상대방에게는 행정조사

---

44) 김기범, 전게서, 165면; 김남진·김연태, 전게서, 444면.

45) 김성수, 전게서, 479면; 문홍주, 전게서, 234면; 한동섭, 전게서, 131면.

46) 김도창, 전게서, 595면; 김동희, 전게서, 473면; 류지태, 전게서, 341면; 박균성, 전게서, 376면; 박윤흔·정형근, 전게서, 542면; 서원우, 전게서, 606면; 석종현, 전게서, 498면; 이상규, 전게서, 561-562면; 한견우, 전게서, 427면; 홍정선, 전게서, 441면; 홍준형, 전게서, 576면.

47) 대판 1976.11.9, 76도2703.

48) 예컨대, 식품위생법 제22조 제3항, 약사법 제69조 제2항, 국세기본법 제76조 제3항, 소방기본법 제30조 제2항, 토지취득보상법 제13조 등이 있다.

에 대한 수인의무가 발생되기 때문이다.

(3) 조사의 사전통지

행정조사기본법에 의하여 행정조사를 실시하고자 하는 행정기관의 장은 원칙적으로 출석요구서(동법 제9조), 보고요구서 · 자료제출요구서(동법 제10조), 현장출입조사서(동법 제11조)를 조사개시 7일 전까지 조사대상자에게 서면으로 통지하여야 한다. 다만, 동법이 정한 어느 하나에 해당하는 경우에는 행정조사의 개시와 동시에 출석요구서 등을 조사대상자에게 제시하거나 행정조사의 목적 등을 조사대상자에게 구두로 통지할 수 있다(동법 제17조 제1항).

조사대상자는 제17조에 따른 사전통지의 내용에 대하여 행정기관의 장에게 의견을 제출할 수 있다(동법 제21조 제1항). 행정기관의 장은 제1항에 따라 조사대상자가 제출한 의견이 상당한 이유가 있다고 인정하는 경우에는 이를 행정조사에 반영하여야 한다(동조 제2항). 행정기관의 장은 법령 등에 특별한 규정이 있는 경우를 제외하고는 행정조사의 결과를 확정한 날부터 7일 이내에 그 결과를 조사대상자에게 통지하여야 한다(동법 제24조).

(4) 시간적 한계

행정조사는 상대방의 입장을 고려하여 합리적 시간대, 즉 원칙적으로 일출시부터 일몰시까지 또는 영업시간 내에 실시되어야 한다. 예외적으로는 그 목적을 달성할 필요성으로 인하여 영업시간 외에 행하여지는 것도 가능할 것이지만, 이 경우에는 그 필요성에 관한 엄격한 요건을 갖추고 영장주의가 적용된다고 보아야 할 것이다.

(5) 실력행사의 가부

비권력적 행정조사를 상대방이 거부 또는 방해하는 경우에 행정기관이 상대방의 신체나 재산에 실력을 행사하여 조사를 강행하는 것을 부인하는 데에 이론이 없다.

권력적 조사의 경우 상대방이 조사를 거부 또는 방해하는 때에 당해 공무원은 실력행사에 의하여 조사를 강행할 수 있는가에 관하여는 견해가 대립되고 있으나, 근거법에서 이를 거부한 경우에 대한 벌칙 또는 불이익처분 등 행정상 제재를 위한 근거규정을 두는 것이 보통이기 때문에 직접적인 강제는 할 수 없는 것으로 보아야 한다. 따라서 상대방이 행정조사를 거부 또는 방해하는 경우에 당해 공무원은 그 저항을 배제하면서까지 직접 상대방의 신체나 재산에 대하여 실력행사를 할 수는 없다고 하겠다.[49] 그러나 부정설은 법치국가에서 법률적 근거 없는 실력행사는 용인할 수 없다고 하지만, 강제조사의 방해를 배제하는 것은 강제조사의 범위 안에 들어온다고 보는 것이 오히려 합리적이다. 즉 강제조사의 방해를 배제하는 범위 안에서 제한적으로 실력행사를

49) 김남진 · 김연태, 전게서, 444-445면; 김동희, 전게서, 474면; 류지태, 전게서, 344면; 박균성, 전게서, 374면.

할 수 있다고 보는 견해도 있다.[50)]

(6) 진술거부권

행정조사에서 대상자에게 헌법 제12조 제2항의 진술거부권이 인정되는가의 문제가 제기된다. 헌법상의 진술거부권은 순수한 형사절차에 있어서 진술거부권을 인정한 것이므로 행정조사에는 적용되지 않는다는 견해가 있다.[51)] 그러나 형사권의 발동이나 행정권의 발동이나 모두 공권력의 발동으로서 권력적 · 강제적 행정조사의 경우에는 진술거부권이 인정된다고 보아야 한다. 그렇지 아니하고 행정권의 행사를 형사권의 행사와 다르게 취급한다면 헌법상 국민의 자유와 권리의 보장정신이 반감될 것이기 때문이다.[52)]

Ⅳ. 행정조사의 방법

행정조사기본법(이하 "법"이라 한다)에 의한 행정조사의 일반적인 방법으로는 출석 · 진술요구(법 제9조), 보고요구와 자료제출의 요구(법 제10조), 현장조사(법 제11조), 시료채취(법 제12조), 자료 등의 영치(법 제13조), 공동조사(법 제14조), 자율신고제도(법 제25조) 등이 있다. 이러한 조사에는 중복조사의 제한규정이 있다(법 제15조). 한편, 정보통신수단을 통한 행정조사도 가능하다(법 제28조).

다음에서는 위와 같은 조사방법에 대하여 순서에 따라 간단히 설명하고자 한다.[53)]

1. 출석 · 진술요구

행정기관의 장이 조사대상자의 출석 · 진술을 요구하는 때에는, ① 일시와 장소, ② 출석요구의 취지, ③ 출석하여 진술하여야 하는 내용, ④ 제출자료, ⑤ 출석거부에 대한 제재(근거법령 및 조항 포함), ⑥ 그 밖에 당해 행정조사와 관련하여 필요한 사항 등이 기재된 출석요구서를 발송하여야 한다(법 제9조 제1항).

조사대상자는 지정된 출석일시에 출석하는 경우 업무 또는 생활에 지장이 있는 때에는 행정기관의 장에게 출석일시를 변경하여 줄 것을 신청할 수 있으며, 변경신청을 받은 행정기관의 장은 행정조사의 목적을 달성할 수 있는 범위 안에서 출석일시를 변경할 수 있다(동조 제2항).

출석한 조사대상자가 위 제1항에 따른 출석요구서에 기재된 내용을 이행하지 아니하여 행정조

---

50) 홍정선, 전게서, 444면.

51) 류지태, 전게서, 343면; 박윤흔 · 정형근, 전게서, 542면.

52) 김남현 · 이운주 · 정경선, 「경찰행정법」, 경찰대학, 2000, 209-210면; 한견우, 전게서, 427면.

53) 김동희, 전게서, 479-481면; 박균성, 전게서, 371-372면.

사의 목적을 달성할 수 없는 경우를 제외하고는 조사원은 조사대상자의 1회 출석으로 당해 조사를 종결하여야 한다(동조 제3항).

2. 보고요구와 자료제출의 요구

행정기관의 장은 조사대상자에게 조사사항에 대하여 보고를 요구하는 때에는, ① 일시와 장소, ② 조사의 목적과 범위, ③ 보고하여야 하는 내용, ④ 보고거부에 대한 제재(근거법령 및 조항 포함), ⑤ 그 밖에 당해 행정조사와 관련하여 필요한 사항 등이 포함된 보고요구서를 발송하여야 한다(법 제10조 제1항).

행정기관의 장은 조사대상자에게 장부 · 서류나 그 밖의 자료를 제출하도록 요구하는 때에는, ① 제출기간, ② 제출요청사유, ③ 제출서류, ④ 제출서류의 반환 여부, ⑤ 제출거부에 대한 제재(근거법령 및 조항 포함), ⑥ 그 밖에 당해 행정조사와 관련하여 필요한 사항 등이 기재된 자료제출요구서를 발송하여야 한다(동조 제2항).

3. 현장조사

조사원이 가택 · 사무실 또는 사업장 등에 출입하여 현장조사를 하는 경우에는 행정기관의 장은 ① 조사목적, ② 조사기관과 장소, ③ 조사원의 성명과 직위, ④ 조사범위와 내용, ⑤ 제출자료, ⑥ 조사거부에 대한 제재(근거법령 및 조항 포함), ⑦ 그 밖에 당해 행정조사와 관련하여 필요한 사항 등이 기재된 현장출입조사서 또는 법령 등에서 현장조사시 제시하도록 규정하고 있는 문서를 조사대상자에게 발송하여야 한다(법 제11조 제1항).

제1항에 따른 현장조사는 해가 뜨기 전이나 해가 진 뒤에는 할 수 없다. 다만, ① 조사대상자(대리인 및 관리책임이 있는 자를 포함한다)가 동의한 경우, ② 사무실 또는 사업장 등의 업무시간에 행정조사를 실시하는 경우, ③ 해가 뜬 후부터 해가 지기 전까지 행정조사를 실시하는 경우에는 조사목적의 달성이 불가능하거나 증거인멸로 인하여 조사대상자의 법령 등의 위반 여부를 확인할 수 없는 경우의 어느 하나에 해당하는 경우에는 그러하지 아니하다(동조 제2항).

제1항 및 제2항에 따라 현장조사를 하는 조사원은 그 권한을 나타내는 증표를 지니고 이를 조사대상자에게 내보여야 한다(동조 제3항).

4. 시료채취

조사원이 조사목적의 달성을 위하여 시료채취를 하는 경우에는 그 시료의 소유자 및 관리자의 정상적인 경제활동을 방해하지 아니하는 범위 안에서 최소한도로 하여야 한다(법 제12조 제1항).

행정기관의 장은 제1항에 따른 시료채취로 조사대상자에게 손실을 입힌 때에는 대통령령으로 정하는 절차와 방법에 따라 그 손실을 보상하여야 한다(동조 제2항).

5. 자료 등의 영치

조사원이 현장조사 중에 자료 · 서류 · 물건 등(이하 이 조에서 "자료등"이라 한다)을 영치하는 때에는 조사대상자 또는 그 대리인을 입회시켜야 한다(법 제13조 제1항).

조사원이 제1항에 따라 자료등을 영치하는 경우에 조사대상자의 생활이나 영업이 사실상 불가능하게 될 우려가 있는 때에는 조사원은 자료등을 사진으로 촬영하거나 사본을 작성하는 등의 방법으로 영치에 갈음할 수 있다. 다만, 증거인멸의 우려가 있는 자료등을 영치하는 경우에는 그러하지 아니하다(동조 제2항).

6. 공동조사

행정기관의 장은 ① 당해 행정기관 내의 2이상의 부서가 동일하거나 유사한 업무분야에 대하여 동일한 조사대상자에게 행정조사를 실시하는 경우, ② 서로 다른 행정기관이 대통령령으로 정하는 분야에 대하여 동일한 조사대상자에게 행정조사를 실시하는 경우의 어느 하나에 해당하는 행정조사를 하는 경우에는 공동조사를 하여야 한다(법 제 14조 제1항).

제1항 ①과 ②에 따른 사항에 대하여 행정조사의 사전통지를 받은 조사대상자는 관계 행정기관의 장에게 공동조사를 실시하여 줄 것을 신청할 수 있다. 이 경우 조사대상자는 신청인의 성명 · 조사일시 · 신청이유 등이 기재된 공동조사신청서를 관계 행정기관의 장에게 제출하여야 한다(동조 제2항). 제2항에 따라 공동조사를 요청받은 행정기관의 장은 이에 응하여야 한다(동조 제3항).

7. 자율신고제도

행정기관의 장은 법령 등에서 규정하고 있는 조사사항을 조사대상자로 하여금 스스로 신고하도록 하는 제도를 운영할 수 있다(법 제25조 제1항). 행정기관 장은 조사대상자가 제1항에 따라 신고한 내용이 거짓의 신고라고 인정할 만한 근거가 있거나 신고내용을 신뢰할 수 없는 경우를 제외하고는 그 신고내용을 행정조사에 갈음할 수 있다(동조 제2항).

8. 중복조사의 제한

행정조사기본법 제7조에 따라 정기조사 또는 수시조사를 실시한 행정기관의 장은 동일한 사안에 대하여 동일한 조사대상자를 재조사하여서는 아니 된다. 다만, 당해 행정기관이 이미 조사를 받은 조사대상자에 대하여 위법행위가 의심되는 새로운 증거를 확보한 경우에는 그러하지 아니하다(법 제15조 제1항).

Ⅴ. 행정조사의 하자와 그 효과

1. 행정조사의 하자

행정조사가 그 한계를 일탈하면 하자있는 조사로 위법이 된다. 그런데 흠이 있는 행정조사는 위법의 정도에 따라 무효원인이 되는 경우도 있고, 취소사유가 되기도 한다. 일반적으로 위법이 중대하고 명백한 경우에는 무효이고, 그 밖의 경우에는 취소할 수 있다고 본다.

2. 행정조사의 하자의 승계문제

위법한 행정조사의 결과를 토대로 하여 행정처분이 행하여진 경우에 선행 행정조사의 위법성이 후행 행정처분에 승계되는가 하는 점이 문제된다.

행정조사는 통상적으로 행정행위에 선행하는 경우에도 행정행위의 전제조건이 아니라 별개의 독립된 제도로서 작용하는 것이다. 따라서 행정조사의 과정에 위법적인 사유가 있다고 하더라도 다음의 행위의 행정처분 자체가 당연히 위법한 것으로 되는 것은 아니다. 그러나 행정조사를 통하여 얻은 자료나 정보를 바탕으로 행정처분이 행하여지는 경우에는 잘못된 사실에 기초하여 행하는 것이 되므로 그 하자를 승계하여 위법이 될 수도 있다.

Ⅵ. 행정조사에 대한 권리구제

1. 적법한 조사에 대한 권리구제

적법한 행정조사로 인하여 귀책사유 없이 재산상의 손실을 입은 경우에는 그것이 특별한 희생에 해당하는 때에 손실보상을 청구할 수 있다. 행정조사의 근거법령에 손실보상의 규정이 존재하지 아니한 경우에는 헌법 제23조 제3항에 근거하여 손실보상을 청구할 수 있는지가 문제되는데, 헌법규정의 성격에 관한 방침규정설 · 직접효력설 · 위헌무효설 · 유추적용설에 따라 그 결론을 달리한다.[54)]

2. 위법한 조사에 대한 권리구제

1) 행정상 국가배상

위법한 행정조사로 인하여 손해를 받은 국민은 국가배상법 제2조 및 제5조의 규정에 의하여

54) 이에 대한 상세한 설명은 박평준 · 박창석, 「보상법규강의」, 리북스, 2009, 76-80면 참조.

국가배상을 청구할 수 있다.

2) 행정쟁송

(1) 행정조사의 처분성

권력적 행정조사는 사실행위이지만 상대방에게 수인의무를 부과하는 점에서 '처분성'이 인정되고 있다. 따라서 아직 행정조사행위가 종료되기 전의 단계에서는 행정심판 · 행정쟁송 등 행정쟁송의 제기가 이론상 가능하다. 그러나 행정조사는 짧은 기간에 종료되는 것이 보통이므로 행정조사의 취소를 청구할 법률상 이익이 없는 경우가 통상적이다. 다만, 예외적으로 비교적 장기간에 걸쳐 계속적인 성질을 갖는 행정조사에 대하여는 행정쟁송의 제기가 가능할 것이다.

반면에, 비권력적 조사는 처분이라 볼 수 없어 행정쟁송의 대상이 되지 아니한다고 판단하는 것이 옳다.

(2) 조사불응을 이유로 한 제재조치에 대한 구제

위법한 행정조사에 불응하였음을 이유로 벌칙이 적용되어 기소되거나 과태료가 부과된 경우에는 형사소송절차 또는 과태료부과절차나 과태료에 대한 이의절차에서 조사의 위법성을 항변할 수 있고, 인허가의 철회 · 정지와 같은 제재처분이 행하여진 경우에는 그 처분의 위법을 이유로 행정쟁송을 제기할 수 있다.[55]

3) 정당방위

위법한 행정조사에 대한 실력에 의한 저항은 그 행정조사가 중대하고 명백한 하자를 지닌 무효인 행정조사는 물론이고, 위법한 조사의 경우에도 가능하다. 따라서 무효인 행정조사 또는 위법한 행정조사에 대한 반항은 정당방위로서 형법상 공무집행방해죄를 구성하지 아니한다.

Ⅶ. 행정조사와 정보공개 및 개인정보보호

1. 정보공개청구권

행정조사에 의하여 얻어진 정보는 국민의 것이므로 국민은 개인비밀 · 기업비밀, 국방 · 안보상의 비밀 이외의 정보에 대하여는 그 공개를 청구할 수 있다. 이것은 행정절차의 상대방이나 이해관계인이 행정절차에 참가하는 경우에 예비지식을 얻기 위하여 필요할 뿐만 아니라 국민의 기본

55) 최영규. 「경찰행정법」. 법영사, 2004, 351-352면.

권의 하나로써 '알 권리'를 실현하는 제도로서 요청된다. 이와 관련된 법률로는 「공공기관의 정보공개에 관한 법률」이 있다.

2. 사생활보호 및 개인정보통제권

행정조사에 의한 정보는 급격히 증가하고 있으며, 이용영역도 확대되고 있다. 그러나 그에 따른 개인 또는 기업정보의 결합 · 집중화, 수집목적 외의 사용, 정보의 부당한 유통 등으로 사생활의 비밀이 침해될 우려가 있으므로 행정기관이 보관 · 관리하는 개인 또는 기업의 비밀에 관한 정보의 공개는 원칙적으로 금지되어야 한다. 동시에 개인은 자신에 관한 정보의 열람 및 잘못된 정보의 시정청구권을 가져야 한다. 우리나라에서도 이와 관련된 법률로서 「개인정보보호법」이 제정 · 시행되고 있다.

제5절 행정벌

Ⅰ. 행정벌의 의의

1. 개 념

행정벌이란 행정작용의 상대방이 행정법상의 의무를 위반한 경우에 대한 제재로서 일반통치권에 의거하여 사후적으로 과하는 처벌을 말한다. 행정벌이 과하여지는 행정법상의 의무위반행위를 '행정범'이라 한다.

행정벌은 직접적으로는 그 의무위반에 대하여 제재를 과함으로써 행정법규의 실효성을 확보함과 동시에, 간접적으로는 이를 통하여 의무자에게 심리적 압박을 가하여 장래의 의무이행을 확보하는 기능을 가지고 있다.

2. 행정벌과 구별되는 개념

행정벌은 과거의 의무위반에 대하여 제재를 과하는 데 그 목적이 있으나, 행정조사는 행정작용을 적정하고 효율적으로 수행하기 위하여 필요한 자료의 수집을 목적으로 하는 점이 다르다. 또한 행정벌은 과거의 의무위반에 대한 제재로서의 처벌을 내용으로 하지만, 행정상 강제집행은 불이행한 의무의 이행을, 행정상 즉시강제는 의무를 명하지 않고 행정상 필요한 상태를 실현시키는 것을 내용으로 하는 점에서 구별된다.

Ⅱ. 행정벌의 성질

행정벌은 그 성질이 징계벌, 집행벌, 형사벌 등과는 다음과 같이 다르다.

1. 징계벌과 행정벌의 구별

징계벌이란 특별행정법관계에서 내부질서를 유지하기 위하여 질서문란자에게 과하는 제재를 말한다. 이에 대하여 행정벌이란 일반권력관계에 있어서 일반사인이 행정법상의 의무를 위반할 때에 그 의무의 실현을 위하여 과하는 제재이다. 따라서 양자는 법률관계의 기초 · 목적 · 대상 등에 있어서 차이가 있기 때문에 양자를 병과하여도 일사부재리의 원칙에 반하지 않는다.

2. 집행벌과 행정벌의 구별

집행벌이란 행정법상의 의무불이행이 있을 경우에 장래에 향하여 그 이행을 강제하기 위하여 과하는 금전부담으로써 행정상 강제집행 중의 하나의 수단이다. 이러한 집행벌과 행정벌의 차이는 행정벌이 일시적 · 과거적 성질을 가지는데 대하여 집행벌은 계속적 · 장래적 성질을 가진 점에서 구별된다. 다시 말하면, 행정벌은 처벌이 직접목적이고, 집행벌은 의무이행의 실현이 직접목적이다.

3. 형사벌과 행정벌의 구별

형사벌이란 형법상의 범죄에 대한 제재, 즉 윤리적 · 규범적 기준에 의한 과거의 비행(범죄)에 대한 비난 혹은 응보로서 행위자의 일정한 법익을 박탈하는 것을 말한다. 이러한 형사벌에서의 법익의 박탈은 사형 · 징역 · 금고 · 자격상실 · 자격정지 · 벌금 · 구류 · 과료 및 몰수의 방법에 의하여 이루어진다.

형사벌과 행정벌의 관계에서는 형법상의 형을 제재의 내용으로 하는 행정형벌의 경우, 양자를 구별할 수 있는가에 대하여는 견해가 대립되고 있다.

1) 구별부정설

행정벌과 형사벌은 모두 과거의 범법행위에 대한 처벌로서 질적 차이를 인정할 수 없다는 견해이다. 이러한 입장은 행정벌이든 형사벌이든 범죄와 형벌에 관한 죄형법정주의의 견지에서 보면 양자를 구별할 필요가 없으며, 형법체계의 일체성을 강조한 견해이다.[56] 이러한 구별부정설은 많은 학자에 의하여 행정범과 형사범의 구별에 있어 특히 문제되는 것은 형식적 범죄증표가 아니고 범죄의 실질적 성질이라는 비판이 행하여졌다.[57]

2) 구별긍정설

행정벌과 형사벌을 구별하는 데 있어서 무엇을 기준으로 할 것인가에 따라 침해받는 이익의

---

56) Trops는 법익관념이 불확실하고 일의적이 아닌 것이기 때문에 이를 기초로 하여 실질적 위법관념을 논하는 것은 무의미하다고 본다. 따라서 범죄에 있어서 중요한 것은 법규위반인 형식적 위법만이며, 이것은 행정범과 형사범에 공통된다고 한다.

57) Meeske, *Die Ordnungsstrafe in der Wirtschaft*, 1937, S. 63.

성질에 의한 구별과 규범의 성질에 의하여 구별하는 견해로 다시 나누어져 있다.

(1) 침해받는 이익의 성질에 의한 구별설

형사벌은 법익을 침해한 형사범에 대하여 제재하는 것인 반면, 행정벌은 행정범의 실질적 요소로서 공공복리의 침해에 대한 제재로써 행하는 것으로 구별된다.[58] 그러나 이 설은 공공복리도 국가와 국민의 이익으로서 법적으로 보호된 이익, 즉 법익이라는 점을 간과하고 있다는 비판을 받는다.[59]

(2) 침해받는 규범의 성질에 의한 구별설

형사벌은 법규범이나 문화규범, 또는 사회윤리적 의무를 위반한 자연범에 대한 제재를 말하고, 행정벌은 이러한 것과 관계없이 행정목적의 달성을 위하여 국가가 명한 의무를 위반한 법정범에 대한 제재를 말한다고 한다.[60]

(3) 상대적 구별설

어떠한 범죄가 형사범인가 또는 법정범(행정범)인가는 범죄요소에 대한 그 시대 그 나라의 평가에 의하여 정해지기 때문에 양자 사이의 변용이 가능하고 양자 사이의 한계도 유동적이라고 보는 견해이다. 즉 법정범(행정범)은 행정상의 편의와 필요에 의하여 설정된 명령·금지에 반하는 행위로서 윤리적 비난가능성이 약하다고 할 수 있으나, 사회윤리의 내용이 가변적이기 때문에 양자의 한계는 상대적이고 유동적이다.[61]

3) 결 어

국가적·사회적 생활에 있어서 생활질서는 기본적 생활질서와 그와 관련이 있으나 직접 결합되지는 않는 파생적 생활질서로 일단 구분할 수 있을 것이다. 그에 따라 기본적 생활질서에 위반하는 행위가 형사범이고, 파생적 생활질서에 위반하는 행위가 법정범(행정범)이라 할 수 있다.

기본적 생활질서는 시민사회의 기본적 생활을 규제하는 것이므로 그러한 질서에 위반하는 행위는 사회윤리적으로도 비난받는 것이다. 이에 대하여 파생적 생활질서는 특정행정·정책적 목적에 따라 형성되고, 기본적 생활질서를 외곽에서 보호·조장하는 것으로, 그에 위반하는 행위의 반도덕성·반사회성은 법률의 제정에 의하여 비로소 승인되는 것이 원칙이다. 다만, 법정범(행정범)도 시간의 경과에 따라 그 반도덕성·반사회성의 인식이 국민일반에 형성되는 경우에는 형사

58) J. Goldschmidt, *Begriff und Aufgabe eines Verwaltungsstrafrecht*, 1902, SS. 17-22.

59) M. E. Mayer, *Rechtsnormen und Kulturnormen*, 1903, S. 110.

60) M. E. Mayer, a.a.O., S. 127.

61) M. Röder, *Schuld und Irrtum im Justiz und Verwaltungsstrafrecht*, 1938, S. 31.

범으로 전화될 수 있다는 점에서, 양자의 구별은 상대적 · 유동적인 것이다. 그러나 비록 상대적이기는 하지만 형사범에서는 그 반사회성 · 반윤리성이 법규 이전에 존재하는 데 대하여, 법정범(행정범)은 법률의 제정에 의하여 그러한 성격이 승인된다는 점에서 양자는 근본적으로 차이가 있다고 하겠다.[62]

Ⅲ. 행정벌의 법적 근거

행정벌은 법률, 명령, 조례 등에 그 근거가 있어야 한다.

1. 법 률

행정벌은 성질상 처벌적 성격을 가지고 있기 때문에 반드시 법률의 근거가 있어야 한다. 법치행정의 원리상 모든 행정작용이 원칙적으로 법률의 근거가 있어야 하지만, 특히 행정벌과 관련하여서는 더욱 강한 성문성(成文性)이 요구된다.

따라서 죄형법정주의는 형사벌만이 아니고 행정벌에도 똑같이 적용된다. 그러나 우리나라의 행정범 처벌에 관한 법률들은 행정벌에 관한 특별한 통칙적 규정을 두고 있지 아니하고, 각각의 단행법률[63]에 행정범의 특수성을 고려하여 형사범에 대한 개별적 특칙을 규정하고 있다.

2. 명 령

법률은 행정벌의 벌칙을 명령에 위임할 수 있으나, 일반적으로 위임은 허용되지 않고, '구체적으로 범위를 정하여' 위임하여야 한다(헌법 제75조). 즉 범죄구성요건 해당행위의 기준 및 행정벌의 최고한도는 반드시 법률에 규정하여야 한다.

3. 조 례

지방자치단체는 조례로써 일반적으로 조례위반행위에 대하여 1천만원 이하의 과태료를 정할 수 있고(지방자치법 제27조 제1항), 또한 사기나 그 밖의 부정한 방법으로 사용료 · 수수료 또는 분담금의 징수를 면한 자에 대하여는 그 징수를 면한 금액의 5배 이내의 과태료를, 공공시설을 부정사용한 자에 대하여는 50만원 이하의 과태료를 부과하는 규정을 조례로 정할 수 있다(동법 제139조).

62) 김동희, 전게서, 486-487면.

63) 예컨대, 경찰관직무집행법 · 도로교통법 · 식품위생법 · 집회 및 시위에 관한 법률 · 청소년보호법 등이 있다.

Ⅳ. 행정벌의 종류

행정벌은 형법전(刑法典)에 형명(刑名)이 있는 형벌을 과하는 행정형벌(行政刑罰)과 형법전에 형명이 없는 벌인 과태료를 과하는 행정질서벌(行政秩序罰)로 구별하는 것이 통례이다.

1. 행정형벌

행정형벌이란 행정법상의 의무위반에 대한 제재로서 사형·징역·금고·자격상실·자격정지·벌금·구류·과료·몰수 등 형법에 형명(刑名)이 있는 형벌이 과하여지는 행정벌이며, 행정벌의 대부분은 여기에 해당된다. 이러한 행정형벌에는 총칙규정이 없으므로 행정형벌에 관한 특별규정이 있는 경우를 제외하고는 형법총칙이 적용된다(형법 제8조). 그 과형절차(科刑節次)는 법원에서의 형사소송절차에 의하는 것을 원칙으로 하고, 예외적으로 즉결심판절차 또는 통고처분절차에 의하여 과해지는 경우도 있다.

2. 행정질서벌

행정질서벌은 행정법상의 의무위반에 대한 제재로서 형법상의 형(刑)이 아닌 과태료가 과하여지는 행정벌이다. 이러한 행정질서벌은 행정법규의 위반행위가 직접 행정목적을 침해하는 것이 아니고, 다만 행정목적의 달성에 장해가 되는 정도의 비행인 경우에 과하여지는 것이다.[64] 예컨대, 신고·보고·장부비치 등의 행정상 의무에 대한 태만행위에 대하여 과태료를 과하는 경우가 이에 해당한다. 행정질서벌에는 형법총칙이 적용되지 아니하고, 그 부과·징수와 과벌절차는 특별한 규정이 없는 한 질서위반행위규제법이 정하는 바에 따라 행정청에 의한 부과절차와 법원의 비송사건절차에 의한 재판으로 집행된다.

3. 조례에 의한 과태료

지방자치법의 규정에 의거하여 지방자치단체는 조례를 위반한 행위에 대하여 조례로써 1천만원 이하의 과태료를 정할 수 있다(동법 제27조 제1항). 이러한 조례에 의한 과태료는 행정질서벌에 한정되지 않고, 그 성질상 행정형벌적인 것도 있다. 과태료는 해당 지방자치단체의 장이나 그

---

64) 행정질서벌과 행정형벌은 다 같이 행정법령에 위반하는 데 대한 제재라는 점에서는 같다고 하더라도 행정형벌은 행정법규의 위반이 직접적으로 행정목적과 사회공익을 침해하는 경우에 과하여지는 것이므로 행정형벌을 과하는 데 있어서 고의·과실을 필요로 할 것이냐의 여부는 별문제로 하더라도, 행정질서벌인 과태료는 직접적으로 행정목적이나 사회공익을 침해하는 데까지는 이르지 않고, 다만 간접적으로 행정상의 질서에 장해를 줄 위험성이 있는 정도의 단순한 의무태만에 대한 제재로서 과하여지는 데 불과하다(대판 1969.7.29, 69마400).

관할 구역 안의 지방자치단체의 장이 부과 · 징수한다(동조 제2항).

4. 행정형벌의 행정질서벌화

우리나라에서는 종래 행정형벌에 처하였던 것을 행정질서벌로 대체하는 작업이 광범위하게 진행되고 있는데, 이는 전과자의 양산(量産)을 방지하고 범칙금의 징수를 용이하게 하려는 의도로 이해되고 있다.[65] 따라서 양자의 구별은 상대화되어 가고 있다.[66]

Ⅴ. 행정벌의 특수성

1. 행정형벌의 특수성

1) 행정형벌과 형법총칙의 적용

우리나라 형법 제8조에 의하면, 「본법 총칙은 타 법령에 정한 죄에 적용한다. 다만, 그 법령에 특별한 규정이 있는 때에는 예외로 한다」고 규정하고 있다. 따라서 형법총칙이 형사범과 행정범의 구별에 상관없이 원칙적으로 적용된다는 점을 밝히고 있으며, 단서규정은 행정벌에 관하여 그 특수성을 인정한 특별한 규정이 있을 때에는 형법총칙이 적용되지 아니함을 나타내고 있다.

이러한 형법 제8조의 '특별한 규정'의 취지에 대하여 법령에 의한 명문의 규정에 한정하지 않고 법령의 취지나 행위의 성질을 참작하여 조리상 인정되는 특수성까지 포함한다는 견해도 있으나,[67] 행정벌도 법령위반에 대한 처벌이며 죄형법정주의의 원칙상 유추해석의 금지라는 점에 미루어 보면, 단순히 법령의 취지 · 목적 등에 기하여 형벌의 범위를 확대하거나 형벌을 가중하는 것은 허용되지 않으나, 형벌범위의 축소 · 경감은 죄형법정주의에 반하지 아니하므로 그 한도에서는 당해 규정 자체의 해석상 · 조리상의 이유로 형법총칙의 적용을 배제 · 제한할 수 있다고 할 것이며, 현재의 통설이다.[68]

2) 행정형벌에 대한 특별규정의 문제

행정형벌에 대하여는 특별한 규정에 의하여 또는 해석상 형법총칙의 적용이 배제되거나 변형될 수 있는데, 구체적인 예를 살펴보면 다음과 같다.

---

65) 김남진 · 서정범, 전게서, 288면; 홍정선, 전게서, 411면.

66) 김남진 · 김연태, 전게서, 512면.

67) 田中二郎, 「行政法(上)」, 東京 : 有斐閣, 1978, 191頁.

68) 김동희, 전게서, 488-489면.

(1) 범 의

형사범에 있어서 고의가 없는 행위는 원칙적으로 처벌하지 않으며, 예외적으로 법률에 특별한 규정이 있는 경우에 한하여 과실에 의한 행위를 처벌한다(형법 제13조). 행정범의 경우에도 범죄성립을 위하여는 고의가 있어야 하며,[69] 과실인 경우에는 명문의 규정이 있거나 과실범도 처벌한다는 취지가 있어야 범죄가 성립한다는 점에서는 같다.

즉 형법 제14조는 과실 있는 행위는 법률에 특별한 규정이 있는 경우에 한하여 처벌한다고 규정하고 있으므로 단순한 과실 있는 행위도 처벌한다는 명문규정이 있는 경우에는 별 문제가 없으나, 과실행위의 처벌문제를 명문으로 규정하지 않는 경우에도 처벌하여야 할 것으로 해석되는 경우가 있다.[70]

(2) 위법성의 인식

형법 제16조는 「자기의 행위가 법령에 의하여 죄가 되지 아니하는 것으로 오인한 행위는 그 오인에 정당한 이유가 있는 때에 한하여 벌하지 아니 한다」고 하여 법률의 착오에 대하여 규정하고 있다. 오늘날 형법학계의 다수설에 따르면 위법성의 인식은 고의와 별개의 독자적인 책임요소이며(책임설), 법률의 착오가 전혀 회피불가능한 경우에는 책임이 배제되고, 회피가능한 경우에는 사정에 따라 책임이 감경될 수 있다.

이러한 법률의 착오에 관한 규정은 원칙적으로 행정범에 대하여서도 적용된다고 할 것이다. 그러나 행정범은 실정법에 의하여 비로소 죄가 되는 것이므로 행정범에 있어서는 행위자가 구체적인 행정법규의 인식이 없는 결과 그 위법성을 인식하지 못하는 경우가 적지 않다. 따라서 형법 제16조는 행정범에 대하여 언제나 타당하다고는 할 수 없으며, 개별법에서 이의 적용을 배제하는 명문규정을 두는 경우가 있다.[71] 예컨대, 담배사업법 제31조, 조세범처벌법 제4조 제1항, 관세법 제278조 제2항 등에서는 징역형을 처할 경우를 제외하고 형법을 적용하지 않는다고 규정하고 있다.

(3) 책임능력

형사범의 경우에 심신장애자 및 농아자의 행위는 벌하지 아니하거나 그 형을 감경하며, 14세 미만의 자의 행위는 벌하지 아니한다(형법 제9조~제11조). 그러나 행정범의 경우는 책임무능력

---

69) 행정상의 단속을 주안으로 하는 법규라 하더라도 명문규정이 있거나 해석상 과실범도 벌할 뜻이 명확한 경우를 제외하고는 형법의 원칙에 따라 고의가 있어야 벌할 수 있다(대판 1986.7.22, 85도108).

70) (구) 대기환경보전법(1992.12.8, 법률 제4535호로 개정되기 전의 것)의 입법목적이나 제반 관계규정의 취지 등을 고려하면, 법정의 배출허용기준을 초과하는 배출가스를 배출하면서 자동차를 운행하는 행위를 처벌하는 위 법 제57조 제6호의 규정은 자동차의 운행자가 그 자동차에서 배출되는 배출가스가 소정의 운행자동차 배출허용기준을 초과한다는 점을 실제로 인식하면서 운행한 고의범의 경우는 물론 과실로 인하여 그러한 내용을 인식하지 못한 과실범의 경우도 함께 처벌하는 규정이다(대판 1993.9.10, 92도1136).

71) 김남진 · 김연태, 전게서, 514면.

자에 대하여도 책임능력자와 동일하게 처벌한다는 규정을 두는 경우가 많다. 예컨대, 담배사업법 제31조, 조세범처벌법 제4조 제1항, 관세법 제278조 제1항 등과 같은 경우다.

(4) 타인의 행위에 대한 책임

형사범은 현실의 범죄행위자를 처벌하는 데 대하여 행정범은 반드시 현실의 행위자가 아니라 행정법상의 의무를 지는 자가 책임을 지는 경우가 많다. 즉 미성년자 · 금치산자의 위법행위에 대하여 법정대리인을 처벌하거나, 양벌규정을 두어 행위자 이외에 사업주도 처벌하는 경우가 있다. 예컨대, 조세범처벌법 제3조, 관세법 제279조 등이다.

(5) 법인의 책임

형법상 법인은 범죄능력을 갖지 아니하므로 형사법규가 법인에 대하여 형벌을 과하는 경우는 없다.

그러나 행정법규는 법인의 대표자 또는 대리인, 사용인 기타 종업원이 법인의 사무에 관하여 행정법상의 의무에 위반하는 행위를 한 때에는 그 행위자를 처벌하는 외에 법인에 대하여 양벌주의를 취하여 특히 재산벌을 과할 것을 규정하고 있는 경우가 많다. 예컨대, 도로교통법 제116조, 문화재보호법 제117조, 소방기본법 제55조, 관세법 제280조 등의 경우가 여기에 해당된다. 다만, 법인의 처벌은 그것을 인정하는 특별한 규정이 있는 경우에 한하여 가능하다.[72] 법인을 처벌하는 경우에 그 형벌은 성질상 벌금 · 과료 · 몰수 등의 금전벌이다.

(6) 공 범

행정범에 있어서는 행정법상의 의무의 다양성으로 인하여 형법상의 공동정범(동법 제30조) · 교사범(동법 제31조) · 종범(동법 제32조 등) 등에 관한 공범(共犯)규정의 적용을 배제하는 경우도 있고(선박법 제39조), 종범규정을 배제한 경우(담배사업법 제31조), 교사범을 정범으로 처벌하도록 한 경우(근로기준법 제112조 제2항) 등이 있다.

(7) 경합범 · 누범 및 양형

2개 이상의 벌금은 각 죄에 정한 다액을 합산한 액 이하로 처단하도록 하는 형법의 규정(동법 제38조 제1항 제2호)을 경합범(형법 제38조)의 경우 적용배제하는 경우가 있고(담배사업법 제31조), 죄를 정한 형의 장기 2배까지 가중처벌할 수 있는 누범(累犯)의 규정(형법 제35조)은 행정범의 특수성으로 인하여 그 적용이 배제된다. 또 양형의 결정에 있어서의 작량감경(형법 제53조)도 행정범의 경우에 적용을 배제하는 때가 있다(담배사업법 제31조, 관세법 제278조).

---

72) 법인도 처벌한다는 특별규정이 없는 수출진흥법하에서는 법인에게 위 법을 적용하지 못한다(대판 1968.2.20, 67도1683).

3) 행정형벌의 과형절차

행정형벌의 과형절차는 법원에서 형사소송절차에 의하는 것을 원칙으로 한다. 그러나 간이한 특별절차로서 통고처분과 즉결심판이라는 예외적 과벌절차가 인정되는 경우가 있다.

(1) 통고처분

통고처분이란 정식재판에 갈음하여 절차의 간이 · 신속을 기하기 위하여, 행정청이 일정한 벌금 또는 과료에 상당하는 일정한 금액의 납부를 명하는 행정처분이다. 이러한 통고처분은 현행법상 도로교통법위반사범 · 관세범 · 조세범 · 출입국관리사범 등에 대하여 인정된다.

범칙자가 통고처분에 복종하여 처분의 내용을 이행(납부 · 납부신고)한 경우에 있어서 통고처분은 확정절차와 동일한 효력이 발생하기 때문에 일사부재리의 원칙이 적용된다. 범칙자가 통고처분을 이행하지 않는다면 당해 통고처분은 별도의 행위를 기다릴 것 없이 당연히 그 효력을 상실하고 당해 행정청은 범칙자를 고발하게 되며, 이 때부터 과벌절차는 형사소송절차에 의한다. 다만, 도로교통법과 경범죄처벌법에 의하면 형사소송절차에 앞서 즉결심판절차를 거칠 수 있다.

따라서 통고처분을 받은 자가 그 처분에 이의가 있는 경우에도 행정소송을 제기할 수 없다.[73] 헌법재판소는 통고처분을 행정심판이나 행정소송의 대상에서 제외하는 점에 대하여 재판청구권이나 적법절차에 위배되어 위헌이라고 볼 수 없다고 판시하였다.[74]

(2) 즉결심판절차

20만원 이하의 벌금, 구류 또는 과료의 행정형벌은 즉결심판절차에 따라 경찰서장의 청구에 의하여 지방법원, 지원 또는 시 · 군법원의 판사에 의하여 과하여지며, 그 형은 경찰서장에 의하여 집행된다(「즉결심판에 관한 절차법」 제2조, 제3조 제1항, 제18조 제1항).

즉결심판에 불복하는 자는 정식재판을 청구할 수 있다(법원조직법 제35조). 정식재판의 청구는 즉결심판의 선고고지를 받은 날로부터 7일 이내에 정식재판청구서를 경찰서장에게 제출하여야 하고, 정식재판청구서를 받은 경찰서장은 지체 없이 판사에 이를 송부하여야 한다(동법 제14조 제1항).

이러한 즉결심판절차는 일반형사범에 대하여도 적용되므로 행정형벌에만 적용되는 특수한 과형절차인 것은 아니다.[75]

---

73) 대판 1995.6.29, 95누4674.

74) 헌재결 1998.5.28, 96헌바4.

75) 김남진 · 김연태, 전게서, 518면; 김동희, 전게서, 496면; 김철용, 전게서, 404면; 박균성, 전게서, 410면; 홍정선, 전게서, 405면.

2. 행정질서벌의 특수성

1) 행정질서벌에 관한 통칙적 규정

행정질서벌은 형벌이 아니므로 형법총칙이 적용되지 않고,[76] 종래에는 행정질서벌에 관한 통칙적 규정이 없었다. 그런데 현재는 법률이나 지방자치단체의 조례상의 의무를 위반하여 과태료를 부과하는 행위인 질서위반행위를 규율하는 「질서위반행위규제법」이 제정 · 시행됨으로써 동법이 행정질서벌에 관한 통칙적 규정의 역할을 하게 되었다(동법 제1조, 제2조 제1호 참조).

2) 질서위반행위의 성립 등의 문제

질서위반행위규제법(이하 "법"이라 한다)에 의하면, 「법률에 따르지 아니하고는 어떤 행위도 질서위반행위로 과태료를 부과하지 아니 한다」고 규정하여 '질서위반행위 법정주의'를 명문으로 천명하고 있다(동법 제6조). 동법이 규정한 질서위반행위의 성립 등의 문제를 검토하면 다음과 같다.[77]

(1) 고의 또는 과실

종래 행정질서벌의 대상이 되는 행위는 단순한 업무해태로서 반윤리성이 희박하므로 행위자의 고의 · 과실과 같은 주관적 요건을 문제로 하지 않고 객관적 법규위반이 있으면 행정질서벌을 과할 수 있는 것으로 보았다.[78]

그러나 질서위반행위규제법에서는 「고의 또는 과실이 없는 질서위반행위는 과태료를 부과하지 아니 한다」(동법 제7조)고 규정하여 고의 · 과실이 있어야 질서위반행위가 성립한다.

(2) 위법성의 인식

종래에는 위반자의 의무위반에 대한 고의 · 과실이 없더라도 행정질서벌을 부과할 수 있다고 보았다. 이러한 입장에 의한다고 하더라도 위반자가 의무의 존재를 알지 못한 데 대하여 정당한 사유가 있으면 행정질서벌을 부과할 수 없다고 보았다.[79]

그런데 질서위반행위규제법에 의하면, 「자신의 행위가 위법하지 아니한 것으로 오인하고 행한 질서위반행위는 그 오인에 정당한 이유가 있는 때에 한하여 과태료를 부과하지 아니한다」고 규정하고 있다(동법 제8조).

---

76) 대판 1969.7.29, 69마400.

77) 김남진 · 김연태, 전게서, 519-521면.

78) 대판 1982.7.22, 82마210; 대판 1994.8.26, 94누6949.

79) 대판 2000.5.26, 98두5972.

(3) 책임능력

질서위반행위규제법에 의하면, 14세가 되지 아니한 자나 심신(心神)장애로 인하여 행위의 옳고 그름을 판단할 능력이 없거나 그 판단에 따른 행위를 할 능력이 없는 자의 질서위반행위는 과태료를 부과하지 아니하고(동법 제9조, 제10조 제1항), 심신장애로 인하여 이러한 능력이 미약한 자의 질서위반행위는 과태료를 감경한다(동법 제10조 제2항).

(4) 법인 등 사용자의 책임

질서위반행위규제법에 의하면 법인의 대표자, 법인 또는 개인의 대리인·사용인 및 그 밖의 종업원이 업무에 관하여 법인 또는 그 개인에게 부과된 법률상의 의무를 위반한 때에는 법인 또는 그 개인에게 과태료를 부과한다(동법 제11조 제1항).

(5) 다수인의 질서위반행위의 가담

질서위반행위규제법에 의하면, 2인 이상이 질서위반행위에 가담한 때에는 각자가 질서위반행위를 한 것으로 본다(동법 제12조 제1항). 그리고 신분에 의하여 성립하는 질서위반행위에 신분이 없는 자가 가담한 때에는 신분이 없는 자에 대하여도 질서위반행위가 성립하며(동조 제2항), 신분에 의하여 과태료를 감경 또는 가중하거나 과태료를 부과하지 아니하는 때에는 그 신분의 효과는 신분이 없는 자에게는 미치지 아니한다(동조 제3항).

(6) 수개의 질서위반행위의 처리

질서위반행위규제법에 의하면, 하나의 행위가 2 이상의 질서위반행위에 해당하는 경우에는 각 질서위반행위에 대하여 정한 과태료 중 가장 중한 과태료를 부과하고(동법 제13조 제1항), 하나의 행위가 둘 이상의 질서위반행위에 해당하는 경우를 제외하고 둘 이상의 질서위반행위가 경합하는 경우에는 다른 법령이나 지방자치단체의 조례에 특별한 규정이 있는 경우에는 그 법령으로 정하는 바에 따른다(동조 제2항).

(7) 과태료의 시효

과태료는 행정청의 과태료 부과처분이나 법원의 과태료재판이 확정된 후 5년간 징수하지 아니하거나 집행하지 아니하면 시효로 인하여 소멸한다(동법 제15조 제1항).

(8) 행정형벌과 행정질서벌의 병과

행정형벌과 행정질서벌인 과태료는 다 같이 행정벌이므로 동일한 행정범에 대하여 양자를 병과(併科)할 수 없다.[80] 그러나 행정처분과의 병과는 가능하다.[81]

한편, 위반사실의 동일성이 인정되지 않는 경우에는 행정질서벌인 과태료의 부과처분 후에 행

정형벌을 부과한다고 하더라도 일사부재리의 원칙에 반하는 것은 아니다.[82]

3) 행정질서벌의 과벌절차

질서위반행위규제법(이하 "법"이라 한다)에서는 행정질서벌인 과태료의 과벌절차를 다음과 같이 규정하고 있다.[83]

(1) 과태료의 부과 · 징수절차

행정청이 질서위반행위에 대하여 과태료를 부과하고자 하는 때에는 미리 당사자에게 통지하고, 10일 이상의 기간을 정하여 의견제출의 기회를 준 후 서면으로 과태료를 부과하여야 한다(동법 제16조, 제17조). 여기의 '행정청'이란 행정에 관한 의사를 결정하여 표시하는 국가 또는 지방자치단체의 기관, 그 밖의 법령 또는 자치법규에 따라 행정권한을 가지고 있거나 위임 또는 위탁받은 공공단체나 그 기관 또는 사인(私人)을 말한다(동법 제2조 제2호).

행정청의 과태료부과에 불복하는 당사자는 과태료의 부과통지를 받은 날부터 60일 이내에 해당 행정청에 서면으로 이의제기를 할 수 있고, 이에 따른 이의제기가 있는 경우에는 행정청의 과태료의 부과처분은 그 효력을 상실한다(법 제20조). 이러한 이의제기를 받은 행정청은 이의제기를 받은 날부터 14일 이내에 이에 대한 의견 및 증빙서류를 첨부하여 관할 법원에 통보하여야 하고, 그 사실을 즉시 당사자에게 통지하여야 한다(동법 제21조).

이와 같이 질서위반행위규제법에 의하여 과태료의 부과 · 징수절차가 통일적으로 규율됨으로써 행정청의 신속하고 적정한 과태료의 부과 · 징수로 행정능률이 향상되고 국민의 권익이 보호될 것을 더욱 기대한다.

(2) 과태료의 재판과 집행절차

종전에는 과태료의 재판을 규율하는 비송사건절차법상의 관련규정이 미비하여 재판의 실무상 통일되지 못한 부분이 있었고, 행정청이 이해당사자임에도 불구하고 재판에 참여할 기회가 제공되지 않는 등 문제점이 있었다. 이에 대하여 질서위반행위규제법에서는 과태료의 재판절차에 관하여 미흡한 점을 보완함으로써 과태료의 재판이 신속하고 공정하게 진행될 수 있도록 규정하고 있다.

행정청으로부터 이의제기의 사실을 통보받은 법원은 이를 즉시 검사에게 통지하여야 하고(법 제30조), 법원은 심문기일을 열어 당사자의 진술 및 검사의 진술의견 혹은 서면의견을 들어야 하

80) 김남진 · 김연태, 전게서, 521면; 한견우, 전게서, 300면.
81) 대판 1983.6.14, 82누439.
82) 대판 1996.4.12, 96도158.
83) 김남진 · 김연태, 전게서, 522-524면.

며(법 제31조), 행정청도 재판에 참여할 수 있다(동법 제32조 제1항). 다만, 법원은 상당하다고 인정하는 때에는 심문 없이 과태료의 재판을 할 수 있으나, 당사자와 검사가 이러한 약식재판의 고지를 받은 날부터 7일 이내에 이의신청을 하여 법원이 그 적법성을 인정하는 때에는 약식재판은 그 효력을 잃게 되며 법원은 심문을 거쳐 다시 재판하여야 한다(동법 제 44조, 제50조). 과태료의 재판은 결정으로 하고(법 제36조), 당사자와 검사에게 고지함으로써 효력이 생기며(법 제37조), 당사자와 검사는 과태료의 재판에 대하여 즉시항고를 할 수 있다(동법 제38조).

과태료의 재판은 검사의 명령으로써 집행하나(동법 제42조), 검사는 과태료를 최초로 부과한 행정청에 대하여 과태료재판의 집행을 위탁할 수 있고, 지방자치단체의 장이 집행을 위탁받은 경우에는 그 집행한 금원(金員)은 지방자치단체의 수입이 된다(동법 제43조). 그리하여 종래 지방자치단체의 장이 부과한 과태료라도 과태료 재판의 결과에 따라 집행한 과태료는 국고에 귀속되어 지방자치단체의 수입으로 되지 아니하던 문제점을 시정하였으며, 지방자치단체의 재정확보에도 기여할 것으로 기대된다.

(3) 과태료제도의 실효성의 확보를 위한 규정

과태료를 체납한 경우에도 체납자에게 아무런 불이익이 없고 행정청이 적극적으로 강제징수를 추진하기가 곤란하여 과태료의 체납현상이 고질화되고 있으며, 고액 · 상습체납자도 급증하고 있는 현실을 타개하기 위하여 질서위반행위규제법에서는 과태료제도의 실효성을 제고하기 위한 여러 규정들을 도입하고 있다.

즉 과태료의 부과 전 의견제출기한 이내에 당사자가 과태료를 자진하여 납부하고자 하는 경우에는 과태료를 감경할 수 있도록 규정하고 있다(동법 제18조). 또한 과태료의 부과 · 징수를 위하여 행정청에게 공공기관 등에 대한 자료제공요청권한을 부여하고 있으며(동법 제23조), 과태료를 체납하는 경우에는 가산금을 징수한다(동법 제24조). 한편, 관허사업을 제한할 수도 있고(동법 제52조), 신용정보기관에 관련정보를 제공할 수 있으며(동법 제53조), 고액 · 상습체납자에 대하여는 법원의 재판을 통하여 30일의 범위 이내에서 감치(監置)할 수 있도록 규정하고 있다(동법 제54조).

Ⅵ. 행정벌에 대한 구제

1. 행정형벌에 대한 구제

구류 · 과료를 제외한 행정형벌은 일반 형사범의 경우와 같이 형사소송절차에 따른 사법절차에 의하여 처리되므로 형사소송법상의 항소 · 상고 등의 불복방법에 의하여 구제받을 수 있다. 검사가 약식기소한 때에는 정식재판을 청구할 수 있으며, 행정형벌 중 구류 · 과료는 「즉결심판에 관한 절차법」에 따라 즉결심판절차를 거쳐 선고하는 경우에도 선고에 불복하는 자는 정식재판을 청구할 수 있다.

그리고 형사소송절차상 잘못으로 인하여 행정객체에게 손해를 끼친 경우는 형사보상청구권이 인정된다. 이러한 형사보상청구는 불기소처분의 통지를 받은 날로부터 1년 이내 또는 무죄판결이 확정된 날로부터 1년 이내에 검찰청 또는 법원에 청구한다. 보상청구의 결정은 피의자보상심의회 또는 법원합의부에서 결정한다(형사보상법 제6조, 제7조, 제13조, 제26조, 제27조).

2. 행정질서법에 대한 구제

위법 · 부당한 과태료부과에 대하여는 관계법령에서 정한 절차에 따라 부과권자에게 이의신청을 제기할 수 있다. 그런데 질서위반행위규제법은 과태료의 부과 등의 절차에 관한 다른 법률의 규정 중 이 법의 규정에 저촉되는 것은 이 법이 정하는 바에 따른다(동법 제5조)고 규정함으로써 원칙적으로 동법에 따른 구제를 받도록 되어 있다.

질서위반행위규제법에 의하면, 행정청의 과태료부과에 불복하는 당사자는 과태료부과의 통지를 받은 날부터 60일 이내에 해당 행정청에 서면으로 이의제기를 할 수 있다(동법 제20조 제1항). 이에 따른 이의제기를 받은 행정청은 이의제기를 받은 날부터 14일 이내에 이에 대한 의견 및 증빙서류를 첨부하여 관할법원에 통보하여야 한다(동법 제21조 제1항). 통보를 받은 관할법원은 과태료의 재판을 질서위반행위규제법에 따라 이유를 붙인 결정으로써 한다(동법 제25조 이하).

여기에서 주목할 만한 점은 과태료처분은 현행법상 행정소송의 대상이 되는 행정처분이라고 볼 수 없다는 것이다.[84)]

84) 대판 1993.11.23, 93누16833; 대판 1995.7.28, 95누2623.

제6절 기타 행정작용의 실효성확보수단

Ⅰ. 전통적인 실효성확보수단의 한계와 그 보완

위에서 논의한 행정작용의 실효성을 확보하기 위한 전통적인 각종의 수단들은 행정현실의 변화에 따라서 그 실효성의 면에서 한계를 나타내고 있다. 예컨대, 행정상 강제집행은 구체적인 경우에 개별적인 사정에 따라 집행되지 못하는 상황이 발생하고 있으며, 행정벌은 행정기관의 소극적인 자세로 고발되지 않는 경우가 많아 현실적으로 실행되지 못하거나 실행되는 경우에도 처벌의 측면에만 치우쳐서 개별적인 상황에 맞는 실효성확보수단이 되지 못하는 문제가 발생하고 있다. 따라서 전통적인 수단과 동시에 이러한 공백을 보완하기 위한 목적으로 행정현실에 상응하는 탄력적인 새로운 의무이행확보수단이 필요하게 되는 것이다.[85)]

이러한 필요에 부응하고자 마련된 행정작용의 실효성확보를 위한 새로운 제도에는 다음과 같은 것들이 있다.

Ⅱ. 금전적 제재

1. 의 의

행정법상의 의무위반에 대하여 금전적 제재를 가함으로써 그 의무이행을 확보하기 위한 수단을 말하는데, 이에는 과징금 · 부과금 · 범칙금 · 이행강제금 · 가산금 · 가산세 · 부당이득세 등이 있다.

현행법상 행정법상의 의무위반에 대한 금전적 제재로 규정하고 있는 것은 과징금 · 부과금 · 범칙금 · 이행강제금 등이고, 가산금(국세기본법 제2조 제5호, 제47조~제48조, 지방세기본법 제27조 제1항) · 가산세(소득세법 제81조, 제85조 제3항) · 부당이득세(부당이득세법 제1조 제1항) 등은 행정법상의 의무위반에 대한 제재와 직접 관계가 있는 것은 아니다.

85) 류지태, 전게서, 332면.

2. 과징금

1) 의 의

과징금(課徵金)이란 행정법상의 의무를 위반하거나 이행하지 않는 자에 대하여 행정청이 부과·징수하는 금전적인 제재를 말한다. 이는 「독점규제 및 공정거래에 관한 법률」 제16조에서 처음으로 도입된 제도이며, 현재는 80여개의 개별 법률에 규정되어 있다.

과징금은 처음 실정법에 도입될 당시에는 경제행정법상의 의무에 위반한 자가 당해 행위로 인하여 경제적 이익을 얻을 것이 예정되어 있는 경우에, 당해 의무위반행위로 인한 불법적인 이익을 박탈하기 위하여 그 이익에 따라 과하여지는 일종의 행정제재금이라 하겠다. 과징금을 과하면 위반행위로 인한 불법적인 경제적 이익을 박탈당하기 때문에 사업자는 위반행위를 하여도 아무런 경제적 이익을 얻을 수 없게 되며, 따라서 간접적으로 의무이행을 강제하는 효과를 갖게 된다.[86]

2) 과징금의 성질

과징금은 금전적인 제재로서의 성질을 가지는 점에서 유사개념과 구별할 필요가 있다. 우선 과징금은 그 부과주체가 행정청이라는 점, 그 부과행위는 행정행위의 성질을 갖는다는 점, 따라서 부과행위에 대한 불복은 행정쟁송절차에 의한다는 점 등에서 행정형벌인 벌금과 서로 구별된다. 또한 이는 행정질서벌이 아니고, 별도의 절차에 의하지 아니하고 소관 행정청이 바로 징수할 수 있다는 점 등에서 과태료와도 구별된다.[87]

3. 부과금

1) 의 의

부과금(賦課金)에 대한 개념정의에 있어서 학자들은 일반적으로 과징금과 관련하여 부과금을 설명하고 있다. 즉 부과금을 앞에서 논한 과징금의 실정법상의 다른 표현으로 이해하기도 하고,[88] 과징금과 유사한 제도로서 과징금의 하나의 변형된 유형으로서 논하기도 한다.[89] 그 예로서는 대표적으로 환경법 영역에서의 배출부과금을 들 수 있다.

그러나 일반적 견해와 같이 배출부과금을 부과금으로 본다면, 부과금은 설령 실정법이 언제나 명확한 개념상의 차이를 인식하고 용어를 사용하는 것은 아니라고 하더라도 과징금과 같은 차원에서 논의될 수는 없고 서로 구별되어야 한다고 생각한다. 우리 학자들이 부과금으로 논의하는

86) 박윤흔·정형근, 전게서, 567면.
87) 류지태, 전게서, 334-335면.
88) 홍정선, 「행정법원론(상)」, 박영사, 2012, 669면.
89) 김성수, 전게서, 509면; 박윤흔·정형근, 전게서, 567면.

배출부과금의 법적 성질은 이른바 특별부과금이다. 아래에서는 그 차이를 논하고자 한다.[90]

2) 부과금의 요건

독일의 연방헌법재판소의 판례에 의하여 정립된 개념에 따르면 그 성립요건으로서, ① 부과금의 의무자가 공통적으로 주어진 이해상황 또는 공통적으로 주어진 여건을 통하여 다른 집단과 구별되는 사회적인 동질성을 갖고 있을 것, ② 부과금의무자는 부과금 부과를 통하여 추구하는 목적에 대하여 여타의 사회집단 또는 일반납세자보다 객관적으로 근접한 위치에 있을 것, ③ 이러한 객관적 근접성에 근거하여 부과금의 의무자는 부과금 부과를 통하여 추구하는 목적에 대하여 특별한 책임을 지는 위치에 있을 것, ④ 부과금의 수입은 부과금의무자들의 집단적인 이익을 위하여 사용되어야 할 것을 들고 있다.[91]

이러한 요건에 비추어 배출부과금의 경우를 보면, 부과금의무자는 일정규모 이상의 사업자로서 오염물질의 대기나 하천으로의 직접 배출자이며, 이러한 배출행위를 통하여 다른 환경오염자와 충분히 구별되어 사회적 동질성의 요건을 충족하게 된다. 또한 배출자는 다른 집단이나 일반납세의무자보다 배출을 감소시키고 오염방지의 투자에 대한 유인의 목적에 보다 더 접근하여 있으며, 의무자의 책임은 환경법상의 원인자책임원칙에 의하여 정당화되는 것이며, 마지막으로 배출부과금의 수입액은 환경개선특별회계의 세입으로 활용되기 때문에 집단적 이익을 위한 사용요건도 충족하게 된다고 볼 수 있겠다.[92]

3) 과징금과의 구별문제

부과금은 행정법상의 의무위반에 대한 금전적 제재로서의 성질을 갖는다는 점과 그 징수절차가 국세나 지방세의 체납처분의 예에 의하는 점에서는 과징금과 같으나, 부과금의 경우에는 국고수입으로 귀속되는 것이 아니라 당해 특정된 행정법상의 의무이행을 전체적으로 확보하기 위한 목적으로 그 사용목적이 제한되는 점에서 과징금과 구별된다.[93]

4. 범칙금

범칙금(犯則金)이란 도로교통법을 위반한 범칙행위가 있고 그 범증이 충분할 때에 범칙자가 경찰서장의 통고처분에 의하여 국고에 납부하여야 할 금전을 말한다. 이 범칙금제도는 일정한 금액

---

90) 류지태, 전게서, 335면.

91) 김성수, "특별부과금의 개념과 정당화문제", 한국공법학회 제7회 학술발표회, 1990. 3. 31 발표문 34면 이하; 정하중, "배출부과금의 제도적 근거와 법적 개선방향", 「환경법연구」 제15권, 한국환경법학회, 1993, 53면.

92) 정하중, 상게논문, 54면.

93) 류지태, 전게서, 336면.

의 범칙금의 납부를 통고하고, 그 통고처분을 받은 자는 10일 이내에 그 금액을 납부하여야 하며, 이를 납부한 경우에는 다시 처벌받지 아니하고 납부기간 이내에 범칙금을 납부하지 아니할 때에는 즉결심판절차가 진행되는 도로교통법상의 제도이다(도로교통법 제162조~제165조).

위와 같은 내용의 범칙금이 행정벌의 일종인가에 대하여는 견해가 대립되고 있다. 종래 질서벌의 이름으로 과해진 과태료도 현재는 그것이 행정벌로 볼 수 있는가에 대하여 의문이 제기되기도 한다. 범칙금이나 과태료나 전과자 양산의 회피나 탈형벌화가 목적이라고 할 때, 그것들을 행정벌로 본다는 것은 자가당착적 모순이 아니냐는 것이다.[94]

이 점과 관련하여 정부가 최근에는 실정법상의 형벌조항을 과태료 등으로 전환하고, 그의 부과절차도 행정절차화할 것을 계획하여 추진하여 오고 있다는 사실은 주목할 만한 일이다. 이는 결국 경미한 행정법규 내지 질서위반은 가능하면 벌금 · 과료 등 형법전에 형명(刑名)으로 적혀 있는 형벌을 부과하지 아니하고, 행정상의 금전상 제재를 통하여 다스리며, 그것을 통하여 행정법상의 의무이행을 간접적으로 확보하려는 것이 정부의 기본방침이라 할 수 있다.[95]

5. 이행강제금

이행강제금이란 행정법상의 작위 · 부작위 · 수인 등의 의무의 불이행이 있는 경우에 일정액의 금액을 납부하도록 하는 것을 계고하여 심리적 압박을 가함으로써 의무이행을 확보하려는 수단을 말한다.

우리나라에서는 이러한 제도를 '행정상의 비대체적 작위의무 또는 부작위의무'의 불이행이 있는 경우에 적용되는 것으로 이해하는 경향이 있었으며, 명칭도 '집행벌'이라고 부르는 것이 일반적이었다. 그러나 본래 독일에서 사용되었던 집행벌이라는 명칭이 이행강제금으로 변경된 지 오래되었으며, 그 이행강제금의 제도가 이미 우리나라의 여러 법률에 채택되어 있는 사실에 비추어 볼 때에 더 이상 집행벌이라는 용어는 사용하지 않는 것이 좋을 것으로 생각된다.[96]

그런데 이 이행강제금의 제도를 최초로 도입한 법률은 건축법이다. 즉 건축법 제80조는 「허가권자는 제79조 제1항에 따라 시정명령을 받은 후 시정기간 내에 시정명령을 이행하지 아니한 건축주 등에 대하여는 그 시정명령의 이행에 필요한 상당한 이행기간을 정하여 그 기한까지 시정명령을 이행하지 아니하면 법정의 이행강제금을 부과한다」고 규정하고 있다.

94) 최봉석, "행정제재로서의 범칙금통고제도에 관한 일고", 「토지공법연구」 제16집 제1호, 한국토지공법학회, 2002, 9월, 357면 이하 참조.

95) 김남진 · 김연태, 전게서, 530면.

96) 김남진 · 김연태, 「행정법 II」, 법문사, 2012, 340-341면.

Ⅲ. 공급거부

1. 의 의

공급거부(供給拒否)란 행정법상의 의무를 위반하거나 불이행한 자에 대하여 일정한 행정상의 역무(役務)나 재화의 공급을 거부하는 행정조치를 말한다.

공급거부는 국민의 권익에 중대한 영향을 미치는 것이므로 법적 근거를 필요로 하는 것은 당연하다. 이의 대표적인 법률인 (구)건축법 제69조 제2항에서는 동법 또는 동법에 의하여 발하는 명령이나 처분에 위반하여 건축물의 건축 또는 대수선을 하였을 때에 당해 건축물에 대한 전기 · 전화 · 수도 또는 도시가스의 설치 · 공급의 중지를 요청할 수 있다는 규정을 하고 있었으나, 동 규정의 위헌성에 대한 의문제기로 인하여 개정 건축법에서는 삭제되었다.

공급거부는 위반되는 의무와의 관련성에 비추어 직접적인 관계를 갖는 것이 아니라, 간접적으로 당해 의무의 이행을 확보하는 수단으로써의 의미를 갖는 것이다. 법적 성질에 있어서 단전(斷電) · 단수(斷水)행위는 항고소송의 대상이 되는 행정행위로 보아야 할 것이다.[97] 판례도 단수처분은 항고소송의 대상이 되는 행정처분에 해당한다고 판시하였다.[98]

2. 공급거부의 한계

공급거부는 거부의 대상이 되는 서비스나 재화가 급부행정의 대상으로서 국민의 기본적인 생존배려나 복지배려와 관련된다는 점에 특색이 있다.

따라서 공급거부는 우선 쉽게 허용되어서는 아니 될 한계를 갖게 되며, 이를 위하여서는 엄격한 법적 근거를 요하고 비례원칙의 적용을 받게 된다. 다른 한편에서는 공급거부를 널리 인정하게 되면 행정상의 목적달성을 위하여 확보되어야 할 의무와 무관한 내용의 제재도 정당화되는 문제를 안게 된다. 그러므로 공급거부는 당해 거부되는 급부와 실질적으로 관련된 의무의 불이행이나 위반이 있는 경우에 한정되어야 한다는 부당결부금지의 원칙이 적용된다. 이러한 이유로 공급거부를 허용하고 있는 법률은 그 요건의 존재여부의 판단과 관련하여, 당해 개별적 의무와의 실질적 관련성하에서 엄격히 해석되어야 할 것이다.[99]

---

97) 류지태, 전게서, 336-337면.

98) 대판 1979.12.28, 79누218.

99) 류지태, 전게서, 337면.

Ⅳ. 관허사업의 제한

1. 의 의

관허사업의 제한이란 행정법상의 의무위반이 있는 경우에 각종의 허가를 하지 아니하거나 허가를 취소 · 정지함으로써 상대방에게 제재를 가하여 간접적으로 행정법상의 의무이행을 확보하는 경우를 말한다. 이러한 내용은 법규 또는 행정행위의 부관이 정한다. 다음에서는 일반적인 관허사업의 제한과 특정적인 관허사업의 제한으로 나누어 검토하고자 한다.

2. 일반적인 관허사업의 제한

행정법상의 의무위반사항과 직접적인 관련이 없는 각종의 허가 · 특허 · 인가 등 수익적 행정행위를 철회하거나 정지함으로써 간접적으로 행정법상의 의무이행을 확보하고 있는 경우이다.

세무서장이나 지방자치단체의 장 등은 국세나 지방세를 일정한 사유 없이 체납한 자에 대하여 허가 · 인가 · 면허 및 등록과 그 갱신을 요하는 사업의 주무관서에 그 허가 등을 아니할 것을 요구할 수 있고, 국세나 지방세를 3회 이상 체납한 때에는 일정한 경우를 제외하고는 그 주무관서에 사업의 정지나 허가의 취소를 요구할 수 있으며, 이러한 요구가 있을 때에는 당해 주무관서는 정당한 사유가 없는 한 이에 응하여야 한다(국세징수법 제7조, 지방세기본법 제65조). 이를 '관허사업의 제한조치'라고 한다.

이러한 규정에 의하면, 조세체납자로 하여금 스스로 체납된 조세를 납부하도록 강제하는 수단으로써 관허사업을 제한하기 위하여는 체납자와 사업자가 동일인이면 가능하고, 체납된 조세와 직접 관련이 없는 사업에 대한 인 · 허가라 하더라도 이를 거부하거나 철회 · 정지할 수 있도록 하고 있다.

3. 특정적인 관허사업의 제한

특정된 행정법상의 의무에 위반한 경우에 당해 법령에 의하여 허가 · 특허 · 인가를 취소 또는 정지하는 경우이다.

특정한 법령상의 의무에 위반한 경우에 당해 법령에 의한 기존의 인 · 허가를 취소 또는 정지하도록 한다(약사법 제76조). 식품위생법상 식품영업자가 유독식품의 판매금지 등에 위반한 경우에 영업허가의 전부 또는 일부취소나 정지의 경우, 건축법상 건축법 또는 이에 의거하여 발한 명령이나 처분에 위반하여 건축물의 건축 또는 대수선을 하였을 경우에 당해 건축물사용 영업의 불허(건축법 제79조 제2항, 제3항), 「마약류관리에 관한 법률」에 의하여 마약취급자가 마약법령 등에 위반한 경우에 마약취급자의 면허취소나 그 업무 또는 마약사용의 전부나 일부의 정지 등이 여기에 해당된다.

4. 관허사업제한의 문제점

위의 수단은 전통적인 강제수단인 체납처분보다 당사자에게 미치는 영향이 효과면에서 더욱 불리하게 작용하는 것이므로 그 사용에 있어서 비례성 원칙의 위반의 문제를 지니고 있다.[100] 또한 납세의무와 전혀 무관한 내용의 제재가 과하여지는 점에서 부당결부금지의 원칙의 위반 문제도 제기된다.

Ⅴ. 명단공표

1. 의 의

명단의 공표란 행정법상의 의무위반 또는 의무불이행이 있는 경우에 의무위반자의 성명이나 의무위반사실 등을 행정청이 불특정다수인이 주지할 수 있도록 하여 사회적 비난과 명예 또는 신용의 침해를 위협함으로써 그 시정을 구하는 행정작용이다.

이는 개인이나 기업의 명예나 신용에 대한 불이익을 위협함으로써 간접적으로 의무이행을 확보하기 위한 기능을 한다. 그 예로서는 고액체납자의 명단공개, 환경법위반업체의 공개, 공직자재산의 허위등록사실의 공개 등을 들 수 있다. 이러한 명단공개는 비권력적 사실행위로서의 성질을 갖는다. 권력적 사실행위로 보는 견해도 있다.

2. 명단공표의 법적 근거

명단공표는 그 자체로서는 아무런 법적 효과도 발생하지 않으므로 법적 근거가 없이도 허용된다고 볼 수 있을 것 같지만, 공표는 현실적으로 제재 내지 의무이행확보수단으로써 중요한 기능을 수행하고 당사자의 경제적 신용의 손실이나 프라이버시에 관련되는 만큼 법률의 근거가 있어야만 가능하다고 보아야 한다.

이에 관한 현행법으로는 공직자윤리법에 의하여 공직자재산등록을 허위로 한 경우에 공직자윤리위원회가 행하는 일간신문광고란을 통한 허위등록사실의 공표를 하도록 하고 있다(동법 제8조의2 제1항 제3호). 그러나 고액체납자의 명단공개는 법률이 아닌 국세청훈령인 국세징수사무처리규정에 의하여 행하여지고 있고(동훈령 제66조 제1항), 환경법을 위반한 업체의 공개는 아직 법적

---

100) 류지태, 상게서, 338면.

근거에 의하여 뒷받침되지 못하는 문제를 안고 있다. 국민의 알 권리와의 조화를 위하여도 법률적 차원에서의 정비가 필요하다고 생각한다.[101]

Ⅵ. 기타의 행정상 의무이행확보수단

기타 행정작용의 실효성확보수단으로는 수익적 행정행위의 철회 · 정지, 행정법규의 위반된 차량의 사용금지 · 정지(도로교통법 제47조, 산림법 제94조), 국세의 고액체납자 등에 대한 국외여행의 제한조치(여권법 제8조 제1항, 출입국관리법 제4조 제1항), 병역법에 의한 취업제한(병역법 제76조) 등이 있다.

101) 류지태, 상계서, 337면.

제3편
행정구제법론

제1장 행정작용에 의해 침해된 권익의 구제제도

제1절 행정구제의 의의

Ⅰ. 행정구제의 개념

행정구제라 함은 행정기관의 행정작용으로 인하여 자기의 권리 · 이익이 침해되었거나 침해될 것으로 주장하는 자가, 행정기관이나 법원 등에게 원상회복 · 손해전보 또는 당해 행정작용의 취소 · 변경을 청구하거나 그 밖에 피해구제 또는 예방을 청구하고, 이에 대하여 행정기관 또는 법원 등이 이를 심리하여 권리 · 이익의 보호에 관한 판정을 하는 것을 말한다. 이에 관한 법이 행정구제법이고, 이와 관련된 제도가 행정구제제도이다.

Ⅱ. 행정구제의 제도적 의의

헌법가치로서의 법치국가주의가 실현되려면 법의 양면적 구속성이 확보되어야 한다. 즉 한편으로 국민이 법을 지켜야 하고 법을 위반한 경우에는 행정강제 · 행정벌 등과 같이 이를 확보하는 수단이 있어야 하며, 다른 한편으로는 행정을 집행 · 운영하는 국가기관이 법을 잘 준수하여야 함은 물론 국가기관의 작용이 위법 · 부당함으로 인하여 국민의 권익이 침해된 경우에는 이를 구제하는 제도적 장치가 필요한 바, 그 구제수단이 행정구제이다.

오늘날의 행정작용은 과거에 비하여 양적 · 질적으로 확대 · 발전되어 국민생활의 거의 모든 분야를 그 적용영역으로 하게 되었으며, 이에 따라 당연히 행정작용으로 인한 국민의 권익을 침해할 가능성도 또한 증대되고 있다. 그런데 국민의 권리 · 이익을 침해하는 행정작용은 반드시 위법 또는 부당한 행위에 한정되는 것은 아니고, 그 자체로서는 법률에 의거한 적법한 행정작용이라 하더라도 그로 인하여 특정인에게 특별한 손실이 발생한 경우에도 그 구제를 위한 제도가 마련되어야 할 의의가 있는 것이다. 이러한 행정작용으로 인한 침해로부터 국민의 권리 · 이익을 보호하기 위한 행정구제제도는 헌법상 국민의 기본권 보장과 실질적 법치주의의 관점에서 볼 때에는 필요불가결한 의미가 있다고 본다. 따라서 행정작용으로부터 국민의 자유와 재산을 보호하기 위하여 행정구제제도를 철저하게 입법화하는 것은 헌법이 지향하는 기본권보장과 실질적 의미의 법치행정의 원리를 핵심으로 하는 실질적 법치국가주의를 뒷받침하는 절대불가결의 전제가 됨은 물론이다.

그런데 일반적으로 국민의 권리·이익의 구제는 직접구제와 사전구제를 이상으로 하고, 공무원의 징계·처벌 등 간접구제나 손해전보·행정쟁송·헌법소원 등의 사후구제는 보충적인 의미밖에 가지지 않는 것이다. 그리고 정당방위·행정절차·직권시정·청원 등이나, 스웨덴을 비롯한 여러 나라에서 채택되고 있는 옴부즈만(Ombudsman)제도 같은 것은 직접구제 혹은 사전구제로서의 의미도 가진다고 할 수 있다.[1] 그러나 현실적으로는 사후구제제도로서의 행정상 손해전보나 행정쟁송이 행정구제제도 중에서 가장 실효적인 역할을 수행하고 있는 의의를 부인할 수 없다

Ⅲ. 행정구제제도의 체계화

행정구제의 체계는 기본권 보장, 법치행정의 원리, 행정통제, 구제방법 및 구제수단과 밀접한 관련이 있는데, 어느 것에 중점을 두는가에 따라 그 체계가 달라지게 된다.[2]

1. 행정구제와 법치행정의 원리

행정구제는 기본권 보장의 원칙에 의거하여 국민의 침해된 권익의 구제에 중점을 둔 제도이지만, 행정법의 기본원칙인 법치행정의 원리도 고려하지 않을 수 없다.

법치행정의 원리에 의하면 권익을 침해한 행위가 위법한 행위인가, 적법한 행위인가를 구분하여 취급을 달리 할 수밖에 없다. 위법한 행정작용에 의하여 침해된 권익의 구제제도로는 행정심판·행정소송 등 행정쟁송, 헌법소원, 국가배상청구, 공법상 결과제거청구, 고충민원처리제도 등이 있다. 그리고 적법한 공권력 행사에 의해 가해진 손실에 대한 구제제도로서는 행정상 손실보상이 있다.

2. 행정구제와 행정통제

위법·부당한 행정은 법치행정원리의 관점에서 보아 시정되어야 하는데, 그 방식으로 행정통제를 고려할 수 있다.

행정통제는 행정내적 통제와 행정외적 통제로 구분된다. 행정내적 통제는 행정권의 자율적 작용에 의하여 적정한 행정운영을 확보하려는 것으로서, 이러한 통제에는 상급행정청이 행정감독의

---

1) 김도창, 「일반행정법론(상)」, 청운사, 1993, 597면.
2) 박균성, 「행정법강의」, 박영사, 2011, 491~493면 참조.

일환으로 행하는 행정통제와 행정절차에 의한 행정통제 및 국민권익위원회에 의한 고충민원처리 등이 있다. 그리고 행정외적 통제에는 국회 또는 지방의회에 의한 통제, 감사원에 의한 통제, 법원에 의한 통제 및 헌법재판소에 의한 통제 등이 있다.

오늘날은 행정통제제도의 하나로 외국에서 채택하고 있는 옴부즈만(Ombudsman) 제도도 들 수 있다. 또한 정보공개제도도 단순히 국민 · 주민의 알 권리를 충족시키는 기능에 그치는 것이 아니라, 정보의 원활한 유통을 통하여 행정을 통제하고 행정작용의 적정성을 확보하는 기능을 행하고 있다.3)

3. 행정구제의 방법

행정구제의 방법에는 원상회복적인 것과 금전에 의한 보상이 있다. 전자로는 행정쟁송, 헌법소원과 공법상 결과제거청구가 있고, 후자로서는 행정상 손해배상과 행정상 손실보상 등과 같은 행정상 손해전보가 이에 해당된다.

권익구제의 관점에서 보면 원상회복이 손해전보보다 더욱 실효성 있는 구제방법이다. 독일의 경우에는 원상회복적 성격을 갖는 취소소송을 국가배상청구소송보다 우선적인 구제제도로 보고 취소소송으로 구제가 가능한 경우에는 과실상계의 이론 등을 적용하며 손해전보를 인정하지 않거나 제한하는 경향이 있지만 우리나라에서는 그러한 제한은 없다.

행정작용으로 인하여 국민의 권익이 침해된 경우에 원상회복이 불가능한 경우에는 취소의 이익이 부정되므로 행정상 손해전보만이 가능하다. 또한 원상회복적 효과를 갖는 행정쟁송이나 공법상 결과제거청구로 구제가 충분하지 않은 경우에는 이와 같은 구제수단과 함께 행정상 손해배상의 청구도 할 수 있다.

4. 행정구제의 수단

1) 공권력행사 자체에 대한 다툼과 결과에 대한 구제

구제수단에는 위법 · 부당한 행정작용 자체를 다투어 그에 존재하는 위법 · 부당을 시정하고 그를 통하여 국민의 권익을 구제하는 제도와 공권력행사의 결과에 대한 구제제도가 있다.

공권력 행사의 위법 · 부당을 시정하는 구제제도로는 행정쟁송이 가장 대표적인 수단이다. 이외에 헌법소원, 감사원에 대한 심사청구 등이 있다. 그리고 공권력 행사의 결과에 대한 구제제도로는 공권력 행사의 결과인 위법한 상태의 제거를 목적으로 하는 공법상 결과제거청구와 손해의 전보를 목적으로 하는 행정상 손해배상과 행정상 손실보상이 있다. 다만, 현행법령이나 판례는

3) 김철용, 「행정법 I」, 박영사, 2005, 423면.

아직 공법상 결과제거청구는 원칙적으로 인정하지 않는다.

2) 재판적 구제수단과 비재판적 구제수단

일반적인 행정구제제도는 법원을 통한 구제수단이다. 행정소송, 즉 항고소송과 공법상 당사자소송은 대표적인 재판적 구제수단이다. 행정심판은 심판기관이 행정기관이지만, 현행 행정심판법에 의한 행정심판은 준사법적인 구제수단이라고 볼 수 있다. 그리고 헌법소원에 대한 심판기관으로서의 헌법재판소는 사법기관의 성격을 가지고 있는 것이다.

그런데 위와 같은 재판적 구제수단에 의한 행정구제와 행정통제만으로는 불충분한 점이 있기 때문에 행정절차, 청원, 국민고충민원처리제도, 대체적 분쟁해결수단(ADR, 분쟁조정제도) 등 비재판적 구제수단도 도입되고 있다.

3) 사전구제제도와 사후구제제도

행정구제라 함은 보통 사후구제를 의미한다. 그런데 행정작용에 의하여 일단 국민의 권익이 침해되면 그 구제에는 시간이 오랫동안 지나야 되고 경비가 많이 소요되는 등의 어려움이 있고, 사후구제가 가능한 경우에도 대개 충분한 구제를 받지 못하게 된다. 따라서 국민의 권익이 침해받은 후에 그 침해된 권익을 구제해주는 것보다는 국민의 권익이 침해되는 것을 미리 방지하는 수단을 강구한다면 국민의 권익보장을 위하여 훨씬 더 바람직할 것이다. 그런데 행정절차는 행정처분이 행하여지기 전에 이해관계인의 의견진술을 듣도록 하는 등의 절차를 통하여 국민의 권익에 대한 부당한 침해를 사전에 방지하는 기능이 있기 때문에 행정절차를 중요한 사전구제제도로서 본다.

그러나 행정구제는 통상 권익의 침해를 전제로 하는 것이므로 행정구제제도는 보통 사후구제제도만을 지칭하고 있다. 다만, 공권력 행사로 인한 권익의 침해를 사전에 막는 것을 내용으로 하는 제도인 예방적 부작위(금지)청구소송의 도입을 주장하고 있기도 한다.

과거 대륙법계국가에서의 행정구제는 사후구제제도를 주축으로 하였다. 이는 행정주체의 개인에 대한 우월성의 관념을 기반으로 전개되었으므로 사전에 국민이 행정법규의 적용에 참여하는 제도가 인정되지 않았다. 그러나 사후구제제도는 권익이 이미 침해된 후에 행하여지는 것이기 때문에 처음부터 권익의 침해가 없었던 것과 같은 의미에서의 권리구제는 기대할 수 없다는 결함을 지니고 있다. 그리하여 오늘날은 사후구제제도를 개선함은 물론이고, 위법 · 부당한 행정작용을 예방하는 데 중점을 둔 사전적 구제제도를 채택함으로써 사후구제제도와 사전구제제도의 상호보완적 작업을 활발하게 실행하고 있는 추세이다.

제2절 현행법상의 행정구제제도

Ⅰ. 행정구제제도의 유형

위의 행정구제제도의 체계화부문에서는 현재 존재하는 행정구제제도의 다양한 형태를 있는대로 언급하면서 그의 체계화를 모색하였지만 어디까지나 학문적 필요에 의한 시도의 정도에 그친 느낌이다. 여기에서는 현행법에서 인정되고 있는 여러 가지 종류의 행정구제제도를 유형화하여 검토함으로써 행정구제의 문제를 이해하는 데 도움을 주고자 한다.

행정구제는 구체적 시점을 기준으로 하여, 사전적 행정구제와 사후적 행정구제로 그 유형을 구분할 수 있다.

종래의 형식적 법치국가에서는 행정구제를 행정기관에 의한 행정작용이 행해진 이후에 그 작용이 원인이 되어 발생한 국민의 권익침해를 사후적인 쟁송절차에 의거하여 구제하거나 재산상의 손해나 손실을 사후적으로 전보해 주는 것을 내용으로 하는 절차로 이해하였다. 따라서 형식적 법치국가에서의 행정구제는 사후적 행정구제를 의미했다. 그런데 사후적 행정구제수단은 처음부터 권익침해가 없었던 것과 같은 원상회복적 효과의 권익구제를 기대할 수 없는 한계가 있어 그 구제수단에 의거하여 실효적인 권익구제를 실현하기 어렵다는 문제점이 있다.

오늘날의 실질적 법치국가에서의 행정구제는 사후적 행정구제를 당연한 전제로 하면서도 행정작용에 의한 권익침해가 행하여지기 이전의 단계에서 그 권익침해를 극소화하거나 예방하고자 하는 사전절차를 포함시켜 이해하고 있다. 이와 같이 행정구제에 있어 사전구제를 포함시키게 된 것은 행정법관계에 있어서 국민의 지위가 격상됨에 따른 것이다. 즉 종래의 형식적 법치국가에서는 국민의 지위는 단순한 행정객체로서만 취급되어 행정주체와 국민 사이에 대등한 위치가 인정되지 않았으나, 오늘날에는 국민의 지위를 '성년의 주민'(mündiger Bürger)으로 인식하여 행정주체와 국민은 대등한 지위에 있는 것으로 보고 있다.

사후구제제도는 위법 · 부당한 행정작용이 행해진 이후에 그의 위법성을 이유로 하여 행정의 합법성을 보장하거나 행정작용으로 인한 재산상의 손해나 손실에 대하여 전보하는 데 그치기 때문에 처음부터 권익침해가 없었던 것과 같은 의미에서의 권익구제를 기대할 수 없는 결함을 지니고 있다. 그런데 오늘날에는 계획행정의 영역에서 확정된 행정계획에 의한 국민의 권익침해에서 보듯이 사후의 구제수단으로는 권익구제를 받을 수 없게 되거나 구제가 가능한 경우에도 구제의 효과성을 담보할 수 없게 되는 경우가 있다. 그리하여 사후에 있게 될 권익침해를 사전에 방지함으로써 권익침해가 없는 상태를 확보하는 것이 효과적 권익구제가 될 것이며, 이는 사전구제제도의 활용을 통해서만 가능하게 될 것이다. 따라서 행정구제의 개념도 사전적 · 사후적 구제를 포섭하는 것으로 이해하여야 할 것이다. 즉 넓은 의미에서의 행정구제라 함은 행정작용으로 인하여 권익을 침해당한 자가 행정기관이나 법원 등에 대하여 원상회복 · 손해전보 또는 행정작용의 시정을 구하는 절차와 위법 · 부당한 행정작용을 예방하기 위하여 행하는 행정작용에 대한 절차적 규제를 말한다.[4]

행정구제의 사전구제제도의 유형으로는 ① 행정절차, ② 청원, ③ 옴부즈만제도 및 고충민원처리제도 등이 있고, 사후구제제도의 유형으로서는 ① 행정상 손해전보(행정상 손해배상 · 행정상 손실보상), ② 행정쟁송(행정심판 · 행정소송) 등이 있다.

Ⅱ. 본서의 고찰대상으로서의 행정구제제도

이 책에서는 넓은 의미에서의 행정구제의 개념을 취하는 관점에서 고찰하기로 한다. 즉 행정구제제도의 가장 대표적인 행정심판 · 행정소송 등의 행정쟁송과 행정상 손해배상 · 행정상 손실보상 등과 같은 행정상 손해전보를 주된 고찰대상으로 한다.

먼저 행정권 행사의 결과에 대한 구제제도로서의 행정상 손해전보제도를 고찰하고, 다음으로 위법 · 부당한 행정권 행사 자체를 다투는 행정쟁송제도를 검토하고자 한다. 그리고 이와 함께 손해전보를 위한 그 밖의 제도, 즉 행정상의 결과제거청구권, 공법상의 위험책임 등도 설명하겠다.

그런데 이 곳에서 소개한 행정구제제도 중에서 사전구제의 유형에 속하는 행정절차는 이미 설명하였고(제2편 제5절), 여기에서는 절을 바꾸어 청원, 옴부즈만제도 및 고충민원처리 등에 대하여 살펴보는 데 한정할 것이다. 또한 행정상 손해전보(행정상 손해배상 · 행정상 손실보상)와 행정쟁송(행정심판 · 행정소송)은 별도의 장을 설정하여 각각 해당된 부분에서 비교적 상세히 고찰하도록 할 것이다.

4) 석종현, 「일반행정법(상)」, 삼영사, 2005, 543~544면.

제3절 청원제도

Ⅰ. 청원의 의의

청원이란 국민이 국가에 대하여 불만 또는 희망을 개진하고 시정을 요구하는 기본권의 하나로서 모든 국민에게 보장되어 있는 권리이다. 즉 헌법은 「모든 국민은 법률이 정하는 바에 의하여 국가기관에 문서로 청원할 권리를 가진다」고 규정하여 청원권을 보장하고 있다(헌법 제26조 제1항). 또한 헌법은 「국가는 청원에 대하여 심사할 의무를 진다」고 규정하고 있다(헌법 동조 제2항). 그리고 헌법은 「정부에 제출 또는 회부된 정부의 정책에 관계되는 청원의 심사」는 국무회의의 심의를 거치도록 하고 있다(헌법 제89조 제15호). 청원에 관한 일반법으로는 「청원법」이 있고, 특별법으로는 국회법의 규정(동법 제116조~제119조)과 지방자치법의 규정(동법 제65조~제68조) 등이 있다.

헌법은 청원에 대한 국가의 수리 · 심사의무만을 규정하고 있을 뿐이고, 심사결과의 통지나 어떠한 처분을 할 의무까지는 부여하고 있지 않기 때문에 그 한도 안에서 행정구제의 실효성이 없는 것처럼 보인다. 그러나 청원법은 「청원을 수리한 기관은 성실하고 공정하게 청원을 심사 · 처리하여야 하고, 그 처리결과를 청원인에게 통지하여야 한다」고 규정하여(동법 제9조 제1항, 제2항) 국가의 '처리 · 통지의무'까지 인정함으로써 그만큼 청원이 가지는 행정구제적 의의는 강화되었다.

이러한 청원은 주로 다음과 같은 점에서 행정상 손해전보제도나 행정쟁송제도와 차이가 있다.

Ⅱ. 청원사항

청원법에 의하면, ① 피해의 구제, ② 공무원의 위법 · 부당한 행위에 대한 시정이나 징계의 요구, ③ 법률 · 명령 · 조례 · 규칙 등의 제정 · 개정 또는 폐지, ④ 공공의 제도 또는 시설의 운영, ⑤ 그 밖에 국가기관 등의 권한에 속하는 사항을 청원의 대상으로 규정하고 있다(동법 제4조). 그러나 이 규정은 예시적인 것이므로 공공기관의 권한에 속하는 사항이면 그 모두가 청원의 대상

이 될 수 있다.[5)]

다만, ① 감사 · 수사 · 재판 · 행정심판 · 조정 · 중재 등 다른 법령에 의한 조사 · 불복 또는 구제절차가 진행 중인 때, ② 허위의 사실로 타인으로 하여금 형사처분 또는 징계처분을 받게 하거나 국가기관 등을 중상모략하는 사항인 때, ③ 사인간의 권리관계 또는 개인의 사생활에 관한 사항인 때, ④ 청원인의 성명 · 주소 등이 불분명하거나 청원내용이 불명확한 때에는 청원을 수리하지 아니한다(동법 제5조). ⑤ 또한 타인을 모해(謀害)할 목적으로 허위의 사실을 적시한 청원을 하여서는 아니된다(동법 제11조).

Ⅲ. 청원절차

1. 청원인

청원인은 자기의 권리 · 이익을 침해당한 자는 물론이고, 그 외에 국가에 대하여 불만 또는 희망을 개진하고 시정을 요구하고자 하는 자는 누구나 청원을 할 수 있다.

2. 청원기간

청원기간에는 제한이 없다. 행정심판의 청구기간이나 행정소송의 제소기간이 경과되면 불가쟁력이 발생되어 쟁송을 제기할 수 없지만, 불가쟁력이 발생한 처분에 대하여도 청원할 수 있다.

3. 청원제출기관

청원을 제출할 수 있는 기관은 ① 국가기관(국회 · 법원 · 중앙행정기관 등), ② 지방자치단체와 그 소속기관, ③ 법령에 의하여 행정권한을 가지고 있거나 행정권한을 위임 또는 위탁받은 법인 · 단체 또는 그 기관이나 개인으로 명확히 규정하고 있다(동법 제3조).

4. 청원방법과 절차

청원은 청원인의 성명과 주소 또는 거소를 기재하고 서명한 문서로 하여야 한다. 다수인이 공동으로 청원을 하는 때에는 그 처리결과를 통지받을 3인 이하의 대표자를 선임하여 이를 청원서에 표시하여야 한다. 청원서에는 청원의 이유와 취지를 밝히고 필요한 경우에는 참고자료를 첨부

---

5) 권영성, 「헌법학원론」. 법문사. 2009. 600면

할 수 있다(동법 제6조).

청원서는 청원사항을 관장하는 기관에 제출하여야 한다. 청원서를 접수한 기관은 청원사항이 그 기관이 관장하는 사항이 아니라고 인정되는 때에는 그 청원사항을 관장하는 기관에 청원서를 이송하고 이를 청원인에게 통지하여야 한다(동법 제7조).

5. 청원의 심사 · 처리 및 통지

헌법 제26조 제2항은 「국가는 청원에 대하여 심사할 의무를 진다」고 하여 수리와 심사의 의무만을 규정하고 있지만, 청원법 제9조는 「청원수리기관은 일정한 기간 이내에 성실하고 공정하게 청원을 심사 · 처리하여 처리결과를 청원인에게 통지할 의무」까지 규정하고 있다(청원의 적극적 효과). 또한 청원법 제12조는 「누구든지 청원을 하였다는 이유로 차별대우를 받거나 불이익을 강요당하지 아니한다」고 하고 있다(청원의 소극적 효과). 청원법 제12조에 의하여 누구든지 청원을 하였다는 이유로 차별대우를 받거나 불이익을 강요당하지 아니하며(동법 제12조), 이 규정을 위반한 자는 5년 이하의 징역 또는 1천만원 이하의 벌금에 처한다(동법 제13조).

Ⅳ. 청원의 제한과 그 한계

청원도 헌법 제37조 제2항에 따라 제한할 수 있으나(예 : 청원 금지사항, 반복청원 · 이중청원금지, 모해청원금지 등), 그 본질적 내용을 침해하거나 과잉금지의 원칙에 위반할 수 없다. 즉 동일인이 동일한 내용의 청원서를 동일한 기관에 2건 이상 제출하거나 둘 이상의 기관에 제출한 때에는 나중에 접수된 청원서는 이를 반려할 수 있다(동법 제8조). 또한 타인을 모해할 목적으로 허위의 사실을 적시한 청원을 하여서는 아니 된다(동법 제11조). 그리고 청원금지사항으로 규정하고 있는 어느 하나에 해당하는 때에는 이를 수리하지 아니한다(동법 제5조).

제4절 옴부즈만제도

Ⅰ. 옴부즈만의 의의

옴부즈만제도란 의회에서 임명된 옴부즈만(Ombudsman)을 통하여 주로 행정기관의 위헌 내지 부정한 행정활동을 감시하고 위법적인 행정작용을 적발하여 의회에 보고함으로써 비사법적인 수단으로 국민의 권익보호에 기여하는 제도를 말한다. 그런데 이 제도는 앞에서 지적한 것 이외에 특수한 행정구제제도로서, 중요한 것은 옴부즈만의 임명권자는 본래 의회라는 점이다.

옴부즈만제도는 1809년 스웨덴 헌법에서 최초로 창설하였고, 1919년 핀란드 헌법에서 이를 채택하였으며, 이 제도는 1950년 후반기 이후에 외국의 여러 나라에서 본격적으로 취하기에 이르렀다. 즉 1953년 덴마크 헌법에서 채택하였고, 1962년에 노르웨이는 일반행정 옴부즈만을 설치하였다. 1962년 뉴질랜드는 법률로, 1967년 영국의 법률로, 1973년 프랑스 법률로, 1976년 오스트리아 법률로, 그리고 1977년에는 오스트레일리아 법률로 이 제도를 창설하였으며, 1978년 스페인 헌법에 이 제도가 규정되어 제도화되었다.

Ombudsman은 스웨덴의 말인데, 대리인(agent) · 대표자(representative attorney) · 민정관(grievance man) · 호민관(citizen's defender, citizen's protector)이라는 개념으로도 사용되고 있으나, 여기에서는 '옴부즈만'이라는 용어를 그대로 사용하고자 한다. 여기에서의 '옴부즈만'이란 한정적인 관념으로서, 공공기관(행정기관 · 검찰 · 법원 등)이 법령상의 책무를 적정하게 수행하고 있는지의 여부를 국민을 대신하여 감시하기 위하여 의회에 의하여 그 대리인으로 선출된 자를 말한다.

이러한 옴부즈만은 그 구체적 권한이나 기능에 있어서는 국가에 따라 차이가 있으나, 일반적 유형에 있어서는 행정기능의 확대나 작용형식의 다양화 등으로 인한 전통적인 행정구제제도의 결함을 보완하여, '부적정한 행정'(maladministration)에 대하여 국민의 권익을 보다 실효적으로 보호하려는 데에 그 기본적인 존재의의가 있는 것이라 할 수 있다.[6]

---

6) 김동희, 「행정법Ⅰ」, 박영사, 2011, 506면.

Ⅱ. 옴부즈만제도의 특징

옴부즈만제도는 원래 스웨덴의 제도를 모델로 하여 오늘날 여러 나라에서 채택하고 있으나 각국의 사정에 따라 약간 상이한 형태로 나타나고 있지만, 다음의 사항을 거의 공통적 특징으로 하고 있다고 볼 수 있다.[7]

1. 의회와의 긴밀한 관계의 유지

옴부즈만제도의 가장 두드러진 특색은 옴부즈만은 의회에 의존한다는 사실이다. 그 선출절차에 있어서 의회의 직접 또는 간접선거에 의해 임명되고, 의회에 의해서만 해임될 수 있으며, 그의 활동결과를 의회에 보고서로 제출하도록 하고 있다. 따라서 옴부즈만은 의회에 의하여 그 신분이 보장되고 있으므로 이를 통하여 행정부에 대한 객관적인 감시활동을 할 수 있게 되는 것이다.

2. 직권조사권의 인정

옴부즈만제도는 행정작용을 감시하여 종국적으로는 국민의 권익구제에 기여하는 제도로서의 특징을 갖고 있지만, 다른 구제제도와는 달리 직권에 의해서도 조사를 개시할 수 있다는 점에서 그 특징을 발견할 수 있다. 따라서 사적인 보고, 신문(訊問), 개인적 감찰행위의 결과로서 행정부 내의 위법행위나 비리를 알았을 때에는 조사가 개시된다. 이로 인하여 직권조사는 정치적으로 중요한 사건의 경우에 흔히 사용된다.

3. 일정한 사후조치권의 행사

옴부즈만은 조사 후에 그 결과를 바탕으로 하여 일정한 조치를 할 권한이 인정되고 있다. 개별적인 권한의 내용은 각국의 사정에 따라 차이가 있지만, 법원에의 소송제기, 징계절차에의 회부, 이의제기, 의회 또는 정부에의 법률 기타 법령의 제정과 변경에 대한 신청, 언론기관에의 보고 등이 이에 해당된다.

Ⅲ. 옴부즈만제도의 평가

현대국가에 있어서는 행정기능의 확대 · 강화에 따라 거기에서 파생되는 부적정한 행정작용으

7) 류지태, 「행정법신론」, 신영사, 2008, 372~373면.

로부터 침해된 개인의 권익을 보호하여야 한다. 그런데 종래 존재하는 전통적인 행정구제제도만으로는 구제받을 수 없는 권익보호의 사각지대(死角地帶)가 있기 때문에 이에 대한 대책의 강구가 필요하다는 발상에 의한 것이 옴부즈만제도이다. 따라서 옴부즈만제도는 국민의 대표기관으로서의 의회의 대리인이라고 할 수 있는 옴부즈만을 통하여 모든 행정기관이나 사법기관의 준법 여부를 감시하여야 한다는 취지에서 발전된 제도라 할 것이다. 그 기능이 시민보호에서부터 점차 '보다 나은 공공행정의 촉진'(promotion of better public administration)으로 중점을 옮겨 가고 있다.

다음에는, 이러한 옴부즈만제도가 지니고 있는 장점과 단점을 지적하고자 한다.[8)]

1. 옴부즈만제도의 장점

옴부즈만제도의 장점으로는 다음과 같은 점이 지적된다. 즉 ① 다른 구제방법에 비하여 시민의 접근이 용이하고, ② 적은 비용으로 문제해결이 가능할 수 있으며, ③ 고도의 융통성과 적응성이 있는 것이 특색이고, ④ 특히 대민행정량과 인구가 적은 사회에서 큰 효용을 보일 수 있다.

2. 옴부즈만제도의 단점

옴부즈만제도의 단점으로 지적되는 사항은 다음과 같다. 즉 ① 옴부즈만의 기능이 국회의원의 직무와 중복된다는 비판이 있다.[9)] 다만, 이에 대하여는 그것이 의원직의 연장이 아니라 보완이라는 반론이 있다. ② 기존의 다른 기관(감사기구 · 법원 · 해당 행정기관 감사관 등) 또는 다른 제도(청원 · 진정 등)와 기능이 중복된다는 점이 있다는 것이다. ③ 행정의 책임성과 비밀성이 침해될 우려가 있다. ④ 무엇보다도 옴부즈만제도는 직접 행정이나 재판에 관한 시정권을 가지고 있지 않고 권고권만 가지고 있다는 점이 지적된다. 다만, 이에 대한 대책으로서 옴부즈만의 주무기가 부정의 공개에 있어야 한다는 반박이 있다.

Ⅳ. 우리나라와 옴부즈만제도

우리나라의 경우에는 아직까지 의회에 의존하는 형태의 본래의 옴부즈만제도는 존재하지 않지만, 그 실질적인 기능면에서는 유사한 역할을 하는 제도가 있다. 즉 감사원 · 대통령실 · 국무총리비서실 · 국민권익위원회 등에서는 현재 옴부즈만의 기능을 비록 일부이기는 하지만 실질적으로 수행하고 있다고 할 것이다. 그런데 이러한 제도만으로는 국민의 권익구제에 미흡한 점이 없지 않으므로 우리나라에서도 앞으로 옴부즈만제도의 창설을 진지하게 검토해 볼 가치는 있다고 하겠다.

---

8) 김도창, 전게서, 601~602면; 박윤흔 · 정형근, 「최신행정법강의(상)」, 박영사, 2009, 583~584면.

9) Gellhorn, when Americans Complain, p.57.

제5절 고충민원처리제도

Ⅰ. 고충민원의 의의

「부패방지 및 국민권익위원회의 설치와 운영에 관한 법률」에 따라 설치된 국민권익위원회는 고충민원사무의 처리와 그에 따른 국민의 권익구제에 있어 매우 중요한 기능을 수행한다. 이 위원회 이외에 감사원 · 대통령실 · 국무총리비서실 기타 행정기관 등[10]도 그에 제출된 민원사항을 처리함으로써 국민의 권익구제제도로서 일정한 한도의 역할을 담당하는 것은 사실이지만, 가장 중요한 기능을 수행하는 기관은 국민권익위원회라 할 것이다.

여기의 "고충민원"이란 행정기관 등의 위법 · 부당하거나 소극적인 처분(사실행위 및 부작위를 포함한다) 및 불합리한 행정제도로 인하여 국민의 권리를 침해하거나 국민에게 불편 또는 부담을 주는 사항에 관한 민원(현역장병 및 군 관련 의무복무자의 고충민원을 포함한다)을 말한다(동법 제2조 제5호).

그런데 국민권익위원회는 고충민원의 처리와 이에 관련된 불합리한 행정제도를 개선하고, 부패의 발생을 예방하며 부패행위를 효율적으로 규제하도록 하기 위함을 목적으로 하며, 국무총리 소속으로 되어 있다(동법 제11조). 동 위원회는 국회에 의하여 임명되는 것이 아닌 점에서 이른바 고전형 옴부즈만은 아니지만, 외국의 옴부즈만제도에 상응하는 제도로서 설치된 것이다. 한편, 국민권익위원회와는 별도로 지방자치단체 및 그 소속 기관에 관한 고충민원의 처리와 행정제도의 개선 등을 위하여 각 지방자치단체에 시민고충처리위원회를 둘 수 있다(동법 제32조).

Ⅱ. 고충민원의 처리기관

고충민원의 처리기관은 국민권익위원회이다. 국민권익위원회의 기능에 관하여는 21개 항목에

10) "행정기관 등"이란 중앙행정기관, 지방자치단체, 「공공기관의 운영에 관한 법률」 제4조에 따른 기관 및 법령에 따라 행정기관의 권한을 가지고 있거나 그 권한을 위임 · 위탁받은 법인 · 단체 또는 그 기관이나 개인을 말한다(동법 제2조 제2호).

걸쳐 위원회의 업무를 규정하고 있는데, 그 중에서 고충민원처리와 관련된 것으로서는, ① 국민의 권리보호 · 권익구제 및 부패방지를 위한 정책의 수립 및 시행, ② 고충민원의 조사와 처리 및 이와 관련된 시정권고 또는 의견표명, ③ 고충민원을 유발하는 관련 행정제도 및 그 제도의 운영에 개선이 필요하다고 판단되는 경우 이에 대한 권고 또는 의견표명, ④ 위원회가 처리한 고충민원의 결과 및 행정제도의 개선에 관한 실태조사 및 평가, ⑤ 민원사항에 관한 안내 · 상담 및 민원사항 처리실태 확인 · 지도, ⑥ 온라인 국민참여포털의 통합 운영과 정부민원안내 콜센터의 설치 · 운영, ⑦ 시민고충처리위원회의 활동과 관련한 협력 · 지원 및 교육 등을 들 수 있다(동법 제12조).

Ⅲ. 고충민원의 처리절차

국민권익위원회의 업무 중에서 고충민원의 처리절차와 관련된 내용은 다음과 같다.

1. 신청권자

누구든지(국내에 거주하는 외국인 포함) 국민권익위원회 또는 시민고충처리 위원회(이하 "권익위원회"라 한다)에 고충민원을 신청할 수 있다(동법 제39조 제1항).

2. 신청방법

권익위원회에 고충민원을 신청하고자 하는 자는, ① 신청인의 이름과 주소, ② 신청의 취지 · 이유와 고충민원신청의 원인이 된 사실내용, ③ 그 밖에 관계 행정기관의 명칭 등 대통령령으로 정하는 사항을 기재하여 문서(전자문서 포함)로 이를 신청하여야 한다. 다만, 문서에 의할 수 없는 특별한 사정이 있는 경우에는 구술로 신청할 수 있다(동법 제39조 제3항).

3. 고충민원의 접수

권익위원회는 고충민원의 신청이 있는 경우에는 다른 법령에 특별한 규정이 있는 경우를 제외하고는 그 접수를 보류하거나 거부할 수 없으며, 접수된 고충민원서류를 부당하게 되돌려 보내서는 아니 된다. 다만, 권익위원회가 고충민원서류를 보류 · 거부 또는 반려하는 경우에는 지체 없이 그 사유를 신청인에게 통보하여야 한다(동법 제39조 제4항).

4. 고충민원의 이첩

권익위원회는 접수된 고충민원 중 관계 행정기관 등에서 처리하는 것이 타당하다고 인정되는 사항은 이를 관계 행정기관 등에 이첩할 수 있다. 이 경우 지체없이 그 사유를 명시하여 신청인에게 통보하아야 하며, 또한 이첩받은 관계 행정기관 등의 장은 권익위원회의 요청이 있는 때에는 그 처리결과를 권익위원회에 통보하여야 한다. 반대로, 권익위원회는 관계 행정기관 등의 장이 권익위원회에서 처리하는 것이 타당하다고 인정하여 권익위원회에 이첩한 고충민원을 처리할 수 있다(동법 제40조).

5. 고충민원의 각하 · 이송

권익위원회는 접수된 고충민원이 동법 제43조 제1항에 규정한 각 호의 어느 하나에 해당하는 경우에는 그 고충민원을 각하하거나 관계기관에 이송할 수 있다. 이 경우 지체없이 그 사유를 명시하여 신청인에게 통보하여야 하며, 필요하다고 인정되는 때에는 신청인에게 권리의 구제에 필요한 절차와 조치에 관하여 안내할 수 있다(동법 제43조).

6. 고충민원의 조사

권익위원회는 고충민원을 접수한 경우에는 지체없이 그 내용에 관하여 필요한 조사를 하여야 한다. 다만, 그것이 각하사유에 해당하는 사항, 고충민원의 내용이 거짓이거나 정당한 사유가 없다고 인정되는 사항, 그 밖에 고충민원에 해당하지 아니하는 경우 등 권익위원회가 조사하는 것이 적절하지 아니하다고 인정하는 사항에 대하여는 조사를 아니할 수 있다(동법 제41조 제1항).

권익위원회는 조사를 함에 있어서 필요하다고 인정하는 경우에는 ① 관계 행정기관 등에 대한 설명요구 또는 관련 자료 · 서류 등의 제출요구, ② 관계 행정기관 등의 직원 · 신청인 · 이해관계인이나 참고인의 출석 및 의견진술 등의 요구, ③ 조사사항과 관계있다고 인정되는 장소 · 시설 등에 대한 실지조사, ④ 감정의 의뢰 등의 조치를 할 수 있다(동법 제42조). 정당한 사유 없이 동법 제42조의 규정에 따른 업무수행을 방해 · 거부 또는 기피하거나 고의로 지연시킨 자는 500만원 이하의 과태료에 처할 수 있다(동법 제91조).

7. 고충민원의 해결

1) 합의권고 및 조정

권익위원회는 조사 중이거나 조사가 끝난 고충민원에 대한 공정한 해결을 위하여 필요한 조치를 당사자에게 제시하고 합의를 권고할 수 있다(동법 제44조).

또한 권익위원회는 다수인이 관련되거나 사회적 파급효과가 크다고 인정되는 고충민원의 신속하고 공정한 해결을 위하여 필요하다고 인정하는 경우에는 당사자의 신청 또는 직권에 의하여 조정을 할 수 있다(동법 제45조).

2) 시정권고 및 의견표명

권익위원회는 고충민원에 대한 조사결과 처분 등이 위법 · 부당하다고 인정할 만한 상당한 이유가 있는 경우에는 관계 행정기관 등의 장에게 적절한 시정을 권고할 수 있으며, 신청인의 주장이 상당한 이유가 있다고 인정되는 사안에 대하여는 관계 행정기관 등의 장에게 의견을 표명할 수 있다(동법 제46조).

3) 제도개선권고 및 의견표명

권익위원회는 고충민원을 조사 · 처리하는 과정에서 법령 그 밖의 제도나 정책 등의 개선이 필요하다고 인정되는 경우에는 관계 행정기관 등의 장에게 이에 대한 합리적인 개선을 권고하거나 의견을 표명할 수 있다(동법 제47조).

4) 의견 제출기회의 부여

권익위원회는 위의 관계 행정기관의 장에 대한 시정 또는 제도개선의 권고를 하기 전에 그 행정기관 등과 신청인 또는 이해관계인에게 미리 의견을 제출할 기회를 주어야 한다(동법 제48조 제1항).

8. 고충민원의 처리결과에 대한 조치

1) 결정통지

권익위원회는 고충민원의 결정내용을 지체 없이 신청인 및 관계 행정기관 등의 장에게 통지하여야 한다(동법 제49조).

2) 처리결과의 통보

권익위원회로부터 위의 시정권고 또는 제도개선의 권고 또는 의견을 받은 관계 행정기관 등의 장은 이를 존중하여야 하며, 그 권고 또는 의견을 받은 날부터 30일 이내에 그 처리결과를 권익위원회에 통보하여야 한다. 권고를 받은 관계 행정기관의 장이 그 권고내용을 이행하지 아니한 경우에는 그 이유를 권익위원회에 문서로 통보하여야 한다. 권익위원회는 관계 행정기관 등의 장으로부터 통보를 받은 경우에는 신청인에게 그 내용을 지체 없이 통보하여야 한다(동법 제50조).

3) 감사의뢰

고충민원의 조사 · 처리과정에서 관계 행정기관 등의 직원이 고의 또는 중대한 과실로 위법 · 부당하게 업무를 처리한 사실을 발견한 경우 국민권익위원회는 감사원에, 서민고충처리위원회는 당해 지방자치단체에 감사를 의뢰할 수 있다(동법 제51조).

4) 이행실태의 확인 · 점검

권익위원회는 동법 제46조 및 제47조의 규정에 따른 권고 또는 의견의 이행실태를 확인 · 점검할 수 있다(동법 제52조).

5) 공표

권익위원회는 ① 위의 시정권고 또는 제도개선에 관한 의견표명의 내용, ② 이러한 시정권고 · 개선공고에 대한 행정기관의 장의 처리결과 및 ③ 시정권고의 불이행시의 그 불이행사유를 공표할 수 있다(동법 제53조).

Ⅳ. 고충민원처리제도의 평가

위에서는 국민권익위원회에 의한 고충민원처리제도에 관하여 살펴보았다. 다음에서는 그 검토내용을 토대로 하여 이 제도를 평가하면 아래와 같다[11]

고충민원처리제도의 가장 긍정적인 측면은 그 적용대상이 매우 광범하고, 또한 그 신청자격의 제한이 없다는 점을 들 수 있다. 즉 이 법률에 의한 고충민원은 위법 · 부당한 처분뿐만 아니라 사실행위 및 부작위를 포함하는 것으로서의 소극적인 처분 및 불합리한 행정제도로 인하여 국민의 권리가 침해되거나 국민에게 불편 또는 부담을 주는 사항에 관한 민원이 그 대상이 되기 때문이다. 다른 한편, 이 법률에 의한 고충민원은 국내에 거주하는 외국인을 포함하여 누구든지 이를 신청할 수 있도록 되어 있으므로 국민의 권익보호제도로서는 매우 긍정적인 기능인 것임은 물론이다.

그러나 이 제도는 정식적 구제제도로서의 행정심판이나 행정소송 등에 대하여 비공식적 또는 그 보완적 제도라는 점에서 기본적으로 한계가 있다. 그에 따르면 국민권익위원회에 의한 고충민원의 조사결과 처분 등이 위법 · 부당하다고 인정할 만한 상당한 이유가 있다고 인정되는 경우에도 국민권익위원회는 관계 행정기관의 장에게 적절한 시정을 권고할 수 있는 데 그친다.

11) 김동희, 전게서, 514~515면.

이러한 위원회의 시정권고는 관계 행정기관의 장에 대한 법적 구속력은 없는 것이기 때문에 시정권고를 받은 행정기관의 장이 그 권고내용을 이행하지 아니한 경우에는 다만 그 이유를 권익위원회에 통보할 수 있는 데 불과하다. 이 경우 국민권익위원회는 시정권고와 관계 행정기관의 장이 이를 불이행하는 경우에 불이행사유를 공표할 수 있는 수단에 그친다. 즉 권익위원회의 시정권고의 실효성을 확보하기 위한 현행제도는 시정권고와 그 불이행사실 및 불이행사유의 공표를 통하여 궁극적으로는 여론에 의한 비판과 감시를 받게 된다고 할 수 있다.

제2장 행정상의 손해배상

제1절 행정작용으로 인한 권익침해와 그 전보

제2절 공무원의 직무상 불법행위로 인한 손해배상

제3절 영조물의 설치 · 관리상의 하자로 인한 손해배상

제4절 행정상 손해배상의 청구절차

제5절 기타 행정상 손해배상제도와 관련된 문제

제1절 행정작용으로 인한 권익침해와 그 전보

Ⅰ. 행정상의 손해전보제도의 유형

행정상의 손해전보라 함은, 행정작용에 의하여 국민의 권리 · 이익을 침해한 경우에 그로 인하여 개인이 입게 된 손해 또는 손실을 전보(塡補)하여 주는 제도를 말한다. 그런데 우리나라의 행정상 손해전보제도의 유형으로는 종래 행정상의 손해배상과 행정상의 손실보상의 2종류가 인정되고 있다.

행정상의 손해배상과 행정상의 손실보상의 구별은 손해 또는 손실의 발생원인행위의 성질의 차이에 의거하여, 전자는 위법한 불법행위로 인하여 입은 손해를 갚아 주는 것이고, 후자는 적법행위로 인하여 침해받은 개인의 특별한 손실을 전보하여 주는 제도이다. 행정작용에 의하여 개인에게 손해가 발생하였고 피해자가 그 손해를 감수하여야 할 귀책사유가 없는 경우에는, 행정주체가 그 손해 또는 손실을 전보하여 주는 것이 사유재산제도를 채택하고 있는 법제도에서는 정의와 공평(Recht und Billigkeit)의 원칙에 합치하는 것이다.

Ⅱ. 행정상의 손해전보제도의 근거

행정주체가 행정작용으로 인한 손해를 전보해 주어야 할 책임을 지는 행정상 손해전보의 근거를 살펴보면, 프랑스에서는 보통 1789년의 인권선언 제13조의 '공적 부담 앞의 평등원칙'에서 구하고 있다. 국가책임의 근거를 이와 같이 이해한다면 그것을 과실책임에 국한할 이유는 없고 무과실책임 또는 위험책임이 일반적으로 인정될 가능성도 있는 것이지만, 아직도 무과실책임은 제한적으로만 인정되고 있다. 우리나라에서는 이러한 '공적 부담 앞의 평등원칙'은 헌법 제11조의 평등원칙의 일부를 이루는 것으로 볼 수 있다. 따라서 우리나라에서도 행정상의 손해배상과 행정상의 손실보상을 구분하지 않고 양자를 통일적으로 파악할 수도 있을 것이다. 그러나 무과실책임이나 위험책임의 원칙이 전면적으로 실현될 수 없는 것은 어떠한 논리적 근거보다도 국가의 재정적 이유라는 실제적 이유에 비중을 둘 수밖에 없게 된다.

Ⅲ. 행정상의 손해배상과 행정상의 손실보상의 일원화

행정상의 손해배상과 행정상의 손실보상의 제도는 종래 각각 성질이 다른 것으로 이해하고 있었다. 즉 행정상 손해배상은 개인주의적 · 보상적 정의에 입각하여 행위자의 주관적 책임과 행위의 객관적 위법성을 그 성립요건으로 하는 데 반하여, 행정상 손실보상은 단체주의적 · 배분적 정의에 입각하여 그 성립에 있어 행위자의 주관적 책임은 문제시하지 않고, 다만 개인에게 부과된 불평등한 부담을 전보하여 주는 제도라는 점에서 양자는 구별되어 온 것이다.

그러나 오늘날에 있어서는 위의 두 제도는 그 이념적 측면에 있어서의 대립은 점차 해소되어 가고 있는데, 이는 주로 불법행위 배상책임과 적법행위 보상책임의 중간영역으로서의 '위험책임'의 등장에 의하여 촉구된 것이다. 위험책임의 이론에서 보면, 과실의 유무가 문제되지 않고 또한 행위의 위법 · 적법의 구별도 특별한 문제가 되지 않기 때문이다. 즉 오늘날 기업의 대형화와 그 생산활동의 고도화, 행정활동의 증대 및 내용의 다양화에 따라, 과실책임주의를 엄격히 적용하는 경우 피해자가 구제받지 못하게 되는 불공평한 경우가 발생하게 되므로 "위험 있는 곳에 책임 있다"고 하는 위험책임의 법리에 의하여 피해자구제를 도모한 필요성이 증가하고 있다. 그리하여 행정상 손해배상에 있어서도 주관적 · 도의적 책임의 문제보다는 "객관적으로 누구에게 전보책임을 부담시키는 것이 공평할 것인가"라는 손해부담의 배분적 정의를 주된 기준으로 함으로써 과실의 객관화 또는 입증책임의 전환의 법리 등을 통하여 점차 과실책임이 무과실책임으로 접근하는 경향을 나타내고 있다.

따라서 그 연구방법에 있어서도, 오히려 양자를 단일개념으로 융합시켜 사회적 공평부담의 견지에서의 '행정상 손해전보'(국가배상 · 공법상배상 · 공법상보상 등으로 부르기도 한다)로서 통일적으로 고찰하는 경향이 있다. 다만, 우리나라의 실정법상 행정상의 손해전보제도는 일응 행정상의 손해배상제도와 행정상의 손실보상제도로 구분되어 있으므로, 여기에서도 양자를 구별하여 검토하기도 한다.[1] 그러나 그 중에서도 이 장에서는 행정상의 손해배상제도를 중심으로 설명하는 것으로 한정하려고 한다.

Ⅳ. 행정상의 손해배상제도의 기능

1. 손해배상제도의 목적

손해배상제도는 일반적으로 피해자를 구제하는 데 일차적 목적 내지 기능을 두고 있다. 그러나

1) 김도창, 「일반행정법론(상)」, 청운사, 1993, 606-607면; 김동희, 「행정법 I」, 박영사, 2011, 516-517면.

모든 배상책임을 오로지 가해자의 책임으로만 돌릴 경우 가해자가 파탄에 빠지는가 하면, 가해자에게 배상능력이 없음으로 인하여 피해자가 충분한 구제를 받지 못하는 결과를 가져올 수도 있다.

그에 따라 배상제도와 관련하여 그 배상책임을 분산하는 여러 가지 방안이 강구되고 있는데, 보험도 그 중의 하나이다. 그리고 공무원의 직무상 불법행위로 인한 손해배상의 책임을 전적으로 공무원의 책임으로만 돌리지 않고, 국가가 부담하는 제도인 국가배상제도가 탄생하게 된 연유도 그러한 점에 기인한다고 할 수 있다.

그 밖에도 손해배상제도의 기능에는 제재기능 내지 위법행위억제기능도 있는데, 그것은 국가배상제도로서 대위책임을 취하는가, 아니면 국가(공공단체를 포함한다)의 자기책임 또는 그 밖의 유형을 취하는가에 따라 의미를 달리한다고 할 수 있다.[2)]

2. 피해자구제기능

국가배상제도의 주된 기능은 피해자구제에 있다. 그런데 공무원의 직무상 불법행위로 인하여 개인이 손해를 입은 경우에 누가 그 손해를 부담하며 책임을 지는가에 관한 문제는 세 가지 유형으로 나누어 볼 수 있다. 즉 ① 피해자가 입은 손해를 방치하는 무책임형, ② 공무원 개인이 부담하는 공무원책임형, ③ 국가나 공공단체가 책임을 지는 국가책임형의 3종류가 있다. 이러한 형태 중에서 무책임형은 모순이며 극복되어야 함은 당연한 과제이다. 그것을 어떠한 방법으로 해결할 것인가는 여러 방법이 있을 수 있다.

외국에서는 가해자인 공무원이 책임을 지는 제도가 일찍부터 발전하였다. 즉 독일에서는 군주의 위임에 반하여 행동한 신복은 위임이론에 의하여 개인으로서 불법행위책임을 지도록 되어 있었고, 영국에서는 공무원일지라도 사인과 마찬가지로 손해배상소송의 피고가 되도록 하여 공무원이 책임을 지는 제도를 취하였다. 그러나 공무원이 개인적으로 손해배상책임을 지는 제도는 피해자구제기능이라는 점에서 극히 불충분하다고 하지 않을 수 없다. 가해공무원에게 지급능력이 없는 경우에는 불법행위의 요건이 충족되는 경우에도 구제를 받을 수 없기 때문이다.

이와 같은 공무원책임형에는 다음과 같은 문제점이 있다. 즉 공무원은 손해배상책임을 질 것에 대한 우려 때문에 직무에 소극적인 자세로 임하게 됨으로써 복지부동을 초래하게 될 것이다. 그러한 경우 그에 따른 손실은 헤아릴 수 없을 정도로 큰 것이 된다. 또한 공적 부문에서의 인재확보에도 대단한 지장을 가져올 수도 있다.

따라서 공무원책임형 제도를 취하는 경우에는 공무원이 짊어지게 되는 가혹한 부담을 덜어주기 위한 제한조치가 프랑스, 독일 등에서 채택하는 경향이 있는데, 그러한 조치가 피해자에게 불리한 결과가 됨은 말할 것도 없다. 그리하여 피해자를 구제해 주면서도 공무원의 가혹한 부담을

---

2) 김남진 · 김연태, 「행정법 I」, 법문사, 2011, 541-543면.

경감해 주는 방법이 모색되어야 할 필요가 있는 바, 국가(공공단체를 포함한다)의 배상책임제도는 그러한 배경을 가지고 창안되었다고 할 수 있다.

3. 손해분산기능

가해자인 공무원이 피해자가 입은 손해를 배상한다는 것은 일응 당연한 것으로 여겨질 수 있다. 그러나 그러한 경우 '공무원의 생활의 파탄'이라는 또다른 부작용이 일어나는 문제를 간과할 수 없다. 각국에서 공무원의 책임을 축소하고 국가의 책임을 확대하려는 노력을 기울이게 된 것은 피해자를 구제하는 동시에 공무원에게 집중되는 배상책임을 감소하려는 데 있음을 알 수 있다.

독일이 헌법을 통해 공무원책임의 면책적 채무인수로서의 국가의 배상책임을 규정하게 된 것(기본법 제34조)은 이 때문이다. 특히 1981년에 제정되었다가 연방에게 입법권이 없다는 이유로 위헌판결을 받은 국가책임법(Staatshaftungsrecht)이 국가의 자기책임을 널리 인정하였음은 잘 알려진 사실이다. 그것은 이론적인 이유에도 기인한 것이었지만, 다른 한편으로는 공무원에게 집중되는 비용부담을 줄여 주는 의미도 가졌었던 것으로 보인다.

한편, 미국의 경우 국가의 배상제도를 채택한 연방불법행위청구법(The Federal Tort Claims Act, 1946)이 제정된 이후에 있어서도 공무원책임이 병존하였으나, 공무원에게 넓은 면책이 인정되고 또한 공무원에게 지급능력이 없는 등의 사정으로 피해자구제기능은 거의 전적으로 국가(정부)의 부담으로 돌아갔다. 그럼에도 불구하고 제도상으로 공무원의 책임이 존속된 것은, 다음에 보는 공무원에 대한 제재기능, 위법행위의 억제기능을 위한 것으로 새겨진다.

4. 제재기능 · 위법행위억제기능

국가배상제도에 제재기능 및 위법행위억제기능이 있다는 점도 일반적으로 인정되고 있다. 제재기능 · 위법행위억제기능을 강조하게 되면, 당연히 가해자인 공무원의 책임을 강조하게 된다. 그러나 공무원에게만 배상책임을 지우는 경우에도 여러 가지 문제점이 있음은 이미 지적한 바 있다.

Ⅴ. 우리나라의 국가배상제도

1. 국가배상의 의의

행정상의 손해배상이란 국가 등 행정기관의 행정작용으로 인하여 타인에게 손해를 가한 경우에 국가 등의 행정주체가 피해자에게 손해를 배상해 주는 제도를 말한다. 이러한 행정상의 손해배상은 '국가배상'이라고도 한다.

국가배상제도는 법치국가에서 기본권을 존중하고 보장하기 위한 제도이다. 국가 등 행정주체가 공적 임무를 수행하는 과정에서 개인의 재산권 등에 가한 위법한 침해를 방치한다면 재산권 등 기본권보장에 위배되기 때문에 발생된 손해를 국가가 배상하여 피해자를 구제한다는 것은 오늘날의 법치국가에서는 당연한 것이다. 한편, 국가배상제도, 즉 행정상 손해배상제도는 위법한 침해로 인한 재산이나 생명 · 신체에 대한 피해의 전보를 내용으로 한다는 점에서, 적법한 침해로 인한 재산상 피해에 대한 보상제도인 행정상 손실보상제도와 다르고, 적법한 침해로 인한 생명 · 신체의 피해에 대한 보상제도인 희생보상제도와도 성질을 달리 한다.

국가배상제도는 헌법 제29조 제1항에 의하여 기본권으로 인정되고 있으며, 「국가배상법」은 '헌법의 구체화된 행정법'으로서의 동법에 그 구체적인 절차와 내용이 규정되어 있다. 헌법상의 기본권으로서의 국가배상청구권은 그 자체로서의 독자적인 의미보다는 다른 기본권의 실효적 보장을 위한 청구권적 기본권으로서의 지위를 갖는 것으로 이해함이 옳다. 또한 위법한 국가작용으로 인한 국민의 재산권 침해행위에 대하여 사후적으로 그 손해의 배상청구권을 담보함으로써 법치국가원리를 최종적으로 담보하는 수단으로써의 의미를 갖는다.

2. 국가배상제도의 근거

1) 국가배상책임의 헌법적 근거

(1) 근거규정

우리 헌법은 국가배상제도에 관하여는 규정내용에 다소의 차이가 있으나 제헌헌법 이래 한결같이 이 제도를 규정하여, 이를 국민의 기본권의 하나로서 보장하고 있다. 현행헌법도 국가배상책임주의의 원칙을 선언하고(헌법 제29조 제1항), 동시에 군인 · 군무원 · 경찰공무원 등 일정한 공무원이 피해자인 경우에는 이중배상의 배제를 규정하고 있다(헌법 제29조 제2항).

(2) 관련문제

(가) 입법방침규정설과 직접효력규정설

헌법 제29조의 규정이 입법방침규정인가, 직접효력규정인가에 대하여는 학설의 대립이 있다.

입법방침규정설에 의하면, 헌법 제29조가 「법률이 정하는 바에 의하여」라는 법률유보가 있기 때문에 헌법에 의해서는 추상적인 권리만이 발생하고 구체적인 권리는 법률에 의하여 비로소 생기는 것이므로 헌법의 이 규정은 단순한 입법방침규정에 지나지 않는다고 한다.[3] 이에 반하여, 직접효력규정설은 헌법 제29조는 구체적인 권리를 규정하고 있는 직접적 효력규정으로서 「법률이 정하는 바에 의하여」의 표현은 국가배상청구권의 행사절차 내지는 구체적인 기준이나 방법을

3) 구병삭, 「신헌법원론」, 박영사, 1988, 629면; 김도창, 전게서, 617면.

법률이 규정한다는 의미로 이해한다.[4] 생각건대, 이 때의 「법률이 정하는 바에 의하여」의 의미의 해석과 관련한 이와 같은 견해대립의 실익은 이러한 법률이 존재하지 않는 경우에 당사자는 어떠한 근거규범에 의하여 청구권을 주장할 수 있는가에 있다고 볼 수 있다. 전자의 입장은 이러한 경우에 헌법규정을 그 근거로 주장하지 못하는 데 반하여, 후자의 경우에는 헌법규정이 근거규범이 될 수 있게 된다. 후자의 견해가 당사자의 권리구제를 위하여 타당함은 당연한 것이며,[5] 이것이 다수설이다. 그리고 이미 헌법규정을 구체화한 국가배상법이 제정, 시행되고 있는 현재에는 그 문제를 논의할 실익이 많지 않은 것으로 보인다.[6]

(나) 배상책임의 주체

국가배상책임의 주체의 범위가 문제된다. 헌법은 국가와 공공단체를 배상책임의 주체로서 규정하고 있는데, 국가배상법은 이와는 달리 공공단체 중에서 지방자치단체만을 배상주체로서 규정하고 있다(동법 제2조 제1항 본문). 이러한 규정과 관련하여 헌법에 저촉된다고 보는 견해가 있을 수도 있다. 그러나 독일의 경우와는 달리, 우리나라에서는 공공단체(공법인)의 직원이 공무원의 신분을 보유하고 있지 아니하며, 지방자치단체 이외의 공공단체도 민법에 의하여 배상책임을 지고 있음으로 보아 국가배상법의 관련규정이 위헌이라고 보기는 어렵지 않을까 하는 생각이다.

(다) 배상청구권의 주체

헌법은 국가 등에 대한 배상청구권의 주체를 국민으로서 규정하고 있다(헌법 제29조 제1항). 따라서 국가배상청구권은 원칙적으로 한국국민만이 그 주체가 되며, 한국국민이면 자연인 · 법인을 가리지 아니한다. 그러나 헌법 제29조 제2항의 규정에 의하면, 군인 · 군무원 · 경찰공무원 기타 법률이 정하는 자에게는 법정보상만을 인정하고 국가배상청구권을 부인하고 있다.

우리나라에 주둔하고 있는 미합중국군대의 구성원 · 고용원 · 한국증원부대구성원(카투사)의 공무집행 중의 행위로 피해를 받은 자도 국가배상법에 따라 한국정부에 배상을 청구할 수 있다(한 · 미행정협정 제23조 제5항). 외국인에 대하여는 국가배상법 제7조의 상호보증주의에 따라 한국국민에 대하여 국가배상책임을 인정하고 있는 국가의 국민에게만 국가배상청구권이 인정된다.

2) 국가배상법

(1) 국가배상법의 지위

헌법 제29조에 근거하여 「국가배상법」이 제정되어 있는데, 이 국가배상법은 국가배상에 관한

---

4) 김철수, 「헌법학개론」. 박영사, 2003, 873면; 문홍주, 「한국헌법」. 해암사, 1987, 346면; 허영, 「한국헌법론」. 박영사, 2005, 574면.

5) 류지태, 「행정법신론」. 신영사, 2008, 383면.

6) 김남진 · 김연태, 전게서, 548면.

일반법으로서의 지위에 있다. 즉 국가배상법 제8조는 「국가나 지방자치단체의 손해배상 책임에 관하여는 이 법에 규정된 사항 외에는 민법이 따른다. 다만, 민법 외의 법률에 다른 규정이 있을 때에는 그 규정에 따른다」고 규정함으로써 국가배상법이 국가 또는 지방자치단체의 불법행위책임에 관한 일반법이라는 것을 명시하고 있다. 따라서 ① 특별법이 있으면 그 규정에 의하고,[7] ② 그러한 특별법이 없으면 국가배상법이 적용되며, ③ 국가배상법에 특별한 규정이 없는 사항은 민법의 규정에 의한다.

(2) 국가배상법의 성격

국가배상법의 법적 성격에 관하여는 종래부터 공법설과 사법설이 대립되고 있는데, 이는 국가배상책임의 성질이 공법상의 배상책임인지, 아니면 사법상의 배상책임인지의 문제와 관련된다. 따라서 국가배상법을 공법으로 보는 입장에서는 국가배상법에 의한 손해배상청구권을 공권으로, 사법으로 생각하는 관점에서는 사권으로 보아 각각 행정소송 또는 민사소송의 방법으로 그 권리를 실현한다.

(가) 사법설(사권설)

사법설은 국가의 특권적 지위, 즉 국가무책임의 원칙을 포기하고 국가나 지방자치단체 등도 사인과 같은 지위에서 책임을 지겠다는 헌법가치를 전제로 하여, 국가배상책임은 공법에 특유한 책임이론이 아니라 사법상의 일반불법행위책임과 성격을 같이 하는 한 종류에 지나지 않는 것이어서 국가배상법은 민법의 특별법으로서 사법의 성질을 갖는다는 견해이다. 또한 국가배상법 자체도 동법 제8조가 민법이 보충적으로 적용됨을 규정하고 있는 것도 동법이 민법의 특별법적 성격을 가진다는 점을 명문으로 나타내고 있는 것으로 보아도 국가배상법이 사법적 성질을 가진다고 주장한다.[8]

이러한 견해에 의하면 국가배상소송의 형태는 민사소송이며, 민사법원의 관할사항이 된다.

(나) 공법설(공권설)

공법설은 공법적 원인으로 인한 국가배상책임을 규율하는 국가배상법은 사경제적 작용을 규율하는 민법과는 본질적으로 성격을 달리 하기 때문에 민법과 국가배상법 사이에는 일반법과 특별법의 관계가 성립될 수 없다고 본다. 즉 공법과 사법의 이원적 법체계를 채택하고 있는 한, 공법적 원인에 의하여 발생한 손해에 대한 배상을 규율하는 국가배상법은 공법의 성질을 가진다는 것이다. 우리나라의 다수설이다.[9]

---

7) 예컨대, 자동차손해배상보장법 제3조, 산업재해보상보호법 제5조, 원자력손해배상보장법 제3조, 공무원연금법 제35조 · 제51조, 우편법 제5장 등이다.

8) 변재옥, 「행정법강의(Ⅰ)」. 박영사, 1989, 499면; 이상규, 「신행정법론(상)」. 법문사, 1997, 590~591면.

9) 김도창, 전게서, 616면; 김동희, 전게서, 523면; 류지태, 전게서, 384면; 박균성, 「행정법강의」. 박영사, 2011, 498면;

이에 의하면 국가배상소송의 형태는 행정소송 중 당사자소송이며, 행정법원의 관할사항이다.

(다) 판 례

판례는 "공무원의 직무상 불법행위로 손해를 받은 국민이 국가 또는 공공단체에 배상을 청구하는 경우 또는 공공단체에 대하여 그의 불법행위를 이유로 손해배상을 구함은 국가배상법이 정한 바에 따른다 하여도 이 역시 민사상의 손해배상책임을 특별법인 국가배상법이 정한 데 불과하다"라고 판시한 바 있다.[10] 이러한 판례는 국가배상책임을 민사상 손해배상책임의 일종으로 보고, 국가배상법을 민법의 특별법으로 보고 있다.

(라) 결 어

국가배상법은 공법적 원인에 의하여 발생한 손해에 대한 국가 등의 배상책임을 규정한 법으로서 공법으로 보아야 할 것이다. 따라서 국가배상에 관한 소송은 공법상의 당사자소송으로서 행정소송법이 적용되어야 한다고 본다.[11]

그러나 종래 우리의 소송실무에서는 국가배상청구소송을 민사소송으로 다루고 있다. 앞으로 현행법의 운영에 있어서는 행정소송으로 전환함이 논리적으로 옳다고 판단되며, 정부가 국회에 제출한 바 있는 행정소송법개정안은 행정행위를 원인으로 하는 손해에 대한 국가배상청구소송을 당사자소송의 하나의 유형으로 예시하고 있다.

(3) 국가배상법 제2조 제1항 단서의 위헌논의

국가배상법 제2조 제1항 단서에는 「군인 · 군무원 · 경찰공무원..... 등이 다른 법령에 따라 보상을 지급받을 수 있을 때에는 국가배상법 및 민법에 따른 손해배상을 청구할 수 없다」라는 이중배상배제에 관한 특례규정을 두고 있다. 이와 같은 특례규정에 대하여는 위헌논의가 그치지 않았으며,[12] 법원은 위의 단서규정에도 불구하고 군인 등에 대하여 국가배상청구권을 인정하였고,[13] 대법원도 드디어 이 단서조항을 위헌으로 판시하기에 이르렀다.[14]

이와 같이 군인 · 경찰공무원 등에 대한 배상청구권을 제한한 헌법 제29조 제2항의 규정은 이른바 유신헌법으로 불리는 1972년 11월 24일의 개정헌법에 의하여 헌법에 신설되어 오늘에 이르고

박윤흔 · 정형근, 「최신행정법강의(상)」, 박영사, 2009, 592면; 서원우, 「현대행정법론(상)」. 박영사, 1983, 679면; 석종현, 「일반행정법(상)」. 삼영사, 2005, 606-607면; 홍정선, 「행정법특강」. 박영사, 2011, 461-462면.

10) 대판 1971.4.6, 70다2955; 대판 1972.10.10, 69다701.

11) 김남진 · 김연태, 전게서, 552면.

12) 이상규, "새 행정상 손해배상제도의 특색과 문제점", 「법정」, 1967.7.; 윤세창, "국가배상법의 문제점", 「사법행정」, 1971.1.등 참조.

13) 서울민사지법판 1968.5.30, 67가12829; 서울고법판 1970.3.11, 69나1631.

14) 대판 1971.6.22, 70다1010.

있다. 위헌판결을 받은 국가배상법의 동 조항을 개정하는 대신에, 위헌시비를 차단하기 위한 방법으로 개헌을 통하여 헌법에 이를 삽입하였던 것이다. 이로써 동 조항이 형식적으로는 합헌적인 것이 되었지만 기본권 내재적 가치체계에 비추어 실질적 위헌론이 주장되고 있다.[15] 현재 이 독소조항의 개정이 필요하다는 데 대체로 의견의 일치를 보고 있는 것 같다.[16]

3. 국가배상책임과 민법상 불법행위책임의 차이

국가배상법에 의한 국가배상책임과 민법상의 불법행위책임은 각 법률에서 다음과 같이 달리 규정하고 있다.[17]

국가배상법은 민법상의 불법행위책임에 비하여 국가배상책임을, 그 차이는 실제에 있어 그렇게 크지 않지만, 법규정상으로는 다소 엄격히 규정하고 있다. 즉 국가배상법 제2조의 공무원의 불법행위로 인한 국가배상책임에 대응하는 것이 민법 제756조의 사용자책임인데, 민법 제756조 제1항 단서는 사용자에게 피용자의 선임감독에 상당한 주의를 한 때 또는 상당한 주의를 하여도 손해가 있을 경우에는 사용자의 면책사유로 규정하고 있으나, 국가배상책임에는 이러한 규정이 없다.

국가배상법 제5조의 영조물의 설치 또는 관리상의 하자로 인한 국가배상책임에 대응하는 것은 민법 제758조의 공작물 등의 점유자 및 소유자의 책임인데, 민법 제758조 제1항의 단서는 점유자가 손해의 방지에 필요한 주의를 게을리하지 아니한 때에는 점유자의 책임이 면책되는 것으로 규정하고 있지만, 국가배상책임에는 이에 상응하는 규정이 없다.

4. 국가배상제도의 유형

행정상의 손해배상제도에 관하여, 헌법은 공무원의 직무상 불법행위로 인한 손해배상책임만을 규정하고 있으나(헌법 제29조), 국가배상법은 국가배상책임의 유형으로 ① 공무원의 직무상 불법행위로 인한 손해배상책임과(동법 제2조), ② 영조물의 설치 · 관리상의 하자로 인한 손해배상책임(동법 제5조)의 2가지 유형을 규정하고 있다. ③ 국가배상법에 명문의 규정은 없지만 행정상의 결과제거청구권, 공법상의 위험책임 등도 여기에서 논의할 가치가 있는 유형이다. ④ 국가배상법은 국가나 지방자치단체가 사인의 지위에서 행하는 사경제작용으로 인하여 야기되는 배상책임에 관하여는 규정한 바가 없다. 따라서 이러한 경우에는 국가배상법 제8조에 의하여 사법이 정하는 바에 따른다.[18]

---

15) 이상철, "국가배상법 제2조 제1항 단서의 위헌성", 「안암법학」, 창간호, 1993.9, 274면 이하 참조.

16) 김남진 · 김연태, 전게서, 548-550면.

17) 박균성, 전게서, 499면.

18) 대판 1999.6.22, 99다7008.

제2절 공무원의 직무상 불법행위로 인한 손해배상

Ⅰ. 손해배상의 의의

공무원의 직무집행으로 인한 손해배상이란 공무원의 위법한 직무집행으로 인하여 타인에게 손해를 입힌 경우에 국가나 지방자치단체가 손해전보의 차원에서 그 손해를 배상하는 책임을 말한다. 이는 개인주의적 · 도의적 책임주의를 기초원리로 하는 제도로서, 사유재산제를 보장하는 근대 입헌국가에서 정의와 공평의 원리를 실현하는 구제수단이다.

「국가배상법」 제2조 제1항은 헌법 제29의 규정을 받아 「국가나 지방자치단체도 공무원 또는 공무를 위탁받은 사인[19](이하 "공무원"이라 한다)이 직무를 집행하면서 고의 또는 과실로 법령을 위반하여 타인에게 손해를 입히거나, 「자동차손해배상보장법」에 따라 손해배상의 책임이 있을 때에는 이 법에 따라 그 손해를 배상하여야 한다. 다만, 군인 · 군무원 · 경찰공무원 또는 향토예비군대원이 전투 · 훈련 등 직무집행과 관련하여 전사 · 순직하거나 공상(公傷)을 입은 경우에 본인이나 그 유족이 다른 법령에 따라 재해보상금 · 유족연금 · 상이연금 등의 보상을 지급받을 수 있을 때에는 이 법 및 「민법」에 따른 손해배상을 청구할 수 없다」고 명문으로 규정하여 '공무원의 위법한 직무집행으로 인한 손해배상책임'을 제도화하고 있다. 또한 국가배상법 제2조 제2항에서는 헌법 제29조 제1항 단서의 취지대로 「공무원에게 고의 또는 중대한 과실이 있으면 국가나 지방자치단체는 그 공무원에게 구상(求償)할 수 있다」고 규정함으로써 '공무원의 구상책임'을 인정하고 있다. 따라서 국가배상법 제2조에 의하여 배상책임을 지는 경우는 공무원이 그 직무를 집행함에 있어서 고의 또는 과실로 법령을 위반하여 타인에게 손해를 가하거나, 자동차손해배상보장법의 규정에 의하여 배상책임이 있는 경우 등이다.

---

19) 2009년 10월 21일 국가배상법 개정에서 '공무를 위탁받은 사인'을 국가배상법 제2조 제1항 소정의 공무원이라고 명문으로 규정하였는데, 이는 종전에 공무를 위탁받은 사인에 대해서는 규정하고 있지 않았지만 종래의 학설과 판례에서는 공무를 위탁받은 사인도 여기의 공무원에 포함시킨 입장을 최근 명문화한 것이다.

Ⅱ. 손해배상책임의 요건

헌법 제29조 제1항에 근거하여 국가배상법 제2조 제1항의 본문은 공무원의 위법한 직무집행행위로 인한 손해배상책임을 규정하고 있다. 동조항의 규정에 따라 국가의 손해배상책임이 성립하기 위한 요건으로는 ① 공무원의 행위일 것, ② 직무집행의 행위일 것, ③ 직무상의 불법행위일 것, ④ 타인에게 손해가 발생할 것 등을 들 수 있는데, 다음에서는 위와 같은 요건에 관하여 구체적으로 검토하기로 한다. 다만, 자동차손해배상보장법의 규정에 의하여 국가나 지방자치단체가 손해배상의 책임이 있는 경우에 관하여는 뒤에서 살펴보기로 하겠다.

1. 공무원의 행위

국가 등의 손해배상책임이 성립하기 위해서는 공무원 또는 공무를 위탁받은 사인(이하에서는 양자를 포함하는 개념으로 "공무원"이라 부른다)이 타인에게 손해를 가했어야 한다. 여기에서의 공무원은 광의로 파악하여, 국가공무원법 · 지방공무원법상의 공무원뿐만 아니라, 공무수탁사인 등 널리 공무를 위탁받아 실질적으로 공무에 종사하는 모든 자를 포함한다고 해석함으로써 공무수탁사인 등의 위법행위로 인한 손해에 대하여도 국가 등의 배상책임을 인정해 왔던 입장이 통설이고,[20] 판례이다.[21] 이러한 논의를 반영하여 최근 국가배상법개정에서는 '공무를 위탁받은 사인'을 명시적으로 규정하였다.

여기에서의 공무원이 특정되어야만 하는가는 문제된다. 이에 대하여는 반드시 특정될 필요는 없다고 보는 것이 일반적 견해이다. 이러한 입장에 따라 판례는 시위대에 대한 전투경찰들의 과도한 최루탄 사용 기타 과도한 시위진압으로 인하여 시위자가 사망 또는 상해를 입은 사건에서 관계 공무원을 특정하지 아니한 채 국가의 배상책임을 인정한 바 있다.[22]

판례는 소집중인 향토예비군,[23] 미군부대의 카투사(KATUSA),[24] 시의 청소차운전수,[25] 집행관,[26] 통장[27] 등을 공무원에 포함시켰지만, 의용소방대원[28]은 공무원에서 제외시킨 바 있다. 그러나 의용소방대원도 '공무를 위탁받은 자'에 해당하므로 여기의 공무원에 포함시켜야 한다고 새

20) 김동희, 전게서, 527면.
21) 대판 2001.1.5, 98다 39060.
22) 대판 1995.11.10, 95다23897.
23) 대판 1970.5.26, 70다471.
24) 대판 1969.2.18, 68다2346.
25) 대판 1980.9.24, 80다1051.
26) 대판 1966.7.26, 66다854.
27) 대판 1991.7.9, 91다5570.
28) 대판 1978.7.11, 78다584.

겨진다.[29)]

따라서 국가배상법상의 공무원은 최광의의 공무원개념에 해당한다. 그리하여 공무원이란 행정부 및 지방자치단체의 소속 공무원뿐만 아니라 입법부 및 사법부 소속의 공무원도 포함한다. 입법부소속의 공무원 중 국회의원도 공무원에 해당하고, 검사와 판사, 헌법재판소의 재판관도 포함된다.[30)]

한편, 한·미상호방위조약 제4조 및 그에 근거한 한·미행정협정 제23조 제5항에 의거, 미합중국군대의 구성원·고용원 또는 한국증원부대구성원도 여기의 공무원에 준한다고 보아야 한다. 한·미행정협정의 시행에 관한 민사특별법에 의하면, 미군이 직무수행 중에 손해를 가한 때에만 국가배상법의 규정에 의하여 이를 배상하도록 규정하고 있다.

2. 직무집행의 행위

1) 직무행위의 범위

국가작용에는 권력작용, 비권력적 공행정작용(관리작용), 사경제적 작용이 있는데, 이러한 작용 중에서 국가배상법 제2조의 직무행위에는 어느 범위까지 포함시킬 것인가에 관하여는 견해가 대립되고 있다.

(1) 협의설

이 견해는 국가배상법 제2조 제1항의 '직무'는 권력작용만을 의미하는 것으로 본다.[31)] 이 설은 종래 국가는 비권력작용에 대해서는 불법행위책임을 지면서도 국가의 권력작용으로 인한 배상책임을 부인하여 왔으나, 헌법과 국가배상법이 국가배상책임을 인정하는 것은 종래에 부인되어 왔던 권력작용으로 인한 국가의 배상책임을 인정하기 위하여 국가배상법 제2조에 특별히 권력작용으로 인한 손해에 대한 국가배상책임을 명시한 것으로 보는 주장이다. 그러나 현재 이러한 입장을 취하는 학설은 찾아보기 어렵다.

(2) 광의설

이 견해는 국가배상법 제2조 제1항의 '직무'에는 권력작용 외에 단순공행정작용(관리작용)도 포함된다고 보며, 널리 행정작용 중에서 영조물의 설치·관리작용과 사경제적 장용을 제외한 모든 공행정작용을 의미한다고 본다. 광의설은 사경제적 작용의 경우는 민법에 의하고, 국가배상법은 공행정작용에 적용할 취지의 법으로 이해하며, 또한 국가배상법의 법적 성질을 공법으로 보는 입장이다.

---

29) 김남진·김연태, 전게서, 553-554면; 홍정선, 전게서, 464면.

30) 홍정선, 상게서, 463면.

31) 이종극, 「신행정법(상)」, 보문각, 1961, 516면.

국가배상법이 국가의 배상책임에 관하여 민법과 별도로 규정한 것은 사인간의 행위와는 다른 공행정작용이면 권력작용이든 관리작용이든 모두 국가배상법 제2조의 직무에 포함되지만, 국가가 사인과 동일한 지위에서 행하는 사경제적 작용은 "동일한 관계에는 동일한 법이 적용되어야 한다"는 원리에 따라 민법의 적용대상이 되어야한다는 것을 그 논거로 한다. 우리나라의 다수설이다.[32)]

(3) 최광의설

이 견해는 국가배상법 제2조 제1항의 '직무'를 공행정작용인 권력작용과 관리작용뿐만 아니라, 사경제적 작용까지도 포함된 모든 행정작용이라고 본다.[33)] 이러한 학설은 주로 국가배상법의 법적 성질을 사법으로 보는 학자의 입장이다. 헌법 제29조는 행정작용의 성질을 불문하고 국가의 배상책임을 일반적으로 규정하여 인정하고 있으며, 만일 사경제적 작용을 직무행위에서 제외하여 민법의 적용대상으로 하면 국가는 공무원의 선임 · 감독상의 주의의무의 이행을 입증함으로써 면책되기 때문에(민법 제756조 제1항 단서 면책규정 있음), 이는 국가의 제1차적 배상책임주의 및 대위책임인 국가배상책임의 성질에 어긋난다는 것이 그 근거이다.

(4) 판 례

판례는 과거에 최광의설을 취한 적도 있으나,[34)] 오늘날에는 "국가배상법이 정한 손해배상청구의 요건인 '공무원의 직무'에는 국가나 지방자치단체의 권력적 작용뿐만 아니라 비권력적 작용도 포함되지만 단순한 사경제의 주체로서 하는 작용은 포함되지 않는다"고 판시하여,[35)] 광의설을 취하고 있다.

(5) 결 어

생각건대, ① 사경제적 행정작용으로 인한 손해에 대해서는 종래부터 민사상의 책임이 인정되어 왔으나, 공행정작용 특히 권력작용에 대하여는 국가책임이 부인되어 왔지만 헌법 제29조 및 국가배상법은 이러한 공행정작용으로 인한 손해에 대한 국가책임을 인정한 점에 그 의의가 있는 것이고, ② 사경제적 행정작용으로 인한 배상책임을 민법에 의하는 경우에 국가는 주의의무를 입증함으로써 면책될 수 있어 피해자에게 불리한 것이라 보았으나, 민법 제756조의 사용자책임은 피해자 보호를 위한 무과실책임 · 위험책임 · 보상책임의 성질을 가진 것으로서 동조의 사용자의

32) 김남진 · 김연태, 전게서, 555면; 김도창, 전게서, 624-625면; 류지태, 전게서, 386면; 박윤흔 · 정형근, 전게서, 596면; 박균성, 전게서, 505-506면; 서원우, 전게서, 682면; 석종현, 전게서, 609면; 홍정선, 전게서, 465면.

33) 변재옥, 전게서, 502면; 이상규, 전게서, 596면.

34) 대판 1957.6.15, 57다118; 대판 1974.11.12, 74다997.

35) 대판 1980.9.24, 80다1051; 대판 1999.11.26, 98다47245; 대판 2001.1.5, 98다39060; 대판 2004.4.9, 2002다10691.

면책규정이 거의 적용될 여지가 없으며, ③ 동일한 법률관계에는 동일한 법에 의하여 규율되어야 하는 것이므로 사법에 의하여 규율되는 사경제적 행정작용의 경우에는 그로 인한 손해도 사법인 민법규정에 의하여 규율되어야 한다고 본다. 따라서 광의설이 가장 타당하다.[36)]

2) 직무행위의 내용

국가배상법 제2조의 '직무행위'의 내용에는 위에서 살펴본 바와 같이 권력작용과 단순공행정작용이 포함되지만 권력작용이 그 중심을 이룬다. 이러한 행정작용에는 법률행위적 행정행위, 준법률행위적 행정행위와 같은 법적 행위는 물론이고, 사실행위 · 부작위(거부행위를 포함한다) 등도 포함된다고 본다. 한편, 입법작용과 사법작용도 국가의 공권력 행사로서 여기에 포함된 것으로 보게 된다. 그러나 직무행위의 내용과 관련하여 권한의 불행사(부작위) 및 입법작용과 사법작용으로 인한 손해에 대하여 국가의 배상책임을 인정하는 데에는 문제점이 적지 않으므로 이에 대하여는 다음과 같이 특별한 고찰을 필요로 한다.[37)]

(1) 행정권한의 불행사(부작위)로 인한 손해

공무원의 행정권한의 불행사(부작위)로 인한 손해와 관련하여 다음의 몇 가지 문제는 특별한 검토를 필요로 한다. 즉 권한의 불행사(부작위)로 인하여 상대방이 법률상 이익을 침해받았는가 혹은 단순히 반사적 이익을 침해받았는가의 여부, 권한의 불행사(부작위)가 재량행위인지의 여부 등이 특별한 의미를 가진다.

(가) 이른바 법적 보호이익설의 적용 여부의 문제

국가배상법에 의한 국가 등의 배상책임의 인정에 있어서도 법적으로 보호되는 이익과 반사적 이익의 구별이 적용되는지의 여부가 문제된다.

국가배상법 제2조는 단순히 '법령에 위반하여'라고만 규정하고 있기 때문에 행정기관에 의한 위법한 공권력행사 또는 불행사에 의하여 개인의 권익이 침해된 경우에는 국가 등의 배상책임이 인정되는 것이고, 행정청이 피해자와의 관계에서 그러한 손해를 방지하여야 할 직접적 의무를 부담하는지의 여부는 배상책임의 인정과는 무관한 문제라고 보는 것이 동조의 자연스러운 해석인 것으로 보인다.

그러나 우리나라 판례는 국가배상법에 있어서도 보호이익과 반사적 이익의 구별은 적용된다고 보고 있다[38)] 그에 따라 공무원에 부과된 의무가 공익일반을 위한 것인 때에는 그러한 의무를 위

36) 김동희, 전게서, 528면.

37) 김동희, 상게서, 529-533면.

38) 대판 1993.3.12, 91다43466; 대판 2008.4.10, 2005다48994.

반하여 개인에게 손해가 발생한 경우에도 그 손해배상책임의 문제는 제기되지 않게 된다. 그러나 불익처분의 상대방의 경우에는 당해 처분에 관한 권한행사에 있어 법령상 부과되어 있는 제한의 준수의무는 상대방에 대하여 행정청이 부담하는 의무이기는 한 것이므로, 이 경우에는 위의 구별이 적용될 여지는 없다고 할 것이다.

이에 대하여, 행정청의 권한의 불행사로 인하여 침해되는 이익의 경우에 있어서는, 당해 이익은 권한행사에 의하여 보호되는 이익이 될 것이므로 이 경우는 법적 보호이익과 반사적 이익의 구별이 적용되게 되는 것이다.

(나) 권한행사의 재량성의 문제

법령상 행정청에게 관계권한의 행사에 있어 재량권이 부여되어 있는 경우에는, 행정청은 그 권한의 행사 여부에 대한 독자적 판단권을 가지므로 이를 행사하지 않아도 그것은 위법한 것으로 되지 않는다.

그러나 이 경우에도 구체적 사안과 관련하여 재량권이 영(零)으로 수축되어 당해 권한의 행사만이 의무에 합당한 행사로 판단되는 경우, 그 불행사는 위법한 것이 되어 그로 인하여 손해를 받은 자는 국가 등에 대하여 배상을 청구할 수 있음이 가능하다.[39]

(다) 개괄적 위험배제의무의 인정

판례는 예외적 사태에 있어서는 법령상의 근거가 없는 경우에도 구가의 위해방지의무를 인정하고 있다. 즉 "국민의 생명 · 신체 · 재산 등에 대하여 절박하고 중대한 위험상태가 발생하였거나 발생할 우려가 있어서 국민의 생명 · 신체 · 재산 등을 보호하는 것을 본래적 사명으로 하는 국가가 초법규적 · 일차적으로 그 위험배제에 나서지 아니하면 국민의 생명 · 신체 · 재산 등을 보호할 수 없는 경우에는 형식적 의미의 법령에 근거가 없더라도 국가나 관련 공무원에 대하여 그러한 위험을 배제할 작위의무를 인정할 수 있다"고 판시하였다.[40]

(2) 입법작용으로 인한 손해

이 문제는 (적극적) 입법작용으로 인한 손해와 입법부작위로 인한 손해의 배상의 경우로 구분된다.

(가) 입법작용에 의한 손해

구체적으로는 위헌으로 판정된 법률에 의하여 개인의 권리 · 이익이 침해된 경우에는, 그 피해자가 국가배상법에 의거하여 배상을 청구할 수 있겠는가의 문제로서 다음의 두 경우로 나누어 본다.

---

39) 대판 2001.3.9, 99다64278; 대판 2010.4.22, 2008다38288.

40) 대판 1998.10.13, 98다18520; 대판 2005.6.10, 2002다53995; 대판 2010.1.28, 2008다75768.

① 법률에 의거한 행정청의 구체적 처분에 의하여 개인의 권익이 침해된 경우: 법률은 원칙적으로 일반성 · 추상성을 그 속성으로 하는 것이므로 이 경우는 당해 처분을 중심으로 하여 배상책임의 발생요건의 구비 여부가 판단되어야 할 것이며, 이것이 통상적인 경우일 것이다.

먼저, 행위의 위법요건을 보면 처분의 근거없이 위헌 · 무효로 판정되었다면, 당해 처분은 법률상의 근거가 없는 것으로 되기 때문에 그 위법성을 인정하는 데에는 문제가 없을 것이다. 그러나 행위자의 과실요건에 관하여는 과실의 주관적 관념으로 파악하는 한, 이 요건은 충족되지 않는다고 본다. 왜냐하면 공무원에게는 법률의 위헌 여부를 심사할 권한은 없기 때문에 당해 처분이 결과적으로는 위법한 처분이 되더라도 그에 이르는 과정에 있어서는 공무원의 과실은 없다고 보아야 한다.

② 법률에 의하여 직접적으로 개인의 권익이 침해된 경우: 이른바 '처분법규'(Massnahmegesetz)에 의한 침해의 경우이다. 이 경우에 당해 처분법규는 위헌이므로 그 위법성의 인정에는 문제가 없으나, 이러한 처분법규의 입법과정상의 과실을 인정하는 데는 여러 가지 어려운 점이 있다고 본다.

이 문제에 대하여 대법원은 "우리 헌법이 채택하고 있는 의회민주주의하에서 국회는 다원적 의견이나 갖가지 이익을 반영시킨 토론과정을 거쳐 다수결의 원리에 따라 통일적인 국가의사를 형성하는 역할을 담당하는 국가기관으로서 그 과정에 참여한 국회의원은 입법에 관하여 원칙적으로 국민 전체에 대한 관계에서 정치적 책임을 질 뿐 국민의 개개인의 권리에 대응하여 법적 의무를 지는 것은 아니므로 국회의원의 입법행위는 그 입법내용이 헌법의 문언에 명백히 위반됨에도 불구하고 국회가 굳이 당해 입법을 한 것과 같은 특수한 경우가 아닌 한 국가배상법 제2조 제1항 소정의 위법행위에 해당된다고 볼 수 없다"고 판시하였다.[41] 이러한 판결은 국가배상법상의 위법성에 대하여 일단 앞에서 설명한 보호이익설에 입각하고 있는 것으로 보인다.

(나) 입법부작위에 의한 손해

원칙적으로 국민의 국가에 대한 법률제정청구권은 없다. 그리하여 문제가 되는 것은 행정입법의 부작위로 인한 손해에 관한 것이다.

입법부가 행정부에 특정한 사항을 행정입법으로 규율하도록 위임한 경우에는, 정당한 사유가 없는 한 행정부가 이를 이행하지 않는다고 하면 그것은 법치국가 내지 법치행정의 원칙에 위배되는 것으로서, 위법 내지 위헌적인 것이 되는 것이다.

(3) 사법작용으로 인한 손해

사법작용도 공권력행사에 해당한다고 볼 수 있으므로 이를 제외하는 명문의 규정이 없는 한,

41) 대판 1997.6.13, 96다56115.

국가배상법 제2조의 직무행위에 당연히 포함된다. 따라서 법관이 판결을 함에 있어 고의 또는 과실로 법령에 위반하여 타인에게 손해를 가하였다면, 원칙적으로 국가에 대하여 배상을 청구할 수 있을 것이다.

재판은 확정력 있는 판결을 통한 분쟁의 종국적 결정을 의미하는데, 판결에 대한 배상책임은 이와 같은 판결의 본질에 모순된다고 할 수 있다. 즉 재판에 패소한 자가 그 판결의 위법을 이유로 한 손해배상청구소송에서 승소한다면, 이는 선행판결의 무위를 가져오게 되고 결과적으로 판결의 확정력은 그 의미를 상실하게 된다고 볼 수 있다.

그런데 판결이 상소 또는 재심에 의하여 번복되는 경우에, 관계법관의 행위가 당연히 위법한 것이라고 할 수 있는가에 대하여는 의문이 제기될 수 있다. 법관의 행위가 위법한 경우로 되는 경우는, 사실인정에 있어 경험칙과 채증법칙을 현저히 일탈하거나, 그 양식이 의심스러운 정도의 과오를 범한 경우로 한정된다고 보는 것이 합리적인 것으로 본다.[42] 그러나 위법한 판결로 인하여 타인이 손해를 받는 경우를 완전히 배제할 수는 없다. 적어도 우리나라 및 독일 등에 있어서와 같이 헌법 및 법률이 공무원의 직무상 불법행위로 인한 국가책임을 규정하고 있는 이상, 판결의 위법을 이유로 한 국가배상의 청구는 일단 그 문이 열려 있다고 보지 않으면 안 된다.[43]

3) 직무행위의 판단기준

국가배상법 제2조 제1항의 '직무를 집행하면서'란 직무행위 자체는 물론이고, 객관적으로 보아 직무의 범위에 속한다고 판단되는 행위 및 직무와 밀접히 관련된 행위를 말한다.

직무행위인지의 여부는 당해 행위가 현실적으로 적당한 권한 내의 행위인지, 또는 행위자인 공무원이 주관적으로 직무집행의 의사를 가지고 있었는지의 여부와는 관계없이 객관적으로 직무행위의 외형을 갖추고 있는지의 여부에 따라 판단되어야 한다고 보는 것이 타당하다(외형설). 이러한 기준으로 직무행위의 여부를 판단한다는 견해가 통설이고,[44]판례이다.[45]

3. 직무상의 불법행위

국가배상법 제2조 제1항에 의한 국가 등의 배상책임이 성립하기 위하여는, 공무원이 직무를 집행하면서 고의 또는 과실로 법령을 위반한 '직무상 불법행위'가 있어야 한다. 불법행위가 성립하려면 고의 또는 과실이 있어야 하고, 법령을 위반한 위법성을 띤 행위이어야 하는데, 다음에서

42) 대판 2001.10.12, 2001다47290; 대판 2003.7.11, 99다24218.

43) 김남진 · 김연태, 전게서, 557면.

44) 김남진 · 김연태, 상게서, 561면; 김도창, 전게서, 626면; 김동희, 전게서, 534면; 류지태, 전게서, 388면; 박윤흔 · 정형근, 전게서, 600면; 서원우, 전게서, 683면; 석종현, 전게서, 614면; 홍정선, 전게서, 470면.

45) 대판 1966.6.28, 66다781; 대판 1994.5.27, 94다6741; 대판 1995.4.21, 93다14240; 대판 2001.1.5, 98다39060; 대판 2005.1.14, 2004다26805.

이를 검토하려고 한다.

1) 고의 · 과실

(1) 고의 · 과실의 의의

국가배상법에 의하여 국가배상책임을 지려면, 당해 공무원의 고의 · 과실을 요건으로 하고 있기 때문에 동법은 원칙적으로 '과실책임주의'에 입각하고 있다.

여기에서 '고의'란 어떠한 위법행위의 결과의 발생가능성을 알면서 이를 행하는 심리적 상태를 말하며, '과실'이란 앞으로 위법한 결과가 발생한다는 것을 알고 있어야 함에도 불구하고 부주의로 인하여 그것을 알지 못하였음을 의미한다. '공무원의 직무집행상의 과실'이라 함은 공무원이 그 직무를 수행함에 있어 당해 직무를 담당하는 평균인이 통상 갖추어야 할 주의의무를 게을리한 것을 말한다.[46] 과실은 그 정도에 따라 중과실과 경과실로 나누어진다(국배법 제2조 제2항, 제1항).

(2) 대위책임설 · 자기책임설에 따른 고의 · 과실의 해석상 차이

고의 · 과실의 해석에 있어서는 국가의 배상책임을 대위책임으로 보는가 또는 자기책임으로 보는가에 따라 그 의미가 다르게 된다.[47] 대위책임설과 자기책임설에 관하여는 다음 국가배상책임의 성질에서 자세히 소개할 것이다.

(가) 대위책임설에 의한 고의 · 과실

대위책임설에 의하면, 공무원의 고의 · 과실은 당해 공무원의 불법행위책임의 주관적 요건이며, 공무원의 주관적 인식 유무를 기준으로 판단하게 된다. 따라서 공무원이 심신상실 중에 한 행위에는 고의 · 과실이 인정되지 않는다.

(나) 자기책임설에 의한 고의 · 과실

자기책임설에 의하면, 고의 · 과실에 대하여 위법한 국가작용의 발생원인을 주관적으로 관찰하지 않고 객관적으로 평가하는 것이 보통이다. 따라서 공무원이 심신상실 중에 한 행위인 경우에도 객관적으로 보아 통상 공무원에 대하여 요구되는 주의력을 결했기 때문에 행해진 행위라고 인정될 때에는 과실의 존재를 인정하게 된다.

(3) 과실의 객관화

국가배상법이 원칙적으로 과실책임주의를 취하고 있지만, 국가의 배상책임이 공무원의 책임능

---

46) 대판 1997.7.11, 97다7608.

47) 석종현, 전게서, 615-616면.

력 등의 주관적 요소에 의하여 좌우되는 것은 피해자구제의 관점에서 보면 결코 바람직한 것은 아니다. 이러한 점을 고려하여 최근에는 과실관념을 객관화하여 가능하면 피해자에 대한 구제의 폭을 확대하려는 경향이 있다.

과실의 객관화를 위한 시도에는 다음과 같은 것이 있다.

(가) 주의의무의 고도화

과실을 주관적 심리상태로 보지 않고 고도화된 객관적 주의의무 위반으로 파악하는 입장이다. 즉 과실을 주관적인 심리상태로서보다는 객관적인 주의의무위반으로 파악하여 주의의무의 내용을 고도화하는 것이다. 이에 의하면 당해 공무원의 주의력이 아닌 동일 직종의 평균적 공무원의 주의력이 과실의 판단기준이 되며, 그에 따라 직종에 따라서는 보다 높은 주의의무가 과해지게 된다.

(나) 가해공무원의 특정의 불필요

과실의 객관화의 견지에서 가해공무원의 특정은 반드시 필요한 것은 아니라고 하는 견해가 있다. 이에 의하면 어느 공무원의 행위인지가 판명되지 않은 경우라고 하더라도 공무원의 행위에 의한 것인 한 국가는 배상책임을 진다고 본다. 이러한 생각은 독일의 조직과실(Organisationsverschulden) 및 프랑스에 있어서의 공역무과실(faute de service public) 등에 접근하고 있는 과실관념이다.[48]

(다) 위법성·과실의 통합화

위법성과 과실을 통합하여 일원적 관념으로 보려고 하는 견해가 있다. 이러한 입장은 민법의 불법행위론에서 먼저 주장된 것으로서, 이 이론에 의하면 위법성과 과실 중의 어느 하나가 입증되면 다른 요건은 당연히 인정된다고 보는 것이다. 민법상의 불법행위법에 있어서는 위법성과 과실을 대치시키는 이원설이 통설이나, 위와 같은 위법성·과실의 통합설은 비교법적 고찰을 배경으로 주장되고 있다.

그러나 국가배상법의 과실관념은 민법상의 과실과 같은 관념으로 파악하여야 할 필연적 이유는 없다고 본다. 국가배상책임은 조직체로서의 국가기관의 작용으로 인하여 사인에게 발생한 손해에 대한 책임인 바, 이 경우는 기관의 작용이 문제된다는 점에서 보면 그 책임이 과실책임이라고 하더라도 그 과실관념은 자연인의 행위에 있어서와 같이 주관적·도의적 책임요건으로 파악할 것이 아니고, 오히려 객관적 관념으로 파악하는 것이 합리적이라고 본다[49]

---

48) 데모 진압 중 최루탄투척 등으로 데모가담자에게 발생한 손해의 국가배상사건에서 가해공무원의 특정을 의도하지 않은 하급심판례는 이른바 조직과실을 인정한 판례로 볼 수 있다(광주지법판 1988.1.7, 87가합909; 서울지법판 1988.9.21, 88가합2327.).

49) 김동희, 전게서, 539-540면.

(4) 과실의 입증책임

고의 · 과실의 입증책임은 원고인 피해자에게 있다고 하는 것이 일반론이다. 그러나 국가배상책임의 성립을 용이하게 하려는 시도는 과실의 객관화는 논의에만 그치지 않고, 과실의 객관화의 추세에 발맞추어 입증책임도 완화되어야 한다는 데 이르고 있다. 즉 고의 · 과실의 입증책임은 원고인 피해자에게 있지만, 과실의 객관화의 경향과 함께 민법상의 '일응의 추정(prima facie)의 법리'를 원용함으로써 입증책임을 완화하여야 한다는 것이다.

이러한 견해에 의하면 피해자측이 공무원의 위법한 직무행위에 의하여 손해가 발생하였음을 입증하게 되면, 공무원에게 과실이 있는 것을 일응 추정하여 국가가 입증을 통해 그 추정을 번복하지 못하는 한 배상책임을 져야 한다는 것이다.

2) 법령을 위반한 행위

(1) 국가배상법상 위법의 개념

국가배상법상의 국가배상책임이 성립하려면, 공무원의 직무상 행위가 법령을 위반한 위법성을 띤 행위이어야 한다. 국가배상법상 '법령의 위반', 즉 위법의 개념을 어떻게 이해할 것인가에 대하여는 손해배상의 성질과 관련하여 검토하면, 결과불법설 · 상대적 위법성설 · 행위위법설 · 직무의무위반설 등이 주장되고 있다.[50)]

(가) 결과불법설

이 견해는 손해배상소송이 손해전보를 목적으로 하는 전제로, 국민이 받은 손해가 결과적으로 시민법상의 원리로부터 수인될 수 있는지의 여부를 기준으로 하여 위법성 여부를 판단한다.

(나) 상대적 위법성성

이 견해는 행위 자체의 위법 · 적법 뿐만 아니라 피침해이익의 성격과 침해의 정도, 가해행위의 형태 등을 종합적으로 고려하여 위법성 여부를 판단하여 행위가 객관적으로 정당성을 결한 경우를 의미한다.

(다) 행위위법설

이 견해는 법률에 의한 행정의 원리 또는 국가배상소송의 행정통제기능을 고려하여, 가해행위가 객관적인 법규범에 합치되는지의 여부를 기준을 위법성 여부를 판단한다.

(라) 직무의무위반설

이 견해는 국가배상법상의 위법을 법에 부합하지 않는 당해 행정처분으로 인하여 법익을 침해

50) 홍정선, 전게서, 473-474면 참조.

한 공무원의 직무의무의 위반을 보는 입장으로 취소소송의 위법성은 행정작용의 측면에서만 위법 여부를 판단하지만, 국가배상책임에서의 위법성은 행적작용과 행정작용을 한 자와의 유기적 관련 속에서 위법 여부를 판단한다. 즉 전자가 처분의 전체 법질서에 대한 객관적 적합성을 무게중심으로 하는 반면, 후자는 불법한 처분의 주관적 책임귀속을 무게중심으로 한다고 한다.

(마) 판 례

판례의 주류는 행위위법설을 따르고 있다. 즉 시위자들의 화염병으로 인한 약국화재에 대한 국가배상책임이 문제된 사건에서 결과불법설을 명시적으로 배제하고, 행위위법설을 취하고 있다[51] 다만, 위법한 개간허가취소로 인한 손해배상청구사건에서 객관적 정당성을 상실하였는지의 여부는 제반 사정을 종합하여 판단한다고 하여 상대적 위법성설을 취한 것으로 평가되는 판결도 있다.[52]

(바) 결 어

위법행위의 결과에 대한 손해전보수단인 국가배상은 적법행위의 결과로 발생된 손해에 대한 전보수단인 전통적 의미의 손실보상과 구별되어야 하며, 위법이란 법질서에 반한다는 단일한 가치판단으로 보아야 할 것이므로 행위위법설이 타당하다. 이와 같은 견해에 의하면, 국가배상법상의 위법은 반드시 엄격한 의미의 법령위반뿐만 아니라 명문의 규정이 없더라도 인권존중 · 권리남용금지 · 신의성실 · 사회질서 등의 원칙의 위반도 포함된다고 보게 된다. 이러한 행위위법설이 우리나라의 통설이다.

(2) 법령위반의 의의

(가) 법 령

① 협의설 : 협의설(일원설)에 의하면, 법령이란 법률과 명령, 즉 법규를 의미하는데, 여기에는 널리 성문법 외에 불문법과 행정법의 일반원칙도 포함된다고 본다. 그러나 행정규칙은 원칙적으로 법규성을 결여하므로 법령에 해당되지 않는다고 한다.

② 광의설 : 광의설(이원설)에 의하면, 법령에 성문의 법규 외에 인권존중 · 권리남용금지 · 신의성실원칙 · 사회질서 등도 포함시킨다. 종래의 통설이다. 그러나 이러한 학설이 주장하는 인권존중 · 권리남용금지 · 신의성실원칙도 오늘날에는 성문법상 또는 해석상 행정법의 일반원칙으로서 수용되고 있으므로 협의설과 광의설의 사이에 실제상 큰 차이는 없다.

---

51) 대판 1997.7.25, 94다2480; 대판 2000.11.10, 2000다26807.26814.

52) 대판 2000.5.12, 99다70600.

(나) 위 반

'위반'이란 법령에 위배되는 것을 의미한다. 위반의 유형에는 적극적인 작위에 의한 위반과 소극적인 부작위에 의한 위반이 있다. 그런데 부작위의 경우에는 당연히 작위의무가 있어야 한다. 기속행위의 경우에는 일반적으로 작위의무가 있으나, 재량행위는 재량권이 영으로 수축되는 경우에 작위의무가 있다.

(3) 법령위반에 해당하는지의 여부가 문제되는 행위

(가) 행정규칙의 위반

행정규칙의 위반이 국가배상법 제2조의 법령위반에 해당하는 것인지의 여부가 문제된다. 행정규칙의 법규성을 인정하는 경우에는, 그 위반이 본조의 법령위반에 해당될 것이다. 그러나 행정규칙의 법규성을 인정하지 않더라도 국가배상법상 위법의 개념을 넓게 이해하는 광의설의 입장(통설)에서는, 행정규칙의 위반을 '법령위반'에 해당하는 것으로 본다.[53] 이에 대하여 행정규칙의 법규성을 부인하며, 국가배상법상의 위법을 엄격한 의미의 법령위반으로 보는 입장에서는 행정규칙의 위반은 여기에 포함되지 않는 것으로 본다. 다만, 이러한 입장에서도 행정규칙, 특히 재량준칙의 위반이 평등원칙 등을 위반하여 위법으로 되는 경우가 있음을 인정한다.

(나) 재량위반

재량처분도 재량권의 일탈·남용 등 그 한계를 벗어난 '위법한 재량처분'은 국가배상법 제2조의 법령위반에 해당하는 것은 확실하다. 그러나 재량권의 한계 내에서 단순히 재량을 그르친 데에 불과한 '부당한 재량처분'은 본조의 위법한 처분이라고 할 수는 없다고 본다.

(다) 선결문제로서의 행정행위의 위법성

법원이 국가배상사건을 심리하는 데 있어서 행정행위의 위법(법령위반) 여부가 재판의 전제가 된 경우에, 그 배상사건의 수소법원이 행정행위의 위법 여부를 스스로 심판할 수 있는가 하는 문제가 제기되고 있다. 행정행위의 공정력을 이유로 그것을 부정하는 입장도 있으나, 공정력은 절차적 효력에 불과하고 행위를 실질적으로 적법하게 하는 것은 아니기 때문에 행정행위의 효력을 부정(취소)하지 않는 한도에서 위법성을 판단하는 것은 무방하다.[54]

(라) 공공의 이익과 위법성

공무원의 행위로 인하여 비록 국민의 권리가 침해된 경우에도 그것이 공공의 이해에 관한 사항으로서 그 목적이 오로지 공공의 이익을 위한 것인 때에는 진실한 사실이라는 증명이 있으면 그

53) 김남진·김연태, 전게서, 566면; 김동희, 전게서, 536면.

54) 김남진·김연태, 상게서, 567면.

행위에 위법성이 없고, 또한 증명이 없더라도 행위자가 그것이 진실이라고 믿을 만한 상당한 이유가 있는 경우에는 위법성이 없다고 보아야 한다.[55)]

(마) 위법성의 증명책임

공무원의 직무행위의 위법성에 대한 증명책임은 원칙적으로 피해자인 원고에게 있다고 본다. 한편, 이에 대하여는 피해자는 가해행위를 증명하면 충분하고 그 위법성을 증명할 필요까지는 없다는 견해도 있다.

(바) 공무원의 법령위법성의 심사

공무원은 법령의 준수의무를 지고 있으나(국가공무원법 제56조, 지방공무원법 제48조), 그렇다고 하여 명백히 위법한 법령까지 준수해야 할 의무가 있는 것은 아니다. 이와 관련하여 공무원은 어느 범위에서 '법령의 위법성'을 심사하고 그의 적용을 배제할 수 있는지가 의문이다. 여기에서는 일반론적으로 재판에 임하고 있는 법관을 제외한 공무원은 법령에 대한 심사권은 있지만, 적용의 배제권은 없다는 점만 지적하는 데 그치고, 다음 공무원법에서 구체적으로 짚어보고자 한다.

(사) 국가배상법 제2조의 법령위반과 취소소송의 위법성의 문제

국가배상법상의 법령위반과 행정소송법상 취소소송에서의 위법성은 어떠한 관계에 있는가가 다음과 같이 문제된다.

① 동일위법성설 : 동위위법성설은 취소소송에 있어서의 처분의 위법성과 국가배상소송에 있어서의 처분의 위법성은 일반적으로 동일하다고 보는 견해이다.[56)] 이는 위법성 일원설이라고도 한다.

② 상대적 위법성설 : 이에 대하여 상대적 위법성설은 국가배상소송상의 위법성은 취소소송에 있어서의 위법성의 관념보다 넓어 취소소송에서 처분이 위법하지 아니하는 경우에도 국가배상청구소송에서 처분이 위법할 수 있다는 견해이다. 이 견해가 종래의 통설이다.

위 문제는 처분의 취소를 구하는 취소소송이 제기되어 판결이 확정된 후에 국가배상청구소송이 제기된 경우 취소소송판결의 기판력이 후소(後訴)인 국가배상청구소송에 미치는가의 문제로 논의되는 것이 보통이다.

① 기판력부정설 : 이 견해에 의하면, 전소인 취소소송판결의 기판력은 후소인 국가배상청구소송에 미치지 아니한다. 이 설은 취소소송에서의 위법성과 국가배상소송에서의 위법성은 그 범위가 다르며, 후자의 범위가 전자의 범위보다 넓다는 것이 그 이유이다. 우리나라 판례가 취하고

---

55) 박윤흔 · 정형근, 전게서, 608면.

56) 김철용, "취소소송판결의 기판력과 국가배상소송", 「고시계」, 1985.7, 147면.

있는 입장이다.[57)]

② 일부기판력긍정설 : 이 견해에 의하면, 국가배상법상의 위법성이 취소소송에 있어서의 위법성의 관념보다는 넓은 것이라는 입장에서, 전소인 취소소송판결이 청구인용판결인 경우를 제외하고는 전소인 취소소송의 청구기각판결이 확정된 경우의 기판력은 후소인 국가배상청구소송에 미치지 아니한다. 이 학설도 취소소송에서의 위법성과 국가배상청구소송에서의 위법성이 다르다는 데에서 출발하고 있는 입장이다.[58)]

③ 전부기판력긍정설 : 이 견해에 의하면, 행정청의 처분의 취소를 구하는 취소소송이 제기되어 판결이 확정된 후 국가배상청구소송이 제기된 경우, 그에서의 위법성은 동일 행위규범에 대한 위반 여부의 평가에 관한 것으로서, 전소인 취소소송판결의 기판력이 후소인 국가배상청구소송에 미치며, 그것이 취소소송판결이 청구인용판결인가 청구기각판결인가에 따라 다르지 않다고 보는 입장이다.[59)]

(아) 기타의 다른 행위

위에서 지적한 행위 외에도 여기의 법령위반에 해당하는지의 여부가 문제되는 그 밖의 행위가 있다. 즉 ① 통치행위는 당연무효가 아닌 한 재판으로부터 자유로운 행위이므로 법령의 위반과는 거리가 멀다. ② 수익적 행정처분의 경우에도 위법이 문제될 수 있다.[60)] ③ 입법상 불법이나,[61)] 사법상 불법의 경우에[62)] 위법성을 인정하는 것은 쉽지 아니할 것이다.

4. 타인에 대한 손해의 발생

국가배상법 제2조 제1항에 의하여 국가의 배상책임이 발생하기 위하여는 공무원의 직무상 불법행위로 인하여 '타인에게 손해가 발생'하여야 한다.

1) 타 인

'타인'이란 가해자인 공무원과 그의 위법한 직무행위에 가담한 자를 제외한 모든 사람(자연인과 법인이 포함된다)을 의미한다. 피해자가 가해자인 공무원과 동일 또는 동종의 기관에 근무하는지의 여부는 관계가 없다.[63)] 따라서 공무원은 가해자의 입장에 있을 때에는 타인이 아니지만, 다른

57) 대판 2003.11.27, 2001다33789.33796.33802.33819.

58) 서원우, "국가의 부작위와 국가배상책임", 「고시연구」, 1979.3, 17-18면.

59) 김철용, 전게논문, 147면 이하.

60) 대판 2001.5.29, 99다37047.

61) 대판 1997.6.13, 96다56115.

62) 대판 2001.10.12, 2001다47290.

63) 대판 1966.12.23, 66다1905; 대판 1998.11.19, 97다36873.

공무원의 가해행위로 인하여 손해가 발생하게 되면 여기의 타인에 해당한다고 할 것이다. 그리고 가해자가 국가인 경우에는 지방자치단체, 가해자가 지방지치단체인 경우에는 국가도 타인에 해당한다.

「다만, 군인 · 군무원 · 경찰공무원 또는 향토예비군이 전투 · 훈련 등 직무집행과 관련하여 전사 · 순직하거나 공상을 입은 경우에 본인이나 그 유족이 다른 법령에 따라 재해보상금 · 유족연금 · 상이연금 등의 보상을 지급받을 수 있을 때에는 국가배상법 및 민법에 따른 손해배상을 청구할 수 없다」고 규정하여(국배법 제2조 제1항 단서), 국가의 배상책임을 부인하는 특례규정이 있는 데에 주목할 필요가 있다.

2) 손 해

'손해'라 함은 법익침해에 의한 불이익을 말하며, 반사적 이익의 침해에 의한 불이익이나 공공일반의 이익침해 등은 여기에 포함되지 않는다. 이러한 손해는 재산적 손해이든지 비재산적 손해(생명 · 신체적 손해 · 정신적 손해 등)이든지, 혹은 적극적 손해이든지 소극적 손해(정당한 기대이익의 상실)이든지 불문하고 이들은 모두 포함한 것으로 본다.

3) 직무상 불법행위와 손해발생과의 인과관계

공무원의 가해행위와 손해의 발생 간에 상당인과관계가 있어야 한다.[64] '상당인과관계'란 객관적으로 보아 어떠한 선행사실로부터 보통 일반적으로 초래되는 후행사실이 발생하는 범위 안에서만 법률이 요구하는 인과관계를 인정하는 것을 말한다.

공무원이 그와 같은 직무상 의무를 위반함으로 인하여 피해자가 입은 손실에 대하여는 상당인과관계가 인정되는 범위 내에서 국가나 지방자치단체가 손해배상책임을 지는 것이고, 이때 상당인과관계의 유무를 판단함에 있어서는 일반적인 결과발생의 개연성은 물론, 직무상의 의무를 부과하는 법령 기타 행동규범의 목적, 그 수행하는 직무 목적 내지 기능으로부터 예견가능한 행위 후의 사정 및 가해행위의 태양이나 피해의 정도 등을 종합적으로 고려하여야 한다.[65]

Ⅲ. 손해배상책임의 내용

위에서 검토한 손해배상책임의 요건이 갖추어지면 국가 또는 지방자치단체는 배상책임을 지게

64) 대판 1994.12.27, 94다36285; 대판 2003.2.14, 2002다62678; 대판 2007.12.27, 2005다62747; 대판 2008.4.10, 2005다48994; 대판 2009.7.23, 2006다87798; 대판 2010.9.9, 2008다77795.

65) 대판 2007.12.27, 2005다62747.

되는 바, 여기에서는 이와 관련된 문제를 고찰하고자 한다.

1. 배상책임의 성질

국가배상법 제2조에 의한 국가 또는 지방자치단체의 배상책임의 성질에 관하여는 대위책임설 · 자기책임설 · 중간설 및 절충설 등의 견해가 대립하고 있다. 배상책임의 성질에 관한 논의의 실익은 공무원 개념, 과실개념, 공무원의 피해자에 대한 개인책임의 범위, 배상의 선택적 청구권의 가부 및 국가 등에 대한 구상책임의 성격과 밀접한 관련이 있다.

1) 대위책임설

대위책임설이란 공무원의 위법한 직무행위로 인하여 발생한 손해배상책임은 원칙적으로 공무원 개인이 부담하여야 하지만, 국가 또는 지방자치단체가 공무원을 대신하여 배상책임을 진다는 견해이다.[66] 그 논거로 ① 국가배상법이 과실책임주의를 채택하여 국가 등의 책임은 공무원의 불법행위의 성립을 전제로 하여 성립한다는 점(동법 제2조 제1항 본문), ② 국가가 공무원을 대신하여 배상하였으므로 국가는 공무원에게 구상할 수 있게 된다는 점(동법 제2조 제2항), ③ 배상능력이 충분한 국가 등을 배상책임자로 하는 것이 피해자에게도 유리하다는 점 등이 제시되고 있다. 입법례로서는 독일의 현행 국가배상법제가 대위책임형을 취하고 있다. 이 설은 종래 우리나라의 통설이었으나, 자기책임설의 입장으로 제도적 전환이 이루어져야 할 것이다.[67]

2) 자기책임설

자기책임설이란 국가 또는 지방자치단체가 부담하는 배상책임은 공무원의 책임을 대신하여 지는 것이 아니라, 그의 기관인 공무원의 행위라는 형식을 통하여 국가 등이 직접 부담하는 자기책임으로서, 민법상 법인의 불법행위책임에 해당한다고 보는 견해이다.[68] 이러한 주장의 논리적 근거로서는, ① 국가 등의 손해배상책임은 위법하게 행사될 가능성이 있는 권한을 수권한 결과에 대하여 지는 위험책임이라는 점, ② 우리나라의 설정법규정(헌법 제29조 제1항, 국배법 제2조 등)이 대위책임제를 취하고 있는 독일의 제도와는 다르다는 점, ③ 국가 등의 공무원에 대한 구상권의 인정문제는 정책적 측면에서 인정되는 것이므로 이를 근거로 배상책임의 성질을 논하는 것은 옳지 않다는 점 등을 들고 있다. 입법례로는 프랑스의 책임법의 영향을 받은 것이라 할 수 있겠다. 이 설이 현재 우리나라의 다수설이다.

---

66) 김도창, 전게서, 635-636면; 박윤흔 · 정형근, 전게서, 594면; 변재옥, 전게서, 509면; 홍정선, 전게서, 491면.

67) 김도창, 상게서, 636면.

68) 김남진 · 김연태, 전게서, 577면; 김철용, 「행정법 I」, 박영사, 2005, 450면; 류지태, 전게서, 392면; 서원우, 전게서, 701면; 석종현, 전게서, 628면; 한견우, 「현대행정법강의」, 신영사, 2007, 802면.

3) 중간설(중간책임설)

중간책임설이란 공무원의 위법한 행위로 인한 손해발생에 대한 책임을 국가 또는 지방자치단체가 부담하기는 하지만, 공무원의 고의 또는 중과실과 경과실로 인한 위법행위를 구별하여 배상책임을 논하는 견해이다. 따라서 공무원의 고의 또는 중과실에 의한 위법행위는 국가 또는 지방자치단체의 기관으로서 행한 행위로 볼 수 없는 것이므로 그에 의한 국가 등의 배상책임은 공무원을 대신하여 책임을 지는 대위책임인 것이나, 공무원의 경과실에 의한 위법행위는 기관행위로서의 성질을 인정하지 아니할 수 없는 것이므로 그 경우에는 국가 등이 자기책임으로서의 배상책임을 진다고 한다.[69]

4) 절충설

절충설은 공무원의 행위가 경과실에 기인한 경우는 국가기관의 행위로 볼 수 있어 국가의 자기책임으로 본다는 점에서 중간책임설과 같다. 그러나 공무원의 위법행위가 고의 · 중과실에 따른 행위는 국가기관의 행위로 볼 수 없어 원칙적으로 공무원 개인이 배상책임을 지고 국가 등은 책임이 없지만, 당해 공무원의 불법행위가 직무와 무관하지 않는 한 직무행위로서의 외형을 갖추게 되는 것이므로 피해자와의 관계에서는 피해자의 구제를 위하여 당해 공무원의 행위도 국가기관의 행위로 인정하여 국가 등도 일종의 자기책임으로서 배상책임을 진다는 견해이다.[70] 공무원 개인과 국가 등 양자에 대한 피해자의 선택적 청구권이 인정된다는 점에서 중간책임설과 차이가 있다. 이러한 절충설은 최근 주장된 이론이므로 '신자기책임설'이라 부를 수도 있고, 타당하다는 입장이 있다.[71]

5) 판 례

판례는 국가배상책임의 성질에 대하여 명시적인 입장을 표명하지 아니함으로써 일관된 견해를 나타내지 못하고 있었다. 즉 이에 관한 대법원의 판례에는 공무원의 직무상 불법행위로 국민에게 손해를 가한 경우에 그 귀책사유의 정도에 관계없이 공무원 개인도 손해배상책임을 진다고 하는 판결례도 있었으나,[72] 이 판결과 반대의 입장에서 공무원의 귀책사유의 정도에 관계없이 공무원 개인은 손해배상책임을 지지 않는다는 판결례가 존재했는데,[73] 이러한 판례의 혼돈양상은 합리적이지 아니한 것임은 물론이다. 따라서 대법원은 전원합의체판결에 의하여, 종래의 상치된 판례

69) 이상규, 전게서, 612-613면.
70) 김동희, 전게서, 548-550면.
71) 박균성, 전게서, 501-502면.
72) 대판 1972.10.10, 69다701.
73) 대판 1994.4.12, 93다11807.

를 정리하여 공무원이 직무수행 중 불법행위로 타인에게 손해를 입힌 경우, 공무원에게 경과실만이 인정되는 경우에는 국가 또는 지방자치단체가 그 손해배상책임을 부담하나, 고의 · 중과실이 있는 경우에는 국가 등의 손해배상책임을 부담하는 외에 공무원 개인도 또한 배상책임을 진다고 판시하였다.[74)]

위 판례의 요지를 살펴보면, "국가배상법의 입법취지는 국가 등에게 선임 · 감독상의 과실 여부에 불구하고 손해배상책임을 부담시켜 국민의 재산권을 보장하되, 공무원이 직무를 수행함에 있어 경과실로 타인에게 손해를 입힌 경우에는 그 직무수행상 통상 예기할 수 있는 흠이 있는 것에 불과하므로 이러한 공무원의 행위는 여전히 국가 등의 행위로 보아 그로 인하여 발생한 손해에 대한 배상책임도 전적으로 국가 등에만 귀속시키고 공무원 개인에게 그로 인한 책임을 부담시키지 아니하고, 반면에 공무원의 위법행위가 고의 · 중과실에 기한 경우에는 비록 그 행위가 그의 직무와 관련된 것이라고 하더라도 위와 같은 행위는 그 본질에 있어 기관행위로서의 품격을 상실하여 국가 등에게 그 책임을 귀속시킬 수 없으므로 공무원 개인에게 불법행위로 인한 손해배상책임을 부담시키되, 다만 이러한 경우에도 그 행위의 외관을 객관적으로 관찰하여 공무원의 직무수행으로 보여질 때에는 피해자인 국민을 두텁게 보호하기 위하여 국가 등이 공무원 개인과 중첩적으로 배상책임을 부담하되, 국가 등이 배상책임을 지는 경우에는 공무원 개인에게 구상할 수 있도록 함으로써 궁극적으로 그 책임이 공무원에게 귀속되도록 하려는 것이라고 봄이 합당할 것이다"라고 판시하고 있는 점에 비추어 보아 현행의 국가배상법이 절충설을 취하고 있는 점에 비추어 보아 현행의 국가배상법이 절충설을 취하고 있는 것으로 해석할 수 있다.[75)]

6) 결 어

위에서는 배상책임의 성질에 관한 여러 견해를 살펴보았는데, 대위책임설은 연혁적으로 보면 국가무책임사상이나 국가면책특권에 근원적 근거를 둔 것이지만, 우리 헌법규정이나 국가배상법의 규정에 비추어 볼 때 타당하지 못하다. 그리고 중간책임설은 경과실의 경우 구상권의 부인을 자기책임의 근거로 들어 구상권의 여부와 관련시켜 논리구성을 하고 있으나 구상권의 문제는 공무원의 근무의욕이나 사기저하 등을 고려한 정책적인 측면에서 결정된 것이므로 이를 기준으로 국가배상책임을 논함은 적절하지 않다. 그런데 절충설의 경우 중간책임설과 동일한 비판이 가해질 수 있음은 물론 공무원 개인에게 불필요한 압박을 가함으로써 행정의 위축을 초래할 수 있다는 점에서 손해배상의 역사적 흐름을 역행하는 것이라는 비판을 면할 수 없다.

생각건대, 공무원의 위법한 직무행위로 인하여 발생한 손해에 대하여 국가 등이 피해자에 대해 배상책임을 지는 것이 그 가해공무원을 갈음하는 것인가(대위책임설), 아니면 자기 행위에 대해

---

74) 대판 1996.2.15, 95다38677.

75) 김남진 · 김연태, 전게서, 578면; 김동희, 전게서, 548-550면; 박균성, 전게서, 502면.

스스로 책임을 지는 것인가(자기책임설)의 문제는 궁극적으로 국가 또는 지방자치단체의 배상책임의 본질에서 찾아야 할 것이다. 현실적으로 국가는 공무원을 통해서 활동하므로 공무원의 가해행위로 인하여 발생한 손해에 대한 책임도 국가 또는 지방자치단체가 직접 지는 것으로 보는 자기책임설이 타당하다고 판단된다.

공무원 자신의 책임에 관한 헌법의 규정(헌법 제29조 제1항), 공무원에 대한 구상권의 제한에 관한 국가배상법의 규정(국배법 제2조 제2항)은 국가의 배상책임의 성질과는 직접적으로 무관하다고 해석된다. 그러한 의미에서 국가배상법(제2조 제2항)이 공무원에게 고의나 중과실이 있는 경우에는 국가가 구상할 수 있고, 경과실이 있는 경우에는 구상을 배제하고 있는 것을 근거로 하여 현행의 국가배상법이 절충설을 취하고 있는 것으로 새긴다는 것은 속단인 것으로 여겨진다. 앞의 '국가배상제도의 기능'에서 살펴본 바와 같이 공무원의 직무상 불법행위로 인하여 발생된 배상의 부담을 어떻게 규정, 분산시키느냐의 문제는 '책임의 본질'과는 관계없이 입법정책으로 결정할 과제이다.[76]

2. 배상책임자

1) 국가 또는 지방자치단체

국가배상법상 배상책임자는 위법한 직무행위를 한 공무원이 소속된 국가 또는 지방자치단체이다(국배법 제2조 제1항). 헌법은 국가 또는 공공단체로 규정하고 있으나(헌법 제29조 제1항), 국가배상법은 국가 또는 지방자치단체로 규정하여 공공단체를 지방지치단체로 한정하고 있다. 따라서 지방자치단체 이외의 공공단체(공공조합 · 영조물법인)의 배상책임은 다른 특별규정이 없는 한 민법규정에 의한다.

2) 사무의 귀속주체

국가배상법 제2조 제1항에서 국가 또는 지방자치단체가 배상책임을 진다고 하는 것은 당해 사무의 귀속주체에 따라서 국가사무의 경우에는 국가가 배상책임을 지고, 자치사무의 경우에는 당해 지방지치단체가 배상책임을 진다는 것을 의미한다. 따라서 기관위임사무의 경우에는 위임기관이 속한 행정주체가 사무의 귀속주체로서 배상책임을 진다.[77]

3) 공무원의 선임 · 감독자와 비용부담자

가해행위를 한 공무원의 선임 · 감독자와 비용부담자가 동일하지 아니하는 경우에는 그 비용을

---

76) 김남진 · 김연태, 상게서, 577-578면.

77) 대판 1996.11.8, 96다21331.

부담하는 자도 배상책임을 진다(국배법 제6조 제1항). 국영공비사업 또는 지방공무원이 국가사무를 처리하는 경우 등이 그것이다. 이러한 경우 배상책임자가 누구인가에 대하여는 종전에는 견해가 나누어져 있었지만, 국가배상법은 피해자의 구제라는 관점에서, 피해자가 양자 중에서 선택하여 배상청구를 할 수 있도록 규정하고 있다. 이 경우에 손해를 배상한 자는 내부관계에서 그 손해를 배상할 책임이 있는 자에게 구상할 수 있다(동조 제2항). 여기에서 '내부관계에서 손해를 배상할 책임이 있는 자'란 공무원의 선임 · 감독자를 의미한다는 것이 통설이다.[78)]

공무원의 선임 · 감독을 맡은 자와 비용을 부담하는 자가 동일하지 아니할 경우에 누가 궁극적인 배상책임자인가는 문제되는데, 이에 관하여는 관리주체설, 비용부담주체설 외에 기여도설이 있다. 관리주체설의 논거는 ① 손해를 방지할 수 있는 위치에 있는 자가 공무원의 선임 · 감독을 맡은 자이므로 책임의 원칙에 비추어 보아 공무원의 선임 · 감독을 맡은 자가 궁극적인 배상책임자일 수밖에 없다는 점, ② 국가배상법 제6조 제1항이 「그 비용을 부담하는 자도 손해를 배상하여야 한다」고 규정하고 있는 규정형식으로 보아 공무원의 선임 · 감독을 맡은 자가 궁극적인 배상책임자를 전제로 하고 있다는 점 등이며, 비용부담주체설의 논거는 국가배상법 제6조 제1항의 「공무원의 봉급 · 급여, 그 밖의 비용」 속에는 인건비 외에 널리 사무의 집행에 요하는 비용까지도 포함된다는 점 등이다.[79)] 우리나라 통설은 관리주체설이다.[80)] 국가배상법 제6조 제1항의 규정하고 있는 문언의 의미를 새겨 보아도 관리주체설이 타당하다고 본다.

4) 헌법과 국가배상법의 규정상 차이문제

헌법이 배상책임자를 '국가 또는 공공단체'로 규정하고 있는 데 대하여, 국가배상법은 '국가 또는 지방자치단체'만을 배상책임자로 규정함으로써 그 밖의 공공단체의 배상책임을 민법에 맡기고 있다. 헌법과 국가배상법의 배상책임자에 관한 규정의 이와 같은 차이점과 관련하여 해석상 문제가 된다. 즉, ① 그 밖의 공공단체의 배상책임에 대하여 민법에 맡긴 것은 헌법 제29조의 취지에 어긋난다는 견해(위헌설), ② 국가 · 지방지치단체 뿐만 아니라 기타 공공조합 · 영조물법인 등의 공공단체가 포함되는 예시적 의미로 확대해석하여야 한다는 견해(합헌설), ③ 헌법의 취지는 모든 공공단체에 대하여 동일 법률에 따라 배상하여야 한다는 것을 정한 것은 아니므로 헌법상 문제가 없다는 견해(헌법무관설) 등이 나누어져 있는 상태이다.[81)] 논리적으로는 ①의 견해가 타당하나,[82)] 더 깊이 고찰할 필요가 있는 문제이다.

---

78) 김남진 · 김연태, 전게서, 575면; 김도창, 전게서, 635면; 김동희, 전게서, 541면.
79) 서원우, 전게서, 686-687면.
80) 김도창, 전게서, 635면; 김철용, 전게서, 454면; 박윤흔 · 정형근, 전게서, 613면; 이상규, 전게서, 610면.
81) 김남진 · 김연태, 전게서, 575-576면.
82) 홍정선, 전게서, 488면.

5) 국가 등의 무과실책임

국가 또는 지방자치단체가 공무원의 직무상 불법행위에 대하여 배상책임을 지는 경우에, 그 공무원의 선임 · 감독에 있어서의 과실의 유무는 불문한다. 이 점에서 과실책임주의를 취하고 있는 민법상의 사용자책임(민법 제756조)과 국가배상법상의 공무원의 선임 · 감독책임이 다른 셈이다. 따라서 국가배상책임은 민법상 사용자로서 배상책임을 지는 것이 아니므로 선임 · 감독에 과실이 없다는 이유만으로써는 국가배상법상의 책임을 면할 수 없다.[83)]

3. 손해배상액

배상액은 정당한 배상이어야 하며(헌법 제29조 제1항), 당해 불법행위와 상당인과관계에 있는 모든 손해가 배상되어야 한다. 국가배상법 제3조는 배상기준을 규정하고 있는데, 이 기준 규정의 법적 성질에 관하여는 견해가 대립되고 있다. 그러나 이 기준에 의한 배상은 민법상의 경우보다 불리하면 안 된다.

1) 배상기준

국가배상법이 규정하고 있는 배상의 기준은 다음과 같다(동법 제3조).

(1) 타인을 사망하게 한 경우

타인을 사망하게 한 경우(타인의 신체에 해를 입혀 그로 인하여 사망하게 한 경우를 포함한다) 피해자의 상속인(이하 "유족"이라 한다)에게 다음 각 호의 기준에 따라 배상한다(동조 제1항).

① 사망 당시(신체에 해를 입고 그로 인하여 사망한 경우에는 신체에 해를 입은 당시를 말한다)의 월급액이나 월실수입액 또는 평균임금에 장래의 취업가능기간을 곱한 금액의 유족배상

② 대통령령으로 정하는 장례비(시행령 제3조의 규정에 의한 남자 평균임금의 100일분)

(2) 타인의 신체에 해를 입힌 경우

타인의 신체에 해를 입힌 경우에는 피해자에게 다음 각 호의 기준에 따라 배상한다(동조 제2항).

① 필요한 요양을 하거나 이를 대신할 요양비

② 제1호의 요양으로 인하여 월급액이나 월실수입액 또는 평균임금의 수입에 손실이 있는 경우에는 요양기간 중 그 손실액의 휴업배상

③ 피해자가 완치 후 신체에 장해가 있는 경우에는 그 장해로 인한 노동력 상실 정도에 따라 피해를 입은 당시의 월급액이나 월실수입액 또는 평균임금에 장래의 취업가능기간을 곱한 금액

---

83) 대판 1970.6.30, 70다727.

의 장해배상

(3) 타인의 물건을 멸실 · 훼손한 경우

타인의 물건을 멸실 · 훼손한 경우에는 피해자에게 다음 각 호의 기준에 따라 배상한다(동조 제3항).

① 피해를 입은 당시의 그 물건의 교환가액 또는 필요한 수리를 하거나 이를 대신할 수리비

② 제1호의 수리로 인하여 수입에 손실이 있는 경우에는 수리기간 중 그 손실액의 휴업배상

2) 배상기준의 성질

국가배상법이 규정한 배상기준이 오로지 하나의 기준만을 정한 것인가, 아니면 그 기준을 초과할 수 없는 배상액의 상한 설정한 것인가에 대하여는 견해가 나누어져 있다.

(1) 단순기준액설

이 견해에 의하면, 국가배상법 제3조의 배상기준은 단순한 기준에 불과하고 구체적 사안에 따라서는 배상액을 증감하는 것도 가능하다고 본다. 이러한 입장이 다수설이고,[84] 판례이다.[85]

(2) 한정액설

이 견해는 국가배상법 제3조의 배상기준에 관한 규정은 배상액의 상한을 규정한 제한규정이라고 본다. 그 논거로서는, ① 동조의 배상기준은 배상의 범위를 객관적으로 명백히 하여 당사자 사이의 분쟁의 여지를 없애고, ② 배상의 범위를 법정화한 것은 곧 그에 의한 배상액의 산정을 요구한 것이라고 할 수 있기 때문에 제한규정으로 보는 것이 타당하다는 입장이다.[86]

(3) 결 어

국가배상법이 배상기준을 정하고 있는 취지는 배상액을 한정하여 국고지출을 줄이려는 데에 의도가 있었다고 볼 수 있다. 그러나 이 기준을 한정적인 것으로 보는 경우에는, 민법상의 불법행위책임에 따른 배상에 비하여 피해자에게 불리한 결과로 되어 형평을 잃게 되며, 그것은 또한 '정당한 배상'을 규정한 헌법 제29조에도 반하는 것이라 할 수 있다. 따라서 기준액설이 타당하다고 보인다.[87]

---

84) 김남진 · 김연태, 전게서, 571면; 김동희, 전게서, 542면; 김철용, 전게서, 448면; 박윤흔 · 정형근, 전게서, 614면; 류지태, 전게서, 396면; 서원우, 전게서, 685면; 석종현, 전게서, 626면; 홍정선, 전게서, 483면.

85) 대판 1970.1.29, 69다1203; 대판 1980.12.9, 80다1820.

86) 이상규, 전게서, 608-609면.

87) 김동희, 전게서, 543면.

3) 이익 등의 공제

국가배상법 제2조 제1항을 적용할 때 피해자가 손해를 입은 동시에 이익을 얻은 경우에는 손해배상액에서 그 이익에 상당하는 금액을 빼야 한다(동법 제3조의2 제1항). 동법 제3조 제1항의 유족배상과 같은 조 제2항의 장해배상 및 장래에 필요한 요양비 등을 한꺼번에 신청하는 경우에는 중간이자를 빼야 한다(동조 제2항). 위 제2항의 중간이자를 빼는 방식은 대통령령으로 정하는데(동조 제3항), 국가배상법 시행령은 '호프만'방식을 규정하고 있다(동법시행령 제6조 제3항).

4. 배상청구권의 양도 · 압류금지

생명 · 신체의 침해로 인한 국가배상을 받을 권리는 양도하거나 압류하지 못한다(국배법 제4조). 배상청구권은 재산권적 성질을 갖는 것이므로 양도나 압류가 금지된다고는 볼 수 없지만, 피해자 또는 유족의 보호를 위하여 사회보장적 차원에서 금지시킨 것이라 할 수 있다.

5. 배상청구권의 소멸시효

국가나 지방자치단체의 손해배상책임에 관하여는 이 법에 규정된 사항 외에는 민법에 따른다. 다만, 민법 외의 법률에 다른 규정이 있을 때에는 그 규정에 따른다(국배법 제8조). 국가배상청구권의 소멸시효에 대하여는 국가배상법에 특별한 규정이 없으므로 국가배상법 제8조의 규정에 의거하여 민법 제766조의 단기소멸시효가 적용된다. 따라서 시효기간은 민법 이외의 법률에 다른 규정이 없는 한 손해 및 가해자를 안 날로부터 3년, 불법행위를 한 날로부터 10년이 된다.

판례는 '가해자를 안다는 것'을 피해자나 그 법정대리인이 가해 공무원이 국가 또는 지방자치단체와 공법상 근무관계가 있다는 사실을 알고, 또한 일반인이 당해 공무원의 불법행위가 국가 또는 지방자치단체의 직무를 집행함에 있어서 행해진 것이라고 판단하기에 족한 사실까지 인식하는 것으로 이해하고 있다.[88] 한편, 헌법재판소는 국가배상청구사건의 소멸시효기간에 민법 제766조를 적용토록 한 것은 위헌이 아니라는 입장이다.[89]

6. 배상청구의 주체

1) 배상청구권자

공무원이 그 직무를 집행하면서 고의 또는 과실로 법령을 위반하여 타인에게 손해를 가하면, 손해를 입은 자는 누구나 손해배상금의 지급을 청구할 수 있다.

---

88) 대판 2008.5.29, 2004다33469.

89) 헌재결 1997.2.20, 96헌바24.

2) 군인 등에 대한 특례규정에 의한 이중배상의 배제

(1) 의 의

국가배상법 제2조 제1항의 단서는 군인 · 군무원 · 경찰공무원 등 특별한 신분을 가진 공무원에 대한 이중배상의 가능성을 배제한 특례규정을 두고 있다.

헌법 제29조 제2항 및 국가배상법 제2조 제1항 단서규정의 취지에 과하여, 판례는 "국가 또는 공공단체가 위험한 직무를 수행하는 군인 · 군무원 · 경찰공무원 등에 대한 피해보상제도를 운영하여 간편하고 확실한 피해보상을 받을 수 있도록 보장하는 대신에, 그들이 국가 등에 대하여 공무원의 직무상 불법행위로 인한 손해배상을 청구할 수 없도록 함으로써 과도한 재정지출과 피해군인 사이의 불균형을 방지하고, 가해자인 군인 등과 피해자인 군인 등 사이의 쟁송이 가져올 폐해를 예방하는 데 그 취지가 있다"고 판시하고 있다.[90]

(2) 이중배상배제의 적용요건

군인 등에 대한 이중배상배제의 적용요건(국배법 제2조 제1항의 단서)은 다음과 같다.[91]

(가) 적용대상자

이중배상이 배제되는 자는 군인 · 군무원 · 경찰공무원 또는 향토예비군대원이다. 판례는 전투경찰대설치법에 따른 전투경찰순경은 여기의 경찰공무원으로 보았으나,[92] 공익근무요원은 이중배상이 배제되는 자에 속하지 않는다고 했다.[93] 한편, 군인 · 군무원 · 경찰공무원은 헌법상으로도 이중배상배제가 예정되어 있지만(헌법 제29조 제2항), 향토예비군대원은 국가배상법에서 비로소 규정된 자이다. 이와 관련하여 국가배상법이 향토예비군을 이중배상배제의 대상자로 규정한 것이 위헌인가의 여부는 논의되고 있으나, 헌법재판소는 이를 합헌이라고 판단하였다.[94] 이중배상배제 그 자체가 헌법위반이라고 보는 입장에서는 이중배상배제의 예를 확대해석하는 헌법재판소의 판단은 정당하지 못한 것으로 보게 된다.

(나) 군인 · 군무원 · 경찰공무원 등이 전투 · 훈련과 관련하는 등으로 손해를 받았을 것

군인 · 군무원 · 경찰공무원 등이 받은 모든 손해에 대하여 손해배상이 배제되는 것은 아니다. 군인 · 군무원 · 경찰공무원 또는 향토예비군대원이 전투 · 훈련 등 직무집행과 관련하여 전사 · 순직 또는 공상을 입은 경우의 손해만이 배제된다.

---

90) 대판 2001.2.25, 96다42420; 대판 2002.5.10, 2000다39735.

91) 홍정선, 전게서, 484-485면.

92) 헌재결, 1996.6.13, 94헌마118.93헌바39(병합).

93) 대판 1997.3.28, 97다4036.

94) 헌재결 1996.6.13, 94헌바20.

(다) 본인 또는 유족이 다른 법령의 규정에 의하여 보상을 지급받을 수 있을 것

본인 또는 유족이 다른 법령의 규정에 의하여 보상을 지급받을 수 있어야 이중배상이 배제되므로, 이러한 자들이 다른 법령의 규정에 의하여 재해보상금 · 유족연금 · 상이연금 등의 보상을 지급받을 수 없을 때에는 국가배상법에 따라 배상을 청구할 수 있다.[95]

(3) 이중배상배제 제도의 문제점

종전 이중배상금지 제도는 헌법상의 근거 없이 국가배상법에 규정하고 있었는데, 대법원은 이러한 이중배상금지의 규정은 위헌이라고 판결하였다.[96] 이와 같은 위헌의 논란을 차단하는 방안으로 이른바 유신헌법에서 이중배상금지를 명문화하였고, 현행헌법에 이르기까지 그대로 있다. 이에 관하여 "위험성이 높은 직무에 종사하는 자에 대하여는 사회보장적 위험부담으로서의 국가보상제도를 별도로 마련함으로써, 그것과 경합되는 국가배상청구를 배제하려는 취지이다."라고 하여 군인 등의 이중배상배제를 긍정적으로 보는 듯한 견해도 있다.[97]

그러나 논리적인 관점에서 보면, 국가배상법에 의한 배상은 '불법에 대한 배상'이며, 다른 법령에 의한 보상은 '국가에 바친 헌신에 대한 보상'이어서 양자는 목적을 달리하므로 이중배상을 금지하는 헌법과 국가배상법의 관련규정은 평등원칙에 반하는 것으로 판단되므로 삭제하는 것이 바람직하다고 본다. 헌법재판소는 "국가배상법 제2조 제1항 단서가 헌법상 보장되는 국가배상청구권을 헌법 내재적으로 제한하는 헌법 제29조 제2항에 직접근거하고, 실질적으로 내용을 하는 것이므로 헌법에 위반되지 아니한다"고 하여 합헌결정을 하였다.[98]

(4) 공동불법행위와 구상권의 문제

국가배상법 제2조 제1항 단서의 이중배상배제의 규정이 국가와 공동불법행위책임이 있는 일반국민이 피해자인 군인 · 군무원 · 경찰공무원 등이나 유족에게 손해배상을 한 경우, 일반국민의 국가에 대한 구상권까지 배제하는 취지인가의 여부가 문제가 된다.

이 문제에 대하여는, ① 종래 대법원은 이중배상의 배제를 이유로 국가와 공동불법행위책임이 있는 자의 국가에 대한 구상권행사를 부인하였다.[99] ② 이에 대하여 헌법재판소는 국가배상법 제2조 제1항 단서부분은 공동불법행위자인 일반국민이 군인 등의 피해자에게 공동의 불법행위로 인한 손해를 배상한 다음 다른 공동불법행위자인 군인의 부담부분에 관하여 국가에 대하여 구상권을 행사하는 것이 허용되지 아니한다고 해석하는 한, 헌법에 위반된다고 하여 한정위헌을 선고

95) 대판 1996.2.14, 96다28066.
96) 대판 1971.6.22, 70다1010.
97) 김도창, 전게서, 634면.
98) 헌재결, 2001.2.22, 2000헌바38.
99) 대판 1983.6.28, 83다카500.

하였다.[100] ③ 그 후 대법원 전원합의체판결의 다수의견은 민간인이 공동불법행위자로 부담하는 책임은 공동불법행위의 일반적인 경우와 달리 모든 손해에 대한 것이 아니라 귀책비율에 따른 부분으로 한정된다고 하고, 따라서 민간인은 국가에 대해서는 구상을 청구할 수 없다고 하였다.[101] 이러한 입장은 국가배상법 제2조 제1항 단서의 취지를 살리면서 동시에 공동불법행위자인 민간인의 재산권의 보호를 위한 것으로 이해되는 바, 타당한 논리라고 본다.[102]

Ⅳ. 공무원의 배상책임

1. 공무원의 구상책임

국가배상법 제2조 제2항에 의하면, 공무원의 직무상 불법행위로 인하여 타인에게 손해를 가하여 그 손해를 배상한 경우에 공무원에게 고의 또는 중대한 과실이 있는 때에는 국가나 지방자치단체는 그 공무원에게 구상(求償)할 수 있다. 이에 따라 국가 등이 구상권을 가지는 경우에 가해자인 공무원이 소속한 행정기관의 장은 구상권 행사를 위한 조치를 할 수 있으며, 법무부장관 등은 관계기관의 장에게 구상을 위한 조치를 취할 것을 요청할 수 있다(동법시행령 제25조). 국가 등의 구상권은 의무적으로 반드시 행사하여야만 하는 것은 아니고, 구상권을 행사하는 경우에도 제반 사정을 참작하여 손해의 공평한 분담이라는 견지에서 신의칙상 상당하다고 인정되는 한도 내에서만 당해 공무원에 대하여 구상권을 행사할 수 있다.[103]

국가 등의 배상책임의 성질에 관한 대위책임설에 의하면, 본래의 배상책임자인 당해 공무원에게 구상하는 것은 당연하다고 할 것이다. 그러나 자기책임설에 의할 경우에도 구상권 행사가 반드시 배제되는 것은 아니다. 왜냐하면 공무원은 그 근무관계에서 여러 가지 의무를 부담하고 있는데, 이에 위반하여 국가 등에 대하여 재산상 손해를 주면 그 손해에 대하여 배상책임을 지는 것은 당연하기 때문이다. 그리고 국가배상책임의 기능에는 '제재적 기능' 내지 '위법행위억제기능'도 있는 점과 관련시켜 생각해 볼 필요가 있다.

한편, 경과실의 경우에는 구상을 인정하지 아니한 것은 공무원이 배상에 대한 우려를 잊고 소신껏 직무에 종사할 수 있도록 하려는 정책적 배려의 산물이라는 점은 전술한 국가배상제도의 기능에서도 지적한 바 있다.

100) 헌재결 1994.12.29, 93헌바21.
101) 대판 2001.2.15, 96다42420.
102) 홍정선, 전게서, 486-487면.
103) 대판 1991.5.10, 91다6764.

2. 공무원의 선임 · 감독자와 비용부담의 구상책임

공무원의 선임 · 감독자와 비용부담자는 양자가 모두 피해자에게 배상책임을 지며, 이 경우에 손해를 배상한 자는 내부관계에서 그 손해를 배상할 책임이 있는 자에게 구상할 수 있다(국배법 제6조 제2항). 여기에서 '내부관계에서 손해를 배상할 책임이 있는 자'란 공무원의 선임 · 감독자를 의미한다고 보는 것이 통설적 견해이다.[104]

3. 공무원의 직접적 배상책임 여부의 문제

피해자는 반드시 국가 또는 지방자치단체에 손해배상을 청구하여야 하는가, 아니면 피해자의 선택에 따라 국가나 지방자치단체와 가해행위를 한 공무원 중 어느 쪽에나 손해배상을 청구할 수도 있는가 하는 '선택적 청구'의 문제가 제기된다. 이 문제에 관하여는 학설이 나누어져 있으며, 판례는 일관되지 않고 변천을 계속하고 있다.[105]

1) 긍정설(선택적 청구권설)

국가 등의 배상책임과 공무원 개인의 배상책임은 관계가 없기 때문에, 피해자는 그의 선택에 따라 국가나 지방자치단체 또는 공무원 개인에 대하여 손해배상을 청구할 수 있다는 입장이다. 즉 선택적 청구를 전면적을 긍정하는 견해이다.

그 논거로는 ① 헌법이 「공무원 자신의 책임은 면제되지 아니한다」고 규정하고 있는 점(헌법 제29조 제1항의 단서), ② 자기책임설에 의한 경우 국가 등의 책임과 공무원 개인의 책임은 관계가 없으므로 양자가 양립할 수 있다는 점, ③ 공무원의 직접책임을 부인하면 그 책임의식을 박약하게 만든다는 점 등을 든다.[106]

2) 부인설(대국가적 청구권설)

본래 공무원이 져야 하는 배상책임을 국가 등이 그에 대신하여 지는 것으로 보는 대위책임설을 취하는 입장에서는, 피해자는 국가 등에 대해서만 배상을 청구할 수 있고 가해자인 공무원에 대하여는 직접 배상을 청구할 수 없다고 본다. 즉 선택적 청구를 부정하는 견해이다.

그 논거로서는, ① 헌법 제29조 제1항의 단서의 의미는 국가 등의 구상에 응하는 책임이라고 하는 점, ② 공무원 개인이 직접적으로 배상책임을 지게 되면 고의 · 중과실의 경우에만 구상권을 인정하는 것과 균형이 맞지 않는다는 점, ③ 선택적 청구를 인정하면 공무원의 직무집행을 위축

---

104) 김남진 · 김연태, 전게서, 579면.

105) 김남진 · 김연태, 상게서, 579-582면 참조.

106) 김철수, 전게서, 881면; 이종극, 전게서, 158-159면.

시킬 우려가 있다는 점 등을 들고 있다.[107)]

3) 절충설

공무원은 국가기관의 지위에서 행위하는 것이므로 그 효과는 국가에 귀속된다. 그러므로 공무원의 직무수행 행위에 통상 예기할 수 있는 흠결이 있고, 그러한 행위로 인하여 개인이 손해를 입은 경우에는 그것은 기관의 행위로서 그 행위의 효과는 국가에 귀속되어 국가가 배상책임을 지게 될 것이다.

그러나 그 흠결의 정도가 중대하거나 순전히 사적 이익의 추구 등에 기인한 것인 때에는, 당해 행위는 이미 기관행위로서의 지위를 상실한 것이라 할 수 있다. 따라서 공무원의 위법행위가 고의·중과실에 기인한 것인 때에도 공무원 개인의 책임만이 문제되는 것이다. 그런데 이러한 행위의 외관상 공무원의 직무행위로 보여질 때에는 피해자를 보호하기 위하여 피해자는 국가 또는 공무원에 대하여 선택적으로 배상을 청구할 수 있다고 보는 견해이다.[108)]

4) 판 례

판례는 처음에 선택적 청구가 가능하다는 입장을 취하였으나,[109)] 다음에는 선택적 청구가 불가능하다는 입장으로 선회하였으며,[110)] 최근에는 대법원 전원합의체판결을 통하여 고의나 중대한 과실이 있는 경우에는 선택적 청구가 가능하지만, 경과실이 있는 경우에는 선택적 청구를 할 수 없다고 입장을 변경하였다.[111)]

5) 결 어

자기책임설의 입장에 서면서도 대외적으로 국가책임만 인정하는 견해가 있는 반면, 대위책임설의 입장에 서면서도 피해구제의 신속·확실성을 기한다는 취지에서 선택적 청구가 허용되어야 한다는 주장이 제기된다는 점을 감안해 보면, 국가배상책임의 성질과 선택적 청구의 인정 여부는 논리적 연관성이 없는 입법정책의 문제로 보아야 한다.

공무원의 직접적 배상책임의 인정문제는 헌법 제29조 제1항 단서의 해석과 관련되어 해결하여야 할 것이다. 헌법은 공무원의 직무상 불법행위에 대한 국가(공공단체를 포함한다)의 배상책임

---

107) 김도창, 전게서, 638면; 박윤흔·정형근, 전게서, 617면; 석종현, 전게서, 629면; 이상규, 전게서, 611면; 홍정선, 전게서, 493면.

108) 김동희, 전게서, 548-549면.

109) 대판 1972.10.10, 69다701.

110) 대판 1994.4.12, 93다11807.

111) 대판 1996.2.15, 95다38677.

을 정하고 있으면서도 「이 경우 공무원 자신의 책임은 면제되지 아니한다」고 규정하고 있다(헌법 제29조 제1항 단서). 이러한 헌법규정상의 '공무원의 책임'의 내용이 불명확한 가운데, 헌법 제29조의 내용을 집행하며 구체화하고 있는 국가배상법은 다시 한 번 국가 또는 지방자치단체의 공무원의 불법행위에 대한 배상책임을 인정하고(동법 제2조 제1항), 「공무원이 고의 또는 중대한 과실이 있는 때에는 국가 또는 지방자치단체는 그 공무원에게 구상할 수 있다」고 규정하고 있다(동조 제2항). 이는 '헌법에 있어서의 공무원의 책임'을 구체화하고 있는 규정으로서, 공무원은 국가 등에 의한 '구상'의 형태로만 책임질 뿐이고, 직접 피해자에 대하여 책임을 지지 않음을 명확히 하고 있다고 새길 수 있다.

다른 한편, 헌법규정상의 '공무원의 책임'의 내용을 구체화하고 있는 규정으로 국가배상법 제2조 제1항 및 제2항뿐만 아니라 민법 제750조도 포함되는 것으로 해석할 수 있다. 이러한 해석에 의하면 국가배상법 소정의 조항에서는 국가 등의 배상책임과 공무원의 내부적 책임만을 규정하고 있을 뿐 가해공무원의 외부적 책임에 대하여는 규정한 바가 없으므로 가해공무원은 민법 제750조에 따라 외부적 책임을 지게 된다고 하겠다.[112)]

Ⅴ. 국가 등의 자동차손해배상책임

1. 자동차손해배상책임의 의의

국가배상법은 국가 또는 지방자치단체가 자동차손해배상보장법(이하 "자손배법"이라 한다)의 규정에 의하여 손해배상의 책임이 있을 때에는 국가배상법에 따라 그 손해를 배상하여야 한다고 규정하고 있다(국배법 제2조 제1항 본문 후단). 이러한 규정에 따라 공무원의 차량사고로 인한 국가배상과 관련하여, 자손배법상의 배상책임의 성립요건을 갖추면 국가배상법이 정하는 바에 의하여 국가 등이 지는 배상책임을 국가 등의 자동차손해배상책임이라 한다.

2. 자동차손해배상책임의 법적 근거

국가배상법은 「국가나 지방자치단체는... 자동차손해배상보장법에 따라 손해배상의 책임이 있을 때에는 이 법에 따라 그 손해를 배상하여야 한다」고 규정하고 있고(국배법 제2조 제1항 본문 후단), 자동차손해배상보장법은 「자기를 위하여 자동차를 운행하는 자는 그 운행으로 다른 사람을 사망하게 하거나 부상하게 한 경우에는 그 손해를 배상할 책임을 진다」고 규정하고 있다(자손

112) 김남진 · 김연태, 전계서, 582면.

배법 제3조 본문).

국가배상법 제2조 제1항과 동법 제8조의 규정을 종합하여 보면, 공무원의 차량사고로 인한 국가배상과 관련하여서는 구가 등이 자동차손해배상보장법상의 책임성립요건을 갖추면, 손해배상책임의 범위와 절차는 국가배상법이 정한 바에 의하여 배상책임을 진다고 해석된다. 공무원의 차량사고로 인한 국가배상의 경우 자동차손해배상보장법상의 책임성립요건은 후술하는 바와 같이 국가 등의 '운행자성'만 인정되면 되므로 일반적인 국가배상책임의 성립보다 용이하고, 그 배상책임의 내용은 국가배상법에 의하므로 자동차사고로 인한 피해자의 구제에 있어서 더 효과적이라는 데에 그 제도적 의의가 있다.

3. 국가배상책임

1) 자동차손해배상보장법에 의한 국가배상책임

(1) 법규정 내용

자동차손해배상보장법 제3조는 다음과 같이 규정하고 있다. 즉 「자기를 위하여 자동차를 운행하는 자는 그 운행으로 다른 사람을 사망하게 하거나 부상하게 한 경우에는 그 손해를 배상할 책임을 진다. 다만, 다음 각 호의 어느 하나에 해당하면 그러하지 아니한다. ① 승객이 아닌 자가 사망하거나 부상한 경우에 자기와 운전자가 자동차의 운행에 주의를 게을리하지 아니하였고, 피해자 또는 자기 및 운전자 외의 제3자에게 고의 또는 과실이 있으며, 자동차의 구조상의 결함이나 기능상의 장해가 없었다는 것을 증명한 경우, ② 승객의 고의나 자살행위로 사망하거나 부상한 경우」라고 하여 자손배법상의 배상책임을 규정하고 있다.

그러므로 공무원의 차량사고로 인한 손해발생의 경우 국가 등이 자손배법상의 책임성립요건을 갖추면, 국가배상법에 의하여 손해배상책임을 진다. 즉 책임성립요건은 자손배법이 우선 적용된다. 따라서 자손배법 제3조에 의한 책임성립요건으로서는 국가 등의 '운행자성'과 그 밖의 다른 요건을 갖추어야 한다.[113]

(2) 국가 등의 운행자성의 구비

(가) '운행자성'의 요건

자손배법상의 책임은 '자기를 위하여 자동차를 운행하는 자'(운행자성)에게 성립된다. 따라서 국가 또는 지방자치단체가, 자손배법상의 '운행자성'을 갖추어야 한다. 여기의 '자기를 위하여 자동차를 운행하는 자'란 사회통념상 당해 자동차에 대한 운행을 지배하여 그 이익을 향수하는 책임주체로서의 지위에 있다고 할 수 있는 자를 말하고, 이 경우 운행의 지배는 현실적인 지배에 한하

113) 홍정선, 전게서, 494-496면.

지 아니하고 사회통념상 간접지배 내지는 지배가능성이 있다고 볼 수 있는 경우도 포함한다.[114] 즉 운행자성은 '운행이익'과 '운행지배'를 요소로 한다.

운행자[115]는 자동차보유자[116]와 구별된다. 무단운전자, 절도운전자도 운행자에 포함되므로 운행자가 보유자보다 넓은 개념이다. 한편, 운행자는 운전자[117]와도 구별된다. 따라서 운전자는 운행자와는 달리 피해자에 대한 관계에서 민법상의 책임은 별론으로 하고, 적어도 자손배법상의 책임은 지지 않는다.

(나) 국가 등의 운행자성의 구체적 판단

① 공무원이 공무를 위해 관용차를 운행하는 경우 : 공무원이 공무를 위하여 관용차를 운행한 경우, 국가 등이 운행자로서 국가배상법 제2조 제1항 본문 후단의 손해배상책임을 진다.[118] 그러나 관용차를 무단으로 사용한 경우라 할지라도 국가 등에게 운행지배나 운행이익을 인정할 사정이 있는 경우는 국가 등이 운행자의 손해배상책임을 지게 된다.[119]

② 공무원이 공무수행을 위하여 자신 소유의 자동차를 이용한 경우 : 공무원이 직무수행을 위하여 자기 소유의 자동차를 운행하던 중 사고가 난 경우, 국가 또는 지방자치단체의 운행자성을 부인하는 것이 판례이다. 따라서 이 경우에는 공무원이 자손배법상의 책임을 지게 된다. 그러나 이 경우에 외형이론상 국가나 지방자치단체에 배상책임을 인정하는 것이 타당하다. 다만, 이 경우 국가 등은 운행자책임(국배법 제2조 제1항 본문 후단)이 부정된다고 하더라도 국가배상책임의 성립요건을 갖춘다면 국가배상책임(국배법 제2조 제1항 본문 전단)은 성립될 수 있다.[120]

(다) 기타의 요건

자손배법상의 손해배상책임은 인적 손해에 한하여 손해를 전보하는 것이므로, 자동차 사고로 인적 손해가 발생하여야 하고 자손배법상의 면책요건이 없어야 한다(자손배법 제3조 참조). 예컨대, 승객이 고의나 자살행위로 사망하거나 부상한 경우가 아닐 것 등이다.

---

114) 대판 2009.10.15, 2009다42703,42710.

115) '운행자'란 사람 또는 물건의 운송 여부와 관계없이 자동차를 그 용법에 따라 사용하거나 관리하는 자를 말한다(자손배법 제2조 제2호 참조).

116) '자동차보유자'란 자동차의 소유자나 자동차를 사용할 권리가 있는 자로서 자기를 위하여 자동차를 운행하는 자를 말한다(자손배법 제2조 제3호).

117) '운전자'란 다른 사람을 위하여 자동차를 운전하거나 운전을 보조하는 일에 종사하는 자를 말한다(자손배법 제2조 제4호).

118) 대판 1992.2.25, 91다12356; 대판 1994.12.27, 94다31860.

119) 대판 1988.1.19, 87다카2202.

120) 대판 1994.5.27, 94다6741.

(3) 국가 등의 배상책임의 범위와 절차

국가나 지방자치단체는 자손배법에 따라 손해배상의 책임이 있을 때에는 국가배상법에 따라 그 손해를 배상하여야 한다(국배법 제2조 제1항 후문). 배상책임의 성립요건은 자손배법에 의하면서 배상책임의 범위와 절차를 국가배상법에 의하도록 한 것은 배상책임의 범위와 절차에 특례를 인정한 셈이다. 배상책임의 내용은 자손배법의 규정에 의하여 손해배상책임이 있는 때에도 국가배상법 제2조 제1항 단서의 이중배상금지의 규정이 적용되고, 피해자는 배상심의회에 배상신청을 할 수 있다.

2) 국가배상법에 의한 국가배상책임

공무원이 공무수행을 위하여 차량을 운전 중 사고로 타인에게 손해를 발생시킨 경우 자손배법이 적용되는 경우가 아닌 때에는 그 성립요건 및 국가배상청구 등에 있어서 자손배법이 적용되지 않고 국가배상법이 적용된다.[121)]

① 국가나 지방자치단체가 자동차에 대한 운행이익과 운행지배를 가지지 않는 경우에는 구가배상법이 적용된다.

예를 들면, 공무원이 직무를 집행하기 위하여 자기소유의 자동차를 운행하던 중 사고가 난 경우에는 국가 등이 동 자동차의 운행자가 아니므로 자손배법이 적용되지 않고, 국가 등은 구가배상법에 따라 배상책임을 진다.

그런데 공무원이 통상적으로 근무하는 근무지로 출근하기 위하여 자기소유의 자동차를 운행하다가 과실로 교통사고를 일으킨 경우에는, '직무를 집행함에 당하여' 불법행위를 한 것이 아니므로 국가나 지방자치단체가 국가배상법상의 손해배상책임을 지지 않는다.[122)]

② 자동차사고로 물적 피해만이 난 경우에는 국가배상법이 적용된다.

4. 공무원배상책임

공무원의 배상책임은 국가 등의 자동차손해배상보장법상의 책임이 인정되는 경우와 책임이 부정되는 경우로 나우어 보면 다음과 같은 차이가 있다.[123)]

1) 국가 등의 자동차손해배상보장법상의 책임이 인정되는 경우

국가 또는 지방자치단체의 '운행자성'이 인정되는 경우에는, 공무원에게 자손배법상의 책임은

121) 박균성, 전게서, 570면.
122) 대판 1996.5.31., 94다15271.
123) 홍정선, 전게서, 496면.

없게 된다. 그리고 그 배상책임의 내용은 국가배상법에 의하므로 공무원의 대외적 책임, 즉 민사상 책임도 국가배상법의 이론이 그대로 적용된다. 따라서 판례에 의하면 고의 또는 중과실이 있는 경우에 민사상 책임을 지게 될 것이다.

2) 국가 등의 자동차손해배상보장법상의 책임이 부정되는 경우

국가 또는 지방자치단체의 '운행자성'이 부정되는 경우, 공무원이 자손배법상의 운행자성이 인정되면 공무원의 민사책임에 관하여도 자손배법이 국가배상법에 우선하여 적용된다(무과실책임). 따라서 판례에 의하면 일반적으로 직무상의 불법행위로 인한 공무원의 대외적 책임이 공무원의 고의 또는 중과실의 경우에만 인정되지만, 공무원의 운행자성이 인정되어 자손배법상의 책임이 성립되는 경우에는 민법과 국가배상법의 규정과 해석에 따르지 않는다. 즉 이 사고가 자동차를 운전한 공무원의 경과실에 의한 것인지, 중과실 또는 고의에 의한 것인지를 가리지 않고 자손배법상의 손해배상책임을 부담한다고 한다.[124)]

5. 국가배상법 제5조와의 관계

자동차도 국가배상법 제5조의 공물에 해당한다. 따라서 자동차사고의 경우에는 국가배상법 제2조와 제5조와의 경합이 문제된다. 생각건대, 자동차사고와 관련하는 한, 국가배상법 제2조 제1항 본문 후단이 자손배법의 특례로 규정되어 있다고 보여지므로 국가배상법 제5조의 적용은 없다고 할 것이다.

Ⅵ. 미합중국군대의 구성원 등의 행위로 인한 국가배상

미합중군대 등의 구성원이 그 직무를 행함에 당하여 대한민국정부 이외의 제3자에게 손해를 가한 때에는 그 손해를 국가가 배상하여야 한다.[125)]

즉 미합중국군대의 구성원·고용원 또는 한국증원군대의 구성원이 그 직무를 행함에 당하여 대한민국 안에서 대한민국정부 이외의 제3자에게 손해를 가한 때 및 합중국군대 또는 한국증원군대가 점유·소유 또는 관리하는 토지의 공작물과 기타 시설 또는 물건의 설치나 관리의 하자로 인하여 대한민국정부 이외의 제3자에게 손해를 가한 때에는 대한민국이 국가배상법의 규정에 의하여 그 손해를 배상하여야 한다(아메리카합중국 간의 상호방위조약 제4조에 의한 시설과 구역

---

124) 대판 1996.3.8., 94다23876.
125) 박균성, 전게서, 571면.

및 대한민국에서의 합중국군대의 지위에 관한 협정의 시행에 관한 민사특별법 제2조).

피해자가 협정 제1조의 규정에 의한 합중국군대의 구성원 · 군속 또는 그들의 가족인 때에는 제2조를 적용하지 아니한다(동법 제3조).

국가배상비용은 양 당사국이 다음과 같이 이를 분담한다.

① 합중국만이 책임이 있는 경우에는 대한민국이 그의 25퍼센트를, 합중국이 그의 75퍼센트를 부담하는 비율로 이를 분담한다.

② 대한민국과 합중국이 손해에 대하여 책임이 있는 경우에는 양 당사국이 균등히 이를 분담한다(SOFA 제23조).

제3절 영조물의 설치 · 관리상의 하자로 인한 손해배상

Ⅰ. 손해배상의 의의

영조물의 설치 · 관리상의 하자로 인한 손해배상이란, 국가 또는 지방자치단체의 공공의 영조물의 설치 또는 관리의 하자로 인하여 타인에게 재산상의 손해를 발생하게 한 경우에 국가나 지방자치단체가 그 손해를 배상하는 것을 말한다. 이는 개인주의적, 도의적 책임주의의 기초원리를 바탕으로 성립한 것이라는 점에서, 공무원의 불법행위로 인한 국가의 손해배상책임과 같다. 공무원의 불법행위책임은 국가의 자기 책임이며 과실책임주의에 입각하고 있으나, 영조물의 설치 · 관리의 하자로 인한 손해배상 책임은 무과실 책임주의에 입각하고 있는 점에서 차이가 있다.

국가배상법 제5조 제1항의 「도로 · 하천, 그 밖의 공공의 영조물의 설치나 관리에 하자가 있기 때문에 타인에게 손해를 발생하게 하였을 때에는 국가나 지방자치단체는 그 손해를 배상하여야 한다. 이 경우 제2조 제1항 단서, 제3조 및 제3조의2를 준용한다」고 규정하여 '영조물의 설치 · 관리의 하자로 인한 손해배상책임'을 명시화하고 있다. 또한 동법 제5조 제2항에서는 「제1항을 적용할 때 손해의 원인에 대하여 책임을 질 자가 따로 있으면 국가나 지방자치단체는 그 자에게 구상할 수 있다」고 규정함으로써 '손해원인의 책임자에 대한 구상권'을 인정하고 있다.

위 조항은 공작물 등의 점유의 배상책임에 관한 민법 제758조에 상응하는 것이나, 점유자의 면책규정을 두고 있지 않고, 그 대상이 공작물에 한정되지 아니하여 민법상의 공작물보다 넓은 개념이라는 점 등에 차이가 있다. 또한 본조는 제2조와는 달리 과실을 배상책임의 요건으로 하고 있지 않다는 점에서 통설은 이를 무과실 책임으로 보고 있다. 그러나 설치 · 관리상의 하자를 요한다는 점에서, 본조의 책임을 엄격한 의미의 또는 절대적인 무과실 책임으로 볼 수는 없을 것이다.[126]

Ⅱ. 손해배상책임의 요건

국가배상법 제5조 제1항에 의하면 국가 등의 손해배상 책임이 성립하기 위해서는 도로 · 하천,

126) 김동희, 전게서, 550-551면.

그 밖의 공공의 영조물의 설치 또는 관리에 하자가 있기 때문에 타인에게 손해가 발생하였어야 한다. 따라서 손해배상책임의 성립요건은 ① 공공의 영조물일 것, ② 설치 또는 관리의 하자가 있을 것, ③ 타인에게 손해가 발생할 것 등을 들 수 있다.

1. 공공의 영조물

본조의 '영조물'이라 함은 공적 목적을 달성하기 위한 인적 · 물적 종합시설이라는 본래의 의미가 아니라, 행정주체가 직접 공공목적을 달성하기 위하여 제공한 유체물, 즉 공물을 뜻한다고 보는 것이 통설이고,[127] 판례이다.[128] 유체물에는 개개의 물건뿐만 아니라 물건의 집합체인 공공시설도 포함된다고 보며, 공물의 개념에는 도로나 하천과 같은 공공용물은 물론 행정기관의 청사와 같은 공용물도 포함된다. 또한 동산(자동차 · 항공기 · 총기 등), 부동산, 인공공물(도로 · 상하수도 · 관공청사 · 교량 등), 자연공물(하천 · 호수 · 해변 등) 및 동물(경찰견 등) 등도 이에 포함된다. 따라서 본조는 그 대상이 공작물에 한정되지 않는다는 점에서 민법 제758조에 비하여 적용범위가 넓다.

그러나 이 경우의 영조물은 이를 통한 직접적인 행정목적 달성과 관련을 갖는 것이므로, 이와 무관한 국유재산 또는 공유재산은 이 개념에서 제외된다. 따라서 국 · 공유재산일지라도 공적 목적에 제공된 공물이 아닌 것, 즉 국 · 공유의 잡종재산은 그에 포함되지 아니한다. 따라서 국 · 공유재산이라도 직접 행적목적에 제공되지 않은 일반재산(국공유재산법 제5조 참조)의 관리의 하자로 인하여 타인에게 손해가 발생한 경우에는 본조가 아니라 민법 제758조에 의한 배상책임을 진다고 보아야 한다(국배법 제8조 참조).

2. 설치 또는 관리의 하자

1) 설치 · 관리의 의의

본조의 설치란 영조물, 즉 공물의 설계에서 설계에서 시공, 건조까지를 말하고, 관리란 영조물의 건조 후의 유지 · 보전 · 수선을 말한다.

2) 설치 · 관리의 하자의 의의

영조물의 '설치 · 관리의 하자'라 함은 종래에는 '영조물이 통상적으로 갖추어야 할 안정성의 결여'를 말하는 것으로서, 이러한 안정성의 결여가 설치단계 또는 관리단계의 어느 단계에 존재하는

127) 김남진 · 김연태, 전게서, 586면; 김도창, 전게서, 639면; 김동희, 상게서, 551면; 홍정선, 전게서, 498면.
128) 대판 1981.7.7, 80다2478; 대판 1995.1.24, 94다 45302; 대판 1998.10.23, 98다17381.

가를 불문하였다.

그러나 근래에는 영조물이 통상적으로 갖추어야 할 안정성을 결여하였는가를 판단함에 있어서 설치·관리자의 귀책사유가 고려되어야 하는지의 여부에 관하여 다음과 같이 견해가 대립되고 있다.

(1) 주관설(의무위반설)

이 견해는 영조물의 설치·관리상의 하자를 국가배상법 제5조의 표현에 비추어 하자를 공물주체의 관리의무, 즉 주의의무 위반 내지 안전확보에 의한 사고방지의무를 게을리한 잘못, 이른바 관리자의 설치·관리자의 주관적 귀책사유로 인한 하자의 발생으로 이해하는 입장이다.[129]이 설에 의하면 배상책임의 성립 여부가 관리자의 주의의무위반 여부에 의존하게 되므로, 피해자의 구제에 미흡하게 된다.

(2) 객관설

이 견해에 의하면, 본조 영조물의 하자의 유무는 안전성을 결여하였는지의 여부에 따라 객관적으로 판단해야 할 것이며, 하자의 발생에 있어 설치·관리자의 고의·과실의 유무는 문제삼지 않는다. 이 학설이 종래의 통설이었다.[130] 이러한 입장에 의하면, 영조물에 일단 하자가 있어 손해가 발생한 경우, 국가 등은 관리자의 과실유무나 재정력 등과는 무관하게 배상책임을 지게 되므로 피해자 구제의 폭을 확대할 수 있다는 차원에서 객관설이 타당하고 바람직하다고 볼 수 있다.

(3) 절충설

이 견해는 국가배상법 제5조의 하자의 유무를 판단하는 데 있어서 영조물 자체의 객관적 하자뿐만 아니라 관리자의 안전관리의무 위반이라는 주관적 요소도 아울러 고려하여 하자의 의미를 이해하여야 한다는 입장이다. 즉 본조의 하자는 그 물적 결함 상태뿐만 아니라, 그 관리자의 관리행위의 과오도 그에 포함시켜 이해하려고 한다.[131] 따라서 이 설에 의하면, 공물과 관련하여 손해가 발생한 경우에는 그것이 당해 공물의 물적결함에 기인한 것인가, 관리자의 관리행위의 과오에 기인한 것인가를 불문하고 본조에 의하여 해결될 수 있다고 본다. 그러나 순수한 관리자의 의무위반으로 인한 손해는 국가배상법 제2조로 충분하다고 한다. 우리나라에서는 뚜렷이 절충설을 취하는 입장은 찾아보기 어렵다.

---

129) 박균성, 전게서, 541-542면; 김동희, 전게서, 557면

130) 김도창, 전게서, 642면; 류지태, 전게서, 410-411면; 박윤흔·정형근, 전게서, 628면; 서원우, 전게서, 708면; 석종현, 전게서, 643면; 홍정선, 전게서, 500면.

131) 原田尙彦, 「行政法要論」, 學陽書房, 1997, 257頁.

(4) 안전의무 위반설(위법 · 무과실 책임설)

행정주체가 일정한 물건의 공용개시를 통해 일반의 사용에 제공한 경우에는 타인에게 위험이 발생하지 않도록 안전조치를 취할 법적의무를 부담한다. 그런데 영조물의 설치나 관리의 하자란 관리주체의 이러한 안전의무 위반을 의미하며, 행정주체와 개인간의 관계에서 공무원은 권리 · 의무의 귀속주체로서 나타날 수 없으므로 공무원의 주관적 요소는 고려되지 않는다. 이 견해에 의하면, 국가배상법이 '영조물의 하자'로 표기하지 않고, '영조물의 설치나 관리의 하자'로 표기하고 있으므로 '물적 상태책임'이 아니라 '행위책임'으로 보아야 한다. 또한 국가배상법 제2조가 공무원의 '고의 또는 과실'을 요건으로 정하고 있는 데 대하여, 제5조는 단순히 영조물의 설치 · 관리의 '하자'를 그 요건으로 정하고 있으므로 제5조상의 배상책임을 제2조상의 배상책임과 마찬가지로 과실책임으로 본다는 것은 법의 명문규정에 반한다고 하지 않을 수 없다. 그러한 점으로 보아 국가배상법 제5조의 영조물을 설치 · 관리의 하자의 책임을 '행위책임'으로 보는 동시에, 그의 성질을 '위법 · 무과실 책임'이라 한다.[132]

(5) 판 례

판례는 국가배상법 제5조의 영조물의 설치 · 관리상의 하자를 '영조물 자체가 통상 갖추어야 할 안전성을 갖추지 못한 상태'라고 하면서 동조의 배상책임을 무과실책임으로 보고, 기본입장은 객관설을 취하고 있다.[133] 그러하지만 일부판결은 "안전성의 구비 여부를 판단함에 있어서는 당해 영조물의 용도, 그 설치장소의 현황 및 이용상황 등 제반 사정을 종합적으로 고려하여 설치 · 관리자가 그 영조물의 위험성에 비례하여 사회통념상 일반적으로 요구되는 정도의 방호조치의무를 다하였는지 여부를 그 기준으로 삼아야 한다"고 판시한 바 있다.[134] 이러한 판결은 주관설[135]또는 안전의무위반설[136]을 취하고 있다고 해석할 여지도 있다. 그러나 판례는 설치 · 관리상의 하자를 '영조물이 통상 갖추어야 할 물적 안정성의 결여'로 보는 기존의 근본적 입장에는 변화가 없으므로 객관설을 취하면서도 주관적 사정을 고려하는 것으로 보아 수정(변경)된 객관설을 취하고 있다고 보아야 할 것이다.[137]

(6) 결 어

생각건대, 국가배상법 제5조 규정의 표현방식으로는 주관설에 입각한 것처럼 보이나 동법 제2

132) 김남진 · 김연태, 전게서, 588-589면; 정하중, 「행정법개론」, 법문사, 2007, 555-557면.

133) 대판 1967.2.21, 66다1723; 대판 1994.11.22, 14다32924; 대판 2001.7.27, 2000다56822; 대판 2004.3.12, 2002다14242; 대판 2005.1.27, 2003다49566; 대판 2007.9.21, 2005다65678; 대판 2010.11.25, 2007다20112.

134) 대판 2000.2.25, 99다54004; 대판 2001.7.27, 2000다56822; 대판 2007.9.21, 2005다65678.

135) 김동희, 전게서, 555-558면.

136) 김남진 · 김연태, 전게서, 589-590면; 정하중, 전게서, 556-557면.

137) 홍정선, 전게서, 499면.

조와의 관계상 객관설을 취할 때 국가 등의 무과실책임이 인정될 것이므로 객관설이 타당하다. 이러한 객관설이 전통적 견해의 입장이다. 이 경우 하자의 유무의 판단은 객관적이고도 종합적으로 이루어져야 한다.[138] 객관설이 말하는 객관적 안전성은 절대적 안정성을 의미하는 것이 아니라 사회통념의 관점에서 본 안전성을 뜻한다. 그런데 사회통념의 판단에 판단자의 주관적 의사가 완전히 배척된다고 할 수 없으므로 객관설이라고 하여도 결코 순수한 의미에서의 객관설은 아니다[139]

3) 영조물의 사회적 · 기능적 하자의 문제

(1) 의 의

위에서는 국가배상법 제5조 '영조물의 설치 · 관리의 하자'의 의의에 관하여 학설 · 판례를 중심으로 비교적 자세히 살펴보았으나, 그것은 내용적으로는 영조물의 물적 하자에 한정된 것이다. 즉 종래 학설 · 판례상의 영조물의 설치 · 관리의 하자란 영조물이 통상 갖추어야 할 안정성을 결여한 상태를 지칭하는 것으로 보고 있었으나, 이러한 영조물의 안전성의 결여상태는 다만 당해 영조물을 구성하는 물적 시설 자체에 존재하는 물리적 · 외형적 결함 또는 불비에 의하여 타인에게 위해를 발생시킬 위험이 있는 상태라고 하여 이를 한정적으로 파악하고 있었던 것이다.

그러나 최근의 판례에서는 영조물이 물적 하자가 있는 경우뿐만 아니라, 영조물이 그 목적에 따라 공용되어 이용됨에 따라 위해를 발생시킬 수 있는 위험성이 있는 경우도 본조상의 영조물의 설치 · 관리의 하자로 파악하게 되어, 이러한 위해에는 영조물의 인근거주자 등 그 이용자 이외의 제3자에 대한 것도 포함되는 것으로 보고 있다. 국가 등은 영조물의 이용자에 대하여 뿐만 아니라 그 인근거주자 등에 대하여도 손해를 미치는 방법으로 영조물을 설치 또는 관리하면 아니 될 것이므로, 영조물의 통상적인 운영에 의하여 인근 거주자에게 손해를 발생시킨 경우에는[140] 당해 영조물은 안전성을 결여하여 '기능적 하자'가 있는 것으로 보아야 할 것이다. 예컨대, 공항의 경우 그 입지조건의 열악, 면적의 협소 등 영조물 그 자체의 물리적 · 외형적 결함에 비길 수 있는 사회적 · 기능적 하자도 설치 · 관리상의 하자에 포함된다고 보아야 하는 것이다(사회적 · 기능적 영조물 하자설).[141]

(2) 판 례

상술한 바와 같이 최근에는 영조물의 사회적 · 기능적 하자의 관념이나 그로 인한 국가 등의 손해배상책임을 인정하고 있다. 대법원은 매향리에 설치된 사격장에서 발생하는 소음 등으로 인하여 지역주민이 받은 피해의 배상을 받은 사건[142]과 김포공항에서 발생하는 소음으로 인한 인근

138) 대판 1998.2.13, 97다49800; 대판 2000.2.25, 99다54004; 대판 2001.7.27, 2000다56822; 대판 2007.9.21, 2005다 65678.
139) 홍정선, 전게서, 500면.
140) 예를 들면 공항에 이착륙하는 비행기의 소음에 의한 인근주민의 생활상 피해 등의 경우이다.
141) 김동희, 전게서, 558-559면; 박윤흔 · 정형근, 전게서, 628-629면.

주민의 피해의 배상을 청구한 사건[143]에 대한 판결에서 사회적 · 기능적 하자의 관념에 입각하여 국가의 배상책임을 인정하였다.

판례는 국가배상법 제5조 제1항에 정하여진 "영조물의 설치 또는 관리의 하자라 함은 공공의 목적에 공여된 영조물이 그 용도에 따라 갖추어야 할 안전성을 갖추지 못한 상태에 있음을 말하고, 안정성을 갖추지 못한 상태, 즉 타인에게 위해를 끼칠 위험성이 있는 상태라 함은 영조물을 구성하는 물적시설 그 자체에 있는 물리적 · 외형적 흠결이나 불비로 인하여 그 이용자에게 위해를 끼칠 위험성이 있는 경우뿐만 아니라, 그 영조물이 공공의 목적에 이용됨에 있어 그 이용상태 및 정도가 일정한 한도를 초과하여 제3자에게 사회통념상 수인할 것이 기대되는 한도를 넘는 피해를 입히는 경우까지 포함된다고 보아야 한다"고 판시하고 있다[144]

4) 자연공물과 설치 · 관리의 하자

영조물관리의 내용 및 하자의 내용은 영조물의 종류에 따라 동일하지는 않다. 즉 인공공물과 자연공물은 동일평면에 놓고 안정성 여부를 논의할 수 없는 차이점이 있음을 부인할 수 없다.

대표적인 영조물인 도로와 하천에 대하여 검토하면, 도로는 인공공물로서 개통 자체가 인위적인 소산이며 사고를 회피하기 위하여 위험성이 있는 도로의 공용폐지나 일시폐지도 가능한 데 대하여, 하천은 자연공물로서 치수공사에 의하여 안정성을 높여 갈 수는 있으나 도로와 같이 폐지나 일시 폐쇄가 불가능하고, 수해가 전혀 없도록 하기 위하여서는 막대한 비용 · 시간 · 인력이 소요된다고 할 것이다. 여기에서 안전확보의 요청도와 하자의 인정에 있어서 도로와 하천은 차이가 있다고 하겠다.[145]

특히 하천의 관리의 경우에는, 그 유수원에의 정확한 강수량의 예측이 어렵고, 제방의 축조와 같이 많은 비용이 들고 시간이 걸리며 다수의 인력을 소모하게 되고 예산상의 제약을 받는 등의 특수성으로 인하여 다른 공물과 일률적으로 다룰 수 없는 점이 있다. 따라서 자연공물인 하천이 범람하여 수재를 일으킨 경우, 그 전부에 대하여 국가 등이 책임을 질 수는 없을 것이다. 그러한 경우 비록 제방이 없다고 하더라도 그 사실만으로 항상 안전성이 결여되었다고 볼 수 없으며, 정당한 계획저수량의 산정에 기해서 제방이 필요 없다고 판단하였다면 관리의 하자를 따질 수 없을 것이다. 또한 제방이 축조되어 있는 경우에도, 계획저수량에 상당하는 높이와 안전성을 제방이 구비하였는지의 여부, 계획저수량의 산정이 정당하였는지의 여부에 의하여 안정성 여부가 결정되어야 할 것이다.[146] 그러나 축조된 제방에 균열이 있어 그로 인하여 제방이 무너져 수해가 발생한

142) 대판 2004.3.12, 2002다14242.
143) 대판 2005.1.27, 2003다49566.
144) 대판 2005.1.27, 2003다49566.
145) 박윤흔 · 정형근, 전게서, 629면.
146) 김남진 · 김연태, 전게서, 590-591면.

이른바 '파제형(破堤型)의 수해'의 경우에는 도로 등 인공공물의 경우와 달리 볼 것은 아니다.

5) 하자의 입증책임

하자의 입증책임은 불법행위책임의 일반이론에 의하여 원고인 피해자가 부담하는 것이 원칙이다. 그러나 피해자의 권리구제차원에서 '일응추정의 법리'가 적용되어 피해자가 영조물로 인하여 손해가 발생하였음을 입증하면 그 하자가 있는 것으로 일응 추정되며, 국가 등 측에서 영조물관리자로서의 하자가 존재하지 않음을 입증하도록 하는 것이 타당할 것이라는 주장이 다수 견해로서 제기되고 있다.[147] 한편, 손해발생의 예견가능성과 회피가능성이 없었다는 점은 설치 · 관리자에게 입증책임이 있다.[148]

3. 타인에게 손해의 발생

영조물의 설치 · 관리의 하자로 인하여 타인에게 손해가 발생하여야 하며, 그 하자와 손해발생과의 사이에는 상당인과관계가 있어야 한다.

1) 타인의 범위

여기의 '타인'에는 공무원이 영조물의 설치 · 관리의 하자로 손해를 입은 때에는 피해자로서 타인의 범위에 포함된다. 그러나 군인 등의 일정한 공무원에 대하여는 국가배상법 제2조의 경우와 마찬가지로 특례가 인정되고 있다(국배법 제2조 제1항 후단, 제2조 제1항 단서).

2) 손해의 발생

'손해'란 공무원의 직무상 불법행위로 인한 손해의 경우와 마찬가지로 법익침해에 의한 불이익을 의미하며, 재산적 손해 · 정신적 손해 또는 적극적 손해 · 소극적 손해를 불문한다.

3) 상당인과관계의 존재

영조물의 설치 · 관리의 하자와 손해발생 사이에는 상당인과관계의 존재가 필요하다. 그런데 자연현상, 제3자 또는 피해자의 행위가 그 손해의 원인으로서 가세한 경우에도 하자와 손해발생과의 사이에 상당인과관계가 있는 한, 국가 등은 그 한도 내에서 책임을 져야 할 것이다. 다만, 불가항력에 의한 손해발생의 경우에는 상당인과관계를 인정할 수 없음은 당연하다. 그리고 양자

---

147) 김남진 · 김연태, 상게서, 590면; 김도창, 전게서, 642면; 류지태, 전게서, 411면; 박윤흔 · 정형근, 전게서, 631면; 서원우, 전게서, 708-709면; 석종현, 전게서, 643면.

148) 대판 1998.2.10, 97다32536.

사이의 상당인과관계가 있음은 원고가 입증하여야 한다.[149)]

4. 면책사유

1) 불가항력

국가배상법 제5조의 하자는 영조물이 통상 갖추어야 할 안전성을 결여한 상태를 의미하기 때문에, 통상의 안전성을 구비하고 있음에도 불구하고 손해가 발생한 경우에는, 그것은 불가항력에 의한 경우로서 국가 등의 배상책임은 발생하지 않는다. 예컨대, 이례적인 집중폭우나 태풍에 의하여 영조물이 훼손되고 그로 인하여 손해가 발생한 경우에는 그 당시의 과학기술수준에 상응한 안정성이 갖추어져 있는 때, 즉 하자의 유무와 상관없이 손해를 피할 수 없게 발생했을 정도라면 그 손해의 발생은 불가항력에 의한 것이라 볼 수 있다. 다만, 폭우 등 재해가 과거에도 경험한 정도라면, 국가 등은 그러한 사태에 대처할 시설을 미리 했어야 할 의무를 진다고 해석된다. 또한 이러한 경우 영조물에 하자가 존재함으로써 손해가 발생·확대되었다면, 국가 등은 그 한도 내에서 책임을 져야 할 것이다.[150)]

한편, 불가항력에 의하여 손해가 발생하였다는 주장책임, 입증책임은 국가 등에게 있다.[151)]

2) 예산부족

공물의 관리상 필요한 예산의 부족이 국가배상책임을 면책시키는 사유가 될 수 있는 것인지 문제된다. 일반적으로 재정적 제약, 즉 예산부족은 면책사유가 되지 않는다고 본다. 판례는 종전에는 영조물의 설치자의 재정사정은 안전성을 요구하는데 대한 참작사유에는 해당할 뿐이고, 안전성을 결정지을 절대적 요건에는 해당하지 아니한다고 하여 소극적 입장을 취하였다.[152)] 최근 대법원은 예산부족도 면책사유의 하나로 인정하고 있는 것으로 보인다.[153)] 그러나 도로나 교량 등의 경우와는 달리 하천 등 자연공물의 안전한 유지·관리에 있어 사회통념상 기대가능성이 없는 정도의 막대한 예산이 소요되는 경우에도 이 원칙이 그대로 적용될 것인지는 의문이다. 이러한 경우는 기대가능성의 기준에 따른 개별적·구체적 판단에 의하여 당해 하천의 관리에는 하자가 없는 것으로 판단될 수도 있으나, 오히려 실질적 고려에 따라 국가 등의 배상책임이 부인되는 경우라고 보는 것이 실제에 부합하는 견해인지도 모른다.[154)]

149) 김남진·김연태, 전게서, 591면.
150) 대판 1993.6.8, 93다11678; 대판 2000.5.26, 99다53247.
151) 대판 1988.11.8, 86다카775; 대판 2008.3.13, 2007다29287,29294.
152) 대판 1967.2.21, 66다1723.
153) 대판 2000.4.25, 99다4998.
154) 김동희, 전게서, 560-561면.

5. 국가배상법 제2조와 제5조의 경합

국가배상법 제2조는 과실책임이고, 제5조는 무과실책임인 점, 제2조의 직무행위에 영조물의 관리행위도 포함되는 것으로 볼 수 있으므로 양자의 책임은 경합할 수 있다. 공무원의 위법한 직무집행행위와 공물의 설치 · 관리의 하자가 경합하는 경우에 피해자는 제2조나 제5조의 어느 규정에 의해서도 배상을 청구할 수 있다. 다만, 입증책임과 관련하여 제5조에 의하여 손해배상청구를 하는 편이 보다 용이할 것이다.

Ⅲ. 손해배상책임

1. 배상책임의 성질

국가배상법 제5조 제1항 본문은 「도로 · 하천, 그 밖의 공공의 영조물의 설치나 관리에 하자가 있기 때문에 타인에게 손해를 발생하게 하였을 때에는 국가 또는 지방자치단체는 그 손해를 배상하여야 한다」고 규정하여, '영조물의 설치 · 관리의 하자로 인한 손해배상책임'을 제도화하고 있는데, 그 성질이 의문이다.[155)]

1) 민법 제758조의 공작물 책임과의 비교

국가배상법의 이 규정에 의한 국가 등의 배상책임은 민법 제758조에 해당하는 것이나, ① 민법에서는 그 대상을 공작물 등에 한정하고 있지만, 국가배상법은 대상을 공작물 등에 한정하지 않고 그 범위를 확대하고 있다. ② 또한 민법은 공작물의 소유자에게는 절대적 책임을 과하지만, 점유자에게는 「점유자가 손해의 방지에 필요한 주의를 해태하지 아니한 때에는 그 소유자가 손해를 배상할 책임이 있다」고 하여 면책사유를 인정한 데 대하여, 국가배상법은 점유자의 면책사유를 인정하지 않고 있다.

2) 무과실책임

국가배상법 제5조의 규정에 의한 책임, 즉 영조물의 설치 · 관리의 하자로 인한 국가 또는 지방자치단체의 배상책임은 공공의 영조물의 설치 또는 관리에 하자가 있다고 하는 객관적 사실에 의하여 발생하는 것이며, 설치 또는 관리를 담당한 공무원(관리자)의 고의 · 과실의 유무를 불문하므로 무과실책임의 성질을 가진다.[156)] 이러한 국가 등의 무과실책임은 위험책임주의에 입각하

155) 박윤흔 · 정형근, 전게서, 622면; 석종현, 전게서, 639면.
156) 김도창, 전게서, 642면; 류지태, 전게서, 412면; 서원우, 전게서, 709면; 이상규, 전게서, 621면.

여 일반사인(민법 제758조) 이상으로 강하게 인정한 것이라고 볼 수 있다. 다만, 하자가 있을 것을 필요로 하므로 완전한 위험책임이라고 할 수는 없다.

그러므로 국가배상법 제5조에 의한 배상책임은 관리자 측의 잘못을 탓하여 그 책임을 묻는 제도라기보다는 영조물의 이용자가 우연히 받은 손해를 국민전체 또는 주민전체가 연대하여 전보한다는 사회보장적 색채가 강한 제도라 할 수 있겠다.

2. 배상책임자

1) 국가 또는 지방자치단체

국가배상법 제5조의 배상책임의 요건이 충족된 경우에는 원칙적으로 국가 또는 지방자치단체가 그 손해를 배상할 책임이 있다(동법 제5조 제1항).

2) 비용부담자

영조물의 설치 · 관리를 맡은 자와 비용을 부담하는 자가 동일하지 아니한 경우에는 비용부담자도 배상책임자가 된다(동법 제6조 제1항). 도로 · 하천 등 국영공비의 공물의 경우에 그 예를 볼 수 있다. 이 경우 영조물의 설치 · 관리자 및 비용부담자가 다 같이 배상책임자의 지위를 가지므로 피해자는 양자에 대하여 선택적으로 배상을 청구할 수 있다.

3) 비용부담자의 의미

국가배상법 제6조의 비용부담자의 해석과 관련하여 견해가 대립되고 있다.

(1) 형식적 비용부담자설

비용부담자의 의미를 규정상 확연한 것은 아니나 일응 대외적으로 비용을 지출한 자를 뜻한다고 해석하는 견해이다.

(2) 병존설(병합설)

비용부담자는 대외적으로 경비를 지출하는 형식적 비용부담자 외에 궁극적으로 비용을 부담하는 실질적 비용부담자를 포함시킬 수 있다는 견해이다.

(3) 결 어

판례는 비용부담자의 개념에 형식적 비용부담자를 포함시키는 해석을 한 바 있다.[157)]

---

157) 대판 1994.12.9, 94다38137.

생각건대, 국가배상법 제6조는 피해자가 그 사무의 귀속주체를 정확히 파악하여 그 사무의 귀속주체에게 배상을 청구할 것을 기대하기 어려운 소송현실에서 피해자의 권리구제의 길의 확대를 위하여 마련된 규정이다. 이러한 견지에서 병합설에 찬성한다.[158)]

4) 최종적 배상책임자

국가배상법 제6조 제2항은 이에 대하여, 「제1항의 경우에 손해를 배상한 자는 내부관계에서 그 손해를 배상할 책임이 있는 자에게 구상할 수 있다」고 규정하는 데 그치고, 누가 최종적 배상책임자인지에 대하여는 명시하고 있지는 않다.

동조항의 해석과 관련하여, 관리자설(사무귀속자설)은 당해 사무의 관리책임자가 발생한 손해의 최종적 배상책임자가 된다고 보고, 비용부담자설은 비용부담자가 부담하는 비용에는 손해배상금도 포함되어 있다는 점을 그 기본적 논거로 하여 비용부담자는 법률상 당해 사무의 관리권이 없음에도 배상비용을 부담하여야 한다는 견해이다.

요약건대, 사무귀속주체 또는 관리자와 그 비용부담자가 다른 경우에 있어서, 국가배상법 제6조 제1항의 비용부담자에는 형식적 비용부담자와 실질적 비용부담자가 모두 포함되나, 최종적 비용부담자는 실질적 비용부담자로 보아야 하는데, 이 경우 실질적 비용부담자는 사무귀속주체 뿐만 아니라, 법령의 규정에 따라서는 당해 사무의 관리비용을 부담하는 자도 이에 포함되는 것으로 보아야 하는 경우도 있다.[159)]

5) 원인책임자에 대한 구상권

국가배상법 제5조 제2항에 의하면, 국가 또는 지방자치단체가 손해를 배상한 경우 손해의 원인에 대하여 책임을 질 자가 따로 있을 때에는, 국가 또는 지방자치단체는 그 자에 대하여 구상할 수 있다. 이 경우, 공무원에 대한 구상권행사는 제2조와의 균형을 고려하여, 영조물의 하자발생에 있어 공무원에게 고의 · 중과실이 있는 경우에 한정되는 것으로 해석하는 것이 타당할 것이다.

3. 배상액

국가 등은 영조물의 설치 · 관리의 하자와 상당인과관계에 있는 모든 손해를 배상하여야 한다. 이 경우 배상액의 산정에 있어서는 공무원의 직무행위로 인한 손해배상에 관하여 '배상기준'을 정하고 있는 국가배상법 제3조의 규정이 준용된다(동법 제5조 제1항 후단). 또한 군인 등에 대한 특례규정(동법 제2조 제1항 단서), 공제에 관한 규정(동법 제3조의2) 등도 마찬가지로 적용된다(동법 제5조 제1항 후단).

---

158) 김남진 · 김연태, 전게서, 595면.

159) 김동희, 전게서, 562-564면.

4. 국가 등의 구상권

영조물의 설치 · 관리의 하자로 인하여 국가 또는 지방자치단체가 배상을 한 때는 구상권을 행사할 수 있는 두 가지 경우가 있다. 그 하나는 영조물의 설치 · 관리자와 비용부담자가 다른 경우이고, 또 하나는 손해의 원인에 대하여 책임을 질 자가 따로 있는 때의 경우이다.

1) 설치 · 관리자와 비용부담자가 다른 경우의 구상

국가배상법 제6조 제1항에 의하면, 「영조물의 설치 · 관리를 맡은 자와 비용을 부담하는 자가 동일하지 아니하면 그 비용을 부담하는 자도 손해를 배상하여야 한다」고 규정하며, 동조 제2항은 「피해자에게 손해를 배상한 자는 내부관계에서 그 손해를 배상할 책임이 있는 자에게 구상할 수 있다」고 규정하고 있다.

문제는 여기에서의 '내부관계에서 손해를 배상할 자'가 누구인가 하는 점이다. 과거에는 일반적으로 '영조물의 설치 · 관리자'가 그에 해당하는 것으로 보았다. 그러나 최근 우리나라에서도 관리자설, 비용부담설, 기여도설 등이 논의되고 있다.[160] 판례의 입장은 명확하지 않으나, 손해발생의 기여도 및 비용부담의 비율 등 제반 사정을 고려하여 결정하여야 한다고 판시한 바 있다.[161]

2) 손해원인의 책임자에 대한 구상

국가배상법 제5조 제2항에 의하면, 국가 또는 지방자치단체가 손해를 배상한 경우 손해의 원인에 대하여 책임을 져야 할 자(공사의 수급인, 영조물의 파손자 등)가 따로 있을 때에는 국가 또는 지방지치단체는 이들에게 구상할 수 있다.

5. 배상청구권의 양도 · 압류금지

공무원의 직무상 불법행위로 인한 손해배상청구의 경우와는 달리 명문의 규정은 없으나 마찬가지로 해석하여야 할 것이다. 따라서 생명 · 신체의 침해로 인한 배상청구권은 양도하거나 압류하지 못한다(국배법 제4조 참조).

6. 배상청구권의 소멸시효

영조물의 설치 · 관리상의 하자로 인한 손해배상청구권의 소멸시효에 대하여도 국가배상법에 특별한 규정이 없으므로 공무원의 직무상 불법행위로 인한 손해배상청구의 경우에서의 설명이 그대로 적용된다. 즉 국가배상법 제8조의 규정에 의거하여 민법 제766조의 단기소멸시효가 적용된다.

---

160) 김남진 · 김연태, 전게서, 596면.

161) 대판 1998.7.10, 96다42819.

제4절 행정상 손해배상의 청구절차

Ⅰ. 손해배상의 청구방법

행정상 손해배상 청구사건도 사법절차에 따라 법원에 소송을 제기하여 법원의 판결에 의하여 결정되는 것은 당연하다. 그런데 국가배상법은 국가 또는 지방자치단체에 대한 국가배상신청사건을 심의하기 위하여 법무부에 본부심의회를, 국방부에 특별심의회를 두어 배상심의회가 배상신청에 대한 결정을 행하는 행정기관에 의한 결정제도를 채택하였다. 따라서 국가배상의 천구절차는 행정기관인 배상심의회에 의한 것과, 법원에 의한 것의 두 가지가 있다.

그런데 양자의 관계에 관하여, (구)국가배상법에서는 행정상 손해배상을 행정적 절차에 의하여 먼저 배상심의회에 배상청구를 한 후 다시 법원의 사법적 절차에 의하도록 하는 '필요적 결정전치주의'를 취하고 있었다. 따라서 과거의 국가배상법에서는 전심절차로서 배상심의회에 배상금지급신청을 함으로써 시작되고, 이러한 배상심의회의 결정에 불복이 있거나, 지급신청을 했음에도 불구하고 3개월이 지나도 아무런 결정이 없는 때에는 법원에 손해배상청구소송을 제기할 수 있었다.

그러나 2000년 12월 29일의 국가배상법 개정에 의하여 현행법은 '임의적 결정전치주의'를 채택하여 본인이 원하는 경우에만 소송을 제기하기 전에 배상심의회의 결정을 신청할 수 있도록 하였다. 즉 국가배상법 제9조는 「이 법에 따른 손해배상의 소송은 배상심의회(이하 "심의회"라고 한다)에 배상신청을 하지 아니하고도 제기할 수 있다」고 규정함으로써 '임의적 결정전치주의'를 제도화하였다. 그에 따라서 국가 등의 행정작용으로 인하여 손해를 받은 국민은 그 선택에 의하여 배상심의회에 대한 배상신청을 거쳐 손해배상소송을 제기할 수도 있으나, 이를 거치지 않고 직접 소송을 제기할 수도 있게 되었다.

Ⅱ. 행정적 절차에 의한 손해배상

1. 임의적 결정전치주의로의 전환

(구)국가배상법이 강제적으로 결정전치주의를 취했던 이유는, 번잡한 소송절차를 거치지 아니

하고, 시간과 경비를 절약하여 간이 · 신속한 절차에 의하여 배상금을 지급받을 수 있도록 함으로써 신속한 피해자 구제를 도모하려는데 그 목적이 있었다. 그러나 이러한 제도는 오히려 소송에 의한 궁극적 구제를 지연시키는 역기능도 무시할 수 없었으며, 실제로는 국민의 재판받을 권리를 필요 없이 제약한다는 비판 등이 제기되어 '임의적 결정전치주의'로 현행 국가배상법 제9조는 개정 · 전환되었다.

2. 배상금결정기관으로서의 배상심의회

배상심의회는 국가배상에 관하여 심의 · 결정 · 처리하고 이를 신청인에게 송달하는 권한을 가진 합의제 행정관청으로서, 일종의 행정위원회이다(동법 제10조, 제11조, 제13조, 제14조). 배상심의회에는 상급심의회인 본부심의회와 특별심의회, 하급심의회인 지구심의회(地區審議會)가 있다(동법 제10조 제1항, 제2항). 본부심의회는 법무부에 두며(동법 제10조 제1항 본문), 배상금의 개산액(概算額)이 대통령령으로 정하는 금액 이상인 사건, 재심신청사건, 그 밖에 법령에 따라 그 소관에 속하는 사항을 심의 · 처리한다(동법 제11조 제1항). 특별심의회는 군인이나 군무원이 타인에게 입힌 손해에 대한 배상신청사건을 심의하기 위하여 국방부에 두며(동법 제10조 제1항 단서), 그 권한은 본부심의회의 그것과 같다(동법 제11조 제1항). 지구심의회는 국가배상사건에 대한 일차적인 심의 · 결정기관으로서, 그 관할에 속하는 국가나 지방자치단체에 대한 배상금지급신청사건을 심의 · 처리한다(동법 제11조 제2항). 본부심의회 소속 지구심의회는 각 지방검찰청에, 특별심의회 소속 지구심의회는 각군본부와 군부대에 둔다.

3. 배상금의 결정절차

1) 배상금의 지급신청

국가배상법에 따라 배상금을 지급받으려는 자는 그 주소지 · 소재지 또는 배상원인 발생지를 관할하는 지구심의회에 배상신청을 하여야 한다(동법 제12조 제1항). 손해배상의 원인을 발생하게 한 공무원의 소속기관의 장은 피해자나 유족을 위하여 배상신청을 권유하여야 한다(동조 제2항).

2) 배상심의회의 심의 · 결정

지구심의회는 배상신청을 받으면 지체 없이 증인신문 · 감정 · 검증 등 증거 등 증거조사를 한 후 그 심의를 거쳐 4주일 이내에 배상금 지급결정, 기각결정 또는 각하결정(이하 "배상결정"이라 한다)을 하여야 한다(동법 제13조 제1항). 지구심의회는 배상신청사건을 심의한 결과 그 사건이 배상금의 개산액이 대통령령으로 정하는 금액 이상인 사건 등에 해당한다고 인정되면 지체 없이 사건기록에 심의 결과를 첨부하여 본부심의회나 특별심의회에 송부하여야 한다(동조 제6항). 이에 따라 사건기록을 송부받으면 본부심의회나 특별심의회는 4주일 이내에 배상결정을 하여야 한다(동조 제7항).

3) 결정서의 송달

심의회는 배상결정을 하면 그 결정을 한 날부터 1주일 이내에 그 결정정본을 신청인에게 송달하여야 하며(동법 제14조 제1항), 이 경우 송달에 관하여는 민사소송법의 송달에 관한 규정을 준용한다(동조 제2항).

4) 배상금의 지급

배상결정을 받은 신청인은 지체 없이 그 결정에 대한 동의서를 첨부하여 국가나 지방자치단체에 배상금 지급을 청구하여야 한다(동법 제15조 제1항). 배상금 지급에 관한 절차, 지급기관, 지급시기, 그 밖에 필요한 사항은 대통령령으로 정하며, 배상결정을 받은 신청인이 배상금 지급을 청구하지 아니하거나 지방자치단체가 대통령령으로 정하는 기간 내에 배상금을 지급하지 아니하면 그 결정에 동의하지 아니한 것으로 본다(동조 제2항, 제3항).

5) 재심신청

지구심의회에서 배상신청이 기각(일부기각된 경우를 포함한다) 또는 각하된 신청인은 결정정본이 송달된 날부터 2주일 이내에 그 심의회를 거쳐 본부심의회나 특별심의회에 재심(再審)을 신청할 수 있다(동법 제15조의2 제1항). 재심신청을 받은 지구심의회는 1주일 이내에 배상신청기록 일체를 본부심의회나 특별심의회에 송부하여야 하며, 본부심의회나 특별심의회는 이에 대하여 심의를 거쳐 4주일 이내에 다시 배상결정을 하여야 한다(동조 제2항, 제3항).

4. 배상결정의 효력

(구)국가배상법 제16조는 「심의회의 배상결정은 신청인이 동의하거나 지방자치단체가 신청인의 청구에 따라 배상금을 지급한 때에는 민사소송법의 규정에 의한 재판상의 화해가 성립된 것으로 본다」고 규정하고 있다. 그러나 배상심의회의 결정에 대해 재판상의 화해와 동등한 효력을 인정한 위 규정은 헌법재판소에 의하여 위헌판결을 받아 삭제되었다.[162] 따라서 신청인은 심의회의 배상결정에 동의하여 배상금을 수령한 후에도 소송에 의하여 배상금청구(실질적 증액청구)를 다

162) 현재결 1995.5.25, 91헌가7.

시 제기할 수 있다고 할 것이며,[163] 심의회의 배상결정은 종국적인 효력을 갖지 못하게 되었다고 할 것이다.[164]

Ⅲ. 사법적 절차에 의한 손해배상

1. 당사자소송에 의한 방법

행정상 손해배상청구소송에 관하여는 행정소송법상의 당사자소송이어야 한다는 견해와 민사소송법이 정하는 바에 따르는 민사소송이어야 한다는 견해가 있으나, 전자의 견해가 타당하다. 그에 따라 행정상 손해배상청구가 권력적 행정상 법률관계(권력관계)에서 비롯되었거나 공익적 행정상 법률관계(관리관계)에서 이루어진 것이라면 행정소송법상 당사자소송의 방법으로 청구하는 것이 당연하다고 본다.

2. 민사소송에 의한 방법

사경제적 행정상 법률관계(국고관계)에서 비롯된 것이라면, 그에 관한 소송은 당연히 민사소송에 의하게 된다. 그런데 실무에서는 행정상 손해배상청구가 권력적 또는 공익적 행정상 법률관계, 즉 권력관계 또는 관리관계에서 비롯된 것이라 할지라도 민사소송의 방법에 의하는 경향이다.

헌법재판소는 「소송촉진 등에 관한 특례법」 제6조 제1항 중 「국가를 상대로 하는 재산권의 청구에 관하여 가집행선고를 할 수 없다」는 부분이 재산권보장과 신속한 재판을 받을 권리의 보장에 있어서 소송당사자를 차별하여 합리적 이유 없이 국가를 우대하고 있다고 하여, 동 부분을 평등의 원칙에 위반된다고 결정하였다.[165] 그 후 동법상의 가집행선고에 관한 조항은 삭제되었다.

3. 항고소송의 관련청구로서 병합하는 방법

행정청의 위법한 처분의 취소·변경을 구하는 취소소송을 제기하면서, 그것과 함께 관련되는 행정상 손해배상청구소송을 행정소송과 병합하여 청구하는 소송절차(행정소송법 제7조, 제10조)를 이용할 수도 있다.

---

163) 김동희, 전게서, 526면.

164) 박윤흔·정형근, 전게서, 620면.

165) 헌재결 1989.1.25, 88헌가7.

제5절 기타 행정상 손해배상제도와 관련된 문제

Ⅰ. 행정상의 결과제거청구권

1. 결과제거청구권의 의의

1) 개 념

행정상의 결과제거청구권이라 함은, 위법한 행정작용의 결과로서 남아 있는 상태로 인하여 자기의 법률상의 이익을 침해받고 있는 자가 행정주체를 상대로 하여 그 위법한 상태를 제거하여 침해 이전의 상태로 회복시켜 줄 것을 청구하는 공권을 말한다. 이 권리는 위법적인 행정작용이 행해지기 전의 처음의 상태로 회복하는 것에 그 목적이 있다. 이러한 청구권은 독일의 학설·판례에 의하여 발전된 법리로서, 독일 특유의 행정상 손해배상제도의 결함을 보완하기 위한 제도라고 볼 수 있다.

2) 결과제거청구권의 제도적 의의

결과제거청구권은 기존의 권리구제제도인 행정상의 손해전보제도나 행정쟁송제도를 통한 경우에도 당사자의 권익구제가 불충분하거나 그 목적을 달성하기 어려운 때에, 기존의 행정구제제도를 보완하기 위하여 원상회복을 가능하도록 하여 당사자의 권리구제의 목적을 달성하게 하는 데에 그 제도적 의의가 있다. 즉 위법한 행정작용으로 인하여 권익을 침해받고 있는 자는 그로 인한 손해의 금전적 배상뿐만 아니라, 그 침해행위 이전의 상태로의 원상회복을 원하는 경우가 적지 않은데, 이를 위한 것이 결과제거청구권의 법리인 것이다.

2. 결과제거청구권의 성질

1) 공권인지, 사권인지의 여부

사권설을 취하는 입장에서는 ① 결과제거청구권의 원인은 반드시 공권력의 행사와 관계되는 것만이 아니라는 점, ② 법적 권원 없는 행위로 야기된 물권적 침해상태의 제거를 도모하는 권리이므로 따로 공법의 규율대상으로 삼아야 할 이유가 없다는 점, ③ 사인 상호간에 있어서의 동일한 법률관계의 경우와 같이 취급하는 것이 타당하다는 점 등을 논거로 들고 있다.[166] 그러나 결과제거청구권이란 행정주체의 행정작용으로 인하여 야기된 위법한 상태의 제거를 목적으로 한다는 점에서, 공권으로 보는 것이 타당하고 다수설이다.[167]

2) 물권적 청구권인지의 여부

결과제거청구권은 원상회복을 목적으로 하는 것이나, 그 성질이 물권적 청구권인지의 여부에 대해서는 다툼이 있다. 학설에 따라서는 손해배상청구권이 채권적 청구권인 데 대하여, 결과제거청구권(방해배제청구권)은 행정청의 정당한 권원 없는 행위로 인하여 사인이 물권적 지배권이 침해된 경우에 성립한다고 보아, 물권적 청구권이라고 한다.[168] 그러나 위 법리는 명예훼손발언과 같은 비재산적 침해의 경우에도 적용될 수 있으므로 물권적 청구권으로 한정하는 것은 타당하지 않다.[169]

3) 손해배상청구권과의 차이

손해배상청구권과 결과제거청구권과의 차이는, ① 전자는 채권적 청구권인데 대하여, 후자는 물권적 청구권이라고 보는 견해가 있다. 그러나 다수설은 결과제거청구권을 물권적 청구권에 한정하지 않는다. ② 손해배상청구에는 가해자의 법령위반 · 고의 · 과실 등의 요건이 필요하나, 결과제거청구권에는 위법한 상태의 권익침해가 존속하여야 한다. ③ 손해배상의 청구에는 발생된 손해를 금전으로 평가하여 그 지급을 구하는 데 그치는 것이나, 결과제거청구권에 있어서는 사실상태의 원상회복을 청구하는 데 있다. 즉 결과제거청구권은 손해배상청구권과는 청구의 요건과 내용에 있어서 차이가 있으므로 양자는 독자적으로 성립할 수 있고, 병존할 수 있다고 보아야 한다.

3. 결과제거청구권의 법적 근거

독일에서 결과제거청구권의 법리는 발전되었으며, 동 법리의 법적 근거는 기본법상의 법치국가원리, 기본권규정(특히 자유권적 기본권), 민법상의 방해배제청구권규정(동법 제802조, 제1004

166) 이상규, 전게서, 626면.

167) 김남진 · 김연태, 전게서, 638면; 김도창, 전게서, 645면; 김동희, 전게서, 607면; 류지태, 전게서, 470면; 박윤흔 · 정형근, 전게서, 638면; 석종현, 전게서, 716면; 홍정선, 전게서, 550면.

168) 변재옥, 전게서, 540면; 이상규, 전게서, 626면.

169) 김남진 · 김연태, 전개서, 638면; 김도창, 전게서, 645면; 김동희, 전게서, 607면; 류지태, 전게서, 469면; 박윤흔 · 정형근, 전게서, 638면; 석종현, 전게서, 715면; 홍전선, 전게서, 551면.

조 등)의 유추, 관습법 등에서 찾고 있다.

헌법상의 자유권적 기본권규정을 비롯하여 독일과 유사한 법체계를 채택하고 있는 우리나라에 있어서의 결과제거청구권의 법리는, 헌법상의 법치행정원리(헌법 제107조 등 참조), 기본권규정(헌법 제10조 내지 제37조 제1항), 민법상의 소유권방해 제거청구권 등의 관계규정(민법 제213조, 제214조)의 유추적용 등에서 그 법적근거를 찾을 수 있다고 본다. 또한 행정소송법의 '취소판결 등의 기속력'에 관환 규정(행소법 제30조)도 행정상의 결과제거청구권의 하나의 근거가 될 수 있고 생각한다.[170)]

4. 결과제거청구권의 성립요건

결과제거청구권이 성립하기 위하여는 다음과 같은 요건을 갖추어야 한다. 다만, 개별법에 특별한 규정이 있는 경우에는 개별법규정이 우선적으로 적용됨은 물론이다.

1) 행정주체의 공행정작용으로 인한 침해

결과제거청구권은 공행적작용으로 인한 침해의 존재를 전제로 한다. 국가 등의 사법상 행정작용으로 인한 침해의 경우에는 사법상 청구권만이 문제될 뿐이고, 여기에서는 제외된다. 원래 결과제거청구권은 위법한 행정작용을 통해 야기된 결과의 제거와 관련하여 문제되었다.

부작위로 인하여 결과제거청구권이 성립할 수 있는지에 관하여는 학설이 대립하고 있는데, ① 긍정설은 적법했던 행위가 사후에 기간의 경과, 해제조건의 성취 등으로 위법하게 된 경우, 예를 들면 행정기관이 압류한 물건을 반환하지 않게 되면 부작위가 존재하는 것이 되며, 이 때에도 결과제거청구권이 성립할 수 있다는 견해이다.[171)] ② 이에 대하여 부정설은 결과제거청구권은 적극적인 행위로 인한 개인의 자유권, 즉 소극적 지위의 침해에 대한 반응청구권이기 때문에 부작위는 결과제거청구권을 발생시키지 못한다고 하면서 위의 예에서 위법상태를 발생시킨 것은 압류처분이라는 적극적인 행위라는 견해이다.[172)] ③ 그러나 공행정작용은 작위만을 뜻하는 것이 아니고, 침해를 가져오는 의무에 위반한 부작위도 가능하다. 따라서 긍정설이 타당하다.[173)]

2) 타인의 법률상 이익의 침해

공행정작용으로 인하여 야기된 결과적 상태가 타인의 권리 또는 법률상 이익을 침해하고 있어야 한다. 여기에서의 권리 또는 법률상 이익에는 재산적 가치가 있는 것은 물론이고, 명예 · 호평

170) 김남진 · 김연태, 상게서, 638면.

171) 김남진 · 김연태, 상게서, 369면; 홍준형, 「행정구제법」. 한울아카데미, 2000, 122면.

172) 류지태, 전게서, 471면; 정하중, 전게서, 610면.

173) 홍정선, 전게서, 551면.

등 정신적인 것까지도 포함된다.

그러나 문제된 관계자의 권리 또는 법률상 이익은 보호받을 만한 가치가 있는 경우에만 결과제거청구권을 행사할 수 있다. 따라서 관계자가 어떤 물건을 불법적으로 점유하거나 소유하고 있는 때에는 보호받지 못한다. 예컨대, 경찰이 불법주차한 자동차를 다른 곳에 옮겨 놓는 경우, 자동차 주인은 그에 대한 원상회복을 요구할 수 없다.

3) 위법한 상태의 존재 · 계속

결과제거청구권은 위법한 상태의 제거를 목적으로 하는 것이기 때문에 행정주체의 공행정작용으로 인하여 야기된 결과적 상태가 위법한 상태로 존재하고 있어야 한다. 위법한 상태의 존재 여부는 사실심의 변론종결시를 기준으로 판단하여야 할 것이다.[174] 여기에서 '위법성'은 처음부터 존재할 수 있으며, 그렇지 아니하고 기간의 경과 또는 해제조건의 성취 등에 의하여 사후에 발생할 수도 있다.

그리고 결과제거청구권을 행하기 위하여는 공행정작용의 결과로서 야기된 관계자에 대한 불이익한 위법한 상태가 계속되고 있어야 한다. 그것은 결과제거청구권은 현존하는 위법한 침해와 권리상태를 일치시키는 것을 목적으로 하기 때문이다. 따라서 결과로서의 불이익한 상태는 존재하지 않고 권리침해로서의 불이익만 남아 있는 경우에는, 손해배상 · 손실보상의 문제만이 고려될 수 있다고 보아야 할 것이다.

4) 결과제거의 가능성 · 허용성 · 기대가능성

결과제거청구를 하려면 원상 또는 동일한 가치의 상태로서의 회복이 사실상 가능하고, 법적으로 허용되어야 하며, 의무자에게 있어서 그것이 기대가능한 것이어야 한다.[175] 이러한 요건을 갖추지 못하면 손해배상이나 손실보상 등 손해전보만이 문제된다. 한편, 결과제거를 통한 원상회복이 과도하게 많은 비용을 필요로 하거나 신의성실의 원칙에 반한다고 판단되는 경우에는 기대가능성이 없다고 보아 보상금의 지급만으로써 만족해야 할 것이다.

5) 결과제거청구권의 상대방

결과제거청구권은 일반적으로 그러한 결과를 야기한 국가 · 지방자치단체 · 공무수탁사인과 같은 행정주체에 대하여 행사함이 원칙이다. 따라서 위와 같은 행정주체가 여기에서의 '의무주체'가 된다. 취소소송에 있어서와 같이, 법의 특별한 규정으로 행정기관(행정청)에게 피고적격을 인정

---

174) 김남진 · 김연태, 전게서, 639-640면; 김도창, 전게서, 648면; 박윤흔 · 전형근, 전게서, 640면.

175) 대판 1987.7. 7, 85다카1383.

하는 경우(행정소송법 제13조 참조)에는 예외이다. 만약, 그 행정주체가 사후에 권한을 갖지 못하게 된다면, 그때부터는 결과제거를 위한 필요한 작용에 대한 권한을 갖게 된 행정주체가 결과제거청구권 행사의 상대방이 되어 결과제거의무를 지게 된다.

5. 결과제거청구권의 내용 및 한계

1) 결과제거청구권의 내용

결과제거청구권의 내용을 살펴보면 다음과 같다.[176]

(1) 원상회복의 청구

결과청구권은 행정작용으로 인하여 야기된 결과적인 위법상태를 제거하여 위법적인 침해가 없는 원래의 상태로 회복시켜 줄 것을 청구하는 것을 내용으로 한다. 따라서 위법한 상태의 원인이 된 취소된 행정행위가 다른 적법한 행정행위에 의거 대체되어 위법한 상태가 다시 적법하게 되는 경우에는 결과제거청구권은 성립되지 않는다. 그런데 이와 같은 청구권의 행사의 방법으로는 원상회복을 통해서 만족하지 못한 손해의 배상을 주장할 수 없다. 이를 위해서는 손해배상청구권과 같은 다른 수단이 사용되어야 한다.

(2) 직접적인 위법적 결과의 제거

결과제거청구권에 의하여는 행정작용에 의하여 발생한 직접적인 위법적 결과의 제거만이 대상이 된다. 따라서 당해 행정작용으로 인한 부수적인 불이익의 제거는 다른 청구권의 대상이 될 뿐이다. 그러나 '직접적'인 결과의 의미를 특정하는 일은 그렇게 쉽지 않다.

(3) 제3자에 대한 청구의 문제

결과제거청구권은 그 내용에 따라서는, 위법적인 행정작용을 통하여 수익을 얻은 제3자에 대하여 행정기관이 행정행위의 발령이나 그 밖의 방법을 통하여 결과제거를 명함으로써 행하여질 수도 있다. 예컨대, 위법적으로 타인의 가옥을 점거하고 있는 제3자에 대하여 행정기관이 퇴거를 명하는 경우나, 이웃사람에게 위법하게 불이익을 주고 있는 건축물의 철거를 명하는 경우 등이 이에 해당한다.

이러한 경우에는 행정기관이 제3자에게 위와 같은 행위를 명할 수 있는 권한의 법적근거에 대하여는, 별도의 법적 근거를 필요로 하지 않고 행정기관의 결과제거의무에서 이미 이러한 권한이 도출된다고 보는 견해가 있고, 이에 반하여 결과제거청구권의 근거규범 이외의 별도의 법적 근거

---

176) 류지태, 전게서, 472면.

를 필요로 한다고 보는 견해로 대립하고 있다.[177] 그러나 위와 같은 견해대립은 별도의 법적 근거를 요한다는 견해도 실제에 있어서 경찰법상의 일반조항 등을 근거로 하여 법적 근거가 거의 존재하는 것으로 보고 있으므로 실질적인 차이는 없는 것으로 보인다.

2) 결과제거청구권의 한계

결과제거청구권에는 그 속성과 관련하여 일정한 한계가 있다.

(1) 가능성 · 허용성 · 기대가능성에 의한 한계

결과제거청구권은 원상회복이 사실상 가능하고, 법적으로 허용되어야 하며, 그것이 의무자에게 기대가능하여야 한다. 예컨대, 예술품이 파손된 경우에는 사실상의 이유에 의하여 원상회복이 불가능한 경우이고, 건물철거 후에 그 사이에 건축계획이 변경되어 원상복구가 허용되지 않은 때에는 법적으로 원상회복이 허용되지 않는 경우이며, 원상회복을 하고자 하는 경우에 있어 비례성원칙에 반할 정도로 비용이 지나치게 많이 소요되거나 우월한 공익에 반하는 때에는 결과제거의 기대가능성이 없는 때에 해당한다고 보아 결과제거청구권은 인정되지 않는다. 그리하여 결과제거청구권의 행사가 불가능한 경우에는 손해배상이나 손실보상만이 고려될 수 있다.[178]

우리 행정심판법 제44조 및 행정소송법 제28조에서 사정재결 및 사정판결제도를 채택하고 있는 것은 부분적으로는 기대가능성이 없는 결과제거에 대한 대상적(代償的)인 전보의 법리에 입각한 것이라 할 수 있다.[179] 다만, 일정한 시기에 있어서는 원상회복이 사실상 가능하고, 법적으로 허용되며, 또한 행정청에 기대가능한 것이었지만, 시간의 경과로 인하여 이와 같은 요건이 충족되지 못하게 되는 경우도 있을 수 있다.

(2) 위법적 상태의 적법화에 의한 한계

결과제거청구권은 위법적인 상태가 이후 적법하게 된 경우에는 인정되지 않는다. 예컨대, 위법한 것으로서 취소된 행정행위가 다른 적법한 행정행위로 대체되거나, 위법적으로 편입된 토지가 그 사이에 적법하게 수용된 경우 등이 이에 해당한다.[180]

(3) 과실상계의 규정에 의한 한계

위법한 상태의 발생에 대하여 피해자에게도 과실이 있는 경우에, 민법상의 과실상계의 규정(동법 제396조)을 유추적용 할 수 있는지의 여부가 문제될 수 있는데, 원칙적으로 가능한 것으로 보

177) 우리나라에서는 부정적인 견해가 주장되고 있다(홍준형, 전게서, 125면).
178) 류지태, 전게서, 473면.
179) 박윤흔 · 정형근, 전게서, 642면; 석종현, 전게서, 719면.
180) 류지태, 전게서, 473면.

아야 할 것이다. 따라서 피해자의 과실의 정도에 따라 결과제거청구권이 수축되거나 상실되는 경우도 있을 수도 있다. 수축의 경우에는 원상회복에 소요되는 비용을 피해자에게도 부담시키는 방법이 고려되어야 할 것이다. 그러나 명예를 훼손하는 발언의 철회나 타인토지의 불법점유와 같이 처음부터 과실상계의 문제가 없는 경우도 있다.[181]

6. 결과제거청구권에 관한 쟁송절차

결과제거청구권에 관한 쟁송절차는 결과제거청구권을 공권으로 보는 한 행정소송의 일종으로서의 당사자소송에 의해야 할 것이다(행정소송법 제3조 제2호, 제39조 내지 제44조). 또한 경우에 따라서는 처분의 취소소송에 당사자소송으로서의 결과제거청구소송을 병합하여 제기할 수 있을 것이다(동법 제10조 참조). 그러나 소송의 실무상으로는 민사소송에 의하여 왔는데, 이러한 법원의 입장은 변경되어야 할 것이다.

다만, 위법한 상태가 국가나 지방자치단체 등 행정주체의 사법적 활동에 의하여 야기된 경우에는 공법이 적용되지 아니하며, 피해자는 민법 제214조에 의거하여 민사소송법에 의한 절차에 따라 소유물방해제거청구권을 행사할 수 있다.

Ⅱ. 공법상의 위험책임

1. 위험책임의 의의

1) 개 념

공법상의 위험책임이라 함은 행정주체의 행정작용을 통해 조성된 일정한 위험한 시설 또는 물건의 운용으로 입은 개인의 손해에 대하여 행위자의 고의 · 과실을 불문하고 손해를 배상할 책임을 말한다. 이러한 위험책임은 위법 · 무과실한 손해가 가지는 결과책임으로 무과실책임의 대표적인 경우이다.

위험책임은 19세기 말 자본주의의 고도화와 함께 교통기관의 발달과 위험한 기계설비를 갖춘 활동이 증대되면서, 전통적 과실책임주의에 대한 비판과 함께 등장하였다. 그런데 이러한 위험책임은 사법의 영역에서도 전통적 과실책임주의에 대한 비판으로 등장하였다. 이 제도는 연혁적으로 프랑스의 제도에서 기원한다.

---

181) 박윤흔 · 정형근, 전게서, 643면; 석종현, 전게서, 719-720면.

2) 위험책임과 다른 책임과의 구별

(1) 손해배상책임과의 구별

위험책임은 행정주체의 가해행위의 적법 · 위법 및 고의 · 과실의 존재를 불문하고 행정주체가 야기한 위험상태로부터 발생한 손해에 대한 무과실책임인 점에서, 위법 · 유책을 배상책임의 요건으로 하는 손해배상책임과 차이가 있다.

(2) 손실보상책임과의 구별

위험책임은 행정활동에 의하여 형성된 위험의 실현에 의한 것으로 직접적인 침해행위가 아니면서도 정의 · 형평의 관념에 따라 지는 책임인 점에서, 적법한 공권력행사에 의한 직접적인 재산권침해에 대한 손실보상책임과 구분된다. 또한 위험책임은 행정주체의 정형적 · 의도적인 손해발생을 대상으로 하는 제도가 아니라 비정형적 · 비의도적인 손해발생을 대상으로 하는 점에서, 행정상 손실보상제도와 차이를 나타내게 된다. 특히 이 위험책임제도는 특정의 위험한 물건의 관리나 유지와 관련되는 책임제도로서의 특징을 갖는다.

(3) 무과실책임과의 구별

양자는 모두 책임의 인정에 있어서 과실 등의 귀책요건을 묻지 않는 점에서 공통점을 갖는다. 그러나 무과실책임은 당해 행위가 객관적으로 위법하다는 사실에 기초하는 점에서, 그 행위의 적법성 또는 위법성과 무관하게 인정되는 위험책임과 구별된다. 다른 한편으로, 무과실책임은 위험책임 외에도 법률에 의하여 과실의 존재를 요건으로 하지 않고 책임이 인정되는 유형 등을 포함하는 보다 넓은 개념이므로, 공법상 위험책임은 무과실책임의 한 경우에 불과하다고 볼 수 있다.

3) 위험책임의 제도적 의의

공법상 위험책임제도의 존재이유로서는, 형성된 위험 및 초래된 손해의 중대성 그리고 과실의 입증의 곤란성을 고려하여 피해자에게 과실의 입증을 요구하는 것이 형평의 관념에 부합하지 않을 때, 피해자의 권리구제를 용이하게 하고 국가의 책임을 객관화하여 근거를 명확히 하기 위하여 인정하는 데에 그 제도적 의의가 있다.[182)]

2. 위험책임의 근거

위험책임의 근거는 이론적 근거와 실정법적 근거로 나누어 살펴본다.[183)]

182) 류지태, 전게서, 459면.

183) 한견우, 전게서, 841면.

1) 이론적 근거

위험책임은 프랑스 행정법에서 발전된 위험이론에 바탕을 두고 있다. 여기에서 '위험이론'이란 특별한 위험을 형성한 자는 그 형성된 위험의 실현에 의한 손해의 전보책임을 지는 것이 정의에 합치한다는 것이다. 이러한 점을 표현한 법격언이 "위험 있는 곳에 책임 있다"는 것이다.

2) 실정법적 근거

위험책임에 관한 헌법적 근거로는 법치주의의 원리. 사회국가적 원리, 평등원칙, 특히 공적 부담평등의 원칙, 재산권보장의 원칙, ~~수용규정의 유추적용~~, 형사보상제도 등을 들 수 있다. 그리고 법률적 근거로서는 형사보상법, 공무재해보상제도를 규정한 법률, 즉 소방기본법, 광업법, 원자력 손해배상법, 재해구호사상자구호법 등이 있다.

3. 위험책임의 성립요건

공법상 위험책임이 논의되기 위하여는 그 개념상 다음의 요건의 존재를 필요로 한다고 볼 수 있다.[184]

1) 특별한 위험상태의 존재

위험책임이 성립하려면 가장 중요한 특성으로 손실의 발생이 국가 등에 의하여 형성된 공법상의 특별한 위험상태로부터 야기된 것이어야 한다는 점이다. 여기의 위험상태란 개별적으로는 특이한 경우로서, 통상적인 위험상태를 명백히 능가하는 비정형적인 경우를 말한다.

물론 그 판단은 문제가 되고 있는 위험원(危險源)을 기준으로 검토하게 된다. 이 경우의 위험상태의 인정문제는 당사자의 권리구제의 의미뿐만 아니라 국가 등의 책임한계를 적정히 설정하는 의미도 갖는 것이므로 신중하게 검토되어야 한다.

2) 행정기관의 의도적인 가해행위의 부존재

위험책임은 다른 책임유형과는 달리 국가 등의 의도적인 가해행위의 존재를 필요로 하지 않는다. 즉 이 책임은 국가 등이 특정한 행정목적을 수행하기 위하여 특정인에게 의도적인 불이익의 발생행위를 가하였기 때문에 인정되는 것이 아니라, 국가 등의 직접적 · 의도적인 원인작용 없이 발생한 손실에 대하여 그 책임을 인정하려는 것이다. 따라서 공법상 위험책임은 행정기관의 고의 · 과실의 존재를 요건으로 하지 않으며, 이러한 점에서 행정상 손해배상책임의 경우와 구별된다.

---

184) 류지태, 전게서, 459-460면.

3) 손실의 발생

국가 등이 조성한 위험상태로부터 특정인에게 불이익이 발생하여야 한다. 물론 이 경우에도 다른 책임유형의 경우와 마찬가지로 상당인과관계가 존재하여야 한다. 그러나 이러한 손실은 비정상적인 사고에 의해 우연히 발생한 것이라는 점에서 의도적인 피해발생의 경우와는 차이가 있다.

4. 위험책임의 인정 여부의 문제

공법상의 위험책임을 인정할 것인가의 여부에 대하여 우리나라의 견해는 긍정설과 부정설의 입장으로 나누어져 있다.[185]

1) 긍정설(인정설)

긍정설은 "위험 있는 곳에 책임 있다"는 논리를 바탕으로 주장된다. 따라서 위험책임은 전통적 행정상 손해전보제도의 결함을 보충함으로써 실질적 법치주의의 실현에 기여한다. 즉 위험책임의 법리를 인정하는 것이 과실의 존재를 논의하는 것이 어렵거나 의도적이 아닌 행정주체의 행위로 인한 손실보상에 대한 권리구제책으로서 바람직하다. 그런데 이러한 위험책임을 인정하는 경우에, ① 과실개념과 주의의무의 확대를 통한 국가배상법에 의한 해결, ② 수용유사침해보상의 법리에 의한 해결, ③ 새로운 입법을 통한 해결 등 세 가지를 제시하고 있다.

2) 부정설(부인설)

부정설은 ① 책임원리의 불완전성이 문제되고, ② 위험책임의 가장 두드러진 특성인 위험의 개념이 불명확하고 그 한계를 확정하는 것이 매우 어려우며, 또한 법개념으로서 부적합하다는 등의 이유로 위험책임을 부인한다.

3) 결 어

생각건대, 공법상 위험책임은 실정법상의 규정과 무관하게 이를 일반적인 제도로서 인정하는 데에는 적지 않은 이론적인 문제점이 존재한다고 본다. 여기에서 그대로 간과할 수 없이 지적할 수 있는 사항은 공법상 위험책임은 그 인정근거에 관한 논의가 아직 설득력을 가질 수 있을 만큼 개발되지 못했다는 점이다. 따라서 우리나라에서는 공법상 위험책임의 인정은 별도의 입법에 의하는 경우에만 가능하다고 판단된다. 이러한 입법에 있어서는 위험책임의 일반적 인정보다는 위험책임을 그 대표적인 유형별로 구분하여 규정하는 것이 바람직하다고 본다. 실정법상의 이러한

185) 한견우, 전게서, 841면.

입법례로서는 원자력사업자가 원자력사고로 인한 피해에 대해 그 손해를 배상하도록 하고 있는 원자력손해배상규정을 들 수 있다.

5. 우리나라의 법제상 위험책임의 적용영역

국가배상법 제5조가 위험책임을 인정한 규정이 아닌가하는 의문이 있으나 완전한 위험책임을 인정한 것이라고 볼 수 없다. 그러나 원자력손해에 대한 사업자의 책임(원자력손해배상법 제3조), 광업으로 인한 손해배상(광업법 제91조), 사업장에서 발생되는 오염물질로 인하여 사람의 생명 · 신체에 피해가 생긴 때에 당해 사업자가 부담하는 책임(구환경보전법 제60조) 등은 위험책임을 인정한 것으로 볼 수 있다.

제3장 행정상의 손실보상

제1절 행정상 손실보상의 의의

Ⅰ. 손실보상의 의의 및 근거

1. 손실보상의 개념

행정작용에 의해 직접 · 간접으로 특정한 개인이 손해를 받았으나 그 손해를 수인(受忍)할 이유가 없는 경우, 아무런 구제책을 강구함이 없이 피해자의 개인적인 부담으로만 돌리는 것은 명백히 정의 · 공평의 원칙에 반하고, 국민의 재산권을 침해하게 된다. 이와 같은 정의 · 공평에 반하는 결과를 제거하고 국민의 재산권을 실질적으로 보장하기 위하여 행정청의 부담으로 손해를 전보하여야 한다. 손해전보의 문제는 손해를 가져온 적법성 · 위법성을 기준으로 하여 위법행위에 대하여는 '손해배상'을, 적법행위에 대하여는 '손실보상'으로 분류하여 별개로 취급되어 오고 있다.

'행정상 손실보상'(Entschädigung)이란 공공필요에 의한 적법한 공권력행사로 사유재산에 가해진 '특별한 희생'에 대하여 사유재산권의 보장과 정의 · 공평부담의 원칙 및 생존권보장의 견지에서 행정주체가 행하는 조절적인 재산적 전보를 말한다. 이와 같이 손실보상은 적법행위로 인한 보상인 점에서 위법행위로 인한 손해배상과 구별되고, 공권력의 행사로 인한 전보제도인 점에서 사법상 계약에 따른 임의매수 대가와 구별되며, 재산권의 침해에 대한 보상인 점에서 생명 · 신체에 대한 침해의 보상과 구별된다.

이러한 손실보상은 복리행정의 수요에 따라 발생하는 특별한 희생에 대한 조절적 전보로서 공적 부담 앞의 평등을 통하여 헌법상 사유재산권의 보장을 실질적으로 담보하고, 공 · 사익의 이해조절이라고 하는 헌법적 가치를 실현함으로써 침해된 사익을 구제하는 실질적 법치주의의 궁극적 수단이 되는 제도이다.

손실보상의 개념요소를 분설하면 다음과 같다.[1)]

1) '적법행위'로 인한 손실의 보상이다

토지수용 · 징발 등과 같이 행정법규가 상대방에게 손실을 발생시킬 권한을 행정기관에 부여한

---

1) 박윤흔 · 정형근, 「최신 행정법강의(상)」. 박영사, 2009, 645면; 박평준 · 박창석, 「보상행정법」. 리북스, 2012, 559-560면.

경우에, 그 권한이 적법하게 행사된 결과 생긴 손실, 즉 법규가 처음부터 예측한 손실의 보상이다. 이 점에서 위법행위로 인한 손해의 배상과 구별된다. 그러나 현대국가에서는 증대되는 위험에 대처하기 위하여 손해배상 쪽에서 발전한 무과실책임 내지는 위험책임의 이론이나, 손실보상 쪽에서 발전한 수용유사침해의 이론에서 보는 바와 같이 양자가 다같이 사회적 공평부담의 제도라는 새로운 각도에서 파악됨으로써 이념면에서 대립이 점차 해소되어 융합의 경향을 보이고 있다. 여하튼 손실보상은 적법한 공용침해에 대한 보상을 말하나, 독일에서 발전한 수용유사침해의 법리는 위법한 공용침해를 보상의 대상으로 한다.

2) '공권력행사'로 인한 손실의 보상이다

따라서 그 보상은 공법적 성질을 가지며, 사법상계약에 의한 반대급부, 예컨대 공공용지의 임의매수대가 등과 구별된다. 다만, 공공용지의 임의매수대가는 형식은 비권력적인 매매이지만, 그 배후에는 공권력행사인 수용권이 도사리고 있으므로 그 사회적 기능에 있어서는 손실보상과 거의 차이가 없음에 주의하여야 한다.

3) '특별한 희생'(besonderes Opfer)에 대한 조절적 보상이다

공공의 수요에 충당하기 위하여 특정개인이 입은 재산상의 '특별한 희생'을 국민 전체의 부담으로 전가(轉嫁)시켜서 공적 부담을 모든 국민간에 균등하게 조절하여 주는 보상이다. 일반적인 부담 또는 재산권 그 자체에 내재하는 사회적 제약에 대하여는 보상의 문제가 생기지 않는다. 예컨대 보안상 위험한 건물의 사용금지로 그 소유자가 받는 손실은 그 소유권에 내재하는 사회적 제약으로 소유자 개인이 부담하여야 한다.

4) 재산권침해, 즉 재산권의 수용 · 사용 또는 제한등 '공용침해'에 대한 보상이다

이 점에서 적법하게 강제된 노역 또는 역무(전시 인력동원 등)에 대한 대상(代償)과 다르다. 다만, 경제적 가치를 가진 것임에는 틀림없으므로 '특별한 희생'에 해당한 경우에는 재산권침해의 경우에 준하여 대상이 주어져야 한다. 그런데 오늘날은 재산권침해에 대하여서만이 아니라 생활권침해에 대하여서도 보상이 행하여진다. 또한 의욕된 침해가 대상이 되나 의욕되지 않은 침해, 즉 수용적 침해도 보상의 대상이 되는 경우가 있을 수 있는지가 논의된다.

2. 손실보상의 근거

공용수용은 공공필요에 의하여 타인의 토지 등의 재산권을 강제적으로 취득하는 것이기 때문에 그 수용에 따른 손실보상을 정지조건으로 하고 있으며, 사유재산제도나 자본주의제도하에서 보상이 없는 수용은 인정되지 아니한다. 그러므로 손실보상은 공용수용과 밀접한 관계를 가지는 것으로서, 공용수용에 있어서는 그 이론적 · 실정법적 근거에 의하여 국민의 재산권이 실질적으로 보장되는 것이다.

1) 손실보상의 필요성

공용수용의 가장 주된 대상인 토지는 강한 공공성을 갖고 있으며, 그 토지에 대해서는 현대의 토지정책적 입장에서 공공복리를 위하여 적정한 규제가 가해지고 있다.

토지가 이러한 공공성을 갖게 된 이유로서는, 토지는 인간생존의 기반이며 인간의 생활과 활동에 없어서는 아니될 자원이므로 다른 재화와는 달리 그것 없이는 인간의 생존 자체가 불가능하고, 국토는 유한하며 인구는 끊임없이 증가하고 있고, 경제성장과 공업화의 진전에 따라 인구는 계속 도시에 집중하고 있으며, 인구증가 · 도시화의 진전 · 경제활동의 확대에 따라 토지수요가 계속하여 증대되고 있다는 점 등을 들 수 있다. 그런데 이러한 토지에 대한 소유권은 단순한 자유권이라기보다는 '제도적 보장'(die Lehre von der institutionelle Garantien)으로서 생존권으로서의 성격도 갖고 있다.

따라서 이러한 성격을 갖는 토지 등을 주된 대상으로 하는 공용수용에 대한 손실보상의 필요성, 즉 손실보상제도의 이념 또는 존재이유로서는 종래 일반적으로 재산권의 보장과 평등부담의 원칙을 들고 있으나,[2] 오늘날은 그 밖에 생존권의 보장까지를 들 수 있는데,[3] 이들은 손실보상의 이론적 근거와 관련되며, 오늘날은 실정법적으로 헌법상의 근거를 두고 있다고 볼 수도 있다.[4]

(1) 재산권보장의 원칙

헌법은 개인의 재산권보장을 전제로 하는 자본주의적 경제체제를 채택하고 있다. 손실보상은 이와 같은 헌법하의 사유재산제의 불가결한 요소이므로 근대헌법 이후 각국은 예외없이 명문으로 이를 보장하고 있다. 그런데 자본주의의 경제원칙에 의하면, 재산권의 보장은 곧 그 교환가치의 보장에 있는 것이므로 손실보상제도는 '재산권의 보장'으로서 재산권보장의 실질을 갖게 된다고 할 수 있다. 우리나라의 헌법도 제23조 제1항에서 재산권보장을 규정함과 동시에 동조 제3항에서는 손실보상을 규정하고 있다.

---

2) 김영삼, "토지수용에 대한 손실보상제도", 황명찬 편, 「토지정책론」. 경영문화원, 1985, 683-684면; 김이열, "행정상 손실보상에 관한 연구", 해암 문홍주 박사 화갑기념논문집 「공법의 제문제」. 해암사, 1978, 569, 571면; 김한기, "공법상의 손실보상제도에 관한 연구", 전남대학교 「논문집」. 제20집, 전남대학교 출판부, 1974, 15-16면; 서원우, 「현대행정법론(상)」. 박영사, 1983, 715-716면.

3) 박평준, "공용수용에 대한 손실보상 : 보상범위를 중심으로", 「공법연구」. 제15집, 한국공법학회, 1987, 151-153면; 최재건, "손실보상의 개념과 근거에 관한 소고", 여산 한창규 박사 화갑기념 「현대공법의 제문제」. 삼영사, 1993, 511면; 홍성찬, "토지수용에 대한 행정상 손실보상의 연구", 법학박사학위논문, 연세대학교 대학원, 1979, 50-51면.

4) 박평준, 「행정상손실보상법리연구」. 고시연구사, 2000, 3-6면.

(2) 평등부담의 원칙

사인의 재산권에 대한 침해에 대하여 보상을 하는 것은 개인이 입게 된 '특별한 희생'(besonderes Opfer)을 전체의 부담으로 전가시키는 것을 뜻한다. 따라서 손실보상제도는 공공필요에 의하여 개인이 입게 된 특별한 손실을 개인의 부담으로 두는 것이 '정의와 공평'의 원칙에 어긋난다고 인정되는 경우에는 충분한 존재가치가 있다. 그러므로 개인이 입은 특별한 손실을 그의 부담만으로 방치하는 것은 헌법 제11조의 평등원칙에 반하는 것이며, 결국 손실보상제도는 개인의 재산권에 대하여 미치게 된 불평등한 부담을 국민전체의 공평한 부담으로 전가하여 이를 조절하기 위한 기술적 수단이라고 할 수 있다. 따라서 손실보상은 공적 부담 앞에 평등하여야 한다는 '평등부담의 원칙'을 그 근거로 한다.

(3) 생존권보장의 원칙

최근 손실보상의 경향은 단순한 재산권보장이라는 차원을 초월하여 생존권보장을 지향하고 있다. 이와 같은 보상대상의 전환은 헌법상의 생존권개념의 형성 이외에 공용침해제도 그 자체의 변질에 연유한다고 할 수 있는데, 그것은 공용침해의 요건으로서의 공공성의 개념이 확대되고 있을 뿐만 아니라 재산권에 대한 사회적 의무도 증가함으로써 재산권행사에 있어서의 사회성이 강력히 요청되는 데에 기인한다. 종래의 손실보상은 등가적(等價的)인 금전보상을 함으로써 종전과 같은 생활을 계속할 수 있다는 것을 전제로 하고 있었으나, 오늘날은 그러한 보상금으로써 토지를 구하여 종전과 동일한 생활을 영위하는 것이 어려워져 생활기반 자체가 위협을 받게 되었다.

그러므로 공용침해에 의하여 생활의 터전을 잃게 된 경우 이에 대한 적절한 대책이 없다면 그 보상은 실질적인 의의를 상실하게 될 것이며, 손실보상은 개인의 생활기반의 붕괴를 방지하기 위한 차원에서도 필요하다. 따라서 손실보상은 재산권의 보장에 한하지 아니하고, 생존권의 보장에까지 관련된 문제라고 할 수 있으며, 보상에 따르는 생활보장권의 확보는 법적 차원에서 검토되어야 할 중요한 문제로 등장하였다. 우리 헌법 제34조 제1항과 제23조 제3항은 그 헌법적 근거규정이다.[5)]

2) 이론적 근거

손실보상의 이론적 근거에 관하여는 은혜설 · 기득권설 · 공용징수설 · 공평부담설 · 특별희생설 등의 여러 가지의 견해가 있다.

(1) 은혜설

이 견해는 공익우선 또는 국가권력의 절대성 및 법률만능을 인정하고 개인은 그에 대항할 수

---

5) 박평준, "현행법상의 생활보상에 관한 고찰", 「공법연구」, 제27집 제3호, 한국공법학회, 1999, 368-369면.

없다는 것을 전제로 한 것으로서, 국가가 공익을 위하여 적법한 공권력 행사에 의하여 국민의 재산권을 침해한 경우에 당연히 보상이 주어져야 하는 것은 아니며, 재산권의 침해에 대하여 공권력을 가진 자의 일방적인 은혜로서 보상하는 것에 불과하다고 본다.[6)]

은혜설이 입각하고 있는 극단적 공익우선 및 국가권력의 절대사상은 오늘날의 법치국가원리에 적합하지 아니함은 물론이고, 오히려 손실보상의 이론적 근거를 부정하는 것이라고 할 수 있다.

(2) 기득권설

이 설은 자연법상의 기득권의 불가침성을 전제로 하여 기득권의 침해에 대하여는 당연히 그 경제적 가치에 의한 보상을 하여야 한다는 견해이다.[7)]

그러나 이 견해는 자연법적인 기득권의 관념을 인정하고, 그 불가침을 전제로 하고 있다는 점에서 논리상의 무리가 있다. 또한 기득권의 범위 자체가 불확실하고, 기득권 이외의 권리침해에 대한 보상의 근거를 제시하지 못한 점에 문제가 있다.

(3) 공용징수설

이 설은 헌법이 개인의 재산권을 보장하고 공공의 필요에 의한 사유재산의 침해에 대한 보상을 규정하고 있는 정신을 일반화하여 재산권에 내재하는 당연한 사회적 구속의 범위를 넘는 모든 재산권에 대한 공용징수로 보는 견해이다.[8)]

그러나 이 견해는 손실보상의 법률적 근거에 대한 설명은 될 수 있으나, 무엇 때문에 재산권의 침해에 대하여 보상을 하여야 하는가를 구명하는 이론적 근거를 제시하는 것으로는 볼 수 없다.

(4) 공평부담설

이 설은 프랑스에서 이야기하고 있는 '공적 부담 앞의 평등'을 손실보상의 이론적 근거로 보는 견해를 말한다. 이러한 주장은 1789년 프랑스 「인간과 시민의 권리선언」 제13조의 내용으로서 혁명기에 나타난 정당하고도 사전의 보상하에서만 재산권이 박탈될 수 있다는 표현이다. 이러한 '공적 부담 앞의 평등'은 또한 사회보험의 관념에 근거해서 이야기하기도 한다.[9)]

(5) 특별희생설

이 설에 의하면, 사유재산권이 보장되는 제도하에서 공공사업을 위하여 사유재산권을 수용함으로써 사유재산에 대하여 가해진 '특별한 희생'(besonderes Opfer)에 대하여는 그것이 적법하다

---

6) 田中二郎, 「行政上の損害賠償及び損失補償」. 東京 : 酒井書店, 1977, 221頁.

7) 柳瀨良幹, 「旣得權の理論 : 行政法の基礎理論」. 東京 : 淸水弘文堂書房, 1967, 129頁.

8) R. Stödter, *Öffentlich-rechtliche Entschädigung*. Hamburg, 1933, S.91ff.

9) Leon Duguit, *Traité de droit constitutionnel*. tome Ⅲ, 2'd., 1923. pp.426-441.

고 하더라도 '평등부담의 원칙'에 따라 그에 대한 조절적 보상을 하여야 한다는 견해이다.[10] 이 사상은 바이마르 헌법 제153조, 독일 기본법 제14조 등에 규정되어 있으며, 공용수용 등의 판례에 널리 채택되었으며, 우리나라의 통설이다.[11]

여기에서의 '특별한 희생'이라고 하는 것은 일반인에게 균일하게 주어지는 것이 아니라 공공사업을 위하여 어느 특정인에게만 가해진 희생이며, 이는 사회정의와 공평의 원칙상 묵인될 수 없는 것이므로 그 희생을 공평하게 배분하고 특정인이 받은 손실을 전체의 부담으로 조정할 필요가 있다는 것이다.

(6) 결 어

손실보상의 이론적 근거에 관한 위의 학설 중 은혜설 · 기득권설 · 공용징수설 등은 단순히 연혁적 관점에서만 의미가 있다고 할 수 있으며, 오늘날은 재산권보장의 원칙, 평등부담의 원칙 및 생활권보장의 원칙 등의 종합적 입장에서 그 근거를 찾을 수 있다. 즉 손실보상은 사유재산제가 보장되는 법질서하에서 공공의 필요를 위하여 사유재산권 그 자체에 내재하는 사회적 제약을 넘는 재산권에 대한 특별한 희생이 있는 경우, 사익과 공익의 조절적 보상으로서 재산권보장과 법의 목적인 정의 · 공평의 원칙 및 생존권보장 등을 종합적으로 그 이념적 근거로 파악하는 것이 타당하다.[12] 특히 최근에 헌법상 국민의 생존권보장의 경향이 뚜렷해짐에 따라 재산권보장 이상의 보상을 주장하는 생존권보장설의 이념상의 우수성을 충분히 인정할 수 있다.[13]

3) 실정법적 근거

공공필요에 의하여 개인의 재산권에 귀책사유 없이 '특별한 희생'이 가하여진 경우 이념적 또는 이론적으로는 당연히 보상이 지급되어야 하는 것이나, 구체적으로 손실보상청구권이 발생하기 위하여는 그에 대한 실정법상의 근거를 필요로 하는데, 이는 헌법적 근거와 법률적 근거로 나눌 수 있다.

(1) 헌법적 근거

손실보상의 실정법적 근거로서는 헌법 제23조 제3항과 이를 근거로 한 토지취득보상법 및 다

10) Otto Mayer, *Deutsches Verwaltungsrecht*, Bd.I. 3 Aufl., 1961, S.345ff; Ernst Forsthoff, *Lehrbuch des Verwaltungsrechts*, 10 Aufl., München : Verlag C. H. Beck, 1973, S.297ff.

11) 김동희, "행정상 손실보상의 근거", 박윤흔 편「행정상 손실보상의 주요문제」, 박영사, 1997, 3면; 김영삼, 전게논문, 684면; 김영훈, "행정상 손실보상에 관한 고찰",「법학논총」제7집, 숭실대학교 법학연구소, 1994, 4면; 김한기, 전게논문, 23면; 박평준,「토지수용법론」, 고시연구사, 1999, 257면; 최재건, 전게논문, 511면; 홍성찬, 전게논문, 57-60면.

12) 박평준, 상게서, 258.면

13) 박평준, 전게논문, 154면.

른 개별법이 있다.

그러나 현행헌법하에서 국민의 재산권침해에는 형식적 법률에 반드시 근거를 두어야 하고, 손실보상의 기준과 방법 등에 관한 일반법으로서 토지취득보상법이 있으며, 각 개별법에서도 각기 규정하고 있다.

그런데 법률에서 공공필요에 의한 재산권의 수용·사용 또는 제한을 하는 규정을 두면서, 그에 대한 손실보상에 관한 규정을 하지 아니한 경우에 헌법규정 제23조 제3항의 해석에 있어서 그 성질이 어떠한 것인가, 즉 헌법의 규정만으로 손실보상청구권을 행사할 수 있다고 볼 것인가, 그렇지 아니하고 반드시 법률의 근거가 있어야 할 것인가에 관하여는 방침규정설·직접효력설·위헌무효설·유추적용설 등의 견해가 대립되고 있으며, 판례도 일관성을 찾아보기 어렵다.

(가) 학 설

① 방침규정설: 방침규정설은 헌법 제23조 제3항은 입법지침에 지나지 아니한다는 설이다. 즉 손실보상에 관한 헌법규정은 재산권보장의 원칙을 선언한 입법에 대한 방침규정으로서 재산권을 침해당한 자에 대한 보상의 여부는 법률의 명시적 규정에 의하여 실현될 수 있다는 견해이다. 따라서 공권력의 행사에 의하여 재산권의 수용·사용 또는 제한 등의 침해를 받은 경우에도 손실보상에 관한 법률의 규정이 없으면 손실보상청구를 할 수 없으며, 당해 법률에 보상규정이 없는 경우에는 개인은 그로 인한 손실을 수인할 수밖에 없다고 본다. 그러므로 재산권침해를 규정하는 법률에 보상규정이 없더라도 위헌이 아니라는 것이다.[14]

방침규정설은 '입법지침설'·'입법방침설' 또는 '프로그램적 규정설'이라고도 불려지고 있으며, 우리나라에서 이 설을 취하는 학자는 찾아보기 힘들다.[15] 그런데 이러한 입장은 재산권보장을 위한 헌법규정의 실효성을 입법자의 의도 내지 자의에 맡기는 것이 되기 때문에 오늘날과 같은 자유주의적 법치국가에서는 받아들이기 어려운 학설이다. 특히 손실보상의 이론적 근거와 관련시켜 볼 때에 보상의 여부를 법률로 위임한 것으로는 도저히 볼 수 없다.

② 직접효력설: 직접효력설은 헌법 제23조 제3항의 규정은 손실보상청구권의 행사를 보장하는 국민에 대한 직접적인 효력이 있는 규정으로 보고, 따라서 재산권침해만을 규정하고 보상에 관하여는 규정하지 아니하거나 또는 정당한 보상에 미치지 못하는 내용의 법률에 의하여 재산권을 침해당한 국민은 헌법규정에 의하여 직접 정당한 보상을 청구할 수 있다는 것이다.[16] 이는 국민이 직접 헌법의 보상규정 그 자체만으로 손실보상을 청구할 수 있는 실정법적 효력을 갖는다고

14) 阿部泰隆, 「國家補償法」. 東京: 有斐閣, 1988, 263頁.

15) 구병삭, 「신헌법원론」. 박영사, 1989, 621면; 문홍주, 「한국헌법」. 해암사, 1975, 232면.

16) 김동희, 「행정법Ⅰ」. 박영사, 2011, 582면; 김철수, 「헌법학개론」. 박영사, 2003, 611-612면; 변재옥, 「행정법강의(Ⅰ)」. 박영사, 1989, 526면; 서원우, 전게서, 718면; 안용교, 「한국헌법」. 고시연구사, 1989, 498면; 윤세창, 「행정법(상)」. 박영사, 1982, 390면; 한창규, "국가보상법연구", 법학박사학위논문, 성균관대학교대학원, 1975, 103면.

하여 '국민에 대한 직접효력설'이라고도 한다.

그러나 헌법 제23조 제3항은「공공필요에 의한 재산권의 수용 · 사용 또는 제한 및 그에 대한 보상은 법률로써 하되」라고 규정하고 있어서 법률에 보상규정이 없는 경우 헌법규정에 근거하여 직접 보상을 청구할 수는 없다고 볼 수 있으므로 직접효력설의 여지를 배제하고 있다.

③ 위헌무효설 : 위헌무효설은 헌법 제23조 제3항의 손실보상에 관한 헌법규정이 국민에 대하여 직접적 효력을 가지는 것으로는 보지 않고 입법권을 구속하는 것으로 보며, 법률이 재산권침해를 규정하면서 보상에 관하여 규정하지 아니하면 그 법률은 헌법규정에 위반한 것으로서 위헌무효가 된다. 그리고 이러한 위헌무효인 법률에 근거하여 개인의 재산권을 침해하는 행위는 위법한 행위가 되기 때문에 국가배상법에 의거한 불법행위로 인한 손해배상청구만이 가능하고, 헌법규정에 근거하여 직접 손실보상을 청구할 수는 없다고 본다.[17)]

또한 이 설은 독일기본법 제14조 제3항이「공용수용은 반드시 보상의 방법과 범위를 정하는 법률 및 법률에 근거하여 행하여야 한다」고 규정함으로써 공용수용의 근거조항과 손실보상의 근거조항이 반드시 같은 법률에 동시에 규정되어야 한다는 이른바 '불가분조항'(Junktimklausel)의 원칙에 대한 위반과 관련하여 주장되기도 한다.[18)] 즉, 불가분조항의 원칙에 따라 보상규정이 없는 재산권침해 법률은 위헌이고, 또한 이 위헌법률에 근거한 재산권의 침해행위도 위헌이기 때문에 이에 대한 구제방법은 오로지 그 법률의 무효화와 이에 근거한 침해행위의 최소라는 것이다.[19)] 이 설은 '위헌설' 또는 '입법자에 대한 직접효력설'이라고도 한다.

그러나 이 견해에 의하면, 결국 위헌무효설은 보상규정이 없는 법률에 의한 재산권침해의 경우에는 손실보상청구권을 행사할 수는 없고, 불법행위로 인한 손해배상청구권만이 발생한다는 입장으로서 역시 문제가 있다. 왜냐하면 공공복리를 위한 침해가 보상규정이 없다는 이유만으로 불법행위와 동일하게 취급된다는 것은 비합리적이기 때문이다. 그리고 손해배상의 법리를 통해서 피해국민이 모두 구제받을 수 있을 것 같지만, 전통적 손해배상의 성립요건에 의하면 위법 · 무과실의 행위로 인한 손해배상이 인정되지 못하는 경우도 있다.

④ 유추적용설 : 유추적용설은 재산권침해에 따르는 보상규정이 없는 경우에, 국민은 헌법 제23조 제1항(재산권보장조항) 및 헌법 제11조(평등원칙)를 근거로 하는 동시에 헌법 제23조 제3항 및 관계규정의 일반법원칙을 유추적용하여 손실보상을 청구할 수 있다고 본다.[20)] 이는 '수용유사

---

17) 김도창,「일반행정법론(상)」. 청운사, 1993, 657-658면; 박윤흔 · 정형근, 전게서, 651면; 류지태,「행정법신론」. 신영사, 2008, 434면; 이명구,「신행정법원론」. 대명출판사, 1997, 551면; 이상규,「신행정법론(상)」. 법문사, 1997, 644면.

18) FelixWeyreuther, *Über die Verfassungswidrigkeit salvatorischerEntschädigungsregelungen im Enteignungsrecht*. Berlin : Duncker & Humblot, 1980, S.22.

19) 정연주, "공용침해와 불가분조항,"「고시연구」. 1992. 4, 122면.

20) 강구철「강의 행정법Ⅰ」. 형설출판사, 1998, 697면; 김남진 · 김연태,「행정법Ⅰ」. 법문사, 2011, 605면; 김영훈, 전게논문, 47-48면; 석종현,「일반행정법(상)」. 삼영사, 2005, 658면; 손병기, "공간규제행정과 권익구제 : 헌법상 보상규정의 변천을 중심으로," 균제 양승두교수 화갑기념논문집(Ⅰ)「현대공법과 개인의 권익보호」. 홍문사, 1994, 262

적 침해'(enteignungsgleicher Engriff)의 법리를 받아 들여서 문제를 해결하고자 하는 견해로서, 위법·무책의 재산권침해에 대한 보상과 국가배상과는 그 성립요건·범위 등에서 구별된다는 것을 그 배경으로 하고 있다.[21] 그리고 이 설은 '제3설', '간접효력설' 또는 '수용유사적 침해설'이라고도 한다.

그런데 이 주장에 대하여는 보상을 법률에 유보한 헌법 제23조 제3항의 명문규정에도 불구하고 구체적으로 무엇을 어떻게 유추적용할 것인지가 분명하지 않다는 비판이 있다.[22]

(나) 판 례

손실보상의 근거에 관한 우리나라 판례의 입장은 일관성이 없고, 시대와 상황에 따라 다르다.

초기에는 불법행위성을 인정한 판례가 있고,[23] 방침규정설에 입각한 판례도 있으며,[24] 직접효력설을 취한 판결이 제3공화국헌법 제20조 제3항 아래에서 인정되었다.[25] 이러한 직접효력설은 이른바 유신헌법 제20조 제3항과 제5공화국헌법 아래에서는 채택될 수 없었고,[26] 현행헌법하에서도 직접효력설을 취한 판례는 없다. 따라서 위헌무효설을 취한 판례[27]와 관련규정의 유추적용에 의한 간접효력설을 취한 판결[28]이 나타나고 있으며, 관련규정이 없는 경우에도 간접적용을 인정한 판례[29]가 있다.

(다) 결 어

위에서는 손실보상을 규정한 헌법규정의 성질에 관하여 다양한 학설과 판례의 입장을 고찰하여 보았는데, 그 중에서 어떠한 견해가 타당한 것인지가 문제이다.

헌법 제23조 제3항은 「공공필요에 의한 재산권의 수용·사용 또는 제한 및 그 보상은 법률로써 하되」라고 규정하고 있는 바, 동조항의 문리적 해석에 의하면 공용수용 등의 재산권침해에 대하여는 법률의 근거가 있어야 하는 것은 물론이고, 그 보상도 또한 법률상 근거가 있어야 한다는 결론에 이르게 되는데, 특히 법률에서 재산권침해에 관한 규정은 하고 보상에 관한 규정은 하지 아니한 경우에 문제된다.

면; 한견우, 「현대행정법강의」. 신영사, 2007, 851면; 홍정선, 「행정법특강」. 박영사, 2011, 517면.

21) 김남진, 상게서, 605면.

22) 이상규, 전게서, 643면.

23) 대판 1966.10.18, 66다1715.

24) 대판 1975.7.8, 70다340; 대판 1976.10.12, 76다1443.

25) 대판 1967.11.2, 67다1334; 대판 1972.11.28, 72다1579.

26) 대판 1976.10.12, 76다1443.

27) 대판 1978.3.14, 76다1529; 대판 1985.11.12, 84카36.

28) 대판 1987.7.21, 84누126; 대판 1992.5.22, 91누2356; 대판 1993.10.26, 93다6409.

29) 대판 1972.11.28, 72다1579.

생각건대, 현대국가의 법원리상 손실보상을 하는 것은 당연한 것이고, 다만 보상의 내용만을 법률로 정한다는 뜻으로 헌법의 규정을 이해하기 때문에 방침규정설은 설득력이 없다. 위헌무효설에 의하면 보상규정에 관한 법의 침묵을 보상을 배제하는 것으로 보아 위헌무효로 결론내리는 것은 분명히 잘못이다. 직접효력설도 헌법문언상 쉽게 취할 수 있는 것이 못된다. 따라서 재산권보장에 관한 헌법규정이 일반원칙이라는 매개물을 통하여 간접적으로 적용되는 이른바 유추적용설이 타당하다.30)

(2) 법률적 근거

우리 헌법 제23조 제3항은 '공용침해법정주의'를 채택하고 있다. 따라서 공공필요를 위하여 재산권을 침해하는 경우에는 근거법률에서 재산권침해규정과 함께 그 침해에 대한 보상규정도 있어야 한다.31)

(가) 토지취득보상법

「공익사업을 위한 토지 등의 취득 및 보상에 관한 법률」(이하 "토지취득보상법"이라 한다)은 공익사업에 필요한 토지 등을 협의 또는 수용에 의하여 취득하거나 사용함에 따른 손실의 보상에 관한 사항을 규정하고 있는 공익사업용 토지의 취득 및 손실보상에 관한 일반법으로서, 이는 종전의 사법상 계약에 의한 재산권의 협의취득을 규정하고 있던 공특법과 강제취득을 규정하고 있던 토지수용법을 통합·제정한 것이다.

토지취득보상법이 시행됨으로써 보상에 관한 절차와 기준을 체계화하였으며, 두 법 사이의 중복과 불일치가 해소되는 등 각종 불합리한 제도가 개선되어 국민의 재산권이 충실히 보호되고 공익사업의 효율적인 추진이 이루어질 수 있게 되었다.

(나) 개별법

공익사업용 토지의 취득과 손실보상에 관한 일반법으로서 토지취득보상법이 있으나, 이 외에도 각 개별법률에서 공익사업용 토지의 강제취득과 손실보상에 관하여 특례를 규정하고 있는데, 「국토의 계획 및 이용에 관한 법률」, 건축법, 도시개발법, 농어촌정비법, 도로법, 하천법, 「산림자원의 조성 및 관리에 관한 법률」, 수산업법, 징발법 등에서 그 규정을 찾을 수 있다.

그러나 대부분의 개별법은 공익사업용지 취득에 관한 모든 문제를 스스로 규정하고 있는 것은 아니고, 특히 필요한 사항에 관한 특칙을 규정할 뿐이며, 그 이외의 사항은 일반법인 토지취득보

---

30) 박평준, 「행정상손실보상법리연구」. 125면; 박평준 「공익사업용지취득보상법」. 고시연구사, 2005, 298면; 박평준 「공용부담법연구」. 고시연구사, 2005, 316면. 박평준·박창석, 「토지취득보상법」. 리북스, 2009, 231면; 박평준·박창석, 「보상법규강의」. 리북스, 2009, 309면; 박평준·박창석, 「보상행정법」. 568면; 한견우, 전게서, 851면.

31) 박평준, 「토지수용법론」. 259면.

상법의 규정을 따르도록 하고 있는데, 보통 법문(法文)에 「토지취득보상법을 적용한다」, 「토지취득보상법을 준용한다」 또는 「토지취득보상법이 정하는 바에 의한다」는 등의 형식으로 규정하고 있다.[32)]

3. 손실보상청구권의 성질

1) 학 설

손실보상청구권의 법적 성질에 관하여는 종래 공권설과 사권설이 대립되고 있다. 이 양설을 구분하는 실익은 무엇보다도 그 성질의 여하에 따라서 손실보상청구권의 행사에 관한 소송을 행정소송으로 할 것인가 또는 민사소송으로 할 것인가 하는 데에 있다.

(1) 공권설

손실보상은 적법한 공권력행사로 인하여 특정한 개인이 입은 특별한 희생에 대한 보상으로서, 그 원인행위가 공법적인 것이므로 그 효과로서의 손실보상도 역시 공법적으로 보아야 한다는 견해이다. 따라서 공법상의 법률관계에서 발생하는 손실보상을 청구할 수 있는 권리는 공권이라는 것이다. 이 견해에 따르면 손실보상에 관한 소송은 행정소송 중의 당사자소송에 의하게 된다고 한다. 이러한 공권설이 우리나라의 통설이다.[33)]

(2) 사권설

손실보상의 원인행위가 비록 공법적인 것이라 하더라도 그에 대한 손실보상도 공법관계에 속한다고 볼 수는 없는 것이며, 그 손실보상은 당사자의 의사 또는 직접 법률의 규정에 의거한 사법상의 채권 · 채무관계이기 때문에 손실보상청구권을 사법상의 권리로 보는 견해이다. 손실보상청구권의 성질을 사권으로 볼 때에는 그에 관한 소송은 당연히 민사소송에 의하게 된다.

2) 판 례

손실보상청구권의 법적 성질에 관한 위의 학설 중에서 사권설이 우리나라의 일관된 판례의 입장이다.[34)]

---

32) 박수혁 등 감수, 「토지취득보상법」, 한국감정원, 2003, 509면.

33) 강구철, 전게서, 698면; 김남진 · 김연태, 전게서, 607면; 김도창, 전게서, 659면; 박윤흔 · 정형근, 전게서, 652-653면; 변재옥, 전게서, 527면; 석종현, 전게서, 659면; 이상규, 전게서, 633-634면; 홍정선, 전게서, 513면.

34) 대판 1967.6.27, 66다1052; 대판 1969.5.19, 67다2038; 대판 1969.12.30, 69다9; 대판 1970.3.24, 69다1561; 대판 1990.12.21, 90누5689; 대판 1991.4.26, 90다8978; 대판 1992.10.9, 92다25533; 대판 1998.1.20, 95다29161; 대판 1998.2.27, 97다46450; 대판 2000.5.26, 99다37382.

3) 결 어

손실보상은 재산권에 대한 적법한 공권적 침해로 인하여 발생한 특별한 희생을 전보하기 위하여 행하는 공법에 특유한 제도이고, 손실보상청구권의 발생이 공법적인 것이다. 따라서 공법과 사법의 이원적 체계를 인정하는 현행 법질서하에서 손실보상을 규정하고 있는 실정법이 손실보상의 청구와 관련하여 전심절차로서 행정심판절차를 마련하고 있는 경우가 있으며, 현행 행정소송법이 그 종류의 하나로서 당사자소송을 규정(행정소송법 제3조 제3호)하고 있으므로 손실보상청구권을 공권으로 보는 것이 타당하다.[35] 그럼에도 불구하고 행정상 손실보상청구소송을 우리나라 실무에서 민사소송으로 다루고 있는데, 그 이유는 우리나라의 실무가들이 당사자소송제도에 친숙하지 못한 탓으로 이해할 수 있다.[36]

---

35) 박평준 · 박창석, 「토지취득보상법」. 233면; 박평준 · 박창석, 「보상법규강의」. 311면.

36) 박평준 · 박창석, 「보상행정법」. 570면

제2절 행정상 손실보상의 요건

수용 · 사용 · 제한 등 공용침해로 인한 손실의 보상이 행해지기 위해서는 공공필요를 위한 재산권의 공권적 침해로 인하여 개인에게 특별한 희생이 발생하고, 이러한 공용침해가 법률에 근거하여야 한다.

종래 손실보상의 요건에 대하여 설명하는 경우 '특별한 희생' 이외의 사항에 관해서는 거의 언급하지 않는 경향이 있었다. 그러나 최근에 이르러 '공용침해의 요건' 등의 제목하에 그 특별한 희생 이외의 요건에 대해 논급하게 되었는데, 이와 같은 변화의 원인은 재산권의 '가치보장' 보다 '존속보장' 또는 '존속보호'가 우선되어야 한다는 사상이 독일에서 학설 · 판례상으로 정착되면서부터 나타난 변화라 하겠다.[37)]

Ⅰ. 공공의 필요

1. 의 의

손실보상의 원인이 되는 공권력행사는 공공필요에 의한 경우에만 인정되며, 공익성을 띤 사업을 위해서만 가능하다. 여기의 '공익성'이라 함은 대표적인 불확정 개념으로서 적극적으로 무엇을 의미하는가를 밝히는 것은 매우 어려운 일이며, 다만 소극적으로 개념규정을 하는 것이 일반적이다. 이에 의할 경우 국가의 순수한 재정적 수요를 충족하기 위한 경우나 한정된 소수의 이익을 도모하기 위한 경우 등은 공익성이 없는 것으로 본다.

공익성은 시대에 따라 그 개념 및 해석을 달리하여 오고 있다. 오늘날에는 공익성 개념이 사회정의의 실현과 사익과의 적절한 조절과 규제를 통한 국민 전체의 공공복리의 증진이라는 복리국가주의의 요청, 그리고 행정기능의 확대로 인한 행정수요의 증대 등으로 인하여 종래의 그 개념이 확대 · 변화되고 있다. 이처럼 공익성의 개념이 확대되어 감에 따라 당연히 공익사업용 토지를 취득할 수 있는 공익사업의 범위가 확대되고, 사유재산권의 침해가능성 또한 커지게 되는 것이다.

---

37) 박수혁 등 감수, 전게서, 511면; 손성태, 「감정평가 및 보상법규」. 박문각, 1999, 55면.

따라서 공익사업용 토지의 취득을 전제로 하는 공익사업의 판단, 즉 공익성의 판단은 더욱 엄격하게 이루어져야 할 것이며, 그 구체적 개념의 정립 및 해석이 매우 중요하다고 할 수 있다.

2. 구체적 판단기준

토지취득보상법 제4조에서는 공용수용이 가능한 '공익사업'의 종류를 규정하고 있어 공익성의 유 · 무에 관한 판단기준을 제시하고 있으나, 동조에 해당하는 공익사업이라고 하여도 실질적으로 공익성이 있는지에 대하여 개별적 · 구체적으로 판단하여야 할 것이다.

공익성의 유 · 무에 대한 판단은 일반적으로 행정법상 일반원칙인 비례의 원칙에 의하여 판단하게 되는데, 즉 비례원칙을 기준으로 타인의 재산권을 강제적으로 취득하여 얻는 공익과 그 재산권을 유지함에 의하여 얻는 사익을 비교형량하여 타인의 재산권을 강제적으로 취득함으로써 얻는 공익이 우선되어야만 공익사업용 토지의 취득이 인정되는 것이다.

행정법상 일반원칙인 비례의 원칙은 그 파생원칙으로 적합성의 원칙, 필요성의 원칙, 상당성의 원칙(협의의 비례원칙) 등이 있는데, 공익성의 유 · 무는 이 세 가지 파생원칙에 의하여 개별적 · 구체적으로 판단하게 되는 것이다.

1) 적합성의 원칙

적합성의 원칙이라 함은 행정이 추구하는 공익목적을 달성하기 위하여 법적으로나 사실상으로나 적합하고 유용한 수단이어야 한다는 원칙을 말한다. 이에 의하면 재산권에 대한 침해(행정작용 또는 수단)가 공익목적을 위한 적법한 수단이어야 한다.

2) 필요성의 원칙

필요성의 원칙이라 함은 개인의 권리나 이익을 침해하는 경우 당해 침해는 필요한 최소한도의 것이어야 한다는 원칙을 말한다. '최소침해의 원칙'이라고도 하며, 이에 의하면 여러 적합한 수단 중에서도 공익상의 필요에 따른 최소한의 침해를 가져오는 수단을 선택하여야 한다.

3) 상당성의 원칙(협의의 비례원칙)

상당성의 원칙이라 함은 침해의 정도와 그 추구하는 목적 사이에서는 상당한 비례관계가 유지되어야 한다는 것으로서, 사소한 공익의 달성을 위한 중대한 사익의 침해는 허용되지 않는다는 원칙을 말한다. 이는 '협의의 비례원칙'이라고도 하며, 이에 의하면 공용침해가 공익목적 달성을 위하여 적합하고 필요한 경우라도 당해 공용침해로 얻는 공익이 침해되는 사익보다 최소한 동등하거나 우월하여야 한다.

3. 공익성개념의 확대

전통적으로 국가, 지방자치단체, 정부투자기관, 기타 공공단체를 포함한 행정주체가 시행하는 공익사업은 국민 대다수가 일상적으로 이용하는 공공시설에 한정되었다. 따라서 순수한 영리목적을 위한 사업, 매우 한정된 특정한 소수의 이익만을 위한 사업, 국민들의 사회 · 경제 · 문화생활상 직접적인 필요성이 낮은 사업 등은 공공성이 낮은 사업으로 보아 그러한 사업은 국가가 시행하지 아니하였다.

그러나 현대국가의 기능이 확대 · 변질되면서 반드시 공공시설에 한정하지 않고, 국가의 산업기반을 튼튼히 하기 위한 기간산업의 확충도 국가가 시행하는 공익사업의 범주에 포함시켰으며, 현대복리국가에 있어서 사회공공의 복리를 증진시키기 위하여 국토공간의 사회적 · 경제적 · 문화적 균형개발을 도모하여 국토이용의 효율화와 공간적 생활조건을 정비 · 개선함으로써 전체적인 생활공간을 합리적으로 개발 · 보전 · 정비하는 규제적 생활공간규제에 관한 국가작용이 현대국가의 시대적 책무로서 파악되면서 그러한 토지행정상의 복리증진을 실현하기 위하여 행하는 개발사업과 영리사업에 대하여서도 공익성이 인정되어 국가에서 행하는 공익사업으로 인정되기도 한다.

최근에는 「사회기반시설에 대한 민간투자법」 등 개별사업법에서 공익사업에 대한 투자유치의 필요성에 의하여 민간사업자에게도 광범위하게 수용권을 인정해 가는 추세에 있다. 공익은 가치판단이 개입된 개념으로서 무엇이 공익인지에 대하여 의견의 합치가 어려운 것이 사실이지만, 그 사회에서 일반적으로 공익이 있다고 인정하는 범위를 넘어서는 안 될 것이다.

Ⅱ. 재산권에 대한 공권적 침해

1. 재산권

재산권이란 토지소유권은 물론이고 토지소유권 이외의 재산적 가치가 있는 권리, 즉 법으로 보호되고 있는 일체의 재산적 가치있는 권리를 의미하는 것으로 본다. 다만, 재산가치는 현존하는 것이어야 하며 기대이익은 재산권에 포함되지 않는다. 손실보상의 대상이 되는 재산권의 예시로서 토지취득보상법 제3조는 ① 토지 및 이에 관한 소유권 외의 권리, ② 토지와 함께 공익사업을 위하여 필요한 입목(立木), 건물, 그 밖에 토지에 정착된 물건 및 이에 관한 소유권 외의 권리, ③ 광업권 · 어업권 또는 물의 사용에 관한 권리, ④ 토지에 속한 흙 · 돌 · 모래 또는 자갈에 관한 권리 등을 규정하고 있다.

2. 공권적 침해

공공필요에 의한 행정작용에 의해 사인의 재산권에 대하여 공권적 침해가 있어야 되는 바, '공권적 침해'란 행정청에 의한 공권력행사로 인한 재산권의 박탈, 이용제한, 양도금지 등을 포함한 재산권에 대한 일체의 감손행위를 말한다. 우리 헌법 제23조 제3항은 공권적 침해로서 수용·사용 또는 제한을 규정하고 있으나, 이에 한정되지 않고 공용환지, 공용환권으로 인한 재산적 가치의 감소 그리고 토지출입 및 장해물 제거 등도 포함한다고 할 것이다.

Ⅲ. 법률의 근거

우리 헌법 제23조 제3항은 공공필요에 의하여 사인의 재산권에 대한 공권적 침해를 법률의 근거가 있을 때에만 하도록 규정하고 있으며, 또 헌법 제37조 제2항은 국민의 모든 자유와 권리는 공공복리를 위하여 필요한 경우에 한하여 법률로써 제한할 수 있다고 규정하고 있어 '공용침해의 법률유보 원칙'을 명시하고 있다. 법률유보의 원칙에 대하여는 침해유보설을 비롯하여 여러 견해가 있으나, 재산권의 침해에 법률유보의 원칙이 적용됨을 부인하는 견해는 없다. 따라서 공용수용은 헌법상 재산권보장에 대한 예외적 조치로서 개별 법률에 그 근거가 있어야만 적법성을 지닌다.

Ⅳ. 특별한 희생

공공필요에 의하여 특정 사인의 재산권에 대하여 공용침해가 이루어진다고 하더라도 모든 공용침해가 손실보상으로 이어지는 것은 아니고, 재산권에 대한 공용침해가 개인에게 감수하기 어려운 이른바 '특별한 희생'을 발생시킨 경우에만 공평부담의 견지에서 조절적 보상이 주어지는 것이다. 다시 말하면 재산권의 침해행위가 개인에게 특별한 희생을 발생시키지 않는 정도의 헌법이 예정한 당해 재산권의 내용과 한계 내에 그치거나 재산권의 사회적 구속성의 범주에 해당하는 것은 손실보상의 대상으로 평가될 수가 없다는 것이다.

그렇다면 공용침해로 인한 특별한 희생과 사회적 구속성과의 구별기준을 어떻게 설정할 것인가의 문제가 제기되는데, 이에 대하여 여러 견해가 나눠지고 있다. 이 문제에 관하여는 다음 손실보상의 원인에서 상세히 설명하고자 한다.

Ⅴ. 보상규정의 존재

헌법 제23조 제3항은 공공필요에 의한 적법한 공권력의 행사로 인하여 사인에게 특별한 희생이 발생한 경우에 '법률로써' 정당한 보상을 지급하도록 규정하고 있다. 이는 손실보상의 기준과 방법 및 내용 등에 관한 사항은 법률상 반드시 존재하여야 한다는 것을 의미하는 것이다.

그러나 공공필요에 의하여 공용침해가 행해졌을 때에 당해 법률에서 그에 대한 손실보상의 규정을 정하고 있지 않은 경우에 공용침해를 당한 국민의 권리구제가 가능한지가 문제된다. 이는 현실적으로 헌법 제23조 제3항의 법적 효력문제와 관련된 것으로서 이에 대해서는 견해가 나눠지고 있다. 이 문제에 관하여는 앞에서 자세히 살펴보았지만 유추적용설에 의하여 해결할 수 있다고 생각한다.

제3절 행정상 손실보상의 원인

Ⅰ. 보상원인이 되는 재산권침해의 유형

헌법 제23조 제3항은 「공공필요에 의한 재산권의 수용 · 사용 또는 제한 및 그에 대한 보상은 법률로써 하되, 정당한 보상을 지급하여야 한다」고 규정하고 있다. 동조항은 공공필요에 의한 재산권에 대한 공용침해로서 보상원인이 되는 것으로 수용 · 사용 · 제한의 3태양(3態樣)을 들고 있는데, 널리 사회공공을 위하여는 사유재산권에 대하여 보상을 전제로 합법적으로 이러한 3형태의 침해가 용인된다는 뜻이다. 그런데 여기의 수용은 '공용수용'을, 사용은 '공용사용'을, 제한은 '공용제한'을 말한다. 그 외에도 '공용환지', '공용환권' 등이 보상의 원인이 되는 것이다. 그러나 여기에서는 특히 공용수용이 주로 문제된다.

1. 공용수용

헌법 제23조 제3항의 수용은 공용수용 또는 공용징수를 말한다. '공용수용'이라 함은 공익사업 기타 복리목적을 위하여 타인의 토지 등의 재산권을 법률의 힘에 의하여 강제적으로 취득하는 것을 말한다.[38] 공익사업 기타 복리행정상의 목적을 위하여 타인의 토지 등이 필요한 경우, 사법적 수단에 의하여 그 취득이 불가능한 때에는 권리자의 의사에 관계없이 필요한 재산권을 강제적으로라도 취득하여야 할 필요성이 절실히 요청되고 있는 바, 이를 위한 종국적인 법제가 공용수용이다.

공용수용은 타인의 재산권을 공공필요에 의하여 강제적으로 취득하는 것이므로 사유재산권을 보장하는 법치국가의 헌법에서는 반드시 법률의 근거가 있어야 하고, 법정의 절차를 경유하여야 하며, 정당한 보상을 하여야 한다. 우리나라 헌법 제23조 제3항은 공용수용의 헌법적 근거를 규정하고 있으며, 공용수용에 관한 근거법률은 일반법으로 토지취득보상법이 있고 그 외에도 수많은 특별법이 있다.

---

38) 박평준, 「토지수용법론」, 35면.

2. 공용사용

헌법 제23조 제3항의 사용이란 공용사용을 말한다. '공용사용'이란 특정한 공익사업을 위하여 그 사업자가 타인의 소유에 속하는 토지 기타의 재산권에 대하여 공법상의 사용권을 취득하고, 상대방인 소유자 기타의 권리자는 그 공익사업을 위한 사용을 수인하여야 할 공법상의 의무를 부담하는 것을 말한다.[39] '사용제한'이라고도 한다.

공익사업의 목적을 수행하기 위하여 타인의 재산을 사용할 필요가 있는 경우 사업주체가 민법상의 계약에 의하여 타인의 재산에 대한 사용권을 취득하는 것이 보통이지만, 권리자의 승낙을 받지 못하거나 긴급하여 그 승낙을 받을 여유가 없는 때에는 권리자의 의사를 묻지 아니하고 직접 법률에 의하여 또는 법률에 의거한 행정행위에 의하여 사용권이 설정된다.

공용사용은 그 내용으로 보아 일시적 사용과 계속적 사용으로 나누어진다. '일시적 사용'은 공익사업의 주체가 그 사업의 이익을 위하여 타인의 토지 · 건물 기타 재산을 일시적으로 사용하는 것을 말한다. '계속적 사용'은 개인의 재산권에 대한 중대한 제한이기 때문에 공용수용과 동일한 신중한 절차에 따라 그 사용권이 설정되는 것이 원칙이다.[40]

공용사용은 개인의 재산권에 대한 사용권을 강제로 설정하는 것이므로 그에는 법률의 근거가 있어야 하고, 또한 법정의 절차를 거쳐 정당한 보상을 지급하여야 한다. 토지취득보상법은 공용사용에 대한 보상을 규정하고 있고, 개별법도 원칙적으로 보상규정을 두고 있다.[41]

3. 공용제한

헌법 제23조 제3항의 제한이라 함은 공용제한을 말한다. '공용제한'이라 함은 특정한 공익사업 기타 복리행정상의 목적을 위하여 또는 일정한 물건의 효용을 보존하기 위하여 개인의 재산권에 과하여지는 공법상의 제한을 말한다.[42] 공용제한은 당초 특정한 공익사업의 수요를 충족하기 위한 목적을 갖고 있었지만, 오늘날은 이와 같은 좁은 부분목적을 초월하여 국토의 합리적인 이용과 개발 · 보전을 통한 생활공간의 형성을 도모함으로써 공공복리의 증진에 기여하고자 하는 목적으로 그 제도가 발전하여 왔다. 그리고 공용제한의 가장 중요하고 일반적인 대상은 토지재산권인데, 토지에 대한 공용제한을 특히 '공용지역'(公用地役)이라고 한다. 그런데 공용제한은 그 제한을 필요로 하는 공익상 수요의 종류에 따라서 계획제한 · 보전제한 · 사업제한 · 공물제한 · 사용제한 등으로 나눌 수 있다.[43]

---

39) 박평준, "공용사용과 손실보상", 「사법행정」, 통권 제464호, 한국사법행정학회, 1999.8, 10면.
40) 토지취득보상법은 토지사용도 토지수용과 동일한 절차를 거쳐 행하도록 하고 있다(동법 제19조 이하).
41) 김동희, 「행정법Ⅱ」, 박영사, 2011, 384면.
42) 박평준, "공용제한과 손실보상", 우제 이명구 박사 화갑기념논문집(Ⅱ) 「현대행정법학이론」, 고시연구사, 1996, 545면.
43) 상게논문, 545-553면.

공용제한은 헌법상 보장된 개인의 토지재산권에 대한 침해를 가져오므로 반드시 법률의 근거가 있어야 한다. 헌법 제23조 제3항 및 헌법 제122조 등은 헌법적 근거이고, 개별법적 근거로서는 「국토의 계획 및 이용에 관한 법률」 · 도로법 · 문화재보호법 · 자연공원법 · 철도법 · 하천법 등이 있다. 그런데 공용수용이나 공용사용의 경우에는 그 근거법에 보상규정을 두고 있는 것이 일반적이지만, 공용제한에는 보상규정이 없는 경우가 많아 문제이다.

Ⅱ. 보상원인으로서의 '특별한 희생'

재산권침해로 인한 손실이 보상을 요하는 보상원인이 되는 것인가의 여부는 그 침해가 재산권의 사회적 구속성 또는 '특별한 희생'의 어느 편에 해당하는 것인가의 구별의 문제로서, 전자의 경우는 보상의 필요가 없고 후자의 경우에는 보상을 하여야 한다.

그런데 이 양자를 구별하는 기준에 관하여는, 종래 형식적 표준설과 실질적 표준설이 대립되어 왔고, 이 양설을 종합하는 절충설도 있다.

1. 형식적 표준설

이 설은 '개별행위설'(Einzelaktstheorie)이라고도 하며, 재산권에 대한 침해행위가 일반적(allgemein)인 것이냐 개별적(einzel)인 것이냐의 형식적 표준에 따라 특정인 또는 한정된 범위 안의 자에 대한 침해행위만을 '특별한 희생'으로 본다.[44)]

이 설에 의하면 침해의 범위가 일반적인 경우에는 그 침해는 재산권에 내재한 사회적 제약으로 보아 손실보상은 필요없다는 것이다. 그러나 재산권에 대한 일반적 침해라고 하더라도 개인에게 보장된 권리의 박탈이나 권리의 실질을 상실하게 하는 정도의 재산권규제에 대하여는 손실보상을 하여야 한다는 점에 이 학설의 약점이 있다고 할 수 있다.

2. 실질적 표준설

이 설은 '실질설'(Schweretheorie)이라고도 하며, 재산권 침해의 본질성(Wesentlichkeit)과 강도(Intensität)라고 하는 실질적 표준에 의하여 구별하려고 한다.[45)]

이 설에 의하면 그 침해가 재산권의 본질인 배타적 지배권을 침해하지 아니하는 범위 안의 것일 때에는 재산권에 내재한 사회적 제약이고, 일반적 부담 이상으로 재산권의 본질을 침해하는

---

44) G.Anschtz, *Die Verffassung des Deutschen Reichs*, 14 Aufl., S.712.

45) R.Stödter, a.a.O., S.208.

것일 때에는 재산권의 내재적 제약의 범위를 넘은 것이므로 손실보상을 요하는 '특별한 희생'에 해당된다는 것이다.

그런데 실질설이 갖고 있는 내용이 불명확하고, 재산권의 본질적 침해가 아니더라도 보상을 인정하는 경우가 있다는 점에 모순이 있다.

실질설에 입각한 견해도 그 구체적인 주장은 다음과 같이 다르다.

1) 보호가치설

보호가치설(Schutzwürdigkeitstheorie)은 보호할 가치가 있는 재산권의 침해를 공용침해로 보는 견해이다. 보호할 가치가 있는 것인지 여부의 결정은 역사 · 사상 · 언어의 관용 · 법률의 취지 등에 비추어 재산권의 보호가치가 있는 경우와 그렇지 않은 경우로 구분하고, 전자에 대한 침해만이 보상을 요하는 '특별한 희생'에 해당한다고 한다.[46]

2) 수인한도설

수인한도설(Zumutbarkeitstheorie)은 재산권의 본체인 배타적 지배성을 침해하는 행위는 재산권보장의 한계를 일탈한 것으로 허용되지 않음은 물론 보상을 요하는 침해행위이다. 따라서 재산권의 본질인 배타적 지배성을 침해하지 아니하는 범위 안의 침해는 재산권에 당연히 내포된 사회적 제약이므로 보상을 요하지 않는다고 한다.[47]

3) 사적 효용설

사적 효용설(Privatnützigkeitstheorie)은 사유재산제도의 본질을 재산권의 사적 효용성에서 구하고, 그 사적 효용성을 침해하는 행위가 보상을 요하는 '특별한 희생'에 해당한다고 한다.[48]

4) 목적위배설

목적위배설(Zweckentfremdungstheorie)은 '기능설'(Functionstheorie)이라고도 한다. 이 설은 재산권에 대한 침해가 종래부터 인정되어 온 이용목적이나 기능에 위배되는 경우에는 '특별한 희생'이고, 종래부터의 이용목적이나 재산권의 기능에 적합한 이용을 확보하기 위한 침해는 사회적 제약이라고 한다.[49]

---

46) W. Jellinek, *Verwaltungsrecht*, 3 Aufl., 1948, S.413.

47) R. Stödter, a.a.O., S.208.

48) R. Reinhardt, "Wo liegen für den Gesetzgeber der Grezen, gemäss Art, 14 des Bonner Grundgesetzes über Inhalt und Schranken des Eigentums zu bestimmen?", *Verfassungsschutz des Eigentums*, 1954, SS.24-33.

49) E. Forsthoff, a.a.O., SS.301-305; W. Weber, *Eigentums und Enteignung*, Neumann-Nipperdy Scheuner in : *Die*

5) 사회적 제약설

사회적 제약설(Sozialbindungstheorie)은 위에서 살펴본 학설들이 사회적 제약과 '특별한 희생'을 구별하는 기준을 재산권에 대한 공권적 침해라는 관점에서 찾는 데 반하여, 그 기준을 사회적 제약에 두고 있다. 따라서 사회적 제약을 초월한 모든 재산권에 대한 침해행위는 손실보상을 요하는 것으로 본다. 그러므로 그 침해행위가 일반적인 기본권이론에 비추어 허용되는 경우에 해당하면 손실보상을 필요로 하지 않는 사회적 제약으로 본다.[50)]

6) 상황적 구속설

상황적 구속설(Theorie der Situationsgebundenheit)은 주로 토지이용제한과 관련하여 독일의 연방통상법원의 판례를 통하여 발전된 견해로서, 토지는 그 위치 · 성질 · 경관 등으로 인하여 일정한 이용을 제한받게 되며, 그러한 제한은 사회적 제약에 지나지 아니한다고 한다.[51)]

7) 중대설

중대설(Schweretheorie)은 독일의 연방행정재판소가 취하는 견해로서, 침해의 중대성과 범위(die Schwere und Tragweite des Eingriffs)를 기준으로 하여 침해의 중대성과 범위에 비추어 사인이 수인할 수 없는 제한에 대하여서만 보상이 필요하다고 한다.[52)]

3. 절충설

절충설은 손실보상을 요하는 '특별한 희생'과 요하지 않는 사회적 구속성을 구별하는 기준에 관한 형식적 표준설과 실질적 표준설은 각각 일면적인 타당성을 갖는다 하더라도 완전한 구별기준으로서 기능할 수 없다는 데에서 비롯되는 견해이며, 이 양설을 함께 고려하여 판단하여야 한다는 주장이다.

따라서 '특별한 희생'의 기준을 결정하기 위하여는 침해행위가 본질적(wesentlich)인 것인가, 즉 침해가 사회관념상 본인의 부담으로 귀속될 사회적 제약이라고 인정할 만한 정도의 것인가 또는 아닌가라는 실질적 기준을 주로 하고, 침해행위가 일반적(allgemein)인 것인가 또는 아닌가, 즉 피침해자수의 전체에 대한 비율과 같은 형식적 기준을 참작하여야 한다고 주장한다.[53)]

Grundrecht. Bb.z, 2 Aufl., 1954, SS.374-375.

50) Vgl Stein, *Staatsrecht*. 7 Aufl., 1980, S.166.

51) Dazu vgl, H. Rittstieg, *Grundgesetz und Eigentum*. NJW, 1982, S.721.

52) BVerwGE 5, 143(145f); BVerwGE 19, 94(98f).

53) 김도창, 전게서, 661면.

4. 결 어

우리나라의 통설적 견해는 절충설이다.[54] 생각건대, 재산권침해로서 손실보상을 요하는 '특별한 희생'의 불확정개념을 확정하는 데에 있어서 위의 각 설은 일면적 타당성만을 지니고 있으며, 재산권에 내재하는 사회적 구속성과의 완전한 구별기준을 제시한다고 보기는 어렵다. 따라서 양설의 표준을 함께 고려하여 결정하여야 할 것이며, 특정인에 대하여 생긴 손실(형식적 표준)로서 재산권의 본질적 · 실질적 제한에 대한 손실(실질적 표준)은 보상의 대상이 된다고 본다. 그러므로 손실보상을 요하는 '특별한 희생'은 재산권의 침해를 특정인의 부담으로 방치하는 것이 사회정의 · 공평의 원칙에 반하는 것으로 보면서, 재산권에 대한 실질적 · 본질적 제한의 유무는 그 '목적위배' · '기능에 적합한 이용' · '상황적 구속성' 등의 기준을 종합적으로 고려하여 판단하여야 할 것이다.[55]

Ⅲ. 보상원인의 확대

헌법 제23조 제3항의 보상은 재산권침해를 규정한 법률에서 보상에 관한 규정을 둔 '적법한 재산권침해'의 경우의 보상으로 본다면, 법률이 재산권에 대한 공권적 침해를 규정하면서 보상규정을 두지 아니한 '위법'한 경우의 피해자구제가 문제된다. 또한 헌법 제23조 제3항에 의한 보상이 '의도된 침해'에 대한 보상으로 본다면 적법한 공권력행사에 의한 '비의도적인 부수적 침해'에 대한 구제도 문제된다.

그런데 오늘날 손실보상이론은 손실보상의 원인이 점차 확대되어 가는 경향에 있다는 사실을 주목할 필요가 있다. 즉 국가작용의 적법 · 위법을 구별하지 아니하고, 또 의도적인지 아니면 단순히 부수적인 효과인지를 구분하지 아니하고 공권력작용에 의하여 재산권침해의 결과가 나타난 경우에는 이에 대하여 광범위하게 손실보상을 함으로써 재산권을 보호하는 방향으로 나아가고 있다. 현행 헌법상의 재산권보장의 정신도 이와 같은 시대의 흐름에 순응하는 것이라고 보아야 한다.[56]

이와 같은 경우에는 독일에서 판례를 통하여 형성된 이른바 '수용유사적 침해'의 이론 또는 '수용적 침해'의 이론을 인정하려는 견해가 우리나라의 학자에 의하여도 유력하게 주장되고 있다.[57]

---

54) 상계서, 661면; 김동희, 「행정법 I」. 573면; 박윤흔 · 정형근, 전게서, 655면; 박평준, 「토지수용법론」. 271면; 서원우, 전게서, 720면; 석종현, 전게서, 670-671면; 이상규, 전게서, 646면; 홍정선, 전게서, 605면.

55) 박평준 · 박창석, 「보상법규강의」. 321-322면; 박평준 · 박창석, 「보상행정법」. 579-580면

56) 허영, 「한국헌법론」. 박영사, 2005, 491면.

57) 김남진 · 김연태, 전게서, 626-630면; 박수혁 등 감수, 전게서, 543-549면; 박평준, 「토지수용법론」. 455-458면; 석종현, 전게서, 701-708면; 허영, 상게서, 490-491면; 홍정선, 전게서, 539-546면; 홍준형, 「행정구제법」. 한울아카데미, 1996, 167-198면.

1. 수용유사적 침해

1) 의 의

수용유사적 침해(enteignungsgleicher Eingriff)라 함은 적법한 공권력행사로 인한 손실보상의 요건은 갖추고 있으나, 법률에서 공용침해에 대한 근거규정을 두면서 손실보상에 관한 근거규정은 두지 아니하여 결과적으로 위법하게 된 특별한 희생을 당한 자에게도 손실보상을 하여야 한다는 이론이다.

국가배상법은 위법 · 유책의 행위로 인한 손해에 대한 배상의 규정으로 공무원의 위법 · 무책의 직무행위로 인하여 발생한 손해에 대한 구제책으로는 기능할 수 없다. 따라서 위법 · 무책의 행위로 인한 손해전보의 흠결에 대한 보완이 필요하게 되며, 적법한 재산권의 침해가 보상된다면 위법한 침해로 인한 손해는 당연히 구제되어야 한다는 형평적 논리를 기초로 수용행위에 유사한 공용침해로 보아 손실보상을 인정하는 이론이다.

2) 법적 근거

수용유사적 침해이론은 초기 독일의 연방사법재판소의 판례에 의해 인정되었으나, 연방 헌법재판소의 '자갈채취판결'에 의해 독일기본법 제14조는 더 이상 수용유사적 침해이론의 법적 근거가 되지 못하였다. 그럼에도 최근 독일에서는 관습법으로 존속하는 프로이센 일반란트법 제74조 및 제75조에 표현되어 있는 희생보상의 원리에 의해 수용유사침해이론을 인정하고 있다.

3) 수용유사적 침해의 인정요건

본래의 행정상 손실보상의 모든 요건은 모두 갖추고 있으나, 침해의 위법성만 다르다. 즉 공공의 필요, 재산권에 대한 공권적 침해, 특별한 희생, 침해의 위법성이 성립요건이 된다. 이 경우 침해의 위법성은 수용유사적 침해를 수용침해 및 수용적 침해와 구별하는 본질적인 특징으로서 위법성 역시 행정상 손해배상에 있어서의 위법이 아니라 공용침해 자체는 법률에 근거하여 행해졌으나, 당해 법률에 헌법이 요구하는 보상의 규정을 두지 않아 그 근거 법률이 위헌이라는 점에서 위법을 의미한다.

4) 우리나라에서의 논의

우리나라에서 이 수용유사적 침해이론을 수용할 수 있는가의 문제에 대하여는 견해가 대립되고 있다. 즉 ① 헌법 제23조 제3항은 입법자에 대하여 효력을 가지는 것이므로 보상규정이 없는 침해법률은 위헌무효이며, 헌법 제23조 제1항과 제11조를 근거로 하여 제23조 제3항 및 관계규정을 유추적용하여 수용유사적 침해에 대한 보상이 가능하다는 이론을 구성하는 견해가 있고, ② 침해

법률은 위헌무효라는 입장에 서되, 손해배상청구만이 가능하다는 견해, ③ 헌법 제23조 제3항이 국민에 대하여 직접효력을 갖는 것이므로 손실보상청구가 가능하다는 견해, ④ 헌법 제23조 제3항은 입법자에 대하여 효력을 가지는 것이기는 하나, 보상규정이 없이 침해규정만 있는 법률이라도 위헌결정을 받기 전까지는 유효하며, 그러한 기간 동안 그에 기초하여 행하여진 행정행위는 그 법률이 추후 위헌결정을 받더라도 취소사유에 불과한 흠을 가진 행위라고 보아야 하므로(대법원 견해) 침해를 받은 자는 침해행위의 취소소송을 제기하고, 그 취소소송절차에서 헌법재판소에 위헌심판을 제청하여 위헌결정이 된 경우에는 침해행위의 취소판결에 의하여 재산권 자체의 회복을 기하도록 하고, 침해행위의 존속기간 중의 손해배상청구를 인정하되, 위법이나 무과실이어서 국가배상의 요건을 충족시키지 못하여 실질적 구제가 되지 못하는 것을 지양하여야 하므로 과실을 완화하여 모든 경우에 그것이 가능하도록 하여야 한다는 견해가 있다.

헌법 제23조 제3항의 성질에 관하여는 방침규정설 · 직접효력설 · 위헌무효설 · 유추적용설 등의 견해가 대립되고 있으나, 유추적용설에 의하여 해결할 수 있다고 본다. 이에 의하면 독일의 판례를 통하여 성립 · 발전된 수용유사적 침해법리의 수용이 가능하게 된다.[58]

2. 수용적 침해

1) 의 의

수용적 침해(enteignender Eingriff)란 적법한 행정작용의 비정형적이고 비의도적인 부수적 효과로써 발생한 개인의 재산권 손실에 대하여 손실보상을 인정하자는 이론이다. 이는 법에 보상규정이 없는 경우에도 당해 행위의 위법성의 문제를 제기하지 않으면서 그로 인한 손실을 전보해 주려는 데 그 의의가 있다.

2) 법적 근거

독일에서는 헌법적 관습법으로서의 효력이 있는 프로이센 일반란트법에 의해서 인정되고 있는데, 우리나라의 경우 헌법상의 기본권보장, 법치국가원리, 사회국가원리 등에서 그 근거를 찾을 수 있다.

3) 수용적 침해의 인정요건

수용적 침해보상을 인정하기 위한 기본적 요건으로서 공공의 필요를 위한 재산권에 대한 침해이고, 적법한 행정작용에 의할 것이고, 부수적 효과로서 비의도적 · 비정형적인 손실이 발생하여

58) 박평준, 「행정상손실보상법리연구」, 613면.

야 한다. 손실은 재산권의 사회적 제약을 넘은 특별한 희생으로서, 그 사회적 수인의 한계를 넘어서는 것이어야 한다.

적법한 공권력의 행사로 의도하지 않는 비정형적 · 부수적인 결과가 발생하고, 이것이 직접적인 재산권의 침해로 이어지는 것으로서 지하철 공사로 인한 통행곤란 때문에 인근 상가의 매출에 타격을 주는 경우가 여기에 해당된다.

4) 우리나라에서의 논의

우리 헌법 제23조 제3항의 규정을 엄격하게 해석할 경우, 동 규정은 법적 행위에 의한 침해나 직접적인 침해, 즉 의도된 적법한 공용침해만을 보상대상으로 하면, 사실행위에 의한 침해나 간접적인 침해, 즉 의도되지 않은 적법한 침해는 보상의 대상으로 하고 있지 않다고 볼 수 있다.

이러한 흠결의 보충과 관련하여 침해에 대한 보상 여부에 관하여는 ① 헌법 제23조 제3항은 보상은 법률로써 정하도록 하였으므로 법률에 보상규정이 없을 때에는 보상이 불가능하다고 보고 입법적으로 해결하여야 한다는 견해, ② 독일의 수용적 침해의 법리를 도입하여 보상청구가 가능하다는 견해 등의 대립이 있다.

3. 비재산적 법익에 대한 손실보상(희생보상청구권)

1) 의 의

희생보상청구제도란 행정기관에 의한 고권작용으로 인하여 발생한 비재산적인 법익, 즉 생명 · 건강 · 명예 · 자유 등과 같은 비재산적 법익의 침해에 대하여 보상해주는 것이다. 희생보상은 기존의 손실보상제도가 재산적인 법익의 보상만을 그 대상으로 한 데에 반하여, 비재산적인 법익의 보상을 그 대상으로 하는 점에서 차이를 갖는 것이다.

2) 법적 근거

독일의 경우 프로이센 일반란트법 제74조, 제75조 등 관습법에 기초한 희생보상의 원칙에 근거한다. 우리나라는 기본권보장, 법치국가원리, 사회국가원리 등을 헌법적 근거로 하고, 전염병예방법 제54조의2 등을 법률적 근거로 들 수 있다.

3) 성립요건

희생보상의 성립요건으로는 공공의 필요, 행정주체의 고권적인 제약행위의 존재, 비정형적 결과로 인한 비재산권에 대한 침해, 특별한 희생의 발생을 들 수 있다.

희생보상청구권은 특히 비정형적 결과로 인한 비재산권에 대한 침해일 것을 요구하는 바, 공권력의 행사로 인하여 발생한 예상치 못한 생명 · 신체의 피해에 대한 보상제도로서 의도적인 침해가 있었다면 이는 공권력의 행사가 위법하다는 징표가 될 것이다. 여기에서 '비재산적 법익'이라 함은 생명 · 건강 · 명예 · 자유 등을 말하며, 침해대상인 비재산권은 보호가치성이 있어야 하고, 무보상의 수인을 요구할 수 없는 정도의 특별한 희생일 것을 요한다.

4) 보상효과

보상의무는 침해를 통한 수익자가 지며, 수익자가 없다면 행정주체가 지게 된다. 희생보상청구권 행사에 의하여 주장할 수 있는 보상내용은 비재산적 법익의 제약을 통하여 발생한 재산적 손실이다. 그 내용으로는 치료비용, 요양비용, 일실이익 등이 되며, 이 때에 정신적 피해를 이유로 한 위자료청구는 인정되지 않는다. 따라서 희생보상청구제도의 대상으로서의 '비재산적'이라는 개념의 의미는 불이익을 받게 되는 법익을 의미하는 것이며, 보상내용을 말하는 것은 아니다. 이 때에 피해자의 과실이 존재하는 경우에는 보상액의 산정시 고려사유가 된다.

한편, 직무행위로 인한 손해배상청구권과 희생보상청구권은 서로 배척하지 않고 병렬관계에 있다.

5) 우리나라의 인정 여부

실정법과 판례의 입장은 일반적 제도로서의 희생보상청구권 인정을 원칙적으로 부인하고 있다.[59] 그러나 학설에서는 헌법의 기본권 규정(헌법 제10조, 제12조)과 평등조항(헌법 제11조)을 직접근거로 하여 희생보상을 청구할 수 있다는 견해와, 기본권규정과 평등조항의 정신에서 희생보상청구권이 간접적으로 도출된다고 보는 견해가 있다.

---

59) 개별법인 (구)산림법 제102조의2, 전염병예방법 제54조의2에서 개별적으로 인정하고 있다.

제4절 행정상 손실보상의 대상

공용수용으로 인한 손실보상의 대상은 역사적으로 변천을 거듭하고 있는데, 그것은 대인보상에서 대물보상으로, 대물보상에서 생활보상으로 변천하여 왔다고 할 수 있다.[60] 여기에서 보상대상의 변천과정에 대하여 살펴보면 다음과 같다.[61]

Ⅰ. 대인보상에서 대물보상으로

영국에서 처음으로 손실보상을 인정한 토지조항통합법(Land Clause Consolidation Act, 1845)에서 수용토지의 보상은 피수용자에 있어서의 가치를 기준으로 평가되었다. 여기에서 '피수용자에 있어서의 가치'(value to the owner)란 당해 토지의 객관적인 시장가치를 뜻하는 것이 아니라 피수용자가 그 토지를 사용함으로써 현재 얻고 있는 편익가치(便益價値), 즉 주관적 가치를 뜻한다. 왜냐하면 피수용자의 자기 토지에 대한 주관적 가치는 대부분의 경우에 그 객관적인 시장가치를 초과하기 때문이다.[62] 따라서 초기의 손실보상은 피수용자가 향유하고 있는 편익가치인 피수용자 개인의 입장을 대상으로 한 '대인보상'이었다.

그러나 대인보상은 보상액의 산정에 관하여 객관적 기준이 없고, 또 고액이었으므로 공공사업비의 경감과 보상액의 객관화를 위하여 고안된 것이 재산에 대한 객관적 시장가치의 보상인 '대물보상'이다. 대물보상의 대표적인 제도의 예는 미국을 들 수 있으며, 영국에서는 토지취득법(Acquisition of Land Act, 1919)에 의하여 대물보상의 원칙이 채택되었는데, 종래 손실보상은 주로 대물보상이었다.

그런데 대물보상은 원칙적으로 수용의 대상과 보상의 대상이 일치하지만, 피수용자나 관계인에게 만족할 만한 보상이 되지 아니하는 경우가 많다. 왜냐하면 철저한 대물보상에 있어서는 이전비손실 및 영업상 손실 등 부대적 손실에 대한 보상의 여지가 없기 때문이다. 이러한 대물보상

---

60) 박평준, 「토지수용법론」. 274-276면; 박평준 · 박창석, 「보상법규강의」. 327-328면.

61) 이상규, "손실보상의 대상의 변천", 월간고시 편집부 「행정법논집」. 법지사, 1984, 270-277면.

62) R. D. Stewart-Brown ed., *Encyclopedia of the Compulsory and Compensation*. 1962, p.2036.

의 문제점을 보완한다는 취지에서 형성된 것이 이른바 '생활보상'이다.[63]

Ⅱ. 대물보상에서 생활보상으로

현대 복지국가에 있어서의 보상은 대물보상에서 생활보상으로 변천하고 있는데, 여기에 가장 크게 작용한 것은 손실보상이론에 대한 사회복지국가관념의 도입이라고 할 수 있다.

따라서 손실보상의 목적을 사회복지국가적인 관점에서 본다면, 보상에 의해서 수용 전과 같은 재산상태를 만드는 것만으로는 불충분하고, 수용 전과 같은 생활상태를 만들 수 있는 것이어야 한다. 그러므로 복지국가에 있어서의 손실보상은 재산의 등가교환적 가치의 보상에 만족할 것이 아니라 종전의 유기체적인 생활의 회복을 보장하는 이른바 생활보상이어야 할 것이다.[64] 그러므로 보상은 피수용자와 관계인의 종래와 같은 생활에 대한 관심을 가져야 하며, 결국 생활보상의 이념을 지향하고 있다고 할 수 있겠다.

Ⅲ. 우리나라 헌법상 생활보상의 지향

근대헌법에서는 개인에게 사유재산제와 함께 직업선택의 자유가 보장되어 있으므로 수용된 재산권의 객관적 가치에 대한 완전한 보상을 받으면, 각자는 보상금으로 대체재산을 확보하거나 그 의사에 따라 다른 곳으로 이주(移住)하여 종전의 직업에 종사하든지 그 능력에 맞는 다른 직업을 선택하면 되는 것으로 보았다.

그러나 현대 헌법하에서는 댐건설 등과 같은 대규모적인 공공사업이 행해지는 때가 많으며, 그 경우에는 '면적 수용'(面的 收用)에 의한 광범위한 용지취득이 행하여지고 지역사회 전체가 붕괴됨으로써 생활터전을 잃게 된다. 이러한 경우에는 재산권의 객관적 가치의 보상만으로는 정당한 보상이 될 수 없는 것이다. 그러므로 오늘날은 생활보상이 보상대상의 중요한 과제로서 취급되어야 할 필요성이 절실하다. 따라서 우리나라의 손실보상은 복지국가적 생활보상을 지향하는 것이라고 할 수 있다. 그러므로 우리나라의 헌법상 손실보상은 대물보상을 근간으로 하면서 생활보상을 지향하는 것으로 이해할 수 있겠다.[65]

---

63) 김원주, "현대복지국가의 행정상 손실보상", 「고시연구」, 1982. 11, 70면.

64) 상게논문, 70면.

65) 박평준, 「행정상손실보상법리연구」, 182면.

Ⅳ. 현행법상의 생활보상

우리나라의 헌법상 국민의 재산권은 보장되지만, 그 행사는 공공복리에 적합하여야 하며, 공공필요에 의한 재산권의 수용·사용 또는 제한은 법률의 근거하에 정당보상을 하여야 한다(헌법 제23조). 따라서 재산권에 대한 공용침해는 공공필요, 법률근거, 정당보상 등의 요건을 구비함으로써만 정당화되는 것으로서 공공필요의 원칙, 공용침해법정주의, 정당보상의 원칙 등을 규정하고 있다.

여기의 헌법상의 '정당보상원칙'은 항상 획일적인 보상기준이 적용되는 것이 아니라 원칙적으로는 완전보상을 해 주어야 하지만, 경우에 따라서는 완전보상을 상회하거나(생활보상) 그 수준을 하회하는 경우(개발이익의 배제)를 부인하는 것은 아니라고 본다.

그런데 종래의 손실보상은 사유재산권을 중심으로 하여 그의 박탈과 그에 따라 부대적으로 발생하는 경제적 손실에 대한 보상을 그 기본내용으로 하고 있었다. 공공사업이 종전에는 주로 도로·시장·운동장 등과 같은 소규모의 개발사업이어서 그 용지(用地)를 취득하기 위하여는 이른바 '점·선적 수용'(點·線的 收用)이 행하여졌다. 따라서 토지를 수용당한 자는 그 보상금으로 인근지역에서 그에 상당한 대체토지를 매수하여 종전과 같은 생활을 계속할 수 있었다. 그 결과 공용수용에 있어서는 토지 등의 시장가격 및 그 부대적 손실에 대한 보상을 하면, 그것이 정당보상이라는 이론이 성립할 수 있었던 것이다.

그러나 오늘날에는 공공사업이 댐·공업단지·주택단지의 건설 등과 같이 대규모적으로 행하여지고 있으며, 그 경우에는 이른바 '면적 수용'(面的 收用)에 의한 광범위한 용지취득이 이루어지고 특정한 지역사회 전체가 붕괴되는 결과까지를 초래하게 된다. 이러한 경우에는 재산권의 객관적 가치의 보상만으로 정당한 보상이 될 수는 없는 것이며, 따라서 오늘날은 종래와는 다른 여러 가지 새로운 문제가 대두되고 있는 바, 이와 관련하여 생활보상이 보상문제의 새로운 중요과제로서 검토되는 단계에 이르렀다.

오늘날의 행정상 손실보상에 있어서 새로운 보상문제의 중요한 일환으로서 취급되고 있는 생활보상의 법리를 정립하기 위하여는 생활보상의 개념·인정근거·법적 성격·내용 및 범위 등에 관하여 체계적인 연구가 수행되어야 할 필요성이 절실하다. 따라서 여기에서는 이와 같은 순서에 따라 우리나라의 현행법을 중심으로, 그 내용을 구성하여 고찰하고자 한다.[66)]

1. 생활보상의 개념정립

1) 생활보상의 배경

손실보상의 대상은 역사적으로 변화를 거듭하고 있는데, 그것은 대인보상에서 대물보상으로,

---

66) 박평준, "현행법상의 생활보상에 관한 고찰", 363-381면 참조.

대물보상에서 생활보상으로 변천하여 왔다고 할 수 있다.

생활보상의 이론적 배경은 대물적 보상의 한계와 복리국가주의의 요청을 들 수 있다. 즉 현대사회에 있어서는 토지의 희소성으로 인하여 유사토지의 구입이 곤란한 경우가 많고, 또한 대물적 보상에도 불구하고 피수용자의 생활근거가 상실되는 경우가 있기 때문에 생활보상을 하여야 할 필요성이 요청된다. 그리고 수용의 대가로 받은 보상금으로 피수용자가 종전과 같은 생업(生業)을 유지할 수 없게 되거나 수몰민의 경우처럼 생활재건을 할 수 없게 된다는 것은 복리국가주의의 실현에 위반하기 때문에 생활보상의 필요성이 증가되고 있다.

2) 생활보상의 개념형성에 관한 학설

위에서 지적한 바와 같은 필요에 따라 오늘날 공용침해에 대한 손실보상은 생활보상을 해 주어야 한다는 점에 관하여 대부분의 견해는 거의 이론(異論)이 없으나,[67] 생활보상이 무엇을 의미하는 것인가는 의견이 다르다.

생활보상은 실정법이나 판례상으로 아직 정립된 개념이 아니고, 생활재건보상 · 생존보상 · 생업보상이라고도 하며,[68] 생활권보상이라고도 한다.[69] 생활보상의 개념은 학문상으로도 아직 확립된 것이 없으며, 지금까지 논의되어 온 바를 정리하면 다음과 같다.

(1) 최광의설

오늘날에는 종래의 재산권보상에 갈음하여 생활권보상이 보상의 궁극적 목표로서 손실보상제도의 중심이 되어야 한다는 전제하에서, 종전의 전형적인 재산권보상인 대물보상과 그 부대적 손실보상도 생활권보상으로 보는 견해이다. 우리나라 학자들 중에서 이 견해를 취하는 입장은 없는 것 같다.[70]

(2) 광의설

생활보상은 피수용자 등의 재산의 등가교환적 가치의 보상에 그치는 것이 아니라 유기체적인 생활을 종전과 마찬가지 수준으로 보장해 주는 것을 말한다. 그리고 생활보상의 내용으로서는 주거의 총체가치의 보상, 영업상 손실보상, 이전료보상, 소수잔존자보상 및 이주대책과 같은 생활재

---

67) 그러나 생활보상의 문제는 사회국가원리와 재산권, 특히 토지의 사회성과 공공성 등을 고려하여 공용침해와 관련된 모든 공익과 사익의 총체적인 형량을 통한 보상이라는 권익형량보상을 통해서도 해결될 수 있는 문제이므로 별도로 생활보상이라는 원칙을 확립할 필요가 있는지는 의문이다라는 견해도 있다(정연주, “우리 헌법상 재산권이론의 형성과 발전”, 정천 허영 박사 화갑기념논문집 「한국에서의 기본권이론의 형성과 발전」. 박영사, 1997, 370면).

68) 西埜 章, 「損失補償の要否と內容」. 東京 : 一粒社, 1991, 159頁.

69) 김철용, 「행정법 I」. 박영사, 2005, 484면; 박윤흔 · 정형근, 전게서, 662, 670면.

70) 박윤흔 · 정형근, 상게서, 670면.

건조치 등을 들고 있으나, 학자에 따라 약간의 차이가 있다. 이 견해에 따르면 종래 재산권보상으로 취급되어 온 부대적 손실보상의 상당부분이 생활보상에 포함된다.[71)]

(3) 협의설

생활보상이란 피수용자 등이 현재 당해 장소에서 현실적으로 누리고 있는 생활이익의 상실로서 재산권보상만으로는 전보되지 아니한 손실에 대한 보상을 말한다. 이러한 입장에서도 견해가 일치하지는 않지만, 보상대상을 구체적 · 개별적으로 특정할 수 있는 유형 · 무형의 재산이나 재산적 이익을 대상으로 하는 실비변상적 보상인 이전료보상과 일실손실보상인 영업손실보상 등과 같은 부대적 손실보상은 생활보상에서 제외한다.[72)]

(4) 결 어

생활보상은 이를 광의로 파악하는 것이 현재의 다수설이며 또한 판례의 입장이다.[73)]

위의 광의설과 협의설은 오늘날의 대규모적인 댐 건설 등의 현실에서는 종래의 재산권보상만으로는 제대로 완전보상이 행해질 수 없으며, 완전보상이 실질적으로 행해지기 위하여는 재산권보상에 더하여 생활보상이 필요하다고 보아 재산권보상과 생활권보상의 병존을 인정한다. 그러므로 광의설과 협의설은 어떤 본질적인 사항에 대하여 견해를 달리하는 것이 아니고, 다만 일부의 보상항목을 재산권보상으로 보는가 또는 생활권보상으로 보는가 하는 점에 차이가 있을 뿐이다.[74)] 따라서 재산권보상이냐 생활권보상이냐가 중요한 것이 아니라 '어느 범위까지' 보상을 해주는 것이 보다 국민의 기본권 실현에 이바지하는 것이며, 합헌적이냐의 문제라고 본다.[75)]

그리고 어느 입장을 취하든 생활보상을 통해서 적어도 개발사업의 시행 또는 수용이 없었던 것과 같은 생활재건을 실현시켜 재산권의 존속을 보장하는 것이어야 한다고 보는 점에는 차이가 없다. 따라서 생활보상은 전통적 재산권보상이론에서 볼 때 보상개념의 확장이라고 하겠다.[76)]

2. 생활보상의 근거논의

1) 이론적 근거

손실보상은 공공필요를 위하여 특정한 개인에 대한 '특별한 희생'이 있는 경우, 사익과 공익의

---

71) 김성수, 「일반행정법」. 법문사, 2002, 662-663면; 석종현, 전게서, 683-684면; 이상규, 전게서, 649-652면; 한견우, 전게서, 862-863면; 홍정선, 전게서, 526면.

72) 김남진 · 김연태, 전게서, 617면; 김철용, 전게서, 468-470면; 박윤흔 · 정형근, 전게서, 673-674면.

73) 박평준, 「행정상손실보상법리연구」. 297면.

74) 박윤흔 · 정형근, 전게서, 670면.

75) 석종현, 전게서, 684면.

76) 한견우, 전게서, 862면.

조절적 보상(ausgleichende Entschädigung)으로서, 재산권보장과 법의 목적인 정의 · 공평의 원칙 및 생존권보장 등을 종합적으로 그 이론적 근거로 파악하는 것이 타당하다.[77] 특히 최근 헌법상 국민의 생존권보장의 기본권으로서의 중요성이 뚜렷해짐에 따라 재산권보장의 수준을 상회하는 보상을 주장하는 생활권보장설의 이념상의 우수성을 충분히 인정할 수 있다고 본다.

(1) 재산권보장의 원칙

헌법은 개인의 재산권보장을 전제로 하는 자본주의경제체제를 채택하고 있다. 손실보상은 이와 같은 헌법하의 사유재산제의 불가결한 요소이므로 근대헌법 이후 각국은 예외없이 명문으로 이를 보장하고 있다. 그런데 자본주의의 경제원칙에 의하면, 재산권의 보장은 곧 그 교환가치의 보장에 있는 것이므로 손실보상제도는 '재산권의 보장'으로서 재산권보장의 실질을 갖게 된다고 할 수 있다.

우리나라의 헌법도 제23조 제1항에서 재산권보장을 규정하고, 동시에 동조 제3항에서 손실보상을 규정하고 있다. 현행헌법은 보상기준으로서 '정당한 보상'을 규정하고 있는 바, 여기의 '정당보상'이란 항상 획일적인 보상기준이 적용되는 것이 아니라, 원칙적으로 완전보상을 해 주어야 하지만, 경우에 따라서는 완전보상을 하회할 수도 있고, 또한 그 수준을 상회하는 생활보상까지 해 주어야 하는 경우도 있을 수 있다는 것으로 해석되어야 할 것이다.[78] 따라서 우리나라의 손실보상은 복지국가적 생활보상의 이념을 지향하는 것이라고 할 수 있으며, 그의 이론적 근거가 된다고 본다.

(2) 평등부담의 원칙

공용침해로 인한 사인의 재산권에 대한 침해에 대하여 보상을 하는 것은 개인이 입게 된 '특별한 희생'(besonderes Opfer)을 전체의 부담으로 전가시키는 것을 뜻한다. 따라서 손실보상제도는 공공필요에 의하여 개인이 입게 된 특별한 손실을 개인의 부담으로 두는 것이 '정의와 공평'(Recht und Billigkeit)의 원칙에 어긋난다고 인정되는 경우에는 충분한 존재가치가 있다.

그러므로 개인이 입은 특별한 손실을 그의 부담으로 방치하는 것은 헌법상의 평등원칙에 반하는 것이며, 결국 손실보상제도는 개인의 재산권에 대하여 미치게 된 불평등한 부담을 국민전체의 공평한 부담으로 전가하여 이를 조절하기 위한 기술적 수단이라고 할 수 있다. 따라서 손실보상은 공적 부담앞에 평등하여야 한다는 '평등부담의 원칙'을 그 이념으로 한다.

그런데 손실보상의 이론적 근거로서의 '공적 특별부담 앞의 평등부담의 원리'는 재산권침해에 국한되는 법리로 볼 것은 아니다. 적어도 학설은 특별희생에 대한 보상을 넓게 인정하려 하고,

77) 박평준, "공용수용에 대한 손실보상: 보상범위를 중심으로", 「공법연구」. 제15집, 한국공법학회, 1987, 151-154면.
78) 김남진 · 김연태, 전게서, 618면.

그 이론적 근거로서 공적 특별부담 앞의 평등법리의 일반화에 공감하고 있다. 그렇다면 공적 특별부담 앞의 평등법리는 헌법 제23조 제3항에 기한 종래의 손실보상청구권 뿐만 아니라 재산적·비재산적 특별희생에 대한 보상의 일반적 근거가 되는 법리로 재인식될 필요가 있다. 따라서 공공사업 등을 위한 공권력행사로 인한 생활이익의 침해가 일반적 제약을 넘어서는 특별한 희생에 해당하는 경우 당연히 '공적 특별부담 앞의 평등법리'에 따라 생활보상을 하여야 하는 것이다.[79)]

(3) 생존권보장의 원칙

최근에 이르러서는 손실보상의 경향은 단순한 재산권보장이라는 차원을 넘어서 생존권보장이라는 이념을 지향하고 있다. 이와 같은 보상이념의 전환은 헌법상의 생존권개념의 형성 이외의 공용수용제도 그 자체의 변질에 연유한다고도 할 수 있는데, 그것은 수용요건으로서의 공공성의 개념이 확대되고 있을 뿐만 아니라 재산권에 대한 사회적 의무도 증가함으로써 재산권행사에 있어서의 사회성이 강력히 요청되는 데에 기인한다. 특히 대규모적인 공공사업의 수행은 손실보상에 있어서 각종 사회적·경제적 문제를 야기시키고 있다. 종래의 손실보상은 등가적인 금전보상을 함으로써 종전과 같은 생활을 계속할 수 있다는 것을 전제로 하고 있으나, 오늘날은 그러한 보상금으로써 토지를 구하여 종전과 동일한 생활을 영위하는 것이 어려워져 생활기반 자체가 위협을 받게 되었다.

그러므로 공용수용에 의하여 생활의 터전을 잃게 된 경우 이에 대한 적절한 대책이 없다면, 그 보상은 실질적인 의의를 상실하게 될 것이며, 손실보상은 개인의 생활기반의 붕괴를 방지하기 위하여도 필요하다. 따라서 손실보상의 이념은 재산권의 보장에 한하지 아니하고 생존권의 보장에까지 관련되는 문제라고 할 수 있으며, 보상에 따른 생활보장권의 확보는 법적 차원에서 검토하여야 할 중요한 문제로 등장하게 되었다.[80)]

2) 실정법적 근거

공공필요에 의하여 개인의 귀책사유 없이 재산권·생존권에 특별한 희생이 가해진 경우, 위에서 지적한 바와 같이 이념적 또는 이론적으로는 당연히 생활보상이 지급되어야 하는 것이나, 구체적으로 생활보상청구권이 발생하기 위하여는 그에 대한 실정법상의 근거가 있어야 한다. 그런데 그 근거로서는 헌법적 근거와 법률적 근거로 구별할 수 있다.

(1) 헌법적 근거

생활보상의 헌법적 근거에 관하여는 견해가 대립되고 있다.

---

79) 최승원, "생활보상의 개념과 헌법적 근거", 「공법연구」. 제26집 제3호, 한국공법학회, 1998, 387-388면.

80) 박평준, 「토지수용법론」. 252-255면; 박평준·박창석, 「토지취득보상법」. 254-256면; 박평준·박창석, 「보상행정법」, 591면.

① 헌법 제34조설: 이 견해는 생활보상의 헌법적 근거를 헌법 제34조에서 찾는다. 이 설은 생활보상은 헌법 제23조 제3항의 정당보상의 범위에 포함되지 않는다고 본다. 헌법 제23조 제3항의 규정은 재산권의 객관적 가치의 보상을 지향하고 있으며, 만약 생활보상이 그 규정의 정당보상의 범위에 포함된다면 경제적 약자가 아닌 자에게도 생활보상을 하여야 하기 때문에 생활보상의 취지에 반하게 된다고 한다.

따라서 생활보상의 헌법적 근거는 「모든 국민은 인간다운 생활을 할 권리를 가진다」고 규정한 헌법 제34조 제1항의 사회권적 기본권조항에서 찾아야 한다고 한다. 그 논거는 헌법 제23조 제3항은 원래 수용목적물인 재산권에 대한 보상과 이와 관련되는 부대적 손실의 보상을 대상으로 하는 것이지 공공사업의 시행 이전의 생활상태를 회복하게 하는 내용의 생활권보상을 대상으로 하고 있지 않다는 데에 있다.[81]

② 헌법 제34조 · 제23조 통합설: 이 견해는 생활보상의 헌법적 근거를 헌법 제34조와 제23조에서 찾는다. 이 설은 종래 보상이론의 최대 약점은 재산권의 개념을 교환가치지배권으로서 구성함으로써 그것을 생활권과 분리 · 대립된 것으로 파악한 결과 재산권보상과 생활권보상과의 별개의 것 또는 대립된 것으로 보는 오류를 범하고, 재산권보상은 인정하면서도 생활권보상은 인정하지 않게 되었다고 한다.

그러한 전제 아래에서 이 견해는 그와 같은 사고를 근본적으로 전환하여 재산권보상과 생활권보상과를 통일적으로 파악하여야 하며, 헌법상 기본권의 전 체계하에서는 헌법 제23조의 재산권도 결국은 제34조의 생활권을 기초로 한 것으로 보아야 한다는 데에 그 논거를 구하고 있다. 따라서 생활보상은 헌법 제34조 제1항과 제23조 제3항의 결합에 의하여 정당보상에 포함된다고 한다. 우리나라의 다수설이다.[82]

③ 결어: 위의 학설 중 헌법 제34조설에 의하면, 손실보상에는 제23조에 의한 것과 제34조에 의한 것의 두 종류가 있게 되어 이원적으로 파악하게 된다. 이에 대하여 제34조 · 제23조 통일설에 의하면, 생활권보상도 '정당한 보상'의 하나의 내용으로서 일원적으로 파악하게 된다.

그러나 우리 헌법상의 기본권체계로 볼 때, 이론적으로 제34조 · 제23조 통합설이 보다 타당할 것으로 생각된다.[83] 특히 헌법 제23조 제3항이 규정한 '정당보상'의 의미를 완전보상의 수준을 상회하는 생활보상까지를 포함하는 것으로 해석하는 우리의 입장에서는 이 견해가 더욱 당연한 것이다.

이 문제는 생활권보상의 의의와 관련이 있다고 생각하면서, 생활권보상을 최광의로 보아 보상의 궁극의 목표를 종전의 생활의 재건으로 생각해서 재산권보상을 생활권보상 속에 포함시키는

81) 김동희, 전게서, 590면; 김철용, 전게서, 485면.

82) 김남진 · 김연태, 전게서, 616면; 김성수, 전게서, 663-664면; 박윤흔 · 정형근, 전게서, 672면; 박평준, "현행법상의 생활보상에 관한 고찰", 369면; 석종현, 전게서, 685면; 한견우, 전게서, 862면; 홍정선, 전게서, 527면.

83) 박윤흔 · 정형근, 상게서, 672면.

견해에 의하면 제34조 · 제23조설이 타당한 것인지 모른다.

그렇지만 생활권보상을 재산권보상과 대응되는 개념으로 본다고 한다면, 비록 생활권보상이 공공필요에 의한 재산권의 수용 등에 의하여 필요로 하게 된 것이라 하더라도, 그 헌법적 근거는 제34조에 두는 것이 옳다고 생각한다는 견해도 있다.[84] 이러한 입장은 위에서 지적한 생활보상의 이론적 근거와 관련하여 이해할 때 적절하다고 보기는 어렵다고 하겠으며, 생활보상의 개념에 관하여 우리나라에서 최광의설을 주장하는 학자는 없지만, 광의설이나 협의설을 취하면서도 그 구별없이 다수설은 제34조 · 제23조설을 채택하고 있는 상황이다.

그리고 헌법의 통일성의 관점에서 볼 때 모든 헌법규정이 직 · 간접적으로 모든 영역에서의 개인의 자율적인 생활설계와 그 실현을 보장하기 위한 것이지만, 생활보상은 인간존엄성의 유지 · 실현의 기초가 되는 인간다운 생활권, 인간다운 생활의 영위를 위한 재산권, 근로활동권, 직업의 자유, 거주이전의 자유, 쾌적한 주거생활을 위한 국가의 책무 등의 규정과의 상호연관성 하에서 그 근거를 도출해 볼 수 있다. 따라서 헌법체계상 헌법 제10조 · 제11조 · 제14조 · 제15조 · 제23조 · 제34조 · 제37조 등은 생활보상의 헌법적 근거를 형성한다고 본다는 견해가 있다.[85]

여하튼 이와 같이 생활보상은 헌법적 근거를 가지고 있으며, 따라서 그것은 헌법적으로 보장된 권리로서 단순히 정책적 배려에 그치거나 그 인정 여부를 입법정책적으로 좌우할 수 있는 것은 아니라고 할 것이다. 그러나 헌법규정만을 근거로 하여 생활보상을 직접 청구할 수 있는지에 대하여는 논란이 야기되고 있다.[86] 여기에서 생활권보상에 대하여서는 다시 법률적 근거를 찾아야 하며, 그것을 마련하지 아니하여 찾을 수 없다면 입법부작위(立法不作爲)로 위헌의 상태가 발생한다고 할 것이다.[87]

(2) 법률적 근거

우리나라 현행법은 생활보상에 관하여 일반적 또는 직접적으로 규정하고 있지 않아 입법은 극히 미비한 상태에 있으나, 생활보상의 개별법적 근거로서는 토지취득보상법 제79조 제1항은 그 일반법적 근거가 되는 것으로 파악할 수 있는 소지가 있다. 실제 동법시행령 및 시행규칙에는 생활보상적 성격을 갖는 규정이 산재하고 있다.[88]

---

84) 김철용, 전게서, 485면.

85) 최승원, 전게논문, 390면.

86) 손실보상을 규정한 헌법규정의 성질에 관하여는 입법방침설, 직접효력설, 위헌무효설, 유추적용설(간접효력설) 등의 견해가 대립되고 있다(박평준, 「토지수용법론」. 260-265면; 박평준 · 박창석, 「보상법규강의」. 334-336면; 박평준 · 박창석, 「보상행정법」. 565-568면).

87) 박윤흔 · 정형근, 전게서, 672면.

88) 김동희, 전게서, 590면.

3. 생활보상의 법적 성질문제

1) 생활보상의 성격

생활보상은 보상의 최저선으로서 생존권을 보장하는 보상이어야 하고(생존권적 성격), 수용이 없었던 것과 같은 생활상태를 재현하는 보상이어야 하며(원상회복적 성격), 피수용자 및 관계인의 생활안정을 위한 보상이어야 한다(생활안정적 성격)는 등의 성격을 갖고 있다.[89]

(1) 생존권보장성

생활보상은 공공사업의 시행으로 인한 개인의 재산권침해에 대하여 그러한 침해가 없었던 것과 같은 생활상태의 확보를 위한 것이므로 이는 현대 복지국가의 이념에 따른 개인의 생존권을 보장하려는 생존권보장성이 인정된다. 만약, 공공복리의 증진을 위하여 시행하는 공공사업이 결과적으로 사업시행지역 안의 주민에 대해서 비록 보상은 하였지만, 종전의 생활상태의 재건을 행할 수 없게 된다면 그것은 오히려 생존권 자체가 위협받게 되는 것으로서 헌법상의 복지국가주의에 반한다는 것이다.[90]

(2) 원상회복성

생활보상은 공공사업의 시행이 없었던 것과 같은 재산상태를 확보해 주는 데 그치는 것이 아니라 공공사업의 시행이 없었던 것과 같은 생활상태를 재건할 수 있게 해 주는 보상이라는 점에서 원상회복적 성격을 지닌다. 따라서 생활보상은 대물적 보상금을 지급하는 것과는 별도로 공공사업의 결과로 인하여 생활의 근거를 상실한 자에 대하여, 법령이나 예산의 범위 안에서 종전과 같은 생활상태의 재건을 위하여 필요한 토지나 건물의 취득알선이나 직업소개 또는 지도, 융자알선 등의 생활재건조치를 필요로 한다.[91]

(3) 생활안정성

손실보상은 피수용자 등의 생활의 안정을 그 궁극적인 목표로 한다. 일반적으로 손실보상은 수용이 없었던 것과 같은 재산 또는 경제상태를 재현하는 것이 그 목표이다. 그 어느 것이나 생활의 기초를 형성하는 것이므로 결국 생활의 안정에 귀결된다. 따라서 보상의 역사의 종착역은 생활안정을 재현하는 생활보상이라고도 할 수 있다.[92]

---

89) 木村 實, "生活權補償の性格", 成田賴明 編「行政法の爭點」. 東京 : 有斐閣, 1980, 273頁.
90) 한견우, 전게서, 862면.
91) 상게서, 862면.
92) 高原賢治,「財産權と損失補償」. 東京 : 有斐閣, 1978, 164頁.

2) 생활보상의 특색

생활보상의 특색으로는 다음과 같은 점을 지적할 수 있다.[93)]

(1) 보상기준의 객관성

생활보상은 대인적 보상과 다르다. 즉 대인적 보상은 주관적 성격이 강한 데 대하여, 생활보상에 있어서는 보상기준이 정해져 있기 때문에 객관적 성격이 강하다. 이는 생활보상은 객관적 기준에 의한 보상이 행하여지며, 따라서 일정한 수입, 일정한 이윤 또는 일정한 생활비 등 보상액이 객관적으로 산출되기 때문이다.

(2) 보상대상의 확대성

생활보상은 엄격한 의미의 대물적 보상과 다르다. 즉 대물보상에 있어서는 수용의 대상과 보상의 대상이 일치됨을 원칙으로 하는 데 대하여, 생활보상에 있어서는 수용의 대상과 보상의 대상이 일치하지 아니하고 그 보상의 대상이 훨씬 확대되고 있다.

(3) 대인보상과의 유사성

생활보상은 대인적 보상과 유사한 점도 있다. 즉 생활보상은 피수용자에게 수용이 없었던 것과 같은 내용의 생활상태를 확보하려는 보상인 점에서 대인적 보상의 면이 있는 셈이다. 왜냐하면, 피수용자의 재산보다는 그의 생활안정에 중점을 두고 있다고 볼 수 있기 때문이다.

(4) 최종단계의 보상성

생활보상은 보상의 역사에 있어서 최종단계의 보상으로서의 의미를 갖는다. 보상이란 피수용자에게 수용이 없었던 것과 같은 상태를 확보시켜 주는 것을 이념으로 한다고 볼 때, 생활보상이야말로 보상의 종국적 모습이라 할 수 있기 때문이다. 이는 손실보상의 대상이 대인보상에서 대물보상으로, 대물보상에서 생활보상으로 변천하여 왔다는 역사적 사실로써도 알 수 있는 것이다.

4. 현행법상의 생활보상적 보상내용

생활보상의 개념정립상의 광의설과 협의설에 따라서 생활보상의 내용·범위가 다르다. 그러나 광의설과 협의설은 앞에서 지적한 바와 같이 어떤 본질적인 사항에 대하여 입장의 차이가 있는 것이 아니라, 일부의 보상항목을 재산권보상으로 취급할 것인가 또는 생활권보상으로 다룰 것인가 하는 점에 있어서만 견해를 달리할 뿐이며, 어떤 보상항목을 재산권보상에 포함시키느냐 또는

---

93) 김남진·김연태, 전게서, 616면.

생활권보상에 내포시키느냐가 그렇게 중요한 의미를 지닌 것은 아니라고 본다.

그런데 우리나라의 학자들은 생활보상의 개념을 각각 광의설 또는 협의설로 파악하고 있지만, 생활보상의 내용으로 보는 보상항목은 광의설과 협의설에 따라 각각 동일한 것이 아니라 광의설을 채용하는 견해에서도 약간의 차이가 있고,[94] 협의설을 채택하는 입장에 있어서도 상당한 차이가 있는데,[95] 여기에서는 생활보상을 광의로 이해하여 현행 토지취득보상법 · 동법시행령 · 동법시행규칙 등의 규정 중에서 내용상 생활보상적 성격을 갖는 것으로 논의되고 있는 보상항목을 살펴보면 다음과 같다.

1) 주거의 총체가치의 보상

이는 영국에서 1958년 10월부터 인정된 것으로서, '주거의 총체가치의 보상'(gross value of dwelling)이란 사람이 거주하기에 부적합한 주거의 수용에 있어서 지급될 보상액이 그 주거의 총체가치보다 적은 경우에는 주거의 총체가치에 상당하는 금액으로 보상하는 것을 말한다. 즉 간이건물의 전부나 일부를 포함하는 토지를 수용함에 있어서 피수용자가 그 건물을 자기의 주거로서 소유하고 또 현실적으로 점유하고 있으나, 그 간이건물이 사람의 주거용으로 적합하지 않기 때문에 그의 시장가치가 매우 낮은 때에는 평가표(valuation list)에 의하여 결정되는 그 주거의 총체가치로 보상하는 것을 말한다.[96] 결국, 그러한 경우에는 당해 건물의 시장가치가 아무리 낮더라도 거기에서 현실적으로 일정한 삶이 영위되고 있는 한, 일정한 주거의 총체가치의 보상이 되는 셈이며, 이는 곧 철거되는 건물의 주거로서의 생활보상인 것이다.

이러한 보상의 관념이 생긴 것은 비교적 최근의 일로서, 종래의 대물적 보상에 사회복리국가적 요청을 가미하여 생활안정을 보장하려는 것이라고 할 수 있다.[97] 우리나라에서는 토지취득보상법 시행규칙 제58조에서 규정하고 있는 주거용건물의 최저보상액이 여기에 해당한다고 볼 수 있겠다. 즉 주거용 건축물에 대한 보상에 있어서 주거용 건축물의 평가액이 5백만원 미만인 경우에는 5백만원으로 보상하여 '최저보상액'을 보장하고 있다.

2) 영업상 손실의 보상

우리나라의 토지취득보상법 제77조는 영업상 손실의 보상을 인정함으로써 영국적인 보상예를 취하고 있다. '영업상의 손실'은 토지 등의 수용과 인과관계가 있는 영업권[98] 기타의 영업상 손실

---

94) 김동희, 전게서, 591면; 김성수, 전게서, 664-665면; 박평준, 「공익사업용지취득보상법」. 328-333면; 석종현, 전게서, 686-689면; 이상규, 전게서, 651-652, 654면; 한견우, 전게서, 863-864면; 홍정선, 전게서, 528면.

95) 김남진 · 김연태, 전게서, 617면; 김철용, 전게서, 485-486면; 박윤흔 · 정형근, 전게서, 672-674면; 류지태, 전게서, 445면.

96) Parrish, *Cripp's Compulsory Acquisition of Land*. 1962, pp.729-731.

97) 이상규, 전게서, 650-651면.

98) 이른바 '영업권'이라는 것은 그 기업의 전통, 사회적 신용, 그 입지조건, 특수한 제조기술 또는 특수거래관계의 존재

을 말하는 것으로서, 동법시행규칙 제46조 및 제47조에서는 영업폐지로 인한 경우와 영업휴업으로 인한 경우로 나누어 그 영업이윤을 보상하게 규정하고 있다. 우리나라의 영업상 손실의 보상은 생활보상의 일종이라고 할 수 있다.[99)]

토지취득보상법 제77조 이외에도 영업상의 손실에 대한 보상으로서, 영업의 폐업 · 휴업 · 무허가영업에 따른 보상이 있다(동법시행규칙 제46조, 제47조, 제52조).

3) 이전료보상

이전료보상은 수용의 직접적인 대상이 아닌 것에 대하여 보상을 하는 것이기 때문에 대물적 보상에 속하지 아니한다. 이전료보상은 재산권에 대한 보상이라기보다는 피수용자 자신에 대하여 평등원칙의 입장에서 지급되는 것이므로 대인적 보상이라고 할 수 있다. 그러므로 대물적 보상에 철저한 미국에서는 이전료는 보상하지 아니하는 것이 원칙이다. 그에 대하여, 역사적으로 대인적 보상을 거쳐 대물적 보상제도를 채용한 영국에서는 이전료는 수용의 직접적인 결과(direct consequence)라는 것을 이유로 보상을 하는 것이 원칙이며,[100)] 우리나라의 토지취득보상법 제75조 제1항도 이전료보상을 인정하고 있다.

이와 같은 이전료보상은 물건에 대한 것이 아니라 사람에 대한 것이나, 피수용자의 경제적 손실에 대한 보상에 상당하므로 그 보상을 인정하는 것이 타당한 것이다. 왜냐하면 손실보상은 결과적으로 수용이 없었던 것과 같은 생활상태를 재현하는 것이 바람직하기 때문이다.[101)] 그러나 이전료보상은 실비변상적 보상으로서 재산권보상에 포함된다고 보며, 생활보상의 내용에 편입되지 않는다고 생활보상의 개념을 협의로 해석하는 입장도 있다.

4) 소수잔존자보상

소수잔존자보상이란 공공사업의 시행의 결과로 인하여 종전의 생활공동체로부터 분리되어 잔존자의 생활환경이 현저하게 불편하게 됨으로써 더 이상 그 지역에서 계속 생활하지 못하고 이주가 불가피하게 되는 경우에 그 비용을 보상하는 것을 말한다. 예컨대, 댐공사 등으로 말미암아 촌락의 대부분이 수몰로 이전하고 소수의 잔존자가 생긴 때에는, 그 소수잔존자가 종전과 같은 생활을 계속하는 것은 거의 불가능한 일이므로 그 소수잔존자로 하여금 종전에 준하는 생활을 보장하여 주기 위하여 하는 보상이 이에 속한다. 그 내용으로는 이전비, 이사비, 이농비 또는 실농

등을 비롯하여 제조판매의 독점성 등으로 동종의 사업을 영위하는 다른 기업이 올리는 수익보다 큰 수익을 올릴 수 있는 초과수익력이라는 무형의 재산의 가치를 말하는 것이다(대판 1985.4.23, 84누281; 대판 1986.2.11, 85누592).

99) 이상규, 전게서, 651면.

100) Lawrance, *Compulsory Purchase and Compensation*, 1967, p.115.

101) 이상규, 전게서, 651-652면.

보상, 실어보상 등을 포함한다. 이는 공공사업의 시행에 필요한 토지 등의 소유자 이외의 제3자의 생활유지를 보장하기 위한 보상인 점에서 생활보상에 해당한다.[102] 협의의 생활보상의 개념에 의하면, 넓은 의미의 생활보상의 개념에서 재산권보상에 해당하는 실비변상적 보상의 하나인 이전료보상과 일실손실보상의 하나인 영업상 손실보상을 생활보상에 포함시키는 문제가 있으나, 주거의 총체가치의 보상과 소수잔존자보상은 좁은 의미의 생활보상의 개념을 취하더라도 생활보상의 내용이 된다.[103]

우리나라의 경우 토지취득보상법 시행규칙 제61조에 소수잔존자보상에 관한 규정이 있다.

5) 생활재건조치

생활재건조치라 함은 공공사업자로서의 사업시행자가 피수용자 등에게 직접 지급하는 보상금은 아니고, 보상금이 피수용자 등의 생활재건을 위하여 가장 유효하게 사용될 수 있도록 하기 위한 각종의 조치를 말한다.[104] 그런데 이 생활재건조치가 가장 문제로 되는 것은 댐건설로 인한 수몰보상의 경우가 가장 많다. 이에 대해서는 그 자체로서는 생활보상과 직접적인 연관성은 없다고 보며,[105] 생활보상의 내용과 분리하여 고찰하는 견해도 있다.[106]

그러나 생활보상의 의미는 당사자가 일정한 생활근거를 상실함으로써 받게 되는 불이익을 보상함으로써 종전의 생활상태를 회복하게 하는 데 있는 것이라면, 이는 단순히 이주비나 이주하여 정착하는 시간 동안의 생계대책비의 지급에 그치는 것이 아니라 적극적으로 새로운 이주지에서의 정착과 생활을 위한 여러 가지 배려도 포함한다고 보는 것이 타당할 것이다.[107] 따라서 당연히 생활보상의 일부로 된다고 보는 것이 일반적 견해이다.[108]

생활재건조치는 구체적으로 이주대책의 수립 · 실시(동법 제78조, 제79조의2, 「산업입지 및 개발에 관한 법률」 제36조 제1항, 관광진흥법 제34조 등), 대체지의 알선(간척지의 알선 또는 국공유지의 알선 등), 공영주택의 알선, 개간비의 보조 · 융자, 직업훈련, 고용 또는 고용알선(산업입지 및 개발에 관한 법률 제36조 제2항), 각종의 상담 등이며, 보상금에 대한 조세의 감면조치도 일종의 생활재건조치라고 할 것이다.[109] 그리고 주택 · 학교 · 시장 · 상하수도 · 근린생활시설 등 생활의 재건에 필요한 일련의 사회간접자본시설을 설치하는 것도 생활보상의 중요한 내용을

102) 박평준, 「토지수용법론」. 284면; 이상규, 전게서, 652면; 한견우, 전게서, 863-864면.
103) 박평준, 「행정상손실보상법리연구」. 308면.
104) 김동희, 전게서, 591-592면; 박윤흔 · 정형근, 전게서, 675-676면.
105) 김동희, 상게서, 591면.
106) 박윤흔 · 정형근, 전게서, 675면.
107) 류지태, 전게서, 444면.
108) 김동희, 전게서, 591면 주 1); 김성수, 전게서, 664면; 박평준, 「토지수용법론」. 285-286면; 한견우, 전게서, 863면.
109) 석종현, 전게서, 689면.

이룬다. 현행법이 인정하고 있는 생활재건조치에는 위에서 지적한 바와 같이 대체지의 알선 등 여러 가지 수단이 있으나, 다른 방법들은 모두가 단편적인 것에 지나지 아니하며, 이주대책이 그 중심이 되고 있다.

'이주대책'이라 함은 공공사업의 시행에 필요한 토지 · 주택이나 농경지 등을 제공함으로 인하여 생활근거를 상실하게 된 사람의 재정착을 지원하기 위한 생활재건조치로서 생활보상의 성격을 지닌다.[110] 이주대책은 이주자 중에서 이주정착지에 이주를 희망하는 자가 10호 이상인 경우에는 사업시행자가 원칙적으로 이를 수립 · 시행하여야 한다(동법 제78조, 제78조의2, 동법시행령 제40조, 제41조의3). 그리고 이주자는 개인적 공권으로서의 수분양권(受分讓權, 分讓請求權)을 가진다.[111] 이는 토지취득보상법 제78조가 이주사업의 주체에 대하여 이주사업을 실시해야 할 의무를 부과하고 있기 때문이다.[112]

6) 사업손실보상

사업손실보상이라 함은 공공사업의 시행 또는 완성 후의 시설이 간접적으로 사업시행지구 외에 위치한 타인의 토지 등의 재산에 손실을 미치는 경우의 보상을 말하며, 이는 '간접손실보상'이라고도 한다. 이 손실보상에 대해서 학자에 따라서는 생활보상의 내용으로 설명하기도 하고,[113] 생활보상과는 별도로 취급하기도 하지만,[114] 손실보상의 당사자나 보상대상이 생활보상의 경우와는 달리 간접적이라는 점에서 생활보상과는 구별되는 것이 타당하다고 본다.[115] 그러나 여기에서 사업손실보상의 문제에 대해서 몇 가지 점을 언급함으로써 생활보상의 내용과 관련하여 이해하는 데 참고하고자 한다.

공공사업의 시행이나 완성 후의 시설이 사업시행지역의 주변에 미치는 손실은 '물리적 · 기술적 손실'[116]과 '경제적 · 사회적 손실'[117]로 구분할 수 있다. 그런데 실정법이 규정하고 있는 사업손

110) 판례도 생활보상으로서의 이주대책을 인정한다. 즉 이주대책은 공공사업의 시행에 필요한 토지 등을 제공함으로 인하여 생활의 근거를 상실하는 이주자들을 위하여 사업시행자가 기본적인 생활시설이 포함된 택지를 조성하거나 그 지상에 주택을 건설하여 이주자들에게 이를 그 투입비용 원가만의 부담하에 개별공급하는 것으로서, 이주자들에 대하여 동시에 인간다운 생활을 보장하여 주기 위한 생활보상의 일환으로 국가의 적극적이고 정책적인 배려에 의하여 마련된 제도이다(대판 1994.5.24, 92다35783).

111) 대판 1994.10.25, 93다46919.

112) 김남진, "공특법상 이주자의 법적 지위", 「판례월보」, 1994.12, 27면.

113) 강구철, 「강의 행정법 I」, 형설출판사, 1998, 718-719면; 김남진 · 김연태, 전게서, 617면; 조정환, 「민홍 행정법」, 선학사, 1998, 600-601면.

114) 김동희, 전게서, 593면; 박윤흔 · 정형근, 전게서, 677면.

115) 류지태, 전게서, 445면.

116) '물리적 · 기술적 손실'은 공사 중의 소음 · 진동이나 공사에 따르는 교통의 불편으로 인한 손실, 완성된 시설물로 인한 일조(日照)의 감소, 대기 · 기온의 변화, 전파방해 등을 들 수 있다(김동희, 전게서, 593면).

117) '경제적 · 사회적 손실'은 예컨대 댐건설에 따르는 다수인의 이주로 인한 지역경제에의 영향이나, 어업활동의

실보상은 주로 경제적 · 사회적 손실이다. 이에 관하여 토지취득보상법은 제73조, 제74조, 제79조 등에 규정하고 있으며, 동법시행규칙은 제59조, 제60조, 제61조, 제62조, 제64조 등에서 규정하고 있다.[118]

7) 기타의 생활보상

위에서 지적한 것 이외에 우리나라 실정법이 인정하는 생활보상으로는 영세농 등 생업보상 · 생활비보상 · 주거대책비보상 등이 있고, 다른 나라에서 행하여지고 있으며 우리나라에 있어서도 국가와 지방자치단체 이외의 자가 공공사업주체인 경우에 사실상 행하여지는 것으로 특산물보상 · 사례금 등을 들 수 있다.[119] 그리고 정신적 고통에 대한 보상으로서의 위자료를 인정하는 방향에서 보상이론을 구성하는 것도 하나의 과제라 하겠다.[120]

쇠퇴로 인한 지역활동에의 영향 등 지역사회의 변동으로 인하여 개인에게 미치는 간접적 영향 또는 피해이다 (김동희, 상게서, 593-594면).

118) 류지태, 전게서, 443면.

119) 박윤흔 · 정형근, 전게서, 674면.

120) 상게서, 674-675면.

제5절 행정상 손실보상의 기준

Ⅰ. 헌법상 보상기준의 변천

우리 헌법상 보상기준에 관한 규정의 변천과정을 보면 제헌헌법 이후 현행헌법에 이르기까지 모두 9차례에 걸친 헌법개정이 있었는데, 그 중 손실보상의 기준규정은 4차례의 개정이 있었다. 즉 제1공화국의 제헌헌법 제15조 제3항은 '상당보상의 원칙'을 규정하였고, 제3공화국헌법 제20조 제3항은 '정당보상의 원칙'을 규정하였으며, 제4공화국의 이른바 유신헌법 제20조 제3항에서는 '보상의 법률유보주의'를 채택하였다. 그리고 제5공화국헌법 제22조 제3항이 '이익형량보상의 원칙'을 규정하였고, 제6공화국의 현행헌법 제23조 제3항은 다시 '정당보상원칙'을 규정하고 있는 것과 같은 변천과정을 거쳐 왔다.[121] 헌법의 재산권 관련조항의 개정이 있을 때마다 특히 이 보상기준에 관한 규정은 개정이 반복되었지만, 다른 조항은 별다른 내용의 개정이 없었던 것으로 보아 헌법상 재산권기본조항 중에서 이 부분에 대해서만은 지대한 관심이 있었다.

Ⅱ. 헌법상 손실보상의 기준

현행헌법은 제23조 제3항에서 「공공필요에 의한 재산권의 수용·사용 또는 제한 및 그에 대한 보상은 법률로써 하되, 정당한 보상을 지급하여야 한다」고 규정하여 제3공화국헌법과 같이 '정당한 보상'을 규정하고 있지만, '그에 대한 보상은 법률로써 하되'라는 문구(文句)를 삽입한 것이 다른 점이다. 이와 같이 헌법은 '정당보상의 원칙'을 취하면서 구체적인 보상액의 산출기준을 법률에 유보하고 있다.

1. '정당보상'의 의미

헌법상의 '정당보상'의 원칙이 재산권침해로 인한 손실보상의 기준·범위의 어느 정도를 의미

121) 박창석, "한국헌법사상 보상규정의 변천에 관한 연구", 「공법연구」, 제32집 제5호, 한국공법학회, 2004.6, 609-610면.

하는지가 문제되는데, 학설은 일반적으로 완전보상설과 상당보상설 및 절충설이 대립되고 있다.

1) 완전보상설

완전보상설이란 손실보상은 피수용재산이 갖는 재산적 가치를 충분하고 완전하게 보상(full and perfect compensation)하는 것, 즉 '시가보상'이어야 한다는 견해이다.[122] 이러한 완전보상설은 다시 ① 재산권침해로 인하여 발생한 손실의 전부를 보상하여야 하며, 부대적 손실도 포함한다고 보는 입장(손실전부보상설)과, ② 손실보상은 재산권에 대한 보상이므로 피침해재산의 시가 · 거래가격에 의한 객관적 가치를 완전히 보상하는 것이어야 하지만, 부대적 손실은 포함되지 않는다는 입장(객관적 가치보상설)으로 나누어지고 있다.

완전보상(perfect compensation, vollständige Entschädigung)의 관념은 미국헌법 수정 제5조의 정당한 보상(just compensation)조항의 해석을 중심으로 발전된 것이다. 완전보상은 재산권의 객관적 가치의 보상은 물론 그 보상의 시기 · 방법 등에 어떠한 제한을 하면 아니되는 것을 의미하는 완전한 보상이어야 한다. 즉 피침해재산의 객관적 가치의 손실에 한정하지 아니하고, 부대적 손실(이전료 · 영업상 손실 등)에 대해서도 보상하여야 한다고 본다.[123]

2) 상당보상설

상당보상설이란 현대의 사회복지주의적 이념에 따라 재산권의 사회적 구속성이라는 시각에서 개인의 이익과 사회의 이익을 적정하게 비교형량하여 합리적인 조화를 이룰 수 있는 보상이어야 한다는 견해이다.[124] 상당보상설도 상당보상의 내용에 따라 견해가 나누어지는데, ① 완전보상을 원칙으로 하지만, 예외적으로는 완전보상을 상회하거나 하회할 수도 있다는 입장(완전보상원칙설)과, ② 사회통념에 비추어 객관적으로 타당성이 인정되는 것이면 완전보상을 하회하여도 무방하다고 보는 입장(합리적 보상설) 등이 그것이다.

이와 같은 상당보상(reasonable compensation, angemessene Entschädigung)의 관념은 재산권의 의무성을 선언한 바이마르헌법 제153조의 해석에서 그 대표적인 예를 찾아볼 수 있으며, 독일기본법 제14조에서 「공익과 관계제이익의 정당한 형량(gerechte Abwägung)에 의한 보상」이라고 규정하여 이를 계승하고 있다. 다만, 독일기본법은 상당보상의 입장을 취하고 있으나, 현실적으로는 특별한 예외적인 경우를 제외하고는 완전보상의 원칙에 입각한 것으로 볼 수도 있다.[125]

---

122) 이상규, 전게서, 654-656면.

123) 김동희, 전게서, 583-584면; 김천경, 「부동산공공용지취득과 보상법론」, 박문각, 1991, 122면; 박윤흔 · 정형근, 전게서, 658-659면.

124) 한견우, 전게서, 858-859면; 홍정선, 전게서, 524-525면.

125) 今村成和, 「損失補償制度の研究」, 東京 : 有斐閣, 1968, 74頁.

3) 절충설

절충설은 헌법이 규정한 '정당한 보상'이란 획일적인 보상기준이 적용되는 것이 아니라, 원칙적으로 완전보상을 해주어야 하지만, 공익상의 합리적인 이유가 있을 경우에는 완전보상을 하회할 수도 있고,[126] 또한 생활보상까지 해 주어야 하는 경우도 있을 수 있다는 것으로 해석한다.[127]

4) 결 어

현행 헌법상의 정당보상의 원칙은 원칙적으로는 완전보상설을 취한 것이라 할 수 있으며,[128] 이에 따라 손실보상은 침해된 재산권의 객관적 가치의 보상은 물론 그 보상의 시기 · 방법 등에 제한이 없는 완전한 보상이어야 한다. 즉 피침해재산권의 객관적인 가치의 손실과 부대적 손실에 대하여도 보상하여야 하는 것이다.

그러나 헌법상의 정당보상의 원칙은 완전보상을 원칙으로 하면서도, 그것을 상회하거나(생활보상) 공익상의 합리적인 사유 또는 공익과 사익을 조정하는 견지에서 완전보상을 하회하는 경우(개발이익의 배제)를 부인하는 것은 아니라 할 것이다. 그러므로 보상기준에 관한 위의 학설 중 절충설이 타당하다.[129]

Ⅲ. 법률상 손실보상의 기준

헌법 제23조 제3항에서는 일반적인 보상기준을 제시하고, 구체적인 보상기준은 법률에 유보하고 있다. 우리나라 실정법상의 입법례를 보면, 그 손실보상의 기준에 관한 규정이 없는 것이 대단히 많고, 그 기준에 관한 규정이 있다고 하더라도 '정당한 보상',[130] '정당한 사용료',[131] '정당한 보상금',[132] 등으로 규정하고 있다.

현행 법제상 보상기준에 관한 일반법으로서는 「공익사업을 위한 토지 등의 취득 및 보상에 관한 법률」(이하 "토지취득보상법"이라 한다)이 있는데, 동법에서는 '시가보상원칙'을 규정하고 있다(법 제67조 제1항). 그러나 이 시가보상의 원칙은 현행법이 채택하고 있는 공시지가제, 개발이익환수제, 생활보상제 등에 의하여 직 · 간접적으로 영향을 받는다.[133] 따라서 공시지가에 따라 보

126) 김도창, 전게서, 663면.
127) 김남진 · 김연태, 전게서, 618면.
128) 허영, 전게서, 489면.
129) 석종현, 전게서, 676면.
130) 건축법 제81조 제3항.
131) 징발법 제19조.
132) 특허법 제41조 제3항, 제4항

상을 하는 것은 시가에 훨씬 미치지 못하는 문제가 있다고 생각하며, 그것은 정당한 보상이라고 볼 수 없기 때문에 시급한 제도개선이 요청된다는 견해도 있다.[134]

1. 시가보상의 원칙

토지취득보상법은 보상액의 산정시기에 대하여, 보상액의 산정은 협의에 의한 경우에는 협의 성립 당시의 가격을 기준으로 하고, 재결의 경우에는 수용 또는 사용의 재결 당시의 가격을 기준으로 한다(동법 제67조 제1항)고 하여 재결시주의를 취함으로써 '시가보상의 원칙'을 규정하고 있다.[135]

그러나 이러한 시가보상원칙은 다음과 같은 공시지가제, 개발이익환수제, 생활보상제 등에 의하여 직·간접적으로 제약을 받게 되며, 특히 토지취득보상법상의 시가보상원칙은 공시지가제의 채택을 통해 변화가 생기게 되었다. 즉 1991년 토지수용법 제46조의 전문개정에 따른 공시지가조항으로 인하여 협의성립시 또는 재결시의 시가보상원칙은 실질상 폐지된 것이나 다름이 없다고 볼 수도 있다. 토지취득보상법 제70조에 있어서도 동일한 문제점이 있다.[136]

2. 공시지가제

1962년에 「토지수용법」이 개정되면서 공용수용의 경우에 보상액의 산정은 당해 토지의 재결 당시의 가격을 기준으로 하여 인근토지의 거래가격을 고려한 적정가격으로 행하도록 되어 있었다(구법 제46조 제1항). 그러나 1971년 개정 토지수용법은 '지가고시제'를 채택하여 지가고시된 토지에 대한 보상액산정에 대하여는 재결 당시의 가격의 적용을 배제하였고(구법 제16조의2), 1981년의 개정에서는 토지수용법에 의한 사업인정 당시의 지가고시제를 폐지하고(구법 제16조의2), '기준지가고시제'를 채택하여 국토이용관리법에 의하여 기준지가가 고시된 지역 내에서의 토지에 대한 보상은 그 기준지가를 기준으로 하도록 하였다(구국토이용관리법 제29조, 제16조의2, 제46조 제2항·제3항). 그런데 1989년에는 「지가공시 및 토지등의 평가에 관한 법률」이 제정되어 종래의 기준지가고시제는 폐지되고, 전국의 모든 토지를 대상으로 한 '공시지가제'가 채택됨에 따라 보상액의 산정방법은 공시지가만을 기준으로 하도록 되었다(동법 제46조 제2항). 이 법은 2005년의 개정으로 그 명칭이 「부동산가격공시 및 감정평가에 관한 법률」로 변경되었다. 그리고 1991년의 개정 토지수용법은 보상액의 산정방법의 적정화를 위하여 협의취득 또는 수용하여야

133) 박평준·박창석, 「토지취득보상법」. 269면.
134) 허영, 전게서, 489-490면.
135) 박평준·박창석, 「보상법규강의」. 347면.
136) 박평준·박창석, 「토지취득보상법」. 269-270면.

할 토지의 보상액은 사업인정고시일 현재의 공시지가를 기준으로 하도록 규정하였다(동법 제46조 제3항). 현행 토지취득보상법도 공시지가를 기준으로 보상액을 산정하도록 규정하고 있다(동법 제70조).

토지의 수용·사용에 대한 보상액은 재결 당시의 가격을 기준으로 한다(동법 제67조 제1항). 그러나 구체적인 보상액의 산정에 있어서는 재결 당시의 현실적인 토지가격(시장가격)이 아니라 공시지가를 기준으로 하고 있다. 즉 토지취득보상법은 협의나 재결에 의하여 취득하는 토지에 대하여는 「부동산가격공시 및 감정평가에 관한 법률」에 의한 공시지가를 기준으로 하되, 그 공시기준일부터 가격시점까지의 관계법령에 따른 그 토지의 이용계획, 해당 공익사업으로 인한 지가의 영향을 받지 아니하는 지역의 대통령령으로 정하는 지가변동률, 생산자물가상승률, 그 밖에 그 토지의 위치·형상·환경·이용상황 등을 고려하여[137] 평가한 적정가격으로 보상액을 정한다(동법 제70조 제1항).

여기의 '공시지가'는 사업인정 전의 협의에 의한 취득에 있어서는 토지취득보상법 제70조 제3항에, 사업인정 후의 취득에 있어서의 공시지가는 동법 동조 제4항에서 규정하고 있다. 이러한 토지취득보상법 제70조 제1항·제2항 및 제3항의 규정에 의하여 해당 공익사업으로 인한 이른바 개발이익은 보상액의 산정에서 배제되고 있다.

이와 같이 토지취득보상법은 「부동산가격공시 및 감정평가에 관한 법률」에 따른 공시지가제를 채택하여 보상액의 산정에 있어서는 공시지가를 기준으로 해당 공익사업의 시행과 무관한 통상적인 지가변동률 등을 참작한 금액으로 하였다. 그런데 공시지가는 아직까지는 해당 토지 등의 시장가격을 완전히 반영하고 있는 것은 아니라는 점에서 보면, 그 한도에서는 공용수용에 있어서의 시가보상의 원칙 내지 완전보상의 원칙은 실질적인 제한을 받고 있다고 할 수 있다.[138]

3. 개발이익환수제

개발이익은 토지소유자의 노력에 의하지 않고 토지를 소유하고 있다는 우연한 사실만으로 생기는 불로소득이므로 전적으로 사유화할 것이 아니라 이것을 사회에 환수하여 공공의 이익에 합치할 수 있도록 활용하여야 할 것이고, 개발이익은 사회에 의하여 창출된 것이므로 사회에 귀속되어야 할 것이다. 우리나라에 있어서도 개발이익의 사회적 환수의 필요성을 지적하고 있는데,[139] 개발이익의 사회적 환수가 실현되지 않을 경우에는 지가의 폭등, 토지투기의 극성, 토지유

137) 이 규정에서 '당해 토지의 위치·형상·환경·이용상황 등을 참작한다'고 하는 것은 수용할 토지의 지가산정에 있어 지가가 공시된 표준지로서의 인근의 토지와의 비교에 있어서 고려할 사항들을 열거한 것이다(김동희, 「행정법Ⅱ」, 박영사, 2011, 411면).

138) 김동희, 상게서, 412면.

139) 김재덕, 「토지소유권제한의 이론」, 경영문화원, 1983, 325-327면; 서원우, "개발이익의 사회적 환수제에 관한 연구", 서울대학교 「법학」, 통권 43호, 1980.5, 141-142면; 황명찬, "우리나라의 개발이익환수제", 황명찬 편, 「토지

효이용의 저해, 토지소유자 간의 이익과 부담의 불공평, 국가 · 지방자치단체의 막대한 재정부담 등의 폐단을 극복할 수 없게 될 것이므로 개발이익은 토지소유자의 전유물이 아니라 사회에 환수되어야 할 것이다.[140)]

이러한 필요에 따른 개발이익의 환수제로서는 과세적 방법으로 양도소득세 · 종합부동산세 · 도시계획세 등이 있고, 비과세적 방법으로는 개발부담금제 · 공시지가제 · 국공유지임대제 · 감보제 · 수익자부담금제 등이 있는데, 토지취득보상법에서는 공시지가제를 취하고 있다.

토지취득보상법 제70조의 규정이 공시지가제를 채택함으로써 이른바 개발이익은 보상액의 산정에서 배제되고 사회에 환수되도록 하고 있다. 그런데 토지를 수용당하는 자는 위의 공시지가제에 의하여 개발이익이 배제됨으로써 그 인근토지소유자와의 형평이 문제되고, 이는 부동산투기의 요인이 될 수 있다.[141)] 따라서 이러한 문제점을 시정하기 위하여 양도소득세를 부과하고(소득세법 제23조 제1항), 개발부담금을 부과하도록 하고 있다(개발이익환수에 관한 법률 제3조 · 제13조).

여기에서 개발이익을 제외한 지가로 보상하는 것이 정당보상 또는 완전보상에 해당하는 것인가와 관련하여 공시지가제와 개발이익환수제의 합헌성 여부가 문제된다. 그런데 헌법 제23조 제3항의 '정당한 보상'은 완전보상을 뜻하는 것이나, 개발이익을 보상액에서 배제하는 것은 정당보상의 원리에 어긋나는 것이 아니며, 위 토지취득보상법 제70조의 규정이 헌법상 정당보상의 원리에 어긋나는 것이라 볼 수 없고, 평등원칙이 국가가 언제 어디에서 기본권에 관한 상황이나 제도의 개선을 시작할 것인지의 선택을 방해하는 것은 아니므로 일부 토지소유자로부터만 개발이익을 환수하는 것이 합리적 이유없는 차별이라고는 할 수 없다고 보아 그 합헌성을 인정한다.[142)] 따라서 보상액에서 개발이익을 제외하여도 완전보상이라고 한다.[143)] 그러나 개발이익의 배제와 완전한 보상과는 필연적인 관계가 있는 것은 아니고, 개발이익의 배제 여부의 문제는 위헌 여부와는 관계가 없고 어디까지나 입법정책적 차원의 문제라고 보기도 한다.[144)]

4. 생활보상제

손실보상제도는 이를 사적(史的)으로 관찰하면, 19세기에 손실보상은 피수용자가 수용의 대상이 된 재산에 대하여 갖는 주관적 가치를 보상하는 대인적 보상에서 시작된다. 그런데 대인적

정책론」. 경영문화원, 1985, 604-607면.

140) 박평준, "개발행정에 의한 개발이익의 사회적 귀속에 관한 연구", 「사회과학연구」. 제11집, 조선대학교 사회과학연구소, 1988, 65면.

141) 김동희, 「행정법 I」. 586면.

142) 헌재결 1990.6.25, 89헌마107; 헌재결 1991.2.11, 90헌바17 · 18.

143) 今村成和, 「損失補償制度の硏究」. 130-131頁.

144) 서원우, "공용수용법제에 관한 연구 : 공공용지취득과 보상문제를 중심으로", 법학박사학위논문, 서울대학교 대학원, 1974, 131면.

보상은 보상액산정에 기준이 없을 뿐더러 보상금액이 통상 고액이 됨으로써 공공사업의 시행에 장해가 있음을 의미하게 된다. 그리하여 20세기 초부터 시장에서의 객관적인 교환가치를 보상액으로 하는 대물적 보상으로 변천하게 되었으며, 이는 현재 우리나라뿐만 아니라 각국의 기본적인 제도이다.

그러나 현대사회에 있어서는 사회복지국가 관념의 도입과 더불어 보상제도에도 변화가 나타나고 있다. 따라서 어떤 경우에는 수용목적물에 대한 객관적 교환가치의 보상이 아니라, 그것 외에 삶의 기본터전도 마련해 주어야만 보상의 의미가 있는 생활보상을 지향하는 경향이 있다.

이러한 경향에 따라 우리나라의 현행 손실보상제도는 생활보상의 개념을 상당히 넓게 실정법에 규정하고 있는 것으로 볼 수 있다.[145] 우리나라의 토지취득보상법 등에는 생활보상적 성격을 갖는 보상제도를 규정한 조항들이 있는 바, 이를 지적하면 다음과 같다. 동법은 잔여지의 손실 및 공사비보상(동법 제73조), 잔여지 등의 매수청구 또는 수용청구(동법 제74조), 사업시행이익과의 상계금지(동법 제66조), 건축물 · 입목 기타 물건의 이전비보상 또는 수용청구(동법 제75조), 잔여건축물의 손실보상(동법 제75조의2), 영업상의 손실보상(동법 제77조), 사업의 폐지 · 변경으로 인한 손실보상(동법 제24조 제6항) 등을 규정하고 있다. 이에는 이전비보상 등의 '실비변상적 보상'이 있고, 영업상 손실보상 등과 같은 '일실손실보상'인 경우도 있다.

그 외에도 토지취득보상법시행규칙은 토지 외에 건축물 · 공작물 · 입목 · 토지에 정착된 물건, 광업권 · 어업권 · 물의 사용에 관한 권리와 토지에 속한 흙 · 돌 및 모래 · 자갈, 농작물 · 묘포장 · 잠업 · 이사비 · 이농비 등을 보상대상으로 규정하고 있고, 이주대책을 규정하고 있으며, 또한 이주정착금을 규정하고 있다. 이를 구체화한 제도로서 주거용건물의 최저보상액, 영세민 등 생활보상, 소수잔존자보상, 영업보상, 무허가영업 등에 대한 보상, 이사비 외에 이주대책비, 분묘이장비, 이농비 외에 실농 등의 생활비보상, 세입자(貰入者)에 대한 주거대책비, 휴직 또는 실직보상 등을 규정하고 있다. 그런데 이러한 규정들은 협의에 의한 취득 · 사용의 경우에 적용되는 것일 뿐만 아니라 수용의 경우에도 적용된다.

145) 박평준 · 박창석, 「보상법규강의」, 351면.

제6절 행정상 손실보상의 원칙

헌법 제23조 제3항은 손실보상의 기준으로서 '정당한 보상'을 선언하고 있는 바, 이를 구체적으로 실현하기 위하여 '헌법의 구체화법'인 토지취득보상법에서는 정당한 보상을 위하여 공용수용으로 인하여 토지소유자 또는 관계인이 입은 '특별한 희생'에 대한 손실보상의 원칙으로서 보상의 수단 · 방법에 관하여 사업시행자보상의 원칙, 사전보상의 원칙, 금전보상의 원칙, 개인별보상의 원칙, 일괄보상의 원칙, 사업시행이익과의 상계금지의 원칙 등을 규정하고 있다.

Ⅰ. 사업시행자보상의 원칙

토지취득보상법은 공익사업에 필요한 토지등의 취득 또는 사용으로 인하여 토지소유자나 관계인이 입은 손실은 사업시행자가 이를 보상하여야 한다고 규정하고 있는데(동법 제61조), 이를 '사업시행자보상의 원칙'이라고 한다.

보상의 주체(보상의무자)를 누구로 보느냐 하는 것은 수용주체에 관한 학설인 국가수용권설과 사업시행자수용권설에 따라 다르다. 국가수용권설에 의하면 원래 손실보상의 의무를 지는 것은 수용권의 주체인 국가이며, 국가는 사업시행자를 위하여 공용수용을 하는 것이므로 국가 자신이 사업시행자로부터 보상금을 징수하여 피수용자에게 지급하는 것이 당연하다. 그러나 절차상의 편의를 위하여 사업시행자로 하여금 직접 피수용자에게 보상하도록 하는 데 불과하다고 본다. 그런데 사업시행자수용권설에 의하면 보상할 손실의 원인행위를 한 자는 사업시행자이므로 성질상 당연히 사업시행자가 손실보상을 하여야 한다고 본다. 토지취득보상법 제61조는 사업시행자가 보상의무자임을 명기하고 있으며, 이것은 조리상 당연한 것을 규정하고 있다.

토지취득보상법이 사업시행자보상의 원칙을 규정하고 있는 것과 관련하여 제3자의 보상의무이행을 인정할 것인가 하는 것이 문제이다. 민법상 채무의 변제에 대하여 제3자의 변제가 문제되는 것과 같이 이 경우에 있어서도 보상의무이행에 대하여 제3자에 의한 의무이행이 허용될 수 있을 것인가 하는 것은 연구할 문제이다. 이 경우 정당한 이유가 있고 의무자의 동의가 있으면 이를 허용하여도 될 것이 아닌가 생각된다.[146)]

보상을 받을 자(보상권리자)는 토지소유자 및 관계인이 아니면 아니된다. 토지취득보상법 제2조 제5호의 규정에 의한 '승계인'에 포함되지 아니한 자는 보상을 청구할 수도 받을 수도 없는 것이다. 따라서 수용 또는 사용할 토지에 물건을 갖고 있다고 하더라도 승계인이 아닌 자는 토지취득보상법 제75조의 규정에 의한 이전비의 보상을 받을 수가 없게 된다. 그리고 토지소유자와 관계인은 사업인정의 고시가 있은 후 소유권 등의 변동(관계인의 범위에 포함되지 아니한 경우에는 제외된다)이 있는 경우에는 그 소유권 등을 승계한 자가 보상금을 받게 되고, 공탁의 경우에도 소유권 등을 승계한 자가 공탁금을 수령할 권리자로 되는 것이며(동법 제40조 제3항), 소유권 등을 승계한 자가 보상금이나 공탁금을 수령할 경우에는 소유권 등을 승계한 것을 증명하는 서류를 사업시행자나 공탁공무원에게 제출하도록 하고 있다(동법시행령 제21조). 토지소유자 또는 관계인이라 하더라도 토지취득보상법 제25조 제1항 및 제2항의 규정에 의한 토지보전의무에 위반한 경우에는 동조 제3항의 규정에 의하여 보상을 받을 수 없게 된다. 그리고 거짓이나 그 밖의 부정한 방법으로 보상금을 받은 자 또는 그 사실을 알면서 보상금을 지급한 자는 5년 이하의 징역 또는 3천만원 이하의 벌금에 처하며, 이 경우 미수범도 처벌한다(동법 제93조).

Ⅱ. 사전보상의 원칙

사업시행자는 해당 공익사업을 위한 공사에 착수하기 이전에 토지소유자와 관계인에게 보상액의 전액(全額)을 지급하여야 하는데(동법 제62조), 이를 '사전보상(선급)의 원칙'이라고 한다. 보상액의 지급을 선급으로 하는 것은 공익사업용지의 협의에 의한 취득 또는 수용에 의한 취득에 따른 손실보상의 본질에 기한 것이라기보다는 피수용자의 보호를 위한 것이다.

따라서 그 시기까지 보상금을 지급하거나 공탁하지 아니한 때에는 재결은 효력을 상실하며(동법 제42조 제1항), 재결은 처음부터 없었던 상태가 되므로 이러한 재결의 실효로 인하여 피수용자가 입은 손실을 보상하여야 한다(동법 제42조 제2항). 판례는 사업시행자가 그 재결된 보상금을 그 수용시기까지 지급 또는 공탁하지 아니하고 그 수용대상토지를 점유 · 사용하고 있는 경우에, 그 보상금에 대한 후급약정이 있었다든가 또는 그 보상금액에 대해서만 이의를 달고 제소하였다는 등 어떤 특별한 사유가 없는 한 토지수용위원회의 수용재결은 전부 그 효력을 상실하여 사업시행자는 그 토지를 불법점거하는 것이 된다.[147]

여기에서 문제가 되는 것은 재결의 효력을 상실하게 되면 사업인정의 효력도 상실되는가 하는 것이다. 생각건대 토지취득보상법 제42조는 사전보상의 원칙에 위배되면 재결의 효력을 상실한

---

146) 김경열, 「토지공법」, 경영문화원, 1993, 144-145면.

147) 대판 1970.11.30, 70다2171.

다고 명시하고 있기 때문에 재결의 실효로 사업인정이 실효되는 것이 아니라고 본다. 따라서 사업인정의 효력기간내에는 다시 요건을 구비하여 재결신청을 할 수 있다.[148]

그러나 예외적으로 천재지변시의 토지사용(동법 제38조)과 시급한 토지사용(동법 제39조)의 경우에는 '사후보상'(후급)이 인정된다(동법 제62조 단서).

Ⅲ. 금전보상의 원칙

공익사업에 필요한 토지등을 수용 또는 사용함으로 인하여 토지소유자 또는 관계인이 입은 손실에 대한 보상은 다른 법률에 특별한 규정이 있는 경우를 제외하고는 현금으로 지급하여야 하는데(동법 제63조 제1항 본문), 이를 '금전보상의 원칙'이라고 한다. '현금'(現金)이란 강제통용력이 있는 법정통화, 즉 화폐를 말하며, 화폐는 자유로운 유통이 보장되고 또 모든 가치는 이 화폐로써 측정되어진다. 따라서 금전보상은 가장 합리적이고 이상적인 보상수단이 될 수 있다. 그러나 금전보상은 주변의 지가상승을 유발할 수 있고, 이로 인하여 화폐가치가 상대적으로 하락되어 불합리한 보상수단이 될 수도 있다.[149]

금전보상에 있어서 그 지급방법으로는 ① 선급과 후급, ② 개별급과 일괄급, ③ 일시급과 분할급 등의 여러 방법이 있으나, 선급 · 개별급 · 일괄급 · 일시급을 원칙으로 한다.

금전보상의 원칙에 대해서는 그 예외로서 대토보상 · 채권보상 · 현물보상 및 매수보상이 있다.

1. 대토보상

대토보상(代土補償)이란 토지소유자가 원하는 경우로서 사업시행자가 해당 공익사업의 합리적인 토지이용계획과 사업계획 등을 고려하여 토지로 보상이 가능한 경우에는 토지소유자가 받을 보상금 중 현금 또는 채권으로 보상받는 금액을 제외한 부분에 대하여 일정한 기준과 절차에 따라 그 공익사업의 시행으로 조성한 토지로 보상하는 것을 말한다(동법 제63조 제1항 단서).

이 대토보상제는 금전보상원칙에 대한 예외로서, 최근 토지취득보상법의 개정시에 도입된 제도이다. 종전의 법은 현지주민 재정착 및 개발혜택 주민공유에 미흡했기 때문에 이러한 폐단을 시정하기 위하여 최근 법개정시 이 대토보상제를 채택하였는 바, 그 내용은 다음과 같다.

---

148) 김천경, 전게서, 139-140면.

149) 박수혁 등 감수, 전게서, 558면; 박평준, 「공익사업용지취득보상법」. 344면; 이선영, 「토지수용과 보상법론」. 법원사, 1995, 345면.

1) 토지로 보상받을 수 있는 자

「건축법」 제57조 제1항에 따른 대지의 분할제한 면적 이상의 토지를 사업시행자에게 양도한 자이다. 이 경우 대상자가 경합할 때에는 부재부동산소유자가 아닌 자로서 채권으로 보상을 받는 자에게 우선하여 토지로 보상하며, 그 밖의 우선순위 및 대상자 결정방법 등은 사업시행자가 정하여 공고한다(동법 제63조 제1항 제1호).

2) 토지가격의 산정

보상하는 토지가격의 산정 기준금액은 다른 법률에 특별한 규정이 있는 경우를 제외하고는 일반 분양가격으로 한다(동법 제63조 제1항 제2호).

3) 보상기준 등의 공고

보상계획을 공고할 때에 토지로 보상하는 기준을 포함하여 공고하거나 토지로 보상하는 기준을 따로 일간신문에 공고할 것이라는 내용을 포함하여 공고한다(동법 제63조 제1항 제3호).

4) 토지로 보상하는 면적

토지소유자에게 토지로 보상하는 면적은 사업시행자가 그 공익사업의 토지이용계획과 사업계획 등을 고려하여 정한다. 이 경우 그 보상면적은 주택용지는 990제곱미터, 상업용지는 1,100제곱미터를 초과할 수 없다(동법 제63조 제2항).

5) 전매제한

토지로 보상받기로 결정된 권리는 그 보상계약의 체결일부터 소유권이전등기를 마칠 때까지 전매(매매, 증여, 그 밖에 권리의 변동을 수반하는 모든 행위를 포함하되, 상속 및 「부동산투자회사법」에 따른 개발전문 부동산투자회사에 현물출자를 하는 경우는 제외한다)할 수 없으며, 이를 위반할 때에는 사업시행자는 토지로 보상하기로 한 보상금을 현금으로 보상할 수 있다. 이 경우 현금보상액에 대한 이자율은 법정되어 있다(동법 제63조 제3항).

6) 현금보상으로의 전환

토지소유자가 토지로 보상받기로 한 경우 그 보상계약 체결일부터 1년이 지나면 이를 현금으로 전환하여 보상하여 줄 것을 요청할 수 있다. 이 경우 현금보상액에 대한 이자율은 법정되어 있다(동법 제63조 제4항).

사업시행자는 해당 사업계획의 변경 등 사유로 보상하기로 한 토지의 전부 또는 일부를 토지로 보상할 수 없는 경우에는 현금으로 보상할 수 있다. 이 경우 현금보상액에 대한 이자율은 법정의 이자율로 한다(동법 제63조 제5항, 동법시행규칙 제15조의 2).

사업시행자는 토지소유자가 ① 국세 및 지방세의 체납처분 또는 강제집행을 받는 경우, ② 세대원 전원이 해외로 이주하거나 2년 이상 해외에 체류하려는 경우, ③ 토지소유자의 채무변제를 위하여 현금보상이 부득이 한 경우, ④ 그 밖에 부상이나 질병의 치료 등을 위하여 현금보상이 부득이하다고 명백히 인정되는 경우의 어느 하나에 해당하여 토지로 보상받기로 한 보상금에 대하여 토지소유자가 현금보상을 요청한 경우에는 현금으로 보상하여야 한다. 이 경우 현금보상액에 대한 이자율도 법으로 정하고 있다(동법 제63조 제6항, 동법시행규칙 제15조의3).

2. 채권보상

채권보상이란 수용 또는 사용으로 인한 손실보상금을 지급함에 있어서 일정한 경우에 채권(債券)으로 지급하는 것을 말한다. 이는 금전보상원칙에 대한 예외이다.

우리나라에서는 1970년대 이래 행정주체가 시행한 각종의 개발사업은 토지투기의 문제와 함께 지가의 급격한 상승요인으로 작용하여 왔으며, 그 결과 오늘날에는 공익사업에 필요한 용지보상비가 사업비에서 차지하는 비율이 점증하게 되어 효율적인 개발사업의 시행이 어렵게 되는 지경에까지 이르게 되었다. 이러한 문제점을 해결하여 사업시행자의 자금확보를 지원하고 사회간접자본시설의 확충에 이바지하도록 하기 위한 방안의 하나로 보상금을 채권으로 지급하는 보상방법이 제도적으로 도입되었다.[150]

1) 채권발행기관

사업시행자가 국가 · 지방자치단체 그 밖에 「공공기관의 운영에 관한 법률」에 따라 지정 · 고시된 공공기관 및 공공단체인 경우로서 다음 각 호의 어느 하나에 해당되는 경우에는 해당 사업시행자가 발행하는 채권으로 보상금을 지급할 수 있다(동법 제63조 제7항, 동법시행령 제25조).

① 한국토지주택공사법에 따른 한국토지주택공사
② 한국전력공사법에 의한 한국전력공사
③ 한국농어촌공사 및 농지관리기금법에 따른 한국농어촌공사
④ 삭제
⑤ 한국수자원공사법에 의한 한국수자원공사

150) 석종현, 「일반행정법(하)」, 삼영사, 2005, 679면.

⑥ 한국도로공사법에 의한 한국도로공사
⑦ 한국관광공사법에 의한 한국관광공사
⑧ 공기업의 경영구조개선 및 민영화에 관한 법률에 의한 한국전기통신공사
⑨ 한국가스공사법에 의한 한국가스공사
⑩ 한국철도시설공단법에 의하여 설립된 한국철도시설공단
⑪ 인천국제공항공사법에 의한 인천국제공항공사
⑫ 삭제
⑬ 삭제
⑭ 한국환경공단법에 따른 한국환경공단
⑮ 지방공기업법에 의한 지방공사
⑯ 항만공사법에 의한 항만공사
⑰ 한국철도공사법에 의한 한국철도공사
⑱ 산업집적활성화 및 공장설립에 관한 법률에 따른 한국산업단지공단 등이다.

2) 채권발행의 요건

수용보상금을 해당 사업시행자가 발행하는 채권으로 지급하기 위하여는 다음 각 호의 어느 하나에 해당되는 경우이어야 한다(동법 제63조 제7항, 동법시행령 제26조).

① 토지소유자나 관계인이 원하는 경우

② 부재부동산 소유자의 토지에 대한 보상금이 일정금액(1억원)을 초과하는 경우로서(동법시행령 제27조 제1항), 그 초과하는 금액에 대하여 보상하는 경우 : 여기서 '부재부동산소유자의 토지'는 사업인정고시일 1년 전부터 다음 각호의 어느 하나의 지역에 계속하여 주민등록을 하지 아니한 자가 소유하는 토지로 한다(동법시행령 제26조 제1항). i) 해당 토지의 소재지와 동일한 시(행정시를 포함한다) · 구(자치구를 말한다) · 읍 · 면(도농복합형태인 시의 읍 · 면을 포함한다), ii) i)의 지역과 연접한 시 · 구 · 읍 · 면 등이다. 그리고 위의 각 지역에 주민등록을 하였으나 당해 지역에 사실상 거주하고 있지 아니한 자가 소유하는 토지는 위의 부재부동산소유자의 토지로 본다. 다만, 질병으로 인한 요양, 징집으로 인한 입영, 공무, 취학 그 밖에 이에 준하는 부득이한 사유로 인하여 거주하지 아니한 경우에는 그러하지 아니하다(동법시행령 제26조 제2항).

그러나 i) 상속에 의하여 취득한 경우로서 상속받은 날부터 1년이 경과되지 아니한 토지, ii) 사업인정고시일 1년 전부터 계속하여 위의 어느 하나의 지역에 사실상 거주하고 있음을 국토해양부령으로 정하는 바에 따라 입증하는 자가 소유하는 토지, iii) 사업인정고시일 1년 전부터 계속하여 위의 어느 하나의 지역에서 사실상 영업하고 있음을 국토해양부령으로 정하는 바에 따라 입증

하는 사람이 해당 영업을 하기 위하여 소유하는 토지 등은 부재부동산소유자의 토지로 보지 아니한다(동법시행령 제26조 제3항).

그리고 토지투기가 우려되는 지역 안에서의 채권보상도 규정하고 있다(동법 제63조 제8항, 동법시행령 제27조의2).

3) 채권의 상환기한 · 이자율

사업시행자가 보상금을 채권으로 지급할 경우에는 정당한 보상이 될 수 있도록 채권의 상환기한 · 이율 등을 정하여야 한다. 이 경우 상환기한은 5년을 넘지 아니하는 범위에서 정하여야 하며, 그 이자율은 ① 부재부동산 소유자에게 채권으로 지급하는 경우는 i) 상환기간이 3년 이하인 채권은 3년 만기 정기예금의 이자율을, ii) 상환기간이 3년 초과 5년 이하인 채권은 5년 만기 국고채금리로 한다. ② 부재부동산 소유자가 아닌 자가 원하여 채권으로 지급하는 경우에는 i) 상환기간이 3년 이하인 채권은 3년 만기 국고채 금리로 하되, 위의 3년 만기 정기예금 이자율이 3년 만기 국고채 금리보다 높은 경우에는 3년 만기 정기예금 이자율을 적용한다. ii) 그리고 상환기간이 3년 초과 5년 이하인 채권은 5년 만기 국고채 금리를 적용한다(동법 제63조 제9항).

4) 보상채권의 발행

사업시행자가 국가인 경우에는 그 사업이 도로법에 따른 도로공사, 「산업입지 및 개발에 관한 법률」에 따른 산업단지개발사업, 철도건설법에 따른 철도의 건설사업, 항만법에 따른 항만공사, 「댐건설 및 주변지역지원 등에 관한 법률」에 의한 댐건설사업, 수도법에 의한 수도사업, 인천국제공항공사법에 의한 공항건설사업과 항공법에 의한 공항개발사업 중의 하나인 공익사업을 위한 토지등의 취득 또는 사용으로 인하여 토지소유자 및 관계인이 입은 손실을 보상하기 위하여 채권으로 지급하는 경우에는 보상채권을 발행할 수 있다(동법 제69조 제1항, 동법시행령 제29조). 그 채권은 일반회계, 교통시설특별회계의 부담인 보상채권으로 발행한 것이어야 한다(동법 제69조 제1항, 동법시행령 제29조).

그 외에 채권은 다음과 같이 발행한 것이어야 한다(동법 제69조 제2항 내지 제5항, 제7항).

① 보상채권은 국가의 회계를 관리하는 관계 중앙행정기관의 장의 요청으로 기획재정부장관이 발행한다.

② 기획재정부장관은 보상채권을 발행하려는 경우에는 회계별로 국회의 의결을 받아야 한다.

③ 보상채권은 토지소유자 및 관계인에게 지급함으로써 발행한다.

④ 보상채권은 양도하거나 담보로 제공할 수 있다.

⑤ 보상채권의 발행방법, 이자율의 결정방법, 상환방법, 그 밖에 보상채권 발행에 필요한 사항

은 대통령령으로 정한다.

⑥ 보상채권의 발행에 관하여 토지취득보상법에 특별한 규정이 있는 경우를 제외하고는 「국채법」에서 정하는 바에 따른다.

이와 같이 사업시행자가 보상채권으로 보상하고자 하는 경우에는 토지소유자 및 관계인에게 '보상채권지급결정통지서'를 발급하고, 보상채권취급기관에 이에 관한 사항을 통지하여야 하며, 보상채권지급결정통지서를 발급받은 토지소유자 및 관계인이 당해 보상채권취급결정통지서를 보상채권취급기관에 제출하는 경우에는 보상채권취급기관은 보상채권을 교부하여야 한다(동법시행령 제35조).

(1) 보상채권의 발행절차

보상채권의 발행방법, 이자율의 결정방법, 상환방법, 그 밖에 보상채권의 발행에 필요한 사항은 대통령령으로 정한다(동법 제69조 제6항).

일반회계, 교통시설특별회계의 회계를 관리하는 관계 중앙행정기관의 장은 보상채권의 발행이 필요한 경우에는, 보상채권에 관한 다음의 사항을 명시하여 그 발행을 기획재정부장관에게 요청하여야 한다(동법시행령 제30조 제1항). ① 발행한도액, ② 발행요청액, ③ 액면금액의 종류, ④ 이율, ⑤ 원리금상환의 방법 및 시기, ⑥ 그 밖에 필요한 사항 등이다.

그리고 기획재정부장관은 보상채권을 발행하는 경우(동법 제69조 제2항)에는 이에 관한 사항을 관계 중앙행정기관의 장 및 한국은행총재에게 각각 통보하여야 한다(동법시행령 제30조 제2항).

(2) 보상채권의 발행방법

보상채권은 무기명증권으로 발행하고, 액면금액으로 발행하되 최소액면금액은 10만원으로 하며, 보상금 중 10만원 미만인 단수의 금액은 사업시행자가 보상금을 지급하는 때에 이를 현금으로 지급한다(동법시행령 제31조 제1항, 제2항).

그리고 보상채권의 발행인은 보상채권지급결정통지서를 발급한 날이 속하는 달의 말일로 하고, 보상채권은 이를 멸실 또는 도난 등의 사유로 분실한 경우에도 재발행하지 아니한다(동법시행령 제31조 제3항, 제4항).

(3) 보상채권의 이율 및 상환

보상채권의 이율은 3년만기 정기예금 이자율(채권발행일 전 달의 「은행법」에 따라 설립된 은행 중 전국을 영업구역으로 하는 은행이 적용하는 이자율을 평균한 이자율로 한다)로 한다(동법 시행령 제32조 제1항).

그리고 보상채권지급결정통지서의 발급일부터 보상채권발행일 전일까지의 보상채권으로 지급할 보상금에 대한 이자는 위와 같이 정한 보상채권의 이율과 같은 이율로 산정한 금액을 사업시행자가 보상금을 지급하는 때에 이를 지급한다(동법시행령 제32조 제4항).

또한 보상채권의 원리금은 상환일에 일시 상환한다(동법시행령 제32조 제2항). 이 경우 보상채권의 발행일부터 상환일 전일까지의 이자는 1년 단위의 복리로 계산한다(동법시행령 제32조 제3항).

(4) 보상채권의 기재사항

보상채권에는 다음의 사항을 기재하여야 한다(동법시행령 제33조).

① 명칭, ② 번호, ③ 액면금액의 종류, ④ 이율, ⑤ 원리금상환의 방법 및 시기 등이다.

(5) 보상채권의 취급기관

보상채권의 교부 및 상환에 관한 업무는 한국은행의 주된 사무소 · 지사무소 및 대리점이 이를 취급하며, 사업시행자는 한국은행의 주된 사무소 · 지사무소 및 대리점 중 당해 보상채권의 교부 및 상환업무를 취급할 기관("보상채권취급기관"이라 한다)을 미리 지정하고, 보상채권취급기관에 사업시행자의 인감조서를 송부하여야 하며, 보상채권취급기관은 보상채권을 교부하는 때에는 그 보상채권에 다음의 사항을 기재하고 당해 업무의 책임자가 이에 기명날인하여야 한다(동법시행령 제34조 제1항~제3항).

① 발행일 및 상환일, ② 교부일, ③ 보상채권취급기관의 명칭 등이다.

그리고 한국은행의 총재는 매월 20일까지 보상채권의교부및상환현황통지서(동법시행규칙 제21조 제1항, 별지 제17호 서식)를 기획재정부장관 및 관계 중앙행정기관의 장에게 각각 송부하여야 한다(동법시행령 제34조 제4항).

위와 같은 방법으로 보상채권을 교부한 경우 보상채권취급기관은 보상채권교부대장(동법시행규칙 제21조 제3항, 별지 제19호 서식)을 2부 작성하여 그 1부를 비치하고, 나머지 1부를 다음달 7일까지 사업시행자에게 송부하여야 한다(동법시행령 제36조).

3. 현물보상

손실보상은 금전에 의함을 원칙으로 하지만, 예외적으로 특별한 사정이 있을 때에는 법률이 정하는 바에 따라 현물보상의 방법에 의하는 경우가 있다.(구)도시재개발법에 의한 재개발사업의 경우, 시행자가 관리처분계획에서 정한 대지 또는 건축물 기타 시설물을 분양하는 것이 그 예이다(동법 제38조). 또한 현행 「도시 및 주거환경정비법」상의 사업에서 환지교부를 하는 것 등이 그 예이다.

금전보상의 원칙은 피수용자에게 수용된 재산과 등가(等價)의 가치를 보상받으면 그것으로 용이하게 그 인근에서 유사한 토지를 취득하여 종전과 같은 생활을 계속할 수 있다는 것을 전제로 하는 것이나, 오늘날의 산업사회에 있어서는 그와 같은 전제 자체가 성립하기 어렵기 때문에 피수용자는 보상금으로 다른 토지 등을 취득하는 것이 어렵기 때문에 피수용자는 보상금으로 다른 토지 등을 취득하는 것이 매우 곤란하게 되었다. 피수용자의 생활재건을 위해서는 금전보상보다는 현물보상이 용이하며, 이 점에서 현물보상제도는 대단히 중요한 것이라 할 수 있다.[151)]

4. 매수보상

매수보상(買收補償)은 금전보상의 변형으로 볼 수 있다. 즉 수용 또는 사용할 토지에 정착된 지상물건은 이전비를 보상하고 이전하게 하는 것이 원칙이지만, 물건의 이전이 현저히 곤란하거나 이전으로 인하여 종래의 목적에 사용할 수 없게 되는 때에는 상대방의 이익을 위하여 그 물건의 매수청구권을 인정하고, 이에 따라 그 물건을 매수함으로써 실질적인 보상을 도모하기 위한 것이다(동법 제72조).

Ⅳ. 개인별보상의 원칙

손실보상은 토지소유자나 관계인에게 개인별로 산정하여 지급하여야 하는데(동법 제64조), 이를 '개인별보상(개별급)의 원칙'이라고 한다. '보상금을 개인별로 산정한다' 함은 수용 · 사용의 목적물 또는 보상목적물상의 소유권 이외의 지상권 · 지역권 · 저당권 기타 권리 등이 있는 경우에, 그 소유자 및 권리자별로 보상금을 산정한다는 뜻이다.[152)] 이와 같은 개별급의 원칙은 수용 또는 사용되는 토지에 지상권 또는 저당권 등의 권리가 설정되어 있는 경우에 토지와 그 권리에 대한 보상금을 일괄 결정하여 토지소유자에게 지급하고, 다른 권리자는 다시 토지소유자로부터 분급(分給)받도록 한다면 관계인의 권리보호에 지장이 있기 때문이다.[153)]

보상금의 지급은 위와 같이 개별주의에 의하는 것이 원칙이지만, 예외적으로 대위주의(代位主義)를 인정하고 있는데, '대위주의'란 보상에 있어서 피수용자가 수인인 경우에 손실보상액을 하나로 묶어서 재결하고, 그 다수의 피수용자들이 보상금을 나누도록 하는 것을 말한다. 즉 보상금을 피수용자의 개인별로 산정할 수 없는 경우에는 일단의 피보상자에게 지급할 보상금의 총액을 그 중의 1인(대표자)에게 지급하는 일괄급의 방법에 의할 수 있다(동법 제64조 단서).

그리고 토지취득보상법상 사업인정고시가 된 후 소유권 등 권리의 변동이 있을 때에는 그 권리

151) 석종현, 상게서, 670면.
152) 이선영, 전게서, 217면.
153) 김천경, 전게서, 137면.

를 승계한 자에게 보상액을 개인별로 지급하여야 하며, 권리를 승계한 자는 토지취득보상법 제40조 제2항의 규정에 의한 공탁된 보상액 또는 제84조 제2항 단서의 규정에 의하여 공탁되어 있는 늘어난 보상액을 수령할 수 있다(동법 제40조 제3항).

또한 토지취득보상법은 수용·사용되는 목적물 위에 저당권 등의 담보물권이 설정되어 있는 경우 개별급의 원칙에 의하여 저당권자 등에게 개별적으로 보상금이 지급되어야 하나, 제47조에서 담보물권의 목적물이 수용되거나 사용된 경우 그 담보물권은 그 목적물의 수용 또는 사용으로 인하여 채무자가 받을 보상금에 대하여 행사할 수 있으며, 그 보상금이 채무자에게 지급되기 전에 압류하여야 한다고 규정하고 있는데, 이는 공용수용시 보상금에 대하여 '담보물권의 물상대위성'을 명문화하여 개별급의 원칙에 대한 예외규정을 두고 있는 것이라 할 수 있다. 그러나 이 경우 물상대위의 효력이 미치는 보상금의 범위는 수용·사용으로 인한 보상금뿐만 아니라 잔지에 대한 보상금은 포함하지만 다른 보상금, 예컨대 이전비보상금 등에는 미치지 못한다.[154]

Ⅴ. 일괄보상의 원칙

사업시행자는 동일한 사업지역에 보상시기를 달리하는 동일인 소유의 토지등이 여러 개 있는 경우 토지소유자나 관계인이 요구할 때에는 한꺼번에 보상금을 지급하도록 하여야 하는데(동법 제65조), 이를 '일괄보상의 원칙'이라고 한다. 이는 토지소유자의 대체지의 구입을 원활히 하여 정당보상을 구현하기 위한 것으로 볼 수 있다.

보상액의 지급에 있어서 전액급(일시급)이 정당한 보상에 합당하지만, 일시급이 곤란한 경우에는 분할급도 가능하다(구농지개혁법 제8조). 그런데 이러한 경우는 완불될 때까지 이자를 가산하여야 하며, 물가변동의 위험의 부담문제가 생기게 된다.[155]

공공사업의 시행과정에서 그 사업에 편입되는 토지 등의 면적이나 수량이 증감되어 계약의 내용을 확정할 수 없는 기술상의 문제, 계약에서 정하여진 토지 등의 면적 또는 수량의 감소로 인한 과오급발생문제, 지장물을 이전하여야 하는 경우에 피보상자의 이전의무불이행문제 등이 생길 수 있다.

사업시행자는 이와 같은 문제를 예방하기 위한 수단으로 보상액의 분할급을 조건으로 하는 특약이 가능한가 하는 문제가 제기될 수 있으나, 행정적·기술적으로 토지 등의 면적이나 수량의 증감이 예견되어 아직 계약의 내용을 확정할 수 없는 부득이한 사정이 있는 경우 또는 이전의무의 이행을 전제로 하기 위한 경우에는 보상액의 전액 일시급원칙에 불구하고 토지 등 소유자와의

154) 김경열, 전게서, 150-151면; 김천경, 상게서, 137-138면.
155) 박평준·박창석, 「보상행정법」, 617면.

특약에 의하여 분할급을 인정할 수 있을 것이다. 다만, 분할급으로 인하여 통상 발생하는 손실에 대하여는 보상하지 않으면 아니된다.[156)]

Ⅵ. 사업시행이익과의 상계금지의 원칙

사업시행자는 동일한 토지소유자에 속하는 일단의 토지의 일부를 취득하거나 사용하는 경우, 해당 공익사업의 시행으로 인하여 잔여지의 가격이 증가하거나 그 밖의 이익이 발생한 경우에도 그 이익을 그 취득 또는 사용으로 인한 손실과 상계할 수 없다(동법 제66조). 이를 '사업시행이익과의 상계금지의 원칙'이라고 한다.

이는 공익사업의 시행으로 잔여지 등의 가격이 증가된 경우에도 그 이익을 수용 또는 사용에 따른 손실보상금과 상계하지 못하도록 함으로써 공익사업으로 인하여 재산권 행사에 제약을 받은 피보상자의 권익을 철저히 보호하기 위한 것이다.[157)]

잔여지의 개발이익은 별도의 방법으로 환수할 성질의 것이며, 사업시행자가 취득한 목적물에 대한 보상액과는 상계할 것이 아니다. 따라서 공익사업에 제공된 목적물에 대하여는 정당보상이 이루어져야 하며, 이로 인해 그 주변지역에 증가(增價)가 발생하였다면 철저히 개발이익을 환수하는 것이 공평부담의 원리에 비추어 보아 마땅하다.[158)]

---

156) 이선영, 전게서, 343면.

157) 대판 1998.9.18, 97누13375.

158) 박수혁 등 감수, 전게서, 564면.

제7절 행정상 손실보상의 절차

손실보상의 절차에 관하여는 통칙적 규정이 없고, 손실보상에 관한 각 개별법에서 여러 가지의 방법을 규정하고 있다. 여기에서는 보상액의 결정방법, 보상액결정에 대한 불복, 보상금의 지급·공탁 등의 절차로 나누어 살펴보고자 한다.

Ⅰ. 보상액의 결정방법

손실보상액의 결정절차에 관하여는 법률에 따라 다르지만, 주로 토지취득보상법의 규정을 중심으로 하여 다음의 세 가지로 나눌 수 있다.

1. 당사자의 협의에 의하는 경우

손실보상에 관한 당사자 사이의 협의는 가장 원칙적인 결정유형으로서 행정청의 일방적 결정의 전단계로서의 의미를 갖는 것이다(동법 제16조, 제26조). 즉 당사자 사이에 협의가 이루어지지 않으면 토지수용위원회 등의 행정청은 보상액을 일방적으로 결정하게 되는 것이다. 협의가 성립되면 사업시행자는 관할 토지수용위원회에 협의성립의 확인을 신청할 수 있고(동법 제29조 제1항), 이러한 확인은 재결과 같은 효력을 가진다(동법 제29조 제4항).

2. 행정청의 재결 또는 결정에 의하는 경우

당사자 사이에 협의가 성립되지 않거나 협의를 할 수 없을 때에는 사업시행자에 의하여 토지수용위원회에 재결을 신청하게 된다(동법 제28조). 이 경우 손실보상의 결정절차는 다음의 두 가지가 있다.

1) 토지수용위원회의 토지수용에 관한 재결과 같이 보상액결정만을 내용으로 하는 것이 아니고, 재산권의 침해와 그에 대한 효과로서의 보상액을 함께 결정하는 경우

2) 보상액결정만을 내용으로 하는 행정청의 결정으로 정하여지는 경우

이 경우는 다시 여러 가지가 있는데, 사업주체가 행정주체인 경우에는 ① 행정청이 일방적으로 결정하도록 한 경우(특허법 제106조), ② 행정청이 결정하되 이의가 있는 경우에는 다른 행정청(주로 합의제기관)에 재의를 신청하도록 한 경우(징발법 제22조, 제24조 제3항), ③ 행정청이 상대방과 협의하되, 협의가 성립되지 못한 경우에는 행정청 스스로 결정한 금액을 지급하며, 이에 불복하는 경우에는 상대방의 신청에 의하여 토지수용위원회에서 재결하도록 한 경우(토지취득보상법 제28조 제1항 · 제30조, 도로법 제79조 · 제80조, 항만법 제37조 등) 등이 있다. 그리고 사업주체가 행정주체 이외의 자인 경우에는 당사자와 협의하되, 협의가 성립하지 아니한 때에는 감독행정청에 신청하여 재결하도록 하는 경우(전기사업법 제66조 제2항)가 보통이다.

그런데 2)의 경우는 재산권의 침해가 재결에 근거하여 행하여지는 것이 아니고, 별도의 행정청의 처분(징발처분 · 지장물의 철거 · 이전대집행 등)에 의하여 행하여지므로 법률에서 사전보상에 관한 규정을 둔 경우를 제외하고는 1)의 경우와는 달리 보상에 관한 협의나 재결이 있어야 재산권을 침해할 수 있는 것이 아니고, 그 성질상 보상에 관한 협의나 재결이 있기 전에 재산권에 대한 침해행위가 선행(先行)되게 된다.[159]

3. 소송에 의하는 경우

그 예가 많지 않으나, 법률에서 재산권침해와 이에 대한 보상에 대하여만 정하고, 협의 또는 재결절차 등 보상금결정에 대하여는 특히 규정하고 있지 않은 경우(소방기본법 제25조 제4항, 제27조 제3항)에는 처음부터 보상금지급청구소송을 제기할 수 있으며, 따라서 소송으로 결정하게 된다. 이 경우에도 보통은 재산권을 침해당한 자의 청구에 의하여 관계 행정청이 보상액결정통지와 같은 형식으로 보상액을 결정 · 통지하는 것이 일반적이라 할 것이나, 이 경우의 행정청의 재결은 보상액의 사실상의 제시에 그친다. 따라서 상대방은 그것을 수락하지 아니할 때에는 처분취소소송을 제기할 것이 아니고 바로 보상금지급청구소송을 제기할 수 있다고 할 것이다.[160] 이 경우의 소송은 공법상의 당사자소송으로 보는 것이 통설이나,[161] 판례는 민사소송으로 보고 있으며,[162] 실정법도 민사소송으로 보는 경우(우편법 제44조)가 있다.

---

159) 박윤흔 · 정형근, 「최신행정법강의(상)」. 682-683면.

160) 박윤흔 · 정형근, 상게서, 683면.

161) 상게서, 683면; 김도창, 전게서, 668면; 윤세창, 전게서, 455면; 이상규, 전게서, 662면.

162) 대판 1967.11.2, 67다1334; 대판 1969.12.30, 69다9; 대판 1970.3.10, 70다88.

Ⅱ. 행정청의 보상액결정에 대한 불복절차

행정청의 재결 또는 결정의 형식으로 보상금이 결정되는 경우(위의 보상금결정방법 중 2의 경우)에는 이에 대한 불복절차가 문제된다. 그 불복절차는 행정청의 재결 등이 어떤 내용의 것인가에 따라 다를 것이다.

1. 재결의 내용이 보상금결정만인 경우

이러한 경우에는 보상원인이 되는 재산권침해행위와 보상결정은 서로 분리하여 존재하며, 따라서 그에 대한 불복도 분리하여 행하여야 한다. 보상결정에 대한 불복절차는 행정청의 보상결정의 성격에 따라 정하여질 것이다.

보상결정의 행정처분성을 인정한다면 보상액결정처분의 취소를 구하는 취소심판 및 취소소송을 제기하여야 할 것이지만, 그 처분성을 부인한다면 법원에 보상금지급청구소송을 공법상 당사자소송으로 제기할 수 있다고 할 것이다. 물론 이 경우 실무상으로는 민사소송으로 제기하고 있다.

2. 재결의 내용이 수용 등과 그에 대한 보상금결정인 경우

가장 일반적인 절차인 토지수용위원회의 재결에 대하여 살펴보면, 토지수용위원회의 재결은 그 처분성이 인정되므로 재결에 불복하면 이의신청과 행정소송을 제기할 수 있다. 종래에는 이의신청전치주의가 필요적으로 채택되었으나, 토지취득보상법은 임의적 전치주의를 취하고 있다.

1) 이의신청

토지수용위원회의 재결에 의한 손실보상금의 결정에 대해서 불복하는 자는 그 재결에 대해서 행정심판으로서의 이의신청을 할 수 있다. 즉 지방토지수용위원회의 재결에 이의가 있는 자는 해당 지방토지수용위원회를 거쳐 재결서의 정본을 받은 날부터 30일 이내에 중앙토지수용위원회에, 중앙토지수용위원회의 재결에 이의가 있는 자는 같은 기간내에 중앙토지수용위원회에 이의신청을 할 수 있다(동법 제83조). 이의신청을 받은 중앙토지수용위원회는 재결이 위법하거나 부당하다고 인정할 때에는 그 재결의 전부 또는 일부를 취소하거나 보상액을 변경할 수 있다(동법 제84조). 다시 말하면 중앙토지수용위원회는 재결을 취소하는 재결만을 할 수 있는 것이 아니고, 적극적으로 보상액을 증액 또는 감액하는 재결을 할 수도 있는 것이다.

2) 행정소송

당사자는 이의신청을 제기하지 아니하고 바로 행정소송을 제기하거나 또는 이의신청을 제기한 경우에는 이의신청을 인용하지 않는 재결이 행해지는 경우에 행정소송을 제기할 수 있다. 이 경우 행정소송의 형태는 재결의 내용을 형성하는 수용결정부분을 대상으로 하는 경우와 손실보상을 대상으로 하는 경우로 나눌 수 있다.

(1) 취소소송

재결 중에서 수용재결의 부분에 불복할 때에는 재결서를 받은 날부터 60일 이내에, 이의신청을 거쳤을 때에는 이의신청에 대한 재결서를 받은 날부터 30일 이내에 각각 행정소송을 제기할 수 있다(동법 제85조 제1항). 이 경우에 법원은 재결이 위법하다고 인정할 때에는 재결의 전부 또는 일부를 취소할 수 있을 뿐이며, 보상액을 증감할 수는 없다.[163]

(2) 보상액증감청구소송

행정소송이 보상금의 증감(增減)에 관한 소송인 경우에는 그 소송을 제기하는 자가 토지소유자 또는 관계인일 때에는 사업시행자를, 사업시행자일 때에는 토지소유자 또는 관계인을 각각 피고로 한다(동법 제85조 제2항). 이 때의 소송유형은 형식적 당사자소송으로 보아야 할 것이다.[164] 이러한 소송은 형식적으로는 직접 권리관계의 당사자를 피고로 하여 제기하는 당사자소송이지만, 내용적으로는 보상재결이라는 행정처분을 다툰다는 점에서 형식적 당사자소송으로 볼 수 있는 규정을 함으로써 명문으로 채택하였다. 그리하여 보다 신속한 권리구제가 가능하게 되었다.

그것은 이 소송제도가 채택되기 전에는 보상재결의 부분에만 불복이 있는 경우에도 재결취소소송만을 제기할 수 있었고, 당해 소송에서는 재결의 취소판결만이 가능하고 직접 보상액을 증감하는 판결은 불가능하였으며, 보상액이 적정하지 못하여 재결이 위법한 경우에도 재결취소판결을 하였고, 그 판결이 있으면 중앙토지수용위원회에서 보상액을 다시 재결하였으며, 따라서 권리구제는 우회적이었다.

Ⅲ. 보상금의 지급 · 공탁

손실보상의 절차는 사업시행자가 보상금을 지급 또는 공탁함으로써 종료된다.

사업시행자는 천재 · 지변시의 토지사용의 경우(동법 제38조) 또는 시급(時急)을 요하는 토지사용의 경우(동법 제39조)가 아닌 한, 수용 또는 사용의 개시일까지 관할 토지수용위원회가 재결한 보상금을 지급하여야 한다(동법 제40조 제1항).

---

163) 박평준 · 박창석, 「보상법규강의」, 367면.

164) 류지태, 전게서, 451면.

그러나 ① 보상금을 받을 자가 그 수령을 거부하거나 보상금을 수령할 수 없을 때, ② 사업시행자의 과실 없이 보상금을 받을 자를 알 수 없을 때, ③ 사업시행자가 관할 토지수용위원회가 재결한 보상금액에 대하여 불복할 때, ④ 압류나 가압류에 의하여 보상금의 지급이 금지되었을 때에는 수용 또는 사용의 개시일까지 보상금을 공탁할 수 있다(동법 제40조 제2항). 다만, ③의 경우에는 사업시행자는 보상금을 받을 자에게 자기가 산정한 보상금을 지급하고 그 금액과 재결에 의한 보상금액과의 차액(差額)을 공탁하여야 한다(동법 제40조 제4항).

한편, 시급을 요하는 토지사용의 경우(동법 제39조)에 토지소유자 또는 관계인의 청구가 있을 때에는 사업시행자는 자기가 산정한 보상금을 토지소유자나 관계인에게 지급하여야 한다(동법 제41조).

제8절 행정상 손실보상의 주체

Ⅰ. 사업시행자

보상의 주체, 즉 '보상의무자'를 누구로 보느냐 하는 것은 수용주체에 관한 국가수용권설과 사업시행자수용권설에 따라 다르다.

국가수용권설에 의하면 원래 손실보상의 의무를 지는 것은 수용권의 주체인 국가이며, 국가는 사업시행자를 위하여 공용수용을 하는 것이므로 국가 자신이 사업시행자로부터 보상금을 징수하여 피수용자에게 지급하는 것이 당연하다. 그러나 절차상의 편의를 위하여 사업시행자로 하여금 직접 피수용자에게 보상하도록 하는 데 불과하다고 본다. 그런데 사업시행자수용권설에 의하면, 보상할 손실의 원인행위를 한 자는 사업시행자이므로 성질상 당연히 사업시행자가 손실보상을 하여야 한다고 본다.

토지취득보상법 제61조는 사업시행자가 보상의 주체, 즉 보상의무자임을 명기하고 있으며, 이것은 조리상 당연한 규정이다.

Ⅱ. 보상업무 등의 위탁

토지취득보상법 제81조는 사업시행자는 보상 또는 이주대책에 관한 업무를 보상전문기관에게 위탁할 수 있는 제도를 두고 있다.

종래 법체제하에는 보상 또는 이주대책에 관한 업무는 일반사업시행자가 직접 수행하거나 그 업무를 지방자치단체에게 위탁할 수 있었다. 그러나 일반 사업시행자가 보상업무를 직접 수행하는 경우에 사업시행자의 보상업무에 대한 지식과 경험의 부족으로 인하여 보상업무가 지연되거나 보상예산의 낭비로 공익사업시행에 있어 비용증가의 한 요인이 되어왔다. 위와 같은 문제점을 해소하기 위하여 도입된 '보상업무의 위탁제도'도 종래 법체제하에서는 위탁기관을 지방자치단체로 한정함에 따라 지방자치제의 실시로 인한 민선 기관장의 주민을 의식한 과다보상, 보상업무의 위탁회피, 전문성부족 등으로 보상의 후진성 및 예산낭비를 초래하여 그 실효성을 기대하기 힘들었다. 또한 이주자를 위한 토지매수 및 이주대책의 수립 · 실시에 대하여도 사업시행자는 관할 지방자치단체의 장에게 위탁이 가능하였으나, 지방자치단체의 협조에 많은 문제점을 초래하여 보상에 관한 전문성이 있는 기관 등에 대한 위탁의 필요성이 증대되게 되었다.

이러한 현실을 반영하여 토지취득보상법에서는 보상의 전문성을 제고하고 보상예산의 낭비를 예방하기 위하여 보상과 이주대책에 관한 업무를 보상전문기관에게 위탁할 수 있는 제도적 근거를 마련하였다.[165)]

1. 보상업무 등의 수탁기관(보상전문기관)

사업시행자가 보상 및 이주대책에 관한 업무를 위탁하고자 할 때에는 토지취득보상법 제81조 제1항에 의하여 ① 지방자치단체, ② 보상실적이 있거나 보상업무에 관한 전문성이 있는 「공공기관의 운영에 관한 법률」 제4조에 따른 공공기관 또는 「지방공기업법」에 따른 지방공사로서 대통령령이 정하는 기관(동법시행령 제43조 제1항)에게 할 수 있는 바, 이러한 기관을 '보상전문기관'이라 한다(동법시행령 제43조 제2항). 여기에서 '대통령령이 정하는 기관'이라 함은 다음과 같다.[166)]

대통령령에 의한 보상전문기관은 다음과 같다(동법시행령 제43조 제1항).

① 한국토지주택공사법에 따른 한국토지주택공사

② 삭제

③ 한국수자원공사법에 의한 한국수자원공사

④ 한국도로공사법에 의한 한국도로공사

⑤ 한국농어촌공사 및 농지관리기금법에 따른 한국농어촌공사

⑥ 국유재산법에 따라 출자된 주식회사 한국감정원

⑦ 지방공기업법 제49조에 따라 서울특별시, 인천광역시 및 경기도택지개발 및 주택건설 등의 사업을 하기 위하여 설립한 지방공사

2. 보상업무등 위탁의 범위 및 절차

토지취득보상법 제81조 제2항은 보상 및 이주대책에 관한 업무의 위탁시 업무범위, 수수료 등에 관하여 필요한 사항은 대통령령에 위임하고 있으며, 이에 동법시행령 제43조 제2항 내지 제5항에서 위탁의 범위, 절차, 위탁수수료에 관하여 규정하고 있다.

---

165) 박수혁 등 감수, 전게서, 490면.

166) • 연간 보상실적이 800억원 이상이고, 전국적인 조직을 가진 투자기관(5개) : 한국토지공사, 대한주택공사, 한국수자원공사, 한국도로공사, 한국농어촌공사.

• 보상에 관한 전문성이 있고 전국적인 조직을 가지고 있으며, 보상업무 수탁실적이 있는 정부출자기관 : 한국감정원

1) 업무위탁의 범위

'보상업무'란 공익사업시행을 위한 용지취득에 따른 제반업무이다. 즉 보상계획의 수립, 토지·물건조서의 작성, 보상액의 산정, 협의 및 계약체결, 민원의 처리, 재결신청 및 공탁업무 등을 포함한다. 즉 보상업무는 손실보상을 위한 토지, 건축물 기타 지장물 등의 조사 및 이주대책 등 보상관련 업무를 말한다.

사업시행자는 다음의 보상업무를 보상전문기관에게 위탁할 수 있다(동법시행령 제43조 제2항).

① 보상계획의 수립·공고 및 열람에 관한 업무
② 토지대장 및 건축물대장 등 공부의 조사
③ 토지등의 소유권 및 소유권 외의 권리 관련사항의 조사
④ 분할측량 및 지적등록에 관한 업무
⑤ 토지조서 및 물건조서의 기재사항에 관한 조사
⑥ 잔여지 및 공익사업지구 밖의 토지등의 보상에 관한 조사
⑦ 영업·농업·어업 및 광업손실에 관한 조사
⑧ 보상액의 산정(감정평가업무를 제외한다)
⑨ 보상협의, 계약체결 및 보상금의 지급
⑩ 보상관련 민원처리 및 소송수행 관련업무
⑪ 토지 등의 등기관련 업무
⑫ 이주대책의 수립·실시 또는 이주정착금의 지급
⑬ 그 밖에 보상과 관련된 부대업무

2) 업무위탁의 절차

사업시행자가 보상 또는 이주대책에 관한 업무를 보상전문기관에 위탁하고자 하는 때에는, 미리 위탁내용과 위탁조건에 관하여 보상전문기관과 협의하여야 한다(동법시행령 제43조 제3항).

3) 위탁수수료 및 법정수수료

사업시행자가 보상 또는 동법시행령 제43조 제2항의 업무를 보상전문기관에 위탁하는 때에는 소정의 규정에 의한 위탁수수료를 보상전문기관에 지급하여야 한다. 다만, 사업시행자가 동법시행령 제43조 제2항의 업무 중 일부를 보상전문기관에 위탁하는 경우의 위탁수수료는 사업시행자와 보상전문기관이 협의하여 정한다(동법시행령 제43조 제4항). 이 경우 평가수수료·측량수수료·등기수수료 및 변호사의 보수 등 통상적인 업무수행에 소요되는 경비가 아닌 특별한 비용을 보상전문기관이 지출한 때에는 사업시행자는 이를 위탁수수료와는 별도로 보상전문기관에 지급하여야 한다(동법시행령 제43조 제5항).

Ⅲ. 보상협의회

종래 공특법 제4조 제7항에서는 토지 등의 취득 및 사용에 관련된 보상업무에 관한 사항을 심의하기 위하여 '보상심의위원회'의 제도를 운영하였다.

공익사업용 토지의 보상은 개인의 재산권과 직접 관계되고 이해관계가 대립되는 사항이므로 주민의 의견수렴과 민원해소를 위하여 일정규모 이상의 사업에 대하여는 보상심의위원회의 사전심의를 거쳐 소유자의 의견을 수렴하여 협의보상가격을 평가 · 산정하도록 의무화하였던 것이다.

그러나 보상심의위원회의 성격, 운영, 심의사항 등이 불합리하여 위원회 개최가 지연되거나 개최 자체가 어렵게 되어 보상업무의 지연을 초래하는 문제가 있었다.

이에 따라 토지취득보상법 제82조에서는 심의의결기구인 보상심의위원회를 협의기구인 '보상협의회'로 개정함으로써 그 성격을 명확히 하였으며, 지방자치단체가 협의회의 개최 여부를 판단하도록 하고, 이해당사자간 협의가 실질적으로 가능하고 필요한 사항으로 명확히 하여 운영의 내실화를 기하도록 하였다.[167)]

1. 보상협의회의 성격

종전 공특법상의 보상심의회는 위원회의 명칭이 '심의'라는 문구가 들어가 있어 그 법적 성격에 대하여는 의결기관, 심의기관, 자문기관인가에 관한 논란이 제기되어 왔었다.

이에 토지취득보상법에서는 보상심의회를 협의기관 또는 자문기관의 성격을 갖는 '보상협의회'로 규정함으로써 그 법적 성격을 명확히 하였다.

2. 보상협의회의 설치 · 구성 및 운영

1) 설 치

공익사업이 시행되는 해당 지방자치단체의 장은 필요한 경우에는 법정된 사항을 협의하기 위하여 보상협의회를 둘 수 있다(동법 제82조 제1항 본문). 다만, 해당 공익사업지구 면적이 10만 제곱미터 이상이고, 토지등의 소유자가 50인 이상인 공익사업을 시행하는 경우에는 보상협의회를 의무적으로 설치해야 한다(동법 제82조 제1항 단서, 동법시행령 제44조의2 제2항). 보상협의회는 해당 사업지역을 관할하는 특별자치도, 시 · 군 또는 구(자치구를 말한다)에 설치한다(동법시행령 제44조 제1항).

만일, 공익사업을 시행하는 지역이 2이상의 시 · 군 또는 구에 걸쳐 있는 경우에는 해당 시장 · 군

167) 박수혁 등 감수, 전게서, 494면.

수 또는 구청장(자치구의 구청장을 말한다)이 상호 협의하여 보상협의회를 설치할 시·군 또는 구를 결정하여야 한다(동법시행령 제44조 제2항).

특별자치도지사, 시장·군수 또는 구청장은 보상협의회를 설치할 필요가 있다고 인정하는 경우에는 특별한 사유가 있는 경우를 제외하고는 토지취득보상법 제15조 제2항의 규정에 따른 보상계획의 열람기간 만료 후 30일 이내에 보상협의회를 설치하고, 사업시행자에게 이를 통지하여야 한다(동법시행령 제44조 제3항). 이는 보상협의회의 설치 및 개회의 지연으로 인한 사업시행의 차질과 기회비용의 낭비를 방지하기 위하여 보상계획공고 열람기간 만료 후 30일 이내에 보상협의회를 설치하고, 사업시행자에게 이를 통지하도록 한 것이다.

2) 구 성

(1) 위 원

보상협의회는 위원장 1인을 포함한 위원 8인 이상 16인 이내로 구성하되, 사업시행자를 위원에 포함시키고, 위원 중 3분의 1 이상은 토지소유자 또는 관계인으로 구성하여야 한다(동법시행령 제44조 제4항).

보상협의회의 위원은 다음의 사람 중에서 해당 지방자치단체의 장이 임명하거나 위촉한다(동법 제82조 제2항).

보상협의회의 위원이 될 수 있는 자는 다음과 같다(동법 제82조 제2항).

① 토지소유자 및 관계인

② 법관, 변호사, 공증인 또는 감정평가사나 보상업무에 5년 이상 종사한 경험이 있는 사람

③ 해당 지방자치단체의 공무원

④ 사업시행자

(2) 위원장

보상협의회 위원장은 해당 특별자치도, 시·군 또는 구의 부지사, 부시장·부군수 또는 부구청장이 되며,[168] 위원장이 부득이한 사유로 직무를 수행할 수 없는 때에는 위원장이 지명하는 위원이 그 직무를 대행한다(동법시행령 제44조 제5항).

보상협의회의 위원장은 보상협의회를 대표하며, 보상협의회의 업무를 통할한다(동법시행령 제44조 제6항). 보상협의회의 위원장은 회의에서 협의된 사항을 해당 사업시행자에게 통보하여야 하며, 사업시행자는 정당하다고 인정되는 사항에 대하여는 이를 반영하여 사업을 수행하여야 한다(동법시행령 제44조 제8항).

---

168) 종전 「공공용지의 취득 및 손실보상에 관한 특례법」에서는 위원장은 시장·군수·구청장이었다.

(3) 간사와 서기

보상협의회의 서무를 담당하게 하기 위하여 보상협의회에 간사와 서기를 두되, 간사와 서기는 보상협의회의 위원장이 해당 지방자치단체의 소속 공무원 중에서 임명한다(동법시행령 제44조 제9항).

3) 운 영

보상협의회의 회의는 재적위원 과반수의 출석으로 개의한다(동법시행령 제47조 제7항). 보상협의회의 운영에 관하여 필요한 사항은 보상협의회의 협의를 거쳐 위원장이 정한다(동법시행령 제44조 제11항). 사업시행자가 국가 또는 지방자치단체인 경우 사업시행자는 보상협의회에 출석한 공무원이 아닌 위원에게는 수당을 지급할 수 있다(동법시행령 제44조 제10항).

3. 보상협의회의 협의사항

보상협의회의 협의사항은 다음과 같다(동법 제82조 제1항).

① 보상액 평가를 위한 사전 의견수렴에 관한 사항
② 잔여지의 범위 및 이주대책의 수립에 관한 사항
③ 해당 사업지역 내 공공시설의 이전 등에 관한 사항
④ 토지소유자나 관계인 등이 요구하는 사항 중 지방자치단체의 장이 필요하다고 인정하는 사항
⑤ 그 밖에 지방자치단체의 장이 회의에 부치는 사항

보상협의회는 보상액의 평가를 위한 사전 의견수렴에 관하여 의견을 청취하도록 한 것은 감정평가사, 사업시행자, 토지등 소유자 간에 감정평가에 관한 일반기준과 절차, 소유자들로부터의 대상지역의 지역적 특성, 정상 거래가격 요구 및 희망사항 등 의견의 교환과 수렴으로 적정한 평가와 보상이 이루어지도록 하기 위한 것이다. 해당 공익사업지구 면적이 10만 제곱미터 이상이고, 토지등의 소유자가 50인 이상인 공익사업의 경우 보상협의회를 의무적으로 설치하도록 개정한 취지는 토지소유자 등의 권익보호를 위한 것이다(동법 제82조 제1항 단서, 동법시행령 제44조의2).

제9절 행정상 손실보상액의 산정

Ⅰ. 손실보상액의 산정기준

1. 가격시점

'가격시점'이란 보상액의 산정의 기준이 되는 시점을 말한다(동법 제2조 제6호). 보상액의 산정은 협의에 의한 경우에는 협의성립 당시의 가격을, 재결에 의한 경우에는 수용 또는 사용의 재결 당시의 가격을 기준으로 한다(동법 제67조 제1항). 이는 '시가보상의 원칙'을 규정한 것이다.

'가격의 기준이 되는 협의성립'이란 계약체결을 의미하는 것으로서 평가 · 송부된 보상액을 결정하여 토지등의 소유자에게 협의를 요청하고 토지등의 소유자가 이에 대하여 승낙의 의사표시를 한 경우를 말한다. 가격시점은 다른 법률에 특별한 규정이 없는 한 평가를 위한 현황조사 및 가격조사가 완료된 날을 기준으로 한다는 주장도 있으나, 판례는 보상협의가 성립된 시점으로 하고 있다.[169)]

보상액을 산정할 경우에 해당 공익사업으로 인하여 토지등의 가격이 변동되었을 때에는 이를 고려하지 아니한다(동법 제67조 제2항). 보상액의 산정시기를 계약체결 당시로 하는 것은 피보상자에 대한 정당보상과 함께 개발이익을 배제하기 위해서이다. 가격시점을 소급하게 되면 피보상자에게 불리하게 되고, 반면에 계약체결 이후에 있은 지가상승이나 사정변경 등을 반영하게 되면 개발이익이 토지소유자에게 귀속되기 때문이다.

2. 평가방법 적용의 원칙

대상물건의 평가는 토지취득보상법시행규칙에서 정하는 방법에 의하되, 그 방법으로 구한 가격 또는 사용료(이하 "가격등"이라 한다)를 다른 방법으로 구한 가격등과 비교하여 그 합리성을 검토하여야 한다(동법시행규칙 제18조 제1항).

그러나 토지취득보상법 시행규칙에서 정하는 방법으로 평가하는 경우, 평가가 크게 부적정하

169) 대판 1997.4.22, 95다48056.

게 될 요인이 있는 경우에는 적정하다고 판단되는 다른 방법으로 평가할 수 있다. 이 경우 보상평가서에 그 사유를 기재하여야 한다(동법시행규칙 제18조 제2항). 또한 동 규칙에서 정하지 아니한 대상물건에 대하여는 이 규칙의 취지와 감정평가의 일반이론에 의하여 객관적으로 판단 · 평가하여야 한다(동법시행규칙 제18조 제3항).

3. 보상액의 산정기준

1) 취득하는 토지의 평가

(1) 객관적 기준평가

토지에 대한 보상액은 가격시점에서의 현실적인 이용상황과 일반적인 이용방법에 의한 객관적 상황을 고려하여 산정하되, 일시적인 이용상황과 토지소유자나 관계인이 갖는 주관적 가치 및 특별한 용도에 사용할 것을 전제로 한 경우 등은 고려하지 아니한다(동법 제70조 제2항). 취득하는 토지와 이에 관한 소유권 외의 권리에 대한 구체적인 보상액 산정 및 평가방법은 투자비용, 예상수익 및 거래가격 등을 고려하여 국토해양부령으로 정한다(동법 제70조 제6항).

① 현실적인 이용상황 기준: 토지에 관한 평가는 지적공부상의 지목에 불구하고 가격시점에 있어서의 현실적인 이용상황을 기준으로 한다. '현실적인 이용상황'이라 함은 지적공부상의 지목에 불구하고 가격시점에 있어서의 해당 토지의 주위환경이나 공법상 규제의 정도 등으로 보아 인정 가능한 범위의 이용상황을 말한다.

일반적인 토지의 경우 지적공부상의 지목과 현실이용상황이 일치하지만, 지적공부상의 지목과 현실이용상황이 반드시 일치하는 것이 아니고 서로 상이한 경우도 있다. 이 경우 지적공부상의 지목에 따라 지적공부가 정리되지 않았더라도 현실이용상황에 따라 평가하여 보상하도록 하여 원칙적으로 토지소유자를 보호하고자 하는 것이다.

정당한 보상액을 산정하기 위하여 일반적 토지의 평가에 있어서는 '현황평가'를 원칙으로 한다. 그러나 해당 토지의 이용상황이 일시적 이용상황이거나 무허가건축물의 부지로 사용되고 있을 때, 불법형질변경된 토지일 경우, 미불용지일 경우, 그리고 다른 법령에 '현황평가주의에 대한 예외'를 규정한 경우는 현실이용상황을 기준으로 평가하지 아니한다.

여기서 '일시적 이용상황'이란 관계법령에 의한 국가 또는 지방자치단체의 계획이나 명령 등에 의하여 당해 토지를 본래의 용도로 이용하는 것이 일시적으로 금지 또는 제한되어 그 본래의 용도외의 다른 용도로 이용되고 있거나 그 토지의 주위환경의 사정으로 보아 현재의 이용방법이 임시적인 것을 말한다(동법시행령 제38조).

② 일반적인 이용방법 기준: '일반적인 이용방법'이라 함은 평가대상 토지의 위치, 주위의 환경, 공법상의 제한이나 규제의 유무 등을 판단할 때 이용상황은 일반적인 이용방법에 의하여야 하는

것을 말한다. 예컨대, 취득하는 토지의 현실지목이 농경지일지라도 도시관리계획상 주거지역으로 되어 있고 주위의 토지가 이미 택지화 되었다면, 농지를 기준으로 평가할 것이 아니라 택지후보지로 평가하여야 함과 같은 것이다.

또한 '객관적인 상황'이라 함은 사물의 가치를 자기와의 관계를 떠나 제3자의 입장에서 판단하는 경제가치를 말한다. 예컨대, 토지를 특수한 용도에 이용하기 위하여 특별히 고가로 매수한 경우 혹은 자기 스스로 보이지 않는 노력과 정성을 쏟아 가꾸어 놓은 토지에 대한 소유자가 갖는 주관적인 가치 · 애착심 또는 소유자가 특별한 용도로 이용함으로써 수익을 증가시키는 것 등은 객관적인 가치라고 볼 수 없으므로 모두 평가의 기준으로 삼을 수 없음을 뜻한다.

따라서 적정한 보상액을 구하기 위해서는 객관적으로 보아 통상의 양식과 이용능력을 가진 사람에 의한 합리적이고 합법적인 이용방법이라고 인정될 수 있는 것을 기준으로 평가하여야 한다.170)

(2) 구분평가

취득할 토지에 건축물 · 입목 · 공작물 그 밖에 토지에 정착한 물건(이하 "건축물등"이라 한다)이 있는 경우에는 토지와 그 건축물등을 각각 평가하여야 한다. 다만, 건축물등이 토지와 함께 거래되는 사례나 관행이 있는 경우에는 그 건축물등과 토지를 일괄하여 평가하여야 하며, 이 경우 보상평가서에 그 내용을 기재하여야 한다(동법시행규칙 제20조 제1항). 이 경우 토지는 나지(裸地)를 상정하여 평가한 금액으로 보상하고 건축물 등에 대해서는 이전비로 보상하여야 한다.

그리고 하나의 물건이라도 가치를 달리하는 부분은 이를 구분하여 평가하여야 한다. 따라서 집합건물이 구분소유로 되어 있는 경우로서 그 건물의 일부가 공익사업에 편입되는 경우 그 편입되는 부분의 소유에 따라 평가하고, 토지가 공익사업에 편입되는 경우 그 필지별로 평가한다. 그리고 건물이나 토지가 공유관계에 있는 경우에는 공유관계에 있는 물건 전체를 평가하여 그 지분율에 따라 배분하면 된다.

그러나 수인(數人)이 한 동의 건물 또는 한 필지의 토지의 특정부분을 내부적으로 소유하면서도 대외적으로는 한 동의 건물 또는 한 필지의 전체를 수인의 공유로 공유지분등기를 한 경우 그것은 대외적으로 표시된 바와 같이, 한 동 또는 한 필지의 전체를 기준으로 평가하여 이를 그 지분비율에 따라 안분(按分)하여 그 등기상 지분권자에 대한 보상액으로 정하여야 한다.171)

(3) 나지상정평가

토지에 관한 평가에 있어서 그 토지에 건축물등이 있는 때에는 그 건축물 등이 없는 나지상태를 상정(想定)하여 토지를 평가한다(법시행규칙 제22조 제2항).

---

170) 박수혁 등 감수, 전게서, 576면.

171) 대판 1993.6.29, 91누2342; 대판 1998.7.10, 98두6067.

'나지'(裸地)라 함은 토지상에 아무런 정착물 또는 제한물권이 없는 최유효이용이 가능한 토지를 의미하며, 이러한 상태를 상정하여 평가하도록 하는 것은 부동산 이론상 특별한 예외이며 조건이 된다.

보상의 대상이 된 토지에 대하여 이와 같은 평가조건이 필요한 이유는 두 가지를 들 수 있다. 그 첫째는, 공익사업에 필요한 것은 원칙적으로 토지이고 그 지상정착물이 아니므로 토지의 평가기준과 지장물의 평가기준을 서로 달리하여야 하기 때문이다. 둘째로는, 토지는 건부(建敷)감가요인이 작용하기 때문이다.

일반적으로 보상의 대상이 되는 토지 및 건물 등은 그 공익사업의 시행계획에 따른 행위제한을 받게 되어 사용가치가 증가할 수 없으므로 제한을 받지 않는 인근의 토지 · 건물보다 노후 · 쇠퇴하여 건부감가요인이 많이 작용하게 된다. 그러나 이를 전부 토지등 소유자의 부담으로 하는 것은 공평하지 못하고 정당한 보상이 될 수 없으므로 토지를 평가함에 있어서는 건부감가요인을 고려함이 없이 인근의 나지 상태를 상정하여 평가하도록 하는 것이다.

다음에 해당하는 경우에는 '나지상정평가의 원칙'에도 불구하고 그 예외로서 제한의 정도를 감안하거나, 현실의 거래관행을 존중하여 보상평가시에도 나지상태를 상정하여 평가하여서는 아니된다.

즉 ① 토지에 정착한 건물 · 공작물 · 시설 · 입죽목 · 농작물 기타 물건 등 정착이 토지와 함께 거래되는 사례가 있거나 관행이 있는 경우, ② 토지에 관한 소유권 이외의 권리를 따로 평가하는 경우, ③ 거래사례비교법으로 평가하는 지상건물이 있는 토지를 토지보상평가지침 제48조의 규정에 의해 평가하는 경우, ④ 선하지(線下地) 평가의 경우이다.

(4) 개발이익의 배제평가

(가) 의의 및 개발이익 배제의 취지

'개발이익'이란 국가나 공공단체 등 행정주체가 개발사업을 시행함으로써 정상지가 상승분을 초과하여 사업시행자에게 귀속되는 토지가액의 증가분과 공익사업의 시행, 토지이용계획의 변경, 기타 사회 · 경제적 요인에 의하여 정상지가 상승분을 초과하여 토지소유자에게 귀속되는 토지가액의 증가분을 말한다(개발이익의 환수에 관한 법률 제2조 제1호). 즉 인근토지의 가격이 상승함으로 인하여 생긴 이익을 말한다. 종전 이러한 개발이익은 토지소유자의 토지가 우연하게도 개발사업의 시행지에 있었다는 이유만으로 아무런 노력도 없이 토지소유자 또는 사업시행자가 받는 것이 보통이었다.

그러나 개발사업은 국민 또는 지방자치단체의 주민의 부담(세금)으로 시행하면서도 그 개발의 결과인 개발이익은 특정한 토지소유자 또는 사업시행자 등이 독점하게 된다는 것은 형평의 원리에 적합하지 못한 것이다. 이러한 관점에서 최근에는 공용수용의 대형화 · 종합화에 따라 개발이익을 손실보상액에 산입하지 아니하고 사회에 환원시키고자 하는 제도가 일반화되고 있다.

이와 같은 여건의 변화를 반영하여 제정된 토지취득보상법에서는 '개발이익배제의 원칙'이 명문화되었다(동법 제67조 제2항). 공익사업의 시행의 계획이 공표되면 그 대상토지의 이용가치가 장차 증가될 것을 기대하여 지가는 기대치만큼 미리 상승하게 되는데, 상승된 지가(개발이익)가 당해 토지의 객관적 가치의 일부로 포함되는 것은 불합리하다. 공익사업의 시행으로 지가가 상승하여 발생하는 개발이익은 사업시행자의 투자에 의하여 발생하는 것으로서 토지소유자의 노력이나 자본에 의하여 발생한 것이 아니기 때문에 토지소유자에게 당연히 귀속되어야 할 성질의 것은 아니고 오히려 투자자인 사업시행자 또는 사회에 귀속되어야 할 성질의 것이다.

토지에 대한 재산적 가치는 시가에 의하여 산정되는 것이 일반적이고 시가의 산정은 인근유사토지의 거래가격을 기준으로 하여 추산하는 방법에 의하여 평가되어야 하고 투기가격이나 개발이익이 포함되어서는 안된다. 개발이익은 성질상 완전보상의 범위에 포함되는 토지소유자의 손실이라고는 볼 수 없으므로 이를 배제하는 것은 타당하다.

(나) 개발이익배제의 방법과 내용

① 공시지가 기준보상: 협의나 재결에 의하여 취득하는 토지에 대하여는 「부동산 가격공시 및 감정평가에 관한 법률」(이하 "부동산가격공시법"이라 한다)에 따른 공시지가를 기준으로 하여 보상하되, 그 공시기준일부터 가격시점까지의 관계 법령에 따른 그 토지의 이용계획, 해당 공익사업으로 인한 지가의 영향을 받지 아니하는 지역의 지가변동률, 생산자물가상승률, 그 밖에 그 토지의 위치 · 형상 · 환경 · 이용상황 등을 고려하여 평가한 적정가격으로 보상하여야 한다(동법 제70조 제1항).

부동산가격공시법 제2조 제6호는 '적정가격'이라 함은 당해 토지 및 주택에 대하여 통상적인 시장에서 정상적인 거래가 이루어지는 경우 성립될 가능성이 가장 높다고 인정되는 가격이라고 규정하고 있다. 그런데 표준지의 적정가격은 현실화 · 구체화되지 않은 개발이익은 포함하지 않으므로 공시지가를 기준으로 한 보상은 개발이익을 배제하는 수단이 된다.

또한, 사업인정 전의 협의에 의한 취득의 경우, 공시지가는 해당 토지의 가격시점 당시 공시된 공시지가 중 가격시점과 가장 가까운 시점에 공시된 공시지가로 한다(동법 제70조 제3항).

한편, 사업인정 후의 취득의 경우에는, 공시지가는 사업인정 고시일전의 시점을 공시기준일로 하는 공시지가로서, 당해 토지에 관한 협의의 성립 또는 재결 당시 공시된 공시지가 중 당해 사업인정고시일에 가장 가까운 시점에 공시된 공시지가로 한다(동법 제70조 제4항).

그리고 위의 사업인정 전의 협의취득 및 사업인정 후의 취득의 경우에 불구하고 공익사업의 계획 또는 시행이 공고되거나 고시됨으로 인하여 취득하여야 할 토지의 가격이 변동되었다고 인정될 때에는, 공시지가는 해당 공고일 또는 고시일 전의 시점을 공시기준일로 하는 공시지가로서 그 토지의 가격시점 당시 공시된 공시지가 중 그 공익사업의 공고일 또는 고시일과 가장 가까운 시점에 공시된 공시지가로 한다(동법 제70조 제5항).

토지취득보상법은 취득하는 토지의 보상평가에 있어서 위의 규정과 같은 공시지가를 적용함으로써 보상액에서 개발이익을 배제하고 있다. 판례도 손실보상액의 산정의 기준이 되는 표준지 공시지가 자체에 당해 사업 시행으로 인한 개발이익이 포함되어 있을 경우에는 이를 배제하고 평가하는 것이 정당보상의 원리에 합당하다고 판시한 바 있다.[172)]

② 지가변동률등의 적용 : 지가변동률이란 「국토의 계획 및 이용에 관한 법률 시행령」 제125조에 따라 국토해양부장관이 조사·발표하는 지가변동률로서, 평가대상토지가 소재하는 시(행정시를 포함한다)·군 또는 구(자치구가 아닌 구를 포함한다)의 지가변동률의 적용이 원칙이나, 이를 적용함에 있어서 평가대상토지가 소재하는 시·군 또는 구의 지가가 당해 공익사업으로 인하여 변동된 경우에는 당해 공익사업과 관계없는 인근 시·군 또는 구의 지가변동률을 적용한다(동법 시행령 제37조). 그 외에도 물가상승률 기타 당해 토지의 위치·형상·환경·이용상황 등을 고려하여 평가한다.

③ 변경 전 용도지역으로 평가 : 당해 공익사업의 시행을 직접 목적으로 하여 용도지역 또는 용도지구 등이 변경된 토지에 대하여는 변경되기 전의 용도지역 또는 용도지구 등을 기준으로 평가한다(동법시행규칙 제23조 제2항).

판례도 택지개발사업의 시행절차로서 자연녹지지역이 주거지역으로 변경된 경우에 이미 주거지역 또는 공업지역으로 용도지역이 변경되었더라도 그것은 당해 공익사업의 시행을 직접목적으로 한 공법상 제한을 받지 않는 것으로 보아야 하며, 따라서 그에 따른 개발이익은 토지소유자의 자기 노력과 전혀 관계가 없는 것이므로 이를 배제하여야 하기 때문에 변경 전의 용도지역인 자연녹지지역으로 평가하여야 한다고 판시하였다.[173)]

④ 기타사항의 참작에 있어서 개발이익의 배제 : 공시지가를 기준으로 하여 보상액을 산정하는 경우에도 당해 토지의 위치·형상·환경·이용상황 등 기타사항을 고려할 수 있으며(동법 제70조 제1항), 판례에서 인정한 기타사항으로 인근유사토지의 정상거래사례, 보상선례, 호가(呼價) 등이 있다. 이 기타사항에는 개발이익이 포함되지 아니하고 투기적인 거래에서 형성된 것이 아닌 가격이어야 한다고 판시하였다.[174)]

(다) 개발이익배제와 정당보상과의 관계

정당한 보상과 개발이익배제와의 관계를 검토하면 다음과 같다.[175)]

① 보상기준과 개발이익의 배제 : 개발이익은 불로소득이므로 사회적으로 환수되어야 한다는

172) 대판 1993.7.13, 93누227.

173) 대판 1995.11.7, 94누13725.

174) 대판 1998.1.23, 97누17711.

175) 류해웅, 「수용보상법론」. 경록, 1997, 142-148면.

데에 의견의 일치를 보이고 있다. 다만, 개발이익에 의한 가격의 변동이 보상액의 산정에서 고려되어야 하는가에 대해서 견해가 대립되고 있다.

첫째로, 적극설은 어떤 사업으로 인해 주변의 지가가 상승하면 그 상승이익은 일반적으로 토지소유자가 취득하게 되기 때문에 피수용자에 대해서만 개발이익을 거부해야 할 이유가 없다는 것이다. 둘째로, 이에 반해 소극설은 사업의 기대에 의한 가격의 변동은 수용을 면한 인접지에서만 일어날 수 있는 것이고, 수용의 전제가 되는 수용지 그 자체에서는 사업의 기대에 의한 가격의 변동이 일어날 수 없는 것이며, 더구나 인접지의 가격은 일반적으로 바로 수용지의 가격일 수 없기 때문에 개발이익은 보상액의 산정에서 고려할 것이 아니라고 한다.

개발이익배제는 이와 같이 견해가 대립되지만 어디까지나 입법정책상의 문제이고, 개발이익을 배제하는 입법을 하더라도 보상제도의 본질에 반하는 것은 아니다.

② 개발이익배제와 정당보상의 관계 : 보상의 정도는 보상의 기준에 의해 결정된다. 피수용자에게 주어지는 보상은 객관적으로 정당보상에 이르면 된다. 이때 개발이익이 당해 토지의 객관적 가치의 일부로서 보상액의 산정에 포함되어야 하는지가 문제된다.

개발이익은 배제되어야 하지만, 이로 인해 보상액이 정당보상에 이르지 못하게 될 우려가 있다고 볼 수도 있다. 개발이익배제와 관련하여 피수용지 주변 토지소유자와의 균형이나 인근유사토지의 대토(代土)를 구하기 어렵다는 점이 지적되고 있지만, 개발이익의 성질에 비추어 보면 보상액에서 이는 마땅히 배제되어야 하는 것이다. 오히려 피수용지 주변의 토지에서 발생하는 개발이익이 철저하게 환수되지 못하는 것이 문제가 된다.

따라서 정당보상과 개발이익의 배제는 별개의 문제로 보아야 할 것이다. 개발이익은 피수용토지의 객관적 가치에 포함될 성질의 것이 아니며, 형평의 관념에 비추어 보더라도 배제되는 것이 마땅하다.

(라) 개발이익배제가 평등원칙에 위반되는지의 여부에 관한 검토

공익사업이 시행되면 보상대상토지 뿐만 아니라 그 인근지역의 토지도 도로나 상하수도 등의 완비로 인한 이익을 입게 되므로 통상 지가는 상승하게 마련이다. 공익사업 시행지역 안의 토지보상액을 산정하는 때에는 개발이익을 배제하는 대신, 공익사업시행지역 밖의 토지소유자에 대하여서는 개발이익의 환수조치 없이 계속 그 이익을 향유하게 한다면 헌법이 규정하는 평등의 원칙에 반하는 것이 아닌가 하는 의문이 제기된다.

헌법 제11조 제1항이 규정하는 평등의 원칙은 일체의 차별적 대우를 부정하는 절대적 평등을 의미하는 것이 아니라 법의 적용이나 입법에 있어서 불합리한 조건에 의한 차별을 하여서는 안 된다는 것을 뜻한다.

헌법이 보장하는 평등의 원칙은 개인의 기본권신장이나 제도의 개혁에 있어 법적 가치의 상향적 실현을 보편화하기 위한 것이며, 불균등의 제거만을 목적으로 한 나머지 하향적 균등까지 수

용하고자 하는 것은 아니다.

공익사업시행지역 이외의 토지수용자가 보유하게 되는 개발이익을 포함하여 일체의 개발이익을 환수할 수 있는 제도적 장치가 마련되지 아니한 제도적 상황에서 보상액산정에 있어서 개발이익을 배제한다고 하여 합리적인 이유없이 보상대상에의 포함 여부에 따라 토지소유자를 차별한 것이라고는 인정되지 않으므로 이는 평등의 원칙을 규정한 헌법 제11조 제1항에 위반되지 아니한다.[176)]

결과적으로 문제는 당해 공익사업시행지역 인근의 보상대상이 아닌 토지소유자로부터 개발이익을 환수함으로써 조정을 도모하는 것이 과제라 할 수 있으며, 그 일환으로 공익사업시행지구내 개발이익(부담금관리기본법)에 대해 개발부담금을 부과하고 있다.

(마) 공시지가 기준평가

부동산가격공시법 시행 이전 토지의 평가방법은 일반적으로 매매사례(거래사례)비교법에 의한다는 것이 평가이론상 확립된 견해였다. 그러나 부동산가격공시법 시행 이후의 토지평가는 부동산가격공시법 제9조, 「감정평가에 관한 규칙」 제17조 및 각 단행법에서 공시지가를 기준으로 평가하도록 법정하고 있다. 이와 같이 공시지가 기준평가를 규정하고 있는 이유는, 감정평가에 있어서 실거래가격이 포착된다 하더라도 그 정상화를 위한 사정보정이 어려운 경우가 많을 뿐만 아니라, 평가자의 자의성을 배제하기가 곤란하므로 공시기준일(매년 1월 1일) 현재 정부가 공시한 표준지의 적정가격인 공시지가를 기준으로 평가하도록 법으로 규정하고 있는 것이다.

2) 사용하는 토지의 평가

(1) 토지의 사용료

토지의 사용료는 임대사례비교법으로 평가한다. 다만, 적정한 임대사례가 없거나 대상토지의 특성으로 보아 임대사례비교법으로 평가하는 것이 적정하지 아니한 경우에는 적산법으로 평가할 수 있다(동법시행규칙 제30조).

(2) 토지의 지하 · 지상공간의 사용료

토지의 지하 또는 지상공간의 사용료에 대한 평가는 크게 영구적으로 사용하는 경우와 일시적으로 사용하는 경우로 나누어 평가하여야 한다. 토지의 지하 또는 지상공간을 사실상 영구적으로 사용하는 경우 당해 공간에 대한 사용료는 당해 토지의 가격에 당해 공간을 사용함으로 인하여 토지의 이용이 저해되는 정도에 따른 적정한 비율(이하 "입체이용저해율"이라 한다)을 곱하여 산정한 금액으로 평가한다(동법시행규칙 제31조 제1항).

반면에, 토지의 지하 또는 지상공간을 일정한 기간 동안 사용하는 경우 당해 공간에 대한 사용

176) 헌재결 1990.6.25, 89헌마107; 헌재결 1991.2.11, 90헌바17 · 18.

료는 당해 토지의 사용료에 입체이용저해율을 곱하여 산정한 금액으로 평가한다(동법시행규칙 제31조 제2항).

3) 지장물에 대한 평가

건축물 · 입목 · 공작물과 그 밖에 토지에 정착한 물건(이하 “건축물등”이라 한다)에 대하여는 이전에 필요한 비용(이하 “이전비”라 한다)으로 보상하여야 한다. 다만, ① 건축물등을 이전하기 어렵거나 그 이전으로 인하여 건축물등을 종래의 목적대로 사용할 수 없게 된 경우, ② 건축물등의 이전비가 그 물건의 가격을 넘는 경우, ③ 사업시행자가 공익사업에 직접 사용할 목적으로 취득하는 경우에는 해당 물건의 가격으로 보상하여야 한다(동법 제75조).

그러나 건물의 경우 일반적인 건물구조로 보아 이전비로 보상하고 이전시킬 수 있는 경우는 거의 없을 것이며, 대부분의 경우 취득가격으로 평가하게 된다. 또한 정착물의 평가에 관한 평가대상 물건목록(물건조서)은 공익사업의 사업시행자가 제시하도록 되어 있으므로 현장조사시 평가대상 물건목록에 누락된 물건 및 물건의 증감이 있을 경우에는 이의 평가여부를 사업시행자에게 확인하여 처리한다.[177]

사업시행자는 동일한 소유자에게 속하는 일단의 건축물의 일부가 취득되거나 사용됨으로 인하여 잔여 건축물의 가격이 감소하거나 그 밖의 손실이 있을 때에는 그 손실을 보상하여야 한다. 그리고 경우에 따라서 사업시행자는 그 잔여건축물을 매수할 수 있고, 건축물소유자는 사업시행자에게 잔여 건축물을 매수하여 줄 것을 청구할 수 있으며, 사업인정 이후에는 관할 토지수용위원회에 수용을 청구할 수도 있다(동법 제75조의2).

Ⅱ. 손실보상액의 산정절차

‘토지취득보상법’ 제61조에 의하면, 공익사업에 필요한 토지등의 취득 또는 사용으로 인하여 토지소유자나 관계인이 입은 손실은 사업시행자가 보상하여야 한다. 이처럼 사업시행자는 토지소유자 등이 입은 손실에 대하여 보상을 하여야 하나, 사업시행자는 토지등의 객관적 가치에 대하여 전문가가 아니므로 보상목적물에 대한 전문적 지식을 가진 감정평가기관의 평가를 통하여 헌법 제23조 제3항의 정당보상의 실현을 도모할 필요성이 있다. 이에 동법 제68조에는 부동산가격공시법상의 감정평가기관에 의뢰하여 그 평가액을 기준으로 하여 보상액을 산정하도록 하는 보상액산정절차가 규정되어 있다.

177) 박수혁 등 감수, 전게서, 573-586면.

종전 공특법에서는 보상액의 산정을 위한 평가절차가 법률의 위임없이 공특법시행령 및 시행규칙에만 규정되어 있었다. 또한 토지수용법령 역시 동 절차규정이 없어 보상액 산정절차가 불명확하였다. 이러한 법체계의 모순을 극복하기 위해 토지취득보상법은 보상액산정을 위한 평가의 뢰절차 및 방법을 직접 법률에 명시하여(동법 제68조) 위임없는 입법이라는 지적을 해소하였다. 또한 종전 법제하에서는 사업시행자만 평가업자를 선정할 수 있도록 하고 있었으나, 그 밖에 토지소유자 역시 감정평가업자를 추천할 수 있도록 제도를 개선함으로써 평가에 더욱 더 객관성과 공정성을 확보하도록 하였다.

구체적인 손실보상액의 산정절차는 다음과 같다.[178]

1. 보상평가의 의뢰

1) 감정평가의 의뢰

사업시행자는 토지등에 대한 보상액을 산정하려는 경우에는 감정평가업자 2인 이상에게 토지등의 평가를 의뢰하여야 한다. 다만, 사업시행자가 국토해양부령으로 정하는 기준에 따라 직접 보상액을 산정할 수 있을 때에는 그러하지 아니하다(동법 제68조 제1항).

사업시행자가 대상물건에 대한 평가를 의뢰하고자할 때에는 '보상평가의뢰서'에 다음의 사항을 기재하여 감정평가업자에게 평가를 의뢰하여야 한다(동법시행규칙 제16조 제1항, 별지 제15호 서식).

보상평가의뢰서의 기재사항은 다음과 같다.

① 대상물건의 표시
② 대상물건의 가격시점
③ 평가서 제출기한
④ 대상물건의 취득 또는 사용의 구분
⑤ 건축물 등 물건에 대하여는 그 이전 또는 취득의 구분
⑥ 영업손실을 보상하는 경우에는 그 폐지 또는 휴업의 구분
⑦ 보상액 평가를 위한 사전 의견수렴에 관한 사항
⑧ 그 밖의 평가조건 및 참고사항

2) 토지소유자의 평가기관 추천

토지취득보상법 제68조 제2항에서는 보상액의 산정을 위하여 감정평가업자를 선정할 때 토지소유자가 요청하는 경우, 사업시행자가 선정한 감정평가업자 외에 토지소유자가 추천하는 감정평

178) 상게서, 565-573면.

가업자 1인을 선정할 수 있다고 규정하고 있다.

이는 종전의 법제가 사업시행자에게만 보상액산정기관을 선정하도록 함으로 인한 토지소유자들의 불만을 해소하고 보상액산정의 객관성과 타당성을 갖추기 위한 것으로 볼 수 있다.

감정평가업자를 추천하고자 하는 토지소유자는 보상계획에서 동일한 시기에 보상하기로 공고 또는 통지한 보상대상 토지면적의 2분의 1 이상에 해당하는 토지소유자와 당해 토지소유자 총수의 과반수의 동의를 얻은 사실을 증명하는 서류를 첨부하여 보상계획의 열람기간 만료일부터 30일 이내에 사업시행자에게 요청하여야 한다. 이 경우 토지소유자는 감정평가업자 추천에 대한 동의를 2회 이상 할 수 없다(동법시행령 제28조).

2. 감정평가업자의 보상평가

1) 평가주체

보상목적물에 대한 평가는 부동산가격공시법에 의한 감정평가업자가 행한다.

'감정평가'란 토지등의 경제적 가치를 판정하여 그 결과를 가액으로 표시하는 것으로서, '감정평가업'이란 타인의 의뢰에 의하여 일정한 보수를 받고 토지등의 감정평가를 업으로 행하는 것을 말하는데, 부동산가격공시법에 의하여 신고를 한 감정평가사와 인가를 받은 감정평가법인을 '감정평가업자'라 한다(부동산가격공시법 제2조 제7호 내지 제9호).

2) 대상물건의 현지조사

감정평가업자는 평가를 의뢰받은 때에는 대상물건 및 그 주변의 상황을 현지조사하고 평가를 하여야 한다. 이 경우 고도의 기술을 필요로 하는 등의 사유로 인하여 자기가 직접 평가할 수 없는 대상물건에 대하여는 사업시행자의 승낙을 얻어 전문기관의 자문 또는 용역을 거쳐 평가할 수 있다(동법시행규칙 제16조 제3항).

3) 평가방법의 적용

대상물건의 평가는 토지취득보상법 시행규칙에서 정하는 방법에 의하되, 그 방법으로 구한 가격 또는 사용료(이하 "가격등"이라 한다)를 다른 방법으로 구한 가격등과 비교하여 그 합리성을 검토하여야 한다(동법시행규칙 제18조 제1항). 그러나 토지취득보상법 시행규칙에서 정하는 방법으로 평가하는 경우 평가가 크게 부적정하게 될 요인이 있는 경우에는 적정하다고 판단되는 다른 방법으로 평가할 수 있다. 이 경우 보상평가서에 그 사유를 기재하여야 한다(동법시행규칙 제18조 제2항). 또한 본 규칙에서 정하지 아니한 대상물건에 대하여는 이 규칙의 취지와 감정평가의 일반이론에 의하여 객관적으로 판단·평가하여야 한다(동법시행규칙 제18조 제3항).

4) 보상평가서의 작성 및 심사

감정평가업자는 평가를 한 후 '보상평가서'를 작성하여 심사자(감정평가업에 종사하는 감정평가사를 말한다) 1인 이상의 심사를 받고 보상평가서에 당해 심사자의 서명날인을 받은 후 지정된 제출기한 이내에 사업시행자에게 이를 제출하여야 한다(동법시행규칙 제16조 제4항, 별지 제16호서식).

이 경우 심사자는 ① 보상평가서의 위산·오기의 여부, ② 대상물건이 관계법령이 정하는 바에 의하여 적정하게 평가되었는지의 여부, ③ 대상물건에 대한 평가액의 타당성을 성실하게 심사한 후에 보상평가서에 서명날인을 하여야 한다(동법시행규칙 제16조 제5항).

5) 보상평가서의 제출

이 때 평가서 제출기한은 30일 이내로 하여야 한다. 다만, 대상물건이나 평가내용이 특수한 경우에는 그러하지 아니한다(동법시행규칙 제16조 제2항).

3. 보상액의 산정

1) 보상액산정

보상액의 산정은 각 감정평가업자가 평가한 평가액의 산술평균치를 기준으로 한다(동법시행규칙 제16조 제6항).[179]

2) 대상물건이 변경된 경우의 보상액산정

대상물건이 공익사업의 계획변경으로 인하여 추가되는 대상물건이 이미 평가한 물건과 그 실체 및 이용상태 등이 동일하고 가격등에 변경이 없다고 인정되는 때에는 따로 평가하지 아니하고 이미 평가한 물건의 평가결과를 기준으로 하여 보상액을 산정할 수 있다(동법시행규칙 제19조 제1항).

공익사업의 계획이 변경됨에 따라 대상물건의 일부가 보상대상에서 제외되는 경우에는 그 내용을 지체없이 그 대상물건의 소유자 등에게 통지하여야 한다. 이 경우 이미 보상계약이 체결된 때에는 지체없이 그 계약을 해지하거나 변경하고 그에 따른 보상액의 환수 등 필요한 조치를 하여야 한다(동법시행규칙 제19조 제2항).

재평가를 하는 경우로서 재평가시점에서 물건의 수량 또는 내용이 변경된 경우에는 변경된 상태를 기준으로 평가하여야 한다(동법시행규칙 제19조 제3항).

---

179) 대판 1997.7.28, 70누65.

4. 재평가

1) 당해 감정평가업자에게 재평가를 의뢰하는 경우

사업시행자는 제출된 보상평가서를 검토한 결과 그 평가가 관계법령에 위반하여 평가되었거나 부당하게 평가되었다고 인정하는 경우에는 당해 감정평가업자에게 그 사유를 명시하여 다시 평가할 것을 요구하여야 한다(동법시행규칙 제17조 제1항).

여기서 '관계법령'이라 함은 법률 및 법규명령은 물론이고, 감정평가에 관한 행정규칙과 법의 일반원칙도 포함된다고 하여야 할 것이다. 따라서 '관계법령에 위반한 평가'란 평가기준이나 보상관계법규 · 절차 및 방법에 위반된 평가를 말한다. 예컨대, 군사시설보호구역 내의 토지를 군사시설보호구역의 저촉되지 않는 상태로 평가하는 등 공법상 제한을 받는 상태대로 평가하여야 할 사항을 제한이 없는 것으로 평가하여 법령의 규정에 위반된 경우는 물론 가격시점 · 지가변동률의 산정 잘못 등으로 부당하게 평가된 경우도 이에 해당된다.

그리고 '부당하게 평가'되었다고 하는 경우, 관계법령에 위반되지는 않았지만 제도상 목적으로 보아 부적절하다거나 재량권을 잘못 행사하여 평가된 경우를 말한다. 예컨대, 공시지가를 기준으로 토지를 평가하면서 이유없이 기타사항을 참작하거나, 적정가격을 평가하기 위하여는 기타사항을 참작하여야 하는 데에도 이유없이 기타사항을 참작하지 아니한 경우 등이 있을 수 있다.

그러나 단순히 평가액이 너무 높다거나 너무 낮다는 이유만으로는 재평가 의뢰를 할 수가 없고, 평가가 위법 또는 부당한 사유를 명시하여야 한다. 즉 이 경우 재평가는 어느 법령에 위반되었거나 어느 부분이 어떻게 부당한지를 명시하여 당초 평가하였던 감정평가업자에게 다시 의뢰한다.

2) 다른 감정평가업자에게 재평가를 의뢰하는 경우

사업시행자는 이 규칙이 정하는 각 호의 어느 하나에 해당하는 경우에는 다른 2인 이상의 감정평가업자에게 대상물건의 평가를 다시 의뢰하여야 하며(동법시행규칙 제17조 제2항), 이 때 토지소유자가 추천한 감정평가업자를 선정하여 감정평가를 행한 경우에는 사업시행자는 토지소유자에게 토지소유자의 보상대상 토지면적과 토지소유자 총수를 기준으로 다른 감정평가업자를 추천하여 줄 것을 통지하여야 하고, 이 경우 토지소유자가 통지를 받은 날부터 30일 이내에 추천하지 아니한 경우에는 추천이 없는 것으로 본다(동법시행규칙 제17조 제3항).

(1) 위법 · 부당한 감정평가

위법 · 부당한 감정평가로서 당해 감정평가업자에게 평가를 요구할 수 없는 특별한 사유가 있는 경우에는 다른 2인 이상의 감정평가업자에게 대상물건의 평가를 다시 의뢰하여야 한다(동법

시행규칙 제17조 제2항 제1호).

(2) 최고평가액이 최저평가액의 110퍼센트를 초과하는 경우

대상물건의 평가액 중 최고평가액이 최저평가액의 110퍼센트를 초과하는 경우에는, 대상물건이 지장물인 경우 최고평가액과 최저평가액의 비교는 소유자별로 지장물 전체 평가액의 합계액을 기준으로 다른 2인 이상의 감정평가업자에게 대상물건의 평가를 다시 의뢰하여야 한다(동법시행규칙 제17조 제2항 제2호).

또한 최고평가액이 최저평가액의 110퍼센트를 초과하는 경우, 사업시행자는 평가내역 및 당해 감정평가업자를 국토해양부장관에게 통지하여야 하고, 국토해양부장관은 당해 감정평가가 관계법령이 정하는 바에 따라 적법하게 행하여졌는지 여부를 조사하여야 한다(동법시행규칙 제17조 제5항).

(3) 평가 후 1년이 경과할 때까지 계약체결이 되지 않는 경우

평가를 한 후 1년이 경과할 때까지 보상계약이 체결되지 아니한 경우에는 다른 2인 이상의 감정평가업자에게 평가를 다시 의뢰하여야 한다(동법시행규칙 제17조 제2항 제3호). 이 경우 재평가시점에서 물건의 수량 또는 내용이 변경된 경우에는 변경된 상태를 기준으로 평가하여야 한다(동법시행규칙 제19조 제3항).

3) 재평가시의 보상액산정

재평가를 행한 경우 보상액의 산정은 각 감정평가업자가 다시 평가한 평가액의 산술평균치를 기준으로 한다(동법시행규칙 제17조 제4항).

종전 공특법시행규칙에서는 재평가액이 당초의 평가액보다 낮은 경우에는 당초의 평가액으로 보상하도록 하였으나, 재평가액을 기준으로 보상(낮아지는 경우도 있음)하도록 변경하였다. 이는 토지취득보상법 제67조 제1항에서 보상액의 산정은 협의에 의한 경우에는 협의 성립 당시의 가격을 기준으로 하도록 규정되어 있으므로 법률의 규정에 따라 계약당시의 가격으로 보상하도록 함이 타당하기 때문이다.[180]

180) 재결시의 불이익변경금지의 원칙은 계속 유지되고 있다.

제4장 행정심판

제1절 전제로서의 행정쟁송

Ⅰ. 행정쟁송의 의의

1. 광의의 행정쟁송과 협의의 행정쟁송

행정쟁송이라 함은 행정법상 법률관계에 있어서의 법적 분쟁을 당사자의 청구에 의하여 일정한 국가기관이 심리·판정하여 다툼을 해결하는 절차를 말한다. 오늘날 행정쟁송은 행정심판과 행정소송을 총칭하여 사용하는 것이 일반적이다.[1] 이러한 의미의 행정쟁송은 현대의 실질적 법치국가에서는 통상적으로 인정되고 있는 제도이다.

행정쟁송의 개념은 광의(廣義)와 협의(狹義)로 나누어 사용되고 있다. 광의의 행정쟁송이란 행정법관계에 관한 분쟁에 대한 유권적 판정절차를 총칭하는 것으로서, 이해관계자의 쟁송의 제기에 의하여 일정한 재결기관이 분쟁을 심리·판정하는 절차를 포괄하는 의미이다. 따라서 심판기관이 행정기관인지 법원인지를 불문하고, 심판절차가 약식절차인지 또는 정식절차인지를 묻지 아니한다. 이와 같은 의미의 행정쟁송은 오늘날은 거의 모든 국가에서 채택하고 있다. 이에 대하여 협의의 행정쟁송이란 광의의 행정쟁송 중에서 일반법원과는 계통이 다른 행정조직 내의 특별기관이 행정법관계에 관한 분쟁을 심리·판정하는 절차를 말한다. 이러한 의미의 행정쟁송은 과거에는 대륙법계 국가에 특유한 제도로 보았으나, 오늘날에는 영미법계 국가에 있어서도 행정위원회 등의 설치를 통하여 행정기관에게 행정상의 분쟁에 대한 심판기능이 인정되기에 이르렀다. 따라서 광의·협의의 행정쟁송을 구분하는 것은 연혁적 의의는 인정할 수 있다고 하더라도, 현재에는 과거와 비교하여 구별의 실익이 거의 없다고 하겠다.

2. 행정쟁송의 제도적 의의

1) 법치국가원리에 의한 국민의 권익보호

행정쟁송에 관한 절차의 발달은 법치국가원리의 소산이라고 할 수 있다. 법치주의를 기본원리

1) 박윤흔·정형근, 「최신행정법강의(상)」, 박영사, 2009, 694면에서는 '행정상 쟁송'이라 하여 행정소송과 대치시키고, 그 개념을 이의신청이나 행정심판 등 행정기관이 심판기관이 되는 쟁송을 의미하는 것으로 사용하고 있다.

로 입헌국가에 있어서의 모든 행정작용은 법에 적합하여야 하며(행정의 적법성), 행정목적과 공익에 합당한 타당성을 가져야만 한다(행정의 합목적성 · 타당성). 따라서 행정쟁송제도는 한편으로 위법 · 부당한 행정작용에 의하여 침해된 국민의 권리 · 이익을 구제하는 기능을 수행하고, 다른 한편으로는 행정작용의 적법성 및 합목적성의 보장을 통하여 행정통제의 기능을 담당하는 데에 제도적 의의가 있다.

2) 국민의 권익구제 기능

법치국가의 원리는 행정작용의 합법성을 요구하지만 실제에 있어서는 위법 · 부당한 행정작용이 행하여진 경우가 있을 수 있으며, 그러한 행정작용으로 인하여 국민의 권리 · 이익이 침해받는 경우가 적지 않다. 그러한 경우에 행정쟁송제도는 위법 · 부당한 행정작용으로 인하여 권리 · 이익의 침해를 받은 상대방에 의한 행정쟁송을 제기할 수 있는 법적 장치를 마련함으로써 국민의 권익구제수단으로써의 기능을 수행하도록 하는 데에 큰 의미가 있다고 본다. 행정쟁송의 국민의 권익보호기능을 위한 제도에는 행정심판과 행정소송이 있으나, 행정청 자체가 심판기관이 되어 약식절차를 거쳐 행정상 분쟁을 판정하는 행정심판보다는 독립된 제3자적 지위에 있는 법원이 정식절차를 통하여 행정작용의 위법성의 유무를 판단하게 되는 행정소송이 국민의 권익구제에 더욱 실효적인 제도이다.

3) 행정통제의 기능

행정쟁송은 위에서 지적한 국민의 권익구제의 기능뿐만 아니라 행정작용의 적법성 및 합목적성을 보장하기 위한 행정통제의 기능도 담당하고 있다. 행정법의 기본원칙인 법치행정의 원리에 따르면 모든 행정작용은 행정의 적법성 및 합목적성의 원리에 위배되면 아니 된다. 그러나 행정작용은 실제에 있어 이러한 원리에 위반하여 하자를 지니게 되는 경우가 있을 수 있으므로 행정의 적법성과 합목적성의 여부를 판단하기 위한 법적 통제를 필요로 한다. 따라서 행정쟁송은 권익구제기능과 함께 행정의 적법성 및 합목적성 · 타당성을 보장하기 위한 기능을 수행하는 행정통제의 역할도 하는 제도이다.

Ⅱ. 우리나라의 행정쟁송제도

우리나라의 일반적 견해인 광의의 행정쟁송의 개념에 의하면, 행정쟁송제도에는 행정심판과 행정소송이 있다. 행정상 분쟁의 판정기관이 독립한 재판소의 구조를 가지고 정식의 소송절차를 거쳐 분쟁을 판정하는 것을 행정소송이라 한다. 행정심판은 행정기관이 약식절차에 의하여 행정상 분쟁을 판정하는 점과 비교하면, 행정소송은 행정쟁송 중에서 가장 완비된 형태이다. 물론 구체적 법제는 국가에 따라 다르다. 영미법계 국가에서는 일반사법재판소가 행정소송을 담당하고 있으나, 독일 · 프랑스 등의 대륙법계 국가에서는 별도의 행정재판소가 행정소송의 재판기관이 되는 것이 일반적이다. 일반적으로 전자를 '사법국가', 후자를 '행정국가'라고 한다.

우리나라는 대륙법계 국가이지만 행정쟁송의 심판기관으로서 독립한 행정재판소를 두지 않고, 영미법계 국가에서와 같이 행정사건도 일반법원의 관할로 하고 있다(헌법 제107조 제2항). 행정소송은 원칙적으로 행정심판법에 의한 행정심판을 거친 뒤에 제기할 수 있는 행정심판전치주의를 채택하고 있었고, 이에 불복하는 소의 관할을 고등법원으로 하였다. 즉 행정심판과정 자체를 법원의 제1심으로 보고 이에 불복하는 소(訴)는 바로 고등법원의 관할로 한 것이다. 그러나 행정청의 처분에 불복하는 자 등에게 행정심판을 거친 뒤에야 행정소송을 제기할 수 있도록 한 것이 국민의 권익을 침해할 수 있다는 주장에 따라 다른 법률에 특별한 규정이 없는 한 1998년 3월부터는 행정심판을 거치지 않고도 바로 행정소송을 제기할 수 있도록 하였다.[2] 행정심판을 거쳤는지의 여부에 관계없이 행정소송은 원칙적으로 제1심을 지방법원급의 행정법원의 관할로 하였으며, 이에 따라 1998년 3월 행정법원이 설치되었다. 그러나 현재 서울행정법원만 설치되어 있고, 서울행정법원의 관할구역이 아닌 지역에서의 행정법원의 권한에 속하는 사건은 행정법원이 설치될 때까지 해당 지방법원 본원이 관할하도록 하고 있다. 또한 우리나라 행정쟁송제도 중의 하나인 행정심판의 근거법인 「행정심판법」은 최근(2010년 1월 25일) 전면적으로 개정되었으며, 2012년 2월 17일에도 일부 개정되었다(동법 제6조 제2항 개정).

Ⅲ. 행정쟁송의 종류

1. 행정쟁송의 분류

행정쟁송은 그 기준에 따라서 여러 가지로 분류할 수 있는데, 주요한 것을 들면 다음과 같다.

1) 행정쟁송의 목적에 의한 분류

행정쟁송은 목적에 따라 주관적 쟁송과 객관적 쟁송으로 구분할 수 있다.

(1) 주관적 쟁송과 객관적 쟁송

주관적 쟁송은 쟁송제기자의 개인적 권익의 구제를 주된 목적으로 하는 쟁송이다. 따라서 주관

2) 김동희, 「행정법 I」. 박영사, 2011, 614면.

적 쟁송은 행정청의 처분으로 인하여 개인의 권리 · 이익이 침해된 경우에 그 구제를 구하는 행정쟁송을 말한다. 그러므로 항고쟁송이나 당사자쟁송 등 대부분의 행정쟁송의 경우가 이에 해당한다.

객관적 쟁송은 행정은 공익의 실현을 목적으로 하고 있기 때문에 이해관계자의 다툼이 아닌 공익실현 혹은 행정작용의 적법성보장을 직접 목적으로 하는 행정쟁송을 말한다. 이러한 쟁송은 개인의 권리 · 이익의 보호를 위한 쟁송이 아니며, 행정법규의 적법성이나 타당성의 확보를 이유로 하여 인정되는 쟁송유형이기 때문에 이의제기를 위해서는 개별적 · 직접적인 이해관계를 갖는 당사자일 필요는 없으나 법률의 명시적 규정이 있는 경우에만 쟁송의 제기가 인정된다. 기관쟁송과 민중쟁송이 여기에 해당된다.

(2) 기관쟁송과 민중쟁송

객관적 쟁송은 쟁송의 당사자에 따라 기관쟁송과 민중쟁송으로 구분된다. 객관적 쟁송은 행정의 적법성 보장만을 목적으로 하지만, 주관적 쟁송은 개인의 권익구제와 행정의 적법성 보장이라는 두 가지 목적을 추구하는 점에서 구별되며, 법률이 특별히 인정하는 경우(행정소송법 제45조)에만 제기가 가능하다.

기관쟁송은 행정법규의 적정한 적용을 확보하기 위하여 국가 또는 공공단체의 기관 상호간의 관계에 있어 인정되는 경우의 쟁송을 말한다.[3] 지방자치단체의 장이 지방의회의 의결이 법령에 위반된다고 인정되면 대법원에 소를 제기한 경우(지방자치법 제107조, 제172조 제3항)가 그 예이다.

민중소송은 위법한 행정법규의 적용을 시정하기 위하여 선거인 등의 일반 민중에 의하여 제기되는 쟁송이다. 선거 또는 당선의 효력에 관하여 선거인 등이 대법원에 소를 제기하는 선거소송(공직선거법 제222조)을 예로 들 수 있다.

2) 행정쟁송의 성질에 의한 분류

행정쟁송은 성질에 따라 항고쟁송과 당사자쟁송으로 구분한다.

(1) 항고쟁송

항고쟁송은 이미 행하여진 행정청의 처분(부작위처분을 포함한다)의 위법 또는 부당을 다투어 취소나 변경을 구하는 쟁송을 말한다. 국세기본법상의 이의신청(동법 제66조) · 심판청구(동법 제67조), 행정심판법상의 행정심판(동법 제4조) 및 행정소송법상의 항고소송(동법 제3조 제1호) 등이 항고쟁송에 해당된다.

---

3) 그러나 헌법과 헌법재판소법에 의하여 국가기관 상호간의 권한쟁의심판, 국가기관과 지방자치단체간의 권한쟁의심판, 그리고 지방자치단체 상호간의 권한쟁의심판은 헌법재판소의 관장사항이며(헌법 제111조 제1항 제4호, 헌법재판소법 제61조, 제62조), 따라서 국가기관 상호간의 기관쟁송은 여기에서 제외된다.

(2) 당사자쟁송

당사자쟁송은 행정법상 서로 대등한 당사자 상호간의 법률관계의 형성이나 존부를 다투는 쟁송을 말한다. 토지취득보상법상의 보상금증감청구소송(동법 제85조 제2항), 행정소송법상의 당사자소송(동법 제3조 제2호) 등이 이에 해당된다.

3) 행정쟁송의 절차에 의한 분류

행정쟁송은 그 절차가 어떠한 것인가에 의하여 정식쟁송과 약식쟁송으로 구별할 수 있다.

(1) 정식쟁송

정식쟁송은 첫째로 쟁송을 맡은 판정기관이 쟁송당사자와 이해관계가 없는 완전히 독립한 지위를 가지는 제3자이어야 하고, 둘째로 쟁송의 심리절차에 있어서 당사자에게 구두변론의 기회가 보장되는 등 분쟁의 공정한 해결을 위한 절차상의 요건을 갖춘 경우의 쟁송을 말한다. 법원에 의한 행정소송이 여기에 해당한다.

(2) 약식쟁송

약식쟁송은 위의 정식쟁송에서 제시한 분쟁의 공정한 해결을 위한 절차상의 요건 중 어느 하나라도 결여한 경우의 쟁송을 말한다. 이의신청 · 행정심판 등과 같이 행정기관에 의한 행정쟁송은 이에 해당된다.

4) 행정쟁송의 단계에 의한 분류

행정쟁송은 행정작용의 존재를 전제로 하여 그 이후에 제2차적으로 행하여지는 쟁송인가의 여부에 따라 시심적 쟁송과 복심적 쟁송으로 나눌 수 있다.

(1) 시심적 쟁송

시심적 쟁송(始審的 爭訟)은 행정법관계의 형성 또는 존부에 관한 제1차적인 행정작용 그 자체가 쟁송의 형식을 거쳐 행하여지는 경우의 쟁송을 말하며, 당사자쟁송이 이에 해당한다.

(2) 복심적 쟁송

복심적 쟁송(覆審的 爭訟)은 이미 행하여진 행정작용의 위법 또는 부당을 주장하는 자가 이에 대한 심판을 구하는 경우의 쟁송을 말하며, 항고쟁송이 여기에 해당한다.

5) 행정쟁송의 심판기관에 의한 분류

행정쟁송은 심판기관에 따라 행정심판과 행정소송으로 구분한다.

(1) 행정심판

행정심판은 행정법상의 분쟁에 대하여 행정기관이 스스로 심리하여 판정하는 쟁송절차를 말하며, 보통 약식쟁송에 해당한다. 이러한 행정심판에는 행정심판법이 일반법으로서 적용되며, 그 이외에 각 개별법에도 행정심판에 관련된 규정을 찾아볼 수 있다.

(2) 행정소송

행정소송은 행정법상의 분쟁에 대하여 법원이 심리하여 판결하는 쟁송절차를 말하며, 정식쟁송에 해당한다. 행정소송은 행정소송법에 의하는데, 동법에 규정이 없는 사항은 민사소송법이 준용되며, 행정소송법에는 민사소송법에 대한 약간의 특례규정을 두고 있다.

2. 행정심판과 행정소송의 관계

행정심판과 행정소송과의 관계를 고찰하는 데 있어서 보통 양자의 차이점만을 생각하는 경향이 있다. 그러나 양자 간에는 많은 공통점도 있다는 사실을 간과하여서는 아니 될 것이다. 다음에서는 행정심판과 행정소송의 공통점과 차이점을 살펴보고,[4] 양자의 관련성에 관하여도 언급하고자 한다.

1) 행정심판과 행정소송의 공통점

① 실질적 쟁송으로서 행정청의 처분을 시정하는 절차이다.

② 당사자의 쟁송제기에 의하여 절차가 개시된다.

③ '법률상의 이익'이 있는 자만이 쟁송을 제기할 수 있도록 되어 있다(행심법 제13조, 행소법 제12조).

④ 심판청구인 대 처분청, 원고 대 피고와 같은 대심구조를 취하고 있어 당사자는 대등한 입장에 선다.

⑤ 당사자가 아닌 제3자적 기관(행정심판위원회 · 법원 등)에 의하여 쟁송이 판정된다.

⑥ 쟁송사항은 위법 또는 부당한 처분(행정심판의 경우에는 부당한 처분도 대상이 된다)이나 부작위를 대상으로 한다(행심법 제3조 · 제5조 제1호 · 제3호, 행소법 제3조 제1호 · 제4조 제1호 · 제3호).

⑦ 쟁송은 일정한 제기기간 내에 제기하여야 한다(행심법 제27조, 행소법 제20조).

⑧ 쟁송의 제기가 있는 한 판정기관은 이를 심리할 의무를 진다.

⑨ 참가인제도가 인정된다(행심법 제20조, 행소법 제16조 · 제17조).

---

4) 김남진 · 김연태, 「행정법 I」, 법문사, 2011, 653-654면; 홍정선, 「행정법특강」, 박영사, 2011, 559-560면.

⑩ 청구(소)의 변경이 인정되고 있다(행심법 제29조, 행소법 제21조 · 제22조).

⑪ 처분의 집행부정지원칙이 채택되고 있다(행심법 제30조, 행소법 제23조).

⑫ 직권심리가 인정되고 있다(행심법 제39조, 행소법 제26조).

⑬ 구술심리가 보장되어 있다(행심법 제40조 제1항, 행소법 제8조, 민사소송법 제134조).

⑭ 불이익변경금지의 원칙이 공통적으로 적용된다(행심법 제47조 제2항, 행소법 제8조, 민소법 제203조 · 제415조 등).

⑮ 사정재결 · 사정판결의 제도가 채택되고 있다(행심법 제44조, 행소법 제28조).

⑯ 재결 · 판결 등 쟁송의 판정행위에 확정력 · 기속력 등의 특별한 효력이 부여된다(행심법 제49조, 행소법 제30조).

2) 행정심판과 행정소송의 차이점

① 제도의 본질에 있어서 행정심판은 행정통제적 성격이 강한 데 대하여, 행정소송은 권리구제적 성격이 강하다.

② 판정기관에 있어서 행정심판은 행정기관이 담당하는 데 대하여, 행정소송은 법원이 관장한다.

③ 판정절차에 있어서 행정심판은 서면심리주의 또는 구술심리주의가 병행하여 적용되는데 대하여(행심법 제40조 제1항), 행정소송은 구두변론주의가 원칙이다(행소법 제8조 제2항, 민소법 제134조).

④ 쟁송사항에 있어서 행정심판의 경우에는 위법성과 부당성이 심판대상이 되는 데 대하여(행심법 제1조, 제5조), 행정소송의 경우에는 위법성만이 심판대상이 된다(행소법 제1조, 제4조).

⑤ 적극적 판단의 인정 여부에 있어서 행정심판에서는 의무이행심판이 인정되고 있는 데 대하여(행심법 제5조 제3호 · 제43조 제5항), 행정소송에서는 부작위위법확인소송만이 인정되고 있다(행소법 제4조 제3호).

3) 행정심판과 행정소송의 관련성

우리나라에서는 행정소송사건도 일반법원의 관할로 하여 행정에 대한 사법적 통제제도를 확립하고 있다. 이와 같이 우리나라의 제도는 행정작용에 대한 종국적 사법통제의 원칙을 채택함과 동시에 행정의 자율적 통제기회의 보장 또는 그 구제수단으로써의 간이성 · 신속성 및 경제성 등의 제도적 장점을 이유로 행정심판제도를 병행적으로 채용하고 있다.[5]

그런데 (구)행정소송법은 행정심판과 행정소송의 관계에 대하여 일정한 행정사건은 원칙적으로 행정심판을 거친 후 행정소송을 제기할 수 있도록 규정하고 있었으며(구 행소법 제18조), 이러한 제도를 '행정심판전치주의'라 불렀다. 1994년 7월 14일의 개정된 행정소송법에서는 명문의 규

5) 김동희, 전게서, 616면.

정이 없는 한, 행정심판을 거치지 않고서도 행정소송을 제기할 수 있도록 하였다(동법 제18조 제1항). 즉 구법은 필요적 행정심판전치주의를 원칙으로 하였으나, 현행법은 임의적 행정심판전치의 원칙을 규정하고 있다.

그러나 이러한 행정소송법상의 행정심판의 임의적 절차의 원칙에 대한 예외로서, 공무원관계법(국가공무원법 제16조 제1항, 교육공무원법 제53조 제1항, 지방공무원법 제20조의2), 도로교통법(동법 제142조), 조세관계법(국세기본법 제56조 제2항, 관세법 제120조 제2항) 등은 행정심판전치주의를 취하고 있다. 토지취득보상법은 종래에는 이의신청전치주의를 필요적으로 규정하였으나, 현재는 임의적 전치주의를 채택하고 있다.

제2절 행정심판의 의의

Ⅰ. 개 념

행정심판이라 함은 행정청의 위법 · 부당한 처분 또는 부작위에 대한 불복에 대하여 행정기관이 심리 · 판정하는 행정쟁송절차를 말한다.

헌법 제107조 제3항은 「재판의 전심절차로서 행정심판을 할 수 있다. 행정심판의 절차는 법률로 정하되, 사법절차가 준용되어야 한다」고 규정하여 행정심판의 헌법적 근거를 부여하고 있다. 행정심판에 대한 일반법으로서는 「행정심판법」(이하 "법"이라 한다)이 있고, 각 개별 법률에서 행정심판법에 대한 특례를 규정한 경우가 있다. 각 개별 법률에서는 행정심판을 대신하여 이의신청, 심사청구, 심판청구, 재결신청 등의 용어를 사용하고 있다. 그러나 엄밀한 의미의 행정심판[6]은 행정기관이 심판기관이 되는 모든 행정불복절차가 아니며, 준사법절차가 보장되는 행정불복절차만이 행정심판이라고 보아야 할 것이다. 왜냐하면, 헌법 제107조 제3항이 행정심판은 「준사법적 절차가 되어야 한다」고 규정하고 있고, 행정심판법은 행정심판을 규율하는 준사법적 절차를 규정하고 있기 때문이다.[7]

Ⅱ. 행정심판과 구별되는 개념

다음과 같은 개념은 행정심판과 구별하여야 한다.

1. 이의신청과의 구별

행정심판은 원칙적으로 처분청의 직근상급행정청에 소속된 행정심판위원회에 의한 판정을 의미하는 데 대하여, 이의신청은 위법 · 부당한 처분 등으로 인하여 권익을 침해당한 자가 처분청에

6) 엄격한 의미의 행정심판은 행정심판법의 규율대상이 되는 행정심판을 뜻한다.
7) 박균성, 「행정법강의」, 박영사, 2011, 648면.

그 처분 등의 재심사를 구하는 쟁송절차인 점에서 다르다. 행정심판은 원칙적으로 모든 위법 · 부당한 처분 등에 대하여 인정되지만, 이의신청은 개별법이 규정한 일정한 처분 등에 한정하여 인정된다.

2. 청원과의 구별

국가기관에 대한 국민의 청원은 헌법상 보장된 기본권이다(헌법 제26조). 이러한 청원권의 행사를 통하여도 국민은 행정청에 대하여 위법 · 부당한 처분 등의 취소 · 변경을 구할 수 있다. 그런데 헌법은 청원에 대하여 국가의 심사의무만을 규정하고 있으나(헌법 제26조 제2항), 청원법은 심사결과의 통지의무까지 규정하고 있으며(동법 제9조), 이러한 점에서 청원과 행정심판은 크게 다르지는 않다고 본다.

그러나 행정심판이 침해된 권리 · 이익의 구제를 위한 쟁송제도인 데 대하여, 청원은 널리 국정에 대한 국민의 의사표시를 보장하기 위한 제도이므로 양자는 다음과 같은 차이점이 있다. 즉 ① 행정심판은 청구권자 · 청구기간 · 청구사항 등에 제한이 있으나, 청원은 누구든지 기간의 제한 없이 어떠한 국가기관에 대하여 원칙적으로 어떠한 사항에 관하여도 제출할 수 있다. ② 행정심판은 심사절차 · 판정형식 · 판정내용 등이 법으로 정하여 있으나, 청원은 이러한 사항에 관한 법적 제한이 거의 없다. ③ 행정심판에 있어서의 재결은 불가쟁력 · 불가변력 등 구속력을 발생하는 데 대하여, 청원에 있어서의 결정은 그러한 구속력이 없다.

3. 진정과의 구별

진정(陳情)은 법정의 형식과 절차에 의하지 아니하고 행정기관에 대하여 어떠한 희망을 표시하는 사실행위인 점에서, 일정한 법적 절차인 행정심판과 구별된다. 따라서 진정은 행정기관에 대하여 어떠한 행위를 하도록 하는 법적 구속력이나 효력을 발생시키지 않는 사실행위에 지나지 않는다.

4. 고충민원처리제도와의 구별

고충민원처리제도는 「부패방지 및 국민권익위원회의 설치와 운영에 관한 법률」에 근거하여 설치된 국민권익위원회가 고충민원에 대하여 조사 · 처리와 이와 관련된 시정권고 및 의견표명을 하는 제도를 말한다.

여기의 고충민원이란 행정기관 등의 위법 · 부당하거나 소극적인 처분 및 불합리한 행정제도로 인하여 국민의 권리를 침해하거나 국민에게 불편이나 부담을 주는 사항에 관한 민원을 말한다(동법 제2조 제5호). 따라서 고충민원은 행정심판에 비하여 그 적용대상이 매우 넓고, 국민은 누구든지 이를 제기할 수 있다. 그러나 이 제도에서는 관계인의 고충민원이 이유 있다고 인정되는 경우에도 국민권익위원회는 행정기관에 대하여 단지 시정조치를 취하도록 권고할 수 있는 데 불과하며, 그러한 점에서 행정심판의 재결이 당사자를 법적으로 기속하는 것과는 기본적으로 다르다. 생각건대, 행정심판과 고충민원처리제도는 신청인 · 대상 · 절차 · 법적 구속력 등에 있어서 차이가 많으며, 고충민원처리절차를 거친다 하더라도 행정심판전치주의 요건을 충족하는 것으로 되지는 않는다.[8)]

5. 직권재심사와의 구별

행정심판과 직권재심사는 모두 행정작용의 법적합성 · 합목적성을 보장하기 위한 행정권의 자율적 통제수단이라는 점에서는 같다. 그러나 행정심판은 처분으로 인하여 권익의 침해를 받은 상대방의 심판청구에 의한 행정의 자기통제수단이라는 점에서, 행정청 스스로의 발의에 의한 통제수단인 직권재심사와는 다르다. 따라서 행정심판은 법적 근거가 필요하고 심사의무를 지며 청구기간의 제한이 있지만, 직권재심사는 불가변력이 발생한 행위 외에는 언제나 임의로 할 수 있다.

Ⅲ. 행정심판의 법적 성질

행정심판은 다음에서 지적한 바와 같이 일반적으로 행정법상의 분쟁에 대한 심판작용이면서, 아울러 그 자체가 행정행위라는 이중적 성격을 가지고 있다.[9)]

행정심판은 행정상의 분쟁에 관하여 사실을 인정하고 법을 적용하여 그 분쟁을 심리 · 판단한다는 점에서는 재판에 준하는 성질을 가진다.

또한 행정심판은 행정청의 의사의 표현으로서, 다툼이 있는 행정법관계를 규율하고 행정법질서를 유지 또는 형성(발생 · 변경 · 소멸)하여 행정목적을 실현한다는 점에서는 행정행위의 성질을 가지는 것이다. 행정소송법이 취소소송 등의 대상을 '처분'과 행정심판에 대한 재결을 합쳐 '처분등'으로 하고 있는 것은 행정심판의 행정행위로서의 성격을 전제로 한 것이다.

이러한 행정심판의 두 가지 성격 중에서 어느 편이 더 큰 비중을 가지는가는 결국 각 국가의 입법정책적 문제라고 할 수 있을 것이다. 행정심판의 심판작용이라는 측면에서는, 심판기관의 독립성이나 구두변론절차 등의 요청이 특히 강조된 것이다. 우리 헌법은 「행정심판의 절차는 법률로 정하되, 사법절차가 준용되어야 한다」(헌법 제107조 제3항)고 규정하고 있어 심판작용으로서의 성격이 강조되고 있다.

---

8) 대판 1995.9.29, 95누5332.

9) 김동희, 「행정법 I」, 박영사, 2011, 617면.

Ⅳ. 행정심판의 제도적 의의

행정소송은 정식쟁송인 데 대하여, 행정심판은 약식쟁송으로서 국민의 권익구제제도로서는 불완전한 것이다. 또한 위법·부당한 행정처분의 효력을 다투는 항고심판에 있어서 심판기관은 일반적으로 행정기관으로 되어 있는데, 이는 곧 심판받아야 할 자가 심판자의 지위에 있게 되는 불합리한 제도라는 것을 뜻하기도 한다. 행정심판은 위와 같은 불완전성·불합리성이 있음에도 불구하고 다음과 같은 기능 또는 존재이유가 있기 때문에 그 제도적 의의가 있는 것이다.[10)]

1. 자율적 행정통제

행정심판제도는 한편으로 행정권 스스로의 손으로 행정에 대한 국민의 권리·이익을 구제하는 제도로서의 의의를 가지는 동시에, 다른 한편으로는 행정의 적법성·타당성을 행정권 스스로 자율적으로 보장하려고 하는 행정의 자기통제 내지 행정감독의 제도로서의 의의를 가지고 있다.

2. 사법기능의 보완

현대국가에 이르러 행정의 다양화·전문화·기술화가 진전됨에 따라, 시간·노력·비용이 많이 소요되고 사후구제에 그치는 사법(司法)재판의 단점을 보완하여 기술적·전문적으로 신속·간이하게 사후구제를 하도록 함으로써 국민의 권리구제의 철저화를 기하자는 데에 행정심판의 또 하나의 제도적 의의가 있다.

3. 행정능률의 보장

사법절차에 의한 행정상의 분쟁에 대한 심판은 개인의 권리구제에는 충실할 수 있으나 행정능률에는 배치되기 쉽다. 따라서 사법절차 이전에 신속·간편한 행정심판을 인정함으로써 행정사건의 신속한 해결에 기여할 수 있다는 데에도 그 제도적 의의가 있는 것으로 볼 수 있다.

4. 기타 행정심판의 기능

위에서 언급한 이외에도 행정청의 전문지식의 활용이나 소송경제의 도모도 사법기능의 보충과 관련되므로 행정심판의 존재이유가 될 수 있다고 본다.

---

10) 박평준·박창석, 「보상행정법」, 리북스, 2012, 958면.

Ⅴ. 개정된 행정심판법의 주요 내용

최근(2010.1.25. 전부개정법률 제9968호, 시행 2010.7.26.) 행정심판법의 전면개정이 있었다. 행정심판청구사건이 매년 큰 폭으로 증가하고 있고, 행정심판의 준사법절차화에 따른 당사자의 행정심판절차에의 참여요구가 증가함으로 인하여 임시처분, 이의신청, 전자정보처리조직을 통한 행정심판제도 등 당사자의 절차적 권리를 강화하기 위한 제도를 도입하고 있다. 한편, 국무총리행정심판위원회의 명칭을 중앙행정심판위원회로 변경하고, 상임위원의 수를 법률에서 4명으로 증원하였으며, 자동차운전면허와 관련된 사건은 소위원회가 심리 · 의결할 수 있도록 하는 등 종전 제도의 운영상 나타난 일부 미비점을 개선 · 보완하기 위한 것이다.

개정법의 주요 내용을 간추려보면 다음과 같다.[11)]

① 국무총리행정심판위원회의 명칭을 '국무총리행정심판위원회'에서 '중앙행정심판위원회'로 변경하였다(법 제4조 제3항 등). 중앙행정기관 및 광역자치단체의 처분 등을 관할하는 국무총리행정심판위원회의 관할범위를 명칭에 드러내고, 부르기 쉽고 기억하기 쉬운 간결한 명칭으로 변경하였다.

② 특별행정심판 신설 등을 위한 협의를 의무화하였다(법 제4조). 특별한 사유 없이 개별법령에 행정심판에 대한 특별한 절차를 규정하는 사례가 늘어나고 있어, 특별행정심판의 남설(濫設)을 방지하기 위하여 관계 행정기관의 장이 개별법에 특별행정심판을 신설하거나 국민에게 불리한 내용으로 변경하고자 하는 경우 미리 중앙행정심판위원회와 협의하도록 하였다. 이를 통하여 행정심판제도의 통일적 운영이 가능해지고, 개별법에 의한 특별행정심판절차의 남설이 억제되며, 행정심판의 공정성 · 전문성이 훼손되는 것을 예방할 것으로 기대된다.

③ 행정심판위원회의 회의 위원정수 및 민간위촉위원 비중을 확대하였으며, 시 · 도 조례로 비상임 민간위원장을 도입할 수 있는 근거를 마련하였다(법 제7조). 중앙행정심판위원회 외에 시 · 도 행정심판위원회 등 이 법에 따른 다른 행정심판위원회의 공정성 제고를 위하여 회의정원 등을 확대할 필요가 있었다. 그에 따라 원칙적으로 회의정원을 7명에서 9명으로 늘리고 회의시 위촉위원의 비중도 4명 이상에서 6명 이상으로 늘렸다.

④ 중앙행정심판위원회는 위원장 1명을 포함한 50명의 위원으로 구성하는 것은 종전과 동일하나, 위원 중 상임위원의 정수를 2명 이내에서 4명 이내로 확대하였다(법 제8조 제1항).

⑤ 청구인의 신속한 권리구제를 위하여 심판청구사건 중 자동차운전면허행정처분과 관련한 사건은 4명의 위원으로 구성하는 소위원회에서 심리 · 의결할 수 있도록 하였다(법 제8조 제6항).

⑥ 행정심판의 공정성과 독립성을 담보하기 위하여 행정심판위원회 위원의 결격사유를 신설하였다(법 제9조 제4항).

---

11) 김남진 · 김연태, 「행정법Ⅰ」, 법문사, 2011, 658-660면.

⑦ 절차적 사항에 대한 행정심판위원회의 결정에 대한 이의신청제도를 도입하였다(법 제16조 제8항, 제17조 제6항, 제20조 제6항, 제29조 제7항). 종래에는 양수인의 청구인 지위 승계신청에 대한 불허가 등 위원회의 절차적 사항에 대한 결정에 대하여는 당사자가 다툴 방법이 없었다. 행정심판위원회의 결정 중 당사자의 절차적 권리에 중대한 영향을 미치는 지위 승계의 불허가, 참가신청의 불허가 또는 청구의 변경 불허가 등에 대하여는 행정심판위원회에 이의신청을 할 수 있도록 하였다. 이를 통해 심판절차에 참여하는 자의 절차적 권리를 보장하고, 행정심판위원회로 하여금 관련 결정을 신중히 하도록 함으로써 행정심판절차의 공정성이 강화될 것으로 기대된다.

⑧ 심판참가인의 절차적 권리를 강화하였다(법 제20조부터 제22조까지). 행정심판절차에 참가하려는 경우 참가절차, 참가인의 권리에 관한 규정이 미비하여 행정심판절차에서 참가가 미진한 편이었다. 따라서 심판참가인은 당사자에 준하는 절차적 지위를 갖도록 하고, 관련서류를 참가인에게도 송달하도록 하는 등 참가인의 절차적 지위를 강화하였다. 행정심판절차에서 참가인의 지위를 보장함으로써 행정심판사건에 이해관계가 있는 자의 절차 참여가 활성화될 것으로 기대된다.

⑨ 임시처분제도를 도입하였다(법 제31조). 행정심판의 청구인이 처분이나 부작위에 의하여 회복하기 어려운 손해를 입게 되는 경우 종전의 집행정지제도만으로는 청구인의 권익을 구제하기가 어려웠다. 따라서 행정청의 처분이나 부작위 때문에 발생할 수 있는 당사자의 중대한 불이익이나 급박한 위험을 막기 위하여 당사자에게 임시지위를 부여할 수 있는 '임시처분제도'를 도입함으로써 집행정지에 비해 보다 적극적으로 당사자의 임시적 권익보호에 기여할 것으로 기대된다.

⑩ 전자정보처리조직을 통한 행정심판의 근거를 마련하였다(법 제52조부터 제54조까지). 전자정보처리조직을 통하여 간편하게 행정심판을 청구할 수 있는 시스템이 개발 · 운영됨에 따라 이와 관련된 제반 법적 근거를 마련하는 것이 필요하여, 전자문서를 통한 송달에 관한 근거를 두는 등 온라인 행정심판제도의 운용 근거를 마련하였다. 전자정보처리조직을 통한 행정심판제도 운영의 법적 근거를 명확히 함으로써 행정심판에 대한 국민의 접근성을 제고하여 국민의 권리구제가 활성화되고, 행정심판제도 운영의 효율성을 높일 수 있을 것으로 기대된다.

⑪ 행정심판을 거친 행정소송사건에 대한 자료제출제도를 신설하였다(법 제60조 제2항, 제3항). 행정심판을 거쳐 행정소송이 제기된 사건에 대하여 그 내용이나 결과를 중앙행정심판위원회 또는 시 · 도행정심판위원회에 제출하도록 하였다. 이를 통해 처분청으로부터 관련 정보나 자료를 수집 · 분석하여 재결의 적정성을 확보하고 유사한 처분의 재발을 방지할 것으로 기대된다.

제3절 행정심판의 대상

Ⅰ. 개괄주의의 채택

행정심판의 대상이란 행정심판사항, 즉 심판청구의 대상으로 될 수 있는 사항을 말한다.

행정심판사항을 규정하는 입법례로는 개괄주의(概括主義)와 열기주의(列記主義)가 있다. 개괄주의는 행정심판을 청구할 수 있는 대상을 한정하지 않고 모든 행정작용에 대하여 인정하는 입법형태이고, 열기주의는 그 대상을 법률에 열거하는 사항만으로 한정하여 인정하는 입법유형이다. 오늘날 법치국가의 행정에서는 개괄주의가 보편화되고 있으며, 국민의 권리 · 이익의 구제의 범위를 확대한다는 관점에서 본다면 개괄주의가 적합하다는 것이 명백하다.

우리나라 행정심판법은 「행정청의 처분 또는 부작위에 대하여는 다른 법률에 특별한 규정이 있는 경우 외에는 이 법에 따라 행정심판을 청구할 수 있다」(법 제3조 제1항)고 규정함으로써, 행정심판을 청구할 수 있는 사항을 한정하여 명시하지 아니하고 모든 처분에 대하여 행정심판을 청구할 수 있도록 하는 개괄주의를 채택하고 있다. 현행법은 개괄주의를 취하면서도 대통령의 처분 또는 부작위에 대하여는 다른 법률에서 행정심판을 청구할 수 있도록 정한 경우(예컨대 국가공무원법상의 소청제도) 외에는 행정심판을 청구할 수 없도록 하고 있다(법 제3조 제2항). 이러한 경우에는 행정심판을 거치지 아니하고 바로 행정소송을 제기할 수 있게 된다.

행정심판의 대상에는 위법한 처분 · 부작위뿐만 아니라 부당한 처분 · 부작위까지도 포함된다는 점(법 제1조 참조)에서는, 그 대상이 위법한 처분 · 부작위에 한정되고 있는 행정소송에 비하여 범위가 넓으며, 이것은 행정심판이 행정의 자율적 통제수단으로써의 성격을 가지는 점에 기인하는 것이다. 그러나 행정심판에 있어서 처분등의 부당을 이유로 하는 청구의 인용사례는 거의 없는 것이 운영의 실제이다.[12]

12) 김동희, 전게서, 627면.

Ⅱ. 행정청의 처분 또는 부작위

행정심판법상 행정심판의 대상은 '행정청의 처분 또는 부작위'이다(법 제3조 제1항). 심판대상을 나누어 설명하면 다음과 같다.

1. 행정청

'행정청'이란 행정에 관한 의사를 결정하여 표시하는 국가 또는 지방자치단체의 기관, 그밖에 법령 또는 자치법규에 따라 행정권한을 가지고 있거나 위탁을 받은 공공단체나 그 기관 또는 사인(私人)을 말한다(법 제2조 제4호). 그런데 권한이 위임 또는 위탁된 때에는 그 권한이 수임기관·수탁기관 또는 공무수탁사인에게 이양되는 것이기 때문에 이러한 기관은 위임 또는 위탁받은 범위 안에서 행정청이 된다.[13]

심판청구의 대상이 되는 처분이나 부작위가 있고 난 이후에 이와 관련된 권한이 다른 행정청에 승계된 경우에는 권한을 승계한 행정청이 여기에서의 행정청에 해당한다(법 제17조 제1항 단서).

2. 처 분

행정심판의 대상이 되는 '처분'이란 행정청이 행하는 구체적 사실에 관한 법집행으로서의 공권력의 행사 또는 그 거부, 그 밖에 이에 준하는 행정작용을 말한다(법 제2조 제1호). 여기의 처분은 외부에 표시된 행위를 의미하는 것으로 보아야 하므로 행정기관의 내부적 단계에 그치는 결재만 되어 있는 행위나 행정기관 상호간의 행위는 포함되지 않으며, 또한 알선·권고·주의 등과 같이 법률적 효과를 발생하지 않는 사실행위·비행정행위 등도 포함하지 않는 것으로 본다.

1) 공권력의 행사 또는 그 거부

(1) 공권력의 행사

공권력의 행사라 함은 행정청의 일방적인 의사에 기인하고 강제력을 동반하는 권력적 행정작용을 뜻한다. 이러한 의미의 공권력의 행사는 통상적으로 행정행위를 지칭하는 것이 보통의 경우이지만, 사실행위인 때에도 권력적 사실행위는 행정심판법이 심판청구의 대상으로 규정한 '처분'에 해당한다고 본다.

(2) 거부처분

거부처분은 상대방의 처분의 신청내용에 대하여 행정청이 부정적인 의사판단을 하여 외부적으

---

13) 권한의 위임이란 위임행정청이 권한을 하급행정청 또는 보조기관에 위임하는 경우를 말하고, 권한의 위탁은 직접적 지휘·감독을 받고 있지 않은 행정기관·공공단체 또는 사인에게 넘기는 경우를 지칭하는 것이 일반적이다.

로 그 신청을 거부하는 행위를 행하는 것으로서 소극적 형태의 공권력행사에 해당한다. 이러한 점에서 외부적으로 거부행위가 존재하지 않는 부작위와는 구별되는 처분으로 인정된다. 인·허가의 신청에 대하여 이를 거부하는 경우가 여기에 해당되는 대표적인 예이다. 거부처분은 신청에 대한 명시적 기각결정은 물론이고, 신청에 대하여 일정한 기간 안에 처분을 하지 아니하면 이를 거부처분으로 본다고 규정한 경우, 즉 '간주거부'도 이에 포함된다고 보아야 한다.

2) 공권력의 행사에 준하는 행정작용

행정심판법 제2조 제1항 후단의 '그 밖에 이에 준하는 행정작용'은 공권력의 행사나 거부에 해당하는 것은 아니지만, '공권력의 행사에 준하는 행정작용'으로서 당사자의 권리구제의 필요성이 인정되는 행위를 말한다.

그러나 동조항의 공권력의 행사에 준하는 작용의 내용은 명확하지 않은 포괄적 개념이므로 그 구체적인 유형에 대하여는 견해가 대립된다. 먼저, 여기의 '이에 준하는 행정작용'은 법문(法文)의 내용상 공권력의 행사나 거부에 준하는 성질을 갖는 것임에 비추어 권력적 성질을 갖는 행정작용에 한정시키는 것이 타당하며, 현재로서는 일반처분이 이에 해당한다고 본다.[14] 다음으로, 동조항이 처분의 개념을 이처럼 넓게 정의하고 있는 것은 행정쟁송에 의한 국민의 권익보장을 위하여 행정심판의 대상을 확대하기 위한 것이라는 점에는 의문이 없다. 따라서 이러한 관점에서는 일정한 행정작용이 엄격한 의미에서 공권력의 행사로서의 실체를 갖추지 않은 것이라고 하더라도 그에 대한 실효적 구제수단이 없는 경우에는, 당해 행정작용을 공권력의 행사에 준하는 작용으로 보아 그에 대하여는 행정심판의 대상성을 인정할 수 있다고 본다.[15] 이와 관련하여 주로 문제되는 것은 이른바 형식적 행정행위이다(쟁송법상 개념설). 후자가 우리나라의 다수설이고,[16] 판례는 아직 확립되어 있지 않다.

3. 부작위

행정심판의 대상으로서의 '부작위'란 행정청이 당사자의 신청에 대하여 상당한 기간 내에 일정한 처분을 하여야 할 법률상 의무가 있는데도 처분을 하지 아니하는 것을 말한다(법 제2조 제2호). 이러한 부작위가 행정심판의 대상으로 성립하기 위해서는 다음과 같은 요건을 갖추어야 한다.

1) 당사자의 신청이 있을 것

행정청에 대한 당사자의 신청이 있어야 한다. 신청은 법령에 명시적 규정이 있는 경우에 한정

14) 류지태, 「행정법신론」. 신영사, 2008, 491면.

15) 김동희, 전게서, 628면, 720면.

16) 김도창, 「일반행정법론(상)」. 청운사, 1993, 705면, 755-756면; 박윤흔 · 정형근, 「최신행정법강의(상)」. 박영사, 2009, 705면; 이명구, 「신행정법원론」. 대명출판사, 1997, 696면; 이상규, 「신행정법론(상)」. 법문사, 1997, 702면.

되는 것이 아니라 헌법의 기본권과 관련되거나 법해석상으로 보아 신청권이 있는 경우로 인정되면 가능하다.

2) 상당한 기간이 경과될 것

행정심판의 대상으로서의 부작위에 해당하려면 당사자의 신청이 있었는데도 상당한 기간이 경과하도록 행정청이 아무런 조치(처분 · 거부)도 하지 않은 상태가 존재하여야 한다. 여기의 '상당한 기간'이란 일반상식에 의한 사회통념에 비추어 볼 때 당해 신청을 처리하는 데 소요될 것으로 판단되는 합리적인 기간을 의미한다.

3) 행정청이 처분을 할 법률상 의무가 있을 것

당사자의 신청을 받은 행정청이 처분을 하여야 할 법률상의 의무가 있어야 한다. 처분을 할 법률상 의무는 기속행위인가 재량행위인가의 여부에 따라 내용을 달리 하고 있다. 기속행위의 경우에는 처분요건이 충족되면 행정청은 당해 법령이 규정하고 있는 특정한 처분을 할 의무가 있다. 그러나 재량행위의 경우에 있어서는 상대방의 신청권에 대응하여 처분을 할 의무는 있다고 하더라도 종국처분에 대하여는 행정청에 재량권이 부여되어 있으므로 행정청은 상대방이 신청한 그대로 특정한 처분을 하여야 할 의무는 없는 것이다.

4) 행정청이 처분을 하지 아니하였을 것

부작위는 행정청이 당사자의 신청을 받고 처분을 할 법률상 의무가 있지만 상당한 기간이 지나도록 어떠한 처분(인용 또는 거부처분)도 하지 않은 상태를 말한다. 무효인 행정행위는 그 하자의 중대 · 명백성으로 인하여 처음부터 효력을 발생하지 않는다고 하더라도 일단 처분이 행하여졌고 외형적으로는 존재하고 있는 것이기 때문에 부작위에는 해당하지 않는다. 행정행위의 부존재의 경우도 마찬가지로 해석하여야 할 것이다. 또한 법령이 일정한 상태의 행정청의 부작위를 거부처분으로 간주하는 규정을 두고 있는 경우, 법적으로는 소극적 처분이 있었던 것으로 되므로 부작위에는 해당되지 않는다.[17)]

4. 대통령의 처분 또는 부작위에 대한 예외

대통령의 처분 또는 부작위에 대하여는 다른 법률에서 행정심판을 청구할 수 있도록 정한 경우 외에는 행정심판을 청구할 수 없다(법 제3조 제2항).

---

17) 김동희, 전게서, 629면.

제4절 행정심판의 종류

행정심판법은 행정심판의 종류로서 취소심판, 무효등확인심판, 의무이행심판 등의 3종류로 구분하여 규정하고 있는데(법 제5조), 여기에서는 이러한 행정심판에 관하여 살펴보고, 특별행정심판 등(법 제4조)은 다음에 검토하고자 한다.

Ⅰ. 취소심판

1. 의 의

취소심판이란 행정청의 위법 또는 부당한 처분을 취소하거나 변경하는 행정심판을 말한다(법 제5조 제1호). 여기의 취소에는 적극적 처분의 취소뿐만 아니라 소극적 처분인 거부처분의 취소를 포함하며, 변경이란 취소소송에서와는 달리 허가취소처분을 영업정지처분으로 변경하는 것과 같은 적극적 변경을 의미한다.[18] 이러한 취소심판은 공정력(公定力)이 있는 행위의 효력을 소멸시키는 것을 주된 목적으로 하는 행정심판이며, 행정심판 중에서 가장 중심적인 유형이다. 그리고 취소심판은 청구기간의 제한(법 제27조), 집행부정지의 원칙(법 제30조), 사정재결(법 제44조) 등을 특징으로 갖는다.

2. 취소심판의 성질

항고쟁송으로서의 취소심판의 성질에 관하여는 형성적 쟁송으로 보는 견해와 확인적 쟁송으로 보는 견해가 대립되고 있다. 형성적 쟁송설은 취소심판이 일단 일정한 법률관계를 성립시킨 처분의 효력을 다투어 그 취소·변경에 의하여 형성된 법률관계를 소멸 또는 변경시키는 성질의 심판으로서 형성적 성질을 가지는 것으로 본다. 이에 대하여 확인적 쟁송설은 취소심판이 처분의 위법성·부당성을 확인하는 성질의 것이라고 본다. 형성적 쟁송설이 통설이다.[19] 유효한 행위의 효

---

18) 박균성, 전게서, 652면.

19) 김도창, 전게서, 689면; 김동희, 전게서, 623면; 류지태, 전게서, 481면; 박윤흔·정형근, 전게서, 701면; 석종현,

력을 제거하는 데 취소심판의 기본적 의미가 있으므로 통설인 형성적 쟁송설이 타당하다.[20]

3. 취소심판에 대한 재결

행정심판위원회는 취소심판의 청구가 부적법하거나 이유 없다고 판단한 때에는 당해 심판청구를 각하 또는 기각하는 재결(裁決)을 하여야 한다. 그러나 위원회는 취소심판의 청구가 이유 있다고 인정할 때에는 심판청구를 인용하는 재결로써, 그 심판청구의 대상이 된 처분을 취소 또는 다른 처분으로 변경하거나 처분을 다른 처분으로 변경할 것을 피청구인에게 명한다(법 제43조 제3항). 따라서 취소재결에는 처분취소재결, 처분변경재결, 처분변경명령재결 등이 있다.

Ⅱ. 무효등확인심판

1. 의 의

무효등확인심판이란 행정청의 처분의 효력의 유무 또는 존재의 여부를 확인하는 행정심판을 말한다(법 제5조 제2호).

무효 또는 부존재인 행정처분은 이른바 공정력이 인정되지 않으므로 처음부터 효력이 없는 것이기 때문에 누구도 구속을 받지 않는다. 그러나 이러한 경우에도 처분의 외관은 있으므로 행정청이 이를 유효한 것으로 판단하여 집행할 우려가 없지 않다. 또한 반대로 유효한 처분을 행정청이 무효 또는 부존재라 하여 효력을 부인하는 경우도 있을 수 있기 때문에 처분의 유효·무효 또는 존재의 여부에 대하여 유권적으로 확정할 필요가 있게 된다.

이와 같은 무효등확인심판은 확인대상에 따라 유효확인심판, 무효확인심판, 실효확인심판, 존재확인심판 및 부존재확인심판 등으로 구분되는데, 실무상 유효 또는 존재·부존재확인심판청구사건의 예는 거의 없다.[21]

무효등확인심판은 취소심판과는 달리 청구기간이나 사정재결에 관한 규정이 적용되지 않는 특성을 가진다(법 제27조 제7항, 제44조 제3항).

2. 무효등확인심판의 성질

무효등확인심판의 성질에 관하여는 확인적 쟁송설·형성적 쟁송설 및 준형성적 쟁송설 등의

「일반행정법(상)」. 삼영사, 2005, 750면.

20) 홍정선, 「행정법특강」. 박영사, 2011, 570면.

21) 김동희, 전게서, 624면.

견해가 대립된다.

확인적 쟁송설은 무효등확인심판이 적극적으로 처분의 효력을 소멸시키는 것은 아니고 당해 처분이 무효임을 공권적으로 확인하는 데 그치는 것이라고 한다. 이에 대하여 형성적 쟁송설은 무효사유인 하자와 취소사유인 하자의 구분의 상대성을 전제로 하여, 무효등확인심판도 결국은 행정작용의 효력관계를 다투는 것으로서 본질적으로는 형성적 쟁송으로서의 성질을 가진다는 견해이다. 준형성적 쟁송설에 의하면, 무효등확인심판은 실질적으로는 확인적 쟁송이지만, 형식적으로는 처분의 효력의 유무 또는 존재의 여부를 직접 쟁송의 대상으로 한다는 점에서 형성적 쟁송으로서의 성질을 함께 가지는 것으로 보는 입장이다. 이러한 견해 중에서 준형성적 쟁송설이 통설이다.[22)]

3. 무효등확인심판에 대한 재결

행정심판위원회는 무효등확인심판의 청구가 이유가 있다고 인정하면 처분의 효력의 유무 또는 처분의 존재의 여부를 확인한다(법 제43조 제4항). 따라서 무효등확인재결에는 처분무효확인재결, 처분유효확인재결, 처분실효확인재결, 처분존재확인재결 및 처분부존재확인재결 등이 있다.

Ⅲ. 의무이행심판

1. 의 의

의무이행심판이란 당사자의 신청에 대한 행정청의 위법 또는 부당한 거부처분이나 부작위에 대하여 일정한 처분을 하도록 하는 행정심판을 말한다(법 제5조 제3호).

취소심판 또는 무효등확인심판은 행정청의 적극적인 공권력발동으로 인한 침해로부터 국민의 권익구제를 목적으로 하는 제도이다. 그러나 행정청의 소극적인 거부처분이나 부작위로 인하여 국민의 권익이 침해된 경우에 있어서도 구제를 위한 쟁송제도가 필요하다. 이와 같은 경우에 대비하여 행정심판법은 의무이행심판을 규정하고 있으며, 행정소송법은 다만 부작위위법확인소송을 인정하는 데 그치고 있다. 그런데 의무이행심판은 부작위위법확인소송과 비교하여 더욱 실효적인 권리구제를 위한 제도라고 하겠다. 그러므로 앞으로 행정소송에 있어서도 의무이행소송의 제도화가 필요하다고 본다.

거부처분에 대한 의무이행심판에는 기간의 제한이 있으나, 부작위의 경우에는 부작위가 존재

22) 김도창, 전게서, 690면; 김동희, 상게서, 624-625면; 류지태, 전게서, 482면; 박윤흔 · 정형근, 전게서, 701-702면; 석종현, 전게서, 750-751면; 홍정선, 전게서, 571면.

하는 한 언제든지 심판을 청구할 수 있는 것이므로 부작위에 대한 의무이행심판청구의 경우에는 청구기간의 제한을 받지 않는다(법 제27조 제7항). 그리고 의무이행심판은 집행정지에 관한 규정이 적용되지 않는다는 특수성을 갖는다고 할 것이다. 왜냐하면, 집행정지는 침익적 처분의 집행정지라는 소극적 형성을 내용으로 하고, 처분이 행하여진 것과 같은 상태를 적극적으로 창출하는 것은 아니기 때문이다.[23] 한편, 의무이행심판에는 사정재결의 적용이 있다(법 제44조 제3항).

2. 의무이행심판의 성질

의무이행심판은 행정청으로 하여금 일정한 처분을 할 것을 구하는 심판이므로 이행쟁송의 성질을 갖는 것으로 보는 것이 통설이다.[24] 그런데 의무이행심판이 지닌 항고쟁송의 성질에 비추어 보아 현재 행정청의 법률상 의무가 이행되고 있지 아니한 경우에 그 이행을 구하는 경우에만 가능할 뿐이고, 장래에 이행하여야 할 법률상의 의무 있는 행위의 경우에는 허용되지 않는다.

3. 의무이행심판에 대한 재결

행정심판위원회는 의무이행심판의 청구가 이유가 있다고 인정하면 지체 없이 신청에 따른 처분을 하거나 처분을 할 것을 피청구인에게 명한다(법 제43조 제5항). 즉 의무이행심판의 재결에는 처분재결뿐만 아니라 처분명령재결이 있다.

기속행위의 경우에는 처분청은 신청한 내용의 처분을 하여야 할 것이다. 그러나 재량행위의 경우에는 처분청은 처분을 할 의무는 있으나, 원칙적으로 신청한 내용 그대로의 처분을 할 의무는 없다. 왜냐하면, 재량행위에 있어서는 행정청에게 행위를 할 것인지의 여부 또는 다수의 행위 중에서 어떠한 행위를 할 것인가에 대하여 재량권, 즉 독자적 판단권이 부여되어 있기 때문이다. 따라서 재량행위에 있어서는 위원회가 위법사유에 기하여 행정청에게 단지 일정한 처분을 할 것을 명할 수 있는 데에 그치고, 신청에 따른 처분을 할 것을 명할 수는 없다. 그러나 위원회는 부당사유에 기인하여서는 신청에 따른 처분을 할 것을 명할 수도 있을 것이다.[25]

---

23) 김동희, 상게서, 625면; 박윤흔 · 정형근, 상게서, 702-703면.

24) 김도창, 전게서, 691면; 김동희, 상게서, 625면; 류지태, 전게서, 483면; 박균성, 전게서, 653면; 박윤흔 · 정형근, 상게서, 702면; 석종현, 전게서, 751면; 홍정선, 전게서, 571면.

25) 김동희, 상게서, 626면.

제5절 행정심판기관

Ⅰ. 의 의

행정심판기관이라 함은 행정심판의 청구를 수리하여 이를 심리 · 재결할 수 있는 권한을 가진 행정기관을 말한다.

행정심판기관을 어떻게 설치할 것인가는 행정심판제도의 제도적 의의를 바탕으로 심판의 공정성 · 객관성 · 신속성 등의 여러 가지 요소를 종합적으로 판단하여 입법정책적으로 결정할 문제이다. 종전의 행정심판법은 심리 · 의결기능과 재결기능을 분리시켜 이원화하였으며, 심판청구사건에 대한 심리 · 의결은 행정심판위원회에 부여하고, 재결청이 행정심판위원회의 의결에 따라 재결하도록 되어 있었다. 그러나 2008년 2월 29일에 개정된 행정심판법은 재결청제도를 폐지하고 행정심판위원회가 심리 · 의결과 재결을 모두 하도록 하는 일원적 구조를 취하고 있다. 이는 신속한 권리구제라는 행정심판제도의 취지에 부합하기 위하여 절차를 간소화한 것이다.

따라서 현행 행정심판법에 의한 행정심판기관은 행정심판위원회이다. 이러한 행정심판위원회는 합의제 행정청으로서의 법적 성격을 갖는다. 말하자면, 행정심판위원회는 복수의 위원으로 구성되어 위원의 합의로 의사를 결정한다는 점에서 합의제기관이고, 또한 행정에 관한 의사를 행정심판위원회가 스스로 결정하고 외부에 표시하는 권한을 갖는다는 점에서 행정청의 성격을 가진다. 행정심판위원회는 소속기관으로부터 직무상 독립된 행정청이다.

다음에서는 2010년 1월 25일 전면개정된 행정심판법에 의한 행정심판위원회에 관하여 검토하고자 한다.

Ⅱ. 행정심판위원회의 설치

행정심판법은 행정심판청구의 심리 · 재결기관으로서 행정심판위원회를 설치하도록 규정하고 있다. 헌법 제107조 제3항은 행정심판의 절차에는 사법절차가 준용되어야 한다고 규정하고 있는바, 사법절차에는 심판기관의 독립성과 제3자기관성이 포함된다고 보아야 한다. 행정심판법에 의하면 행정심판위원회는 합의제행정청이고 중앙행정심판위원회와 시 · 도행정심판위원회의 경우 9인의 위원 중 6인 이상이 외부인사가 되도록 규정하고(법 제7조 제5항) 있어, 위원회를 준제3기관화하고 있다.

현행 행정심판법에 의하여 설치되는 행정심판위원회는 다음과 같다.

1. 처분행정청 소속의 행정심판위원회

① 감사원, 국가정보원장, 그 밖에 대통령령으로 정하는 대통령 소속기관의 장, ② 국회사무총장 · 법원행정처장 · 헌법재판소 사무처장 및 중앙선거관리위원회 사무총장, ③ 국가인권위원회, 진실 · 화해를 위한 과거사정리위원회, 그 밖에 지위 · 성격의 독립성과 특수성 등이 인정되어 대통령령으로 정하는 행정청의 경우에는, 그 행정청 또는 소속 행정청[26]의 처분 또는 부작위에 대한 행정심판의 청구에 대해서는 그 행정청에 두는 행정심판위원회에서 심리 · 재결한다(법 제6조 제1항).

2. 중앙행정심판위원회

① 행정심판법 제6조 제1항에 따른 행정청 외의 국가행정기관의 장 또는 그 소속 행정청, ② 특별시장 · 광역시장 · 도지사 · 특별자치도지사(특별시 · 광역시 · 도 또는 특별자치도의 교육감을 포함한다. 이하 "시 · 도지사"라 한다) 또는 특별시 · 광역시 · 도 · 특별자치도(이하 "시 · 도"라 한다)의 의회(의장, 위원회의 위원장, 사무처장 등 의회 소속 모든 행정청을 포함한다), ③ 지방자치법에 따른 지방자치단체조합 등 관계 법률에 따라 국가 · 지방자치단체 · 공공법인 등이 공동으로 설립한 행정청(다만, 법 제6조 제3항 제3호에 해당하는 행정청은 제외한다)의 경우에는, 그 행정청의 처분 또는 부작위에 대한 행정심판청구에 대하여는 「부패방지 및 국민권익위원회의 설치와 운영에 관한 법률」에 의하여 국민권익위원회에 설치된 중앙행정심판위원회에서 심리 · 재결한다(법 제6조 제2항).

3. 시 · 도지사 소속의 행정심판위원회

① 특별시 · 광역시 · 도 · 특별자치도 소속 행정청, ② 특별시 · 광역시 · 도 · 특별자치도의 관할구역에 있는 시 · 군 · 자치구의 장, 소속 행정청 또는 시 · 군 · 자치구의 의회(의장, 위원회의 위원장, 사무국장, 사무과장 등 의회 소속 모든 행정청을 포함한다), ③ 특별시 · 광역시 · 도 · 특별자

26) 여기의 '소속 행정청'이란 행정기관의 계층구조와 관계없이 감독을 받거나 위탁을 받은 모든 행정청을 말하되, 위탁을 받은 행정청은 위탁받은 사무에 관하여는 위탁한 행정청의 소속 행정청으로 본다.

치도의 관할구역에 있는 둘 이상의 지방자치단체(시 · 군 · 자치구를 말한다) · 공공법인 등이 공동으로 설립한 행정청의 경우에는, 그 행정청의 처분 또는 부작위에 대한 행정심판청구에 대하여 특별시장 · 광역시장 · 도지사 · 특별자치도지사(특별시 · 광역시 · 도 또는 특별자치도의 교육감을 포함한다) 소속으로 두는 행정심판위원회에서 심리 · 재결한다(법 제6조 제3항).

4. 직근 상급행정기관 소속의 행정심판위원회

행정심판법 제6조 제2항 제1호에도 불구하고 대통령령으로 정하는 국가행정기관 소속 특별지방행정기관의 장의 처분 또는 부작위에 대한 행정심판의 청구에 대하여는, 해당 행정청의 직근 상급행정기관에 두는 행정심판위원회에서 심리 · 재결한다(법 제6조 제4항).

5. 특별행정심판위원회

행정심판에 있어서 심리 · 재결의 객관적 공정성을 특별히 보장하기 위하여, 개별법에 의하여 제3자적 행정기관을 행정심판기관으로 설치하여 심리 · 재결하도록 하는 경우가 있는데, 이를 특별행정심판위원회라 할 수 있겠다. 예컨대, 국가공무원법상의 소청심사위원회, 국세기본법상의 조세심판원, 토지취득보상법상의 중앙토지수용위원회 등이 있다.

Ⅲ. 행정심판위원회의 구성

1. 일반행정심판위원회

행정심판위원회(중앙행정심판위원회는 제외한다. 이하 이 조에서 같다)는 위원장 1명을 포함한 30명 이내의 위원으로 구성한다(법 제7조 제1항).

종전에는 15명 이내의 위원으로 구성하였으나, 행정심판의 청구가 급증하고 청구사건이 다양화 · 전문화됨에 따라 다양한 분야의 전문가를 확보하여 참여시키기 위해서는 위원정원을 증원할 필요성이 있어 위원정원을 대폭적으로 확대하였다.[27]

1) 행정심판위원회의 위원

행정심판위원회의 위원은 해당 행정심판위원회가 소속된 행정청이 다음의 어느 하나에 해당하는 사람 중에서 위촉하거나 그 소속 공무원 중에서 지명한다(법 제7조 제4항).

---

27) 김남진 · 김연태, 전게서, 671면.

① 변호사 자격을 취득한 후 5년 이상의 실무 경험이 있는 사람

② 고등교육법 제2조 제1호부터 제6호까지의 규정에 따른 학교에서 조교수 이상으로 재직하거나 재직하였던 사람

③ 행정기관의 4급 이상 공무원이었거나 고위공무원단에 속하는 공무원이었던 사람

④ 박사학위를 취득한 후 해당 분야에서 5년 이상 근무한 경험이 있는 사람

⑤ 그 밖에 행정심판과 관련된 분야의 지식과 경험이 풍부한 사람

2) 행정심판위원회의 위원장

행정심판위원회의 위원장은 그 행정심판위원회가 소속된 행정청이 되며, 위원장이 없거나 부득이한 사유로 직무를 수행할 수 없거나 위원장이 필요하다고 인정하는 경우에는 다음의 순서에 따라 위원이 위원장의 직무를 대행한다(법 제7조 제2항).

① 위원장이 사전에 지명한 위원

② 행정심판법 제7조 제4항에 따라 지명된 공무원인 위원(2명 이상인 경우에는 직급 또는 고위공무원단에 속하는 공무원의 직무등급이 높은 위원 순서로, 직급 또는 직무등급도 같은 경우에는 위원 재직기간이 긴 위원 순서로, 재직기간도 같은 경우에는 연장자 순서로 한다)

위와 같은 규정에도 불구하고 동법 제6조 제3항에 따라 특별시장 · 광역시장 · 도지사 · 특별자치도지사(특별시 · 광역시 · 도 또는 특별자치도의 교육감을 포함한다) 소속으로 두는 행정심판위원회의 경우에는 해당 지방자치단체의 조례로 정하는 바에 따라 공무원이 아닌 위원을 위원장으로 정할 수 있으며, 이 경우 위원장은 비상임으로 한다(법 제7조 제3항). 이와 같이 개정 행정심판법에서는 시 · 도 조례로 위원회의 비상임 민간위원장을 둘 수 있는 근거를 제공하고 있다.

2. 중앙행정심판위원회

1) 중앙행정심판위원회의 위원

중앙행정심판위원회는 위원장 1명을 포함함 50명 이내의 위원으로 구성하되, 위원 중 상임위원은 4명 이내로 한다(법 제8조 제1항).

중앙행정심판위원회의 상임위원은 별정직 국가공무원으로 임명하되, 3급 이상 공무원 또는 고위공무원단에 속하는 일반공무원으로 3년 이상 근무한 사람이나 그 밖에 행정심판에 관한 지식과 경험이 풍부한 사람 중에서 중앙행정심판위원회 위원장의 제청으로 국무총리를 거쳐 대통령이 임명한다(동조 제3항). 그리고 중앙행정심판위원회의 비상임위원은 행정심판법 제7조 제4항 각호의 어느 하나에 해당하는 사람 중에서 중앙행정심판위원회위원장의 제청으로 국무총리가 위촉한다(동조 제4항).

2) 중앙행정심판위원회의 위원장

중항행정심판위원회의 위원장은 국민권익위원회의 부위원장 중 1명이 되며, 위원장이 없거나 부득이한 사유로 직무를 수행할 수 없거나 위원장이 필요하다고 인정하는 경우에는 상임위원(상임으로 재직한 기간이 긴 위원 순서로, 재직기간이 같은 경우에는 연장자 순서로 한다)이 위원장의 직무를 대행한다(법 제8조 제2항).

3. 행정심판위원회 위원의 임기 · 신분보장 등

1) 위원의 임기

행정심판법 제7조 제4항에 따라 해당 행정심판위원회가 소속된 행정청이 소속 공무원 중에서 지명한 위원은 그 직에 재직하는 동안 재임한다(법 제9조 제1항). 동법 제8조 제3항에 따라 임명된 중앙행정심판위원회 상임위원의 임기는 3년으로 하며, 1차에 한하여 연임할 수 있다(동조 제2항). 동법 제7조 제4항 및 제8조 제4항에 따라 위촉된 위원의 임기는 2년으로 하되, 2차에 한하여 연임할 수 있다. 다만, 제6조 제1항 제2호에 규정된 기관에 두는 행정심판위원회의 위촉위원의 경우에는 각각 국회규칙, 대법원규칙, 헌법재판소규칙 또는 중앙선거관리위원회규칙으로 정하는 바에 따른다(동조 제3항).

2) 위원의 결격사유 · 공무원 의제

① 대한민국 국민이 아닌 사람, ② 국가공무원법 제33조 각 호의 어느 하나에 해당하는 사람은 행정심판법 제6조에 따른 행정심판위원회의 위원이 될 수 없으며, 위원이 이에 해당하게 된 때에는 당연히 퇴직한다(법 제9조 제4항). 위원 중 공무원이 아닌 위원은 형법과 그 밖의 법률에 따른 벌칙을 적용할 때에는 공무원으로 본다(법 제11조).

3) 위원의 신분보장

행정심판법 제7조 제4항 및 제8조 제4항에 따라 위촉된 위원은 금고 이상의 형을 선고받거나 부득이한 사유로 장기간 직무를 수행할 수 없게 되는 경우 외에는 임기중 그의 의사와 다르게 해촉(解囑)되지 아니한다(법 제9조 제5항).

4. 행정심판위원회 위원 등의 제척 · 기피 · 회피

행정심판법은 심판청구사건에 대한 심리 · 의결의 공정성을 보장하고 이에 대한 국민의 신뢰를 확보하기 위하여, 위원은 물론 당해 사건의 심리 · 의결에 관한 사무에 관여하는 직원에게도 제척,

기피 및 회피에 관한 규정을 적용한다(법 제10조).

여기에서 '제척'이란 법정사유가 있으면 법률상 당연히 그 사건에 대한 심리 · 재결에서 배제되는 것을 말하고, '기피'란 제척사유 이외에 심리 · 재결의 공정을 의심할 만한 사유가 있는 때에 당사자의 신청에 의거 위원회의 위원장의 결정에 의하여 심리 · 재결로부터 배제되는 것을 말하며, '회피'란 위원이 스스로 제척 또는 기피의 사유가 있다고 인정하여 자발적으로 심리 · 재결을 피하는 것을 말한다.[28)]

Ⅳ. 행정심판위원회의 회의

1. 일반행정심판위원회의 회의

행정심판위원회의 회의는 위원장과 위원장이 매 회의마다 지정하는 8명의 위원으로 구성하되, 위의 자격이 있는 자 중에서 임명되는 자(민간위원)가 6명 이상 포함되어야 한다(법 제7조 제5항). 행정심판위원회는 구성원 과반수의 출석과 출석위원 과반수의 찬성으로 의결한다(동조 제6항).

2. 중앙행정심판위원회의 회의

중앙행정심판위원회의 회의는 위원장과 상임위원 및 위원장이 회의마다 지정하는 비상임위원을 포함하여 총 9명으로 구성하며(법 제8조 제5항), 위원회는 구성원 과반수의 출석과 출석위원 과반수의 찬성으로 의결한다(동조 제7항).

중앙행정심판위원회는 심판청구사건 중 도로교통법에 따른 자동차운전면허 행정처분에 관한 사건을 심리 · 의결하게 하기 위하여 4명의 위원으로 구성하는 소위원회를 둘 수 있다(동조 제6항). 그 밖에 위원장이 지정하는 사건을 미리 검토하도록 필요한 경우에는 전문위원회를 둘 수 있다(동조 제8항).

Ⅴ. 행정심판위원회의 권한과 의무

1. 행정심판위원회의 권한

행정심판위원회는 행정심판청구사건에 대하여 심리 · 재결하는 기관이며(법 제6조, 제43조), 심

28) 김남진 · 김연태, 상게서, 674면; 김동희, 전게서, 632면.

판청구사건의 심리권과 재결권이 행정심판위원회의 주된 권한이다.

1) 심리권

행정심판법에 의하면 행정심판위원회는 행정심판의 심리를 위하여 선정대표자의 선정권고권(법 제15조 제2항), 청구인의 지위승계허가권(법 제16조 제5항), 피청구인의 경정권(법 제17조 제2항), 대리인의 선임허가권(법 제18조 제1항 제5호), 심판참가허가 및 요구권(법 제20조 제5항, 제21조), 청구의 변경허가권(법 제29조 제6항), 보정요구권 및 직권보정권(법 제32조 제1항), 증거조사권(법 제36조) 등과 같은 심리권에 부수된 권한을 가진다.

2) 재결권

행정심판위원회는 취소심판의 청구가 이유가 있다고 인정하면 처분을 취소 또는 다른 처분으로 변경하거나 처분을 다른 처분으로 변경할 것을 피청구인에게 명하고(법 제43조 제3항), 무효등확인심판의 청구가 이유가 있다고 인정하면 처분의 효력의 유무 또는 처분의 존재의 여부를 확인하며(동조 제4항), 의무이행심판의 청구가 이유가 있다고 인정하면 지체 없이 신청에 따른 처분을 하거나 처분을 할 것을 피청구인에게 명하는 재결을 한다(동조 제5항). 그리고 행정심판위원회는 재결 외에 집행정지결정(법 제30조 제2항), 집행정지결정의 취소(동조 제4항), 사정재결(법 제44조) 등의 부수적인 권한도 행사할 수 있다.

3) 불합리한 법령 등의 시정조치요청권

중앙행정심판위원회는 심판청구를 심리·재결할 때에 처분 또는 부작위의 근거가 되는 명령 등(대통령령·총리령·부령·훈령·예규·고시·조례·규칙 등을 말한다)이 법령에 근거가 없거나 상위법령에 위배되거나 국민에게 과도한 부담을 주는 등 크게 불합리하면 관계 행정기관에 그 명령의 개정·폐지 등 적절한 시정조치를 요청할 수 있으며(법 제59조 제1항), 이러한 요청을 받은 관계 행정기관은 정당한 사유가 없으면 이에 따라야 한다(동조 제2항).

4) 조사·지도 등

중앙행정심판위원회는 행정청에 대하여 위원회 운영 실태, 재결의 이행상황, 행정심판의 운영 현황 등을 조사하고, 필요한 지도를 할 수 있다(법 제60조 제1항).

행정청은 이 법에 따른 행정심판을 거쳐 행정소송법상의 항고소송이 제기된 사건에 대하여 그 내용이나 결과 등 대통령령으로 정하는 사항을 반기마다 그 다음 달 15일까지 해당 심판청구에 대한 재결을 한 중앙행정심판위원회 또는 시·도지사 소속으로 두는 행정심판위원회에 알려야 하며(법 제60조 제2항), 행정심판법 제6조 제3항에 따라 시·도지사 소속으로 두는 행정심판위원회는 중앙행정심판위원회가 요청하면 제2항에 따라 수집한 자료를 제출하여야 한다(동조 제3항).

5) 권한의 승계

당사자의 심판청구 후 위원회가 법령의 개정 · 폐지 또는 법 제17조 제5항에 따른 피청구인의 경정결정에 따라 심판청구에 대하여 재결할 권한을 잃게 된 경우에는, 해당 위원회는 심판청구서와 관계 서류 그 밖의 자료를 새로 재결할 권한을 갖게 된 위원회에 보내야 한다(법 제12조 제1항). 이 경우 송부를 받은 위원회는 지체 없이 그 사실을 청구인, 피청구인, 그리고 참가인에게 알려야 한다(동조 제2항).

6) 권한의 위임

행정심판법에 따른 위원회의 권한 중 일부를 국회규칙, 대법원규칙, 헌법재판소규칙, 중앙선거관리위원회규칙 또는 대통령령으로 정하는 바에 따라 위원장에게 위임할 수 있다(법 제61조).

2. 행정심판위원회의 의무

행정심판위원회는 제3자가 심판청구를 한 경우의 처분의 상대방에게 통지할 의무(법 제24조 제2항), 피청구인에 대한 심판청구서 부본의 송부의무(법 제26조 제1항), 청구인에 대한 답변서 부본의 송달의무(법 제26조 제2항), 당사자가 제출한 증거서류 부본의 다른 당사자에 대한 송달의무(법 제34조 제3항), 당사자에 대한 재결서 정본의 송달의무(법 제48조 제1항), 증거자료 원본의 반환의무(법 제55조) 등의 의무도 있다.

제6절 행정심판의 당사자 및 관계인

Ⅰ. 행정심판의 당사자

행정심판은 행정쟁송이므로 청구인과 피청구인은 서로 대립되는 당사자로서 구체적 사건을 다툰다. 행정심판법은 행정심판의 준사법적 절차화를 규정한 헌법 제107조 제3항의 취지를 구체화하여 그 심리절차는 당사자주의적 대심구조를 취하고 있다. 그리하여 행정심판은 청구인과 피청구인인 행정청을 당사자로 하여, 이 당사자가 어느 정도 대등한 지위에서 공격 · 방어방법으로 제출한 의견진술과 증거를 바탕으로 심리절차가 진행되도록 되어 있다.

다음에서는 행정심판의 당사자를 청구인과 피청구인으로 나누어 살펴보고자 한다.

1. 청구인

1) 의 의

청구인이란 행정심판의 대상인 행정청의 처분 또는 부작위에 불복하여 그의 취소 또는 변경 등을 구하는 심판청구서를 작성하여 피청구인이나 위원회에 제출하는 자를 말한다. 여기의 청구인은 처분의 상대방인가 제3자인가를 불문하고, 또한 자연인인가 법인인가도 상관없다. 법인이 아닌 사단 또는 재단으로서 대표자나 관리인이 정하여져 있는 경우에는 그 사단이나 재단의 이름으로 청구인이 될 수 있다(법 제14조).

2) 청구인적격

청구인적격이란 행정심판을 청구할 법률상 자격이 있는 자를 말한다. 청구인적격이 없는 자가 청구한 행정심판은 부적법으로 각하된다.

(1) 취소심판의 청구인적격

(가) 법률상 이익

행정심판법은「취소심판은 처분의 취소 또는 변경을 구할 법률상 이익이 있는 자가 청구할 수 있다」(법 제13조 제1항 전단)고 취소심판의 청구인 적격에 관하여 규정하고 있다. 여기에서의 '법률상 이익'은 협의의 권리뿐만 아니라 관계법률에 의하여 보호되고 있는 이익도 포함된다고 보는 것이 통설 · 판례이다.[29)]

(나) 처분의 효과가 소멸된 경우

「처분의 효과가 기간의 경과, 처분의 집행, 그 밖의 사유로 소멸된 뒤에도 그 처분의 취소로 인하여 회복되는 법률상 이익이 있는 자의 경우에도 또한 같다」(법 제13조 제1항 후단)고 규정하고 있다.

종래 전통적인 견해에서는 취소심판의 목적이 전적으로 계쟁처분의 효력을 배제하는 데 있다고 보고, 처분의 존재 및 효력이 실질적으로 상실된 경우에는 당해 심판청구는 목적이 없는 것으로서 각하되어야 한다고 보았다.

그러나 오늘날에는 취소심판의 목적을 보다 넓게 현실적으로 발생하고 있는 권익침해를 구제하는 데 있는 것으로 이해함으로써 처분이 소멸 또는 실효된 후에도 그 취소를 구하지 않으면 회복될 수 없는 권리 · 이익이 잔존하는 경우에는, 청구인적격을 인정하여야 하는 것으로 보아야 한다. 행정심판법 제13조 제1항 후단은 이러한 내용을 명시적으로 규정하고 있다.

(2) 무효등확인심판의 청구인적격

무효등확인심판의 청구인적격에 관하여는, 행정심판법이 「무효등확인심판은 처분의 효력의 유무 또는 존재의 여부의 확인을 구할 법률상 이익이 있는 자가 청구할 수 있다」(법 제13조 제2항)고 규정하고 있다. 여기에서 확인을 구하는 '법률상 이익'의 개념에 관한 논의가 있으나, 무효등확인소송의 원고적격을 설명한 부분을 참조하면 될 것이다.

(3) 의무이행심판의 청구인적격

의무이행심판의 청구인적격은 행정심판법에서 「의무이행심판은 처분을 신청한 자로서 행정청의 거부처분 또는 부작위에 대하여 일정한 처분을 구할 법률상 이익이 있는 자가 청구할 수 있다」(법 제13조 제3항)고 규정하고 있다. 여기의 '처분을 구할 법률상 이익'은 관계 법률이 처분의무를 행정청에게 부과한 취지가 적어도 특정한 개인의 이익도 보호하고자 하는 것인 때에 인정되는 이익을 의미한다. 다만, 이 경우에도 개인은 행정청에 대하여 어떠한 경우에나 특정한 처분을 구할 수 있는 것은 아니며, 재량행위의 경우에 행정청은 처분의무가 있기는 하지만 원칙적으로 특정한 처분을 할 의무까지를 부담하고 있는 것은 아니기 때문에 개인은 단지 일정한 처분을 할 것을 청구할 수 있을 뿐이다.

29) 김동희, 상게서, 633면.

3) 행정심판의 청구인적격에 관한 문제점

(1) 법률상 이익의 의의

행정심판법에 의하면, 위에서 지적한 바와 같이 '법률상 이익'이 있는 자만이 모든 종류의 행정심판을 청구할 수 있는 것으로 되어 있다. 그렇다면 행정심판법에서 말하는 법률상 이익은 무엇을 의미하는가? 행정소송인 취소소송 · 무효등확인소송 · 부작위위법확인소송 또한 법률상 이익이 있는 자만이 제기할 수 있도록 행정소송법에 규정되어 있는데(동법 제12조, 제35조, 제36조 참조), 행정심판법의 '법률상 이익'과 행정소송법의 '법률상 이익'이 서로 같은 것인가 다른 것인가는 의문이다. 개념상으로는 두 법률에서의 법률상 이익은 같은 것이어야 한다고 판단된다. 따라서 그 '법률상 이익'의 자세한 의미내용은 다음의 행정소송에서 다루기로 한다.

(2) 입법상 과오의 여부

행정심판법은 행정소송(항고소송)의 원고적격과 같이 '법률상 이익이 있는 자'에게만 행정심판의 청구인적격을 인정하고 있다. 이 점에 관하여는 종전부터 의문이 제기되었으며 개정의 필요성이 주장되기도 하였는데, 그러한 주장의 이유를 살펴보면 다음과 같다.

행정심판은 '위법한 처분'만이 아니라 '부당한 처분'을 대상으로 하여서도 청구할 수 있도록 되어 있는데(법 제1조, 제5조 등 참조), 반사적 이익 또는 사실상 이익을 침해받았거나 반사적 이익을 향유하기 위해서도 행정심판을 청구할 수 있도록 되어야 하는 것이며, 만일 반사적 이익을 배제하는 의미의 '법률상 이익이 있는 자'에게만 행정심판의 청구인적격을 인정하는 경우, 결과적으로 '부당한 처분'은 행정심판의 대상에서 제외되는 결과를 가져오게 된다는 것이다.[30]

여기에서 행정심판의 청구인적격에 관한 행정심판법 제13조의 입법과오설과 비과오설을 약술하면 다음과 같다.

(가) 입법상 과오설

이 견해는 행정심판법의 '법률상 이익'이라는 표현은 입법상 과오라 한다. 왜냐하면, 행정심판은 위법한 침해뿐만 아니라 부당한 침해에 대하여서도 다툴 수 있는데(법 제1조), 부당한 행위로는 법률상 이익이 침해될 수 없기 때문에, 사실상 이익이 침해된 경우에도 심판청구를 할 수 있도록 규정되지 아니한 것은 과오라는 것이다. 이 학설은 행정심판의 청구인적격과 처분의 위법 · 부당의 여부에 대한 본안심리는 필연적 관계에 있음을 전제로 한다.

(나) 입법상 비과오설

이 견해는 청구인적격의 문제는 행정의 적법성 · 타당성의 실효적 보장과 남소방지의 요청 사이의 비교형량에 따라 결정되는 쟁송제기단계의 문제이고, 처분의 위법 · 부당의 문제는 본안심리

---

30) 김남진 · 김연태, 전게서, 663-664면.

의 문제이므로 양자는 필연적인 관계에 있지 않으며, 부당한 처분에 의해서도 권리(법률상 이익)가 침해될 수 있음을 논거로 한다.

(다) 결 어(입법미비설)

법규의 의미는 물리적 해석에서 시작되어야 하는데, 과오설이나 비과오설은 이러한 점을 간과하고 있다. 침해란 무릇 불이익을 가져오는 일체의 행위를 말한다. 침해에는 적법한 침해(예: 토지수용)도 있고, 위법한 침해(예: 위법한 철거명령)도 있으며, 부당한 침해도 있다. 또한 침해는 법률상 이익과 관련할 수도 있고, 반사적 이익과 관련할 수도 있다. 따라서 행정심판법이 부당한 행위로도 법률상 이익이 침해될 수 있음을 전제로 하는 것은 결코 입법상 과오로 볼 수는 없다. 다만, 입법정책적으로 볼 때 행정심판법이 반사적 이익의 침해를 이유로 다툴 수 있는 가능성을 완전히 배제한 듯한 표현을 하고 있는 것은 다소 문제가 된다. 요컨대, 행정심판법의 청구인적격에 관한 조항은 입법상 과오가 아니라 내용상 미흡한 조항이라 하겠다.[31]

4) 선정대표자의 선정

여러 명의 청구인이 공동으로 심판청구를 할 때에는 청구인들 중에서 3명 이하의 선정대표자를 선정할 수 있다(법 제15조 제1항). 청구인등이 선정대표자를 선정하지 아니한 경우에 위원회는 필요하다고 인정하면 청구인들에게 선정대표자를 선정할 것을 권고할 수 있다(동조 제2항). 선정대표자는 다른 청구인들을 위하여 그 사건에 관한 모든 행위를 할 수 있다. 다만, 심판청구를 취하하려면 다른 청구인들의 동의를 받아야 하며, 이 경우 동의받은 사실을 서면으로 소명하여야 한다(동조 제3항).

선정대표자가 선정되면 다른 청구인들은 그 선정대표자를 통해서만 그 사건에 관한 행위를 할 수 있다(동조 제4항). 선정대표자를 선정한 청구인들은 필요하다고 인정되면 선정대표자를 해임하거나 변경할 수 있으며, 이 경우 청구인들은 그 사실을 지체 없이 위원회에 서면으로 알려야 한다(동조 제5항).

5) 청구인의 지위승계

청구인의 지위가 승계되는 경우로서는 다음과 같이 당연승계와 허가승계가 있다.

(1) 당연승계

청구인이 사망한 경우에는 상속인이나 그 밖에 법령에 따라 심판청구의 대상에 관계되는 권리나 이익을 승계한 자가 청구인의 지위를 승계하며(법 제16조 제1항), 법인인 청구인이 합병에 따

31) 홍정선, 전게서, 577면.

라 소멸하였을 때에는 합병 후 존속하는 법인이나 합병에 따라 설립된 법인이 청구인의 지위를 당연히 승계한다(동조 제2항).

(2) 허가승계

심판청구의 대상과 관계되는 권리나 이익을 양수한 자는 위원회의 허가를 받아 청구인의 지위를 승계할 수 있다(법 제16조 제5항). 위원회는 위의 지위 승계 신청에 대하여 허가 여부를 결정하고, 지체 없이 신청인에게는 결정서 정본을, 당사자와 참가인에게는 결정서 동본을 송달하여야 한다(동조 제7항). 위원회가 지위 승계를 허가하지 아니하면 신청인은 결정서 정본을 받은 날부터 7일 이내에 위원회에 이의신청을 할 수 있다(동조 제8항). 최근 개정된 행정심판법에서 행정심판위원회의 절차적 사항에 대하여 '이의신청제도'를 신설하였다.

2. 피청구인

피청구인이란 심판청구의 상대방을 말한다.

1) 피청구인적격

행정심판은 처분을 한 행정청(의무이행심판의 경우에는 청구인의 신청을 받은 행정청)을 피청구인으로 하여 청구하여야 한다. 다만, 심판청구의 대상과 관계되는 권한이 다른 행정청에 승계된 경우에는 권한을 승계한 행정청을 피청구인으로 하여야 한다(법 제17조 제1항).

행정심판법상 행정심판의 피청구인이 되는 '행정청'이란 행정에 관한 의사를 결정하여 표시하는 국가 또는 지방자치단체의 기관, 그 밖에 법령 또는 자치법규에 따라 행정권한을 가지고 있거나 위탁을 받은 공공단체나 그 기관 또는 사인(私人)을 말한다(법 제2조 제4호).

이러한 행정청에는 단독기관(대통령 · 국무총리 · 행정안전부장관 등)뿐만 아니라 합의제기관(토지수용위원회 · 공정거래위원회 등)도 있다. 행정청은 국가나 지방자치단체 등의 기관에 불과하고 권리주체는 아니므로 원래는 권리주체인 국가나 지방자치단체 등이 피청구인이 되어야 할 것이다. 그러나 행정소송의 경우와 마찬가지로 공격 · 방어의 용이성, 기타 절차진행상의 기술적인 편의를 위하여 처분청이나 부작위청을 직접 피청구인으로 한 것이다.

법령에 의하여 행정권한이 다른 행정기관(장관의 위임에 의한 도지사, 도지사의 위임에 의한 시장 등), 공공단체(단체위임의 경우의 지방자치단체) 및 그 기관(기관위임의 경우의 지방자치단체의 장) 또는 사인(토지수용권이 부여되어 있는 사업시행자로서의 사기업)에게 위임 또는 위탁된 경우에는, 그 위임 또는 위탁을 받은 자가 행정청이 된다.[32]

---

32) 김동희, 전게서, 635면.

2) 피청구인의 경정

청구인이 피청구인을 잘못 지정한 경우에는 위원회의 직권 또는 당사자의 신청에 의하여 결정으로써 피청구인을 경정(更正)할 수 있다(법 제17조 제2항). 또한 위원회는 행정심판이 청구된 후에 심판청구의 대상과 관계되는 권한이 다른 행정청에 승계된 경우에는 직권으로 또는 당사자의 신청에 의하여 결정으로써 피청구인을 경정한다(동조 제5항). 위원회는 피청구인을 경정하는 결정을 하면 결정서 정본을 당사자(종전의 피청구인과 새로운 피청구인을 포함한다)에게 송달하여야 한다(동조 제3항).

위원회가 피청구인의 경정결정을 하면 종전의 피청구인에 대한 심판청구는 취하되고 종전의 피청구인에 대한 행정심판이 청구된 때에 새로운 피청구인에 대한 행정심판이 청구된 것으로 본다(동조 제4항). 피청구인이 경정된 경우에 새로운 피청구인에 대한 심판청구가 제기된 것으로 본다면, 행정심판청구기간의 도과로 인하여 당해 심판청구가 각하될 우려를 예방하기 위하여 이와 같은 규정을 둔 것으로 보인다.[33)]

당사자는 위원회의 피청구인의 경정결정에 대하여 결정서 정본을 받은 날부터 7일 이내에 위원회에 이의신청을 할 수 있다(동조 제6항).

Ⅱ. 행정심판의 관계인

1. 참가인

행정심판의 결과에 이해관계가 있는 제3자나 행정청은 해당 심판청구에 대한 위원회나 소위원회의 의결이 있기 전까지 그 사건에 대하여 심판청구를 할 수 있고(법 제20조 제1항), 위원회도 필요하다고 인정하면 그 행정심판의 결과에 이해관계가 있는 제3자나 행정청에 그 사건의 심판에 참가할 것을 요구할 수 있다(법 제21조 제1항). 이 규정은 계쟁처분에 이해관계를 가지는 제3자와 행정청을 심판절차에 참가하도록 하여 행정심판의 공정성 · 신중성을 보장하고, 또한 이해관계인의 권익을 보호하기 위한 것이다.

여기에서 '이해관계가 있는 제3자'라 함은 당해 심판청구의 재결 결과에 의하여 직접 자기의 권리 · 이익이 침해당할 자를 말한다. 따라서 이해관계인에는 당해 처분 자체에 대하여 이해관계가 있는 자는 물론이고, 재결의 내용 여하에 따라 불이익을 받게 될 자도 포함된다고 할 것이다. 그리고 '이해관계가 있는 행정청'이란 법령상 당해 처분에 대한 협의권 또는 동의권이 부여되어 있는 행정청 등을 말한다.[34)]

---

33) 박균성, 전게서, 656면.

참가인은 행정심판의 절차에서 당사자가 할 수 있는 심판절차상의 행위를 할 수 있다(법 제22조 제1항).

2. 대리인

심판청구의 당사자인 청구인과 피청구인은 대리인을 선임하여 당해 심판청구에 관한 행위를 하게 할 수 있다. 여기에서 '대리인'이란 청구인 또는 피청구인을 위하여 대리권의 범위 안에서 자기의 명의로 의사결정과 심판청구에 관한 행위를 하는 자를 말하며, 이 경우에 그 행위의 효과는 직접 청구인 또는 피청구인에게 귀속되게 된다.

청구인의 경우에는, 법정대리인 외에 ① 청구인의 배우자, 청구인 또는 배우자의 4촌 이내의 혈족, ② 청구인이 법인이거나 청구인 능력이 있는 법인이 아닌 사단 또는 재단인 경우 그 소속 임직원, ③ 변호사, ④ 다른 법률에 따라 심판청구를 대리할 수 있는 자, ⑤ 그 밖에 위원회의 허가를 받은 자 등을 대리인으로 선임할 수 있다(법 제18조 제1항). 그리고 피청구인의 경우에는, 그 소속 직원 또는 위의 ③부터 ⑤까지의 어느 하나에 해당하는 자를 대리인으로 선임할 수 있다(동조 제2항). 이와 같이 선임된 대리인에 관하여는 선정대표자에 관한 제15조 제3항 및 제5항을 준용한다(동조 제3항).

34) 김동희, 전게서, 636면.

제7절 행정심판의 청구

행정심판은 청구인적격이 있는 자가, 심판청구사항인 처분 또는 부작위를 대상으로 하여, 심판청구기간 내에, 피청구인인 행정청 또는 행정심판위원회에, 심판청구서를 제출함으로써 청구하여야 한다. 이와 같은 행정심판의 청구요건에 관하여는 위에서 이미 청구인적격, 행정심판의 대상, 피청구인적격자로서의 행정청 또는 행정심판위원회 등은 살펴보았으며, 다음에서는 심판청구기간, 심판청구의 방식 · 절차 등을 살펴보고 이와 관련된 몇 가지 문제점을 검토하고자 한다.

Ⅰ. 행정심판의 청구기간

행정심판법은 심판청구기간에 제한을 두고 있는데(법 제27조), 이는 행정법관계를 무한정 불안한 상태로 방치하는 것보다는 조속한 안정을 도모하려는 데에 그 취지가 있다. 그러나 심판청구기간은 취소심판청구와 거부처분에 대한 의무이행심판청구에만 적용되고, 성질상 무효등확인심판청구와 부작위에 대한 의무이행심판청구에는 적용되지 아니한다(법 제27조 제7항).

1. 원칙적인 심판청구기간

행정심판은 원칙적으로 처분이 있음을 알게 된 날부터 90일 이내에, 정당한 사유가 있는 경우가 아닌 한 처분이 있었던 날부터 180일이 지나면 청구하지 못한다(법 제27조 제1항, 제3항). 이러한 두 청구기간 중 어느 하나라도 도과하면 원칙상 심판청구를 할 수 없다. 처분이 있은 날부터 180일 이내에 처분이 있음을 알았을 때에는 그 때로부터 90일 이내에 행정심판을 청구하여야 한다. 그리고 행정심판법 제27조 제1항과 제2항의 기간은 불변기간(不變期間)으로서(동조 제4항), 직권조사사항이다.[35]

여기의 '처분이 있음을 알게 된 날'이란 당사자가 통지 · 공고 기타의 방법에 의하여 당해 처분이 있었다는 사실을 현실적으로 알게 된 날을 의미하고, 추상적으로 알 수 있었던 날을 의미하는 것은 아니라 할 것이며, 다만 처분을 기재한 서류가 당사자의 주소에 송달되는 등으로 사회통념

35) 대판 1988.5.24, 87누990.

상 처분이 있음을 당사자가 알 수 있는 상태에 놓인 때에는 반증이 없는 한 처분이 있음을 알았다고 추정할 수는 있다.[36] 사실행위의 경우에는 상대방에 대한 고지절차가 없는 것이 보통이므로 그 행위가 있었고 그것이 자기의 권익을 침해하고 있음을 인식하게 된 날이 곧 처분이 있음을 알게 된 날이라 할 것이다.[37] '처분이 있었던 날'이란 당해 처분이 통지 등에 의하여 대외적으로 표시되고 그 효력을 발생한 날을 말한다.[38] 처분은 원칙적으로 상대방에 도달됨으로써 효력이 발생한다(행정절차법 제15조 제1항). 상대방이 처분이 있음을 알지 못한 경우에도 당해 처분이 있었던 날부터 180일이 경과하면 심판청구를 할 수 없도록 규정한 것은 행정법관계의 안정성을 실현하기 위한 것이다.

2. 예외적인 심판청구기간

1) 90일에 대한 예외

청구인이 천재지변, 전쟁, 사변(事變), 그 밖의 불가항력으로 인하여 처분이 있음을 알게 된 날부터 90일 이내에 심판청구를 할 수 없었을 때에는 그 사유가 소멸한 날부터 14일 이내에 행정심판을 청구할 수 있다. 다만, 국외에서 행정심판을 청구하는 경우에는 그 기간을 30일로 한다(법 제27조 제2항). 이 14일의 기간은 불변기간으로서(동조 제4항), 직권조사사항이다.

행정청이 심판청구기간을 상대방에게 알리지 아니한 경우에는 당사자가 처분이 있음을 알았다고 하더라도 심판청구기간은 처분이 있었던 날부터 180일 이내가 된다(동조 제6항).

2) 180일에 대한 예외

행정심판은 처분이 있었던 날부터 180일 이내에 청구하여야 하지만, 그 기간 내에 심판청구를 하지 못한 정당한 사유가 있는 경우에는 180일이 경과하더라도 심판청구를 할 수 있다(법 제27조 제3항 단서). 여기의 '정당한 사유'에 해당하는 것이 무엇인지가 문제되는데, 이는 처분이 있는 날로부터 180일 이내에 심판청구를 하지 못함을 정당화할 만한 객관적인 사유를 의미하며, 위의 불가항력보다는 넓은 개념이라고 할 수 있다.[39]

3) 심판청구기간의 오고지 · 불고지 등의 경우

행정심판법 제58조는 '고지제도'를 명문화하고 있다. 즉 행정청이 처분을 할 때에는 처분의 상

---

36) 대판 1995.11.24, 95누11535; 대판 2002.8.27, 2002두3850.

37) 김도창, 전게서, 708면; 김동희, 전게서, 630면; 박윤흔 · 정형근, 전게서, 719면.

38) 대판 1997.11.22, 77누195.

39) 김남진 · 김연태, 전게서, 681면; 김도창, 전게서, 709면; 김동희, 전게서, 641면; 박윤흔 · 정형근, 전게서, 720면; 석종현, 전게서, 769면.

대방에게 해당 처분에 대하여 행정심판을 청구할 수 있는지의 여부, 행정심판을 청구하는 경우의 심판청구절차 및 심판청구기간을 알려야 한다. 그러나 행정청이 이러한 고지의무에도 불구하고 고지 자체를 하지 않거나, 고지는 하되 심판청구기간을 고지하지 않거나, 착오로 법정기간보다 긴 기간으로 잘못 고지한 경우가 있을 수 있는데, 행정심판법은 불고지(不告知)·오고지(誤告知)에 따르는 책임을 행정청이 부담하도록 규정하고 있다.

행정심판법에 의하면, 행정청이 심판청구기간을 착오로 법정기간(처분이 있음을 안 날부터 30일)보다 긴 기간으로 잘못 알린 경우 그 잘못 알린 기간에 심판청구가 있으면 그 행정심판은 90일 이내에 청구된 것으로 보고(법 제27조 제5항), 행정청이 심판청구기간을 알리지 아니한 경우에는 상대방이 처분이 있음을 알았을지라도 당해 처분이 있었던 날부터 180일 이내에 심판청구를 할 수 있다(동조 제6항).

4) 복효적 행정행위와 심판청구기간

복효적 행정행위에 있어서 처분의 상대방이 아닌 제3자가 행정심판을 청구하는 경우에도 그 청구기간은 원칙적으로 처분이 있음을 알게 된 날부터 90일 이내, 처분이 있었던 날부터 180일 이내라 할 것이다.

그런데 행정행위는 원칙적으로 상대방에게 도달함으로써 효력이 발생하는 것인데, 현행법에 제3자에 대한 통지절차는 제도화되어 있지 않으므로 처분의 제3자로서는 처분이 있음을 알지 못하는 경우가 얼마든지 생길 수 있다. 그 결과 현실적으로 제3자에 의한 심판청구기간은 보통 처분이 있었던 날부터 180일 이내가 되는 경우가 많을 것이라 생각된다. 그러나 180일이 경과된 후에도 그 기간 내에 심판청구가 가능하였다는 특별한 사정이 없는 한 행정심판법 제27조 제3항 단서의 '정당한 사유'에 해당됨을 근거로 하여 심판청구를 할 수 있다.[40]

Ⅱ. 행정심판의 청구방식·절차

1. 서면주의

행정심판의 청구방식은 일정한 사항을 기재한 서면, 즉 심판청구서로 하여야 한다(법 제28조 제1항, 제2항). 이와 같이 심판청구에 서면주의를 채택한 이유는, 정형적인 방식으로 통일함으로써 청구의 취지·이유 등을 명확히 하고 구술로 하는 경우의 지체와 번잡을 피하고 그 내용을 명확히 하기 위한 것이다.

---

40) 대판 1989.5.9, 88누5150; 대판 1992.7.28, 91누12844; 대판 2002.5.24, 2000두3641.

심판청구서의 필요적 기재사항에 대하여는, 행정심판법 제28조 제2항 내지 제5항에서 규정하고 있다. 필요적 기재사항에 관하여 결함이 있는 경우, 위원회가 이를 보정(補正)할 수 있다고 인정하면 상당한 기간을 정하여 청구인에게 보정을 요구할 수 있고, 경미한 사항은 직권으로 보정할 수 있다(법 제32조 제1항).

2. 심판청구서의 제출

행정심판을 청구하려는 자는 행정심판법 제28조에 따라 심판청구서를 작성하여 피청구인이나 위원회에 제출하여야 하며, 이 경우 피청구인의 수만큼 심판청구서 부본을 함께 제출하여야 한다(법 제23조 제1항).

과거에는 처분청을 거쳐 행정심판을 청구하도록 하는 '처분청경유주의'를 취하고 있었으나, 1995년 12월 6일의 개정 행정심판법은 심판청구서는 청구인의 선택에 따라 처분청 또는 위원회에 제출할 수 있도록 하였다. 종전에 처분청경유주의를 채택하였던 것은 처분청에 당해 처분 또는 부작위를 시정할 기회를 부여하여 청구인의 신속한 권리구제를 도모함과 동시에 당해 심판청구에 대한 답변 · 제출을 용이하게 하려는 취지였다. 그러나 이에 대하여는 국민의 권리구제에는 미흡하면서 행정편의주의적 제도라는 비판이 있었으므로 법률의 개정을 통하여 현재와 같이 변경되었다.

3. 전자정보처리조직을 통한 심판청구

행정심판법에 따른 행정심판의 절차를 밟는 자는 심판청구서와 그 밖의 서류를 전자문서화하고 이를 정보통신망을 이용하여 위원회에서 지정 · 운영하는 전자정보처리조직을 통하여 제출할 수 있다(법 제52조 제1항).

4. 심판청구서를 접수한 행정청의 처리

1) 정당한 권한 있는 행정청에의 송부

행정청이 행정심판법 제58조에 따른 고지를 하지 아니하거나 잘못 고지하여 청구인이 심판청구서를 다른 행정기관에 제출한 경우에는 그 행정기관은 심판청구서를 지체 없이 정당한 권한이 있는 피청구인에게 보내야 한다(법 제23조 제2항).

2) 위원회에의 송부 등

피청구인은 심판청구서를 접수하거나 송부 받으면 10일 이내에 심판청구서(제 23조 제1항 · 제

2항의 경우에만 해당된다)와 답변서를 위원회에 보내야 한다. 다만, 청구인이 심판청구를 취하한 경우에는 그러하지 아니하다(법 제24조 제1항). 피청구인이 제1항 본문에 따라 심판청구서를 보낼 때에는 심판청구서에 위원회가 표시되지 아니하였거나 잘못 표시된 경우에도 정당한 권한이 있는 위원회에 보내야 한다(동조 제3항).

피청구인은 처분의 상대방이 아닌 제3자가 심판청구를 한 경우에는 지체 없이 처분의 상대방에게 그 사실을 알려야 한다. 이 경우 심판청구서 사본을 함께 송달하여야 한다(동조 제2항).

3) 피청구인의 직권취소 등

심판청구서를 받은 피청구인은 그 심판청구가 이유 있다고 인정하면 심판청구의 취지에 따라 직권으로 처분을 취소·변경하거나 확인을 하거나 신청에 따른 처분(이하 "직권취소등"이라 한다)을 할 수 있다. 이 경우 서면으로 청구인에게 알려야 한다(법 제25조 제1항).

행정심판이 청구된 경우 행정심판위원회가 심리·재결하는 것이 원칙이지만, 심판대상인 처분이나 부작위를 행한 행정청이 심판청구서를 검토한 결과 이유 있다고 인정할 때에는 굳이 심리절차를 거칠 필요 없이 그 단계에서 스스로 심판청구의 취지에 따르는 처분을 하도록 하자는 취지이다. 이는 처분청의 자기통제를 의미하며, 처분청의 취지에 따른 처분이나 확인이 있게 되면 행정심판절차는 청구인과의 관계에서 종료된다. 그러나 처분청의 청구의 취지에 따른 처분이나 확인은 재결이 아니며 이는 원처분의 단순한 변경일 뿐이다.[41]

5. 위원회의 심판청구서 등의 접수·처리

위원회는 행정심판법 제23조 제1항에 따라 심판청구서를 받으면 지체 없이 피청구인에게 심판청구서 부본을 보내야 한다(법 제26조 제1항). 위원회는 제24조 제1항 본문에 따라 피청구인으로부터 답변서가 제출되면 답변서 부본을 청구인에게 송달하여야 한다(동조 제2항).

Ⅲ. 행정심판청구의 변경·취하

1. 심판청구의 변경

1) 의 의

심판청구의 변경이란 심판청구의 계속 중에 청구인이 당초에 청구한 청구의 취지나 이유 등을

41) 홍정선, 전게서, 587면.

변경하는 것을 말한다. 행정심판법은 청구인이 심판청구를 한 후 일정한 사유가 있는 경우에는 새로운 심판청구를 할 필요 없이 청구의 변경을 할 수 있도록 함으로써 청구인의 편의와 심판절차의 촉진을 도모하기 위하여 심판청구의 변경을 인정하고 있다.

2) 심판청구변경의 유형

(1) 일반적인 청구의 변경

청구인은 청구의 기초에 변경이 없는 범위에서 청구의 취지나 이유를 변경할 수 있다(법 제29조 제1항). 여기에서 '청구의 기초에 변경이 없는 범위'란 청구한 사건의 동일성을 유지하는 범위를 말하고, 현재 계속 중인 심판청구에 의하여 구제받고자 하는 청구인의 법률상 이익의 동일성이 지속되어야 한다는 것을 의미한다.

(2) 처분변경으로 인한 청구의 변경

행정심판이 청구된 후에 피청구인이 새로운 처분을 하거나 심판청구의 대상인 처분을 변경한 경우에는 청구인은 새로운 처분이나 변경된 처분에 맞추어 청구의 취지나 이유를 변경할 수 있다(법 제29조 제2항).

3) 심판청구변경의 절차

청구변경의 신청은 서면으로 하여야 하며, 이 경우 피청구인과 참가인의 수만큼 청구변경신청서 부본을 함께 제출하여야 한다(법 제29조 제3항). 위원회는 청구변경신청서 부본을 피청구인과 참가인에게 송달하여야 한다(동조 제4항). 이 경우 위원회는 기간을 정하여 피청구인과 참가인에게 청구변경의 신청에 대한 의견을 제출하도록 할 수 있으며, 피청구인과 참가인이 그 기간에 의견을 제출하지 아니하면 의견이 없는 것으로 본다(동조 제5항).

위원회는 청구변경의 신청에 대하여 허가할 것인지의 여부를 결정하고, 지체 없이 신청인에게는 결정서 정본을, 당사자 및 참가인에게는 결정서 등본을 송달하여야 한다(동조 제6항). 청구변경의 신청이 거부된 때에는 신청인은 결정서 송달을 받은 날부터 7일 이내에 위원회에 이의신청을 할 수 있다(동조 제7항).

4) 심판청구변경의 효력

청구의 변경결정이 있으면 처음 행정심판이 청구되었을 때부터 변경된 청구의 취지나 이유로 행정심판이 청구된 것으로 본다(법 제29조 제8항).

2. 심판청구의 취하

청구인은 심판청구에 대하여 행정심판위원회 또는 중앙행정심판위원회의 의결이 있을 때까지 서면으로 심판청구를 취하할 수 있다(법 제42조 제1항). 취하서에는 청구인이나 참가인이 서명하거나 날인하여야 하고(동조 제3항), 청구인 또는 참가인은 취하서를 피청구인 또는 위원회에 제출하여야 하며, 이 경우 법 제23조 제2항부터 제4항까지의 규정을 준용한다(동조 제4항). 피청구인 또는 위원회는 계속중인 사건에 대하여 취하서를 받으면 지체 없이 다른 관계기관, 청구인, 참가인에게 취하 사실을 알려야 한다(동조 제5항). 심판청구의 취하는 청구인이 위원회에 대하여 심판청구를 철회하는 일방적 의사표시이다. 심판청구의 취하로 인하여 심판청구는 소급적으로 소멸된다.

Ⅳ. 행정심판청구의 효과

심판청구의 효과는 행정심판기관인 행정심판위원회에 대한 것과 심판청구의 대상인 처분에 대한 것으로 나누어 살펴보기로 한다.

1. 행정심판위원회에 대한 효과

행정심판이 청구되면 행정심판위원회는 이를 심리 · 재결할 의무를 진다(법 제6조, 제43조 이하). 이는 심판청구요건에 흠결이 있어 부적법한 심판청구인 경우라도 같다. 한편, 심판청구인은 심판을 받을 권리, 그 밖에 행정심판법이 인정하는 절차상의 권리를 갖는다.

2. 처분에 대한 효과

1) 집행부정지의 원칙

행정심판의 청구가 있다고 하더라도 처분의 효력이나 그 집행 또는 절차의 속행(續行)에 영향을 주지 아니한다(법 제30조 제1항). 이를 '집행부정지의 원칙'이라 한다. 이러한 집행부정지의 원칙은 행정행위의 공정력의 당연한 귀결로 생각하는 견해도 없지 않고, 심판청구의 남용을 방지하면서 행정집행의 부당한 지체를 막으려는 입법정책적 판단에서 채택된 것이지만, 국민의 권리구제를 소홀히 한 결과를 초래한다는 비판을 피하기 어렵다. 따라서 행정심판법은 예외적으로 「위원회는 일정한 요건을 갖춘 경우에 당사자의 신청 또는 직권으로 처분의 효력 등을 정지시키는 결정을 할 수 있다」고 규정하고 있다(동조 제2항 본문). 이는 '집행정지'를 규정한 것으로 다음의 '임시처분'과 함께 '행정심판법상의 가구제제도'이다.

2) 예외적인 집행정지

(1) 의 의

집행정지란 계쟁처분의 효력이나 처분의 집행 또는 절차의 속행을 정지시키는 것을 말한다. 행정심판법 제30조는 예외적으로 일정한 요건을 갖춘 경우에 집행정지를 인정하고 있다. 즉 행정심판법 제30조 제2항은 집행정지에 관하여 '결정할 수 있다'고 규정하고 있으나, 동조항의 집행정지요건이 충족될 때에는 위원회가 집행정지결정을 할 기속을 받는다고 할 것이다. 이 경우의 '할 수 있다'라는 규정은 권한의 소재에 관한 것이고, 그 성질이 재량적 결정임을 밝힌 것은 아니라 할 것이다.[42] 이와 같은 행정심판법상의 집행정지는 행정소송법상의 집행정지와 비교하면 집행정지의 결정주체가 다를 뿐이고, 집행정지 결정의 요건 및 효과 등은 행정소송법상의 집행정지와 비슷하다.

(2) 집행정지결정의 요건

위원회는 처분, 처분의 집행 또는 절차의 속행 때문에 중대한 손해가 생기는 것을 예방할 필요성이 긴급하다고 인정할 때에는 직권으로 또는 당사자의 신청에 의하여 처분의 효력, 처분의 집행 또는 절차의 속행의 전부 또는 일부의 정지(이하 "집행정지"라 한다)를 결정할 수 있다. 다만, 처분의 효력정지는 처분의 집행 또는 절차의 속행을 정지함으로써 그 목적을 달성할 수 있을 때에는 허용되지 아니한다(법 제30조 제2항). 그러나 집행정지는 공공복리에 중대한 영향을 미칠 우려가 있을 때에는 허용되지 아니한다(동조 제3항).

위와 같은 집행정지결정의 요건은 적극적 요건과 소극적 요건으로 구분할 수 있는데, 이를 약술하면 다음과 같다.

(가) 적극적 요건

① 집행정지대상인 처분이 존재하여야 한다. 따라서 이미 집행이 완료되었거나 처분의 목적이 달성된 경우에는 인정되지 않는다. 또한 부작위나 거부처분도 대상에서 제외된다.

② 심판청구가 위원회에 계속(係屬)되어 있음을 요한다.

③ 중대한 손해 발생의 예방필요성이 있어야 한다. 여기의 '중대한 손해'란 회복하기 어려운 손해가 아니라고 하더라도, 당해 손해가 그 성질이나 정도, 처분의 내용이나 성질, 손해회복의 곤란성 등을 종합적으로 고려하여 당사자에게 이를 수인시키는 것이 사회통념상 가혹한 것으로 판단되는 경우를 말한다.[43]

④ 긴급한 필요가 있다고 인정될 때에만 허용된다. 여기에서의 '긴급한 필요'란 회복하기 곤란

---

42) 김동희, 전게서, 645-646면.

43) 김동희, 상게서, 646면.

한 손해의 발생이 시간적으로 절박하여 재결을 기다릴 만한 시간적 여유가 없는 경우를 말한다.[44)]

(나) 소극적 요건

위에서 본 적극적 요건을 충족한 경우에 집행정지결정을 할 수 있지만, 집행정지는 '공공복리에 중대한 영향을 미칠 우려가 있을 때'에는 허용되지 아니한다(법 제30조 제3항). 이는 당사자의 권리보호보다 공익을 우선하는 것으로서, 이 요건의 인정에 있어서는 공익을 우선해야 할 사정과 당사자의 권리보호의 필요성 정도를 엄격히 비교형량하여야 할 것이다.[45)]

(3) 집행정지결정의 절차

집행정지는 위원회가 직권으로 또는 당사자의 신청에 의하여 결정한다(법 제30조 제2항). 그러나 위원회의 심리·결정을 기다릴 경우 중대한 손해가 생길 우려가 있다고 인정되면 위원장은 직권으로 위원회의 심리·결정을 갈음하는 결정을 할 수 있다. 이 경우 위원장은 지체 없이 위원회에 그 사실을 보고하고 추인을 받아야 하며, 위원회의 추인을 받지 못하면 위원장은 집행정지 또는 집행정지취소에 관한 결정을 취소하여야 한다(동조 제6항).

(4) 집행정지결정의 내용과 효력

집행정지결정은 처분의 효력, 처분의 집행 또는 절차의 속행의 전부 또는 일부의 정지를 그 내용으로 한다(법 제30조 제2항 본문). 다만, 처분의 효력정지는 처분의 집행 또는 절차의 속행을 정지함으로써 그 목적을 달성할 수 있을 때에는 허용되지 아니한다(동조 제2항 단서). 이 문제를 집행정지결정의 대상으로 취급하기도 한다.[46)]

(5) 집행정지결정의 취소

위원회는 집행정지를 결정한 후에 집행정지가 공공복리에 중대한 영향을 미치거나 그 정지사유가 없어진 경우에는 직권으로 또는 당사자의 신청에 의하여 집행정지결정을 취소할 수 있다(법 제30조 제4항). 집행정지결정의 취소신청은 심판청구에 대한 재결이 있기 전까지 할 수 있다(동조 제5항). 다만, 위원회의 심리·결정을 기다릴 경우 중대한 손해가 발생할 우려가 있다고 인정되면 위원장은 직권으로 위원회의 심리·결정을 갈음하는 결정을 할 수 있다. 이 경우 위원장은 지체 없이 위원회에 그 사실을 보고하고 추인을 받아야 하며, 만일 위원회의 추인을 받지 못하면 위원장은 집행정지 또는 집행정지취소에 관한 결정을 취소하여야 한다(동조 제6항).

집행정지결정의 취소의 신청은 처분청과 집행정지로 권익을 침해당한 제3자, 즉 복효적 행정행

---

44) 석종현, 전게서, 775면.

45) 류지태, 전게서, 498면.

46) 김동희, 전게서, 647면; 박균성, 전게서, 664면.

위에 있어 수익을 받는 제3자가 할 수 있다. 행정심판의 당사자가 아닌 복효적 행정행위의 수익을 받는 제3자가 집행정지결정의 취소를 신청하기 위해서는 행정심판에 참가하고 있어야 한다.[47]

3. 임시처분

1) 의 의

임시처분이란 처분 또는 부작위가 위법 · 부당하다고 상당히 의심되는 경우로서 처분 또는 부작위 때문에 당사자가 받을 우려가 있는 중대한 불이익이나 당사자에게 생길 급박한 위험을 막기 위하여 임시지위를 정하여야 할 필요가 있는 경우 행정심판위원회가 결정하는 가(假)구제수단이다(법 제31조 제1항).

행정심판법상의 가(假)구제제도로서 집행정지는 소극적으로 침익적 처분의 효력을 정지시키는 현상유지적 기능을 하는 데 불과하고 행정청에게 일정한 처분의무를 부과하는 등의 역할은 수행할 수 없기 때문에 집행정지제도는 잠정적 권리구제수단으로써는 일정한 한계가 있다. 더욱이 신청에 대한 처분청이 위법 또는 부당한 거부처분이나 부작위에 대하여는 집행정지제도가 적절한 구제수단이 되지 못하고 가구제제도로서도 상대방의 권리구제를 위해서는 미흡한 점이 많다. 따라서 2010년 개정 행정심판법에서 도입된 가구제제도로서의 '임시처분제도'는 거부처분이나 부작위에 대한 잠정적 권리구제의 제도적인 공백상태를 입법적으로 해소하고 청구인의 권리를 두텁게 보호하려는 데 취지가 있다.[48] 이러한 임시처분은 행정소송에서의 임시의 지위를 정하는 가처분에 해당한다.

2) 임시처분의 요건

행정심판법 제31조에 규정된 임시처분의 요건을 적극적 요건과 소극적 요건으로 나누어 설명하면, 다음과 같다.[49]

(1) 적극적 요건

(가) 심판청구가 위원회에 계속되고 있어야 한다

행정심판법은 이에 대하여 명문의 규정을 두고 있지는 않다. 그러나 가구제로서 집행정지는 심판청구의 계속을 요건으로 하고 있는 것을 보면 가구제로서의 임시처분도 심판청구의 계속을 요건으로 하지 아니한다고 보아야 할 합리적 이유는 없는 것으로 보인다. 따라서 임시처분의 경우에도 위원회에의 의무이행심판의 계속을 그 요건으로 한다고 보아야 할 것이다.

47) 박균성, 상게서, 664면.
48) 홍정선, 전게서, 588-589면.
49) 김동희, 전게서, 648-649면; 홍정선, 상게서, 589면.

(나) 처분 또는 부작위가 위법 · 부당하다고 상당히 의심되는 경우이어야 한다

적극적 처분, 거부처분, 부작위가 모두 포함된다. 그리고 위법 · 부당의 판단은 본안심리사항이지만 임시처분을 하기 위해서는 위법 또는 부당이 상당히 의심되는 경우이어야 한다. 이는 임시처분이 본안에 관한 판단을 하기 전에 처분이 있는 것과 같은 상태를 창출하는 것이므로, 행정심판법은 이에 관하여 '처분 또는 부작위가 위법 · 부당'할 것을 요건으로 규정하여 집행정지보다는 그 요건을 더욱 엄격히 하고 있다(법 제31조 제1항).

(다) 처분 또는 부작위로 인하여 당사자가 받을 우려가 있는 중대한 불이익이나 당사자에게 생길 급박한 위험을 방지할 필요가 있어야 한다

행정심판법은 이 부분에 있어서는 집행정지에 비하여 특별히 엄격하게 규정하고 있지는 않는 것으로 보인다(동조 제1항). 이 요건은 집행정지의 요건 중 '중대한 손해가 생기는 것을 예방할 필요성이 긴급하다고 인정할 때'와 유사하게 판단하면 될 것이다.

(2) 소극적 요건

행정심판법 제31조 제2항은 동법 제30조 제3항을 준용하는 결과 임시처분도 집행정지와 같이 '공공복리에 중대한 영향을 미칠 우려가 있을 때'에는 허용되지 아니한다(법 제31조 제2항, 제30조 제3항).

3) 임시처분의 절차

위원회는 직권으로 또는 당사자의 신청에 의하여 임시처분을 결정할 수 있다(법 제31조 제1항). 그리고 위원회는 임시처분을 결정한 후에 임시처분이 공공복리에 중대한 영향을 미치는 등의 사유가 있는 경우에는 직권 또는 당사자의 신청에 의하여 이 결정을 취소할 수 있다(동조 제2항, 제30조 제4항). 또한 위원회의 심리 · 결정을 기다릴 경우 중대한 손해가 생길 우려가 있다고 인정되면 위원장은 직권으로 위원회의 심리 · 결정을 갈음하는 결정을 할 수 있다(법 제31조 제2항, 제30조 제6항). 한편, 위원회는 임시조치 또는 임시조치의 취소에 관하여 심리 · 결정하면 지체 없이 당사자에게 결정서 정본을 송달하여야 한다(법 제31조 제2항, 제30조 제7항).

4) 임시처분의 보충성

임시처분은 행정심판법 제30조 제2항에 따른 집행정지로 목적을 달성할 수 있는 경우에는 허용되지 아니한다(법 제31조 제3항). 즉 임시처분은 당사자에게 적극적으로 어떤 법적 지위를 부여하는 제도이기 때문에 소극적 수단인 집행정지로 인하여 손해의 발생을 방지할 수 없는 경우에 한하여 허용되는 수단으로 보아야 할 것이다.

제8절 행정심판의 심리

Ⅰ. 심리의 의의

행정심판의 심리란 행정법관계에서의 분쟁으로 재결의 대상이 되고 있는 사실관계 및 법률관계를 명백히 하기 위하여 행정심판위원회가 당사자 및 관계인의 주장과 반대주장을 듣고, 그러한 주장을 정당화시켜 주는 각종의 증거 기타의 자료를 수집 · 조사하는 일련의 절차를 말한다. 심판청구사건의 심리는 행정심판위원회의 권한에 속하고, 심리기일은 위원회가 직권으로 지정한다(법 제38조 제1항).

헌법 제107조 제3항은 행정심판절차의 사법절차화를 규정하고 있는데, 행정심판법은 그 취지에 따라 심리절차와 관련하여 심리절차의 객관적 공정성을 보장하기 위해 당사자주의적 구조(대심주의)를 취하고 있다. 그리하여 청구인과 피청구인인 행정청을 당사자로 하여 이들이 공격 · 방어방법으로 제출한 의견진술과 증거 등을 바탕으로 행정심판위원회가 제3자적 지위에서 심리를 진행하도록 되어 있다.[50)]

Ⅱ. 심리의 내용과 범위

1. 심리의 내용

행정심판사건의 심리는 그 내용에 따라 요건심리와 본안심리로 구분된다.

1) 요건심리

요건심리란 당해 행정심판청구가 그 행정심판을 청구하는 데 필요한 형식적인 요건을 갖추고 있는지의 여부를 심리하는 것을 말한다. 이러한 심리는 형식적 심리 또는 본안전심리라고도 한다.

---

50) 김남진 · 김연태, 전게서, 687면.

그 형식적인 요건에 해당하는 것으로는 ① 행정심판의 대상인 처분 또는 부작위의 존재, ② 청구인적격자의 청구, ③ 심판청구기간의 준수, ④ 권한 있는 행정청 또는 위원회에의 청구, ⑤ 필요적 전치절차의 이행, ⑥ 심판청구서의 필요적 기재사항의 구비 등을 들 수 있다.

요건심리의 결과 심판청구의 요건을 갖추지 못한 부적법한 심판청구는 각하재결을 하여야 한다(법 제43조 제1항). 그러나 위원회는 심판청구가 적법하지 아니하나 보정(補正)할 수 있다고 인정하면 기간을 정하여 청구인에게 보정할 것을 요구할 수 있으며, 경미한 사항은 직권으로 보정할 수 있다(법 제32조 제1항). 이에 따른 보정을 한 경우에는 처음부터 적법하게 행정심판이 청구된 것으로 본다(동조 제4항).

행정심판의 청구요건은 직권조사사항이다. 따라서 당사자의 주장이 없다고 하더라도 위원회는 직권으로 조사할 수 있다. 그리고 행정심판청구요건의 존부는 변론종결시를 기준으로 판단한다. 그러므로 행정심판의 청구 당시 요건의 흠결이 있는 경우에도 위원회에서 사실확정이 되기 전까지 이를 구비하면 적법한 심판청구가 된다.

2) 본안심리

본안심리란 요건심리의 결과 당해 심판청구가 심판청구의 요건을 갖추어 적법한 것으로 인정되는 경우 심판청구의 당부에 대하여 실질적으로 심리하는 것을 말하며, 실질적 심리라고도 한다.

본안심리의 결과 위원회는 심판청구가 이유가 없다고 인정하면 심판청구의 기각재결을 하고(법 제43조 제2항), 심판청구가 이유 있다고 인정되면 청구인용재결을 한다(동조 제3항 내지 제5항).

2. 심리의 범위

1) 불고불리의 원칙 및 불이익변경금지의 원칙

행정심판의 심리의 범위가 심판청구취지에 의하여 제한되는지의 여부, 즉 심판청구의 심리에 있어서 불고불리(不告不理) 및 불이익변경금지의 원칙이 적용되는가는 의문이다.

행정심판에 관하여 행정의 적법성·타당성의 확보를 위한 행정의 자기통제적 기능에 중점을 두는 입장에서는 행정심판의 심리·재결에는 불고불리나 불이익변경금지의 원칙의 적용은 없다고 보지만, 이 제도의 권리구제적 기능에 중점을 두는 관점에서는 이러한 원칙의 적용을 인정한다.

행정심판법은 행정심판의 권리구제적 기능을 중시하여 행정심판의 심리·재결에 있어 이 원칙의 적용을 명문화하였다.[51] 즉 동법 제47조 제1항은 「위원회는 심판청구의 대상이 되는 처분 또는 부작위 외의 사항에 대하여는 재결하지 못한다」고 규정하여 '불고불리의 원칙'을, 동조 제2항에서는 「위원회는 심판청구의 대상이 되는 처분보다 청구인에게 불리한 재결을 하지 못한다」고

51) 김동희, 전게서, 650면.

규정함으로써 '불이익변경금지의 원칙'을 채택하고 있다.

2) 법률문제 · 재량문제와 사실문제

행정심판은 행정소송의 경우와는 달리 위법한 처분이나 부작위뿐만 아니라 부당한 처분이나 부작위에 대하여도 청구할 수 있다. 따라서 행정심판의 심리에 있어서는 심판청구의 대상인 처분이나 부작위에 관하여 법률문제로서의 적법 · 위법의 문제뿐만 아니라, 재량행위에 있어서의 당 · 부당의 문제, 그리고 사실문제까지도 심리할 수 있다.

행정심판위원회가 법령의 위헌 · 위법을 심사할 수 있는지에 관하여는 논란이 있다. 위원회는 계쟁처분 또는 부작위의 적용법령에의 합치 여부만을 심사할 수 있다는 부정설이 있지만, 행정심판위원회는 법률에 대한 위헌심사권은 없으나 명령에 대한 위헌 · 위법심사권은 있다고 보아야 할 것이다.[52] 중앙행정심판위원회는 심판청구를 심리 · 재결할 때 명령 등이 위법 또는 불합리하면 명령 등의 개정 · 폐지 등 적절한 시정조치를 요청할 권한을 가진다(법 제59조).

Ⅲ. 심리의 절차

1. 심리절차의 기본원칙

1) 대심주의

행정심판법은 행정심판의 심리에 관하여 전체적으로 당사자주의적 구조, 즉 대심주의를 취하고 있다. 대심주의(對審主義)란 대립되는 분쟁당사자 쌍방에게 공격 · 방어방법을 제출할 수 있는 대등한 기회를 보장하고 이를 통하여 심리를 진행하는 소송원칙을 말한다. 따라서 행정심판은 심판청구인과 피청구인을 대립되는 당사자로 하여 당사자 쌍방에게 공격과 방어방법을 제출하도록 하고, 행정심판위원회가 제3자적 · 중립적인 지위에서 원칙적으로 당사자가 제출한 공격 · 방어방법을 바탕으로 심리를 행하도록 되어 있다.

2) 직권심리주의

직권심리주의란 쟁송사건의 심리에 있어서 심판기관이 당사자의 사실의 주장에 근거하지 않거나 그 주장에 구속되지 않고 적극적으로 직권으로 필요한 사실상의 탐지(探知) 또는 증거조사를 행하는 소송원칙을 말한다. 즉 직권주의는 당사자주의에 대한 것으로서, 심판기관의 직권으로 심

52) 박균성, 전게서, 671면.

리를 진행함과 동시에 필요한 자료를 당사자에게만 의존하지 않고 직권으로 수집하는 제도이다.

행정심판법은 실체적 진실을 밝혀 국민의 권익을 구제하고 심리의 간이 · 신속을 도모하기 위하여 행정소송법(동법 제26조)과 마찬가지로 직권심리주의 또는 직권탐지주의를 보충적으로 가미하고 있다. 즉 위원회는 사건을 심리하기 위하여 필요하면 직권으로 증거조사를 할 수 있고(법 제36조 제1항), 위원회가 필요하면 당사자가 주장하지 아니한 사실에 대하여도 심리할 수 있다(법 제39조). 그러나 불고불리의 원칙이 적용되기 때문에 행정심판위원회의 직권심리도 심판청구의 대상이 되는 처분 또는 부작위 외의 사항에는 미칠 수 없다(법 제47조 제1항). 따라서 위원회의 직권심리는 대심주의와 조화되는 한도 내에서 행하여져야 한다.

3) 서면심리주의와 구술심리주의

행정심판의 심리방식으로는 서면심리주의와 구술심리주의가 있다.

서면심리주의란 행정심판의 재결에 필요한 자료를 서면의 형식으로 수집하여 심리하는 것을 원칙으로 하는 심리방식을 말한다. 이에 대하여 구술심리주의란 구술의 진술을 재결의 바탕으로 삼는 심리방식을 말한다.

행정심판법은 「행정심판의 심리는 구술심리나 서면심리로 한다」(법 제40조 제1항 본문)고 규정하여 행정심판의 심리방식을 일단 행정심판위원회의 판단에 맡기고 있는 것으로 보인다. 동조는 이어서 「다만, 당사자가 구술심리를 신청한 경우에는 서면심리만으로 결정할 수 있다고 인정되는 경우 외에는 구술심리를 하여야 한다」(동조항 단서)고 규정하고 있다. 따라서 위원회는 심판청구서면만에 의하여 이미 당해 사건의 내용이 명확히 판명되는 경우 외에는, 당사자의 구술심리 신청이 있는 경우에는 가능한 한 구술심리를 하도록 하여 당사자의 구술심리권을 보장하고 있다고 본다.

그런데 행정심판법이 명문으로 명백히 규정하는 바는 없으나 서면심리의 원칙을 택한 것으로 보이며, 현행법은 행정심판의 심리 · 의결 절차를 일반에게 공개하지 아니함을 원칙으로 하는 것으로 이해된다.[53]

4) 비공개주의

행정심판법에는 이에 관한 명문의 규정은 없다. 그러나 직권심리주의 · 서면심리주의 등을 채택하고 있는 동법의 전체적인 구조로 볼 때, 비공개주의를 원칙으로 하는 것으로 해석된다. 이와 같이 비공개주의의 원칙을 취하고 있는 것으로 본다고 하더라도 행정심판위원회가 필요하다고 인정할 때에는 공개를 결정할 수 있을 것이다.

---

53) 홍정선, 전게서, 590면.

5) 처분권주의

처분권주의란 쟁송의 개시, 대상과 범위 및 종료에 대하여 당사자가 주도권을 가지고 이러한 사항에 대하여 자기의 의사로 자유로이 결정할 수 있는 원칙을 말한다.

행정심판은 청구인의 심판청구에 의하여 개시되고, 청구취지의 특정, 불고불리의 원칙에 의하여 당사자가 심판대상과 범위를 결정하며, 청구인은 심판청구를 취하함으로써 심판절차를 종료시킬 수 있다. 따라서 행정심판은 처분권주의에 입각하고 있다고 본다. 그러나 공익적 견지에서의 심판청구기간의 제한, 청구인낙의 부인 등에 따라 처분권주의는 많은 제한을 받고 있다.[54)]

2. 당사자의 절차적 권리

행정심판청구의 당사자는 다음과 같은 절차적 권리를 행사함으로써 행정심판의 심리절차에 관여할 수 있다.

1) 위원 등에 대한 기피신청권

당사자는 행정심판위원회의 위원에게 심리·재결의 공정을 기대하기 어려운 사정이 있는 경우에는 위원장에게 그 위원에 대한 기피신청을 할 수 있다. 사건의 심리·재결에 관한 사무에 관여하는 위원이 아닌 직원을 상대로 하여서도 기피신청권이 인정된다(법 제10조 제2항, 제7항).

2) 이의신청권

행정심판위원회의 결정 중 당사자 또는 심판참가인의 절차적 권리에 중대한 영향을 미치는 지위 승계의 불허가, 참가신청의 불허가 또는 청구의 변경 불허가 등에 대하여는 행정심판위원회에 이의신청을 할 수 있다(법 제16조 제8항, 제17조 제6항, 제20조 제6항, 제29조 제7항).

3) 청구인의 피청구인에 대한 답변서제출요구권

피청구인이 심판청구서를 송부받으면 심판청구서와 답변서를 위원회에 보내야 하고(법 제24조 제1항), 답변서를 보낼 때에는 청구인의 수만큼 부본을 함께 보내되(동조 제4항), 피청구인으로부터 답변서가 제출된 때에는 위원회는 그 부본을 다른 당사자에게 송달하여야 한다(동조 제5항). 그 결과 청구인은 피청구인의 답변서제출을 요구할 수 있는 권리를 가진다고 말할 수 있다.[55)]

---

54) 김동희, 전게서, 651면.

55) 김남진·김연태, 전게서, 690면.

4) 보충서면제출권

당사자는 심판청구서 · 보정서 · 답변서 · 참가신청서 등에서 주장한 사실을 보충하고 다른 당사자의 주장을 다시 반박하기 위하여 필요하면 위원회에 보충서면을 제출할 수 있다. 이 경우 다른 당사자의 수만큼 보충서면 부본을 함께 제출하여야 하고, 위원회는 필요하다고 인정하면 보충서면의 제출기한을 정할 수 있다. 위원회는 보충서면을 받으면 지체 없이 다른 당사자에게 그 부분을 송달하여야 한다(법 제33조 제1항 내지 제3항).

5) 물적 증거제출권

당사자는 심판청구서 · 보정서 · 답변서 · 참가신청서 · 보충서면 등에 덧붙여 그 주장을 뒷받침하는 증거서류나 증거물을 제출할 수 있다(법 제34조 제1항). 증거서류에는 다른 당사자의 수만큼 증거서류 부본을 함께 제출하여야 하며, 위원회는 당사자사 제출한 증거서류의 부본을 지체 없이 다른 당사자에게 송달하여야 한다(동조 제2항, 제3항).

6) 증거조사신청권

당사자는 그의 주장을 뒷받침하기 위하여 필요하다고 인정할 때에는 본인 · 관계인 신문, 증거자료의 제출요구, 감정 · 검증 등 증거조사를 할 것을 신청할 수 있다(법 제36조 제1항).

그러나 행정심판법은 당사자인 국민에게 행정기관이 보유하는 관계 자료의 열람 · 복사를 요구하는 권리를 인정하지 않고, 행정심판위원회만이 관계 행정기관에 대하여 필요한 서류의 제출 또는 의견의 진술을 요구할 수 있도록 하였다(동조 제2항). 따라서 당사자인 국민은 행정심판위원회를 통하여 간접적으로만 관계 자료에 접근할 수 있을 뿐이다.[56]

7) 구술심리신청권

행정심판의 심리는 구술심리나 서면심리를 할 수 있는데, 당사자는 행정심판위원회에 구술심리를 신청할 수 있는 권리를 가진다(법 제40조 제1항).

8) 심판참가인의 절차적 권리

심판참가인에게 당사자에 준하는 절차적 권리가 주어지고, 관련서류를 참가인에게도 송달하도록 하는 등 참가인의 절차적 권리가 보장되고 있다(법 제20조 내지 제22조).

---

56) 김동희, 전게서, 654면.

3. 심리의 병합과 분리

행정심판법은 심판청구사건에 대한 심리의 신속성 · 경제성 · 능률화를 위하여 심리의 병합과 분리를 규정하고 있다.[57]

1) 심리의 병합

위원회는 필요하다고 인정할 때에는 관련되는 심판청구사건을 병합하여 심리할 수 있다(법 제37조 전단). 이와 같은 심리의 병합(倂合)은 심리의 촉진을 위한 것으로서, 병합심리할 수 개의 심판청구는 함께 심리를 진행하는 것이 가능하고 또한 효과적인 관련성이 있으면 충분하며, 병합심리의 필요성 및 관련성의 여부는 위원회가 개별적 · 구체적으로 결정한다. 병합된 관련청구사건에는 위원회가 직권으로 병합하여 심리하기로 결정한 관련청구사건 및 당사자에 의하여 병합청구된 심판청구사건이 모두 포함된다.

그런데 이러한 관련청구의 병합은 심리의 병합에 그치는 것이므로 재결은 병합된 각 심판청구별로 하여야 한다.

2) 심리의 분리

위원회는 필요하다고 인정할 때에는 이미 병합된 관련청구를 직권으로 분리하여 심리할 수도 있다(법 제37조 후단). 여기에서 '병합된 관련청구'란 위원회가 직권으로 병합한 관련청구 외에 당사자에 의하여 병합청구된 관련청구도 포함하는 것으로 새겨진다.

57) 김남진 · 김연태, 전게서, 691면.

제9절 행정심판의 재결

Ⅰ. 재결의 의의

재결(裁決)이란 행정심판청구사건에 대하여 행정심판위원회가 행하는 판단을 말한다(법 제2조 제3호). 말하자면 재결은 행정심판위원회가 행정심판의 청구에 대하여 심리한 후 그 청구에 대하여 각하 · 기각 · 인용의 여부 등을 종국적으로 판단하여 결정하는 의사표시이다.

재결은 다툼이 있는 행정법상의 사실 또는 법률관계에 대하여 행정심판위원회가 일정한 절차를 거쳐 판단 · 확정하는 행위이므로 확인행위로서의 성질을 갖는다. 그리고 재결은 행정심판의 청구를 전제로 한 판단작용이라는 점에서 법원의 판결과 성질이 비슷하므로 준사법행위에 해당한다고 볼 수 있다.

Ⅱ. 재결의 주체

종전에는 행정심판기관의 구성에 있어서 행정심판청구사건에 대한 심리 · 의결기능과 재결기능을 구분하여 각각 별도의 기관이 이를 맡도록 하는 이원적 구조를 취하여, 전자는 행정심판위원회의 권한으로, 후자는 재결청의 권항으로 분리되어 있었다. 그러나 최근 개정된 행정심판법은 행정심판기관의 구성을 일원화하여 재결청의 개념을 없애고 행정심판위원회가 행정심판기관으로서 심판청구사건에 대한 심리를 마치면 직접 재결을 하도록 규정하고 있다.

Ⅲ. 재결의 절차 · 형식

1. 재결기간

재결은 피청구인인 행정청 또는 위원회가 심판청구서를 받은 날부터 60일 이내에 하여야 한다.

다만, 부득이한 사정이 있는 경우에는 위원장이 직권으로 30일을 연장할 수 있다(법 제45조 제1항). 위원장이 제1항 단서에 따라 재결기간을 연장할 경우에는 재결기간이 끝나기 7일 전까지 당사자에게 알려야 한다(동조 제2항). 위의 재결기간에는 심판청구가 부적법하여 그 보정을 명한 경우의 보정기간은 산입하지 아니한다(법 제32조 제5항).

2. 재결의 방식

재결은 서면(재결서)으로 하되, 재결서에는 ① 사건번호와 사건명, ② 당사자 · 대표자 또는 대리인의 이름과 주소, ③ 주문, ④ 청구의 취지, ⑤ 이유, ⑥ 재결한 날짜 등을 기재하여야 한다(법 제46조 제1항, 제2항). 재결서에 적는 이유에는 주문내용이 정당하다는 것을 인정할 수 있는 정도의 판단을 표시하여야 한다(동조 제3항).

3. 재결의 범위

재결의 범위와 관련하여 주로 불고불리의 원칙과 불이익변경금지의 원칙이 적용되는가의 여부가 문제된다.

첫째로, 위원회는 심판청구의 대상이 되는 처분 또는 부작위 외의 사항에 대하여는 재결하지 못한다(법 제47조 제1항). 행정심판법에 이른바 '불고불리의 원칙'이 채택되어 재결에 이 원칙이 적용된다.

둘째로, 위원회는 심판청구의 대상이 되는 처분보다 청구인에게 불리한 재결을 하지 못한다(법 제47조 제2항). 이는 '불이익변경금지의 원칙'을 규정한 것으로서 이 원칙도 재결에 적용된다고 본다.

셋째로, 행정심판은 행정소송의 경우와는 달리 위법한 처분이나 부작위뿐만 아니라 부당한 처분이나 부작위에 대하여도 제기할 수 있으므로(법 제1조, 제5조 참조), 재량행위와 관련하여 위원회는 재량권의 일탈 · 남용 등과 같은 재량권행사의 위법의 여부뿐만 아니라 재량한계 내에서의 재량권행사의 당 · 부에 대해서도 판단할 수 있다.[58]

4. 재결의 송달 · 효력발생

위원회가 재결을 한 때에는 지체 없이 당사자에게 재결서의 정본을 송달하여야 하고, 재결은 청구인에게 송달되었을 때 그 효력을 발생한다(법 제48조 제1항, 제2항). 위원회는 심판청구에 참가인이 있는 경우에는 재결서의 등본을 지체 없이 참가인에게 송달하여야 한다(동조 제3항). 처분의 상대방이 아닌 제3자가 심판청구를 한 경우 위원회는 재결서의 등본을 지체 없이 피청구인을

58) 김남진 · 김연태, 상게서, 693면.

거쳐 처분의 상대방에게 송달하여야 한다(동조 제4항).

5. 재결의 공고 · 통지

법령의 규정에 따라 공고하거나 고시한 처분이 재결로써 취소되거나 변경되면 처분을 한 행정청은 지체 없이 그 처분이 취소 또는 변경되었다는 것을 공고하거나 고시하여야 한다(법 제49조 제4항). 법령의 규정에 따라 처분의 상대방 외의 이해관계인에게 통지된 처분이 재결로써 취소되거나 변경되면 처분을 한 행정청은 지체 없이 그 이해관계인에게 그 처분이 취소 또는 변경되었다는 것을 알려야 한다(동조 제5항).

Ⅳ. 재결의 종류

행정심판의 재결은 그 내용에 따라 다음과 같이 구분된다.

1. 각하재결

각하재결(却下裁決)이란 행정심판위원회가 심판청구의 요건심리의 결과 행정심판의 청구요건을 충족하지 못한 부적법한 심판청구라 하여 본안심리를 거절하는 내용의 재결이다(법 제43조 제1항). 심판청구기간이 경과하였음을 이유로 한 각하재결이 대표적인 예이다.

2. 기각재결

기각재결(棄却裁決)이라 함은 행정심판위원회가 본안심리의 결과 행정심판청구가 이유 없다고 인정하여 청구를 배척하고 원처분을 시인하는 재결을 말한다(법 제43조 제2항). 기각재결은 심판청구의 실체적 내용에 대한 심리를 거쳐 심판청구가 이유 없다고 판단되는 경우에 하게 된다. 기각재결은 청구인의 심판청구를 배척하여 원처분을 시인하는 데 그칠 뿐이고, 원처분의 효력을 확정하는 것은 아니므로 기각재결이 있은 후에도 처분청은 직권으로 당해 처분을 취소 · 변경할 수 있다.

3. 사정재결

1) 의 의

사정재결(事情裁決)이란 행정심판위원회가 본안심리의 결과 심판청구가 이유가 있다고 인정되는 경우에도 이를 인용하는 것이 공공복리에 크게 위배된다고 인정하면 그 심판청구를 기각하는 재결을 말한다(법 제44조 제1항).

사정재결은 심판청구가 이유 있다고 인정되는 경우 청구인의 권익보호를 위하여 인용재결하는 것이 원칙이지만, 그러한 재결을 할 때에는 그로 인하여 공공복리가 현저히 침해될 경우 공익과 사익의 합리적인 조정을 도모하기 위하여 극히 예외적으로만 인정될 수 있는 제도라 할 것이다. 결국 사정재결은 사익의 보호가 결과적으로 공익에 중대한 침해를 가져올 때 이를 시정하여 다수의 국민이나 국가 전체의 이익을 우선시켜 전체적으로 공익보호를 확보하기 위하여 행정심판법에 제도화된 것이다. 이에 대하여 행정심판은 본질적으로 자기통제제도로서, 행정쟁송제도의 본래의 목적에 비추어 보면 그 타당성에 문제점이 없지 아니하며, 심판기관의 판단의 공정성에 대한 신뢰가 아직 형성되지 않은 단계에서 사정재결을 인정하여 국민의 권익보호를 경시하는 문제가 있다는 비판이 유력하다.

2) 사정재결의 요건

(1) 실질적 요건

사정재결은 실질적 요건으로서 심판청구가 이유 있다고 인정됨에도 불구하고 이를 인용하는 것이 '현저히 공공복리에 적합하지 아니하는 경우'이어야 한다(법 제44조 제1항 제1문). 이러한 사정재결은 예외적으로 인정되는 제도이므로 법치행정의 원칙으로 보아 요건을 엄격히 해석 · 적용하여야 한다. 따라서 심판청구를 인용함으로써 발생될 공익의 피해와 심판청구를 기각함으로써 발생할 사익의 피해를 비교형량하여, 인용재결에 따른 공익침해의 정도가 위법 · 부당한 처분의 유지에 따른 사익침해의 정도보다 월등히 큰 경우에만 인정된다고 볼 수 있다.

(2) 형식적 요건

위원회는 사정재결을 함에 있어서 재결의 주문(主文)에서 그 처분 또는 부작위가 위법하거나 부당하다는 것을 구체적으로 명시하여야 한다(법 제44조 제1항 제2문). 이러한 규정은 사정재결이 있었다고 하여 위법 또는 부당한 처분이 적법처분으로 전환되는 것은 아니라는 것을 명백히 하면서 그에 따른 별도의 구제방법을 마련하기 위한 입법적 배려라고 해석된다. 따라서 이는 당사자가 심판청구대상인 처분이나 부작위에 대하여 행정소송을 제기하거나 국가배상청구소송을 제기하는 경우에 그 의미를 갖게 된다.

3) 사정재결에 대한 구제조치

사정재결제도는 행정심판청구가 이유 있어 인용재결되어야 할 경우인 데도 불구하고 공공복리를 우선시하여 심판청구를 기각하는 예외적 제도에 해당되기 때문에 청구인을 위한 구제방법의 제도적 장치를 하지 않는다면, 이는 반법치주의적 · 비합법적 제도로서 그 존재가치가 문제될 것이다. 그러므로 이유 있는 심판청구가 기각됨으로써 위법 · 부당한 처분이나 부작위가 유효하게 그대로 유지됨으로 인하여 청구인이 침해당한 손해 등에 대하여 적절한 구제조치가 제도적으로 마련되어야 하는 것은 당연하다고 할 것이다. 따라서 행정심판법도 이러한 경우에 대비하여 미흡하지만 다음과 같은 규정을 두고 있다.

현행 행정심판법에 의하면, 위원회는 사정재결을 할 때에는 청구인에 대하여 상당한 구제방법을 취하거나 상당한 구제방법을 취할 것을 피청구인에게 명할 수 있다(법 제44조 제2항). 여기에서 '상당한 구제방법'이란 원칙상 사정재결로 인하여 청구인이 받는 손해의 전체라고 보아야 한다. 따라서 사정재결시 행하여지는 구제조치가 상당한 구제방법이 되지 못하는 경우에는 사정재결에 고유한 하자가 있는 것으로 보아 사정재결의 구제조치에 대하여 취소소송을 제기할 수 있는 것으로 보아야 한다.[59] 한편, 본문의 '명할 수 있다'는 것은 구제조치의 취지로 보아 반드시 '명하여야 한다'로 해석하여야 한다.[60]

본조와 관련하여 생각할 수 있는 구제방법으로는 손해의 전보, 원상회복, 재해방지시설의 설치 등이 있다고 본다.

4) 사정재결의 적용범위

사정재결은 취소심판 및 의무이행심판에만 인정되고, 무효등확인심판에는 인정되지 아니한다(법 제44조 제3항). 이에 대하여 행정처분이 취소할 수 있는 것에 해당하는가 무효에 해당하는 것인가는 심리의 종료단계에 이르러 비로소 확정되는 경우가 많기 때문에 무효인 처분에 대하여서도 사정재결의 필요는 생길 수 있다는 점 등을 이유로 무효등확인심판에도 사정재결이 인정되어야 한다는 주장도 제기된다. 그러나 이 문제는 본조항에서 명문으로 「무효등확인심판에는 적용하지 아니한다」고 규정하고 있어 논란의 여지가 없다고 본다.

4. 인용재결

인용재결(認容裁決)이라 함은 행정심판위원회가 본안심리의 결과 행정심판청구가 이유 있다고 인정하여 청구인의 청구취지를 받아들이는 내용의 재결을 말한다. 행정심판위원회는 인용재결에 스스로 청구취지에 따른 처분을 할 수도 있고, 처분청에 그에 따른 처분을 하도록 명할 수도 있다.

인용재결은 청구의 취지를 받아들이는 재결이므로 심판청구의 내용에 따라, 취소 · 변경재결 및 변경명령재결, 무효등확인재결, 의무이행재결이 있다.

---

59) 박균성, 전게서, 680면.

60) 김남진 · 김연태, 전게서, 695면; 박균성, 상게서, 680면.

1) 취소 · 변경재결

취소 · 변경재결이란 위원회가 취소심판의 청구가 이유가 있다고 인정하는 경우에 스스로 처분을 취소 또는 다른 처분으로 변경하거나 처분을 다른 처분으로 변경할 것을 피청구인에게 명하는 재결을 말한다(법 제43조 제3항). 이러한 취소 · 변경재결에는 처분취소재결, 처분변경재결 및 처분변경명령재결이 있다. 이 중 처분취소재결과 처분변경재결은 위원회가 스스로 처분을 취소 또는 변경하는 것이므로 형성재결이고, 처분변경명령재결은 위원회가 처분청에게 처분의 변경을 명령하는 것이기 때문에 이행재결의 성질을 가진다고 볼 수 있다.[61] 그러나 현행 행정심판법에는 처분청이 처분변경명령재결에 따르지 않는 경우에 대한 강제방법이 없는데, 이는 입법의 미비라고 할 수 있다.

여기의 취소재결에는 처분의 전부취소를 내용으로 하는 것과, 일부취소를 내용으로 하는 재결이 포함된다고 본다. 한편, 변경재결에 있어서 '변경'의 의미에 관하여는 다툼이 있을 수 있다. 행정심판법은 취소와 함께 변경을 별도로 규정한 점과 의무이행재결을 인정한 점에 비추어 보아 여기의 '변경'은 소극적인 일부취소만을 의미하는 것이 아니라 원처분에 갈음하는 새로운 처분으로 대체한다는 처분내용의 '적극적 변경'의 뜻으로 새겨야 할 것이다.

2) 무효등확인재결

무효등확인재결이란 위원회가 무효등확인심판의 청구가 이유가 있다고 인정하는 경우에 처분의 효력의 유무 또는 존재의 여부를 확인하는 재결을 말한다(법 제43조 제4항). 이러한 확인재결에는 처분무효확인재결, 처분유효확인재결, 처분부존재확인재결, 처분존재확인재결, 처분실효확인재결이 있다.

3) 의무이행재결

의무이행재결이라 함은 위원회가 의무이행심판의 청구가 이유가 있다고 인정하는 경우에 지체없이 신청에 따른 처분을 하거나 처분을 할 것을 피청구인에게 명하는 재결을 말한다(법 제43조 제5항). 여기에서 전자의 재결을 '처분재결'이라 하고, 후자를 '처분명령재결'이라고 부를 수 있으며, 전자는 형성재결의 성질을 갖는 것으로 볼 수 있다.[62]

여기의 '신청에 따른 처분이나 처분을 명령하는 재결'이란 기속행위의 경우 청구인의 청구내용대로의 처분을 하거나 이를 할 것을 명하는 재결을 말하며, 재량행위에서 위원회의 재결은 반드시 청구인의 청구내용대로 처분청으로 하여금 처분을 하라는 의미가 아니라 다시 하자 없는 내용

---

61) 김남진 · 김연태, 상게서, 696면; 김동희, 전게서, 657면; 박균성, 상게서, 675면.

62) 김남진 · 김연태, 상게서, 696면.

으로 재량행사를 하라는 명령재결이 된다(다수설). 그리고 위원회가 처분재결과 처분명령재결 중에서 선택할 수 있는가 하는 것이 문제되는데, ① 법문상 행정심판위원회가 전적으로 선택에 있어 재량을 갖는다는 견해, ② 처분청의 권한존중을 이유로 원칙적으로 처분명령재결을 활용하고 예외적으로 처분재결을 활용하여야 한다는 견해 등이 있으나, ③ 결론적으로 신속한 권리보호의 관점에서 행정심판위원회가 원처분에 대하여 충분한 심사를 할 수 있는 경우에는 처분재결을, 그 밖의 경우에는 처분명령재결을 활용하는 것이 바람직하다.[63]

Ⅴ. 재결의 효력

행정심판에 있어서의 재결은 재결서의 정본이 청구인에게 송달되었을 때 그 효력(구속력)을 발생하게 된다(법 제48조 제1항, 제2항). 행정심판법은 재결의 효력에 관하여 기속력에 관한 규정만을 두고 있으나(법 제49조), 재결도 행정행위의 하나이므로 그것이 당연무효인 경우 외에는 다른 행정행위와 마찬가지로 형성력, 집행력, 불가쟁력과 불가변력 등을 발생하게 되는 바, 이를 살펴보면 다음과 같다.

1. 기속력

심판청구를 인용하는 재결은 피청구인인 행정청과 그 밖의 관계행정청을 기속(羈束)한다(법 제49조 제1항).

1) 의 의

재결의 기속력이라 함은 피청구인인 행정청과 그 밖의 관계행정청이 재결의 취지에 따라 행동하여야 할 의무를 발생시키는 구속력을 말한다. 재결의 기속력은 인용재결의 경우에만 인정되는 효력이고, 각하 · 기각재결에는 인정되지 않는다.

행정심판법 제49조 제1항은 「심판청구를 인용하는 재결은 피청구인과 그 밖의 관계 행정청을 구속한다」고 규정하여 재결의 구속력을 인정하고 있다. 이러한 재결의 기속력에 반복금지효가 포함된다는 것에 대하여는 이견이 없지만 원상회복의무 및 재처분의무가 포함되는가에 대하여는 거부처분의 취소재결과 관련하여 논의의 대상이 된다. 다만, 행정심판법 제49조 제2항과 제3항은 이행재결, 절차의 위법 또는 부당을 이유로 한 취소재결의 경우에 재결의 취지에 따른 재처분의무를 명시적으로 인정하고 있다.

---

63) 홍정선, 전게서, 594-595면.

2) 기속력의 내용

재결의 기속력의 결과 관계행정청은 재결의 의무를 실현할 의무를 지는데, 구체적으로 다음과 같은 의무를 진다.

(1) 동일처분의 반복금지효

행정청은 처분의 취소재결, 변경재결, 또는 무효, 부존재, 실효재결이 있는 경우 동일한 사정 아래서는 같은 내용의 처분을 되풀이 하지 못하며 동일한 과오를 반복하지 못한다.[64]

재결은 당해 처분에 관하여 재결주문 및 전제가 된 요건사실의 인정과 판단에 대하여 처분청을 기속하므로 당해 처분에 관하여 위법한 것으로 재결에서 판단된 사유와 기본적 사실관계에 있어 동일성이 인정되는 사유를 내세워 다시 동일한 내용의 처분을 하는 것은 허용되지 않는다.[65]

(2) 원상회복의무

취소재결의 기속력에는 해석상 원상회복의무가 포함되는 것으로 보는 것이 타당하다. 따라서 취소재결이 확정되면 행정청은 취소된 처분에 의하여 초래된 위법상태를 제거하여 원상으로 회복할 의무가 있다.

(3) 처분의무

행정심판법은 「당사자의 신청을 거부하거나 부작위로 방치한 처분의 이행을 명하는 재결이 있으면 행정청은 지체 없이 그 재결의 취지에 따라 다시 이전의 신청에 대한 처분을 하여야 할 의무를 진다」고 하여 행정청의 재처분의무를 명시적으로 규정하고 있다(법 제49조 제2항).

행정청의 적극적 처분의무에 관한 행정심판법 제49조 제2항 전단의 규정은 신청에 따른 처분이 절차의 위법 또는 부당을 이유로 재결로써 취소된 경우에 이를 준용한다(법 제49조 제3항).

3) 기속력의 범위

기속력이 미치는 주관적 범위는 피청구인인 행정청뿐만 아니라 그 밖의 모든 관계행정청이다(법 제49조 제1항).

기속력의 객관적 범위는 재결의 취지라고 할 수 있다. 즉 기속력의 객관적 범위는 재결의 주문 및 재결이유 중 전제가 된 요건사실의 인정과 처분 등의 구체적 위법사유의 판단에만 미친다고 할 것이고, 재결의 결론과 직접 관련이 없는 방론이나 간접사실에 대한 판단에까지는 미치지 아니한다. 따라서 새로운 처분의 처분사유와 종전 처분에 관하여 위법한 것으로 재결에서 판단된

---

64) 대판 1983.8.23, 82누302.

65) 대판 2003.4.25, 2002두3201.

사유가 기본적 사실관계에 있어 동일성이 없으면 새로운 처분이 종전 처분에 대한 재결의 기속력에 저촉되지 않는다.[66)]

4) 의무이행명령재결의 기속력확보를 위한 직접처분

위원회는 피청구인이 재결의 취지에 따른 처분을 하지 아니하는 경우에는 당사자가 신청하면 기간을 정하여 서면으로 시정을 명하고 그 기간에 이행하지 아니하면 직접처분을 할 수 있다. 다만, 그 처분의 성질이나 그 밖의 불가피한 사유로 위원회가 직접처분을 할 수 없는 경우에는 그러하지 아니하다(법 제50조 제1항). 여기의 '직접처분'이란 처분청이 의무이행재결(처분명령재결)의 취지에 따라 이전의 신청에 대한 처분을 하지 아니하는 경우 위원회가 당해 처분을 직접 행하는 것을 말한다.[67)] 또한 여기서 '그 처분의 성질이나 그 밖의 불가피한 사유로 위원회가 직접처분을 할 수 없는 경우'로서는, 해당 행정청만이 정보를 가지고 있거나(정보공개청구의 경우) 해당 행정청의 행정적·재정적 조치를 기다려야 실효를 거둘 수 있는 처분(이주대책이행청구의 경우) 등과 같이 당해 행정청만이 처분을 할 수 있는 경우를 들 수 있다.[68)]

이와 같은 직접처분제도는 의무이행심판에서 처분명령재결의 실효성을 확보하기 위하여 1995년 행정심판법 개정에서 도입된 제도이고, 2010년 개정된 행정심판법에서는 동법 제50조 제1항 단서를 신설하여 예외적인 경우에 위원회에 의한 직접 처분권을 제한할 수 있는 근거를 마련하고 있다.

그리고 위원회가 직접처분을 하였을 때에는 그 사실을 해당 행정청에 통보하여야 하며, 통보를 받은 행정청은 위원회가 한 처분을 자기가 한 처분으로 보아 관계법령에 따라 관리·감독 등 필요한 조치를 하여야 한다(법 제50조 제2항).

2. 형성력

재결의 형성력이란 재결의 내용에 따라 새로운 법률관계의 발생이나 종래의 법률관계의 변경·소멸을 가져오는 효력(구속력)을 말한다. 재결에 의하여 청구가 인용되어 원처분의 전부 또는 일부가 취소된 경우에는 당해 처분은 행정청이 이를 다시 취소하지 않아도 원처분의 당해 부분은 처분시에 소급하여 효력이 소멸되어 처음부터 존재하지 않는 것으로 된다. 또한 변경재결에 의하여 원처분이 취소되고 그에 갈음하는 별개의 처분이 행해진 경우 및 의무이행심판에 있어서의 처분재결이 행하여진 경우에 있어서의 구속력 또한 형성력의 성질을 갖는 것으로 볼 수 있다.

그러나 모든 재결에 형성력이 인정되는 것은 아니다. 위원회가 재결로써 직접 처분의 취소·변

---

66) 대판 2005.12.9, 2003두7705.

67) 박균성, 전게서, 683면.

68) 김동희, 전게서, 662면.

경 등을 하지 않고 처분취소명령재결, 처분변경명령재결, 처분명령재결을 한 경우에는, 당해 재결은 형성력을 발생시키는 것이 아니라 기속력을 발생시키게 된다.[69] 재결의 형성력은 제3자에게도 미치므로 이를 '대세적 효력'이라고 한다.

3. 집행력

침익적 처분의 무효등확인심판 또는 취소심판의 재결에 있어서 청구인의 청구가 인용된다고 하더라도 그 인용재결의 집행력은 문제가 되지 않는다. 이에 대하여 거부처분 또는 부작위에 대한 취소심판 또는 의무이행심판에 대한 인용재결이 있으면, 처분청은 재결의 취지에 따른 처분을 하여야 하는 의무가 있는 것이므로 집행력의 문제가 제기될 수 있다.

행정소송법은 행정청이 판결의 기속력에 따른 처분의무를 이행하지 않는 경우에는 법원이 그 의무불이행에 따르는 손해의 배상을 명할 수 있다고 규정하고 있는데(동법 제34조 제1항), 행정심판법에는 이러한 간접강제에 관한 규정을 두고 있지 아니하다. 종래에는 재결청은 처분청의 직근상급청인 것이 보통이었으므로 처분청에 의한 재결에 따른 처분의무의 불이행의 문제는 제기되지 않았다. 그러나 현재는 지방자치단체의 장이 직선되고 있고, 또한 행정심판의 재결기관이 행정심판위원회로 되었다는 사실과 관련하여 볼 때 거부처분 또는 부작위청인 시장 등이 이행재결의 내용을 이행하지 아니하는 부정적 결과가 발생할 경우도 있을 것으로 보인다. 이러한 경우에 대비하여 행정심판법은 행정소송법과는 달리 행정심판위원회의 직접처분권을 규정하고 있다.[70]

4. 불가쟁력과 불가변력

1) 불가쟁력

재결의 불가쟁력(不可爭力)이란 재결은 행정행위로서의 성질을 가지므로 통상적인 경우와 마찬가지로 재결 그 자체에 고유한 위법이 있는 경우에 그에 대한 행정소송을 제기할 수 있으나(행정소송법 제19조 단서), 제소기간(동법 제20조)이 경과하면 더 이상 재결의 효력을 다툴 수 없게 되는 구속력을 말한다.

2) 불가변력

재결의 불가변력(不可變力)이라 함은 재결은 준사법절차인 쟁송절차를 거쳐 행하여지는 판단행위로서의 성격을 갖기 때문에 일단 재결이 행하여진 이상 통상의 행정행위와는 달리 설령 그것이

---

69) 김남진 · 김연태, 전게서, 698면.

70) 김동희, 전게서, 662-663면.

위법하다고 하더라도 행정심판위원회가 스스로 그 재결을 취소·변경할 수 없는 구속력을 말한다. 이를 '자박력'이라고도 한다.

Ⅵ. 재결에 대한 불복

1. 재심판청구의 금지

심판청구에 대한 재결이 있는 경우에는 재결 및 같은 처분 또는 부작위에 대하여 다시 행정심판을 청구할 수 없다(법 제51조). 이러한 재결에 대한 재심판청구의 금지를 통하여 행정심판의 단계를 단일화시켰다. 그러나 국세기본법 등 개별법에 특별규정이 있으면 그에 따라 여러 단계의 행정심판이 인정되는 경우도 있다. 따라서 재결에 불복이 있으면 행정소송에 의하여 다투어야 한다.

2. 재결에 대한 행정소송

행정심판에 대한 재결도 행정행위로서의 성질을 가지므로 그것이 위법한 경우에는 행정소송을 제기하여 그 취소 등을 구할 수 있을 것이다(행정소송법 제2조 제1항 제1호). 그러나 이 경우 청구인에게는 원처분과 재결처분의 두 가지 중에서 어떠한 처분이 소송의 대상이 되는지가 문제되는데, 행정소송법은 기본적으로 '원처분주의'를 채택하고 있다. 즉 원칙적으로는 원처분 자체의 위법을 이유로 하여서만 행정소송의 제기가 가능하나(동법 제19조 본문), 예외적으로 재결 자체에 고유한 위법이 있음을 이유로 하는 경우에는 재결을 행정소송의 대상으로 할 수 있도록 하고 있다(동조 단서). 여기에서 말하는 '재결 자체에 고유한 위법'이란 원처분에는 없고 재결에만 있는 재결청(행정심판위원회)의 권한 또는 구성의 위법, 재결의 절차나 형식의 위법, 내용의 위법 등을 뜻하고, 그 중 내용의 위법에는 위법·부당하게 인용재결을 한 경우가 해당한다.[71] 기각재결이나 사정재결이 존재하는 경우에도 행정소송의 제기가 가능하다.[72]

71) 대판 1997.9.12, 96누14661; 대판 2001.7.27, 99두2970.

72) 류지태, 전게서, 512면.

제10절 행정심판청구의 고지제도

Ⅰ. 고지제도의 의의

1. 개 념

행정심판의 고지제도라 함은 행정청이 처분을 할 때에는 처분의 상대방에게 해당 처분에 대하여 행정심판을 청구할 수 있는지의 여부와 행정심판을 청구하는 경우의 심판청구의 절차 및 심판청구기간을 알려야 할 뿐만 아니라, 이해관계인이 요구하면 해당 처분이 행정심판의 대상이 되는 처분인지의 여부와 행정심판의 대상이 되는 경우 소관 위원회 및 심판청구기간을 알려주어야 하는 제도를 말한다(법 제58조). 이를 '불복고지제도'라고도 한다.

고지제도는 1985년에 행정심판법에 규정되었고, 이후 1998년에 제정되어 시행되고 있는 행정절차법 제26조에서도 규정하고 있다. 그런데 행정절차법과 행정심판법을 보면, ① 두 법률의 관계는 논리상으로는 행정절차법이 일반법이지만 내용상으로는 행정심판법이 일반법이고, ② 행정절차법은 행정심판법에 비하여 고지의 대상을 포괄적으로 규정하고 있으며, ③ 행정절차법은 행정심판법의 경우와 달리 고지의무 위반에 대한 제재수단에 관하여 규정하는 바가 없다. 이러한 고지규정은 그 취지로 보아 본래 행정절차법에 두어야 할 규정이다. 따라서 행정절차법을 제정한 이상 고지제도를 여러 법률에 규정을 그대로 두는 것보다는 행정절차법에서 단일의 규정을 하면 입법체계상 훨씬 합리적이라고 생각한다.[73] 그러나 여기에서는 행정심판법의 고지에 관하여 살펴보고자 한다.

2. 제도적 의의

고지제도는 국민에게 행정심판제도의 이용기회를 보장하고 행정청에 의한 처분의 적정성을 확보하는 데에 제도적 의의가 있으며, 이러한 점에서 이 제도가 필요하다.

---

73) 홍정선, 전게서, 565면.

1) 행정심판청구의 기회보장

행정청의 처분에 대한 불복제도가 마련되어 있다고 하더라도 일반국민은 대다수가 법률지식이 없어 보통 이를 알지 못하거나 당해 처분이 행정심판청구의 대상이 되는지의 여부나 그 청구절차를 모르는 경우가 적지 않다. 그러므로 처분의 상대방 기타 이해관계인은 단기의 심판청구기간이 경과함으로써 심판청구의 기회를 상실하거나 심판청구를 하더라도 부적법한 청구로서 본안심리도 받지 못하고 각하될 우려도 있다. 따라서 이 고지제도에 의하여 위에서 지적한 바와 같은 부당한 결과의 발생을 막고, 국민에게 행정구제의 기회를 보장하여 주려는 점에서 필요하다.

2) 처분의 적정성 확보

고지제도가 존재함으로써 행정청이 처분을 하는 경우 당해 처분에 대한 행정심판청구의 가능성을 의식하고 엄밀한 법률의 검토작업을 거쳐 더욱 신중을 기하게 될 것이며, 이를 통하여 행정의 적정화를 도모하는 데에 큰 기능을 수행할 수 있을 것이다.

Ⅱ. 행정심판법상 고지의 성질

고지는 비권력적 사실행위이며, 그 자체로서는 아무런 법적 효과도 발생하지 않는 준법률행위적 행정행위가 아니다. 이러한 고지는 행정심판법의 규정에 의하여 행정처분의 통지에 따르는 법정절차이기는 하지만 행정처분 그 자체의 절차는 아니다. 따라서 고지 그 자체는 행정쟁송의 대상이 되지 아니한다. 다만, 불고지 또는 오고지로 인하여 손해가 발생한 경우에는 국가배상청구를 할 수 있을 것이다.[74)]

한편, 행정심판법의 고지제도에 관한 규정의 성질에 관하여는 훈시규정이라는 견해와 강행규정 또는 의무규정이라는 견해로 나누어져 있다. 잘못된 고지가 행정행위의 효력에 영향을 미치는 것은 아니다. 그럼에도 그릇된 고지 등에 일정한 절차상의 제재적 효과가 가하여지는 점을 고려할 때 강행규정으로 보아야 할 것이다.[75)]

Ⅲ. 행정심판법상 고지의 유형

행정심판법은 직권고지와 신청에 의한 고지의 두 가지 종류의 고지제도를 규정하고 있다.

---

74) 박균성, 전게서, 686면.

75) 홍정선, 전게서, 565면.

1. 직권에 의한 고지

행정청이 처분을 할 때에는 처분의 상대방에게 해당 처분에 대하여 행정심판을 청구할 수 있는지의 여부, 행정심판을 청구하는 경우의 심판청구절차 및 심판청구기간을 직권으로 알려야 한다(법 제58조 제1항).

1) 직권고지의 주체와 상대방

고지의 주체는 행정청, 즉 행정에 관한 의사를 결정하여 표시하는 국가 또는 지방자치단체의 기관, 그 밖에 법령 또는 자치법규에 따라 행정권한을 가지고 있거나 위탁을 받은 공공단체나 그 기관 또는 사인을 말한다(법 제58조 제1항, 제2조 제4호).

고지의 상대방은 해당 처분의 상대방이다(법 제58조 제1항). 그러나 실제 행정처분에는 이른바 복효적 행정행위가 많으며, 이 경우 처분의 제3자는 당해 처분에 의하여 그 법적 이익이 침해되는 것이다. 행정심판법은 이러한 경우를 포함한 이해관계인에게 고지청구권을 인정하고 있다(동조 제2항). 그러나 비교적 단기의 심판청구기간을 감안하면, 복효적 행정행위에 의하여 그 법적 이익이 침해되는 제3자에 대하여는 직권으로 고지하도록 하는 것이 바람직하다고 할 것이다.[76]

2) 직권고지의 대상

고지의 대상이 되는 처분은 서면에 의한 처분뿐만 아니라 구두에 의한 처분도 포함된다.[77] 2010년 개정 전의 행정심판법에서는 서면에 의한 처분만이 고지의 대상이 되었으며, 구두에 의한 처분은 불복고지의 대상이 되지 않았다(구 행정심판법 제42조 제1항 참조). 그러나 현행법에서는 이러한 제한을 두지 않고 있으며, 따라서 행정청이 행하는 모든 처분이 고지의 대상이 된다고 할 것이다(법 제58조 제1항).[78] 고지의 대상인 처분은 행정심판법에 의한 심판청구의 대상이 되는 처분에 국한되지 아니하고 널리 다른 법령에 의하여 행정심판의 대상이 될 수 있는 처분도 불복고지의 대상이 된다고 할 수 있을 것이다. 여기의 '다른 법령에 의한 행정심판'에는 이의신청(예 : 국세기본법 제66조, 주민등록법 제21조, 토지취득보상법 제83조 내지 제88조 등), 심사청구(예 : 국세기본법 제55조, 공무원연금법 제80조), 심판청구(국세기본법 제67조) 등이 있다.

수익적 행정행위에 대하여는 상대방의 불복이 있을 수 없으므로 고지를 할 필요가 없다. 이를테면 신청에 따른 처분이 있는 경우에는 신청된 대로 처분이 행하여진 것이기 때문에 상대방이 이를 다툴 이유가 없어 고지가 불필요하다. 그러나 신청을 거부한 처분이나 신청된 것과 다른 내용의 처분 및 부관이 붙여진 처분의 경우에는 고지를 하여야 할 것이다.

---

76) 김동희, 전게서, 666면.

77) 홍정선, 전게서, 566면.

78) 김남진 · 김연태, 전게서, 701면.

3) 직권고지의 내용

행정심판법이 규정하고 있는 고지의 내용은, 해당 처분에 대하여 행정심판을 청구할 수 있는지의 여부, 행정심판을 청구하는 경우의 심판청구절차 및 심판청구기간에 관한 사항이다(법 제8조 제1항). 여기의 심판청구절차 중에서 중요한 것은 행정심판청구서를 제출할 행정청, 즉 처분청과 위원회의 명칭을 고지하는 것이다. 그리고 행정심판청구가 불필요한 경우에는(행정소송법 제18조 제3항) 불필요하다는 사항까지 고지하여야 한다고 본다.

4) 직권고지의 방법 · 시기

행정심판법은 고지의 방법이나 시기에 대하여는 특별한 규정을 하고 있지 않다. 따라서 고지는 서면으로, 구술로 모두 가능하다. 그러나 문서로 고지하는 것이 바람직하다. 그리고 고지는 원칙적으로 처분과 동시에 하여야 할 것이다. 다만, 처분시에 고지를 하지 못한 경우에는 처분 후 상당한 기간 내에 사후고지를 하면 그 하자가 치유된다고 볼 수 있을 것이다.

2. 신청에 의한 고지

행정청은 처분의 이해관계인이 요구하면 지체 없이 고지하여야 한다(법 제58조 제2항).

1) 고지의 신청권자

고지를 신청할 수 있는 자는 처분의 이해관계인이다(법 제58조 제2항). 여기에서 '이해관계인'이라 함은 처분의 상대방뿐만 아니라 보통 해당 처분으로 인하여 자기의 법률상 이익이 침해되었다고 주장하는 복효적 행정행위에 있어서의 제3자일 것이지만, 처분시에 행정청으로부터 고지를 받지 못한 상대방도 포함한다고 보아야 할 것이다.

2) 신청고지의 대상

신청에 의한 고지의 대상은 직권에 의한 고지의 경우와 다를 바 없다. 따라서 이러한 고지는 서면에 의한 고지에 한정할 이유도 없다. 고지의 신청권자의 법률상 이익을 침해한 모든 처분이 신청고지의 대상에 포함된다고 할 것이다. 그러나 처분 이외의 행정작용은 여기에 포함되지 아니한다.

3) 신청고지의 내용

고지의 내용은 해당 처분이 행정심판의 대상이 되는 처분인지의 여부, 행정심판의 대상이 되는 경우 소관 위원회 및 심판청구기간 중에서 당사자가 고지하여 줄 것을 요구한 사항이다(법 제58

조 제2항). 소관 위원회 및 청구기간은 당해 처분이 행정심판의 대상이 되는 경우에 고지의 대상이 된다.

4) 신고고지의 방법 · 시기

고지의 방법에 관하여 행정심판법은 「서면으로 알려줄 것을 요구받으면 서면으로 알려 주어야 한다」고 규정하고 있다(법 제58조 제2항 제2문). 따라서 특별히 서면으로 알려줄 것을 요구받지 않을 경우에는 구술로 고지하여도 무방하다고 새겨진다.

고지의 시기에 관하여는 「지체 없이 알려 주어야 한다」고 규정하고 있다(동조항 제1문). 여기의 '지체 없이'란 사회통념에 의하여 결정되어 행정심판을 청구하는 데 큰 지장을 주지 않을 정도의 합리적인 기간을 의미한다.

Ⅳ. 행정심판법상 고지의무위반의 효과

행정심판법은 행정청이 고지의무가 있음에도 불고지(不告知) 및 오고지(誤告知)로 인하여 고지의무를 위반한 경우의 효력과 관련하여 당해 처분의 상대방 또는 이해관계인의 권리구제를 위한 규정을 하고 있는데, 이를 짚어보면 다음과 같다.

1. 처분의 위법의 여부

행정심판법은 고지의무위반이 당해 처분의 효력에 영향을 미치는 것은 아니지만 경유절차 및 청구기간과 관련하여 일정한 제약을 가하고 있다. 고지의무위반의 효과는 불고지 및 오고지라고 하는 의사 그 자체의 흠결에서 나오는 것이 아니라 행정심판법이 고지제도의 실효성확보를 위하여 특별히 규정함으로써 나타나게 되는 결과라는 점을 간과하여서는 아니 될 것이다. 따라서 행정청의 불고지나 오고지는 고지의무를 이행하지 아니한 잘못이 있다고는 하더라도 그로 인하여 행정심판의 대상이 되는 처분을 위법하게 만드는 것은 아니다.[79]

2. 심판청구서제출기관의 불고지 · 오고지

행정청이 행정심판법 제58조에 따른 고지를 하지 아니하거나(불고지) 잘못 고지하여(오고지) 청구인이 심판청구서를 처분청이나 위원회가 아닌 다른 행정기관에 제출한 경우에는 그 행정기

---

79) 대판 1987.11.24, 87누529.

관은 심판청구서를 지체 없이 정당한 권한이 있는 피청구인에게 보내야 하고(법 제23조 제2항), 이에 따라 심판청구서를 보낸 행정기관은 지체 없이 그 사실을 청구인에게 알려야 한다(동조 제3항). 이 경우 심판청구기간을 계산할 때에는 제1항에 따른 피청구인이나 위원회 또는 제2항에 따른 행정기관에 심판청구서가 제출되었을 때에 행정심판이 청구된 것으로 본다(동조 제4항).

3. 심판청구기간의 불고지 · 오고지

행정청이 심판청구기간을 알리지 아니한 경우에는 그 심판청구기일은 당해 처분이 있었던 날부터 180일이 된다(법 제27조 제6항). 이 경우 청구인이 처분이 있는 것을 알았는지의 여부, 청구인이 고지에 관계없이 심판청구기간에 관하여 알고 있었는지의 여부는 문제되지 않는다.[80)]

행정청이 심판청구기간을 법에 규정한 기간(동조 제1항)보다 긴 기간으로 잘못 알린 경우, 그 잘못 알린 기간에 심판청구가 있으면 그것이 비록 법정의 청구기간을 경과한 때에도 적법한 기간 내에 심판이 청구된 것으로 본다(동조 제5항). 이 조항의 규정은 행정심판의 청구에 관하여 적용되는 규정이며, 행정소송의 제기에도 당연히 적용되는 규정이라고 할 수는 없다.[81)]

4. 행정심판전치 여부의 오고지

행정소송법은 행정소송을 제기하기 전에 반드시 행정심판을 거쳐야 하는 경우인 데도 불구하고, '처분을 행한 행정청이 상대방에게 행정심판을 거칠 필요가 없다고 잘못 알린 때'에는 행정심판을 제기함이 없이 행정소송을 제기할 수 있도록 하고 있다(동법 제18조 제3항 제4호).

5. 현행 행정심판법상의 입법적 미비점

위에서 본 바와 같이 행정심판법은 고지의 내용으로서의 행정심판청구절차나 청구기간을 알리지 않았거나 잘못 알린 경우에 대하여는 그 구제조치를 규정하고 있다. 그러나 행정청이 해당 처분에 대하여 행정심판을 청구할 수 있음에도 불구하고 그것이 불가능한 것으로 고지한 경우에 대한 구제조치는 규정하고 있지 아니한 바, 이것은 입법의 흠결로서 앞으로 마땅히 입법론적으로 시정되어야 할 것으로 본다.[82)]

---

80) 김남진 · 김연태, 전게서, 703면.

81) 대판 2001.5.8, 2000두6916.

82) 김동희, 전게서, 668면.

제11절 행정심판법에 대한 특례규정

Ⅰ. 특례규정의 필요성

오늘날의 행정은 새로운 행정수요에 따라 행정영역이 양적으로 확대화 · 다양화되고 질적으로는 전문화 · 기술화의 특징을 지니고 있는데, 이러한 특성은 행정심판에도 반영될 수밖에 없다. 일반적 심판절차로서의 행정심판법상의 행정심판에 대하여는 노동행정, 인사행정, 조세행정, 토지행정, 특허행정, 사회보장행정 등의 광범위한 행정분야에서 다양한 특별규정을 두고 있다. 이러한 특례규정은 기본적으로 관련된 행정작용의 전문성 · 기술성과 행정통제의 능률성보장의 필요성에서 그 정당성의 근거를 찾을 수 있으나, 어느 경우에나 그 타당성이 인정되는 것으로 볼 수는 없다.

이와 같은 점을 고려하여 행정심판법은 제4조 제1항에서 「사안의 전문성과 특수성을 살리기 위하여 특히 필요한 경우 외에는 이 법에 따른 행정심판을 갈음하는 특별한 행정불복절차(이하 "특별행정심판"이라 한다)나 이 법에 따른 행정심판절차에 대한 특례를 다른 법률로 정할 수 없다」고 하고, 제4조 제3항은 「관계 행정기관의 장이 특별행정심판 또는 이 법에 따른 행정심판절차에 대한 특례를 신설하거나 변경하는 법령을 제정 · 개정할 때에는 미리 중앙행정심판위원회와 협의하여야 한다」고 규정하고 있다. 이 규정을 볼 때, 특별행정심판이나 행정심판절차에 대한 특례규정은 극히 예외적인 경우에 한정적으로만 인정하여야 한다는 것이 행정심판에 관한 법의 취지임을 알 수 있게 된다.

현재 행정심판에 대한 특례를 인정하고 있는 법률은 무려 60여개 정도가 되는데, 이러한 법률들의 대표적인 것을 형식적 관점에서 분류하여 보면 다음 Ⅱ · Ⅲ · Ⅳ와 같다.[83]

Ⅱ. 특별행정심판절차

여기에 해당하는 것으로는 노동행정심판(노동조합 및 노동관계조정법 제69조 제1항 · 제85조

83) 김동희, 상게서, 668-669면.

제1항, 노동위원회법 제26조 제1항, 산업재해보상보험법 제103조 제1항 · 제5항), 공무원소청심사(국가공무원법 제76조, 지방공무원법 제67조, 교육공무원법 제53조, 소방공무원법 제21조, 전투경찰대설치법 제6조, 법원공무원규칙 제112조), 선거소청(공직선거법 제219조), 조세심판(국세기본법 제55조 내지 제81조, 지방세기본법 제117조 내지 제127조, 관세법 제5장), 심사청구(감사원법 제3장), 특허심판(특허법 제7장 · 제8장, 실용신안법 제8장, 상표법 제7장 · 제8장, 디자인보호법 제7장 · 제8장) 등이 있다.

Ⅲ. 약식절차

이에 해당하는 것으로는 토지거래불허가처분에 대한 이의신청(국토의 계획 및 이용에 관한 법률 제120조), 수용재결에 대한 이의신청(공익사업을 위한 토지 등의 취득 및 보상에 관한 법률 제83조), 지방자치단체의 사용료 등의 부과처분에 대한 이의신청(지방자치법 제140조) 등을 들 수 있다.

Ⅳ. 일부특례규정

도시계획사업시행자의 처분에 대한 행정심판(국토계획법 제134조), 택지개발사업시행자의 처분에 대한 행정심판(택지개발촉진법 제27조), 행정청이 아닌 도시개발사업시행자의 처분에 대한 행정심판(도시개발법 제75조), 행정대집행에 대한 행정심판(행정대집행법 제7조), 금융감독원의 처분에 대한 행정심판(금융위원회의 설치등에 관한 법률 제70조) 등이 이러한 경우에 해당된다.

제5장 행정소송

제1절 행정소송의 의의

Ⅰ. 행정소송의 개념

행정소송이라 함은 행정법상의 법률관계에 관한 분쟁에 대하여 당사자의 소(訴)의 제기에 의하여 제3자적인 독립적 지위에 있는 법원이 그 행정사건을 소송절차를 거쳐 심리 · 판단하는 정식쟁송절차를 말한다.

다음에서는 행정소송의 개념을 분설하면서, 유사제도와 구별하고자 한다.

1. 행정소송은 행정법상의 법률관계에 관한 분쟁, 즉 행정사건에 관한 소송절차이다

이러한 점에서 사법상의 법률관계에 관한 분쟁, 즉 민사사건에 관한 소송절차인 민사소송과 구별되고, 국가의 형벌권발동의 요건과 범위를 심판하는 소송절차인 형사소송과 구별된다. 그리고 행정소송은 공법상의 분쟁 중에서 헌법소송사항을 제외한 분쟁만을 대상으로 하고, 헌법소송사항은 헌법에 열거되어 있다(헌법 제111조 제1항)는 점에서 양자는 구별된다.

2. 행정소송은 법원이 행정사건을 소송절차를 거쳐 심판하는 정식쟁송제도이다

이러한 행정소송은 행정부와는 독립된 제3자적 지위에 있는 법원이 대심구조 · 구술변론 등 당사자의 권리보호를 위한 소송절차를 거쳐 심리 · 판단하는 정식쟁송이라는 점에서 행정심판 기타의 약식쟁송과 구별된다. 또한 행정소송은 행정청의 위법한 처분만을 대상으로 하고, 행정심판은 부당한 처분도 그 대상으로 한다는 점에서도 다르다.

3. 행정소송은 법원이 심리 · 판단하는 사법작용이다

이와 같은 행정소송은 행정사건을 당사자로부터 독립된 지위에 있는 제3기관인 법원이 판정기관으로 되어 있는 사법작용으로 그 본질을 파악하는 것이 일반적이다. 다만, 행정사건의 관할법원은 국가에 따라 다르며, 일반법원인 국가와 행정재판소인 국가가 있으나, 우리나라는 대륙식의 행정국가형이 아니라 영미식의 사법국가형을 취하여 행정사건도 일반법원이 관장하고 있다.

그리고 행정소송에 관한 일반법으로 「행정소송법」이 있다. 행정소송법은 공익성 · 전문성 등 행정소송의 특수성을 고려하여 민사소송과 달리 행정소송에 대한 특수한 규정을 하고 있다. 다만, 행정소송법은 입법기술상 행정소송에 대한 규율을 망라하여 규정할 수 없으므로 행정소송에 관하여는 원칙적으로 행정소송법(이하 "법"이라 한다)을 적용하되, 행정소송법에 규정되어 있지 않은 사항에 대하여는 민사소송에 관한 규정을 그대로 적용하거나 행정소송의 특수성을 고려하여 수정 적용하여야 할 것이다.

Ⅱ. 행정소송의 기능

행정소송법은 제1조(목적)에서 「행정소송절차를 통하여 행정청의 위법한 처분 그 밖에 공권력의 행사 · 불행사 등으로 인한 국민의 권리 또는 이익의 침해를 구제하고, 공법상의 권리관계 또는 법적용에 관한 다툼을 적정하게 해결함을 목적으로 한다」고 규정하고 있는데, 이는 행정소송의 목적 또는 기능이 권리구제기능과 행정통제기능에 있음을 명백히 밝히고 있다. 여기에 행정소송의 제도적 존재의의가 있다.

1. 권리구제기능

행정법관계에 있어서 위법한 행정작용으로 인하여 권리 · 이익을 침해받은 자는 행정소송을 제기함으로써 침해된 국민의 권리를 구제하는 기능을 수행한다.

행정소송 중 대표적 소송인 항고소송은 본래 '주관적 소송'으로서의 성격을 가지며, 개인의 권리구제를 주된 목표로 삼고 있다. 이러한 점은 행정소송법이 항고소송에 대하여 '법률상 이익'이 있는 자는 국민 누구나 소송을 제기할 수 있도록 하고 있는 데 대하여(법 제12조, 제35조, 제36조 등), 민중소송 및 기관소송은 「법률이 정한 경우에 법률에 정한 자에 한하여 제기할 수 있다」(법 제45조)고 규정하고 있는 점에 잘 나타나 있다.

2. 행정통제기능

행정통제기능이란 법원이 행정사건에 대한 법적 판단을 통하여 행정의 합법성을 보장하는 역할을 말한다.

행정소송은 법원이 '행정청의 처분 등의 위법' 및 '국가 또는 공공단체의 기관의 법률에 위반되는 행위' 등을 심사하는 것을 통하여 행정통제기능(적법성 보장기능)을 담당한다(법 제3조, 제4조 등 참조). 행정소송이 이러한 행정통제기능을 수행하고 있으므로 민사소송과는 달리 직권에 의한 증거조사와 심리, 불고불리원칙의 완화 등의 특수성이 인정되고 있다.

3. 권리구제기능과 행정통제기능의 관계

행정소송은 권리구제기능과 함께 행정통제기능도 담당하고 있다는 점에는 이론이 없으나, 양자의 관계에서 어느 기능이 주된 것인지에 대하여는 의문이다. 이 문제에 관하여는 권리구제기능이 주된 기능이고 행정통제기능은 종된 기능이라 할 수 있다. 행정소송은 쟁송절차로서 당사자의 권리구제신청을 전제로 하여 기능하는 제도이므로 기본적으로 행정작용에 의하여 위법하게 권익을 침해받은 당사자의 권리보호기능을 주로 수행한다고 보아야 한다. 한편, 행정소송은 권력분립의 원칙에 따라 사법부에 의한 행정부의 통제수단으로서도 기능함으로써 행정의 적법성 보장기능을 수행하기도 한다. 그러나 이 기능은 그 자체로서의 독자적인 의미를 갖는다고 하는 것보다는 당사자의 권리보호를 위한 심사과정에서 인정되는 부수적인 기능으로서 이해하여야 할 것이다.[1]

Ⅲ. 행정소송의 본질

행정소송의 본질이 행정작용인가 사법작용인가 하는 것이 문제된다. 행정소송의 본질에 관한 이와 같은 견해의 차이는 어느 한도까지 행정소송의 특수성을 인정할 것인가, 또한 어느 한도까지 행정소송의 재판권이 미치는가라는 문제와 관련하여 실제로 중요한 차이가 있게 된다.[2]

1. 행정작용설

행정작용설은 사법권으로부터 행정권의 독립이라는 권력분립의 입장에서 사법권의 개념을 민사·형사의 재판권으로 이해하고 행정재판의 본질은 행정권의 행사, 즉 행정작용으로 본다.[3] 따라서 행정작용설은 행정작용과 관련된 모든 문제를 행정부의 판단에 맡기게 됨으로써 행정작용에 관한 분쟁해결은 일반사법 법원에 의하는 것이 아니라 행정부 내부에 설치되어 있는 독립한 행정법원에 의하여 행하여지게 된다. 종래 독일·프랑스 등 대륙적 행정제도국가에서 이러한 견해에 입각하고 있었지만, 오늘날은 전반적으로 사법제도국가화하는 경향에 있는 실정이다.

---

1) 김남진·김연태, 「행정법Ⅰ」. 법문사, 2011, 707면; 류지태, 「행정법신론」. 신영사, 2008, 516면.
2) 박평준·박창석, 「보상행정법」. 리북스, 2012, 1027-1028면.
3) 유진오, 「헌법해의」. 일조각, 1959, 243면.

2. 사법작용설

사법작용설은 행정권으로부터 사법권의 독립이라는 권력분립의 입장에서 사법권의 개념을 민사재판권 · 형사재판권 뿐만 아니라 행정사건의 재판권도 포함되는 것으로 이해한다. 따라서 행정사건을 포함한 모든 법률적 쟁송은 사법법원의 통일적 관할로 한다는 점에서 행정소송은 사법작용적 성질을 가지고 있다고 본다.[4] 영미식의 사법제도 국가에서는 행정재판도 처음부터 사법작용으로 파악하였다.

3. 결 어

행정사건에 대한 행정소송재판도 민사재판이나 형사재판과 마찬가지로 법률적 쟁송에 관한 심판 작용이라면, 그것은 당연히 사법작용으로서 독립된 제3자적 지위에 있는 기관인 법원의 관할로 하여야 하는 것이 권력분립원칙 또는 실질적 법치주의원칙의 마땅한 귀결이라 할 수 있을 것이다. 행정소송은 행정사건을 심리 · 판단하는 소송절차이고, 행정소송에 있어서는 단순히 개인의 권리구제적 기능뿐만 아니라 행정의 적법성 · 타당성 보장을 위한 행정통제적 기능도 함께 수행하여야 한다는 점을 볼 때, 이를 민사소송과는 어느 정도 달리 취급할 필요성도 인정된다. 그러나 이러한 지적으로 인하여 행정소송의 본질을 행정작용으로 보고, 그 심판기관도 행정기관이 되어야 한다는 주장의 정당한 논거가 될 수는 없다고 본다.

우리하나 헌법 제101조 제1항은 「사법권은 법관으로 구성된 법원에 속한다」고 규정하고 있는데, 동조항의 사법(司法)에는 민사소송 · 형사소송뿐만 아니라 행정소송도 당연히 포함되는 것으로 보아야 할 것이다. 그러한 관점에서, 헌법 제107조 제2항이 「명령 · 규칙 또는 처분이 헌법이나 법률에 위반되는 여부가 재판의 전제가 된 경우에는 대법원은 이를 최종적으로 심사할 권한을 가진다」고 규정하고 있는 것은 헌법 제101조 제1항을 전제로 한 규정이라고 볼 때, 행정사건의 경우도 다른 사건의 경우와 마찬가지로 대법원이 최종적인 재판권을 행사하도록 되어 있는 점을 새기면 행정소송을 사법작용으로 볼 수 있는 헌법적 근거를 찾을 수 있다.

판례도 행정소송은 그 본질에 있어서 일반민사소송에 불과하다[5]고 하여 행정소송의 사법작용으로서의 성질을 밝히고 있지만, 민사사건과 행정사건의 구별은 같은 사법작용의 테두리 안에서 상대적인 것에 지나지 않는다는 점을 나타내고 있다. 그리하여 행정소송에 있어서는 민사소송에 비하여 여러 가지의 특례규정을 두고 있다.

---

4) 권영성, 「헌법학원론」. 법문사, 2009, 604면, 1088면; 김남진 · 김연태, 전게서, 705면; 김도창, 「일반행정법론(상)」. 청운사, 1993, 730면; 김동희, 「행정법 I」. 박영사, 2011, 672면; 김철수, 「헌법학개론」. 박영사, 2003, 840면, 1296면; 류지태, 전게서, 515면; 박균성, 「행정법강의」. 박영사, 2011, 694면; 박윤흔 · 정형근, 「최신행정법강의(상)」. 박영사, 2009, 750면, 756면; 석종현, 「일반행정법(상)」. 삼영사, 2005, 802면; 이상규, 「신행정법론(상)」. 법문사, 1997, 759면; 허영, 「한국헌법론」. 박영사, 2005, 989-990면.

5) 대판 1954.6.19, 4285行上20.

Ⅳ. 현행 행정소송의 특수성과 문제점

1. 행정소송법의 연혁

우리나라 행정소송법은 1948년의 대한민국 헌법 제81조 제1항에 의거하여 처음으로 1951년 8월 24일 제정되었으나, 그 내용은 전문(全文) 14개조로 구성된 매우 부실한 것이었다. 동법은 제14조에서 이 법에 규정이 없는 사항은 「법원조직법과 민사소송법이 정하는 바에 의한다」고 하였다. 그리하여 행정사건을 일반법원의 관할로 하면서도 행정사건의 특수성을 감안하여 민사소송법에 대한 최소한도의 특례규정만을 두어 지나치게 불완전한 내용이 많았고, 실제 적용에 있어서도 적지 않은 문제점이 제기되었다. 따라서 1980년 이래 이 법에 대한 대폭적인 개정 · 보완작업이 진행되어 1984년 12월 15일에 전면적으로 개정하여 1985년 10월 1일부터 시행되기에 이르렀으나, 전면개정된 이 법 또한 많은 문제점이 있었다. 그에 따라 1994년 7월 27일 법원조직법 및 행정소송법을 부분개정하여 1998년 3월 1일부터 시행되고 있다. 개정된 법률의 주요 내용은 행정법원의 설치 및 행정소송의 3심제와(법 제9조, 제40조), 행정심판의 임의절차화(법 제18조 제1항), 상고심조항의 삭제와 심리불속행제의 채택(삭제 대신에 「상고심절차에 관한 특례법」 제2조가 적용된다) 등이다. 우리 행정소송제도는 행정소송법의 1985년의 전면개정 및 1994년의 부분개정에 의하여 최초의 법에 대비하면 그 내용이 상당한 정도로 보완되기는 하였지만 국민의 권리구제의 기능을 제대로 하지 못하고 있는 미흡한 점이 적지 않는 것으로 지적되고 있어 현재 개정논의가 진행중에 있다.

2. 행정소송의 특수성

행정소송도 대심적 구조를 취하여 정식쟁송절차인 소송절차를 거치는 재판인 점에서 민사소송과 본질적으로 같다. 따라서 「행정소송에 관하여 행정소송법에 특별한 규정이 없는 사항에 대하여는 법원조직법과 민사소송법 및 민사집행법의 규정을 준용한다」(법 제8조 제2항)고 규정하고 있다. 그러나 행정소송이 민사소송과 그 본질을 같이 하는 사법작용이라 하더라도 기본적으로 공익실현을 목적으로 하고 공권력의 행사를 대상으로 하는 점에서 행정사건으로서의 특수성을 부정할 수 없어 행정소송법은 다음과 같은 특례규정을 두고 있다.

1) 행정소송의 다양한 종류에 관한 규정의 구체화

구법이 행정소송의 종류 · 내용에 관하여 구체적으로 규정하지 않았던 관계로 그 해석 · 운영에 있어 많은 문제점이 적지 않았던 것이다. 그러나 현행 행정소송법은 행정소송을 항고소송 · 당사자소송 · 민중소송 · 기관소송으로 대별하고, 항고소송을 취소소송 · 무효등확인소송 · 부작위위법확인소송으로 구분하여 그 각종의 행정소송에 대한 적용법조를 명시하고 있다(법 제3조, 제4조). 이는 (구)행정소송법이 취소소송에 관하여서만 명기하였던 것과 크게 다르다.

2) 행정법원의 설치와 이로 인한 행정소송의 3심제 도입

종전의 행정소송법은 항고소송이나 당사자소송의 제1심 관할법원을 고등법원으로 하여 행정소송을 2심제로 하고 있었다. 이에 대하여 개정 법원조직법은 지방법원급의 행정법원을 신설하여(동법 제3조 제6호), 당해 법원을 행정사건에 관한 제1심 관할법원으로 함으로써(법 제9조 · 제40조, 법원조직법 제40조의4) 행정소송을 3심제로 하고 있다.

3) 원고적격의 명문화

행정소송법은 소의 이익이 있는 원고적격자로 '법률상 이익'이 있는 자로서 명문으로 규정하고, 처분 등이 소멸된 뒤에도 원고적격을 인정하고 있다(법 제12조).

4) 피고로서의 처분 등을 행한 행정청

국가 · 지방자치단체 등 행정주체가 아니라, 그 기관에 지나지 않는 처분 등을 행한 행정청이 행정소송의 피고적격자가 된다. 다만, 처분 등이 있은 뒤에 그 처분 등에 관계되는 권한이 다른 행정청에 승계된 때에는 이를 승계한 행정청을 피고로 한다(법 제13조). 피고를 처분청으로 한 것은 재판의 신속 · 정확을 기하고자 한 것으로 보인다.

5) 행정심판의 임의적 절차화

종전 행정소송법은 이른바 행정심판의 필요적 전치주의를 원칙으로 하고, 그 예외를 규정하고 있었다. 그러나 현행 행정소송법은 「취소소송은 법령의 규정에 의하여 당해 행정처분에 대한 행정심판을 제기할 수 있는 경우에도 이를 거치지 아니하고 제기할 수 있다. 다만, 다른 법률에 당해 처분에 대한 행정심판의 재결을 거치지 아니하면 취소소송을 제기할 수 없다는 규정이 있는 때에는 그러하지 아니하다」고 규정하고 있다(법 제18조 제1항). 이러한 행정소송법 제18조 제1항의 규정이 개정됨으로써 법률에 특별한 규정이 있는 경우를 제외하고는 행정심판은 임의적 절차화되었다.

6) 제소기간의 제한의 연장

현행 행정소송법은 제20조의 개정을 통하여 「취소소송은 처분 등이 있음을 안 날 또는 재결서의 정본을 송달받은 날부터 90일 이내에, 처분 등이 있은 날부터 1년 이내에 제기하여야 한다」고 규정하고 있다. 이는 종전의 제소기간 60일을 90일로 연장한 것이다.

7) 관련청구의 병합

현행 행정소송법은 원상회복 · 손해배상 등 서로 관련된 청구를 병합하여 하나의 행정소송으로 다툴 수 있는 관련청구의 병합제도를 인정하고 있다(법 제10조).

8) 제3자의 소송참가 및 재심청구

「처분 등을 취소하는 확정판결은 제3자에 대하여도 효력이 있다」는 것을 명문으로 규정하고 있다(법 제29조 제1항). 이를 판결의 '대세적 효력'이라고 한다. 이러한 규정에 따라 제3자는 권리 또는 이익의 침해를 받을 우려가 있으므로 행정소송법은 제3자와 행정청의 소송참가(법 제16조, 제17조) 및 제3자에 의한 재심청구(법 제31조)를 인정하고 있다.

9) 직권심리주의

행정소송은 공익실현 작용으로서의 행정작용을 재판대상으로 하고 있다는 점을 감안하여, 행정소송법은 「법원은 필요하다고 인정할 때에는 직권으로 증거조사를 할 수 있고, 당사자가 주장하지 아니한 사실에 대하여도 판단할 수 있다」(법 제26조)고 규정하여 직권심리주의를 채택하고 있다. 이는 소송에 있어서의 일반원칙이라고 할 수 있는 변론주의, 불고불리의 원칙에 어느 정도의 제약이 가하여지는 것을 의미한다.

10) 집행부정지원칙

행정소송법은 「취소소송의 제기는 처분 등의 효력이나 그 집행 또는 절차의 속행에 영향을 주지 아니한다」(법 제23조 제1항)고 규정하여 집행부정지의 원칙을 채택하고 있다. 그러나 국민의 권익구제적 차원에서 일정한 요건을 갖춘 경우에는(동조 제2항), 예외적으로 집행정지를 인정하고 있다.

11) 행정심판기록의 제출명령의 명시화

소송의 입증방법에 있어서 원고의 지위를 보장하기 위하여 행정심판기록의 제출명령제도를 취하고 있다. 즉 행정소송법 제25조에 의하면, 「법원은 당사자의 신청이 있는 때에는 결정으로써 재결을 행한 행정청에 대하여 행정심판에 관한 기록의 제출을 명할 수 있으며, 제출명령을 받은 행정청은 지체 없이 당해 행정심판에 관한 기록을 법원에 제출하여야 한다」고 규정하고 있다(법 제25조).

12) 사정판결제도

행정소송법 제28조 제1항은 「원고의 청구가 이유 있다고 인정하는 경우에도 처분 등을 취소하는 것이 현저히 공공복리에 적합하지 아니하다고 인정하는 때에는 법원은 원고의 청구를 기각할 수 있다」고 규정하고 있는데, 이와 같은 내용의 판결을 '사정판결'이라 한다. 이와 같은 사정판결제도는 처분이 위법하고 청구에 이유가 있으면 청구인용의 판결을 하는 것이 마땅하지만, 그러한 판결을 할 경우 현저히 공공복리를 침해한다는 이유로 기각할 수 있도록 한 제도이기 때문에 행정소송의 권리구제적 기능에 위배된 제도이다. 따라서 이 경우 법원은 원고에게 손해배상 · 재해시설의 설치 그 밖에 적당한 구제조치를 취하여야 한다(동조 제2항, 제3항).

13) 판결의 실효성 확보를 위한 제도

현행 행정소송법은 거부처분이 취소되거나 부작위의 위법이 확인된 경우에는, 행정청은 판결의 취지에 따라 이전의 신청에 대한 처분을 하여야 할 의무가 있다고 하여 판결의 행정청에 대한 '적극적 기속력'을 규정하고 있다(법 제30조 제2항, 제38조 제2항). 또한 동법은 이러한 판결의 적극적 기속력의 실효성을 담보하기 위하여, 행정청이 일정한 기간 내에 그 의무를 이행하지 아니한 경우에는 그 지연기간에 따라 일정한 배상을 할 것을 명하는 것을 내용으로 하는 '간접강제'제도를 신설하였다(법 제34조).[6]

14) 상고심사제의 채택문제

1994년의 개정법률(1998년 3월 1일부터 시행)은 「고등법원의 재판에 대하여는 대법원에 상고할 수 있다」고 규정하고 있던 종전의 행정소송법 제9조의 제2항을 삭제하였고, 한편 「상고심절차에 관한 특례법」 제2조는 「이 법은 민사소송, 가사소송 및 행정소송의 상고사건에 적용한다」고 규정함으로써 행정소송을 상고심사제의 적용대상으로 하였다. 동 특례법은 상고심에서의 본안심리에 관한 이유를 제한적으로 열거한 후 상고이유에 대한 주장이 그러한 열거사유에 해당하지 않는 때에는 더 심리를 하지 않고 당해 상고사건을 기각하되(동법 제4조 제1항), 그 기각판결에는 이유를 적지 아니할 수 있다고 규정하고 있다(동법 제5조 제1항).

이러한 상고심사제에 대하여는 민사소송에 비하여 행정소송은 법률심적 의미가 강한 것이어서 법률심인 대법원에의 상고에 의존하는 점이 크므로 행정소송에 상고심사제를 적용하는 것은 불합리한 것이며, 이러한 상고심사제의 적용으로 행정소송을 실질적으로 2심화하는 결과를 가져왔다고 보는 견해도 있다.[7] 더 나아가 행정소송에 대한 이러한 상고심사제는 헌법상의 3심제의 취지를 몰각하고 국민의 재판청구권을 고도로 제한하는 위헌적인 제도라는 문제를 제기하지 않을 수 없다.

---

6) 김동희, 전게서, 680면.

7) 이상규, "행정소송제도 개정안의 내용과 문제점", 「고시연구」, 1994.5, 123면.

3. 행정소송제도의 문제점

우리 행정소송제도는 행정소송법에 의존하고 있다. 행정소송법은 1951년 제정된 이후 1985년의 전면개정 및 1994년의 부분개정으로 그 내용의 미비점이 상당한 정도로 보완되기는 하였지만, 아직도 다음에서 지적한 바와 같은 문제점이 있다.

1) 의무이행소송의 미채택

현행 행정소송법은 행정청의 부작위에 대하여 적극적으로 의무이행소송을 인정하지 않고 소극적으로 부작위위법확인소송을 인정하는 데 그치고 있다(동법 제4조 제3호). 이러한 점은 부작위에 대하여 의무이행심판을 인정하고 있는 행정심판법 제5조 제3호와 균형을 유지하지 못하게 되고 효과적인 권리보호에 미흡한 결과를 초래한다.

2) 가구제제도의 미흡

현행 행정소송법은 가구제(假救濟)제도로서 민사소송법이 인정하고 있는 '가처분'이 가능한지의 여부에 관하여 아무런 규정도 두고 있지 않다. 그리고 행정소송법 제23조도 집행부정지의 원칙을 채택하고 예외적으로만 집행정지를 인정하는 점 등은 신속한 권리보호를 위한 가구제에 미흡(未洽)한 문제점이 있다. 현재 추진 중인 행정소송법 중 개정법률안에는 가구제제도로서 가처분제도를 도입하고, 집행정지의 요건을 현재의 '회복할 수 없는 손해'에서 '중대한 손해'로 완화하고 있다.

3) 자료제출요구제도의 불충분

행정소송법 제25조는 원고의 관계행정청에 대한 자료열람 또는 등본신청권을 인정하는 데 갈음하여 행정심판기록제출명령신청권을 인정하고 있다. 그러나 이러한 규정만으로는 행정소송에 관한 정보를 확보하여 원고의 지위를 보호하고자 하는 관점에서 보면 불충분하다. 왜냐하면, 행정청의 공권력을 중심으로 다투는 행정소송은 소송의 대상을 둘러싼 관련증빙자료들이 피고인 행정청의 수중에 집중되는 것이 보통이기 때문이다. 따라서 관계자료의 열람 또는 복사 등을 관계행정청에 대하여 요구할 수 있는 적극적 권리의 보장이 필요하다. 그런데 이러한 요구는 「공공기관의 정보공개에 관한 법률」에 의하여도 보장될 수 있다.

4) 사정판결제도의 존재

행정소송법 제28조 제1항에 의하면 법원은 행정청의 처분 등이 위법하고 원고의 청구가 이유있다고 인정하는 경우에도 처분 등을 취소하는 것이 현저히 공공복리에 적합하지 아니하다고 인정하는 때에는 원고의 청구를 기각하는 판결을 할 수 있는데, 이를 '사정판결'이라 한다. 이러한 사정판결제도는 일본과 우리나라 이외의 나라에는 존재하지 않는 법치주의에 반하는 부당한 제도인 것으로서 비난받아 마땅하다는 비판도 있다.

5) 단체소송의 미채택

환경문제나 소비자문제 등 이른바 현대형 분쟁에 대하여 현행 행정소송절차는 다수당사자를 감당할 수 없는 면이 있다. 따라서 미국의 집단소송제도(Class Action)나 독일의 단체소송제도(Verbandsklage)의 도입에 관한 논의가 활발하게 이루어지고 있다는 점은 우리에게 시사하는 바가 대단히 크다고 볼 수 있다.

4. 행정소송법의 개정논의

현행 행정소송법에 의한 행정소송제도는 1985년의 전면개정과 1994년의 부분개정에 따라 그 내용이 상당히 보완되기는 하였지만 그 주된 기능인 국민의 실효적 권리구제의 관점에서 볼 때, 아직도 많은 미비점이 있어 그 개정논의가 진행되고 있다.

법무부는 행정소송법을 개정하기 위하여 2006년 4월 26일 행정소송법개정특별분과위원회를 발족시켜 약 1년에 걸친 검토를 한 후 행정소송법 개정안을 마련하였고, 법무부는 동 위원회가 마련한 개정안을 국무회의의 의결을 거쳐 2007년 11월 19일에 국회에 제출하였다.[8] 이러한 법무부의 행정소송법 개정안의 특징적인 내용은 다음과 같다.[9]

1) 의무이행소송의 제도화(안 제4조 제3호, 제43조 내지 제47조)

행정청의 위법한 거부처분 또는 부작위에 대하여는 현행법상 거부처분취소소송과 부작위위법확인소송에 의하여 권리구제를 받도록 되어 있으나, 이러한 권리구제는 불완전하고 우회적이라는 비판이 있었다. 이러한 문제점을 해소하기 위하여 법원의 판결로써 행정청으로 하여금 신청된 행정처분을 하도록 하는 내용의 의무이행소송을 제도화하고 있다.

2) 예방적 금지소송의 신설(안 제4조 제4호, 제48조 내지 제50조)

현행법상으로는 위법한 처분이 행하여질 개연성이 매우 높고 사후의 구제방법으로는 회복하기 어려운 손해가 발행할 것이 예상되더라도 사전에 그 처분을 금지하는 소송을 제기할 수 없어 권익구제에 미흡하다는 비판을 면하기 어려웠다. 이와 같은 문제를 해결하기 위하여 취소소송으로

---

8) 17대 국회의원의 임기가 2008년 5월 29일로 만료되었으므로 동 개정안은 헌법 제51조 단서의 규정에 따라 자동적으로 폐기되었다. 그러나 참고로 그 내용을 파악할 가치는 있을 것이다.

9) 홍정선, 「행정법특강」, 박영사, 2011, 607-608면.

는 권리구제를 할 수 없는 예외적인 경우 사전에 위법한 처분을 하지 못하도록 하는 예방적 금지소송의 제도를 도입함으로써 권리구제의 흠결을 보완할 수 있을 것으로 기대된다. 다만, 이러한 소송제도의 남용을 방지하기 위하여 그 요건을 엄격히 규정하고 소의 변경을 허가하지 아니하도록 하고 있다.

3) 소의 변경 및 이송의 허용범위의 확대(현행법 제7조 삭제, 안 제22조)

법률지식이 부족한 일반 국민의 입장에서 보면, 민사소송과 행정소송의 구분이나 적절한 소송방법의 판단은 매우 어려운 문제이다. 그런데 현행 행정소송법은 행정소송에서의 소의 변경에 관하여만 규정하고 있는데, 개정안은 민사소송을 행정소송으로, 행정소송을 민사소송으로 변경하는 절차에 관하여 규정하고, 또한 사건의 이송에 관한 현행법의 특칙(법 제7조)을 삭제하여 민사소송의 준용에 의한 사건의 이송이 가능하도록 하고 있다. 이렇게 하여 행정소송과 민사소송 사이의 소의 변경이나 이송을 넓게 허용함으로써 국민들이 행정소송을 보다 쉽게 활용할 수 있도록 한 것이다.

4) 이해관계자의 소송참여기회의 보장(안 제16조)

행정처분은 그 성질상 다수의 이해관계인에게 영향을 미칠 수 있으므로 이해관계가 있는 제3자 및 관계행정청이 행정소송에 참여하도록 하는 것이 바람직하다. 이러한 요청에 부응하기 위하여 개정안은 이해관계자에게 소제기의 사실을 통지하고 의견을 제출할 수 있도록 하는 규정을 신설하였다. 따라서 행정소송절차에 이해관계자의 참여를 제도적으로 보장함으로써 행정사건에 대한 실질적인 분쟁해결에 도움이 될 것으로 믿는다.

5) 집행정지요건의 완화(안 제24조 제2항)

행정소송법 제23조 제1항은 집행부정지의 원칙을 취하고 있다. 그러나 동조 제2항에서 예외적으로 '회복할 수 없는 손해를 예방하기 위한 긴급한 필요가 있는 경우'라는 매우 제한적인 범위에서만 가구제로서의 집행정지가 가능하여 실효적인 권익구제에 충분하지 못하다는 비판을 피할 수 없었다. 따라서 개정안은 집행정지의 요건을 '회복할 수 없는 손해'에서 '중대한 손해'로 완화하였다. 그리하여 금전상 손해라 하더라도 손해의 정도가 중대한 경우에는 집행정지가 가능하게 되어 충실한 권익구제가 이루어질 것으로 생각한다.

6) 가처분제도의 도입(안 제26조)

현행법에서는 수익적 행정처분을 구하는 신청에 대하여 행정청이 위법한 거부처분을 하여 행정소송을 제기한 경우라 하더라도 그 행정소송이 확정될 때까지 임시구제를 받을 수 없어 권리보호에 문제가 있다고 지적되어 왔다. 따라서 개정안은 이러한 문제의 해소방안으로 가처분제도를 도입하였는 바, 이로 인하여 기존의 집행정지제도만으로는 임시구제(가구제)가 어려웠던 부분에 대하여서까지 사전구제를 할 수 있게 되어 더욱 충분한 권익구제가 이루어질 수 있을 것으로 기대할 수 있다.

7) 행정청에 대한 자료제출요구권의 신설(안 제28조)

현재는 행정청이 처분 등의 위법성의 심리에 필요한 자료를 제출하지 아니할 경우 법원은 충분한 심리를 하기 어려운 문제가 있다는 비판을 받고 있다. 따라서 개정안은 당사자인 행정청 또는 관계행정청은 법령상 또는 사실상 비밀로 하여야 할 자료나 공익을 해할 우려가 있는 자료를 제외하고는 원칙적으로 법원의 자료제출요구에 응하도록 하였고, 이렇게 함으로써 법원의 심리가 보다 충실히 이루어질 것이다.

8) 취소판결의 기속력으로써 결과제거의무의 인정(안 제34조 제4항)

위법한 행정처분이 판결로 취소된 경우 행정청이 당해 처분의 집행으로 인한 위법한 결과까지 제거할 의무가 있는지에 대하여는 현행법에 명백한 규정이 없어 의문이다. 따라서 개정안은 판결에 의하여 취소된 행정처분의 집행으로 인하여 발생한 결과를 행정청이 제거할 의무에 관하여 '취소판결의 기속력'으로 규정하고 있다. 이러한 규정에 의하여 이미 행하여진 행정처분이 위법하다는 판단을 받았음에도 그 처분으로 인한 결과를 방치함으로써 국민들에게 불이익을 주는 경우를 방지할 수 있으리라 기대하게 된다.

9) 당사자소송의 활성화와 가집행선고의 가능화(현행법 제43조 삭제)

행정처분 등을 원인으로 하는 법률관계라도 판례는 이를 일반적으로 사법상의 법률관계로 보아 민사사건으로 취급하여 왔다. 그러나 이러한 법률관계에 관한 사건은 공법상의 쟁점에 관한 판단이 그 주된 내용을 이루는 것이므로 행정법원이 관장하는 것이 타당하다고 할 것이다. 이러한 점을 고려하여 개정안은 행정상 손실보상, 처분 등의 위법으로 인한 손해배상 · 부당이득반환 등에 관한 소송은 공법상 당사자소송으로 명시하고 있다.

또한 현행법은 국가를 상대로 하는 당사자소송의 경우에는 가집행선고를 할 수 없도록 규정하고 있으나, 이는 합리적인 이유 없이 일반 사인에 비하여 국가를 지나치게 우대하는 차별적 조항이라는 비판을 외면하기 어려웠다. 이러한 비난을 극복하기 위하여 국가를 상대로 하는 당사자소송의 경우에는 가집행선고를 할 수 없도록 한 규정을 삭제하였다. 이로 인하여 국민의 권리실현이 신속하게 이루어질 수 있을 것으로 기대할 수 있게 되었다.

10) 개정안에 도입이 유보된 사항

위에서는 개정안에 채택된 주요 내용에 대하여 소개하였는데, 이러한 사항 외에도 위원회에서는 상당히 진지한 논의와 검토를 거쳤지만 결과적으로는 조문화되지 아니한 사항도 적지 않다. 다음에서는 그 중에서 가장 중요한 의미를 가지는 것으로서 항고소송의 대상의 확대의 문제와 원고적격의 확대의 문제에 대하여만 언급하고자 한다.[10)]

(1) 항고소송의 대상의 확대

법무부의 개정안과는 달리 대법원의 개정안에서는 현행법과 차이를 두어 협의의 처분뿐만 아니라 권력적 사실행위 및 법규명령 등도 모두 항고소송의 대상으로 하였다. 이에 대하여 법무부의 행정소송법 개정위원회에서는 법규명령은 항고소송의 대상이 될 수 없다는 점에 대하여 처음부터 의견을 같이 하고 있었다. 그 논거에 대한 구체적 논의는 없었으나, 법규명령은 행정행위와는 근본적으로 법적 성격이 다른 행위형식이라는 점이 아마도 그 기본적 논거가 되는 것으로 공감한 결과인 것 같다. 다른 한편 위원회에서는 법규명령이 통상의 항고소송의 대상이 되지 아니한다고 하여, 이 행위형식이 재판통제에서 제외될 수 있다는 것을 의미하지 아니한다는 점에 대하여도 이견은 없었다. 그러나 그 통제를 위한 적절한 소송형식에 대하여는 견해가 합치되지 아니하여 이 문제는 결국 판례의 발전과 더불어 차후에 더 검토할 사항으로 보아 유보하게 되었던 것이다.

(2) 원고적격의 확대의 문제

취소소송 등의 원고적격이 현행법에 비하여 더욱 확대되어야 한다는 점에 대하여는 위원회의 위원들은 의견이 합치되고 있었으나, 그 구체적 범위나 그 내용을 어떻게 규정할 것인지에 대하여는 견해가 나누어져 있었다. 이에 관하여는 '정당한 이익', '보호가치 있는 이익', '법적으로 정당한 이익', '법적 이익' 등의 용어가 제시되었다. 그런데 '법적 이익'이라는 용어가 사실상의 이익의 침해는 배제하면서도 관계 법령에 의하여 보호되는 이익을 널리 포괄할 수 있다고 보아 다수의 지지를 얻고 있었다. 한편, 원고적격의 범위를 지나치게 확대하는 경우에는 행정의 원활하고 효율적인 수행에 있어서는 적지 않은 문제점이 야기될 수 있다는 점과, 다른 한편 현행법의 '법률상 이익'도 불확정개념으로서 확대 해석될 여지가 충분히 있으며, 판례도 이를 넓게 해석하는 추세에 있다는 점을 고려하여 원고적격을 확대하는 방향의 적극적인 개정은 결국 유보하기로 결정하였다.

10) 김동희, 전게서, 687-688면.

제2절 행정소송의 한계

Ⅰ. 행정소송의 대상과 한계의 문제

1. 행정소송의 대상

행정소송의 대상은 행정소송사항, 즉 행정소송제기의 대상으로 될 수 있는 사항이다.

행정소송의 대상을 정하는 입법례로서는 열기주의와 개괄주의가 있다. 열기주의는 행정소송의 대상으로서 행정법원이 관할권을 갖는 사항을 법률에 명시적으로 나열하는 사항만으로 한정하여 인정하는 입법형태이고, 개괄주의는 행정소송을 제기할 수 있는 사항을 한정하지 아니하고 행정법원이 기본적으로 모든 행정법관계에 있어서의 분쟁에 대하여 관할권을 갖는 입법유형이다. 오늘날 법치국가의 행정에서는 개괄주의를 일반적으로 채택하고 있으며, 개괄주의가 국민의 권익구제의 범위를 확대시키고 행정의 효과적인 통제라는 법치행정의 원칙에 적합한 방식이다. 왜냐하면 열기주의에 의할 때에는 법률에 명시하지 아니한 사항은 행정법원이 재판권을 갖지 못하지만, 개괄주의에 의할 때 국민들은 행정청의 모든 위법한 공법작용을 행정법원에서 다툴 수 있기 때문이다.

우리나라 행정소송법은 개괄주의를 채택하고 있다(법 제1조, 제2조 제1호, 제4조 제1호, 제19조). 따라서 행정청의 처분이나 부작위를 중심으로 한 위법한 행정작용 전반에 대하여 행정소송의 제기가 허용되고 있다. 그러나 모든 공권력이 아니라 처분과 재결만을 소의 대상으로 하는 협소한 처분개념과 사실행위를 다투는 소송형식이 없는 등 제한된 소송형식으로 인하여 모든 위법한 공법작용에 대하여 행정소송을 통한 권리구제가 이루어지고 있는 것은 아니라는 점이 현행 행정소송법이 갖고 있는 중대한 문제점이다.

2. 행정소송의 한계문제

행정소송법이 행정소송사항에 관하여 개괄주의를 취하고 있다 하더라도, 행정청의 위법한 처분 기타 공권력작용에 대하여는 어느 경우에나 모두 행정소송의 제기가 허용된다는 것을 의미하지는 아니하고, 법원의 행정사건재판권에는 일정한 한계가 있다. 행정소송에 대한 재판권의 한계는 사법(司法)의 본질로부터 나오는 한계와 권력분립의 원칙에 따르는 한계가 있다. 그런데 사법의 본질에서 오는 행정소송의 한계는 행정소송이 사법(재판)이라는 점에 기인한 것이고, 권력분립의 원칙에서 오는 행정소송의 한계는 행정소송이 행정사건을 대상으로 하는 소송이라는 점에서 문제가 된다.

Ⅱ. 사법의 본질로부터 나오는 한계

헌법은 국민의 재판을 받을 권리를 보장하고 있고(제27조 제1항), 이러한 헌법규정에 의거하여 법원조직법 제2조 제1항은 「법원은 헌법에 특별한 규정이 있는 경우를 제외한 일체의 법률상의 쟁송을 심판하고, 이 법과 다른 법률에 의하여 법원에 속하는 권한을 가진다」고 규정하여 행정사건을 포함한 모든 법률적 쟁송을 법원의 통일적 관할로 하고 있다. 여기에서 사법개념의 요소가 되고 있는 '법률적 쟁송'이란 당사자 사이의 구체적인 권리의무관계에 대한 법률적용상의 분쟁을 의미하며, 이는 구체적 사건성과 법률적용상의 분쟁을 요소로 한다.[11] 그러므로 행정사건의 재판권에는 이와 같은 사법권의 본질로부터 유래하는 한계가 있다. 따라서 이러한 법률상의 쟁송에 대하여서만 사법작용은 행하여질 수 있으며, 그 외의 경우에는 행정소송의 한계로서 사법작용이 행하여질 수 없게 된다.

1. 구체적 권리 · 의무관계에 관한 쟁송으로서의 한계

행정소송은 단지 법률의 적용에 관한 다툼이 있다는 것만으로는 제기할 수 없고, 그것이 당사자 사이의 구체적인 권리 · 의무에 관한 분쟁이 존재하는 경우에만 행하여질 수 있다. 따라서 이러한 분쟁이 아닌 경우는 '구체적 사건성'을 결여한 것으로서 행정소송의 대상이 되지 못한다. 이와 관련하여 구체적 사건성을 결여하는 대표적인 경우를 들면 다음과 같다.

1) 반사적 이익

법규에 의거한 행정청의 처분으로 인하여 특정인이 어떠한 이익을 받더라도 순전히 공익적 견지에 의한 경우에는, 그것은 공익을 위한 행정작용의 반사적 효과로서의 반사적 이익에 불과하다. 행정소송은 구체적인 법률관계에서 법률상의 이익이 침해된 자가 소송을 제기할 수 있으며(법 제12조, 제35조, 제36조), 법률상 이익의 침해에 해당하지 않는 반사적 이익의 침해는 행정소송의 대상이 되지 아니한다.[12] 그러나 오늘날 반사적 이익은 법규의 보호법익의 확대로 인하여 점차

11) 류지태, 전게서, 518면.

12) 대판 1963.8.22, 63누97; 대판 1982.7.13, 80무6; 대판 1985.6.25, 84누579.

공권화되고 있으며, 이로 인하여 법률상 보호되는 이익과의 구별이 쉽지 않은 상황이다.

2) 추상적 법령의 효력과 해석

헌법 제107조 제1항과 제2항은 구체적 규범통제만을 인정하고 있다. 즉 헌법은 법령의 해석이나 효력에 관한 분쟁은 그 위헌성이나 위법성의 여부가 재판의 전제가 되는 경우에 한하여 소송제기에 의하여 다툴 수 있도록 하고 있다.[13] 따라서 법령의 효력이나 해석에 관한 분쟁은 구체적인 처분의 존재를 전제로 하여 개인의 권리나 의무에 관련되는 경우에만 소송제기가 가능하며, 이러한 처분의 존재를 전제로 하지 않는 추상적인 경우는 소송제기가 불가능하여 추상적 규범통제는 인정되지 않는다. 그러나 예외적으로 법령 그 자체에 의하여 국민의 권리 · 의무에 영향을 미치게 되는 이른바 처분적 법령인 경우에는 그 자체로서 소송의 대상이 된다.

3) 객관적 소송

민중소송 · 기관소송 등과 같은 객관적 소송은 개인의 구체적인 권리 · 의무와 직접적인 관계가 있는 법률적 쟁송이 아니고, 행정법규의 적정한 적용을 확보하기 위한 소송이기 때문에 특별히 법률이 허용하고 있을 때에 한하여 제기할 수 있다(법 제45조).

4) 사실행위

행정소송은 법률적 쟁송의 문제, 즉 공법상의 권리 · 의무관계에 관한 소송이므로 단순한 사실관계의 존부 등의 문제는 행정소송의 대상이 되지 아니한다.[14] 위법한 공법상 사실행위로 인한 재산상 피해의 배상을 구하는 소송은 가능하지만, 위법한 공법상 사실행위 그 자체의 예방 내지 부작위를 구하는 소송은 인정되고 있지 않다.[15] 그러나 권력적 사실행위의 경우에는 그 권력적인 성질로 인하여 당사자 사이의 권리나 의무에 관한 분쟁의 존재를 인정할 수 있고, 이로 인하여 권력적 사실행위에 대하여는 소송제기가 가능하게 된다.

2. 법률적용에 관한 분쟁으로서의 한계

행정소송의 대상이 되기 위해서는 법률적용에 의하여 해결될 수 있는 분쟁에 한정된다. 법률적 쟁송은 법률적용에 관한 분쟁을 대상으로 하는 것이므로 비록 권리 · 이익의 침해가 있다고 하더라도 법률적용상의 문제가 아니면 소송에 의한 구제에 적합하지 아니하다.

---

13) 대판 1987.3.24, 86누656; 대판 1992.3.10, 91누12639.

14) 대판 1990.11.23, 90누3553.

15) 홍정선, 전게서, 611면.

1) 학술 · 예술상의 문제

학술 · 기술적 논쟁 또는 예술상의 분쟁은 그것이 비록 구체적 권리 · 의무에 관한 것이라 할지라도 법령의 적용에 의하여 해결될 수 있는 성질의 것은 아니므로 행정소송의 대상이 되지 않는다.[16]

2) 행정상의 훈시규정

어떠한 법규가 단순히 행정상의 방침만을 규정하고 있는 방침규정에 불과할 뿐인 때에는 그 규정의 준수와 실현을 소송으로써 주장할 대상이 아니다. 이러한 훈시규정은 다만 행정청에 제시된 하나의 기준에 그칠 뿐이고, 행정청에 의무를 부과하는 것도 아니고 직접 개인의 권리나 이익의 보호를 목적으로 하는 강행규정도 아니기 때문이다. 문제는 행정법규 중 어떠한 규정이 훈시규정인가의 여부이다. 이와 같은 문제의 해석에는 당해 조문의 표현 · 목적뿐만 아니라 당해 법률 전체의 취지 · 구조 등도 고려하여야 할 것이다.

3) 특별행정법관계에서의 행위

종래의 전통적 특별권력관계이론에 따르면, 이른바 특별권력관계의 내부에서의 행위는 그 특별권력관계에 있어서의 내부의 질서유지를 위한 행위는 법률적 쟁송이 아니어서 사법심사의 대상이 되지 않는 것으로 보았다. 그러나 이미 살펴본 바와 같이 사법적 통제 밖에 놓이는 특별권력관계라는 것은 오늘날 인정될 수가 없으며, 특별행정법관계로 보아 행정처분의 성질을 갖는 한 그러한 법률관계에서의 행위도 전면적인 사법심사가 허용된다고 판단한다.

4) 내부행위

행정청의 내부행위는 원칙상 법적 통제의 대상이 되지 아니하고, 사법적 통제의 대상이 되지 않는다.[17] 따라서 이는 행정소송의 대상이 아니다.

Ⅲ. 권력분립원리로부터 나오는 한계

헌법 제107조 제2항은 「명령 · 규칙 또는 처분이 헌법이나 법률에 위반되는 여부가 재판의 전제가 된 경우에는 대법원은 이를 최종적으로 심사할 권한을 가진다」고 규정함으로써 행정권에 대한 사법적 통제를 인정하고 있다. 그러나 입법 · 행정 · 사법의 분리라는 권력분립원칙은 기본권보장

---

16) 김동희, 전게서, 674면; 석종현, 전게서, 808면.

17) 박균성, 전게서, 718면.

과 함께 헌법의 기본원칙이므로 사법권에 의한 행정권의 통제제도인 행정소송은 권력분립원리로부터 나오는 일정한 한계를 갖게 된다. 그에 따라 사법부에 의한 해결보다는 다른 국가기관, 특히 행정기관에 의한 해결이 바람직한 경우에는 행정소송의 대상이 되지 못하게 된다. 일정한 경우의 재량행위나 통치행위가 사법심사의 대상에서 제외되는 것도 이러한 권력분립원리에서 나오는 한계 때문이므로 여기에서 이러한 문제를 검토하고자 한다.[18] 특히 이와 관련하여 일반적으로 논의되고 있는 사항은 행정청의 부작위에 대하여 사법부인 법원이 일정한 의무를 명할 수 있는가의 문제이다. 이러한 문제와 관련하여 구체적으로는 의무이행소송 · 예방적 금지소송을 인정할 것인지의 여부가 고민사항이다.

1. 재량행위

재량행위는 행정청이 일정한 행위를 할 것인지의 여부(결정재량) 또는 법적으로 허용되는 수개의 행위 중에서 어느 행위를 선택할 것인가(선택재량)에 관하여 행정청에 재량권, 즉 독자적인 판단권이 부여되어 있는 행정행위를 말한다. 따라서 재량행위의 경우에는, 그 재량권의 한계 내에서 행한 행위라면 그 재량이 그릇된 때에도 그것은 부당행위가 되는 데 그치고 위법한 것은 아니므로 행정기관(행정심판위원회)의 행정심판의 대상이 될 뿐 행정소송을 통한 사법심사의 대상은 되지 않는다. 그러나 재량행위라 하더라도 그 재량권을 일탈 · 남용한 경우에는 위법한 처분이 되어 행정소송을 제기할 수 있으므로 사법적 구제가 가능하다(법 제27조).

2. 통치행위

통치행위는 고도로 정치성을 띠고 있는 국가행위로서 사법심사의 대상에서 제외되는 행위를 말한다. 이러한 통치행위는 법규의 해석 · 적용과 관련되고 사인의 권리 · 의무에 영향을 미치는 사건일지라도 그 성질상 사법심사의 대상으로 하기에는 부적당한 행위이다. 생각건대, 통치행위는 특히 개인의 기본권과 관련하여 엄격히 검토하여야 할 문제이다. 고도의 정치적 결단에 의한 행위로서 그 결단을 존중하여야 할 필요성이 있는 행위라는 의미에서의 통치행위의 관념은 인정할 수 있을 것이다. 우리나라의 경우 사법권의 본질과 사법권과 행정권의 분립의 취지에 비추어 통설 · 판례는 한정된 국가행위에 대하여는 통치행위로서 사법심사의 배제를 인정한다. 그러나 오늘날에 이르러서는 통치행위의 인정범위를 점차 축소하려는 경향이다.

---

18) 우리나라 학자들은 일반적으로 행정소송의 한계문제를 설명하면서 재량행위 · 통치행위를 사법의 본질로부터 나오는 한계에서 기술하고 있지만, 여기에서는 본문에서 지적한 바와 같은 이유로 권력분립원리로부터 나오는 한계의 부분에서 검토한 것이다(김남진 · 김연태, 전게서, 715면 참조).

3. 의무이행소송 등의 인정 여부의 문제

1) 의무이행소송

(1) 의 의

의무이행소송이란, 일정한 행정행위를 하여줄 것을 상대방이 신청하였는데도 행정청이 이를 거부하거나 또는 방치(부작위)하고 있는 경우에 행정청에 대하여 일정한 처분을 할 것을 명하는 내용의 판결을 구하는 행정소송을 말한다.

(2) 의무이행소송의 인정 여부

우리의 행정소송법에는 이러한 의무이행소송에 관한 명문규정이 없기 때문에 인정 여부와 관련하여 다음과 같이 견해가 나누어져 있다.

(가) 부정설(소극설)

이 견해는 권력분립원칙에 입각하여 행정청에 대한 제1차적 판단권은 행정청에게 있다는 입장에서, 법원은 상급기관은 아니므로 행정청의 처분이 있기 전에 당해 처분을 할 것을 명하는 내용의 판결은 할 수 없다고 한다. 또한 현행 행정소송법이 행정심판법과는 달리 부작위위법확인소송만을 인정하였으므로 의무이행소송은 부인될 수밖에 없으며, 그리하여 법원이 적극적 형성판결이나 이행판결을 할 수 없기 때문에 행정소송법 제4조 제1호의 '변경'은 소극적 변경, 즉 일부취소를 의미하는 것으로 본다.[19] 우리나라의 판례는 이러한 소극설을 따르고 있다.[20]

(나) 긍정설(적극설)

이 견해는 권력분립의 원리는 권력 상호간의 견제와 균형을 통하여 권력의 남용을 막고 개인의 권리를 보장하려는 데 본질적 의미가 있다는 입장에서, 행위개념상 작위 또는 부작위에 따라 행정행위성에 영향을 미칠 이유가 없으며, 또한 행정소송법 제1조가 「공권력의 행사 또는 불행사 등으로 인한 국민의 권리 또는 이익의 침해를 구제하고」라고 명시적으로 규정하고 있는 점에 비추어 보아 행정소송법 제4조 제1호의 '변경'을 적극적으로 이해하여 이행판결 또는 적극적 형성판결을 긍정하는 방향으로 해석하는 것이 바람직하다는 주장이다.[21]

(다) 한정적 긍정설(제한적 허용설)

이 견해는 의무이행소송은 한정된 범위에서만 허용된다고 본다. 즉 의무이행소송을 원칙적으

---

19) 김도창, 전게서, 738면; 류지태, 전게서, 524면.

20) 대판 1989.5.23, 88누8135; 대판 1994.12.22, 93누21026; 대판 1997.9.30, 97누3200.

21) 김동희, 전게서, 676면; 박균성, 전게서, 719면; 석종현, 전게서, 810면; 이상규, 전게서, 775면; 홍정선, 전게서, 616면.

로 부인하면서도, ① 행정청에게 제1차적 판단권을 행사하게 할 것도 없을 정도로 처분요건이 일의적으로 정하여져 있고, ② 사전에 구제하지 않으면 회복할 수 없는 손해가 발생할 우려가 있으며, ③ 다른 적당한 구제방법이 없는 경우에 한정하여 의무이행소송이 인정된다고 보는 입장이다.[22)]

(라) 결 어

생각건대, 헌법상 기본권보장의 원칙과 법치국가원리, 그리고 행정소송법 제1조의 취지 및 헌법 제27조 제1항이 보장하는 재판청구권으로부터 도출되는 공백 없는 권리구제의 요청에 의하여 행정소송법 제4조는 행정소송의 주된 유형을 예시적으로 열거한 규정으로 이해하는 것이 바람직하다고 볼 수도 있다.[23)] 그러나 동조는 행정소송의 유형을 제한적으로 규정한 것으로 보는 견해도 간과할 수만은 없다.

결국 현행 행정소송법이 의무이행소송을 받아들이지 않고 소극적이고도 우회적인 부작위위법확인소송을 제도화하면서 그 실효성 확보를 위한 간접강제제도(법 제38조, 제34조)를 마련함으로써, 의무이행소송을 채택한 것과 같은 효과를 얻고자 시도하고 있다는 점에 비추어 긍정설(적극설)은 입법자의 의사에 반하는 해석이라 할 것이다.

한편, 원칙적인 경우와 예외적인 경우로 나누는 제한적 허용설(절충설)에 대하여는 실정법의 해석상 근거를 찾을 수 있는 것인가와 관련하여 회의적이라고 비판되어야 한다는 점[24)]에서 부당하다고 본다. 따라서 부정설(소극설)이 타당하다.[25)]

법무부가 마련하여 2007년 11월 19일에 정부안으로 국회에 제출한 행정소송법개정법률안은 이 의무이행소송을 도입하기로 하여 그 개정안 제43조부터 제47조까지 이에 관하여 규정하고 있다.

2) 예방적 금지소송

(1) 의 의

예방적 금지소송이라 함은 행정청이 장래 일정한 처분을 할 것이 임박하거나 명백한 것으로 판단되는 경우에 당해 처분을 하지 아니할 것(부작위)을 명하는 내용의 판결을 구하는 소송을 말한다. 이는 일종의 소극적 형태의 의무이행소송이라 할 수 있으며, '예방적 부작위소송' 또는 '부작위청구소송'이라고도 한다. 이러한 예방적 금지소송은 공권력에 의한 침해가 절박한 경우에 주로 문제된다.

---

22) 박윤흔 · 정형근, 전게서, 762면.
23) 홍준형, 「행정구제법」, 한울아카데미, 2001, 518면.
24) 류지태, 전게서, 523면.
25) 김남진 · 김연태, 전게서, 717면.

(2) 예방적 금지소송의 인정 여부

(가) 부정설(소극설)

이 견해는 예방적 금지소송은 행정청이 법집행작용으로서의 일정한 처분을 하기 전에 당해 권한의 행사를 사전에 차단하는 것으로서 권력분립의 원칙과 행정청의 제1차적 판단권의 존중이라는 관점에서 허용될 수 없다는 주장이다. 소극설(부정설)은 또한 행정소송법 제4조의 항고소송의 유형규정은 예시적인 것이 아니라 제한적인 것으로 이해하여야 한다는 점을 그 논거로 든다. 판례는 이러한 입장을 취하고 있다.[26)]

(나) 한정적 긍정설(제한적 허용설)

이 견해는 예방적 금지소송은 공권력에 의한 침해가 절박한 경우에 문제되는 것으로서, 단순히 현상악화를 방지하고자 하는 공권력행사에 대한 소극적 방어수단이라고 볼 수 있기 때문에 적극적 의무이행소송에 대하여는 부정적인 학자들까지도 예방적 금지소송에 대하여는 긍정적인 입장을 취하고 있다. 다만, 권력분립원칙 및 행정청의 제1차적 판단권의 존중이라는 관점에서 의무이행소송에 관한 한정적 긍정설과 같은 일정한 제한적 요건하에 인정된다는 것이 다수설이다.[27)] 이러한 주장의 논거는 행정소송법 제4조의 항고소송의 유형을 예시적인 것으로 이해하는 데에 두고 있다.

(다) 결 어

행정소송법 제4조의 항고소송의 유형을 반드시 예시적인 규정이라고 단정할 근거도 없는 상태에서 이를 제한적 규정으로 보는 입장에서는 용이하게 예방적 금지소송을 인정할 수 없을 것이다. 물론 이러한 소송유형이 존재하여야 할 필요성은 권리구제제도의 공백으로 인하여 충분히 인정될 수 있다. 그러나 독일과는 달리 이를 인정할 만한 간접적인 실정법의 규정도 존재하지 않는 우리나라에서는 입법적인 해결이 있을 때까지는 현행법의 해석상 허용될 수 없다고 보아야 할 것이다.[28)]

법무부의 행정소송법개정법률안에는 의무이행소송과 함께 예방적 금지소송의 도입도 예정하여 개정법률안 제48조부터 제50조까지에 이에 관하여 규정하고 있다.

---

26) 대판 1987.3.24, 86누182; 대판 2006.5.25, 2003두11988.

27) 김남진 · 김연태, 전게서, 719면; 김동희, 전게서, 677면; 박균성, 전게서, 719면; 박윤흔 · 정형근, 전게서, 762-763면; 석종현, 전게서, 813면.

28) 류지태, 전게서, 524면.

제3절 행정소송의 종류

Ⅰ. 행정소송의 성질에 의한 분류

행정소송은 그 성질에 따라 다음과 같이 구분할 수 있다.

1. 형성의 소

형성의 소란 판결 그 자체에 의하여 법률관계의 형성적 효과, 즉 행정법상의 법률관계를 발생·변경 또는 소멸시키는 판결을 구하는 소이다. 따라서 형성판결은 형성요건의 존재를 확정하여 새로운 행정법상의 법률관계를 발생하게 하거나 기존의 행정법상의 법률관계를 변경·소멸하게 하는 판결이다. 형성판결은 이러한 의미에서 창설적 효력을 갖는 데 대하여, 이행판결이나 확인판결은 선언적 효력을 갖는다.

항고소송 중 취소소송은 행정청의 위법한 처분 등의 취소·변경을 구하는 소송이므로 형성의 소로서의 성질을 가진다.

2. 이행의 소

이행의 소란 피고에 대한 특정한 이행청구권의 존재를 주장하여 그의 확정과 이에 의거한 이행명령의 판결을 구하는 소이다. 이 소송에서는 다툼이 있거나 불확실한 권리를 확정받음과 동시에 피고에 대한 이행명령의 선고를 받아 확정된 권리를 실현시키는 명령형의 소이다.

현행법상은 당사자소송으로서 피고의 이행을 내용으로 하는 소송이 이에 해당되며, 우리나라 행정소송법에서의 인정의 여부와는 별도로 의무이행소송·예방적 금지소송 등이 이행의 소에 해당한다.

3. 확인의 소

확인의 소란 특정한 권리 또는 법률관계의 존재 또는 부존재를 주장하여 이를 확인하는 내용의 판결을 구하는 소이다. 따라서 원칙적으로 권리 또는 법률관계만이 확인의 소의 대상이 된다. 이러한 확인의 소는 다른 소송유형에 비하여 가장 소극적인 성질의 소송형태이다.

항고소송 중 무효등확인소송 · 부작위위법확인소송과 공법상의 법률관계의 존부를 확인받기 위한 당사자소송은 이 확인의 소에 속한다.

Ⅱ. 행정소송의 목적에 의한 분류

행정소송은 그 목적에 따라 다음과 같이 구별할 수 있다.

1. 주관적 행정소송

주관적 행정소송이란 행정소송절차를 통하여 소송제기자의 개인적 권익의 구제를 주된 목적으로 하는 행정소송이다. 따라서 이러한 소송은 행정청의 처분 등으로 인하여 개인의 권리 · 이익이 침해된 경우에 그 구제를 구하는 행정소송을 말한다. 행정소송 중 항고소송과 당사자소송이 이와 같은 주관적 행정소송에 해당한다.

2. 객관적 행정소송

객관적 행정소송이란 행정은 공익의 실현을 목적으로 하고 있기 때문에 이해관계자의 다툼이 아닌 공익실현 또는 행정작용의 적법성 보장을 직접목적으로 하는 행정소송을 말한다. 따라서 이러한 소송은 개인의 권리 · 이익의 보호를 위한 소송이 아니며, 행정법규의 적법성이나 타당성을 이유로 하여 인정되는 소송유형이므로, 이 소송의 제기를 위해서는 개별적 · 직접적인 이해관계를 갖는 당사자일 필요는 없지만 법률의 명시적 규정이 있는 경우에만 그 소송의 제기가 인정된다. 행정소송 중에서 민중소송과 기관소송이 이와 같은 객관적 행정소송에 해당한다.

Ⅲ. 행정소송의 내용에 의한 분류

행정소송은 그 내용에 따라 나눌 수 있다. 행정소송의 유형은 각국의 실정법에 따라 다르다. 행정소송 유형은 국민의 기본권인 재판청구권을 구체적으로 실현하는 수단이라는 점을 고려할 때 가능한 한 공백 없는 내용의 소송유형이 제도화되는 것이 바람직하며, 오늘날의 다양한 행정작용의 유형에 상응한 여러 가지 형식의 소송유형이 마련될 필요성이 있다.

그러나 현행 행정소송법은 항고소송 · 당사자소송 · 민중소송 · 기관소송 등 4종류의 유형만을 인정하고 있는데(법 제3조), 이러한 각 소송유형에 대하여 고찰하는 것이 본서가 앞으로 하여야 할 임무이다.

1. 항고소송

항고소송이란 행정청의 처분등이나 부작위에 대하여 제기하는 소송을 말한다(법 제3조 제1호). 즉 행정청의 위법한 처분 그 밖에 공권력의 행사 또는 불행사 등으로 인한 국민의 권리 또는 이익의 침해를 구제하는 소송이다.

행정소송법은 항고소송의 종류로서 취소소송 · 무효등확인소송 · 부작위위법확인소송 등 3가지의 유형을 규정하고 있다(법 제4조). 이러한 항고소송을 '법정항고소송'이라 한다.

1) 취소소송

(1) 의 의

취소소송이란 행정청의 위법한 처분 또는 재결에 대하여 그 취소 또는 변경을 구하는 소송을 말한다(법 제4조 제1호). 즉 행정처분 기타 공권력의 행사 또는 이에 준하는 행정작용이나 재결에 의하여 그 권익이 침해된 자가 당해 행위의 위법을 이유로 그 취소 또는 변경을 구하는 소송이다.

행정소송법은 취소소송의 대상에 대하여 '원처분주의'를 취하고 있으나, 재결취소소송의 경우에는 재결 자체에 고유한 위법이 있음을 이유로 하는 경우에만 인정하고 있다(법 제19조).

취소소송은 항고소송 중에서 가장 대표적인 소송유형으로서, 현행 행정소송법은 취소소송에 관한 규정을 다른 소송유형에 준용하고 있다.

(2) 취소소송의 성질

취소소송의 성질에 관하여는 형성소송설, 확인소송설 및 구제소송설이 대립하고 있다. 즉 ① 형성소송설은 취소소송은 행정처분에 의하여 발생한 위법한 법률관계를 판결에 의하여 직접적으로 변경 또는 소멸시키는 형성적 성질의 소송이라고 보고, ② 확인소송설은 취소소송의 중점은 처분의 위법성을 확인하는 데 있다고 하면서 취소소송을 확인소송으로 보며, ③ 구제소송설은 취소소송을 처분의 위법성을 확인하는 확인소송적 성질과 처분의 효력을 다투는 형성소송적 성질을 함께 가지는 특별한 유형의 소송으로 보는 견해이다. 형성소송설이 현재의 통설이고,[29] 판례의 입장이다.[30]

---

29) 김남진 · 김연태, 전게서, 723면; 김동희, 전게서, 691면; 류지태, 상게서, 526면; 박균성, 전게서, 695면; 석종현, 전게서, 821면; 홍정선, 전게서, 617-618면.

30) 대판 1992.4.24, 91누11131; 대판 2006.7.28, 2004두13219; 대판 2007.1.11, 2004두8538.

생각건대, 행정소송법 제4조 제1호에 규정하는 취소소송의 개념으로 보거나, 동법 제29조 제1항의 「처분등을 취소하는 확정판결은 제3자에 대하여도 효력이 있다」는 규정이 취소판결의 '대세적 효력'을 인정한 것으로 보아 형성소송설이 타당하다.

(3) 취소소송의 소송물

소송에 있어서는 당사자가 소를 제기하고 법원이 심리 · 판단하는 일련의 모든 단계에 걸쳐 그 대상이 확정되어 있어야 분쟁이 해결될 수 있다. 소송물은 소송법상의 기초개념으로서 심판대상 또는 심판대상이 되는 단위를 말한다.

취소소송에 있어서도 소송물은 중요한 의미를 가진다. 소송물이 특정됨으로써 법원에 의한 심리의 범위, 판결의 기판력의 객관적 범위, 피고적격, 제3자의 소송참가, 소의 병합 · 변경 등의 문제와 관련되기 때문이다.

취소소송에서 원고는 특정한 처분이 위법하다고 주장하여 이를 다투는 것이므로 여기에서는 처분의 위법성이 심리대상이 되어 원고의 주장의 당부가 판결로 확정되게 된다. 따라서 취소소송의 소송물은 '행정처분의 위법성'이 된다. 그런데 그 경우에도 그에 따라 행정처분이 위법하게 되는 사유, 즉 위법사유는 여러 개가 있는 때가 보통인 것이다. 이와 관련하여서는 개개의 위법사유를 소송물로 볼 것인지 또는 그 위법성일반을 소송물로 볼 것인지에 대하여는 견해가 대립되고 있다. 그러나 전자를 취하는 경우는 행정청이 여러 처분이유를 들어 동일한 행정처분을 반복하였을 때에는 원고는 그 수만큼 취소소송을 제기하여야 하는 불이익을 보게 되는 것이므로 취소소송의 소송물은 '처분의 위법성일반'이라고 보는 것이 통설적 견해이다.[31] 판례도 이러한 입장을 취하고 있는 것으로 보인다.[32]

취소소송의 기판력은 다툼의 대상이 된 행정처분의 위법성일반에 대하여 발생하기 때문에 위와 같은 통설의 입장에서는 취소소송에서 기각판결을 받은 경우에 다른 위법사유를 들어 동일한 처분에 대하여 새로운 취소소송을 제기하는 것은 허용되지 아니한다고 본다.[33]

2) 무효등확인소송

(1) 의 의

무효등확인소송이란 행정청의 처분 또는 재결의 효력의 유무 또는 존재의 여부에 대한 확인을 구하는 소송을 말한다(법 제4조 제2호). 이러한 소송유형으로서는 행정처분의 무효확인소송이 그 전형적 형태라 할 수 있고, 그 밖에 처분 등의 유효확인소송 · 존재확인소송 · 부존재확인소송 · 실

---

31) 김동희, 전게서, 691면; 박윤흔 · 정형근, 전게서, 767면; 석종현, 전게서, 822면.

32) 대판 1990.3.23, 89누5386; 대판 1996.4.26, 95누5820.

33) 김동희, 전게서, 692면.

효확인소송 등이 이에 해당하는데, 이를 분명히 하기 위하여 행정소송법은 '무효등확인소송'이라고 규정하고 있다.

처분 등이 무효 또는 부존재인 경우에는 그 하자의 중대성으로 인하여 처음부터 효력을 발생하지 않으므로 누구나 어느 때나 그 효력을 부인할 수 있기 때문에, 구태여 무효나 부존재를 소송을 통하여 확인받을 필요까지는 없지 않는가 하는 생각이 들 수도 있다.

그러나 행정처분의 무효원인인 하자와 취소원인인 하자는 절대적으로 구별될 만큼 그 식별이 쉬운 일은 아니므로 무효 또는 부존재인 처분 등도 행정청이 당해 처분을 유효한 것으로 판단하여 이를 집행할 우려가 있다. 따라서 처분의 상대방으로서는 이러한 소송을 통하여 당해 처분이 무효임을 확인받을 실익이 있는 것이다. 반대로, 처분등이 적법·유효한 것임에도 불구하고 행정청이 이를 무효 또는 부존재인 행위로 판단하여 그것을 부인하는 처분을 함으로써 상대방의 권익을 침해할 수도 있다. 이 경우에는 상대방이 유효확인소송 또는 존재확인소송과 같은 적극적 확인의 소의 방법으로 당해 처분이 유효한 것임을 공적 권위에 의하여 확인받을 필요가 있는 것이다.

(2) 무효등확인소송의 성질

무효등확인소송의 성질에 관하여는 확인소송설, 항고소송설 및 준항고소송설이 주장되고 있다. 즉 ① 확인소송설에 의하면, 무효등확인소송은 처분 등의 효력의 유무 또는 존재의 여부를 확인·선언하는 소송으로 보고, ② 항고소송설은 무효등확인소송은 행정행위의 무효를 확정하고 그 효력의 제거를 목적으로 하는 것이기 때문에 행정권이 우월적 지위에서 행한 행위의 효력을 다투는 것으로 되어 취소소송과 본질적으로는 같은 것으로 보며, ③ 준항고소송설은 무효등확인소송이 실질적으로는 처분 등의 무효나 부존재를 확인하는 일종의 확인소송이지만 형식적으로는 처분 등의 효력의 유무나 존재의 여부를 다투는 항고소송의 성질도 아울러 갖는다고 보는 견해이다.

행정소송법은 무효등확인소송을 항고소송의 일종으로 규정하고 있으나(법 제4조 제2호), 내용적으로는 준항고소송의 성질을 갖는 것으로 보아야 한다.[34] 판례도 비록 형식상 확인판결이라 하여도 무효확인판결의 효력은 취소판결과 같이 소송의 당사자는 물론 제3자에게도 미친다고 한다.[35]

(3) 무효등확인소송의 소송물

무효등확인소송의 소송물은 처분 또는 재결의 무효·유효 또는 존재·부존재이다. 즉 이러한 소송에서는 당해 처분 또는 재결의 효력의 유무 또는 존재의 여부가 그 심리대상으로 되어 판결에 의하여 확인되게 되는 것이다.

---

34) 김동희, 상게서, 692-693면; 류지태, 전게서, 530면; 박균성, 전게서, 698면; 박윤흔·정형근, 전게서, 768면; 이상규, 전게서, 798면; 홍정선, 전게서, 773면.

35) 대판 1982.7.27, 82다273.

(4) 무효등확인소송의 특성

무효등확인소송은 취소소송과 비교하여 행정심판전치주의, 제소기간의 제한, 사정판결, 간접강제 등의 규정이 적용되지 않는 특성이 인정되고 있다.

3) 부작위위법확인소송

(1) 의 의

부작위위법확인소송이란 행정청의 부작위가 위법하다는 것을 확인하는 소송을 말한다(법 제4조 제3호). 여기의 '부작위'라 함은 행정청이 당사자의 신청에 대하여 상당한 기간 내에 일정한 처분을 하여야 할 법률상 의무가 있음에도 불구하고 이를 하지 아니하는 것을 말한다(법 제2조 제1항 제2호). 이러한 부작위가 위법한 것임을 확인하는 소송유형이 부작위위법확인소송이다.

행정소송법은 행정청의 부작위에 대하여 그 부작위가 위법하다는 것을 확인하는데 그치는 소극적인 소송형식을 채택하였을 뿐이고, 적극적으로 일정한 처분을 할 것을 명하는 내용의 의무이행소송은 허용되고 있지 않는다. 이러한 점에서 행정심판법이 의무이행심판을 인정하고 있는 것과 다르며, 권리구제수단으로써는 미흡하다.

(2) 부작위위법확인소송의 성질

부작위위법확인소송은 행정청의 부작위가 위법한 것임을 확인하기 위한 소송이므로 기본적으로는 확인소송의 성질을 가진다. 그러나 이 소송은 행정청의 소극적인 공권력의 행사로 발생한 위법상태의 배제를 구하는 소송으로서 항고소송으로 규정하고 있는 것이다. 따라서 부작위위법확인소송은 확인소송과 항고소송의 성질을 모두 갖는 것으로 볼 수 있다.[36)]

(3) 부작위위법확인소송의 소송물

부작위위법확인소송의 소송물은 부작위의 위법성이다. 따라서 이와 같은 소송에서는 행정청에 부과되어 있는 작위의무가 기속적 처분인 경우에도 법원은 그 부작위가 위법한 것임을 확인할 수 있는 데 그치고, 특정한 작위의무가 있음을 확인하거나 그러한 행위를 할 것을 명하는 내용의 판결을 할 수는 없다.

(4) 부작위위법확인소송의 특성

부작위위법확인소송은 취소소송과 비교하여 그 성질상 집행정지결정, 사정판결에 관한 규정이 적용되지 아니한다.

---

36) 김남진 · 김연태, 전게서, 830면; 김동희, 전게서, 693면; 류지태, 전게서, 531면; 박균성, 전게서, 700면; 박윤흔 · 정형근, 전게서, 769면; 석종현, 전게서, 919면; 홍정선, 전게서, 781면.

2. 당사자소송

1) 의 의

당사자소송이라 함은 행정청의 처분 등을 원인으로 하는 법률관계에 관한 소송 그 밖에 공법상의 법률관계에 관한 소송으로서 그 법률관계의 한쪽 당사자를 피고로 하는 소송을 말한다(법 제3조 제2호).

항고소송은 행정청의 적극적 또는 소극적 공권력행사를 직접 대상으로 하는 불복수단으로써, 행정청의 우월적인 지위의 존재를 전제로 하는 소송유형이다. 이에 대하여 당사자소송은 원고와 피고와의 관계가 대등한 지위에서 권리관계를 다투는 소송으로서, 민사소송과 본질적인 차이가 있는 것은 아니다. 당사자소송과 민사소송은 모두 대등한 당사자의 존재를 전제로 하고, 공권력의 행사 자체를 다투는 것이 아니라는 점에서는 동일하다. 그러나 여기의 당사자소송은 그 대상인 법률관계가 공법상의 법률관계인 데 반하여, 민사소송은 사법상의 법률관계를 그 대상으로 하는 점에서 차이를 갖는다.

2) 당사자소송의 유형

당사자소송은 그 성질이 다른 실질적 당사자소송과 형식적 당사자소송의 두 가지 유형이 있다.

(1) 실질적 당사자소송

실질적 당사자소송은 본래의 의미의 당사자소송으로서 대등한 당사자 사이의 공법상의 법률관계에 관한 소송으로서 법률관계의 한쪽 당사자를 피고로 하는 소송이다. 즉 실질적 당사자소송은 공법상의 법률관계를 소송물로 하는 대등한 권리주체 사이의 소송을 말하는 것으로서 당사자소송의 일반적 소송유형이다.

이러한 소송유형은 다시 이러한 법률관계의 발생원인을 기준으로 하여, ① 행정청의 처분 등을 원인으로 하는 법률관계에 관한 당사자소송과, ② 이러한 원인 없이 존재하는 공법상의 법률관계에 관한 당사자소송으로 나눌 수 있다. 전자에 속하는 소송으로는 처분 등의 무효 또는 취소를 전제로 하는 공법상의 부당이득반환청구소송, 공무원의 직무상 불법행위에 대한 손해배상청구소송, 적법한 처분을 원인으로 한 손실보상청구소송 등을 그 예로 들 수 있다. 후자에 해당하는 것으로는 공법상의 신분 또는 지위의 확인소송, 공무원의 급여 · 연금 등 공법상의 금전지급청구소송, 공법상의 계약 또는 사무관리에 관한 소송 등이 이러한 소송에 속한다.

(2) 형식적 당사자소송

형식적 당사자소송은 행정청의 처분 등을 다투는 소송이면서 항고소송에서와 같이 행정청을 피고로 하지 않고, 당해 처분 등을 원인으로 하는 법률관계의 한쪽 당사자를 피고로 하여 제기하는 소송유형을 말한다. 이러한 소송은 실질적으로는 행정청의 처분 등을 다투는 소송이면서 항고소송에서와 같이 처분행정청을 피고로 하지 아니하고, 그 법률관계의 한쪽 당사자를 피고로 하여 제기하는 소송으로서 이를 형식적 당사자소송이라고 한다. 이와 같은 명칭은 실질적으로는 처분 등을 다투는 것이지만 형식적으로는 당사자소송의 형태를 취하고 있다는 점에 연유하는 것이다.[37] 이 소송은 현실적으로 당사자가 다투고자 하는 분쟁의 내용을 중시하여 이러한 분쟁의 실질적인 이해관계자만을 소송당사자로 하고 행정청을 배제하여 신속한 권리구제를 실현하고 소송절차를 간소화하는 데에 그 필요성이 있는 제도이다.

토지취득보상법 제85조 제2항에서 재결에 대하여 「제기하려는 행정소송이 보상금의 증감(增減)에 관한 소송인 경우 그 소송을 제기하는 자가 토지소유자 또는 관계인일 때에는 사업시행자를, 사업시행자일 때에는 토지소유자 또는 관계인을 각각 피고로 한다」고 규정하여 보상금증감청구소송의 성격이 형식적 당사자소송임을 명백히 하였다.[38] 이 외에 이러한 소송유형에 속하는 대표적인 것으로 개별법에서 그 예를 찾아보면 특허법 제187조 · 제191조, 상표법 제86조 제2항, 실용신안법 제33조, 디자인보호법 제75조 등을 들 수 있다.

3) 당사자소송의 특성

당사자소송에 관하여는 처분의 존재를 전제로 하는 취소소송에 대한 제소기간의 제한, 행정심판전치주의, 집행정지 등의 규정은 그 성질상 준용되지 않으며, 주로 항고소송의 절차적 사항에 관한 규정으로서의 직권심리주의, 제3자 · 행정청의 소송참가, 처분의 변경으로 인한 소의 변경 등은 행정소송법의 규정이 준용된다. 그 외에도 민사소송에 관한 규정이 당사자소송에 준용된다.

3. 민중소송

1) 의 의

민중소송이란 국가 또는 공공단체의 기관이 법률에 위반되는 행위를 한 때에 직접 자기의 법률상 이익과 관계없이 그 시정을 구하기 위하여 제기하는 소송을 말한다(법 제3조 제3호). 이러한 민중소송은 당사자 사이의 개별적인 권리 · 의무에 관한 분쟁을 해결하기 위한 주관적 소송이 아니고, 행정법규의 적정한 적용을 확보하고 공공의 이익을 보호하기 위한 소송이라는 점에서 객관적 소송으로서의 성질을 갖는다.

---

37) 김동희, 상게서, 694-695면.

38) 박평준 · 박창석, 「보상법규강의」. 리북스, 2009, 286-287면.

2) 민중소송의 유형

민중소송은 법률적 쟁송에는 해당하지 않으므로 인하여 법률에 명시적 규정이 있는 경우에만 예외적으로 허용된다(법 제45조).

현행법상 인정되고 있는 민중소송의 경우는 선거소송과 국민투표에 관한 소송 등을 들 수 있다. 즉 대통령선거 및 국회의원선거에 있어서 선거의 효력에 관하여 이의가 있는 선거인·정당 또는 후보자는 선거일부터 30일 이내에 당해 선거구선거관리위원회 위원장을 피고로 하여 대법원에 소를 제기할 수 있다(공직선거법 제222조 제1항). 한편, 지방의회의원 및 지방자치단체의 장의 선거에 있어서 선거의 효력에 관한 소청의 결정에 불복이 있는 소청인(당선인을 포함한다)은 해당 소청에 대하여 기각 또는 각하의 결정이 있는 경우에는 해당 선거구 선거관리위원회 위원장을, 인용결정이 있는 경우에는 그 인용결정을 한 선거관리위원회 위원장을 피고로 하여 그 결정서를 받은 날부터 10일 이내에 비례대표 시·도의원선거 및 시·도지사선거에 있어서는 대법원에, 지역구시·도의원선거, 자치구·시·군의원선거 및 자치구·시·군의 장 선거에 있어서는 그 선거구를 관할하는 고등법원에 소를 제기할 수 있다(동조 제2항). 또한 국민투표의 효력에 관하여 이의가 있는 투표인은 중앙선거관리위원회 위원장을 피고로 하여 대법원에 국민투표무효확인소송을 제기할 수 있다(국민투표법 제92조).

3) 민중소송에 대한 적용법규

민중소송의 적용법규에 대하여는 민중소송의 제기를 허용하는 각 개별법에서 보통 관련규정을 두고 있다. 이러한 규정이 없는 경우에는 개개의 소송유형에 따라 그에 상응하는 행정소송법의 규정이 적용된다(공직선거법 제227조 참조).

4. 기관소송

1) 의 의

기관소송이라 함은 국가 또는 공공단체의 기관 상호간에 있어서의 권한의 존부 또는 그 행사에 관한 다툼이 있을 때에 이에 대하여 제기하는 소송을 말한다(법 제3조 제4호 본문). 다만, 헌법재판소법 제2조의 규정에 의하여 헌법재판소의 관장사항으로 되어 있는 권한쟁의심판은 행정소송법상의 기관소송에서 제외하고 있다(동조 제4호 단서). 동일한 행정주체에 속하는 기관 상호간의 권한을 둘러싼 분쟁은 기관 상호간의 협의에 의하여 처리하거나 상급기관이 해결하는 것이 원칙이다(헌법 제89조 제10호, 행정절차법 제6조 제2항). 그런데 행정주체 내에 이러한 분쟁을 해결할 수 있는 적당한 기관이 없거나 제3자에 의한 공정한 해결을 할 필요가 있는 경우에 법원에 제소하여 소송을 통한 방법으로 해결하도록 채택된 제도가 기관소송이다. 이러한 기관소송도 당사자 사이의 구체적인 권리 · 의무에 관한 분쟁을 해결하기 위한 주관적 소송이 아니고, 행정활동의 행정법규에의 적합성을 담보하기 위하여 인정되는 소송유형이므로 위의 민중소송과 마찬가지로 객관적 소송의 성질을 가지고 있다.

2) 기관소송의 유형

기관소송도 객관적 소송이므로 법률이 정한 경우에 한하여 제기할 수 있는 것으로 하고 있다(법 제45조). 이는 기관소송법정주의를 규정한 것이다.

현행법상 인정되고 있는 기관소송으로는 지방자치법 제107조 제3항 및 제172조 제3항에 의하여 지방자치단체의 장이 지방의회의 재의결사항이 법령에 위반된다고 판단되면 대법원에 제소한 경우가 있고, 「지방교육자치에 관한 법률」 제28조 제3항에 의하여 교육감이 시 · 도의회 또는 교육위원회의 재의결에 대한 소송의 경우가 있다.

3) 기관소송에 대한 적용법규

기관소송에 대하여는 이를 인정하는 각 개별법에서 규정하고 있는 사항을 제외하고는 그 성질이 허용하는 한 행정소송법의 규정을 준용한다.

제4절 항고소송

행정소송법은 위에서 살펴본 바와 같이 '법정항고소송'으로서 취소소송 · 무효등확인소송 · 부작위위법확인소송 등 3종의 소송유형을 인정하고 있다(법 제4조). 이러한 항고소송 중에서 행정소송의 중심이 되는 것은 취소소송으로서 행정소송법은 취소소송에 관하여 상세한 규정을 두고(법 제2장 제9조부터 제34조까지 26개조), 그 이외의 항고소송에 대하여는 취소소송에 관한 규정을 준용하도록 하고 있다(법 제3장).

그리고 행정소송법에서 규정한 위 3종의 항고소송 이외의 항고소송을 '무명항고소송' 또는 '법정외항고소송'이라고 부르는데, 우리나라의 통설 · 판례는 이를 인정하지 않는다.

Ⅰ. 취소소송

1. 취소소송의 재판관할

1) 심급관할

취소소송의 제1심 관할법원은 행정법원이다(법 제9조 제1항 본문). (구)행정소송법은 취소소송의 제1심 관할법원을 고등법원의 전속관할로 하였다. 구법 당시에는 취소소송을 제기하기 전에 원칙적으로 행정심판을 필수적으로 거치도록 하는 행정심판전치주의를 채택하고 있었으므로 행정심판을 실질적인 제1심에 해당하는 것으로 보았기 때문이다. 그러나 현행 행정소송법은 행정심판을 임의적 절차로 하고, 취소소송의 제1심 관할법원을 지방법원급의 행정법원으로 하여 행정소송도 민사소송과 마찬가지로 3심제로 변경하였다.

다만, 공정거래위원회의 처분에 대한 불복소송은 공정거래위원회의 소재지를 관할하는 서울고등법원을 전속관할로 하고(독점규제 및 공정거래에 관한 법률 제55조), 특허소송은 특허법원 전속관할로 한다(특허법 제186조 제1항). 이러한 경우는 심급관할의 예외에 해당된다.

2) 토지관할

(1) 보통관할

취소소송의 제1심 관할법원은 피고인 행정청(처분청 · 재결청 · 부작위청 등)의 소재지를 관할하는 행정법원이다. 다만, 중앙행정기관 또는 그 장이 피고인 경우의 관할법원은 대법원 소재지의 행정법원이다(법 제9조 제1항). 그런데 행정법원이 설치되지 아니한 지역에 있어서의 취소소송의 제1심 관할법원은 피고인 행정청의 소재지를 관할하는 지방법원 본원이 된다. 현재는 서울에만 행정법원이 설치되어 있다.

(2) 특별관할

토지의 수용 기타 부동산 또는 특정의 장소에 관계되는 처분 등에 대한 취소소송은 그 부동산 또는 장소의 소재지를 관할하는 행정법원에 이를 제기할 수 있다(법 제9조 제2항). 여기에서 '토지의 수용에 관계되는 처분'이란 국토해양부장관의 사업인정 및 토지수용위원회의 재결 · 이의재결 등의 처분을 말한다. '부동산에 관계되는 처분'이란 광업권에 관한 처분, 토지거래허가에 관한 처분, 부동산에 관한 권리행사의 강제 · 제한 · 금지를 명하거나 직접 실현하는 처분을 말한다. '특정의 장소에 관계되는 처분'이란 자동차운수사업면허 등과 같이 특정지역에서 일정한 행위를 할 수 있는 권리를 부여하는 처분이나 특정지역을 정하여 일정한 행위를 제한 · 금지하는 처분 등을 말한다.[39] 그리고 2개 이상의 관할구역에 걸쳐 있을 때에는 어느 구역을 관할하는 법원이라도 관할권을 가진다.

(3) 토지관할의 임의관할화

종전에는 전속관할이었으나, 현행 행정소송법은 항고소송이나 당사자소송의 토지관할에 대하여 전속관할로 규정하지 않고 있어 임의관할로 되었다.[40] 따라서 관할의 결정에 대하여는 민사소송법상의 합의관할(동법 제29조) · 변론관할(동법 제30조)에 관한 규정이 준용될 수 있다.

3) 관할법원에의 이송

법원은 소송의 전부 또는 일부에 대하여 관할권이 없다고 인정하는 경우에는 결정으로 관할법원에 이송한다(법 제8조 제2항, 민사소송법 제34조 제1항). 이러한 관할이송은 원고의 고의 또는 중대한 과실 없이 행정소송이 심급을 달리하는 법원에 잘못 제기된 경우에도 적용한다(법 제7조). 이와 같은 경우에 소제기의 효력 발생시기는 이송된 때라는 것이 종래의 판례이다.[41] 행정사건을

---

39) 김철용, 「행정법Ⅰ」, 박영사, 2005, 586-587면; 석종현, 전게서, 822-823면.

40) 대판 1994.1.24, 93누18655.

41) 대판 1969.3.18, 64누51.

민사법원에 제기한 경우에도 관할이송이 적용된다.[42)]

4) 관련청구소송의 이송 · 병합

(1) 제도적 취지

위법한 처분으로 인하여 권익의 침해를 받은 자는 그 처분의 취소를 구하는 취소소송을 제기하거나, 원상회복 · 손해배상 등을 청구할 수 있다. 이러한 경우 당해 처분과 상호관련성이 있는 여러 청구를 하나의 절차에서 병합하여 통일적으로 심판하게 되면 심리의 중복, 재판의 모순 · 저촉의 방지, 법원과 당사자의 부담을 경감하고 아울러 신속히 재판을 진행시킬 수 있는 것이 관련청구소송의 병합제도이다. 그에 따라 행정소송법은 관련 청구소송의 병합을 제도화하고 그 이송에 관하여도 규정하고 있다.

(2) 관련청구소송의 이송

사건의 이송이란 어느 법원에 일단 계속된 소송을 그 법원의 재판에 의하여 다른 법원에 이전하는 것을 말한다. 행정소송법 제10조 제1항은 「취소소송과 관련청구소송이 각각 다른 법원에 계속되고 있는 경우에 관련청구소송이 계속된 법원이 상당하다고 인정하는 때에는 당사자의 신청 또는 직권에 의하여 이를 취소소송이 계속된 법원으로 이송할 수 있다」고 규정하여 관련청구소송의 이송을 인정하고 있다. 따라서 위와 같은 요건을 갖추고 법원이 이송결정을 하면 관련청구소송은 취소소송이 계속된 법원으로 이송되는 것이다. 이송결정은 당해 관련청구소송을 이송받은 법원은 이송결정에 따라야 하고, 이송받은 법원은 그 사건을 다시 다른 법원에 이송하지 못한다(민소법 제38조).

이송에 관한 재판은 민사소송법의 적용을 받는다(행소법 제8조 제2항, 민소법 제34조 · 제35조). 따라서 이송결정과 이송신청의 기각결정에 대하여는 즉시항고(卽時抗告)를 할 수 있고(민소법 제39조), 이송결정이 확정된 때에는 관련청구소송은 처음부터 이송받은 법원에 계속(係屬)된 것으로 본다(민소법 제40조 제1항). 관련청구소송의 이송은 무효등확인소송(행소법 제38조 제1항) · 부작위위법확인소송(행소법 제38조 제2항) · 당사자소송(행소법 제44조 제2항) · 민중소송 또는 기관소송(행소법 제46조 제1항)에도 준용한다.

(3) 관련청구소송의 병합

청구의 병합이란 하나의 소송절차에서 같은 원고가 같은 피고에 대하여 수개의 청구를 하는 경우(소의 객관적 병합)와 소송당사자가 다수가 되는 경우를 말한다(소의 주관적 병합). 행정소송법 제10조 제2항은 「취소소송에는 사실심의 변론종결시까지 관련청구소송을 병합하거나 피고 외

42) 대판 1997.6.30, 95다28960.

의 자를 상대로 한 관련청구소송을 취소소송이 계속된 법원에 병합하여 제기할 수 있다」고 규정함으로써 소의 객관적 병합·주관적 병합과 추가적 병합·원시적 병합을 모두 인정하고 있다. 즉 객관적 병합은 원고·피고 사이에서 복수청구의 병합을 말하고(동조항 전단), 주관적 병합은 피고 외의 자를 상대로 하는 병합을 말한다(동조항 후단). 추가적 병합이란 계속 중인 취소소송에 사후적으로 병합하는 것을 말하며(동조항 전단), 원시적 병합이라 함은 취소소송의 제기시에 병합하여 제기하는 경우를 말한다(동조항 후단, 법 제15조).

주위적(主位的) 청구(주된 청구)가 허용되지 아니하거나 이유 없는 경우를 대비하여 예비적 청구(보조적 청구)를 병합하여 제기하는 예비적 청구도 관련청구소송의 하나의 특별한 유형에 해당한다. 그런데 이러한 '예비적 병합'의 허용 여부에 대하여는 행정소송법에는 명문의 규정이 없고, 민사소송법은 제70조에서 이를 명문으로 인정하고 있다. 이러한 경우 행정소송법에 규정이 없는 사항은 민사소송법의 규정이 준용되는 것으로서, 민사소송법에서 이를 명문으로 인정하고 있으므로 행정소송의 경우에도 이는 허용된다고 보아야 할 것이다.[43]

2. 취소소송의 당사자

1) 취소소송의 당사자의 문제

(1) 당사자의 지위

행정소송도 원고와 피고가 대립된 당사자로서 양자의 공격·방어절차를 거쳐 법원이 판결로써 분쟁을 해결한다는 점에 있어서는 민사소송과 다르지 않다. 그러나 당사자인 원고와 피고의 지위는 소송의 종류에 따라 다르다. 당사자소송의 경우는 민사소송과 같이 원고와 피고가 서로 자기의 권리를 주장하여 다투며 대립한다. 그러나 취소소송의 경우 원고는 그 자신의 권리·이익의 보호를 위하여 위법한 처분 등의 취소·변경을 구하고 있는 데 대하여, 피고는 자신의 권리·이익을 주장하는 것보다는 행정법규의 적법한 적용을 주장하는 데 불과하다는 점에서 서로의 권익을 주장하는 민사소송과는 다르다.

(2) 당사자능력

당사자능력이란 소송의 당사자(원고·피고·참가인)가 될 수 있는 능력을 말한다. 즉 당사자능력은 소송법관계의 주체가 될 수 있는 능력을 의미한다. 행정소송상의 당사자능력은 소송법관계의 주체가 될 수 있는 능력을 의미한다. 행정소송상의 당사자능력은 민법 등의 법률에 의하여 권리능력이 부여된 자연인·법인에게 인정될 뿐만 아니라, 법인이 아닌 사단이나 재단도 대표자 또는 관리인이 있는 경우에는 인정된다(행소법 제8조 제2항, 민소법 제51조·제52조). 다만, 권리

43) 김동희, 전게서, 699-700면.

능력이 없는 사단이나 재단도 구체적인 분쟁사건과 관련하여 개인적 공권을 가져야 한다. 당사자능력을 '참가능력'이라 부르기도 한다.[44]

(3) 당사자적격

당사자적격이라 함은 특정의 소송사건에 있어서 원고 · 피고 · 참가인 등 당사자로서 소송을 수행하고 본안판결을 받을 수 있는 자격을 말한다. 당사자적격이 있는 자를 보통 '정당한 당사자'라고 부른다. 행정소송상의 당사자적격은 일정한 행정소송에서 소의 대상인 처분 등의 존재의 여부 및 위법의 여부의 확인 · 확정 등에 대하여 법률상 대립하는 이해관계를 갖는 자에게 인정된다.

2) 취소소송의 원고

(1) 원고적격과 권리보호의 필요성

행정소송은 행정상의 법률관계에 있어서 분쟁의 당사자의 실질적 구제를 도모하기 위한 제도이므로 "소익(訴益) 없으면 소권(訴權) 없다"는 원칙은 당연히 취소소송에도 적용된다. 따라서 행정처분의 위법을 주장하여 그 취소를 구하는 자는 당연히 '소의 이익'이 있어야 한다. 그런데 소의 이익은 원고적격, 권리보호의 자격(청구대상의 적격) 및 권리보호의 필요성(협의의 소익)을 포괄하는 개념이다. 이러한 넓은 의미의 소의 이익 중에서 원고적격과 청구적격은 소송의 형식적 요건이며, 좁은 의미의 권리보호의 필요성 여부는 본안판단의 요건이다. 이와 같은 소의 이익 중에서 청구적격은 소송의 대상인 처분에 관한 것이므로 이는 별도로 기술하기로 하고, 다음에서는 원고적격과 권리보호의 필요성에 대한 문제를 검토하고자 한다.

(2) 원고적격

(가) 행정소송법의 규정

원고적격이란 취소소송에서 원고가 될 수 있는 자격을 말한다. 행정소송법은 '원고적격'이라 하여 제12조 제1문은 「취소소송은 처분 등의 취소를 구할 법률상 이익이 있는 자가 제기할 수 있다」고 규정하고, 동조 제2문은 「처분 등의 효과가 기간의 경과, 처분 등의 집행 그 밖의 사유로 인하여 소멸된 뒤에도 그 처분 등의 취소로 인하여 회복되는 법률상 이익이 있는 자의 경우에도 또한 같다」고 규정하고 있다. 이러한 규정 중에서 제1문이 엄밀한 의미의 원고적격에 관한 규정이며, 제2문은 '협의의 소익'에 관한 규정으로서의 의의를 가진다고 보는 견해가 일반적이다.[45] 여기에서는 취소소송의 원고적격에 관하여서만 살펴보기로 하되, 원고적격과 관련하여 행정소송법 제12조 제1문에 규정되어 있는 '법률상 이익'이 무엇을 의미하는가의 문제가 최대의 쟁점이다.

---

44) 홍정선, 전게서, 652면.

45) 김남진 · 김연태, 전게서, 730면.

(나) '법률상 이익'의 의미

행정소송법 제12조의 '법률상 이익'이라는 용어는 그 내용이 일의적(一義的)이 아닌 일종의 불확정개념으로서 그 내용의 파악에는 견해가 다를 수 있다. 일반적으로 취소소송의 기능과 관련하여 원고적격의 판정기준으로는 다음의 4종류의 견해가 제시되고 있는데, 이러한 견해와 관련시켜 '법률상 이익'의 내용을 짚어보기로 한다.

① 권리회복설(권리구제설) : 이 견해는 취소소송의 기능을 위법한 처분으로 인하여 침해된 개인의 권리회복에 있다고 보아, 위법한 처분 등으로 인하여 권리를 침해당한 자만이 취소소송을 제기할 수 있는 법률상 이익이 있는 자에 해당되어 원고적격을 갖는다고 본다.

② 법률상보호이익설(법률상이익구제설) : 이 견해는 취소소송의 기능을 법률이 개인을 위하여 보호하고 있는 이익을 침해한 위법한 처분에 대하여 이를 방위하기 위한 수단으로 보고, 위법한 처분에 의하여 전통적인 의미의 권리뿐만 아니라 관련법에 의하여 보호되고 있는 이익이 침해된 자에게도 당해 처분의 취소를 구할 원고적격이 인정된다고 본다. 이에 의하면 '법률상 이익'이란 법률상 보호되는 이익을 의미하게 된다.

③ 보호가치이익구제설(이익구제설) : 이 견해는 취소소송의 기능을 법률의 해석 · 적용을 통하여 구체적인 분쟁을 해결하는 절차로 본다. 따라서 법률상 이익의 유무는 반드시 실정법의 규정에 의하는 것이 아니라 처분의 위법을 주장하는 자가 갖는 이익이 재판에 의하여 보호할 만한 가치가 있는 이익이면 그러한 이익이 침해된 자에게도 원고적격이 인정되어야 한다고 본다. 그리하여 침해된 이익이 법률상 보호되는 이익이건 사실상의 이익이건 실질적으로 보호할 가치 있는 이익이 있는 자에게 널리 원고적격을 인정하려고 한다. 그 결과 법적 보호이익설에 비하여 원고적격의 범위가 보다 넓게 인정되게 된다.

④ 적법성보장설 : 위의 학설은 공통적으로 개인의 주관적인 권리구제라는 취소소송의 기능과 목적에 그 바탕을 두고 있지만, 이 적법성보장설은 객관적으로 행정처분의 적법성보장 내지 행정통제기능에서 취소소송의 목적과 기능을 찾는 견해이다. 따라서 당해 처분을 다투는 데 가장 적합한 이해관계를 갖는 자에게 원고적격을 인정하여야 한다는 입장이다.

⑤ 판례 : 판례는 법적으로 보호되는 이익설의 입장에서 처분 등으로 권리뿐만 아니라 이익을 침해받는 자도 그 처분 등의 취소를 구할 원고적격을 가지게 되나, 그 이익은 원칙적으로 당해 처분 등의 근거법률에 의하여 보호되고 있는 직접적이고 구체적인 이익이어야 하고, 공익보호의 결과로 국민일반이 가지는 추상적 · 평균적 · 일반적이거나 반사적 이익과 같이 간접적이거나 사실적 · 경제적 이익까지 포함하는 것은 아니라고 하고 있다.[46]

⑥ 결어 : '권리회복설'은 실체법상 권리가 침해된 경우에만 원고적격을 인정함으로써 원고적격의 인정범위를 지나치게 좁게 해석하여 권리구제의 범위를 부당하게 제한하는 문제점이 있다는

46) 대판 2001.9.28, 99두8565; 대판 2006.3.16, 2006두330; 대판 2007.6.15, 2005두9736.

비판을 피할 수 없다. 또한 '적법성보장설'은 취소소송의 기능을 객관적인 관점에서 본다는 점에서 우리 행정소송법의 취소소송이 주관적 소송이라고 할 때 타당성이 없다. 그리고 '보호가치 있는 이익구제설'은 당해 이익이 재판에 의하여 보호할 만한 가치가 있는지의 여부에 관한 판단의 객관적 기준이 제기되고 있지 아니하다는 점에 그의 문제점이 있다고 본다. 이에 대하여 '법률상 보호되고 있는 이익설'은 취소소송이 권리 · 이익이 침해된 자의 구체적 구제를 위한 주관적 쟁송이라는 취소소송의 본질에 합치되고 또한 행정소송법 제12조의 문리에도 부합하는 것으로 보인다. 이 설이 통설[47]이고, 판례이며, 여기에서 지적한 바에 따라 타당하다.

(다) 법률상 이익의 판단근거

행정소송법 제12조의 '법률상 이익'의 판단근거인 '법률'의 범위를 어떻게 이해하는가에 의하여 그 인정의 여부가 달라질 수 있다.[48]

① 학설 : 법률상 이익을, i) 처분의 근거가 되는 실체법규에 의하여 보호되는 이익, ii) 처분의 근거가 되는 실체법규 및 절차법규에 의하여 보호되는 이익, iii) 처분의 근거가 되는 법률의 전체 취지에 비추어 보호되는 이익, iv) 처분의 근거법률 이외에 다른 법률, 헌법의 규정, 관습법 및 조리 등 법체계 전체에 비추어 보호되는 이익 등으로 해석하는 견해로 구분할 수 있다.

② 판례 : 판례는 '당해 처분의 근거법률에 의하여 보호되는 직접적이고 구체적인 이익'을 법률상 이익이라고 보면서, 종전에 비해 관계 법률의 취지를 목적론적으로 새김으로써 인근주민의 원고적격을 너그럽게 인정하려는 태도를 보이고 있다.[49] 또한 처분의 직접적 근거규정뿐만 아니라 처분시 준용되는 규정을 근거법률에 포함시키고,[50] 처분의 실체법적 근거법률 이외에 처분을 함에 있어서 적용되는 절차법규정의 취지에 비추어 원고의 법률상 이익을 인정하는 경우[51] 등 근거법률의 범위를 확대하는 추세이다. 다만, 아직까지 대법원은 처분의 근거법률 이외에 관습법, 법질서 전체의 취지 및 헌법상 기본권규정은 법률상 이익의 해석을 위하여 고려하고 있지 않은 것으로 보인다.[52]

그러나 헌법재판소는 헌법상의 기본권을 고려하여 법률상 이익의 유무를 판단하고 있다.[53]

③ 결어 : 대법원이 처분의 근거법률에 직접적 근거규정 이외에 처분을 함에 있어서 적용되는 다른 실체법적 규정과 절차법적 규정을 포함시키는 것은 타당하다. 다만, 중요한 것은 이러한 규

47) 김동희, 전게서, 704면; 박균성, 전게서, 764면; 박윤흔 · 정형근, 전게서, 785면; 류지태, 전게서, 542면; 석종현, 전게서, 829면.

48) 김남진 · 김연태, 전게서, 732-734면.

49) 대판 1975.5.13, 73누96 · 97; 대판 1983.7.12, 83누59.

50) 대판 1995.9.26, 94누14544.

51) 대판 1998.9.4, 97누19588.

52) 대판 2006.3.15, 2006두330.

53) 헌재결 1998.4.30, 97헌마141.

정을 해석하는 데 있어서 근거가 되는 법률 전체의 목적 및 각 규정의 취지를 고려하고, 관련규정의 체계적 고찰이 필요하다는 점이다. 또한 헌법의 기본권보장의 취지 및 객관적 가치질서를 포함하고 있는 헌법규정에 합치하도록 해석하여야 할 것이다. 더 나아가 헌법상 기본권규정이 직접 적용될 수 있다는 점을 전제로 그 헌법상의 기본권규정으로부터 직접 법률상 이익이 도출될 수 있을 것이다.

결론적으로 법률상 이익의 존재의 여부는 처분의 근거법률 뿐만 아니라 관련규정, 헌법상 기본권 및 기본원리를 고려하여 판단하여야 할 것이다.

(라) 법률상 이익의 확대화 경향

취소소송은 처분의 취소를 구할 법률상 이익이 있는 자이면 어떠한 사람도 제기할 수 있으며, 반드시 처분의 직접 상대방만에 한정되지는 않는다. 오늘날 법률상 이익의 확대화경향으로 인하여 비록 제3자라 하더라도 법률상 이익이 있으면 취소소송을 제기할 수 있으나, 반대로 법률상 이익이 없는 자에게는 원고적격이 인정되지 않는다.[54] 제3자의 원고적격을 인정한 경우는 다음과 같다.

① 경업자소송 : 경업자소송(競業者訴訟)은 서로 경쟁관계에 있는 자들 사이에서 특정인에게 주어지는 수익적 행위가 타인(제3자)에게는 법률상 불이익을 초래하는 경우에 그 타인이 자기의 법률상 이익의 침해를 이유로 수익을 받은 특정인에 대한 행위를 다투는 소송을 말한다.

기존업자가 제기한 신규업자에 대한 인 · 허가처분의 취소청구에 있어서 기존업자가 특허기업인 경우에는 그 기존업자가 특허로 인하여 받은 이익은 법률상 이익이라고 보아 원고적격을 인정하고, 기존업자가 허가를 받아 영업을 하는 경우에는 그 기존업자가 허가로 인하여 받는 이익은 반사적 이익 내지 사실상 이익에 지나지 않는다고 보아 원고적격을 부정하는 것이 일반적이다. 예컨대, 선박운항사업면허처분에 대한 기존업자,[55] 자동차운송사업면허에 대한 기존업자,[56] 시외버스운송사업계획변경인가에 대한 기존의 시외버스운송사업자[57] 등은 법률상 이익이 인정된 사례로서 원고적격이 인정된 경우이고, 반면에 목욕탕영업허가에 대한 기존목욕탕업자,[58] 석탄가공업 신규허가에 대한 기존업자,[59] 양곡가공업허가에 대한 기존업자[60] 등에게는 법률상 이익을 부정한 사례로서 원고적격이 인정되지 않는 경우이다.

54) 대판 1993.7.27, 93누8239; 대판 1995.10.17, 94누14148; 대판 2002.8.23, 2002추61.
55) 대판 1969.12.30, 69누106.
56) 대판 1974.4.9, 73누173.
57) 대판 2010.6.10, 2009두10512.
58) 대판 1963.8.31, 63누101.
59) 대판 1980.7.22, 80누33 · 34.
60) 대판 1981.1.27, 79누433; 대판 1990.11.13, 89누756.

② 경원자소송: 경원자소송(競願者訴訟)은 면허나 인·허가 등의 수익적 행정처분을 신청한 수인이 서로 경쟁관계에 있어서 일방에 대한 면허나 인·허가 등의 행정처분이 타방에 대한 불면허·불인가·불허가 등으로 경원관계가 될 수밖에 없는 경우에 불허가 등으로 인하여 자기의 법률상 이익을 침해당한 자가 허가 등을 받은 자의 처분을 다투는 소송을 말한다. 이른바 경원관계에 있는 경우로서 동일대상지역에 대한 공유수면매립면허나 도로점용허가 혹은 일정지역에 있어서의 영업허가 등에 관하여 거리제한규정이나 업소개수제한규정이 있는 경우 수인이 동시에 이를 신청한 경우에 주로 문제된다.

③ 인인소송: 인인소송(隣人訴訟)은 이웃하는 자들 사이에서 특정인에게 주어지는 수익적 행위가 타인에게는 법률상 불이익을 초래하는 경우에 그 타인이 자기의 법률상 이익의 침해를 다투는 소송을 말한다. 예컨대, 연탄공장건축허가처분에 대한 인근주민,[61] LPG자동차충전소설치허가처분에 대한 인근주민,[62] 상수원보호구역변경처분취소청구사건에서 공설화장장설치를 금지함에 의하여 보호되는 부근주민,[63] 방사성물질에 의하여 보다 직접적이고 중대한 피해를 입으리라고 예상되는 지역 내의 주민[64] 및 환경영향평가 대상지역의 주민[65] 등에게 원고적격을 인정하였다.

④ 환경소송: 환경소송은 환경이용시설이나 설비가 주변의 주민에게 권리침해를 가져온 경우 또는 개별적인 피해자는 발생시키지 않지만 행정기관에 의한 당해 이용계획이나 결정이 환경보호에 심각한 영향을 미칠 수 있는 경우에 권리보호를 위하여 다투는 소송을 말한다. 전자의 경우에는 특정시설의 인근주민들의 환경상 이익이 침해되는 법률상 이익의 내용으로서 주장할 수 있는가의 문제가 제기되며, 판례는 관련법령의 보호법익 속에 인근주민들의 환경상 이익도 포함되어 있는 것으로 해석하고 있다.[66] 그러나 인근주민들이 아닌 다른 주민이나 환경보호단체 등의 환경상 이익주장에 대하여는 원고적격을 부정하고 있다.[67]

⑤ 소비자단체소송: 소비자단체소송은 사업자가 소비자기본법 제20조의 규정을 위반하여 소비자의 생명·신체 또는 재산에 대한 권익을 직접적으로 침해하고 그 침해가 계속되는 경우 소비자기본법 제70조에 정한 어느 하나에 해당하는 단체가 법원에 소비자권익침해행위의 금지·중지를 구하기 위하여 제기하는 소송을 말한다(동법 제70조). 이러한 소송은 단체소송의 일종으로서 소비자기본법 제70조에 규정한 단체는 원고적격을 갖는다.

61) 대판 1975.5.13, 73누96·97.
62) 대판 1983.7.12, 83누59.
63) 대판 1995.9.26, 94누14544.
64) 대판 1998.9.4, 97누14588.
65) 대판 2001.7.27, 99두2970.
66) 대판 2001.7.27, 99두2970.
67) 대판 1998.9.22, 97누19571.

(3) 권리보호의 필요

(가) 협의의 소익의 인정문제

원고가 행정소송을 제기하려면 원고적격 이외에도 권리보호의 필요성 또는 협의의 소의 이익이 인정되어야 한다. 여기에서 '협의의 소의 이익'이라 함은 분쟁을 재판에 의하여 해결할 만한 현실적 필요성을 의미하는데, 이를 '권리보호의 필요'라고도 한다. 이는 원고에게 행정소송제기를 통하여 당해 분쟁을 해결할 현실적인 필요성이 인정되는가에 관한 문제이다.

원고적격의 요건이 원고와 다투고자 하는 행정작용과 실질적인 관련성을 요구하고 이를 통하여 피고의 이해관계를 배려하는 요건이라고 한다면, 이 요건은 원고적격이 인정되더라도 소송제도의 존재목적에 비추어 행정소송제기의 필요성이 인정될 수 있는가의 여부를 검토하여 법원의 이해관계를 배려하는 요건이라 할 수 있다. 이러한 요건에 대하여는 일반적으로 행정소송법에서 직접적인 규정을 두고 있지 않은 것이 보통인데, 현행 행정소송법 제12조 제2문에는 이와 관련된 규정을 두고 있다.

다음에서는 권리보호의 필요성이 부정되는 경우와 권리보호의 필요성이 인정되는 경우로 구분하여 살펴보고자 한다.[68]

(나) 권리보호의 필요성이 부정되는 경우

① 소송목적이 다른 방법에 의하여 달성될 수 있는 경우 : 이는 당해 소송제기의 목적을 보다 간편하고 신속한 다른 방법을 통하여 달성할 수 있는 경우를 말한다. 이러한 다른 방법으로 불필요한 소송제기를 막고 남소를 방지하는 데 그 의미를 갖는다.

② 소송제기가 원고에게 도움이 되지 못하는 경우 : 이는 당해 소송을 제기하여 원고가 승소하더라도 원고의 법적 지위를 개선하지 못하는 경우를 말한다. 예컨대, 처분이 이미 집행되거나 존속기간이 만료된 처분의 취소를 구하는 소송제기가 이에 해당한다.[69]

③ 소송제기가 소의 남용으로서 평가될 수 있는 경우 : 이는 원고가 소송제기를 통하여 자신의 권리를 관철하려는데 이해관계가 있는 것이 아니라 권리보호와는 전혀 다른 목적을 추구함으로써 소를 남용하는 경우라고 평가되는 것을 말한다. 즉 피고에게 불이익을 주거나 법원에게 부담을 주려는 목적으로 소송을 제기하는 것으로 판단되는 경우가 여기에 해당한다.

(다) 권리보호의 필요성이 인정되는 경우

① 행정소송법의 규정 : 행정소송법 제12조 제2문은 「처분 등의 효과가 기간의 경과, 처분 등의 집행 그 밖의 사유로 인하여 소멸된 뒤에도 그 처분 등의 취소로 인하여 회복되는 법률상 이익이

68) 류지태, 전게서, 546-551면.

69) 대판 1997.1.24, 95누17403.

있는 자는 취소소송을 제기할 수 있다」고 규정하고 있다. 이러한 규정은 위에서 설명한 사유 중에서 두 번째의 경우를 주로 규정한 것으로 보이나, 그 해석문제를 제시하고 있다.

② 판례의 입장: 행정소송법 제12조 제2문의 사유에 해당하는 경우에 권리보호의 필요가 인정되는가에 대하여 판례의 입장을 검토하면 다음과 같다.

i) 부정하고 있는 경우: 처분에서 정한 처분기한이 소송도중 도과한 경우,[70] 처분의 집행이 완료되어 원상회복이 불가능하게 된 경우,[71] 처분 후에 법령이나 제도의 개폐로 처분의 근거법령이 실효된 경우[72] 등이 이에 해당한다.

ii) 인정하는 경우: 예외적으로 판례가 인정하고 있는 경우를 보면, 학교법인의 이사에 대한 취임승인 취소처분의 취소를 구하는 소송의 계속 중 이사의 임기가 만료된 경우,[73] 파면처분 후 당연퇴직한 경우,[74] 파면처분 후 일반사면된 경우,[75] 건축사 업무정지 기간경과 후에도 건축사법상 가중처벌의 위험이 존재하는 경우[76] 등이 이에 해당된다.

iii) 가중처벌의 위험을 이유로 한 법률상 이익의 인정에 관한 판례변경: 판례는 소송대상인 일정한 기간을 정하여 발령되는 제재적 처분(예: 일정한 기간 동안의 업무정지처분)이 그 기간을 경과하였더라도, 제재적 처분을 받은 사실이 장래 위반행위시 가중적 제재요건이 되는 경우에 제12조 제2문에서 정하고 있는 법률상 이익의 인정 여부에 대하여 규범형식에 따라 그 해결을 달리하고 있다. 즉 법률 또는 대통령령으로 가중적 제재요건이 정하여진 경우는 인정하고 있으나,[77] 부령형식인 경우는 이를 부정하고 있다.[78]

그러나 제재적 행정처분의 가중사유 등에 관한 규정이 법령이 아니라 행정규칙의 형식으로 되어 있다고 하더라도 그러한 규칙이 법령에 근거를 두고 있는 이상 그 법적 성질이 대외적·일반적 구속력을 갖는 법규명령인지 여부와는 상관없이 관할 행정청이나 담당공무원은 이를 준수할 의무가 있으므로 선행처분을 받은 상대방이 그 처분의 존재로 인하여 장래에 받을 불이익, 즉 후행처분의 위험은 구체적이고 현실적인 것이므로 상대방은 취소소송을 통하여 불이익을 제거할 필요가 있다고 판시하고,[79] 이와 반대되는 종래의 판례를 변경하였다. 그러므로 가중적 제재요건의 규범형식보다는 당해 제재처분의 존재사실로 인하여 당사자에게 직접적으로 발생하는 현실적

70) 대판 1972.2.14, 96누6233.
71) 대판 1995.11.21, 94누11293; 대판 2003.10.10, 2003두5945.
72) 대판 1999.6.11, 97누379.
73) 대판 1972.4.11, 72누86.
74) 대판 1985.6.25, 85누39.
75) 대판 1983.2.8, 81누121.
76) 대판 1981.8.29, 91누3512.
77) 대판 1990.10.23, 90누3119; 대판 1999.2.5, 98두13997.
78) 대판 1995.10.17, 94누14148.
79) 대판 2006.6.22, 2003두1684.

인 불이익의 가능성의 존재 여부에 따라서 판단하는 것이 타당하다고 본다.

③ 관련 행정소송법 조문의 해석문제 : 위에 소개한 판례의 경향에 비추어 보아, 우리의 법원은 처분소멸 후의 '권리보호의 필요'의 판단에 있어서 비교적 엄격한 입장이었다고 평할 수 있다. 이러한 판례의 경향에 대하여 의도적으로 '협의의 소의 이익'을 확대하려고 한 것이 1985년 10월 1일부터 시행되고 있는 현행 행정소송법 제12조 제2문의 규정이다.

비록 행정소송법의 이러한 규정이 '원고적격'이라는 제목하에 규정하고 있지만, 당해 제12조 제2문의 규정은 엄밀한 의미의 원고적격에 관한 규정이라기보다는 '권리보호의 필요'에 관한 것이라고 보는 것이 타당하리라 생각한다. 그렇다고 볼 때, 행정소송법이 양자를 「원고적격」이라는 제목아래 하나의 조문에서 규정하고 있는 동시에, 양자에 대하여 다같이 '법률상 이익'이라는 용어를 사용하고 있는 점에 대하여도 의문을 제기하고 싶다. 또한 처분의 소멸 이후에는 취소의 대상이 존재하지 않음에도 불구하고, 행정소송법이 '취소로 인하여 회복되는'식으로 규정하고 있는 것 역시 적절한 표현으로 보기는 어렵다.

한편, 행정소송법 제12조 제2문의 '법률상 이익'의 해석과 관련하여 상당한 견해의 차이가 있다. 일설은 명예 · 신용 등은 법률상 이익의 내포가 되지 않는 것으로 새기는 데 대하여,[80] 다른 일설은 명예 · 신용 등의 인격적 이익, 보수청구와 같은 재산적 이익 및 장래의 취직에 있어서의 불이익제거와 같은 사회적 이익도 인정될 수 있다고 한다.[81] 국민의 권리구제적 측면에서 볼 때 후설이 더욱 온당하다고 본다.

결론적으로, 처분 등의 효과가 소멸된 이후에는 그 처분이 위법이었음을 확인할 정당한 이익이 있는 경우에 '권리보호의 필요'를 인정해야 할 것이다. 그와 같은 관점에서 볼 때, 행정소송법 제12조 제2문상의 '법률상 이익'은 제1문상의 '법률상 이익'보다는 넓은 뜻으로 해석하는 것이 타당하다.[82]

④ 행정소송법 제12조 제2문에 의한 소송의 성격 : 행정소송법 제12조 제2문에 따른 소송의 경우는 당해 처분의 효과가 궁극적으로 소멸된 경우에도, 말하자면 그 과정상의 효력에 따라 관계인에 불리한 법적 처분 등이 부과될 수 있는 경우에 이러한 법적 불이익을 배제하기 위하여 그 처분의 취소를 구할 소익이 인정되는 경우이다. 따라서 행정소송법 제12조 제2문에 정하고 있는 소송유형은 처분의 취소소송이다.[83] 그러나 판례는 이 소송의 범위를 넓게 파악하여 그에는 처분의 위법성의 확인을 구하는 독일의 계속확인소송과 같은 소송도 포함되는 것으로 이해하고 있는 것처럼 보인다.[84] 우리나라에서 이러한 소송유형은 취소소송의 형식을 갖는 것이지만, 실질적으

80) 김동희, 전게서, 710면.

81) 김도창, 전게서, 785면; 홍준형, 전게서, 593면.

82) 김남진 · 김연태, 전게서, 739-740면.

83) 김동희, 전게서, 712면.

84) 대판 2007.7.19, 2006두19297.

로는 확인소송으로 이해하는 견해도 있다.[85]

3) 취소소송의 피고

(1) 처분청

행정소송법 제13조 제1항 본문은 「취소소송은 다른 법률에 특별한 규정이 없는 한 그 '처분 등을 행한 행정청'을 피고로 한다」고 규정하고 있다. 따라서 취소소송의 피고는 원칙적으로 당해 처분이나 재결을 한 행정청(처분청 · 위원회)이 된다. 행정청은 국가 · 지방자치단체 등의 기관으로서의 지위를 갖는 데 불과하므로 처분 · 재결의 효과가 귀속되는 권리주체인 국가 · 공공단체가 피고적격을 가지는 것이 원칙이다. 그러나 우리 행정소송법은 처분을 실제로 한 행정청을 피고적격자로 인정함으로써 취소소송에 있어서의 소송수행의 편의와 효율화를 기하고자 한 것이다.

(가) 처분 등을 행한 행정청의 의의

'행정청'이라고 함은 국가 또는 지방자치단체 등 행정주체의 행정에 관한 의사를 결정하여 외부에 대하여 표시할 수 있는 권한을 가진 기관을 말한다. 행정조직법상의 기관장이 일반적으로 이에 해당한다. 그러나 언제나 조직법상의 기관장과 일치되는 것은 아니며, 지방의원의 징계를 의결한 지방의회 등과 같은 예외도 있다.

처분청이 토지수용위원회 · 공정거래위원회 등 합의제행정청인 경우에는 당해 합의제 행정청이 피고가 된다. 다만, 노동위원회법은 중앙노동위원회의 처분에 대한 소는 중앙노동위원회위원장을 피고로 하여 제기하도록 하고 있다(동법 제27조 제1항).

(나) 다른 법률에 특별한 규정이 있는 경우

대통령이 처분청인 경우에는 법률에 특별한 규정이 있다. 즉 징계 기타 불이익처분의 처분청이 대통령인 때에는, 원고가 국가공무원, 외무공무원인 경우에는 소속장관이(국가공무원법 제16조 제2항, 외무공무원법 제30조), 경찰공무원인 경우에는 경찰청장 또는 해양경찰청장이(경찰공무원법 제28조), 국가소방공무원인 경우에는 소방방재청장이, 지방공무원인 경우에는 당해 시 · 도지사가(소방공무원법 제25조) 각각 피고가 된다.

대법원장이 행한 처분에 대한 행정소송의 피고는 법원행정처장이 된다(법원조직법 제70조). 그리고 중앙선거관리위원회위원장의 처분 또는 부작위의 경우에는 중앙선거관리위원회사무총장이 피고가 된다(국가공무원법 제16조 제2항).

(다) 권한의 위임 · 위탁이 있는 경우

행정청의 권한이 위임 또는 위탁된 경우에는 원칙적으로 그 수임기관 또는 수탁자가 피고가

---

85) 류지태, 전게서, 549면.

된다. 행정소송법은 동법을 적용함에 있어서는 '법령에 의하여 행정권한의 위임 또는 위탁을 받은 행정기관·공공단체 및 그 기관 또는 사인' 등이 행정청에 포함된다고 명시하고 있다(법 제2조 제2항). 특히 주목할 만한 점은 이른바 '공무수탁사인'을 행정청에 포함시키고 있는 것이다.

내부위임의 경우에는 처분권 자체가 이전된 것은 아니므로 위임청이 피고가 되어야 하나, 이와 같이 권한을 내부위임받은 데 그치는 행정기관이 자신의 명의로 처분을 한 경우에는 행정소송은 처분을 한 행정청을 피고로 하여 제기하도록 되어 있으며(법 제13조), 그러므로 이 경우에도 당해 처분을 한 행정청을 피고로 하여야 할 것이다.[86] 단지 대리권을 부여받는 데 그치는 행정청이 자신의 명의로 행정처분을 한 경우에도 원칙적으로 당해 행정청이 피고가 되어야 한다. 그러나 비록 대리관계를 명시적으로 밝히지는 아니하였다고 하더라도 처분명의자가 피대리 행정청 산하의 행정기관으로서 실제로 피대리 행정청으로부터 대리권한을 수여받아 피대리 행정청을 대리한다는 의사로 행정처분을 하였고, 처분명의자는 물론 그 상대방도 그 행정처분이 피대리 행정청을 대리하여 한 것임을 알고 이를 받아들인 예외적인 경우에는 피대리 행정청이 피고가 된다.[87]

(2) 권한승계 및 기관폐지의 경우

처분 등이 있은 뒤에 그 처분 등에 관계되는 권한이 다른 행정청에 승계된 때에는 이를 승계한 행정청이 피고가 된다(법 제13조 제1항 단서). 그리고 처분이나 재결을 한 행정청이 없게 된 때에는 그 처분 등에 관한 사무가 귀속되는 국가 또는 공공단체가 피고가 된다(법 제13조 제2항).

취소소송이 제기된 후에 위의 두 경우에 해당하는 사유가 생긴 때에는 법원은 당사자의 신청 또는 직권에 의하여 피고를 경정한다(법 제14조 제6항).

(3) 피고의 경정

피고의 경정이란 소송의 계속 중에 피고로 지정된 자를 다른 자로 변경하는 것을 말한다. 행정조직이 복잡한 탓으로 누가 피고적격을 가지고 있는지를 파악하기 어려운 경우도 적지 않은 관계로 피고를 잘못 지정하는 때도 있을 수 있다. 이러한 경우에 그 소를 부적법한 것으로 각하하게 되면, 다시 정당한 피고를 정하여 제소하려고 할 때에 제소기간의 도과 등의 사유로 불가능할 수도 있다. 행정소송법은 그러한 결과를 방지하고 구제의 길을 확보하려는 의도에서 '피고경정'의 제도를 두고 있다. 즉 원고가 피고를 잘못 지정한 때에는 법원은 원고의 신청에 의하여 결정으로써 피고의 경정을 허가할 수 있다(법 제14조 제1항). 그리고 취소소송이 제기된 후에 처분 등에 관한 권한이 다른 기관에 승계된 경우 및 행정조직의 개편으로 인하여 행정청이 없어지게 될 경우에는, 그 권한을 승계한 행정청 및 처분 등에 관한 사무가 귀속되는 국가 또는 공공단체로 피고를 경정한다(법 제13조 제1항 단서·제2항, 제14조 제6항). 또한 소의 변경에 따르는 피고의 경정

86) 대판 1981.11.25, 80누217; 대판 1989.11.14, 89누4765; 대판 1991.2.20, 90누5641.

87) 대결 2006.2.23, 2005부4.

도 인정하고 있다(법 제21조 제2항, 제4항 참조).

피고를 잘못 지정한 경우에 피고의 경정은 원고의 신청에 의하여 법원이 문서로 결정의 형식으로써 허가할 수 있고(법 제14조 제1항), 소의 제기 후의 권한승계와 기관폐지로 인한 피고경정의 경우에 법원은 당사자의 신청 또는 직권에 의하여 피고를 경정한다(동조 제6항). 피고의 경정에 대한 법원의 허가결정이 있은 때에는 새로운 피고에 대한 소송은 처음에 소를 제기한 때에 제기된 것으로 보며(동조 제4항), 종전의 피고에 대한 소송은 취하된 것으로 본다(동조 제5항).

4) 공동소송

수인의 청구 또는 수인에 대한 청구가 처분 등의 취소청구와 관련되는 청구인 경우에 한하여 그 수인은 공동소송인이 될 수 있다(법 제10조, 제15조 참조). 취소소송과 관련되는 한도에서는 피고가 다르고 심급을 달리하는 경우에도 병합하여 공동소송인이 되어 소송을 제기할 수 있는 것이다. 공동소송의 형태에 관하여는 행정소송법에 특별한 규정이 없으므로 통상공동소송 · 필요적 공동소송에 관한 민사소송법의 규정(동법 제65조 내지 제70조)이 준용된다고 볼 것이다(법 제8조). 행정소송법 제15조의 공동소송에 관한 규정은 다른 항고소송과 당사자소송에도 준용된다(법 제38조, 제44조).

3. 소송참가

1) 소송참가의 의의

소송참가란 다른 사람 사이의 소송의 계속 중 제3자가 그 소송의 결과에 따라 자기의 법률상 이익에 영향을 받게 되는 경우에 자기의 권익을 보호하기 위하여 그 소송절차에 참가하는 것을 말한다. 이 소송참가는 행정소송사건의 공정한 판단, 법적 분쟁의 통일적 해결, 모든 이해관계인의 이익의 보호 및 충분한 소송자료의 확보를 위하여 취소소송과 이해관계가 있는 제3자나 다른 행정청을 소송에 참여시키는 데 그 제도적 의의가 있다.

행정소송법은 제3자의 소송참가(법 제16조)와 행정청의 소송참가(법 제17조)의 두 가지 경우를 규정하고 있다.

2) 제3자의 소송참가

(1) 의 의

법원은 행정소송의 판결의 결과에 따라 권리 또는 이익의 침해를 받을 제3자가 있는 경우에는 당사자 또는 제3자의 신청 또는 직권에 의하여 결정으로써 그 제3자를 소송에 참가시킬 수 있다(법 제16조 제1항). 이를 '제3자의 소송참가'라고 한다. 이러한 소송참가는 행정행위의 효력이 제3

자에게도 미치는 이른바 제3자효 행정행위에 있어서 제3자의 이해관계를 보호하기 위하여 인정되는 것이다. 이를 통하여 제3자는 취소소송판결의 효력이 자신에게 미치기 전에(법 제29조 제1항 참조), 그리고 자기에게 책임 없는 사유로 소송에 참가하지 못한 제3자가 재심청구의 방법(법 제31조 제1항 참조)에 의하지 않고 소송계속 중에 자신의 이해관계를 주장하여 자신의 권익을 보호할 수 있도록 하기 위하여 마련된 것이 이 제도라고 볼 수 있다. 이와 같은 제3자의 소송참가는 취소소송 이외의 항고소송, 당사자소송, 민중소송 및 기관소송에 준용된다(법 제38조, 제44조 제1항, 제16조).

(2) 소송참가의 요건

(가) 당사자 사이에 소송이 계속중일 것

소송이 적법하게 제기되어 법원에 계속중이어야 한다. 이 경우에 소송이 어느 심급에 계속중인가는 관계없으며, 상고심에 계속중인 때에도 가능하다고 본다.

(나) 제3자가 소송의 결과에 대하여 이해관계를 가질 것

제3자는 소송당사자 일방의 패소에 의하여 실체법상의 지위에 불리한 영향을 미치는 것을 의미한다. 즉 판결에 의하여 권리 또는 이익의 침해를 받을 것이 요구된다. 여기에서 '제3자'란 당해 소송당사자 이외의 자를 말하며, 개인에 한하지 않고 국가 또는 공공단체도 여기에 포함될 수 있다. 그리고 취소판결에 의하여 침해될 '권리 또는 이익'이란 법률상의 이익을 의미하며 반사적 이익이나 사실상의 이익은 여기에 포함되지 않는 것으로 해석된다.[88]

(3) 소송참가의 절차

(가) 참가신청

제3자의 소송참가는 제도의 취지에 비추어 볼 때 원칙적으로 직권소송참가일 것이지만, 이 제도를 널리 활용할 필요도 있으므로 당사자 및 제3자에게도 참가신청권을 주고 있다(법 제16조 제1항).

(나) 참가의 허가여부의 결정

당사자 또는 제3자로부터 참가신청이 있는 경우에 법원은 결정으로써 허가의 여부의 재판을 하고, 직권소송참가의 경우에는 법원은 결정으로써 제3자에게 참가를 명한다(법 제16조 제1항). 법원이 참가결정을 하고자 할 때에는 미리 당사자 및 제3자의 의견을 들어야 한다(동조 제2항). 참가의 신청을 한 제3자는 그 신청을 각하한 결정에 대하여 즉시항고할 수 있다(동조 제3항). 소송당사자도 각하결정에 대하여 불복할 수 있는지는 의문인데, 부정적으로 해석된다.

---

88) 김남진 · 김연태, 전게서, 749면.

(4) 소송참가인의 지위

법원의 참가결정이 있게 되면 제3자는 참가인의 지위를 갖게 된다. 참가인인 제3자에 대하여는 민사소송법 제67조의 규정이 준용되며(법 제16조 제4항), 그 참가인은 피참가인과 필요적 공동소송에 있어서의 공동소송인에 준한 지위에 서게 된다. 그러나 당사자에 대하여 독자적인 청구를 하는 것은 아니므로 그 성질은 공동소송적 보조참가와 비슷한 것이라 할 수 있다.[89)]

3) 행정청의 소송참가

(1) 의 의

행정청이 처분 또는 재결을 하는 데 있어서는 처분청 또는 재결청 이외의 행정청이 그에 관계하는 경우가 적지 않다. 그런데 처분의 취소소송은 처분청을, 재결의 취소소송은 재결청을 피고로 제기하는 것이 원칙이며(법 제13조 제1항), 그러한 관계로 처분청 또는 재결청 이외의 행정청이 중요한 공격·방어방법을 가지고 있다고 하더라도 당해 소송에 관계인으로서 참여할 수 없다. 그런데 취소판결의 효력은 이러한 관계행정청도 기속하는 것이므로 관계행정청을 소송에 참가시켜 소송의 심리단계에서 공격·방어방법 등을 제출하도록 하여 적정한 심리와 재판을 보장하기 위하여 '행정청의 소송참가'를 명문으로 규정함으로써 제도화하고 있다(법 제17조). 다음에서는 이러한 행정청의 소송참가제도에 관하여 살펴보고자 한다.[90)]

(2) 소송참가의 요건

(가) 타인의 취소소송이 계속중일 것

행정청의 소송참가도 제3자의 소송참가와 마찬가지로 다른 사람 사이에 취소소송이 계속되고 있어야 한다. 그 소송이 어느 심급에 계속중인가는 묻지 않는다.

(나) 다른 행정청일 것

'다른 행정청'이라고 함은 피고인 행정청 이외의 행정청은 누구나 그에 해당하는 것이 아니고, 계쟁의 처분·재결과 관계있는 행정청에 한정된다고 보아야 할 것이다.

(다) 법원이 소송에 참가시킬 필요가 있다고 인정할 것

법원은 다른 행정청을 소송에 참가시킬 필요가 있다고 인정되는 때에 그 행정청을 소송에 참가시킬 수 있고, 여기에서 참가의 필요성은 관계되는 다른 행정청을 소송에 참가시킴으로써 소송자료 및 증거자료가 풍부하게 되어 그 결과 사건의 적정한 심리와 재판을 하기 위하여 필요한 경우

---

89) 김남진·김연태, 상게서, 750면; 김동희, 전게서, 715면; 류지태, 전게서, 553면.

90) 김남진·김연태, 상게서, 751-752면.

를 가리킨다.[91)]

(3) 소송참가의 절차

법원의 직권, 당사자 또는 당해 행정청의 신청에 의한다(법 제17조 제1항). 신청의 방식은 민사소송법 제72조(참가신청의 방식)가 준용된다. 참가의 허부의 재판은 결정으로써 하며(법 제17조 제1항), 법원이 당해 결정을 하고자 할 때에는 당사자 및 당해 행정청의 의견을 미리 들어야 한다(동조 제2항). 그리고 그 결정에 대하여는 불복할 수 없다고 본다.

(4) 참가행정청의 지위

법원의 참가결정이 있게 되면, 그 소송에 참가한 행정청에 대하여는 민사소송법 제76조(참가인의 소송행위)의 규정이 준용된다(법 제17조 제3항). 따라서 참가행정청은 소송에 관하여 공격 · 방어 · 이의 · 상소, 그 밖의 모든 소송행위를 할 수 있으나(민소법 제76조 제1항), 이러한 소송행위가 피참가인의 소송행위와 저촉되는 때에는 그 참가인의 소송행위는 효력을 상실하게 된다(동법 제76조 제2항).

4) 소송대리인

행정소송에 있어서도 민사소송에 있어서와 같이 소송대리인이 인정되는 것은 물론이다. 행정소송법에는 이에 관한 특별한 규정이 없으므로 민사소송법의 소송대리인에 관한 규정, 즉 소송대리인의 자격(동법 제87조), 소송대리권의 증명(동법 제89조), 소송대리권의 범위(동법 제90조) 등 소송대리인에 관한 규정이 행정소송에도 준용된다고 볼 것이다(행소법 제8조). 그러나 국가를 당사자 또는 참가인으로 하는 행정소송에 있어서는 법무부장관이 국가를 대표하며, 법무부장관은 법무부의 직원, 검사 또는 공익법무관을 지정하여 소송을 수행하게 할 수 있다(국가를 당사자로 하는 소송에 관한 법률 제1조 내지 제4조 등 참조).

4. 취소소송의 제기

1) 소송요건의 필요성

"소(訴) 없으면 재판 없다"라는 민사소송의 원칙은 모든 소송에 공통적인 것으로서, 취소소송에도 당연히 그대로 적용된다. 그런데 행정소송을 제기하여 청구에 관한 법원의 본안판결을 받기 위해서는 소송요건을 갖추어야 한다. 소송요건은 청구의 당부에 관한 법원의 본안판결을 구하기 위한 요건을 말하는데, 행정소송법은 취소소송을 제기하기 위하여 어떠한 요건을 구비하여야 하

91) 대판 2002.9.24, 99두1519.

는가에 관하여 여러 가지를 규정하고 있다. 취소소송이 제기된 경우라고 하더라도 소송요건의 전부 또는 일부가 결여되면 그 소는 부적법한 것으로 판단되어 법원은 본안의 판결에 들어가지 아니하고 이를 각하하는 판결을 한다. 따라서 취소소송을 제기하는 데 있어서는 반드시 소송요건을 갖추어야 할 필요성이 있다.

2) 취소소송의 소송요건

취소소송은 행정청의 위법한 처분 등의 취소 또는 변경을 구하는 소송이므로, 취소소송을 제기하기 위해서는 ① 행정청의 위법한 처분 등에 대하여, ② 그 취소·변경을 구할 법률상 이익이 있는 자가, ③ 처분 등을 행한 행정청을 피고로 하여, ④ 개별법에 특별한 규정이 있는 경우에는 행정심판을 거쳐, ⑤ 소제기기간 내에, ⑥ 소장을, ⑦ 관할법원에 제출하여야 한다.

위와 같은 소송요건 중에서 ①·②는 실질적 요건이고, ③부터 ⑦까지는 형식적 요건에 해당하는데, 다음에 그 내용을 나누어 설명한다.[92]

(1) 행정청의 위법한 처분 등이 존재할 것

취소소송은 행정청의 위법한 처분 등의 취소 또는 변경을 구하는 소송이기 때문에 취소소송을 제기하는 데 있어서는 취소의 대상이 되는 행정청의 위법한 처분 등이 존재하여야 한다.

(가) 행정청

'행정청'이란 국가 또는 공공단체 등 행정주체의 행정에 관한 의사를 결정하여 외부에 표시할 수 있는 권한을 가진 행정기관을 말한다. 국회나 법원의 기관으로서의 국회사무총장 또는 법원행정처장도 실질적 의미의 행정에 관한 처분인 소속직원의 임면, 법무사인가 등의 처분을 하는 경우에는 여기에서 말하는 행정청에 포함된다.

행정소송법의 행정청은 위에서 말한 본래의 의미의 행정청에만 한정되지 아니하고, 행정청에는 법령에 의하여 행정권한의 위임 또는 위탁을 받은 행정기관·공공단체 및 그 기관 또는 사인을 포함한다(법 제2조 제2항). 행정권한의 위임 또는 위탁을 받은 행정기관에는, 위임행정청의 하급행정기관이나 보조기관 또는 그 밖의 행정청이나 공공단체 및 그 기관이 포함되며(정부조직법 제6조 제1항), 사인에는 행정사무처리권한이 부여된 사법인 또는 자연인이 포함된다. 그런데 단순히 내부위임만이 있어 그 명의로는 처분을 할 권한이 없는 행정청이 자신의 명의로 처분을 한 경우에도 처분명의자인 행정청이 피고가 되어야 한다는 것이 판례의 입장이다.[93]

여기의 행정청은 처분 등을 행한 행정청을 말한다. 그러나 처분 등이 있은 뒤에 그 처분 등에

---

92) 김동희, 전게서, 717면.

93) 대판 1994.6.14, 94누1197.

관계되는 권한이 다른 행정청에 승계된 때에는 그 권한을 승계한 행정청이 처분청이 된다(법 제13조 제1항 단서).

(나) 처분 등의 존재

취소소송은 '처분 등'을 대상으로 한다(법 제19조). 따라서 취소소송을 제기하기 위해서는 처분 등이 존재하여야 하며, 이는 소송요건으로서 직권조사사항이다.[94] 한편, 처분 등 이외의 행정작용은 취소소송의 대상이 되지 않는다. 그러므로 그 처분 등이 어떠한 것이며, 행정작용 중 무엇이 그에 해당하는지를 검토할 필요가 있다.

① 처분의 개념 : 행정소송법은 항고소송의 대상인 '처분 등'이라 함은 「행정청이 행하는 구체적 사실에 관한 법집행으로서의 공권력의 행사 또는 그 거부와 그 밖에 이에 준하는 행정작용 및 행정심판에 대한 재결을 말한다」(법 제2조 제1항 제1호)고 개념을 정의하고 있다. 행정소송법이 이처럼 처분의 개념을 광의로 정의하고 있는 관계로 해석에 있어 다음과 같은 학설 · 판례가 대립되고 있다.[95]

i) 실체법상 개념설 : 이 견해는 행정소송의 대상으로서의 처분의 개념과 학문상 개념으로서의 행정행위와 동일한 것으로 보는 입장으로서 '일원설'이라고도 한다. 이 설은 취소소송을 행정행위의 공정력을 상실시키기 위한 재심절차로 보아 취소소송의 대상은 당연히 공정력을 가지는 행정행위에 한정하여 처분성을 인정하고 있는 것이다.

이러한 입장에서는 법적 성질이 상이한 행위유형을 항고소송의 대상으로 삼기 위하여 처분의 개념에 통일적으로 수용하려는 것은 문제가 있으며, 처분의 개념을 좁게 해석함으로써 오히려 행정작용의 유형에 상응하는 다양한 행정소송유형을 인정하는 것이 더욱 현실적이라고 한다. 우리나라에서 이 학설을 취하는 학자들은 특히 형식적 행정처분의 개념을 부인하고 있다.[96]

ii) 쟁송법상 개념설 : 이 견해는 오늘날의 행정에 있어서의 행정기능의 확대에 따르는 행정작용의 다양화와 더불어 이러한 작용에 대한 항고소송을 통한 권익구제기능을 중시하여 쟁송법상 처분의 개념을 실체법상 행정행위와는 별개의 개념으로 파악하는 입장으로서 '이원설'이라고도 한다.

이 설에서는 처분의 개념을 넓게 해석하여 항고소송의 대상인 처분은 행정행위에 한정되지 아니하고 그 외에도 권력적 사실행위도 이에 포함되며, 또한 공권력행사로서의 실체는 가지지 아니하지만, 실질적으로 국민에게 계속적으로 사실상의 지배력을 미치는 행정작용에 대하여도 일정한 한도에서 그 처분성을 인정할 수 있는 여지가 있다고 본다. 이 학설이 현재 우리나라의 다수설이다.[97]

---

94) 대판 1986.7.8, 84누653.

95) 김동희, 전게서, 718면.

96) 강구철, 「강의행정법」. 형설출판사, 1998, 872면; 김성수, 「일반행정법」. 법문사, 2002, 804면; 류지태, 전게서, 563면.

97) 김남진 · 김연태, 전게서, 760면; 김도창, 전게서, 751-752면; 김동희, 전게서, 720면; 김철용, 전게서, 604면; 박균

iii) 판례 : 판례의 기본적 입장을 보면,[98] 1984년 개정 이전의 행정소송법은 처분개념을 정의하고 있지 않았다. 이러한 구법시대의 판례는 취소소송 등의 대상인 처분에 대하여 "행정처분은 행정청의 공법상의 행위로서 특정한 사항에 대하여 법규에 의한 권리의 설정 또는 의무의 부담을 명하거나 기타 법률상의 효과를 발생케 하는 등의 국민의 권리의무에 직접관계가 있는 행위를 말한다."[99] 또한 "행정처분은 행정청의 공권력행사로서 행하는 처분 중 국민의 권리의무에 직접적으로 법률적 영향을 미치는 행위를 말한다"[100]고 판시하고 있었다. 이와 같이 구법시대의 판례는 처분개념을 원칙적으로 실체법상 개념으로 이해한 것으로 볼 수 있다.

현행 행정소송법은 '처분'을 넓게 정의하여 행정청의 공권력의 행사뿐만 아니라 이에 준하는 행정작용도 처분에 포함시키고 있다. 그러면 이러한 처분개념은 판례에도 당연히 반영되어야 옳을 것으로 판단되는데, 실제 판례는 그러하지 아니하고 구법시대의 판례를 견지하고 있는 것이 일반적인 입장인 것으로 보인다. 즉 "행정소송법상 취소소송의 대상이 되는 행정청의 처분이라 함은 행정청의 공법상의 행위로서 특정사항에 대하여 법규에 의한 권리의 설정 또는 의무의 부담을 명하거나 기타 법률상의 효과를 직접 발생하게 하는 행위를 말한다"[101]고 판시하고 있다.

그러나 이러한 전형적인 처분공식과는 달리 처분개념을 광의로 파악하고 있는 것으로 보이는 판결례도 있다. 즉 대법원은 "행정청의 어떤 행위를 행정처분으로 볼 것이냐의 문제는 추상적 · 일반적으로 결정할 수 없고, 구체적 사실에 관한 법집행으로서 국민의 권리의무에 직접 영향을 미치는 행위라는 점을 고려하고 행정처분이 그 주체 · 내용 · 형식에 있어서 어느 정도 성립 내지 효력요건을 충족하느냐에 따라 개별적으로 결정하여야 하며, 행정청의 어떤 행위가 법적 근거도 없이 객관적으로 국민에게 불이익을 주는 행정처분과 같은 외형을 갖추고 있고, 그 행위의 상대방이 이를 행정처분으로 인식할 정도라면 그로 인하여 파생되는 국민의 불이익 내지 불안감을 제거시켜 주기 위한 구제수단이 필요한 점에 비추어 볼 때 행정청의 행위로 인하여 그 상대방이 입는 불이익 내지 불안감이 있는지의 여부도 그 당시에 있어서의 법치행정의 정도와 국민의 권리의식 수준 등은 물론 행위에 관련한 당해 행정청의 태도 등도 고려하여 판단하여야 할 것"이라고 판시하였다.[102]

이상에서 처분개념에 관한 판례를 살펴본 바와 같이 항고소송의 대상이 되는 처분개념은 기본적으로는 실체법상 개념설에 입각하면서도 동시에 쟁송법상 개념상의 입장에 따라 실체법상 개념설에 따르는 한계를 극복하면서 항고소송에 의한 권리구제의 가능성을 확대하려고 하고 있다.

성, 전게서, 723면; 박윤흔 · 정형근, 전게서, 804면; 이명구, 「신행정법원론」. 대명출판사, 1997, 696-697면; 한견우, 「현대행정법강의」. 신영사, 2007, 917면.

98) 김동희, 상게서, 722-724면.

99) 대판 1967.6.27, 67누44.

100) 대판 1982.9.14, 82누161.

101) 대판 1993.4.12, 93두2; 대판 1996.3.22, 96누433.

102) 대판 1993.12.10, 93누12619; 대판 2007.6.14, 2005두4397.

iv) 결어 : 위에서 처분개념에 대한 학설 · 판례를 검토한 바 있는데, 실체법상 개념설은 기본적으로 다음의 두 가지 점에서 적절하지 않다고 본다.[103)]

첫째로, 연혁적으로 행정행위의 개념은 독일 · 프랑스 등에서 주로 항고소송의 대상성과 관련하여 정립된 것은 사실이다. 그러나 우리나라 행정소송법의 '처분'은 전적으로 이러한 행정행위의 개념에 따라 정의된 것이라고 할 수는 없다고 본다. 왜냐하면 행정소송법은 처분을 「행정청이 행하는 구체적 사실에 관한 법집행으로서의 공권력의 행사…와 그 밖에 이에 준하는 행정작용」(법 제2조 제1항 제1호)으로 정의하고 있기 때문이다. 이와 같이 행정소송법이 처분의 개념을 넓게 정의하고 있는 것은 기본적으로 항고소송에 의한 국민의 권리구제에 주안점을 둔 것이라고 본다.

둘째로, 실질적 관점에서 볼 때 독일과는 달리 행정행위 이외의 일정한 행정작용에 대하여는 취소소송 이외에 적절한 구제수단이 없다는 점이다.

따라서 우리 행정소송법의 처분개념을 행정행위에 한정하여 해석하는 것은 그 정의 자체에 반하여 부당하게 국민의 권익구제의 범위를 축소한다는 점에서, 실체법상 개념설은 우리나라 행정소송법의 처분개념의 해석으로서는 타당하지 않다고 본다.

② 처분 등의 범위 : 행정소송법 제2조 제1항 제1호의 규정에 비추어 볼 때 항고소송의 대상인 '처분 등'에는 행정청의 구체적 사실에 관한 법집행으로서의 ① 공권력의 행사, ② 공권력행사의 거부, ③ 공권력행사나 그 거부에 준하는 행정작용에 포함되어야 한다. 다양한 종류의 행정작용 중에서 개별적으로 어떠한 것이 그 '처분 등'에 해당하는가 여부는 이미 행정행위와 처분의 개념에 관하여 자세히 고찰한 바 있으므로, 여기에서는 행정소송(항고소송)과 관련하여 특별히 그 대상이 되는지에 대하여 문제되는 쟁점을 중심으로 살펴보고자 한다.

i) 권력적 사실행위 : 권력적 사실행위란 행정청의 일방적 의사결정에 의거하여 특정의 행정목적을 위해 국민의 신체 · 재산 등에 실력을 가하여 행정상 필요한 상태를 실현하고자 하는 권력적 행위를 말하는데, 이것이 취소소송의 대상이 되는지가 문제된다. 이러한 권력적 사실행위에 의하여 국민의 권익이 침해된 경우 그에 대한 적절한 구제수단이 없으므로 이와 같은 행정작용은 행정소송법의 '처분'에 해당하는 것으로 보아 취소소송의 대상으로 하는 것이 바람직하다. 권력적 사실행위가 행정소송법이 규정한 처분인 '공권력의 행사'에 해당한다는 점에 대하여는 해석상 별로 의문이 없다고 본다.

ii) 형식적 행정행위 : 공권력행사로서의 실체는 갖고 있지 않지만 국민이 그에 의하여 계속적이며 실질적인 불이익을 받는 경우에 권리구제의 관점에서 그 처분성을 인정하여 취소소송의 제기를 허용하려는 견해가 있다. 이 경우에 당해 행정작용은 실체법상의 행정행위는 아니고 쟁송법상으로만 그 처분성을 인정하려는 것이므로 이를 형식적 행정행위라고 한다. 이러한 점에서 형식적 행정행위란 행정기관이나 그에 준하는 자의 행위가 공권력행사로서의 실체는 갖고 있지 않

103) 김동희, 전게서, 720면.

지만 그것이 행정목적의 실현을 위하여 국민의 법익에 계속적으로 사실상의 지배력을 미치는 경우에, 국민의 실효적인 권익구제라는 측면에서 쟁송법상 처분으로 파악되는 행위라고 정의할 수 있을 것이다. 이에 해당되는 행위로서는 공공시설의 설치행위, 행정지도 기타 일정 사실행위 또는 일정한 행정규칙도 이 관점에서 검토할 수 있을 것으로 본다.

현대의 행정활동형식의 다양성을 감안하면, 전통적 행정소송법이론의 부분적 수정으로서 이러한 형식적 행정행위의 개념을 법해석론상으로 도입하는 것은 그 자체로서 전적으로 무리한 것이라고 할 수는 없고, 또한 사안에 따라서는 이러한 해석론에 의하여 보다 적정한 결과를 도출할 수도 있다. 그리고 행정소송법은 '처분'의 개념을 '공권력의 행사와 그 밖에 이에 준하는 행정작용'이라는 표현으로 광의로 정의하고 있으므로 실정법상으로도 이러한 형식적 행정행위의 개념이 인정될 수 있는 소지도 있다고 본다.[104]

그러나 행정소송법의 '처분'은 '법집행으로서의 공권력의 행사'를 그 개념적 징표로 보고, 이른바 형식적 행정행위의 경우에는 '법집행으로서의 공권력의 행사'로서의 실체를 갖지 않으므로 행정소송법이 규정한 처분에 해당하지 않는다. 이러한 행정작용으로 인하여 국민이 받는 계속적인 불이익은 공법상의 당사자소송 또는 민사소송을 통해 구제받을 수 있다는 견해도 있다.[105]

iii) 거부처분 : 취소소송의 대상이 되는 '처분'은 구체적 사실에 관한 법집행으로서의 공권력의 행사 또는 그 '거부처분'이다. 거부처분이란 행정청이 국민으로부터 공권력의 행사를 신청받고 요건의 불비를 이유로 그 신청을 각하하거나 이유가 없다고 하여 신청된 내용의 행위를 하지 아니할 의사를 표시하는 행위를 말한다. 이러한 거부처분은 신청을 받아들이지 아니하고 그 행위로 인하여 현재의 법 상태에 직접적인 변동을 초래하는 것은 아니라는 점에서 부작위와 같지만 적극적으로 거부의사를 표시했다는 점에서 그와 구별된다.

이와 같은 거부처분이 있다고 하더라도 그 전의 상태가 그대로 계속된다는 점에서 신청인의 법적 지위에 어떠한 변동을 가져오는 것이라고는 할 수 없으나, 신청인에게 법규상 또는 조리상 일정한 공권력의 행사를 청구할 권리가 있음에도 행정청이 이를 받아들이지 아니하는 것은 신청인의 권리 내지 법적 이익을 침해하는 것이므로 행정청의 거부처분은 취소소송의 대상이 되는 행정처분에 해당한다고 보아야 할 것이다.[106] 행정소송법도 '처분'의 개념에 '공권력의 행사의 거부'를 포섭하는 규정을 두고 있으므로 실정법상으로 보아도 이러한 거부처분은 취소소송의 대상이 되는 처분의 범주에 속하는 것으로 새겨야 한다고 생각한다.

iv) 행정입법 : 일반적으로 법규명령이나 조례 등의 행정입법에 대하여는 그 일반성 · 추상성으로 인하여 처분성을 부인하여 취소소송의 대상이 되지 않는다.[107] 그리고 행정규칙은 행정기관

104) 김동희, 상게서, 722면; 박균성, 전게서, 725면.

105) 김남진 · 김연태, 전게서, 763면; 류지태, 전게서, 563면.

106) 대판 1990.9.28, 89누8101; 대판 2006.6.30, 2004두701; 대판 2007.10.11, 2007두1316; 대판 2009.9.10, 2007두20638.

107) 대판 1991.8.27, 91누1738.

내부에서의 사무처리기준에 불과한 것이라고 보아 그 처분성을 부인하고 있다.[108] 그러나 행정입법이라도 개별적 행위를 매개하지 아니하고 그 자체가 직접적으로 개인의 법률상 이익을 침해할 경우에는 예외적으로 이른바 '처분적 명령'으로서 취소쟁송의 대상이 된다고 하겠다.[109]

v) 행정계획: 행정계획의 법적 성질은 매우 다양하기 때문에 일률적으로 그의 처분성을 인정할 수는 없다. 행정계획은 그것이 일반적 · 추상적 행위인 한 처분이 아니지만, 특정한 개인의 권리 · 이익을 규제하는 개별적이거나 구체적 행위일 때에는 처분이 된다. 따라서 대법원은 도시기본계획에 대하여는 구속력을 부인하고 있지만 도시관리계획에 대하여는 처분성을 인정하여 행정소송의 대상이 된다고 판시하고 있으며, 헌법재판소도 같은 입장을 취하고 있다.[110] 즉 하수도법에 의하여 수립한 하수도정비기본계획은 직접적 구속력이 없어서 처분이 아닌[111] 반면에, 특정한 개인의 권리 · 이익을 규제하는 개별적이거나 구체적 행위일 때에는 처분이 되는데, 고시된 도시관리계획결정,[112] 택지개발예정지구의 지정,[113] 도시개발법상의 관리처분계획[114] 등과 같은 구속적 행정계획이나 토지거래계약에 관한 허가구역의 지정,[115] 표준지공시지가의 결정[116] 등은 그에 의하여 침해되는 특정인의 권익침해가 구체적이라는 점에서 처분성을 인정하여 행정소송의 대상성을 긍정하였다. 여기에서 일반적 · 추상적 행위인가, 개별적 · 구체적 행위인가의 여부는 행위의 형식에 의해서가 아니라 실질에 의하여 판단된다.

vi) 경정처분: 행정청이 일정한 처분을 한 후에 그 처분을 확장 또는 감축하는 경우가 있다. 예컨대, 세무서장이 당초 2천만원의 과세처분을 하고, 그 후 3천만원으로 증액하거나 또는 1천만원으로 감액하는 과세처분을 한 경우이다. 이 경우 최초의 처분을 '당초처분'이라 하고, 뒤의 처분을 '경정처분'이라고 한다. 이러한 경우에 당초처분과 경정처분 중 어느 것이 취소소송의 대상이 되는지가 문제된다.

이에 관하여는 병존설(竝存說)과 흡수설(吸收說), 역흡수설 등의 견해가 나누어져 있다. 병존설은 당초처분과 경정처분은 독립된 처분으로 별개의 소송대상이라는 견해이고, 흡수설은 당초처분이 경정처분에 흡수되어 소멸되고 경정처분만이 효력을 가지며 소송의 대상이 된다는 견해이다. 그리고 역흡수설은 경정처분은 당초처분에 흡수되어 경정처분에 의하여 수정된 당초의 처분이 소송대상이라는 견해이다.

---

108) 대판 1975.7.23, 75누167; 대판 1994.9.10, 94두33; 헌재결 1997.7.16, 97헌마38.
109) 대판 1954.8.19, 4286行上37; 대판 1996.9.20, 95누8003; 대결 2003.10.9, 2003무23; 대판 2006.9.22, 2005두2526.
110) 헌재결 1991.6.3, 89헌마46; 헌재결 1991.7.22, 89헌마174.
111) 대판 2002.5.17, 2001두10578.
112) 대판 1982.3.9, 80누105.
113) 대판 1992.8.14, 91누11582.
114) 대판 1996.2.15, 94다31235.
115) 대판 2006.12.22, 2006두12883.
116) 대판 1994.3.8, 93누10828; 대판 1998.3.24, 96누6851.

판례는 이 문제에 대하여 감액경정처분과 증액경정처분의 경우를 구분하여 판단하고 있다. 감액경정처분은 당초처분의 일부의 효력을 취소하는 처분으로서, 이 경우 소송의 대상은 감액되고 남은 당초의 처분이 된다고 한다.117) 이에 대하여 증액경정처분의 경우에 당초처분은 뒤의 경청처분의 일부로 흡수되어 독립한 존재가치를 상실하여 소멸하고 오직 증액결정처분만이 소송의 대상이 된다고 판시하고 있다.118)

vii) 반복된 행위 : 행정청의 동일한 내용의 처분이 반복하여 행하여지는 경우가 있다. 예컨대, 행정청이 제1차로 불법건축물의 철거 대집행의 계고처분을 한 후 자진철거를 기다렸지만 상대방이 이에 불응하여 다시 제2차, 제3차 계고서를 발송함으로써 일정한 기간까지의 자진철거를 촉구하고 불이행하면 대집행을 하겠다는 뜻을 고지하는 경우가 이에 해당된다. 이러한 경우, 판례는 상대방의 의무는 제1차 처분으로 발생하는 것이고, 제2차 · 제3차의 처분은 단지 이행촉구 내지 기한연기의 통보에 불과하므로 취소소송의 대상이 되는 처분이 아니라고 판시하였다.119)

그러나 거부처분의 경우에는 국민이 신청할 수 있는 횟수 등을 제한하는 법규가 없는 한 동일한 내용을 수차 신청할 수 있고, 그에 따라 거부처분이 수회에 걸쳐 있을 수 있다. 이러한 거부처분은 각 독립적인 처분으로서 각각 항고소송의 대상이 된다는 것이 판례의 입장이다.120)

viii) 예비결정 · 부분허가 : 원자력발전소와 같이 장기간이 소요되는 대규모의 공사와 관련하여서는 그에 대한 인 · 허가가 포괄적인 1회의 결정에 의하여 발급되지 않는다. 따라서 예비결정과 부분허가는 그와 같은 다단계 행정절차에서 널리 행하여진다. 여기에서 예비결정 또는 사전결정이란 건축허가 또는 시설허가와 관련하여 허가를 받기 위하여 갖춰야 할 여러 가지 요건 중 하나 또는 일부에 대하여 우선적으로 내리는 결정으로서, 그에 대하여 종국적이고 구속력이 있는 결정으로서의 성질을 가지는 것이다. 그리고 부분허가란 당해 시설의 일부에 한정되지만 갖춰야 할 요건의 전부에 대한 최종결정을 말한다. 비록 한정된 사항이지만 법적 효과가 종국적으로 발생한다는 점에서, 위 양자는 행정행위로서의 성질을 갖는다. 원자력법 제11조 제3항의 '원자로부지사전승인'은 예비결정(사전결정)과 부분허가의 성질을 가진다.121)

ix) 장부기재행위 : 건축물대장 등 공적 장부에의 기재행위에 대하여는 그 처분성을 인정하는 경우도 있고, 부정하는 경우도 있다.122) 종래의 판례는 건축물대장은 기본적으로 행정사무집행의 편의와 사실증명의 자료로 삼기 위한 것일 뿐이고, 그 등재나 변경등재로 인하여 당해 건축물에 대한 실체상의 권리관계에 어떠한 변동을 초래하는 것은 아니라는 이유에서, 원칙적으로 건

117) 대판 1986.7.8, 84누50; 대판 2007.4.27, 2004두9302.

118) 대판 1984.12.11, 84누225.

119) 대판 1991.1.25, 90누5962; 대판 1994.10.28, 94누5144.

120) 대판 1992.10.27, 92누1643; 대판 2002.3.29, 2000두6084.

121) 김남진 · 김연태, 전게서, 766면.

122) 김남진 · 김연태, 상게서, 768-769면.

축물대장의 용도란의 변경등재행위,[123] 기재사항의 정정신청거부,[124] 소유권에 관한 사항의 기재 변경신청거부[125] 등을 모두 처분이 아니라고 하여 그 취소를 구하는 소를 각하하여 왔다.

그러나 지적공부상 토지분할신청의 거부행위는 분필이 되지 않을 경우 자기소유 토지의 일부에 대하여 소유권의 양도나 저당권의 설정 등 필요한 처분행위를 할 수 없다는 불이익이 발생한다는 이유로 처분성을 인정하였고,[126] 건축주명의변경신청의 거부행위에 대하여는 건축주는 건축법상의 각종 권리의무의 주체가 되고 보존등기 명의인이 되는 것이라는 이유에서 처분성을 인정하였으며,[127] 지적공부상 지목변경의 거부행위에 대하여 지목은 토지에 대한 공법상의 규제, 개발부담금의 부과대상, 지방세의 과세대상, 공시지가의 산정, 손실보상가액의 산정 등 토지행정의 기초로서 공법상의 법률관계에 영향을 미치고, 토지소유자는 지목을 토대로 토지의 사용 · 수익 · 처분에 일정한 제한을 받게 되는 점 등을 고려하면, 지목은 토지소유권을 제대로 행사하기 위한 전제요건으로서 토지소유자의 실체적 권리관계에 밀접하게 관련되어 있으므로 지적공부 소관청의 지목변경신청 반려행위는 국민의 권리관계에 영향을 미치는 것으로서 항고소송의 대상이 되는 행정처분에 해당한다고 판시하였다.[128] 최근에는 건축물대장의 작성은 건축물의 소유권을 제대로 행사하기 위한 전제조건으로서 건축물 소유자의 실체적 권리관계에 밀접하게 관련되어 있으므로 건축물대장 소관청의 작성신청 반려행위는 국민의 권리관계에 영향을 미치는 것으로서 항고소송의 대상이 되는 행정처분에 해당한다고 판시하였다.[129] 또한 행정청의 건축물대장 용도변경신청 거부행위도 행정처분에 해당한다.[130]

x) 내부적 행위 : 행정기관의 결정이 그 내부적 사무처리절차에 그치는 경우에는 그 처분성이 부인된다. 그리고 행정기관 상호간에 행하는 협의나 동의 등의 행위도 원칙적으로 처분성이 인정되지 아니한다.[131]

xi) 사법행위 : 사법행위(*私法行爲*)는 취소소송의 대상으로서의 처분성이 인정되지 아니한다. 판례는 국유잡종재산매각,[132] 국유광업권처분,[133] 국유림대부,[134] 전화가입관계[135] 등을 사법행

123) 대판 1985.3.12, 84누738.
124) 대판 1998.12.12, 89누5348.
125) 대판 1998.2.24, 96누5612.
126) 대판 1992.12.8, 92누7542; 대판 1993.3.23, 91누8968.
127) 대판 1992.3.31, 91누4911.
128) 대판 2004.4.22, 2003두9015.
129) 대판 2009.2.12, 2007두17359.
130) 대판 2009.1.30, 2007두7277.
131) 김동희, 전게서, 729-730면.
132) 대판 1974.7.14, 74두97.
133) 대판 1970.3.21, 69다2286.
134) 대판 1983.9.2, 83누292.
135) 대판 1978.9.12, 77누132.

위로 본다. 그러나 행정재산의 허가사용,[136] 특허사용[137]은 행정처분으로 인정하고 있다.

③ 행정심판에 대한 재결 : 행정소송법은 취소소송의 대상으로서의 '처분 등'은 '처분'과 행정심판에 대한 재결을 함께 규정하고 있는데(법 제2조 제1항 제1호), 처분에 관하여는 위에서 검토하였으므로 여기에서는 재결에 대하여 살펴보고자 한다. 여기에서 말하는 행정심판에 대한 재결이란 형식적으로는 행정심판법에 의한 재결을 의미하지만, 행정심판이라는 의미를 이와 같이 좁은 의미로 해석할 것은 아니며, 그 실질적 내용에 따라 널리 위법 · 부당한 처분으로 인하여 권익을 침해당한 자가 행정기관에 대하여 그 시정을 구하는 행정쟁송절차를 모두 포함하여 일컫는다. 따라서 재결에는 이러한 행정쟁송절차에 있어서의 결정도 포섭된다고 해석하는 것이 합리적이라고 생각한다.

i) 원처분주의 : 원처분과 재결이 모두 취소소송의 대상이 되는 경우 입법정책상으로 원처분주의(原處分主義)를 채택할 것인가 또는 재결주의를 취할 것인가는 문제된다. 원처분과 이에 대한 재결은 모두 행정청의 공권력행사로서 항고소송의 대상이 될 수 있을 것이다. 그러나 아무런 제한 없이 양자 전체를 소송의 대상으로 허용할 경우에는 판결저촉이나 소송경제에 반하는 문제가 발생하게 된다. 따라서 원칙적으로 원처분만을 소송의 대상으로 허용하든지 또는 재결에 대하여서만 소를 허용하는 등의 제한이 필요하게 되는데, 원처분주의와 재결주의가 바로 그것이다.

원처분주의란 원처분과 재결의 어떠한 것에 대하여도 소를 제기할 수 있으나, 원처분의 위법은 원처분취소소송에서만 주장할 수 있고, 재결취소소송에서는 원처분의 위법이 아닌 재결 자체의 고유한 위법에 대하여서만 주장할 수 있도록 하는 제도를 말한다. 이에 대하여 재결주의란 원처분에 대하여는 소송의 제기가 허용되지 아니하고 재결에 대하여서만 소송을 제기할 수 있도록 하되, 재결 자체의 위법뿐만 아니라 원처분의 위법도 재결취소소송에서 주장할 수 있도록 하는 제도를 말한다.

우리나라 행정소송법 제19조는 「취소소송은 처분 등을 대상으로 한다. 다만, 재결취소소송의 경우에는 재결 자체에 고유한 위법이 있음을 이유로 하는 경우에 한한다」고 규정하여 이른바 '원처분주의'를 채택하고 있으므로 행정심판의 재결을 거쳐 취소소송을 제기하는 경우에 취소소송의 대상은 원칙적으로 재결이 아니라 원처분이다. 행정소송법이 이렇게 원처분주의를 취한 이유는, 하나의 처분의 위법성을 이유로 하여 원처분에 대한 취소소송과 재결에 대한 취소소송이 동시에 제기될 경우에는 판결의 상반성의 우려와 소송비경제 등의 문제가 예상되므로 이를 방지할 필요성에 따른 것이다. 또한 재결청의 재결에 위법성이 있는 경우라고 하더라도 원처분을 대상으로 취소소송을 제기하는 것이 간편하고도 직접적인 구제방법이 되기 때문에 원처분주의를 채택하였다고 볼 수 있다. 그러나 재결 자체에 고유한 위법이 있는 경우에는 예외이다.

136) 대판 1997.4.11, 96누17325.

137) 대판 1998.2.27, 97누1105.

ii) 취소소송의 대상이 되는 재결 : 행정소송법이 원처분주의를 취하고 있는 관계로 재결에 대한 취소소송은 재결 자체에 고유한 위법이 있음을 이유로 하는 경우에만 제기할 수 있다. 여기에서 '재결 자체에 고유한 위법이 있는 경우'란 재결의 주체 · 내용 · 절차 · 형식 등에 관하여 위법사유가 있는 것을 말한다. 그러나 위법은 원처분에는 없고 재결에만 위법이 있는 경우이다. 판례는 행정소송법 제19조에서 말하는 '재결 자체에 고유한 위법'이란 원처분에는 없고 재결에만 있는 재결청의 권한 또는 구성의 위법, 재결의 절차나 형식의 위법, 내용의 위법 등을 뜻하고, 그 중 내용의 위법에는 위법 · 부당하게 인용재결을 한 경우가 해당한다고 한다.[138] 그리고 재결 자체에 고유한 위법이 있어야 한다는 것은 본안판단사항이고 소송요건은 아니다. 따라서 재결 고유의 위법을 주장하지 않고 제기한 재결취소소송은 각하대상이 아니라 기각대상이다.[139]

원처분이 재결에 의하여 수정된 경우에는 수정재결(修正裁決)을 새로운 처분으로 볼 여지가 있어 소송의 대상이 수정된 원처분으로 되는 것인가 또는 수정재결이 되는 것인가의 여부가 문제된다. 공무원에 대한 징계처분을 소청심사위원회에서 감경한 경우, 재결청이 원처분청과 다른 종류의 징계처분을 하더라도 이를 새로운 처분으로 볼 수는 없고 원처분이 여전히 감축된 형태로 존속하고 있다고 보아야 할 것이다. 따라서 수정재결의 경우 원처분청을 상대로 수정된 원처분을 소송의 대상으로 다투어야 한다.[140]

iii) 원처분주의의 예외 : 위에서 설명한 바와 같이 행정소송법은 원처분주의를 채택하고 있다. 그러나 개별법에서 원처분주의에 대한 예외로서 재결을 취소소송의 대상으로 규정한 경우가 있는데, 이를 '재결주의'라 한다. 재결주의는 위법한 원처분을 다투는 것보다 재결을 다투어 그 효력을 배제하는 것이 효율적인 권리구제와 판결의 적정성을 담보하는 경우에 원처분에 대한 제소를 금지하고 재결에 대해서만 제소를 허용한다.[141]

판례에서 재결주의를 채택하고 있는 예로는 다음과 같은 것을 들 수 있다.[142]

첫째로, 중앙토지수용위원회의 이의재결에 대하여 제기하는 취소소송이다. (구)토지수용법은 지방토지수용위원회의 재결에 대하여 중앙토지수용위원회에 이의신청을 제기하도록 하고, 이의신청에 대한 중앙토지수용위원회의 재결에 대하여 불복이 있을 때에는 행정소송을 제기하도록 규정하고 있었다(동법 제75조의2 제1항). 대법원은 이 규정을 근거로, 지방토지수용위원회의 재결에 대하여는 직접 취소소송을 제기할 수 없고 이의재결이 행정소송의 대상이 되는 것으로 판시한 바 있다.[143] 그런데 현행 토지취득보상법은 「사업시행자 · 토지소유자 또는 관계인은 제34조

---

138) 대판 1997.9.12, 96누14661.

139) 대판 1994.1.25, 93누16901.

140) 대판 1993.8.24, 93누5673.

141) 헌재결 2001.6.28, 2000헌바77.

142) 김남진 · 김연태, 전게서, 771면.

143) 대판 1995.12.8, 95누5561; 대판 2001.5.8, 2001두1648.

에 따른 재결에 불복할 때에는 재결서를 받은 날부터 60일 이내에, 이의신청을 거쳤을 때에는 이의신청에 대한 재결서를 받은 날부터 30일 이내에 각각 행정소송을 제기할 수 있다」고 규정하고 있다(동법 제85조 제1항). 이의신청을 거치지 않고 수용재결에 대하여 행정소송을 제기하는 경우에 원처분이 소의 대상이 되는 것은 분명하지만, 이의신청을 거친 후 제기하는 행정소송에 있어서 그 대상에 대하여는 논란이 있을 수 있다. 생각건대, 행정소송법의 원처분주의에 비추어 볼 때 동 조항이 재결주의를 명시적으로 규정하고 있지 않기 때문에 이의신청을 거친 경우에도 수용재결을 행정소송의 대상으로 보는 것이 타당하다고 본다.

둘째로, 중앙노동위원회의 재심판정에 대하여 제기하는 취소소송이다. 「노동조합 및 노동관계조종법」 제82조는 근로자 또는 노동조합은 사용자의 부당노동행위에 대하여 지방노동위원회에 구제신청을 할 수 있게 하고, 동법 제85조 제1항은 이에 의하여 구제를 받지 못하면 중앙노동위원회에 그 재심을 신청하도록 하며, 동조 제2항은 중앙노동위원회의 재심판정에 대하여 행정소송을 제기할 수 있도록 규정하고 있다. 대법원은 노동위원회의 결정에 대한 행정소송은 원처분인 지방노동위원회의 결정이 아니라 중앙노동위원회의 재심판정을 대상으로 행정소송을 제기하여야 한다고 해석하여 이 경우에 재결주의를 취하고 있는 것으로 본다.[144] 노동위원회법은 중앙노동위원회의 재심처분에 대한 소는 중앙노동위원회위원장을 피고로 한다고 명시하여 재결주의를 취하고 있음을 명확히 하고 있다(동법 제27조 제1항).

셋째로, 감사원의 변상판정에 대한 감사원의 재심의판결에 대하여 제기하는 취소소송이다. 감사원법은 회계관계 직원에 대한 감사원의 변상판정에 대하여 감사원에 재심의를 청구할 수 있도록 하고(동법 제36조), 그 재심의판결에 대하여 감사원을 당사자로 하여 행정소송을 제기하도록 하고 있다(동법 제40조 제2항). 따라서 행정소송의 대상은 원처분인 변상판정에 대하여가 아니라 재심의판결이다. 대법원은 이를 재결주의를 취하고 있는 것으로 보고 있다.[145]

(다) 처분 등의 위법주장

처분 등이 취소소송의 대상이 되기 위해서는 그 처분 등이 '위법'하지 않으면 아니 된다. 처분 등이 위법하다는 것은 그 처분 등이 성문법으로서의 법률 · 명령 또는 평등원칙 · 비례원칙 등 불문법원리에 객관적으로 위반하였음을 의미한다. 재량행위에 있어서는 재량권의 한계내에서 어느 정도 재량을 그르친 경우에는 부당한 처분에 그치지만, 그 일탈 · 남용의 경우에는 위법한 처분이 된다. 다만, 소 제기의 단계에서는 위법의 가능성이 존재하는 것으로 족하며, 현실적으로 위법하다는 것이 요구되는 것은 아니다. 처분 등의 객관적 위법성 자체는 소송요건이 아니라 본안에서의 이유유무의 문제이다.

---

144) 대판 1991.2.12, 90누288; 대판 1995.9.15, 95누6724.

145) 대판 1984.4.10, 84누91.

어떠한 경우에 처분 등이 위법으로 되는가, 즉 위법의 원인, 위법과 부당의 구별, 위법의 효과로서의 무효 · 취소의 구별, 위법의 치유와 승계, 민사재판 · 형사재판 등의 선결문제로서 처분의 위법성심사의 가부 등 처분 등의 위법과 관련되는 문제가 많이 있는데, 취소소송은 이러한 의미의 처분 등의 위법을 주장하는 것이어야 한다.

(2) 원고는 처분 등의 취소 또는 변경을 구할 법률상 이익이 있는 자일 것

(가) 처분 등의 취소 또는 변경

취소소송은 위법한 처분 등의 취소 또는 변경을 구하는 것이어야 한다. 여기에서 말하는 취소는 처분 등의 성립상의 하자를 이유로 그 처분이 처음부터 위법이었음을 확정하고 그의 효력을 소급적으로 상실시키는 소극적 형성판결을 구하는 소송이라는 데에 이론이 없다. 그리고 '변경'의 의미에 대하여는, 처분의 일부취소라는 의미의 소극적 변경으로 해석하는 소극설과 법원이 행정청의 원처분에 갈음하여 새로운 처분을 행하는 적극적 변경을 의미한다고 보는 적극설이 대립하고 있다. 그런데 법원에 의한 대체처분의 의미를 가지는 변경판결은 권력분립원칙에 반한다고 보아야 할 것이며, 또한 현행 행정소송법에서는 의무이행소송이 인정되고 있지 않기 때문에 적극적 변경판결을 취소소송에 따른 판결로써 인정하는 데에는 무리가 있다고 보여지므로 소극설이 타당하다.[146] 이러한 견해가 종래의 통설 · 판례이다.

(나) 법률상 이익

취소소송은 행정청의 위법한 처분 등 취소 또는 변경을 구할 법률상 이익이 있는 자가 제기하여야 한다. 법률상 이익이 무엇을 의미하는가에 대하여는 이미 검토한 바와 같이 여러 견해가 대립하고 있으나, 법률상보호이익설(법률상이익구제설)이 통설 · 판례이다. 이러한 법률상 이익이 있는 자가 원고적격을 가진다.

(3) 처분 등을 행한 행정청을 피고로 하여 제기할 것

취소소송은 처분청 또는 위원회를 피고로 하여 제기하여야 한다. 피고적격의 문제에 대하여도 앞에서 이미 설명한 바 있다.

(4) 개별법에 특별한 규정이 있는 경우에는 행정심판절차를 거쳐야 할 것

(가) 행정심판의 임의적 전치제도의 채택

행정심판과 행정소송의 관계에 관하여, (구)행정소송법 제18조 제1항은 「취소소송은 법령의 규정에 의하여 당해 처분에 대한 행정심판을 제기할 수 있는 경우에는 이에 대한 재결을 거치지

146) 김동희, 전게서, 730면.

아니하면 이를 제기할 수 없다」고 규정하여 행정심판의 필요적 전치주의를 채택하고 있었다.

그러나 1994년 7월 27일 개정되어 1998년 3월 1일부터 시행되고 있는 현행 행정소송법 제18조 제1항은 「취소소송은 법령의 규정에 의하여 당해 처분에 대한 행정심판을 제기할 수 있는 경우에도 이를 거치지 아니하고 제기할 수 있다. 다만, 다른 법률에 당해 처분에 대한 행정심판의 재결을 거치지 아니하면 취소소송을 제기할 수 없다는 규정이 있는 때에는 그러하지 아니하다」고 규정하고 있다. 이는 종전의 행정심판전치주의가 행정심판은 행정기관이 스스로 심판관의 지위에 선다는 데 기본적 문제점이 있는 제도임에도 불구하고 행정심판을 원하지 않는 사람에게까지 필요적으로 행정심판을 강요할 만한 명분을 찾을 수 없어 법개정에 의하여 행정심판임의주의로 전환함으로써 제도개선을 한 것이다.

이와 같은 내용의 행정소송법 제18조 제1항의 개정에 의하여 취소소송을 제기하는 데 있어서 행정심판은 원칙적으로 임의절차로 되었고, 다만 개별법에서 명시적으로 행정심판전치주의를 규정하고 있는 경우에만 행정심판절차를 거쳐야 한다.

(나) 예외적 행정심판전치제도

① 필요적 전치주의 : 행정소송법은 제18조 제1항 본문에서 임의적 전치주의를 규정하여 행정심판을 거칠 것인지의 여부는 원고의 선택에 맡기고 있다. 그러나 동법 제18조 제1항 단서에는 「다른 법률에 당해 처분에 대한 행정심판의 재결을 거치지 아니하면 취소소송을 제기할 수 없다는 규정이 있는 때에는 그러하지 아니하다」고 규정하여 예외적으로 필요적 전치주의를 채택하고 있다.

현행법상 다른 개별법에서 행정심판임의주의에 대한 특례로서 필요적 전치를 규정하고 있는 예로는 국가공무원법(제16조 제2항), 교육공무원법(제53조 제1항), 지방공무원법(제20조의2), 국세기본법(제56조 제2항), 관세법(제120조 제2항), 도로교통법(제142조) 등이 있다.

② 행정심판전치의 요건 : 행정심판전치의 요건을 기술하면 다음과 같다.[147)]

ⅰ) 행정심판의 적법성 : 다른 법률이 예외적으로 필요적 전치주의를 채택하고 있어서 당해 처분에 대한 행정심판의 재결을 거치는 경우 그 행정심판은 적법한 것이어야 하며, 행정심판이 부적법하여 각하된 경우에는 전치의 요건을 충족하였다고 할 수 없다. 이와 같은 행정심판의 청구가 적법한지의 여부는 법원이 독자적으로 판단하는 것이므로 설사 부적법한 행정심판을 재결청이 적법한 것으로 오인하여 본안에 대하여 재결을 한 경우에도 전치의 요건을 충족하였다고 할 수 없다.[148)]

ⅱ) 행정심판과 행정소송의 관련성 : 행정심판과 행정소송이 어느 정도 관련되어야 전치의

147) 김남진 · 김연태, 전게서, 754면; 김철용, 전게서, 627면.

148) 대판 1991.6.25, 90누6091.

요건을 충족하게 되는가의 문제이다.

㉠ 인적 관련성 : 행정심판의 필요적 전치주의는 행정청에 처분에 대한 재심의 기회를 주어 스스로 위법 · 부당한 처분을 시정할 수 있도록 하기 위한 것이므로 특정한 처분에 대하여 행정심판이 제기되어 재결이 있었으면 전치요건을 충족시켰다고 보아야 하며, 행정심판의 청구인과 취소소송의 원고가 반드시 동일인(同一人)일 필요는 없다. 따라서 공동소송의 1인이 행정심판을 거쳤다면 다른 공동소송인은 행정심판의 청구인과 동일한 지위에 있는 경우나 그 지위를 실질적으로 승계하고 있는 경우도 원고 자신은 행정심판을 거치지 아니하고 행정소송을 제기할 수 있다.

㉡ 사물관련성 : 행정심판의 대상인 처분과 취소소송의 대상인 처분은 동일하여야 한다. 따라서 처분이 다르면 따로 행정심판을 거쳐 행정소송을 제기하여야 한다. 다만, 서로 내용상 관련되는 처분 또는 같은 목적을 위하여 단계적으로 진행되는 처분 중 어느 하나가 이미 행정심판의 재결을 거친 때에는 행정심판을 제기하지 아니하고 바로 취소소송을 제기할 수 있다(법 제18조 제3항 제2호).

㉢ 주장사유의 공통성의 여부 : 행정심판에서의 청구인의 주장사유와 행정소송에서 원고의 주장사유가 동일하여야 하는지의 여부가 문제된다. 행정심판과 행정소송의 청구원인이 기본적으로 동일하여야 한다는 견해와 반드시 동일할 필요는 없고 청구인이 행정심판에서 주장하지 않았던 위법사유를 행정소송에서 새로 주장할 수 있다는 견해로 나누어져 있다. 판례는 전심절차에 있어서의 주장과 행정소송에 있어서의 주장이 전혀 별개의 것이 아닌 한 반드시 일치하여야 하는 것은 아니므로 전심절차에서 주장하지 아니한 사항도 행정소송에서 주장할 수 있다고 판시하였다.[149)]

iii) 전치요건충족의 시기 : 행정심판전치는 소송요건이지만 소송성립요건은 아니다. 따라서 먼저 행정심판을 제기하여 재결이 있은 후에 행정소송을 제기하여야 하고 재결 전에 소송을 제기하면 부적법한 소로서 각하를 면할 수 없으나, 재결 전에 소송을 제기하였다고 하더라도 부적법한 소로서 각하되기 전에 재결이 있으면 전치요건은 충족된 것이 된다. 판례는 비록 제소 당시에는 전치요건을 구비하지 못한 위법이 있다고 하더라도 사실심변론종결 당시까지 그 전치요건을 갖추었다면 그 하자는 치유된다고 판시하였다.[150)]

③ 행정심판전치주의의 적용범위 : 개별법에서 행정심판임의주의에 대한 예외로서 동법상의 처분에 대한 취소소송의 제기에 있어서는 행정심판을 거치도록 하는 행정심판전치주의를 규정하고 있는 경우, 다음의 경우에도 그의 적용이 되는지의 여부가 문제된다.[151)]

ⅰ) 무효선언을 구하는 의미의 취소소송 : 형식적으로는 처분의 취소를 구하는 것이나 그 청구원인에 비추어 볼 때 무효선언을 구하는 의미로서 취소를 소구하고 있는 경우에도 행정심판전

149) 대판 1984.5.9, 84누116.

150) 대판 1987.4.28, 86누29.

151) 김동희, 전게서, 734면.

치주의가 적용되는가에 대하여는 견해가 나누어지고 있다. 긍정설은 행정행위의 취소사유와 무효사유의 구별은 상대적인 것으로 실체적 심리를 거쳐야 밝혀질 성질의 것인 데 대하여, 소송요건의 충족 여부는 실체적 심리를 하기 전에 판단되어야 하는 문제라는 점에서 이 경우에도 행정심판전치주의는 적용된다고 보고 있다. 이에 대하여 부정설은 이 소송이 비록 취소소송의 형식을 취하고는 있으나, 실질적으로는 무효확인소송과 다르지 않으므로 이 경우에 행정심판전치주의는 적용되지 않는다고 보는 견해이다. 판례는 긍정설을 취하고 있다.[152)]

ii) 2단계 이상의 행정심판절차가 규정되어 있는 경우: 관계법령에 의하여 2단계 이상의 행정심판절차가 존재하고 있는 경우에 당해 절차를 모두 거쳐야 하는가의 문제가 제기된다. 이러한 경우 그러한 내용의 명문규정이 있는 때에는 그 절차를 모두 거쳐야 되겠지만, 그러한 명문규정이 없는 경우에도 당연히 당해 절차를 모두 거쳐야 하는가는 의문이다. 행정심판전치주의의 취지는 처분을 한 행정청에게 자율적 심사기회를 주는 동시에 사법재판에 비하여 간편한 쟁송절차에 의한 신속한 국민의 권익구제에 있는 것이므로, 그 절차를 전부 거치도록 한다는 것은 제도의 취지에 반하므로 그 절차의 하나만을 거친 경우에도 행정심판전치주의의 요건은 충족되는 것으로 보아야 할 것이다.

iii) 처분 등의 상대방이 아닌 제3자소송: 복효적 행정행위의 경우, 그 상대방에 대한 수익적 처분으로 인하여 법률상 이익을 받은 제3자(예컨대, 기존업자 · 인근주민 등)가 취소소송을 제기하는 때에도 행정심판전치주의가 적용되는지의 여부가 문제된다. 행정소송법에 의하면, 이 경우의 행정심판전치주의는 취소소송의 제기를 위한 요건임은 물론이고, 행정심판전치주의가 적용되는 때에도 그 예외로서 행정심판은 제기하되 재결을 거칠 필요가 없는 경우와(법 제18조 제2항), 행정심판의 제기 자체를 요하지 않는 경우(동조 제3항)를 구분하여 규정하고 있다. 그런데 '정당한 사유가 있는 때'를 행정심판은 제기하고 재결을 거치지 않을 수 있는 경우로 한정하고 있는 점 및 처분 등의 상대방이 아닌 제3자로서 당해 처분 등이 있은 것을 안다는 것은 어려운 일이라는 점은 행정심판 제기의 경우나 행정소송 제기의 경우나 다를 것이 없는 점에 비추어 볼 때 제3자에 의한 취소소송에도 행정심판전치주의가 적용된다고 보는 견해와 달리 해석하기는 어려울 것 같다.[153)] 판례도 같은 견해를 보이고 있다.[154)]

④ 행정심판전치주의의 완화: 행정심판은 행정기관이 스스로의 행위를 심판한다는 데에 문제점이 있으므로 국민의 신속한 재판을 받을 권리를 제한하는 부정적인 측면이 있다. 따라서 행정소송법은 행정심판의 이러한 측면을 감안하여 개별법에서 행정심판전치주의를 규정하고 있는 경우에도 다음과 같은 두 가지 유형의 예외를 인정하면서 그 요건을 완화(緩和)하고 있다.[155)] 그런

152) 대판 1976.2.24, 75누128; 대판 1987.6.9, 87누219.

153) 김동희, 전게서, 735면; 이상규, 전게서, 783면.

154) 대판 1989.5.9, 88누5150.

155) 국세기본법 제56조 제2항, 지방세기본법 제125조 제1항, 관세법 제126조에 의하면 행정심판전치주의를 취하고

데 행정심판전치주의를 완화하는 사유는 행정심판청구나 재결을 거치지 아니하고 취소소송을 제기하는 원고가 이를 소명하여야 한다(법 제18조 제4항).

i) 행정심판의 재결을 거치지 아니하고 제소할 수 있는 경우: 개별법에 당해 처분에 대한 행정심판의 재결을 거치지 아니하면 취소소송을 제기할 수 없다는 규정이 있는 때에도 다음과 같은 사유가 있는 경우에는, 행정심판을 제기한 후 그 재결을 기다리지 아니하고 취소소송을 제기할 수 있다(법 제18조 제2항).

㉠ 행정심판청구가 있은 날로부터 60일이 지나도 재결이 없는 때: 이 경우는 재결의 부당한 지연으로 인한 청구인의 불이익을 방지하기 위하여 심판청구를 한 후 60일이 지나도 재결이 없는 때에는 재결을 기다릴 필요 없이 바로 취소소송을 제기할 수 있도록 한 것이다.

㉡ 처분의 집행 또는 절차의 속행으로 생길 중대한 손해를 예방하여야 할 긴급한 필요가 있는 때: 여기에서 어떠한 경우가 '중대한 손해를 예방하여야 할 긴급한 필요가 있는 때'에 해당하는가는 개별적·구체적으로 판단해야 할 불확정개념으로서 행정심판청구가 있은 날로부터 60일을 기다려서는 처분의 집행 등으로 청구의 목적을 달성하지 못하거나 현저히 곤란할 정도로 긴급성이 있는 경우를 말한다.[156] 이러한 경우까지 재결을 기다리도록 한다는 것은 행정구제제도로서의 행정소송의 목적에 맞지 아니하므로 재결을 기다릴 것 없이 바로 행정소송을 제기하도록 한 것이다.

㉢ 법령의 규정에 의한 행정심판기관이 의결 또는 재결을 하지 못할 사유가 있는 때: 여기에 해당하는 경우로서는 행정심판위원회가 구성되지 않았거나 구성되었다고 하더라도 과반수 이상의 결원이 있음에도 가까운 시일 내에 보충될 가망이 없는 경우 등을 들 수 있을 것이다. 이와 같은 사유가 있어 행정심판기관이 의결 또는 재결을 하지 못할 사유가 있는 데도 불구하고 재결을 기다리도록 하는 것은 당사자에게 시간의 낭비를 초래할 뿐만 아니라 행정구제절차로서의 행정소송제도의 취지에도 적합하지 아니하므로 재결을 기다리지 아니하고 바로 행정소송을 제기하게 한 것이다.

㉣ 그 밖의 정당한 사유가 있는 때: 여기서 말하는 '정당한 사유'란 불확정개념으로서, 시기 기타 사유로 인하여 행정심판을 거칠 경우에는 그 청구의 목적을 달성치 못하겠거나 또는 현저히 그 목적을 달성키 곤란한 경우를 말한다.[157]

ii) 행정심판을 거치지 아니하고 직접 제소할 수 있는 경우: 개별법에 당해 처분에 대한 재결을 거치지 아니하면 취소소송을 제기할 수 없다는 규정이 있는 때에도 다음의 사유가 있는 경우에는, 행정심판을 제기함이 없이 직접 취소소송을 제기할 수 있다(법 제18조 제3항).

있는 과세처분의 경우에는 행정소송법 제18조 제1항 본문·제2항 및 제3항의 규정도 모두 그 적용이 배제되고 있으므로 행정소송법에 의한 행정심판전치주의의 완화제도는 이러한 처분에는 그대로 적용되지 아니한다.

156) 김철용, 전게서, 631면.

157) 대판 1953.4.15, 4285行上11.

㉠ 동종사건에 관하여 이미 행정심판의 기각재결이 있은 때 : 여기에서의 '동종사건'이란 동일한 사실에 대하여 동일한 법적 근거에서 대량으로 행하여지는 처분, 즉 당해 사건과 기본적인 점에서 동질성을 인정할 수 있는 다른 사건을 말한다.[158] 이러한 동종사건 중의 어느 하나의 사건에 대한 기각재결이 있었다면, 동종의 다른 사건에 대한 행정심판의 청구가 있더라도 인용재결은 기대할 수 없고 기각재결이 거의 확실하므로 거듭 행정심판을 거치도록 하는 것은 무의미하기 때문에 직접 취소소송을 제기할 수 있도록 하고 있다.

㉡ 서로 내용상 관련되는 처분 또는 같은 목적을 위하여 단계적으로 진행되는 처분 중 하나가 이미 행정심판의 재결을 거친 때 : 여기에서 말하는 '서로 내용상 관련되는 처분'이란 각각 별개의 처분이지만 내용적으로 일련의 상관관계가 있는 복수의 처분을 말한다.[159] 예컨대, 가산금 및 중가산금의 징수처분은 국세의 납부고지처분과 별개의 처분으로 볼 수 있다고 하더라도 여기의 서로 내용상 관련되는 처분에 해당한다. 그리고 '같은 목적을 위하여 단계적으로 진행되는 처분'이라 함은 하나의 행정목적을 실현하기 위하여 단계적으로 서로 연속되어 선후관계에 있는 처분을 말한다.[160] 예를 들면, 행정대집행에 있어서의 계고, 대집행영장의 통지 및 대집행 등이 이에 속한다.

㉢ 행정청이 사실심의 변론종결 후 소송의 대상인 처분을 변경하여 당해 변경된 처분에 관하여 소를 제기하는 때 : 이는 행정청이 사실심의 변론종결 후 소송의 대상인 처분을 변경하여 소의 변경을 할 수 없어서 변경된 처분을 대상으로 별소(別訴)를 제기하게 된 경우에 사실심의 변론종결 전에 처분을 변경한 경우(법 제22조)와의 균형을 도모하고, 또한 처분에 의한 소송지연 또는 남소를 방지하려는 데에 그 취지가 있다고 본다.

㉣ 처분을 행한 행정청이 행정심판을 거칠 필요가 없다고 잘못 알린 때 : 행정심판법은 행정청의 처분고지제도를 두고 있는데(동법 제58조), 행정청이 착오로 당해 처분에 대하여 행정심판을 거칠 필요가 없다고 잘못 알린 때에는 행정에 대한 국민의 신뢰를 보호하고 행정청의 성실한 고지를 도모하기 위하여 취소소송의 원고가 될 자가 그것이 잘못된 고지인지를 알았는지의 여부와 상관없이 행정심판절차를 거치지 아니하고 바로 취소소송을 제기할 수 있도록 하고 있다. 재결청이 잘못 알린 경우에도 같다.[161]

(5) 소제기기간 내에 제기할 것

(가) 제소기간의 제한

취소소송은 일정한 제소기간 내에 제기하여야 한다. 제소기간이란 소송의 제기가 허용되는 기

---

158) 대판 1988.2.23, 87누704; 대판 1992.11.24, 92누8972; 대판 2000.6.9, 98두2621.

159) 대판 1986.7.22, 85누297.

160) 대판 1979.7.24, 79누129.

161) 대판 1996.8.23, 96누4671.

간을 말한다. 행정소송법은 민사소송의 경우와는 달리 제소기간을 단기로 제한하는 규정을 두고 있다(법 제20조). 그것은 처분 등의 효력을 오랫동안 확정되지 아니한 상태로 방임하는 것은 공법관계의 조속한 안정을 위하여 바람직하지 못하기 때문이다. 그런데 (구)행정소송법에서는 이 기간이 지나치게 짧았으므로 국민이 권리구제의 기회를 상실하는 경우가 적지 않았기 때문에 현행 행정소송법은 이 제소기간을 어느 정도 연장하여 다음과 같다.

(나) 처분 등이 있음을 안 날부터 90일

취소소송은 처분 등이 있음을 안 날부터 90일 이내에 제기하여야 한다. 다만, 다른 법률에 당해 처분에 대한 행정심판의 재결을 거치지 아니하면 취소소송을 제기할 수 없다는 규정이 있는 경우와 그 밖에 행정심판청구를 할 수 있는 경우 또는 행정청이 행정심판청구를 할 수 있다고 잘못 알린 경우에 행정심판청구가 있은 때의 기간은 재결서의 정본을 송달받은 날부터 기산한다(법 제20조 제1항).

여기의 '처분이 있음을 안 날'이란 당해 처분이 있었다는 사실을 현실적으로 알게 된 날을 의미하고, 추상적으로 알 수 있었던 날을 의미하는 것은 아니다.[162] 처분 당시에는 취소소송의 제기가 법제상 허용되지 않아 소송을 제기할 수 없었지만, 위헌결정으로 인하여 비로소 취소소송을 제기할 수 있게 된 경우에는 객관적으로는 '위헌결정이 있은 날', 주관적으로는 '위헌결정이 있음을 안 날'에 비로소 취소소송을 제기할 수 있도록 되어 이때를 제소기간의 기산점으로 하여야 한다.[163] 그리고 이 기간은 불변기간이므로(법 제20조 제3항), 법원이 직권으로써 이를 신축할 수 없다.

이러한 제소기간이 도과하게 되면 처분 등의 효력을 더 이상 다툴 수 없게 되는 불가쟁력이 발생할 뿐이며, 위법한 처분 등이 적법한 것으로 되는 것은 아니다. 따라서 제소기간의 도과는 행정청의 직권에 의한 취소 · 변경에 영향을 미치지 않는다.[164]

(다) 처분 등이 있은 날부터 1년

취소소송은 처분 등이 있은 날부터 1년(동조 제1항 단서의 경우는 재결이 있은 날부터 1년)을 경과하면 이를 제기하지 못한다. 다만, 정당한 사유가 있을 때에는 그러하지 아니하다(법 제20조 제2항).

여기에서 '처분이 있은 날'이란 당해 처분이 대외적으로 표시되어 효력을 발생한 날을 말한다.[165] '정당한 사유'라 함은 불확정개념으로서 그 존부는 사안에 따라 개별적으로 판단하여야 하지만, 제소기간 내에 소를 제기하지 못함을 정당화할 만한 객관적인 사유를 의미한다. 그것은 민

162) 대판 1991.6.28, 90누6921; 대판 1998.2.24, 97누18226.
163) 대판 2008.2.1, 2007두20997.
164) 김남진 · 김연태, 전게서, 757면.
165) 대판 1990.7.13, 90누2284.

사소송법 제173조의 '당사자가 그 책임을 질 수 없는 사유'나 행정심판법 제27조 제2항의 '천재지변, 전쟁, 사변, 그 밖의 불가항력적인 사유'보다는 넓은 개념으로서, 제소기간 도과의 원인 등 여러 사정을 종합하여 지연된 제소를 허용하는 것이 사회통념상 상당하다고 할 수 있는가에 따라 판단되어야 할 것이다.[166] '정당한 사유'의 존재는 원고가 소명하여야 한다고 본다.

(라) 양자의 관계

위의 두 기간은 선택적인 것이 아니므로 처분 등이 있음을 안 날과 처분 등이 있은 날 중 어느 하나의 기간이 만료되면 제소기간은 종료된다. 양자가 모두 경과하여야 하는 것은 아니다. 그리고 제소기간의 도과 여부는 법원의 직권조사사항이다.

(6) 소장을 제출할 것

취소소송의 제기는 일정한 형식의 소장을 법원에 제출함으로써 한다(법 제8조 제2항, 민사소송법 제248조). 취소소송의 소장의 필요적 기재사항은 당사자 및 법정대리인의 표시, 청구의 취지, 청구의 원인이므로 반드시 이를 기재하여야 한다(민소법 제249조).

(7) 소장을 관할법원에 제출하여야 할 것

취소소송의 제1심 관할법원은 피고인 행정청의 소재지를 관할하는 행정법원이므로 여기에 소장을 제출하여야 한다(법 제9조 제1항 본문). 취소소송의 재판관할에 관하여는 이미 앞에서 고찰한 바 있다.

3) 소의 변경

(1) 의 의

(가) 개 념

소의 변경이란 소송의 계속 중에 사정의 변경으로 인하여 소송제기 당시의 당사자(피고), 청구취지, 청구원인 등에 관하여 전부 또는 일부를 변경하는 소송행위를 말한다. 소의 변경 후에도 변경 전의 절차가 그대로 유지되며, 거기에 나타난 소송자료가 승계되는 점에 의의가 있다. 소는 소송주체와 소송물로 구성되는데, 민사소송에서의 소의 변경은 소송물의 변경만을 말하지만, 행정소송법에서는 이미 앞에서 검토한 피고경정(법 제14조), 청구의 병합(법 제10조 제2항) 외에 소의 종류의 변경과 처분변경으로 인한 소의 변경을 포함하는 넓은 개념으로 사용하고 있다.

166) 대판 1991.6.28, 90누6521.

(나) 제도적 의의

소의 변경은 민사소송법에서 일정한 요건을 갖춘 경우에 소송물의 변경만이 인정되고 있는데(동법 제262조), 동법에서는 인정되지 않는 피고의 변경이 행정소송에서 인정되고 있는 점이 하나의 특색이다. 행정소송, 특히 항고소송은 행정청을 피고로 함이 원칙이므로(법 제13조, 제38조), 만일에 피고의 변경을 허용하지 않는다면 소의 변경이 허용되는 범위와 실익이 지나치게 좁아지게 될 것이다. 따라서 입법을 통하여 그러한 점을 명확히 하고, 당사자 쌍방 사이의 분쟁의 합리적 해결을 도모하며, 소송경제에 적합하도록 하는 데에 행정소송법상의 소의 변경에 관한 규정의 제도적 의의가 있다고 할 수 있다.

(2) 행정소송법상의 소의 변경의 유형

행정소송법은 소의 변경에 관하여는, 소의 종류의 변경(법 제21조)과 처분변경으로 인한 소의 변경(법 제22조) 등의 유형을 규정하고 있다.

(가) 소의 종류의 변경

① 개념 : 「법원은 취소소송을 당해 처분 등에 관계되는 사무가 귀속하는 국가 또는 공공단체에 대한 당사자소송 또는 취소소송 외의 항고소송으로 변경하는 것이 상당하다고 인정할 때에는 청구의 기초에 변경이 없는 한 사실심의 변론종결시까지 원고의 신청에 의하여 결정으로써 소의 변경을 허가할 수 있다」(법 제21조)고 규정하여 '소의 종류의 변경'을 허용하고 있다. 이러한 소의 변경은 피고의 변경을 수반하는 경우가 있다는 점에서 민사소송법에 의한 소의 변경에 대한 특례이며, 또한 교환적 변경에 한하고 추가적 변경은 인정되지 않은 것으로 해석된다. 추가적 변경은 관련청구소송의 병합적 제기의 방법(법 제10조 제2항 참조)에 의하는 것이 적절할 것이다.

② 요건 : 소의 종류의 변경은 다음과 같은 요건을 갖추어야 한다.

i) 취소소송이 법원에 계속되고 있을 것 : 취소소송이 적법하게 제기되어 사실심에 계속 중이고 변론종결 전이어야 한다.

ii) 취소소송을 당해 '처분 등에 관계되는 사무가 귀속하는 국가 또는 공공단체에 대한 당사자소송 또는 취소소송 외의 항고소송'으로 변경하는 것일 것 : 여기에서 '사무가 귀속하는 국가 또는 공공단체'란 당해 처분 또는 재결을 취급한 행정청이 속하는 국가 또는 공공단체를 가리키는 것이 아니라 처분 또는 재결의 효과가 귀속하는 국가 또는 공공단체를 의미하는 것으로 보아야 할 것이다. 따라서 국가의 사무인 경우에는 국가가, 공공단체의 사무인 경우에는 공공단체가 피고가 된다. 지방자체단체가 행하는 국가위임사무인 경우에는 위임자인 국가가 이에 해당한다고 보는 것이 타당하다. 행정소송법이 정하고 있는 '신청구'는 당사자소송 또는 취소소송 외의 항고소송이다. 여기의 '항고소송'의 범위는 법정항고소송(무효등확인소송, 부작위위법확인소송) 이외에 이른바 법정외(무명)항고소송이 그 취소소송 외의 항고소송에 포함되는 것인지가 문제되는 것

이다.[167)]

iii) 청구의 기초에 변경이 없을 것 : 이 요건은 민사소송법 제262조의 규정과 같은 취지로 해석된다. 여기에 있어서의 청구의 기초라는 개념은 신 · 구청구 간의 관련성을 뜻하지만, 그 동일성이 무엇을 의미하는가에 관하여는 이익설 · 사실설 · 병용설의 대립이 있다. 그러나 '청구의 기초'는 종전의 취소소송에 의하여 달성하고자 한 권리 · 이익의 구제와 동일기반에 서는 다른 청구로의 변경을 의미하는 것으로 이해된다. 따라서 '청구의 기초에 변경이 없는 한'이란 재판을 통하여 원고가 회복하려는 법률상 이익에 변경이 없어야 함을 의미한다고 보아야 한다.[168)] 만일에 청구의 기초에 동일성이 없게 되면 부적법한 것으로서 각하되어야 할 것이나, 신소(新訴)의 피고가 동의하는 경우에는 그 하자는 치유된다고 판단하는 것이 타당하다.

iv) 소의 변경은 상당한 이유가 있어야 할 것 : 여기에서 '상당성'은 각 사건에서 구체적으로 판단할 것이나 소송자료의 이용가능성, 다른 구제수단의 존재 여부, 소송경제, 새로운 피고에게 입히는 불이익의 정도 등을 종합적으로 고려할 것이다.[169)]

③ 절차 : 소의 종류의 변경을 하려면 다음의 절차를 밟아야 한다.

i) 사실심의 변론종결시까지 원고의 신청이 있을 것 : 소송요건의 미비로 인하여 소송이 부적법한 경우에도 원고는 소가 각하되기까지는 법원에 소의 변경신청을 할 수 있다. 그러나 상고심은 사실심이 아닌 법률심이기 때문에 취소소송이 상고심에 계속되는 때에는 그 신청을 할 수 없다.

ii) 법원이 결정으로써 소의 변경을 허가할 것 : 민사소송법에서는 소송절차를 지연케 함이 현저하지 않는 한 소의 변경을 할 수 있도록 하고 있다(동법 제262조). 이에 대하여 행정소송법에서는 '상당하다고 인정될 때'에 한하여 법원의 허가사항으로 하고 있는 점이 다르다. '상당성'의 요건은 민사소송법 제262조 제1항 단서, 즉 「소송절차를 현저히 지연시키는 경우에는 그러하지 아니하다」의 요건을 대체하는 것은 아니며, 그것보다 넓은 의미를 가지는 것으로 해석된다. 구체적인 경우에 따라 소의 변경을 허가하는 것이 원고의 이익에 합치되는지의 여부를 고려하여 판단하여야 할 것이다.

iii) 소의 변경허가로 인하여 새로이 피고로 될 자의 의견을 들어야 할 것 : 법원은 소의 변경을 허가함으로써 피고를 달리하게 될 때에는 새로이 피고로 될 자의 의견을 들어야 한다(법 제21조 제2항). 의견을 듣는 방법에는 제한이 없으며, 구두나 서면의 어느 것도 무관하다. 그런데 의견의 진술은 법원에 대한 소송행위이며, 의견을 듣지 않고 행한 결정은 위법이 된다. 그러나 당사자가 이의를 제기하지 않는 한 그 하자는 치유된다고 보아도 될 것이다.

iv) 결정의 정본을 새로운 피고에게 송달하여야 할 것(법 제21조 제4항, 제14조 제2항)

④ 효과 : 소의 변경을 허가하는 결정으로 피고의 변경이 있는 경우 새로운 피고에 대한 소송은

---

167) 김남진 · 김연태, 전게서, 776-777면.

168) 홍정선, 전게서, 710면.

169) 홍정선, 상게서, 710면.

처음에 소를 제기한 때에 제기된 것으로 보며(법 제21조 4항, 제14조 제4항), 아울러 종전의 피고에 대한 소송은 취하된 것으로 본다(법 제21조 제4항, 제14조 제5항). 종전의 소와 관련하여 진행된 일련의 절차는 변경된 새로운 소에 그대로 유효하게 승계된다.

⑤ 불복방법: 법원의 소변경의 허가결정에 대하여는 새로운 소의 피고 및 변경 전 구소(舊訴)의 피고는 즉시항고할 수 있다(법 제21조 제3항). 소변경의 불허가결정에 대하여는 행정소송법이 특별히 규정하고 있는 바가 없으므로 민사소송법에 의한 특별항고 또는 별소(別訴)의 제기가 가능하다고 본다.

(나) 처분변경으로 인한 소의 변경

① 개념: 처분변경으로 인한 소의 변경이란 행정소송이 제기된 후 행정청이 당해 소송의 대상인 처분을 변경한 때에 원고가 법원의 허가를 받아 소를 변경하는 것을 말한다. 「법원은 행정청이 소송의 대상인 처분을 소가 제기된 후 변경한 때에는 원고의 신청에 의하여 결정으로써 청구의 취지 또는 원인의 변경을 허가할 수 있다」(법 제22조 제1항)라고 규정함으로써 '처분변경으로 인한 소의 변경'을 인정하고 있다. 행정청은 행정소송이 계속되고 있는 중에도 직권 또는 행정심판의 재결에 따라 행정소송의 대상이 된 처분을 변경할 수도 있는데, 이 경우에 행정청의 처분변경으로 인한 소의 변경을 허용한 제도이다. 예컨대, 영업허가취소처분의 취소소송의 계속 중에 행정청이 허가취소처분을 허가정지처분으로 변경한 경우에 원고가 전자에 대한 소를 후자에 대한 소로 변경하는 것과 같은 것이 이에 해당된다. 이러한 제도는 원고에게 책임 없는 사유로 인한 소의 각하나 새로운 소의 제기와 같은 무용한 절차의 반복을 피하여 원고로 하여금 간편하고 신속하게 권익구제를 받도록 하기 위한 것이다.

② 요건: 처분변경으로 인한 소의 변경의 요건은 다음과 같다.

i) 행정청이 소송의 대상인 처분을 소가 제기된 후 변경한 경우일 것: 당해 소송의 대상인 처분이 소의 제기 후에 행정청에 의하여 변경되어야 한다. 처분의 변경은 원처분에 대한 적극적 변경이거나 일부취소이거나를 묻지 않으며, 처분을 변경하는 행정청은 일반적으로 원처분청이지만 감독행정청인 경우도 포함한다.

ii) 소의 변경의 신청은 처분의 변경이 있음을 안 날로부터 60일 이내에 원고가 할 것(법 제22조 제2항).

iii) 변경될 소가 계속되고 사실심변론종결 전일 것: 소의 변경의 일반적 요건으로서 변경될 소가 계속되고 사실심변론종결 전이어야 한다. 다만, 변경되는 청구가 필요적 행정심판전치의 대상이 되는 행위라 하더라도 행정심판을 거칠 필요는 없다(법 제22조 제3항).

iv) 법원의 변경허가결정이 있을 것

③ 절차: 원고의 신청이 있어야 하며(법 제22조 제2항), 법원은 원고의 이 신청에 대하여 결정으로써 청구의 취지 또는 원인의 변경을 허가할 수 있다(동조 제1항).

④ 효과 : 소의 변경을 허가하는 법원의 결정이 있으면, 당초의 소가 처음에 제기된 때에 변경한 내용의 새로운 소가 제기된 것으로 보며, 변경 전의 구소는 취하된 것으로 본다(법 제21조 제4항, 제14조 제4항 · 제5항).

(3) 민사소송법의 준용에 따른 소의 변경

행정소송법에서 인정되는 소변경의 형태는 민사소송법에 의한 소변경을 배척하는 취지가 아니며,[170] 따라서 행정소송의 원고는 청구의 기초에 변경이 없는 범위 안에서 사실심의 변론종결시까지 청구의 취지 또는 원인을 변경할 수 있다(법 제8조 제2항, 민소법 제262조 · 제263조).

민사소송법의 준용에 의한 소의 변경이 허용되기 위해서는, ① 청구기초의 변경이 없을 것, ② 소송절차를 현저히 지연시키지 않을 것, ③ 사실심이 계속되고 변론종결전일 것, ④ 소의 병합의 일반요건을 갖출 것(동종의 소송절차, 공통 관할) 등을 요한다. 그런데 ①, ②, ③의 요건은 크게 문제되지 않으나, ④의 요건과 관련하여 행정소송사건을 민사소송사건으로 변경하는 것도 허용될 것인가는 문제된다. 본래 행정사건과 민사사건은 동종의 소송절차가 아닐 뿐만 아니라 관할도 달리하고 있으므로 ④의 요건은 충족되지 않는 것으로 볼 수 있는 여지가 있다. 그런데 판례는 민사소송과 항고소송 간의 소변경을 허용하고 있는데,[171] 당사자의 권리구제 및 소송경제의 관점에서 타당한 해석이라고 판단된다.[172]

4) 처분사유의 추가 · 변경

(1) 의 의

행정청은 근거법상의 처분요건에 해당하는 사실을 인정하여 처분을 하므로 행정처분은 근거사실과 법률적 근거를 기초로 하여 행하며, 이 양자를 합하여 처분사유 또는 처분이유라 한다. 여기에서 처분사유의 추가란 당초의 처분사유는 그대로 두고 새로운 사유를 처분사유로서 추가하는 것을 말하고, 처분사유의 변경이란 당초의 처분사유에 대체하는 새로운 사유를 내세우는 이른바 교환적 변경을 말한다. 이와 관련하여 처분사유의 추가 · 변경의 문제는 행정청이 처분을 행하면서 일단 처분사유를 밝힌 후 이에 대한 취소소송이 제기된 경우에 심리과정에서 그 처분의 적법성을 유지하기 위하여 처분시에 객관적으로 존재하였지만 그 처분사유로 삼지 않았던 새로운 사유를 내세워 처분의 적법성을 주장할 수 있는가의 문제이다.

(2) 처분사유의 추가 · 변경의 허용 여부의 문제

처분사유의 추가 · 변경의 문제는 처분청이 취소소송의 심리과정에서 처분시에는 그 이유로 하

170) 대판 1999.11.26, 99두9407.
171) 대판 1999.11.26, 97다42250.
172) 김남진 · 김연태, 전게서, 779면.

지 않았던 새로운 사실상 · 법률상 근거를 내세워 당해 처분의 적법성을 주장하는 것이 허용될 수 있는가의 여부와 관련된다. 이 문제에 관하여는 다음과 같이 견해가 나누어져 있다.[173)]

(가) 긍정설

이 견해는 취소소송의 소송물을 행정처분의 위법성일반으로 보는 입장에서 주장되는 것이다. 이러한 입장에서는 소송의 양 당사자는 처분의 적법성 또는 위법성의 이유(근거)로 될 수 있는 모든 법률상 · 사실상의 주장을 할 수 있다고 할 것이므로 소송에서의 처분사유의 추가 또는 변경은 원칙적으로 제한되지 아니한다고 본다.

이 학설에 대하여는 실질적 법치주의 및 처분의 상대방의 신뢰보호의 관점에서 문제점이 있다고 비판받고 있다. 또한 이 설은 이유제시제도와의 관련하여 문제점이 있다고 본다. 즉 행정청에는 처분시에 이유제기의무가 부과되어 있는 것으로서(행정절차법 제23조), 그것은 행정청의 신중한 고려와 국민의 공격 · 방어권을 보장하려는 데에 기본적 취지가 있는 것이다. 그런데 긍정설은 이러한 이유제시의 실질적 의의를 상실시키는 결과를 초래하게 될 우려가 있다.

(나) 부정설

이 견해는 취소소송의 소송물을 그 처분이유에서 특정된 처분의 위법성으로 보는 입장에서 주장하는 것이다. 이러한 견해에서는 당초의 이유를 다른 이유로 대체하는 것은 별개의 새로운 행정처분에 의하여 행해져야 할 것이므로 처분사유의 추가 또는 변경은 허용되지 아니한다고 본다.

긍정설의 입장에서 보면 이 설은 재판을 통한 분쟁의 일회적 해결요청에 반하고, 행정의 효율적 운영에 지장이 있다는 비판을 할 수 있다. 또한 이 설은 처분내용이 동일한 것임에도 수회에 걸쳐 재판이 반복될 수 있다는 점에서 소송경제의 관점에서도 문제점이 있다는 비난을 피하기가 쉽지 않을 것이다.

(다) 제한적 긍정설

기술한 바와 같이 긍정설은 실질적 법치주의, 상대방의 신뢰보호 및 이유부기의 법리와 관련하여 문제가 있으며, 부정설은 행정의 효율적 운영이나 소송경제의 관점에서 문제점이 있다는 지적을 무시할 수 없다.

따라서 이 견해는 위의 양설을 조정하는 관점에서, 처분이유의 기초가 되는 사실의 동일성을 해치지 아니하는 한도 내에서만 처분이유의 추가 또는 변경이 허용된다고 본다. 여기서 기본적 사실관계의 동일성 유무는 처분사유를 법률적으로 평가하기 이전의 구체적인 사실에 착안하여 그 기초가 되는 사회적 사실관계가 기본적인 점에서 동일한지의 여부에 따라 결정된다.[174)] 그리

173) 김동희, 전게서, 741-742면.

174) 대판 1989.6.27, 88누6160; 대판 1999.3.9, 98두18565; 대판 2004.11.26, 2004두4482.

고 이러한 제한적 범위에서의 처분사유의 추가 · 변경도 사실심변론종결시까지만 허용된다.[175)]

5) 취소소송제기의 효과

(1) 법원 등에 대한 효과

취소소송이 제기되면 당해 사건은 법원에 계속되어 관할법원은 그 사건을 심리 · 판결하여야 하는 구속을 받고, 당사자는 동일한 사건에 대하여 다시 소를 제기하지 못하게 된다. 이를 '소제기의 주관적 효과'라고 한다.

(2) 처분에 대한 효과

취소소송의 제기가 계쟁처분 또는 재결에 대하여 어떠한 영향을 미치는가의 문제를 '소제기의 객관적 효과'라고 한다. 취소소송이 제기되면 소송의 대상이 된 처분의 집행의 정지 또는 집행의 부정지의 효과를 발생하게 할 수 있다. 소의 제기에 의하여 처분의 집행이 정지되는 것으로 할 경우에는 행정의 원활한 수행이 저해될 수 있고 남소의 우려도 있다. 반면에 집행이 정지되지 않는 것으로 할 때에는 궁극적으로 승소하더라도 권리회복이 사실상으로 불가능한 경우가 있을 수 있다. 이러한 문제는 결국 입법정책적으로 결정될 것으로서, 현행 행정소송법은 원칙적으로 집행부정지주의를 취하면서 예외적으로 집행정지를 인정하고 있다. 집행정지가 인정되는 범위 내에서는 행정소송상의 가구제가 인정되는 것이라고 할 수 있을 것이다.

6) 행정소송상의 가구제

(1) 가구제의 필요성

위법한 행정처분 등으로 권리 · 이익이 침해된 경우에 원고가 취소소송 등 행정소송을 제기하여 그 처분 등의 취소를 청구하더라도 그 판결이 확정되어 권익의 구제를 받으려면 오랜 시간이 소요된다. 그리하여 경우에 따라서는 원고가 승소할지라도 그 때에는 이미 회복할 수 없는 손해가 발생하여 원고의 승소판결에 의하여도 실질적인 권리구제를 받을 수 없게 되는 수가 있다. 이러한 불합리적인 사태를 방지하기 위해서는 판결이 확정될 때까지 잠정적으로 원고의 권리를 보전하여 승소판결이 원고의 권리보호를 담보하여 줄 수 있는 제도적 조치를 마련하여야 할 것이다. 이와 같은 요청에 부응하기 위하여 가구제(假救濟)의 제도가 필요하게 된다. 그런데 이 가구제를 '임시구제' 또는 '잠정구제'라고도 한다.

현재 우리나라에서는 가구제제도로서 행정소송법에 집행정지제도만을 규정하고 있으며, 가처분은 민사집행법이 정하고 있는 것으로서 행정소송법에는 이에 관한 명시적 규정이 없으므로 이

---

175) 대판 1997.5.16, 96누8796; 대판 2008.12.24, 2006두13497.

가구제방법이 행정소송에서도 인정될 수 있는지가 문제되고 있다. 다음에서는 집행정지제도와 가처분제도에 관하여 검토하고자 한다.

(2) 집행정지제도

(가) 집행부정지원칙

행정소송법 제23조 제1항은 「취소소송의 제기는 처분 등의 효력이나 그 집행 또는 절차의 속행에 영향을 주지 아니한다」고 규정하여 집행부정지원칙을 채택하고 있다.

집행부정지원칙을 채택한 근거에 관하여는, 처분에는 공정력이 있고 따라서 실체법적인 적법성의 추정을 받으므로 취소판결이 있기까지는 처분의 효력이 정지되지 않는 것은 당연한 것으로 볼 수도 있을 것이다. 그러나 집행부정지의 원칙은 행정행위의 공정력의 필연적 귀결은 아니고 입법정책적 고려의 결과에 지나지 않는다고 할 수 있다. 따라서 우리나라와 같이 집행부정지원칙을 채택할 수 있고 독일처럼 집행정지원칙을 취할 수도 있으나, 현행 행정소송법은 행정목적의 원활한 실현을 도모하고 남소를 방지하려는 정책적 배려에서 집행부정지원칙을 채택한 것이다.

(나) 집행정지

① 개념 : 행정소송법 제23조 제2항은, 「취소소송이 제기된 경우에 처분 등이나 그 집행 또는 절차의 속행으로 인하여 생길 회복하기 어려운 손해를 예방하기 위하여 긴급할 필요가 있다고 인정할 때에는 본안이 계속되고 있는 법원은 당사자의 신청 또는 직권에 의하여 처분 등의 효력이나 그 집행 또는 절차의 속행의 전부 또는 일부의 정지(이하 "집행정지"라 한다)를 결정할 수 있다. 다만, 처분의 효력정지는 처분 등의 집행 또는 절차의 속행을 정지함으로써 목적을 달성할 수 있는 경우에는 허용되지 아니한다」고 규정하여 집행부정지원칙에 대한 예외로서 '집행정지제도'를 인정하고 있다. 이러한 집행정지는 본안소송이 무효등확인소송인 경우에도 준용된다(법 제38조 제1항).

행정소송법이 집행부정지원칙을 택하면서 집행정지의 길을 열어 둔 것은 원활한 행정운영의 확보와 개인의 권리보호의 확보라는 요청을 조화시키기 위한 것이다.[176] 그러나 집행정지제도는 확정판결이 있을 때까지 원고의 권리를 보전하여 권리회복불능의 사태가 발생하는 것을 방지하려는 데에 그 주된 취지가 있다.

② 집행정지결정의 요건 : 행정소송법 제23조에 의하여 집행정지의 결정을 하기 위해서는 다음과 같은 요건을 구비하여야 한다.

i) 처분 등이 존재할 것 : 집행정지대상인 처분 등이 존재하여야 한다. 집행정지의 대상은 처분 등의 효력이나 그 집행 또는 절차의 속행이다(법 제23조 제1항). 따라서 집행정지는 처분

---

176) 대결 1992.6.8, 92두14.

전이나 부작위 또는 처분의 소멸 후에는 그 대상이 없으므로 허용되지 않는다. 그러므로 집행정지신청은 본안소송이 취소소송이나 무효등확인소송인 경우에만 허용되고, 부작위위법확인소송의 경우에는 인정되지 않는다. 또한 취소소송이라 하더라도 상대방의 신청에 대한 거부처분의 취소소송은 집행정지결정이 있어도 회복되는 원상이 없기 때문에 집행정지결정의 실익은 인정되지 않는다.[177)]

ii) 본안소송이 계속 중일 것: 행정처분의 집행정지결정을 하려면 이에 대한 본안소송이 법원에 제기되어 계속 중일 것을 요건으로 한다.[178)] 행정소송법 제23조 제2항이 '취소소송이 제기된 경우에' '본안이 계속되고 있는 법원'이라고 규정하고 있는 것도 이를 표현하고 있는 것이다. 이러한 점에서 본안소송의 제기 전에 신청이 가능한 민사소송의 가처분과는 차이가 있다. 그러나 본안소송의 제기와 동시에 신청하는 것은 가능하다고 새겨진다. 다만, 본안소송은 적법한 것이어야 한다.[179)] 그러므로 기간을 도과하였거나 피고를 잘못 정한 소송 등은 집행정지의 신청을 위법한 것으로 되게 한다.

iii) 회복하기 어려운 손해를 예방하기 위한 것일 것: 처분 등이나 그 집행 또는 절차의 속행으로 인하여 회복하기 어려운 손해가 발생할 우려가 있어야 한다. 여기에서 '회복하기 어려운 손해'란 특별한 사정이 없는 한 사회통념상 금전보상이나 원상회복이 불가능하다고 인정되는 손해를 의미하는데, 이는 금전보상이 불능인 경우뿐만 아니라 금전보상으로는 사회관념상 행정처분을 받은 당사자가 참고 견딜 수 없거나 또는 참고 견디기가 현저히 곤란한 경우의 유형·무형의 손해를 말한다.[180)] 그리고 기업의 경우에는 사업 자체를 계속할 수 없거나 중대한 경영상의 위기를 맞게 될 것으로 보이는 등의 사정이 존재하여야 한다.[181)]

iv) 긴급한 필요가 있을 것: 집행정지는 손해발생의 가능성이 절박하여 본안판결을 기다릴 만한 시간적 여유가 없는 경우에만 허용된다. 여기에서 '긴급한 필요'라 함은 집행정지의 필요성이 절박하다는 것, 다시 말하면 회복하기 어려운 손해가 발생할 가능성이 시간적으로 긴박하여 손해를 피하기 위하여 본안판결을 기다릴 여유가 없는 것을 말한다.[182)] 한편, '회복하기 어려운 손해의 예방'과 '긴급한 필요'는 각각 별개로서 판단할 것이 아니라 합일적으로 해석하여 앞의 요건이 충족되면 뒤의 요건도 구비된 것으로 해석할 필요가 있다.

위에서 살펴본 적극적 요건의 존재는 집행정지결정의 신청자가 소명하여야 한다(법 제23조 제4항).

---

177) 대결 1992.2.13, 91두47; 대결 1995.6.21, 95두26.

178) 대판 1980.4.30, 79두10.

179) 대판 1995.2.28, 94두36; 대결 2003.3.14, 2002무56; 대결 2010.11.26, 2010무137.

180) 대판 1987.6.23, 86누18; 대결 1991.3.2, 91두1; 대판 1992.4.29, 92두7; 대결 1992.8.7, 92두 30; 대결 2010.5.14, 2020무48.

181) 대결 2001.10.10, 2001무29; 대결 2003.4.25, 2003무2.

182) 대결 2010.5.14, 2010무48.

ⅴ) 공공복리에 중대한 영향을 미칠 우려가 없을 것 : 집행정지는 공공복리에 중대한 영향을 미칠 우려가 있는 경우에는 허용되지 아니한다(법 제23조 제3항). 여기에서 '공공복리에 대한 중대한 영향'이란 단순히 공익목적의 실현에 지장이 있다는 정도가 아니라 개인에게 회복할 수 없는 손해가 발생하더라도 그것이 부득이한 것으로 인정될 수 있는 정도의 것이어야 한다.[183] 그리고 여기서 '공공복리에 중대한 영향을 미칠 우려'라 함은 일반적 · 추상적인 공익에 대한 침해의 가능성이 아니라 당해 처분의 집행과 관련된 구체적 · 개별적 공익에 대한 중대한 해를 입힐 개연성을 말하는 것으로서, 이러한 집행정지의 소극적 요건에 대한 주장 · 소명책임은 행정청에 있다.[184] 여기에서의 '공공복리'는 그 처분의 집행과 관련된 구체적이고도 개별적인 공익을 말한다.[185] 이러한 요건의 충족 여부는 집행정지가 공공에 미치는 영향과 처분의 집행이 신청인에게 가하는 손해를 비교형량하여 결정하여야 할 것이다.

ⅵ) 본안청구의 이유 유무의 문제 : 본안청구의 이유의 유무에 대하여는 행정소송법이 명시적으로 규정하고 있지 아니하므로 이것이 집행정지의 요건(적극적 요건 · 소극적 요건)이 될 수 있는가의 문제가 제기된다. 이러한 문제에 관하여는 학설이 나누어져 있으나, [186]판례는 본안에 관한 이유의 유무는 집행정지의 결정단계에서 판단될 것은 아니라고 하면서도 본안소송에서 처분의 취소가능성이 없음에도 불구하고 처분의 효력정지를 인정한다는 것은 제도의 취지에 반하므로 효력정지사건 자체에 의하여도 신청인의 본안청구가 이유 없음이 명백하지 않아야 한다는 것도 집행정지의 요건에 포함시켜야 할 것이라고 판시하고 있다.[187]

③ 집행정지의 절차 : 집행정지는 본안이 계속되어 있는 법원이 당사자의 신청 또는 직권에 의하여 결정으로써 한다(법 제23조 제2항).

ⅰ) 당사자의 신청 또는 직권 : 집행정지는 당사자의 신청 또는 법원의 직권에 의하여 행하여진다. 신청은 신청인적격을 가진 자가 하여야 하며, 본안소송을 보전하기에 적합한 상대방을 상대로 신청하지 않으면 아니 된다.

ⅱ) 관할법원 : 집행정지의 관할법원은 본안이 계속된 법원이다. 제1심뿐만 아니라 상소심도 이에 포함된다.

ⅲ) 심리절차 : 신청인은 그 신청의 이유에 대하여 소명하여야 한다(법 제23조 제4항). 이 경우 집행정지의 적극적 요건의 존재는 신청인이 소명하여야 하고, 집행정지로 인한 '공공복리에 중대한 영향을 미칠 우려의 존재 및 본안청구의 이유 없음'과 같은 소극적 요건은 그 성질상 피신청인인 행정청이 이를 소명하여야 할 것이다. 집행정지에 관한 결정은 변론을 거치지 아니하고

183) 대결 2010.5.14, 2010무48.

184) 대결 2004.5.17, 2004무6

185) 대결 1999.12.20, 99무42.

186) 김동희, 전게서, 748-749면.

187) 대결 1994.10.11, 94두23; 대결 1995.2.28, 94두36; 대결 1997.4.28, 96두75; 대결 1999.11.26, 99부3.

할 수 있으나 당사자를 심문할 수 있다(민소법 제134조 참조).

④ 집행정지의 결정 : 집행정지의 대상과 집행정지결정의 내용을 나누어 검토하기로 한다.[188)]

i) 집행정지의 대상 : 집행정지의 대상은 '처분 등의 효력', '처분 등의 집행' 또는 '절차의 속행' 등이다(법 제23조 제1항 참조). 한편, 모든 행정처분이 집행정지의 대상이 되는 것은 아니다. 주로 침익적 처분이 그의 대상이 되나, 복효적 행정행위의 경우에도 그 가능성을 부인할 수 없다. 특히 다음의 행정작용이 문제된다.[189)]

첫째로, 거부처분이 그의 대상이 되는가 하는 것이다. 이에 대하여는 부인하는 것이 일반적인 태도이다. 그러나 사안에 따라서는 거부처분의 집행정지가 인정되어야만 하는 경우가 있을 수 있다. 예컨대, 외국인의 체류기간 갱신허가의 거부처분의 경우 그 대상으로 인정하지 않으면 불법체류자로서 문책되므로 그에 해당될 수 있을 것이다. 생각건대, 거부처분의 집행정지에 의하여 거부처분이 행하여지지 아니한 상태로 복귀함에 따라 신청인에게 어떠한 법적 이익이 있다고 인정되는 경우에는 예외적으로 집행정지신청을 인정하여야 할 것이다.

둘째로, 행정행위의 부관 내지 가분적 처분이 집행정지의 대상이 되는가는 문제된다. 부담과 같은 부관은 그 자체가 독립한 행정행위로서의 성질을 갖는다는 이유로 일반적으로 긍정한다.

셋째로, 복효적 행정행위를 통하여 법률상 이익을 침해받는다고 생각하는 자가 행정소송법에 명문화되어 있는 집행정지제도를 통하여 가구제를 받을 수 있는가 하는 것이 문제된다. 이와 관련하여 집행정지와 연관된 처분 등을 반드시 침익적(부담적) 행정행위로 한정시킬 이유가 없고, 또한 집행정지결정에 제3자효를 인정하고 있는 것은(법 제29조 제2항) 일단 제3자효 행정행위에 대한 가구제를 염두에 둔 것으로 볼 수 있으므로 요건이 충족되는 한 제3자의 법률상 이익을 침해하는 수익적 행정행위의 집행정지를 생각해 볼 수 있다.

ii) 집행정지결정의 내용 : 집행정지는 처분 전의 상태를 유지시키는 소극적인 것으로서, 이를 변경시키는 적극적인 조치를 그 내용으로 하지 않는다. 따라서 집행정지결정은 본안소송이 종결될 때까지 처분 등의 효력이나 그 집행 또는 절차의 속행의 전부 또는 일부를 정지함을 그 내용으로 한다. 다만, '처분의 효력 정지'는 처분 등의 집행 또는 절차의 속행을 정지함으로써 목적을 달성할 수 있는 경우에는 허용되지 아니한다(법 제23조 제2항 참조). 그러나 처분의 효력이 정지된 경우에는 처분의 내용에 따르는 구속력 · 집행력 등을 잠정적으로 정지시킴으로써 장래에 향하여 처분 자체가 존재하지 않는 상태로 된다.

⑤ 집행정지결정의 효력 : 집행정지결정은 그 내용에 따라 처분의 효력, 처분의 집행 또는 절차의 속행의 전부 또는 일부를 정지시키는 효력을 발생한다.

i) 형성력 : 처분 등의 효력정지는 행정처분이 없었던 것과 같은 상태를 실현하는 것이므로

188) 김남진 · 김연태, 전게서, 786-787면.

189) 대판 1961.11.23, 4294行上3.

그 범위 안에서는 형성력을 발생한다. 따라서 집행정지결정에 위배되는 처분이나 재결은 무효로 된다. 그리고 집행정지의 효력은 특별한 경우를 제외하고는 장래에 향하여서만 발생한다. 그러므로 집행정지결정은 그 때까지 형성된 법률관계에 대하여는 영향을 미치지 않는다.

ii) 대인적 효력: 집행정지결정은 당사자인 신청인 및 피신청인 외에도 관계행정청에 대하여도 그 효력이 미친다. 당사자인 행정청과 그 밖의 관계행정청에 대한 기속력은 법에 명문의 규정을 두고 있다(법 제30조 제1항).

iii) 제3자에 대한 효력: 행정소송법은 집행정지결정 및 집행정지의 취소결정의 효력이 제3자에 대하여도 효력이 있음을 명문으로 규정하고 있다(법 제29조).

vi) 시간적 효력: 집행정지결정의 효력은 당해 결정의 주문에 정하여진 시기까지 존속한다. 그러나 그 주문에서 특별히 정하지 아니한 경우에는 본안소송에 관한 판결이 확정될 때까지 존속하는 것으로 보아야 할 것이다. 한편, 집행정지결정은 원칙적으로 장래에 향하여 효력을 발생하지만, 소급하는 경우도 있을 수 있다.[190)]

⑥ 집행정지결정의 취소: 집행정지의 결정이 확정된 후 집행정지가 공공복리에 중대한 영향을 미치거나 그 정지사유가 없어진 때에는 당해 집행정지결정을 한 법원은 당사자의 신청 또는 직권에 의하여 결정으로써 집행정지의 결정을 취소할 수 있다(법 제24조 제1항). 당사자가 집행정지결정의 취소를 신청함에 있어서는 그 이유에 대한 소명이 있어야 한다(동조 제2항). 한편, 집행정지결정의 취소의 신청은 행정청이 할 것이다. 그러나 복효적 행정행위에 있어서 수익처분의 직접 상대방인 수익자의 경우는 동 규정을 유추적용하여 취소신청을 할 수 있다고 본다. 그리고 집행정지결정이 취소되면 발생된 집행정지결정의 효력은 소멸되고, 그 때부터 집행정지결정이 없었던 상태로 환원된다.[191)]

⑦ 집행정지 등 결정에 대한 불복방법: 법원의 집행정지의 결정이나 집행정지신청기각의 결정 또는 집행정지결정의 취소결정에 대하여 당사자는 즉시항고할 수 있다. 다만, 즉시항고는 그 즉시항고의 대상인 결정의 집행을 정지하지 아니한다(법 제23조 제5항, 제24조 제2항 참조).

(3) 가처분제도

(가) 개 념

가처분이라고 함은 금전 이외의 특정한 급부를 목적으로 하는 청구권의 집행보전을 도모하거나 쟁의 있는 권리관계에 관하여 임시의 지위를 정함을 목적으로 하는 가구제제도로서의 보전처분을 말한다(민사집행법 제300조). 그런데 행정소송법에는 가구제제도로서 이러한 가처분에 관한 명시적 규정이 없고 위에서 검토한 바와 같은 집행정지에 관한 규정만 있다.

---

190) 처분의 효력의 정지의 경우가 이에 해당한다.

191) 김남진 · 김연태, 전게서, 789면.

따라서 민사집행법상의 가처분에 있어서는 광범위한 권리에 대하여 잠정적 보호가 가능한 데 대하여, 집행정지는 침익적 행정처분에 대한 보전처분으로서의 기능만을 수행하는 것이기 때문에 집행정지제도는 그 내용상 가구제제도로서는 일정한 한계가 있다. 말하자면 집행정지는 침익적 행정처분이 행해진 것을 전제로 그 효력을 정지시키는 소극적 형성력이 있을 뿐이므로, 적극적으로 수익적 처분을 행정청에 명하거나 명령한 것과 동일한 상태를 형성하는 기능이 없고 또한 처분이 행하여지기 전에는 그 처분을 정지시키는 적극적 기능을 수행할 수 없으므로 가처분의 문제가 논의될 수밖에 없다.

(나) 민사집행법상의 가처분규정의 준용 여부의 문제

우리나라 행정소송법은 가처분에 관하여 준용을 명문으로 배제하고 있는 일본의 행정사건소송법(동법 제44조)이나 가명령제도를 명시하고 있는 독일의 연방행정법원법(동법 제123조 제1항)과는 달리 명문의 규정을 두지 않고 있다. 다만, 행정소송법 제8조 제2항은 「행정소송에 관하여 이 법에 특별한 규정이 없는 사항에 대하여는 법원조직법과 민사소송법 및 민사집행법의 규정을 준용한다」고 규정하고 있을 뿐이다. 따라서 민사집행법이 규정하고 있는 가처분이 행정소송에 있어서 적용되는지의 여부에 대하여는 다음과 같이 견해가 대립되고 있다.

① 소극설(부정설) : 이 견해는 그 주된 논거를 권력분립원칙에서 오는 사법권의 한계와 처분 등의 집행정지에 관하여 규정하고 있는 행정소송법 제8조 제2항에서 찾고 있다. 먼저 권력분립원칙과 관련하여, 법원은 구체적인 사건에 대하여 법적용의 보장적 기능을 가지므로 행정처분의 적법 · 위법의 여부를 판단할 수는 있으나, 그 판단을 하기 전에 행정처분에 대한 가처분을 하는 것은 사법권의 범위를 벗어난 것이라고 한다. 또한 처분의 집행정지에 관하여 규정한 행정소송법 제23조 제2항은 민사집행법이 규정한 가처분에 대한 '특별규정'으로 해석되기 때문에 민사집행법의 가처분규정은 준용될 수 없다고 한다.[192] 판례는 이러한 부정설을 취하고 있다.[193]

② 적극석(긍정설) : 이 견해는 가처분 등의 가구제는 본안판결의 실효성을 확보하기 위한 것이므로 가구제조치를 취하여 개인의 권익구제를 도모하는 것은 당연히 사법권의 작용의 범주에 속하는 것으로 본다. 같은 취지에서 헌법 제27조 제1항이 보장하는 국민의 재판을 받을 권리는 형식적인 소권의 보장에 그치는 것이 아니라 권력분립이론을 실질적으로 이해하여 사법권의 수행으로써 국민의 권익구제기능을 실효적으로 보장하기 위하여 행정소송에 있어서의 민사집행법상 가처분의 타당성을 부정할 까닭이 없다고 한다. 또한 행정소송법은 가처분에 관한 아무런 규정도 두고 있지 않으므로 동법 제8조 제2항에 의하여 민사집행법상의 가처분규정을 준용할 수 있다고 본다.[194]

---

192) 박균성, 전게서, 822면; 박윤흔 · 정형근, 전게서, 831면; 서원우, 전게서, 842면.

193) 대결 1961.11.20, 4292行上2; 대판 1973.3.13, 72다2621; 대결 1980.12.22, 80두5; 대판 1992.7.6, 92마54.

194) 이상규, 전게서, 860-861면; 한견우, 전게서, 947-948면.

③ 절충설(제한적 긍정설) : 이 견해는 행정소송법이 처분 등의 집행정지제도를 두고 있는 관계로 처분 등의 집행정지제도가 미치지 않는 범위 안에서만 가처분제도가 인정된다고 보는 주장이다. 이러한 입장에서는 행정소송에서도 민사집행법의 가처분제도를 긍정하면서도 그 적용의 범위 등에 일정한 제한을 두려고 한다. 여기에서 '적용범위의 일정한 제한'이란 행정처분의 집행정지제도를 인정하고 있는 취지에 비추어 보아 집행정지제도로써 소기의 목적을 달성할 수 있는 경우는 민사집행법상의 가처분에 관한 규정이 적용될 여지가 없다고 보는 견해가 다수설이다.[195]

④ 결어 : 행정소송법이 보전처분으로서 집행정지제도를 인정하고 있기 때문에 그 제도를 통하여 목적을 달성할 수 있는 한 민사집행법상의 보전조치에 관한 규정이 적용될 여지는 없다고 보는 것이 타당하다. 그러나 이러한 보전처분으로써는 목적을 달성할 수 없는 경우에는 가처분제도를 활용하여 행정처분에 따르는 불이익을 잠정적이나마 배제할 필요가 있다고 본다. 이렇게 해석하는 것이 헌법상 재판청구권의 보장 및 권리구제의 취지에도 부합하게 된다고 할 수 있다.[196]

입법론적으로는 긍정설의 입장을 명문화하는 것이 타당하다. 행정소송이나 이에 따르는 가구제가 우리 헌법상 사법권에 속하는 것은 당연하며 의무이행소송과 예방적 금지소송을 인정하는 경우 권리구제의 실효성을 확보하기 위하여 가처분을 인정하여야 한다. 따라서 행정소송법 개정안도 의무이행소송과 예방적 금지소송을 허용하고 가처분을 규정하고 있다.

5. 취소소송의 심리

1) 심리의 의의

소송의 심리라 함은 법원이 소에 대한 판결을 하기 위하여 그 판단의 기초가 되는 소송자료[197]를 수집하는 절차를 말하는데, 이는 소송절차에 있어서의 핵심적 위치를 차지하고 있다. 소송심리는 소송의 당사자가 사건에 관한 사실을 주장하고 증거를 제출하는 과정인 변론과 법원이 당사자가 주장한 사실과 제출한 증거를 조사 · 검토하여 주장사실의 진부를 판정하는 과정으로서의 두 부분으로 구성된다.

취소소송의 심리는 행정소송법에 특별한 규정이 없는 한 민사소송법이 정한 변론 및 증거조사 등에 관한 여러 원칙에 따른다. 따라서 행정소송에도 당사자주의가 기본적인 소송원칙으로 적용되는데, 행정소송은 공익과 관련이 있으므로 행정소송의 공익성에 비추어 직권주의가 민사소송에 비하여 보다 많이 적용되고 있다. 즉 행정소송법은 제26조에서 직권심리주의를 보충적인 소송원칙으로 인정하고 있다.

---

195) 김도창, 전게서, 794면; 김동희, 전게서, 751-753면; 김성수, 전게서, 830면; 김철용, 전게서, 634면; 류지태, 전게서, 575면; 석종현, 전게서, 875면; 홍정선, 전게서, 724면.

196) 김남진 · 김연태, 전게서, 791면.

197) 소송자료는 주로 사실과 증거이다.

2) 심리의 내용

심리는 그 내용에 따라 요건심리와 본안심리로 나눌 수 있다.

(1) 요건심리

요건심리란 제기된 소가 적법하다는 취급을 받기 위하여 구비하지 않으면 아니되는 사항, 즉 소송요건을 갖추었는지의 여부를 심리하는 것이다. 요건심리의 결과 소송요건을 갖추지 못하고 보정이 불가능한 경우에는 그 소는 부적법한 소가 되어 각하판결을 받게 된다. 그런데 요건구비의 여부는 피고의 항변을 기다릴 필요도 없는 법원의 직권조사사항이다. 따라서 법원은 당사자의 주장이 없다 하더라도 직권으로 이를 조사하여야 하고, 또한 당사자가 이의를 하지 아니한다고 할지라도 그대로 본안판결을 하지 못한다.

소송요건의 존부는 변론종결시를 기준으로 한다. 따라서 소제기 당시 소송요건이 존재하지 않아도 변론종결시까지 이를 구비하면 된다. 그리고 제소시 소송요건을 충족하여도 변론종결시에는 소송요건을 결여하면 각하판결을 하여야 한다. 그러므로 소송요건은 반드시 본안심리를 하기 전에 조사를 종료해야 하는 것은 아니고, 1심이든지 상소심이든지 본안심리 중에 그 흠결이 나타나면 법원은 그 소를 각하하여야 한다. 또한 사실심에서 변론종결시까지 당사자가 주장하지 않던 직권조사사항에 해당하는 사항을 상고심에서 비로소 주장하는 경우, 그 직권조사사항에 해당하는 사항은 상고심의 심판범위에 해당한다.[198] 이러한 소송요건은 사실심변론종결시는 물론이고 상고심에서도 존속하여야 한다.[199]

(2) 본안심리

본안심리란 요건심리의 결과 당해 소송이 소송요건을 갖추어 적법한 것으로 인정되는 경우 사건의 본안, 즉 청구의 이유유무(취소소송에서의 처분의 위법성 여부)에 대하여 실체적 심사를 하는 것을 말한다. 이러한 본안심리의 결과 법원은 원고의 청구가 이유 있다고 판단되면 청구인용판결을, 청구가 이유 없다고 인정되면 청구기각판결을 한다.

3) 심리의 범위

(1) 불고불리의 원칙

취소소송의 경우에도 민사소송과 마찬가지로 불고불리(不告不理)의 원칙이 적용된다. 따라서 법원은 소송의 제기가 없으면 재판할 수 없으며, 소송의 제기가 있는 사건에 대하여도 당사자의 청구범위를 넘어서 심리 · 재판할 수 없음이 원칙이다.

---

198) 대판 2004.12.24, 2003두15195.

199) 대판 2007.4.12, 2004두7924.

그러나 행정소송법은 보충적으로 직권탐지주의를 가미함으로써 이 원칙에 대한 예외를 인정하고 있다 즉, 「법원은 필요하다고 인정할 때에는 …… 당사자가 주장하지 아니한 사실에 대하여도 판단할 수 있다」(법 제26조)고 규정하여 불고불리의 원칙에 대한 예외를 인정하고 있다. 다만, 이와 같은 규정은 법원이 청구범위를 초월하여 그 이상의 청구를 인용할 수 있다는 뜻이 아니라, 원고의 청구범위를 유지하면서 그 범위 안에서 공익상 필요에 따라 청구 이외의 사실에 대하여도 판단할 수 있는 것으로 해석하고 있다.[200)]

(2) 법률문제 · 사실문제

법원은 취소소송의 심리에 있어서 당해 소송의 대상이 된 처분의 실체적 · 절차적 측면의 모든 법률문제 · 사실문제에 대한 심리 · 판단권을 가진다. 다만, 행정문제의 전문성 · 기술성을 이유로 법원의 심리범위를 법률문제에 한정시키고 사실문제에 대하여는 일정한 한도에서 제약하려는 법리가 있다. 이는 본래 미국에서 판례법으로 발전되어 현재는 행정절차법(APA 제766조 제2항 E호)에 성문화된 '실질적 증거의 법칙'(substantial evidence rule)이 그에 해당한다.[201)]

(3) 재량행위의 심리

재량행위라 하더라도 재량권의 일탈 · 남용의 경우에는 위법한 처분이므로 이에 대하여 제소되면 다른 행정행위와 마찬가지로 본안심리를 거쳐 재량권의 일탈 · 남용이 있었는지의 여부를 판단하여야 한다. 법원은 심리의 결과 재량권의 일탈 · 남용이 있었다고 판단되는 때에는 당해 처분을 취소하여야 할 것이나(법 제27조), 단순히 부당한 처분에 그치는 것으로 판단될 때에는 청구를 기각하여야 한다.

4) 심리의 절차

(1) 심리에 관한 일반원칙

취소소송의 심리절차에 관하여 행정소송법에 특별한 규정이 없는 사항에 대하여는 법원조직법과 민사소송법 및 민사집행법의 규정을 준용한다(법 제8조 제2항). 따라서 민사소송사건의 심리와 마찬가지로 심리에 관한 일반원칙으로서 공개심리주의(헌법 제109조, 법원조직법 제57조), 쌍방심리주의, 구술심리주의, 변론주의(민소법 제134조) 등이 행정소송의 심리에도 적용된다.

그러나 행정소송의 심리에 있어서는 공익과 관련된 행정사건의 공정성 · 타당성을 보장하기 위하여 취소소송의 심리에만 적용되는 특수한 절차로서 처분권주의, 직권심리주의(법 제26조), 법원의 행정심판기록제출명령(법 제25조) 등이 있다.

---

200) 대판 1956.3.30, 4288行上18; 대판 1982.7.27, 81누394; 대판 1985.2.13, 84누467; 대판 1992.3.10, 91누6030.

201) 여기의 '실질적 증거의 법칙'이란 법원은 원칙적으로 법률문제만을 심리하며, 사실문제에 관하여는 행정청의 사실인정이 실질적 증거에 의하여 뒷받침되고 있는지의 여부에 대한 심사에 한정하는 것을 말한다.

(2) 처분권주의

처분권주의란 소송의 개시, 소송물의 특정(심판대상의 결정) 및 소송의 종료 등을 당사자(특히 원고)의 의사에 의하여 자유로이 결정할 수 있는 원칙을 말한다. 이러한 처분권주의는 이른바 '사적 자치원칙의 소송법적 반영'이라고도 할 수 있는데, 행정소송에서도 처분권주의가 지배한다고 할 수 있다. 따라서 취소소송의 개시, 소송물의 특정에 대하여는 당사자가 처분권을 가지나, 소송의 종료에 있어서는 약간의 제약이 있다. 즉 소송의 종료에 있어서는 민사소송에 있어서와는 달리 판결에 의한 경우를 제외하고 청구의 인낙(認諾)이나 화해가 허용되지 아니한다는 것이 종래의 지배적 견해이다.[202]

처분권주의를 변론주의와 혼동할 우려도 있으나, 엄격히 말하면 처분권주의는 소송물에 대한 처분의 자유를 뜻하는 데 대하여, 변론주의는 소송자료의 수집책임을 당사자에게 부과시키는 것을 의미하므로 양자는 별개의 개념으로 보아야 할 것이다.[203]

(3) 직권심리주의

(가) 변론주의에 대한 예외

취소소송의 심리에 있어서는 행정소송법이 민사소송법을 준용하고 있기에(법 제8조 제2항), 변론주의가 원칙적으로 적용된다고 말할 수 있다. 여기의 변론주의란 재판의 기초가 되는 사실과 증거 등 자료의 수집·제출을 당사자의 책임으로 하는 소송원칙을 말한다. 그러면서도 행정소송법은 「법원은 필요하다고 인정할 때에는 직권으로 증거조사를 할 수 있고, 당사자가 주장하지 아니한 사실에 대하여도 판단할 수 있다」(법 제26조)고 규정하여 변론주의에 대한 예외를 인정하고 있다.

행정소송은 재판에 의한 분쟁의 해결을 통한 국민의 권익보호와 행정의 적법성보장을 목적으로 하고, 그 결과는 공익과 밀접한 관련을 갖게 된다. 따라서 행정소송에 있어서는 적정한 재판을 확보하여야 할 필요성이 더욱 중요시되므로 행정소송법 제26조는 취소소송의 심리에 있어서 변론주의에 대한 예외로서 법원의 직권에 의한 증거조사 및 직권탐지를 보충적으로 인정하고 있다.

(나) 행정소송법 제26조의 성질

행정소송법 제26조는 직권심리주의를 규정하고 있는데, 이 규정의 해석에 있어서는 그 성질상 변론주의보충설과 직권탐지주의설의 견해가 대립하고 있다.[204]

① 변론주의보충설 : 이 견해에 의하면, 본조는 변론주의를 원칙으로 하면서도 이를 보충하여 법원이 당사자가 제출한 사실과 증거에 관하여 충분한 심증을 형성할 수 없고 적정한 재판을 확

202) 김철용, 전게서, 664-665면;이상규, 전게서. 894면.

203) 김남진·김연태, 전게서, 793면.

204) 김동희, 전게서, 757-758면.

보하기 위하여 필요한 경우에, 당사자가 주장한 사실에 관하여 직권으로 증거조사를 할 수 있음을 규정한 것에 불과하다고 본다.[205)]

② 직권탐지주의설 : 이 견해는 특히 본조 후단의 규정과 관련하여, 법원은 당사자가 제출한 사실에 관한 보충적 증거조사를 할 수 있는 데 그치지 않고 '당사자가 주장하지 아니한 사실에 대하여도' 직권으로 이를 탐지하여 재판의 자료로 할 수 있다고 본다.[206)]

③ 판례 : 대법원은 동조는 변론주의에 대한 예외로서 직권조사를 규정하고 있는 것으로 보고 있다. 즉 판례는 이에 대하여 "행정소송법 제26조가 법원은 필요하다고 인정할 때에는 직권으로 증거조사를 할 수 있고, 당사자가 주장하지 아니한 사실에 대하여도 판단할 수 있다고 규정하고 있지만, 이는 행정소송의 특수성에 연유하는 당사자주의, 변론주의에 대한 일부 예외규정일 뿐 법원이 아무런 제한 없이 당사자가 주장하지 아니한 사실을 판단할 수 있는 것은 아니고, 일건 기록에 현출되어 있는 사항에 관하여서만 직권으로 증거조사를 하고 이를 기초로 하여 판단할 따름이고, 그것도 법원이 필요하다고 인정할 때에 한하여 청구의 범위 내에서 증거조사를 하고 판단할 수 있을 뿐이다"라고 판시하고 있다.[207)]

④ 결어 : 행정소송이 수행하는 기능으로서의 행정의 적법성보장과 당사자의 권리보호를 위하여 불명확한 사실관계가 있는 경우에는 보충적인 차원에서 직권에 의한 사실조사나 증거조사의 필요성이 인정되며, 이를 위하여 직권심리주의가 적용되는 것이다. 따라서 행정소송법 제26조의 성질은 변론주의를 보충하는 의미로서 이해되어야 할 것이다.[208)] 그러나 행정소송은 국민의 권익구제뿐만 아니라 행정의 적법성보장이라는 기능도 함께 갖고 있으므로 앞으로 행정소송법 제26조 후단의 규정을 보다 더 적극적으로 해석하여 활용할 필요는 있다고 생각한다.

(4) 행정심판기록제출명령

취소소송에 있어서 원고의 주장과 입증을 용이하게 하기 위해서는 행정청에 대한 자료의 열람 및 복사청구권이 인정되어야 할 것이다. 그러나 행정소송법은 다만 행정심판기록제출명령제도를 채택하는 데 그치고 있을 뿐이다. 즉 「법원은 당사자의 신청이 있는 때에는 결정으로써 재결을 행한 행정청에 대하여 행정심판에 관한 기록의 제출을 명할 수 있다. 이러한 제출명령을 받은 행정청은 지체 없이 당해 행정심판에 관한 기록을 법원에 제출하여야 한다」(법 제25조)는 조항을

205) 김남진 · 김연태, 전게서, 794면; 김성수, 전게서, 833-834면; 김철용, 전게서, 658면; 박윤흔 · 정형근, 전게서, 845면; 이상규, 전게서, 867면.

206) 박균성, 전게서, 827면; 석종현, 전게서, 887-888면; 홍정선, 전게서, 726-727면.

207) 대판 1979.12.26, 78누268; 대판 1985.2.1, 84누467; 대판 1987.1.20, 86누294; 대판 1988.4.27, 87누1182; 대판 1991.11.8, 91누2854; 대판 1992.3.10, 91누6030; 대판 1994.10.11, 94누4820; 대판 1995.2.14, 94누5069; 대판 1997.10.28, 96누14425; 대판 1999.5.25, 99두1052; 대판 2000.3.23, 98두2768; 대판 2006.9.22, 2006두7430; 대판 2010.2.11, 2009두18035.

208) 류지태, 전게서, 578-579면.

신설하여 행정소송법에서의 원고의 지위보장과 소송경제를 도모하고 있다. 여기에서의 '행정심판기록'이란 행정심판위원회에서의 심리를 위하여 제출된 모든 증거 기타의 자료를 포괄하는 것으로 새겨진다. 그러나 이와 같은 제도의 도입에 그칠 것이 아니라 더 나아가 증명방법을 확보할 수 있도록 행정청에 대한 '자료열람 및 복사청구권'을 인정하는 것이 요망된다.[209)]

5) 주장책임 · 입증책임

(1) 주장책임

(가) 의 의

주장책임이라 함은 소송의 당사자가 자기에게 유리한 주요사실을 변론에서 주장하지 않으면 마치 그 사실이 없는 것으로 취급되어 패소의 위험 또는 불이익을 받게 되는 바, 이러한 위험 또는 불이익을 면하기 위하여 당사자의 일방이 당해 사실을 주장하여야 하는 책임을 주장책임이라 한다.

주장책임은 변론주의를 원칙으로 하는 소송심리에 있어서 주요사실은 당사자가 주장하지 않으면 판결의 기초로 삼을 수 없다는 점으로 나타나며, 소송상 쟁점의 형성을 당사자에게 맡기는 데에서 연유한 문제이다. 주요사실의 존부에 관한 입증이 문제되기 이전에 먼저 주요사실의 주장이 있어야 한다는 점에서 주장책임은 입증책임과는 별개의 문제로서 독자적 의미를 갖는다.

(나) 주장책임의 소재

이러한 주장책임에도 어느 주요사실의 주장책임을 어느 쪽 당사자가 지는가라는 분배의 문제가 있다. 그런데 주장책임의 분배문제를 입증책임의 분배와 연계시켜 견해가 나누어져 있기는 하지만, 취소소송에 있어서는 그 특성을 고려하여 주장책임의 분배문제는 입증책임의 분배와는 별도로 결정되어야 할 것으로 본다. 우리나라의 다수설과 판례[210)]는 행정소송법 제26조의 규정은 변론주의에 대한 예외를 인정한 것으로 보는 이상 행정처분의 위법을 들어 그 취소를 구함에 있어서는 직권조사사항을 제외하고는 취소를 구하는 자가 위법한 구체적인 사항을 먼저 주장하여야 한다고 하고 있다.

(2) 입증책임

(가) 의 의

입증책임이라 함은 소송심리의 최종단계에 이르러서도 소송상 증명을 요하는 일정한 사실의 존부가 확정되지 않을 경우 당해 사실이 존재하지 않는 것으로 취급되어 불리한 법적 판단을 받

---

209) 김남진 · 김연태, 전게서, 795면.

210) 대판 1981.6.23, 80누518; 대판 1995.7.28, 94누12807; 대판 2000.5.30, 98두20162.

게 되는 당사자가 일방의 위험 또는 불이익한 부담을 말한다. 이는 '증명책임'이라고도 한다.[211]

입증책임의 문제는 소송의 심리에 있어 변론주의와 직권탐지주의 중 어느 입장을 취하는가와 상관없이 어떤 사실의 존부가 명확하지 아니하여 사실인정을 할 수 없는 경우에 소송상 항상 제기될 수 있다. 비록 행정소송에 있어서는 법원이 당사자의 주장이나 증명에만 의존하지 아니하고 직권으로 증거조사 등을 할 수 있도록 하고 있음에도 불구하고(법 제26조), 어떤 사실의 존부가 분명치 않은 경우는 얼마든지 있을 수 있다. 그러한 경우에는 그 요건사실의 존부가 확정되지 않는 데에서 초래된 위험 또는 불이익을 누가 부담하여야 할 것인가가 결정되지 않으면 안 되는데, 민사소송에서와 마찬가지로 행정소송에 있어서도 입증책임이 문제되는 이유는 바로 이러한 점에 있다.

(나) 입증책임의 분배

취소소송에 있어서 원고와 피고 행정청 중에서 어느 쪽 당사자가 입증책임을 부담하는가 하는 입증책임의 분배문제에 대하여는 행정소송법에 명문의 규정이 없다. 따라서 행정소송에 있어서 입증책임을 어떠한 기준에 의하여 분배할 것인가에 관하여는 다음과 같이 여러 가지 학설이 나누어져 있다.

① 원고책임설 : 이 견해는 행정행위에는 공정력이 있고 적법성의 추정을 받고 있으므로 이를 근거로 하여 그 처분의 취소를 구하는 원고가 반대사실의 입증을 통해 당해 행정행위가 위법함을 증명하여야 한다고 한다. 일명 '적법성추정설'이라고도 한다.

그러나 이에 대하여는 행정행위의 공정력은 절차적 · 잠정적 통용력에 불과하고 실체법적인 적법성의 추정을 의미하는 것은 아니며, 소송법적으로 아무런 영향이 없는 것으로 입증책임의 소재문제와는 무관하다는 비판이 있다. 또한 입증책임을 항상 원고가 부담하도록 하는 것은 소송당사자간의 공평이념에 반하고, 분배원칙 자체를 부인하는 결과가 되어 부당한 학설이다.

② 피고책임설 : 이 견해는 법치행정의 원리에 비추어 볼 때, 행정행위의 적법성이 문제로 되는 경우에는 피고 행정청이 자신의 처분의 적법성을 보장하는 개개의 구체적 사실에 대한 입증책임을 져야 한다고 본다. 그러나 이 설은 법치행정의 원칙으로부터 입증책임의 구체적 기준을 도출하기는 곤란할 뿐만 아니라 법치행정의 원리가 바로 원고의 입증책임을 면책한다고 볼 수 없다는 비판을 받는다. 그리고 사실이 불분명한 경우의 위험을 당사자의 일방에게만 부담시키는 것은 소송의 공평이념에 위배된다는 비판도 가하여질 수 있다.

③ 입증책임분배설(법률요건분류설) : 이 견해는 행정소송에서도 민사소송에 있어서의 입증책임에 관한 원칙이 그대로 적용된다고 한다. 따라서 자신에게 유리한 법률효과를 주장하는 당사자가 그 효과를 발생시키는 요건사실의 존재를 스스로 입증할 책임이 있다고 한다. 이 설에 따르면 원고는 행정행위의 위법성에 관한 요건사실의 입증책임을, 피고인 행정청은 행정행위의 적법성에

211) 김남진 · 김연태, 전게서, 795면.

관하여 각각 그 입증책임을 부담하게 된다. 즉 권리를 주장하는 자는 그에게 유리한 권리근거규정에 해당하는 요건사실을 입증하여야 하고, 권리의 존재를 부정하는 자는 권리장애 · 권리소멸 · 권리저지규정에 해당하는 요건사실을 입증하여야 한다는 입장이다. 종래의 통설 · 판례이다.

④ 행정소송법독자분류설(특수성 인정설) : 이 견해는 행정소송에 있어서의 입증책임분배는 행정소송과 민사소송의 목적과 성질의 차이, 행위규범과 재판규범과의 차이 등을 이유로 독자적으로 정하여야 한다고 한다. 그리하여 행정소송의 특수성을 반영하여 당사자 간의 공평 · 사안의 성질 · 입증의 난이도 등에 의하여 구체적 사안에 따라 입증책임의 분배를 결정하여야 한다는 주장이다. 이에 따르면 당사자의 권리제한이나 의무부과를 하는 행위에 대하여는 피고 행정청이 적법성에 관한 입증책임을 지고, 당사자가 자신의 권리나 이익의 확장을 구하는 소송에서는 원고가 입증책임을 지며, 재량행위의 일탈이나 남용을 이유로 하는 취소소송의 경우는 재량행위의 예외적인 경우이므로 원고가 입증책임을 부담한다고 보게 된다. 그러나 이 설은 그 내용에 비추어 보면 위의 법률요건분류설과 실질적인 점에서는 차이를 가져오지 않으므로 별도로 논의할 실익은 없을 것으로 보인다.

⑤ 판례 : 우리나라 초기의 판례는 행정행위에는 공정력이 있음을 이유로 원고책임설을 취하고 있었다.[212] 그러나 대법원은 이후 행정행위의 공정력과 입증책임은 별개의 문제로 보아,[213] 행정소송에서의 입증책임에 대하여는 원칙적으로 민사소송의 일반원칙에 따라 법률요건분류설에 의하여 당사자간에 분배되어야 한다고 하겠지만 항고소송의 특성도 고려하여야 하는 것으로 판단하고 있다.[214]

⑥ 결어 : 행정소송에 있어서의 입증책임의 문제는 법률요건분류설을 원칙으로 하되, 행정소송의 특성을 고려하여 당사자에게 분배하는 방식이 타당하다고 본다. 현재의 다수설이고 판례의 입장이다.[215]

(다) 구체적 사례

상술한 학설 · 판례의 입장에 따라 취소소송에서의 몇 가지 개별적 사항에 대한 입증책임의 문제를 구체적으로 검토하면 다음과 같다.

① 소송요건 : 소송요건은 행정소송에 있어서도 직권조사사항이지만 그 존부가 불분명한 경우에는 원고의 불이익으로 판단받게 되므로 원고에게 입증책임이 있다.

② 권리행사규정의 요건사실 : 판례는 행정청이 원칙적으로 행정처분의 적법성에 관하여 입증책임을 지는 것으로 판시하고 있다.[216] 이는 행정처분의 근거법률은 통상 권한행사규정('…… 한

212) 대판 1961.3.27, 4291行上45; 대판 1962.11.1, 62누157.
213) 대판 1964.5.26, 63누142; 대판 1966.10.18, 66누134.
214) 대판 1983.9.13, 83누288; 대판 1984.7.24, 84누124; 대판 2003.7.22, 2002두11066.
215) 홍정선, 전게서, 730면.

경우에는 …… 한 처분을 한다'라는 형식의 규정)으로 규정되어 있고 이 경우에 권한행사규정의 요건사실에 대하여는 행정청이 입증책임을 진다는 것을 의미한다. 다만, 경험칙상 요건사실이 추정되는 경우 상대방이 경험칙 적용의 대상이 되지 아니하는 사정을 입증하여야 한다.[217)]

③ 권한행사장애규정의 요건사실 : 과세대상이 된 토지가 비과세 혹은 면제대상이라는 점은 이를 주장하는 납세의무자에게 입증책임이 있는 것이라고 판시하고 있다.[218)] 이러한 권한행사장애규정('…… 한 경우에는 …… 한 처분을 하지 아니한다'라는 형식의 권한불행사규정)으로 규정되어 있는 경우의 요건사실은 원고에게 입증책임이 있다.

④ 재량권의 일탈 · 남용 : 재량처분의 취소소송에 있어서 당해 처분이 재량권의 한계를 일탈 · 남용하였다는 점에 대한 입증책임은 원고에게 있다.

⑤ 처분의 절차 : 처분의 절차의 적법성에 관한 입증책임은 피고인 행정청에게 있다고 보는 것이 옳다.[219)]

⑥ 신청의 각하 · 기각결정의 취소 : 사인의 허가 · 면허 등의 신청의 각하 또는 기각결정에 대한 취소소송에 있어서 신청대상인 허가 등의 요건을 충족하는 사실의 존재에 대한 입증책임은 원고가 진다고 할 것이다.[220)]

6. 취소소송의 판결

1) 판결의 의의

취소소송의 판결이라 함은 취소소송사건에 대하여 법원이 소송의 목적인 구체적인 법률상 쟁송을 해결하기 위하여 소송절차를 거쳐 그에 대한 법적 판단을 선언하는 행위를 말한다. 법원의 심리가 종결하여 판결을 선고함으로써 행정소송은 보통 종료하게 된다. 그러나 행정소송은 통상적인 판결의 선고 이외에도 다른 사유, 즉 소의 취하, 청구의 포기 · 인낙, 재판상의 화해, 당사자의 소멸 등에 의하여도 종료될 수 있는가 하는 문제가 있다.

2) 판결의 종료

취소소송의 판결은 민사소송의 예에 따라 여러 가지로 구분할 수 있다. 즉 중간판결과 종국판결, 소송판결과 본안판결, 일부판결과 전부판결, 기각판결과 인용판결, 확인판결 · 형성판결 및 이행판결 등이 있다. 그리고 기각판결의 일종으로서 사정판결이 인정되는 것은 특이한 제도이다.

---

216) 대판 1996.4.26, 96누1627.
217) 대판 1992.7.10, 92누6761.
218) 대판 1996.4.26, 94누12708.
219) 대판 1986.10.28, 85누555.
220) 대판 2009.5.28, 2007두9303.

(1) 중간판결 · 종국판결

소송절차에 대한 관계에서 본 분류로서, 중간판결은 종국판결을 하기 전 소송의 진행 중에 생긴 쟁점을 해결하기 위한 확인적 성질의 판결을 말하고, 피고의 방소항변을 이유 없다는 판결이 그 예에 해당한다. 이에 대하여, 종국판결은 사건의 전부 또는 일부에 대하여 그 심급을 종료시키는 판결을 말하며, 소송판결과 본안판결, 기각판결과 인용판결 등이 이에 해당한다.

(2) 소송판결 · 본안판결

소송판결은 소송의 적부에 대한 판결로서, 요건심리의 결과 당해 소가 소송요건을 결여하고 있음을 이유로 그 취소소송을 부적법한 것으로 각하하는 판결을 말한다. 각하판결은 처분의 취소청구 그 자체에 대하여 판단하는 것은 아니므로 계쟁처분의 효과를 확정하는 효력은 없다. 본안판결은 청구의 당부에 대한 판결로서, 본안심리의 결과 청구의 전부 또는 일부를 기각하거나 인용하는 것을 그 내용으로 하는 판결이다. 이러한 본안판결에는 기각판결과 인용판결이 있다.

(3) 기각판결 · 인용판결

(가) 기각판결

기각판결은 본안심리의 결과 원고의 청구가 이유 없다고 하여 법원이 그 청구를 배척하는 판결이다. 소송의 대상이 된 처분이 위법하지 않거나 단순히 부당한 것인 때가 여기에 해당한다. 그러나 예외적으로 처분이 위법하여 원고의 청구가 이유 있다고 하더라도 공익적 견지에서 청구를 기각하는 '사정판결'이 있는데, 다음에서 별도로 설명하겠다.

(나) 인용판결

인용판결은 본안심리의 결과 원고의 청구가 이유 있다고 하여 법원이 그 청구의 전부 또는 일부를 받아들이는 판결이다. 취소소송의 인용판결은 위법한 처분 등의 '취소 또는 변경'을 내용으로 하는 판결이다(법 제4조 제1호). 여기에서 '변경'의 의미에 관하여는, 원처분을 새로운 처분으로 대체시키는 적극적 형성판결로 이해하는 입장과 이를 일부취소의 의미로 보는 소극적 입장이 대립하고 있으나, 권력분립원칙이나 행정청의 제1차적 판단권과의 관계에서 볼 때, 소극설이 타당하다는 것은 전술한 바와 같다(행정소송의 한계 참조).[221]

(4) 사정판결

(가) 의 의

사정판결이라 함은 취소소송에 있어서 본안심리의 결과 계쟁처분이 위법하면 이를 취소하는

221) 김남진 · 김연태, 전게서, 803-804면; 김동희, 전게서, 766면.

것이 원칙이지만, 원고의 청구가 이유 있다고 인정하는 경우에도 처분 등을 취소하는 것이 현저히 공공복리에 적합하지 아니하다고 인정하는 때에 법원이 원고의 청구를 기각하는 판결을 말한다(법 제28조 제1항). 예컨대, 대규모의 댐을 건설하기 위한 개인의 토지에 대한 수용재결이 위법한 것으로 판단되어도 댐시설에 의하여 구현되는 공공복리를 감안하여 그 재결의 취소청구를 기각하는 경우가 이에 해당한다.

사정판결은 원고의 청구가 이유 있다고 인정되는 데에도 불구하고 청구를 기각할 수 있는 제도인 점에 특징이 있다. 여기에서 '원고의 청구가 이유 있다'고 함은 쟁송의 대상인 처분 등이 위법함을 의미하는데, 이 점만 보게 되면 사정판결제도는 법치주의에 위법한 처분 등을 그대로 유지하도록 하는 것이기 때문에 법치행정의 원리 및 재판을 통한 개인의 권익보장이라는 헌법이념에 충실하지 못한 것이라는 비난을 면하기 어렵다고 비평받는다.[222]

그러나 사정판결제도는 공공복리를 이유로 하여 원고에게 일방적인 희생을 강요하는 제도가 아니고 위법한 처분 등으로 인하여 손해를 입은 사인에 대한 구제는 '처분 등의 취소'라고 하는 원고의 본래의 청구인용만으로 반드시 이루어질 수 있는 것은 아니고, 이에 갈음하여 손해배상 등 기타의 방법에 의한 실질적인 권리구제를 통해 공공복리에도 이바지하려는 제도라고 평할 수도 있다. 그렇게 볼 때 사정판결제도를 반드시 법치주의에 반한다든가 헌법이념에 충실치 못한 것으로 혹평할 것은 아닌 것으로 보인다.[223] 다만, 사정판결제도가 법치행정의 원리의 예외가 되는 것이므로 사정판결의 요건을 엄격하게 해석하여야 하고, 사정판결이 아닌 다른 방법에 의한 해결이 불가능한 경우에 보충적으로만 인정되어야 하며, 불가피하게 사정판결을 하는 경우에도 대상적(代償的) 사익구제조치가 반드시 병행되어야 한다는 점은 주의를 요한다.[224]

(나) 사정판결의 요건

사정판결의 요건은 '원고의 청구가 이유 있다고 인정하는 경우에도 처분 등을 취소하는 것이 현저히 공공복리에 적합하지 아니하다고 인정하는 때'이다(법 제28조 제1항). 이를 분설하면 다음과 같다.

① 처분 등에 관한 취소소송일 것: 사정판결은 행정소송법 제28조 제1항의 규정에 명시된 바와 같이 취소소송에만 인정되고, 무효등확인소송 등 다른 항고소송에서는 인정되지 않는다.[225]

② 청구가 이유 있다고 인정되는 경우일 것: 사정판결은 원고의 청구가 이유 있다고 인정되는 경우이어야 한다. 즉 처분 등이 위법하여야 한다. 이러한 경우에 예외적으로 법원이 청구를 기각하는 판결이 사정판결제도이므로 원고의 청구가 이유 없는 경우, 즉 처분등이 적법한 때에는 당

---

222) 이상규, 전게서, 878면.

223) 김남진·김연태, 전게서, 805면.

224) 김철용, 전게서, 669면.

225) 대판 1987.3.10, 84누158; 대판 1996.3.22, 95누5509.

연히 청구기각의 판결을 할 것이기 때문에 사정판결의 문제가 제기될 여지조차 없다.

③ 청구인용의 판결이 현저히 공공복리에 적합하지 아니할 것: 사정판결은 처분 등을 취소하는 것이 현저히 공공복리에 적합하지 않은 경우에 인정된다. 따라서 이 제도의 핵심적 요소는 공공복리라 하겠는데, 이는 매우 다의적이고 포괄적인 불확정개념인 관계로 명확한 정의를 정립하기는 대단히 어려운 것임은 물론이다. 그러나 여기에서는 '공공복리'란 국민전체 또는 특정사회구성원 전체의 이익으로 일단 정의하기로 한다. 이러한 의미의 공공복리의 개념은 공익의 개념과 대체로 같은 개념으로 보고 있다. 그리고 사정판결을 하는 데 있어서는 당연히 공익과 사익을 비교 · 교량하여야 하는 것인 바, 여기에서는 공익의 성질이나 내용 그 자체도 문제가 된다고 본다. 사정판결이 법치주의 등과의 관련에서 중대한 예외라는 점을 감안할 때, '현저히'라는 개념은 공익 · 사익의 비교형량에 있어서 뿐만 아니라 공익의 내용에 대한 기준으로서의 의미도 가진다고 해석하여야 할 것이다. 이러한 관점에서 사정판결은 중대한 공익을 보호 · 유지하기 위하여 극히 불가피한 경우에 한하여서만 인정된다고 본다.[226]

판례는 "행정처분이 위법한 때에는 이를 취소함이 원칙이고 그 위법한 처분을 취소 · 변경함이 도리어 현저히 공공복리에 적합하지 않은 경우에 극히 예외적으로 위법한 행정처분의 취소를 허용하지 않는다는 사정판결을 할 수 있으므로 사정판결의 적용은 극히 엄격한 요건 아래 제한적으로 하여야 하고, 그 요건인 현저히 공공복리에 적합하지 아니한가의 여부를 판단함에 있어서는 위법 · 부당한 행정처분을 취소 · 변경하여야 할 필요와 그 취소 · 변경으로 인하여 발생할 수 있는 공공복리에 반하는 사태 등을 비교 · 교량하여 그 적용 여부를 판단하여야 한다"고 판시하고 있다.[227]

이러한 점에 비추어 사정판결제도는 집행부정지원칙과 더불어 행정소송법상의 대표적인 공익조항에 해당한다고 할 수 있다. 행정소송법 제28조 제2항은 「법원이 사정판결을 함에 있어서는 미리 원고가 그로 인하여 입게 될 손해의 정도와 배상방법 그 밖의 사정을 조사하여야 한다」고 규정함으로써, 공공복리와 관련한 비교형량의 원칙을 잘 표현하고 있다.[228] 또한 이 규정은 원고측에 대하여 청구의 병합제기를 유도하려는 의미도 있는 것으로 볼 수 있다.

(다) 위법판단의 기준시와 주장책임 · 입증책임

① 사정판결의 위법판단의 기준시: 사정판결에 있어서는 처분 후의 사정도 고려되어야 한다는 의미에서 판결시설(변론종결시설)을 주장하는 견해가 다수설이다.[229] 그러나 위법판단의 기준시

---

226) 김동희, 전게서, 768면.

227) 대판 1992.2.14, 90누9032; 대판 1999.3.9, 98두18565; 대판 2000.2.11, 99두7210; 대판 2001.1.19, 99두9674; 대판 2001.8.24, 2000두7704; 대판 2005.12.8, 2003두10046; 대판 2006.9.22, 2005두2506; 대판 2006.12.21, 2005두16161; 대판 2009.1.30, 2008두19550 · 2008두19567(병합).

228) 김남진 · 김연태, 전게서, 806면.

229) 김남진 · 김연태, 상게서, 807면; 김철용, 전게서, 670면; 박균성, 전게서, 859면; 박윤흔 · 정형근, 전게서, 856면; 석종현, 전게서, 899면; 홍정선, 전게서, 743면.

의 문제는 당해 처분의 위법성의 판단시점의 문제이고 보면, 그것은 사정판결에 있어서도 다르지 않다고 할 것이며, 따라서 사정판결에 있어서도 위법판단의 기준시는 일반론에 따라 처분시로 결정되어야 할 것으로 보는 견해도 있다.[230] 그런데 사정판결의 입법취지에 비추어 보아 그러한 판결의 필요성은 성질상 처분 후의 사정이 고려되어야 할 것이므로 변론종결시를 기준으로 하는 판결시설이 타당하다.

② 사정판결의 주장책임 · 입증책임 : 명문규정은 없으나 사정판결은 공익과 사익의 신중한 형량을 위하여 피고 행정청의 신청에 의하여 그 허용 여부가 결정되도록 하는 것이 타당할 것이다. 따라서 사정판결의 필요성의 주장책임 · 입증책임은 피고인 행정청이 부담한다. 그런데 판례는 직권심리주의를 규정하고 있는 행정소송법 제26조를 논거로 하여 당사자의 신청 없이도 법원이 직권으로 사정판결의 여부를 결정할 수 있다고 한다.[231] 그러나 직권심리주의는 실체적인 적법성을 보장하기 위한 차원에서 인정되는 것이므로 행정소송법 제26조를 논거로 하여 법원이 직권으로 사정판결을 할 수 있다는 주장은 부당하다고 본다.

(라) 사정판결의 효과

① 청구기각 : 사정판결은 처분이 위법하여 원고의 청구가 이유 있다고 인정하는 경우에도 불구하고, 그 청구를 인용하면 현저히 공공복리에 적합하지 아니한다고 인정하여 법원이 청구의 기각판결을 하게 된 경우이다. 그러나 당해 처분 등은 그 위법성이 치유되어 적법하게 되는 것이 아니라 공공복리를 위하여 위법성을 가진 채로 그 효력을 지속하는 데 불과하다. 그런데 이러한 기각판결의 효과는 일반의 기각판결과 같다. 따라서 원고는 그 범위 내에서는 패소한 것이므로 사정판결에 대하여 원고가 항소 · 상고할 수 있다.

② 위법성의 선언 : 행정소송법 제28조 제1항 후단에는 「법원은 그 판결의 주문에서 그 처분 등이 위법함을 명시하여야 한다」고 규정하여 사정판결의 위법성을 선언하도록 하고 있다. 이와 같이 판결의 주문에서 처분 등이 위법함을 명시한 이상 판결이 확정되면 처분의 위법성에 대하여는 기판력이 발생하게 된다.

③ 원고의 권리구제조치 : 사정판결은 중대한 공공복리를 보호하기 위하여 계쟁처분에 대한 원고의 정당한 취소청구를 배척하고, 그 위법성에도 불구하고 당해 처분의 효력을 존속시키는 제도이다. 그로 인하여 원고에게 발생한 손해에 대하여는 적절한 구제수단이 제도적으로 당연히 마련되어야 할 것이다. 따라서 행정소송법 제28조 제3항에서 「원고는 피고인 행정청이 속하는 국가 또는 공공단체를 상대로 손해배상, 제해시설의 설치 그 밖에 적당한 구제방법의 청구를 당해 취소소송 등이 계속된 법원에 병합하여 제기할 수 있다」고 규정하고 있다. 이에 앞서 「법원이 사정

230) 김동희, 전게서, 769면.

231) 대판 1995.7.28, 95누4629.

판결을 함에 있어서는 미리 원고가 그로 인하여 입게 될 손해의 정도와 배상방법 그 밖의 사정을 조사하여야 한다」(법 제28조 제2항). 이는 법원이 부수조치를 하기 위한 심리이며 당사자에게는 사정판결에 대한 암시가 된다.[232]

④ 소송비용의 부담: 사정판결에 있어서는 원고의 청구가 이유 있음에도 불구하고 공공복리를 위하여 원고의 청구를 기각하여 패소하는 결과가 될 경우이므로, 행정소송법은 사정판결에 있어서의 소송비용은 일반적인 소송비용부담의 예외는 달리 승소자인 피고가 부담하는 것으로 하고 있다(법 제32조).

(5) 확인판결 · 형성판결 · 이행판결

이는 청구인용판결의 내용 및 효력에 따른 분류이다.

(가) 확인판결

확인판결이란 특정한 권리관계의 존부를 확인하는 것을 내용으로 하는 판결이다. 이러한 확인판결은 당사자소송의 경우에 그 예가 많다. 항고소송 중에서 무효등확인소송과 부작위위법확인소송에서의 인용판결은 그 형식상 확인판결에 해당한다.

(나) 형성판결

형성판결이란 법률관계를 형성 · 변경 · 소멸시키는 것을 내용으로 하는 판결이다. 취소소송에서 처분 등의 취소 또는 변경의 판결이 이에 해당한다.

(다) 이행판결

이행판결이란 피고인 국가 또는 공공단체 기타 행정청에 대하여 일정한 행위를 할 것을 명하는 판결이다. 이는 당사자소송의 인용판결에서는 일반적으로 볼 수 있는 예이다. 그러나 항고소송에서는 법이 명시적으로 인정하는 경우를 제외하고는 직접적으로 이행판결은 인정될 수 없고, 판례도 이행판결을 부인하고 있다.[233] 행정소송법은 거부처분에 대한 취소판결 및 부작위법확인판결에 대하여 판결의 효력으로서 행정청의 재처분의무(법 제30조 제2항, 제38조 제2항)와 간접강제제도(법 제34조)를 인정하고 있는데, 이는 실질적으로 이행판결에 해당하는 것이라고 할 수 있다.

3) 위법판단의 기준시점

항고소송에 있어서 소송의 대상인 처분 등의 위법성을 어느 시점의 법규와 사실을 기준으로

---

232) 김철용, 전게서, 671면.

233) 대판 1989.5.23, 88누8 · 135.

판단할 것인지가 문제된다. 왜냐하면 처분 등이 행하여진 후에 당해 처분 등의 근거가 된 법령이 개폐되거나 법령상의 처분요건인 사실상태에 변동이 발생할 수 있기 때문이다. 이러한 경우에 법원은 어느 시점을 기준으로 판결을 위한 위법판단을 할 것인가에 대하여 학설은 처분시설과 판결시설이 대립되고 있다.

(1) 처분시설

이 견해는 항고소송에서 당해 계쟁처분 등의 위법 여부는 계쟁처분이 행하여진 당시(처분시)의 법령 및 사실상태를 기준으로 판단하여야 한다는 학설이다. 이 설의 논거로는 판결시설에 따라 법원이 처분 등 후의 변화된 사정을 참작하여 처분 등의 위법성을 판단하게 되면 법원이 행동감독적 기능을 수행하게 되며, 그것은 행정청의 제1차적 판단권을 침범하는 것이 되어 권력분립원칙에 반한다는 것이다. 이러한 입장이 통설이다.[234]

(2) 판결시설

이 견해는 항고소송에 있어서 당해 계쟁처분 등의 위법 여부는 판결시(변론종결시)의 법령 및 사실상태를 기준으로 하여 판단하여야 한다는 학설이다. 그 논거로서는 취소소송은 당해 계쟁처분 등의 효력이 현행법규에 비추어 유지될 수 있는가의 여부를 판단 · 선언하는 데 있다고 본다.

(3) 판 례

판례는 "일반적으로 항고소송에 있어서 행정처분의 위법 여부를 판단하는 기준시점에 대하여, 판결시가 아니라 처분시라고 하는 의미는 그 행정처분이 있을 때의 법령과 사실상태를 기준으로 하여 위법 여부를 판단할 것이며 처분이 있은 뒤에 생긴 법령의 개폐나 사실상태의 변동에 영향을 받지 않는다는 뜻이다"라고 판시함으로써 원칙적으로 처분시설에 입각하고 있는 것으로 보인다.[235]

(4) 결 어

판결시설에 의하면, 법원이 처분시 이후의 법령의 개폐 · 사실상태의 변동을 고려하여 위법성 여부를 판단하게 되어 법원이 행정감독적 기능을 수행하게 된다는 점, 처분시에 위법한 행위가 후일의 법령의 개폐에 의하여 적법하게 되거나 반대로 적법한 행위가 사후에 위법하게 될 수 있어 법치주의에 반한다는 점, 판결의 지연에 따라 불균형한 결과를 초래할 수 있다는 점 등의 문제점이 있으므로 원칙적으로 처분시설이 타당하다고 본다.[236]

---

234) 김남진 · 김연태, 전게서, 802면; 김도창, 전게서, 807면; 김동희, 전게서, 767면; 류지태, 전게서, 592면; 박윤흔 · 정형근, 전게서, 853면; 석종현, 전게서, 895면; 홍정선, 전게서, 741면.

235) 대판 1993.5.27, 92누19033; 대판 2000.3.10, 97누13813; 대판 2002.7.9, 2001두10684; 대판 2007.5.11, 2007두1811.

4) 판결의 방식

판결은 변론을 거쳐 거기에 현출된 진술을 기초로 행하여나 하나(민사소송법 제 134조, 제204조 등 참조), 부적법한 소를 각하하는 경우에는 반드시 변론을 거칠 필요가 없다(동법 제219조).

판결의 내용은 판결서에 기재된다. 판결서에는 당사자와 법정대리인, 주문, 청구 및 상소의 취지 · 이유, 변론을 종결한 날자 또는 판결을 선고한 날자, 법원 등을 기재하고 판결한 법관이 서명 · 날인하여야 한다(동법 제208조).

판결은 선고로 그 효력이 발생한다. 판결을 선고하는 데 있어서는 재판장이 판결원본에 따라 주문을 읽어 선고하며, 필요한 때에는 이유를 간략히 설명할 수 있다(동법 제205조, 제206조).

5) 판결의 효력

행정소송법은 취소소송의 판결의 효력에 대하여 제3자에 대한 효력(법 제29조 제1항) 및 기속력(법 제30조)에 대하여서만 명시적으로 규정할 뿐이고, 이를 다른 행정소송의 유형에 준용하는 방식을 취하고 있다. 이러한 효력 이외의 자박력 · 확정력 · 형성력 등에 대하여는 규정하고 있지 않다. 그러나 행정소송도 재판인 이상 그러한 효력은 취소소송의 판결에도 당연히 인정된다고 보아야 마땅할 것이다. 그런데 행정소송의 판결효력의 내용은 여러 가지 기준에 의하여 분류할 수 있으나, 여기에서는 효력이 미치는 대상과 관련하여 논의하기로 한다.[237]

(1) 선고법원에 대한 효력(판결의 구속력 · 자박력)

판결의 구속력 또는 자박력(自縛力)이라 함은 행정소송에 있어서도 일단 판결이 선고되면 선고법원 자신도 이를 취소하거나 변경할 수 없는 기속을 받게 되는 효력을 말한다. 법원이 선고한 판결은 당해 문제된 법률관계의 분쟁에 관한 공권적 판단으로서의 성질을 갖는 것이므로 법원 스스로도 자신이 한 판결에 구속되도록 할 필요가 있다. 따라서 법원은 원칙적으로 자신의 판단내용을 임의로 변경하거나 그 효력을 상실시킬 수 없도록 한 것이다. 이러한 판결의 구속력은 행정소송에만 특유한 것이 아니라 판결이 갖는 일반적인 효력으로서 인정되는 것이기 때문에 행정소송법에 명문규정이 없더라도 인정될 수 있는 것이다. 그런데 이와 같은 구속력의 효력은 절대적인 것이 아니라 상대적인 것으로서 일정한 사유에 해당하는 때에는 이 효력이 배제될 수 있는데, 경정결정이 허용되는 한도에서는 판결의 구속력이 배제된다(민사소송법 제211조).[238]

---

236) 김남진 · 김연태, 전게서, 802면.

237) 류지태, 전게서, 592-603면 참조.

238) 대결 1999.12.23, 99그74.

(2) 당사자에 대한 효력(판결의 형식적 확정력)

판결의 형식적 확정력이라 함은 행정소송은 판결에 대하여 불복이 있는 자는 상소를 통하여 그의 효력을 다툴 수 있지만, 상소기간의 도과 기타의 사유로 상소할 수 없는 때에 판결이 불가쟁력을 발생하는 것을 말한다. 이 형식적 확정력은 판결내용과는 관계가 없으나 판결내용의 효력발생의 요건이 된다.

형식적 확정력은 당해 판결에 대하여 동일한 소송절차 내에서 상소의 수단으로써 다툴 수 있는가와 관련되는 문제이다. 즉 더 이상 당해 판결에 상소를 할 수 없는 경우(상고심판결의 경우 등) 또는 상소는 허용되나 여러 가지 이유에 의해 그 권한을 행사하지 않은 경우(상소기간의 경과나 상소권을 포기한 경우 등)에는 판결내용과 관련 없이 형식적인 이유로 판결이 확정력을 갖게 된다. 이에 관하여 행정소송법은 명문규정을 두고 있지 않으나 소송제기기간에 관한 소송법규정, 즉 행정소송의 제기기간에 관한 규정(법 제20조 제1항)이나 행정소송에도 준용되는 상소제기기간에 관한 민사소송법의 규정(동법 제396조 제1항, 제425조)과 재심제도에 관한 규정(민소법 제451조 이하)이 그 의미를 갖기 위해서는 판결의 형식적 확정력의 존재를 전제로 하므로 이 효력이 일반적으로 행정소송에도 인정된다고 본다.

그러나 이러한 형식적 확정력은 당사자가 책임질 수 없는 사유로 인하여 상소기간을 도과한 때에 상소의 추완이 인정되는 경우(민소법 제173조 제1항)와 재심사유에 해당하여 재심이 인정되는 경우(민소법 제451조)에는 배제된다.

(3) 법원과 양당사자에 대한 효력(판결의 실질적 확정력 · 기판력)

(가) 의 의

판결의 기판력(실질적 확정력)이라 함은 취소소송의 판결이 확정되면, 법원은 동일한 소송물을 대상으로 하는 후소(後訴)에서 종전의 판결에 모순 · 저촉되는 판단을 할 수 없으며, 소송의 당사자(승계인을 포함한다)는 이후 동일사항에 대하여 확정판결의 내용에 반하는 주장을 할 수 없는 효력을 말한다. 행정소송법에는 기판력에 관한 규정은 없다. 그러나 동법 제8조 제2항의 규정에 따라 민사소송법의 관련규정(동법 제216조, 제218조)이 준용되므로 행정소송판결에도 기판력이 인정되고 있다.

기판력은 소송절차의 반복과 모순 · 저촉된 재판의 방지라는 법적 안정성의 요청에 의하여 법치국가원리에 따라 일반적으로 인정되고 있다. 당사자의 일방이 기판사항에 관하여 다시 소를 제기한 경우에 그 상대방은 기판력을 바탕으로 한 항변에 의하여 각하를 청구할 수 있으며, 법원도 기판력에 따라 소를 각하하여야 한다.

(나) 기판력의 범위

위와 같은 판결의 기판력은 주관적 범위, 객관적 범위 및 시간적 범위의 관점에서 그 내용을 검토할 수 있다.

① 주관적 범위: 취소판결의 기판력은 당해 소송의 당사자 및 당사자와 동일시 할 수 있는 승계인에게만 미치고, 제3자에게는 미치지 않는 것이 원칙이다. 다만, 취소소송에 있어서의 피고는 권리주체가 아닌 행정청인 처분청이기 때문에 그 판결의 기판력은 당해 처분의 효력이 귀속하는 국가 또는 공공단체에 미친다.[239)]

② 객관적 범위: 기판력은 일반적으로 소송물에 관한 판단에만 미치고, 그에 이르기까지의 전제적 문제에 관한 판단에는 미치지 않는 것이 원칙이다(민소법 제216조 제1항). 따라서 취소소송의 소송물은 '처분의 위법성 일반'이므로, 처분이 적법하다는 것 또는 처분이 위법하다는 것에 대하여 기판력이 미친다. 그러므로 처분의 취소판결이 확정되면, 원고나 피고는 모두 처분이 유효하다는 주장을 할 수 없다.

기판력은 판결주문 중에 표시된 소송물에 관한 판단에 대하여서만 발생하는 것이 원칙이다. 그러므로 판결이유 중에서 설시(說示)된 사실인정, 선결적 법률관계, 항변 등에는 기판력이 미치지 않는다.[240)]

취소소송의 기판력과 관련하여 특히 문제가 되고 있는 것은, 취소소송판결과 국가배상청구소송과의 관계, 즉 취소소송판결의 기판력이 국가배상청구소송에 영향을 미치는지의 여부이다. 이는 취소소송에 있어서의 처분의 위법성과 국가배상책임의 성립요건으로서의 위법성의 관계를 어떻게 설정할 것인지와 관련이 있는데, 이와 관련하여서는 후소인 국가배상청구소송에서 원고가 처분의 위법을 주장할 수 있는가의 문제가 제기되며 이에 대하여는 소극설과 적극설로 견해가 대립되고 있다.

생각건대, 취소소송의 위법성과 국가배상청구소송에서의 위법성의 관념은 다른 것으로서, 후자에서의 위법성의 관념은 취소소송 등에서의 위법성의 관념보다는 넓다고 보아야 할 것이고 보면, 그러한 점에서는 적극설이 타당하다고 본다. 따라서 처분의 취소청구에 대한 기각판결의 기판력에 의하여 그 후의 국가배상청구사건에서 당해 처분의 위법주장이 반드시 차단되는 것은 아니라고 보아야 할 것이다.[241)]

③ 시간적 범위: 기판력은 사실심변론의 종결시를 기준으로 하여 발생한다. 당사자는 사실심의 변론종결시까지 소송자료를 제출할 수 있으며, 종국판결도 그 때까지 현출된 자료를 기초로 하여 행하여지기 때문에 그 시점을 기준으로 하여 기판력이 발생하는 것이다.

---

239) 대판 1998.7.24, 98다10854.

240) 대판 1987.6.9, 86다2756.

241) 김동희, 전게서, 771-772면.

(4) 행정청에 대한 효력(판결의 기속력)

(가) 의 의

판결의 기속력이란 소송당사자인 행정청과 그 밖의 관계행정청이 처분 등을 취소하는 확정판결의 내용에 따라 기속되어 일정한 행동을 하여야 하는 의무를 발생시키는 판결의 효력을 말한다. 행정소송법은 제30조 제1항에서 취소판결의 경우에 명시적으로 이를 인정하고 있으며, 이 규정은 그 밖의 행정소송인 무효등확인소송(법 제38조 제1항), 부작위위법확인소송(법 제38조 제2항), 당사자소송(법 제44조 제1항)에서 이를 준용하고 있다. 이 효력은 통상의 판결이 일정한 법률관계를 단순히 확정하는 데 그치고 행정청에게 적극적인 의무를 부과하지 않음에 반하여 판결의 실효성을 보장하기 위한 목적으로 행정청을 판결의 취지에 의하여 기속하도록 하기 위한 것이다.

(나) 기속력의 성질

기속력의 성질에 관하여는 기판력설과 특수효설이 나누어져 대립하고 있다.

① 기판력설 : 이 견해는 기속력은 기판력의 당연한 결과로서, 이 규정은 행정의 일체성 아래에서 당사자인 행정청 외의 관계행정청에도 기판력이 미친다는 것을 명시한 것이라고 본다.

② 특수효력설 : 이 견해는 현재의 일본 및 우리나라의 통설로서, 취소판결의 기속력을 취소판결의 실효성을 담보하기 위하여 실정법이 부여한 특수한 효력으로서 설명한다. 이와 같은 특수효력설이 타당시된다.[242] 판례도 이 설을 취하는 것으로 보인다.[243]

(다) 기속력의 내용

기속력의 내용은 소극적 효력과 적극적 효력으로 나눌 수 있다.

① 소극적 효력(동일내용의 처분금지의무 · 반복금지효) : 취소판결이 확정되면 행정청은 확정판결에 저촉되는 행위를 하여서는 아니 될 의무를 진다. 즉, 행정청은 동일한 사실관계 아래에서 동일한 당사자에 대하여 종전과 동일한 내용의 처분 등을 반복하여서는 안 된다. 이러한 반복금지효에 위반한 처분은 무효이다.[244] 그러나 기속력은 판결에 적시된 구체적 위법사유에 관하여 발생하는 것이므로, 절차상의 위법사유가 있는 경우에는 행정청이 이를 시정하고, 또한 실체적 위법사유가 있는 경우에도 그와는 다른 사유에 의하여 동일한 내용의 처분을 하는 것이 금지되는 것은 아니다.

행정소송법 제30조 제1항이 '처분 등을 취소하는 확정판결'이라 규정하여 기속력이 발생하는 판결의 범위를 '취소판결(인용판결)'로 명시하고 있으므로 반복금지효는 취소판결, 즉 청구인용판결에만 인정되며, 청구기각판결에는 인정되지 않는다. 기각판결의 경우에는 행정청이 직권으로

242) 김남진 · 김연태, 전게서, 813면.

243) 대판 1957.2.6, 4290行上23.

244) 대판 1990.12.11, 90누3560.

동일한 처분을 취소할 수 있으나, 이는 종전판결의 효력문제와는 무관하며 독자적인 직권취소사유의 충족 여부만을 기준으로 하는 것이다.

② 적극적 효력(행정청의 재처분의무 등) : 종래 기속력의 적극적 효과로서는 재처분의무만이 문제되고 있었으나, 최근에는 취소판결의 실효성확보의 차원에서 원상회복의무도 기속력의 내용으로서 거론하는 경향이다. 동일한 취지에서 간접강제제도도 여기에서 언급할 필요가 있다고 본다.

ⅰ) 행정청의 재처분의무 : 행정소송법 제 30조 제2항은 「판결에 의하여 취소되는 처분이 당사자의 신청을 거부하는 것을 내용으로 하는 경우에는 그 처분을 행한 행정청은 판결의 취지에 따라 다시 이전의 신청에 대한 처분을 하여야 한다」고 하여 재처분의무를 규정하고 있다.[245] 이것은 원래 신청을 요하는 처분에 대한 행정청의 거부처분이 판결에 의하여 취소된 경우에 있어서 행정청이 판결의 취지에 따라 다시 처분할 의무를 부담하는 것을 말한다. 이 경우 행정청은 판결의 취지를 존중하여 그것을 자신의 판단 및 조치의 기초로 하여야 하겠지만, 반드시 원고가 신청한 내용으로 재처분하여야 하는 것은 아니다. 따라서 신청을 인용하거나 당초의 거부처분과는 다른 이유로 다시 거부할 수도 있다고 해석할 수 있다. 당사자가 재처분을 받기 위하여 신청을 다시 할 필요는 없다.

또한 신청에 따른 처분, 즉 인용처분이 제3자의 제소에 의하여 절차에 위법이 있음을 이유로 취소되는 경우에는, 그 처분을 행한 행정청은 판결의 취지에 따른 적법한 절차에 의하여 다시 신청을 허용하는 재처분을 하여야 한다(법 제30조 제3항). 그러나 실체적 내용에 위법이 있음을 이유로 취소되는 경우에는 원신청자에게 재차 인용처분을 할 수는 없다고 할 것이다.

ⅱ) 원상회복의무 : 취소판결이 확정되면 행정청은 결과적으로 취소된 처분에 의하여 초래된 위법상태를 제거하여 원상회복할 의무를 진다(결과제거의무). 예컨대, 재산의 압류처분이 취소되면 행정청은 당해 압류재산을 반환하여야 할 의무를 진다. 또한 공무원의 파면처분이 취소되면 파면되었던 원고를 복직시켜야 한다. 그럼에도 불구하고 행정청이 그에 따른 의무를 이행하지 않을 경우에는 이른바 공법상의 결과제거청구권에 입각하여 압류재산의 반환을 청구할 수밖에 없을 것이다.

취소판결의 기속력에 원상회복의무가 당연히 포함되는가에 관하여는 견해의 대립이 있으나, 취소판결에 의한 국민의 권익구제기능과 취소판결의 실효성확보라는 관점에서 보아 긍정하는 것이 타당하다.

ⅲ) 간접강제 : 행정소송법 제34조 제1항은 「행정청이 취소판결의 취지에 따른 처분을 하지 아니하는 때에는 제1심 수소법원은 당사자의 신청에 의하여 결정으로써 처분을 하여야 할 상당한 기간을 정하고, 행정청이 그 기간 내에 처분을 하지 않는 때에는 그 지연기간에 따라 일정한 배상을 할 것을 명하거나 즉시 손해배상을 할 것을 명할 수 있다」고 규정하여 간접강제제도를 채택하

245) 대판 2005.1.14, 2003두13045.

고 있다. 이 경우 동법 제33조를 준용하여 배상명령의 효력이 피고인 행정청이 속하는 국가 또는 공공단체에 미치도록 하여 그 집행의 실효성을 보장하고, 또한 민사집행법 제262조를 준용하여 법원이 변론 없이 결정할 수 있도록 하고 있다(동조 제2항).

행정소송법은 거부처분의 취소판결에 따른 재처분의무의 실효성을 확보하기 위하여 민사소송에 준하는(민사집행법 제261조) 간접강제를 규정하고 있다. 이러한 간접강제제도는 부작위위법확인소송에도 준용되고 있다(법 제38조 제2항).

(라) 기속력의 범위

① 주관적 범위 : 취소판결의 기속력은 당사자인 행정청과 그 밖의 관계행정청에도 미친다(법 제30조 제1항). 여기에서 '관계행정청'이란 취소된 처분 등을 기초로 하여 그와 관련되는 처분이나 부수되는 행위를 할 수 있는 행정청을 총칭하는 것이라 할 것이다.[246]

② 객관적 범위 : 취소판결의 기속력은 판결주문 및 그 전제가 된 처분 등의 구체적 위법사유에 관한 이유 중의 판단에 대하여 인정되고,[247] 판결의 결론과는 직접 관련없는 방론(放論)이나 간접사실의 판단에는 미치지 않는다. 기속력은 기판력과는 달리 위법성 일반에 대하여 생기는 것이 아니라 판결에서 위법한 것으로 판단된 개개의 처분사유에 대하여서만 기속력이 생긴다.[248]

(마) 기속력위반의 효과

취소판결에 저촉되는 행정청의 처분의 효력에 관하여는 취소사유로 보는 견해도 있으나, 무효사유에 해당한다고 보는 것이 법의 취지에 합당하다고 판단되며,[249] 통설 · 판례[250]의 입장이다.

(5) 제3자에 대한 효력(판결의 형성력)

(가) 의 의

판결의 형성력이라 함은 판결이 확정되면 일반적으로 처분청의 별도의 행위가 없더라도 판결 그 자체의 내용에 따라 법률관계의 발생 · 변경 · 소멸을 가져오는 효력을 말한다. 그에 따라 처분의 취소판결이 있는 경우에는, 처분청의 특별한 행위를 기다릴 것 없이 처분의 효력이 소급하여 소멸한다. 예컨대, 행정청으로부터 자동차 운전면허취소처분을 받은 피고인이 행정쟁송절차에 의하여 나중에 그 행정처분 자체가 취소되었다면, 위 운전면허취소처분은 처분시에 소급하여 효력

246) 김동희, 전게서, 777면; 이상규, 전게서, 886면.

247) 대판 2001.3.23, 99두5238.

248) 대판 1991.8.9, 90누7326.

249) 김남진 · 김연태, 전게서, 815면.

250) 대판 1969.11.21, 64누39; 대판 1980.7.22, 80다839; 대판 1982.6.11, 80누104; 대판 1989.9.12, 89누985; 대판 1990.12.11, 90누3560; 대결 2002.12.11, 2002무22.

을 잃게 되고, 피고인은 위 운전면허취소처분에 복종할 의무가 원래부터 없었음이 후에 확정되었다고 보는 것이 타당할 것이다.[251] 물론, 영업허가정지처분의 취소 등과 같이 성질상 소급효를 발생하지 않는 것도 있다.

행정소송법은 취소판결의 형성력을 명시한 직접적 근거규정을 두고 있지는 않지만, 형성력은 판결의 당연한 효력으로 간주되고 '취소판결의 제3자효'에 관한 규정(법 제29조 제1항)은 이를 전제로 한 간접적 근거가 될 수 있을 것으로 본다.

(나) 형성력의 범위(취소판결의 제3자효 · 대세적 효력)

① 취소판결의 제3자효 : 취소판결의 형성력이 미치는 주관적 범위가 당해 소송의 당사자 뿐만 아니라 제3자에게도 미치는 것을 '취소판결의 제3자효' 또는 '대세적 효력'이라고 한다.

취소판결의 형성력이 제3자에게도 미치는가, 아니면 당사자 사이에서만 발생하는가에 대하여는 종래에는 다툼이 있었다. 이에 대하여 현재는 행정소송법 제29조 제1항이 「처분 등을 취소하는 확정판결은 제3자에 대하여도 효력이 있다」고 규정하여 취소판결의 제3자효를 명시적으로 인정하고 있다. 이러한 규정은 소송당사자와 제3자와의 관계에 있어서 취소판결의 효력이 달라지는 것을 방지하고, 형성판결의 내용에 따르는 법률관계나 권리관계 등을 통일적으로 규율하려는 데에 그 취지가 있는 것이다.

행정소송법은 이러한 내용의 형성력을 취소소송의 인용판결의 경우에 규정하고(법 제29조 제1항), 이를 무효등확인소송과 부작위위법확인소송의 인용판결의 경우에 준용하고 있다(법 제38조 제1항 · 제2항, 제29조 제1항).

② 제3자의 범위 : 취소소송에 있어서는 처분행정청이 피고가 되어 있으므로 취소판결의 효과를 실질적 상대방인 제3자에게 미치도록 할 필요가 있는 셈이다. 한편, 소송에 참가하여 자기의 이익을 방어하거나 주장할 기회를 가지지 아니한 제3자에 대하여 판결의 효력을 미치게 한다는 것은 소송의 원칙에 어긋나며, 자칫하면 국민의 재판청구권(헌법 제27조 제1항)을 침해할 우려도 없지 않다. 그리고 이러한 경우에는 소외의 제3자(복효적 행정처분의 상대방)의 권리가 부당하게 침해될 우려가 있으므로 행정소송법은 제3자의 소송참가(법 제16조) 및 제3자에 의한 재심청구(법 제31조)에 관하여 규정하고 있다.

그러나 이 경우 '제3자'의 범위를 어떻게 확정할 것인가에 대하여는 아직 명확한 기준이 제시되고 있지 않다. 따라서 그 범위에 관하여는 해석에 의하여 논의하여야 하는 바, 판결의 효력은 소송당사자를 대상으로 하는 상대효만을 갖는 것이 원칙이므로 그 범위를 넓혀서 모든 일반인까지 제3자의 범위에 포함시킬 수는 없으며 일정한 범위 내로 한정하여야 한다.

이에 따라 제3자의 범위는 당해 판결에 의하여 권리 또는 이익이 영향을 받게 되는 범위에 있

---

251) 대판 1999.2.5, 98도4239.

는 이해관계인에 한정하는 것이 타당하다고 본다. 그러나 이때에 고려해야 할 것은 소송에 보조참가를 한 경우(법 제16조)에는 공동소송적 보조참가가 되어 이들에 대하여는 판결의 형성력이 아닌 기판력이 미치게 되는 것이므로 판결의 기판력을 형성력과 구별하는 입장에 있는 한 이러한 자들은 제3자의 범위에서는 제외하여야 한다는 점이다. 따라서 소송에 보조참가를 한 이해관계인을 제외한 나머지 당해 형성판결의 이해관계인이 이러한 제3자의 범위에 해당한다고 생각한다.

이러한 결론은 다른 측면에서 볼 때 제3자의 재심청구를 자기에게 책임 없는 사유로 인하여 당해 소송에 참가하지 못한 제3자의 경우에만 한정하여 인정하고 있는 현행법규정(법 제31조)과의 체계적 해석에 의해서도 뒷받침될 수 있으리라고 생각한다.[252)]

6) 취소판결에 따르는 기타 사항

(1) 상소제도

제1심 법원(행정법원 · 지방법원본원)의 종국판결에 대하여는 상급법원에 항소할 수 있으며, 항소심의 종국판결에 대하여는 대법원에 상고할 수 있다(법 제8조 제2항). 민사소송법의 「항소는 제1심 법원이 선고한 종국판결에 대하여 할 수 있다」(동법 제390조 제1항). 그리고 「상고는 고등법원이 선고한 종국판결과 지방법원 합의부가 제2심으로서 선고한 종국판결에 대하여 할 수 있다」(동법 제422조)라는 규정에 의한 상소제도가 행정소송에도 적용된다.

다만, 행정소송에도 「상고심절차에 관한 특례법」이 적용되는 결과 대법원은 상고이유에 관한 주장이 동법 제4조 제1항 각 호의 어느 하나의 사유를 포함하지 아니한다고 인정하면 심리를 하지 아니하고(심리의 불속행), 판결로 상고를 기각한다(동법 제4조 제1항)는 데에 심각한 문제점이 있다. 이러한 심리의 불속행에 의한 기각판결은 헌법상 국민의 재판청구권과 3심제의 원칙에 위배되는 위헌의 소지가 충분히 있는 제도이다. 더 나아가 대법원은 동조항은 어느 하나의 사유에 명백히 해당한다고 보이는 사건까지도 소송기록에 대한 면밀한 검토도 없는 것처럼 임의적 · 자의적으로 판단하여 심리불속행에 의한 기각판결을 자행함으로써 사법부에 대한 고도의 불신을 자초하고 있다는 점을 국민은 개탄하고 있는 것 같다. 그러나 헌법재판소는 「상고심절차에 관한 특례법」 제4조의 심리불속행제도를 합헌으로 보았다.[253)]

(2) 항고 · 재항고

행정소송에 있어서도 소송절차에 관한 신청을 기각한 결정이나 명령에 대하여 불복이 있으면 항고할 수 있으며(민소법 제439조), 항고법원 또는 항소법원의 결정 및 명령에 대하여 재판에 영향을 미친 헌법 · 법률 · 명령 또는 규칙의 위반이 있음을 이유로 재항고할 수 있다(동법 제442조).

---

252) 류지태, 전게서, 602-603면.

253) 헌재결 2002.6.27, 2002헌마18.

또한 법률에 규정이 있는 경우에는 즉시항고할 수 있는데, 재판의 고지가 있는 날부터 1주일 내에 하여야 하는 즉시항고에는 집행정지의 효력이 인정된다(동법 제444조, 제447조 참조).

(3) 재심제도

(가) 재심의 소

재심은 확정된 종국판결에 대하여 민사소송법 제451조 제1항 각 호의 어느 하나에 해당하는 재심사유가 있는 경우에 판결을 한 법원에 그 판결의 취소와 사건의 재심사를 구하는 재심의 소를 제기하여 소송절차를 거치는 것을 말한다(민소법 제451조 이하). 이러한 재심제도는 취소소송의 판결에 대하여서도 민사소송법이 정하는 바에 따라 재심 또는 준재심(결정 · 명령에 대한 재심)이 인정되고 있음은 말할 것도 없다.

(나) 제3자의 재심청구

행정소송법 제31조는 취소판결에 대한 '제3자의 재심청구'에 관하여 특별히 규정하고 있는데, 「처분 등을 취소하는 판결에 의하여 권리 또는 이익의 침해를 받은 제3자는 자기에게 책임 없는 사유로 소송에 참가하지 못함으로써 판결의 결과에 영향을 미칠 공격 또는 방어방법을 제출하지 못한 때에는 이를 이유로 확정된 종국판결에 대하여 재심의 청구를 할 수 있다」고 하는 규정이 이에 해당되는 것이다. 이러한 제도를 두는 취지는 '취소판결의 제3자효'로 인하여 권리가 부당하게 침해될 우려가 있는 제3자를 보호하기 위한 것이다.

(4) 명령 · 규칙의 위헌 · 위법판결의 공고

「행정소송에 대한 대법원판결에 의하여 명령 · 규칙이 헌법 또는 법률에 위반된다는 것이 확정된 경우에는 대법원은 지체 없이 그 사유를 행정안전부장관에게 통보하여야 하며(법 제6조 제1항), 통보를 받은 행정안전부장관은 지체 없이 이를 관보에 게재하여야 한다」(동조 제2항)고 규정하여 행정소송법은 명령 · 규칙에 대한 위헌 · 위법판결의 공고제도를 두고 있다.

그러나 이러한 공고는 판결의 내용을 관계행정청이나 이해관계인에게 주지시켜 앞으로는 위헌 또는 위법으로 판단된 명령이나 규칙을 관계행정청은 적용하지 않도록 하고, 이해관계인은 행정청이 그러한 명령이나 규칙을 적용하는 경우 위헌 · 위법을 주장하여 적용을 막도록 하려는 것이다. 그러나 형식적으로 당해 명령 · 규칙의 효력은 유효한 것으로 존속한다.

(5) 소송비용

(가) 원 칙

소송비용은 원칙적으로 패소자의 부담이다(민소법 제98조). 일부패소의 경우에는 당사자들이 부담할 소송비용은 법원이 정한다(동법 제101조).

(나) 예 외

취소청구가 사정판결에 의하여 기각되거나 행정청이 처분 등을 취소 또는 변경함으로 인하여 청구가 각하 또는 기각된 경우에는 소송비용은 피고의 부담으로 한다(행소법 제32조).

(다) 소송비용에 관한 재판의 효력

소송비용에 관한 재판이 확정된 때에는 피고 또는 참가인이었던 행정청이 소속하는 국가 또는 공공단체에 그 효력을 미친다(동법 제33조). 소송비용에 대한 재판은 독립하여 상소의 대상이 되지 아니한다(민소법 제391조).

7) 판결에 의하지 않는 취소소송의 종료

취소소송은 원칙적으로 법원의 종국판결에 의하여 종료된다. 그러나 원고의 소의 취하 등에 의하여 종료될 수도 있으며, 취소소송에 있어서 청구의 포기 · 인낙이나 재판상의 화해가 허용되는가에 관하여는 견해가 나누어져 있다.

(1) 소의 취하

소의 취하란 원고가 제기한 소의 전부 또는 일부를 철회하는 취지의 법원에 대한 일방적 의사표시를 말한다. 취소소송은 행정의 적법성 확보를 그 목적의 하나로 하기 때문에 그의 가능성 여부가 문제되기도 한다. 그러나 취소소송에서도 처분권주의에 따라 소의 취하로 취소소송이 종료되는 것은 당연하다.

소의 취하에 관하여는 민사소송법이 준용되며(법 제8조 제2항), 피고가 본안에 대하여 준비서면을 제출하거나 준비절차에서 진술하거나 변론을 한 후에는 소의 취하에 피고의 동의를 얻어야 한다. 또한 소의 취하는 서면으로 하는 것이 원칙이지만, 변론 또는 준비절차에서 구술로써 할 수도 있다(민소법 제266조 참조).

(2) 청구의 포기 · 인낙

(가) 의 의

청구의 포기란 변론 또는 준비절차에서 원고가 자기의 소송상의 청구가 이유 없음을 자인하는 법원에 대한 일방적 의사표시를 말하며, 청구의 인낙(認諾)이란 피고가 원고의 소송상의 청구가 있음을 자인하는 법원에 대한 일방적 의사표시를 말한다. 민사소송법은 당사자가 청구의 포기 또는 인낙을 조서에 기재한 때에는 당해 소송의 종료의 효과가 발생한다. 조서가 성립되면 포기조서는 청구기각의, 인낙조서는 청구인용의 확정판결과 동일한 효력이 있다(민소법 제220조). 이것은 통상의 민사소송에 있어서는 당사자에게 소송물인 권리관계를 자유로이 처분할 수 있는 권리가 인정되어 있기 때문이다.

(나) 청구의 포기·인낙의 허용여부의 문제

행정소송사건에 있어서도 위와 같은 청구의 포기·인낙을 인정할 것인가 하는 문제가 제기된다.

① 긍정설: 이 견해는 행정소송사건의 심리에 있어서도 변론주의와 처분권주의를 기본으로 하고 행정소송법 제26조(직권심리)는 예외적으로 적용되고, 행정소송법에 이를 배제하는 명시적 규정이 없으므로 행정소송법 제8조 제2항에 따라 민사소송법상의 청구의 포기·인낙에 관한 규정이 준용될 수 있다고 한다. 또한 청구의 포기·인낙은 법원의 최종판결을 기다리지 않고 일찍이 소송절차를 종료시키는 경우에 해당하기에 이를 인정하더라도 법치행정에 반하지 않고 오히려 소송경제에 유용하다는 점을 근거로 행정소송에서도 청구의 포기·인낙이 허용된다는 입장이다.[254]

② 부정설: 이 견해는 취소소송에서 행정청이나 개인은 소송물인 처분을 임의로 취소·변경할 수 없는 것이어서 청구의 포기·인낙에 대하여 민사소송의 확정판결과 동일한 효력을 인정하기는 어렵고, 민사소송의 처분권주의와 달리 행정소송에서의 처분권주의란 본안에 관한 처분의 자유를 포함하지 않으므로 원고가 청구를 포기한다고 하여도 당해 처분의 적법성이 확정되는 것은 아니며 또한 피고가 인낙할 권한을 갖지도 않는다고 보아야 한다는 점을 근거로 하여 행정소송에서는 청구의 포기·인낙이 인정되지 않는다는 입장이다.[255]

③ 결어: 법률에 의한 행정의 원칙과 행정소송의 특수성을 해하지 않는 범위 안에서 제한적으로 청구의 포기·인낙을 인정하는 것이 필요하다고 본다(제한적 긍정설).[256]

(3) 재판상의 화해

(가) 의 의

재판상의 화해란 당사자 쌍방이 소송계속 중에 소송물인 법률관계에 관한 주장을 서로 양보하여 소송을 종료시키기로 하는 변론기일에 있어서의 합의를 말한다. 당사자 쌍방의 이러한 화해의 진술이 있는 때에 그 내용을 조서에 기재하면 화해조서는 확정판결과 같은 효력이 있다(민소법 제220조).

(나) 재판상 화해의 허용 여부의 문제

행정소송법의 경우에는 이러한 재판상의 화해에 관하여 명문규정을 두고 있지 않으므로 동법

254) 류지태, 전게서, 608면.
255) 김남진·김연태, 전게서, 818면; 이상규, 전게서, 894면.
256) 홍정선, 전게서, 768면.

제8조 제2항의 규정에 의하여 행정소송(취소소송)의 경우에도 민사소송법의 소송법상의 화해에 관한 규정이 준용될 것인지가 문제된다.

① 부정설 : 이 견해는 항고소송의 대상인 행정처분의 내용은 행정청이 법에 의한 일방적 행위로 정하여지는 것이므로 당사자와의 의사의 일치에 의하여 임의로 권리관계를 취소 · 변경할 수 없고, 항고소송의 심리에는 법원이 필요한 경우 직권탐지주의가 적용되며(법 제26조), 취소판결의 효력은 제3자에게도 미치기 때문에(법 제29조 제1항) 당사자 간의 합의만으로 대세적 효력을 인정하면 제3자에게 불측(不測)의 손해를 입힐 우려가 있으므로 당사자가 자유롭게 처분할 수 없다는 점 등을 논거로 하여 소극적으로 해석한다.[257)]

② 긍정설 : 이 견해는 행정소송법에 특별한 규정이 없어 국민의 권익, 소송경제, 분쟁의 신속한 해결 등을 위하여 민사소송법상의 화해규정을 준용하여 인정하는 것이 타당하고, 당사자의 처분권에 관하여 원고의 처분권은 계쟁처분이 원고의 권리 · 이익에 속하는 한 이를 인정할 수 있고 처분청은 직권취소 · 변경 등의 권한과 재량권을 소송행위의 형식으로 행사하는 것이므로 행정청의 처분권도 인정할 수 있다. 그리고 공법상 권리관계라고 하더라도 재량행위처럼 소송의 대상을 처분할 수 있는 경우에는 화해가 가능하며, 행정의 법률적합성은 행정소송에서 재판상 화해의 요건과 방식을 제한하는 것은 상관없지만 화해 자체를 부정하는 이유가 될 수 없다. 또한 취소판결의 효력이 제3자에게 미친다고 하더라도 화해로 인하여 권리를 침해받는 제3자가 이를 다툴 수 있는 소송법상의 방법을 마련하여 두면 되므로 화해 자체를 부정할 것은 아니라는 점 등을 논거로 한다.[258)]

대법원은 귀속재산처리사건에 관하여 화해를 인정한 예가 있다.[259)] 서울행정법원은 법원의 권고에 따라 피고가 처분을 취소 또는 변경하고 원고가 소를 취하하는 사실상 화해의 방식을 주로 사용하고 있다.

③ 결어 : 긍정설이 법률에 의한 행정의 원칙과 행정소송의 특수성을 해치지 않는 범위 안에서 재판상의 화해를 인정하는 입장이라고 볼 때, 긍정설이 타당하다.[260)]

(4) 당사자의 멸실

원고가 사망하고 또한 소송물의 권리관계의 성질상 승계가 허용되지 아니하는 소송관계에 있어서는 상대방이 없는 소송이 되어 그 소송은 종료하게 된다. 그러나 피고인 행정청이 없게 된 때에는 그 처분 등에 관한 사무가 귀속되는 국가 또는 공공단체가 피고로 되며(행소법 제13조 제2항). 이 경우에는 상대방이 없는 소송이 되지 않아 소송도 종료되지 않는다.

---

257) 이상규, 전게서, 895면.
258) 김남진 · 김연태, 전게서, 818면; 류지태, 전게서, 608면.
259) 대판 1955.9.2, 4287行上59.
260) 홍정선, 전게서, 769면.

Ⅱ. 무효등확인소송

1. 무효등확인소송의 의의

1) 개 념

무효등확인소송이란 「행정청의 처분 등의 효력 유무 또는 존재 여부를 확인하는 소송」을 말한다(법 제4조 제2호). 이러한 무효등확인소송에는 처분이나 재결의 무효확인소송 · 유효확인소송 · 존재확인소송 · 부존재확인소송 및 실효확인소송 등의 여러 가지 종류가 있으나, 행정소송법은 이와 같은 모든 소송을 포함하는 개념으로서 '무효등확인소송'이라고 규정하고 있다. 따라서 무효확인소송이 이에 관한 전형적인 형태라고 할 수 있다.

처분 등은 법률관계의 발생 · 변경 · 소멸을 가져오는 것이고, 그 자체가 법률관계는 아니다. 따라서 처분 등 존부확인소송은 '법률관계존부확인소송'과는 구별되어야 하며, 후자는 일종의 무명항고소송이다. 행정소송법은 항고소송으로서 법률관계존부확인소송은 명시적으로 인정하지 않고 있으며, 법률관계존부확인소송의 하나의 유형인 작위의무확인소송도 현행법은 명문으로 인정하지 않고 판례도 부인한다.[261] 또한 행정소송법상의 무효등확인소송은 추상적 규범통제수단이 아니기 때문에 법령무효확인의 소도 인정되지 않는다.

행정소송법은 취소소송에 관한 대부분의 규정을 이 무효등확인소송에 준용하도록 하고 있으나(법 제37조, 제38조 제1항), 행정심판전치주의(법 제18조) · 제소기간(법 제20조) · 사정판결(법 제28조) 등에 관한 규정은 준용하고 있지 않다.

2) 무효등확인소송의 제도적 의의

처분에 내재하는 하자가 중대하고 명백하여 무효이거나 행정행위라고 볼 수 있는 외형상의 존재자체가 없는 부존재인 경우에는, 그 처분의 무효 또는 부존재를 존재로 하여 바로 현재의 법률관계에 관한 주장으로서의 소송을 하면 될 것이고, 구태여 그의 무효나 부존재를 확인받을 필요는 없지 않는가 하는 생각이 들 수 있다. 예컨대, 위법한 과세처분에 따라 납세한 자가 그 후 당해 처분이 무효로 판단된 때에는, 그 무효를 전제로 부당이득반환청구를 할 수 있다. 그러한 점에서는 무효처분과 관련하여 그 무효를 선결문제로 하는 민사소송 또는 공법상 당사자소송에 의하여 권리구제를 받을 수 있으므로 독자적 소송형태로서의 무효확인소송을 인정할 필요는 없다고 볼 수도 있다.

그러나 행정처분이 무효인가, 그렇지 않으면 취소할 수 있는 것인가를 구별하기는 쉬운 일이 아니므로 무효 또는 부존재인 처분 등도 처분청은 당해 처분이 유효한 것이라고 하여 이를 집행할 우려가 있다. 따라서 이러한 경우에는 당해 처분의 상대방은 행정소송을 제기하여 당해 처분

261) 대판 1990.11.23, 90누578; 대판 1990.11.23, 90누3553.

의 무효임을 공적으로 확인받을 필요가 있게 되며, 여기에 무효확인소송이라는 독립된 소송형태를 인정할 필요와 실익이 있다는 데에 제도적 의의가 있는 것이다.

2. 무효등확인소송의 성질

무효등확인소송의 성질에 관하여 (구)행정소송법은 무효등확인소송을 명시적으로 규정하지 않았기 때문에 확인소송설 · 항고소송설 · 준항고소송설 등의 견해가 대립하고 있었다. 그러나 현행 행정소송법은 무효등확인소송을 취소소송과 함께 항고소송의 일종으로 규정함으로써 이 문제를 입법적으로 해결하였다(법 제4조 제1호, 제2호). 다만, 같은 항고소송이라고 하더라도 취소소송은 처분 등의 효력을 소멸시키는 형성소송인 데 반하여, 무효등확인소송은 주관적 소송인 점은 같지만 당해 처분 등이 무효인 것을 확인 · 선언하는 데 그치는 것이므로 확인소송의 성질을 가진다. 그러나 기능상으로 본다면 무효확인판결의 효력은 취소판결의 경우와 같이 제3자에게도 미치는 까닭에 형성판결과 유사한 기능을 갖게 되므로 무효등확인소송은 내용적으로는 준항고소송의 성질을 갖는 것으로 보아야 할 것이다.

3. 무효등확인소송의 제기

1) 법원의 판단을 받기 위한 소송요건

"소 없으며 재판 없다"는 원칙은 무효등확인소송의 경우에도 당연히 적용된다. 따라서 처분 등에 무효등확인판결을 받으려면 원고가 관할법원에 무효등확인소송을 제기하여 법원의 심리절차를 거쳐야 한다. 그런데 법원으로부터 계쟁처분 등이 무효등이라는 판결을 받기 위하는 전제요건으로서의 소송조건을 갖추어야 한다.

무효등확인소송의 소송요건은 이 책의 전술한 내용과 중복된 부분이 상당히 많으므로 여기에서는 중요한 소송요건에 한정하여 간단히 논의하되, 이미 설명한 부분은 언급을 생략하기로 한다.

(1) 재판관할

무효등확인소송의 재판관할은 취소소송에 관한 규정이 준용되어 피고인 행정청의 소재지를 관할하는 행정법원이 제1심 관할법원이 된다(법 제9조, 제38조 제1항 참고). 이러한 소송이 관할권 없는 법원에 잘못 제기된 경우에는, 그것이 원고의 고의 · 과실에 기인한 것이 아니면 수소법원은 정당한 관할법원에 이송하여야 한다(법 제8조 제2항, 민소법 제34조).

(2) 소송의 대상

무효등확인소송도 취소소송과 마찬가지로 '처분 등', 즉 「행정청이 행하는 구체적 사실에 관한 법집행으로서의 공권력의 행사 또는 그 거부와 그 밖에 이에 준하는 행정작용 및 행정심판에 대한 재결」을 소송대상으로 한다(법 제19조, 제38조 제1항 참고). 그리고 무효등확인소송의 대상이 되기 위해서는 적어도 유효한 처분 등으로 오인될 만한 외견적 존재가 있어야 한다. 동시에 처분 등의 무효, 부존재 등이 명백할 때에는 일반적으로 권리보호의 필요(협의의 소익)가 부정된다고 보아야 할 것이다.[262] 재결의 무효등확인소송은 재결 자체에 고유한 위법이 있음을 이유로 하는 경우에만 가능하다(법 제19조 단서, 제38조 제1항 참조).

(3) 당사자

(가) 원고적격

무효등확인소송은 「처분 등의 효력의 유무 또는 존재 여부에 대한 확인을 구할 법률상 이익이 있는 자가 제기할 수 있다」(법 제35조). 그런데 여기에서 '확인을 구할 법률상 이익'이 무엇을 의미하는지에 대하여는 견해가 나누어져 있다.

① 즉시확정이익설 : 이 견해는 '확인을 구할 법률상 이익'을 민사소송에서의 확인의 이익과 같이 원고의 권리나 법률상 지위에 현존하는 불안이나 위험을 제거하기 위하여 확인판결을 받는 것이 유효 · 적절한 때와 같이 즉시확정의 법률상 이익으로 본다. 이 설의 논거는 확인소송의 보충성에 두고 있으며, 무효확인소송은 무효를 전제로 하는 현재의 법률관계에 관한 소송으로 구제되지 않을 때에만 보충적으로 인정된다고 보고 있다. 독일 · 일본의 입법례는 이에 따르고 있다.

② 법적 보호이익설 : 이 견해는 '확인을 구할 법률상 이익'을 취소소송의 그것과 동일하게 법률에 의하여 보호되는 이익으로 본다. 행정소송은 공익을 추구하는 행정작용에 대하여 특수한 취급을 하기 위하여 별도로 마련된 소송제도로서, 취소판결의 기속력을 무효확인소송에도 준용하고 있어서 무효확인판결 자체만으로 판결의 실효성을 확보할 수 있기에 민사소송과는 목적과 취지를 달리하므로 민사소송에서의 '확인의 이익'[263]이론이 행정소송에서는 그대로 타당할 수 없다는 점 등을 논거로 든다. 우리나라의 통설적 입장이다.[264]

③ 판례 : 종래 판례는 다른 구제수단에 의하여 분쟁이 해결되지 않는 경우에 한하여 무효확인소송이 보충적으로 인정된다고 하는 이른바 무효확인소송의 보충성을 요구하였다.[265] 그러나 대법원은 최근 전원합의체 판결에서 종래의 입장을 변경하여 무효확인소송에서도 취소소송의 경우와 같이 행정처분의 근거법률에 의하여 보호되는 직접적이고 구체적인 이익이 있는 경우에는 행정소송법 제35조에 규정된 '무효확인을 구할 법률상 이익'이 있다고 보아야 하고, 이와 별도로 무

---

262) 김남진 · 김연태, 전게서, 823면.

263) 여기의 '확인의 이익'이라 함은 확인소송의 보충성 및 즉시확정의 이익을 의미한다.

264) 김남진 · 김연태, 전게서, 825면; 김동희, 전게서, 782면; 박균성, 전게서, 794면; 박윤흔 · 정형근, 전게서, 870면; 홍정선, 전게서, 774면.

265) 대판 1988.3.8, 87누133; 대판 1989.10.10, 89누3397; 대판 2001.9.18, 99두11752.

효확인소송의 보충성이 요구되는 것은 아니라는 입장을 취하고 있다.[266]

④ 결어 : 생각건대, 무효확인소송은 항고소송의 일종이고, 행정소송은 민사소송과는 목적 · 취지 및 기능을 달리하며, 무효확인판결만으로도 실효성을 확보할 수 있다는 점 등을 종합하여 보면, 변경된 대법원의 입장과 같이 무효확인소송의 보충성을 요구하지 않는 것이 행정처분에 의하여 불이익을 받은 상대방에게 소송형태에 관한 선택권을 부여함으로써 국민의 권익구제를 강화할 수 있는 바람직한 해석이라고 본다. 따라서 무효확인소송의 소의 이익은 보충성 요건에 따라 판단할 것이 아니라 소의 이익에 관한 일반원칙에 따라 판단하여야 할 것이다.[267]

(나) 피고적격

무효등확인소송은 처분 등을 행한 행정청을 피고로 하는데, 취소소송의 피고적격에 관한 규정이 이 소송에 준용되기 때문이다(법 제13조 제1항, 제38조 제1항). 처분 등이 있은 후에 그 권한이 다른 행정청에 승계된 때에는 이를 승계한 행정청이 피고로 된다(법 제13조 제1항 단서, 제38조 제1항). 피고의 경정에 관하여도 취소소송의 규정이 준용된다(법 제14조, 제38조 제1항).

(다) 기타 당사자 관련조항

공동소송(법 제15조), 제3자의 소송참가(법 제16조), 행정청의 소송참가(법 제17조) 등 취소소송의 당사자에 관한 다른 조항도 무효등확인소송에 준용된다(법 제38조 제1항).

(4) 행정심판전치주의의 적용의 배제

무효등확인소송의 경우에도 처분 등을 대상으로 하지만, 처분 등의 위법사유가 중대하고 명백하여 무효인 처분일 때에는 관계법에서 예외적으로 행정심판전치주의를 규정하고 있다고 하더라도 법원의 심사보다 먼저 행정청에 심리 · 판단을 하도록 할 필요가 없다고 할 것이다. 그러므로 무효등확인소송에 행정심판전치주의에 관한 규정은 준용되지 아니한다(법 제18조, 제38조 제1항 참조). 다만, 실질이 처분의 무효를 구하는 소송일지라도 취소소송의 형식을 취하는 이상, 행정심판의 예외적 전치주의의 적용이 있어야 할 것이다.[268]

(5) 제소기간제한의 배척

무효등확인소송에는 취소소송에 관한 제소기간 제한에 관한 규정이 준용되지 아니한다(법 제20조, 제38조 제1항 참조). 무효 또는 부존재인 처분은 처음부터 효력이 없는 것이므로 법률관계의 조속한 확정이라는 요청에 의한 제소기간의 제한규정이 무효등확인소송에는 당연히 적용되지 않

266) 대판 2008.3.20, 2007두6342.

267) 김남진 · 김연태, 전게서, 825면.

268) 대판 1990.8.28, 90누1892.

는다. 따라서 무효등확인소송은 제소기간의 제한을 받지 않고 제기할 수 있다. 다만, 취소소송의 형식을 취하는 경우에는, 제소기간제한의 적용을 받게 되는 것은 행정심판에 있어서와 마찬가지이다.

2) 소송제기의 효과

(1) 집행정지의 문제

행정소송법은 취소소송이 제기된 경우 처분의 예외적 집행정지제도를 무효등확인소송에도 준용하고 있다(법 제23조, 제24조, 제38조 제1항). 무효인 처분은 이론상 처분으로서의 구속력이 없고 집행의 문제도 없는 것이지만, 무효인 처분도 처분으로서의 외관이 존재하고 무효원인인 하자와 취소원인인 하자의 구별이 명확하지 않아 상대적인 것이고 보면 무효인 처분도 집행될 우려가 전혀 없는 것은 아니므로 무효등확인소송에 집행정지제도를 준용하고 있다고 보여진다.

(2) 가처분

무효등확인소송에 있어서 가구제로서 가처분에 관한 민사집행법의 규정(동법 제200조)의 규정이 준용될 수 있는가에 대하여는 우리 행정소송법이 명문의 규정을 두고 있지 않기 때문에 소극설과 적극설이 대립하고 있다. 그런데 행정소송법이 보전처분으로서 집행정지제도를 인정하고 있기 때문에 그 제도를 통하여 목적을 달성할 수 있는 한 민사집행법상 보전조치에 관한 규정이 적용될 여지는 없다고 보는 것이 타당하다. 그러나 이러한 보전처분으로써는 목적을 달성할 수 없는 경우에는 가처분제도를 활용하여 행정처분에 따르는 불이익을 잠정적이지만 배제할 필요가 있다고 본다. 이렇게 해석하는 것이 헌법상 재판청구권의 보장 및 권리구제의 취지에도 부합하게 된다고 할 수 있다. 더욱이 무효인 행정처분은 그 하자가 중대 · 명백하여 처음부터 효력이 없는 것이라는 점을 감안하면, 무효등확인소송에 있어서는 민사집행법상의 가처분제도를 인정할 수 있는 소지가 있다고 할 것이다.

(3) 관련청구의 이송 · 병합 및 소의 변경

처분과 관련되는 분쟁을 동시에 해결함으로써 심리의 중복을 피하여 소송경제와 신속한 재판을 도모하고, 재판의 모순 · 저촉을 방지할 필요는 취소소송과 같이 무효등확인소송에서도 그대로 인정된다. 따라서 행정소송법상 관련청구소송의 이송 · 병합(법 제10조) 및 공동소송(법 제15조)에 관한 규정이 준용된다(법 제38조 제1항).

행정소송법상의 소의 변경에 관한 규정(법 제21조)은 무효등확인소송을 취소소송 또는 당사자소송으로 변경하는 경우에 준용한다(법 제37조). 즉 법원은 무효등확인소송을 취소소송 또는 당사자소송으로 변경하는 것이 상당하다고 인정할 때에는, 청구의 기초에 변경이 없는 한 사실심의 변론종결시까지 원고의 청구에 의하여 법원의 결정으로써 소의 변경을 허가할 수 있다. 그러나 취소소송에는 행정심판전치주의 및 단기제소기간에 의한 제한이 있기 때문에 무효등확인소송을 취소소송으로 변경하는 데 있어서는 실질적 제한을 받는다. 또한 법원은 행정청이 소송의 대상인 처분을 소가 제기된 후 변경한 때에도 소의 변경을 인정하고 있다(법 제22조). 이는 원고에게 책임 없는 사유로 인한 무용한 절차의 반복을 피하도록 하고, 간편 · 신속하게 당해 소송의 목적을 달성할 수 있도록 하는 것이 되므로 처분변경으로 인한 소의 변경에 관한 규정도 무효등확인소송에 준용된다(법 38조 제1항).

4. 무효등확인소송의 심리

1) 행정심판기록의 제출명령

법원은 당사자의 신청이 있는 때에는 결정으로써 재결을 행한 행정청에 대하여 행정심판에 관한 기록의 제출을 명할 수 있게 하였는데(법 제25조), 이러한 '행정심판기록의 제출명령'은 소송자료를 충분하게 하여 원고의 입증을 용이하게 하려는 제도로 무효등확인소송에도 준용된다(법 제38조 제1항).

2) 직권증거조사주의

행정소송법 제26조는 「법원은 필요하다고 인정할 때에는 직권으로 증거조사를 할 수 있고, 당사자가 주장하지 아니한 사실에 대하여도 판단할 수 있다」고 규정하여 직권증거조사주의를 채택하고 있다. 그런데 소송의 결과가 공공복리와 밀접한 관련이 있는 것은 무효등확인소송도 취소소송과 마찬가지이므로 직권조사에 관한 규정이 준용된다(법 제38조 제1항).

3) 주장책임 · 입증책임

(1) 주장책임

무효등확인소송에 있어서도 주요사실은 당사자가 주장하지 않으면 판결의 기초로 삼을 수 없다.

(2) 입증책임

무효등확인소송에 있어서 입증책임을 어떠한 기준에 의하여 당사자간에 분배할 것인가에 대하여는 다음과 같이 견해가 나누어져 있다.

(가) 취소소송의 경우와 동일하게 보는 설

무효사유의 주장은 권한행사규정에 있어서의 특정요건사실의 부존재를 주장하는 데 그치는 것으로서, 당해 사실의 부존재가 무효사유, 즉 중대하고 명백한 하자가 있는지의 여부는 법해석 또는 경험칙에 의하여 판단되어야 하는 것일 뿐 입증책임과는 무관하다는 점을 근거로 무효등확인소송에 있어서도 요건사실의 존부에 대하여는 취소소송의 경우와 동일하게 피고인 행정청이 입증책임을 부담하는 것으로 보아야 한다고 한다. 우리나라의 다수설이다.[269)]

(나) 원고입증책임설

이 견해는 무효등확인소송에 있어서는 처분 등의 무효원인사실에 대하여는 원고가 입증책임을 진다고 본다. 즉 이 설은 무효등확인소송은 취소소송에 비하여 특별한 구제절차로서, 이 소송에서 당해 처분의 하자가 중대 · 명백한 법규위반으로 무효로 되게 되는 처분의 예외적 무효원인사실에 대한 입증책임은 원고에게 있다고 한다. 판례는 "행정처분의 당연무효를 주장하여 그 무효확인을 구하는 소송에 있어서는 원고에게 그 행정처분이 무효인 사유를 주장, 입증할 책임이 있다"고 판시하고 있다.[270)]

(다) 결 어

생각건대, 행정소송법은 국민의 권익구제기능의 취지에서 무효등확인소송을 항고소송의 일종으로 규정하고 있으며, 처분 등의 적법성을 다투는 소송인 점에서 취소소송과 다를 것이 없기 때문에 무효등확인소송에 있어서도 처분 등의 적법성을 기초로 하는 요건사실에 대하여 피고인 행정청이 입증책임을 부담하는 것으로 해석하는 것이 타당하다고 본다. 그러나 판례의 입장인 원고입증책임설이 타당하다는 견해도 있다.[271)]

4) 선결문제

(1) 의 의

선결문제라 함은 민사소송에서의 본안에 대한 판단의 전제가 된 처분 등의 무효 여부 또는 존재 여부에 대한 다툼을 말한다(법 제11조). 예컨대, 토지소유권확인을 구하는 민사소송에서 토지수용의 무효를 주장하는 것 등이다. 이러한 선결문제는 공법상 당사자소송 또는 형사소송에서도 제기될 수 있으나, 행정소송법 제11조 제1항에서는 「처분 등의 효력 유무 또는 존재 여부가 민사소송의 선결문제로 되어」라고 정함으로써 민사소송에서의 선결문제에 관하여서만 규정하고 있으며, 그 심리절차에 관한 약간의 규정을 두고 있다.

(2) 선결문제에 대한 심판권의 소재

민사소송에서 행정행위의 효력문제가 선결문제로 된 경우 심리 · 판단권이 민사소송의 수소법

269) 김도창, 전게서, 828면; 김동희, 전게서, 786면; 김성수, 전게서, 862면; 김철용, 전게서, 686면; 석종현, 전게서, 915면; 이상규, 전게서, 874면; 홍정선, 전게서, 779면.

270) 대판 1984.2.28, 82누154; 대판 1992.3.10, 91누6030; 대판 2010.5.13, 2009두3460.

271) 박윤흔 · 정형근, 전게서, 873면.

원에 있는가, 아니면 별도의 항고소송의 관할법원에 있는가에 대하여는 견해가 갈리고 있으나, 당해 처분의 위법성의 정도에 따라 결정된다고 보는 것이 통설적 견해이다.[272)]

(가) 단순위법의 경우

처분의 위법성이 단순위법, 즉 취소사유에 그치는 경우에 당해 처분은 공정력이 있으므로 정당한 절차를 거쳐 권한 있는 기관이 이를 취소하기 전까지는 그 효력을 어떠한 사람도 부인할 수 없는 것이 원칙이다. 따라서 당해 처분이 취소소송에 의하여 취소되기 전에는 민사소송의 수소법원도 그 효력을 부인할 수 없다.[273)] 다만, 소송배상청구소송에서의 경우와 같이 효력의 부인에 이르지 않는 단순위법성의 판단은 가능하다.[274)]

(나) 위법성이 중대·명백한 경우

처분의 위법성이 중대·명백한 경우에는 무효인 만큼 당해 처분에는 공정력이 없고 처음부터 효력이 발생하지 않으므로 부과처분의 무효 여부가 선결문제로 된 때에는 당해 민사사건의 수소법원이 무효의 여부를 스스로 심리·판단할 수 있다.[275)]

(3) 심리절차

민사법원이 선결문제로서 행정처분의 무효 여부를 심리하는 경우에는, 그것은 사법상의 권리관계에 관한 민사소송의 일부를 이루는 것임은 물론이다. 그러나 이 경우 민사법원에 의한 당해 처분의 무효 여부의 심리·판단은 무효확인소송에서의 무효확인과 실질적으로 같은 의미를 가지는 것이므로 행정소송법 제11조는 무효등확인소송의 경우와 같이 취소소송에 관한 규정을 준용하도록 하고 있다.

민사법원에 의한 선결문제의 심리에 있어 준용되는 조항을 보면, 행정청의 소송참가(법 제17조)·행정심판기록의 제출명령(법 제25조)·직권심리(법 제26조) 및 소송비용에 관한 재판의 효력(법 제33조)에 관한 규정 등이다. 다만, 이 중에서 행정심판기록의 제출명령에 관한 규정이 적용될 가능성은 실제적으로 거의 없을 것이다. 이는 처분의 무효·부존재를 다투는 경우에는 행정심판전치주의가 적용되지 않으므로 대부분의 경우 이를 거치지 않을 것이기 때문이다.

민사소송의 수소법원이 처분 등의 효력 유무 또는 존재 여부의 선결문제를 심리·판단하는 경우에는, 그 처분 등을 행한 행정청에 선결문제로 된 사실을 통지하여야 한다(법 제11조 제2항).

---

272) 김동희, 전게서, 786면.
273) 대판 1973.7.10, 90다1439.
274) 대판 1974.3.12, 73다228.
275) 대판 1971.5.24, 71다744.

5) 기타 심리절차

그 밖에 처분권주의, 구술심리주의, 직권심리주의, 공개심리주의, 쌍방심리주의, 법관의 석명의무에 관한 원칙 등이 무효등확인소송에도 적용된다고 볼 것이다.

5. 무효등확인소송의 판결

1) 위법판단의 기준시점

무효등확인소송에 있어서도 취소소송의 경우와 마찬가지로 법원은 계쟁 중인 처분 등의 적법성 또는 위법성의 여부를 어떤 시점의 사실 및 법상태를 기준으로 할 것인가는 문제이다. 처분시설과 판결시설이 대립되고 있으나, 취소소송에 있어서와 마찬가지로 처분시를 기준으로 처분의 무효 등을 판단하여야 한다는 견해가 통설이라 할 수 있다.

2) 판결의 효력

무효등확인판결의 효력에 관하여는 취소판결의 효력 및 기속력에 관한 규정이 준용된다(법 제29조, 제30조, 제38조 제1항). 따라서 처분의 무효 등을 확인하는 확정판결은 제3자에 대하여도 효력이 있다. 집행정지의 결정, 그 집행정지결정의 취소결정도 제3자효를 가진다. 그리고 처분의 무효 등을 확인하는 확정판결은 그 사건에 관하여 당사자인 행정청과 그 밖의 관계행정청을 기속한다. 즉 판결은 제3자효와 기속력을 발생하게 된다.

3) 제3자의 소송참가 · 재심청구

무효등확인판결은 제3자에 대하여도 효력이 미치기 때문에 제3자의 권익을 보호하기 위하여 제3자의 소송참가(법 제16조), 제3자에 의한 재심청구(법 제31조)에 관한 규정은 이 소송에도 준용된다(법 제38조 제1항).

4) 소송비용에 관한 재판의 효력

소송비용에 관한 재판이 확정된 때에는 피고 또는 참가인이었던 행정청이 속하는 국가 또는 공공단체에 그 효력을 미친다(법 제33조).

5) 사정판결에 관한 규정의 적용 여부의 문제

무효 또는 부존재인 처분에 있어서는 처분의 효력이 처음부터 발생하지 않으므로 행정소송법은 무효등확인소송에 취소소송에 있어서의 사정판결에 관한 규정을 준용하지 않고 있다(법 제38

조 제1항 참조). 다수설과 판례[276]도 무효등확인소송에는 사정판결의 규정이 준용되지 않는 것을 당연시한다. 그러나 무효등확인소송의 경우에도 사정판결이 인정(유추적용)되어야 한다는 주장도 없지 않다.[277]

6) 간접강제에 관한 규정의 적용문제

거부처분의 무효확인판결이 있는 경우에 거부처분취소판결의 간접강제에 관한 규정(법 제34조)이 준용된다고 볼 것인지가 문제이다. 판례는 행정소송법 제34조가 무효확인판결에 준용된다는 규정이 없으므로 거부처분에 대하여 무효확인판결이 내려진 경우에 처분청은 이전의 신청에 대하여 판결의 취지에 따라 재처분할 의무가 인정될 뿐 그에 대하여 간접강제까지 허용되는 것은 아니라고 한다.[278]

그러나 거부처분의 무효확인판결에도 기속력이 인정되어 행정청은 판결의 취지에 따라 다시 이전의 신청에 대한 처분을 하여야 할 의무가 있고(법 제30조 제2항, 법 제38조 제1항), 그 의무를 이행하지 않을 경우 강제할 필요성이 있다는 점에서 취소판결과 다를 바가 없으므로 거부처분의 무효확인판결에도 간접강제가 가능하다고 해석할 필요가 있다.[279]

Ⅲ. 부작위위법확인소송

1. 부작위위법확인소송의 의의

1) 개 념

부작위위법확인소송이란 「행정청의 부작위가 위법하다는 것을 확인하는 소송」을 말한다(법 제4조 제3호). 즉 행정청이 상대방의 신청에 대하여 상당한 기간 내에 일정한 처분을 하여야 할 법률상 의무가 있음에도 불구하고 어떠한 처분도 하지 않고 이를 방치함으로써 국민의 권익을 침해한 경우에, 이러한 행정청의 부작위가 위법한 것임을 확인하는 항고소송의 일종이다.

2) 부작위위법확인소송의 제도적 의의

행정청의 위법한 처분으로 인하여 국민의 권리가 침해된 경우에는, 당해 처분의 취소를 구하는

---

276) 대판 1985.5.26, 84누380; 대판 1987.3.10, 84누158.
277) 서원우, "사정판결제도", 「고시계」, 1983.3, 참조.
278) 대결 1998.12.24, 98무37.
279) 김남진 · 김연태, 전게서, 829면.

행정소송을 제기하여 구제를 받을 수 있다. 그러나 국민이 행정청에 대하여 일정한 처분을 할 것을 신청하였는데도 행정청이 아무런 처분도 하지 않고 이를 방치하고 있을 때에는, 취소소송이나 무효확인소송의 대상이 되지 않은 관계로 그러한 소송형식으로는 이를 다툴 수 없으므로 이러한 행정청의 부작위에 대하여는 다른 소송수단이 마련되어야 할 필요가 있다. 그에 따라서 행정소송법은 부작위위법확인소송을 채택하였다.

행정상의 이행소송의 유형으로서 독일의 행정법원법 제42조 제1항은 의무이행소송(Verpflichtungsklage)이 제도화되어 있고, 영 · 미에서는 직무집행명령소송(mandamus proceeding)이 인정되고 있다. 이러한 나라에서는 부작위위법확인소송은 인정할 필요도 없고 허용되지도 않는다고 본다.

우리 행정소송법이 이와 같은 이행소송을 도입하지 아니하고 국민권익구제기능에 미흡하지만 소극적이고도 우회적인 구제수단으로써의 부작위위법확인소송을 제도화한 이유는 권력분립원칙, 사법부의 부담경감 및 사법자제적 고려 등을 감안하여 일단 행정권에 대한 간섭의 정도가 가장 약한 부작위위법확인소송을 제도화하는 데 그친 것으로 보인다. 그러면서도 현행법은 부작위위법확인소송의 실효성확보를 위한 제도적 장치를 함으로써 의무이행소송이 채택된 것과 큰 차이가 없는 효과를 얻고자 재처분의무와 간접강제에 대한 규정을 순응하도록 배려한 규정을 찾을 수 있다. 그러나 긴 안목으로 볼 때에는 의무이행소송을 도입하여 제도화할 필요가 있다고 보며, 법무부의 행정소송법 개정안에도 이를 명시하고 있다.

3) 부작위위법확인소송에의 적용법규

부작위위법확인소송은 항고소송의 일종으로서 취소소송과 기본적 성격을 같이 하므로 취소소송에 관한 대부분의 규정이 준용된다. 그 내용을 보면 재판관할, 피고적격 · 피고경정, 관련청구소송의 병합 · 이송, 소의 변경, 공동소송, 제3자 및 행정청의 소송참가, 행정심판임의주의, 행정심판기록제출명령, 직권심리주의, 제3자의 재심청구, 취소판결 등의 효력 · 기속력, 소송비용에 관한 재판의 효력, 간접강제 등의 규정은 부작위위법확인소송에 준용된다.

그런데 부작위위법확인소송은 적극적인 처분이 존재하지 않기 때문에 취소소송에 관한 규정 중에서 제소기간제한(법 제20조 제2항), 처분변경으로 인한 소의 변경(법 제22조), 집행정지결정(법 제23조), 사정판결(법 제28조), 사정판결에 있어서 피고의 소송비용부담(법 제32조), 선결문제(법 제11조), 원고적격(법 제12조) 등에 관한 규정은 준용되지 않는다(법 제38조 제2항 참조).

2. 부작위위법확인소송의 성질

부작위위법확인소송은 내용상으로 볼 때에는 행정청의 소극적 태도, 즉 부작위에 의하여 형성된 위법한 법상태의 제거를 목적으로 하는 것이므로 항고소송의 일종이다. 따라서 행정소송법도 부작위위법확인소송을 항고소송의 하나로 규정하고 있다(법 제4조 제3호). 그리고 부작위위법확인소송은 의무이행소송이 법률관계의 변동을 적극적으로 초래하는 형성적 소송으로서의 성질을 갖는 데 반하여, 공권력의 불행사인 부작위가 단순히 위법하다는 확인을 할 뿐 행정청에게 일정한 행위의무를 부과하는 것은 아니므로 확인소송으로서의 성격을 갖는다.

3. 부작위위법확인소송의 제기

1) 소송제기를 위한 소송요건

행정청의 부작위가 위법하다는 확인의 판결을 받으려면 원고가 관할법원에 피고인 행정청의 부작위가 위법이라는 취지의 부작위위법확인소송의 소장을 접수시켜 법원의 심리절차를 거쳐야 한다. 그런데 법원으로부터 행정청의 부작위가 위법이라는 판결을 받기 위해서는 법이 정하는 일정한 소송요건을 구비하여야 한다. 만일 소송요건을 갖추지 못하면 부작위의 위법 여부에 대한 본안판결도 받지 못하고 그 소는 각하된다. 따라서 소송제기를 위한 소송요건은 대단히 중요하다. 이미 항고소송 중 취소소송의 소송요건에 대하여는 앞에서 자세히 설명하였고, 무효등확인소송은 위에서 필요한 한도 안에서 언급하였다. 여기에서는 가능하면 중복을 피하면서 부작위위법확인소송의 소송요건을 반드시 설명을 하여야 하는 범위로 한정하여 간단히 소개하고자 한다.

(1) 소송의 대상

부작위위법확인소송의 심판대상, 즉 소송물은 일반적으로 행정청의 '부작위의 위법성'이라고 한다. 이러한 점은 행정청의 부작위에 대한 다른 하나의 소송형태인 이른바 의무이행소송에 있어서는 행정청의 작위의무의 존재가 그 소송물인 것과는 다르다.

(가) 부작위의 의의

행정소송법상의 '부작위'라 함은 「행정청이 당사자의 신청에 대하여 상당한 기간 내에 일정한 처분을 하여야 할 법률상 의무가 있음에도 불구하고 이를 하지 아니하는 것을 말한다」고 개념을 정의하고 있다(법 제2조 제2호). 오늘날은 공권력의 적극적인 행사에 의해서 뿐만 아니라 불행사, 즉 부작위에 의해서도 권익침해가 발생하고 있는 실정을 고려하여, 행정청의 위법한 부작위를 행정소송의 대상으로 정하고 있는 것은 국민의 권익구제적 관점에서 보면 그 의미와 기능은 매우 중요하다고 본다.

(나) 부작위의 성립요건

부작위위법확인소송의 심판대상이 되는 부작위가 성립하기 위해서는 ① 당사자의 신청이 있어야 하고, ② 일정한 처분을 하여야 할 법률상 의무가 있음에도 불구하고, ③ 행정청이 상당한 기간 내에 그 처분을 하지 아니할 것 등의 요건이 충족되어야 한다. 이러한 요건이 충족되면, 그 부작위는 위법성을 띠게 되고 부작위위법확인소송의 대상이 되는 바, 이를 분설하면 다음과 같다.

① 당사자의 신청이 있을 것: 부작위가 성립하기 위해서는 당사자의 신청이 있어야 한다. 신청의 내용은 질서행정상의 것이거나 복리행정상의 것이거나를 가리지 않는다. 신청은 자신에 대한 수익적 처분으로서의 인허가 및 특허 등의 발령에 관한 것일 수도 있고, 행정개입청구권의 형태로서 공해공장 등에 대한 행정청의 규제권 발동에 관한 것일 수도 있다.

부작위가 행정처분이 되기 위해서는 국민이 행정청에 대하여 그 신청에 따른 행정행위를 해줄 것을 요구할 수 있는 법규상 또는 조리상의 신청권이 있어야 한다.[280] 그리하여 신청권에 의하지 아니한 신청을 행정청이 받아들이지 아니한 것을 위법한 부작위로 보지 아니한다.[281] 이러한 의미의 신청은 법령에 그에 관한 명시적 규정이 있는 경우뿐만 아니라, 헌법이나 관계법령상 특정인에게 신청권이 있는 것으로 해석되는 경우도 포함된다. 그리고 여기의 신청권은 신청인이 신청에 따른 단순한 응답을 받을 권리를 넘어서 신청의 인용이라는 만족적 결과를 의미하는 것이 아니고, 신청권은 형식상의 단순한 응답요구권의 의미로 이해하면 될 것이다.

② 처분을 하여야 할 법률상 의무가 있을 것: 상대방의 적법한 신청이 있는 경우 행정청에는 '일정한 처분을 하여야 할 법률상 의무'가 발생한다. 이러한 법률상의 처분의무가 있음에도 불구하고 행정청이 어떠한 처분도 하지 아니하고 방치한 경우에 위법한 부작위가 성립하게 된다. 여기의 '어떠한 처분'이란 행정소송법 제2조 제1항 제1호의 처분을 말하는 것이고,[282] '법률상 의무'에는 명문의 규정에 의하여 인정되는 경우뿐만 아니라 법령의 해석상 인정되는 경우도 포함한다.[283] 여기에서 말하는 처분에 행정입법은 해당하지 아니한다.[284] 따라서 신청권이 없는 자의 신청에 대하여는 이를 방치하여도 그것은 여기의 부작위에는 해당하지 않는다고 본다.

③ 행정청이 상당한 기간 내에 아무런 처분도 하지 않았을 것: 당사자의 신청에 대하여 상당한 기간이 경과하도록 아무런 처분이 없을 때 부작위는 위법한 것이 된다.[285] 여기의 '상당한 기간'이란 사회통념상 신청에 따르는 처분을 하는 데 소요될 것으로 인정되는 기간을 말한다. 이에 대하여는 일률적으로 정의하기는 어렵지만, 상당한 기간의 판단에는 당해 처분의 성질·내용·동종사안에 대한 종래의 처리경험 등을 종합적으로 고려, 판단하여 구체적으로 결정하여야 할 것이나, 업무의 폭주, 인력의 미비와 같은 사정은 고려되어야 할 성질은 아니다.

허가 등의 신청에 대하여 개별법령에서 처리기간을 정하고 있는 경우에 그러한 규정은 보통 훈시규정으로 해석한다.[286] 행정절차법은 처분의 처리기간을 종류별로 미리 정하여 공표하여야

280) 대판 1990.5.25, 89누5768; 대판 1992.10.27, 92누5867.

281) 대판 1999.12.7, 97누17568.

282) 대판 1993.4.23, 92누17099.

283) 대판 1991.2.12, 90누5825.

284) 헌재결 1998.7.16, 96헌마246.

285) 대판 2009.7.23, 2008두10560

286) 대판 1996.8.20, 95누10877.

한다고 규정하고 있는데(동법 제19조 제1항), 이와 같이 사전에 공표된 처리기간은 상당한 기간의 경과 여부의 판단에 있어 중요한 참고기준이 될 수는 있으나, 행정절차법에 따라 공표된 처리기간은 주의적인 규정으로 이해되기 때문에 처리기간을 지키지 아니하였다고 하여 바로 상당한 기간이 경과하였다고 보기는 어렵다. 그 밖의 경우에는 「민원사무처리에 관한 법률」에 의거한 처리기간(동법 제20조 제1항 참조)이 기준이 될 수 있을 것이다.

부작위가 성립하려면 행정청이 일정한 처분을 하여야 할 법률상의 의무가 있음에도 불구하고, 행정청이 상대방의 신청에 대하여 아무런 처분을 하지 않고 있는 이상 행정청의 부작위는 그 자체로 위법하다 할 것이다.[287] 따라서 신청에 대하여 인용처분을 하거나 거부처분을 한 경우에는 당연히 부작위는 성립하지 아니하며, 무효 · 부존재인 경우에도 일단 처분이 있었으므로 부작위는 문제되지 않는다. 거부처분의 경우에는 취소소송을, 무효 · 부존재의 경우에는 무효등확인소송을 제기하여야 한다. 또한 법령이 일정기간 동안 아무런 처분이 없는 경우에 거부처분을 한 것으로 간주하는 이른바 '간주거부'의 경우에는 행정청이 아무런 처분을 하지 않았다고 하여도 거부처분 취소소송을 제기하여야 하며, 부작위위법확인소송은 제기하지 못한다.

(2) 재판관할

부작위위법확인소송의 재판관할도 취소소송의 경우와 같이 제1심 관할법원은 피고인 행정청의 소재지를 관할하는 행정법원으로 한다. 다만, 중앙행정기관 또는 그 장이 피고인 경우의 관할법원은 대법원 소재지의 행정법원으로 한다(법 제9조, 제38조 제2항 참조).

(3) 당사자

(가) 원고적격

「부작위위법확인소송은 처분의 신청을 한 자로서 부작위의 위법의 확인을 구할 법률상 이익이 있는 자가 제기할 수 있다」(법 제36조).

여기의 '처분의 신청을 한 자'의 의미에 대한 해석은 '현실적으로 처분을 신청한 자'이면 모두 포함된다는 견해[288]와, '법령 또는 조리에 의하여 신청권이 인정된 자'만이 해당한다는 견해[289]가 대립되고 있다. 그러나 부작위위법확인소송의 목적은 신청권을 가진 자의 불이익을 구제하기 위한 것으로서, 신청권의 유무는 행정청의 부작위가 위법인지의 여부를 판단하기 위한 전제가 되므로 법령 또는 조리에 근거하지 아니하고 신청을 한 자가 부작위에 대하여 소송을 제기하여도 결국 부작위가 성립할 여지가 없으며, 따라서 신청권이 없는 자는 원고적격이 없다고 본다.[290] 따라

287) 대판 2005.4.14, 2003두7590.

288) 김남진 · 김연태, 전게서, 835면; 김성수, 전게서, 866-867면; 석종현, 전게서, 920면; 이상규, 전게서, 828면.

289) 김동희, 전게서, 791면; 김철용, 전게서, 689면; 홍정선, 전게서, 787면.

290) 박윤흔 · 정형근, 전게서, 877-878면.

서 위 부작위의 성립요건에서 살펴본 바와 같이 후자의 견해가 타당하고, 판례도 같은 입장이다.[291)]

또한 부작위위법확인소송의 원고적격을 인정하기 위해서는 '부작위의 위법의 확인을 구할 법률상 이익'이 있어야 한다. 부작위위법확인소송의 원고적격에 관한 것으로서의 '법률상 이익'에 대하여 일부 견해는 여기서의 법률상 이익은 취소소송의 그것과 같은 것이라고 설명하고 있다. 그러나 취소소송은 소극적 방어소송으로서 침익적 처분의 배제를 목적으로 하는 것인 데 대하여, 부작위위법확인소송은 궁극적으로는 법령상의 처분의무의 이행의 확보를 목적으로 하는 것이라는 점에서는 부작위위법확인소송에서의 법률상 이익의 관념에 대하여 이를 단순하게 취소소송의 그것과 같은 것이라고 하는 것은 이 소송에서의 법률상 이익의 내용을 불분명하게 할 우려가 있다는 점에서 위의 견해에는 문제가 있다고 본다.

부작위위법확인소송에 있어서는 당해 처분의 발급을 구할 수 있는 권리가 없는 자의 신청의 경우는, 이 소송의 대상인 부작위 자체가 성립하지 아니하므로 이 소송에서는 관계법의 명시적 규정에 의하여 또는 그 해석에 의하여 당해 처분의 발급을 구할 수 있는 자만이 이 소송을 제기할 수 있는 법률상의 이익이 있다고 보아야 할 것이며, 그 이상으로 다시 법률상의 이익의 내용을 취소소송의 그것에 비추어 해석할 필요 내지 타당성은 없다 할 것이다.[292)]

그리고 부작위의 직접 상대방이 아닌 제3자라고 하더라도 당해 행정처분의 부작위위법확인을 구할 법률상의 이익이 있는 경우에는 원고적격이 인정된다고 본다.[293)]

한편, 소제기의 전후를 통하여 판결시까지 행정청이 그 신청에 대하여 적극적 또는 소극적 처분을 하게 되면 부작위상태가 해소되어 소의 이익은 상실하게 된다. 이로 인하여 이미 제기된 소는 각하를 면할 수 없게 된다.[294)]

(나) 피고적격

부작위위법확인소송도 부작위의 행정청이 피고가 된다(법 제13조, 제38조 제2항 참조). 이 소송도 취소소송과 마찬가지로 행정청의 처분의 적부를 다투는 것이므로 그 행위권한을 가진 행정청을 피고로 하는 것이 소송제기에 편리하고 적절한 방어방법을 강구하는 데에도 합목적적이기 때문에 부작위 행정청을 피고로 한 것이다. 그리고 피고경정에 관한 취소소송의 규정도 준용된다(법 제14조, 제38조 제2항 참조).

(다) 기타 소송당사자 관련조항

공동소송(법 제15조), 제3자의 소송참가(법 제16조), 행정청의 소송참가(법 제17조) 등 취소소

291) 대판 1995.9.15, 95누7345; 대판 2007.10.26, 2005두7853.

292) 김동희, 전게서, 791면, 주1) 참조.

293) 대판 1989.5.23, 88누8135.

294) 대판 1990.9.25, 89누4758.

송의 당사자에 관련된 조항도 부작위위법확인소송에 준용된다(법 제38조 제2항 참조).

(4) 행정심판과의 관계

부작위위법확인소송에는 행정심판에 관한 규정이 준용된다(법 제18조, 제38조 제2항 참조). 따라서 개별법에 '예외적 행정심판전치주의'가 규정되어 있는 경우에 한하여 행정심판을 거치면 된다. 그러므로 부작위위법확인소송을 제기하려면 먼저 의무이행심판을 거쳐야 한다. 의무이행심판은 이행쟁송이고 부작위위법확인소송은 확인쟁송이라는 점에서 부자연스러운 점이 없지 않지만, 양자가 모두 행정청의 부작위에 대한 쟁송수단이며 행정심판 형태로서는 부작위위법확인심판이 없다는 점에서, 의무이행심판을 전심절차로 규정한 것으로 보인다.

(5) 제소기간

행정소송법은 부작위위법확인소송에도 취소소송의 제소기간에 관한 규정을 준용하고 있다(법 제20조, 제38조 제2항 참조). 그런데 부작위상태는 일종의 상태로서 계속되므로 제소기간이 있을 수 없다. 다만, 각 개별법에서 '예외적 행정심판전치주의'를 채택하고 있는 관계로 먼저 행정심판을 거친 경우에는 부작위위법확인소송은 행정심판의 재결서의 정본을 송달받은 날부터 90일 내에 제기하여야 한다(법 제20조 제1항). 그러나 행정심판을 거치지 아니하고 부작위위법확인소송을 제기하는 경우에는 취소소송의 제기기간은 준용되지 않는다고 보아 부작위에 대한 의무이행심판(행정심판법 제27조 제7항)과 마찬가지로 제소기간의 제한이 없다고 볼 것이다.

2) 소송제기의 효과

(1) 실체법적 · 절차법적 효과의 발생

부작위위법확인소송이 제기되면 주관적 효과는 취소소송의 경우와 동일하나, 객관적 효과(집행정지)의 문제는 생기지 않는다. 그런데 여러 가지 절차법적 · 실체법적 효과가 발생하게 되는데, 취소소송에 있어서의 관련청구의 이송 · 병합규정(법 제10조), 공동소송규정(제15조), 제3자의 소송참가규정(법 제16조), 행정청의 소송참가규정(법 제17조), 소의 변경규정(법 제21조) 등이 준용된다(법 제38조 제2항 참조). 그러나 '처분변경으로 인한 소의 변경'에 관한 규정(법 제22조)은 부작위위법확인소송의 경우는 처분이 없으므로 준용되지 아니한다.

(2) 가구제의 문제

부작위위법확인소송에는 가구제제도로서의 집행정지결정 및 가처분이 인정되지 않는다. 행정소송법은 가구제로서 집행정지결정만을 규정하고 있는데(법 제23조, 제24조), 부작위위법확인소송의 경우에는 부작위상태에 대한 집행정지는 그 성질상 생각할 수 없으므로 이를 준용하지 않는다. 그리고 가처분은 본안소송 자체가 부작위가 위법임을 확인하는 데 지나지 않는다고 할 것이므로 당해 처분을 임시로 행할 것을 명할 수 있는 가처분은 허용하지 않는다.

4. 부작위위법확인소송의 심리

1) 행정심판기록의 제출명령

법원은 당사자의 신청이 있을 때에는 결정으로써 재결을 행한 행정청에 대하여 행정심판에 관한 기록의 제출명령을 할 수 있다(법 제25조, 제38조 제2항 참조). 실체적 진실발견을 위해서는 물론이고 소송자료를 충분히 현출시켜 원고의 입증을 용이하게 하려는 취지에서 부작위위법확인소송에도 준용하고 있다.

2) 직권증거조사주의

법원은 필요하다고 인정할 때에는 직권으로 증거조사를 할 수 있고, 당사자가 주장하지 아니한 사실에 대하여도 판단할 수 있음은 부작위위법확인소송의 경우도 취소소송에 있어서와 같다(법 제26조, 제38조 제2항 참조).

3) 입증책임

원고가 일정한 처분을 신청한 사실 및 원고에게 부작위의 위법확인을 구할 법률상 이익이 없다는 것 등은 원고에게 주장 · 입증책임이 있다. 그러나 처분을 신청한 후 '상당한 기간'을 경과하게 된 것을 정당화할 만한 특별한 사유가 존재하는 것에 대한 입증책임은 피고인 행정청에게 있다고 본다.[295)]

4) 재량처분의 위법성

행정소송법은 「행정청의 재량에 속하는 처분이라도 재량권의 한계를 넘거나 그 남용이 있는 때에는 법원은 이를 취소할 수 있다」고 정한 '재량처분의 취소'에 관한 규정(법 제27조)을 부작위위법확인소송에 준용하고 있다(법 제38조 제2항 참조). 그러나 재량권의 일탈 · 남용이 위법으로 되는 경우와 재량권의 해태 · 부작위가 위법이 되는 경우는 그 양상이 매우 다르다는 점은 고려되어야 할 것이다.

5) 심리권의 범위

부작위위법확인소송의 심리범위에 대하여는 법원이 단순히 행정청의 부작위의 위법 여부에 관한 절차적 심리에 그칠 것이 아니라 신청의 실체적 내용의 이유유무까지 심리할 수 있는가 하는

295) 김남진 · 김연태, 전게서, 837면; 김철용, 전게서, 693면.

문제가 제기된다. 이러한 문제에 관하여는 다음과 같이 견해의 대립이 있다.

(1) 소극설(절차적 심리설)

이 설은 부작위위법확인소송에 있어서 법원은 행정청의 부작위의 위법성 여부를 확인하는 데 그칠 뿐이며, 행정청이 행하여야 할 처분의 실체적 내용까지 심리 · 판단할 수는 없다고 보는 견해이다. 우리나라의 통설이다.[296)]

(2) 적극설(실체적 심리설)

이 설은 법원은 단순히 행정청의 부작위의 적부에 관한 절차적 심리에만 그칠 것이 아니라, 신청의 실체적 내용이 이유 있는 것인가의 여부도 심리하여 그에 대한 적정한 처리방향에 대한 법률적 판단을 하여야 한다는 견해이다. 이렇게 하게 되면, 행정청이 '판결의 취지'(법 제30조 제2항)에 따르는 처분의무를 이행하는 요건이 된다는 것이다.[297)]

(3) 판 례

우리나라의 판례는 부작위위법확인소송을 행정청의 부작위 내지 무응답이라고 하는 소극적인 위법상태를 제거하는 것을 목적으로 하는 소송으로 보고 있어 소극설(절차적 심리설)을 취하고 있다.[298)]

(4) 결 어

현행 행정소송법은 행정청의 부작위에 대하여 의무이행소송은 허용하지 않고 부작위위법확인소송만을 인정하고 있다. 적극설(실체적 심리설)은 의무이행소송이 인정되지 아니한 우리의 행정소송법에서 부작위위법확인소송을 기능상 실질적 의무이행소송으로 운영하고자 함으로써 국민의 권리구제의 관점에서는 바람직하지만, 부작위위법확인소송의 본질과 관련시켜 보면 문제점이 있다. 왜냐하면, 부작위위법확인소송은 의무이행소송과는 달리 행정청의 부작위가 위법한 것임을 확인하는 소송으로서, 그 소송물 또는 법원의 심판대상은 부작위의 위법성이기 때문이다. 따라서 법원으로서는 행정청의 부작위의 위법성 여부를 확인하는 데 그칠 것이며, 그 이상으로 행정청이 행하여야 할 실체적 처분의 내용까지 심리 · 판단할 수는 없다고 보아야 할 것이기 때문에 소극설(절차적 심리설)이 논리적이고 타당하다.

---

296) 김남진 · 김연태, 상게서, 836면; 김동희, 전게서, 793-794면; 박윤흔 · 정형근, 전게서, 881면; 석종현, 전게서, 925면; 한견우, 전게서, 987면; 홍정선, 전게서, 792면.

297) 김도창, 전게서, 836면; 김성수, 전게서, 873면.

298) 대판 1990.9.25, 89누4758; 대판 1992.6.9, 91누11278; 대판 1992.7.28, 91누7361; 대판 1992.9.14, 91누8807; 대판 1993.4.23, 92누17099; 대판 1995.9.15, 95누7345; 대판 2000.2.25, 99두11455; 대판 2000.3.23, 99두11851; 대판 2002.6.28, 2000두4750; 대판 2005.4.14, 2003두7590.

5. 부작위위법확인소송의 판결

1) 위법판단의 기준시점

항고소송에 있어서 위법판단의 기준시점을 어느 때로 볼 것인가에 대하여는, 처분시설과 판결시설이 대립하고 있다. 취소소송에 있어서는 처분시설이 통설적 견해인데, 부작위위법확인소송에 있어서는 엄격한 의미의 처분은 존재하지 아니하므로 위법판단의 기준시점은 판결시로 볼 수밖에 없다.

2) 판결의 제3자효

행정소송법의 부작위위법판결은 형식상으로 확인판결이지만, 그 위법확인의 효과는 취소소송의 형성적 효과에 준하는 것으로 볼 수 있다는 입장에서 그 확정판결은 제3자에 대한 효력을 인정하고 있다(법 제29조, 제38조 제2항 참조). 다만, 부작위위법확인판결은 판결시에 있어서 부작위 상태의 위법을 확인하여 행정청에 대하여 일정한 처분을 할 의무를 부담시키는 것이므로 그 성질상 제3자에 대한 효력에 관한 규정인 이러한 규정의 준용은 실제로 없을 것으로 생각된다. 이에 따라 제3자를 보호하기 위하여 제3자의 소송참가(법 제16조)와 제3자에 의한 재심청구(법 제31조)를 인정하였다(법 제38조 제2항 참조).

3) 판결의 기속력과 재처분의무 · 간접강제

부작위위법확인소송의 판결에도 기판력과 기속력이 인정된다. 취소판결의 기속력에는 소극적 효력으로서 '반복금지효'와 적극적 효력으로서 '재처분의무'가 있는데, 행정소송법은 부작위위법확인소송의 판결에도 이러한 재처분의무(법 제30조 제2항) 및 간접강제(법 제34조)의 규정을 준용하고 있다(법 제38조 제2항 참조).

따라서 이 소송의 인용판결이 확정되면, 행정청은 '판결의 취지에 따라' 상대방의 신청에 대하여 일정한 처분을 하여야 한다. 그러나 부작위위법확인소송은 행정청의 부작위가 위법한 것임을 확인하는 데 그치는 것이므로 행정청은 '판결의 취지에 따라' 다만 어떠한 처분을 하기만 하면 되는 것이다. 그리하여 행정청은 신청의 대상이 기속행위인 경우에 거부처분을 하여도 판결의 기속력의 내용인 재처분의무를 이행하게 된 것이다. 이러한 거부처분에 대하여는 신청인이 그에 대한 취소소송을 제기하여 궁극적으로는 관계행정청에 의한 당해 처분의 발급의무의 이행을 확보할 수 있을 것이다.[299]

그러나 행정청이 어떠한 처분도 하지 아니하는 때에는 법원은 '간접강제'의 규정에 의거하여 일정한 배상을 명할 수 있다(법 제34조).

299) 김동희, 전게서, 794면.

제5절 당사자소송

Ⅰ. 당사자소송의 의의

행정소송법은 「행정청의 처분 등을 원인으로 하는 법률관계에 관한 소송 그 밖에 공법상의 법률관계에 관한 소송으로서 그 법률관계의 한쪽 당사자를 피고로 하는 소송」을 당사자소송이라고 규정하고 있다(법 제3조 제2호). 따라서 당사자소송이란 공법상의 법률관계에 관하여 의문이나 다툼이 있는 경우에 그 법률관계의 당사자가 원고 또는 피고의 입장에서 그 법률관계에 관하여 다투는 소송을 말한다.

항고소송은 개인이 행정청을 상대로 공권력의 행사에 대하여 다투는 데 대하여, 당사자소송은 대립되는 권리주체가 그 법률관계에 대하여 다툰다. 즉 항고소송은 행정청의 적극적 또는 소극적 공권력행사를 직접 소송물로 하고 행정청을 피고로 하는 데 대하여, 당사자소송은 원고와 피고와의 관계가 대등한 지위에서 처분 등을 원인으로 하는 법률관계 및 공법상의 법률관계를 소송물로 한다는 점에서 양자는 다르다.

또한, 당사자소송과 민사소송은 대등한 당사자간에 행하여지는 소송이라는 점에서 유사한 점이 있다. 그러나 당사자소송이 공법상의 법률관계의 주장을 소송물로 하지만, 민사소송은 사법상의 법률관계의 주장을 소송물로 한다는 점에서는 양자가 구별된다. 그리하여 당사자소송에는 공법규정 및 공법원리가 적용되며, 민사소송에 대한 여러 가지 특례가 인정되고 있다. 공법상 당사자소송과 민사소송의 구별에 관하여, 판례는 소송물을 기준으로 하여 그것이 공법상의 권리이면 당사자소송이고, 사법상의 권리이면 민사소송이라고 구별하고 있으나, 통설은 소송물의 전제가 되는 법률관계를 기준으로 그것이 공법상 법률관계면 당사자소송이고, 사법상 법률관계이면 민사소송이라고 하여 구별한다.[300)]

공법상 당사자소송에는 내용상 형식적 당사자소송과 실질적 당사자소송의 두 가지 종류가 있으나, 행정소송법상의 당사자소송은 주로 실질적 당사자소송을 의미한다.

300) 김남진 · 김연태, 전게서, 840면.

Ⅱ. 형식적 당사자소송

1. 형식적 당사자소송의 의의

1) 개 념

형식적 당사자소송이란 행정청의 처분이나 재결 등이 원인이 되어 형성된 법률관계에 관하여 다툼이 있는 경우, 그 원인이 되는 처분 또는 재결 등의 효력을 직접 다투는 것이 아니라 직접 그 처분 또는 재결 등에 의하여 형성된 법률관계에 대하여 그 법률관계의 한쪽 당사자를 피고로 하여 제기하는 소송을 말한다.

이러한 형식적 당사자소송은 처분·재결에 불복하여 그 효력을 다투는 것이 되어 실질적으로 항고소송으로서의 성질을 가지는 것이나, 법령의 규정에 의하여 권리주체 간의 당사자소송의 형식을 취하는 데에 그 특색이 있다고 할 수 있다. 토지취득보상법 제85조 제2항에 의거하여 토지수용위원회의 수용재결에 관하여 보상액에 관한 부분을 토지소유자 등과 사업시행자가 각각 원고·피고로 되어 다투는 소송이 전형적인 예이다. 여기에서의 보상금증감청구소송은 형식적으로는 법률관계의 당사자인 토지소유자 또는 관계인과 사업시행자 간의 보상금에 관한 소송이지만, 실질적으로는 토지소유자 또는 관계인이나 사업시행자가 토지수용위원회의 재결의 위법을 주장하는 소송이다. 따라서 형식적 당사자소송이다.

2) 형식적 당사자소송의 제도적 의의

토지수용에 대한 토지수용위원회의 재결과 관련하여 보상금액에 대하여서 불복이 있는 경우에 이러한 형식적 당사자소송을 허용하지 않는다면, 행정청인 토지수용위원회를 상대방으로 재결취소소송을 제기한 후 또는 그와 동시에 보상금증감에 관한 당사자소송을 제기하여 양자를 병합하는 등의 번잡함을 피할 수 없으며, 이해당사자 간의 재산상의 분쟁에 행정청이 피고가 되는 불합리한 점도 갖게 된다. 따라서 직접 이해관계자를 소송당사자로 하여 다투도록 하는 형식적 당사자소송은 위에서 지적한 불편과 불합리를 제거하게 되는 제도로서 소송진행이나 분쟁의 해결에 보다 적절하다는 데에 그 제도적 의의가 있다.

2. 형식적 당사자소송의 법적 근거에 관한 논의

형식적 당사자소송은 개별법의 근거는 별도로 요하지 아니하고 행정소송법의 규정(법 제3조 제2호, 제39조 이하)에만 근거하여 바로 제기할 수 있는가, 아니면 각 개별법에 근거규정이 있어야만 소송의 제기가 가능한가의 문제에 관한 논의는 긍정하는 견해와 부정하는 견해가 대립되고 있다.

1) 긍정설

이 견해는 행정소송법 제3조 제2호가 형식적 당사자소송의 일반적 근거가 된다는 것을 긍정하는 입장이다. 이 설에 의하면 행정소송법 제3조 제2호의 "행정청의 처분 등을 원인으로 하는 법률관계에 관한 소송으로서…그 법률관계의 한쪽 당사자를 피고로 하는 소송"에는 형식적 당사자소송도 포함된다고 본다. 또한 행정소송법이 민중소송 및 기관소송(법 제45조)에 있어서와 같이 "법률이 정한 경우에 법률에 정한 자에 한하여 제기할 수 있다"는 식의 제한규정을 두고 있지 않다는 점 등을 그 논거로 개별법의 근거가 없어도 형식적 당사자소송의 제기가 가능한 것으로 보고 있다.[301)]

2) 부정설

이 견해는 형식적 당사자소송을 인정하는 명문규정이 없이는 행정소송법의 규정만을 근거로 이러한 소송을 일반적으로 인정될 수 없다는 입장이다. 이 설에 의하면 개별법의 규정이 없으면 형식적 당사자소송의 원고적격 · 피고적격 · 제소기간 등의 소송요건이 불분명하여 현실적으로 소송을 진행하기 어렵다는 점, 처분 · 재결의 공정력 및 구성요건이 불분명하여 효력은 그대로 두고 그 결과로서 발생한 당사자의 권리 · 의무만을 형식적 당사자소송의 판결로서 변경시키기 곤란하다는 점 등을 논거로 이러한 소송은 행정소송법의 규정에 의하여 일반적으로 허용되는 것은 아니고, 개별법상의 명시적 규정이 없을 경우에는 불가능한 것으로 본다. 우리나라의 다수설이다.[302)]

3) 결 어

원인이 되는 처분 · 재결 등은 그대로 둔 채 당해 처분의 결과로서 형성된 법률관계에 관하여 소송을 제기한 데 대하여 법원이 심리 · 판단한다는 것은 행정행위의 공정력 및 구성요건적 효력에 반한다고 볼 수도 있다. 결국 형식적 당사자소송을 일반적으로 인정하기 위해서는, 행정소송법에 보다 구체적인 규정을 하여야만 가능하다고 하겠으며, 현행법상으로는 개별법에 별도의 규정이 있는 경우에 한하여 형식적 당사자소송을 제기할 수 있다고 해석된다. 일본의 행정사건소송법 제4조는 개별법에 근거가 있는 경우에 한하여 형식적 당사자소송을 제기할 수 있는 것으로 규정하고 있다.

---

301) 박균성, 전게서, 711면; 이상규, 전게서, 805면.

302) 김남진 · 김연태, 전게서, 844-845면; 김동희, 전게서, 796면; 김철용, 전게서, 578면; 류지태, 전게서, 535-536면; 박윤흔 · 정형근, 전게서, 889면; 석종현, 전게서, 934면; 홍정선, 전게서, 803면.

3. 형식적 당사자소송의 개별법상 근거규정의 예

1) 토지취득보상법

형식적 당사자소송의 예로 「공익사업을 위한 토지 등의 취득 및 보상에 관한 법률」(이하 "토지취득보상법"이라 한다)상의 보상금증감소송의 경우를 들 수 있다. 동법 제85조 제2항은 「제85조 제1항에 따라 제기하려는 행정소송이 보상금의 증감(增減)에 관한 소송인 경우 그 소송을 제기하는 자가 토지소유자 또는 관계인일 때에는 사업시행자를, 사업시행자일 때에는 토지소유자 또는 관계인을 각각 피고로 한다」고 '보상금증감소송'을 규정하고 있다. 즉 토지취득보상법은 보상금증감소송의 경우에 처분청인 토지수용위원회를 피고로부터 제외시키고, 대등한 당사자인 토지소유자 또는 관계인과 사업시행자를 당사자로 규정하여 형식적 관점에서 보상금증감소송은 당사자소송에 속한다. 그러나 보상금증감소송은 처분청(토지수용위원회)의 처분(재결)에 불복하여 다투는 의미도 갖는 것이므로 항고소송의 성질도 가진다. 따라서 여기의 보상금증감소송은 전체로서 형식적 당사자소송으로 볼 수 있는 대표적인 예가 되는 규정이다.

2) 특허법

특허법 제187조는 동법 제186조 제1항의 규정에 의한 소(심결 등에 대한 소)의 제기는 특허청장을 피고로 하여야 한다. 다만, 특허의 무효심판 등에 있어서는 그 청구인 또는 피청구인을 피고로 하여야 한다고 규정하고 있다. 동법 제191조는 보상금 또는 대가에 대한 불복의 소송을 제기하는 데 있어서는 보상금을 지급할 관서 또는 출석인 · 특허권자 등을 피고로 하여야 한다고 규정하고 있다.

3) 기타 개별법

형식적 당사자소송의 예는 그 외에 디자인보호법(제75조), 실용신안법(제33조) 등에서도 볼 수 있다.

4. 형식적 당사자소송의 법적 성질

형식적 당사자소송의 법적 성질에 관하여는 다음과 같이 견해가 갈리고 있다.[303]

1) 형성소송설

이 견해는 당해 소송은 토지수용재결의 보상액의 취소 · 변경(적극적 · 소극적 변경)을 구하는 항고소송으로 보는 설이다.

---

303) 김동희, 전게서, 797-798면.

2) 이행소송설

이 견해는 형식적 당사자소송에 있어서는 수용재결의 취소를 구할 필요는 없고, 이행소송에 의하여 보상액의 증감을 구할 수 있다고 보는 설이다. 그러나 이 설도 구체적 내용에 있어서는 다시 견해가 나누어지고 있는 바, 그 대표적인 것으로는 다음의 두 가지 설을 들 수 있다.

(1) 확인 · 급부소송설

이 설은 관계법이 정하는 보상금증액청구소송의 궁극적 목적은 정당보상액을 확인하거나 부족액의 급부를 구하는 급부소송이므로, 법원은 수용재결의 취소 · 변경과 같은 우회적 절차를 거칠 필요 없이 직접 확인 · 급부판단을 할 수 있다고 본다.

(2) 실질적 당사자소송설

이 설은 당해 소송은 처분 또는 재결에 관한 소송이기는 하나, 다툼의 대상은 처분 · 재결의 효력이 아니라 그 결과로 형성된 법률관계이므로 이 소송은 형식상은 물론 실질적으로도 당사자소송으로 본다. 이러한 견해는 소송에서는 법률관계 그 자체를 다투는 것이 원칙이고, 그 법률관계의 원인이 되는 처분을 다투는 것은 법률에 특별한 규정이 있는 경우에만 인정되는 예외적인 것이라는 사고를 배경으로 하고 있다.

3) 결 어

현행 토지취득보상법의 문언(文言)에 충실한 해석은 형성소송으로 보는 것이다. 그리고 동법 제85조의 규정이 소정의 기간 안에 소를 제기하지 아니하면 재결이 확정되도록 규정하고 있는 점, 재결은 취소소송의 배타적 관할의 구조에서 보아 공정력은 없지만 형성력을 갖는 것이고, 이를 다투는 소송은 형성력의 배제를 목적으로 하는 것이지 않으면 안 되는 점 등으로 미루어 볼 때, 형성소송설이 타당하다.[304]

Ⅲ. 실질적 당사자소송

1. 실질적 당사자소송의 의의

실질적 당사자소송이란 공법상의 법률관계에 관한 소송으로서 그 법률관계의 한쪽 당사자를 피고로 하는 소송을 말한다. 여기에서 '공법상의 법률관계에 관한 소송'이란 소송상의 청구의 대

304) 박평준 · 박창석, 「보상법규강의」, 289면.

상이 되는 법률관계가 공법에 속하는 소송, 즉 공법법규의 적용을 통하여 해결될 수 있는 법률관계 그 자체를 대상으로 하는 소송을 의미한다. 행정소송법상의 당사자소송은 주로 이러한 실질적 당사자소송을 의미한다.

실질적 당사자소송은 대등당사자 사이의 공법상의 법률관계(권리관계)에 관한 소송으로서 통상의 당사자소송이 이에 해당한다. 당사자소송에서는 공권력 행사·불행사 그 자체가 소송물이 아니며, 다만 그러한 행사로 인하여 형성되는 공법상의 법률관계(권리관계) 그 자체가 소송물인 것이다.

그런데 당사자소송은 하나의 포괄적 개념이며, 행정소송 중에서 항고소송을 제외한 모든 소송을 가리키는 일종의 잔여개념이다. 즉 항고소송은 전형적 소송유형인 데 대하여, 당사자소송은 비정형적 소송유형이라 하겠다. 그리하여 당사자소송은 새로운 소송유형을 창출할 수 있는 시원적인 소송유형이라 할 것이다. 여기에서 정형적 소송유형인 항고소송에 의하여 처리될 수 없는 사건은 널리 당사자소송에 의하여 해결될 수 있으며, 더 나아가서는 항고소송사건도 당사자적인 법률관계로 환원될 수 있는 것이므로 두 소송형태 간의 선택도 인정될 수 있다고 할 것이다. 그런데 종래의 소송실무상으로는 당사자소송이 거의 인정되지 않았다.[305)]

2. 실질적 당사자소송의 예

실질적 당사자소송에 해당하는 것을 예시하면 다음과 같다.[306)]

1) 행정청의 처분 등을 원인으로 하는 법률관계에 관한 소송

처분 등이 원인이 되어 그 직접적인 결과로서 성립된 법률관계는 공법관계로 보아 이에 관한 소송을 당사자소송으로 하려는 취지에서 행정소송법 제3조 제2호에서는 '행정청의 처분 등을 원인으로 하는 법률관계에 관한 소송'을 당사자소송으로 예시규정하고 있다고 본다. 이러한 당사자소송으로서는, ① 처분 등의 무효를 전제로 하는 공법상의 부당이득반환청구소송(조세과오납금반환청구소송, 공무원보수과오지급반환청구소송 등), ② 공무원의 직무상 불법행위로 인한 국가배상청구소송 등을 들 수 있다. 그런데 이러한 소송들은 그 성질상으로는 당연히 당사자소송에 해당되는 것으로 보아야 할 것이지만, 종래 실무상으로는 민사소송으로 취급되어 왔다.

2) 공법상의 신분 · 지위 등의 확인소송

판례에 의하면, ① 공무원이나 국 · 공립학교 학생 또는 국가유공자 등의 신분이나 지위의 확인

---

305) 박윤흔 · 정형근, 전게서, 886면.

306) 김도창, 전게서, 840-841면; 김동희, 전게서, 798-801면; 박윤흔 · 정형근, 전게서, 884-886면 등 참조.

을 구하는 소를 당사자소송으로 본다.[307] ② 국가와 채용계약에 의하여 일정기간 연구업무에 종사하는 계약직공무원이 국가의 일방적 계약해지통지를 다투는 소송은 그 해지통지를 공권력적 작용으로 볼 수 없어 항고소송에 의할 수 없고 지위확인을 구하는 당사자소송에 의한다.[308] ③ 「도시 및 주거환경정비법」에 의한 재개발조합은 조합원에 대한 관계에서 조합원의 강제가입 등 공법상의 권리의무관계에 선다고 할 것이므로 조합원자격의 인정여부가 다투어지는 경우에 그 다툼은 당사자소송의 대상이 된다.[309]

3) 공법상 금전지급소송

(1) 손실보상금청구

손실보상금의 결정절차 및 불복방법에 관하여는 일반적인 규정은 없고 각 관계 법률에서 개별적으로 규정하고 있다. ① 토지취득보상법 제85조 제2항에 의한 보상금증감소송을 기술한 바와 같이 형식적 당사자소송이다. ② 보상금액을 행정청이 일방적으로 결정하도록 하고 그 불복방법에 대하여 특별한 규정을 두고 있지 아니한 경우(도로법 제79조, 수산업법 제79조 등), 판례는 보상액에 불복이 있는 때에는 취소 또는 무효확인에 의하여 이를 다툴 수 있다고 한다. 다만, 행정청에 의하여 결정된 보상금의 지급청구 자체는 당사자소송에 의한다. ③ 법령에서 전심절차를 거쳐 보상지급청구의 소를 제기하도록 규정하고 있는 경우에는, 당해 소송은 공법상 당사자소송이라는 것이 판례의 입장이다. ④ 이에 대하여 법령 자체의 규정에 의하여 직접 손실보상청구권이 발생하는 이른바 '입법적 수용'의 경우에는, 그 보상금은 곧바로 손실보상청구소송을 제기하여 이를 청구할 수 있을 것인데, 판례는 종래 이러한 경우의 손실보상청구권을 사권으로 보아 당해 소송은 민사소송이라는 입장을 견지하고 있었다.[310]

그러나 최근 대법원은 전원합의체 판결에서 종래의 판례를 변경하여 위와 같은 경우의 손실보상청구권은 공법상의 권리로 이와 관련한 쟁송은 공법상 법률관계에 관한 소송으로서의 당사자소송에 의할 것이라고 하였다.[311]

(2) 각종 사회보장급부청구

① 산업재해보장보험법 · 고용보험법 · 공무원연금법 · 군인연금법 · 「국가유공자예우 및 지원에 관한 법률」 등 각종 사회보장 관계법률에 정한 급여의 수급권은 당사자의 신청과 그에 대한 행정청의 인용결정이 있을 때에 비로소 구체적으로 발생하는 것이므로 곧바로 국가를 상대로 당사자

307) 대판 1990.10.23, 90누4440; 대판 1991.1.25, 90누3041; 대판 1991.9.24, 90누9292.
308) 대판 1993.9.14, 92누4611; 대판 1996.5.31, 95누10617.
309) 대판 1996.5.15, 94다31235.
310) 대판 1991.4.26, 90다8978; 대판 2003.5.13, 2003다2697.
311) 대판 2006.5.18, 2004다6207.

소송으로 권리의 확인이나 급여의 지급을 소구하는 것은 허용되지 아니한다.[312] ② 이에 대하여, 근거법령상 공법상 급부청구권이 행정청의 결정 없이 곧바로 발생하는 경우에는, 행정청의 인용결정을 기다릴 필요 없이 당사자소송으로 그 이행을 구할 수 있다. 석탄산업법에 의한 석탄가격안정지원금청구,[313] 토지취득보상법 시행규칙 제54조 제2항에 의한 세입자의 주거이전비청구,[314] 「광주민주화운동 관련자의 보상 등에 관한 법률」에 의한 보상청구[315] 등이 그 예이다.

그러나 대법원은 최근 민주화운동관련자불인정처분취소청구에 관한 판결에서 민주화운동관련자 명예회복 및 보상등에 관한 법률의 여러 관련 규정들의 취지와 내용에 비추어보면 이러한 규정만으로 바로 법상의 보상금 등의 지급대상자가 확정된다고 볼 수 없고, 민주화운동관련자 명예회복 및 보상심의위원회에서 심의 · 결정을 받아야만 지급대상자로 확정되는 것이므로 이 위원회의 보상금지급 기각결정에 대하여는 취소를 구하는 소송을 제기하여야 할 것이라고 하고 있다.[316]

4) 행정주체 상호간의 비용부담청구 등

법령에 의하여 관리주체와 비용부담주체가 달리 규정되어 있는 경우, 관리주체가 비용을 구하는 소나 비용부담주체가 과불금의 반환을 청구하는 소, 국가 · 지방자치단체 중 공무원을 선임 · 감독한 자와 비용부담자가 다른 경우에 어느 한쪽이 피해자에 대하여 배상을 하고 내부관계에서 그 손해를 배상할 책임이 있는 자에게 행사하는 구상금청구소송(국가배상법 제6조 제2항)은 당사자소송에 해당한다고 할 것이다. 그러나 소송물이 사법상의 권리이면 민사소송사항으로 보는 판례의 입장에 따르면, 이러한 소송은 모두 민사소송에 해당할 것이다.

5) 공법상 계약에 관한 소송

국가 · 지방자치단체 등의 행정주체 상호간 또는 행정주체와 사인 간에 체결되는 공법상 계약에 관련된 분쟁에 관한 소송은 당사자소송이다. 판례는 지방자치단체와의 계약에 의하여 임용된 전문직공무원의 해직통보[317] 또는 서울시립무용단원의 해촉에 관한 다툼[318]을 공법상 당사자소송으로 보고 있다.

---

312) 대판 1995.9.15, 93누18532.
313) 대판 1997.5.30, 95다28960.
314) 대판 2008.5.29, 2007다8129.
315) 대판 1992.12.24, 92누3335.
316) 대판 2008.4.17, 2005두16185.
317) 대판 1996.5.31, 95누10617.
318) 대판 1995.12.22, 95누4636.

Ⅳ. 당사자소송의 제기

1. 소송제기를 위한 소송요건

1) 원고적격

행정소송법에는 당사자소송의 원고적격에 관한 규정이 없다. 그런데 당사자소송은 민사소송에 유사하므로 민사소송법의 원고적격에 관한 규정이 준용된다고 보아야 할 것이다(법 제8조 제2항). 따라서 당사자소소송의 원고는 공법상 법률관계에 있어서 권리보호의 이익(법률상 이익)이 있는 자이다. 공동소송이 인정되는 것도 취소소송의 경우와 같다(법 제15조, 제44조 제1항).

2) 피고적격

당사자소송에 있어서는 항고소송의 경우에는 행정청을 피고로 하는 것과는 다르다. 당사자소송은 '국가 · 공공단체 그 밖의 권리주체'를 피고로 한다(법 제39조). 여기에서 '그 밖의 권리주체'로서는 공무수탁사인을 의미한다고 볼 수 있다. 피고경정에 관한 규정(법 제14조)이 준용된다(법 제44조 제1항).

3) 재판관할

당사자소송에 관한 재판관할에 대하여는 취소소송에 관한 규정이 준용된다(법 제44조). 따라서 피고의 소재지를 관할하는 행정법원이 제1심 관할법원이 된다. 다만, 국가 또는 공공단체가 피고인 경우에는 관계행정청의 소재지를 피고의 소재지로 본다(법 제40조). 여기에서의 '행정청'은 학문적 의미의 행정청 외에 관서 또는 청사의 뜻을 아울러 포함하는 것으로 새겨진다.[319]

4) 제소기간

당사자소송에 관하여 법령에 제소기간이 정하여져 있는 때에는 그에 의하며, 그 기간은 불변기간이다(법 제41조). 따라서 취소소송의 제소기간의 규정(법 제20조)은 당사자소송에는 적용되지 않는다. 위 규정은 관계법에서 형식적 당사자소송에 관하여 규정하고 있는 경우를 상정한 것으로 본다.

5) 행정심판임의주의

당사자소송은 시심적 소송이기 때문에 취소소송의 행정심판임의주의에 관한 규정(법 제18조

---

319) 김남진 · 김연태, 전게서, 846면.

제1항)은 준용되지 않는다. 그러나 손실보상청구소송과 관련하여 이의신청(토지취득보상법 제83조) 또는 재심절차(징발법 제24조의2), 국가배상심의회의 결정(국가배상법 제9조) 등 임의적 전치주의를 규정하고 있다.

6) 기타의 요건

소송요건 중 취소소송에 관한 규정 중 원고적격(법 제12조), 피고적격(법 제13조), 소송대상 등의 규정은 당사자소송에 준용되지 않는다.

2. 소송제기의 효과

당사자소송이 제기되면, 법원은 요건심리와 본안심리를 거쳐 청구의 인용 여부를 판단 · 선언하여야 한다. 그리고 취소소송에 있어서의 관련청구의 이송 · 병합(법 제10조, 제44조 제2항), 소의 변경(법 21조, 제37조, 제42조), 제3자의 소송참가(법 제16조), 행정청의 소송참가(법 제17조) 등이 당사자소송에도 준용된다(법 제44조 제1항). 그러나 취소소송의 가구제로서의 집행정지는 당사자소송에 준용되지 않는다.

Ⅴ. 당사자소송의 심리

1. 행정심판기록의 제출명령

법원은 당사자의 신청이 있는 때에는 결정으로써 재결을 행한 행정청에 대하여 행정심판에 관한 기록의 제출을 명할 수 있다. 제출명령을 받은 행정청은 지체 없이 당해 행정심판에 관한 기록을 법원에 제출하여야 한다(법 제25조, 제44조 제1항). 여기의 '행정심판'이란 행정심판법이 정한 그것만이 아니고, 다른 법률에 있어서의 당사자쟁송으로서의 행정심판(재결의 신청)까지 포함한다고 보아야 할 것이다.

2. 직권심리주의

법원은 필요하다고 인정할 때에는 직권으로 증거조사를 할 수 있고, 당사자가 주장하지 아니한 사실에 대하여도 판단할 수 있다(법 제26조, 제44조 제1항). 변론주의를 보충하는 한도에서 직권심리주의가 당사자소송에도 적용되는 것으로 해석하여야 할 것이다.

3. 입증책임

당사자소송에서의 입증책임은 민사소송의 일반원칙에 따라 분배된다고 보는 것이 일반적이다. 통설 · 판례는 원칙적으로 입증책임분배설(법률요건분배설)을 취하고 있다.

4. 기타 심리절차

그 밖에 처분권주의, 변론주의, 쌍방심문주의, 구술심리주의, 직접심리주의, 법관의 석명의무 등이 당사자소송에도 적용된다고 보아야 할 것이다.

Ⅵ. 당사자소송의 판결

1. 판결의 기판력과 구속력

당사자소송도 판결이 확정되면 그 후 당사자는 그에 모순된 주장을 할 수 없으며, 법원도 확정된 판결과 모순 · 저촉되는 판단을 할 수 없는 구속을 받는다는 의미의 기판력이 발생한다. 이러한 판결의 기판력은 판결의 주문에 포함된 사항에 한하여(기판력의 객관적 범위), 그 소송의 당사자 및 그의 승계인에 대하여서만(기판력의 주관적 범위), 변론종결시 확정된 법률관계에 한하여(기판력의 시간적 범위), 그 효력(구속력)을 발생시키는 것이 원칙이다(민사소송법 제202조, 제204조 등 참조).

취소소송에 있어서와 같은 판결의 제3자효(법 제29조 제1항)는 당사자소송에 준용되지 않는다. 그러나 「확정판결은 그 사건에 관하여 당사자인 행정청과 그 밖의 관계행정청을 기속한다」는 판결의 기속력조항(법 제30조 제1항)은 당사자소송에 준용된다(법 제44조 제1항 참조). 당사자소송에 있어서는 국가 · 공공단체 등 행정주체(권리 · 의무의 귀속주체)만이 당사자가 되는 것인데, 그 행정주체를 위하여 직접 행정권을 행사하는 것은 관계행정청이므로 판결의 기속력을 직접 그에게 미치도록 하여 판결의 실효성을 확보하려고 규정한 것이다.

2. 가집행선고

행정소송법 제43조는 「국가를 상대로 하는 당사자소송의 경우에는 가집행선고를 할 수 없다」고 규정하여 당사자소송의 경우 가집행선고를 제한하고 있다. 그러나 국가를 상대로 하는 재산권청구로서의 당사자소송에 대하여까지 가집행선고를 할 수 없도록 하는 것은 헌법 제11조 제1항의 평등원칙에 위반된 무효의 규정이라고 할 수 있다.[320] 따라서 국가를 상대로 하는 재산권의 청구

인 당사자소송의 경우에는 국가에 대한 가집행선고를 할 수 있다고 보아야 할 것이다.[321)]

3. 소송비용

소송비용에 관한 행정소송법 제32조 및 제33조의 규정은 당사자소송에 준용된다(법 제44조 제1항). 즉 행정청이 처분 등을 취소 또는 변경함으로 인하여 청구가 각하 또는 기각된 경우에 소송비용은 피고의 부담으로 하며, 소송비용에 관한 재판이 확정된 때에는 피고 또는 참가인이었던 행정청이 소속하는 국가 또는 공공단체에 그 효력을 미친다.

---

320) 헌재결 1989.1.25, 88헌가7.

321) 석종현, 전게서, 939면.

제6절 객관적 소송

Ⅰ. 객관적 소송의 의의

객관적 소송이란 행정은 공익실현을 목적으로 하고 있으므로 이해관계인의 권리보호를 위한 다툼이 아니라 행정작용의 적법성보장 또는 공공이익의 보호를 직접목적으로 하는 행정소송이다. 이러한 객관적 소송은 개인의 권익보호를 위한 소송이 아니고, 행정법규의 적법성 · 타당성을 보장하기 위한 소송유형이므로, 이 소송은 법률에 특별한 규정이 있는 경우에만 직접적인 이해관계가 없는 일반국민 · 선거인 또는 행정기관도 제기할 수 있다. 따라서 객관적 소송의 원고적격은 법률에 의하여 특별히 규정하고 있다.

이와 같은 점에서 객관적 소송은 주관적 소송(항고소송 · 당사자소송)과 다르다. 즉 객관적 소송은 행정의 적법성보장과 공익실현을 목적으로 하는 데 대하여, 주관적 소송은 개인의 권리구제와 행정의 적법성보장을 목적으로 하는 점에 양자는 차이가 있다. 그 밖에도 제소의 가능 여부, 원 · 피고적격 등 소송요건, 효력 등 여러 가지 점이 다르다.

Ⅱ. 객관적 소송의 종류

객관적 소송으로서는 일반적으로 민중소송과 기관소송이 인정되고 있는데, 행정소송법은 이 두 가지의 유형에 관하여 규정하고 있다.

1. 민중소송

1) 의 의

민중소송이란 「국가 또는 공공단체의 기관이 법률에 위반되는 행위를 한 때에 직접 자기의 법률상 이익과 관계없이 그 시정을 구하기 위하여 제기하는 소송」을 말한다(법 제3조 제3호).

민중소송은 국가 또는 공공단체의 기관이 행정법규에 위반되는 행위를 한 경우에, 일반주민 ·

일반선거인 등이 직접 자기의 법률상 이익과는 상관없이 주민 또는 선거인의 지위에서 그 시정을 구하기 위하여 제기하는 소송이다. 이러한 민중소송은 당사자 사이의 구체적인 권리 · 의무에 관한 분쟁을 해결하는 데에 목적이 있는 것이 아니라, 선거행정 기타 행정의 적정성을 확보하기 위하여 제기하는 소송으로서 법률적 쟁송에는 속하지 않는다. 따라서 법률의 명시적 규정이 있는 때에만 제기할 수 있다(법 제45조).

2) 민중소송의 예

현행법상 인정되는 민중소송으로서는 공직선거법이 정한 선거무효소송 · 당선무효소송이 있고, 국민투표법이 정한 국민투표무효소송이 있으며, 지방자치법이 규정한 주민소송이 있다. 또한 주민투표법이 규정하고 있는 주민투표소송도 있다.[322)]

(1) 공직선거법상의 선거소송

(가) 선고무효소송

① 대통령 · 국회의원선거에 관한 소송 : 대통령선거 및 국회의원선거에 있어서 선거의 효력에 관하여 이의가 있는 선거인 · 정당 또는 후보자는 선거일부터 30일 이내에 당해 선거관리위원회 위원장을 피고로 하여 대법원에 제소할 수 있다(공직선거법 제222조 제1항).

② 지방의회의원 · 지방자치단체장의 선거에 관한 소송 : 지방의회의원 및 지방자치단체의 장의 선거의 효력에 관하여 이의가 있는 선거인 · 정당 또는 후보자는 선거일부터 14일 이내에, 관할선거관리위원회에 소청한 후 그에 대한 결정서를 받은 날부터 10일 이내에, 시 · 도지사선거의 경우에는 대법원에, 지방의회의원 및 자치구 · 시 · 군의 장의 선거의 경우는 그 선거구를 관할하는 고등법원에 제소할 수 있다(동법 제219조 제1항, 제222조 제2항).

(나) 당선무효소송

대통령, 국회의원, 지방의회의원, 지방자치단체의 장의 선거에 있어서 선거의 효력은 인정하면서 개개 당선인의 당선을 다투는 쟁송이다. 무자격자가 당선되었거나 개표에 잘못이 있음을 이유로 한 경우가 이에 해당한다고 하겠다. 이와 같은 소송은 선거무효소송과는 달리 일반 선거인은 제소할 수 없고, 후보자와 후보자를 추천한 정당에 한하여 제기할 수 있다. 그러한 점에서 이 소송을 주관적 소송으로 보는 견해도 있다.

(2) 국민투표법상의 국민투표무효소송

국민투표의 효력에 관하여 이의가 있는 투표인은 투표인 10만인 이상의 찬성을 얻어 중앙선거

---

322) 김동희, 전게서, 804-805면.

관리위원회 위원장을 피고로 하여 투표일부터 20일 이내에 대법원에 제소할 수 있다(국민투표법 제92조).

(3) 지방자치법상의 주민소송

공금의 지출에 관한 사항, 재산의 취득 · 관리 · 처분에 관한 사항, 당해 지방자치단체를 당사자로 하는 매매 · 임차 · 도급계약이나 그 밖의 계약의 체결 · 이행에 관한 사항 또는 지방세 · 사용료 · 수수료 · 과태료 등 공금의 부과 · 징수를 게을리한 사항을 감사청구한 주민은 감사결과 등에 불복이 있는 경우, 감사청구한 사항과 관련이 있는 위법한 행위나 게을리한 사실에 대하여 당해 지방지치단체의 장을 상대방으로 하여 주민소송을 제기할 수 있다. 제소기간은 감사결과 등의 통지를 받은 날부터 90일 이내이다(지방자치법 제17조).

(4) 주민투표법상의 주민투표소송

주민투표의 효력에 관하여 이의가 있는 주민투표권자는 주민투표권자 총수의 100분의 1 이상의 서명으로 주민투표결과가 공포된 날부터 14일 이내에 소청을 할 수 있다(주민투표법 제25조 제1항). 이와 같은 소청에 대한 결정에 관하여 불복이 있는 소청인은 관할 선거관리위원회 위원장을 피고로 하여 결정서를 받은 날부터 10일 이내에 특별시 · 광역시 및 도에 있어서는 대법원에, 시 · 군 및 자치구에 있어서는 관할 고등법원에 제소할 수 있다(동조 제2항).

2. 기관소송

1) 의 의

기관소송이란 「국가 또는 공공단체의 기관 상호간에 있어서의 권한의 존부 또는 그 행사에 관한 다툼이 있을 때에 이에 대하여 제기하는 소송」을 말한다(법 제3조 제4호).

원래 국가 또는 공공단체의 기관 상호간의 권한쟁의는 당해 기관들의 공통의 상급기관이 보통 해결한다. 국가기관 상호간에 야기되는 권한쟁의는 최종적으로 '행정각부 간의 권한의 획정'(헌법 제89조 제10호)의 문제로서, 국무회의의 심의를 거쳐 대통령이 이를 해결한다. 따라서 행정기관 상호간의 권한쟁의를 행정소송에 의하여 해결하여야 하는 경우는 별로 없을 것으로 본다. 더욱이 헌법과 헌법재판소에 의하여 국가기관 상호간의 권한쟁의심판, 국가기관과 지방자치단체 간의 권한쟁의심판, 그리고 지방자치단체 상호간의 권한쟁의심판은 헌법재판소의 관장사항에 해당하며(헌법 제111조 제1항 제4호, 헌법재판소법 제61조 · 제62조), 이와 같은 국가기관 상호간의 기관소송은 행정소송으로서의 기관소송에서 제외된다 할 것이다(헌법재판소법 부칙 제8조 제2항 참조). 이러한 헌법재판소법 부칙에 따라 행정소송법은 제3조 제4호에 단서를 신설하여, 「헌법재판소법 제2조의 규정에 의하여 헌법재판소의 관장사항으로 되는 소송은 제외한다」고 규정하고 있다(법

제3조 제4호 단서). 그러나 기관의 독립성이 보장되어 당해 기관의 공통된 상급기관이 없는 경우에는 행정기관 상호간의 권한쟁의를 행정소송을 통하여 해결할 필요가 있는 때가 있다.

이러한 기관소송은 국민 등의 구체적인 권리구제를 위한 것이 아니라 행정법규의 적정한 적용의 확보를 위하여 인정되는 객관소송으로서 개별 법률에 특별한 규정이 있는 경우에 인정되고, 그 법률에 정한 자에 한하여 제소할 수 있다(법 제45조).

2) 기관소송의 예

현행법상 인정되고 있는 기관소송으로서는 지방자치법이 정한 기관소송이 있고, 「지방교육자치에 관한 법률」에서 규정한 기관소송이 있다.[323]

(1) 지방자치법상의 기관소송

(가) 지방의회의 재의결에 대한 소송

① 지방자치단체의 장은 지방의회의 의결이 월권이나 법령에 위반되거나 공익을 현저히 해친다고 인정되면 그 의결사항을 이송 받은 날부터 20일 이내에 이유를 붙여 재의를 요구할 수 있으며(지방자치법 제107조 제1항), 확정된 재의결사항이 법령에 위반된다고 인정되면 지방자치단체의 장은 대법원에 제소를 할 수 있다(동조 제2항, 제3항). 이 경우에 필요하다고 인정되면 집행정지결정을 신청할 수 있다(동조 제3항 후단, 제172조 제3항).

② 지방의회에서 재의결된 조례안이 법령에 위반된다고 인정되는 경우에도 지방지치법 제26조(조례와 규칙의 제정절차 등)에 명문의 규정은 없으나, 지방자치법 제107조가 준용된다고 새겨진다.

③ 지방의회의 의결이 법령에 위반되거나 공익을 현저히 해친다고 판단되면 시 · 도에 대하여는 주무부장관이, 시 · 군 및 자치구에 대하여는 시 · 도지사가 재의를 요구하게 할 수 있다(동법 제172조 제1항). 지방의회에서 재의결된 사항이 법령에 위반된다고 판단되면 지방자치단체의 장은 재의결된 날부터 20일 이내에 대법원에 제소할 수 있다. 이 경우 필요하다고 인정되면 그 의결이 집행을 정지하게 하는 집행정지결정을 신청할 수 있다(동조 제2항, 제3항). 주무부장관이나 시 · 도지사는 지방의회에서 재의결된 사항이 법령에 위반된다고 판단됨에도 지방자치단체의 장이 제소하지 아니하는 때에는 그 지방자치단체의 장에게 제소를 지시하거나 직접 제소할 수 있다(동조 제4항).

(나) 감독청의 시정명령, 취소 · 정지처분에 대한 소송

지방자치단체의 사무에 관한 장의 명령이나 처분이 법령에 위반되거나 현저히 부당하여 공익을 해친다고 인정되면 시 · 도에 대하여는 주무장관이, 시 · 군 및 자치구에 대하여는 시 · 도지사

323) 김남진 · 김연태, 전게서, 850-851면.

가 기간을 정하여 서면으로 시정할 것을 명하고, 그 기간에 이행하지 아니하면 이를 취소하거나 정지할 수 있다. 이 경우 자치사무에 관한 명령이나 처분에 대하여는 법령에 위반하는 것에 한한다(법 제169조 제1항). 지방자치단체의 장은 자치사무에 관한 명령이나 처분의 취소 또는 정지에 대하여 이의가 있으면 그 취소처분 또는 정치처분을 통보받은 날부터 15일 이내에 대법원에 제소할 수 있다(동조 제2항).

다만, 이 경우의 소송이 기관소송의 성질을 가지는가에 대하여는 견해가 나누어져 있다. 즉 기관소송을 동일한 인격주체(국가 · 지방자치단체 등) 내의 기관 상호간의 소송으로 한정하는 입장(한정설)에서는 상기 소송을 항고소송의 유형으로 보는 데 대하여, 기관소송을 반드시 동일 인격주체 내부의 기관 상호간의 소송으로 한정할 필요가 없다는 입장(비한정설)에서는 이 경우의 소송도 기관소송으로 보게 된다.

(2) 지방교육자치에 관한 법률상의 기관소송

교육감은 교육위원회의 의결 또는 교육 · 학예에 관한 시 · 도의회의 의결이 법령에 위반되거나 공익을 현저히 저해한다고 판단될 때에는 그 의결사항을 이송받은 날부터 20일 이내에 이유를 붙여 재의를 요구할 수 있으며, 교육감이 교육과학기술부장관으로부터 재의요구를 하도록 요청받은 경우에는 교육위원회 또는 시 · 도의회에 재의를 요구하여야 한다(지방교육자치에관한법률 제28조 제1항). 위의 규정에 따른 재의요구가 있을 때에는 재의요구를 받은 교육위원회 또는 시 · 도의회는 재의에 붙이고 교육위원회 재적위원 또는 시 · 도의회 재적의원 과반수의 출석과 교육위원회 출석위원 또는 시 · 도의회 출석의원 3분의 2이상의 찬성으로 전과 같은 의결을 하면 그 의결사항은 확정된다(동조 제2항).

재의결된 사항이 법령에 위반된다고 판단될 때에는 교육감이 재의결된 날부터 20일 이내에 대법원에 제소할 수 있으며(동조 제3항), 교육감은 교육과학기술부장관으로부터 제소를 하도록 지시받은 경우에는 제소 지시를 받은 날부터 7일 이내에 대법원에 제소하여야 한다(동조 제5항). 이 때 교육감이 정해진 기간 내에 제소를 하지 않는 경우에는 교육과학기술부장관은 그 기간이 경과한 날부터 7일 이내에 직접 제소할 수 있다(동조 제6항).

Ⅲ. 객관적 소송의 소송절차

1. 당사자적격

1) 원고적격

민중소송 및 기관소송은 '법률에 정한 자'에 한하여 제기할 수 있다(법 제45조). 이러한 소송에 있어서도 관계법상 원고적격에 대한 일정한 제한은 있는 것이다. 그러나 위와 같은 소송은 주관적 소송과는 달리 자기의 '법률상 이익'이 침해된 자에게만 원고적격이 인정되는 것은 아니고, 널리 선거인 · 투표인 또는 주민의 지위에서 원고적격이 인정된다는 점을 볼 때 객관적 소송으로서의 성질을 가진다.

2) 피고적격

민중소송 및 기관소송의 피고적격도 각 개별법이 정하고 있다. 즉 대통령선거의 경우는 중앙선거관리위원회 위원장, 국회의원선거의 경우는 관할 지역구선거관리위원회 위원장, 지방의회의원선거의 경우는 당해 선거구선거관리위원회 위원장 등과 같이 각 개별 법률이 정하는 바에 따라 다르다(공직선거법 제222조).

2. 재판관할

민중소송 및 기관소송의 재판관할에 대하여도 각 개별법이 정하는 바에 따른다. 선거소송의 재판관할을 보면, 대통령선거와 국회의원선거 및 시 · 도지사 선거의 경우는 대법원, 자치구 · 시 · 군의 장선거 및 지방의회의원선거의 경우는 고등법원으로 하고 있다(동법 제222조).

3. 적용법규

민중소송 또는 기관소송으로서 처분 등의 취소를 구하는 소송에는 그 성질에 반하지 아니하는 한 취소소송에 관한 규정을 준용한다(법 제46조 제1항).

민중소송 또는 기관소송으로서 처분 등의 효력 유무 또는 존재 여부나 부작위의 위법의 확인을 구하는 소송에는 그 성질에 반하지 아니하는 한 각각 무효등확인소송 또는 부작위위법확인소송에 관한 규정을 준용한다(동조 제2항).

민중소송 또는 기관소송으로서의 위의 소송 외의 소송에는 그 성질에 반하지 아니하는 한 당사자소송에 관한 규정을 준용한다(동조 제3항).

참고문헌

강구철「강의 행정법Ⅰ」. 형설출판사, 1998.
곽윤직,「민법총칙」. 박영사, 1997.
구병삭,「신헌법원론」, 박영사, 1988.
권영성,「헌법학원론」. 법문사, 2009.
김경열,「토지공법」. 경영문화원, 1993.
김기범,「한국헌법」. 교문사, 1973.
김남진,「행정법Ⅰ」. 법문사, 2003.
김남진 · 김연태,「행정법Ⅰ」. 법문사, 2011.
______________,「행정법Ⅱ」. 법문사, 2012.
김도창,「국가긴급권론」. 청운사, 1972.
______,「일반행정법론(상)」, 청운사, 1993.
김동희,「행정법Ⅰ」, 박영사, 2011.
______,「행정법Ⅱ」. 박영사, 2011.
김성수,「일반행정법」. 법문사, 2002.
김천경,「부동산공공용지취득과 보상법론」. 박문각, 1991.
김철수,「헌법학개론」. 박영사, 2003.
김철용,「행정법Ⅰ」, 박영사, 2005.
류지태,「행정법신론」, 신영사, 2008.
류해웅,「수용보상법론」. 경록, 1997.
문홍주,「한국헌법」. 해암사, 1985.
박균성,「행정법강의」, 박영사, 2011.
박수혁 등 감수,「토지취득보상법」. 한국감정원, 2003.
______ 역,「독일행정법」. 사법발전재단, 2010.
박윤흔 · 정형근,「최신행정법강의(상)」, 박영사, 2009.
박일경,「제6공화국 신헌법」. 법경출판사, 1990.
박평준,「토지수용법론」. 고시연구사, 1999.
______,「행정상손실보상법리연구」. 고시연구사, 2000.
______,「공용부담법연구」. 고시연구사, 2005.

박평준 · 박창석, 「토지취득보상법」. 리북스, 2009.
____________, 「보상법규강의」, 리북스, 2009.
____________, 「보상행정법」. 리북스, 2012.
변재옥, 「행정법강의(I)」. 박영사, 1989.
서원우, 「현대행정법론(상)」. 박영사, 1983.
석종현, 「일반행정법(상)」, 삼영사, 2005.
손성태, 「감정평가 및 보상법규」. 박문각, 1999.
안용교, 「한국헌법」. 고시연구사, 1989.
유상현, 「행정법 I 」. 형설출판사, 2004.
유진오, 「헌법해의」. 일조각, 1959.
윤세창, 「행정법(상)」. 박영사, 1982.
이명구, 「신행정법원론」. 대명출판사, 1997.
이상규, 「신행정법론(상)」. 법문사, 1997.
이선영, 「토지수용과 보상법론」. 법원사, 1995.
이종극, 「신행정법(상)」, 보문각, 1961.
정하중, 「행정법개론」, 법문사, 2007.
한견우, 「현대행정법강의」. 신영사, 2007.
한동섭, 「헌법」. 향학사, 1964.
허 영, 「한국헌법론」. 박영사, 2005.
홍정선, 「행정법특강」. 박영사, 2011.
_____, 「행정법원론(상)」. 박영사, 2012.
홍준형, 「행정구제법」. 한울아카데미, 1996.

사항색인

【ㄴ】

【ㄷ】

【ㅁ】

【ㅅ】

【ㅇ】

【ㅌ】

【ㅍ】

【ㅎ】

공저자약력

박평준(朴坪準)

- 조선대학교 법과대학 졸업(법학사)
- 조선대학교 대학원 졸업(법학석사)
- 전남대학교 대학원 졸업(법학박사)
- 조선대학교 법과대학 교수
- 전남도립대학교 경찰경호학과 교수
- 순천대학교 대학원 · 한양대학교 행정대학원 등 강사
- 전라남도 정책자문위원회 위원
- 전라남도 도시계획위원회 위원
- 전라남도 토지수용위원회 위원
- 전라남도 투자심사위원회 위원
- 주암댐 보상심의위원회 위원
- 광주광역시 지방세심의위원회 위원
- 광주광역시 토지수용위원회 위원
- 한국공법학회 전임부회장
- 한국국가법학회 회장, 고문
- 한국토지공법학회 부회장, 고문
- 한국부동산법학회 회장, 명예회장, 고문
- 한국범죄방지사협회 고문
- 한국행정사협회 고문
- 전남도립대학교 총장(역임)

〈저서 · 논문〉

- 「법과 토지」(공저), 삼영사(1982)
- 「행정법학(상)」(공저), 청문사(1985)
- 「행정법학(하)」(공저), 청문사(1985)
- 「토지세법론」, 경영문화원(1993)
- 「토지수용법론」, 고시연구사(1997)
- 「행정상손실보상법리연구」, 고시연구사(2000)
- 「공익사업용지취득보상법」, 고시연구사(2004)
- 「경찰행정법」(공저), 고시연구사(2004)
- 「공용부담법연구」, 고시연구사(2005)
- 「토지취득보상법」(공저), 리북스(2009)
- 「보상법규강의」(공저), 리북스(2009)
- 「보상행정법」(공저), 리북스(2012)
- "한국토지세제연구" 외 논문 100여 편

〈수 상〉

- 제14회 광주시민대상(학술부문) 수상(2000)
- 제48회 전남도문화상(학술부문) 수상(2004)

박창석(朴倉奭)

- 한양대학교 법과대학 졸업(법학사)
- 한양대학교 대학원 졸업(법학석사)
- 한양대학교 대학원 졸업(법학박사)
- 독일 konstanz대학교 방문연구원(DAAD 장학금)
- 강남대 · 강릉대 · 경희대 · 대구대 · 명지대 · 상명대 · 서울시립대 · 한국항공대 · 한양대 등 강사
- 한양대학교 연구교수
- 홍익대학교 겸임교수
- 강원도교육연수원 초빙교수
- 치안정책연구소 연구위원
- 한국법정책학회 이사
- 한국공법학회 총무간사, 이사
- 한국국가법학회 기획이사
- 한국부동산법학회 상임이사
- 한국환경법학회 재무이사
- 관동대학교 경찰법정대학 교수(현재)

〈저서 · 논문〉

- 「경찰행정법」(공저), 고시연구사(2004)
- 「행정법」(공저), 교학연구사(2008)
- 「토지취득보상법」(공저), 리북스(2009)
- 「보상법규강의」(공저), 리북스(2009)
- 「보상행정법」(공저), 리북스(2012)
- "행정소송상의 가구제제도에 관한 연구", 법학석사학위논문(2002)
- "경찰관의 무기사용에 관한 공법적 연구", 법학박사학위논문(2005)
- "한국헌법사상 보상규정의 변천에 관한 연구", 「공법연구」, 제32집 제5호(2004)
- "공시지가결정에 의한 재산권침해에 대한 구제", 「토지공법연구」, 제21집(2004)
- "경찰관의 총기사용과 관련된 법적 쟁점", 「토지공법연구」, 제28집(2005)
- "토지취득보상법상 사업인정의 법적성질", 「부동산법학」, 제15집(2006)
- "토지취득보상법상 재결에 관한 고찰", 「토지법학」, 제23집 제2호(2007)
- "행정소송법상 집행부정지원칙에 관한 연구", 「법학논총」, 제25집 제3호(2008)
- "토지취득보상법상의 보상기준에 관한 법정책적 검토", 「법과정책연구」, 제9집 제2호(2009)
- "감정평가업자의 책임", 「홍익법학」, 제11집 제3호(2010)
- "법인의 양벌규정 위헌판결에 대한 고찰", 「사회과학연구」, 제16집 제11호(2010)
- "경찰투입비용의 상환에 관한 연구", 「법과정책연구」, 제11집 제1호(2011)
- "영국의 계획법상 재량과 소송에 관한 논의", 「법학연구」, 제19권 제3호(2011)
- "북한의 경찰작용법에 대한 일반적 고찰", 「한양법학」, 제40집(2012)
- "미국의 음주운전대책에 관한 법적 소고", 「법학논총」, 제29집 제4호(2012)
- "일본의 지방감사제도의 개혁동향", 「법과정책연구」, 제12집 제4호(2012)

  외 논문 다수

행정법강론 I

2013년 1월 18일 초판 1쇄 인쇄
2013년 1월 25일 초판 1쇄 발행

공저자 박 평 준 · 박 창 석

발행인 寅製 진 욱 상

발행처 백산출판사
서울시 성북구 정릉3동 653-40
등 록 : 1974. 1. 9. 제 1-72호
전 화 : 914-1621, 917-6240
FAX : 912-4438
http://www.ibaeksan.kr
editbsp@naver.com

값 38,000원
ISBN 978-89-6183-655-5